中国历史文化常识辞典

钱玉林 编著

上海辞书出版社

图书在版编目(CIP)数据

中国历史文化常识辞典 / 钱玉林编著. -- 上海 : 上海辞书出版社, 2025. -- ISBN 978-7-5326-6415-3

Ⅰ. K220.3-61

中国国家版本馆 CIP 数据核字第 2025QW7305 号

中国历史文化常识辞典

钱玉林　编著

责任编辑　陈宇奇
助理编辑　孔已钦
特约编辑　俞健奇　王伊艺
装帧设计　梁业礼
责任印制　王亭亭

出版发行　上海世纪出版集团
上海辞书出版社®(www.cishu.com.cn)
地　　址　上海市闵行区号景路 159 弄 B 座(邮政编码: 201101)
印　　刷　上海中华印刷有限公司
开　　本　720 毫米×1000 毫米　1/16
印　　张　49
字　　数　1 350 000
版　　次　2025 年 8 月第 1 版　2025 年 8 月第 1 次印刷
书　　号　ISBN 978-7-5326-6415-3/K·1292
定　　价　228.00 元

凡　例

一、本辞典是一部关于中国历史文化的工具书，种类丰富，内容全面，图文并茂。旨在帮助读者系统了解古代文化常识，感受中华文明之源远流长，博大精深。

二、本辞典共收录辞条5 100余条。分国家民族、地理山川、神话传说、宗教信仰、历史大事、历代名人、文字语言、思想学术、宗法家庭、社会阶层、姓名称谓、帝王宫廷、礼制政事、刑名法律、科举教育、职官衙署、衣冠服饰、饮食烹饪、建筑园林、舟车交通、日用器物、工艺美术、花木谷蔬、鸟兽虫鱼、戏剧曲艺、游戏体育、岁时节日、传统风俗、书画篆刻、音乐歌舞、诗词文史、文学形象、名胜古迹、文化典籍、科学技术、中外交流共36类。正文附图673幅。

三、本辞典贯彻执行国家各项语言文字规范，释文使用规范汉字，《通用规范汉字表》以外的汉字不做类推简化，人名、地名保留部分异体字。

四、本辞典的词条结构分为词目和释文两部分。一词多义的条目，用①②③分项解释。

（一）本词典各部类中，大体以产生、演变的先后为序，部分以逻辑关系划分词群并进行排列。人物条按实际括注生卒年。

（二）词目释文中出现的古地名，酌情括注今地名。

（三）纪年用历代帝王年号，夹注公元纪年。释文中的公元纪年，同一词条内只在首次出现时加“公元”二字。帝王年号加括注公元纪年时，注明公元纪年的阿拉伯数字加“年”字，“公元前”的“前”字保留。

（四）释文中提到一般通用的别称时用“亦称”，也根据实际情况调整为“简称”“全称”等。别称一般加引号，如属作品名，改用书名号。

五、本辞典为方便读者查检，正文前按照分类目录编排，正文后附有词目笔画索引。

目　录

地理山川

古代区划

古国名，以及源于古国名的古地域名

地理名称

历史地名

海、洋

河流

湖泊

山岭

宗教信仰

历史大事

史前文化

历史事件

历代名人

文字语言

思想学术

学说概念

学术流派

宗法家庭

社会阶层

姓名称谓

姓氏、名字等

称呼的原则

依年龄而分的称呼

称自己的亲属及有特定关系者

礼制政事

刑名法律

科举教育

职官衙署

衣冠服饰

饮食烹饪

建筑园林

舟车交通

日用器物

工艺美术

花木谷蔬

鸟兽虫鱼

戏剧曲艺

游戏体育

岁时节日

传统风俗

书画篆刻

音乐歌舞

诗词文史

文学思想、文学运动、文学流派

诗词曲体

赋、古文、骈文及其他文体

小说

文学人物的合称

文学批评

史书体裁

文学形象

名胜古迹

文化典籍

书籍形式

目录分类

目录学、文献学著作

经部

史部

子部

集部

文献遗存

科学技术

中外交流

国家民族

朝　代

夏朝 中国历史上第一个朝代。约存在于公元前21—前16世纪。共14代、17君。相传禹本为夏后氏部落领袖，因治水有功，舜死后即位。《尚书》《史记》等记载，大禹治水成功后，将天下分作冀、兖、青、徐、扬、荆、豫、梁、雍九州，又铸造九鼎作为国家权力的象征。禹死后，其子启夺得王位，建都安邑（今山西夏县北）、阳翟（今河南禹州）等地，改变了原先的禅让制，开中国历史上近四千年世袭王位之先河。中国的“家天下”，自夏朝始。传至桀，为商汤所灭。

商朝 中国历史上第二个朝代。约存在于公元前16—前11世纪，共17代、31王。商的始祖契助禹治水有功，受封于商（今河南商丘），后即以“商”称其部族。商的首领商汤于鸣条（今河南封丘东）之战灭夏后，在亳（今河南商丘）建立商朝。历史上数次迁都，都城大多在今河南境内。因前14世纪时商王盘庚迁都于殷（今河南安阳西北小屯村），故亦称“殷朝”。其末代君主纣统治暴虐，在牧野之战中被周武王击败而亡。

周朝 中国历史上第三个朝代。约存在于公元前1046—前256年。公元前1046年，周文王之子周武王灭商后建立，定都于镐京（今陕西西安西）。前771年，犬戎攻破镐京，周幽王被杀。次年，周平王将都城东迁洛邑（今河南洛阳），史称“东周”，并称东迁之前的周朝为“西周”。至前256年，为秦所灭。西周共12王，历时276年；东周可分为春秋、战国两个时期，共22王，历时515年。西周和东周共34王，历时791年。

西周 见“周朝”。

东周 见“周朝”。

春秋 时代名。公元前770—前476年。以鲁国的编年史书《春秋》而得名。现代史学家认为，在春秋后期和战国时期，中国由奴隶社会向封建社会转变。

战国 时代名。公元前475—前221年。以西汉刘向编订的《战国策》而得名。这一时期，周王室衰微，诸侯国之间连年战争。是中国由奴隶社会向封建社会转变的时期。

先秦 指秦统一中国以前的历史时期。一般指春秋战国时期。如：先秦史、先秦社会、先秦诸子等。

秦朝 中国历史上第一个君主专制中央集权的封建王朝。公元前221—前207年。共历2世，统治15年。公元前221年，秦王嬴政攻灭六国，统一全中国，自称始皇帝，建都咸阳（今属陕西）。疆域东、南到海，东北至辽东，西到今甘肃、四川，北达今内蒙古，西南至今云南、广西。死后传位二世，因统治残暴，社会矛盾激化，前209年（秦二世元年），引发了以陈胜、吴广为首的农民大起义。前207年，为刘邦领导的起义军所灭。

汉朝 指刘邦建立的西汉王朝与刘秀建立的东汉王朝。公元前202—公元220年。共历27帝、406年。

西汉 朝代名。公元前202—公元8年。刘邦（汉高祖）于前202年称帝，国号“汉”。至初始元年（8年）王莽代汉止。共历13帝、210年。因建都长安（今陕西西安），史称“西汉”，亦称“前汉”。

新莽 指西汉末年外戚王莽建立的短暂的新朝。公元9—23年。建都长安（今陕西西安）。

东汉 朝代名。公元25—220年。自建武元年（25年）刘秀（汉光武帝）称帝，到延康元年（220年）曹丕代汉止。共历14帝、196年。因建都洛阳（今属河南），史称“东汉”，亦称“后汉”。

三国 指东汉末期形成的呈鼎足之势的三个国家及其相应的历史时期（220—265或280年）。即由曹操、曹丕父子建立的魏，由刘备建立的蜀汉和孙权建立的吴。一般也将东汉末年的军阀混战时期和赤壁之战后魏、蜀、吴建国前的历史划入三国时期。

曹魏 指三国时期曹操、曹丕父子建立的政权。公元220—265年。建都洛阳(今属河南)。

蜀汉 指三国时期刘备建立的政权。公元221—263年。建都成都(今属四川)。

东吴 指三国时期孙权建立的政权。公元229—280年。建都建业(今江苏南京)。

六朝 时代名。指中国历史上建都于建康(吴名"建业",今江苏南京),位于江南地区的六个政权,即三国吴、东晋和南北朝时的南朝宋、齐、梁、陈。历史学和文学史上,泛称公元3世纪初到6世纪末前后约360年这段时期为"六朝"。

晋朝 指司马炎建立的西晋王朝与晋室后裔司马睿在南方建立的东晋王朝。公元265—420年。共历15帝、156年。

西晋 朝代名。公元265—316年。由司马炎(晋武帝)于265年取代曹魏政权而建立,国号"晋",定都洛阳,史称"西晋"。280年,灭东吴,完成统一。晋武帝死后迅即爆发历时16年的"八王之乱"。316年,为匈奴贵族建立的汉国所灭。共历4帝、52年。

东晋 朝代名。公元316—420年。西晋灭亡后,北方完全被内迁的少数民族政权所割据占领。316年,由晋皇室后裔司马睿(晋元帝)在南方建立政权,定都建康(今江苏南京),史称"东晋"。共历11帝、105年。420年,权臣宋公刘裕废晋安帝,建立刘宋,此后进入南北朝时期。

南北朝 时代名。指东晋灭亡后到隋统一中国以前,历史上南北政权对立的时期。北方为北魏、东魏、西魏、北齐、北周,南方为宋、齐、梁、陈。隋王朝统一中国,结束了南北对峙的局面。历史学和文学史上,泛称公元420—589年前后共170年为南北朝时期。

南朝 东晋以后建立在南方的四个王朝的总称。公元420—589年。起于宋武帝篡晋,止于隋朝灭陈。宋、齐、梁、陈,都是汉族政权,存在的时间相对较短。此时,中国正处于南北分裂的状态,南方四朝与北方的北魏、东魏、西魏、北齐、北周合称"南北朝"。南朝时期,南方的商业和手工业有很大发展,闽江、珠江流域也得到初步开发,为经济重心逐渐南移奠定了基础。

南朝宋 亦称"刘宋"。南朝之一。公元420—479年。刘裕建立,国号"宋",都建康(今江苏南京)。为南朝齐所代。共历9帝、60年。

南朝齐 亦称"萧齐"。南朝之一。公元479—502年。萧道成建立,国号"齐",都建康(今江苏南京)。为南朝梁所代。共历7帝、24年。

南朝梁 亦称"萧梁"。南朝之一。公元502—557年。萧衍建立,国号"梁",都建康(今江苏南京)。为南朝陈所代。共历7帝、56年。

南朝陈 南朝之一。公元557—589年。陈霸先建立,国号"陈",都建康(今江苏南京)。为隋朝所灭。共历5帝、33年。

北朝 指西晋灭亡后,位于北方的北魏、东魏、西魏、北齐、北周几个少数民族建立的封建王朝。存在于公元439—581年。直至隋朝灭陈,统一全国,结束南北朝分裂状态。是中国历史上与南朝同时期的北方王朝的总称。北朝结束了从西晋"八王之乱"起,将近150年的中原混战的局面。后世的隋、唐两朝开国皇帝的祖先都是北朝的贵族高官,在军事和政治制度等各个领域,隋、唐也都继承北朝,并加以发展和创新。

北魏 亦称"后魏""拓跋魏""元魏"。北朝之一。公元386—534年。是鲜卑族拓跋氏建立的封建王朝。初称代国,386年拓跋珪(道武帝)建立,旋改国号为"魏",建都平城(今山西大同东北)。439年统一北方。493年起孝文帝拓跋宏迁都洛阳,皇室改姓元。北魏时期,佛教得到空前发展,迁都洛阳和移风易俗,促进了北魏的封建化和民族融合。至534年分裂为东魏和西魏。共历14帝、149年。

东魏 北朝之一。公元534—550年。是从北魏分裂出来的割据政权。建都邺(今河北临漳西南)。534年,鲜卑化的汉人、权臣高欢所立的皇帝北魏孝武帝元修不愿做傀儡,逃往关中投奔将领宇文泰。高欢拥立年仅11岁的北魏孝文帝曾孙元善见为帝,即东魏孝静帝,此为"东魏"之始。高欢掌权期间土地兼并严重,社会矛盾与民族矛盾尖锐,且屡败于西魏宇文泰。550年,孝静帝禅位于高欢之子高洋，东魏亡。共历1帝、17年。

西魏 北朝之一。公元535—557年。由北魏分裂出来的割据政权。建都长安（今陕西西安）。管辖今湖北襄阳以北、河南洛阳以西，原北魏统治的西部地区。534年，孝武帝元修脱离高欢，从洛阳逃至长安，投靠北魏将领、鲜卑化的匈奴人宇文泰。次年，宇文泰杀孝武帝，立元宝炬为帝，史称"西魏"，政权实际上由宇文泰掌握。557年初（西魏恭帝三年十二月）为宇文泰子宇文觉所代。共历3帝、23年。

北齐 北朝之一。公元550—577年。550年，由高洋取代东魏建立，国号"齐"，建元天保，建都邺（今河北临漳西南），史称"北齐"。577年被北周消灭。共历7帝、28年。

北周 北朝之一。公元557—581年。556年，实际掌握西魏政权的宇文泰死，长子宇文觉继任大冢宰，自称周公。次年初，宇文觉废恭帝自立，改国号为"周"，都长安（今陕西西安），史称"北周"。581年为权臣外戚杨坚所代。共历5帝、25年。

五胡十六国 时代名。公元304—439年。指西晋末年到北魏统一中原这一段时期，史称"十六国"。"五胡"指五个北方内迁民族在中国北部及蜀地建立的政权，即匈奴、鲜卑、羯、氐、羌；"十六国"主要指前凉、后凉、南凉、西凉、北凉、前赵、后赵、前秦、后秦、西秦、前燕、后燕、南燕、北燕、夏、成汉。该时期也被汉民族称为"五胡入华"时期。此外，在当时具有较大影响的还有仇池、代、高句丽、冉魏、西燕、吐谷浑、谯蜀和内迁丁零建立的翟魏等，实际不止十六国之数。

隋朝 朝代名。公元581—618年。由北周大贵族杨坚（隋文帝）灭北周后建立。589年，又灭南朝陈，统一全国。建都大兴（今陕西西安）。其子杨广（隋炀帝）以篡弑手段夺嫡嗣位，并且统治残暴，引发各地农民大起义。618年南巡时，在江都（今江苏扬州）被杀，不久隋亡。为唐所取代。共历3帝、38年。

唐朝 朝代名。公元618—907年。隋朝在农民大起义打击下迅速瓦解。617年，北朝大贵族、隋朝大臣、太原留守李渊父子乘乱起兵，攻入长安（今陕西西安）建立。次年隋亡，李渊称帝，建立唐朝，定都长安。唐王朝国势强盛，疆域辽阔，经济文化发达。安史之乱后转向衰弱，社会矛盾尖锐，藩镇割据，内乱不息。907年为权臣朱温所灭。共历22帝、290年。

武周 朝代名。公元690—705年。690年，唐高宗皇后武曌（武则天）代唐称帝，改国号为"周"，史称"武周"。705年她年老病重，其子中宗李显在大臣张柬之等支持下复辟，国号复改为"唐"。

五代十国 时代名。公元907—960年。一般指唐朝灭亡至赵匡胤称帝建宋朝之间的历史时期。"五代"指在中国中原地区建立的后梁、后唐、后晋、后汉、后周五个政权；"十国"指在中国北方建立的北汉以及南方建立的吴、前蜀、楚、吴越、闽、南汉、荆南（即南平）、后蜀、南唐等割据政权。在此之外，还有十余个小而短暂的割据政权。

后梁 五代之一。公元907—923年。907年，朱温代唐称帝，建都汴（今河南开封），国号"梁"，史称"后梁"。为李存勖所灭。共历3帝、17年。

后唐 五代之一。公元923—936年。923年，沙陀部人李存勖灭后梁称帝，建都洛阳（今属河南），国号"唐"，史称"后唐"。为石敬瑭所灭。共历4帝、14年。

后晋 五代之一。公元936—946年。936年，后唐河东节度使、沙陀部人石敬塘勾结契丹贵族灭后唐称帝，建都汴（今河南开封），国号"晋"，史称"后晋"。946年为契丹所灭。共历2帝、11年。

后汉 五代之一。公元947—950年。946年，契丹灭后晋。947年，后晋河东节度使、沙陀部人刘知远在太原称帝，建都汴（今河南开封），国号"汉"，史称"后汉"。950年为后周所灭。共历2帝、4年。

后周 五代之一。公元951—960年。951年，后汉邺都留守郭威灭后汉称帝，建都汴（今河南开封），国号"周"，史称"后周"。960年为赵匡胤所代，共历3帝、10年。

吴 五代时期十国之一。公元902—937年。892年杨行密为唐淮南节度使，据扬州。902年受唐封为吴王，有今江苏、安徽、江西和湖北一部分。937年为南唐取代。共历4主、36年。

前蜀 五代时期十国之一。公元891—925年。891年唐利州刺史王建据有成都,903年受唐封为蜀王,907年称帝,建都成都,国号"蜀",史称"前蜀"。925年为后唐节度使孟知祥所灭。共历2主、23年。

楚 五代时期十国之一。公元907—951年。896年马殷据今湖南之地,907年受后梁封为楚王,建都长沙。951年为南唐所灭。共历6主、45年。

吴越 五代时期十国之一。公元907—978年。893年,钱镠为唐镇海军节度使,907年被封为吴越王,建都杭州。978年降于北宋。共历5主、72年。

闽 五代时期十国之一。公元909—945年。893年,王潮据今福建之地,任福建观察使,旋升威武军节度使。909年其弟王审知被后梁封为闽王。933年审知子延钧称帝,建都长乐(今福建福州),国号"闽"(一度改为"殷")。945年为南唐所灭。共历6主、37年。

南汉 五代时期十国之一。公元917—971年。904年初,刘隐为唐清海军节度使,据有今广东和广西。917年其弟刘龑称帝,建都广州,国号"越",后又改为"汉",史称"南汉"。971年为北宋所灭。共历4主、55年。

荆南 五代时期十国之一。公元924—963年。907年,高季兴任后梁荆南节度使,924年受后唐封为南平王,史称"荆南"或"南平",建都荆州。后其子从诲袭封南平王。963年为北宋所灭。共历5主、40年。

后蜀 五代时期十国之一。公元933—965年。925年,孟知祥为后唐西川节度使,933年受后唐封为蜀王,次年称帝,建都成都,国号"蜀",史称"后蜀"。965年为北宋所灭。共历2主、33年。

南唐 五代时期十国之一。公元937—975年。937年,李昪灭吴称帝,建都金陵(今江苏南京),国号"唐",史称"南唐"。975年为北宋所灭。共历3主、39年。

北汉 五代时期十国之一。公元951—979年。951年,后周灭后汉,后汉河东节度使刘旻(后汉高祖刘知远弟)在太原称帝,国号"汉",史称"北汉"。求助于辽,仍称侄以事之。979年为北宋所灭。共历4主、29年。

辽朝 朝代名。公元916—1125年。五代十国和北宋时期,契丹族为主体建立的统治中国北部的封建王朝。907年,辽太祖耶律阿保机统一契丹各部称汗,国号"契丹"。916年建年号,947年辽太宗定国号曰"辽"。景宗时励精图治,国力大增。圣宗时大举南下侵宋,与宋缔结澶渊之盟。辽宋关系趋于缓和,辽朝国力也日渐强盛。但此后统治的腐朽,导致国势衰落。983年辽圣宗曾复更名"契丹",1066年辽道宗恢复国号"辽"。1125年为金朝所灭。共历9帝、210年。

宋朝 朝代名。公元960—1279年。中国历史上承五代十国、下启元朝的时代,分为北宋和南宋。960年,后周大将赵匡胤在陈桥兵变中黄袍加身,建立宋朝,定都开封(今属河南)。真宗、仁宗时步入盛世。中期出现社会危机,后期统治集团腐败。1127年因靖康之变,北宋灭亡。高宗赵构即位于南京(今河南商丘),后渡长江建立南宋政权,定都临安(今浙江杭州)。对北方的金国采取妥协苟安政策。1276年,元朝军队南下攻宋。1279年,南宋残余势力被元朝消灭,国亡。两宋时期,商品经济空前发展,对外交流频繁,是中国历史上思想文化和科学、艺术高度发达的时期。两宋共历16帝、317年。

北宋 朝代名。公元960—1127年。共历9帝、167年。详"宋朝"。

南宋 朝代名。公元1127—1279年。共历7帝、150年。详"宋朝"。

西夏 朝代名。公元1038—1227年。党项羌族所建。唐僖宗中和元年(881年),党项羌的拓跋思恭因助平黄巢起义有功,一度曾收复长安,被赐姓李,受封夏国公,占据夏州,世代相袭。至北宋景祐五年(1038年),其后裔李元昊以"夏"为国号,自称"大夏",定都兴庆府(治今宁夏银川)。曾先后与辽、金、宋对峙。因其位处西方,宋人称为"西夏"。从事农耕,官制仿宋,创制西夏文,翻译大量汉文典籍与佛经,有刻本传世。1227年为蒙古军所灭。共历10帝、190年。

金朝 朝代名。公元1115—1234年。1115年女真族完颜部领袖阿骨打(金太祖)创建,建都会宁(今黑龙江哈尔滨市阿城区),国号“金”。其弟完颜晟(金太宗)继位后,1125年灭辽,1127年灭北宋。后迁都中都(今北京城西南隅),再迁都至开封(今属河南)。金国是当时中国北方的一个强大政权,其全盛时期的统治范围为:东北到日本海、黑龙江流域一带;西北到河套地区;西面接壤西夏;南面以秦岭到淮河一线与南宋交界。1234年被蒙古与南宋联合攻灭。共历10帝、120年。

元朝 朝代名。公元1271—1368年。1206年蒙古族领袖成吉思汗建立统一的大蒙古国。从成吉思汗到蒙哥汗时,陆续攻灭西辽、西夏、金、大理,并在吐蕃建立行政机构,实行统治。1271年,忽必烈(元世祖)定国号为“元”,并于1279年灭南宋,统一全中国,建都大都(今北京)。其疆域西起新疆、西藏,北到西伯利亚大部,东北到鄂霍次克海,南到云南、两粤,东南到海,包括台湾及其附属岛屿。1351年,爆发红巾军农民大起义。1368年,朱元璋军攻入大都,推翻元朝统治,元顺帝北走塞外。自成吉思汗至此,共历15帝、163年;自世祖(忽必烈)定国号起,共历11帝、98年。元顺帝北走塞外,仍称“元朝”,史称“北元”。明建文四年(1402年),鬼力赤杀坤帖木儿汗,始去国号。

明朝 朝代名。公元1368—1644年。1368年,明太祖朱元璋称帝,推翻元朝统治。初建都于应天府(今江苏南京),国号“明”。永乐十九年(1421年),成祖朱棣迁都顺天府(今北京),改应天府为南京。疆域辽阔,继承元代。明末爆发农民起义,1644年,李自成军攻入北京,思宗朱由检(崇祯帝)于煤山(今北京景山)自缢,明朝亡。共历16帝、277年。

南明 政权名。明亡以后,其残余力量拥立藩王在南方各地建立的政权。主要有福王政权、唐王政权、桂王政权、鲁王政权,先后被清所灭。

后金 政权名。建州女真族首领努尔哈赤统一女真各部,于1616年(明万历四十四年)即汗位,国号“金”,建都赫图阿拉(今辽宁新宾西)。史称“后金”,以与12、13世纪女真族建立的金朝区别。后金势力逐渐扩大后,都城先迁辽阳(今属辽宁),又迁沈阳(今属辽宁)。天聪十年(1636年)皇太极即皇帝位,改国号“清”。参见“清朝”。

清朝 朝代名。公元1636—1911年。由中国东北地区的女真族建立的封建王朝,是中国历史上继元朝后第二个由少数民族统治全中国的王朝。1616年努尔哈赤建立后金,1625年迁都沈阳(后改称“盛京”)。1636年改国号为“清”。1644年,清摄政王多尔衮指挥清军入关,携年幼的福临(顺治帝)迁都北京。清廷先后镇压各地的农民军和南明抗清武装,逐步统一全国。疆域辽阔,曾是亚洲东部最强大的封建国家。鸦片战争后沦为半殖民地半封建社会,衰败不振。1911年,辛亥革命爆发,清帝退位,从此结束了中国两千多年来的封建帝制。自皇太极改国号为起,共历11帝、276年。

古代民族、政权,中国史籍中的外国

华夏 ① 古代汉族的自称。“华”意为“荣”,“夏”意为“中国之人”,“中国”古指中原地区。文献中常以“华”与“夷”对称,以“夏”与“蛮夷”或“蛮”对称。相传上古时期,原居于今陕西的部落联盟首领黄帝,在战胜炎帝和蚩尤等部落后,在黄河流域形成统一的部落大联盟,从此奠定华夏的基础。后人因奉炎帝、黄帝为华夏族的始祖。公元前21世纪至公元前8世纪,散布于黄河、长江流域的许多民族,逐渐融合、同化到以夏、商、周为核心的华夏族中。秦汉时形成以华夏族为主体的统一的多民族的中央集权制封建国家。东汉后渐称汉族,但“华”作为中国民族的概念,并未消失。近代出现“中华民族”的概念后,遂以此作为中国各民族的总称。② 亦指夏、商、周三代统治的黄河中下游和今陕西地区。俗称

“中原”。后扩大指整个中国。

汉族 古代亦称“华夏”“诸夏”“中华”“华人”等,外族、外国称为“汉人”“唐人”等。中国的主体民族。分布于全国,由古代华夏族和其他民族逐渐发展而成。为世界上人口最多的民族。远古时主要活动于黄河中下游流域,后渐扩展到长江流域、珠江流域以及松辽平原等处。在历史发展过程中,有过多次大迁徙和民族间的融合。许多边疆民族、游牧民族内迁,先后融入汉族;汉族亦以各种方式移居边疆各地,融入当地民族之中。使用汉语,属汉藏语系。在宗教上兼容并蓄。参见“华夏①”。

华夷 ① 汉族与少数民族的合称。也是古代对中国各民族的总称。《晋书·元帝纪》:“天地之际既美,华夷之情允洽。”② 汉族与少数民族居住区域的合称,犹言全中国。杂剧散曲中常言“一统华夷”。元关汉卿《一枝花·杭州景》套曲:“大元朝新附国,亡宋家旧华夷。”元王实甫《丽春堂》第二折:“则俺那仁慈的明圣主,掌一统锦华夷。”明人《杀狗记·看书苦谏》:“再整旧华夷,重睹江山丽。”

夷 亦称“东夷”。古代华夏族对东方各民族的泛称。夏、商、周时专指今山东、江苏、河南东部和淮河中下游一带的民族。传说舜、禹时代,夏、夷同属一个部落联盟,其首领由两族轮流担任。制造八卦的太昊氏(或称伏羲氏),发明历法的少昊氏,以及射手后羿等,都是夷族的著名人物。商代以后势力渐衰。春秋时有九夷之称,后分别为齐、鲁等国吞灭,逐渐成为华夏族的一部分。春秋以后,泛称中原以外的各民族,亦称外国人为“夷”,如“英夷”等,多含轻蔑之意。

东夷 见“夷”。

戎 亦称“西戎”。古代华夏族对西北少数民族的泛称。商周时期,分布在黄河上游今青海东南及甘肃西北,部落众多,从事游牧,逐水草迁徙。后渐强盛,不断东迁。至春秋时支系繁多,已移到今甘肃东南与陕西西北一带。春秋末先后为秦、晋所吞并。《礼记·王制》:“西方曰戎,被发衣皮。”《后汉书·西羌传》:“戎本无君长,夏后氏末及商周之际,或从侯伯征伐有功,天子爵之,以为藩服。春秋时,陆浑、蛮氏戎称子。战国世,大荔、义渠称王。”

西戎 见“戎”。

蛮 亦称“南蛮”。古代华夏族对南方各民族的泛称。商周时期,分布于今长江中游及以南的广大地区。自秦汉起,多在蛮前冠以地域名,如荆蛮、五溪蛮、武陵蛮等;亦有冠以酋长或图腾名的,如廪君蛮、盘瓠(神犬名)蛮等。《礼记·王制》篇记载南方蛮族,有在身体和额上刺花纹,喜欢吃生食的。《后汉书·南蛮传》叙述他们穿彩色衣服,居住于深山,有男女在同一条河川中洗浴等习俗。后亦以“蛮夷”“蛮貊”等指四方的少数民族或外国人,含轻侮意。

南蛮 见“蛮”。

狄 亦称“翟”“北狄”。古代华夏族对黄河流域中下游及北部地区少数民族的泛称。公元前7世纪时分为赤狄、白狄、长狄三部。西周末及春秋时居华夏族之北,不断进犯华夏弱小的诸侯国。先后为晋、齐所并。战国后期,白狄支系曾建立中山国政权。其民以畜牧为生,逐水草而居,无文字记载,射猎禽兽,食肉衣皮,习于攻战。

北狄 见“狄”。

夷狄 ① 古代华夏族称东方部族为夷,北方部族为狄。常用以泛称汉族以外的各族。② 指边远的少数民族地区。③ 明清时期亦泛指外国人,含轻侮意。

胡 古代中原汉族对北方和西方各少数民族的泛称。如胡人、胡语、胡服、胡乐、胡马、胡地、胡俗等。

东胡 中国东北部的一个民族部落联盟。因居匈奴(胡)以东而得名。其名周初已出现,见于《逸周书》。包括族属相同而名号不一的若干大小部落。春秋战国时,活动于燕国的北部与东北部(今西辽河的上游老哈河、西拉木伦河流域),势力强大。据《史记·匈奴列传》,东胡曾打败燕、赵两国,并向刚兴起的匈奴索要宝马、美女。后燕国大败东胡,迫其后撤一千余里,又修筑长城,设置上谷、渔阳、右北平、辽西、辽东五郡,防其南下。赵国大将李牧以及匈奴冒顿单于大破东胡。从此东胡瓦解，大部分成为匈奴的奴隶。乌桓、鲜卑是其主要部落集团。此外，它还包括柔然、契丹、室韦等，与后来的蒙古族、鄂温克族、达斡尔族均有族源关系。

西胡 古代泛指西域各民族。因匈奴称为胡或北胡，故居匈奴西面的西域各族则泛称西胡。西汉时指葱岭以东各族，有鄯善、车师、龟兹、于阗、焉耆、疏勒、大宛、乌孙、大小月氏等。东汉至隋唐，亦兼指葱岭以西各族，如粟特、康居、大宛、吐谷浑、安息、大秦等地的居民。汉代设有西域都护府进行管辖，加强了汉族与西域各族在政治、经济、文化上的联系。对来自这一地区的事物多加以“胡”字，如胡人、胡姬、胡服、胡语、胡桃、胡椒、胡笳、胡琴、胡舞等。

五胡 西晋末至北魏时期北方的五个少数民族。指匈奴、鲜卑、羯、氐、羌。公元4世纪初，西晋“八王之乱”后，王室分裂，国力空虚，中原汉族军事力量迅速衰退。五胡趁机起兵，反抗西晋，同时或先后建立许多割据的地方政权，史称“五胡十六国”。

肃慎 中国古代民族名。商、周时分布于黑龙江中下游、乌苏里江流域和长白山以北地区，东面临海。其民生活于山林间，穴居野处，依靠狩猎为生。擅长射弋，以盛产弓矢、貂皮闻名。曾向商、周进贡弓矢，周灭商后臣服于周天子，与中原地区来往频繁。后世的挹娄、勿吉、靺鞨、女真皆与肃慎有族源关系。《北史·勿吉传》：“勿吉国在高句丽北，一曰靺鞨……自拂涅以东，矢皆石镞，即古肃慎氏也。”

高句丽 中国古代民族与其所建政权名。周成王时其部落臣服朝贡于周，《逸周书·王会解》称为“高夷”。《汉书·地理志》称“高句骊”。又称“句骊”。生活于浑江、鸭绿江流域。西汉武帝时，隶属于汉的玄菟郡高句骊县（在今辽宁新宾满族自治县西南）。公元前37年，建立高句丽政权。通过不断扩张，最强盛时，其土横跨今日中国的辽东，直抵朝鲜半岛的汉江流域。其居民主要由中国的扶餘（肃慎系统的通古斯人）、濊貊（貊族，一作貉族）、靺鞨等构成；亦有认为出自炎帝族系者。以农业、渔猎为生。古壁画等证明，高句丽文化上属中华文明体系。公元5世纪末至6世纪前期，进入鼎盛状态。因新罗的迅速崛起，它逐渐衰弱。曾与隋、唐王朝发生战争。668年（唐总章元年），唐联合新罗攻占平壤，其国亡。其民扶餘人、貊貉人等，大部分流入唐朝和渤海国，融入汉族和东北少数民族。

靺鞨 亦称“勿吉”。中国古代民族名。源于肃慎，共有七部。分布在松花江、牡丹江流域及黑龙江中下游，东至日本海。农业种植粟、麦、穄。养猪，亦从事渔猎，向汉王朝朝贡。黑水部居最北，较落后。唐玄宗时置黑水府，以其部族首领为都督。五代时称女真。粟末部居最南方，较先进，公元698年联合其他族在松花江以东乌苏里江流域，建立渤海国。向唐王朝遣使朝贡，按唐制建立政治、经济制度，使用汉文。926年为辽太祖耶律阿保机所灭。见《魏书·勿吉传》《旧唐书·靺鞨传》。

渤海 中国古代民族所建地方政权名。唐时由粟末靺鞨部建立。居民兼有靺鞨各部及高句丽遗民、汉族、突厥、契丹、室韦等。公元698年，粟末首领大祚荣自号震国王。713年，大祚荣受唐册封为渤海郡王、忽汗州都督，世代向唐朝贡。全盛时期，以今吉林为中心，其疆域北至黑龙江中下游东岸、鞑靼海峡沿岸与库页岛相望，东至日本海，西到今吉林与内蒙古交界的白城、大安附近，南至今朝鲜咸兴附近。制度、文化全面效法唐朝。有农牧业，手工业有纺织、陶瓷、铜铁冶炼与造船等。信佛教与萨满教。首都屡迁，后定都于上京龙泉府（今黑龙江宁安）。在各方面与唐朝保持密切联系。926年为辽国所灭。渤海国的建立，对于东北地区的开发及各民族的融合，具有推动作用。

女真 亦作“女直”。中国古代民族名。源于唐初的黑水靺鞨。五代时，分布于松花江、黑龙江下游，以东临海。从事渔猎与农业，产粟、麦等。从属于辽，分熟、生两部。北宋末，完颜部阿骨打统一女真各部，建立金政权，定都会宁（今黑龙江哈尔滨市阿城区）。1127年灭北宋后，迁都燕京（今北京）。进入中原地区后，典章制度逐渐汉化。1234年为蒙古所灭。明王朝时，受奴儿干都司统辖，分为建州、海西、野人三大部。女真各部是后世满族的主要组成部分。

女直 见“女真”。

满洲 中国古代民族名。即今满族。《清实录》：“满洲一词……表示部族之号，若肃慎、勿吉、女真。非地名也。”又据《满洲源流考》载：“满洲本作满珠，二字皆平读。”其先祖为上古至周代的肃慎、汉代至两晋的挹娄、北朝时的勿吉、隋唐时的靺鞨、北宋至明朝的女真。其活动领域西起贝加尔湖、叶尼塞河、勒拿河一线，南至山海关，东临太平洋，囊括整个亚洲东北部海岸线，以及今属俄罗斯的楚科奇半岛、堪察加半岛、库页岛、千岛群岛等地区。有农牧业兼渔猎，精于骑射，信萨满教。1616年，努尔哈赤统一女真各部，创立八旗制度，建立后金政权。皇太极继位，以建州女真为核心，结合女真其他部及他民族，改称“满洲”（1635年），又更国号为“清”（1636年）。1644年清军入山海关，定都北京，逐步统一全中国。辛亥革命后通称“满族”。

匈奴 亦称“胡”。中国古代民族名。战国时活动于燕、赵、秦以北的广大区域。秦汉之际各部统一，建立起奴隶制军事政权，势力强大，始称匈奴。汉初不断南下侵扰，武帝时任用卫青、霍去病为大将，屡次予以重创。公元前52年呼韩邪单于附汉，使汉与匈奴经济文化交流频繁。至东汉初，分裂为两部，南下附汉者称南匈奴，西晋时曾先后建立赵、夏、北凉等国；留居漠北者称北匈奴，汉和帝时被东汉和南匈奴击败，部分西迁，余下者后成为鲜卑族的一部。

乌桓 亦作“乌丸”。中国古代民族名。东胡的一支。秦末汉初，东胡被匈奴冒顿单于所败，一部分退居乌桓山（在今内蒙古辽河上游的阿鲁科尔沁旗北），因以为族名。北邻鲜卑，以游牧、渔猎为生。初臣服匈奴，汉武帝击败匈奴后，乌桓附汉内迁，汉置护乌桓校尉统辖之。东汉时，再度摆脱匈奴，归附汉朝，助汉击匈奴、鲜卑；改游牧为农耕，与汉互市。东汉末，势力强盛，卷入中原割据战争。公元207年，曹操大败乌桓，得降众20余万，连同大批归附者，一起迁居中原。从此同化于汉族。留居东北的部分则为鲜卑征服。

乌丸 即“乌桓”。

鲜卑 中国古代民族名。源于东胡。西汉初，东胡为匈奴冒顿单于所败，部分退居鲜卑山（地望所指不一，一说在今内蒙古科尔沁右翼中旗西部），因以为名。游牧渔猎于今西拉木伦河与洮儿河之间，南邻乌桓。初附匈奴，后附汉。北匈奴西迁后，进入匈奴故地，并其余众，势力渐盛。两晋南北朝时期，分裂成各部，在中国北部建立割据政权的拓跋（北魏）、慕容（前燕、后燕、南燕）、宇文（北周，一说出于匈奴南单于远属）、乞伏（西秦）、秃发（南凉）等部，都是鲜卑族的后裔。此后逐渐融入汉族和其他民族之中。见《后汉书·鲜卑传》。

柔然 亦称“蠕蠕”。中国古代民族名。源于东胡。首领原为鲜卑族拓跋部贵族的奴隶，部民则为高车、突厥族。公元4世纪中，游牧于今鄂尔浑河和图勒河流域，后进居阴山一带，随水草畜牧而居。4世纪末，被北魏打败，远迁漠北。5世纪初，首领社仑以武力合并漠北邻近各部，组成联盟，自称丘豆伐可汗，创立军事编制，规定军功奖惩之法。与北魏、南朝在经济文化方面往来密切。后被北魏一再击败，内部分崩离析，日趋衰微。6世纪中叶败亡，并入突厥，前后立国约200年。北魏时，亦称其所建政权为柔然。

蠕蠕 见“柔然”。

契丹 中国古代民族与其所建政权名。源于东胡，是鲜卑的一支。北魏以来，在今辽河上游一带以游牧、狩猎、捕鱼为业。曾臣服突厥，后在贞观年间归附唐朝。唐以其地置松漠都督府，以契丹首领为都督。公元907年，耶律阿保机统一各部，建立契丹政权，后改称“辽”。先后与五代、北宋并立。在汉族影响下，兼营农业、手工业，创立契丹文字。1125年为金所灭，渐与汉、女真、蒙古等族融合。另有辽宗室耶律大石率部西迁，至今新疆西部及中亚一带，建立西辽政权，亦称“哈剌契丹”，后被蒙古成吉思汗所灭。

奚 中国古代民族名。南北朝时称“库莫奚”，隋唐简称为“奚”。源于东胡。游牧于今内蒙古西拉木伦河流域，从事游牧和渔猎。经常与中原进行物资交换。初臣服于突厥，以游牧而兼狩猎，居毡帐，风俗与突厥相似。后渐强盛，分为五部，先后臣属北魏、隋、唐。唐于其地置饶乐都督府，曾封其首领为饶乐郡王，嫁以唐公主。当时与契丹并称“两蕃”。唐末，部分西徙妫州（治今河北怀来），别称“西奚”，遂有东奚、西奚之分。东奚、西奚先后附辽，其众多散居于中京（今内蒙古宁城西大明城）地区，渐与契丹族相融合。

库莫奚 见“奚”。

室韦 亦作“失韦”。中国古代民族名。源于东胡。分布于今嫩江及黑龙江流域。北魏时，分南室韦、北室韦等五部，各部发展不平衡。以畜牧、狩猎为主，兼营农业，部落相聚而居。语言、文化等与鲜卑、契丹相近。自东魏时起，不断向中原王朝纳贡，一度臣服突厥。唐时有二十余部（其中居于额尔古纳河南部一带的蒙兀室韦，为后来蒙古族的先民），先后属唐朝慎州、黎州以及室韦都督府等管辖，唐王朝授其首领为都督、大都督。在契丹建立辽朝的过程中，部分被并入辽。

蒙古 亦作“蒙兀”。中国民族及古代所建政权名。《旧唐书·北狄传》所载“蒙兀室韦”，为唐时室韦诸部之一，是蒙古贵族的先民。此后的蒙古族全体，则为东胡、突厥、匈奴诸民族的混合体。初居额尔古纳河流域，后西徙至今鄂嫩、克鲁伦、土拉三河上游的肯特山一带。从事游牧，亦有农业。13世纪初，首领成吉思汗建立统一的大蒙古国。随即统一中国北方，并在中国西部至西亚、东欧等地，封建四个汗国。1271年，忽必烈即大汗位，定国号为“元”。1279年灭南宋，统一全中国。元王朝辖境，东、南到海，西到今新疆，西南包括西藏、云南，北面包括西伯利亚大部，东北到鄂霍次克海，疆域之广超越前古。1368年为明王朝替代。少数贵族退回蒙古草原，大部分族人仍留居内地。13世纪时创立蒙古文字，元以后信奉藏传佛教的黄教。明代分为“鞑靼”与“瓦剌”。清代，内外蒙古各部受清王朝管辖，首领与皇室姻亲不断。

蒙兀 见“蒙古”。

卫拉特 亦称“额尔特”或“厄鲁特”。清代对西部蒙古各部的总称。元代称“斡亦剌”，明代称“瓦剌”。最初分布于今叶尼塞河上游，以狩猎为业，曾与蒙古为敌，后归附成吉思汗。元末南迁至匝盆河流域与准噶尔盆地，经营畜牧业及部分农业。明初势力渐强。其首领受明封为王。1449年大举进犯明王朝，俘获明英宗，史称“土木堡之变”。后与明议和。首领也先一度统一蒙古各部。明末、清代分为绰罗斯（即准噶尔）、杜尔伯特、土尔扈特与和硕特四大部。清初，准噶尔部首领噶尔丹多次叛乱，直至1757年才完全平定。

瓦剌 明代对西部蒙古各部的总称。参见“卫拉特”。

鞑靼 亦作“达旦”“达靼”“达达”“塔塔儿”。中国民族及古代所建政权名。始见于唐时。为突厥统治下的一个部落。唐末，突厥衰亡，鞑靼部落渐强大，其名成为北方诸部的泛称。阴山鞑靼与中原王朝保持联系，陆续归附或朝贡。宋、辽、金时，将漠北的蒙古等部称为“黑鞑靼”或“生鞑靼”，漠南的汪古部称为“白鞑靼”或“熟鞑靼”。13世纪初，为蒙古所灭，成为蒙古族的组成部分。然西方通常仍泛称蒙古为“鞑靼”。元亡后，明又把东部蒙古成吉思汗后裔各部称为“鞑靼”。

铁勒 汉称“丁零”。后音变为“铁勒”“敕勒”“赤勒”“狄历”。中国古代民族名。因所用车轮高大，又称“高车”。魏晋南北朝时，游牧于东至贝加尔湖，西至土拉河以西、阿尔泰山及塔尔巴哈台一带，部分迁居漠南的部族逐渐学会农耕。风俗与突厥相同。公元5世纪中叶归属北魏，以弓箭、貂皮为其贡品。后分属东、西突厥。散处漠北者十五部，以薛延陀与回纥为最强。唐代于东部铁勒分设都督府、州，隶属燕然都护府。东魏时斛律金作有《敕勒歌》，其词曰：“敕勒川，阴山下。天似穹庐，笼盖四野。天苍苍，野茫茫，风吹草低见牛羊。”

敕勒 见“铁勒”。

突厥 中国民族及古代所建政权名。广义包括铁勒、突厥各部落，狭义专指突厥汗国。公元5世纪前，已居今新疆准噶尔盆地之北、叶尼塞河上游一带，以畜牧、狩猎为生。后为柔然征服，被迫迁到金山（今阿尔泰山）南麓。后在西魏支持下攻灭柔然，建立以鄂尔浑河流域为中心的奴隶制地方政权，史称“突厥汗国”。其疆域东起辽水（今辽河上游），西达西海（今里海），北越贝加尔湖，南抵阿姆河南。有文字，制立刑法、官制、税法。北朝周、齐统治者争与通婚，与内地经济文化交流频繁。隋代分裂为东、西突厥。7 世纪被唐所灭，唐于其地置都护府以管辖之。

突厥汗国　见“突厥”。

吐谷浑　亦称“吐浑”。中国古代民族与其所建政权名。本为鲜卑族慕容部的一支，游牧于辽东徒河（今辽宁锦州）一带。西晋末，首领吐谷浑率部西迁，后经扩展，在今青海、甘南和四川西北地区建立国家。有农牧业与商业，金属冶炼也比较发达。受汉文化影响较深，使用汉文，信仰佛教。接受北魏、隋、唐封号，历代国王多次娶隋、唐公主为妻。唐代，吐蕃破其国，分裂为二，西部附吐蕃，东部附唐。五代时散处蔚州等地。公元 936 年，燕云地区割属契丹，此地区的吐谷浑人便臣于契丹，后世多同化于汉族或其他民族。

回鹘　原称“回纥”。中国古代民族名。分布于今内蒙古、甘肃、新疆之间。初为铁勒的一部，北魏时游牧于今鄂尔浑河与色楞格河流域。至隋代摆脱突厥统治而独立，公元 646 年首领吐迷度自称可汗。唐德宗时改称“回鹘”。回鹘汗国使用突厥文字，信仰原始的萨满教。9 世纪中叶被黠戛斯推翻灭亡，大部分人分三支西迁中亚。其中一支定居于今新疆吐鲁番，信奉摩尼教与佛教，是维吾尔族的先民。在其存在的近 200 年中，回鹘助唐平定安史之乱、抵御吐蕃的进攻，与唐王朝保持密切的政治、经济和文化往来。元明时称“畏兀儿”。

回纥　见“回鹘”。

吐蕃　中国古代民族所建地方政权名，也是青藏高原各部族的统称。公元 7 世纪初，首领松赞干布建都逻娑（今西藏拉萨），制定法律、官制、军制，创立文字，形成以赞普为中心的奴隶主贵族政权。传位 9 代，凡 200 余年。强盛时，范围及于青藏高原诸部与西域、河陇等地区。长期与唐王朝密切往来，唐宗室女文成公主和金城公主先后远嫁吐蕃赞普，促进了唐蕃之间的政治、经济、文化交流。农业种植青稞、小麦、荳豆等，牧业畜养牦牛、猪、犬、羊、马，也有冶炼、毛织等手工业，大量接受来自汉族的工艺技术。其民性格剽悍，勇敢善战，原信本教，后改奉佛教，今藏族为其后裔。9 世纪时，统治集团分裂，后为平民及奴隶的大起义摧毁。在宋、元、明史籍中，沿称青藏高原及当地土著族、部为吐（土）蕃或西蕃（番）。

大宛　中国古代民族与其所建西域政权名。在今乌兹别克斯坦、吉尔吉斯斯坦、塔吉克斯坦境内的费尔干纳盆地，都贵山城（在今塔吉克斯坦的苦盏）。从事农牧业，商业繁盛，盛产葡萄、苜蓿，尤以良种的汗血马著称。因长期处于匈奴势力之下，对汉使横暴，以至杀死汉使，拒换汗血马，并劫夺财物。武帝派贰师将军李广利两次发西域诸国兵，进攻大宛，围困其首都。大宛被迫求和结盟，此后与汉朝经济、文化交流频繁。苜蓿、葡萄皆从其地引入中土。唐玄宗时，以宗女和义公主嫁其国王。

月氏　亦作“月支”。中国古代民族与其所建西域政权名。族源未有定论。商代时就居于中国西北，在今甘肃兰州以西至敦煌的河西走廊一带游牧为生。公元前 2 世纪被匈奴击败后，一分为二：一支西迁至今新疆伊犁，史称“大月氏”；一支南迁至今甘肃、青海一带，与羌族杂居，称“小月氏”。大月氏多次迁徙，后定居于今乌兹别克斯坦、塔吉克斯坦和阿富汗之间的界河流域，从事农业与商业，约公元 1 世纪上半叶建立贵霜王国。强盛时疆域西及里海，南及恒河地区，成为丝绸之路上与汉朝、罗马、安息并列的强国。因地处丝绸之路的要道及其中转站的作用，对东西方的沟通与经济文化交流起过重大作用。

乌孙　中国古代民族与其所建西域政权名。族源不明，首领称为“昆莫”或“昆弥”。公元前 2 世纪初，乌孙与月氏均在今甘肃境内敦煌、祁连山之间（即河西走廊）游牧，北邻匈奴。乌孙王被月氏所杀，依附匈奴，后击败月氏，成为西域最大的王国。为摆脱匈奴的控制，与汉朝联姻。汉武帝、宣帝先后以宗女细君公主、解忧公主嫁其首领。解忧公主与其夫联合汉军，曾重创匈奴。其内部有亲汉与亲匈奴两派，乃以大小昆弥分治其国。至公元5世纪时，为蠕蠕（柔然汗国）所攻灭，余部迁入葱岭山中，与北魏关系密切。辽太宗时，曾遣使入贡。其后渐与邻族融合，今哈萨克族中尚有称“乌孙”之部落。

龟兹 中国古代民族所建西域政权名。以库车绿洲为中心，最盛时辖境相当于今新疆轮台、库车、沙雅、拜城、阿克苏、新和六县市。为古代西域大国。汉宣帝元康元年（公元前65年），龟兹王及夫人来朝，受印绶。从事农牧业，产良马、葡萄酒。有文字，擅长音乐，后信奉佛教。汉代属西域都护府，唐代属安西都护府统辖。11世纪后逐渐回鹘化，改宗伊斯兰教。

鄯善 本名“楼兰”。中国古代民族所建西域政权名。在今新疆，国都扜泥城（在今新疆若羌附近）。其境东通敦煌，西通且末、精绝、拘弥、于阗，东北通车师，西北通焉耆，地处“丝绸之路”要冲，也为内地通西域的门户。当时水土肥美，居民游牧，产马、驴、骆驼等，曾盛极一时。汉昭帝时改其名为“鄯善”，属西域都护府，是汉王朝的西域重镇。隋代曾置鄯善郡，但因战争频繁和罗布泊的迁移，此处水源枯竭，当地人只能弃城他迁，其地今已成为沙漠，而唯存楼兰古城遗址。

楼兰 见“鄯善”。

高昌 汉族在西域建立的佛教国家。位于今新疆吐鲁番东南之哈拉和卓地方。地当天山南路的北道沿线，为东西交通往来要冲。公元460年柔然人攻高昌郡时建立。国王为汉人，居民多为汉人，也有少数族裔。政令、制度略同内地，风俗受突厥影响。5世纪中叶至7世纪中叶，在吐鲁番盆地曾先后出现阚氏高昌、张氏高昌、马氏高昌及麴氏高昌政权。640年，唐朝灭麴氏高昌。安史之乱时高昌被回鹘侵占。《新唐书·高昌传》有较详细记载。

羌 亦称“羌戎”。中国古代民族名。最早见于甲骨文卜辞。夏商时期分布于今青海、甘肃、新疆南部、四川西部等广大地区。商朝末，曾随武王伐纣。部分杂居中原。秦汉时，部落众多。西汉时，各部泛称“西羌”。魏晋至唐宋，又有宕昌、邓至、白兰、党项等部。部落分散，均以游牧为主。曾臣服匈奴，后内附。与汉人杂处的部分渐从事农耕。东晋至北宋间，烧当、党项羌先后建立后秦、西夏等政权。其首领多受中原王朝册封，往来联系密切。以后逐渐与西北地区的汉族和其他民族融合。今分布于四川的羌族是古羌人的后代。

西羌 见“羌”。

党项羌 简称“党项”。中国古代民族名。古羌人的一支。魏晋南北朝时分布于今青海东南部和四川西北部，从事畜牧业。唐朝时共分为八部。首领拓跋思恭因参加平定黄巢起义有功，受封夏州节度使、夏国公，赐姓李，世代相袭。先后臣服于唐、五代诸朝与宋。占有今青海东南、甘肃南部、宁夏、陕北一带，与内地接触频繁。北宋仁宗时，首领李元昊建立以党项羌为主的大夏政权。在元代典籍中，称党项羌及其所建西夏政权为“唐兀”或“唐兀惕”。元、明之后，渐融合于汉族和其他民族。

氐 中国古代民族名。远古起源于黄河上游，不断沿青藏高原南迁。商周时起，分布于今甘肃、青海、四川西部至云南西北部。与羌人杂居，古代文献中往往氐、羌并称，见于《诗·商颂·殷武》。东汉末至魏晋，大批徙于关中，接受汉族的文化和生产技术，着汉服，说汉语，从汉姓。从事畜牧业与农业，种有麻田，能织布，并出产漆、蜜、铜、铁、椒、蜡等。两晋十六国时期，其支系白马氐在今甘肃东南部、四川西北部建立仇池、前秦、后凉等割据政权。

巴 中国古代民族名及古国名。传说其族曾以廪君为首领，称廪君蛮。甲骨卜辞中有派妇好率沚伐巴方之记载。最初生活在今湖北长阳西北，以渔猎为生，后徙居今鄂西北、川东与陕西汉中一带。曾参加武王伐纣的战争，西周建立后，受封为子国。地域大致在今重庆全境，北到陕南的汉水上游、大巴山北缘，东至今湖北襄阳。与楚国等交往频繁。公元前316年为秦所灭，秦于此地置巴郡。巴国灭亡后，其族犹存，汉时板楯蛮即为巴人之一部。

蜀 中国古代民族及其所建政权名。商代甲骨文中已有“蜀”的记载。或说为古氐族的一支。最初生活在今岷江上游一带，依山居止，累石为室。相传酋长蚕丛（古文献称蜀王）时，从事渔猎，经常迁徙。鱼凫时代渐向东南发展，并进居成都平原，转向农耕。曾参加盟会，追随周武王伐纣。后有首领杜宇教民耕种，开发水利，社会生产力进一步发展，建立奴隶制政权，都郫邑（今成都市郫都区），后迁至成都。农业以水稻为主，兼营养蚕、织帛等。公元前316年为秦所灭，秦于此地置蜀郡。蜀人多数融合于汉族。

三苗 亦称“有苗”“苗”。中国古代民族名。为南蛮中较强大的一支。分布于长江中游的彭蠡（鄱阳湖）、洞庭湖以及文山（在今江西吉安东南）与衡山之间。传说曾跟尧、舜、禹的华夏族发生过激烈战争，战败后部众被迁到三危（今甘肃敦煌一带），成为西羌族的远祖。一说认为，三苗源于“九黎”，是今苗族的先祖。也有学者认为，今苗族是秦汉至唐宋时“五溪蛮”中一支的后代，与上古的“三苗”无关。

五溪蛮 东汉至宋时对分布于今湘西及黔、川、鄂三省交界地沅水上游若干少数民族的总称。因其地有雄溪、樠溪、辰溪、酉溪、武溪五条溪流而得名。主要从事农业，以善于染织著称。西汉初曾在此地置武陵郡，故亦称“武陵蛮”。东汉时不断进行反抗，后逐渐南迁。与今土家、苗、瑶、侗、仡佬等族有族源关系。

武陵蛮 见“五溪蛮”。

西南夷 汉时对分布在今云南、贵州、四川西南部和甘肃南部等地区少数民族的总称。见于《史记·西南夷列传》《后汉书·南蛮西南夷传》。诸族间经济发展不平衡，夜郎、靡莫、滇、邛都等定居，主要从事农耕；巂、昆明夷从事游牧；其余各族或农或牧。与巴、蜀有商业来往。战国时，秦在西南地区置巴、蜀、汉中三郡。西汉武帝至东汉初继续经营，先后置犍为、牂牁、越巂、汶山、沈黎、武都、益州和永昌等八郡进行管辖。西南夷中的各部落相互融合，并与中原进行经济文化交流，后成为近代汉藏语系藏缅语各族的先民。

夜郎 中国古代民族所建地方政权名。夜郎人为西南夷的一支，居于今贵州西部、北部，以及云南东北、四川南部、广西西北部等地，从事农耕。战国后期至汉初，建立政权。与巴蜀、楚、南越均有经济联系，与中原隔绝。汉成帝时，夜郎王胁迫周边22邑叛汉，被汉使陈立所杀，国遂亡，存在约300年。唐、宋曾两次置夜郎县。《史记·西南夷志》记载：“西南夷君长以什数，夜郎最大。”夜郎文化是古老的西南夷民族文化的代表，其文明发展在西南地区具有较大影响。

乌蛮 中国古代民族名。源于氐、羌。唐代分布于今云南、四川南部、贵州西部。为东爨的主要居民，部落众多。从事畜牧业，或半牧半农，很少同汉民接触。乌蛮妇女着黑色衣，衣长曳地。曾建立南诏国，以乌蛮的蒙姓为国王，白蛮的大姓为辅佐，受唐王朝的册封。其大部分为今彝族的祖先。此外如六诏中的越析诏为今纳西族的一部分。今傈僳、拉祜、哈尼等族与乌蛮也有族源关系。元明时又称乌蛮为“黑爨”或“罗罗”。

白蛮 中国古代民族名。唐代分布于今云南和四川南部一带，为西爨的主要居民。由汉、晋时期的僰人演变而来，以滇、叟、爨为主体，融合其他民族而成。栽种水稻，冶铜铁技术较发达，文字与汉族同，语言相近。白蛮妇女着白色衣，长不过膝。唐代，其首领参加南诏国。五代时，大姓段思平建立大理国。白蛮与今白族有亲缘关系。基本上为汉文化，到段氏大理时，已无大区别。

六诏 唐初，分布在今云南洱海地区的众多少数民族部落经过相互兼并，最后形成蒙巂诏、越析诏、浪穹诏、邆赕诏、施浪诏、蒙舍诏六个大的部落，称为“六诏”。其中，蒙巂诏在今巍山北及漾濞，越析诏在今宾川，浪穹诏在今洱源，邆赕诏在今洱源邓川，施浪诏在今洱源青索，蒙舍诏在今巍山。蒙舍诏位于诸诏之南，因又称“南诏”。唐开元末六诏为南诏所统一。

南诏 中国古代民族所建地方政权名。公元7世纪上半叶，以乌蛮的蒙姓为国王，白蛮的大姓为辅佐，统一境内各部族(包括汉族)所建立。定都太和城(今云南大理)，盛时辖境包括今云南全省和川南、黔西地区。接受唐王朝的册封，双方联系密切。大力吸收唐的生产技术与文化，派王室与贵族子弟至长安(今陕西西安)、成都学习，使用汉语，信奉佛教。对于改变西南的落后状态，在历史上曾起有重要作用。传13王，10王受唐册封。五代后晋时为段氏政权取代。

大理 中国古代民族所建地方政权名。五代后晋天福二年(937年)，通海节度使、白蛮族的段思平讨平南诏内乱后建立。都羊苴咩城(今云南大理)，辖云南、贵州和四川西南部等地，分八府、四郡、三十七部，受封于宋朝。农牧业、手工业、冶炼业兴盛。大力推行汉文化，尊崇佛教。与中原及南亚、东南亚等地区国家有密切的经济文化交往。传22王。1254年为蒙古忽必烈所灭。元王朝于此建云南等处行中书省，原大理国王段氏被任为大理世袭总管。

百越 亦称“越”“百粤”。中国古代族名的统称。秦汉前，广泛分布于长江中下游南部广大地区。因支系众多，故称。始见于《吕氏春秋·恃君览》。如春秋有於越，战国有杨越，汉有瓯越、闽越、南越、骆越，三国有山越等。其风俗为断发文身、错臂左衽、住干栏屋、行悬棺葬等。有的以龙、蛇为图腾。从事渔猎和农耕，农业以种水稻为主。亦以冶炼、纺织、水上航行著称。秦汉以后，部分同汉族融合，部分与今壮、布依、侗、傣、水、黎等族有族源关系。

南越 亦作“南粤”。中国古代南方政权名。公元前206年秦王朝灭亡，中原陷入混乱。秦将南海郡尉赵佗乘机起兵，兼并桂林郡和象郡，自称“南越武王”，于公元前204年建立南越国。赵佗联合越人首领，实行统治，全境辖今广东、广西两省的大部分，福建、湖南、贵州、云南的部分地区和今越南的北部，都番禺(今广东广州)。前196年，汉高祖刘邦派遣大夫陆贾出使南越，赵佗接受汉王朝赐给的印绶，成为汉朝的藩属。至汉武帝时，南越权臣吕嘉专权，杀害嗣君和汉朝使者。前111年，被汉武帝派大军攻灭。

黎 中国民族名。为古代南方百越的一支。聚居于今海南省海南岛中南部。西汉以“骆越”，东汉以“里”“蛮”，隋唐以“俚”“僚”等，泛称中国南方的一些少数民族。或认为，东汉史籍中的“俚人”即为今黎族的先祖。其称“黎”始于唐末，到宋代固定下来，沿用至今。因其后来岛居住的汉人渐多，部分与汉民杂居，部分退居山地。使用黎语。从事农业兼渔猎，喜歌舞，崇拜祖先，女子绣面文身，以善于纺织著称。宋末元初，松江乌泥泾(在今上海市徐汇区)的汉族妇女黄道婆流落海南岛，在学会当地的纺织技术后传回内地，有效地提高了当时植棉和纺织的水平。

客家 汉族的一个分支族群。相传西晋末永嘉年间，黄河流域一部分汉人因战乱南迁渡江；至唐末以及南宋末，又大批过江，南下至赣、闽以及粤东、粤北等地。这部分人群被称为“客家”，以区别于当地土著居民，后成为这部分汉人的通称。以粤东梅县、兴宁、大埔、五华、惠阳等地最集中，尚有部分居于广西、四川、湖南、台湾、海南等省区部分地区和侨居南洋一带。其语言保留较多的汉语古音韵，被称为“客家话”。《广东通志·舆地》引《长宁县志》：“相传建邑时，自福建来此者曰客家。”又引《永安县志》：“有自江、闽、潮(州)、惠(州)迁至者，名曰客家。”

回回 ①简称“回”。指回族。公元7世纪中叶，大批信仰伊斯兰教的阿拉伯人、波斯人和中亚各族人，经海路和陆路来到中国今广州、泉州等沿海城市以及今内地的西安、开封等地定居。13世纪，蒙古军队西征，西域人大批迁入中国。他们与汉、蒙古、维吾尔等族世代姻亲交往、繁衍生息，形成回回民族。从事农业、商业、农牧业等。早期以阿拉伯语、波斯语为母语，后通用汉语文。信仰伊斯兰教，在居住集中的地方建造清真寺。明清时期主要指回族。②指信奉伊斯兰教的人以及与伊斯兰文化有关的事物。如回回人、回回寺、回回历、回回文等。

朝鲜　位于朝鲜半岛的国家。《史记》《汉书·地理志》等记载，商朝末年（公元前11世纪），商纣王的叔父箕子率众迁居朝鲜半岛北部，在其地成为国君。后曾回国朝见，得到周王朝的册封，史称“箕子朝鲜”，延续千年以上。公元前194年，燕国旧贵族卫满反汉，逃到朝鲜，推翻箕子朝鲜，建立新政权，史称“卫氏朝鲜”。至前108年，汉武帝在朝鲜设立玄菟、乐浪、真番及临屯四郡，进行管辖。历史上曾形成高句丽、新罗、百济的“三国时代”。918年，王建创立高丽国，936年统一半岛中南部大部分地区，居民主要为新罗人和百济人，史称“王氏高丽”。1392年，王氏高丽的大臣李成桂废王自立，并在次年以“朝鲜”国号奏请明朝，明赐封李成桂为朝鲜王，此后遂改称“朝鲜”，史称“李氏朝鲜”，通称“李朝”。直至中日《马关条约》签订前，世代受中国册封。与中国有密切的政治、经济、文化联系，汉文长期是朝鲜的官方书面语言。

新罗　朝鲜半岛古国。从传说时代起，立国近千年。公元4世纪末起，先后与中国的前秦、南齐、梁、北齐、陈、隋、唐通交，大力吸收中国文化。503年定国号为“新罗”。铁器广泛使用，牛耕普及，禁止人殉，生产迅速发展。660年和668年，新罗联合唐朝先后灭亡百济和高句丽，逐步统一了朝鲜半岛大同江以南地区，称为“统一新罗”。9世纪末期，统一新罗分裂成“后三国”。935年，“后三国”被高丽王朝所统一。

百济　亦称“南扶餘”。朝鲜半岛西南部古国。公元前1世纪时由中国扶餘族的百济部所建。北境先与西汉乐浪郡、后与高句丽接壤，东与新罗为邻。鼎盛时期疆土最北曾到达今平壤。土地肥沃，气候温和，水利条件优越，农业较发达。养蚕、纺织等手工业也有发展。不仅与高句丽和新罗进行贸易，还跨海同中国的南朝及日本进行商业交往。使用汉字，公元4世纪时建立儒学教育制度。384年，佛教自南朝传入百济。6世纪时，与中国的南朝有密切的文化联系。660年，被新罗和唐朝的联军所灭。

倭　古代称日本民族和日本国。中国对“倭”的记载，首见于《汉书·地理志》。1784年，在日本九州的志贺岛上，发现一枚上刻“汉委奴国王”五字的中国汉印。《后汉书》记，东汉建武中元二年（57年），倭奴国使者来汉朝拜，光武帝赐使者金印紫绶，当即此印。《宋书·倭国传》记载，5世纪时，赞、珍、济、兴、武五位倭国王曾遣使入宋。隋唐时向中国派遣使者，自称“日本”。此后习惯上仍称日本人为倭人，对来自日本的事物多加以“倭”字，如称日本刀为倭刀等。

琉球　①一部分古籍中指中国的台湾岛。明代称今台湾岛为小琉球，别于大琉球（今琉球群岛），清初仍有人用此名。②指琉球群岛。③指琉球王国。最初为琉球群岛上的山南（又称南山）、中山、山北三个国家对外的统称，后指统一的琉球国。曾向明朝册封，1609年为日本萨摩藩攻占，此后同时向明朝和日本朝贡。1879年改置冲绳县。

安南　越南的古称。自公元前3世纪起，越南北部地区属秦王朝的象郡管理。汉武帝灭南越国后，设立交趾、九真、日南三郡管理。北宋时独立为封建国家，成为中国藩属。“安南”之名，最早见唐调露元年（679年）所置安南都护府，治宋平（今越南河内）。南宋时，封其王为安南国王，此后即称其国为“安南”。明成祖将安南国改为交趾布政使司。至宣德二年（1427年）废交趾布政使司，仍称之为安南国。清嘉庆八年（1803年）改其称为“越南”，沿用至今。

骠国　中南半岛古国。公元7—9世纪缅甸骠人在伊洛瓦底江流域建立。又译作“剽”“僄”“缥”“漂越”等。居民信奉佛教，寺庙众多，种植稻谷和甘蔗等。与唐往来密切，曾数度来华献佛教音乐，派人来长安表演舞蹈。白居易等有诗篇咏之。《新唐书·骠国传》也有较详细的记载。832年，其都城被南诏攻陷，其国遂亡。

狮子国　斯里兰卡的古称。唐代玄奘《大唐西域记》作“僧伽罗”，义净《大唐西域求法高僧传》作“师子国”，宋代赵汝适《诸蕃志》音译为“细兰”，明代马欢《瀛涯胜览》作“锡兰”。东晋高僧法显在公元410年曾到达其国土。

据《梁书》《宋书》记载，428年、670年、750年僧伽罗国曾到中国朝贡。唐代到过师（狮）子国的僧人也有多名。

占城 即“占婆补罗”，简译“占婆”“占波”。中南半岛古国。位于中南半岛的东南沿海地区。北起今越南的横山关，南至平顺省潘郎、潘里地区。王都为因陀罗补罗（今茶荞）。中国古籍称其为“象林邑”，简称“林邑”，因其地原为汉代所置日南郡的象林县。东汉末，占人杀县令，建立占城国。宋、元、明时，向中国朝贡，与中国进行贸易。15世纪以后，不断受到安南国（越南）侵伐，于1697年国灭。

暹罗 泰国的古称。位于中南半岛中部。其地区公元1世纪即有王国出现。1238年，素可泰王国建立。14世纪中叶，阿瑜陀耶王国（大城王国）取而代之。泰文化受到中国文化和印度文化的影响很大，居民信仰佛教。长期与中国往来密切，1370—1643年间，其使节来华访问和贸易达102次，明朝使者回访有19次之多。清乾隆年间在广州设“本港行”，专门办理对暹罗的贸易、税务等事项。18世纪，华裔达信建立吞武里王朝；中后期，拉玛一世掌握政权，建都曼谷，史称却克里王朝（曼谷王朝），传承至今。

真腊 中南半岛古国。即今柬埔寨。中国史籍对公元7世纪至17世纪的吉蔑王国的通称。与中国有友好往来。元代周达观《真腊风土记》载此国在13世纪时自称“甘孛智”，《明史·真腊传》载此国于明万历后改称“柬埔寨”。学者认为，此二者实为同名异译。

爪哇国 东南亚古国。其境主要在今印度尼西亚爪哇岛一带。唐朝时，一度为佛教国家。宋朝时分为三国，东爪哇最强，后为三佛齐所征服。信诃沙里国崛起后，在爪哇岛上建立满者伯夷王朝，信奉伊斯兰教。元朝时，派元军舰队征伐其地，被满者伯夷国王打退，一度统治今印度尼西亚西部大部分地区。明朝时，屡有入贡。

吕宋 东南亚古国。即今菲律宾群岛中的吕宋岛。宋元以来，中国商船常到此贸易，《东西洋考》和《明史·外国列传》等均有记述。1372—1410年间曾三次遣使来华，明王朝也于1405年遣使报聘。15、16世纪时，中国东南沿海商民与其交往频繁，并有华人留居其地。1571—1898年间为西班牙侵占，故《海录》以“小吕宋”称之，而以“大吕宋”称西班牙。近代为华人对菲律宾的通称。

天竺 古代中国对印度及其他印度次大陆国家的统称。旧称“身毒”“身笃”“贤豆”等。最早记载于《史记·大宛列传》。唐初统称“天竺”，后玄奘根据读音始正名为“印度”。其历史上相继出现孔雀王朝、笈多王朝、德里苏丹国和莫卧儿帝国。印度为著名的文明古国，也是佛教的发源地。

身毒 见“天竺”。

吐火罗 本为古代民族名，后转为地名。其地位于阿姆河上游，东起帕米尔高原，西接波斯，北据铁门（今乌兹别克斯坦南部），南至大雪山（兴都库什山），南北千余里，东西三千余里，相当于今阿富汗北部地区。是中国西域与伊朗、印度等往来必经之处。玄奘西去经过时，吐火罗分裂为二十余国。8世纪初，大食进逼，吐火罗请求唐朝保护。8世纪中叶后，为大食所并。13世纪以后，吐火罗之名逐渐消失。

大食 本为阿拉伯一部族名。中国史籍中用为对阿拉伯帝国、阿拉伯人和伊朗语地区穆斯林的泛称。公元7世纪中叶起，唐代文献将阿拉伯人称为“多食”“多氏”“大寔”；10世纪中叶后的宋代文献多作“大食”。由于阿拉伯帝国向东扩张，伊朗、中亚地区说伊朗语的居民逐渐改信伊斯兰教，“大食”的含义亦随之扩大。

天方 中国史籍中指伊斯兰教的发源地麦加，有时泛称阿拉伯地区或阿拉伯国家。

安息 即帕提亚王国。伊朗高原古国。建于公元前247年，开国君主为阿萨息斯一世。汉朝取阿萨息斯王朝的音译“安息”作为国名，见《汉书·西域传上》。存在时间约为公元前247—公元226年。其疆域最大时，北至里海，南至波斯湾，东接大夏、古印度，西至幼发拉底河，相当今伊朗、伊拉克、亚美尼亚全境，土耳其、格鲁吉亚、阿塞拜疆、土库曼斯坦、塔吉克斯坦和阿富汗的部分。汉武帝时曾派使者到安息，以后互有往来。东汉时，安息国僧人安清来中国。226年被波斯萨珊王朝代替。

波斯 伊朗的古称。公元前550年波斯帝国建立。全盛时，领土东至今巴基斯坦，西北至土耳其、马其顿、色雷斯，西南至埃及。前2世纪起，经由“丝绸之路”与中国建立经济文化联系。5世纪后，不少波斯人留居中国。其琐罗亚斯德教与摩尼教亦传入中国，后者对中国的政治、文化产生影响。

大秦 古代中国对罗马帝国的称呼。见于《后汉书·西域传》。汉和帝永元九年(97年)，西域都护班超遣甘英出使大秦，至条支，面临黑海而返回。桓帝延熹九年(166年)，大秦皇帝安敦遣使来中国。晋武帝太康年间，大秦又遣使来与中国通好。395年罗马帝国分裂后，大秦指东罗马帝国(拜占庭帝国)。

拂菻 亦作“拂懔”“拂临”“弗林”。古国名。隋唐时指东罗马帝国(拜占庭帝国)及其所属西亚地中海沿岸一带。唐时新罗国僧人慧超《往五天竺国传》记载，“又小拂临国，傍海西北即是大拂临国”，似以君士坦丁堡一带为大拂临，以小亚细亚为小拂临。唐贞观至开元时遣使来中国。《宋史·外国传》中之拂菻，则指塞尔柱突厥人统治下的小亚细亚一带地方。宋元丰、元符时，也曾遣使来中国。

地理山川

古代区划

九州 传说中的中国上古行政区划。起自春秋、战国时代。古书于州名有所出入,划分时代亦解释不一。西汉人认为是大禹治水后的划分。《书·禹贡》所述九州为:冀州、兖州、青州、徐州、扬州、荆州、豫州、梁州、雍州。《吕氏春秋·有始览》无梁州,而有幽州;《周礼·夏官·职方氏》无徐州、梁州,而有幽州、并州;《尔雅·释地》无青州、梁州,而有幽州、营州。《汉书·地理志》始以《周礼》九州为周制;三国魏孙炎注《尔雅》,始以《尔雅》九州为殷制;后世经学家遂将其合称为"三代九州"。

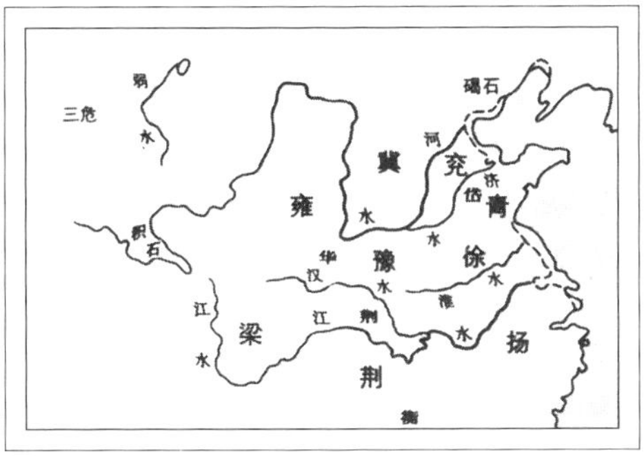

中国古代九州示意图

冀州 ① 古"九州"之一。《书·禹贡》的冀州,西、南、东三方都以当时的黄河与雍、豫、兖、青等州为界,指今山西和陕西间黄河以东、河南和山西间黄河以北和山东西北、河北东南部地区。《尔雅·释地》:"两河间曰冀州。"《周礼·夏官·职方氏》:"河内曰冀州。"因另有幽州、并州,包括地区较《禹贡》冀州为小。② 州名。汉武帝所置十三刺史部之一。辖境相当今河北中南部、山东西端及河南北端。治所在鄗县(今河北临漳西南)等地。

兖州 ① 古"九州"之一。《书·禹贡》:"济、河惟兖州。"《尔雅·释地》:"济、河间曰兖州。"《周礼·夏官·职方氏》:"河东曰兖州。"济指黄河以南自今河南荥阳北向东北流至今山东利津南入海的古济水,河指自今河南武陟东北流至今河北沧县东北入海的古黄河。② 州名。汉武帝所置十三刺史部之一。辖境相当于今山东西南部。治所在昌邑(今山东巨野南)等地。

青州 ① 古"九州"之一。《书·禹贡》:"海、岱惟青州。"《周礼·夏官·职方氏》:"正东曰青州。"海指渤海,岱即泰山。② 州名。汉武帝所置十三刺史部之一。辖境相当于今山东北部等地。治所在临菑(今淄博市临淄区北)。

徐州 ① 古"九州"之一。《书·禹贡》:"海、岱及淮惟徐州。"《尔雅·释地》:"济东曰徐州。"海指今黄海,岱是泰山,淮是淮水,济东即济水以东。② 州名。汉武帝所置十三刺史部之一。辖境相当于今江苏长江以北地区和山东东南部。治所在彭城(今江苏徐州)等地。东晋时分为北徐州与南徐州,治所分别在彭城和京口(今江苏镇江)。

扬州 ① 古"九州"之一。《书·禹贡》:"淮、海惟扬州。"《周礼·夏官·职方氏》:"东南曰扬州。"《尔雅·释地》:"江南曰扬州。"淮指淮水,海指东海,江指长江。② 州名。汉武帝所置十三刺史部之一。辖境相当于今苏南、淮南及浙江、江西、福建三省,湖北与河南的一部分。治所在历阳(今安徽和县)等地。

荆州 ① 古"九州"之一。《书·禹贡》:"荆及衡阳惟荆州。"《尔雅·释地》:"汉南曰荆州。"《周礼·夏官·职方氏》:"正南曰荆州。"荆指荆山(在今湖北西部);衡指衡山,《汉书·地理志》以为即今湖南衡山县西的衡山;汉指汉水。② 州名。汉武帝所置十三刺史部之一。辖境相当于今湖北、湖南两省及河南、贵州、广东、广西的一部分。东晋后,治所在江陵(今荆州市荆州区)。历史上为南北交通中枢及长江流域经济文化军事重镇。

豫州 ① 古"九州"之一。《书·禹贡》:"荆、河惟豫州。"《周礼·夏官·职方氏》《尔雅·释地》:"河南曰豫州。"荆即荆山(今湖北南漳西);河指黄河。② 州名。汉武帝所置十三刺史部之一。东汉治所在谯县(今安徽亳州)。辖境约当今淮河以北及河南东部、安徽北部地区,三国后伸缩不常。因地处中原,是东晋南北朝时的主要战场。

梁州 ① 古“九州”之一。《书·禹贡》:“华阳黑水惟梁州。”华,指华山,华阳为华山之南。黑水说法不一,有澜沧江、怒江、金沙江等说。② 州名。三国魏置。辖境约当今陕西、四川、贵州的各一部分。晋代治所在南郑(今陕西汉中)。唐代升为兴元府。

雍州 ① 古“九州”之一。《书·禹贡》:“黑水西河惟雍州。”《尔雅·释地》:“河西曰雍州。”《周礼·夏官·职方氏》:“正西曰雍州。”黑水所指,自来说法不一,有张掖河、党河(在今甘肃)、大通河(在今青海)等说。西河或河指今山西、陕西间的黄河。② 州名。东汉置。辖境约当今陕西、甘肃、宁夏、青海的各一部分。三国魏时,治所在长安(今陕西西安)。后辖区缩减。唐代改为京兆府。

幽州 ① 古“九州”之一。《尔雅·释地》:“燕曰幽州。”《周礼·职方》:“东北曰幽州。”燕指战国燕地,即今北京、河北北部与辽宁一带。② 州名。汉武帝所置十三刺史部之一。东汉治所在蓟县(今北京西南)。辖境相当于今北京、河北北部、山西小部、辽宁大部、天津海河以北等地,魏晋至唐沿之,辖境渐小,相当于今北京市及其周围区县。唐于此置幽州节度使,天宝间改范阳节度使。辽代改为幽都府,号南京。

并州 ① 古“九州”之一。《周礼·夏官·职方氏》:“正北曰并州,其山镇曰恒山。”古恒山位在今河北曲阳西北。② 州名。汉武帝置十三刺史部之一。辖境相当于今山西大部和内蒙古、河北的一部分。东汉治所在晋阳(今山西太原西南)。唐、宋时升为太原府。

营州 ① 古“九州”之一。《尔雅·释地》:“齐曰营州。”齐指战国齐地,在今山东半岛。② 州名。北魏置。治所在龙城(今辽宁朝阳)。唐时一再被契丹攻占;开元时平卢节度使治于此。

益州 州名。汉武帝所置十三刺史部之一。东汉治所在成都。唐时曾改名蜀郡,宋代改名成都府。因成都平原千里沃野,为汉以来经济最发达的地区之一,其富庶繁盛可与扬州媲美,故素有“扬一益二”之说。

凉州 州名。汉武帝所置十三刺史部之一。东汉治所在陇县(今甘肃张家川)。辖境相当于今甘肃、宁夏,青海湟水流域,内蒙古额济纳旗一带。魏晋以后辖境缩小,只有今甘肃黄河以西地区。十六国的前凉、后凉、北凉均建国于此。公元 8 世纪后期至 9 世纪中后期属吐蕃。五代、西夏为西凉府。元降为州。明初为凉州卫。清雍正时改为府,治所在今甘肃武威。

交趾 ① 州名。汉武帝所置十三刺史部之一。辖境相当于今广东、广西的大部及越南的北部、中部。东汉时改称交州。② 郡名。西汉初南越国王赵佗置。公元前 111 年,汉武帝灭南越后,交趾郡受汉统治。治所在今越南河内西北。隋初废,唐大业初复置。诗人王勃的父亲王福畤曾任交趾令。

朔方 ① 州名。汉武帝所置十三刺史部之一。辖境相当于今银川至壶口的黄河流域,北面包括阴山南北,南至今陕西宜川、宁县一线。东汉建武十一年(35 年)废入并州。② 亦称“灵武”“灵州”。唐方镇名。开元元年(713 年)为防御突厥置。治所在灵州(今宁夏灵武西南)。

都 相传上古行政区划名。夏以十邑为都,周以四县为都。

鄙 古代行政区划名。周代以五百家居民为鄙。《周礼·地官·遂人》:“五家为邻,五邻为里,四里为酂,五酂为鄙。”

邑 古代行政区划名,亦为庶民编制单位。《周礼·地官·小司徒》:“九夫为井,四井为邑,四邑为丘,四丘为甸,四甸为县,四县为都。”郑玄注:“四井为邑,方二里。”

郡 古代地方行政区划名。春秋至战国时,各国在边地先设县,后设郡,郡比县大,直属国君,一郡常统十余、二十余县,甚至三十余县。战国时逐渐形成以郡统县的两级地方行政制度。秦始皇统一六国后,在全国推行郡县制,“分天下为三十六郡”。西汉武帝时,在郡国之上置“十三州刺史部”。东汉末改刺史为州牧，于是由郡、县二级制发展为州郡县三级制。东汉以后州数剧增。隋唐时期，实行州统县的二级制。然改州为郡，罢郡为州，几经反复，实际上州郡已无大区别。自唐肃宗乾元元年（758年）改郡为州后，“郡”作为正式行政区划即不再存在。

县 地方行政区划名。始自春秋。当时称方千里之地为县。多为秦、晋、楚等大国以新兼并得的土地置县，有边防御敌之意。后乃以县统郡，在内地设县，于边远地置郡。战国时改为郡下设县，产生郡县二级制。秦统一中国后，仍以郡统县。隋唐以后隶于府或州或军或监或厅。1912年以后，直隶于省或自治区或直辖市。《左传·哀公二年》：“克敌者，上大夫受县，下大夫受郡。”杜预注：“《周书·作雒篇》：‘千里百县，县有四郡。’”杨伯峻注：“春秋以前，县大于郡，战国时，则郡大于县。”清钱大昕《十驾斋养新录·直隶》：“宋制以州领县，而县亦有不领于州而直隶京师者。”

郡县制 古代地方行政区划制度。春秋至战国时，各国的行政区划已先后以郡统县，实行郡县二级制。郡、县长官都由中央任免，发给俸禄。秦始皇统一中国后，在全国实行郡县制，成为以后两千余年中国地方行政区划制度的基础。

国 古代地方行政区划名。参见“郡国制”。

郡国制 古代地方行政区划制度。西汉初，郡直属中央，王国由分封的诸侯王统治，同为地方最高一级行政区划。后王国权力削弱，名存实亡，南北朝仍延其制，隋废。

州 古代地方行政区划名。古代有“九州”之说。西汉武帝时为加强中央集权，除京师外，分境内为十三州。各州置刺史，巡察一州境内郡县。东汉以后，成为郡以上的一级行政区划。唐属道，宋属路，元属路或府。明清除省的直隶州外，属府。

府 唐至清代行政区划名。唐代升京师及陪都所在地的州为府，隶属于道。宋代设置渐多，隶属于路。元隶属于行省或路。明清隶属于省。

厅 清代行政区划名。在府下设州、县，在新开发的地区又设厅，由知府的佐贰官同知或通判管理。有直隶厅和散厅之别：直隶厅与府、直隶州平行，直隶于省；散厅与散州和县平行，属于府。《清续文献通考·职官二一》：“浙江宁波府属南田，兀峙外海，贴近三门，与宁海、定海、玉环等厅县相为犄角，诚为东浙屏蔽，南洋要冲……非专设文武员弁不足以资治理，拟请设一厅治，名曰：南田抚民厅。”

道 古代行政区划名。（1）始于汉代，汉代于少数民族聚居区设置的县称“道”。（2）唐太宗贞观元年（627年）将全国划分为十五道。（3）明清两代在省、府之间所设置的监察区也称为道。

路 宋、金、元行政区划名。宋代为加强中央集权，仿唐代的“道”而设立。神宗时，全境增为二十三路。以转运使司掌财赋，以提点刑狱司掌刑狱，以安抚使司掌兵马，三者为路的长官。金分境内为十九路。元代设行省，路为第二等地方行政区划。明代废。

军 ① 唐时，军队戍守之地，大的称“军”，小的称“守捉”“城”“镇”。安史之乱后，内地也设“军”。② 宋代地方行政区划名。分两种：一与府、州、监同级，隶属于路；一与县同级，隶属于府、州。《宋史·地理志一》：“盖自崇宁以来……凡所建州、军、关、城、砦、堡，纷然莫可胜纪。”《文献通考·舆地一》：“至道三年，分天下为十五路，其后又增三路……凡十八路，州、府、军、监三百二十二。”

镇 古代在边要形胜之地设置，驻兵戍守。职权随代而异：北魏设于不立州郡之地的镇，镇将兼理军政；设于州、郡治所之镇，则镇将领军而刺史、太守管民政，但多以镇将兼刺史、太守之任。六镇起义后，北边诸镇皆改为州。唐代镇将只掌防守，品秩与县令同。唐末五代，节度使在其境内设镇，置镇使、镇将，除掌戍守防御，还管征收器甲粮饷，掌握地方实权。宋初，罢镇使、镇将，多收其权归知县，人口众多、商业繁荣的镇除外。

节镇 指设置节度使的重要城镇。亦用来称节度使。《宋史·职官志》：“中兴，诸州升改节镇，凡十有二。是时，诸将勋名有兼两镇、三镇者。”《宋史·王彦超传》：“翌日，皆罢行德等节镇。”

戍 古代边防区域的营垒、城堡。北魏时在边要形胜之地设置，驻兵戍守。大者称镇，小者称戍。北边不设州郡的地方，戍隶属于镇；南边设州郡的地区，戍隶属于州。南朝在与北朝交界之地，亦置戍防守。《晋书·庾亮传》：“其谢尚、王愆期等，悉令还据本戍。”唐刘禹锡《秋江晚泊》诗：“古戍见旗迥，荒村闻犬稀。”

赤畿望紧 唐、宋时州、县的等级名称。一般根据其所处地位轻重、辖境大小、人口多少与财政收入来划分。唐代，州有“十紧”，县有“紧县”。《通典·职官十五》：“大唐县有赤、畿、望、紧、上、中、下七等之差。”自注：“京都所治为赤县，京之旁邑为畿县，其余则以户口多少、资地美恶为差。”《文献通考·户口一》：“(五代)周广顺三年敕：天下县邑，素有等差……三千户以上为望县，二千户以上为紧县，一千户以上为上县。”

畿 古称王都所在处的千里地面。后指京城管辖的地区。如京畿、畿辅。《周礼·地官·大司徒》：“制其畿方千里，而封树之。”亦引申谓方千里之地。《诗·商颂·玄鸟》：“邦畿千里，维民所止。”《国语·楚语上》“畿田”韦昭注：“方千里曰畿。”

障 古代边塞上戍守险要的堡寨。秦始皇时，筑亭障以阻挡戎族。汉制，在边疆要塞之地，筑土石为城，派兵驻守，称为“堠城”，也即秦代的“障”。《史记·蒙恬列传》：“太史公曰：‘吾适北边……行观蒙恬所为秦筑长城亭障。’”《后汉书·王霸传》：“诏霸将弛刑徒六千余人与杜茂治飞狐道，堆石布土，筑起亭障，自代至平城三百余里。”

监 宋代在矿冶、铸钱、牧马、产盐等地区所设行政区划名。一种与府、州同级，隶属于路；一种与县同级，隶属于府州。《宋史·职官志七》：“二品以上及带中书、枢密院、安徽使职事，称判某府、州、军、监。诸府置知府事一人，州、军、监亦如之。”

亭 秦汉时乡以下的行政机构。十里一亭，十亭为乡，设亭长一人，掌管治安、劳役等事。汉高祖刘邦即亭长出身。《史记·高祖本纪》：“为泗水亭长。”张守节正义：“亭长，主亭之吏……盖今里长也。”《后汉书·百官志五》：“亭有亭长，以禁盗贼。”

乡 行政区划名。所辖范围，历代不同：周制以一万二千五百家为乡；春秋时的齐国，郊内以五家为轨，十轨为里，四里为连，十连为乡；郊外以五家为轨，六轨为邑，十邑为率，十率为乡；秦汉以十里为亭，十亭为乡，亭有亭长，乡有三老。后多指县以下的行政区划单位，至今沿用。

里 古代依民户聚居数量而设的单位。历代标准不一。周代，二十五户人家为一里，同里的人称里人，有共同的土地神祠。汉代亦称“闾里”。西汉都城长安城内，共有一百六十个闾里。各有里门围之，夜间关闭禁出入。掌一里之事的小官吏，称“里尹”或“里宰”。《诗·郑风·将仲子》：“将仲子兮，无逾我里。”毛传：“里，居也，二十五家为里。”《周礼·地官·遂人》：“五家为邻，五邻为里。”《通典·职官十五》：“大唐凡百户为一里，里置正一人，五里为一乡。”清顾炎武《日知录·乡里》：“以县统乡，以乡统里。”

行省 元、明、清行政区划名。行省制度起源于魏晋以来的行台，原为中央台省的派出机构，临时代中央执行事务，事毕即罢。金代曾置行尚书省。蒙古仿金制，因尚书省并入中书省，故称“行中书省”，简称“行省”。至元大德年间，除京师地区直属中书省外，另设十一个行中书省，其职能由只管军事而兼管民政，逐渐成为定制。其长官初期带中书省宰执官衔，后置丞相、平章、右丞、左丞、参知政事等官，最后但置平章政事为行省最高长官。行省乃成为最高地方行政区划名。明初加强中央集权，撤销行中书省，改设承宣布政使司，除南北两京直辖外，全国共设十三个布政使司。

三十六郡 秦代地方行政区“郡”的合称。秦始皇二十六年(前221年)统一中国后，废除前代的分封制，推行郡县制，分全国为三十六郡。郡名不见于《史记》本文，仅见于裴骃《集解》：“三川、河东、南阳、南郡、九江、鄣郡、会稽、颍川、砀郡、泗水、薛郡、东郡、琅邪、齐郡、上谷、渔阳、右北平、辽西、辽东、代郡、巨鹿、邯郸、上党、太原、云中、九原、雁门、上郡、陇西、北地、汉中、巴郡、蜀部、黔中、长沙凡三十五,与内史为三十六郡。”而《汉书·地理志》及清以来学者的看法,与其所述皆有出入。然各家都主张三十六郡为秦始皇二十六年以前之郡数,其后当续有增析。王国维《观堂集林·秦郡考》认为,秦有四十八郡,所增设十二郡为:桂林、南海、象郡、九原、陈郡、东海、胶东、胶西、济北、博阳、成阳、广阳。

十三刺史部 简称“十三部”,亦称“十三州”。两汉所设置监察区与行政区的合称。西汉武帝元封五年(前106年),为加强中央集权,除京师附近七郡外,分境内为冀州、幽州、并州、兖州、徐州、青州、扬州、荆州、豫州、益州、凉州与朔方、交趾,各置刺史一人,辖七八个至十几个郡,负责巡察辖境内地方官吏与强宗豪右,称为“十三刺史部”。至征和四年(前89年),以京师附近七郡设置司隶校尉部,性质略同刺史部。东汉时,朔方并入并州,交趾改称交州,加司隶校尉部,仍合称十三部或十三州。性质已渐变成郡以上一级的行政区划,并有固定治所。见《汉书·地理志上》。

十三州 即“十三刺史部”。

十道 唐代监察区“道”的合称。唐太宗为加强中央朝廷对地方的监察,于贞观元年(627年),依照全国自然形势,划分十道,其名为:关内、河南、河东、河北、山南、淮南、江南、陇右、剑南、岭南。先后各置存抚、巡察、按察等使,皆不久即罢。至玄宗开元二十年(732年),置十道采访处置使,始定为常制。职权相当于汉武帝时之十三部刺史。

十五道 唐代监察区“道”的合称。唐贞观初分全国为十道,玄宗开元二十一年(733年),分关内道置京畿道,分河南道置都畿道,分山南道为山南东、山南西二道,分江南道为江南东、江南西和黔中三道,合原有的河东、河北、淮南、陇右、剑南、岭南,共十五道。各道始置采访处置使,并有固定治所,遂成为固定之监察区。肃宗乾元元年(758年),废采访处置使,改观察处置使。此后,“十道”“十五道”即从政区名变为地理区划名,一直沿用到五代。《通典·州郡二》:“贞观初并省州县,始于山河形便,分为十道……开元二十一年,分为十五道,置采访使。”

十八路 宋代监察区与行政区“路”的合称。宋初为加强中央集权,取消节度使实权,分境内为若干路。其初分并增省未有定制,太宗至道三年(997年),始分境内为十五路:京东、京西、河北、河东、陕西、淮南、江南、荆湖南、荆湖北、两浙、福建、西川、峡(即峡西)、广南东、广南西。至仁宗天圣间,又分西川、峡路为益州(成都府)、梓州、利州、夔州四路,江南为江南东路与江南西路,凡十八路。历仁宗、英宗至神宗初年不变,为北宋一代维持最久的路制。每路以转运使(财赋与民政)为主,又置提点刑狱使(司法监察)、安抚使(军事)进行管辖。其后屡有并析增改,至元丰八年(1085年),定为二十三路。南宋时,因军事防御需要,每路以安抚使为主,对秦岭、淮河以南全境共分十六路:两浙东、两浙西、江南东、江南西、淮南东、淮南西、荆湖南、荆湖北、荆西南、成都府、潼川府、夔州、利州、福建、广南东、广南西。转运使与提点刑狱使分路则不同。

十一行中书省 简称“十一行省”。元代各行中书省的合称。行中书省,始设于蒙古统治者进入中原之初,是元朝中央政府的中书省派驻各地的高级机构,统管军民事务。后成为最高一级的行政区划及其管理机构。从元至治后到至正前,境内京师附近地区属中书省,吐蕃地区属宣政院管辖,其余地区共设有岭北、辽阳、河南等十一行中书省。《元史·地理志一》:“立中书省一,行中书省十有一:曰岭北、曰辽阳、曰河南、曰陕西、曰四川、曰甘肃、曰云南、曰江浙、曰江西、曰湖广、曰征东。”

十三布政使司 简称“十三司”,俗称“十三省”。明代各布政使司的合称。明洪武九年(1376年)改行省为承宣布政使司,主管一省民政,分领天下府州县及羁縻诸司,上与中央六部直接联系。此外,各省置一都指挥使司,主管一省军政,上听命于刑部、五军都督府;置一提刑按察使司,主管一省监察司法,上听命于刑部、都察院。而习惯上仍称“行省”,简称“省”。自宣德三年(1428年)以后,取消行省,境内的府、州除分统于南北两直隶(京师、南京)外,分为十三承宣布政使司,即山西、山东、河南、陕西、四川、江西、湖广、浙江、福建、广东、广西、贵州、云南。《明史·地理志一》:“洪武初,建都江表……后乃尽革行中书省,置十三布政使司,分领天下府州县及羁縻诸司。”

十八省 清代最高地方行政区的合称。明一省之长为布政使,清一省之长为巡抚,故清代分省以分巡抚为准。一省之内,布政使、按察使地位皆次于巡抚。至康熙时,各省已以巡抚为主管长官。至雍正时,内地十八省、十八巡抚,驻地辖区已趋统一。乾隆中叶以后,确定全国八总督、十五巡抚。十八省为:直隶、江苏、安徽、山东、山西、河南、陕西、福建、浙江、江西、湖北、湖南、四川、甘肃、广东、广西、云南、贵州。直隶、四川、甘肃三省无巡抚,由总督兼巡抚职责;山东、山西、河南三省无总督,由巡抚兼总督职责。成为定制。至光绪时始有增裁。

侨州郡县 东晋南北朝时期,因中原战乱,人民流离故土,诸国遇有州郡沦陷者,即以其旧名侨置于流民新徙之地,称为侨州郡县。南北方均有,但大多数在南方。《隋书·食货志》:“晋自中原丧乱,元帝寓居江左,百姓之自拔南奔者,并谓之侨人。皆取旧壤之名,侨立郡县,往往散居,无有土著。”侨人,即侨民。《宋书·州郡志》:“自夷狄乱华,司、冀、雍、凉、青、并、兖、豫、幽、平诸州一时沦没,遗民南渡,并侨置牧司,非旧土也。”东晋末,刘裕统兵北伐,收复青、徐等州后,于原州郡名前加“北”字;代晋以后,取消“北”字,而于侨州郡县名前加“南”字。此后数目日减,至隋统一全国后废除。

古国名,以及源于古国名的古地域名

鲁 古国名。姬姓。西周分封的诸侯国。开国君主为周公旦之子伯禽。建都曲阜(今属山东)。有今山东西南部。公元前256年为楚所灭。后指今山东泰山以南地区。

陈 古国名。妫姓。周武王灭商后所封。开国君主胡公(名满)相传为舜的后代。建都宛丘(今河南淮阳)。有今河南东部与安徽的一部分。公元前478年为楚所灭。

蔡 古国名。姬姓。公元前11世纪,周武王灭商后所封。开国君主是武王弟叔度,因随武庚反叛,被周公放逐。后改封其子蔡仲(名胡)于此。建都上蔡(今属河南)。春秋时,多次迁移。前447年为楚所灭。

曹 古国名。姬姓。西周分封的诸侯国。开国君主是武王弟叔振铎。建都陶丘(今山东定陶西南)。有今山东西部。公元前487年为宋所灭。

宋 古国名。子姓。公元前11世纪,周公平定武庚叛乱后,将商的旧都附近地区封给商王纣的庶兄微子启。建都商丘(今属河南)。有今河南东部及山东、江苏、安徽间地。战国时迁都彭城(今江苏徐州)。前286年为齐、楚、魏联合所灭。

卫 古国名。姬姓。公元前11世纪,周公平定武庚叛乱后,将商都周围地区与殷民七族分封给周武王之弟康叔,成为当时大国。建都朝歌(今河南淇县)。后几次迁都。前209年为秦所灭。

郑 古国名。姬姓。公元前806年所封。开国君主是周宣王弟郑桓公(名友)。在今陕西渭南市华州区东。郑武公时,建都新郑(今属河南),春秋初年为强国。公元前375年为韩所灭。

吴 古国名。姬姓。西周分封的诸侯国。有今江苏南部和浙江北部,后扩展到淮河流域,建都于吴(今江苏苏州)。公元前473年为越所灭。后指今江苏南部和浙江北部一带。

越 古国名。姒姓。西周分封的诸侯国。有今浙江东部,后扩展到江苏、山东,建都于会稽(今浙江绍兴)。公元前306年为楚所灭。后指今浙江一带。

晋 古国名。姬姓。西周分封的诸侯国。姬姓开国君主为周成王之弟唐叔虞。建都于唐(今山西翼城)。有今山西西南部。公元前4世纪中叶为卿大夫韩、赵、魏三家所灭。后指今山西一带。

秦 古国名。嬴姓。东周分封的诸侯国。开国君主为秦襄公,以护送平王东迁有功被封。建都于雍(今陕西凤翔)。有今陕西中部、甘肃东部地区。秦孝公变法以后,国力不断强大,成为战国七雄之一。先后攻灭六国,至公元前221年秦王政(即秦始皇)统一中国,建立秦朝。后指今陕西和甘肃一带,或特指陕西。

楚 亦称"荆""荆楚"。古国名。芈姓。西周分封的诸侯国。文王时建都于郢(今湖北荆州西北)。有今湖北和湖南北部。春秋、战国时期,扩展到今河南、山东、安徽、江苏、浙江等地,为战国七雄之一。后屡次迁都。公元前223年为秦所灭。后指湖北和湖南,或特指湖北。

齐 古国名。姜姓。西周分封的诸侯国。开国君主为吕尚。建都营丘(后称临淄,今山东淄博)。有今山东北部和河北东南部。后政权为田氏所夺。前221年为秦所灭。后指今山东泰山以北黄河流域及胶东半岛地区。

燕 古国名。姬姓。西周分封的诸侯国。建都蓟(今北京)。有今河北北部和辽宁西部。前222年为秦所灭。后指今河北一带地区。

韩 古国名。战国时期的诸侯国。开国君主为韩景侯,本为晋国卿大夫,与魏、赵瓜分晋国。建都阳翟(今河南禹州)。有今山西东南和河南中部。前230年为秦所灭。

赵 古国名。战国时期的诸侯国。开国君主为赵烈侯,本为晋国卿大夫,与韩、魏瓜分晋国。有今山西中部、陕西东北、河北西南部。后扩大到河北西部、陕西北部及河套地区。后建都邯郸(今属河北)。前222年为秦所灭。

魏 古国名。战国时期的诸侯国。开国君主为魏文侯,本为晋国卿大夫,与赵、韩一起瓜分晋国。建都安邑(今山西夏县北)。后迁都大梁(今河南开封)。前225年为秦所灭。

地理名称

中原 亦称"中土""中州"。地区名。广义指整个黄河流域,狭义指今河南省一带(相对边疆地区而言)。三国蜀诸葛亮《出师表》:"当奖帅三军,北定中原。"谢灵运《述祖德》诗:"中原昔丧乱,丧乱岂解已。"李善注:"中原,谓洛阳也。"宋陆游《示儿》诗:"王师北定中原日,家祭无忘告乃翁。"

中土 ① 地区名。指中原地区。相对偏远地区而言。汉陆贾《新语·怀虑》:"鲁庄公据中土之地,承圣人之后。"《后汉书·循吏传·任延》:"时天下新定,道路未通,避乱江南者皆未还中土。"元王恽《灵岩寺》诗:"中土论名刹,兹山第一岩。" ② 指中国。相对外邦而言。《法苑珠林》卷十五:"西方写经同祖梵文,然三十六国往往有异。譬诸中土,犹有篆籀之变体乎!"

中州 地区名。指中原地区。有广狭二义。金元间文学家、诗人元好问编有金国诗人的诗选《中州集》,其《论诗绝句》曰:"慷慨歌谣绝不传,穹庐一曲本天然。中州万古英雄气,也到阴山敕勒川。"

山左 旧时山东省的别称。因在太行山之左(东)得名。清代卢见曾(雅雨)辑有《国朝山左诗钞》60卷,嘉庆间张鹏展辑有《国朝山左诗钞续钞》32卷,所辑均为山东籍作家之诗。

山右 旧时山西省的别称。因在太行山之右(西)得名。1934年山西省文献委员会编有《山右丛书初编》,收入自唐迄清历代28位山西籍学者、作家的重要著作39种和附录5种。

三晋 ① 地区名。春秋末,韩、赵、魏三家瓜分晋国,号三晋。战国晚期约当今山西全境,以及河南省中、北部和河北省中、南部一带。② 山西省的别称。

齐鲁 地区名。指今山东省泰山以北。战国时为齐地；泰山以南，春秋时为鲁地。秦汉以后仍沿称齐、鲁。清代以来指今山东省。唐杜甫《望岳》诗："岱宗夫何如，齐鲁青未了。"

辽东 亦称"辽左"。地区名。古代泛指辽河以东地区。

漠北 地区名。① 汉代以后指蒙古高原大沙漠以北的地区。② 清代对外蒙古的统称。

塞上 边境地区。亦泛指北方长城内外。《淮南子·人间训》："近塞上之人，有善术者，马无故亡而入胡。"唐杜甫《秋兴八首》诗之一："江间波浪兼天涌，塞上风云接地阴。"宋陆游《书愤》诗："塞上长城空自许，镜中衰鬓已先斑。"康有为《过昌平城望居庸关》诗："永夜驼铃传塞上，极天树影递关东。"

塞北 亦称"塞外"。地区名。塞，指长城。泛指外长城以北地区。包括内蒙古、甘肃、宁夏北部、河北外长城以北。北周庾信《拟咏怀诗》："遥看塞北云，悬想天山雪。游子河梁上，应将苏武别。"

塞外 即"塞北"。唐李世民《饮马长城窟行》："塞外悲风切，交河冰已结。瀚海百重波，阴山千里雪。"

岭南 亦称"岭表""岭外"。地区名。指五岭以南地区。在唐、宋时，是贬降官员、流放罪犯的地方。然在明清时期，岭南经济文化得到相当大的发展，清初诗坛有"岭南三大家"，中国画有岭南画派。

岭表 即"岭南"。

岭外 即"岭南"。

潇湘 ① 地区名。指湘江与潇水汇合后的一段及其流域。即今湖南地区。宋范仲淹《岳阳楼记》："然则北通巫峡，南极潇湘，迁客骚人，多会于此，览物之情，得无异乎？"② 湘江的别称。《山海经·中山经》："帝之二女居之，是常游于江渊，澧沅之风，交潇湘之渊。"《文选·新亭渚别范零陵》诗："洞庭张乐池，潇湘帝子游。"李善注引王逸曰："娥皇女英随舜不返，死于湘水。"唐李白《远别离》诗："古有皇英之二女，乃在洞庭之南，潇湘之浦。"

两湖 ① 宋代设荆湖南路和荆湖北路。宋、元通称湖南、湖北，合称"两湖"。② 清代对湖南、湖北两省的合称。

三湘 地区名。① 湖南的湘乡、湘潭、湘阴，合称"三湘"。但古人诗文中的三湘，多泛指湘江流域及洞庭湖地区。唐李白《江夏使君叔席上赠史郎中》诗："昔放三湘去，今还万死余。"清吴伟业《送圣符弟之任蕲水丞》诗之四："廿载流移复，三湘转运长。"② 指潇湘、资湘、沅湘。晋陶潜《赠长沙公族祖》诗："遥遥三湘，滔滔九江。"陶澍集注："湘水发源会潇水，谓之潇湘；及至洞庭陵子口，会资江谓之资湘；又北与沅水会于湖中，谓之沅湘。"明徐祯卿《送盛斯征赴长沙》诗："蛮中瘴远三湘水，江畔春逢十月花。"③ 近代为湘东、湘西、湘南三地区的总称，泛指湖南全省。

湖广 ① 元代行省名。治所在今武昌。辖境相当于今湖南与广西全省，湖北、广东、贵州三省的部分。明、清有所变更。② 清代将湖广分为湖南、湖北两省，最高行政长官称为湖广总督。

两广 宋代路名。北宋时设广南东路和广南西路，治所分别在广州和桂林。宋、元通称广东、广西。合称"两广"或"两粤"。明、清时最高行政长官为两广总督。

八闽 地区名。福建古称闽。北宋时分为八个州和军（福、建、泉、漳、汀、南剑六州，邵武、兴化二军），南宋分为八个州、府、军（福、泉、漳、汀、南剑五州，建宁一府，邵武、兴化二军），元代分为福州、兴化、泉州、漳州、建宁、延平、汀州、邵武八路，明代改为八府。因而有八闽之称。此八个相当于"府"的行政单位，历元、明、清三朝，无大变化。后乃成为福建省的别称。

江南 ① 古地区泛称。指长江以南地区，然各代所指不尽相同。近代专指今苏南和浙江一带。唐白居易《忆江南》词："江南好，风景旧曾谙。日出江花红胜火，春来江水绿如蓝。能不忆江南。"② 省名。清初置江南省。康熙六年（1667年）分置为江苏、安徽两省。但习惯上仍合称两省为江南。

吴门 苏州的别称。宋以后也用来指平江府、路或苏州府全境。明代有吴门画派。

两浙 宋代路名。辖境相当于今浙江全省、上海市及镇江等地区，治所在今杭州。南宋始分为两浙东路和两浙西路，治所分别在今绍兴和杭州，合称“两浙”。元代废。

两淮 ① 宋代路名。北宋时置淮南东路与淮南西路，通称淮东、淮西，治所分别在今江苏扬州和安徽寿县，合称“两淮”。② 盐政区名。元代置两淮盐运司于扬州，产区包括今江苏长江以北淮南、淮北各盐场；明、清时行销地包括今江苏、安徽、江西、湖北、湖南五省的大部分和河南的一部分地区。至清末以前，“两淮”是全国最大的盐产销区。

淮南 ① 西汉至隋的郡、国名。治所在寿春（今安徽寿县）。② 北宋路名。治所在今江苏扬州。

江西 ① 地区名。隋唐以前，称长江下游北岸、淮水以南为江西。② 道、路名。唐设江南西道，宋设江南西路，分别简称江西道、江西路。治所都在洪州（今江西南昌）。宋代有著名的江西诗派。③ 省名。清置，至今沿用。

江东 ① 地区名。古人从江北看江南，以东为左，以西为右，因而江东又称江左。指今芜湖以下长江南岸。② 地区名。称三国吴、东晋、宋、齐、梁、陈六朝及其全部统治地区。③ 道、路名。唐设江南东道，宋设江南东路，分别简称江东道、江东路。

江左 地区名。见“江东”。明末清初诗坛有“江左三大家”之称，系指钱谦益、吴伟业、龚鼎孳三人。

江右 地区名。泛指长江下游以西地区。因古代从江北望江南，江东在左，江西在右。后亦用作江西省的别称。

江表 ① 地区名。指长江以南地。从中原人看来，地在长江之外，故称“江表”。② 特指南朝宋、齐、梁、陈及其统治下的地区。

西蜀 地区名。指今四川一带。因上古时有蜀国，秦统一中国后置蜀郡，位在中原之西，故称。

巴蜀 地区名。指今四川一带。上古时曾建有巴国和蜀国，秦统一中国后，分置巴、蜀二郡，后乃以“巴蜀”为四川的别称。

三巴 地区名。东汉以后，将巴郡分为巴、巴东、巴西三郡，相当于今四川嘉陵江和綦江流域以东的大部分地区，合称“三巴”。唐李白《宣城见杜鹃花》诗：“蜀国曾闻子规鸟，宣城还见杜鹃花。一叫一回肠一断，三春三月忆三巴。”

剑南 ① 道名。唐初置，治所后移至益州（今四川成都）。辖境为今四川、云南、贵州的各一部分。② 唐方镇名。节度使治所在益州。辖领今四川中部地区一带。

剑外 唐人指称剑阁以南的蜀中地区。剑阁，位于四川盆地北缘，地处川、陕、甘通道。唐杜甫《闻官军收河南河北》诗：“剑外忽传收蓟北，初闻涕泪满衣裳。”

秦中 地区名。指陕西中部平原地区。以春秋战国时期地属秦国，故称。唐代诗人白居易作有《秦中吟》十首。

三秦 地区名。秦末项羽封章邯、司马欣和董翳，三分关中之地，合称“三秦”。相当于今陕西秦岭以北和甘肃东部地区。唐王勃《送杜少府之蜀州》诗：“城阙辅三秦，风烟望五津。”

关中 地区名。（1）亦称“关内”。秦、汉、唐等定都陕西的王朝称函谷关或潼关以西的地区为“关中”。（2）指秦岭以北地区。或包括陇西、陕北，或专指今陕西关中盆地。

关内 地区名。（1）即“关中”。（2）旧称今河北山海关以内地区。

关外 地区名。（1）即“关东（1）”。（2）即“关东（2）”。

关东 地区名。（1）亦称“关外”。秦、汉、唐等定都陕西的王朝称函谷关或潼关以东地区为“关东”。（2）旧称今河北山海关以东地区，即今辽宁、吉林、黑龙江三省。

关西 地区名。秦、汉、唐等定都陕西的王朝泛称函谷关或潼关以西的地区。宋俞文豹《吹剑续录》：“东坡在玉堂日，有幕士善讴。因问：‘我词比柳（柳永）词如何？’对曰：‘柳郎中词，只好十七八女孩儿执红牙拍板，唱杨柳岸晓风残月；学士词，须关西大汉执铁板，唱大江东去。’公为之绝倒。”

陇西 ① 郡名。战国秦昭襄王时置。因在陇山之西得名。治所在狄道（今甘肃临洮南）。西汉时期的辖境相当于今甘肃东乡以东的洮河中游、武山以西的渭河上游、礼县以北的西汉水上游及天水东部地区。北魏时辖境相当于今陇西附近。隋开皇初废。炀帝大业及唐天宝、至德时，曾改渭州为陇西郡。汉乐府“相和歌辞”中有《陇西行》，唐人甚多仿作。唐王维《陇西行》:“十里一走马,五里一扬鞭。都护军书至,匈奴围酒泉。关山正飞雪,烽戍断无烟。”② 亦称“陇右”。旧时甘肃省的别称。

西域 汉代起对玉门关(今甘肃敦煌西北)以西地区的总称。有广狭二义。广义除今中国新疆地区外,还包括亚洲中、西部,以及印度半岛、欧洲东部和非洲北部等地。狭义仅指敦煌以西、葱岭以东地区。西汉武帝时派张骞通西域,宣帝时置西域都护,此时狭义的“西域”仅指天山南部,广义的则指天山南北部及中亚。唐代在西域置安西、北庭二都护府,其范围与汉代大致相当。元代因蒙古帝国以武力打通欧亚,建立四大汗国,其“西域”范围更广。至清代,乾隆时统一天山南北,光绪时建新疆省,其“西域”范围又较汉、唐为狭。19 世纪中叶以后,此称渐废不用。在政治、经济、文化上,

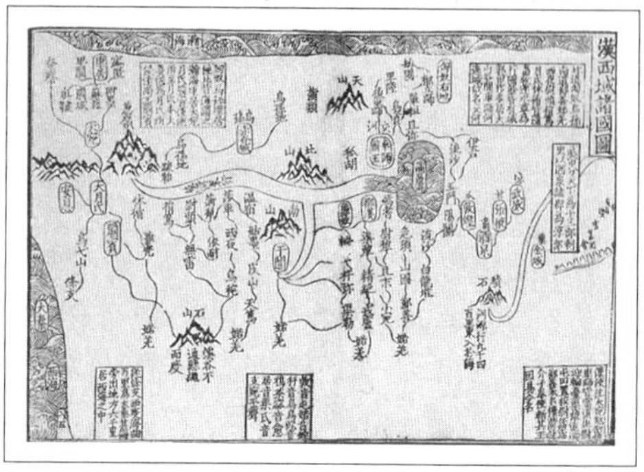

汉西域诸国图

西域历来为东西方进行交流的陆上必经之路。

流沙 古代称西北沙漠地区。也指处于中西交通线上的今中国新疆境内白龙堆沙漠一带。近人罗振玉、王国维有研究敦煌和居延汉简的著作,名《流沙坠简》。

历史地名

亳 古都邑名。商汤时的都城。前后共有三处:(1) 在今河南商丘市东南。相传汤最初居此。亦称“南亳”。《史记·殷本纪》:“汤始居亳。”张守节正义引《括地志》云:“宋州谷熟县西南三十五里南亳故城,即南亳,汤都也。”(2) 在今河南商丘市北。相传诸侯拥戴汤为盟主于此处。亦称“北亳”。(3) 亦称“西亳”。在今河南洛阳市偃师区西。相传汤率众攻克夏时所居。灭夏以后,汤还都于北亳。《汉书·樊哙传》:“从攻秦军,出亳南。”颜师古注引郑玄曰:“亳,成汤封邑,今河南偃师汤亭是。”《书·立政》:“三亳阪尹。”孔颖达疏引皇甫谧曰:“三处之地,皆名为亳,蒙为北亳,谷熟为南亳,偃师为西亳。”

殷 古邑名。商的第十代君主盘庚迁都于此。后世因亦称商为殷。遗址在今河南安阳市西郊小屯村。《水经·洹水注》等古籍中称为“殷墟”,曾出土大量甲骨文。晋向秀《思旧赋》:“叹《黍离》之愍周兮,悲《麦秀》于殷墟。惟追昔以怀今兮,心徘徊以踌躇。”

朝歌 古都邑名。在今河南淇县。商代末年,帝乙、帝辛(纣王)的别都。公元前 11 世纪,周武王率军攻入朝歌,灭商。

镐京 亦称“镐”。西周国都。周武王时迁此。故址在今陕西西安市西。后为汉武帝凿昆明池淹没。

雒邑 古都名。西周初周公营建。因在雒水之北,故称“雒阳”。三国魏时改作“洛阳”。

洛阳 古都名。原作“雒阳”。西周与唐的陪都。东周、东汉、三国魏、西晋、北魏以及五代时期后唐的首都。故址在今河南洛阳市一带,横跨洛水南北。名胜古迹有汉、魏洛阳故城和隋、唐洛阳城遗址、龙门石窟、白马寺等。

郢 亦称“郢都”。古都邑名。(1) 春秋时楚国国都。故址在今湖北荆州市。(2) 春秋战国间,楚国屡次迁都,所至处皆称为郢。郢都被秦军攻陷后,楚国诗人屈原在《九章》中作《哀郢》之篇。

江陵 古都邑名。在今湖北荆州市西北。春秋时曾为楚国郢都所在。秦代置县。后多为荆州府治所。是一座有三千多年历史的文化名城。参见“荆州”。

大梁 古都邑名。在今河南开封市西北。公元前339年，魏国迁都于此，是战国时最大的城市之一。后成为开封的古称。

临淄 古邑名。故址在今山东淄博市东北。周初至战国，为齐国国都。其地有桑麻鱼盐之利，战国时手工业商业繁盛，稷门下聚集众多学者讲学，是当时的经济、文化中心。

琅邪 ① 古邑名。春秋时属齐国。秦置县，在今山东青岛市黄岛区琅邪台西北。② 郡名。秦置，治所在琅邪县，辖境相当于今山东半岛东南部。

邯郸 古都邑名。故址在今河北邯郸市西南。战国时赵国首都。直至秦汉时，为黄河北岸最大的商业中心。

咸阳 古都邑名。在今陕西咸阳市东北。春秋战国时秦国及秦王朝的国都。附近古代遗迹及文物众多。

长安 ① 古都名。遗址在今陕西西安市一带。西汉高祖七年（前200年），西汉王朝定为国都。此后东汉末、西晋、西魏、北周、隋、唐等王朝亦皆建都于此。东汉、三国魏等王朝以此为陪都。汉唐时，是对外文化交流的中心。名胜古迹有大小雁塔、碑林、钟楼、鼓楼、半坡遗址、阿房宫遗址等。② 县名。汉代置。今属西安市。有杜陵、杜公祠、周镐京遗址、兴教寺等古迹。③ 唐以后的诗文中常借称本朝国都。如明蒋一葵《长安客话》，所述与长安无关，是一部专门记载北京的地方文献。

京兆 府名。唐代置，治所在长安、万年（今陕西西安）。唐、宋、金时，是关内道、陕西路、京兆府路等的治所。

西京 古都名。（1）指长安。因西汉都长安，东汉都洛阳，长安在洛阳之西，故以长安为西京，洛阳为东京。（2）北宋时指洛阳。以其位于首都开封府（东京）之西，故称。唐及北宋贵族高官晚年多筑别馆居此，宋李格非著有《洛阳名园记》，予以记述。

东京 古都名。（1）指洛阳。因西汉都长安，东汉都洛阳，洛阳在长安之东，故称。（2）五代后晋、后汉、后周以及北宋均以开封府（今河南开封）为国都，称东京。宋孟元老有《东京梦华录》一书，详细记述北宋时期东京的繁盛景象；北宋画家张择端的《清明上河图》长卷，则生动展现了东京的民俗风情。

西都 古都名。（1）西周初以镐京（今陕西西安西）为国都，成王时周公为镇抚东方的需要，营建雒邑，因称镐为西都，雒邑为东都。（2）东汉都洛阳，因称西汉旧都长安为西都。隋、唐沿之。

东都 古都名。（1）西周时周公营建雒邑，因雒邑在镐京之东，故称。（2）隋唐两代，洛阳居陪都之位，以其在京城长安之东，因号为东都。

开封 亦称“汴梁”“汴京”，晋至宋代称“东京”。古都名。战国魏和五代后梁、后晋、后汉、后周及北宋等在此建都。宋、明时为府。治所在今河南开封市。名胜古迹有铁塔、龙亭、相国寺、禹王台等。

汴京 古都名。五代后梁、后晋、后汉、后周及北宋皆定都于汴州，时人号为汴京。

汴梁 古代对开封府的别称。

金陵 ① 古都邑名。公元前333年，战国楚灭越以后置。后用作建康、南京（明应天府、清江宁府）等的别称。南朝齐谢朓《入朝曲》：“江南佳丽地，金陵帝王州。”古今有关其地的著述，多以“金陵”称之，如明周辉有《金陵琐事》及续作，清余宾硕有《金陵览古》，民国潘宗鼎有《金陵岁时记》。清朱绪曾纂辑有《国朝金陵诗征》48卷，专收当地诗人之作，是研究南京地方文化的重要文献。② 府名。五代时吴国置。治所在上元（今南京市区）。辖境相当于今江苏南京市及句容、溧阳等地区。南唐时改名江宁府。

建业 古都名。东汉建安十七年（212年）孙权改秣陵县置，并迁都于此。治所在今江苏南京市。公元313年改名建康。

建康 古都名。西晋建兴元年（313年），因避晋愍帝司马邺讳，改建业为建康。治所在今江苏南京市。东晋以后的南朝皆都于此。宋周应合撰有《景定建康志》50卷。

南京 ① 古都名。历史上曾名“金陵”“秣陵”“石头城”“建业”“建康”等。六朝、南唐、明初、太平天国及中华民国南京国民政府均在此建都。明永乐十九年（1421年）迁都北京后，成为陪都，称南京应天府。清改称江宁府，习称南京。民国时期为南京市，在今江苏省西南部。1949 年后，为江苏省省会。有明孝陵、中山陵、玄武湖、秦淮河、夫子庙、雨花台、燕子矶等名胜，以及紫金山天文台、南京长江大桥等景观。民国时期叶楚伧、柳诒徵主编有《首都志》16 卷。② 宋太祖赵匡胤在后周时曾任宋州（今河南商丘）节度使，真宗朝因升宋州为应天府，号为南京。

应天 府名。（1）北宋真宗时升宋州置，治所在宋城（今河南商丘）。辖境相当于今河南宁陵县以东除永城市以外及山东曹县地区，为京东西路治所。未久，建号南京。（2）元末朱元璋置，治所在今南京市。明初定都于此。至成祖时，迁都顺天府（今北京），以应天为南京。清代更名江宁府，通称南京。

燕京 古都名。契丹会同元年（938 年）以幽州（治今北京城西南隅）为南京，亦称燕京。金初专称燕京，置燕京路；贞元元年（1153 年）定都于此，改称中都。蒙古成吉思汗复称燕京，至元元年（1264 年）又改称中都。

燕都 “燕京”的别称。

中都 古都名。金贞元元年（1153 年），金统治者迁都燕京，改称中都，故址在今北京城西南。

大都 古都名。元世祖至元二十年（1283 年）建成。蒙古人称“汗八里”，“汗城”之意。在金中都城的东北。都城规模宏大，宫殿壮丽，户口繁庶，商业发达。来此居住的各国商人甚多。是当时世界上少有的大城。《马可·波罗行记》第二卷第八十四章描写大都：“街道甚直，此端可见彼端，盖其布置，使此门可由街道远望彼门也。”“全城中划地为方形，划线整齐，建筑房舍……方地周围皆是美丽道路，其行人由斯往来。全城地面规划有如棋盘，其美善之极，未可言宣。”参见“北京”。

元大都城墙遗址

北京 古都名。位于华北平原北端。秦代为广阳郡治所。两汉、魏晋南北朝、隋、唐时为幽州治所，故亦称“幽州城”。辽代时为南京，金代称中都，元代称大都，明成祖永乐元年（1403 年）建为北京。明清两代名顺天府。是春秋战国时燕国和金、元、明、清各朝国都。北洋政府时期迁都此地。1949 年中华人民共和国成立，设首都于此。具有 3 000 多年的悠久历史。今称北京市，为全国政治、经济、文化中心。有故宫、颐和园、北海、十三陵、八达岭长城等名胜古迹与宏伟建筑。

北平 ① 府名。明洪武元年（1368 年）改大都路置。永乐元年（1403 年）建为北京，改称顺天府。② 旧市名。1930 年改北京为北平。1949 年中华人民共和国成立，以此地为首都，复称北京。

顺天 府名。明永乐元年（1403 年）改北平府为顺天府，治所在大兴、宛平（今北京）。永乐十九年（1421 年）定都于此，称京师。1914 年废。

直隶 旧省名。明代称直属京师的地区为直隶。自明成祖迁都北京后，即称直属北京的地区为北直隶，相当今北京、天津两市及河北省大部分和河南、山东的小部分地区；直属南京的地区为南直隶，相当于今江苏、安徽两省。清初以北直隶为直隶省，南直隶为江南省。

奉天 ① 府名。清初置。治所在今辽宁沈阳市。辖境为今辽宁辽河以东等地区，屡有变更。1913 年废。为东北地区政治、经济、文化的中心。② 旧省名。1907 年改设。治所在奉天府（今辽宁沈阳）。辖境相当于今辽宁省大部分，以及黑龙江、吉林两省的各一部分地区。1929 年改辽宁省。

盛京 ① 古都名。即今辽宁沈阳市。1625 年，后金政权自辽阳迁都沈阳，尊为盛京。顺治帝入关定都顺天府（今北京）后，盛京成为清的留都。② 旧政区名。清代对奉天建省前后的别称。

沈阳 州、卫名。即今辽宁沈阳市。唐代为沈州州治。明代置沈阳中卫。清为奉天府，称盛京。

龙城 汉代匈奴祭天、大会诸部处。故址在今蒙古国鄂尔浑河西侧的和硕柴达木湖附近。《汉书·匈奴传上》:“五月,大会龙城。”

天津 ① 州、府名。清初改天津卫为直隶州,后升为府,府治为天津县。19 世纪后期成为华北最大商港,清末为北方近代工业基地。民国时期改天津市。② 卫名。明永乐二年(1404 年)筑城设卫,成祖迁都北京后,成为明东南漕运转运京师的重要驻守地。

天津卫 天津的旧称。参见“天津②”。

津门 天津的别称。

邺 古都邑名。春秋齐桓公始筑,战国魏文侯都于此。西门豹曾在此引漳水灌田。秦置县。两汉时先后为魏郡、冀州、相州治所。建安十八年(213 年),曹操为魏王,定都于此,曾修建铜雀、金虎、冰井三台。后为十六国时期后赵、前燕,北朝东魏、北齐的国都,长期为中原繁盛富庶的大城市之一。有两城:北城曹魏初增筑,故址在今河北临漳县西南一带;南城东魏初筑,在漳水之南。毁于北周大象二年(580 年)的战争。

河间 ① 郡、国名。西汉置郡。此后至西晋,或改为国。唐代为郡。治所在今河北献县。② 府、路名。北宋升河间府,治所在今河北献县。元为路,明清为府。③ 县名。隋代置。在今河北省中部偏南。

历下 古邑名。春秋战国时属齐国,因南对历山得名。在今山东济南市西。后即用作济南的古称。

稷下 古地名。指战国时期齐国临淄城(今属山东淄博)稷门附近地区,为齐国学宫所在。齐国自桓公、威王至宣王三代,曾招请游说、文学之士数千人,在此自由讲学论辩,著名的有驺衍、慎到、尹文、鲁仲连、荀况等人,在当时成为各学派汇聚的中心。

莱州 州、府名。隋代置州,治所在掖县(今山东莱州)。明初升为府。在今山东省东部,近渤海莱州湾。产盐,有海上交通的优势。

登州 州、府名。唐代置州,治所在蓬莱(今山东烟台市蓬莱区)。明代为府。位于山东半岛东部,临渤海。是前往辽东半岛或朝鲜半岛的海道交通起点。

曲阜 古邑名。在山东省中部偏西南。周代为鲁国国都,秦置鲁县,隋代改曲阜县。今为曲阜市。为孔子故里。有孔庙、孔府、孔林、鲁国故城遗址等古迹名胜。

济南 ① 郡、国名。西汉以后,为郡、为国不常。晋代为郡,治所在历城(今山东济南)。② 府、路名。北宋设为府,治所在历城。元改为路。明、清仍为府。宋代大词人李清照、辛弃疾皆济南府人,号称“济南二安”(李易安、辛幼安)。今济南市在山东省中部偏西、黄河下游南岸,为山东省省会。有千佛洞、大明湖、趵突泉等名胜。

晋阳 ① 古邑名。春秋属晋,战国属赵。在今山西太原市西南。② 古县名。秦置,即古晋阳。秦至东汉,为太原郡及并州治所。隋代改晋阳县为太原县,五代时先后为后晋与北汉的国都。

太原 ① 郡名。战国秦置,直至隋代。治所晋阳(今山西太原西南)。② 旧县名。隋置,唐、五代时为太原府、河东节度使治所。③ 府、路名。唐代置府,治所在太原县(今市西南)。元为路,明清为府。今太原市在山西中部,为山西省省会。有晋祠、大佛寺、天龙山石窟等古迹名胜。

平城 古县名。秦代置。治所在今山西大同市东北。公元前 200 年,汉高祖刘邦亲率大军迎击匈奴,被围于城东白登山。北魏天兴元年(398 年)营建宫殿,迁都于此,并为司州、代郡治所。自孝文帝拓跋弘迁都洛阳后,以此为恒州、代郡治所。孝昌二年(526 年),被六镇起义军攻破,州、郡、县并废。宋袁燮《安边》诗:“汉高岂不伟?平城亦良苦。卑词结和亲,金缯奉骄虏。”

大同 ① 府、路名。辽重熙十三年(1044 年)升云州为大同府,称为西京。治所在大同(今市)。辖境今山西大同市和阳高、天镇两县及河北怀安、阳原等县地。原为路,明复为府。民国初废。② 军镇名。明代九边之一。治所在今大同市,防区相当于今山西的外长城以南地段,是京师的西北门户。

南阳 ① 郡名。战国秦置。治所在宛县(今河南南阳）。唐代复置。魏晋南北朝时，常成为南北之间的战场。② 府名。元代置，明清沿之。治所在今南阳市。有张衡墓、卧龙岗武侯祠、医圣张仲景祠等古迹。

郑州 州名。隋初置州。唐贞观时移治所于管城（今河南郑州）。辖境相当于今郑州、荥阳、新郑及中牟等地，后屡有变迁。天宝元年（742年）改郑州为荥阳郡，仍治管城县。宋代建郑州为西辅，属京西北路。明代划归开封府。清代曾升直隶州。1948年设市，在河南省中部偏北，京广、陇海铁路交点。今为省会。古迹有二里岗遗址、商代古城遗址等。所辖荥阳市有虎牢关、欧阳修祠墓，登封市有嵩山、少林寺，中牟县有杜甫故里、宋陵、石窟寺、打虎亭汉墓等名胜游览地。

孟津 古黄河渡口。在今河南孟津县东北。相传周武王率军伐纣，在此与诸侯军会盟并渡河。东汉于此置关城。历来为用兵必争之地。

许昌 亦称“许都”。古县名。原名许县，东汉末战乱中，曹操迎汉献帝于此，并以此为国都。三国魏初年，更名许昌，治所在今河南许昌市东。

颍川 郡名。战国秦王政十七年（前230年）置。后为秦汉两代著名大郡之一。以颍水而得名。治所在阳翟（今河南禹州）。辖境相当于今河南登封市、宝丰以东，尉氏、郾城以西，新密市以南，叶县、舞阳以北等地区。其后治所屡有迁移，辖境亦渐小。隋初废。隋大业及唐天宝、至德时又曾改许州为颍川郡。其主体部分在今河南禹州市境内。相传，此地为中国历史上夏王朝国都所在地。夏禹的继承人启曾在阳翟的钧台举行盛大宴会招待各氏族部落首领。

商丘 ① 古都名。在今河南商丘市。相传商统治者的祖先契最先居此。成汤从此地迁亳。周代为宋国都城。隋代为宋州，治所在睢阳（今商丘）。唐时辖境相当于今商丘市及安徽砀山、山东曹县等地。五代后周末赵匡胤曾领宋州节度使，所建王朝因而即名“宋”。真宗时升为应天府，建为南京。南宋建炎元年（1127年），高宗赵构在此即位。1950年设市。在今河南省东部。有文雅台、三陵台、阏伯台、八关斋、微子墓、商丘古城、应天书院、燧皇陵等古迹。② 古旧县名。秦代为睢阳县，隋改宋城县，明改商丘县。1948年析设朱集市，1950年又析设商丘市。1951年两市合并称新的商丘市。1997年商丘县并入商丘市。

黄州 州、路、府名。隋代置，唐沿之。治所后移黄冈（今属湖北）。元为路，明为府。宋代文学家苏轼曾贬职于此，亲自开垦东坡荒地，因自号东坡居士。他的前后《赤壁赋》及《念奴娇·赤壁怀古》词、《黄州寒食诗》等佳作，俱创作于此。

江夏 ① 郡名。西汉置，三国吴、隋、唐时，治所在今湖北武汉市武昌区。② 旧县名。隋初置。治所在今武汉市武昌区。1912年改武昌县。

武昌 ① 郡名。三国吴置。治所在今武汉市。② 路、府名。元设武昌路，治所在江夏（今武汉市武昌区），辖境相当于湖北洪湖县以东的长江以南，鄂城、咸宁、通城以西地区。明清时为府，辖境扩大。清为湖广总督及湖北省的治所。1911年，辛亥革命在此爆发。今武汉市区由武昌、汉口、汉阳三部分合并组成。③ 旧县名。今为武汉市武昌区。④ 旧县名。三国吴置。治所在今湖北鄂州市。先后为武昌郡与江夏郡治所。

夏口 ① 亦称“沔口”“汉口”。古地名。在汉水流入长江之处。② 古城名。三国吴筑。在今湖北武汉市黄鹄山上，与夏口相对，故称。地势背山临江，历来为争战要地。两晋、南朝数为州、郡治所。

汉阳 军、府名。五代周置军。治所在汉阳（今湖北武汉市汉阳区）。宋代辖境相当于今湖北汉阳、汉川及武汉市长江以西地区。元代为府。清代辖境扩大，相当于今湖北长江以北、黄陂以西和孝感、汉川以南、沔阳以东地区。清末于此兴办兵工厂。1912年废。现为武汉市的一部分。

襄阳 ① 郡名。东汉末置。治所襄阳（今湖北襄阳市襄城区）。隋唐时复置。地处长江、汉水之间，当南北交通要冲，是东晋、南朝的北方军事重镇。② 府、路名。北宋末及明代为府,元代为路。治所在今襄阳市。因地处襄水之阳而得名。

隆中 隆中山的省称。在今湖北襄阳市襄城区,距襄阳市区13千米。东汉末,诸葛亮隐居于此。《三国志》载:“亮家于南阳之邓县,在襄阳城西二十里,号曰隆中。”他为来访的刘备分析天下大势,提出了著名的“隆中对”。

隆中对石像

竟陵 ① 郡名。西晋置。治所在石城(今湖北钟祥)。隋唐时复置郡。② 古县名。北周置。治所在今湖北天门市。隋唐时为复州治所。唐代“茶圣”陆羽即为复州竟陵人。中国文学史上,明代有以钟惺、谭元春为首的竟陵诗派。

秭归 县名。汉置。隋、民国复置至今。今在湖北省西部,属宜昌市。是战国楚大诗人屈原的故乡。有屈原庙等古迹。

荆州 府名。元末朱元璋置。治江陵(今湖北荆州市荆州区)。清代辖境相当于今湖北宜都至监利的长江流域。

岳州 州、路、府名。隋文帝开皇九年(589年)改巴州置州。治所在巴陵(今湖南岳阳)。唐代辖境相当于今湖南洞庭湖东、南、北沿岸各县市。其后略小。元改为路,明改为府。1913年废。今为岳阳市。有岳阳楼、洞庭湖、君山岛、杜甫墓、屈原碑林等名胜古迹。

巴陵 ① 郡名。南朝宋置。治所在巴陵县(今湖南岳阳)。隋唐时复置。② 旧县名。西晋置。治所在今岳阳市。晋以后为巴陵郡、巴州、岳州、岳州路、岳州府等的治所。

长沙 ① 郡名。秦代置。治所在临湘(今湖南长沙)。唐代复置。西汉政论家贾谊曾为长沙王太傅,后人因称为贾长沙。② 府名。明初置,清沿之。治所在今长沙。今长沙市在湖南省东部,为湖南省省会。以湘绣及瓷器闻名。有岳麓山、岳麓书院、橘子洲、马王堆汉墓等名胜古迹。③ 县名。秦置临湘县,隋改长沙县。今属长沙市。被誉为“湘绣之乡”。

豫章 ① 古都邑名。西汉初置郡,辖地相当于今江西省,三国魏后渐缩小。境内江、湖等水道四通。② 县名。隋代置。治所在今江西南昌市。隋唐时历为洪州、豫章郡治所。北宋文学家黄庭坚为洪州分宁(今江西修水)人,其集即名《豫章集》。

南昌 ① 府名。汉为豫章郡治,隋为洪州府治,五代南唐至明清为南昌府治。在今江西省北部中央。今南昌市为江西省省会。名胜古迹有百花洲、青云谱等。② 县名。今属南昌市。古迹有蜚英塔、唐永王墓等。

临川 郡名。三国吴置,唐代复置。治所在今江西南城县东南。是文学家王安石和汤显祖的故乡,两人分别世称王临川、汤临川。戏剧史上著名的临川派,即是以汤显祖和他的《牡丹亭》为代表。今为临川市,在江西省东部。

九江 ① 别称“柴桑”“浔阳”“江州”。郡名。秦代置。治所在寿春(今安徽寿县)。辖境相当于今安徽淮河以南、河南竹竿河以东和江西全省。三国魏时改为淮南郡。② 府名。元至正二十一年(1361年)朱元璋置。治所在德化(今江西九江)。辖境相当于今江西九江市与德安县、湖口县、彭泽县、瑞昌市等地区。今九江市在江西省北部、长江南岸。有烟水亭、甘棠湖等名胜。③ 县名。今属九江市。晋以后为江州治所,明清为九江府治。有狮子洞、陶渊明墓等景点古迹。

庐陵 ① 郡名。东汉末置。三国吴时,治所在今泰和西北。隋唐时曾复置。② 旧县名。西汉置。治所在今江西泰和县西北。唐代治所移今江西吉安市。唐以后,为吉州、吉安路、吉安府治所。宋文学家欧阳修为庐陵县人。

浔阳 ① 九江的别称。唐代置郡,治所在浔阳。② 古县名。唐初置,治所在今江西九江市。③ 古江名。指长江流经浔阳县境的一段。唐代白居易《琵琶行》诗“浔阳江头夜送客”,即指此。

浮梁 旧县名。唐代置。因溪流经常泛滥,居民设立浮桥以通行,故称。元为州,明为县。1916年移治景德镇,1960年并入景德镇市。自古以产茶和瓷器著名。

江州 州、路名。西晋置,治所在今江西南昌或九江。唐改名浔阳县。元为路,明为府。唐代诗人白居易曾降职为江州司马,在他的名篇《琵琶行》中有“江州司马青衫湿”之句。

柴桑 古县名。西汉置。治所在今江西九江市南。三国时吴国周瑜在此训练水军,晋以后为寻阳郡和江州的治所。也是东晋诗人陶渊明的故乡。

饶州 州、路、府名。隋代置州,治所在鄱阳(今属江西),元为路,明为府。浮梁县及景德镇在其辖境内,物产丰富,有金、银、铜、瓷器、茶与纻布等。

颍州 州、府名。北魏置,北齐废,唐初复置。治所在汝阴(今安徽阜阳)。辖境相当于今安徽阜阳市及其所属颍上、阜南、太和、临泉等县与界首市。北宋政和中改顺昌府,金复为颍州,清雍正间为颍州府。辖境相当于今安徽涡阳、蒙城、霍邱等县以西地区。清亡废。今为阜阳市,在安徽省西北部,颍河沿岸。北宋文学家欧阳修致仕后,退居颍州,直至逝世,在颍州西湖写下不少优美的词作。

合肥 县名。汉代置。隋代为庐州治所。元以后为庐州、府路治所。1949年设市。今为安徽省省会。有教弩台、包拯墓、包河公园、逍遥津公园等名胜古迹。

庐州 州、路、府名。隋初置,治所在合肥县(今市)。元改为路,明清为府。1912年废。

桐城 县名。隋置同安县,唐改桐城县。在安徽省中部偏南。今为安庆市。清代有桐城籍古文家方苞、刘大櫆、姚鼐创立的文学流派,号称“桐城派”。

徽州 州、路、府名。宋代置,治所在歙县(今属安徽黄山)。元为路,明为府。产纸、墨、砚等。徽州人以善于经营商业著称。

滁州 州名。隋代置,治所在今安徽滁州市。北宋文学家欧阳修任州官时,曾作《醉翁亭记》。1992年设市。在安徽省东部。有琅邪山、醉翁亭等名胜。

扬州 州、路、府名。隋代置州,治所在江都(今江苏扬州)。隋唐时是中国东南第一大城市,唐代为对外海港,号称“扬一益二”,其繁盛在成都之上。元改路,明清为府。历史上为淮盐转运中心,商业发达,以产玉器、漆器等精美手工艺品以及刻印古籍著称。千余年间,文化活动繁盛,诗人、学者、书画家辈出。“广陵词坛”是清初词创作的中心;乾隆年间,有书画家群体“扬州八怪”;康熙年间,《全唐诗》编订刻印于此;乾嘉之际,有考证经史的“扬州学派”。从康熙到乾隆时期,又是各个戏曲剧种班社演出交流的集中地。有瘦西湖、平山堂、大明寺、个园、何园等名胜。古代诗文中又称“维扬”。唐杜牧《寄扬州韩绰判官》诗:“青山隐隐水迢迢,秋尽江南草未凋。二十四桥明月夜,玉人何处教吹箫。”

维扬 旧时对扬州及扬州府的别称。唐刘希夷《江南曲》之五:“潮平见楚甸,天际望维扬。”明李东阳《九日渡江》诗:“直过真州更东下,夜深灯火宿维扬。”清赵翼《清明前二日泛舟至平山堂即事》诗:“信哉繁丽推维扬,肯让他邦夸绣错?”

江都 ① 郡、国名。西汉时置江都国,学者董仲舒曾为江都国相,世称董江都。隋代置郡,治所在今江苏扬州市。炀帝大筑宫苑,以此为行都,后即在江都被杀。② 府名。五代时吴国置。南唐都江宁,以此为东都。治所在今扬州市。③ 旧县名。西汉置。旧属扬州府,今为扬州市江都区。古迹有明真武庙大殿。

广陵 ① 郡、国名。西汉置广陵国,治所在广陵(今江苏扬州)。六朝时为大镇。唐代改为郡。② 旧县名。秦置,治所在今扬州市。今为扬州市广陵区。自古为东南都会,两汉至六朝,皆为国、郡、州的治所,后世用为扬州的古称。

淮阴 ① 旧县名。秦置。治所在今江苏淮安市北。今为淮阴区。汉初大将韩信为淮阴人,辅佐刘邦建立西汉王朝,曾谪封淮阴侯。② 郡名。东魏置,唐代复置。治所在今淮阴市西南。

南徐 侨州名。西晋末年中原大乱,因北方沦于

"五胡"等少数民族,晋室及中原士人大批南迁,侨寓于此地者为最多。南朝宋永初二年(421年)改徐州,分扬州为南徐州。治所在京口(今江苏镇江)。辖境相当于今安徽凤阳以东,江苏淮河以南、长江以北地区;元嘉以后辖境南移,相当于今江苏长江以南,南京市东北部及丹阳、宜兴等市以东,无锡市以北地区。隋文帝开皇九年(589年)废。

润州 州、府名。隋、唐时治所在今镇江市。北宋升镇江府。处于南运河入长江口处,历来为南北交通要冲。

镇江 府、路名。北宋置府,治所在今江苏镇江市。古称"南徐州""京口",唐为润州治,元为路治所,明清为府治。民国时期曾为江苏省省会。有金山、焦山、北固山、沈括梦溪园旧址等名胜。今传有元代俞希鲁所撰《至顺镇江志》21卷。

京口 古都邑名。故址在今江苏镇江市。凭山临江,南朝时为南徐州的治所,是长江下游军事重镇和通向首都建康的门户。南朝宋时,又称"北京"。宋王安石《泊船瓜洲》诗:"京口瓜洲一水间,钟山只隔数重山。春风又绿江南岸,明月何时照我还?"

阳羡 古县名。秦代置,治所在今江苏宜兴。后用为宜兴的古称。清初有以陈维崧为代表的"阳羡词派"。

上海 旧县名。春秋时为吴国地。战国时为楚国春申君黄歇的封邑,故别称"春申"。简称"申",别称"沪"。唐属华亭镇,宋设上海镇,元代始设上海县,属松江府。鸦片战争后被迫辟为商埠。1912年属江苏省。1927年设上海特别市,1930年改上海市。有豫园、古猗园、龙华古寺、嘉定孔庙、淀山湖等古迹名胜。

昆山 旧县名。南朝梁置。元、明以后,是戏曲昆山腔(昆曲)的发源地。清属苏州府。今为江苏昆山市。境西北有阳澄湖,特产"阳澄湖蟹"。有玉峰山、亭林公园等古迹名胜。

华亭 ① 松江的古称。② 旧县名。唐代置。治所在今上海市松江区。宋代为东南大县,元代为松江府治所。1914年改松江县。

松江 府名。元代置。治所在华亭(今上海市松江区)。古称"华亭",别称"云间""茸城""谷水"等。1912年废。明清两代,是全国棉纺织业中心。今为上海市松江区。

云间 古代华亭(松江)的别称。明末有以文学家陈子龙为首的云间派。

长洲 旧县名。武则天时分吴县置。治所与吴县同在今苏州市。自唐至清,与吴县历为苏州、平江府、平江路、苏州府的治所。清代,与江宁同为江苏省省会。

平江 府、路名。北宋升苏州为平江府。治所在吴县、长洲(今江苏苏州)。元改为平江路,明初改苏州府。宋代时为东南地区经济文化繁盛的大都市,有丝织、造纸、造船等手工业。近人王謇著有《宋平江城坊考》,专门研究考索宋代平江府的城市面貌及其寺观、里巷、街市的具体分布。

吴江 旧县名。五代吴越国置。因吴江(即吴淞江)得名。1992年改吴江市,2012年改区。戏剧史上有著名的吴江派。有垂虹桥遗址。

吴郡 郡名。楚汉之际分会稽郡置,汉武帝后废。东汉中期复置。治所在吴县(今江苏苏州)。辖境相当于今江苏长江以南,大茅山以东,浙江长兴、吴兴、天目山以东,与建德以下的钱塘江两岸等地区。三国吴后逐渐缩小,隋开皇九年(589年)废。大业初又改吴郡。唐初改苏州,玄宗天宝时复为吴郡。宋代为平江府。南宋范成大撰《吴郡志》50卷,清袁景澜著《吴郡岁华纪丽》12卷,二书是研究苏州地区历史、经济、文化和民俗的重要著作。

姑苏 亦作"姑胥"。苏州府的别称。因府西南之姑苏山而得名。旧时泛称苏州府全境。苏州府在今江苏省南端。《史记·河渠书》:"上姑苏,望五湖。"《淮南子·人间训》:"(越王)甲卒三千人,以禽夫差于姑胥。"唐张继《枫桥夜泊》:"姑苏城外寒山寺,夜半钟声到客船。"

苏州 简称"苏",别称"姑苏"。州、府名。隋代置州。治所在吴县(今江苏苏州)。明清时为苏州府。清代为江苏巡抚治所。自唐以来为丝织中心。今为苏州市。有虎丘、寒山寺、天平山等名胜及沧浪亭、狮子林、拙政园等众多古典园林,向有"上有天堂,下有苏杭"之誉。

临安 古都邑名。南宋建炎三年(1129年)升杭州为临安府。治所在钱塘(今浙江杭州)。绍兴八年(1138 年)以此为国都。南宋时居民稠密,商业繁盛,文化发达。城区南及江滨,西包西湖。元初意大利旅行家马可·波罗游历至此,誉为“世界上最美丽华贵之城”。

杭州 简称“杭”,亦称“余杭”。古都邑名。隋代置州,治所在钱唐(今浙江杭州)。大运河修成后,杭州成为大运河南端的起讫点。唐代宗时李泌任杭州刺史,在杭州城内开六眼井,引钱塘湖水至城内,使居民有淡水饮用。唐穆宗时白居易任刺史,疏浚钱塘湖,使杭州从此成为游览胜地。北宋哲宗时苏轼任杭州知州,发动人民进一步疏浚西湖。五代时吴越国建都于此;南宋偏安江南,以杭州为临安府,作为国都,使其获得空前的繁荣。元改为杭州路,明改为府。1912 年废,将钱塘、仁和二县合并置杭县,1927 年析城区设市。1949 年为地级市。明清至今为省会。有西湖、灵隐寺、岳坟、九溪十八涧、超山、河姆渡文化遗址等名胜古迹。

武林 旧时杭州的别称。以武林山得名。南宋末文学家周密有记载杭州民情风俗的《武林旧事》一书。

永嘉 ① 郡名。东晋置,治所在今浙江温州市。唐代再置。宋、明时为温州府治所。南宋永嘉学派产生于此,也是中国古代南戏的发源和兴盛地。② 县名。隋代置,今存。古迹有罗浮双塔等。

会稽 ① 郡名。秦汉时治所在吴县(今江苏苏州)。辖今江苏南部及浙江、安徽的一部分,以至福建全省。② 旧县名。隋置。历来为州、郡、府治所。1912 年与山阴县合并为绍兴县(今浙江绍兴)。

越州 州、府名。隋代置,治所在会稽,唐后分置山阴(今浙江绍兴)。唐、五代时,所产秘色瓷天下知名,号为青瓷中绝品。南宋初升为府。

绍兴 府、路名。春秋时为越国国都。南宋置府。治所在会稽、山阴县(今浙江绍兴)。元为路,明清为府,为浙东文化中心。产绍酒及丝织品等。1950 年设市。有东湖、鉴湖、兰亭、禹陵等古迹名胜。是大诗人陆游的故乡。

山阴 旧县名。秦代置。因在会稽山之阴得名。治所在今浙江绍兴市。隋代改名会稽,唐代分置会稽、山阴两县。历代为州、府、路治所。是明代书画家、戏曲家徐渭的故乡。1912 年与会稽县合并为绍兴县(今浙江绍兴)。

湖州 州、路、府名。隋、唐时治所在乌程(今浙江湖州)。元为路,明为府。地多鱼、稻、莲之利。唐宋以后,是东南地区的蚕丝最大产地;明清至今,也是全国毛笔制造业的中心。今为湖州市。

明州 州、府名。唐玄宗开元二十六年(738 年)置州,以境内有四明山得名。州治设在鄮县(今浙江宁波南,五代吴越改名鄞县)。辖境相当于今浙江省甬江流域及慈溪市、舟山市等地。北宋建隆元年(960 年)称明州奉国军。南宋庆元元年(1195 年)升为庆元府。元改庆元路。明洪武十四年(1381 年)为避国号讳,取“海定则波宁”之义,改称宁波府。沿用至今。

汉中 ① 郡名。战国秦置,治所在南郑(今陕西汉中东)。唐代复置。魏晋南北朝时,为军事重镇,历为梁州等的治所。② 府名。明初置。治所在南郑(今陕西汉中东)。1913 年废。今为汉中市。有汉台、拜将台、张良庙、张骞墓等名胜古迹。

延安 ① 郡名。隋代置,治所在肤施(今陕西延安东北)。唐一度改为延州,后复为郡。② 府名。北宋升延州置府,是防御西夏的重镇。元为路,明清为府。1913 年废。今为延安市。有清凉山石窟寺万佛洞、摩崖题刻等古迹。

兰州 州、府名。隋初置州,治所在今甘肃兰州市。安史之乱后属吐蕃。宋、明为州,清改兰州府。1941 年设市。今为甘肃省省会。有五泉山、白塔山、兴隆山、白云观等名胜古迹。

酒泉 郡名。西汉元狩二年(前 121 年),以原匈奴昆邪王之地置郡。治所在禄福(隋改酒泉,即今甘肃酒泉市)。西汉元鼎后辖境相当于今甘肃疏勒河以东、高台县以西地区。十六国时西凉国李暠曾迁都于此。隋文帝开皇初废。唐天宝、至德时又曾改肃州为酒泉郡。今为酒泉市。有古长城、白马塔、金塔、敦煌莫高窟、安西榆林窟、阳关、玉门关、鸣沙山、月牙泉等名胜古迹。

敦煌 ① 郡名。西汉武帝元鼎六年(前111年)分酒泉郡置。治所在敦煌县(今甘肃敦煌西),辖境相当于今甘肃疏勒河以西及以南地区。隋开皇初废。大业初改名瓜州。唐天宝、至德时又曾改沙州为敦煌郡。地处河西走廊西端,西界有玉门关、阳关。唐代时期,宗教、文化十分兴盛。清以前,是中原与新疆、中亚及欧洲来往交通的门户。② 旧县名。西汉置。十六国时为西凉的国都。8世纪末至9世纪中叶属于吐蕃。11世纪初曾属西夏。清雍正三年(1725年)在党河西岸筑新城,乾隆二十四年(1759年)复置县。今为敦煌市。以敦煌石窟名闻天下。城东南有莫高窟,城南有鸣沙山、月牙泉,城西北有玉门关,城西南有阳关遗址等名胜古迹。

瓜州 州名。(1) 北魏孝明帝时置。治所在敦煌县(今市西)。辖境相当于今甘肃酒泉市以西地区。唐武德五年(622年)改名西沙州。(2) 州名。唐武德五年置。治所在晋昌(今甘肃瓜州东南)。辖境相当于今瓜州一带。8世纪末以后属吐蕃。

武威 ① 古县名。西汉元狩二年(前121年)以匈奴休屠王地置。治今甘肃民勤东北。西晋废。② 郡名。西汉宣帝本始、地节年间置郡,初治武威(今甘肃民勤东北),后移姑臧(治今甘肃武威市)。西汉后辖今甘肃黄河以西、武威市以东及大东河、大西河流域地区。十六国时前凉、后凉、南凉、北凉皆曾建都于此。隋开皇初废。大业及唐天宝、至德时又曾改凉州为武威郡。地处祁连山麓,汉唐时为通往西域要道所经。

张掖 郡名。西汉元鼎六年(前111年)置。治觻得(今甘肃张掖西北,晋改名永平,隋又改名张掖,移治今张掖市)。辖境相当于今甘肃永昌以西、高台以东地区。十六国时北凉沮渠蒙逊曾建都于此。隋开皇初废。大业及唐天宝、至德时又曾改甘州为张掖郡。当通往西域及漠北道路要冲;水草丰美,有畜牧之饶。

焉耆 ① 唐军镇名。唐贞观十八年(644年)征服焉耆后,于其地置焉耆都督府,故地在今新疆焉耆一带。属安西都护府,开元七年(719年)后为“安西四镇”之一。贞元六年(790年)后废。② 府名。清光绪二十四年(1898年)置。治今焉耆,辖境相当于今新疆巴音郭楞蒙古自治州(且末除外)地。1913年改县。

于阗 ① 唐军镇名。唐置于阗都督府,故地在今新疆和田县西南。属安西都护府,为“安西四镇”之一。约贞元六年(790年)后废。② 旧县名。清光绪八年(1882年)置。1959年改名于田县。

疏勒 ① 唐军镇名。唐置疏勒都督府,故地在今新疆喀什市。属安西都护府,为“安西四镇”之一。约贞元六年(790年)后陷于吐蕃。② 州、府名。清光绪八年(1882年)置疏勒直隶州,1902年升府。1913年改县。

龟兹 唐军镇名。故地在今新疆库车县。和于阗、疏勒、碎叶(后改焉耆)号称“安西四镇”。贞元六年(790年)后废。

碎叶 ① 亦称“素叶水城”。古城名。以北临碎叶水(今楚河)得名。故址在今吉尔吉斯斯坦北部托克马克西南阿克·贝希姆废墟。地当东西交通要道,唐贞观初玄奘赴印度时途经此城,调露元年(679年)安西都护王方翼又就旧城增筑。唐诗人李白出生于此。② 唐军镇名。治碎叶城。自贞观二十二年底(649年初)至开元七年(719年)间,曾以碎叶和龟兹、于阗、疏勒为“安西四镇”。开元七年,突厥十姓可汗居碎叶,改以焉耆为四镇之一。

陇西 ① 郡名。战国秦置。位于陇山之西,故称。治所在狄道(今甘肃临洮南)。西汉辖境相当于今甘肃东乡以东的洮河中游、武山以西的渭河上游、礼县以北的西汉水上游及天水市东部地区。后辖境减小,北魏时相当于今陇西县附近地区。隋代废,唐复置。隋文帝开皇初废,大业及唐天宝、至德时又曾改渭州为陇西郡。是唐代统治者李氏家族的发源地,号称“陇西李”。② 县名。宋改襄武县置,今存。

西宁 州、府名。宋代置州,治所在今青海西宁市。明改卫,清置府,并置西宁县为治所。今西宁市为青海省省会。有北山寺、东关清真大寺等古迹。

银川 古都邑名。宋代是西夏政权的都城。元以后为宁夏路、府治所。1945 年设市。今为宁夏回族自治区首府。有西夏王陵、承天寺塔、贺兰山、贺兰口岩画等名胜古迹。

蜀郡 郡、府、路名。秦代置郡。唐代曾改为成都府,宋代为成都路。

成都 古都邑名。战国时秦国置县。秦统一六国后,在此设立蜀郡,治所在今四川成都市。后为蜀郡、益州、成都府等的治所,是三国蜀汉、十六国时成汉、五代前蜀和后蜀的国都。位于成都平原上,城外有终年积雪的西山,又有岷江和沱江盘绕,所产蜀锦名满天下,历史上号称"锦城"。其麻布、漆器和铁器也驰名全国。唐代经济、商业繁盛的程度仅次于扬州。文化上也属名家辈出、人文荟萃之地。1930 年设市,今为四川省省会。有武侯祠、杜甫草堂、青羊宫等名胜古迹。明何宇度《益部谈资》卷中:"成都,一名锦城,一名锦官城……成都城外皆平壤,竹树蓊蔚,田地膏腴,江河诸流,交流贯络。昔称天府沃野,信非虚语。"

芙蓉城 成都市的别称。省称"蓉城"或"蓉"。因五代后蜀时,曾于城上遍植芙蓉而得名。

锦城 亦作"锦官城"。成都的别称。因自古盛产蜀锦得名。唐杜甫《赠花卿》诗:"锦城丝管日纷纷,半入江风半入云。"又《春夜喜雨》诗:"晓看红湿处,花重锦官城。"

巴郡 郡名。战国秦置。治所在今重庆市区。辖境历经分合,隋代又改渝州为巴郡。

渝州 重庆的古称。隋初置。治所在巴县(今重庆市巴南区)。重庆市今简称"渝",即由此而来。

重庆 简称"渝"。府、路名。秦为巴郡,隋唐为渝州治所。南宋置府,治所在巴县(今重庆市巴南区)。元为路,明清复为府。今为重庆市。有长江三峡、缙云山、大足石刻等名胜古迹。

嘉州 州名。北周时置,唐代复置。治所在今四川乐山市。南宋升为嘉定府。唐代诗人岑参曾为嘉州刺史,世称"岑嘉州"。

夔州 州、路、府名。唐代置州,治所在奉节县(今属重庆)。宋元为路,明清为府。杜甫诗作中经常提到。

白帝城 古城名。在今重庆奉节县东白帝山上。东汉初筑城。历代为州、郡治所。城居高山,地势险要,三国时是蜀汉防吴重镇。蜀汉先主刘备攻吴失败,退居此城,病逝于城西永安宫。

广州 简称"穗",别称"五羊城""羊城"。州、府名。264 年,三国吴置州,治所在番禺(今广东广州)。辖今广东、广西两省大部分地区及海南岛。历代有所变更。明清时为府。唐以来为南方对外海上交通重要港口,设市舶司及海关。今为广州市,是广东省省会。有光孝寺、越秀山、白云山、镇海楼等名胜古迹。

五羊城 简称"羊城"。广州的别称。传说古时有五位仙人,着五色衣,乘五色羊,手执每茎六穗的稻谷至此,祝颂此城"永无饥荒",后腾空而去,羊化为石。因以"五羊城"为地名。

惠州 州、路、府名。北宋治所在惠阳县(今属广东惠州)东。元为路,明为府。宋文学家苏轼曾贬官居住于此。今为惠州市。有惠州西湖。

潮州 州、路、府名。隋唐时,治所在今广东潮州市潮安区。元为路,明为府。唐代文学家韩愈曾被贬为潮州刺史。今为潮州市。

福州 州、路、府名。唐代置。治所在闽县(今福建福州)。元为路,明清为府。宋为福建路治所,宋元时为出海到东南亚的海港。清末于此设马尾造船厂。今为福州市,是福建省省会。有西湖、鼓山等名胜。

侯官 古、旧县名。西汉置。治所在今福建福州市,因又成为福州的别称。清代政治家林则徐即侯官人。

泉州 州、路、府名。隋代置州,治所在闽县(今福建福州),辖境相当于今福建全省。唐以后为州、路、府治所。唐、宋、元时期,外商聚居,为全国最繁盛的海外贸易中心,也是世界最大的商港之一。今为泉州市。有开元寺、洛阳桥等古迹,以及泉州海外交通史博物馆。

南宁 路、府名。元代置路,治所在宣化(今广西南宁)。明清为府,是广西南部重要商埠。今为南宁市,是广西壮族自治区首府。有南湖、青山、大王滩等名胜古迹。

柳州 州、路、府名。唐代置州,治所在今广西柳州市。元为路,明为府。杂居壮、瑶等民族。初出产壮锦。唐代文学家柳宗元曾贬为柳州刺史,后人称为柳柳州。今为柳州市。

桂林 ① 郡名。秦置。治所在今广西桂平市西南。后废置不常,辖境与治所,也多变迁。② 府名。明清时治所在今广西桂林市。今为桂林市。风景秀美,有独秀峰、象鼻山、七星岩等名胜,历来有"桂林山水甲天下"的美誉。

昆明 ① 古县名、城名。唐武德二年(619 年)置。天宝以后属吐蕃,后又属南诏。是唐、吐蕃、南诏三方接壤地带,为当时军事重镇。② 旧县名。元至元十三年(1276 年)置,为中庆路治所。明清皆为云南省省会。1928 年置市。今为云南省省会。气候温和,有"春城"之称。有滇池、西山、翠湖、大观楼等名胜古迹。

贵阳 府名。明代置。治所在今贵州贵阳市。明清均为贵州省省会。1930 年设市。今为贵州省省会。有黔灵山、花溪、甲秀楼、文昌阁等名胜古迹。

琼州 州、府名。唐代置。治所在琼山县(今海南海口)。明初为府,辖境包括全海南岛。

儋耳 郡名。西汉置。治所在今海南儋州市,辖境相当于今海南省西部地区。隋代复置。唐宋时是远离中原与江南的蛮荒之地,多用于安置流放官员。宋代文学家苏轼因党争被流贬海南,曾在其地生活。

崖州 州名。南朝梁置,治所义伦(今海南儋州三都镇)。唐代复置。北宋并入琼州。不久复置,治宁远(今海南三亚市崖州区)。因其地僻远荒凉,唐宋时是贬降官员的地方。光绪三十一年(1905 年)升为直隶州。1912 年改为崖县。1952 年迁治三亚,1984 年改设三亚市。

西藏 简称"藏"。位于青藏高原西南部。首府拉萨市。唐宋时期称"吐蕃"。元代时受宣政院的直接统辖。明代设都指挥使司、宣慰司等机构管理。所有任职的政教首领人物,均由朝廷诰封名号,赐予印章。清初称"卫藏",康熙二年(1663 年)正式称"西藏",以迄于今。清中央朝廷派驻藏大臣处理西藏事务,历世达赖、班禅皆经过朝廷册封。民国初期,临时约法规定西藏是中国领土之一。中华人民共和国建立后,于 1965 年 9 月 1 日正式成立西藏自治区。

乌思藏 元明两代对西藏前、后藏的通称。亦作"乌斯藏"。"乌思",指以拉萨为中心的地区,即前藏,清代译称"卫";"藏",指日喀则为中心的地区,即后藏。该地区行政事务,元代属乌思、藏、纳里速古鲁孙等三路宣慰使司都元帅府,明代属乌思藏都指挥使司(后改为乌思藏宣慰使司)管辖。清初改译"卫藏"。

卫藏 清初对西藏前、后藏的通称。自康熙二年(1663 年)始称"西藏"后,有时仍以"卫藏"作别称。清乾隆、嘉庆间编纂有《卫藏通志》一书,16 卷,叙述古今沿革,内容详备,是研究清代前期西藏历史、地理、经济、民俗的重要资料。

拉萨 地名。旧译作"逻娑""逻些"。藏语为"圣地""佛地"之意。位于西藏高原中部、喜马拉雅山脉北侧。兴建于唐代吐蕃首领松赞干布统治时期。元、明、清时,一直是西藏的宗教、政治、经济、文化中心。清雍正五年(1727 年),清中央政府在此设衙署,派驻藏大臣,军队则驻扎在拉萨北郊。嘉庆年间,有居民 5 000 余户,人口 3 万。民国时期,西藏省政府设此。1960 年正式设拉萨市,今为西藏自治区首府。有布达拉宫、罗布林卡、大昭寺、唐蕃会盟碑等名胜古迹。

逻娑 拉萨的旧称。唐时吐蕃的都城。公元 6 世纪末、7 世纪初,雅隆部落的势力扩张到今西藏拉萨北部。松赞干布之父囊日伦赞占领了拉萨地区。不久松赞干布继位,迁都于此。他在沼泽荒芜之地上修河道,造宫堡,建寺院,大昭寺即为此时建造。传说建寺时有山羊负土填湖。藏语中称羊为"惹",称土为"萨",大昭寺就称为"惹萨",同时亦以之称整个城市。汉文史籍中"惹萨"多译作"逻娑""逻些"。随着佛教的兴盛,人们把这里视为圣地。

新疆 位于中国西北边陲。首府乌鲁木齐市。历史上是古丝绸之路的重要通道。西汉时期,西域分布有十余个游牧部落,中央政权在此设立西域都护府进行管理和屯田。唐代分属北庭、安西都护府。元代设行省。清乾隆时改称新疆,分设伊犁将军和乌鲁木齐都统,管辖天山南北各地。光绪十年(1884年)设立新疆省。民国初期,临时约法规定新疆是中国二十二行省之一。省会迪化(今乌鲁木齐)。中华人民共和国建立后,于1955年10月1日成立新疆维吾尔自治区。

伊犁 ①古地域名。得名于伊犁河。最早见《汉书》,史称“伊列”“伊丽”“伊里”等。清乾隆时定名“伊犁”。古代泛指伊犁河流域及巴尔喀什湖以东、以南的广大地区。西汉时为乌孙国属地。唐显庆二年(657年),命苏定方为伊丽道大总管,于其地置州、府,隶属安西都护府。武周长安二年(702年)改隶北庭都护府。元末明初建别失八里汗国,王都在今伊宁县境。清乾隆间平定准噶尔叛乱后,派伊犁将军进行管理。沙俄时期,其大部分土地被俄罗斯帝国侵占。②旧政区名。(1)指清乾隆二十七年(1762年)设总统伊犁等处将军后,光绪十年(1884年)建新疆省以前伊犁将军的辖区。其时伊犁将军驻惠远城(今新疆霍城东南惠远镇),统辖天山南北路各驻防城,即当时的新疆全境。又指伊犁将军和参赞大臣的直辖区。(2)指新疆建省后伊犁将军的辖区。相当于今乾隆二十七年后伊犁哈萨克自治州的直辖区和塔城地区。③府名。清光绪十四年(1888年)置。治所在绥定(今霍城)。1913年废。1954年起为伊犁哈萨克自治州。

乌鲁木齐 地名。本为准噶尔蒙古语,意为“优美的牧场”。战国时,此地属古车师人活动范围。西汉初,置戊己校尉在乌鲁木齐近处的金满(吉木萨尔)设营屯田,维护丝绸之路北道安全。唐贞观十四年(640年)在天山北麓设置庭州,下辖四县,此地是当时的军事重镇轮台县城。清乾隆时,清政府鼓励屯垦,减轻粮赋,乌鲁木齐成为“繁华富庶,甲于关外”之地,后乾隆皇帝赐名“迪化”。光绪十年(1884年),新疆建省,清政府在新疆的军政中心由伊犁转到迪化。1945年设市。今为新疆维吾尔自治区首府。有红山、鉴湖、燕儿窝、陕西大寺、红光山大佛寺等名胜古迹。

迪化 旧市、县名。清乾隆时置乌鲁木齐直隶厅,后升迪化直隶州,1886年改迪化府。治所在迪化县。1945年设迪化市。1953年,分别改为乌鲁木齐市和乌鲁木齐县。参见“乌鲁木齐”。

台湾 在中国东南海上,东海和南海之间。隔台湾海峡,与福建省相望。“台湾”之名始用于明末,古代文献称“夷洲”“流求”(亦作“瑠球”“流球”)。居民除本地高山族外,主要为历代迁入台湾的大陆居民。三国吴大帝孙权曾派将领率船队抵达台湾考察,随行的沈莹著《临海水土异物志》,记载当地物产、地理。南宋时澎湖属福建路。元代航海家汪大渊《岛夷志略·澎湖》,记载元代至元间于澎湖设巡检司管理征税,以及当地人耕种贩卖、安居乐业的生活情况。明末一度被荷兰、西班牙殖民者侵占,清康熙元年(1662年)郑成功收复台湾并进行开发。康熙二十三年置台湾府,属福建省。光绪十一年(1885年)正式建立行省。1894年甲午战争后,被日本窃据达半个世纪。1945年抗日战争胜利后重归中国版图。为中国的一个省。

夷洲 台湾的古称。

流求 台湾的古称。

台北 府名。清光绪元年十二月(1876年1月)置。治所在淡水艋舺(今台湾台北)。1894年为台湾省省会,次年为日本侵占,府废。1920年设市。1945年抗战胜利后设市。今为台湾省省会。市郊有龙山寺、阳明山、北投温泉、大屯火山群等名胜古迹。

香港 明清时属广东新安县(今深圳),因出口沉香得名(也说与香江有关)。19世纪中叶鸦片战争以后,清政府被迫割让香港、租借九龙半岛及其附近岛屿给英国。1997年7月1日,香港回归中国,成立香港特别行政区。有海洋公园、天坛大佛、宋城、浅水湾等名胜。

九龙 地区名。指香港九龙半岛界限街以南地区。南端隔海湾与香港相望。明清时属广东新安县(今深圳)。鸦片战争后于1860年为英国侵占,成为香港的组成部分。1997年7

月1日,与香港其他地区一起回归中国。

澳门 在珠江口西岸。原属香山县(今广东中山)。明嘉靖三十二年(1553年),葡萄牙人借口晾晒水浸货物,通过贿赂守澳中国官员得以上岸,随即搭棚建屋,聚居成村。至明末清初,澳门已成为葡萄牙人在东方的主要居住地。鸦片战争后,葡萄牙趁火打劫,于清道光二十九年(1849年)正式对澳门半岛实行占领。咸丰元年(1851年)和同治三年(1864年)又先后侵占了氹仔岛和路环岛。1999年12月20日,中国对澳门恢复行使主权,成立澳门特别行政区。

海、洋

黄海 中国三大边缘海之一。北起鸭绿江口,南以长江口北岸到韩国济州岛同东海分界,西以渤海海峡与渤海相连。面积37.86万平方千米。近岸海水色黄。辽东、山东两半岛与朝鲜半岛海岸曲折,多港湾、岛屿。盛产鱼、盐。1894年的中日甲午战争就是发生在中国境外的朝鲜半岛及黄海北部。

渤海 中国内海。在辽宁、河北、山东、天津三省一市间。东以渤海海峡与黄海相通。面积7.72万平方千米。沿岸有辽东、渤海、莱州三海湾。辽河、海河、黄河等注入。盛产对虾、蟹和黄花鱼。沿岸产盐。

东海 中国三大边缘海之一。北起长江口北岸到韩国济州岛,南以广东省南澳岛到台湾省本岛南端与南海分界,东至日本琉球群岛。面积79.48万多平方千米。沿岸港湾岛屿众多。盛产黄鱼、带鱼和墨鱼等。海底富藏石油。

南海 亦称“南中国海”。中国三大边缘海之一。北接广东、广西、福建、海南和台湾五省区,以广东南澳岛到台湾省本岛南端与东海分界,东南至菲律宾,南至加里曼丹岛,西南至越南和马来半岛等地。面积358.91万平方千米。珠江、红河、湄公河、湄南河等从北部注入。盛产鱼、虾和名贵海产。海底富藏石油。

零丁洋 亦作“伶仃洋”。在今广东珠江口外。南宋丞相文天祥被元兵俘虏,经此,作《过零丁洋》诗,有“人生自古谁无死,留取丹心照汗青”之句。

河　流

长江 古称“江”。中国第一大河,世界第三大河。其上源沱沱河出青海省西南边境唐古拉山脉各拉丹冬峰;自宜宾以下始称长江,流经青海、西藏、四川、云南、重庆、湖北、湖南、江西、安徽、江苏等省市自治区,在上海市入东海。全长6 300千米,流域面积约180万平方千米。曲流发达,多湖泊,水力资源丰富,沿江港口众多,重要大城市有重庆、武汉、南京、上海等。《书·禹贡》:“江、汉朝宗于海。”唐李白《黄鹤楼送孟浩然之广陵》诗:“孤帆远影碧空尽,唯见长江天际流。”

江 即“长江”。

汉江 亦称“汉”“汉水”。长江最长的支流。源出陕西西南部,经陕西、湖北,在武汉市入长江。长1 532千米,水量丰富,流域面积16.88万平方千米。《书·禹贡》:“嶓冢导漾,东流为汉。”《嘉庆一统志·汉中府·山川》:“汉水,在宁羌州北,源出嶓冢山。”

汉水 即“汉江”。

黄河 古称“河”。中国第二大河。上源玛曲出青海省巴颜喀拉山脉雅拉达泽山麓,卡日曲出各姿各雅山麓,在鄂陵湖附近相汇。东流经四川、甘肃、宁夏、内蒙古、陕西、山西、河南等省自治区，在山东省北部入渤海。全长5 464千米，流域面积79.5万平方千米。泥沙含量大，历史上常泛滥改道。沿河流域重要城市有兰州、银川、包头、西安、洛阳、开封、郑州、济南等。唐王之涣《凉州词》："黄河远上白云间，一片孤城万仞山。"唐刘禹锡《浪淘沙》诗："九曲黄河万里沙，浪淘风簸自天涯。"

河 黄河的古称。

星宿海 在青海省曲麻莱县东北部。海拔4 000多米。位于黄河源头地区，东与扎陵湖相通，西与黄河上源马曲相接。是一个积水盆地，东西长约二三十千米，南北宽十几千米，因黄河上源的注入而形成。许多大小不等的水泊散布其间，如繁星布列，故称。唐宋以来，曾长期将星宿海误认为黄河的源头。据1985年国家勘探，玛曲（约古宗列曲）与卡日曲汇合成黄河源头最初的河道，然后注入星宿海。

珠江 旧称"粤江"。中国南方大河。西江、北江、东江的总称。经广东省流入南海，入海口有虎门等几处。西江为珠江干流，长2 215.8千米；北江长468千米；东江长523千米。流域面积45.3万平方千米（中国境内44.3万平方千米）。河口冲积成珠江三角洲。水流量仅次于长江。

淮河 亦称"淮水"。中国大河之一。源出河南省桐柏山，东流经河南、安徽等省至江苏入洪泽湖。全长845千米，流域面积16.4万平方千米。历史上多水患。沿河重要城市有淮南、蚌埠等。《诗·小雅·鼓钟》："鼓钟将将，淮水汤汤。"北魏郦道元《水经注·淮水》："淮水出南阳平氏县胎簪山，东北过桐柏山。"

黑龙江 亚洲大河之一。南源出大兴安岭西坡，北源出蒙古国肯特山东麓，沿途有松花江、乌苏里江等流入，注入鞑靼海峡。全长4 370千米（中国境内3 101千米），流域面积184.3万平方千米（中国境内88.85万平方千米）。冰期长6个月。流域内富森林及金、煤等矿资源。盛产大马哈鱼、鳇鱼、鲟鱼等。

松花江 黑龙江最大支流。源出吉林省长白山天池。至同江市入黑龙江。全长2 309千米（以北源计），流域面积56.1万平方千米。嫩江、牡丹江、呼兰河等为其支流。水力资源丰富，冰期约5个月。盛产大马哈鱼等。沿江重要城市有吉林、哈尔滨、佳木斯等。

京杭运河 亦称"大运河"，简称"运河"。中国古代水利工程。北起北京，南至杭州，经北京、天津两市及河北、山东、江苏、浙江四省。沟通南北五大水系，全长1 747千米。始凿于公元前5世纪，后经公元7世纪（隋朝）和13世纪（元朝）两次大规模扩展、连接而成。历代为漕运要道，对南北经济与文化交流起重大作用。19世纪以后，作用渐小。

大运河 即"京杭运河"。

永定河 海河水系大河之一。在河北省西北部。东南经北京市西部，到天津市入海河。长681千米。

渭河 亦称"渭水"。黄河最大支流。在陕西省中部。源出甘肃省，东流横贯关中平原，在潼关县入黄河。长818千米。上游流经黄土高原，下游渠道纵横，农业发达，是中华民族祖先的繁衍生息之地。北魏郦道元《水经注·渭水》："渭水，出首阳县首阳山渭首亭南谷山，在鸟鼠山西北，此县有高城岭，岭上有城号渭源城，渭水出焉。"

泾河 渭河支流。在陕西省中部。源出宁夏六盘山，经甘肃，至陕西流入渭河。全长455千米。有众多支流。民谚"泾清渭浊"，又说"泾渭分明"，即是指泾河和渭河交汇时，因含沙量的不同，呈现出一清一浊，清水浊水同流一河互不相融的奇特景观。《书·禹贡》："泾属渭汭。"《诗·邶风·谷风》："泾以渭浊，湜湜其沚。"明张瀚《松窗梦语·西游记》："渡泾河为高陵，渡渭河为富平，而泾、渭之中为陕西会城，即古长安。"

湘江 亦称"湘水"，古称"湘"。湖南省最大河流。源出广西，流贯湖南东部，经衡阳、湘潭、长沙等入洞庭湖。长856千米，流域面积9.47万平方千米。上游湍急多滩洲，中下游水量丰富平稳。宋黄庭坚《太平寺慈氏阁》诗："青玻璃盆插千岑，湘江水清无古今。"

汨罗江 湘江支流。在湖南省东北部，至湘阴县流入洞庭湖。长 250 千米，流域面积 4 053 平方千米。战国时楚国诗人屈原遭谗流放，于亡国后投此江而死。北魏郦道元《水经注・湘水》："汨水又西为屈潭，即汨罗渊也。屈原怀沙自沉于此，故渊潭以屈为名。"

青弋江 长江下游支流。在安徽省东南部。源出黄山北麓，至芜湖市入长江。长 275 千米。

赣江 江西省最大河流。纵贯江西全省，干流向东流入鄱阳湖。长 744 千米，流域面积 8.09 万平方千米。

扬子江 长江在今仪征、扬州市一带，古称"扬子江"。唐孟浩然《渡扬子江》诗："桂楫中流望，京江两畔明。林开扬子驿，山出润州城。"唐刘昚虚《暮秋扬子江寄孟浩然》诗："寒笛对京口，故人在襄阳。咏思劳今夕，江汉遥相望。"唐卢纶《泊扬子江岸》诗："山映南徐暮，千帆入古津。鱼惊出浦火，月照渡江人。"

黄浦江 别称"春申江""黄歇浦"。长江下游支流。源出上海青浦淀山湖，在上海市境内，东流后折向北流，至吴淞口入长江，长 113.4 千米。将上海市区分为浦西和浦东。下游江阔水深，可航行巨轮。

春申江 简称"申江"。黄浦江的别称。

申江 "春申江"的简称。

吴淞江 古称"松江"，上海境内的一段又名"苏州河"。黄浦江支流。在上海市西部及江苏省南部。源出太湖，东流到上海市区入黄浦江。长 125 千米。是江苏太湖流域通往上海市的重要航道。唐陆广微《吴地记》："松江，一名松陵，又名笠泽……其江之源，连接太湖……晋张翰仕齐王冏，在京师，见秋风起，思松江鲈鱼鲙，遂命驾东归。"宋范成大《吴郡志》："松江，南与太湖接。吴江县在江，垂虹跨其上，天下绝景也。"

苏州河 吴淞江上海境内一段的别称。

钱塘江 旧称"浙江"。浙江省最大河流。源出浙皖赣边界。东北流至杭州市入杭州湾。全长 605 千米，流域面积 4.88 万平方千米。江口呈喇叭状，海潮倒灌，形成著名的"钱塘潮"。唐王昌龄《浣纱女》诗："钱塘江畔是谁家，江上女儿全胜花。"

之江 钱塘江自萧山至杭州一段的别称。因河道曲折如"之"字，故称。

富春江 在浙江省中部。是钱塘江自桐庐至杭州市萧山区闻堰段的别称。两岸连山，水色青碧，风景秀丽。长 68 千米。东汉严光不愿做官，传说七里濑北岸的富春山是其隐居垂钓之处。南朝梁吴均《与朱元思书》："自富阳至桐庐，一百许里，奇山异水，天下独绝。水皆缥碧，千丈见底；游鱼细石，直视无碍。急湍甚箭，猛浪若奔。"

新安江 钱塘江支流。源出皖南的休宁、祁门两县，东南流至浙江建德入钱塘江。长 373 千米，流域面积 1.1 万平方千米。沈约《新安江水至清浅深见底贻京邑游好》："千仞写乔树，百丈见游鳞。"李善注引《十洲记》曰："桐庐县，新安、东阳二水合于此，仍东流为浙江。"唐孟浩然《经七里滩》："湖经洞庭阔，江入新安清。"

瓯江 浙江省第二大河。源出浙、闽边境，经温州市流入东海。长 376 千米。上、中游流经山区，水急滩多。下游江面较阔。

闽江 福建省最大河流。长 541 千米。北源出仙霞岭，中源出武夷山，在南平市附近汇合后称闽江，流入东海。上、中游滩多水急，水量丰富。是重要的水上运输通道。

漓江 亦称"漓水"。桂江上游。在广西壮族自治区东北部。西南流到阳朔以下称桂江。长 80 余千米。江水清澈，两岸山峰重叠，风光绮丽。

嘉陵江 长江上游支流。在四川省东部。源出陕西，流经四川，到重庆入长江。长 1 119 千米，流域面积 15.97 万平方千米。上游水急多滩，下游有著名的嘉陵江小三峡，风光独特。

岷江 长江上游支流。在四川省中部。源出岷山，在宜宾入长江，长 711 千米。在都江堰市有闻名的都江堰水利工程，可灌溉成都平原。

川江 长江从四川省宜宾市到湖北省宜昌市这一段的别称。长 1 033 千米。

大渡河 岷江最大支流。在四川省西部。到乐山市后入岷江。长 1 155 千米。沿途多峡谷，水流湍急。

湖 泊

鄱阳湖 古称“彭蠡”“彭蠡泽”“彭泽湖”。中国第一大淡水湖。因近鄱阳山，隋改称“鄱阳湖”。为赣江、修水、鄱江、信江等河的总汇。在江西省北部，湖形似葫芦，中为细腰，故有南北二湖之分。南曰“宫亭湖”“族亭湖”；北曰“落星湖”“左蠡湖”。湖水北经湖口注入长江。位于江西省北部，长江南岸。跨南昌、新建、进贤、余干、鄱阳、九江、永修、德安、星子、都昌、湖口等市县区。南北长 110 千米，东西宽 50~70 千米，在平水位时湖水面积为 3 150 平方千米。富鱼鲜等水产，兼蓄洪、灌溉、航运之利，是白鹤等珍稀水禽及森林鸟类的重要栖息地与越冬地，滨湖平原盛产水稻、黄麻、大豆、小麦，并有鞋山、石钟山、庐山等名胜。唐王勃《滕王阁序》：“渔舟唱晚，响穷彭蠡之滨；雁阵惊寒，声断衡阳之浦。”

彭蠡 鄱阳湖的古称。

彭泽湖 鄱阳湖的古称。

洞庭湖 中国第二大淡水湖。在湖南省北部、长江荆江河段以南。跨岳阳、湘阴、华容、汨罗、临湘、益阳、沅江、南县、常德、津市、汉寿、安乡、澧县、临澧、桃源等市县。湘江、资江、沅水、澧水四水汇入，由东面的岳阳市注入长江。1825 年时湖水面积约 6 000 平方千米，1932 年时为 4 700 平方千米，今缩减到约 2 740 平方千米。因泥沙淤积严重，现分割为东、西、南洞庭湖和大通湖四个部分。富灌溉、航运之利，以所产淡水鱼和茶叶、“湘莲”著称。湖滨平原盛产稻米、棉花。湖中有君山，沿湖有岳阳楼、屈子祠等古迹。战国屈原《九歌・湘夫人》：“袅袅兮秋风，洞庭波兮木叶下。”唐杜甫《登岳阳楼》诗：“昔闻洞庭水，今上岳阳楼。”

云梦泽 古湖泊名。春秋时期，云梦泽的主体在今湖北江陵以东、江汉之间，部分在汉江北岸的天门、应城一带，南部以大江为限，与江南的洞庭湖没有关系。秦汉时，云梦泽汉江北岸部分已成平陆，江汉之间因西来的泥沙大量沉积，形成陆地三角洲，致云梦泽不断东移。至公元 6 世纪时，云梦泽已被沙洲分割为许多小湖。至唐宋时，周围数百里的云梦泽主体不复存在。明清之际，唯太白湖最大；清中叶以后，太白湖再度淤填，洪湖扩展成为浩渺的大湖。古人常将洞庭湖与云梦泽联系在一起。唐孟浩然《望洞庭湖赠张丞相》：“气蒸云梦泽，波撼岳阳城。”唐贾至《送王员外赴长沙》诗：“春生云梦泽，水溢洞庭湖。”唐李群玉《洞庭干》诗：“借问蓬莱水，谁逢清浅年？伤心云梦泽，岁岁作桑田。”

云梦 古湖区名。实际上应包括川泽、山林、湿地以及大湖云梦泽在内。亦用作云梦泽的别称。据《汉书・地理志》等汉魏人记载，云梦泽在南郡华容县（今湖北监利北）南，范围不是很大。晋以后的经学家将古云梦泽的范围越说越大，一般将洞庭湖也包括在内，与汉以前记述不符。

太湖 古称“震泽”“具区”“五湖”“笠泽”。中国第三大淡水湖。在江苏省南部。今有面积 2 420 平方千米。湖水经多条水道泄入长江。湖中存大小岛屿 40 余座。湖中鱼类、湖边水生作物与沿湖丘陵的茶叶、水果等，中外著名。多文化古迹，旅游资源丰富，周边苏州、无锡二市区及所辖各县市，共辟有十多个风景名胜区。清代金友理撰有《太湖备考》16 卷、《续考》4 卷，于太湖及其当时周围三州十县之历史、物产、经济、人物、古迹、风俗、诗文等，搜罗颇为完备。宋朱长文《吴郡图经续记》：“太湖，在吴县南，《禹贡》谓之震泽，《周官》《尔雅》谓之具区，《史记》《国语》谓之五湖，其实一也。吐吸江海，包络丹阳、义兴、吴郡、吴兴之境，其所容者大，故以‘太’称焉。”宋苏舜钦《望太湖》诗：“杳杳波涛阅古今，四无边际莫知深。”

五湖 太湖的古称。《国语・越语下》：“（范蠡）

遂乘轻舟以浮于五湖,莫知其所终极。"《史记·河渠书》:"于吴,则通渠三江、五湖。"裴骃集解引韦昭曰:"五湖,湖名耳,实一湖,今太湖是也。在吴西南。"一说,泛指太湖流域一带所有的湖泊。

震泽 太湖的古称。

具区 太湖的古称。

滇池 亦称"昆明湖"。在云南省昆明市西南。面积 298 平方千米。10 余条河流注入,北流入金沙江。沿湖有大观楼、西山等名胜。

洱海 在云南省西部大理市和洱源县境内。面积 249 平方千米,注入澜沧江。西有点苍山,山顶积雪,群峰嵯峨,山下有蝴蝶泉,湖面云树帆影,碧波摇荡,是著名的风景区。

山 岭

阴山 在内蒙古自治区中部及河北省北部。东西走向。东起河北西北部的桦山,西止于内蒙古巴彦淖尔市中部的狼山,东西绵延长达 1 200 千米,南北宽达 50~100 千米不等,海拔在 1 500~2 400 米之间。天然林、人造林、珍禽异兽、中草药及地下矿产资源丰富。在古代,是北方游牧文化与中原农耕文化的分界线。秦始皇修筑的长城就在阴山之巅,此地还有阴山岩画。《敕勒歌》:"敕勒川,阴山下,天似穹庐,笼盖四野。天苍苍,野茫茫,风吹草低见牛羊。"

长白山 辽宁、吉林、黑龙江三省东部和中朝边境东北部山地的总称。海拔在 1 200~2 000 米之间,面积约 1 万平方千米,为一巨大的火山体。中国境内的白云峰海拔 2 691 米,是东北第一高峰,因顶部常年积雪而得名。是松花江、图们江和鸭绿江的发源地。富森林及矿藏资源。其名定于金代,并开始建庙祭祀。《金史·礼志八》:"长白山在兴王之地,礼合尊崇,议封爵,建庙宇。"满族为女真之后,从康熙时起,朝廷遣使每年春、秋二祭。

天山 亚洲中部地区的一大山脉。古称"白山",亦称"雪山",因终年积雪覆盖,故名;匈奴称为"天山"。横贯中国新疆中部,西端伸入哈萨克斯坦。长约 2 500 千米,宽约 250~300 千米。平均海拔 5 000 米。托木尔峰高 7 443 米,汗腾格里峰高 6 995 米,博格达峰高 5 445 米,都在中国境内。新疆的三条大河锡尔河、楚河和伊犁河也都发源于此。天山将新疆分为南疆与北疆,也是塔里木盆地和准噶尔盆地的分界。在古代神话传说中,博格达峰的天池,即是西王母的"瑶池"。唐李白《关山月》:"明月出天山,苍茫云海间。"

昆仑山 亚洲中部地区的一大山脉。西起帕米尔高原东部,横贯新疆、西藏间,伸延至青海境内。全长约 2 500 千米。平均海拔 5 500~6 000 米,宽 130~200 千米,总面积 50 余万平方千米,在中国境内地跨青海、四川、新疆和西藏四省自治区。公格尔峰高 7 719 米,慕士塔格峰高 7 546 米。在古代曾被认为是世界的最西部,为女神西王母的居处,实际上则成为中国与西部世界的天然屏障。山区产藏羚羊、野牦牛、野驴等。自古以来,新疆和田的昆仑山麓以所产美玉著称。《史记·大宛列传》:"汉使穷河源,河源出于阗,其山多玉石。采来,天子案古图书,名河所出山曰昆仑云。"《汉书·匈奴传》:"汉使贰师将军将三万骑出酒泉,击右贤王于天山,得首虏万余级而还。"唐李白《塞下曲》:"五月天山雪,无花只有寒。"唐岑参《天山歌送萧治归京》:"天山有雪常不开,千峰万岭雪崔嵬。"

阿尔泰山 蒙古语为"金山"。亚洲中部地区的一大山脉。在中国、哈萨克斯坦、俄罗斯、蒙古四国之间。全长 2 000 千米。中国新疆北部和蒙古国西部为中段南坡,长约 500 千米,最高峰海拔 4 374 米。富矿藏、森林。《清史稿·地理志一》:"东滨黑龙江,西越阿尔泰山,为外蒙古。"

祁连山 广义的祁连山为甘肃省西部和青海省东北部边境山地的总称。因在河西走廊的南端，亦称“南山”。绵延1 000千米。为黄河与内陆水系的分水岭。狭义的祁连山系指最北的一支。平均海拔4 000米以上。武威以南的冷龙岭4 843米，酒泉以南的祁连山5 547米，疏勒南山5 808米。多雪峰、冰川，富森林、矿藏及野生动物。北麓山前绿洲地带的武威、张掖、酒泉、敦煌等，为古丝绸之路上的要邑和商埠，遗迹甚多。《史记·匈奴列传》：“过居延，攻祁连山。”司马贞索隐引《西河旧事》：“（祁连）山在张掖、酒泉二界上，东西二百余里，南北百里，有松柏五木，美水草，冬温夏凉，宜畜牧。匈奴失二山，乃歌云：‘亡我祁连山，使我六畜不蕃息；失我燕支山，使我嫁妇无颜色。’”

太行山 在山西高原与河北平原间。东北—西南走向，绵延400千米。海拔平均1 000~1 500米。是永定河、滹沱河、漳河等的发源地。多险要关隘，自古为军事要地。富藏煤矿。三国魏曹操《苦寒行》诗：“北上太行山，艰哉何巍巍。羊肠坂诘屈，车轮为之摧。”唐李白《行路难》诗：“欲渡黄河冰塞川，将登太行雪满山。”

武夷山 在江西东部、福建北部的两省交界处。东北—西南走向，总面积近1 000平方千米，海拔1 800米以上的山峰有30余座。风景区位于福建省武夷山市（旧名崇安县）。有天游峰、大王峰、九曲溪、桃源洞、紫阳书院等名胜古迹。特产武夷岩茶、方竹及灵芝。南宋思想家朱熹一生有四十余年时间居住于此，建武夷精舍（紫阳书院），讲学著述。清顾祖禹《读史方舆纪要·福建》：“武夷山，在建宁府崇安县南三十里。有黄亭山麓始于此，又四十里乃入武夷，其山绵亘百二十里，有三十六峰、三十七岩，一溪缭绕其间，分为九曲。《汉郊祀志》有武夷君，即此山之神也。”

大巴山 亦称“巴山”。广义的大巴山为绵亘川、渝、甘、陕、鄂五省边境山地的总称。为四川、汉中两盆地界山。包括摩天岭、米仓山和武当山等。海拔2 000~2 500米。狭义的大巴山在汉江支流任河谷地以东，重庆、陕西、湖北三省市边境。主峰大神农架海拔3 106米，在湖北省神农架林区境内。清顾祖禹《读史方舆纪要·汉中府·巴岭山》：“在府西南一百九里，亦曰大巴山。其山延绵深广，中包孤云、两角、米仓诸山，南按四川巴州之小巴山。”

巴山 ① 即“大巴山”。② 古诗文中泛指四川境内的山。唐杜甫《伤春》诗之二：“巴山春色静，北望转逶迤。”唐李商隐《夜雨寄北》诗：“君问归期未有期，巴山夜雨涨秋池。”

秦岭 横贯中国中部，东西走向，中国地理上的南北分界线。狭义的秦岭指陕西省境内一段山地。海拔在2 000~4 000米。有太白山、终南山、华山等山峰。古代，横越秦岭的南北谷道，是联系汉中和巴蜀间的重要通道。唐韩愈《左迁至蓝关示侄孙湘》诗：“云横秦岭家何在？雪拥蓝关马不前。”

终南山 亦称“南山”，古称“太一山”“地肺山”“中南山”“周南山”。在陕西西安南。秦岭山峰之一，主峰海拔2 604米。相传道教全真道创始人王重阳，北五祖中钟离权、吕洞宾、刘海蟾曾修道于此。《周至县志》载，赤谷南五里的迎阳洞，传为钟离权修炼之所。有南山湫、金华洞、玉泉洞、日月岩等名胜古迹。

五岳 中国五大名山的总称。即东岳泰山、南岳衡山、西岳华山、北岳恒山、中岳嵩山。自秦汉时起，封建帝王时有登临封禅之举，并列入国家祀典，表示尊崇。以其各有壮观，旧有“五岳归来不看山”之说。《周礼·春官·大宗伯》：“以血祭祭社稷、五祀、五岳。”郑玄注：“五岳，东曰岱宗、南曰衡山、西曰华山、北曰恒山、中曰嵩高山。”唐李白《庐山谣寄卢侍御虚舟》：“五岳寻仙不辞远，一生好入名山游。”

泰山 亦称“岱宗”，古称“东岳”。五岳之首。在山东省泰安市境内。长约200千米。主峰海拔1 532.7米，山势雄伟高峻。历代帝王多来此朝拜，举行封禅大典。有岱庙、斗母宫、南天门、日观峰与历代碑碣石刻等名胜古迹。1987年列入联合国教科文组织的世界文化和自然遗产目录。唐杜甫《望岳》诗：“岱宗夫何如？齐鲁青未了。”

衡山 古称“南岳”。五岳之一。在湖南省衡山县西，衡阳市北。俯瞰湘江，山势雄伟。有七十二峰之称，祝融峰海拔1 300.2米，为最高峰。山深林密，境界苍茫幽秀。有南岳庙、南天门、观日台、藏经殿、邺侯书院等景点。

华山 亦称“太华山”，古称“西岳”。五岳之一。在陕西省东部，华阴市南，北临黄河，属秦岭东段。因由五峰组成，状若花瓣，故称。有莲花（西峰）、落雁（南峰）、朝阳（东峰）、玉女（中峰）、五云（北峰）等峰，奇拔峻秀冠天下。南峰最高，达2 154.9米，山峰四壁如削，以境界奇险著称。有凌云架设的长空栈，悬岩镌刻的全真岩以及在峭壁悬崖上开凿的千尺幢、百尺峡、上天梯等险道。自古为道教活动中心。有西岳庙、东道院、玉泉院、二十八宿潭等名胜。《艺文类聚》卷七引《西山经》：“太华之山，削成而四方，其高五千仞，其广十里。”唐李白《西岳云台歌送丹丘子》诗：“西岳峥嵘何壮哉，黄河如丝天际来。”

恒山 亦称“常山”，古称“北岳”。五岳之一。在山西省东北部。东北—西南走向。绵延250千米，面积5 850平方千米。主峰在山西省浑源县城南，海拔2 016.1米。有会仙府、九天宫、悬空寺、北岳庙等古建筑及摩崖石刻。

嵩山 古称“中岳”。五岳之一。在河南省登封市西北。由东部的太室山和西部的少室山组成。东西绵延约60千米，共有大小七十二峰，主峰峻极峰1 491.7米，险峻壮丽。有中岳庙、少林寺、嵩阳书院、元代观星台等名胜古迹。

燕山 在河北平原北侧，由潮白河河谷，经玉田、丰润，直到海滨，延袤数百里。东西走向。海拔400~1 000米，山峰多在1 000米以上。山间多隘口，有古北口、喜峰口、冷口等多处，为南北交通孔道，而地势险要。富有矿藏。唐李白《北风行》：“燕山雪花大如席，片片吹落轩辕台。”

邙山 在河南省西部、陇海铁路北。东西走向。西起三门峡市，东至伊洛河岸。西段渑池县北仰韶村，有新石器时代文化遗址。东段也称“北邙山”，多东汉至晋的帝王陵墓。唐张籍《北邙行》：“洛阳北门北邙道，丧车辚辚入秋草。”唐白居易《挽歌》：“旧垄转芜绝，新坟日罗列。春风草绿北邙山，此地年年生死别。”金元好问《北邙》诗：“驱马北邙原，踟蹰重踟蹰。千年富贵人，零落此山隅。”

北邙山 见“邙山”。

五台山 中国四大佛教名山之一，文殊菩萨道场。在山西省东北部五台县境。东北—西南走向。主峰海拔3 061.1米。山中现有古寺数十座。有显通寺、殊像寺、菩萨顶大文殊寺、龙泉寺、南禅寺、佛光寺、金阁寺等佛寺。多塑像、壁画、石雕、碑刻等文物。因夏无炎暑，亦称“清凉山”。清初吴伟业有《清凉山赞佛诗》。

梁山 在山东省梁山县南。周约10千米。主峰197米。附近因黄河多次溃决，形成大泽，古称“梁山泊”。北宋末，宋江领导的农民军曾在此抗拒官兵，后因《水浒传》叙其事而闻名遐迩。

崂山 在青岛市东北崂山区境，南濒黄海。花岗岩山体，主峰高1 133米。山石奇特，产优质矿泉水。为中国北方道教圣地。有西汉时创立的太清宫和宋初的上清宫、太平宫以及明霞洞、华严寺、徐福岛等名胜古迹。

武当山 道教名山。在湖北省西北部、汉江南岸。长260余千米。有七十二峰，主峰天柱峰海拔1 612米。山势峻拔，明代在山上修建宫观160万平方米，有紫霄宫、金殿、玉虚宫等，规模宏伟。唐宋以来，为道教徒朝圣地和武当派拳术发源地。五代末道士陈抟曾隐居于此，宋太宗两次召见，赐号“希夷先生”。

巫山 在重庆、湖北两省市边境。东北—西南走向。海拔1 000~1 500米。长江从其中穿过，形成三峡。共有12座山峰并列长江两岸，奇峰峭壁，连接不断，以神女峰最为奇妙。古乐府中有《巫山高》。南朝宋沈约《朝云曲》诗：“阳台氤氲多异色，巫山高高上无极，云来云去常不息。常不息，梦来游。极万世，度千秋。”宋王安石《葛蕴作巫山高爱其飘逸因亦作两篇》之一：“巫山高，十二峰，上有往来飘忽之猨猱，下有出没瀺灂之蛟龙，中有倚薄缥缈之神宫。”参见“巫山神女”。

君山 亦称“洞庭山”。在湖南省洞庭湖中。由七十二个大小山峰组成，东南低、西北高。传说为舜与娥皇、女英南巡所到，以及湘水之神湘君所游处，此处又有柳毅传书的神话，故山上有二妃墓、柳毅井、龙涎井及秦始皇封山印等古迹。特产名贵的“君山茶”，被誉为“金镶玉”。北魏郦道元《水经注·湘水》：“（洞庭）湖中有君山……是山湘君之所游处，故曰君山矣。”宋黄庭坚《雨中登岳阳楼望君山》诗之一：“未到江南先一笑，岳阳楼上对君山。”

九疑山 亦作“九嶷山”，又名“苍梧山”。在湖南宁远县南，因山有九峰相似，故名。相传上古时虞舜南巡，葬于此。唐张泌《晚次湘源县》：“二女庙荒汀树老，九疑山碧楚天低。”又《秋晚过洞庭》诗：“莫把羁魂吊湘魄，九疑愁绝锁烟岚。”

太白山 亦称“太一山”。在陕西省眉县南。秦岭主峰，绝顶名八仙台，海拔 3 767 米。花岗岩山体，峻拔险奇，背阴处常积雪，虽盛夏不消，望之皓然。有太白三池、凤凰泉温泉等游览景点。唐代为道教名山，每见于唐人诗文。生物类群丰富，今建成太白山自然保护区。唐柳宗元《大白山祠记》：“雍州西南界于梁，其山曰太白，其地恒寒，冰雪之积未尝已也。”元朱铎《太白山》诗：“雪花点翠屏，秋风吹不起。”

贺兰山 在宁夏回族自治区西北边境和内蒙古自治区接界处。东北—西南走向。长约 200 千米，海拔 2 000 米以上。有西夏王陵、笔架峰等名胜。旧题宋岳飞《满江红》词：“靖康耻，犹未雪；臣子恨，何时灭？驾长车，踏破贺兰山缺。”

火焰山 ① 在新疆维吾尔自治区吐鲁番盆地北部。海拔 500 米。山体呈红色，主要由红砂岩构成，故称。其地夏季是中国最热的地方，气温达 47.8℃，地表温度达 70℃ 以上。② 民间传说和神魔小说《西游记》里终年火焰不灭的山。元《货郎担》第四折：“更那堪更深夜阑，是谁将火焰山移向到长安？”

凌云山 在四川省乐山市岷江东岸。共有山峰 9 座。栖鸾峰上大佛寺，始建于唐。依山崖所凿大佛像，名扬中外。参见“乐山大佛”。

青城山 道教名山。古称“丈人山”，传说黄帝封青城山为五岳丈人。在四川省都江堰市西南。全山林木青翠，四季常青，诸峰环峙，状若城廓，故名青城山。主峰老霄顶海拔 1 260 米。在四川名山中与剑门之险、峨眉之秀、夔门之雄齐名，号称“青城天下幽”。山上现存建福宫、天师洞、上清宫等道观，文物碑刻甚多。唐杜甫《丈人山》诗：“自为青城客，不唾青城地。为爱丈人山，丹梯近幽意。丈人祠西佳气浓，缘云拟住最高峰。扫除白发黄精在，君看他时冰雪容。”

峨眉山 中国佛教四大名山之一，普贤菩萨道场。在四川省峨眉山市西南。主峰海拔 3 079.3 米。峰峦挺秀，山势雄伟，有万年寺、金顶、洗象池等名胜古迹和峨眉佛光、云海奇景。素有“峨眉天下秀”的美誉。唐李白《峨眉山月歌》：“峨眉山月半轮秋，影入平羌江水流。夜发清溪向三峡，思君不见下渝州。”清顾祖禹《读史方舆纪要·四川》：“峨眉山，在嘉定州峨眉县西百里，眉州南二百里……以其两山相对如蛾眉然。自岷山而来，连冈叠嶂，延袤三百余里，至此突起三峰，一为大峨山，一为中峨山，一为小峨山。”

庐山 亦称“匡山”“匡庐”。在江西省九江市南部，耸立于鄱阳湖、长江之滨。东北—西南走向。海拔 1 200 米以上。主峰 1 473.4 米。气势雄伟，多奇峰绝壑、飞瀑流泉之胜，夏季凉爽宜人。有汉阳峰、白鹿洞书院遗址、东林寺、秀峰、五老峰、碧龙潭瀑布、三叠泉、庐山植物园、含鄱口等景点。又有云雾茶、石鸡、石鱼等特产。唐孟浩然《晚泊浔阳望庐山》诗：“挂席几千里，名山都未逢。泊舟浔阳郭，始见香炉峰。尝读远公传，永怀尘外踪。东林精舍近，日暮但闻钟。”《元和郡县志·江南道》：“庐山，在（浔阳）县东三十二里。本名鄣山，昔匡俗，字子孝，隐沦潜景，庐于此山，汉武帝拜为大明公，俗号庐君，故山取号。周环五百余里。”宋苏轼《题西林壁》诗：“横看成岭侧成峰，远近高低各不同。不识庐山真面目，只缘身在此山中。”

匡庐 即“庐山”。

澎浪矶 在江西省彭泽县西北临长江处，与小孤山相对。民间以"浪"作"郎"，以"孤"作"姑"，遂有"小姑嫁彭郎"的想象，而称作"彭郎矶"。宋苏轼《李思训画长江绝岛图》诗："峨峨两烟鬟，晓镜开新妆。舟中贾客莫漫狂，小姑前年嫁彭郎。"宋陆游《入蜀记》："彭浪矶属江州彭泽县，三面临江，倒影水中，亦占一山之胜。舟过矶，虽无风亦浪涌，盖以此得名也。"清顾祖禹《读史方舆纪要·九江府·彭泽县》："彭浪矶，在县北，耸立江滨，与小孤山相对，俗讹为彭郎，遂有小孤嫁彭郎之语。"

龙虎山 道教名山。在江西贵溪西南。由龙、虎二山组成，故名。平均海拔200米左右。道教称"第三十二福地"。东汉张道陵子孙世居于此。为道教正一道的发源地。山东南约4千米处有上清镇，有上清宫遗址。还有春秋、战国时的岩墓群和岩涧洞穴等胜迹。

黄山 古称"黟山"。在安徽省南部黄山市境内。花岗岩山体。南北长约40千米，东西宽约30千米。主峰光明顶1841米，最高点莲花岭1 864.8米。以奇松、怪石、云海、温泉著名。有玉屏楼、始信峰、天都峰等名胜。前人有"五岳归来不看山，黄山归来不看岳"之誉。唐李白《送温处士归黄山白鹅峰旧居》诗："黄山四千仞，三十二莲峰。"明徐弘祖《徐霞客游记·游黄山日记》："北望黄山诸峰，片片可掇……上至平冈，则莲花、云门诸峰，争奇竞秀，若为天都拥卫者。"《大清一统志·徽州府一·山川》："黄山，在歙县西北，与宁国府太平县接界，原名北黟山。唐天宝六载改今名……《黄山志》：'山时有铺海之奇，白云四合，弥望如海，忽迸散，山高出云外，天宇旷然。'"

齐云山 道教名山。在安徽省南部休宁县城西北。海拔585米。明嘉靖和万历年间，正一道张天师奉旨驻此，建醮祈福、修建道院，自此香火日盛，逐渐成为江南道教活动中心。今有月华街、云岩湖、楼上楼三大景区，有三十六奇峰、七十二怪崖，还有小壶天、珍珠帘、石桥岩、真武殿等名胜古迹。

九华山 中国佛教四大名山之一，地藏菩萨道场。在安徽省青阳县西南。面积100余平方千米。共九十九峰，主峰十王峰海拔1 344.4米。以最雄伟的九峰形似莲花，故名。今存古寺78座。山中多溪瀑、怪石、古洞、苍松、翠竹，景物幽奇。自唐辟地藏菩萨道场以来，鼎盛时期，佛寺达300余座，僧众4 000余人，享有"佛国仙城"之号，与五台、峨眉、普陀合称中国佛教四大名山。唐李白《望九华山赠青阳韦仲堪》："昔在九江上，遥望九华峰。天河挂绿水，秀出九芙蓉。"

天柱山 亦称"皖公山""皖山""霍山""潜山"。在安徽省潜山市境西北。主峰1 500米以上。汉武帝时曾封为"南岳"。唐宋时名人游踪不绝。有三祖寺、祭岳台、道教真源宫遗址、青龙涧等名胜古迹。宋贺铸《题皖山北濒江田舍》诗："江转皖公山北流，萧闲人物美田畴。"宋项安世《雁汉望舒州山》诗："归帆拂掠皖公山，一路青峨立翠鬟。"

瓜步山 亦称"桃叶山"。在江苏省南京市六合区东南。水际谓之步，古时此山南临大江，又相传吴人卖瓜于江畔，因以为名。南北朝时屡为军事争夺要地。公元450年，北魏拓跋焘攻宋，曾率兵至此，凿山为盘道，设毡殿，隔江威胁建康（今江苏南京）。南朝宋鲍照《瓜步山楬文》："瓜步山者，亦江中眇小山也。徒以因迥为高，据绝作雄，而凌清瞰远，擅奇含秀，是亦居势使之然也。"宋王安石《入瓜步望扬州》："落日平林一水边，芜城掩映只苍然。"

钟山 亦称"紫金山"。在江苏省南京市区东。东西长约7千米，中峰最高（448米），西峰是紫金山天文台所在地。曾经是佛寺与道观的集中地。名胜古迹有位于梅花山的三国吴大帝孙权墓，位于南麓的明孝陵、中山植物园，位于中峰南麓的中山陵，东南麓的灵谷寺，以及玄武湖等。北宋政治家王安石罢相后，即寓居于钟山。

紫金山 即"钟山"。

天平山 在江苏省苏州市西南。山石纵横交错，形状奇特，以怪石、枫树、泉水并称"三绝"。有一线天、白云泉、望湖台等名胜，为游览胜地。明袁凯《陪郑明德倪元镇游天平山》

诗之二:"高台千尺对层峦,只许吴王醉里看。山色不随勾践去,游人还得倚阑干。"明初高启有《游天平山记》。

洞庭东山 俗称"东山",古称"胥母山"。在江苏省苏州市西太湖中。系太湖中小岛,元明以后与陆地相连成半岛。主峰莫厘峰,海拔293米。峰下四季花香果鲜,与洞庭西山同为著名果园区。盛产杨梅、红橘、白果、枇杷、碧螺春茶等。名胜古迹有紫金庵的宋塑罗汉及雕花楼等。

洞庭西山 亦称"包山",俗称"西山"。在江苏省苏州市西太湖中。是太湖中最大的岛屿。面积约95平方千米。自古盛产水果、茶叶,与洞庭东山同为著名果园区。风光奇秀幽雅,有销夏湾、石室等景点。主峰缥缈峰,海拔336米。著名的林屋洞位于西山镇东北,在林屋山西部,号称"道家第九洞天"。面积18公顷,属石灰岩地下厅式溶洞。洞内广如大厦,立石成林,顶平如屋,故称林屋。历代文人名士常到此消夏吟诗赏月。清马曰琯等辑有《林屋唱酬录》。清王士禛《葛一龙枇杷》诗:"洞庭诗人葛震父,画成卢橘亦清苍。看他缥缈峰头坐,快写西林五月黄。"

包山 即"洞庭西山"。

茅山 道教名山。在江苏省句容市、常州市金坛区间。东汉以来,为道教中心。主峰海拔410米。名胜古迹有蓬壶、玉柱、华阳三洞。

普陀山 中国佛教四大名山之一,观音菩萨道场。在浙江省东北部海中。是舟山群岛的一个岛,属舟山市。最盛时有寺院、庵堂等200多座。名胜有千步沙、潮音洞、梵音洞等。

莫干山 在浙江省北部德清县境内。为天目山的分支。相传春秋时名匠干将、莫邪夫妇,曾铸剑于此,故称。此地山峦起伏,景物秀美多姿,修竹入海,山泉清澈,景区面积达43平方千米。有天池寺、莫干湖、旭光台、碑林、四叠飞瀑、滴翠潭等名胜古迹。夏日气候凉爽,号称"清凉世界"。为避暑休养胜地。

天目山 在浙江省西北部。东北—西南走向。由粗面岩及流纹岩等构成。分为东、西两支,最高点1 787米,在西天目山。多奇峰、竹林,为浙西名胜地。宋苏轼《赠孙莘老七绝》:"天目山前绿浸裾,碧澜堂上看衔舻。"

天台山 在浙江省东部。主峰华顶山在天台县城东北,海拔1 095.4米。俯临东海,多悬崖峭壁。有石梁飞瀑、太白读书堂、国清寺、玉女峰、桃源洞等名胜古迹。盛产杉木、柑橘、药材、茶叶等。

雁荡山 简称"雁山"。在浙江省东南部。北雁荡山,距温州68千米,在乐清市境之东北,最高峰百岗尖海拔1 108米。始开发于南北朝,兴于唐,盛于宋,素有"东南第一山"之称。多悬崖奇峰,有灵峰、灵岩、大龙湫、显胜门、雁湖等景观。南雁荡山,距温州市区87千米,主峰九峰尖高1 237米。怪石峥嵘,飞瀑溪潭,幽洞石堑,景色雄奇。此外尚有中雁荡、东雁荡、西雁荡。为东南游览胜地。宋沈括《梦溪笔谈·杂志一》:"温州雁荡山,天下奇秀,然自古图牒,未尝有言者。祥符中,因造玉清宫,伐山取材,方有人见之,此时尚未有名……唐僧贯休为《诺矩罗赞》,有'雁荡经行云漠漠,龙湫宴坐雨蒙蒙'之句……予观雁荡诸峰,皆峭拔险怪,上耸千尺,穹崖巨谷,不类他山,皆包在诸谷中。自岭外望之,都无所见。至谷中则森然干霄。"清袁枚《观大龙湫作歌》:"龙湫山高势绝天,一条瀑走兜罗绵。五丈以上尚是水,十丈以下全为烟。"

苎萝山 在今浙江省诸暨市南。相传为春秋时越国美女西施、郑旦的故乡。一说在今杭州市萧山区境。汉赵晔《吴越春秋·勾践阴谋外传》:"乃使相者国中,得苎萝山鬻薪之女曰西施、郑旦。"徐天祐注:"《会稽志》:'苎萝山在诸暨县南五里。'《舆地志》:'诸暨县苎萝山,西施、郑旦所居。'"唐范摅《云溪友议·苎萝遇》:"(王轩)游西小江,泊舟苎萝山际,题西施石曰:'岭上千峰秀,江边细草春。今逢浣纱石,不见浣纱人。'"

大庾岭 在广东省北部,粤、赣两省边境。唐张九龄监督开凿新路,命道旁多植梅树,故又名"梅岭"。北东走向,长约100千米,历来是岭南、岭北的交通咽喉。海拔1 000米左右。有梅关、梅关古道、珠玑古巷等名胜。富藏钨矿。清顾祖禹《读史方舆纪要·江西》:“大庾岭,在南安府西南二十五里,广东南雄府北六十里。磅礴高耸,为五岭之一。《水经注》云:‘涟溪山即大庾岭也。’秦始皇三十三年以谪徒五十万戍五岭,大庾其第一塞之岭。”

梅岭 即“大庾岭”。

罗浮山 道教名山。在广东省中南部,东江北岸。花岗岩山体。长约 60 千米,面积 1 000 平方千米。罗山主峰飞云顶,海拔 1 296 米,在博罗县城西北;浮山主峰称上界三峰,鼎足峭立,与飞云顶并峙。山中悬崖深壑,怪石丛林,构成朱明、桃源、夜乐等洞天和白水漓、水帘洞等多处飞瀑幽泉,风景优美,为粤中游览胜地。相传东晋咸和年间葛洪在此山修道。道教称此山为“第七洞天”“第三十二泉源福地”。现有冲虚古观、葛洪炼丹灶、洗药池等遗迹。《元和郡县志·循州·博罗县》:“罗浮山,在县西北二十八里。罗山之西有浮山,盖蓬莱之一阜,浮海而至,与罗山并体,故曰罗浮。高三百六十丈,周回三百二十七里,峻天之峰,四百三十有二焉。”

象鼻山 在广西省桂林市漓江、阳江汇流处。状如大象伸鼻吸水,故名。象鼻与象身之间形成圆洞,名水月洞,形态逼真。有宋代范成大、陆游等人诗文的石刻。

点苍山 亦称“苍山”。在云南省大理市西北,东临洱海。绵延 50 多千米。主峰马龙峰海拔 4 122 米,山顶积雪。有十八溪、崇圣寺三塔、无为寺等名胜古迹。产大理石,并有山茶、杜鹃、兰花等名贵花木。

鸡足山 佛教名山。在云南省宾川县西北、洱海东北。南北 7 500 米,东西 15 千米。因山形前分三支,后有一支,犹如鸡足,故称。主峰天柱峰海拔 3 248 米。传说释迦的弟子迦叶来中国传教,入定于此。清代发展为佛教圣地。今存祝圣寺、铜瓦寺、金顶寺等。山中多溪泉、岩窟,产鹦鹉等珍贵动物。

峡谷

长江三峡 简称“三峡”。瞿塘峡、巫峡和西陵峡的合称。在长江上游,西起重庆市奉节县白帝城,东至湖北省宜昌市的南津关,全长 193 千米(其中狭谷段合长 90 千米,宽谷段合长 103 千米)。两岸高山相向对峙,崖壁陡峭,江中滩峡相间,水流湍急,水力资源丰富。北魏郦道元《水经注·三峡》:“自三峡七百里中,两岸连山,略无阙处。重岩叠嶂,隐天蔽日。自非亭午夜分,不见曦月。至于夏水襄陵,沿溯阻绝。或王命急宣,有时朝发白帝,暮到江陵,其间千二百里,虽乘奔御风,不以疾也。春冬之时,则素湍绿潭,回清倒影,绝巘多生怪柏,悬泉瀑布,飞漱其间,清荣峻茂,良多趣味。每至晴初霜旦,林寒涧肃,常有高猿长啸,属引凄异,空谷传响,哀转久绝。故渔者歌曰:‘巴东三峡巫峡长,猿鸣三声泪沾裳。’”

瞿塘峡 亦称“夔峡”。长江三峡之一。西起重庆市奉节县白帝城,东至巫山县大溪。在三峡中最短,仅 8 千米。两岸悬崖壁立,江流面最狭处仅百余米,水流湍急,山势险峻,其西口称夔门。

夔门 古称瞿塘峡的西口为夔门。在重庆市奉节县附近。有时也借指奉节县。

巫峡 长江三峡之一。因巫山得名。西起重庆市巫山县大宁河口,东至湖北省巴东县官渡口,绵延约 45 千米。峡谷曲折幽深,高峰海拔 1 000 米以上,著名的“巫山十二峰”并列江边,以神女峰最奇。

西陵峡 长江三峡之一。西起湖北省巴东县官渡口,东至宜昌市南津关,全长 120 千米。狭谷段合长 42 千米,两岸峭壁巉岩,以牛肝马肺峡最险。历史上以航道曲折、怪石林立、滩多水急、行舟惊险闻名,葛洲坝水利工程建成后,水势已趋于平缓。

黄牛峡 在西陵峡中,距湖北省宜昌市西 45 千米处。以长江南岸的黄牛山得名。山上一排陡峭山岩，作神人牵牛状，牛身赭黄。旧时木船在峡中行船数日，犹可望见黄牛岩。岩下濒临苍翠群峰，气势磅礴，雄伟壮观。北魏郦道元《水经注·江水二》："江水又东径黄牛山，下有滩，名曰黄牛滩。南岸重岭叠起，最外高崖间有石，色如人负刀牵牛，人黑牛黄，成就分明，既人迹所绝，莫得究焉。此岩既高，加以江湍纡回，虽途径信宿，犹望见此物。故行者谣曰：'朝发黄牛，暮宿黄牛，三朝三暮，黄牛如故。'"宋苏轼《黄牛庙》诗："江边石壁高无路，上有黄牛不服箱。"

滟滪堆 在重庆市奉节县东瞿塘峡口的江心。为横亘江中的一块大礁石，长约40米，宽约15米，夏秋时大部没入水下，冬春时露出水面。自古为川江中行船的天险，前人每多记述。1958年为使江面通航无阻，已经炸掉。北魏郦道元《水经注·江水一》："（白帝城西）江中有孤石为淫预石。冬出水二十余丈，夏则没，亦有裁出处矣。"唐李肇《国史补》："（三峡）大抵峡路峻急……四月、五月为尤险时，故曰：'滟滪大如马，瞿塘不可下；滟滪大如牛，瞿塘不可留；滟滪大如襆，瞿塘不可触。'"

龙门 亦称"伊阙"。在河南省洛阳市南约12.5千米处。传为大禹治水时所辟。以有龙门山和香山隔伊河夹峙如门，故名。为黄河晋陕峡谷的南端出口。出龙门，波涛一泻千里。为洛阳南面门户。北魏至晚唐间，建造佛寺和开凿大量石窟，有奉先寺、万佛洞、香山寺、白居易墓等古迹。《书·禹贡》："导河积石，至于龙门。"《汉书·沟洫志》："昔大禹治水，山陵当路者毁之，故凿龙门，辟伊阙。"《元和郡县志·河东道》引辛氏《三秦记》："河津，一名龙门，水陆不通，鱼鳖之属莫能上。江海大鱼积龙门下，数千不得上，上则为龙，故曰'曝鳃龙门'。"唐李白《公无渡河》诗："黄河西来决昆仑，咆哮万里触龙门。"

水利设施

郑国渠 中国古代著名水利工程。在陕西省境内。秦王政元年（前246年，一说秦王政十年），采纳韩国水利家郑国建议开凿。自中山西瓠口（谷口，今陕西泾阳西北）引泾水东流，至今三原北会合浊水，利用浊水及石川河水道，再引流东经今富平、蒲城之南，注入洛水。渠长三百多里，"溉泽卤之地四万余顷"（灌溉面积约等于现在二百八十万亩），亩收一钟（六斛四斗），关中成为沃野。汉、魏时为泾水流域主要灌溉系统。唐代郑、白二渠趋于混合，主要发展白渠，郑国渠遂渐堙废。

灵渠 中国古代著名水利工程。在广西境内。渠长约33千米，沟通长江与珠江两大水系。秦代修建，历代疏浚改建。秦汉以后，中原地区与岭南交通，多取道于此。近代成为以灌溉为主的河渠。

都江堰 中国古代著名水利工程。在四川省都江堰市西北岷江中游。战国末秦昭王命蜀郡守李冰父子主持，修建排、灌水利工程，后代屡经扩建，对成都平原农业生产起重要作用。今灌溉面积已近1 000万亩。

都江堰

关 隘

太行八陉 亦称“八陉”。穿越太行山脉的八条通道。即轵关陉、太行陉、白陉、滏口陉、井陉、飞狐陉、蒲阴陉和军都陉。向为河北平原进入山西高原的交通要道。

井陉关 亦称“土门口”。即井陉口。著名关隘。故址在今河北井陉县北井陉山上。为太行八陉之一，是出太行山进入华北平原的关隘。秦汉时为军事要地。《吕氏春秋·有始》：“何谓九塞？大汾、冥陒、荆阮、方城、殽、井陉、令疵、句注、居庸。”高诱注：“井陉县，六国时赵地。秦始皇十八年，王翦兴兵攻赵，下井陉。汉高帝三年，韩信、张耳东下井陉，擒成安君，即此地也。陉山，在县东南八十里。四面高，中央下，如井，故曰井陉……井陉口，今名土门口，(获鹿)县西南十里。即太行八陉之第五陉也。”唐王维《送赵都督赴代州得青字》诗：“万里鸣刁斗，三军出井陉。”清谭嗣同《井陉关》：“无限苍茫怀古意，题诗独上井陉关。”

土门口 即“井陉关”。

玉门关 省称“玉关”。著名关隘。西汉时置。故址在今甘肃敦煌市西北，其北门外为疏勒河。与西南的阳关同为对西域交通的门户。出玉门关者为北道，出阳关者为南道。见于古典诗词者极多。宋以后，关渐废圮。唐王之焕《凉州词》：“黄河远上白云间，一片孤城万仞山。羌笛何须怨杨柳，春风不度玉门关。”唐王昌龄《从军行》之四：“青海长云暗雪山，孤城遥望玉门关。”

阳关 著名关隘。西汉时置。故址在今甘肃敦煌市西南，和玉门关同为当时对西域交通的门户。宋以后废圮。《汉书·西域传序》：“西域……东则接汉，厄以玉门、阳关，西则限以葱岭。”北周庾信《重别周尚书》诗：“阳关万里道，不见一人归。”唐王维《渭城曲》：“渭城朝雨浥轻尘，客舍青青柳色春。劝君更尽一杯酒，西出阳关无故人。”参见“玉门关”。

阳关遗址

嘉峪关 著名关隘。明初置关。在今甘肃嘉峪关市之西、嘉峪山麓。是万里长城的西端终点。关依山而筑，凭高据险，是东西交通的要冲，亦为当时军事要地，号称“天下雄关”。明嘉靖十八年(1539年)曾加固，今犹存堡垒与烽火台遗址。《大清一统志·肃州直隶州·关隘》：“嘉峪关，在州西七十里，嘉峪山西麓，明初置。洪武五年，冯胜下河西，乃弃瓜、沙，以嘉峪关为中外巨防，西域入贡，路必由此。土城周二百二十丈。弘治七年，扁关曰镇西。嘉靖十八年，修筑近关边墙。隆庆二年，设守备驻防。”清戴鉴《惨别离》诗：“嘉峪关前北风吼，惊沙扑面怪石走。”

山海关 亦称“榆关”。著名关隘。在河北秦皇岛市东北。是万里长城的东端起点，连接华北与东北的门户。明初置关，派兵驻守。因其北依燕山，南临渤海，故取名山海关。素有“天下第一关”之称。清顺治元年(1644年)，清军进入山海关内，大败李自成农民军。唐卢汝弼《和李秀才边庭四时怨》诗：“春风昨夜到榆关，故园烟花想已残。”清顾祖禹《读史方舆纪要·渝关》：“渝关，一名临渝关，亦曰临闾关，今名山海关。在永平府抚宁县东百里……北倚崇山，南临大海，相距不过数里，实为险要。”清汤右曾《山海关》诗：“地接长城险，天浮渤海宽。”

山海关城楼

昆仑关 著名关隘。在广西南宁市东北昆仑山上。居高临下,地势险要。

虎牢关 亦称“古崤关”。著名关隘。秦代置关。在今河南荥阳市汜水镇。北临黄河,绝岸峻崖,以为险固。自古为镇守重地。

潼关 著名关隘。东汉时设。在今陕西潼关县境。西近华山,南依秦岭,东南山峰连接,谷深崖绝,中通羊肠小道,仅容一人一骑。其地当陕西、山西、河南三省交通要冲,历代为军事要地。今关城基本保存完好。

函谷关 著名关隘。古函谷关在今河南灵宝市东北。战国秦置。因关在谷中,深险如函而得名。公元前241年,楚、赵、魏、韩、卫合纵攻秦,至此而退;前206年,刘邦西入咸阳,遣兵守此关以拒诸侯军;东汉,隗嚣将王元说嚣请“以一丸泥东封函谷关”者即此。汉置关都尉戍守之。西汉元鼎三年(前114年)改置弘农县于此,置新函谷关于今河南新安东,去故关三百余里,故名新关。三国魏正始元年(240年)废。今关门遗址尚存。《史记·孟尝君列传》:“孟尝君得出,即驰去,更封传,变姓名以出关。夜半至函谷关……有能为鸡鸣,而鸡尽鸣,遂发传出之。”

重建的古函谷关东门城楼

雁门关 亦称“西径关”。长城要口之一。唐代置关。故址在今山西代县北部雁门山顶,明初移筑山腰。与宁武关、偏关合称“外三关”。其地重峦叠嶂,东西两山对峙,其形如门,而飞雁出于其间,故称。其中有路,盘旋幽曲穿城而过,异常险要,向为山西省南北交通要冲,多见于古代战争史。南朝梁江淹《古离别》诗:“远与君别者,乃至雁门关。”

雁门关城楼

居庸关 旧称“西关”“纳款关”“军都关”“蓟门关”。长城要口之一。在今北京昌平区军都山(居庸山)上,距市区50千米,是古代北京的西北屏障。关两旁高山屹立,中有长达20千米的溪谷。居庸之名,取“徙居庸徒”之意。传说秦始皇修长城时将强征来的民夫士卒徙居于此。汉代沿称,三国时名西关,唐代有居庸关、蓟门关、军都关等名称。辽、金、元、明、清仍称居庸关。今之关城,为明洪武元年建。此地形势险要,与紫荆关、倒马关合称“内三关”。山谷间花木葱茏,“居庸叠翠”为旧时“燕山八景”之一。《吕氏春秋·有始》:“何谓九塞?大汾、冥阨、荆阮、方城、殽、井陉、令疵、句注、居庸。”北魏郦道元《水经注·湿馀水》:“绝谷累石为关垣,崇墉峻壁,非轻功可举,山岫层深,侧道偏狭,林鄣邃险,路才容轨。晓禽暮兽,寒鸣相和。羁官游子聆之者,莫不伤思矣。”清龚自珍《说居庸关》:“出昌平州,山东西远相望,俄然而相辏相赴,以至相蹙,居庸置其间，如因两山以为之门……关凡四重……盖自南口之南门，至于八达岭之北门，凡四十八里，关之首尾具制如是。”

居庸关长城

娘子关 亦称“苇泽关”。在山西平定县东，山西、河北两省交界处，是万里长城的一个险要关口。唐初置关，因唐高祖女平阳公主曾率娘子军驻扎于此，故称。历宋至明，为军事要隘。现存关城为明嘉靖时所建。古城堡依山傍水，居高临下，建有关门两座。东门额题“直隶娘子关”，上有平台，为检阅和瞭望之用。南门危楼高耸，气宇轩昂，青石筑砌。城门上“宿将楼”巍然屹立，相传为平阳公主聚将之所。门洞上额书“京畿藩屏”四字。娘子关有多处飞泉，西北侧的悬泉最有名。关隘耸峙，飞瀑奔泻，蔚为壮观。

娘子关

剑门关 在四川剑阁县东北。唐代置关。扼云陕公路，为古蜀道要隘。剑门山即大剑山，古称梁山、高梁山。七十二峰连绵起伏，峭壁中断，两崖相嵌如门，形若利剑，故名剑门。地势险要，自古以“剑门天下险”“一夫当关，万夫莫开”闻名。三国时，诸葛亮相蜀，曾设官戍守，蜀将姜维退屯以拒钟会于此。关巅有姜维城，遗址犹存。唐王维《送崔五太守》诗：“剑门忽断蜀川开，万井双流满眼来。”宋陆游《剑门关》诗：“剑门天设险，北方控函秦。”

剑门关

古 镇

明清四大镇 明清时期四个商业繁盛的集镇的合称。指汉口镇（今湖北武汉市汉口区）、景德镇（今江西景德镇市）、河南朱仙镇（今河南开封市西南朱仙镇）、佛山镇（今广东佛山市）。

汉口镇 亦称“夏口”，古称“汉皋”。明清四大镇之一。在今湖北省武汉市区、长江与汉江交汇处的北岸。向为商业与交通重镇。1949年与武昌、汉阳合并设武汉市。

景德镇 明清四大镇之一。在江西东北部。北宋景德年间改景德镇，以年号为名。富瓷土资源，汉时始有冶陶，南朝陈时已有制瓷业。五代已烧造白瓷。北宋景德年间烧造官窑器，以产影青瓷器著称，所出贡品，以“景德窑”闻名全国。元代烧制成青花瓷、釉里红。明、清朝廷均在此设御器厂，并有五彩、斗彩、粉彩、珐琅彩等彩绘瓷器的创造。为全国制瓷业中心，历来有“瓷都”之称。今为景德镇市。

朱仙镇 明清四大镇之一。在河南开封市西南境。南宋绍兴十年（1140 年），宋将岳飞大破金兵，曾进军至此。元代，水运货物至此转陆运到开封，商业繁盛。有岳王庙等古迹。

佛山镇 明清四大镇之一。在广东中南部。原属南海县。1925 年设市。1949 年复置市。1950 年升为地级市。以产香云纱、陶瓷器著名。

杨柳青镇 镇名。在天津西青区中部。自明末以来，以所出丰富多彩的民间木版年画著称。

神话传说

盘古 中国古代神话中开天辟地、创造世界的神。传说远古天地未分时，宇宙混沌黑暗，盘古睡卧其中。是他站立起来，吐气成风，发声为雷，轻清者每日上升一丈，重浊者每日下沉一丈，他每日长高一丈。经过一万八千岁，天地固定，他才长眠死去。他的双目化为日月，肢体化为山岳，血液化为江河，身体变为整个世界。

女娲 中国古代神话中人类的女性始祖和炼石补天的英雄。传说她以黄土掺水造人，使大地上男女相爱。又传说她与伏羲以兄妹而成夫妇，繁衍人类。后世奉她为生殖之神，专管男女结合之事。文化史家认为，她是女性生殖崇拜时代的神。

新疆出土唐代绢本《伏羲女娲图》

伏羲 亦作"宓羲""庖牺"，又名"太昊"。中国古代神话中的东方天帝。是掌管春天之神。位居上古"三皇"之首位。传说他曾发明打鱼捕兽的网和乐器瑟，制定八卦，与其妹女娲结为夫妇，生衍子孙后代。因而成为华夏诸族人民的祖先。在汉代画像砖与石刻上，伏羲与女娲的形象都是人头蛇身，腰以下身躯缠绕相交。后人纪念太昊伏羲氏的陵庙，位于今河南周口市淮阳区。《汉书·古今人表》："太昊帝宓羲氏。"张晏注曰："太昊，有天下号也，作网罟田渔以备牺牲，故曰宓羲氏。"

山东汉画像石上的伏羲与女娲

太昊 即"伏羲"。

夸父 中国古代神话中的天神。是后土的后代。传说他是一个巨人，立志追赶太阳，在半道干渴而死。他所弃之杖，化为邓林。《山海经·大荒北经》："大荒之中，有山名曰成都载天。有人珥两黄蛇，把两黄蛇，名曰夸父。后土生信，信生夸父。夸父不量力，欲追日景，逮之于禺谷。将饮河而不足也，将走大泽，未至，死于此。"《山海经·海外北经》《列子·汤问》中也有类似记载。

燧人氏 中国古代神话中的英雄。上古人民吃生冷的食物，不懂得用火。传说燧人氏教民钻木取火之法，从此人民才普遍用火煮烤食物，使疾病减少，并用火照明，吓退野兽，铸造锐利的武器。

有巢氏 中国古代神话中的英雄。上古人民穴居野处，经常受到野兽的侵害。传说有巢氏教民构木为巢，以避野兽风雨，从此人民才由穴居发展到有房屋居住。其名号始见于战国诸子。《庄子·盗跖》："古者禽兽多而人民少，于是民皆巢居以避之，昼拾橡栗，暮栖木上，故命之曰有巢氏之民。”

神农氏 中国古代神话中的英雄，农业与医药之神。位居上古“三皇”之第二位。传说他教民耕作，使五谷蔬果生长，教人们成立市场，彼此交易买卖。他曾亲尝百草，教导人们以草药治病。汉班固《白虎通·号》：“古之人民，皆食禽兽肉。至于神农，人民众多，禽兽不足，于是神农教民农作。神而化之，使民宜之，故谓之神农也。”汉王符《潜夫论·五德志》：“神农是以日中为市，致天下之民，聚天下之货，交易而退，各得其所。”晋干宝《搜神记》卷一：“神农以赭鞭鞭百草，尽知其平毒寒温之性，臭味所主，以播百谷。”一说即“炎帝”。晋王嘉《拾遗记·炎帝神农》：“炎帝始教民耒耜，躬勤畎亩之事，百谷滋阜。”

黄帝 中国古代传说中的帝王。父系氏族社会后期部落联盟领袖。位居上古“三皇”之第三位。姬姓，号轩辕氏、有熊氏，有熊国少典之子。起于渭水流域。二十岁时继承有熊国王位。传说他在阪泉之战中打败炎帝部落，后炎、黄两个部落渐渐融合成为华夏族；又在涿鹿之野擒杀蚩尤，从此被诸侯尊为天子。因历法、文字、舟车、衣裳、陶器、医药、音乐等，以及许多日用器物都始于黄帝时期，后世乃将这些发明都归功于他。此后的少昊、颛顼、尧、舜、禹以及商族、周族的祖先等，都是黄帝后裔。与炎帝并称为华夏民族的始祖。葬于桥山（今陕西黄陵县）。见《史记·五帝本纪》。

河南新郑的黄帝雕像

嫘祖 中国民间传说中的蚕桑之神。黄帝之妻。从北周开始，以嫘祖为“先蚕”，尊她为最早缫丝纺织、教人民种桑养蚕之人。古代，朝廷每年春二月有祀先蚕之礼。参见“祀先蚕”。

江苏盛泽先蚕祠的嫘祖雕像

仓颉 亦作“苍颉”。中国古代传说中黄帝的史官，汉字的发明者。后人尊为仓圣。《吕氏春秋·君守》：“奚仲作车，苍颉作书，后稷作稼，皋陶作刑，昆吾作陶，夏鲧作城，此六人所作当矣。”汉许慎《说文序》：“黄帝之史仓颉，见鸟兽蹄迒之迹，知分理之相别异也，初造书契，百工以乂，万品以察。”

炎帝 中国古代神话中的人物。相传与黄帝同为少典之子。原居姜水流域，后向东发展到中原地区。曾与黄帝战于阪泉（今河北涿鹿东南），被打败。一说炎帝即“神农氏”。

刑天 中国古代神话中炎帝的部下和英雄。又写作“形天”，为断首之义。传说他与天帝争位，被断了头，但他仍坚持战斗，是一个敢于反抗的不屈的形象。《山海经·海外经》：“形天与帝至此争神，帝断其首，葬之常羊之山，乃以乳为目，以脐为口，操干戚以舞。”陶渊明《读山海经》诗：“刑天舞干戚，猛志固常在。”

蚩尤 中国古代神话中炎帝的后代。原为黄河下游九黎族的首领。相传有兄弟七十二人，好兵而喜乱，铸铜作各种兵器，又能兴云作雾。后与黄帝战于涿鹿（今属河北），黄帝作指南车，在大雾中能辨别四方，遂擒杀蚩尤。传说蚩尤被杀时，其刑具化为一片殷红的枫树林；所葬之地，常有红色盐卤从地下渗出。他以战神的形象受到民间奉祀。《山海经·大荒北经》："蚩尤作兵伐黄帝，黄帝乃令应龙攻之冀州之野。应龙畜水。蚩尤请风伯雨师，纵大风雨。黄帝乃下天女曰魃，雨止，遂杀蚩尤。"清孙冯翼辑《皇览·冢墓记》："蚩尤冢，在东平郡寿张县阚乡城中，高七丈，民常十月祀之，有赤气出亘天，如亘降帛，民名为'蚩尤旗'。"

共工 中国古代神话中的人物。炎帝的后代。传说他与黄帝部族的后代颛顼争夺帝位，不胜，怒而头触不周山，使天地发生倾斜。后被颛顼诛灭。《淮南子·天文训》："昔者共工与颛顼争为帝，怒而触不周之山，天柱折，地维绝。天倾西北，故日月星辰移焉；地不满东南，故水潦尘埃归焉。"另一说，尧时有大臣共工，与驩兜、三苗、鲧并称"四凶"，后被舜流放于幽州，可能是共工部族的后人。

三皇五帝 中国夏朝以前传说中的古帝王的合称。实质上为部落首领，而由于实力强大成为部落联盟的领导者。历代史家和史书对具体所指存在歧义，解释多不相同。但大致认为，"三皇"所处年代早于"五帝"，距今约在四五千年至七八千年以前，或更加久远，其间跨度也可能很大；而"五帝"的时代则距离夏朝不远，距今约在 4 000 年以前。参见"三皇""五帝"。

三皇 中国史籍中不同的说法有：(1) 燧人、伏羲、神农（《尚书大传》）；(2) 伏羲、女娲、神农（《风俗通义》）；(3) 伏羲、祝融、神农（《风俗通义》）；(4) 伏羲、神农、共工（《风俗通义》）；(5) 伏羲、神农、黄帝（《古微书》）。

五帝 中国史籍中不同的说法有：(1) 黄帝、颛顼、帝喾、尧、舜（《史记》《大戴礼记》）；(2) 庖牺（伏羲）、神农、黄帝、尧、舜（《战国策》）；(3) 太昊、炎帝、黄帝、少昊、颛顼（《吕氏春秋》）；(4) 黄帝、少昊、颛顼、帝喾、尧（《通鉴外纪》）；(5) 少昊、颛顼、帝喾、尧、舜（伪《尚书序》），此种说法因经书的权威地位，长久为众多史籍所采用。

少昊 亦作"少皞"。中国古代传说中的帝王。父系氏族社会后期部落联盟领袖。"五帝"中第一位帝王。相传他是黄帝之子，名挚，号金天氏、穷桑氏。一说是羲和部落的后裔，东夷族支裔的首领，以鸟为崇拜图腾。在位期间，因修太昊之法，故称。设工正、农正，分别管理手工业和农业，以发展生产。同时还"正度量"，即订立度量标准，并观测天象，制定历法，发明乐器，创作乐曲。他与炎黄部落建立密切的交流关系，并收留、养育黄帝的孙子颛顼，以接任自己的职务。

颛顼 中国古代传说中的帝王。父系氏族社会后期部落联盟领袖。"五帝"中第二位帝王。黄帝之孙，姬姓。父亲是黄帝的次子昌意，封于若水，娶蜀山氏之女昌仆为妻，生颛顼。颛顼性格深沉而有谋略。十五岁时就辅佐少昊，治理九黎地区，封于高阳（今河南杞县南），故又号高阳氏。黄帝死后，因颛顼有品德和能力，立为帝，时年二十岁。在位期间创制九州；建立统治机构，定婚姻，制嫁娶，使男女有别，长幼有序；针对巫术盛行之风，下令民间禁绝巫教；改革甲历，定下四季和二十四节气，后人推戴他为"历宗"。在位七十八年，后传位于其侄帝喾。

帝喾 中国古代传说中的帝王。父系氏族社会后期部落联盟领袖。"五帝"中第三位帝王。姬姓，名俊，号高辛氏。他是黄帝的曾孙，祖父玄嚣是黄帝正妃嫘祖的长子，父亲名蟜极，帝颛顼是其伯父。帝喾从小德行高尚，聪明能干。十五岁时被颛顼选为助手，有功，被封于辛（今河南商丘）。后继承帝位，时年三十岁。《史记·五帝本纪》："帝喾娶陈锋氏女，生放勋。娶娵訾氏女，生挚。帝喾崩，而挚代立。帝挚立，不善，而弟放勋立，是为帝尧。"

尧 亦称"唐尧"。中国古代传说中的帝王。父系氏族社会后期部落联盟领袖。"五帝"中第四位帝王。名放勋，号陶唐氏。相传他是帝喾之子，初为其兄帝挚的辅佐。帝挚能力不足，让位于他。在位时以平阳（今山西临汾）

为都，任用舜、契、后稷、皋陶等贤能掌管时令，制定法律，管理国家大事。晚年对舜考察三年，禅位于舜。尧性格仁慈，勤劳俭朴，受到人民的衷心爱戴，是中国古人理想中的圣君。《韩非子·五蠹》："尧之王天下也，茅茨不翦，采椽不斫，粝粢之食，藜藿之羹，冬日麑裘，夏日葛衣，虽监门之服养，不亏于此矣。"《说苑·君道》："尧存心于天下，有民饥则曰：'此我饥之也。'有一人寒，则曰：'此我寒之也。'一民有罪，则曰：'此我陷之也。'"

舜 亦称"虞舜"。中国古代传说中的帝王。父系氏族社会后期部落联盟领袖。"五帝"中第五位帝王。名重华，号有虞氏，出身东夷。相传帝尧年老，经四岳荐举，对舜加以考察，以他为继承者，并将两个女儿娥皇和女英嫁给他。舜父瞽叟、后母与弟象几次欲杀害舜，舜却恪尽孝道，所到之处，都受到百姓的称赞与拥护。继位后，定都蒲坂(今山西永济)，命禹治理水土，命弃掌管农业，命契推行教化，命皋陶执掌刑法，命垂掌管百工，命益掌管山林，命夔掌管音乐和教育，使官员职守分明，百业由此兴旺。又重新修订历法，祭祀上帝、天地、山川；并定期到各地巡视，召见诸侯，考察民情，明定赏罚。晚年南巡时死于苍梧(九疑山，在今湖南宁远)。后世儒家以他与尧同为理想中的古代圣君。《史记·五帝本纪》："尧立七十年得舜，二十年而老，令舜摄行天子之政，荐之于天。"参见"娥皇女英"。

娥皇女英 中国古代传说中尧的两个女儿。姐妹同嫁帝舜为妻。舜继尧位，娥皇、女英为其妃。后舜至南方巡视，死于苍梧(九疑山，在今湖南宁远)。传说二妃往寻，泪染青竹，竹上生斑，因称"潇湘竹"或"湘妃竹"。自秦汉以后，楚地旧有湘江之神湘君与湘夫人的爱情神话，与舜及娥皇、女英的传说互相渗透。于舜之二妃，或附会为"湘君"，或附会为"湘夫人"。汉刘向《列女传·有虞二妃》："有虞二妃，帝尧二女也，长娥皇，次女英……舜陟方，死于苍梧，号曰重华。二妃死于江湘之间，俗谓之湘君。"晋张华《博物志·史补》："尧之二女，舜之二妃，曰湘夫人。帝崩，二妃啼，以泪挥竹，竹尽斑。"宋辛弃疾《浪淘沙·

娥皇女英雕像

赋虞美人草》词："儿女此情同，往事朦胧。湘娥竹上泪痕浓。"

湘君 楚地传说中的湘水之神。清王夫之《楚辞通释》解，湘君为湘水之神，湘夫人是其配偶。此篇表达了湘夫人对湘君的炽热真挚的爱情，以及等待不至的失望与怨恨，当是饰为湘夫人的女巫的歌词。历代史籍，多认为湘君、湘夫人的传说与虞舜及其二妃有关，说法纷纭。如以湘君为舜之二妃，见汉司马迁《史记·秦始皇本纪》与刘向《列女传》；或以湘夫人为舜之二妃，见《礼记·檀弓》郑玄注、张华《博物志·史补》。参见"娥皇女英"。

湘夫人 楚地传说中的湘水之神。湘君的配偶。此篇描绘湘君思念湘夫人的那种驰神遥望、盼而不见的惆怅心情，当是饰为湘君的男巫的歌词。参见"湘君"。

羿 亦称"后羿"。中国古代神话传说中的英雄。传说尧时天上十日并出，植物枯死，毒蛇猛兽危害百姓。帝尧命羿射去九日，只存一日，并射杀长蛇等怪兽，见《淮南子·本经》。又说西王母赠羿不死之药，其妻嫦娥偷服而奔月，从此居住月宫，远离人世。羿后来被向他学射的逢蒙杀死。《淮南子·览冥》："羿请不死之药于西王母，姮娥窃以奔月。"唐李白《古朗月行》："羿昔落九乌，天人清且安。"《西厢记》第三本第二折："安得后羿弓，射此一轮落？"

后羿 即"羿"。

嫦娥 中国古代神话传说中的女神。其夫后羿向西王母请得不死之药，她窃取食之，飞升奔月。她是一位温柔、美丽、聪明的女神形象,历代艺术作品多以"嫦娥奔月"为题材。民间又将她作为绝世美女的典型。原名姮娥,因汉代避文帝刘恒讳,改称嫦娥。《淮南子·览冥训》:"羿请不死之药。"高诱注:"姮娥,羿妻。羿请不死之药于西王母,未及服食之,姮娥盗食之,得仙,奔入月中为月精也。"唐李商隐《嫦娥》诗:"云母屏风烛影深,长河渐落晓星沉。嫦娥应悔偷灵药,碧海青天夜夜心。"

姮娥 即"嫦娥"。

稷 亦称"后稷"。中国古代周民族的祖先。姬姓,帝喾之子。相传其母姜嫄(原)履巨人迹而生稷,因一度被弃,故又名"弃"。自幼好农作,长大后,善种各种粮食作物。尧、舜时被任命为农官,百姓都向他学习务农。传说他将天上百谷之种育于人间,教民耕稼,在农业上作出巨大贡献,是中华民族古代的农业之神。《史记·周本纪》:"周后稷,名弃。其母有邰氏女,曰姜原。姜原为帝喾元妃。姜原出野,见巨人迹,心忻然说,欲践之,践之而身动如孕者。居期而生子,以为不祥,弃之隘巷,马牛过者皆辟不践。徙置之林中,适会山林多人。迁之;而弃渠中冰上,飞鸟以其翼覆荐之。姜原以为神,遂收养长之。初欲弃之,因名曰弃。弃为儿时,屹如巨人之志。其游戏,好种树麻、菽,麻、菽美。及为成人,遂好耕农。相地之宜,宜谷者稼穑焉。民皆法则之。帝尧闻之,举弃为农师,天下得其利,有功。帝舜曰:'弃,黎民始饥,尔后稷播时百谷。'封弃于邰,号曰后稷,别姓姬氏。"

后稷 即"稷"。

皋陶 中国古代传说中东夷族的首领,尧、舜的大臣。传说他为人正直聪明,深受人民敬爱,被认为可作大禹的继承者。他是中国古代的刑狱之神、公道之神。传说他善于体察人情,审案时常带着一只独角的神羊,名为獬豸,对疑而未决的罪犯,就叫獬豸触之,以判别是非曲直。古代监狱中所供狱神即是皋陶,汉代法官所戴之冠,称为獬豸冠。汉刘向《说苑·君道》:"当尧之时,皋陶为大理。"汉班固《白虎通·圣人》:"皋陶马喙,是谓至信,决狱极白,察于人情。"

鲧 中国古代传说中尧的大臣,禹的父亲。相传尧时洪水滔天,鲧奉命治水,用筑堤防堵的方法,九年而未能治平,乃窃取天帝的神物息壤以堙洪水,天帝命祝融将他杀死于羽山。鲧是一位失败的英雄,他的儿子是治水成功的禹。

禹 亦称"大禹""夏禹""禹王"。中国古代传说中的部落联盟领袖。是颛顼部落的后裔,鲧的儿子。传说他奉舜命,领导民众用堙塞与疏导的办法治平洪水。他娶涂山氏之女为妻,在外治水十三年,数过家门而不入。后来他治水成功,铸造九鼎,划分"九州",继舜位成为部落联盟领袖。后又率众讨伐三苗,将三苗驱赶到丹江与汉水流域。他是夏王朝的开创者,也是古代人民理想中公而忘私的英雄。《诗·商颂·长发》:"洪水芒芒,禹敷下土方。"《荀子·成相篇》:"禹有功,抑下鸿,辟除民害逐共工。"汉陆贾《新语·道基》:"四渎未通,洪水为害,禹乃决江疏河,通之四渎,致之于海。大小相引,高下相受,百川顺流,各归其所。然后人民得去高陵,处平土。"《汉书·郊祀志》:"禹收九牧之金,铸九鼎。"

浙江绍兴禹陵

彭祖 中国古代神话传说中的人物。姓篯,名铿,后人尊为彭祖。传说他善养生之术,从夏朝活到商朝,在商朝任大夫,其时已近八百岁。旧时以他为长寿的象征。《列仙传》《神仙传》列为"仙人",谓其最终"升仙而去"。后世的"房中术"也以他为代表人物。晋葛洪《神仙传》卷一:"彭祖,姓篯,讳铿,帝颛顼之玄孙也。殷末已七百六十七岁,而不衰老。"

愚公 中国古代神话传说中的人物。据《列子》记载:北山愚公,年将九十,门前太行、王屋两

徐悲鸿《愚公移山图》

座大山阻其出入,他决心率领儿孙辈铲平二山。终于感动天帝,命神人负走二山。后因以"愚公"比喻百折不挠、不畏劳苦而做大事业者。

周穆王 中国古代帝王。西周初昭王之子,名满,性好游。《穆天子传》等古书说他曾驾八匹骏马拉的车驰驱万里,西行到昆仑山,观看黄帝之宫,又在瑶池受到西王母设宴款待,双方互答歌谣。关于他的神话传说,尚见于先秦史乘和魏晋六朝小说,如《竹书纪年》《孔丛子》《列子》《十洲记》《述异记》等。

杜宇 亦称"望帝"。中国古代传说中古蜀国的君王。传说他自立为蜀王,为民治水,教民务农。后退隐西山,禅位给其相开明。欲复位而不得,死后化为子规鸟,啼声悲怨。蜀人思之,因称此鸟为杜鹃,亦称杜宇。后世往往以"望帝""杜宇"为哀悼故君的典故。唐李商隐《锦瑟》诗:"庄生晓梦迷蝴蝶,望帝春心托杜鹃。"康有为《戊戌八月国变记事》诗:"小臣东海泪,望帝杜鹃红。"

望帝 即"杜宇"。

王子乔 亦称"王乔"。中国古代神话传说中的仙人。相传为周灵王太子,字子晋。好吹笙作凤凰鸣,道士浮丘公接他入嵩山修炼。三十余年后,乘白鹤驻山头,举手向世人告别,升天而去。有关他的传说,见《列仙传》。《楚辞·远游》:"轩辕不可攀援兮,吾将从王乔而娱戏。"《文选·古诗〈生年不满百〉》:"仙人王子乔,难可与等期。"

王乔 即"王子乔"。

哪吒 中国古代神话传说中的英雄。托塔李天王之子。是一位顽皮大胆、武艺高强的少年英雄。因打死龙王的太子,为避免连累父母,剖腹自杀。后来得师父太乙真人的指点,他的灵魂借莲藕为躯体,得以复活。他手拿乾坤圈,足踏风火轮,英勇无敌。《西游记》《封神榜》对其有生动描写。《西游记》第八十三回:"哪吒遂得奋怒,将刀在手,割肉还母,剔骨还父……佛慧眼一看,知是哪吒之魂,即将碧藕为骨,荷叶为衣,念动起死回生真言,哪吒遂得了性命。"

二郎神 中国古代神话传说中,名二郎的神人有四人。最主要的为:(1)玉皇大帝的外甥,华山三圣母之兄,姓杨名戬。因不满意其妹三圣母与凡人刘彦昌成婚,而将她禁压于华山之下。该题材的作品有元张时起的杂剧《沉香太子劈华山》,明神魔小说《封神演义》《西游记》及戏曲《宝莲灯》等。《西游记》第六回:"菩萨曰:'乃陛下令甥显圣二郎真君,见(现)居灌洲灌江口,享受下方香火。他昔日曾力诛六怪,又有梅山兄弟与帐前一千二百草头神,神通广大。'"(2)传说战国时秦国水利专家、蜀郡太守李冰之子二郎奉命在灌口治水斩蛟,其友"梅山七圣"助其成功。《朱子语类》卷三:"蜀中灌口二郎庙,当是因李冰开凿离堆有功立庙,今来现许多灵怪,乃是他第二儿子出来。"

萧史弄玉 中国古代神话传说中的一对仙人。

萧史生于周宣王时。其人风神超迈，善于吹箫，能作凤凰和鸣之声。秦穆公有女弄玉，也好吹箫，穆公因以弄玉下嫁萧史。十余年后，弄玉得萧史传授之妙，穆公特筑凤凰台，供他们居住。后萧史驾驭飞龙，弄玉乘坐凤凰，升仙而去。见汉刘向《列仙传·萧史》。后人作品中因以“萧史”作为皇家夫婿的典故，以“秦楼”“凤台”作为公主、仙女的居处或妆楼的美称。如宋李清照《凤凰台上忆吹箫》词：“念武陵人远，烟锁秦楼。”又清初吴伟业的七言歌行《萧史青门曲》，所写即是明末三位公主的悲剧命运。

干将莫邪 中国古代传说中擅长造剑的名匠夫妻。干将，春秋时人，曾为吴王造剑。后与其妻莫邪奉楚王命铸成宝剑两把，一曰干将，一曰莫邪。将雌剑献与楚王，雄剑自留，干将被楚王所杀。其子眉间尺长成后，寻得雄剑，终于为父报仇。见晋干宝《搜神记》。鲁迅《故事新编》中有《眉间尺》，即改编自此故事。

烛龙 亦称“烛阴”，也写作“逴龙”。中国古代神话中的神兽。人面龙身，口中衔烛，在西北无日之处照明于幽阴。传说他威力极大，睁眼时普天光明，即是白天；闭眼时天昏地暗，即是黑夜。今文化史家认为，烛龙为北方龙图腾族的神话，由男性生殖器蜕变而来，其产生晚于女阴崇拜时代。《楚辞·天问》：“西北辟启，何气通焉？日安不到，烛龙何照？”《山海经·大荒经》：“西北海之外，赤水之北，有章尾山。有神，人面蛇身而赤，直目正乘，其瞑乃晦，其视乃明。不食不寝不息，风雨是谒。是烛九阴，是谓烛龙。”

蚕马 中国古代神话中蚕的祖先。《中华古今注》叙上古时，一男子出远门，家里唯有女儿和一匹马。女思父心切，乃戏对马说：“汝能为我迎得父归，吾将嫁汝。”马乃绝缰而去，之父所，载回其父。但女子不愿实现其诺言。其父得知真情后，将马射死，并剥下马皮。一日，马皮忽从地上跃起，包住姑娘就跑，其父四处寻找，无有踪影。不数日，在一大树枝叶间，发现女儿已变成蚕，正在吐丝作茧，此树就叫桑树。此传说先秦已流行。《荀子·赋篇》：“此夫身女好而头马首者欤？……冬伏而夏游，食桑而吐丝。”《山海经·海外北经》：“欧丝之野，在大踵东，一女子跪据树欧丝。”

西王母 省称“王母”。中国古代神话中的女神。其早期形象是一个虎齿豹尾、半人半兽，居住在遥远的昆仑山上的怪物。至汉代，她成为外貌雍容华贵、善于歌唱、掌握长生不死药的女神。此后的民间小说中，将她作为玉皇大帝的配偶，称为“王母娘娘”。

王母娘娘 见“西王母”。

巫山神女 中国古代神话中的巫山女神。相传为赤帝之女，名瑶姬（一作“姚姬”），未嫁而卒，葬于巫山之阳，成为巫山神女。传说她“旦为朝云，暮为行雨”。战国时楚怀王游高唐，梦中与神女相遇，神女自荐枕席。宋玉作《高唐赋》《神女赋》述其故事。此后，“巫山神女”常比喻美女；“巫山云雨”“阳台梦”等，则成为男女性爱常用的文学典故。宋陆游《入蜀记》卷六：“过巫山凝真观，谒妙用真人祠。真人，即世所谓巫山神女也。”

相思树 中国古代传说中韩凭和其妻何氏所化之树。韩凭（亦作“韩朋”“韩冯”），传说是战国时宋康王的舍人，其妻何氏貌美，康王欲夺之，罚韩凭筑城。韩凭自杀，何氏不屈于强暴，作《乌鹊歌》以明志，从高台跳下而死。死后，夫妇两冢相望，一夜之间，有大梓树生于两冢之端，根交于下，枝错于上，宋人遂称其树为“相思树”。见晋干宝《搜神记》。唐刘恂《岭表录异》卷中：“韩朋鸟者，乃凫鹥之类。此鸟每双飞，泛溪浦。”

董永 中国古代传说中的孝子。孝感（在今湖北）人，因无力葬父，卖身富家为佣奴，路遇天上织女，同情他的孤苦，愿意嫁他为妻，助他偿债赎身。其传说故事，在东汉已广为流传，见于砖刻、石刻上的图像，又见于晋干宝《搜神记》。此后，情节逐渐丰富，被编为各种地方戏曲剧目。如明传奇剧《织绵记》、楚剧《百日缘》、黄梅戏《天仙配》、婺剧《槐荫树》等。三国魏曹植《灵芝篇》：“董永遭家贫，父老财无遗。举假以供养，佣作致甘肥。责家填门至，不知何用归。天灵感至德，神女为秉机。”

孟姜女 中国民间传说中的人物。相传为齐国人,其夫杞梁被秦始皇征发筑长城。孟姜女千里送寒衣于城下,得知杞梁已劳累死,日夜恸哭,八百里长城为之倒坍,她自己也投海自尽。此故事通过说唱、戏剧、歌谣等,历代广为流传,为中国四大民间传说之一。河北秦皇岛市今仍有孟姜女庙。《敦煌曲子词·捣练子》:“孟姜女,杞梁妻,一去烟山更不归。造得寒衣无人送,不免自家送征衣。”清无名氏《孟姜女四季歌》:“冬季里来梅花开,孟姜女寻夫到此来。”

牛郎织女 中国民间传说中的人物。传说织女为天帝孙女,在天上织造云锦。牛郎为地上一贫困青年,常受兄嫂虐待。后织女与牛郎结为夫妻,生下一对儿女,男耕女织,生活美满。天帝得知,逼使织女回到天上,只准二人于每年七月初七夜在银河的鹊桥上相会。为中国四大民间传说之一。古人由天空的牵牛星(又名“河鼓”“黄姑”)与织女星衍化出此传说,七夕的各种民俗故事皆因此而生。据其改编的戏曲有《牛郎织女》《天河配》等。《古诗十九首·迢迢牵牛星》:“迢迢牵牛星,皎皎河汉女。纤纤擢素手,札札弄机杼。终日不成章,泣涕零如雨。河汉清且浅,相去复几许。盈盈一水间,脉脉不得语。”又,南朝梁殷芸《小说》:“天河之东有织女,天帝之子也,年年机杼劳役,织成云锦天衣,衣貌不暇整。帝怜其独处,许嫁河西牵牛郎,嫁后遂废织纴。天帝怒,责令归河东,但使一年一度相会。”

梁祝 中国民间传说中的人物。相传梁山伯为东晋穆帝永和年间会稽郡(今浙江绍兴)人,祝英台为上虞(今绍兴市上虞区)富家之女。英台改扮男装,外出求学,与梁山伯同窗三年。后山伯知其为女子,央媒求婚,但祝父已将女许与马家,山伯郁郁而死。英台出嫁日,经山伯墓恸哭致哀,地忽裂开,她堕入茔中。此后,山中杜鹃花开时,有大蝴蝶双飞不散,俗传为二人精魂所化。故事始见于唐梁载言《十道志》、张读《宣室志》。旧时广为流传,为中国四大民间传说之一。据以改编成的曲艺、戏曲甚多,有越剧《梁山伯与祝英台》以及川剧、京剧《英台抗婚》《柳荫记》等,典型地表现了古代人民在封建制度下渴望自由爱情、反抗家长包办婚姻的真诚愿望。

越剧《梁山伯与祝英台》

白娘子 中国民间传说中的人物。传说南宋绍兴年间,杭州有药店主许仙,在西湖与千年白蛇变成的美丽女子白娘子及其使女青青相遇,二人同舟避雨,结为夫妇。后遭镇江金山寺高僧法海谗害,以钵盂罩白娘子,将她镇压于杭州雷峰塔下。在戏曲、曲艺等形式中,又有白娘子盗仙草救夫、水漫金山、许仙之子祭塔、法海遁身蟹腹等情节。为中国四大民间传说之一。以此为题材的创作有玉山主人编《雷峰塔奇传》,清黄图泌、方成培《雷峰塔》传奇,弹词《义妖传》等。近代则改编为京剧、各地方戏曲及评弹《白蛇传》等。白娘子多情善良而又坚贞不屈,至今仍是人们喜爱的艺术形象。

洛神 中国古代神话中的女神。传说伏羲(亦作“宓羲”)之女淹死洛水后所化,故又称“宓妃”。三国魏文学家曹植作有《洛神赋》,塑造了一位姿容绝世的洛水神女,并寄托了自己的深挚感情以及人神道殊的悲哀,语言华美,情辞凄恻。《文选》李善注认为,此赋原名《感甄赋》,其中的女神原型,为曹植之嫂、曹丕之妻、因谗而死的甄后。晋代画家顾恺之创作有《洛神赋图》,书法家王献之亲书《洛神赋》,皆为中国艺术史上的珍品。明清戏曲作家编有《洛水悲》等传奇。至近代,梅兰芳演出有京剧《洛神》。

麻姑 中国古代神话中的仙女。传说为汉代仙人王方平之妹，容颜美丽，曾以灵芝酿造仙酒，为王母娘娘祝寿。又对人说，她经过东海，曾三次见大海变为桑田。旧时有“麻姑献寿”的戏曲，也是祝颂妇女生日的绘画题材。

寿星 亦称“南极老人星”“寿星老”。中国古代神话中的长寿之神。为福、禄、寿三星之一。明代小说《西游记》里，写寿星“手捧灵芝”。民间画像上，则为一个和善的白胡子老翁形象，他手持拐杖，额部隆起。常衬以梅花鹿、白鹤、仙桃等，是长寿的象征。旧时对过寿、做生日的主人，常以“寿星”称之。

财神 中国民间传说中的司财富之神。其来源复杂，道教谓其姓赵，名公明，故又称“赵公元帅”。至明代，其形象是头戴铁冠、手执铁鞭，黑面骑虎。传说他能保病禳灾、申雪冤抑、带来财富，因此受到普遍的尊崇信仰。传说正月初五是其生日，商家照例要以香烛供奉，并燃放鞭炮，称为“接财神”。

穷神 中国民间传说中的贫穷之神。传说上古帝王颛顼氏有一个儿子名瘦约，生前喜穿破衣，喝稀粥，他死于正月的最后一天。唐代以前，民间逢此日，家家有“送穷”之俗。唐韩愈为此作有《送穷文》，以诙谐之笔曲折地抒写了胸中的不平与牢骚。

医王 中国民间传说中的司医药之神。各地所祀人物不尽相同，有春秋名医扁鹊、唐代名医孙思邈等人。历代朝廷则建三皇庙，主祀伏羲、神农与黄帝，历代名医陪祀。是古代人民对救人病痛的医家的信仰、感谢与纪念。传说四月八日为药王生日，庙会中多进行各地药材的交易。

柳毅 中国古代神话传说中的人物。传说美丽善良的洞庭龙女远嫁泾川，遭丈夫泾河小龙与公婆的虐待，被迫在河边牧羊。恰巧应举下第的书生柳毅，路过此地，听到龙女的哭诉，激于义愤，为她进入洞庭龙宫，传送信息，终于使龙女获救。柳毅为人正直，虽有爱慕之心，却毅然拒绝了馈赠和提亲。归乡后，迎娶范阳卢氏之女，不料发现，新人正是龙女，二人终成眷属。故事出于唐李朝威的传奇《柳毅传》，后不断被改编为各种戏曲，流传至今。

刘三姐 亦称“刘三妹”。中国民间传说中的人物。相传为唐代新兴（今属广东）人。她通晓音律，以善唱山歌、出口成篇闻名四方，后与善歌的白秀才登粤西七星岩对歌三日夜，来听者数千人，酬和者皆非其对手。当地少数民族奉以为歌仙，建祠祀之。此传说亦流传于广西壮族地区，谓刘三姐为壮族农家女，壮族民众于每年三月初三，以赛歌会等活动纪念她。

钟馗 中国民间传说中司家宅平安之神。传说本为唐代人，生前考进士以貌丑而遭摈落，气愤自尽，死后成神。他状貌如判官，虬髯怒张，决心除尽天下鬼魅。自唐以来，民间有端午节及除夕挂钟馗像、驱除不祥的习俗，又有《钟馗嫁妹》等故事与戏曲。宋沈括《梦溪补笔谈》：“禁中旧有吴道子画钟馗，卷首有唐人题记……然则‘钟馗’之名，从来远矣，非起于开元之时，开元之时始有此画耳。”宋陆游《辛酉除夕》诗：“登梯挂钟馗，祭灶分其余。”

赤绳系足 中国民间传说。传说有一月下老人，专管世上男女的婚配。他的口袋中有赤绳和一本姻缘簿，按簿子上的安排，他将赤绳系在一对男女的脚上，虽双方家族有仇或相隔千里，也会结成姻缘。后世因以“月老”称媒人，以“赤绳系足”指婚姻。见于唐人李复言小说《续玄怪录·定婚店》。

月下老人 见“赤绳系足”。

八仙 中国民间传说中的八位仙人。共七男一女，即张果老、铁拐李、钟离权（又名“汉钟离”）、吕洞宾、何仙姑、韩湘子、蓝采和与曹国舅。传说起于唐朝，形成于元代，至明代吴元泰小说《东游记》定型为此八位神仙。他们中

八仙人物图

男女老少、贫贱富贵、文雅粗野俱全，所拿葫芦、檀板、扇、拐、笛、剑、荷花、花篮等，称为“八宝”。八仙是旧时绘画、戏曲的常见题材，亦见于屏风、箱柜、瓷器、漆器等家庭用物和建筑的种种装饰，普遍受到各阶层的欢迎与喜爱。

张果老 传说中的八仙之一。传说原为唐代道士，隐居恒州条山。武则天时自称已数百岁，武则天曾召他出山，不赴。唐玄宗派使者请他入朝，授以银青光禄大夫。传说中他常倒骑白驴，日行万里。见载于唐郑处晦《明皇杂录》。

铁拐李 亦称“李铁拐”。传说中的八仙之一。姓李，其形象是一个跛足短须、手拿葫芦的乞丐。传说他常拄铁拐行乞于市。后以铁杖掷空中，化为龙，骑乘而去。在八仙中，他最早得道并热心度化他人。

钟离权 传说中的八仙之一。相传原为汉代大将，因遇神人指点，得道成仙，此后时隐时现。至唐末，他度化了吕洞宾成仙。一说，他本唐代人，受铁拐李度化成仙，自称“天下都散汉钟离权”，后人误读为“汉钟离”。他大胡子，袒胸露腹，手执大扇一把。《全唐诗》收有传为钟离权所作的绝句三首。

汉钟离 见“钟离权”。

吕洞宾 传说中的八仙之一。名喦，一作岩，字洞宾，号纯阳子。河中永乐（今山西芮城）人，一说京兆（治今陕西西安）人。传说他在唐末三次应举不第，浪游江湖，遇仙人钟离权，度他得道。他身背宝剑、风神潇洒，是一位饮酒赋诗、爱好女色的神仙。《全唐诗》里有他所作的诗四卷、词若干首。有关他戏曲小说甚多，如杂剧《吕洞宾三醉岳阳楼》《吕洞宾戏白牡丹》《吕洞宾花月神仙会》，南戏《黄粱梦》，小说《东游记》等。道教全真道尊他为北五祖之一，民间称为“吕祖”。自元至清，全国到处有吕祖庙，民间以四月十四日为其生辰。

何仙姑 传说中的八仙之一。其手持荷花，是八仙中唯一的女子。相传为唐武则天时广州增城人，十三四岁入山遇神人，服云母粉得道成仙。她往来山顶，行走如飞，能知人祸福。现广州市增城区有何仙姑庙。传说三月初七是她生日，旧时每年此日民间唱大戏、放烟火，热闹异常。

韩湘子 传说中的八仙之一。相传为唐代文学家韩愈的侄孙，后从钟离权、吕洞宾学道成仙。曾在初冬时节，令牡丹花于数日内盛放。常手持洞箫，是一个放浪不羁的少年形象。元人有关于他的《韩湘子引渡升仙会》《韩退之雪拥蓝关记》等杂剧。

蓝采和 传说中的八仙之一。其身着破襕衫，一脚穿靴，一脚赤足，手持大拍板，在闹市踏歌行乞。老少跟随观看，他出言机敏，应声而答；有时寒冬卧雪中，气出如蒸。忽一日在酒楼，升于云中，冉冉而去。画像中，他多手持一个花篮。一说他原为勾栏中杂剧演员，后被钟离权度化成仙。

曹国舅 传说中的八仙之一。其头戴纱帽，身着大红官服。一说，他是宋朝外戚，仁宗曹皇后之弟。因其弟倚势骄纵，犯法杀人，终被治罪，他深以为耻，乃遁迹山岩，精思慕道。后得遇钟离权、吕洞宾，被引入仙班。

济公 中国民间传说中的高僧。相传为南宋时天台（在今浙江）人，俗名李心远。出家于杭州西湖灵隐寺，后居净慈寺，法名道济。饮酒食肉，不拘小节，佯狂滑稽，不受佛门戒律拘束，故当时人称“济颠”。见载于明田汝成《西湖游览志余》。明清话本、小说和戏曲中，写他破帽、破扇、破鞋、垢衲衣，似丐似氓，非僧非道，闲游街市乡村，常打抱不平，助弱扶贫；又最喜嘲弄官府豪门，能使人逢凶化吉。民间尊称为“济公”，以“活佛”视之。清代有长篇小说《济公传》。

济颠 见“济公”。

老郎神 习称“祖师爷”，俗称“老脸菩萨”。旧时戏班所敬之神。多以香烛供奉于科班及演出的后台。其像面白无须，头戴王帽，身穿黄袍。相传唐玄宗（明皇）性喜歌舞剧曲，曾在宫中设梨园，亲自训练男女演员和乐师，后世戏曲业因奉他为行业之祖。

龙王 亦称“龙君”。中国古代神话中掌管水域及兴云布雨的神。受玉皇大帝统辖。其形象为一王者，龙首人身，神态威严，居于水下的龙宫（亦称“水晶宫”），多生有太子及公主。

其臣属皆为水族，如龟丞相、虾兵蟹将之类。唐人传奇《柳毅传》，元人杂剧《柳毅传书》《张羽煮海》，明人神魔小说《封神榜》《西游记》以及此后的戏曲中，都有龙王及龙宫。

河伯 亦作“冯夷”。中国古代神话中的黄河之神。因黄河常泛滥为灾，故传说中的河伯亦性情暴虐，古代曾有为河伯娶妇的恶俗，即将所选民间少女丢入黄河以换取一方平安。战国时期魏国邺令西门豹不信其说，以智禁绝之，并率民众修渠治水，终绝水患。

精卫 中国古代神话中的鸟名。传说为炎帝的幼女，溺水死后，化为精卫，常衔树枝或小石子想要填平东海。后人感其抱负，故以“精卫填海”比喻力量弱小而志向远大、坚韧不拔。《山海经·北次三经》：“发鸠之山，其上多柘木。有鸟焉，其状如乌，文首，白喙，赤足，名曰精卫，其鸣自詨。是炎帝之少女，名曰女娃。女娃游于东海，溺而不返，故为精卫，常衔西山之木石，以堙于东海。”晋陶潜《读〈山海经〉》诗之十：“精卫衔微木，将以填沧海。”

三足乌 亦称“金乌”“阳乌”。中国古代神话中的神鸟。传说此鸟为太阳之精，住在日中。汉代画像砖上常刻有三足乌，居于西王母座旁，听其指令。或说即“青鸟”。汉王充《论衡·说日》：“日中有三足乌，月中有兔、蟾蜍。”《史记·司马相如列传》：“（西王母）戴胜而穴处兮，亦幸有三足乌为之使。”张守节正义引张揖曰：“三足乌，青鸟也，主为西王母取食。”后代诗词中也借指太阳。宋陆游《月夜短歌》：“明星虽高未须喜，三足阳乌生海底。”

金乌 即“三足乌”。

望夫石 中国民间传说中的古迹。传说古时有一女子，因思念服役离家的丈夫，每日携子上山望夫归来，后变为石人，因称为“望夫石”。全国多处有望夫石，皆因山石形似得名。古诗词中有大量以此为题材的作品，抒写了普遍存在的妇女思念丈夫、夫妻河山远隔的痛苦。唐王建《望夫石》诗：“望夫处，江悠悠。化为石，不回头。上头日日风复雨，行人归来石应语。”明谷子敬《商调集贤宾·闺情》曲：“常记得枕席间说的言，星月底设来的誓。谁想这辜恩薄幸负心贼，自相别数年无信息。比及你登科及第，我则索上青山化做望夫石。”

三神山 中国古代传说中神仙居住的地方。三座山分别名“蓬莱”“方丈”“瀛洲”，在渤海中，其上有金银宫阙，所居仙人有不死之药。战国时，齐、燕东临大海，统治者曾派人前往寻找。至秦始皇及汉武帝时，又派方士率船队入海寻求，终无踪影。而后世帝王宫苑中，则多于人工湖内仿其意，建造三神山。

不死药 中国古代传说中的仙药。（1）西王母所有的不死升仙之药。羿得到以后，为其妻嫦娥窃取。嫦娥服之，飞升到月亮中，成为月中女神。（2）战国至秦汉间，方士盛传渤海中三神山有不死药，服之能长生不老。齐、燕国君几度派人寻求无所得。此后，秦始皇派徐福率大型船队，汉武帝派方士数千人入海，终无所获。

聚宝盆 中国民间传说中的宝物。只要将少量金银财物放入盆中，即能变化出千万财富，以此达到巨富。传说元末明初吴兴沈万三家有聚宝盆，以致富可敌国。后被明太祖籍没家产，发配云南。聚宝盆则埋在金陵城门下，起名为聚宝门。

妖怪 中国民间传说中的精灵。源于上古“万物有灵”的观念，在《山海经》中已有记述。古人认为，凡花草树木、禽兽虫鱼，以及有生命、无生命之物，年深月久，皆能成为精怪，而影响人的生活。此类故事传说对文学艺术、宗教民俗影响甚大。

九头鸟 亦称“鸧”“鬼车”“奇鸧”“苍鸆”。中国古代神话传说中的不祥怪鸟。产于南方。传说它色赤，九首皆能鸣，因被天狗啮去一首，常滴血，血滴之家，必遭灾祸。其说起源甚古。唐刘恂《岭表录异》卷中：“鬼车，春夏之间，稍遇阴晦，则飞鸣而过。岭外尤多。爱入人家烁人魂气。或云九首，曾为犬啮其一，常滴血。血滴之家，则有凶咎。”《正字通》：“鸧，一名鬼车鸟，一名九头鸟，状如鸺鹠，大者翼广丈许，昼盲夜瞭，见火光则堕。”鸺鹠，猫头鹰的一种。宋梅尧臣《古风》（一云欧阳修作，名《鬼车》）诗：“昔时周公居东周，厌闻此鸟憎若仇。夜呼庭氏率其属，弯弧俾逐出九州。射之三发不能中，天遣天狗从空投。自从狗啮一首落，断头至今清血流。迩来相距三千秋，昼藏夜出如鸺鹠，每逢阴黑天外过，乍见火光辄惊堕。有时余血下点污，所遭之家家必破。”

九尾狐 中国古代传说中的奇兽。汉代画像石及画像砖中，常有九尾狐与白兔、蟾蜍、三足乌之属并刻于西王母座旁，以示祯祥。九尾狐象征子孙繁息，亦大禹遇九尾白狐而后娶于涂山氏之女的遗意。后世反其意，以食人的九尾狐为妖，六朝时李逻注《千字文》“吊民伐罪，周发殷汤”，已说商纣王的宠妃妲己为九尾狐；明人小说《封神演义》则更发挥其说，遂成为对妖媚工谗女子的詈称。《山海经·南山经》：“（青丘之山）有兽焉，其状如狐而九尾，其音如婴儿，能食人。”郭璞注：“即九尾狐。”

狐狸精 中国民间传说中的精灵。对狐狸的崇拜和传说，起自上古的狐图腾崇拜。汉代画像砖、画像石中多九尾狐的形象。旧时民间信仰认为，狐能变化男女，能爱人、魅惑人，也能助人、捉弄人，它们神通广大，具有超自然的力量。民间称作“大仙”。《太平广记》与清人小说《聊斋志异》《阅微草堂笔记》中有大量关于狐狸精的神奇故事。

宗教信仰

天 古人想象中自然界与人类社会的主宰者。这一观念起源于万物有灵的原始宗教。至商代，才出现至上神"帝"或"上帝"的概念。周代称为"天"，后亦称"天帝"。中国历代帝王都宣称自己"受命于天"，是"天"之子，无一敢不敬天，无一不将祭天作为国家大典。元关汉卿《窦娥冤》第三折："天地也，做得个怕硬欺软，却元来也这般顺水推船。地也，你不分好歹何为地？天也，你错勘贤愚枉做天！"

上天 省称"天"。信仰者指主宰自然界和人类社会、具有人格的天。民间俗称"老天""老天爷"。

上帝 ① 古代指天上主宰人间万事万物的神。《礼记·月令》："（孟春之月）是月也，天子乃以元日祈谷于上帝。"《醒世恒言·灌园叟晚逢仙女》："司花女道：'汝功行圆满，吾已申奏上帝，有旨封汝为护花使者，专管人间百花。'"参见"天"。② 基督教崇奉的宇宙万物的创造者和主宰。

神 ① 神灵。宗教及神话中主宰物质世界的、超自然的、具有人格和意识的存在。始于原始社会，是人类对自身不能理解与驾驭的自然力的想象。《礼记·祭法》："山林川谷丘陵，能出云为风雨，见怪物，皆曰神。"孔颖达疏："风雨云露并益于人，故皆曰神而得祭也。"《论语·述而》："子不语怪、力、乱、神。"《文选·洛神赋》："飘忽若神。"李善注："夫神，万灵之总称。"② 鬼神。指人死后的魂灵。《礼记·乐记》："明则有礼乐，幽则有鬼神。"郑玄注："圣人之精气谓之神。"唐韩愈《黄陵庙碑》："尧死而舜有天下为天子，二妃之力，宜常为神，食民之祭。"

鬼 信仰者认为，人死后灵魂不灭，离开躯体而独立存在的叫"鬼"；鬼具有超人的力量，能变化形态，庇佑或危害活着的人。大部分鬼生活于幽冥世界，一部分上天为神，一部分在人间飘荡无归。"鬼"的观念起于原始宗教。商代尚鬼，商王及贵族遇事，多占卜求告于其祖先的鬼神。甲骨卜辞为其遗物。《礼记·祭法》："人死曰鬼。"晋干宝《搜神记》卷十六："昔颛顼氏有三子，死而为疫鬼：一居江水为疟鬼；一居若水为魍魉鬼；一居人宫室，善惊人小儿，为小鬼。"清蒲松龄《聊斋自序》："才非干宝，雅爱搜神；情类黄州（指苏轼），喜人谈鬼。"

仙 方士或道士所幻想的一种超脱尘世、有神通变化、长生不死的人。《释名·释长幼》："老而不死曰仙。"道教认为仙有神通广大的变化，或竦身入云，或驾龙乘云，或化为鸟兽，或潜行江海，或食元气，或茹芝草，或出入人间而人不识，或隐其身而莫之见，等等。按得道深浅，神仙又分为若干不同品级。梁陶弘景《真灵位业图》定仙真七阶。唐代《天隐子·神解》："在人曰人仙，在天曰天仙，在地曰地仙，在水曰水仙，能通变之曰神仙。"宋元以后，道教奉祀最盛的有"八仙"：铁拐李、汉钟离、张果老、何仙姑、蓝采和、吕洞宾、韩湘子和曹国舅。

灵魂 亦称"魂灵"。指寓居于人体并主宰人体的一种超自然体。某些宗教认为，人死亡时，灵魂会脱离人体，前往另一空间。然而在某种情况下，人的灵魂，也能暂时脱离身体，称为"离魂"或"失魂"；或是进入另一人的身体，称为"借尸还魂"。古代传奇小说与戏曲中多有此类故事。如元杂剧《倩女离魂》、明传奇《还魂记》（即《牡丹亭》）等。《楚辞·九章·哀郢》："羌灵魂之欲归兮，何须臾而忘反？"

魂灵 ① 即"灵魂"。② 指人的心灵、思想。《西厢记》第一本第一折："只教人眼花缭乱口难言，魂灵儿飞在半天。"

魂魄 指人的精神灵气。古代认为，魂属阳气，构成人的思维才智；魄属阴气，构成人的感觉形体。魂魄谐和，人体才康健。人死，则由魂主宰的精神与由魄主宰的形体相脱离。道教有“三魂七魄”之说。《左传·昭公二十五年》:“心之精爽,是谓魂魄。魂魄去之,何以能久?”

女巫 周代王宫中从事歌舞迎神、占卜祈雨等活动的女性。后世王宫中及民间,亦多有之。《周礼·春官·女巫》:“掌岁时祓除、衅浴,旱暵则舞雩。若王后吊,则与祝前。凡邦之大灾,歌哭而请。”后亦泛指以装神弄鬼等迷信活动为业的女人。唐李贺《神弦》诗:“女巫浇酒云满空,玉炉炭火香咚咚。”《三国演义》第十三回:“李傕平日最喜左道妖邪之术,常使女巫击鼓降神于军中。”清李渔《奈何天·逼嫁》:“我只道你做媒人、联姻眷,又谁知是女巫惯把魑魅遣。”

巫觋 中国古代称女巫为巫,男巫为觋,合称“巫觋”。巫觋从事祈祷、卜筮、星占,并兼用药物,为人求福、却灾、治病。商代巫的地位较高。周代宫中有男巫、女巫,各司其职,同属司巫;遇大旱则女巫群舞,以祈天降雨。春秋以后,医道渐与巫术分离,但民间以巫术装神弄鬼为人祈祷治病者,仍世世不绝。《国语·楚语下》:“在男曰觋,在女曰巫。”《周礼·春官·司巫》:“司巫掌群巫之政令。若国大旱,则帅巫而舞雩;国有大灾,则帅巫而造巫恒。”《公羊传·隐公四年》:“于钟巫之祭焉。”汉何休注:“巫者事鬼神祷解,以治病请福者也。”

方士 方术之士。指中国古代求仙、炼丹,自言有长生不老之术的人。起源于战国时燕、齐一带,秦汉时颇盛。如被秦始皇信任、出海寻不死药的徐福,被汉武帝宠信的李少君以及齐人少翁、栾大等,皆为方士之徒。道教继承方士炼丹采药之术作为修炼法。

三教 指中国固有的儒家、本土宗教道教以及自印度传来中国的佛教,并称三教。佛教的传入与道教的形成,都在东汉之世,《广弘明集》卷一载有《吴主孙权论叙佛道三宗》一文,开始同时提及儒、道、佛三家。两晋南北朝时,道教和佛教已成为强大的宗教。当时的思想家对于佛儒、佛道、儒道之间的互补共通之处多有论述。至唐代,统治者实行儒、道、佛三教并用的政策,又时而有所偏重。三教深入中国人思想生活的广大领域,对中国哲学、文学、艺术和民俗具有深远影响。《北史·周本纪下》:“十二月癸巳,集群官及沙门道士等,帝升高座,辨释三教先后。以儒教为先,道教次之,佛教为后。”

道教 中国本土宗教。渊源于原始巫术、秦汉时的神仙方术及黄帝、老子之说。东汉顺帝时,张道陵创立五斗米道,以《老子》为经典,道教因而形成。东晋葛洪撰《抱朴子内篇》,整理并阐述战国以来的神仙方术理论,丰富了道教的思想内容。南北朝时,北魏嵩山道士寇谦之创北天师道,南朝宋庐山道士陆修静创南天师道。唐代以老子为李氏皇室的祖先,上“太上玄元皇帝”尊号,敕诸州各建观一所。宋真宗命王钦若、张君房等编辑《道藏》,徽宗于太学置《道德经》《庄子》《列子》博士,道教得以大盛。金大定七年(1167年),王重阳创立兼融儒释的全真道。到元代,南北天师道归并于正一派中。此两大派流至清代渐趋式微。道教的基本信仰与教义认为,宇宙、阴阳、万物都由“道”化生而成。最高尊神为人格化的三清尊神,其中道德天尊即老子。修炼之法有服药、导引、胎息、内丹、外丹、符箓、房中、辟谷等。仪式有斋醮、祈祷、诵经、礼忏等。对中国哲学、医学、文艺等产生较大影响。如唐代诗人贺知章晚年出家为道士,李白是诚信的道教徒,其诗歌多游历名山、炼丹访道、向往成仙的内容。唐人最早将道教著述汇集为《开元道藏》,后各代续有增修。

五斗米道 道教早期重要派别。东汉顺帝时张道陵于今四川鹤鸣山创立,主要在农民中传播。因入道者须交五斗米,故称。以《老子》五千言为主要经典,以“治”为传教单位。初入道者称“鬼卒”,骨干号为“祭酒”,各领部众;领众多者称“治头大祭酒”。后发展为二十四治,分布于今四川西北与陕西南部。东汉末,其孙张鲁在汉中建立政教合一的政权近30年。张鲁继承其祖教规,教民诚信不欺诈,令病人自首过错。对犯法者宽宥三次,如再犯才加惩处;若为小过,则命修道路百步以赎罪。又禁酗酒,于春夏两季禁屠宰。各地均设义舍,置米、肉于内,救济贫苦教徒。

建安二十年(215 年),张鲁归降曹操,拜镇南将军,封阆中侯。后为新天师道所取代。

太平道 道教早期派别。东汉熹平年间(172—178)巨鹿人张角以《太平经》为经典,与弟张梁、张宝在河北一带传道,自称以善道教化百姓,有病叫人叩头思过,再以符水饮之,以期实现天下太平,因号“太平道”。十余年间,信徒发展至数十万。张角等分信徒三十六方,各设将帅统率,于中平元年(184 年)发动起义,口号为“苍天已死,黄天当立,岁在甲子,天下大吉”。自青、徐、幽、冀、荆、扬、兖、豫八州之人,莫不毕应。起义者头缠黄巾,称黄巾军。很快发展至黄河流域,京师震动。后在东汉政府军及地主武装的联合镇压下失败,太平道也被禁,但依然在民间秘密流行,最后融合于五斗米道。

天师道 道教派别之一。“天师”原为五斗米道对创始人张道陵的尊称。张鲁归降曹操后,该派分裂,其第三子张盛继任天师,入吴至鄱阳龙虎山传扬道教,四方学道者日众。江西龙虎山一系自张盛始。北魏时道士寇谦之等改革道教,提出“除去三张伪法、租米钱税及男女合气之术”,在修炼方法上,以服食、礼法为主,逐步将道教组织建立在师徒传承的基础上,得到北魏朝廷的重视与支持,史称“新天师道”或“北天师道”;南朝宋道士陆修静继承葛洪的学说,整理道经,制定了完备的道教仪轨,称为“南天师道”。后南北渐相融合,至元代,称为“正一道”。

全真道 亦称“全真教”“全真派”,简称“全真”。道教后期两大派之一。金大定七年(1167 年),王重阳在山东宁海(今烟台市牟平区)全真庵讲道时创立。该派汲取儒、释部分思想,力主三教合一。以《道德经》《般若心经》《孝经》为信徒必读经典。修行方法以内丹为主,反对符箓与黄白之术,以修真养性为正道,以识心见性、除情去欲、忍耻含垢、苦己利人为宗。并制定严格的戒律,规定道士必须出家住道观,不得蓄妻室。金元之际,丘处机掌教时,受到成吉思汗礼遇,命其掌管全国道教,全真道进入全盛时期。其后在元宪宗及元世祖时,两次与佛教大辩论均失败,遭受打击,但在整个元代一直保持发展态势。明王朝重视正一道,全真势力受到削弱,入清以后更为衰落。

正一道 道教后期两大派之一。元代中后期在天师道、龙虎宗长期发展的基础上形成。元成宗大德八年(1304 年)敕封张道陵第三十八代孙张与材为“正一教主”,当时宫观遍于今江苏、浙江、江西、湖南、广东等省区及燕京一带,并有大批弟子担任各地区路、州、县的道官。此派特点是:以张道陵的后嗣世袭为首领,由原有新旧各符箓派集合而成,以《正一经》为主要经典;主要法术是画符念咒、祈禳斋醮,为人驱鬼降妖、祈福禳灾;正一道士可不住宫观、娶妻生子,戒律不是很严。明初受到尊崇,其首领被授予正一教主、天师、大真人等称号,受命管理全国道教,给予相当于二品的地位。后取消“天师”,只称“大真人”,爵位不变。清初顺、康、雍三朝,续封“正一嗣教真人”,乾隆三十一年(1766 年)改为视三品秩,永为例,此后渐趋衰落。

道士 亦称“黄冠”。奉守道教经典规戒并熟悉各种斋醮祭祷仪式的人。一般指道教的守教职业者。东汉张道陵创五斗米道,后人始称其徒为道士。

黄冠 即“道士”。

女道士 亦称“女冠”。女性道教徒。唐代道教兴盛,有众多的女信徒。居家的女道士和女信徒的宗教生活多严谨,出家入道观的女道士则有两种相反的表现:一种远离尘世,幽居深山,清心修炼,或精研经典,或寻仙访道;另一种为上层贵族妇女,如皇家公主、高官眷属等,她们不受婚姻的羁绊,恣意放纵,与文人士大夫自由交往、恋爱。据文献记载,唐代公主出家为女道士者有二三十位;宰相李林甫的女儿李腾空是当时有名的女道士。明汤显祖《牡丹亭·旁疑》:“女冠儿生来出家相。无对向、没生长。守着三清像,换水添香,钟鸣鼓响。”

女冠 即“女道士”。

三清 ① 指道教所述的玉清、上清、太清三清境。② 指居于三清仙境中的三位尊神,即玉清元始天尊、上清灵宝天尊、太清道德天尊。

"三清"尊神在道教神仙体系中地位最尊。其中,元始天尊地位最高,是宇宙的创造者;灵宝天尊,即民间信仰的玉皇大帝;道德天尊,即道教的始祖老子。天下道观皆供奉三清像,奉祀之所称三清殿或三清宫。三清排列的顺序为:正中为原始天尊,左边是灵宝天尊,右边是道德天尊。在道观艺术中,三清的雕塑和画像非常丰富,至今存留着许多精品。

元始天尊 亦称"天宝君"。道教供奉的最尊天神"玉清元始天尊",他先天地万物而生,故以"元始"称。《隋书·经籍志四》:"道经者,云有元始天尊,生于太元之先,禀自然之气,冲虚凝远,莫知其极……每至天地初开,或在玉京之上,或在穷桑之野,授以秘道,谓之开劫度人。"《初学记》卷二三引《太玄真一本际经》:"无宗无上,而独能为万物之始,故名元始;运道一切为极尊,而常处三清,出诸天上,故称天尊。"

玉皇大帝 全称"昊天金阙无上至尊自然妙有弥罗至真玉皇上帝",亦称"玄穹高上玉皇大帝",简称"玉皇大帝"或"玉皇"。即道教供奉的天神"上清灵宝天尊"。为天上最高的神。相传他总管三界(上、中、下)和十方(四方、四维、上下)、四生(胎生、卵生、湿生、化生)、六道(天、人、魔、地狱、畜生和饿鬼)的一切祸福。明刘侗、于奕正《帝京景物略·春场》:"(十二月)廿五日,五更焚香楮,接玉皇,曰玉皇下查人间也。竟此日,无妇妪詈声。三十日,五更又焚香楮送迎,送玉皇上天矣,迎新灶君下界矣。"

玉皇 即"玉皇大帝"。

太上老君 即道教供奉的天神"太清道德天尊",亦即"老子"。东汉明帝、章帝之际,益州太守王阜作《老子圣母碑》,将老子神化为先天地之神,与"道"等同。顺帝时,张道陵在巴蜀鹤鸣山创立五斗米道,奉老子为教主。《老子想尔注》中首次出现"太上老君"名号。魏晋南北朝时,名声益显。至唐代,他被奉为李唐王朝的始祖,玄宗天宝二年(743年)尊老子为"大圣祖玄元皇帝"。至宋真宗大中祥符六年(1013年),更加尊号为"太上老君混元上德皇帝"。在神魔小说《西游记》里,他是一位德高望重、住在兜率宫中炼丹的老神仙。

东岳大帝 全称"东岳天齐仁圣大帝"。道教所奉泰山之神。传说掌管人间的生死。历朝都有封祀。唐玄宗时封天齐王,宋真宗时尊为天齐仁圣帝,元世祖时尊为天齐大生仁圣帝。旧时各地皆有东岳庙,每年农历三月二十八日为祭祀日。明刘侗、于奕正《帝京景物略·东岳庙》:"庙在朝阳门外二里,元延祐中建,以祀东岳天齐仁圣帝……三月廿八日帝诞辰,都人陈鼓乐、旌帜、楼阁、亭彩,导仁圣帝游。"清顾禄《清嘉录·三月·东岳生日》:"二十八日,为东岳天齐仁圣帝诞辰。城中玄妙观,有东岳帝殿。俗谓神权天下人民死生,故酬答尤虔。或子为父母病危,而焚疏假年,谓之借寿;或病中语言颠倒,令人殿前关魂,谓之请喜。祈恩还愿,终岁络绎。至诞日为尤甚。虽村隅僻壤,多有其祠宇。在娄门外者,龙墩各村人,赛会于庙,张灯演剧,百戏竞陈,游观若狂。"

文昌帝君 亦称"梓潼帝君"。民间和道教信仰中主宰士人功名禄位和文运的神。"文昌"本为星名,亦称"文曲星""文星"。后被道教尊崇为神。旧时为读书人所崇祀。又因东晋时蜀人张育(即张亚子),于抗击前秦苻坚时战死,后人于梓潼郡(今属四川)七曲山建祠纪念。唐玄宗、唐僖宗避乱入蜀,先后敕封为左丞相、济顺王。宋代亦加敕封。元仁宗敕

文昌帝君画像

封为"辅元开化文昌司禄宏仁帝君"。于是，梓潼神张亚子遂被称作文昌帝君，两神合二为一。明代以后，奉祀遍及各省，无论大小府县，都建有文昌宫、文昌祠或文昌阁。书院与私塾普遍供奉神像。旧时每年二月初三为神诞之日，官府和当地文士都要到祠庙中祭祀行礼、吟诗作文，称为文昌会。

梓潼帝君 即"文昌帝君"。

文曲星 见"文昌帝君"。

真人 道家、道教称修道成仙的人。唐代道教盛行，封庄子为南华真人、列子为冲虚真人、关尹子为文始真人。明初朱元璋不许称"天师"，命改作"真人"。明清两代，朝廷都敕封江西龙虎山正一教主以"大真人""正一嗣教真人"的称号。《庄子·天下》："关尹、老聃乎，古之博大真人哉！"

天师 中国古代对有道术者的称呼。如《黄帝内经》中黄帝称岐伯为"天师"。至东汉时张道陵创五斗米道，后世信奉者、民间尊他和他的子孙门徒为"张天师"。宋陈元靓《岁时广记·画天师》引《岁时杂记》："端午都人画天师像以卖，又合泥做张天师，以艾为须，以蒜为拳，置于门户之上。"

张天师 见"天师"。

龙虎山 道教正一派的祖庭。位于江西鹰潭市西南20公里处，今贵溪市境内。道教传说，东汉中叶，张道陵曾在此炼丹，"丹成而龙虎现"，因以得名；三国至晋初，张道陵四代孙张盛定居于此。然而据文献资料与碑刻，此山最早的道教庙宇应是唐会昌中所建真仙观，创建者为张道陵第二十代子孙张谌，曾受到唐武宗的召见和御笔赐额。此后世代相传，被历朝敕封，直至近代，被誉为道教第一仙境。上清宫和嗣天师府经无数次扩建维修，其面积、规模、布局创道教建筑史之最。鼎盛时期，全山各处有道观80余座、道院36座，道宫数个，是名副其实的"道教之都"。2010年8月，被列入《世界遗产名录》。

十洲三岛 方士及道教传说中神仙居住的地方。据汉东方朔《十洲记》记载，巨海之中有祖、瀛、玄、炎、长、元、流、生、凤麟、聚窟十洲，又有蓬丘、方丈、昆仑三岛，人迹稀绝，神仙所居。合称十洲三岛。三岛或称"三神山"，《史记·秦始皇本纪》谓为蓬莱、方丈、瀛洲。元张雨《水龙吟·代玄览和东泉学士自寿之作》词："到恁时，拂袖逍遥，胜戏十洲三岛。"

三神山 见"十洲三岛"。

洞天福地 道教称神仙所居的名山胜境，有十大洞天、三十六小洞天和七十二福地之称。前蜀杜光庭有《洞天福地名山记》。宋陈亮《重建紫霄观记》："道家有所谓洞天福地者，其说不知所从起，往往所在而有。"《宋史·徽宗纪三》："（政和六年）九月丙申，赦天下。令洞天福地修建宫观，塑造神像。"

宫观 道教供神的庙宇。多以"宫"或"观"为名，因称。"宫"本指房屋，"观"指可以登临其上四外观望的建筑。相传汉武帝时，开始在长安修治宫馆。东汉张道陵传播五斗米道时，道馆多为草屋。此后也称庐、治、靖、馆。北朝时所建坛、宇、楼观，已具规模。大多在宫门前左右各建有相当高度的望楼，既可住人，亦可四外远望。至唐代，乃以"观"字代替"馆"字。《唐六典·祠部》记载，当时天下有道观1 687所。唐末杜光庭《历代崇道记》谓唐代有道观1 900余所。宋代宫观兴建亦极为盛行，太宗时的上清宫和真宗时的玉清昭应宫、景灵宫、天庆观等，规模宏大，备极壮丽。道教宫观及其建筑、塑像、壁画、碑碣、经卷、藏品等，是研究中国古代历史和道教文化的珍贵文物遗存。

甘肃泾川王母宫

符箓 亦称"墨箓""符字""丹书"。道教法术之一。是一种笔画屈曲，似篆字形状的墨写图形。道教认为，符箓代表天神的意旨或众神的名录，可用于祈雨治病、驱使鬼神、排除邪魔等，声称能给人增寿免祸。《明史·方伎传》记载，明代道教正一派自教主张正常以来，没有其他的神通，主要是画符念咒、祈禳斋醮，为人驱鬼降妖、祈福禳灾。

打醮 请道士在道观中或家里诵经祈祷做法事。“醮”，向神祈祷的祭礼，后专指佛道为禳除灾祟而设的道场。宋张端义《贵耳集》卷上：“徽考（宋徽宗）宝箓宫设醮。”《剪灯新话·金凤钗记》：“生感兴娘之情，以钗货于市，得钞二十锭，尽买香烛楮币，赍诣琼花观，令道士建醮三昼夜以报之。”《红楼梦》第二十八回：“昨儿贵妃打发夏太监出来，送了一百二十两银子，叫在清虚观初一到初三打三天平安醮，唱戏献供。”

炼丹 道教炼制丹药的方术。起源于先秦时代的方士，即在炉鼎中烧炼矿石药物以制作“长生不死”的金丹。《战国策》中已有方士向荆王（楚王）献“不死之药”的记载。汉武帝听信方士之言，广求丹药，招致方士，为其炼丹，炼丹术从此盛行。历代出现过许多炼丹家，晋代葛洪即是有名的烧丹炼汞家，其《抱朴子内篇》中有所记载。丹为丹砂，亦称朱砂。东汉道教兴起后，直至清代，炼丹是道教修炼的重要内容。又有内丹、外丹之分。以静功和气功修炼精、气、神者，称内丹；以炉火烧炼药石者，称外丹。炼丹家的炼丹活动，包括研制“药用”的人造黄金和白银的冶金研究，为了寻求植物性“长生药”而进行的药用植物研究。在炼丹试验中，分火法与水法两类，常包含复杂的化学反应过程。炼丹客观上对火药的发明及古代化学的形成起过推动的作用，后经阿拉伯传入西欧。参见“金丹术”。

内丹 见“炼丹”。

外丹 见“炼丹”。

吐纳 古代的一种养生术。指把肺中的浊气尽量从口中呼出，再由鼻孔缓慢地吸进清新的空气，使充满肺部，以达到吐故纳新、强身健体的目的。道教采用之，作为修行方法之一。

导引 古代的一种养生术。指呼吸俯仰，屈伸手足，使血气流通，促进健康。后道教使之更为精密，让“真气”在人体内按一定的途径和次序运行周流。是道教的修行方法之一。

辟谷 古代的一种养生术。即修炼者行导引之术，不食五谷，而服药物。道教认为经过辟谷修炼，可以除去人体内靠五谷为生、名叫“三尸”（亦称“三虫”）的邪神，人就可以长生不老。因而用作修仙的方法之一。

城隍 道教所说守护与统管一座城池的神。最早见于记载的为芜湖城隍，建于三国吴赤乌二年（239 年）。唐以后奉祀渐盛，每地府州县皆建有城隍庙。民间在一定的节日，有抬着城隍神像出巡、赛会唱戏的习俗。

土地神 亦称“社神”。民间传说中管理一个小地面的神。小说戏曲中的形象，是一个身材矮小、拄拐杖的白胡子老头儿，俗称“土地公公”或“土地老爷”。其配偶为土地夫人，俗称“土地婆婆”。其庙极矮小，旧时多见于郊野路边。

社神 即“土地神”。

灶君 亦称“灶神”，俗称“灶王爷”。民间每家供奉于灶头的神。一般都将灶君的木刻画像贴在灶头小龛内，上书“灶君司命”字样，每年更换。传说他掌管全家生死福祸，随时记录人的善恶功过，一年一度上天禀告玉皇大帝。旧俗腊月有以糖饼和茶、酒祭祀灶君的习俗。

灶王爷 “灶君”的俗称。

佛教 公元前 6—前 5 世纪由古印度的释迦牟尼创立的宗教。与基督教、伊斯兰教并称世界三大宗教。它以“无常”和“缘起”思想反对婆罗门的梵天创世说，以“众生平等”思想反对婆罗门的种姓制度，以“涅槃”为理想境界。基本教义是：现实人生就是“无常”“无我”和“苦”。苦的原因是人自身的“惑”（贪、瞋、痴等烦恼）、“业”（身、口、意等活动）。“惑”与“业”为因，造成生死不息之果；根据善恶行为，轮回报应。故摆脱痛苦之路，唯有依经、律、论三藏，修持戒、定、慧三学，彻底转变自己的世俗欲望和认识，超出生死轮回，达到“涅槃”或“解脱”，才能永离痛苦。东汉明帝时传入中国，至晋以后盛行。此后，某些教义渐同中国传统的伦理、宗教观念相结合。魏晋南北朝时期，佛教同玄学关系密切，广泛流传全国。隋唐时产生三论、天台、法相(唯识)、华严、禅宗、净土、密宗、律宗等具有中国特色的宗派,自成体系。中国佛教与道教、儒家旧称“三教”(释、道、儒),它深入到人民思想生活的广大领域,对哲学、文学、艺术和民俗都产生深远影响。

释教 即“佛教”。

佛法 佛教指释迦牟尼所讲传的教义、教理。也泛指佛教教义和教理。

空 佛教指超乎色相现实的境界为“空”。如“四大皆空”。

色 佛教称有形质的能使人感触到的东西为“色”。与属于精神领域的心相对。如“色即是空,空即是色”。

劫 佛经言天地形成到毁灭如此一个周期为一劫。一劫包括成、住、坏、空四个时期。到坏劫时,有火、水、风三灾出现,世界归于毁灭。后借指天灾人祸,如言“浩劫”。

空门 佛教宣扬诸法皆空。以破除偏执、悟空为进入涅槃之门。故称佛教为空门,出家为遁入空门。

无常 ① 佛教哲学认为世间一切事物,都处在生起、变异、坏变之中,迁流不息,绝无常住性,称为“无常”。《涅槃经·寿命品》:“是身无常,念念不住,犹如电光暴水幻炎。”② 借指死。《佛祖统纪》卷二六:“任是千般快乐,无常终是到来。”元宫大用《范张鸡黍》第三折:“三生梦断九泉幽,兄弟也,谁想你一日无常万事休。”《红楼梦》第五回:“喜荣华正好,恨无常又到。眼睁睁,把万事全抛。”③ 鬼名。传说人死时,奉阎罗之命前来勾人灵魂的使者。常见于旧时小说、戏曲中。

般若 亦称“波若”。梵文音译。意为智慧。指如实了解一切事物的智慧。佛教认为,般若智慧是成佛所必需、不同于世俗认识的特殊认识。

涅槃 梵文音译。意译“圆寂”。佛教所指的最高境界。谓信仰佛教的人,经长期修行,即能寂灭一切烦恼和圆满一切清净功德。这种自由无碍的境界,名为涅槃。后世亦称僧尼逝世为“涅槃”或“圆寂”。

圆寂 见“涅槃”。

慈悲 佛教谓以爱护心给予众生以安乐为“慈”,以怜悯心拔除众生的痛苦为“悲”。合称“慈悲”。

五戒 佛教中在家的男女教徒所遵守的五项戒条。指:不杀生、不偷盗、不邪淫、不妄语、不饮酒。

十戒 佛教沙弥和沙弥尼所受的十种戒条。即:不杀生、不偷盗、不淫欲、不妄语、不饮酒、不涂饰香鬘、不观听歌舞、不坐高广大床、不非食时食、不蓄金银宝物。

业 佛教称一切行为、语言、思想意识为“业”,分别叫作身业、口业、意业,合称“三业”。业有善有恶,一般偏向指恶业。常引申为罪恶、邪恶,如罪业、业障等。

业障 亦称“孽障”。指妨碍修行的罪恶。业,指身、口、意三方面的动作;障,即障碍。三方面行为如果不好,就会障碍修行,故名。《华严经·世主妙严品二》:“若有众生一见佛,必使净除诸业障。”清洪昇《长生殿·补恨》:“我把彼此精诚,上请天阙。补恨添愁,万古无缺。还只怕孽障周遮,缘尚蹇,会犹赊。”

孽障 见“业障”。

因缘 ① 佛教指产生结果的直接原因及促成这种结果的辅助条件或力量。《翻译名义集·十二支》:“前缘相生,因也;现相助成,缘也。”北魏温子昇《定国寺碑序》:“不论过去之因缘,讵辩未来之果报?”② 缘分。宋黄机《虞美人》词:“因缘虽浅是因缘,犹胜当初无分小留连。”

因果报应 亦称“果报”。佛教依据未作不起、已作不失的理论,认为事物有起因必有结果,今生种什么因,来生结什么果,善有善报,恶有恶报,故名。

果报 即“因果报应”。

四谛 佛教基本教义之一。指释迦牟尼最初说教的内容,即苦、集、灭、道四谛。按照佛经解释,“谛”是“真理”的意思。佛教认为,人世间的一切都是“苦”,叫“苦谛”;招感这些苦果的烦恼业因,叫“集谛”(“集”是“因”的意思);要想解脱苦果,只有除烦恼业因而达到“寂灭为乐”的“涅槃”境界,叫“灭谛”;而要达到“涅槃”境界,就须修“道”,叫“道谛”。

其中苦、集二谛系世间因果，集谛为因，苦谛为果；灭、道二谛系出世间因果，道谛为因，灭谛为果。

六道 佛教把众生世界分为天、人、阿修罗、地狱、饿鬼、畜生六类，称为"六道"。因各自所作的善恶业因不同，在此六道中升沉异趣，轮回相续，称作"六道轮回"。宋庞元英《谈薮》："金刚努目，所以降伏四魔；菩萨低眉，所以慈悲六道。"

轮回 佛教认为世界众生无不辗转生死于六道之中，如车轮旋转，故称作"轮回"。唯成佛之人才能免受轮回之苦。

众生 佛教指一切有生命的东西。有时专指人和动物。《敦煌变文汇录·妙法莲花经变文》："念念欲求无上道，心心只愿度众生。"清龚自珍《发大心文》："我生天上，慧照天人，多闻第一。当念众生少见寡闻，于一切处自疑自骇，我当令其到心皆平，而以度之。"

三界 佛教把生死流转的人世间分为三界，即欲界、色界、无色界。欲界为具有食欲、淫欲的众生所居，色界为已离食、淫二欲的众生所居，无色界为无形色众生所居。色界位在欲界上，无色界更在色界之上。

西天 ① 中国古代对于佛教发源地印度的通称。印度古称天竺，在中国之西，故略称"西天"。唐代高僧玄奘法师赴天竺求取佛教经籍，民间称为西天取经。唐皇甫曾《锡杖歌送明楚上人归佛川》："上人远自西天至，头陀行遍南朝寺。"② 净土宗信仰者指《阿弥陀经》所说的西方极乐世界。

极乐世界 或称"净土"。佛教指阿弥陀佛所住的世界。

大乘 亦称"大乘佛教"。"乘"指运载工具。大乘佛教强调一切众生皆可成佛，一切修行应该自利、利他并重，认为自己的教法最盛，故称大乘。

小乘 亦称"小乘佛教"。大乘佛教流行之后，原部派佛教被贬称为小乘。小乘佛教保持早期佛教的教理，重在自我解脱，通过个人修行，入于涅槃，以免轮回之苦。

禅宗 中国佛教宗派之一。以专修禅定为主，故名。南北朝时菩提达摩由天竺（古印度）来华传授创立。传至第五世弘忍门下，分成北方神秀的渐悟说和南方慧能的顿悟说两宗。后世唯南宗盛行，主张不立文字，直指人心，见性成佛。它以通俗简易的修持方法，取代烦琐义理，流传日广，影响及于宋明理学和诗学、画学等。

禅定 佛教修行方法之一。"禅"是梵文音译"禅那"的略称，意为安静而止息杂虑。佛教徒认为，静坐敛心，专注一境，长久能达到身心轻安、观照明净的状态，即成禅定。

渐悟 佛教关于修行的主张之一。谓众生虽都有佛性，但因障碍甚多，必须经长期修习，甚至累世修行，方能领悟佛教"真理"而成佛。此为佛教的传统主张。与"顿悟"相对。唐代以禅宗北宗的神秀为渐悟说代表人物。南朝梁慧皎《高僧传·义解·昙斌》："初止新安寺，讲《小品》《三地》，并申顿悟、渐悟之旨，时心竞之徒，苦相雠校，斌既辞惬理诣，终莫能屈。"

顿悟 佛教关于修行的主张之一。谓无须长期修习，只需突然觉悟佛性，把握佛教"真理"，即能成佛。与"渐悟"相对。此说首倡于东晋南北朝时期的竺道生。至唐代，禅宗南宗的慧能为顿悟说代表人物。它使传统佛教所主张的读经、念佛、坐禅等一系列的修炼功夫失去重要意义，使繁琐的佛教修行简易化，进一步使佛教中国化，因而具有很大的生命力。后影响到理学，并泛用于诗歌等文艺方面，曾对严羽、王士禛的诗论产生影响。《宋书·夷蛮传·天竺迦毗黎国》："宋世名僧有道生……立顿悟义，时人推服之。"《宣和书谱·怀素》："（怀素）初励律法，晚精意于翰墨，追仿不辍，秃笔成冢。一夕观夏云随风，顿悟笔意，自谓得草书三昧。"

棒喝 佛教用语。中国禅宗某些派别的祖师接待初学者，对于所问，往往不作正面回答，或以棒打，或大喝一声，用以暗示和启发对方，同时亦考验其领悟能力。相传棒的使用，始于德山院宣鉴与黄檗山希运；喝的使用，始于临济义玄。故有"德山棒、临济喝"之称。后世亦称警醒人们的迷悟为"棒喝"或"当头棒喝"。

佛寺 佛教僧侣供奉佛像、舍利(佛骨),进行宗教活动和居住的处所。历史上别称“浮屠祠”“招提”“兰若”“伽蓝”“精舍”“道场”“禅林”等,通称“寺”。东汉明帝时,天竺僧摄摩腾等携带佛教经像来洛阳,所住接待外宾的官署鸿胪寺,后改建为白马寺,乃以“寺”为佛教建筑的通称。南北朝时期,大多以佛殿为主体,辅以讲堂、经藏、僧舍、斋堂、库厨等。其中心建筑为大雄宝殿,通称“大殿”。一般供奉释迦佛居中,左右为药师佛和阿弥陀佛。较大寺院在主体殿阁两侧对称排列若干较小的院。各院均绕以回廊,廊内或有壁画,有的还附有客馆、菜园等。史载,南朝仅建康(今江苏南京)一地即有佛寺500余座。北魏末都城洛阳有寺1 300余座,外地有寺30 000余座。北齐邺城有寺4 000余座,全境达40 000余座。唐武宗会昌五年(845年)“灭法”,一次拆去大小佛寺44 600所。五代周世宗显德二年(955年)“灭法”,拆毁境内佛寺30 336座。唐代佛寺为宣扬教义所作的俗讲、变文等,带有文化娱乐色彩,此后渐有戏场、集市等出现;建在山林的佛寺则多与风景名胜相结合,因而具有一定程度的公共建筑性质。

大雄宝殿内释迦牟尼佛像

兰若 “佛寺”的别称。

伽蓝 “佛寺”的别称。

百丈清规 中国禅宗六祖慧能三世徒百丈怀海制定的丛林清规。上、下两卷共九章。佛教传至中唐,禅宗盛行,百丈怀海禅师(? —814)痛感禅僧一般依律寺而居,多无固定处所。晚年在洪州新吴(今江西奉新)大雄山百丈岩订立禅居之制:尊长老为化主,处之方丈;不建佛殿,只树法堂;学众尽居僧堂,依受戒年次安排;设长连床,供坐禅偃息;合院大众朝参夕聚,长老上堂,徒众侧立,宾主问答,激扬宗要;斋粥随宜,二时均遍;又行普请法,即自长老以下全体参加生产劳动;事务分置十寮,各置主管负责。世称《百丈清规》。是公元八、九世纪间中国禅宗脱离律寺,维持独自教团生活的规范。其最可贵处,在寺院经济方面:全体僧人一律参加生产劳动,并身体力行,“一日不作,一日不食”。“清规”实施后,很快风行全国。北宋时失传,新编为《禅苑清规》。但禅寺建立清规,自百丈怀海始,对后世中国佛寺的管理具有重大影响。

勅修百丈清規
○禮部尚書臣胡濙等謹
題爲重刊清規事禮科抄出江西南昌府奉新縣
百丈山大智壽聖禪寺住持僧忠智奏本寺自
唐時佛祖大智懷海禪師垂訓名曰百丈清規
至元間僧德煇重新編刊遍行天下叢林僧徒
循規遵守洪武拾伍年肆月貳拾伍日節該奉
太祖高皇帝聖旨榜例諸山僧人不入清規者以法
繩之欽此欽遵永樂拾年伍月初三日節該奉
太宗文皇帝聖旨榜例僧人務要遵依

明刻本《百丈清规》

清规 通称管理佛寺的规章条例。参见“百丈清规”。

方丈 ① 佛寺中长老、住持的居室。《维摩诘经》说,维摩诘的居处,室方一丈,能广容大众,因称。《警世通言·陈可常端阳仙化》:“长老引众僧鸣钟擂鼓,接郡王上殿烧香,请至方丈坐下。”唐欧阳詹《同诸公过福先寺律院宣上人房》诗:“寂尔方丈内,莹然虚白间。”《清平山堂话本·戒指儿记》:“那尼姑连忙出门迎接,邀入方丈。”② 道观中观主的居室。唐常建《张天师草堂》诗:“花药绕方丈,瀑泉飞至门。”③ 借指寺院、道观的住持。清黄钧宰《金壶浪墨·八大寺》：“一寺之事，方丈总其成。”

住持 俗称“方丈”。佛教寺院之主。意为久住护持。寺院里设住持职位，始自唐代百丈怀海禅师。后道教宫观亦采用此制。

监院 佛教寺院中总管内部大小事务者的通称。地位仅次于方丈。

知客 佛教寺院里专司接待宾客的僧人。凡官员及有身份者相访，负责以香茶接待、引见给方丈、陪同参观、安排下处等事。后道教宫观也设此职。

长老 对年长有德僧人的尊称。

僧 对出家修行的男性佛教徒的称呼。民间俗称“和尚”。本指众和尚。后亦泛指个别和尚。《说文新附·人部》：“僧，浮屠道人也。”《魏书·释老志》：“谓之沙门，或曰桑门，亦声相近，总谓之僧，皆胡言也。僧，译为和命众。”唐灵一《题僧院》诗：“无限青山行欲尽，白云深处老僧多。”

比丘 亦称“比邱”，俗称“和尚”。梵文音译。指已受具足戒的男佛教徒。北魏杨衒之《洛阳伽蓝记·永宁寺》：“时有三比丘赴火而死。”南朝梁沈约《述僧设会论》：“佛率比丘入城乞食，威仪举止，动目应心。”元张宪《酬海藏主纸扇歌》：“终焉不得志，屏弃妻子祝发为比邱。”明徐渭《九流》诗：“九流渭也落何流？戴发星星一比丘。”清和邦额《夜谭随录·藕花》：“遂髡缁为比邱，云游不知所终。”

和尚 僧人的俗称。古西域称作“鹘社”“和社”“和阇”，音转为“和上”“和尚”。日本有《唐大和上东征传》，记载中国高僧鉴真东渡传法经历。《世说新语·言语》：“高坐道人不作汉语。”南朝梁刘孝标注引《高坐别传》曰：“和尚天姿高朗，风韵遒迈，丞相王公一见奇之，以为吾之徒也。”《水浒传》第九回：“薛霸的棍恰举起来，只见松树背后，雷鸣也似一声，那条铁禅杖飞将来，把这水火棍一隔，丢去九霄云外，跳出一个胖大和尚来。”

行者 ① 亦称“头陀”。佛寺中服侍方丈、担任杂役，而尚未剃发出家者的通称。《释氏要览》卷上：“《善见律》云：‘有善男子欲求出家，未得衣钵，欲依寺中住者，名畔头波罗沙。’今详，若此方行者也。”《古今小说·明悟禅师赶五戒》：“原来长老有两个行者在身边伏事。”② 称行脚乞食的苦行僧人。《三国演义》第七十七回：“身边只有一小行者，化饭度日。”

头陀 即“行者”。

沙弥 梵文意译。初出家的男佛教徒。通常指七岁以上二十岁以下受过十戒的出家男子。已受具足戒的才称“比丘”，俗称“和尚”。《魏书·释老志》：“俗人之信凭道法者，男曰优婆塞，女曰优婆夷。其为沙门者，初修十诫，曰沙弥，而终于二百五十，则具足成大僧。”《红楼梦》第四回：“原来这门子本是葫芦庙里一个小沙弥，因被火之后，无处安身……遂趁年纪轻，蓄了发，充作门子。”

比丘尼 亦称“比邱尼”，俗称“尼姑”。梵文音译。指已受具足戒的女佛教徒。唐韩愈《登封县尉卢殷墓志》：“女一人，学浮屠法，不嫁，为比丘尼云。”清冯桂芬《六烈祠记》：“比邱尼慧修，北城之西郊横山人。”

尼姑 信佛出家的女子。“尼”是梵文音译“比丘尼”的省称。清梁绍壬《两般秋雨庵随笔·尼姑》：“汉刘峻女出家，乃尼姑之始，而尚未立名。东晋妇人阿潘习西域之教，始有尼姑之称。”

行脚僧 指游行四方、求师问道的僧人。

法师 对和尚、道士的尊称。《世说新语·言语》：“竺法深在简文坐。”刘义庆注引《高逸沙门传》曰：“法师居会稽，皇帝重其风德，遣使迎焉。”南朝陈徐陵《天台山馆徐则法师碑》：“法师萧然道气，卓矣仙才，千仞孤标，万顷无度。”《红楼梦》第十二回：“法师们俱戴上七星冠，披上九宫八卦的法衣，踏着登云履，手执牙笏，使拜表请圣。”

施主 梵文意译，音译“檀越”。是僧、道对施舍财物给佛寺和道观的人的敬称，常用来称呼一般的在家人。

檀越 亦称“檀那”，意译“施主”。梵文音译。僧、道常用以称呼一般的在家人。金董解元《西厢记诸宫调》卷一：“诸方檀越，不论城郭与村坊，一齐齐随喜道场来，罢铺收行。”《儒林外史》第二十回：“小檀越，你是谁家子弟？”《剪灯余话·武平灵怪灵》：“檀那一去寺久荒，清宵赋咏来诸郎。”

出家 指脱离家庭去寺庙为僧尼或道士。

剃度 佛教徒出家的一种仪式。佛教认为，剃除须发和接受戒条是度越生死之因，故通称出家为“剃度”。唐顾况《虎丘西寺经藏碑》：“神龙初，八岁剃度，万会一览，学际天人。”

受戒 佛教徒初出家，通过一定仪式接受师傅授予的戒条，称为“受戒”。戒有五戒、八戒、十戒、具足戒等差别。此后才成为僧尼。初学佛的人受戒后才成为居士。南朝梁慧皎《高僧传·译经·鸠摩罗什》：“至年二十，受戒于王宫。”宋王栐《燕翼诒谋录·尼不得于僧寺受戒》：“僧寺戒坛，尼受戒混淆其中，因以为奸。太祖皇帝尤恶之。开宝五年二月丁丑，诏曰：‘僧尼无间，实紊教法，应尼合度者，只许于本寺起坛受戒，令尼大德主之。如违，重置其罪。许人告。’则是尼受戒，不须入戒坛，各就其本寺也。”

居士 ① 佛教指未出家、在家奉佛的人。《维摩诘经·善权品》：“以其疾故，国王、大臣、长者、居士、群臣、太子并余众辈，从而问疾者无数千人。”② 出家人对一般在家人的尊称。

化缘 原指诸佛、菩萨教化众生，因缘而来人世，缘尽而去，是为化缘。后佛、道宣称布施能与佛、仙结缘，因称僧尼或道士向人求布施为化缘。宋洪迈《夷坚支景·陈待御》：“逢一客，颀然而长，碧眼方瞳，标韵洒落，衣槲叶衣，持八角扇，遮道化缘。”

托钵 佛教戒律规定，僧人至施主家乞食或在寺内赴斋堂吃饭，均须以手托钵（食器），故称。《敦煌变文汇录·目连救母变文》：“目连蒙佛敕，遂即托钵持盂，寻觅阿孃。”明高濂《玉簪记·谈经》：“衣食浑无着，空门来托钵，做尼姑，也只是当年没奈何。”

挂单 亦称“挂搭”。指行脚僧在中途投寺院居住。因须将衣钵挂搭在僧堂东西两序的名单之下，故称。

合十 亦称“合掌”。佛教徒日常的礼节之一。即两手当胸、以十指尖各相拄，手掌内空如塔形，集中心思，以表示虔诚尊敬的心意。本为古印度礼敬之仪，后为佛教沿用。佛教传入中国后，我国僧尼和信徒普遍沿用此礼。清纪昀《阅微草堂笔记·槐西杂志四》：“（恕斋）官太平府时……偶憩小庵，僧年八十余矣，见公合十肃立。”

问讯 佛教徒日常的礼节之一。一般的问讯法，是以两手合十，低头曲腰至膝，然后两手上拱齐眉，再合掌至胸前。我国佛教徒多于拜佛将结束时，以问讯作结。《景德传灯录·迦毗摩罗》：“尊者将至石窟，复有一老人素服而出，合掌问讯。”《警世通言·假神仙大闹华光庙》：“走不多步，恰好一个法师，手中拿着法环摇将过来，朝着打个问讯。”

问讯

顶礼 佛教徒最高的敬礼。向佛、菩萨或上座行此礼。双膝跪下，头顶叩地，舒两掌过额承空，以示头触佛足，恭敬至诚。俗称“五体投地”。金董解元《西厢记诸宫调》卷四：“清河君瑞，不胜其喜，宝兽添香，稽首顶礼。”元无名氏《陈州粜米》第三折：“如今百姓每听的包待制大人到陈州粜米去，那个不顶礼？都说俺有做主的来了。”《西游记》第四十回：“行者将菩萨降魔收怪的那一节，陈诉与他君臣听了，一个个顶礼不尽。”

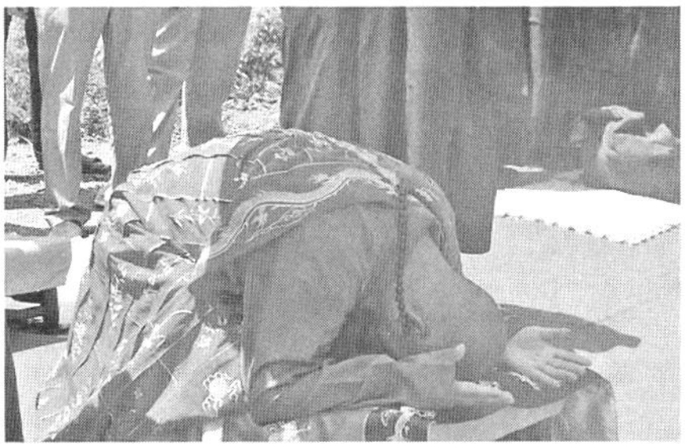

顶礼

跏趺 佛教徒的坐法。盘腿而坐,脚背放在股(大腿)上,为全跏坐;单以一个脚背放在对侧股上,为半跏坐。

超度 一种宗教信仰活动。佛经指超越劫难。后指僧、尼、道士、道姑为人诵经拜忏,以救度死者灵魂超越苦难的法事。

焰口 古印度传说里的一种饿鬼。其形枯瘦,口吐火焰。后乃将以饮食施度饿鬼的佛教仪式称为“焰口”。一般在黄昏时举行,称作“放焰口”。是民间追荐死者的佛事之一。《儒林外史》第四回:“到得二七过了,范举人念旧,拿了几两银子,交与胡屠户,托他仍旧到集上庵里请平日相与的和尚做揽头,请大寺八众僧人来念经,拜‘梁皇忏’,放焰口,追荐老太太生天。”

袈裟 梵文音译。原意为“坏色”“不正色”。用以指僧尼的法衣。因佛教戒律规定,僧服不可用正色和间色,只以若干杂色布片拼缀而成,故称。事实上,印度佛教各部派的服色并不一致。佛教传入中国后,历代颜色亦多变化,汉魏时穿赤色衣,后来又有黑衣、青衣、褐色衣。唐宋以后,朝廷常赐高僧以紫衣、绯衣。明朝规定禅僧穿茶褐色衣和青绦玉色袈裟,讲僧穿玉色衣和绿绦浅红色袈裟,教僧穿皂衣和黑绦浅红色袈裟。后来一般皆穿黑衣。在说法或举行仪式时,首座和尚多穿金襕衣(加入金线织成的袈裟)。

百衲衣 僧衣。因其以若干杂色布片拼缀而成,故称。僧人因之亦以“衲子”“贫衲”自称,年长者则自称“老衲”。参见“袈裟”。

钵 僧徒食器。梵文音译“钵多罗”的略称。圆形略扁。随佛教传入中国。禅宗师徒之间,以法衣与钵为传道的信物。僧尼受大戒和游方至别处寺院暂住,亦必自备衣钵。一般以石、铜、铁、竹等制成,亦有以金、银、水晶、玉制者。

锡杖 佛教用物。杖高与眉齐,头部有金属环数个,僧人随身携带,乞食时振环作响,提醒施主,以代叩门,兼有驱赶野兽害虫之用。后成为佛教的法器。世因又称僧人出游为“飞锡”,居住为“挂锡”“驻锡”等。陕西扶风县法门寺地宫出土的唐代锡杖,全长196.5 厘米,杆径 3.25 厘米,用银五十八两,金二两,重 2 390 克,为唐咸通十四年(873年)懿宗皇帝为迎送佛指舍利敕令工匠专门制作,整体造型精美绝伦,是目前世界上等级最高的锡杖。

法门寺地宫出土的唐代锡杖

毗卢帽 亦称“毗罗帽”,俗称“莲花帽”。省称“毗卢”。一种僧帽,上面绣有毗卢佛像。首座大和尚所戴。《西游记》第九十三回:“公主转睛观看,见唐僧来得至近,将绣球取过来,亲手抛在唐僧头上。唐僧着了一惊,把个毗卢帽子打歪。”清吴炽昌《客窗闲话 · 假和尚》:“一日晨兴,冠毗罗,服紫衣,据大殿之基,趺跏而坐。”

念珠 佛教徒念佛诵经时用来计数的器具。用娑罗树的子等制成。小圆粒,中空,贯穿成串。粒数通常为 108 颗。

木鱼 佛教法器名。以木刻成团鱼形,中间凿空,敲击有声。有大有小,诵经礼佛时用,以调音节。大者常置于佛殿之中,以警戒僧众等应昼夜思道。另一种为直鱼形,悬挂于斋堂前,朝、中二次进食前击之,以召唤僧众,俗称梆。

蒲团 用蒲草编成的团形垫具,供信仰佛教、道教者打坐和跪拜之用。

度牒 旧时由国家掌管宗教事务的部门(祠部)发给出家僧尼、道士的书面凭证。以此可以免除赋税劳役等。约始于南北朝,唐代以后沿用。一般都须缴纳一定费用,往往由富裕的信徒代出,作为“功德”。有时封建王朝财政困难,则标价出卖度牒,以增加收入。

佛牙 佛教名词。相传释迦牟尼圆寂后,曾留下四颗完整的牙齿,古天竺奉为珍宝,存放于宝函之中,特加供养,称为“佛牙舍利”,省称“佛牙”。唐玄奘《大唐西域记》记载他所见佛牙,谓其“殊光异色,朝变夕改”。

舍利 梵文音译，意译“身骨”，俗称“舍利子”。原指释迦牟尼火化后，遗体留下的结晶体。相传当时有八国国王分取舍利，各自建塔供养。后世有道高僧圆寂后焚化，传说也能结成舍利。其形状千变万化，有圆形、椭圆形、莲花形，有的呈佛或菩萨状；颜色有白、黑、绿、红等，或似珍珠，或像玛瑙、水晶，有的透明，有的光明照人，如同钻石。供奉舍利的风气，后代渐次盛行。

佛 梵文音译“佛陀”的略称，亦译“佛驮”“浮陀”“浮屠”“浮图”，意译“觉者”。小乘佛教讲的佛指佛教创始人释迦牟尼；大乘佛教除指释迦牟尼外，亦指其他一切觉行圆满者。

佛陀 梵文音译，略称“佛”，意译“觉者”。佛教创始人，俗姓乔达摩，名悉达多。佛陀是对悉达多的尊称。悉达多生于古印度的迦毗罗卫国，父为净饭王，母为摩耶夫人。出家前为太子，娶有三位妃子。但他不贪恋世间的情、欲与享受，曾多次出游，见到生、老、病、死等现象和接触修道者，使他深感人生的苦痛与无常，遂萌出家修道之志。传说他二十九岁时，夜出王宫，脱衣冠为沙门。至三十五岁，成为无上智慧的彻悟者、无量功德的圆满者，被尊为“无上正等正觉”的佛陀。又因是出生于释迦族的圣人，故尊称“释迦牟尼”。对佛陀生卒年代，旧有不同说法。据近世学者考证，已认定降生于公元前560年顷，入灭于公元前480年之世，年约八十时涅槃辞世。

释迦牟尼雕像

释迦牟尼 见“佛陀”。

如来佛 释迦牟尼的十种称号之一。意为开创和揭示真理的人。

西方三圣 亦称“阿弥陀三尊”。佛教指阿弥陀佛和左胁侍观世音菩萨、右胁侍大势至菩萨。

阿弥陀佛 ① 亦称“无量光佛”“无量寿佛”。大乘佛教的佛名。佛教净土宗以他为西方极乐世界的教主。据说，信奉者长念此佛名号，临终时，阿弥陀佛即来接引，使人往生净土。② 后世所念佛号之一。多表示祈祷或感谢神灵等意思。

阿弥陀佛玉雕像

菩萨 梵文音译“菩提萨埵”的略称，意译“觉有情”。指上求菩提（觉悟）、下化有情（众生）的人。地位仅次于佛。亦泛指佛和信徒崇拜的某些神像。通常提到的菩萨有弥勒、文殊、普贤、观音、大势至等。

维摩诘 亦译“维诘”“维摩”。佛教菩萨名。释迦牟尼同时代人。是佛典中现身说法、辩才无碍的代表人物。

弥勒 梵文音译，意译“慈氏”。大乘佛教菩萨名。或说他住兜率天，或说他从兜率天下生此世界，是释迦牟尼的继承者。佛寺中常有他的塑像，袒胸露腹，满面笑容。元、明、清三代，白莲教首领曾多次利用“弥勒降生”为号召，聚徒造反。

文殊 梵文音译“文殊师利”的略称，意译为“妙吉祥”“妙德”。大乘佛教菩萨名。与普贤并称。作为释迦牟尼的左胁侍，塑像多骑青狮。中国佛教尊为“四大菩萨”之一。道场在山西五台山。

文殊菩萨雕像

普贤 大乘佛教菩萨名。与文殊并称。作为释迦牟尼的右胁侍，塑像多骑白象。中国佛教尊为“四大菩萨”之一。道场在四川峨眉山，金顶有普贤菩萨的铜像。

峨眉山金顶十方普贤菩萨铜像

地藏 大乘佛教菩萨名。是冥府世界的最高神，阎罗等俱归他掌管。据佛经说，他是释迦灭后至弥勒出现之间，自誓现身六道、普救众生的菩萨。因他像大地一样，安忍不动、静虑深密，含藏无量善根种子，故名。中国佛教尊为“四大菩萨”之一。道场在安徽九华山。传说农历七月三十日是他生日，旧时民间和佛寺于此日，多举行宗教活动。

观音 本译作“观世音”，为观察世间声音之意。亦称“观自在”“观音大士”。大乘佛教菩萨名。据佛经说，他发愿，任何人在遇到灾难时，只要一心虔诚念诵观世音菩萨的圣号，即会得到他的救度。唐代避太宗李世民讳，略称“观音”，玄奘译《心经》时，改译“观自在”。三国时期传入中国，唐以前大多显示威武的丈夫相，如甘肃敦煌莫高窟的壁画和南北朝的雕像，皆作男身。后渐变为身穿白衣的女性形象，神态端庄慈祥，常手持净瓶杨柳。在佛教中，他是西方极乐世界教主阿弥陀佛的左胁侍，同大势至菩萨一起随侍，合称“西方三圣”。中国佛教尊为“四大菩萨”之一。传说他具有无量的智慧和神通，大慈大悲，普救人间疾苦。南宋以后，女身的观音菩萨深植中国百姓心中，成为慈悲的化身，受我国汉族信徒普遍崇奉。道场在浙江普陀山。民间以农历二月十九日为他的生日、六月十九日为成道之日。

壁画中的男身观音菩萨像

观世音 即“观音”。《法华经·普门品》谓释迦牟尼佛就“观世音菩萨以何因缘名观世音”之问，答道：“善男子，若有无量百千万亿众生，受诸苦恼，闻是观世音菩萨，一心称名，观世音菩萨即时观其音声，皆得解脱。”《悲华经》：“宝藏佛授记云：汝观众生，生大悲心，欲断众生诸苦恼故，欲众生住安乐故，今当字汝，为观世音。”参见“观音”。

观音菩萨女身塑像

大势至 亦译“得大势”，简称“势至”。大乘佛教菩萨名。为阿弥陀佛的右胁侍，与阿弥陀佛及其左胁侍观音菩萨合称“西方三圣”。佛经说他能以智慧之光遍照一切，使众生得力脱苦，故名。

龙女 佛教护法天神之一。观音菩萨的右胁侍。

送子娘娘 中国民间信仰神之一。本为印度佛教女神呵梨帝母。后演化为掌管生育的菩萨，传说能给人带来孩子。与观音菩萨联系在一起，则为送子观音。

罗汉 亦译“阿罗汉”。常指已断绝嗜欲、解脱烦恼的僧人。传释迦牟尼弟子中即有众多罗汉。一般大型寺院东西两壁常有姿态各异的罗汉塑像，通常为十八罗汉。中国艺术史上，唐代雕塑家杨惠之以善塑罗汉、唐末诗僧贯休以善画罗汉像著称。

四大天王 俗称“四大金刚”。佛教的四位护法天神。佛经说他们居住在须弥山，各护东、南、西、北一方世界。中国寺庙中的形象为武将打扮，横眉怒目，凶猛威武，通常被安置于天王殿的两侧。

金刚 亦称“金刚力士”。佛教称守护佛法的天神，因手执金刚杵而得名。起于南北朝时，见于石刻雕像与寺院塑像。四大天王亦称“四大金刚”。

雷公 亦称“雷神”“雷公菩萨”。掌管打雷的神。是电母的配偶，猴脸尖嘴，背生双翅，击鼓成雷。

电母 俗称“闪电娘娘”。掌管闪电的女神。是雷公的配偶，手持双镜，制造闪电。多见于神魔小说及神话戏剧。

地狱 与“天堂”相对。佛教、基督教等宗教所说人死后灵魂受惩罚的地方。佛教认为地狱由阎罗、判官等神鬼掌管，其地有刀山剑树、油锅血池等种种酷刑，惩罚曾在阳世作恶者。唐代大画家吴道子曾为寺院作壁画《地狱变相图》，后世戏曲小说中亦有描写。

十殿阎王 亦称“十殿阎君”。中国佛教所说十个主管地狱的阎王的总称。阎王，亦称“阎罗王”“阎罗”，原是古印度神话中管理阴间的天王，见于《梨俱吠陀》，为佛教所继承。中国本无阎王传说，自佛教传入后才流行开来。佛教认为，人死后都要到阴间去报到，接受阎王审判甄别，生前行善者，可升天堂，生前作恶者，定下地狱。十殿阎王各有名号，各居一殿。其说约始于唐末，后亦被道教采用。戏曲中有写书生胡迪愤恨岳飞被害，谴责神鬼不公的《骂阎罗》一剧。

阎君 即阎王。详“十殿阎王”。

阎罗 即阎王。详“十殿阎王”。

判官 本为唐宋时期军事或地方长官身边协助处理公事的官员。迷信传说中借指阎王手下掌管生死簿的官。京剧《铡判官》（又名《探阴山》），叙述的是阴间的判官徇私舞弊，包庇真凶，冤屈好人，最后经包公亲下阴曹，掌握证据，以铡处死的故事。

牛头马面 佛经中指地狱里阎罗王身边的两名狱卒。一个长着牛的头，一个生着马的脸，手执枪矛，驱赶亡魂。见于《楞严经》。

小鬼 迷信传说中鬼神的差役。如阎王手下有判官、小鬼、牛头、马面；跟随着钟馗的也有一群小鬼。其形象多见于传统戏曲或旧小说插图。

夜叉 梵文音译。佛经中说的一种恶鬼，有的能飞行。列为天龙八部之一。元曲《柳毅传书》中有巡海夜叉。

藏传佛教 亦称“喇嘛教”。佛教的一支。发源于中国西藏地区，是佛教与西藏原有的本教长期相互影响、相互斗争的产物，有格鲁派

（黄教）、宁玛派（红教）、噶举派（白教）等教派。公元7世纪上半叶，吐蕃赞普松赞干布开始信奉佛教。后历经兴盛与衰落，于10世纪后复兴，逐渐形成富有西藏地方色彩的佛教。13世纪后期传入蒙古族等地区。

喇嘛教 即“藏传佛教”。

喇嘛 对藏传佛教僧侣的尊称。

基督教 世界主要宗教之一。公元1世纪产生于西亚，崇拜上帝，奉耶稣为救世主。4世纪时成为罗马帝国国教。11世纪分裂为天主教和东正教。16世纪发生宗教改革，从天主教陆续分裂出许多新教派，统称新教。对人类的思想、文化、艺术产生了广泛而巨大的影响。我国所称基督教，多指新教。

景教 基督教的一个支派，创始于公元5世纪。创教者聂斯脱利（约380—约451），本为君士坦丁堡大主教，431年被教会革除职务，其教派亦被宣布为异端，最后他客死于埃及。5世纪末，聂斯脱利派教徒前往波斯传教，中心在今伊拉克首都巴格达，盛极一时。此后传到中亚等地，至6世纪末，乃由中东，经印度传入中国。唐太宗贞观年间，曾下诏建寺，称波斯寺。高宗时，各州多建有波斯寺。德宗时，已有译成中文的经典40余种，其教徒在长安建立“大秦景教流行中国碑”，自述其历史。至武宗以后，趋于衰绝。

天堂 与“地狱”相对。基督教所说上帝在天的居所。基督坐在上帝之右，众天使侍立，得救者的灵魂都升入天堂，与上帝同享永福。

伊斯兰教 世界主要宗教之一。公元7世纪初穆罕默德（570—632）创立于阿拉伯半岛的一神教，崇拜真主，以《古兰经》为根本经典。至8世纪初，发展成为地跨欧、亚、非三大洲的世界性宗教。唐代开始传入中国。我国旧时也叫“清真教”“回教”，为回、维吾尔、哈萨克、乌孜别克、塔吉克、柯尔克孜等少数民族所信奉。

回教 伊斯兰教在中国的旧称。

祆教 即来自波斯的琐罗亚斯德教。创教者传为古代波斯的琐罗亚斯德（又译查拉图斯特拉，约前628—约前551）。是在基督教诞生前中东最有影响的宗教，也是波斯萨珊王朝的国教。在南北朝时传入中国，唐初建有祠，中叶以后衰微，至宋代又有设立，称为“拜火教”“火教”“祆教”“火祆教”。其教崇拜日月星辰，以礼拜圣火为主要仪式。认为宇宙内有善恶二道，善为光明，恶为黑暗，最后善将战胜和消灭恶。“祆”是“天神”之意。

拜火教 见“祆教”。

摩尼教 亦称“牟尼教”或“末尼教”。公元3世纪由波斯人摩尼（约216—约276）创立的宗教。216年，摩尼生于巴比伦附近，原为琐罗亚斯德教祭师。摩尼意在建立一个世界性的、超越一切的宗教。他声称自己是佛祖、琐罗亚斯德和耶稣的继承者，是最后的先知。他反对贫富悬殊的社会制度，主张灵魂从肉体上彻底解脱，因而强调禁欲、素食。其教义以琐罗亚斯德教的善恶二元论为基础，修养功夫以禁欲守默为主，素食、斋戒、祈祷为日常功课。其简明直接，颇为当时人信奉，故能在3—15世纪传播流行于亚、非、欧等地。摩尼最初受波斯萨珊王朝宫廷庇护，后被流放，276年被处死，摩尼教也遭禁。6—7世纪传入我国，受回鹘人尊奉，唐朝为其建立摩尼寺。逐步中国化，吸收道教、佛教成分，宋代称为“明教”。自唐武宗时起遭禁黜，仍秘密流传。参见“明教”。

明教 旧称“明尊教”等。由摩尼教发展成的秘密宗教。唐初摩尼教传入中国，武宗时成为秘密宗教。其主要经典为《二宗三际经》，谓光明与黑暗为二宗，过去、现在和未来为三际，而光明必能战胜黑暗。同时混合道教、佛教、祆教等成分，尊张角为教祖，奉摩尼（约216—约276）为光明之神，崇拜日月，服色尚白，秘密结社，提倡素食、戒酒、裸葬；教徒之间讲究团结互助，称为一家。五代、宋、元时期，起义者常利用其作为组织教众的工具，组织农民暴动，最著名的有北宋末的方腊起义。在元末农民大起义中，明教与白莲教相联结，发挥了重要作用。

食菜事魔 宋时反对摩尼教的人对明教的诬称。明教，提倡素食，供奉摩尼（约216—约276）为光明之神，时人称为“食菜事魔”，亦称“吃菜事魔”。当时官方对民间宗教各教派无法详加甄别，对秘密活动，提倡不食荤酒的明教，官书均称为“食菜事魔”。北宋宣和三年（1121 年）平定方腊后，朝廷立法严禁吃菜事魔。规定凡以“妖教”惑众，为首之人判绞刑，从者流放；而举事者，则遭军事镇压。

白莲教 中国民间秘密宗教。由南宋初佛教净土宗的白莲社发展而来。倡导者为吴郡沙门茅子元，他自称白莲导师，教徒半僧半俗，他们戒杀生、避荤酒，茹素念佛，男女一起集会，忏悔修行，佛教正统将他们看作异端。后朝廷将茅子元流放，白莲社取缔。元、明、清三代，白莲教常以“明王（即阿弥陀佛）出世”为号召，组织暴动。他们的势力分布全国各地。明清两代，白莲教包括罗教、黄天教、弘阳教、闻香教、圆顿教、八卦教以及它们派生演变的各种支裔，如无为、大乘、混元、龙天、龙华、收元、清水、天理、清茶门、白阳、青莲等教，名目一百余种。信仰者多下层群众，如贫苦农民、手工业工人、矿工、漕运水手、城市平民、无业流民等，曾发起多次武装暴动。明清两代统治者尽管严禁“左道邪术”和“邪教”，然而却始终未能禁绝白莲教。

天理教 白莲教支派。信奉无生老母，清代时教徒遍及河南、河北、山东、山西等地，嘉庆十八年（1813 年）曾联络宫内太监，在北京组织暴动。

八卦教 白莲教支派。清初山东单县刘佐臣开始分八卦组织群众，称为“收元教”（亦称“五荤道”）。其后传布于河南、直隶、山西等省，亦称“八卦教”。主张推翻清朝统治，宣称“平胡不出周、刘户，岁在戊辰、己巳年”。乾隆三十八年（1773 年）被镇压，教主刘省过（佐臣之孙）和震卦卦长王中等被杀害。五十一年教主刘洪（省过之子）被捕，教徒在元城起义，又被镇压。嘉庆十八年（1813 年）林清、李文成起义所利用的天理教，即其别名。

拜上帝会 中国民间宗教信仰之一，也是太平天国领袖洪秀全以基督教教义之名组织的农民反清组织。1843 年（清道光二十三年），广东花县（今广州市花都区）洪秀全于多次应秀才考试落第后，模拟、附会基督教布道书及《圣经》中教义，与冯云山等在家乡创立。洪自称是上帝次子，入教者定期聚会崇拜上帝。后集合会众，发起反对清政府的大规模武装暴动。参见“太平天国运动”。

义和拳 见“义和团运动”。

天妃 亦称“天后”“娘娘”。中国民间信仰女神之一。其信仰起于宋代福建莆田。关于女神的姓氏、事迹，或说姓林，或说姓蔡，传说不一。至元代，朝廷封为天妃，明清两代均有加封。传说能保佑航海人平安，故近海之地及江河码头旧时均有“天妃宫”或“天后庙”。伴随对外贸易和华侨足迹，其影响达于南洋等地。闽、粤、台一带又称“妈祖”，奉祀妈祖之庙称“妈祖庙”。

天妃神像

妈祖 见“天妃”。

关公 亦称“关王”“关帝”。中国民间信仰神之一。“关公”“关王”“关帝”都是对关羽的敬称。关羽（约 160—220），三国蜀汉大将。字云长，河东解县（今山西运城西南）人。东汉末随刘备起兵，曾镇守荆州，大破曹军。后被吴军袭取，兵败不屈而死。在古典小说《三国演义》和戏曲中，他勇武绝伦，对刘备忠贞不渝；他不为曹操的优待所动，却在华容道释放兵败后的曹操，是一位极重义气而性情高傲的人物。宋代以后，事迹被神化。北宋徽宗时追封他“义勇武安王”，元代加封“显灵义勇武安英济王”。至明万历间，因道教的建议，进爵于帝，加封“三界伏魔大帝神威远镇天尊关圣帝君”，省称“关圣帝君”“伏魔大帝”。清代统治者更加尊崇，视他为勇武和忠义的化身，享受国家祭祀，成为与“文圣”孔子并列的“武圣”。由于传说他具有司禄命、佑科举、治病除灾、驱邪辟恶、诛罚叛逆、巡察阴司，乃至招财进宝、庇护商贾等法力，因而直至民国，仍为广大民众信仰。传说农历五月十三日为其诞日，香火极其旺盛。

关圣帝君 见“关公”。

关帝庙 亦称“关王庙”“武庙”。奉祀关羽神灵的庙宇。关羽死后，湖北当阳人即在当地建祠纪念。明清两代，因统治者的崇奉和民间信仰的需求，关帝庙大量增加。据《乾隆京师全图》载，当时仅北京城内关帝庙就达116座，为京师庙宇之冠。旧时遍及全国城乡，甚至进入西藏、内蒙古等少数民族聚居区。

云南大理关帝庙

药王 ① 佛教菩萨名。据传为普施良药、治除众生身心两种病苦的菩萨。② 中国民间信仰神之一。各地祠庙敬奉者不同，或为秦以前的扁鹊，或为唐代孙思邈等，是后世对古代名医的纪念与神化。百姓焚香祝祷之，祈求健康。也是医生与药商的祖师。

瘟神 亦称“瘟鬼”“疫鬼”“五瘟鬼”。中国民间信仰神之一。奉命专司散播疫病。宋元时期，民间于元旦日飨祭瘟神、于五月迎瘟神，祭毕，其酒食皆置弃于墙外。清代则有二月十九日送瘟神的习俗。

星命 俗称“算命”。中国民间信仰的一种。此种信仰认为，人的命运同星宿的位置、运行有关。故把人的出生年、月、日、时配以天干地支，成为“八字”，然后找出其所属“五行”（金、木、水、火、土），再以相生相克之说，推算人一生的福祸寿夭、富贵贫贱，乃至一年或短期内的吉凶得失等。相传起于战国时代的鬼谷子，一说始于唐代的李虚中，托名鬼谷子。旧时以此为业者多为失明者。文献中称“星士”，俗称“算命先生”，流行于汉族和某些少数民族地区。

算命 即“星命”。

生克 “相生相克”的简称。相生意味着相互促进，如“五行”中的木生火，火生土，土生金，金生水，水生木；相克意味着相互排斥，如“五行”中的水克火，火克金，金克木，木克土，土克水。旧时迷信，据此以推测人与人之间的命运关系。

相术 俗称“相面”“看相”。旧时迷信的一种。即根据人的面貌、五官、骨骼、气色、体态、手纹等，以推测吉凶祸福的方术。先秦时已出现。战国《荀子》有《非相》篇专刺其伪。《史记·淮阴侯列传》记蒯通为韩信相面，言：“相君之面，不过封侯，又危不安。相君之背，乃贵不可言。”又《汉书·艺文志》载《相人》二十四卷、《隋书·经籍志》载《相书》四十六卷等多种，可见战国前已有此术，后世历代流行不绝。

占卜 旧时迷信的一种。以自然界的某些事物、现象，或人体无法控制的某些现象（如做梦等），预测事后结果或解释事前原因的方术。上古时已广泛流行，如商周时代，用龟甲、蓍草等占卜，预测吉凶祸福，以去心中疑惑。《周礼》记周王宫中设有专官“卜人”“太卜”，以司其事。《史记·日者列传》专记占卜家司马季主的言论事迹。《汉书·艺文志·数术略》“蓍龟”“杂占”两类里，多载占卜之书。后世民间则用铜钱、牙牌等占卜，也包括打卦、起课等形式。每见于唐诗、宋词及古代小说话本。

起课 旧时迷信的一种。占卜之法，主要靠摇铜钱看正反面或掐指头算干支，以断吉凶。旧时多假称“文王神课”，以神其说。

测字 亦称“拆字”。旧时迷信的一种。起源于汉字的拆字游戏，以汉字加减笔画，拆开偏旁,或打乱字体结构,加以附会解释,以推算吉凶,解释运气。

择日 旧时迷信的一种。即按照“黄道”“黑道”选择日期,以趋吉避凶。星命之说认为,每天都有星神值日,逢青龙、明堂、金匮、天德、玉堂、司命等吉星值日,则为“黄道吉日”,逢天罡、地煞、天牢等凶星当道,则为“黑道凶日”。另一种是将纪年、月、日的干支及二十四节气与“五行”牵扯在一起,将一年的日子分成吉凶两大类,据此规定许多日子的宜、忌。凡朝廷典礼、将帅出师,民间建屋、娶亲、远行、丧葬,乃至沐浴、剃头,往往要遵循“皇历”(亦称“黄历”)规定,大事则需请教“风水先生”,以定日期。《史记·日者列传》:“孝武帝时,聚会占家问之:某日可取妇乎?五行家曰可,堪舆家曰不可,建除家曰不吉,丛辰家曰大凶,历家曰小凶,天人家曰小吉,太一家曰大吉。辩讼不决,以状闻。制曰:‘避诸死忌,以五行为主。’”

解梦 亦称“占梦”“圆梦”。旧时迷信的一种。古人认为梦的内容具有预言性,能预示人事的吉凶祸福。甲骨文中多有商代统治者占梦的纪录,周代王宫中设专职占梦的官员。民间有解梦书与相关的传说。

求签 旧时迷信的一种。“签”为寺庙中的一种卜具,用竹削制而成,上编号数,贮于筒中,供信仰者向神佛问事吉凶之用。每签均有诗相配,谓之签诗或签语。求签时持筒摇之,及签落,验其号数,以签诗决休咎。签诗按吉凶程度分上签、中签、下签三种,每种又分上、中、下三等,共有九等。签诗无标点,可作多种解释。

堪舆 亦称“堪舆之术”。旧时迷信的一种。“堪”为高处,“舆”为下处。本指营造住宅时,对建筑与周围自然环境,如山水地脉、阴阳燥湿等的观察。后推及死者墓地,诡言吉凶,有关后世子孙家业盛衰,始成为欺世惑众的谬说。相宅、相墓,起源甚早,俗称“看风水”。《汉书·艺文志·数术略》中有《宫宅地形》二十卷,今不存,可能已包括这方面的内容,实为后世风水之书的滥觞。《儒林外史》第四十四回:“施二先生说乃兄中了进士,他不曾中,都是太夫人的地葬的不好,只发大房,不发二房。”

看风水 见“堪舆”。

历史大事

史前文化

旧石器时代 考古学上石器时代的早期阶段。历时二三百万年。当时人类使用比较粗糙的打制石器,以采集和渔猎为生。相当于人类历史上从原始群到母系氏族公社出现的阶段。中国已发现的旧石器时代人类化石,重要的有元谋猿人、蓝田猿人、北京猿人、大荔人、金牛山人、马坝人、长阳人、丁村人、柳江人、山顶洞人等。有的人类化石与文化遗物同出。此外,还有安阳小南海等文化遗址。

元谋猿人 亦称"元谋直立人""元谋人"。中国西南地区旧石器时代初期的人类。是迄今所知中国境内年代最早的直立人。1965 年 5 月,中国地质科学院在云南元谋附近发现两枚门齿化石,一左一右,属于同一男性成年人个体。先后出土的石制品共 7 件。元谋人生活年代距今约 170 万年,已经能制造和应用石器。元谋猿人化石的发现,证明中国是人类文明的发源地之一。

蓝田猿人 亦称"蓝田直立人""蓝田人",曾称"蓝田中国猿人"。中国旧石器时代早期的人类。1963—1964 年发现于陕西蓝田陈家窝和公王岭。在公王岭发现一具 30 多岁女性的头骨化石。眉脊硕大粗壮,左右几乎连成一条横脊;头骨高度很低;骨壁厚度超过北京猿人,脑容量只有 780 毫升,小于北京猿人。亦是目前亚洲北部所发现的最古老的直立人之一。其生活年代,经 1987 年重新测定,确认为距今 115 万年~65 万年。遗址中还发现用火遗迹。

北京猿人 亦称"北京直立人""北京人",旧称"中国猿人""北京中国猿人"。中国华北地区旧石器时代早期的人类。其遗址在今北京房山周口店村。村西龙骨山的洞穴,是北京猿人藏身和保存火种的地方。1929 年考古学家裴文中在此发现了第一个完整的猿人头盖骨(于太平洋战争前后下落不明)。其生活年代距今约 70 万~23 万年。后经多次发掘,总共得到属于 40 多个个体的化石。在此还发现大批石制品等文化遗物,以及脊椎动物化石,证明此时的北京猿人已具有控制火和制造工具的能力。他们采集和狩猎,有简单的语言,共同劳动和享受成果,过着群居生活。

山顶洞人 中国华北地区旧石器时代晚期的人类。1930 年在北平(今北京)周口店龙骨山北京猿人遗址顶部的山顶洞发现,故名。属"新人"阶段。化石属于 8 个不同个体,其体质已接近现代人,曾被认为是蒙古人种的祖先,但有较多澳大利亚人种特征。同时出土有石器、骨角器和穿孔饰物,并发现了中国迄今所知最早的埋葬。年代为距今约 1.8 万年。能打制石器,掌握磨光和钻孔技术,会人工取火,靠采集、狩猎、捕鱼为生;他们用骨针缝制衣服,以兽牙、贝壳和石珠为装饰品;能走到很远的地方,同别的原始人群交换生活用品。

山顶洞人生活场景复原图

新石器时代 考古学上石器时代的最后一个阶段。开始于八九千年以前。人类已发明农业和畜牧,生活资料有较可靠的来源,开始定居生活。广泛使用磨制石器,能制陶和纺织。中国的新石器时代文化,重要的有仰韶文化、马家窑文化、大汶口文化、龙山文化等。

裴李岗文化 黄河流域的新石器时代中期的文化。1977 年首次发现于河南新郑裴李岗,故名。主要分布在河南中部，豫北、豫南也有发现。其年代为公元前5600—前4900年。可能是仰韶文化的先驱。生产工具以磨制石器为主，制作精致。陶器以细泥红陶和夹砂粗红陶为主。当时已形成定居的聚落。经济生活以农业为主，饲养猪、狗等家畜，并以采集、渔猎为辅。

仰韶文化 黄河流域的新石器时代文化。1921年首先发现于河南渑池仰韶村，故名。发现的遗址已逾千处，主要分布在豫、晋、陕、冀、陇东、宁夏、河套、鄂西北等地区。其年代为公元前5000—前3000年，处于母系氏族社会时期。以原始农业为主，渔猎为辅，饲养猪、狗等家畜。以绘有黑、红色花纹的彩陶为特征。有定居的村落和集中的墓地，通行土葬。

仰韶文化彩陶

大汶口文化 黄河流域的新石器时代文化。1959年首次在山东宁阳堡头村发现，并以山东泰安大汶口镇与宁阳堡头村之间的一处典型遗址命名。其年代始于约公元前4500年，前2500年后过渡至山东龙山文化。迄今发现遗址不下百处，东起黄海之滨，西到鲁西平原东部，北至渤海南岸，南至今淮北、苏北，河南省也有少部分遗存。有灰陶、红陶、黑陶，陶器上有原始文字。经历母系氏族、父系氏族及氏族走向解体的阶段。在晚期墓葬中，出现夫妻合葬和夫妻带小孩的合葬，它标志着“只知其母不知其父”的母系社会的终结，开始进入父系氏族社会。

大汶口文化彩陶钵

龙山文化 黄河流域的新石器时代文化。1928年首次发现于山东济南章丘龙山镇城子崖，故名。典型龙山文化由大汶口文化发展而来。约存在于公元前2600—前2000年，属父系氏族公社时期。分布于黄河中下游的鲁、豫、晋、陕等省。此一时期，铜石并用，快轮制陶技术得到普遍采用，磨光黑陶数量增多，质量更精，烧出了薄如蛋壳的器物，表面光亮如漆。由于汉族远古先民的活动，大体处于黄河中下游地区，因而主要分布于此的仰韶文化与龙山文化，一般即认为是汉族远古先民的文化遗存。

龙山文化磨光蛋壳黑陶器

马家窑文化 黄河流域的新石器时代文化。1924年首次发现于甘肃临洮马家窑，故名。主要分布于甘肃洮河、大夏河和青海湟水流域。其年代为公元前3800—前2000年。曾被称作“甘肃仰韶文化”。生产以农业为主。使用石器和骨器。陶器常绘有黑色的花纹，图案与仰韶文化的彩陶不同。

河姆渡文化 长江流域的新石器时代文化。1973年开始发现于浙江余姚河姆渡遗址，因以命名。主要分布范围在杭州湾南岸的宁绍平原及舟山岛。河姆渡遗址反映了公元前5000—前4000年长江流域氏族生活的情况。遗址中有大量干栏式建筑，人工栽培的水稻（已经炭化的稻壳达150吨），家养的猪、狗、水牛、羊，及野生的鹿、猴、虎、熊等的遗迹。有大量骨制或木制的矛、镞、耜、桨、筒、碗、鱼镖、哨、匕、锥等工具和精心磨制、雕刻的物品。该遗址的发现改变了中国水稻从印度引进的说法。

河姆渡遗址复原模型

马家浜文化 长江流域的新石器时代文化。1959年首次发现于浙江嘉兴马家浜，故名。其年代为公元前4750—前3700年。陶器以手制的夹砂和泥质红陶为主，也有少量的黑陶，晚期出现轮制。器形有钵、盆、罐、壶、豆、鬶、盉、釜、鼎和支座等。纹饰除绳纹、弦纹、划纹等外，还盛行镂孔。石器有斧、铲、刀等。当时经济生活以农业为主，种植籼稻，并饲养猪、狗等家畜，渔猎经济也很发达。

良渚文化 太湖平原和杭州湾地区的新石器时代文化。分布在长江下游的太湖地区，东到东海滨，西到南京一带，中心在浙江良渚。1936年首先发现于浙江余杭（今杭州市余杭区）良渚镇，1960年命名。约存在于公元前3300—前2400年的犁耕稻作时代。手工业趋向专业化，墓葬出土的玉器有璧、琮、钺、璜、镯、管、珠、坠、环、带，以及柱形、锥形玉器等。所制黑陶，胎质细腻、造型规整，器种多样，尤其是鼎、豆、壶的组合。此时原始农业已相当发达。大型玉礼器的出现揭开了中国礼制社会的序幕；贵族大墓与平民小墓的分野显示出社会分化的加剧；刻划于出土器物上的“原始文字”被认为是中国成熟文字的前奏。

良渚文化玉琮

红山文化 中国北方地区的新石器时代文化。1935年首次发现于内蒙古赤峰红山遗址，故名。其社会形态初期处于母系氏族社会的全盛时期，晚期逐渐向父系氏族社会过渡。分布于内蒙古、辽宁、吉林、河北等地。所跨年代约在公元前4000—前3000年，主体在距今5 500年。居民从事农业，饲养猪、牛、羊等家畜，兼事渔猎。细石器工具发达，陶器以彩陶、“之”字形纹陶为特色。玉雕工艺水平较高，所雕鱼鸟兽类形象和图腾，生动别致。冶铜业已经产生。1975—1986年，在辽西的遗址中还发现大型祭坛、女神庙和积石冢等遗址。

二里头文化 黄河流域的青铜时代文化。重要遗址在河南洛阳偃师二里头村，1959年发

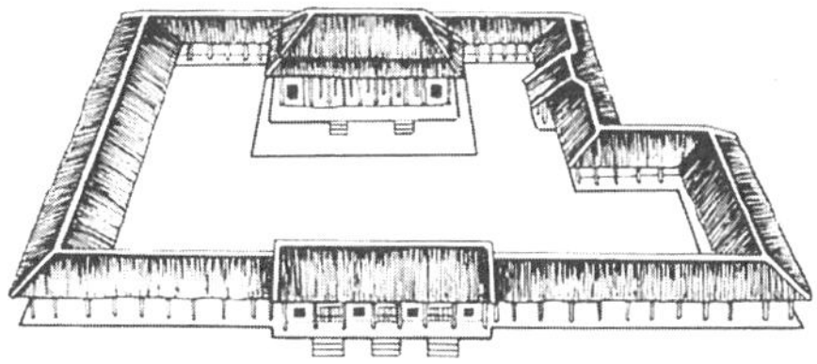

二里头宫殿复原图

现,次年在遗址上层发现了一处规模宏大的宫殿基址。遗址年代在公元前 18—前 16 世纪。二里头文化遗址不仅遍及河南全省,而且在河北省南部、山西省西南部和陕西省东部都有发现。其中既包含早期的城址、宫殿建筑、村落、墓葬群,也有铜器冶铸、制石、制陶、制骨的手工业作坊,出土大批陶器、石器、早期青铜器、玉器、象牙雕刻和漆器等。学界绝大多数学者认为,该文化是夏王朝后期的文化,二里头遗址极可能是夏王朝后期的都城。

历史事件

盘庚迁殷 商王朝的创立者汤,最早建都于亳(今河南商丘北)。此后三百年间,由于王族内部争夺王位的斗争以及黄河下游水灾等原因,国家经常陷入混乱。至公元前 1300 年左右,商代中期,商王盘庚继位后,为挽救政治危机,乃迁都于殷(今河南安阳小屯村)。此后,政局得到稳定,诸侯来朝,商朝又趋强盛。

武王伐纣 周武王(姬发)灭商的战役。公元前 1046 年,武王率军会合各族,进攻商纣。军抵牧野(今河南淇县),商军中奴隶倒戈起义,周军攻入商都朝歌,纣自焚死,商亡。

平王东迁 公元前 771 年,申侯联合犬戎攻镐京,周幽王被杀于骊山下,西周灭亡。诸侯立太子宜臼继位,是为周平王。平王因镐京地震受损,又接近戎、狄等外患,故于即位次年(前 770 年)将国都东迁至雒邑(今河南洛阳)。此后史称"东周",王权开始衰落,诸侯势力不断强大,周天子依赖于诸侯国的保护和拥戴,才得以生存,最终形成群雄争霸的局面。

春秋五霸 春秋时期,因各诸侯国政治经济发展不平衡而先后形成的五个大国争夺霸权的局面。五霸,亦称"五伯",通常指齐桓公、宋襄公、晋文公、秦穆公和楚庄王。

三家分晋 春秋末年,晋国国君权力衰落,实权由韩、赵、魏、智、范、中行六家大夫及郤、栾等大家族掌握。他们各有封邑与武装,互相攻打。后来范与中行两家被打败,剩下智、赵、韩、魏四家,以智家势力最大。之后,韩、赵、魏三家联合灭掉智氏。从此,赵、韩、魏三家势力已远在晋君之上。公元前 403 年,周威烈王封三家为诸侯。

商鞅变法 战国时商鞅在秦国进行的政治改革。公元前 359 年(一说前 356 年)和前 350 年,商鞅在秦孝公支持下,曾两次变法,内容包括:废除井田制与贵族世袭特权,奖励耕织与军功,建立县制,实行连坐法,焚烧书籍,统一度量衡,加强君主个人的绝对权威等。为秦国统一中国奠定了基础。

战国七雄 战国时期实力最强的七个国家,即齐、楚、燕、韩、赵、魏、秦,被称为"战国七雄"。

合纵连横 战国后期七雄的外交斗争策略。"合纵"意为"联合众弱以攻一强","连横"意为采取拉拢一部分弱国以攻另一部分国家。南北为纵,东西为横。齐、楚、燕、韩、赵、魏六国以"合纵"方法抗秦国,秦国运用"连横"策略,逐步消灭六国。用这两种策略游说诸侯的谋士,如推行"合纵"的苏秦和推行"连横"的张仪等,称为纵横家。

秦灭六国 战国末期,公元前 230—前 221 年,秦王嬴政(秦始皇)以武力与外交,先后吞并韩、燕、赵、魏、楚、齐六国,统一中国,建立秦王朝。

统一度量衡 度量衡是计量物体长短、容积和轻重标准的总称。春秋战国时期,各国度量衡不一。秦始皇平定六国后,以法律形式统

秦代标准量器

秦代衡器铜权

一度量衡，并制造标准统一的度量衡器，颁发天下。汉代至三国基本承用秦制。

焚书坑儒 秦始皇统一中国后制造的摧残思想文化事件。秦始皇三十四年（公元前213年），因博士淳于越反对郡县制，主张恢复分封制，秦始皇采丞相李斯建议，下令将民间所藏儒家及诸子百家书一律焚毁，严禁私人办学，以古非今者灭族。次年，又将背后议论批评秦始皇的方士、儒生四百六十余人全部坑杀于咸阳。

秦末农民战争 秦王朝赋役繁重，刑法严酷。秦二世元年（公元前209年），戍卒陈胜、吴广行至大泽乡（今安徽宿州东南），发动中国历史上第一次大规模农民起义。起义虽然最终失败，但为刘邦、项羽等推翻秦王朝奠定了基础。

楚汉相争 秦王朝覆灭后，项羽与刘邦两大集团之间进行的战争。公元前202年，刘邦会合各路汉军在垓下围困项羽，项羽败逃至乌江自杀身死。之后，刘邦建立统一的汉王朝。

文景之治 西汉初期，文帝与其子景帝相继在位，由于采取一系列恢复和发展生产力的政策，如减免租税、减少徭役、废除肉刑等，使经济得到繁荣，百姓生活得到改善，史称“文景之治”。

七国之乱 西汉初景帝时，诸侯王势力膨胀，与朝廷尖锐对立，景帝采用“削藩”策略。公元前154年，吴、楚等七国举兵叛乱，被将军周亚夫率大军击败。

王莽改制 西汉末年外戚王莽掌握政权，代汉称帝，改国号为“新”，并以“复古”之名大肆改制，掠夺民财，激化社会矛盾。后在绿林、赤眉等农民大起义打击之下崩溃，王莽自杀。

绿林赤眉 西汉末年推翻王莽政权的两支农民起义军。因王匡、王凤部聚众于绿林山（今湖北京山北大洪山），樊崇部将眉毛染成红色，故称。

光武中兴 西汉末年，王莽篡汉，天下大乱。绿林、赤眉等农民大起义爆发。汉宗室、太学生刘秀（即光武帝）起兵，最后夺得政权，削平割据势力，建立东汉王朝。因其接续西汉刘氏政权，国号也名“汉”，史称“光武中兴”。

党锢之祸 东汉后期，宦官专权，将反对他们的世族官员李膺和太学生等诬陷为结党诽谤朝廷，称为“党人”。前后两次逮捕和予以流放、杀害，牵连众多家族与门生故旧，即使释放亦终身不许做官。史称“党锢之祸”。

黄巾起义 东汉末年的农民大起义。巨鹿人张角兄弟三人利用太平道进行秘密活动，组织徒众数十万人，于中平元年（184年）同时发动起义，起义军以黄巾裹头，因称“黄巾军”。不久失败。

赤壁之战 东汉末年的一次战役。曹操统一北方后，于建安十三年（208年），率20余万人马南下，号称百万。占有江南的孙权和退驻夏口（今湖北武汉）的刘备组成5万联军，西进抗曹。孙、刘一方以弱胜强，在赤壁（在今湖北赤壁市西北）大破曹军。曹操退守北方，从此形成三国鼎立的局面。

三国鼎立 赤壁之战后，曹操退守北方，孙权、刘备分别在南方和西南扩张势力。后曹丕和刘备、孙权分别称帝，形成魏、汉（蜀）、吴三国鼎立的局面。

八王之乱 西晋时皇族司马氏诸侯王之间争夺政权的斗争。各诸侯王的军队在洛阳一带混战长达十六年之久，严重破坏经济生产。各少数民族也乘机起兵夺取政权，建兴四年（316年），西晋为匈奴贵族所灭。次年，司马睿在长江以南的建康（今江苏南京）重建政权，是为东晋。

永嘉之乱 晋惠帝在位期间，政治腐败，八王战乱相继。永兴元年（304年），匈奴贵族刘渊乘机起兵离石（今山西吕梁），国号“汉”。永嘉五年（311年），刘渊子聪遣石勒歼灭晋军十余万人于苦县（今河南鹿邑），俘杀太尉王衍等。同年，刘渊侄曜兵破洛阳，俘怀帝，焚宫庙，纵兵烧掠，杀王公官吏庶民三万余人。海内大乱，中原士民多避乱南渡。史称“永嘉之乱”。

淝水之战　东晋抗击前秦发起的吞并战争中的决定性战役。太元八年（383 年），前秦皇帝苻坚征各族近九十万众南下，东晋宰相谢安命将领谢石、谢玄、谢琰、桓伊等率军八万拒之。冬十月乙亥（11 月 30 日），诸将在洛涧（在今安徽淮南东）大破秦军前哨，继而渡水进击，俘斩以数万计。苻坚逃回关中后，不久即被姚苌所杀，北方各族纷纷脱离前秦统治。而东晋则趁此北伐，收复洛阳等地，将边界推进到黄河边，有效遏制了北方少数民族的南下侵扰，为江南社会经济的恢复和发展创造了条件。此战役是中国历史上以少胜多的著名战例。

侯景之乱　东魏羯族将领侯景被南朝梁武帝萧衍招纳，封为河南王。梁宗室子弟萧渊明被东魏俘获，梁武帝打算用侯景与东魏进行交换。此事激怒侯景，于公元 548 年举兵反叛。他暗中勾结梁武帝之侄萧正德为内应，率军攻入建康（今江苏南京）。次年，攻破皇城，自任丞相，囚死梁武帝，立萧纲为帝。551 年，又废杀萧纲，自立为帝。在反叛过程中，大肆烧杀抢掠，给富裕的南方造成巨大灾难。552 年，梁将王僧辩、陈霸先攻下建康，侯景出逃被杀。

隋末大起义　亦称“隋末农民战争”。指隋朝末年农民起义推翻隋朝统治的战争。从隋炀帝大业七年（611 年）王薄领导的长白山（今山东邹平南）起义开始，之后两三年间，起义席卷全国，农民军多达百余支，人数有百万之众。逐渐形成三支强大的起义军，即河南的瓦岗军、河北的窦建德军和江淮的杜伏威军。到唐高祖武德七年（624 年）杜伏威余部辅公祏的反唐失败结束，前后历时 14 年。

玄武门之变　唐高祖李渊武德九年（626 年）六月初四日由高祖次子李世民在宫内发动的一次流血政变。当时，秦王世民威信日高。太子建成、齐王元吉与秦王之间，各自培植亲信势力，互相告讦，矛盾极其尖锐。当日高祖召集三人问话，秦王带领一百余人埋伏于宫内玄武门。建成与元吉入朝，走到临湖殿时，双方遭遇。元吉张弓，却三次都未能拉满，李世民一箭射死建成，尉迟恭射死元吉，并扫灭二人残余武装。三天后，李世民被立为皇太子。八月初八日，高祖退居太上皇。次日，李世民即皇帝位，是为唐太宗。

贞观之治　唐太宗李世民即位后，鉴于隋朝骄奢亡国的教训，任用贤能，澄清吏治，轻徭薄赋，注意节俭，使社会生产力迅速发展，在贞观年间，形成经济繁荣、民生安定的局面。史家誉为“贞观之治”。

开元盛世　唐玄宗李隆基在位前期，励精图治，任用贤臣，使经济获得很大发展。开元年间，士民各安其业，社会安定繁荣。人称“开元盛世”。

安史之乱　唐玄宗李隆基后期，胡人将领安禄山及其部将史思明发动叛乱造成的社会大灾难。自 755 年冬至 763 年平定，前后历时七年多。唐王朝从此由盛转衰，形成藩镇割据局面。

永贞革新　永贞元年（805 年）正月，唐德宗李适死，太子李诵继位，是为顺宗。为改变当时朝政黑暗的局面，顺宗以东宫文学侍从王叔文、王伾为翰林学士，参与决策。王叔文并兼盐铁副使，推韦执谊为宰相，柳宗元为礼部员外郎，刘禹锡为屯田员外郎。数月间，罢宫市五坊使，放归宫女与教坊乐妓 900 人，诏令全国免除欠税银 50 多万两，取消进奉，打击贪官，抑制藩镇，还计划从宦官手中夺回禁军兵权。前后掌权 146 天，史称“永贞革新”。随着顺宗病情加剧，大宦官俱文珍等以顺宗名义下诏，由皇太子李纯主持军国政事。八月，李纯即皇帝位，是为宪宗；顺宗退居太上皇。改革失败。

二王八司马　唐顺宗李诵时，主张打击宦官与藩镇势力、革新政治的官员士大夫集团。这个集团以王叔文为领袖，以“二王、刘、柳”为核心。“二王”指王叔文、王伾；“八司马”指韦执谊、韩泰、陈谏、柳宗元、刘禹锡、韩晔、凌准、程异。改革失败后，王叔文贬为渝州司户，次年赐死；王伾被贬为开州司马，未久病死；其余“八司马”，韦执谊被贬崖州司马，韩泰被贬虔州司马，陈谏被贬台州司马，柳宗元被贬永州司马，刘禹锡被贬朗州司马，韩晔被贬饶州司马，凌准被贬连州司马，程异被贬郴州司马。

甘露之变 唐文宗李昂时，宦官仇士良专权。大和九年（835年）十一月，经文宗默许，宰相李训、舒元舆与凤翔节度使郑注等，密谋内外呼应，诛杀宦官集团。他们以金吾左仗院的石榴树上夜降甘露为名，诱使中尉仇士良、鱼弘志等前往观看，谋加诛杀。因所伏甲兵暴露，仇士良等劫夺文宗退入宫中，再率宦官指挥禁军千余人冲出，在中书、门下两省及皇城内外进行血腥屠杀，李训、王涯、舒元舆、王璠、郭行余、罗立言、李孝本、韩约等朝官都被宦官杀害，亲族尽死，郑注也在外被杀。史称“甘露之变”。

藩镇割据 指唐代安史之乱后出现的中央集权削弱、藩镇强大、互相争战的局面。藩镇即当时的节度使，他们独揽一方军政财务大权，职位由子弟或部将承袭，不受中央政令管辖。至公元9世纪初，全国藩镇达四十余个。藩镇间或互相攻伐，或联合对抗朝廷。唐代中央政府屡图削弱藩镇，然收效甚微。五代十国时期的地方政权，多由唐末藩镇转化而来。此状态延续近两个世纪，至北宋初才结束。

陈桥兵变 赵匡胤取代后周、建立宋王朝的兵变事件。后周显德六年（959年），周世宗柴荣病死，七岁的柴宗训（恭帝）即位。殿前都点检、归德军节度使赵匡胤与禁军将领石守信、王审琦等掌握军权。翌年正月初，传闻契丹兵南下，宰相范质等未辨真伪，急遣赵匡胤率军北上御敌。行军至陈桥驿，赵匡胤之弟赵匡义和赵普等密谋策划，发动兵变，众将以黄袍加在赵匡胤身上，拥戴他为皇帝。随即回师开封，石守信、王审琦开城迎赵匡胤入城，胁迫恭帝禅位。赵匡胤改国号为“宋”，仍定都开封。史称“陈桥兵变”。

杯酒释兵权 宋太祖赵匡胤在建立宋王朝后，为防止中晚唐藩镇割据局面的重演，于建隆二年（961年），与大臣赵普定计，在一次宴会上，以讽喻的方式，让开国将领们自动交出兵权的事件。史称“杯酒释兵权”。这是宋太祖为加强皇权、巩固统治而采取的一系列措施的开始，其后还在军事制度方面进行了多项改革。

庆历新政 宋仁宗庆历年间进行的政治改革。宋代至仁宗时，官僚队伍庞大，行政效率很低，人民生活困苦，辽和西夏威胁着北方和西北边疆。庆历三年（1043年），范仲淹、富弼、韩琦同时执政，欧阳修、蔡襄、王素、余靖同为谏官。宋仁宗责成他们在政治上有所更张以“兴致太平”。范仲淹与富弼提出明黜陟、抑侥幸、精贡举、择官长、均公田、厚农桑、修武备、减徭役、覃恩信、重命令等10项以整顿吏治为中心的改革主张。欧阳修等人也纷纷上疏言事。仁宗采纳了大部分意见，施行新政，颁布一系列法令。由于新政触犯整个贵族官僚的利益，遭到以夏竦为首的反对派的阻挠，仁宗主意动摇。至五年初，范、韩、富、欧阳等人相继被排斥出朝廷，各项改革也被废止。

王安石变法 北宋时期王安石在宋神宗支持下进行的一场政策变革。目的是富国强兵、挽救社会危机。自1069年至1076年，变法范围涉及农业、赋税、劳役、水利、商业、军事、教育、治安等各个领域。后变法失败，神宗死后，大多数新法被废除。

元祐更化 北宋元祐年间推翻新法、恢复旧制的历史转变。元丰八年（1085年）春，神宗赵顼去世，其子赵煦（宋哲宗）继位，年仅十岁，神宗母高太后以太皇太后身份垂帘听政。其时，新法实行既久，弊端丛生，高太后召司马光执政为相，恢复“祖宗旧制”，此前的新法在元祐初全被罢废，史称“元祐更化”。元祐八年（1093年），高太后死，哲宗亲政，未久复用新党新法，反对变法者被称为“元祐党人”，遭到贬斥迫害。从此宋朝陷入党争泥沼，直至北宋灭亡。

靖康之变 北宋靖康元年（1126年）秋，金兵攻破东京（今河南开封）。在大肆掠夺后，于次年三月立宋朝投降派张邦昌为傀儡皇帝，改国号为“楚”。然后俘虏宋徽宗、钦宗父子以及宗室、后妃、官僚、工匠数千人，运载金银珠宝、珍贵图书北撤。至此，北宋亡。史称

“靖康之变”。

绍兴和议 指南宋与金之间于绍兴十一年(1141年)订立的和议。当年四月,宋高宗与宰相秦桧坚持投降苟安主张,在几路宋军大捷的情势下,强令各军撤兵班师。不久即解除抗金将领韩世忠等人兵权,将岳飞父子诬害逮捕下狱。十一月和议成,主要条款为:宋向金称臣;宋金间以西起大散关、东沿淮河一线为界;宋割唐、邓、商、泗四州等地;每年贡纳银、绢各25万两、匹等。以此屈辱换得偏安之局。史称“绍兴和议”。

隆兴和议 指南宋与金之间于隆兴二年(1164年)订立的和议。1161年,金世宗完颜雍初登帝位,为稳固统治,向宋派出使臣,要求维持宋、金间旧有关系。1163年,孝宗赵昚继位,起用张浚主持北伐,遭到符离之败。乃于次年冬,同意与金重订和议。和议规定:南宋对金不再称臣,改为侄叔关系;宋、金间仍维持绍兴和议后的疆界;宋每年给金的“岁贡”改为“岁币”,银绢由各25万两、匹减为各20万两、匹;宋割商、秦两州予金。史称“隆兴和议”。

红巾军 指元末的农民大起义。当时政治腐败,阶级矛盾与民族矛盾尖锐,起义者利用民间宗教白莲教秘密发展教徒。至正十一年(1351年),韩山童、刘福通等首先起兵,各地纷纷响应。义军以红巾包头,以红旗为号,故称。

靖难之役 明太祖朱元璋为巩固家族统治,将子孙分封到各地为藩王,以屏卫中央。藩王拥有军队,日久势力膨胀。他死后,皇太孙朱允炆(建文帝)继位。建文帝急于削藩,手段峻烈,严重威胁藩王的生存与利益。坐镇北平(今北京)的明太祖第四子燕王朱棣于建文元年(1399年)七月起兵,燕军打着“诛奸臣,靖家难”的旗号,于建文四年六月攻破京都南京。战乱中建文帝下落不明,朱棣大肆诛戮反对他的朝臣,自立为帝,是为成祖。史称“靖难之役”。

土木堡之变 亦称“土木之变”。明英宗朱祁镇被瓦剌军所俘的事件。正统十四年(1449年)瓦剌贵族也先率军分四路攻明。宦官王振挟持英宗率军五十万人亲征,至大同,闻前方小败,就惊慌撤退;后来又想要英宗“临幸”他的家乡蔚州(治今河北蔚县),行军路线屡变。八月在土木堡(在今河北怀来东)被瓦剌军追及。将士饥渴疲劳,仓促应战,死伤过半,英宗被俘,王振也死于乱军中。

倭寇 14—16世纪劫掠中国沿海的日本海盗集团。明朝政府施行禁海政策,日本海盗集团勾结中国土豪奸商、不法之徒,在沿海地区不断肆行烧杀抢掠,后在明朝爱国将领戚继光等的有力打击下,最终被平息。

阉党 明代依附宦官的官僚结成的政治集团。英宗时王振,宪宗时汪直,都有党羽,而势力未盛。武宗时,刘瑾专政,阁臣焦芳等附之,阉宦之权,始驾内阁之上。熹宗时,出身市井无赖的宦官头子魏忠贤勾结熹宗乳母客氏把持后宫,利用熹宗的昏愚无知,专权擅政,在朝内外广植党羽,排斥异己,利用特务机构东厂、锦衣卫,大肆逮捕杀害反对他们的东林党人与正直官员,一时黑暗达于极点。后熹宗病死,崇祯帝朱由检即位未久,即除掉魏忠贤恶势力,将党附魏忠贤之人定为“阉党”,严加惩治。

东林党 明代后期以江南士大夫为主组成的一个政治集团。因其代表人物顾宪成、高攀龙等在无锡东林书院讲学,以议论朝廷弊政,抨击当权人物,反对宦官专权而得名。后受到魏忠贤及阉党的严酷迫害,至崇祯帝即位后才得以平反。

明末农民战争 17世纪中叶推翻明王朝的农民大起义。1627年首先在陕西爆发。先后有高迎祥、李自成、张献忠等队伍。清军入关后,至1646年全部失败。

康乾盛世 指清代康熙、雍正、乾隆三朝。这一时期相继平定大小叛乱,收复台湾,统一版图,生产力得到较大发展,社会日趋安定,城乡经济繁荣,至乾隆时达到鼎盛。史称“康乾盛世”。

三藩之乱 清初,投降清朝的原明朝将领吴三桂、尚之信、耿精忠三家助清有功,被封为王,因拥兵自重,与清廷矛盾日甚。1673年康熙帝下令“撤藩”,三藩发动叛乱,至1681年被完全平息。

收复台湾 17世纪,荷兰殖民者入侵中国领土台湾,筑城实行残暴殖民统治。明末,将领郑成功于1661年率军二万五千人、战船百余艘,出征台湾,次年迫使荷兰殖民者投降,收复台湾。1683年清政府出兵攻灭郑氏政权,完成统一。

改土归流 清朝雍正时在西南一些少数民族地区废除土司制,实行流官制的政治改革。自元朝始的土司制弊病很多,土司对内残暴统治属民,对中央叛服不常,土司之间不断发生战争。为解决积弊,明清两朝统治者多主张在条件成熟地区取消土司世袭,改设府、厅、州、县,派遣有任期的流官实行管理。改土归流后,与内地一样,按地亩征税,数额低于内地。其地区包括滇、黔、桂、川、湘、鄂六省,涉及民族有壮、彝、苗、哈尼、布依、侗、瑶、水族等。

文字狱 封建统治者为防止和镇压知识分子的反抗,往往从作品中摘取字句,罗织罪名,形成大案,故称。古已有之,但文网之密,处刑之重,以清代为最。清顺治、康熙、雍正、乾隆四朝,发生文字狱70起以上,株连无辜,为祸深重。是皇权专制主义制度的特有产物。

尼布楚条约 1689年9月清政府与沙俄政府在尼布楚(今俄罗斯涅尔琴斯克)签订的边界条约。条约明确划分中俄东段边界,是中俄第一个界约。

虎门销烟 1838年12月,清政府派钦差大臣林则徐往广东查禁鸦片。1840年6月,林则徐将收缴到的英商为主的外商鸦片237万余斤,于虎门海滩全部销毁。史称"虎门销烟"。

鸦片战争 1840—1842年英国对中国发动的侵略战争。其间,英军攻占定海(今浙江舟山),北犯大沽,后又攻陷虎门、厦门、宁波、吴淞、镇江等地,清政府被迫与之签订屈辱的《南京条约》。从此中国逐步沦为半殖民地半封建社会。

三元里抗英斗争 鸦片战争中中国人民自发武装抗击英国侵略军的行动。1841年5月底,103乡群众在广州三元里古庙集会,于5月30—31日,打死打伤英军多人,包围英军所在的四方炮台,迫使其撤出。

南京条约 中国近代史上外国侵略者强迫清政府订立的第一个不平等条约。1842年8月在南京签订。内容包括中国向英国赔款两千一百万银元、割让香港岛、开放五处通商口岸、中国进出口货税率须双方共同商定等。

五口通商 1842年8月,清政府与英国签订《中英南京条约》后,中国开放广州、福州、厦门、宁波、上海等五处为贸易通商口岸,合称"五口通商"。

租界 帝国主义国家强迫中国在通商口岸内划出一定区域作为他们直接管理的范围,实行完全独立于中国行政系统和法律制度以外的一套制度。此范围称为租界。始于1845年英国在上海建立租界,后不断扩大,大部分存在到1943年8月,由国民政府收回,历时近百年。在近代中国史上,上海的外国租界开辟最早,存在时间最长,面积也最大。对中国近现代历史产生了深远的影响。

金田起义 自1843年起,洪秀全、冯云山等在两广秘密传教,组织核心,吸收会众,于1850年11月在广西桂平金田村聚集两万人,编成队伍,进行军事训练。次年1月11日,宣布起义,建号"太平天国"。全军蓄发易服,头裹红巾,开始了反对清王朝统治的战争。史称"金田起义"。

太平天国运动 中国近代全国规模农民起义。洪秀全于1851年1月在广西桂平金田村率众起义,建号"太平天国"。1953年3月攻占南京,定为都城,命名天京。1864年7月天京被湘军攻陷,运动失败。太平天国运动前后历经十余年,纵横十八省,严重动摇了清朝统治,打击了外国侵略者,对中国近代历史产生了深远影响。参见"洪秀全"。

捻军 太平天国时期活动于北方的农民武装。由淮河两岸渐扩展至安徽、山东、河南一带。后接受太平天国领导,与太平军会合,屡挫清军。最终于1868年失败。

湘军 清代军事武装集团。为镇压太平天国运动,1853年,曾国藩受命在湖南以地主豪绅出资招募的方式建立,后出省战斗,逐渐扩大,在镇压太平军和捻军上起决定性作用。

第二次鸦片战争 1856—1860年,英国与法国结成联军，在南方攻陷广州，继而以舰队北上，攻陷大沽炮台、天津，后入侵北京，抢掠焚毁圆明园。清咸丰帝逃往热河。1860 年 10 月，清政府分别与英、法签订《北京条约》，并批准《天津条约》，使中国继鸦片战争之后又一次丧失大量主权。

中英天津条约 第二次鸦片战争期间英国强迫清政府订立的不平等条约。1858 年 6 月在天津签订。内容包括赔款白银四百万两、增开通商口岸、英国人来华自由传教和经商游历、双方商定修改关税等。

中英北京条约 英国强迫清政府订立的关于结束第二次鸦片战争的不平等条约。1860 年 10 月在北京签订。内容包括确认《中英天津条约》、增加赔款白银数量、割让九龙司地方一区、增开天津为商埠等。

中法天津条约 第二次鸦片战争期间法国强迫清政府订立的不平等条约。1858 年 6 月在天津签订。包括赔款白银二百万两、增开通商口岸、天主教得入内地传教、法国兵船可在各通商口岸往来停泊、货物进出口税率上的利益均沾等。

中法北京条约 法国强迫清政府订立的关于结束第二次鸦片战争的不平等条约。1860 年 10 月在北京签订。内容包括确认《中法天津条约》、增加赔款白银数量、增开天津为商埠等。

中俄瑷珲条约 沙俄强迫清政府签订的不平等条约。1858 年 8 月在瑷珲（今黑龙江黑河市爱辉区）签订。主要内容为割让黑龙江以北、外兴安岭以南 60 多万平方千米的中国领土给俄国。

中俄北京条约 沙俄强迫清政府签订的不平等条约。1860 年 11 月在北京签订。主要内容为割让乌苏里江以东约 40 万平方千米的中国领土给俄国；规定中俄西段未定边界的分界，依照此规定，俄国在 1864 年割去西段边界中国领土 44 万多平方千米。

祺祥政变 清咸丰十一年（1861 年），咸丰帝病死热河行宫，遗诏命 6 岁的皇子载淳继位，以八大臣肃顺、载垣、端华等辅政。定次年改元祺祥。咸丰帝的懿贵妃叶赫那拉氏（即慈禧太后），利用"圣母皇太后"（皇帝生母）的身份谋夺最高统治权。11 月，她与留守北京的恭亲王奕䜣勾结，在返京过程中发动政变，将肃顺斩首，载垣、端华赐死，其余分别罢黜或遣戍。史称"祺祥政变"，又称"辛酉政变"。从此，慈禧、慈安两太后开始垂帘听政（实由慈禧掌握最高权力），改年号为同治。

洋务运动 为挽救危亡，19 世纪 60 年代至 90 年代清朝洋务派当权人物进行的一场低层次的西化运动。它的思想是"中学为体，西学为用"，广泛涉及政治、经济、军事、文教、外交等各方面，旨在维护清朝统治。甲午战争失败，洋务运动亦宣告结束。

洋务派 指 19 世纪 60 年代至 90 年代主张在不改变专制政体的前提下学习西方科学技术等以挽救危亡、适应时代变化的清朝官僚集团。其代表人物有曾国藩、李鸿章、左宗棠、张之洞、盛宣怀等。

中法战争 1883—1885 年法国侵略越南和中国的战争。1883 年（清光绪九年）12 月，法军向驻越清军进攻，挑起中法战争。1884 年 6 月法军进攻谅山中国驻军，8 月进犯台湾基隆、福建马尾港，清政府被迫宣战。1885 年冯子材在广西边境大败法军，取得镇南关和谅山两处大捷。最终清政府以签订屈辱的《中法新约》告终。

甲午战争 亦称"中日甲午战争"。日本于 1894 年（甲午年）挑起的侵略朝鲜和中国的战争。自 1894 年 7 月至 1895 年 3 月，中国军队在平壤战役和黄海海战中战败，日军进犯中国东北，攻陷威海卫军港，使北洋舰队全军覆没。1895 年 4 月，以清政府与日本签订屈辱的《马关条约》结束战争。

马关条约 日本强迫清政府订立的关于结束甲午战争的不平等条约。1895 年 4 月，由清政府派出的议和全权大臣李鸿章与日本首相伊藤博文在日本马关（即下关）签订。内容包括承认由日本控制朝鲜，中国割让辽东半岛、台湾全岛及所有附属各岛屿、澎湖列岛给日本，赔偿二亿两白银，开放沙市（今湖北荆州）、重庆、苏州、杭州为商埠，允许日本人在中国通商口岸设立工厂等。

公车上书 清末知识分子联名上书光绪帝请

求变法的事件。1895年清政府在甲午战争中失败,4月派李鸿章赴日签订《马关条约》,遭全国反对。5月,康有为联合各省赴京会试举人1 300余人,签名上书,反对对日割地赔款,主张迁都抗战、变法图强。史称“公车上书”。

戊戌变法 亦称“戊戌维新”。1898年(戊戌年,清光绪二十一年)以康有为为首的清朝改良派发动的政治改革运动。其主要内容为改革政治、教育制度,提倡科学文化,发展工商业等。当年6月起,光绪帝发布几十道诏令,大力推行变法。范围涉及调整中央机构、裁革冗员、改造军队、奖励工商、废除八股、开办学堂、派员留学等,历时103天,史称“百日维新”。

戊戌政变 1898年(戊戌年)9月21日,为反对变法维新,慈禧太后在顽固派大臣荣禄支持下发动政变,幽禁光绪帝,逮捕维新党人。康有为、梁启超逃亡日本;谭嗣同、林旭、杨锐、刘光第、杨深秀、康广仁等六人被捕下狱,旋于北京菜市口被杀害,史称“戊戌六君子”。变法失败。

戊戌六君子 见“戊戌政变”。

义和团运动 义和团,原名义和拳,起源于山东,后扩展到北方各省。以设神坛、练拳术、请神等迷信方式组织群众,宣传符咒能使人刀枪不入,强烈反对西方的基督教会,排斥一切外国事物。被清政府的顽固派利用,提出“扶清灭洋”口号,1900年进入北京城后,焚教堂攻使馆,引发庚子事变。后因八国联军的残酷镇压以及慈禧太后等清政府当权者的出卖,义和团运动终遭失败。

庚子事变 1899年义和团提出“扶清灭洋”口号,于次年(庚子年)进入北京,意在驱赶消灭一切外国势力。慈禧太后一度利用义和团攻打各国使馆。主要列强以“保护在华利益”为名,组织八国联军,悍然发动联合侵华战争,于7月攻陷天津,8月攻陷北京,清军抵抗失败,慈禧太后带领光绪帝逃往西安。史称“庚子事变”。参见“义和团运动”“八国联军”。

八国联军 1900年德、俄、英、美、日、法、意、奥八个国家军队组成的侵华联军,由德国陆军元帅瓦德西任总司令。八国联军攻进北京后,镇压义和团,并烧杀抢掠。1901年1月胁迫清政府议和,签订《辛丑条约》。

辛丑条约 八国联军攻占北京后强迫清政府订立的丧权辱国条约。1901年9月由奕劻、李鸿章与德、俄、英、美、日、法、意、奥、西、比、荷十一国代表在北京签订。主要内容为清政府赔偿巨款,设立使馆区,拆毁大沽炮台,准许外国军队驻扎,惩办反对外国的官员等。参见“庚子赔款”。

庚子赔款 简称“庚款”。八国联军攻占北京后,强迫清政府于1901年订立《辛丑条约》。条约规定,清政府付给各国赔款白银四亿五千万两,分三十九年还清,本息共九亿八千二百二十三万余两,史称“庚子赔款”。

门户开放政策 19世纪末美国政府以照会形式提出的对华政策。即美国国务卿在1899年和1900年几次照会英、德、俄、日、意、法六国以及奥、比、西、荷、葡诸国,提出美国承认列强在华势力范围,要求利益均沾,以及“保持中国领土与行政实体”的主张。

清末新政 清政府在1900年庚子事变后实行的维新变法措施。内容包括改总理衙门为外务部;裁绿营,练新军,设巡警;设商部,奖励商人,办商会;废八股,开学堂,奖励留学;废除残酷刑法,修订并颁布新的刑法、民法、商法等。

立宪运动 辛亥革命前,主张在不损害清王朝统治的前提下,实行君主立宪,和平改革经济、政治制度的运动。代表人物有张謇、汤化龙、谭延闿等。但清政府拖延不决,立宪派遭受排挤与打击。1911年辛亥革命爆发,立宪运动失败。

兴中会 中国最早的资产阶级革命团体。1894年11月由孙中山创立于美国檀香山,次年设总部于香港。其纲领为“驱除鞑虏,恢复中华,创立合众政府”。1905年与华兴会、光复会联合成立中国同盟会。

中国同盟会 中国近代资产阶级革命政党。以兴中会、华兴会为基础,联络光复会,于1905年8月在日本东京合并组成,由孙中山任总理,成为全国性的革命组织。其政纲为“驱除鞑虏,恢复中华,建立民国,平均地权”。

先后发动多次起义。中华民国建立后，1912年，同盟会与其他几个党派组成国民党。

保路运动 清末湖南、湖北、四川、广东等省人民反对清政府将粤汉、川汉两条铁路主权筑路权收归“国有”，并抵押给英、法、德、美四国银行的爱国运动。1911年6—11月，四省人民强烈反对，罢工罢市，四川的流血冲突引发全省武装反抗，成为武昌起义的导火线。

历代名人

汤 亦称“武汤”“武王”“天乙”“成汤”“成唐”。甲骨文称“唐”“大乙”“高祖乙”。商王朝的创建者。子姓,传说名履。史载,商族从始祖契开始,屡次迁居,至汤而定居于亳(今地有河南商丘、山东曹县、河南洛阳市偃师区三说)。汤初置二相,以伊尹、仲虺辅佐国事,陆续兼并邻近部落,后时机成熟,作《汤誓》一举灭夏,建立商朝。13年后,汤卒,由次子外丙继位。

伊尹 商朝大臣、政治家。名挚,一说名伊,尹为官名。生于有莘国(在今河南),传说出身奴隶家庭。以有莘氏女陪嫁小臣的身份,来到汤王身边。汤任他为阿衡,委以国政。助汤灭夏桀,建立商朝。汤死后,继续辅佐外丙、仲壬。仲壬死后,太甲即位,因太甲破坏商汤法制,不理国政,伊尹将其放逐于成汤墓葬之地桐宫,并给予教育。三年后,太甲悔过,才将其接回复位。死于沃丁时。一说仲壬死后,他放逐太甲而篡位自立。七年后,太甲潜归,杀之。

盘庚 商朝国君。名旬。汤的九世孙,继阳甲而立。即位后,频遭自然灾害,国势衰落。为摆脱内乱困境,将国都从奄(今山东曲阜)迁至殷(今河南安阳西北)。在秩序安定的基础上,加强王权,使商王朝得到复兴。《尚书·盘庚》是他迁殷前后对臣民发布的重要文告。

商纣王 亦称“帝辛”。商代末代国君。继帝乙而立,约公元前11世纪时在位。自恃天命在身,对内重刑厚敛,对外黩武好战。又刚愎自用,拒谏饰非,杀害忠良。后周武王会合西南各族向商进攻。牧野(在今河南淇县西南)之战,因“前徒倒戈”,兵败自焚,商亡。

伯夷 商末孤竹君长子。孤竹君以次子叔齐为继位者。孤竹君死,叔齐让位,他不受,后两人投奔于周,但反对武王进军伐商。周灭商后,兄弟隐居首阳山,不食周粟而死。

叔齐 商末孤竹君次子。伯夷之弟。详“伯夷”。

周文王 西周王朝的奠基者。姬姓,名昌。受封为西伯。曾被纣王囚禁于羑里(今河南汤阴北),后得释归。统治时期,国势强盛,定都于丰邑(今陕西西安市长安区沣河西岸),天下诸侯多归从之。在位五十年,为其子武王灭商奠定基础。相传他在被囚期间曾推演八卦。今陕西咸阳市渭城区周陵街道有周文王陵。

周文王画像

陕西咸阳周陵

周武王(? —前1043) 西周王朝的建立者。姬姓,名发。秉承其父周文王遗志,联合各族,在牧野之战中利用商王朝军中倒戈,灭商,建立西周王朝,定都于镐(今陕西西安市长安区沣河以东),分封诸侯,但未久即去世,传位成王。

姜尚 西周开国功臣。姜姓，吕氏，名望。一说字子牙。史书或称太公望。民间称姜太公。辅佐周文王、武王兴周灭商。西周初被尊为"师尚父"，因功封于齐，成为齐国的始祖。兵书《六韬》，传为他所作，当为战国时人托名。

姜子牙 见"姜尚"。

周公 西周初政治家。姬姓，名旦，亦称"叔旦"。文王第四子。辅佐其兄武王伐商，建立功业。武王去世，成王年幼继位，由他摄理政事。在任平定武庚、管叔、蔡叔和东方夷族等的反抗叛乱，封邦建国，推行井田，并兴建洛邑（今河南洛阳），以为国都。归政成王后，他制礼作乐，建立各项典章制度，巩固国家。是儒家心目中的"圣人"。其言论见于《尚书》多篇。

箕子 商代贵族。商纣王的叔父，一说庶兄。曾任太师，数次劝谏纣王，反遭囚禁。周武王灭商后，将他释放。《尚书·洪范》记载他回答周武王关于治理国家的谈话，可能为后人拟作，但在中国政治学和哲学上影响深远。

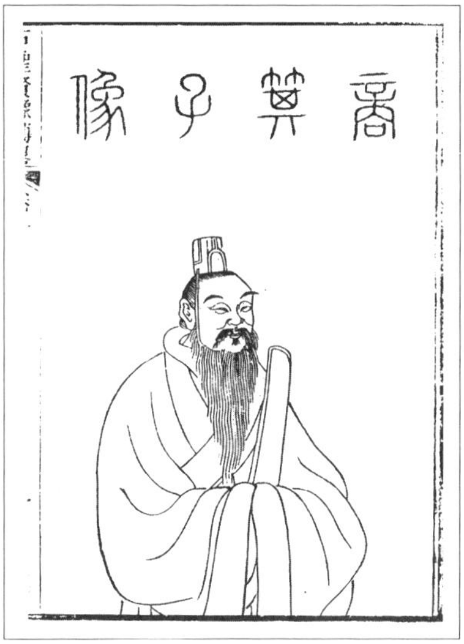

箕子画像

周幽王（？—前771） 西周末代君主。姬姓，名宫涅。宣王之子。在位剥削严重，加以地震与自然灾害，使人民流离失所。因宠爱褒姒，废掉申后与太子，申侯联合缯国、犬戎攻周，被杀于骊山（今陕西西安市临潼区）之下，西周遂亡。

管仲（？—前645） 春秋初政治家。名夷吾，字仲。颍上（在今安徽境）人。被齐桓公任命为卿，主持国政。他因势制宜，实行户口土地、人才选拔、赋税征收等方面的制度改革，又发展盐铁，铸造货币，使齐国强盛一时。现存《管子》，为后学托名而作。

齐桓公（？—前643） 春秋时齐国国君。姜姓，名小白。襄公之弟。前685—前643在位。任用管仲，厉行改革，扩大军事实力，在"尊王攘夷"口号下，不断树立在诸侯中的威信，成为春秋时期第一个霸主。

晋文公（前697或前671—前628） 春秋时晋国国君。姬姓，名重耳。献公之子。前636—前628在位。因家难出奔流亡十九年，返国后，修明内政，整顿法纪，加强战备。又号召诸侯勤王，平定周室之乱。在城濮之战中打败楚军。践土会盟，成为春秋五霸之一。

秦穆公（？—前621） 春秋时秦国国君。名任好。德公之子，宣公、成公之弟。前659—前621年在位。任用百里奚、蹇叔、由余为谋臣，击败晋国，俘晋惠公，灭梁、芮两国。后在崤（今河南三门峡东南）被晋军袭击，大败。转而向西发展，攻灭十二国，称霸西戎。

宋襄公（？—前637） 春秋时宋国国君。子姓，名兹父。桓公之子。前650—前637年在位。齐桓公死后，他与楚争霸，一度为楚所拘。宋襄公十三年（前638年）伐郑，与救郑的楚兵战于泓水（今河南柘城西北）。楚兵强大，他坚持"仁义"，待楚兵渡河列阵后再战，大败受伤，次年伤重而死。

楚庄王（？—前591） 春秋时楚国国君。名旅，一作"吕""侣"。穆王之子。前613—前591年在位。重用孙叔敖等，整顿内政，兴修水利，推行县制，增强兵力。楚庄王三年（前611年），攻灭庸国（在今湖北竹山西南），国势大盛。继又进攻陆浑之戎，陈兵周郊，派人询问九鼎（天子权威的象征）的大小轻重。十七年在邲（今河南荥阳北）大败晋军，陆续使鲁、宋、郑、陈等国归附，成为霸主。

左丘明 春秋末期史学家。鲁国人。一说复姓左丘，名明；一说单姓左，名丘明。双目失明，世为鲁国太史。他据本国及其他诸侯国大量史料，著成中国古代第一部叙事详细、议论精辟的编年史《春秋左氏传》。今存最早国别史《国语》,相传也是他著。

老子 一称老聃。春秋末年思想家,道家学说创始人。姓李,名耳。相传他是楚国苦县(今河南鹿邑东)人,曾任周朝保管文献藏书的史官,孔子曾向他问学。晚年退隐,著《道德经》,即今本《老子》。他以"道"为宇宙万物的本体,在思维辩证方法上,蕴藏着无穷的智慧。

老子画像

孔子(前551—前479) 春秋末思想家、教育家,儒家学说的创始人。名丘,字仲尼。鲁国陬邑(今山东曲阜东南)人。出身贵族,少时孤贫力学。中年起授徒,并担任官职,后率弟子周游列国十余年。在政治上提倡"仁"的学说,教育上主张"有教无类"。晚年整理《诗》《书》等文献,并编成中国第一部编年史《春秋》。言行多见于门人记载的《论语》。其学说汉以后被奉为正统,影响深远。后人尊称为孔夫子。

孔子画像

孙武 春秋末军事家。字长卿。齐国人。流寓于吴,吴王阖闾用以为将。与伍子胥共谋伐楚,五战皆捷,攻下楚郢都,声威大振。所著《兵法》十三篇,是春秋时代军事斗争经验的理论总结,经后人整理成书,名《孙子兵法》,历来被誉为"兵学圣典"。

孙武画像

阖闾(?—前496) 一作"阖庐"。春秋时吴国国君。名光。吴王诸樊之子(一说夷末之子)。前514—前496年在位。用专诸刺杀吴王僚自立。任用伍子胥、孙武,整顿内政,灭徐国,破楚国,一度占领楚都郢(今湖北荆州市荆州区),因秦兵来救及吴国内乱退兵。后在槜李(今浙江嘉兴西南)被越王勾践打败,重伤而亡。

夫差(?—前473) 春秋时吴国国君。吴王阖闾之子。前495—前473年在位。初在夫椒(在今浙江绍兴西北)打败越兵,并攻破越都,他不听伍子胥乘胜灭越之言,允越王勾践求和。继开凿邗沟,向北扩展,在艾陵(今山东济南市莱芜区东北)大败齐兵。夫差十四年

(前482年)，在黄池(今河南封丘南)会盟，与晋争霸，越王勾践乘虚攻入吴都。后越再兴兵攻灭吴国，他兵败自杀。

勾践(?—前465)　春秋末越国国君。前497—前465在位。继位后，在夫椒(今浙江绍兴西北)一役中，被吴打败，退保会稽山，用大夫范蠡计，向吴乞和。他入姑苏，屈身为吴王夫差养马。后得返国，卧薪尝胆，十年生聚，十年教训，锐意雪耻报仇。终于在公元前473年，一举灭吴。旋乘胜渡淮，大会诸侯于徐州(今山东滕州南)，成为霸主。

伍子胥(?—前484)　春秋末期吴国大夫，军事谋略家。名员，字子胥。楚大夫伍奢次子。楚平王七年(前522年)伍奢被杀后经宋、郑等国入吴。后助阖闾刺杀吴王僚，夺取王位，整军经武，国势日盛。不久攻入楚都，以功封于申，又称申胥。吴王夫差时，劝王拒绝越国求和并停止伐齐，渐被疏远。后吴王赐剑命他自杀。

范蠡　春秋末政治家。字少伯。楚国宛(今河南南阳)人。当时越为吴所败，他辅助越王勾践发愤图强，终于攻灭吴国。后为免遭忌害，急流勇退，不辞而别。至齐国，受到重用，未久又辞官，毅然在当时的商业中心陶(今山东荷泽市定陶区)定居，自称"朱公"，经营商业，兼农业和牧业，终以经商致富。世称"陶朱公"。他是中国历史上最早的大商人之一。

范蠡雕像

墨子(约前468—前376)　春秋战国之际思想家，墨家学说创始人。名翟。鲁国人(一说宋国人)。曾为大夫，不满儒学，另创新说，讲学聚徒，奔走列国，宣传自己的主张。其核心思想是"兼爱""非攻"，主张尚俭节用。有《墨子》七十一篇，为其门人所编集。今存五十三篇。

墨子画像

鲁班　春秋时建筑师。复姓公输，名般，也作班、盘。鲁国人。世称"鲁班"。传说他擅长木作工艺，曾创造云梯等攻城器械以及木工工具。后世木工以他为行业祖师。

扁鹊　战国时医学家。本名秦越人。齐国渤海郡鄚(今河北任丘北)人；一说为今山东济南市长清区一带人。精通内、外、妇、儿、五官等

扁鹊画像

各科，长于脉诊与针灸。率弟子行医各国，名闻天下。后为秦武王治病，遭秦国太医令嫉恨被杀害。在民间受到纪念，被尊为药王之一，成为医药业的祖师。

吴起（约前 440—前 381）　战国时政治家、军事家。卫国左氏（今山东菏泽市定陶区西）人。在魏国助李悝改革法制，整顿军备，受魏文侯重用，任西河郡守。后受排挤，奔楚国被重用，改革旧制，严明法令，使国势日臻强盛，悼王死，遭贵族杀害。今存《吴子》六篇，系后人假托。

孙膑　战国时军事家。齐国人。孙武后裔。受同学、魏将庞涓暗害，遭膑刑。齐威王时，任军师。在马陵（今山东范县西南，一说山东莘县西南）一战中，以计诱杀庞涓，战胜强敌，闻名天下。所著《孙膑兵法》，历史上久已失传，今有临沂银雀山汉墓出土竹简。

惠施（约前 370—约前 310）　亦称“惠子”。战国时思想家。名家学派创始者之一。宋国人。与庄周为友。曾任魏惠王相。主张联合齐、楚抗秦。博学擅辩，有较丰富的自然科学知识。在名辩思想上，他的基本观点为“合同异”，对先秦的逻辑思想的发展具有贡献。

孟子（约前 372—前 289）　战国时思想家。儒家学派奠基人之一。名轲，字子舆。邹（今山东邹城南）人。孔门嫡系正传，从“性善论”出发，发挥孔子“仁”的思想，提出“仁政”主张，公开提出“民贵君轻”的口号。晚年著书立说，有《孟子》一书传世。其学说对后世儒者影响很大。

庄子（约前 369—前 286）　战国时哲学家、散文家，道家学派奠基人之一。名周。宋国蒙（今河南商丘东北）人。做过漆园吏，家贫，不受楚威王的厚礼聘任。继承和发展老子关于“道法自然”的学说。强调事物的自然变化，对后世影响深远。著作有《庄子》传世。

张仪（？—前 309）　战国后期政治家、外交家和谋略家。魏国贵族后裔。曾师事鬼谷子，学习纵横之学。在楚被诬受冤，入秦游说秦惠文王，拜为客卿。他以“连横”之策说服魏国与秦结盟，被秦王提拔为相。继而拉拢齐、楚攻魏；又瓦解楚、齐联盟，夺取楚汉中之地，使各国由合纵抗秦转变为连横亲秦。他因此被封武信君。武王继位后失宠，逃入魏国为相，后病死。

苏秦（？—前 284）　战国后期政治家、外交家和谋略家。字季子。东周洛阳（在今河南洛阳东）人。早年游说诸侯。后为燕昭王亲信，受命使齐，从事反间活动，使齐疲于对外战争，以造成“弱燕敌强齐”的形势。齐湣王末年任他为齐相，约燕、齐、韩、赵、魏五国合纵攻秦，无功而散。后燕将乐毅大举攻齐，其为燕国而破坏齐国，以及离间齐赵关系的活动暴露，被齐湣王车裂处死。马王堆汉墓出土帛书《战国纵横家书》中，保存其书信和游说辞十六章。

商鞅（约前 390—前 338）　战国中期政治家。公孙氏，名鞅。卫国人。应秦孝公召入秦，提出变法主张，主持变法二十年。废除井田，划一度量衡，聚邑为县，采用连坐制，奖励军功、农耕，施法苛严。秦国以此富强。孝公死，遭反对势力车裂死。后人整理其政见，成《商君书》。

李冰　战国时水利工程专家。秦昭王任为蜀郡守，他熟谙当地地形水性，在都江堰（原灌县）玉垒山下岷江中成功修筑一系列分水工程，把岷江隔成内外两江。外江为江水正流，内江连接大小支渠，能灌溉整个成都平原。宋以后改称都江堰，至今效果良好。

屈原（约前 340—约前 278）　战国时楚国诗人。名平，字原。怀王时任左徒，参议国政，后遭谗毁，两度流放在外，因忧伤国事，发愤作《离骚》。秦兵破郢都（在今湖北荆州），他自投汨罗江（今湖南东北部）死。另有作品《九歌》《九章》《天问》等，感情沉郁，辞章瑰丽，富于想象力。是中国影响最大的爱国诗人。

孟尝君　战国四公子之一。妫姓，田氏，名文。齐国宗室大臣，其父田婴为齐威王子、齐宣王异母弟，在宣王时为相，封于薛（今山东滕州东南）。田文以庶子袭封，继承家业并执国政，称薛公，又号孟尝君。以延揽各类人才、门下食客三千闻名列国。一度入秦为相，未久逃归。后被齐湣王任为相，联合韩、魏打退秦国。齐湣王七年（前 294 年），因内乱出奔魏国为相,联合魏、燕、赵、秦伐齐。

平原君(?—前251年) 战国四公子之一。嬴姓,赵氏,名胜。赵国宗室大臣,赵武灵王之子,惠文王之弟,封于东武(今山东武城),号平原君。赵惠文王元年(前298年),平原君拜相,其后"三去相、三复位",历经惠文王、孝成王二朝,前后相赵48年。以好士而闻名天下,门下食客曾达数千人。赵孝成王七年(前259年),秦军围邯郸,赵国危急,平原君组织力量坚守三年,后求援于魏、楚,围得以解。赵孝成王十五年(前251年)卒。

信陵君(?—前243年) 战国四君子之一。名无忌。魏国宗室大臣,魏昭王少子、魏安釐王异母弟。被封于信陵(今河南宁陵),因号信陵君。无忌为人仁而下士,不敢以富贵骄人,养士数千,自成势力。他急人之困,曾两度击败秦军,分别挽救了赵国和魏国的危局。在赵国留居十年后返魏,魏安釐王拜他为上将军和相国,然而因秦国的谗言,疑心他会篡位自立,罢其军权。他自知得不到信任,谢病不朝,伤于酒色而死。18年后魏国被秦军所屠灭。著有兵书,世称《魏公子兵法》,著录于《汉书·艺文志》中,今佚。

春申君(?—前238) 战国四公子之一。本名黄歇。楚国宗室大臣。楚顷襄王时任左徒。为人博闻善辩,与太子一起扣留于秦国十年。楚考烈王即位,任为令尹,封给淮北之地十二县,后改封于吴(今江苏苏州),号春申君。他在封地内分设都邑,治理申江水患,疏通河道,政绩显赫。门下有食客三千余人。曾派兵救赵攻秦。楚考烈王病逝,春申君在奔丧时被李园刺杀。

公孙龙(前320—前250) 战国时思想家。名家学派创始者之一。赵国人。曾被平原君奉为上宾。他的基本命题为"别同异",着眼在"别",将"同"与"异"的矛盾绝对化。其著名命题是"离坚白"与"白马非马论"。今存《公孙龙子》六篇。

荀子(约前313—前238) 亦称"荀卿"。战国后期思想家。名况。赵国人。游历秦、赵,晚年在楚国任兰陵令,著述终老。其学出于儒家,主张"人性恶"说,因而特别强调"礼"的作用。他是儒家转向法家的关键人物,韩非、李斯皆其弟子。著有《荀子》一书。

韩非(约前280—前233) 战国末期思想家。韩国贵族。与李斯同出荀况门下。秦王政(即秦始皇)慕其名,强邀他入秦,被李斯等诬害,死于狱中。他提出"以法为本","法术势"结合的政治理论,主张维护君主个人的独裁统治,对秦王朝具有重大影响。著作有《韩非子》。

吕不韦(?—前235) 战国末大商人、秦国大臣。卫国濮阳(今河南濮阳西南)人。经商于邯郸,遇入赵为人质的秦公子子楚,推荐给秦太后华阳夫人,立为太子。子楚(庄襄王)继位,任他为相。一度专断朝政,极有权势,曾召门下宾客,著成《吕氏春秋》一书。秦王政亲政后,被免去相职,两度流徙,在赴蜀郡中途自杀。

秦始皇(前259—前210) 秦王朝的创建者。姓嬴,名政。前247—前210年在位。以武力吞并六国,建立中国历史上第一个大一统的中央集权国家。他取消分封,实行郡县制,承认土地私有,统一度量衡,修筑万里长城,北击匈奴,南征百越,焚书坑儒,派人寻海上不死之药。统治严峻苛暴,民不堪命。死于巡行中途。

秦始皇石刻像

荆轲(? —前227)　战国末刺客。卫国人。好读书击剑。游历至燕国，燕太子丹厚待之，派他入秦，乘进献地图的机会，谋刺秦王。后秦王政(秦始皇)在咸阳宫召见他，他行刺未成，被杀。后世多以此事为文学题材。唐骆宾王《于易水送人》诗：“此地别燕丹，壮士发冲冠。昔时人已没，今日水犹寒。”

徐福　秦朝方士。琅邪(治今山东青岛市黄岛区琅邪台西北)人。曾向秦始皇上书，称海中有三神山，为神仙所居，愿携童男童女往求“不死之药”。秦始皇予以大量财富物资，并发童男女数千人，随他入海求之。后乃一去不返。参见“徐福东渡”。

徐福雕像

李斯(? —前208)　秦朝大臣、书法家。楚国上蔡(今河南上蔡西南)人。以才智受秦王政(秦始皇)赏识，升任丞相。助成统一天下、改革制度、焚书坑儒等。始皇死，与赵高合谋，伪造诏书，逼始皇长子扶苏与大将蒙恬自杀，立少子胡亥为二世。后遭赵高嫉，以谋反罪腰斩于咸阳，灭三族。善写小篆，所书《泰山刻石》，有宋拓本传世。

赵高(? —前207)　秦朝宦官。出身赵国贵族，通晓刑律政事。在秦为中书令。始皇死，与李斯合谋，立少子胡亥承继帝位。在任专权用事，行政苛暴。后杀丞相李斯，自任丞相。又杀二世，立子婴为皇帝，后为子婴所杀。作有《爰历篇》以改良字体，今佚。

秦二世(前230—前207)　秦朝皇帝。秦始皇少子。名胡亥。前210—前207年在位。始皇死，与赵高、李斯合谋，伪造诏书，逼其兄扶苏自尽，得继帝位。在位滥用民力，继续兴造阿房宫与驰道，不久爆发农民大起义，被赵高的亲信逼迫自杀。

陈胜(? —前208)　秦末农民起义领袖。字涉。阳城(今河南登封东南)人，雇农出身。秦二世元年(前209年)，他被征戍渔阳(今北京市密云区西南)，中途为雨所阻，依法当死，在大泽乡(今安徽宿州东南)与吴广发动同行戍卒九百余人，揭竿而起。被推为王，国号张楚。遭秦将章邯镇压，失败被杀。

项羽(前232—前202)　秦末起义军领袖。名籍，字羽。下相(今江苏宿迁西)人。出身楚国贵族。秦二世元年(前209年)，起兵吴中，在巨鹿(今河北平乡西南)摧毁秦军主力。入关，自称西楚霸王。前202年，被刘邦的汉军围困垓下(今安徽固镇东北，沱河南岸)，突围至乌江，自刎死。

汉高祖(前256或前247—前195)　即“刘邦”。西汉的开国皇帝。字季。前202—前195在位。沛县丰邑(今江苏丰县)人。初为亭长。秦二世元年(前209年)，在萧何等支持下起兵。前207年，攻入咸阳，推翻秦朝统治，废秦苛法。最终击败项羽，建立汉朝。在位基本继承秦制，地方郡国并行，实行重农抑商，轻徭薄赋，与民休息政策。死后，上尊号“高皇帝”。

汉高祖刘邦画像

吕后(前241—前180)　汉高祖刘邦的皇后。名雉，字娥姁。楚汉战争初期为项羽所获，数年后送归刘邦。西汉建立后为皇后，助刘邦杀韩信、彭越等异姓诸侯王。刘邦死，其子惠帝即位，她执掌实权，临朝称制，分封诸吕为王侯，控制中央禁军。她病死后，诸吕欲叛乱，为功臣周勃、陈平所诛灭。

汉武帝（前156—前87） 即“刘彻”。西汉皇帝。景帝之子。前141—前87在位。统治期间，改革政治、经济和货币，建立中央集权制。采用董仲舒建议，罢黜百家，独尊儒术；采用桑弘羊建议，将冶铁、煮盐、铸钱收归国营。又用大将卫青、霍去病，打击匈奴，打通与西域各国的通路，促进中外文化交流。在此期间，国势达到鼎盛。然其巡游封禅，祀神求仙，挥霍无度，好大喜功，也加剧和激化了社会矛盾。

汉武帝刘彻画像

韩信（？—前196） 西汉初军事家。淮阴（今江苏淮安市淮阴区西南）人。楚汉战争中，初隶项羽，未被重用，后经萧何力荐，刘邦拜为大将。善用兵，前202年，消灭项羽军。西汉建立，封楚王。因有勾结叛乱嫌疑，降淮阴侯。后为吕后设计擒杀。

萧何（？—前193） 西汉初大臣。沛县丰邑（今江苏丰县）人。出身小吏。秦二世元年（前209年）随刘邦起义。在楚汉战争中，他荐韩信为大将，稳定后方，辅助刘邦最后战胜项羽，建立西汉王朝。汉初，他推行与民休息政策，所制定《汉律》九章，已佚。

贾谊（前200—前168） 西汉政论家、散文家。洛阳（今属河南）人。二十岁被文帝召为博士。不久任太中大夫。力主改革政治，受权贵排挤，贬为长沙王太傅。多次上书，建议削弱诸侯王势力，以农为本，反对向匈奴屈辱求和。不得志，抑郁而死。著有《过秦论》《治安策》《论积贮疏》《吊屈原赋》等，有《新书》传世。

董仲舒（前179—前104） 西汉思想家，儒家今文经学大师。广川（治今河北景县西南）人。少治《春秋》。武帝时，他以“贤良”身份三次对策，倾向“有为”，提出“罢黜百家，独尊儒术”的政策，受到赏识。他还倡“天人感应”说，创立“三纲五常”的思想体系。著作有《春秋繁露》存世。

司马迁（约前145或前135—？） 西汉史学家、文学家。字子长。夏阳（今陕西韩城南）人。父司马谈为太史令。太初元年（前104年），继父志，修撰史书。后因替李陵战败辩解，触怒武帝下狱，无力自赎，被处宫刑。出狱后，任中书令，继续发愤著书，前后十二年，写成不朽之作《太史公书》，三国后改称《史记》，为中国最早的通史。

司马迁画像

卫青（？—前106） 西汉名将。字仲卿。河东平阳（今山西临汾西南）人。卫皇后弟。本平阳公主家奴。以皇后弟为汉武帝重用，官至大将军大司马，封长平侯。西汉初年起，匈奴不断攻扰北方诸郡。元朔二年（前127年），率军大败匈奴，控制了河套地区。元狩四年（前119年），又与霍去病分兵打败匈奴主力。前后七次出击，解除了匈奴对汉王朝的威胁。

霍去病（前140—前117） 西汉名将、军事家。河东平阳（今山西临汾西南）人。官至骠骑将军，封冠军侯。武帝时，先后六次率军出击匈奴，解除了匈奴对汉王朝的威胁。武帝为他建造府第，他说："匈奴不灭，无以家为。"

苏武（约前140—前60） 西汉大臣、外交家。字子卿。杜陵（今陕西西安东南）人。奉命出使匈奴，被扣押，匈奴百般诱降，又将他流放到北海（今贝加尔湖）边牧羊。他历尽苦辛，留匈奴十九年，始终不屈。后获释归汉，官至典属国。

王昭君 西汉元帝时宫女。名嫱，字昭君。南郡秭归（今属湖北）人。被选入宫数年，不得见帝，适匈奴呼韩邪单于入朝求婚姻，她自请远嫁。入匈奴后，立为"宁胡阏氏"。呼韩邪单于死，前阏氏所生长子雕陶莫皋继位。昭君上书求归，成帝令她从胡俗，遂依匈奴"父死，妻其后母"的传统，再嫁雕陶莫皋为阏氏。前后，汉与匈奴四十余年无战事。墓在今内蒙呼和浩特市南大黑河南岸。晋代避司马昭讳，改称"王明君"或"明妃"。其事迹与传说，成为后世大量文艺作品的题材。著名的有晋石崇《王明君辞》，宋王安石《明妃曲》，元马致远杂剧《汉宫秋》和京、昆剧《昭君出塞》等。

王昭君雕像

刘向（约前77—前6） 西汉末文学家、经学家、文献目录学家。本名更生，字子政。沛（今江苏沛县）人。汉宗室。历官至光禄大夫。正直敢言，曾弹劾外戚宦官专权误国，两次下狱。著有《新序》《说苑》《列女传》等。又整理国家藏书，撰成《别录》，为中国目录学之祖。

刘歆（？—23） 西汉末古文经学家、目录学家。字子骏，后改名秀，字颖叔。刘向之子。成帝时，奉命与父刘向负责整理国家图书，于学无所不究。任至中垒校尉、京兆尹，后谋诛王莽，事泄自杀。所撰《七略》，为中国历史上第一部图书分类目录。

扬雄（前53—18） 西汉末辞赋家、哲学家、语言学家。字子云。蜀郡成都（今属四川）人。少博览群书，爱好作赋，口吃不善言辞。成帝时，以文章召见。王莽篡汉后，任为大夫。晚年感辞赋无益于世，著《法言》与《太玄》。另有语言学著作《方言》一书传世。

王莽（前45—23） 新王朝的建立者。字巨君。魏郡元城（今河北大名东）人。公元8—23年在位。汉元帝皇后侄。西汉末任大司马、大将军，掌握朝政。初始元年（8年），篡汉称帝，史称新莽。在位期间，据《周礼》全面变更旧制，将全国土地改称"王田"，奴婢改称"私属"，禁止买卖。控制和垄断工商业，屡铸新币。因法令苛细，徭役繁重，造成社会经济大破坏。地皇四年（23年），在全国农民起义打击下，政权迅速崩溃，他也被义军所杀。

汉光武帝（前5—57） 即"刘秀"。东汉的开国皇帝。公元25—57年在位。汉高祖九世

汉光武帝刘秀画像

孙。名秀，字文叔。南阳蔡阳（今湖北枣阳西南）人。太学生出身，利用新莽末年农民大起义的力量，削平割据势力，建立东汉政权，定都洛阳。在位下令释放奴隶，减免租税徭役，兴修水利，精简官吏，抑制豪强，恢复生产，巩固了中央集权体制。庙号世祖。

班固（32—92） 东汉史学家、辞赋家。字孟坚。扶风安陵（今陕西咸阳东北）人。史学家班彪之子，班超、班昭之兄。幼承家学，博通载籍，九流百家之书，无不究览。明帝时，召为郎，历时二十余年，奉诏修成《汉书》。又著有《白虎通义》《两都赋》等。后因窦宪一案牵累下狱死。

班昭（约49—约120） 东汉女史学家、文学家。字惠班。扶风安陵（今陕西咸阳东北）人。班彪之女，班固、班超之妹。十四岁嫁曹世叔，早寡，博学高才。班固著《汉书》，八表及《天文志》未成而卒，和帝诏命她与马续共续成之。她亲授《汉书》予同郡学者马融等。又奉诏担任宫中皇后及妃嫔的教师，受到邓太后的礼遇尊重，年七十余卒。著有《东征赋》《女诫》等。

王充（27—约97） 东汉思想家。字仲任。会稽上虞（今浙江绍兴市上虞区）人。出身寒门，后至京都，进入太学，师从学者班彪。曾任地方郡功曹等职，后长期罢职家居，从事教学著述。其治学痛恨虚妄，反对当时流行的谶纬神学迷信，重视理性思维，主张经验是知识的基础。有《论衡》一书存世。

许慎（约58—约147） 东汉经学家、文字学家。字叔重。汝南召陵（今河南漯河市召陵区）人。曾任太尉南阁祭酒等职。师从学者贾逵，博通经籍。为规范汉字，理清源流，正确读解儒家经书，费时二十载，研究总结前人成果，著成《说文解字》一书，在汉语言文字学史上做出重大贡献。

蔡伦（约61—121） 东汉造纸术发明家。字敬仲。桂阳（今湖南耒阳）人。宦官，为人有才学，先后受窦、邓两太后重用。和帝时任中常侍、尚方令。邓太后卒，安帝亲政，因追究早年受窦后指使，参与宫廷迫害事，自尽死。在尚方，主管制造御用器物。元兴元年（105年），他总结前人经验，改进技术，用树皮、麻头、破布、旧渔网等为原料造出纸张，时称“蔡侯纸”。此后书写乃多用纸。参见“造纸术”。

张衡（78—139） 东汉科学家、文学家。字平子。南阳西鄂（今属河南南阳石桥镇）人。少年好学，入京师，游太学，贯通儒家经典。能诗赋，并精于天文、历法、算学、物理、机械之学。曾任郎中、尚书侍郎、太史令等职。他发明浑天仪、地动仪，著《灵宪》，绘成中国第一张有2 500颗星的星图，在天学上主“浑天说”。文学上有《二京赋》等诗文传世。今人整理有《张衡集》。

郑玄（127—200） 东汉经学家。字康成。北海高密（今属山东）人。入太学学习今文经，从马融学习古文经，博通群经。讲学聚徒，弟子数千。他以古文经说为主，兼采今文经学，遍注群经，如《毛诗》《尚书》《周礼》《仪礼》《礼记》《周易》《论语》等，为汉代经学的集大成者。

张仲景 东汉医学家。名机。南阳郡（治今河南南阳）人。少时好学，学医于同郡张伯祖。据说后曾任长沙太守。时疫病流行，他辞官以医为业，并精研医典，博采众方，著《伤寒杂病论》。经后人多次整理，成为《伤寒论》《金匮要略》两书，总结了汉以前的医疗经验，对中医学的发展有重大贡献。

蔡邕（132—192） 东汉文学家、书法家。字伯喈。陈留圉（今河南杞县西南）人。汉灵帝时，他因上书论朝政缺失及反对宦官，流亡在外十余年。汉献帝时，董卓专政，他任左中郎将，世称“蔡中郎”。董卓被诛，他也被捕，死于狱中。生平博通经史，善辞赋，散文长于碑记。书法精篆、隶，著名《熹平石经》即出于其手书。有《蔡中郎集》。

蔡文姬 东汉末女诗人。名琰。陈留圉（今河南杞县西南）人。学者蔡邕之女。博学有才辩，妙解音律。夫死，居母家。东汉末为南匈奴所掳，陷胡地十二年。曹操以故友之女，派使者赎她归汉，后再嫁同郡董祀。有《悲愤诗》传世。相传编入《乐府诗集》的《胡笳十八拍》也是她的作品。

曹操(155—220) 即"魏武帝"。东汉末政治家、军事家、文学家。字孟德，小名阿瞒。沛国谯(今安徽亳县)人。孝廉出身，参加镇压黄巾军。先后击败各豪强集团，征服乌桓，统一北方，位至丞相。南征孙权、刘备，在赤壁战败。后进位魏王。曹丕追尊为"武帝"。著有《孙子略解》等。诗歌古朴雄浑，悲凉慷慨，散文清峻质朴，充分体现了"建安风骨"的特点。今人辑其作为《曹操集》。

曹丕(187—226) 即"魏文帝"。三国时魏国的建立者。字子桓。曹操次子。曾任五官中郎将。建安二十二年(217年)，成为魏国世子。曹操死，嗣位丞相、魏王。后代汉称帝，国号魏，定都洛阳。在位时实行九品中正制，确立士族的政治特权。生平爱好文学，为当时文坛领袖。开创七言歌行，工散文，情致深婉。其《典论·论文》是中国较早的文艺理论专著。

曹植(192—232) 三国时魏国文学家。字子建。曹操第三子，曹丕之弟。少时下笔成文，才华隽发，曹操甚爱之，曾欲立为太子，后失宠。曹丕称帝后，不予任用，行动不得自主，有命他"七步成诗"的传说。初封东阿王，后改陈王，抑郁而死。前人认为他是汉魏五言诗的冠冕，今存《曹子建集》。

刘备(161—223) 三国时蜀汉的建立者。字玄德。涿郡涿县(今河北涿州)人。汉之宗室，少孤贫，与关羽、张飞结交。以镇压黄巾功，代领豫、徐两州牧。后"三顾茅庐"，采纳诸葛亮建议，联孙抗曹，占据荆州，继又引兵入蜀，夺取益州与汉中，自立为汉中王。公元221年称帝。国号汉，都成都。以伐吴失败，死于白帝城(今四川奉节)。

诸葛亮(181—234) 三国时蜀汉政治家、军事家。字孔明。琅邪阳都(今山东沂南南)人。少有大志，隐居邓县隆中(在今湖北襄阳)，人称"卧龙"。建安十二年(207年)，出为刘备辅佐。联合孙权取得赤壁大捷。助刘备建立蜀汉政权，功拜丞相。后主继位，封武乡侯。执政期间，抑制豪强，推广屯田，发展生产，对西南各族采取安抚政策。后北伐曹魏未成功，病死。有《诸葛亮集》传世。

诸葛亮画像

孙权(182—252) 三国时吴国的建立者。字仲谋。吴郡富春(今浙江杭州市富阳区)人。继承其兄孙策事业，据有江东地区。建安十三年(208年)，联合刘备，大破曹操军。后又联曹反蜀，杀关羽，夺回荆州，大败刘备。公元229年，称帝于武昌，国号吴。在位发展江南经济，曾派船至夷洲(今台湾)。死后被追尊为吴大帝。

周瑜(175—210) 东汉末孙权部将。字公瑾。庐江舒县(今安徽庐江西南)人。出身士族，美姿容，精音律，人称周郎。追随孙策。策死，辅佐孙权。建安十三年(208年)，曹操率大军南下，他率军大破曹操于赤壁(今湖北武汉西南赤矶山，一说今湖北赤壁西北)，继而进克江陵。未久病卒。

华佗(?—208) 东汉末医学家。沛国谯(今安徽亳州)人。少时不求仕进，钻研医术。精内、妇、儿、针灸各科，尤擅长外科。曾用"麻沸散"使病人麻醉，以施行手术，是世界上最早的全身麻醉术。又模仿禽兽动态，创造体操"五禽戏"以健身。后因不从曹操征召被杀。

马钧 三国时魏国发明家。字德衡。扶风(今陕西兴平东南)人。少贫苦，曾改进织绫的织机，生产效率提高四五倍。后任博士、给事中，在洛阳创制用于灌溉的提水机械，名翻车，后世称为龙骨水车，大有利于生产力的提高。又制作指南车，改进诸葛亮创制的连弩，试制成攻城的抛石机，能连续发射石块。在机械制作方面造诣很高，当时人称“天下之名巧”。

阮籍（210—263） 三国魏文学家。字嗣宗。陈留尉氏（今属河南）人。为“竹林七贤”之一。博览群籍，尤好老庄。与嵇康齐名。曾任步兵校尉，世称“阮步兵”。蔑视礼教，常纵酒佯狂避祸。有《咏怀》诗八十余首，使用象征寓意手法，深沉隐约，多抒写痛苦孤独的心情。今人辑有《阮籍集校注》。

嵇康（223或224—262或263） 三国魏文学家。字叔夜。谯郡（今安徽涡阳）人。为“竹林七贤”之一。与阮籍齐名。风姿俊逸，博学多通，善鼓琴，工书画，好老庄之说及道家服食养生之术。曾官中散大夫，世称“嵇中散”。娶魏宗室之女，性高傲刚直，不为司马昭所容，而遭杀害。散文成就甚高。今人辑有《嵇康集校注》。

王弼（226—249） 三国魏玄学家。字辅嗣。山阳（今河南焦作东）人。少年颖悟，喜好老庄子，能文有才辩，以清谈著称于世。何晏荐为尚书郎，二人同为魏晋玄学的创始者，强调“贵无”之说。著《老子注》《周易注》等。今人辑有《王弼集校释》。

左思（约250—约305） 西晋文学家。字太冲。齐国临淄（今山东淄博东北）人。出身庶族，怀才不遇，官仅至秘书郎。曾以十年构思《三都赋》，体大思精，一时洛阳纸贵。所作《咏史》诗，傲视权贵，境界高远，抨击黑暗的门阀制度。今传《左太冲集》。

陆机（261—303） 西晋文学家。字士衡。吴郡吴县华亭（今上海市松江区）人。三国吴名将陆逊孙，陆抗子。吴亡，家居勤学。太康末，与弟陆云同到洛阳，名动一时，人称“二陆”。入晋，为著作郎、中书郎等职。以曾为平原内史，世称“陆平原”。“八王之乱”中，被成都王司马颖任为后将军、河北大都督，讨伐长沙王司马乂，兵败因谗被杀。其诗注重藻绘，讲求排偶，多拟古。所作《文赋》，为重要文学理论著作。善书法，其《平复帖》为今存年代最早的名家书法真迹。后人辑有《陆士衡集》。

谢安（320—385） 东晋著名政治家。字安石。陈郡阳夏（今河南太康）人。少时即为大臣王导器重。初隐会稽（今浙江绍兴），与王羲之、孙绰等畅游山水，不愿为官。直到40多岁，才出任征西大将军桓温的司马，历任侍中、尚书仆射等。太元八年（383年），主持军政大事，打败号称百万的前秦苻坚军队。会稽王司马道子专政时，受排挤，出镇广陵（今江苏扬州），后病逝于建康（今江苏南京），因追赠太傅，世称“谢太傅”。

王羲之（303—361） 东晋书法家。字逸少。琅邪临沂（今属山东）人。出身士族。官至右军将军、会稽内史。博采众长，推陈出新，变汉魏以来的质朴书风为俊逸流畅的新体，尤擅正书和行书，影响极大，后世尊为“书圣”。书迹刻本甚多。世称“王右军”。与子王献之并称“二王”。

王献之（344—386） 东晋书法家。字子敬。琅邪临沂（今属山东）人。王羲之第七子，简文帝婿。官至吴兴太守、中书令。工书法，兼精各体，尤擅行草，草书豪迈奔放，对后世影响很大。世称“王大令”。与其父并称“二王”。

顾恺之（约345—409） 东晋画家。字长康，小字虎头。晋陵无锡（今属江苏）人。官至通直散骑常侍。生平多才艺，工诗赋、书法，尤精绘画，作品多神仙、佛像、人像、禽兽、山水等。存世有其《女史箴图》的早期摹本。又著有《论画》等，影响甚大。（图见下页）

宋武帝（363—422） 即“刘裕”。南朝宋的建立者。公元420—422年在位。字德舆，小字寄奴。彭城（今江苏徐州）人。迁居京口（今江苏镇江）。幼年贫穷，曾贩履、种地、捕鱼。后为东晋北府兵将领，从刘牢之镇压孙恩起义。元兴三年（404年），击败桓玄，掌握东晋大权。曾出兵灭南燕，回师击败卢循，并西攻谯纵，收巴蜀，又出兵关中，灭后秦。官至相国，封宋王。元熙二年（420年），代晋称帝，国号宋。当政时期严禁世家大族隐匿户口、田地，实行土断，省并侨州、郡、县，增强了中央集权国家的力量。

陶渊明（？—427） 东晋文学家、诗人。一名潜，字元亮，私谥靖节。浔阳柴桑（今江西九江西）人。少有壮志，曾为州参军，后出任彭

顾恺之《洛神赋图卷》宋代摹本(部分)(文见上页)

泽县令,因不满意官场,毅然解职,归隐田园。所作诗文,多描写农村自然景色,及个人对人生、社会的感怀,语言质朴,韵味醇厚。是田园诗与隐逸诗的开创者,受到后世极大推崇。有《陶渊明集》。

谢灵运(385—433) 南朝宋诗人。小名客儿,后人习称"谢客"。陈郡阳夏(今河南太康)人,生于始宁(今浙江绍兴市上虞区)。东晋谢玄之孙。十八岁袭爵康乐公。曾任永嘉太守、临川内史等。后被人告发谋反,处死。性好山水,善于描绘自然景物,语言精工,形象鲜明,对唐代山水诗有一定影响。与南齐谢朓合称"大小谢"。有《谢康乐集》。

鲍照(约414—466) 南朝宋诗人。字明远。东海(郡治今山东郯城北)人。出身寒微,曾任临川王刘义庆的属官。临海王刘子顼镇荆州时,用为前军参军。后晋室内讧,照为乱兵所杀。他长于乐府诗,代表作有《拟行路难》十八首,充满了怀才不遇的愤世情绪。对唐代诗歌的发展具有重要的开启作用。亦工骈文。有《鲍参军集》。

祖冲之(429—500) 南朝宋、齐间科学家。字文元。范阳遒县(今河北涞水)人。历官公府参军、长水校尉等。博学多才,长于天文、算学,首次将圆周率的准确值推算到小数点后六位,比欧洲早一千多年。又定《大明历》,制造指南车、千里船等巧妙机械多种。著作多佚失。

沈约(441—513) 南朝梁文学家、史学家。字休文。吴兴武康(今浙江德清西)人。历仕宋、齐、梁三代。助梁武帝代齐,官至尚书令。他与谢朓等讲求声律对仗,时号"永明体",并创"四声八病"之说,对律诗的形成具有推动作用。又以前人旧本撰成《宋书》百卷。其他著作多佚。明人辑有《沈隐侯集》。

范缜(约450—约510) 南朝齐梁间思想家。字子真。南乡舞阴(今河南泌阳西北)人。出身寒微,少勤学,赋性耿直。曾任地方官及尚书左丞等职。著《神灭论》,论证精神依赖于形体,反对"因果报应""生死轮回"等说。天监六年(507年),梁武帝命朝臣群起驳难之,终不能使之屈。

谢朓(464—499) 南朝齐诗人。字玄晖。陈郡阳夏(今河南太康)人。出身士族。初任南齐诸王幕下参军、功曹、文学等职,后历任中书郎、宣城太守、礼部郎等。因事受牵连,下狱死。善作山水诗,风格清新流丽,特别受到唐代李白的追慕称赏。文学史上与谢灵运齐名,合称"大小谢"。后人辑有《谢宣城集》。

梁武帝(464—549) 即"萧衍"。南朝梁的开国皇帝。公元502—549年在位。南兰陵(今江苏常州西北)人。南齐宗室。少博学多通,有文武才。乘齐室内乱起兵，灭齐称帝，国号梁。鼓励农耕，减免租税，晚年崇信佛教，东魏降将侯景反叛，他被囚禁饿死。工书法，善草隶。著作甚多而散佚不存，《玉台新咏》中有其诗作。

梁武帝萧衍画像

刘勰（约465—约532） 南朝梁文学理论家、批评家。字彦和。原籍莒县（今属山东），世居京口（今江苏镇江）。早年依佛寺为生，精通佛典，家贫未婚娶。后任东宫通事舍人等职，深为昭明太子萧统所重。晚岁出家为僧。有《文心雕龙》一书传世。

北魏孝文帝（467—499） 即“拓跋宏”“元宏”。北魏皇帝。鲜卑族拓跋氏，后改姓元。五岁继位，冯太后临朝。二十三岁亲政后，整顿吏治，迁都洛阳，参照南朝典章，修改北魏政治制度，尽改鲜卑旧姓为汉姓，鼓励与汉人通婚，革除旧俗，而代之以全面的汉文化。改革中，严厉镇压反对变革的守旧贵族，为促进鲜卑社会发展和民族融合做出重大贡献。

郦道元（约470—527） 北魏地理学家、散文家。字善长。范阳涿县（今河北涿州）人。曾任河南尹等职。性刚毅，执法不阿，为权贵所忌。后为雍州刺史萧宝夤所杀。留心水道地理现象及历史古迹。著有《水经注》四十卷。

萧统（501—531） 即“昭明太子”。南朝梁文学家。字德施。南兰陵（今江苏常州西北）人。梁武帝之子，天监元年（502年）立为皇太子。少时遍读儒家经籍，及长，参与朝政。善诗赋，召集文学之士，选辑古今各体诗赋文

萧统画像

章成《文选》三十卷。病死，谥昭明太子。后人辑有《昭明太子集》。

庾信（513—581） 北周文学家。字子山。南阳新野（今属河南）人。初仕梁，任东宫学士、建康令等。诗文绮丽，与徐陵齐名。后出使西魏，被迫留居长安。入北周后，任骠骑大将军、开府仪同三司。思念故国，感伤身世，作《哀江南赋》，诗文风格苍劲悲凉。后人辑为《庾子山集》。

陈后主（553—604） 即“陈叔宝”。南朝陈皇帝。吴兴（今浙江长兴）人。在位刑罚苛暴，赋役繁重，大肆兴造宫室，雕饰侈靡，终日与朝臣江总、孔范、宠妃张丽华等酣歌游宴，创作艳词，不问政事。陈祯明三年（589年），隋大将韩擒虎攻破建康（今江苏南京），为隋军所获，后死于洛阳。

隋文帝（541—604） 即“杨坚”。隋王朝的建立者。公元581—604年在位。小名那罗延。弘农华阴（今属陕西）人。北周时袭父忠爵为隋国公。女为宣帝皇后。静帝年幼即位，他任丞相，总揽朝政，封隋王。大定元年（581年）废静帝自立，建立隋朝，改元开皇。开皇七年（587年）灭后梁，九年灭陈，结束南北朝分立局面，统一全国。在位期间，继行均田制，扩大垦田面积，搜查隐漏农户，使国家管辖的人丁数大增，以削弱豪强势力，保证国家财政收入。在政制上，确立三省制，改州、郡、县三级的地方政区为州、县二级制，废除九品

官人法，规定九品以上地方官吏均由中央任免。仁寿四年(604年)被太子广(炀帝)杀死。

隋炀帝(569—618) 即"杨广"。隋朝皇帝。弘农华阴(今属陕西)人。公元604—618年在位。初封晋王，伐陈立功，以诬害其兄夺得太子位。仁寿四年(604年)弑父自立。即位后，大兴徭役，沟通南北大运河，修建东都洛阳，三次发兵攻高丽，常年带领百官嫔妃外出巡游，骄奢挥霍无度，又为人猜忌，信任奸佞，杀害功臣，终于引发农民大起义。后在江都(今江苏扬州)的兵变中被缢杀。工诗文，有辑本《隋炀帝集》。

欧阳询(557—641) 唐代书法家。字信本。潭州临湘(今湖南长沙)人。官至太子率更令。善书法，名播异域。其书笔势险劲，出于王羲之、王献之而自成面目，世称"欧体"。与虞世南、褚遂良、薛稷齐名，称"唐初四大书家"。传世碑刻最著名的有《九成宫醴泉铭》《化度寺碑》等。

虞世南(558—638) 唐代书法家。字伯施。越州余姚(今属浙江)人。早年师从学者顾野王，博学能文。又学书法于智永，得"二王"之法。太宗时官至秘书监。书风冲和遒逸、寓刚于柔，与欧阳询、褚遂良、薛稷齐名，称"唐初四大书家"。名作有《孔子庙堂碑》《汝南公主墓志》等。

唐高祖(566—635) 即"李渊"。唐代开国皇帝。公元618—626年在位。字叔德。祖籍陇西成纪(今甘肃静宁西南)。祖、父分别为西魏、北周重臣。隋炀帝大业间，任太原留守。大业十三年(617年)，炀帝在扬州被杀，农民起义席卷全国，隋王朝即将崩溃，他率部起兵，进入长安，立炀帝孙为帝。次年夺取帝位，改国号为唐。后逐次消灭割据势力，统一全国。玄武门之变后被迫宣布退位，称太上皇。

唐太宗(599—649) 即"李世民"。唐朝皇帝。公元626—649年在位。高祖李渊次子。隋末随父起兵，战功卓著。李渊称帝后，封秦王。在"玄武门之变"中，杀死其兄太子建成与弟元吉，迫使李渊传位。他吸收隋亡教训，善于纳谏，任人唯贤，发展科举制度，减轻农民负担，使生产力得到迅速恢复与发展，形成政治清明、经济繁荣、社会安定的局面。史称"贞观之治"。

唐太宗李世民画像

武则天(624—705) 唐高宗皇后、武周皇帝。公元690—705年在位。并州文水(今属山西)人。功臣武士彟女，十四岁入宫为太宗才人。太宗死后，在长安感业寺为尼。高宗即位，召为昭仪。以计害死王皇后，得立为后，逐渐参与朝政。高宗死，她废中宗、睿宗。载初元年(690年)称帝，自名为曌，改国号周，都洛阳。改革科举制度，举行殿试，大力提拔新人，重视生产，提倡佛教，严酷镇压李唐宗室，重用酷吏，奖励告密。神龙元年(705年)病重，大臣张柬之等发动政变，杀死其宠臣张易之、张昌宗，拥中宗复位。死谥则天皇后，与高宗同葬乾陵。

唐玄宗(685—762) 即"李隆基"，亦称"唐明皇"。唐朝皇帝。公元712—756年在位。前期为政勤勉，任用贤能，励精图治，史称"开元盛世"。后逐渐追求享乐，沉溺声色，先后委政于李林甫、杨国忠，腐败日深。天宝十四载(755年)，胡族将领安禄山起兵反唐，攻陷两京。他逃往蜀中，太子李亨率军在灵武即位，尊他为太上皇。返回长安后郁郁而死。

唐玄宗李隆基画像

阎立本(约 601—673) 唐代大臣、画家。雍州万年(今陕西西安)人。父兄俱擅工程建筑、工艺绘画。高宗显庆中,官将作大匠,后代兄阎立德为工部尚书,官至中书令。善于写真,工车马、宫苑、人物,笔力雄劲圆浑。所画《太宗像》《秦府十八学士图》《凌烟阁功臣图》,有誉当时。其《历代帝王图》,今藏美国波士顿艺术博物馆。

孔颖达(574—648) 唐代经学家。字冲远。冀州衡水(今属河北)人。精通经学,对《毛诗》《尚书》《周易》《左传》《礼记》用力最深。隋炀帝时,举明经高第。入唐,为李世民秦王府文学馆学士之一。历官国子博士、国子祭酒。曾奉命与魏徵同修《隋书》。又奉敕与颜师古等撰《五经正义》,成为经学注疏定本,以作为学术与科举的准则。

魏徵(580—643) 唐代大臣、政治家。字玄成。魏郡馆陶(今属河北)人。隋末参加义军,入唐后为太子李建成东宫官属。太宗即位,擢任谏议大夫,前后陈谏二百余事。多次陈述隋代灭亡原因,指出"水能载舟,亦能覆舟",希望太宗"居安思危",要"薄赋敛,轻租税",均被采纳,记载见《贞观政要》。贞观七年(633 年),受诏主持梁、陈、齐、周、隋诸史的修撰。封郑国公。著有《隋书》序论与《北齐书》《梁书》《陈书》的总论等。

孙思邈(约 581—682) 唐代医学家。京兆华原(今陕西铜川市耀州区)人。少时因病学医,博涉经史百家之书。隋末至唐高宗,均曾召他为官,皆不就。一生致力于医药研究,他总结唐以前的临床经验、医学理论,收集方剂、针灸等著作,著有《千金要方》《千金翼方》。民间奉祀他为"药王"。

孙思邈画像

褚遂良(596—658) 唐代书法家、大臣。字登善。钱塘(今浙江杭州)人。太宗时任谏议大夫、中书令,后受遗诏辅佐高宗。因反对立武则天为皇后,遭贬死。其书法师法二王、欧阳询、虞世南,真书婉逸流美,别具风姿。与欧阳询、虞世南、薛稷并称"唐初四大书家"。碑刻有《雁塔圣教序》《孟法师碑》《房玄龄碑》等传世。

卢照邻(约 637—约 680) 唐代文学家。字昇之。幽州范阳(今河北涿州)人。少时博闻强记。曾任邓王府典签,迁新都县尉,因染风疾辞官,自号幽忧子,隐居太白山中。终因不堪病痛,自沉颍水而死。其诗创作,多忧苦愤激之音。最擅长七言歌行。与王勃、杨炯、骆宾王齐名,并称"初唐四杰"。有《幽忧子集》。

慧能(638—713) 亦作"惠能"。唐代高僧。本姓卢,原籍幽州范阳(今河北涿州)。早岁丧父,卖柴养母。后出家,投湖北黄梅弘忍大师门下,传说以所作"菩提本无树,明镜亦非台。本来无一物,何处惹尘埃”一偈受到赏识,秘授其《金刚经》及衣钵。南行后在韶州大倡顿悟法门,成为佛教禅宗“南宗”之祖。有《六祖坛经》传世。

文成公主(? —680) 唐太宗养宗室之女。贞观八年(634 年),吐蕃赞普松赞干布继位,遣使求婚。贞观十五年,太宗命礼部尚书李道宗主婚,并护送文成公主前往。公主携带大批金银器皿、丝绢以及工艺、营造、医药等类书籍和工匠等入藏,积极推动了汉、藏两族人民的友好交流及藏族社会的发展。

王勃(649—676) 唐代文学家。字子安。绛州龙门(今山西河津)人。六岁能文,十四岁被荐于朝,授朝散郎,曾为王府修撰。后其父任交趾令,他前往省亲,渡海时溺于水,惊悸而死。生平学识渊博,工诗文。诗风清新劲健,骈文华实兼备,具有真情实感,唐以下颇罕其匹。与杨炯、卢照邻、骆宾王合称“初唐四杰”。有《王子安集》。

骆宾王(? —约 684) 唐代文学家。婺州义乌(今属浙江)人。七岁能文。高宗时,历任武功主簿、长安主簿、侍御史。因故下狱,左迁临海丞。徐敬业举兵反武则天,署为府属。为徐敬业作檄文,历数武后罪状。徐敬业事败后不知所终。工骈体文,擅长七言歌行。与王勃、杨炯、卢照邻齐名,并称“初唐四杰”。有《骆临海集》。

杨炯(650—692) 唐代文学家。华阴(今属陕西)人。十岁举神童,二十七岁制科中第后,任校书郎、崇文馆学士。武则天时,卒于盈川县令。世称杨盈川。为人恃才傲物,性苛严,为时所忌。工骈文,诗以五律见长,风格劲健。当时与王勃、卢照邻、骆宾王齐名,并称“初唐四杰”。有《杨盈川集》。

李思训(651—716,一作 648—713) 唐代画家。成纪(今甘肃秦安)人。李唐宗室。曾任右武卫大将军,世称“大李将军”。其子李昭道,世称“小李将军”。其画精丽严整,以金碧青绿的颜色作山水,境界高超,笔法刚劲。与同期兴起的水墨山水画,共同为五代、北宋的山水画奠定基础。

张若虚(约 660—约 720) 唐代诗人。扬州(今属江苏)人。曾任兖州兵曹。中宗时,与贺知章、张旭、包融并称为“吴中四士”。玄宗开元时尚在世。诗今存两首,以七言乐府《春江花月夜》最负盛名。

陈子昂(661—702) 唐代文学家。字伯玉。梓州射洪(今属四川)人。少任侠,后举进士。武后时,迁右拾遗,直言敢谏,力陈时弊。圣历元年(698 年),解职回乡,遭诬害,冤死狱中。在创作上,提倡汉魏风骨,强调“兴寄”,反对六朝靡丽诗风。《感遇》诗三十八首与《登幽州台歌》是其代表作。今人整理有《陈子昂集》。

刘知幾(661—721) 唐代史学理论家。字子玄。彭城(今江苏徐州)人。永隆进士。武则天时,曾官著作佐郎、左史等,兼修国史。中宗时,与修《则天皇后实录》。前后任史职二十年。所著《史通》是中国第一部系统的史学理论著作。

僧一行(683—727) 唐代天文学家、佛学家。本名张遂。魏州昌乐(今河南南乐)人。自幼勤学,学问渊博,尤精天文、历法、数学。出家后,在嵩山、天台山学习并参与印度佛经的翻译,成为佛教密宗领袖。玄宗时,在长安编制《大衍历》,并在制造天文仪器、观测天象及主持大规模的全国天文大地测量上做出贡献。

吴道子(约 685—758) 唐代画家。阳翟(今河南禹州)人。成名后,玄宗召为内教博士,改名道玄。擅长画佛道人物,笔迹磊落,意态雄峻。曾在长安、洛阳佛寺道观画宗教壁画三百余间,情状各不相似。也画蜀中等地山水。后世奉为画圣。存世《天王送子图》《释迦图》,均为摹本。另有传为吴道子所作的白描绢本《八十七神仙卷》。

传吴道子《八十七神仙卷》(局部)

孟浩然(689或691—740) 唐代诗人。襄州襄阳(今属湖北)人。早年隐居鹿门山，四十岁时游京师长安，应进士试未第。张九龄召为荆州从事，后患疽卒。曾游历东南各地，山水诗与王维齐名，世称王孟。所作长于写景，风格清新，多反映隐逸生活。有《孟浩然集》。

王昌龄(698—约756) 唐代诗人。字少伯，京兆长安(今陕西西安)人。开元进士。历官校书郎、江宁县(今江苏南京)丞、龙标县(今湖南洪江西)尉，世称"王江宁"或"王龙标"。安史之乱中，他避乱回乡，经亳州被刺史闾丘晓杀害。其诗七言绝句成就尤高，所写边塞军旅生活，格调雄浑，情辞兼美，明王世贞推为"神品"。后世辑有《王昌龄集》。

张旭 唐代书法家。字伯高。吴郡(今江苏苏州)人。曾官金吾长史，世称"张长史"。家传书法，得虞世南笔法。生平工楷书，尤精草书。其体势狂放奇特，连绵萦绕，常在大醉后呼喊狂走，然后落笔。世称"张颠"，被奉为"草圣"。颜真卿曾向其请教笔法，怀素继承和发展了他的草法。也能诗。传世手迹甚少，且多临本。

王维(701—761，一作698—759) 唐代诗人、画家。字摩诘。原籍太原祁县(今属山西)，其父迁居蒲州(今山西永济)，遂为河东人。开元进士，仕至尚书右丞。工诗，前期作品风格雄浑，后期追慕隐逸生活，思想上皈依佛教，多山水田园之作。兼通绘画，苏轼称他"诗中有画，画中有诗"，明董其昌推为南宗山水画之祖。有《王右丞集》及《画学秘诀》传世。

李白(701—762) 唐代诗人。字太白，号青莲居士。祖籍陇西成纪(今甘肃静宁西南)。幼时随父生活在蜀中。少年博学，好游侠。开元二十九年(741年)，奉召至长安，供奉翰林，后遭权贵谗毁离京。安史之乱中，因入永王李璘幕府获罪，流放夜郎(今贵州桐梓)，中途赦回。晚年漂泊，逝世于当涂(今属安徽)。他的诗歌风格雄奇瑰丽、想象丰富、气势充沛，善于描绘山川的壮美，也有同情人民、揭露和嘲笑统治阶级的作品。文学史上与杜甫齐名，并称"李杜"。有《李太白集》。

李白画像

高适(702—765) 唐代诗人。字达夫。沧州渤海(今河北景县)人。少贫寒不得志，壮年漫游各地。后应举中"有道"科，节度使哥舒翰用为记室参军。历任西川节度使、散骑常侍。写边塞诗情词苍凉，意境雄浑，尤长于歌行。和岑参齐名，世称"高岑"。有《高长侍集》。

安禄山(703—757) 唐代叛军首领。营州柳城(今辽宁朝阳市)胡人。本姓康，后更姓名为安禄山。以骁勇善战，及博取唐玄宗、杨贵妃欢心，升迁至平卢、范阳、河东三镇节度使。天宝十四载(755年)冬，举兵叛变。攻入洛阳后自称大燕皇帝，又陷长安。所过烧杀淫掠。未久被其子安庆绪杀死。

颜真卿(709—785) 唐代书法家、政治家。字清臣。京兆万年(今陕西西安)人。开元进

颜真卿画像

士。曾任平原太守。安禄山叛乱，与从兄杲卿起兵讨伐叛军，建有大功。代宗时封鲁郡开国公，世称“颜鲁公”。德宗时，淮西节度使李希烈叛，奸相卢杞派他前去劝谕，他正气凛然，被李希烈缢死。其正楷端严雄秀，磊落巍峨，古法为之一变，世称“颜体”。也擅草书。传世碑刻甚多，有《多宝塔碑》《东方朔画赞碑》《麻姑仙坛记》《郭家庙碑》《宋广平碑》等，行书有《争坐位帖》，墨迹有《祭侄女稿》等。诗文后人辑为《颜真卿集》。

杜甫（712—770） 唐代诗人。字子美，号少陵野老。祖籍襄阳（今属湖北），生于巩县（今河南巩义西南）。诗人杜审言之孙。少时抱负远大，漫游各地。安史之乱前寓居长安，乱起，奔赴肃宗行在，授任左拾遗。一度流落成都，在剑南节度使严武幕中任检校工部员外郎，后世因称杜工部。晚年离蜀东归，病死湘江旅途舟中。其诗作多写时代战乱、民生疾苦，描绘山川，凭吊古迹，千汇万状，沉郁顿挫。对新乐府运动影响深广。文学史上与李白齐名，并称“李杜”。宋以后被尊称“诗圣”。有《杜工部集》。

杜甫画像

岑参（约715—770） 唐代诗人。荆州江陵（今湖北荆州市荆州区）人。天宝年间进士。曾随军到达安西、轮台等地区，熟悉军中生活。后官至嘉州刺史，世称岑嘉州。所作诗善于描绘边塞风光和战争景象，气势豪迈，色彩浓烈，语言变化多端，风格独具，与高适较接近，世称“高岑”。有《岑嘉州诗集》。

杨贵妃（719—756） 即“杨太真”。唐玄宗宠妃。小字玉环。蒲州永乐（今山西芮城西南）人。本为玄宗子寿王妃，高力士为玄宗访得，先让其为女道士，号太真。天宝四载（745年），入宫封为贵妃。堂兄杨国忠因得为宰相，姊妹皆封为国夫人，一门显贵。通音乐，善歌舞。天宝十四载安禄山叛乱，随玄宗逃奔蜀中，行至马嵬驿，随驾将士杀杨国忠，玄宗被迫令她自缢。

韩滉（723—787） 唐代画家。字太冲。长安（今陕西西安）人。以门荫入仕，德宗时为镇海军节度使，以功加检校左仆射及江淮转运使，封晋国公。好鼓琴，工草篆，擅画农村风俗景物，尤以画牛曲尽其妙。传世作品有《五牛图》卷，笔法精妙，线条流畅优美，姿态各异，生动有神，又有人物画《文苑图》卷，现均藏北京故宫博物院。

怀素（725—785，一作737—799） 唐代书法家、僧人。本姓钱，字藏真。长沙（今属湖南）人。自幼爱书法，搜求遗编逸简，刻苦练习。传说他秃笔成冢，并广植芭蕉，以蕉叶代纸书写。好饮酒，每兴到运笔，如骤雨旋风，纵横变化，而不失法度。其狂草继承张旭，而有所创造，世称“颠张醉素”。有《自叙》《苦笋》等帖传世。

陆羽（733—约804） 唐代茶学专家、诗人。字鸿渐。复州竟陵（今湖北天门）人。幼为弃婴，为陆姓僧人收养。后逃离寺院为伶人，又从儒者学习。上元元年（760年），隐居种茶于苕溪（今浙江湖州），与诗僧皎然、女诗人李季兰等游，并为颜真卿门客。朝廷召为太子文学，不就。性嗜茶，著《茶经》三卷。死后，茶业奉他为“茶圣”。能诗，但传世者仅数首。

陆羽雕像

韦应物（约737—791） 唐代诗人。京兆长安（今陕西西安东南）人。出身士族。年幼家贫，以门荫为玄宗侍卫，后入太学，历任洛阳丞与滁州、江州、苏州刺史，世称“韦苏州”或“韦江州”。工诗，以田园风光为主，感情真挚，风格闲淡。也有关怀现实、勤政忧民之作。后人常将其诗与陶渊明诗并举。后世以其与柳宗元并称“韦柳”。有《韦苏州集》。

韩愈（768—824） 唐代文学家。字退之。河南河阳（今河南孟州南）人。祖籍昌黎，世称“韩昌黎”。贞元进士，官国子博士、吏部侍郎等职。曾因反对迎佛骨，触怒宪宗，被贬潮州刺史。政治上抨击藩镇割据，思想上尊儒排佛，文学上继承先秦两汉传统，反对骈俪文风，与柳宗元同为唐代古文运动领袖，世称“韩柳”。是“唐宋八大家”之首。亦工诗，雄奇险怪。有《昌黎先生集》等。

韩愈画像

刘禹锡（772—842） 唐代文学家。字梦得。洛阳（今属河南）人。贞元进士。累迁监察御史。与柳宗元等加入主张革新的王叔文集团，积极参与“永贞革新”。失败后，曾被贬边远之地。后出任苏州等地刺史，官至太子宾客、礼部尚书。所作诗感愤伤时、沉郁苍凉，《竹枝词》影响深远。散文雄健严整。有《刘梦得文集》。

白居易（772—846） 唐代文学家。字乐天，晚号香山居士。祖籍太原（今属山西），后迁下邽（今陕西渭南北）。二十七岁中进士。历任杭州刺史、苏州刺史、刑部尚书、太子少傅。

刘禹锡画像

白居易画像

因正直敢言，曾贬为江州司马。在地方兴利除弊，有济世忧民之志。工诗，语言通俗，长于铺叙，风格细腻委婉。主张文学要能反映现实，影响后世甚大。与元稹友善，世称“元白”。晚年与刘禹锡唱和甚多，人称“刘白”。有《白氏长庆集》。

柳宗元（773—819） 唐代文学家、思想家。字子厚。河东解县（今山西运城西南）人，世称“柳河东”。贞元进士。参与王叔文等的革新运动，擢礼部员外郎。叔文败，贬永州司马，后又贬柳州刺史，世称“柳柳州”。与韩愈同倡古文运动，并称“韩柳”。又与韦应物并称“韦柳”。在贬谪中创作大量诗文，语言精工奇丽，风格峻峭深沉。是著名的“唐宋八大家"之一。有《河东先生集》。

柳公权(778—865) 唐代书法家。字诚悬。京兆华原(今陕西铜川市耀州区)人。元和进士,历任翰林侍读学士、中书舍人、谏议大夫等职。工书法,正楷尤著名。得力于欧阳询、颜真卿,体势劲美。与颜真卿并称"颜柳"。所书碑以《玄秘塔碑》《神策军碑》最有名。

元稹(779—831) 唐代文学家。字微之。河南(府治今河南洛阳)人。幼能文,十五岁明经及第,二十四岁任校书郎,官至中书舍人,与裴度同为宰相,未久罢去。卒于武昌军节度使任所。为"新乐府运动"的积极倡导者。生平与白居易最友善,唱和不断,世称"元白"。所作传奇小说《莺莺传》称为后世戏曲《西厢记》的蓝本。有《元氏长庆集》。

元稹画像

牛僧孺(780—848) 唐代大臣、文学家。字思黯。安定鹑觚(今甘肃灵台)人。贞元进士。穆宗、文宗两朝,受党争中李逢吉、李宗闵一派的援引,曾任宰相五年。性正直敢言,被贬,后还朝病死。能文章,受到韩愈、柳宗元、刘禹锡等的赏识。著有《玄怪录》一书,是较早的传奇小说集。

李贺(790—816) 唐代诗人。字长吉。福昌(今河南宜阳西)人。唐宗室远支。少年天才,工诗好学,十几岁时受到韩愈、皇甫湜的赏识。一生不得志,年二十七卒。所作诗继承屈原楚骚的浪漫主义和汉魏六朝乐府的传统,熔铸词采,驰骋想象,形成新奇瑰丽的诗境,在中唐诗坛上独树一帜,称"李长吉体"。有《李长吉歌诗》,又名《昌谷集》。

杜牧(803—853) 唐代文学家。字牧之。京兆万年(今陕西西安)人。进士出身,曾为监察御史、史馆修撰、湖州等地刺史、中书舍人等。有政治抱负,性疏狂不羁。曾注释《孙子兵法》,为文论藩镇及用兵方略。诗风格俊爽,七绝尤为擅长,与李商隐合称"小李杜",是晚唐时期重要作家。有《樊川文集》《樊川诗集》。

李商隐(813—858) 唐代文学家。字义山,号玉谿生。怀州河内(今河南沁阳)人。开成进士,曾任校书郎等职,因"牛李党争"的相互倾轧,受牵累与排斥,长期在外任幕僚,潦倒终身。其政治诗与爱情诗用意深婉,情辞哀怨,有很高的艺术性,也工骈体文。与杜牧合称"小李杜",与温庭筠并称"温李"。有《李义山诗集》。

温庭筠(约 801—866) 唐代诗人、词人。字飞卿。太原(今属山西)人。宰相温彦博后代。少敏悟,恃才放浪,累举进士不第。后历任县尉,终于国子助教。其诗多写个人沦落之感。吊古漫游之作,感慨深沉;青楼艳情之篇,设色秾丽。在词的创作上,成就超过晚唐诸人,多表现妇女的相思恋情与离愁别恨。其诗与李商隐齐名,称"温李"。有《温飞卿集》。

韦庄(约 836—910) 唐末至五代前蜀诗人、词人。字端己。长安杜陵(今陕西西安东南)人。进士及第,曾任校书郎等。后入蜀,在王建幕府任掌书记。王建称帝,官吏部侍郎兼平章事。早年以叙述黄巢攻陷长安的长诗《秦妇吟》著名。亦工词,多写离愁别恨,与温庭筠合称"温韦"。为"花间派"代表作家之一。著有《浣花集》。

黄巢(?—884) 唐末农民军首领。曹州冤句(今山东曹县西北)人。贩私盐出身。乾符二年(875 年),随王仙芝起兵。后王仙芝战死,余部归他领导,自号冲天大将军。880 年先后攻占洛阳、长安,在长安即帝位,国号大齐。后因屡战失利,突围至山东自杀死。

荆浩 五代后梁画家。字浩然。沁水(今属山西)人。博通经史,隐居太行山。擅画山水松石,其画格调稳健,笔意森然。喜作百丈危峰,屹立于青冥之间。所作《山水诀》,是中国第一本山水画理论著作。与弟子关仝并称“荆关”,被认为是北方山水画派的创立者。著有《笔法记》。

关仝 五代后梁画家。长安(今陕西西安)人。工画山水,师法荆浩,刻意力学。晚年笔力大进,所画秋山寒林、春居野渡、幽人逸士、渔舟山驿,皆臻于绝妙,号“关家山水”。与荆浩并称“荆关”。与李成、范宽鼎足,形成五代、北宋山水画的三个主要流派。

董源(?—962) 五代南唐画家。字叔达。钟陵(今江苏南京,一说江西南昌)人。仕南唐,为北苑副使,世称“董北苑”。工山水,尤擅溪桥、渔浦、洲渚交相掩映的江南景色。水墨似王维,平远幽深,着色似李思训,画面富丽,与巨然并称“董巨”。也画动物与人物。是南方山水画的代表,与李成、范宽并称“北宋三大家”。下开“元四家”,明清亦受其影响。

巨然 五代北宋初画家。江宁(治今江苏南京)人。开元寺僧,绘画继承董源传统,有所变化。以披麻皴法画山水,作画以江南景色为主。随南唐后主李煜入宋,在汴京(今河南开封)开宝寺,曾作壁画。与董源齐名,并称“董巨”,对后世影响甚大。

李成(919—967) 五代北宋初画家。字咸熙。居长安(今陕西西安),后迁居青州益都(今山东青州)。世称“李营丘”。李唐宗室。博涉经史,寓兴于画,初师关仝,后自成一家。所画山林薮泽、飞流危栈、断桥绝涧以及风雨明晦、烟云雪雾之状,妙通造化。与关仝、范宽同为北方山水画派代表人物,而成就最高。与董源、范宽并称“北宋三大家”。其画作有流传至今者。

李煜(937—978) 五代时南唐国主、词人。公元961—975年在位。字重光。祖籍徐州(今属江苏)。中主李璟之子。怠于政事,纵情声色。开宝八年(975年),宋军攻金陵,出降。后在开封,被宋太宗毒死。生平工书画,通音律,尤长于词。擅长以白描手法和形象的比喻抒发感情。前期多写宫廷享乐生活,后期多写亡国之痛。遗作今见《南唐二主词》。

宋太祖(927—976) 即“赵匡胤”。北宋王朝的建立者、皇帝。公元960—976年在位。涿州(今属河北)人。出身将家,五代后周时任殿前都点检,周世宗死,嗣君年幼,他乘机发动陈桥兵变,回师夺取帝位。即位后,消灭割据势力,解除禁军及藩镇将领的军权,建立文官治国体制,完善科举制度,大量提拔下层士人,

宋太祖赵匡胤画像

李成《寒鸦归晚图》

加强中央集权。在位期间，重视农业生产和兴修水利，经济、文化得到恢复发展。庙号太祖。

宋太宗(939—997) 即“赵光义”。北宋皇帝。公元976—997年在位。太祖赵匡胤之弟。原名匡义，后赐名光义。参与拥立其兄，建立北宋。位至中书令，封晋王。太祖暴病死，他继位。在位期间，继续推行统一政策，迫使吴越投降，攻灭北汉，但对辽用兵，屡次失败。他注意兴修水利，鼓励垦荒，社会秩序得到安定。又注重以科举培植和网罗人才，下令编成《太平御览》《册府元龟》《太平广记》《文苑英华》四大类书，文化教育得到兴旺与发展。庙号太宗。

宋徽宗(1082—1135) 即“赵佶”。北宋末皇帝。公元1100—1125年在位。哲宗弟。在位重用蔡京等“六贼”，将司马光、文彦博等大臣百余人定为“元祐奸党”，迷信道教，滥增捐税，在京师兴造艮岳。宣和七年(1125年)，金军南侵，他传位于子钦宗。靖康二年(1127年)，汴京城破，与钦宗、后妃、大臣一齐被俘，押送金国，后死于五国城(在今黑龙江依兰)。工书画，书称“瘦金体”，绘画长于花鸟。庙号徽宗。

宋高宗(1107—1187) 即“赵构”。南宋皇帝。公元1127—1162年在位。徽宗第九子，封康王。北宋灭亡，他在部分大臣拥立下，于南京(今河南商丘)即位。后逃奔临安(今浙江杭州)为都，用秦桧为相。绍兴十一年(1141年)，收诸将兵权，杀害岳飞，与金订立“绍兴和议”，放弃淮水以北领土，称臣纳贡，换取生母韦太后南归。绍兴三十二年，他退居太上皇，传位于太祖一系的宗室之子赵昚(孝宗)。庙号高宗。

林逋(967—1028) 北宋诗人。字君复。钱塘(今浙江杭州)人。少孤家贫，隐居西湖孤山，

林逋《山园小梅》诗折扇

终身未仕，不娶无子。卒后，朝廷赐谥和靖先生。所居种梅养鹤，人称“梅妻鹤子”。其诗风格平淡清隽，写梅花有“疏影横斜水清浅，暗香浮动月黄昏”之句。有《林和靖诗集》。

范宽 北宋画家。仁宗天圣间尚在世。字中立。华原(今陕西铜川市耀州区)人。画山水师李成、荆浩，后决心师法自然，居终南、太华山中，朝夕遍观其胜，乃自成一家。其画境雄伟浩莽，画出北方山岳浑厚的气势，尤擅长雪山之景。作品有《雪景寒林图》《溪山行旅图》等。

柳永(约987—约1053) 北宋词人。字耆卿，原名三变。以排行第七，世称“柳七”。建州崇安(今福建武夷山市)人。仁宗景祐进士。曾为余杭县令、屯田员外郎等，世称“柳屯田”。约七十岁去世。喜作歌词，常和乐工、歌妓合作，闻名于世。所作擅长白描，曲尽委婉，多青楼相思、江湖羁旅之情，以及对城市繁华生活的描绘。对慢词的发展卓有贡献。著《乐章集》。

范仲淹(989—1052) 北宋大臣、文学家。字希文。苏州吴县(今江苏苏州)人。少有大志，真宗朝进士。仁宗时，任陕西经略安抚招讨副使兼知延州，防御西夏。庆历三年(1043年)，升任参知政事，联合富弼、欧阳修等，施行改革，史称“庆历新政”，未久失败。他是具有“先天下之忧而忧，后天下之乐而乐”精神的政治家。散文刚健，词以边塞生活为题材。有《范文正公集》。

范仲淹画像

晏殊(991—1055) 北宋大臣、词人。字同叔。临川(今江西抚州)人。十三岁以神童召，与

进士同试殿廷，擢秘书省正字。仁宗时，官至宰相兼枢密使，生平喜奖掖后进，范仲淹、欧阳修等皆出其门下。文章赡丽，词风受南唐冯延巳影响较深。多抒写富贵悠闲的诗酒生活，工于造语，往往情景交融。有《珠玉词》。子晏幾道，也是著名词人。

包拯（999—1062） 北宋大臣。字希仁。庐州合肥（今属安徽）人。仁宗初进士。历任监察御史、转运使、龙图阁直学士、权知开封府、枢密副史等。性严峻刚直，断讼以明敏正直著称。知端州，他不循常规，离任时“不持一砚归”。知开封府期间，杜绝任何请托，贵戚宦官都惧惮他，不敢为非。谥“孝肃”，文章后人整理为《包孝肃奏议》。民间将他看成为法律与正义的化身。合肥有包公墓园和纪念他的“包孝肃公祠”。

梅尧臣（1002—1060） 北宋诗人。字圣俞。宣州宣城（今属安徽）人。宣城古名宛陵，世称“宛陵先生”。赐进士出身，历任国子监直讲、尚书都官员外郎，与修《唐书》。在北宋诗文革新运动中，他反对空洞、浮艳的西昆诗风，所作追求平淡、含蓄。他与欧阳修、苏舜钦分别并称“梅欧”“苏梅”。著作今存《宛陵先生集》。

欧阳修（1007—1072） 北宋大臣、文学家、史学家。字永叔，号醉翁，晚号六一居士。吉州永丰（今属江西）人。仁宗天圣进士，参与“庆历新政”，反对罢免范仲淹。官至枢密副使、参知政事。神宗时，反对新法，致仕。卒谥文忠。生平喜奖掖后进，曾巩、王安石、苏洵父子皆受到他的提携。曾奉诏与宋祁合撰《新唐书》，独撰《新五代史》，工诗词古文。有《六一词》及《欧阳文忠公文集》。

欧阳修画像

苏舜钦（1008—1049） 北宋文学家。字子美。祖籍绵州盐泉（今四川绵阳东南），生于开封（今属河南）。宰相苏易简孙。景祐进士。历任大理评事、集贤校理、监进奏院。因岳父杜衍与范仲淹等主新政，为人倾陷，被劾除名，寓苏州，买地筑沧浪亭，读书其中。生平慷慨有大志，力主改革旧弊。工诗文，与欧阳修、梅尧臣相唱和，风格豪健激昂。有《苏学士文集》。

苏洵（1009—1066） 北宋散文家。字明允，号老泉。眉州眉山（今属四川）人。传说二十七岁才发愤读书。仁宗嘉祐初，与子轼、辙到京师，谒见欧阳修、韩琦等，文名大著。嘉祐五年（1060年），任为秘书省校书郎，参与修《太常因革礼》。擅长政论文，语言明畅，笔力雄健。与其子苏轼、苏辙合称“三苏”，同在“唐宋八大家”之列。有《嘉祐集》。

蔡襄（1012—1067） 北宋文学家、书法家。字君谟。兴化军仙游（今属福建）人。进士出身。历任福建转运使、知开封府、翰林学士、杭州知州等。在福建时，注重教育，禁止民间陋俗，致力兴修水利，主持建造跨泉州湾的洛阳桥，长360丈。工书法，与米芾、苏轼、黄庭坚并称“宋四大书家”。有《茶录》《荔枝谱》及《蔡襄集》传世。

周敦颐（1017—1073） 北宋理学家。字茂叔，号濂溪。道州营道（今湖南道县）人。历任地方司法官员，曾为广东转运判官、提点刑狱等，以洗冤泽民为己任。深于《易》学，程颐、程颢兄弟出其门下。著《太极图说》，认为“无极”是宇宙万物最根本的范畴。又提出理、气、心、性、命等，以及主诚、主静之说，他是宋代理学的创始人。著作后人编为《周子全书》。

曾巩（1019—1083） 北宋散文家。字子固。南丰（今属江西）人。世称“南丰先生”。少时受知于欧阳修。仁宗嘉祐进士，曾奉命编校史馆书籍，历知齐、襄、洪、福等州，有政绩。神宗时典修五朝国史，官至中书舍人。其文叙事议论，章法严谨，风格平易含蓄，典雅劲健。为“唐宋八大家”之一。亦能诗。有《元丰类稿》。

司马光(1019—1086) 北宋大臣、史学家。字君实。陕州夏县(今属山西)涑水乡人。世称“涑水先生”。仁宗宝元进士。初任地方官,后入朝知谏院。神宗时,任翰林兼侍读学士。他为政务实,对王安石变法持完全反对态度,是属于“旧党”的领袖人物。退居洛阳十五年,奉诏修成编年史巨著《资治通鉴》一书。哲宗元祐初,起用为宰相,尽废新法,未久去世。卒谥文正。诗文有《司马文正公集》。另著有《稽古录》《涑水记闻》等。

司马光画像

张载(1020—1077) 北宋理学家。字子厚。凤翔郿县(今陕西眉县)横渠镇人。世称“横渠先生”。少有大志,博览群书,喜谈兵事。三十八岁中进士,任签书渭州判官公事,协助筹划边防。后曾任崇文院校书,因病,退而读书讲学。其思想以“气”为宇宙本原,主张“理”在“气”中。其强调爱民的“民胞物与”的思想,对后世产生重大影响。著作收入《张子全书》,今名《张载集》。

苏颂(1020—1101) 北宋大臣、天文学家、药物学家。字子容。泉州南安(今属福建)人。仁宗朝进士,历仕四朝,任知开封府、刑部尚书、宰相等。学问渊博,是当时科学活动的杰出组织者。曾主持增补《本草》,又写成《图经本草》一书。他创制了世界上第一座天文钟兼水运仪象台,并著《新仪象法要》,详细介绍其设计原理。有《苏魏公集》。

王安石(1021—1086) 北宋政治家、文学家。字介甫,号半山。抚州临川(今江西抚州)人。庆历进士,历任地方官。熙宁二年(1069年),神宗用为宰相,推行新法,实施全面变革,受到保守派大臣的激烈反对,两次罢相,晚年退居江宁。曾封荆国公,世称“王荆公”。学问渊博,廉洁而固执。散文雄健峭拔,为“唐宋八大家”之一。诗歌清新遒劲,也能词,影响深远。有《王临川集》。

王安石画像

晏幾道(1038—1110) 北宋词人。字叔原,号小山。抚州临川(今属江西)人。晏殊第七子。科举不得意,五十岁后,才出任颍昌府许田镇监、乾宁军通判、开封府判官等。后退职家居,生平不肯依傍权贵。工词,擅中调、小令,写景抒情,深沉真挚,造语工丽,吐属天成。同情歌女的命运,多感伤之作。人称“小晏”。与其父齐名,时称“二晏”。有《小山词》。

沈括(1031—1095) 北宋科学家。字存中。杭州钱塘(今浙江杭州)人。进士出身。神宗初年,曾提举司天监,改制天文仪器。参与王安石的变法,政治上持新党立场,官至经略安抚使。晚年居润州(今江苏镇江)梦溪园,写成《梦溪笔谈》一书,见重后世,在中国科技史上占有重要地位。又著有《长兴集》等。

镇江重修沈括梦溪园内景

程颢(1032—1085) 北宋理学家。字伯淳,号明道,世称“明道先生”。洛阳(今属河南)人。仁宗嘉祐进士。神宗时曾任太子中允等,因与王安石政见不合,出任地方官,所至有政绩。早年从学周敦颐,与其弟程颐同为宋代理学奠基人,并称“二程”。他提出“天者理也”和“只心便是天,尽之便知性”的命题。与程颐之说,同为朱熹所继承发展。生平著述,后人编为《遗书》《文集》《经说》等,收入《二程全书》。

程颐(1033—1107) 北宋理学家。字正叔,号伊川,世称“伊川先生”。洛阳(今属河南)人。程颢弟。年十八,上书皇帝,任职太学。哲宗初,以司马光等荐,历任秘书省校书郎、崇政殿说书、管勾西京国子监等,后遭贬斥。与兄程颢同学于周敦颐,在认识论上,颇强调由外界的“格物”达到“致知”的目的。与程颢并称“二程”。著述收入《二程全书》。

苏轼(1037—1101) 北宋大臣、文学家。字子瞻,号东坡居士。眉州眉山(今属四川)人。仁宗进士。历任开封府推官,徐州、杭州、扬州等地知州,在地方多惠政。因作诗讽刺新法,曾下狱。哲宗朝,召为翰林学士知制诰,受新党弹劾,贬降至海南,后赦归常州,病卒。所作散文纵横畅达,为“唐宋八大家”之一。诗歌题材广阔,清新雄健,与黄庭坚并称“苏黄”。词风豪放,开辛弃疾等先路。书法号称“苏体”。与其父苏洵、弟苏辙合称“三苏”。著作宏富,有《东坡七集》《东坡乐府》《东坡志林》等。

苏轼画像

苏辙(1039—1112) 北宋大臣、散文家。字子由,号颍滨遗老。眉州眉山(今属四川)人。仁宗进士,曾任中书舍人、户部侍郎。哲宗元祐间,一度为门下侍郎。新法派重新得势后,他被流贬至雷州、岳州等地。至徽宗初,始在许昌定居。卒谥文定。他论文主“养气”之说,其文章在汪洋淡泊中贯注不平之气。与其父苏洵、兄苏轼合称“三苏”,同在“唐宋八大家”之列。有《栾城集》。

黄庭坚(1045—1105) 北宋文学家、书法家。字鲁直,号涪翁,又号山谷道人。洪州分宁(今江西修水)人。英宗朝进士。历任地方官

黄庭坚画像

及国史编修官。哲宗、徽宗时，新党执政，遭贬谪，死于广西。与苏轼齐名，世称“苏黄”。诗歌风格奇险傲兀，喜用僻典。对江西诗派的形成及清代宋诗派影响很大。也能词。书法为“宋四家”之一。后人整理有《黄山谷全集》。

秦观（1049—1100） 北宋文学家、词人。字少游，号淮海居士。扬州高邮（今属江苏）人。少从苏轼游，以诗见赏于王安石。元丰进士。任太学博士，迁秘书省正字兼国史院编修官，因名属元祐党籍，以贬谪死。善诗赋策论，与黄庭坚、晁补之、张耒合称“苏门四学士”。工词，情调感伤，风格婉约，有《淮海居士长短句》。诗文等今人整理有《淮海集》。

李公麟（1049—1106） 北宋画家。字伯时，号龙眠居士。庐州舒城（今属安徽）人。家富藏画，神宗朝进士，历任地方官。在绘画上，博采前人之长，佛道、人物、山水、鞍马、花鸟等，无一不精。于诗文、书法、考古等，亦有很高造诣。与苏轼、黄庭坚、米芾、张耒、陆佃等交游，受到王安石的推许。传世作品有《五马图》《临韦偃放牧图》等。

米芾（1052—1108） 北宋书画家。字元章，号海岳外史。祖籍太原，迁居襄阳（今属湖北），后定居润州（今江苏镇江）。历任地方官，徽宗时召为书画学博士，官至礼部员外郎。性爱奇石，人称“米颠”。山水画创“米点山水”的独特画法。行草书得王献之笔意，存世作品有《苕溪诗》《蜀素帖》等；另有《书史》《画史》《宝晋英光集》等传世。

周邦彦（1056—1121） 北宋词人。字美成。钱塘（今浙江杭州）人。太学生出身。徽宗时，提举大晟府，专事谱制乐曲，对词调的审定整理有所贡献。其创作讲究音律，语言工丽典雅，长于铺叙，多写男女相思、自然景物，也有怀古伤今及表现羁旅行役的篇章，后世推为大家。今人整理有《清真集校注》。

毕昇（？—约1051） 宋代活字印刷术发明家。沈括《梦溪笔谈》卷十八记载，他出身平民，因当时普遍采用雕版印书，费工费时，他采用胶泥刻字，经火烧变成单个泥活字，可多次排版印书。约产生于北宋庆历年间。比德国十五世纪古腾堡发明的金属活字印刷早四百年。元代王祯创制木活字印刷，明代盛行铜活字，皆源于毕昇的创造。

张择端 北宋末画家。字正道。密州东武（今山东诸城）人。徽宗朝，在翰林图画院供职。擅长风俗画，尤善绘城郭、街道、桥梁、市肆、舟车。所作《清明上河图》一卷，描绘北宋首都开封汴河两岸承平时期的繁荣景象，内容之丰富，描绘之精细，为世所罕见，在中国绘画史上占有重要地位。

朱敦儒（1081—1159） 南宋词人。字希真，号岩壑老人。洛阳（今属河南）人。早年屡辞征召。高宗绍兴初应召入朝，赐进士出身，曾任秘书省正字、浙东提刑，被主和派弹劾罢官。晚年，受秦桧笼络，出任鸿胪少卿，为时论所讥。工词，多写闲适心情，语言清新晓畅，风格自由潇洒。也有忧时伤乱、沉咽悲歌之作。有《樵歌》传世。

李纲（1083—1140） 南宋初爱国大臣。字伯纪。祖籍邵武（今属福建）。徽宗朝进士。靖康元年（1126年），金兵围开封，他反对迁都，力主坚守，以尚书左丞、亲征行营使身份独撑危局。几次罢职。高宗初，出任右相，仅七十日，即被劾落职。后知潭州，屡上书论战守方略，均不被采纳。有《梁溪集》及经史著作多种。

李清照（1084—约1155） 南宋女词人。号易安居士。齐州章丘（今山东济南市章丘区西北）人。学者李格非女，嫁金石学者赵明诚为

李清照画像

妻。南渡后，明诚病死，她漂泊今浙江境内，所藏文物典籍尽失，晚岁整理完成丈夫所著《金石录》，生活孤苦凄凉。工诗词骈文。文集已佚，其词兼有婉约与豪放之作，语言清丽，善用白描，为中国词史上重要作家。有《漱玉集》传世。

韩世忠(1089—1151)　南宋抗金名将。字良臣。延安(今属陕西)人。少有勇力，年十八应募入伍。御西夏、擒方腊、抗击金军有功。高宗即位后，授左军统制。曾平定“苗刘之乱”，与金兀术激战于黄天荡，屡次大败金军，勋劳卓著，官至河南北诸路招讨使、枢密使。秦桧主和议，收大将兵权，兴岳飞之狱，他当面予以责问。后退隐西湖。死后追封蕲王。夫人梁氏。

兀术(？—1148)　即“完颜宗弼”。一作乌珠。金国大将。女真族。金太祖第四子。善骑射。天会七年(1129年)始，任统帅，渡长江，追赵构入海。数次侵宋，与宋将韩世宗、张浚、吴玠、岳飞等先后交战。金熙宗时，任都元帅，天眷三年(1140年)撕毁和约，重新发动战争，进兵河南，为岳飞所败。次年，在顺昌(今安徽阜阳)为刘锜所败。金宋绍兴和议成，他数年后病死。

秦桧(1090—1155)　南宋奸臣。字会之。江宁(今江苏南京)人。政和进士。徽宗、钦宗父子被金国俘虏，他随从北上，后被金人故意放归。在得到高宗信任后，任右相兼知枢密院事，其间曾被劾罢职。绍兴九年(1139年)复相，次年下令班师，罢诸将兵权，并奉高宗意旨，罗织罪名，杀害抗金的岳飞父子，与金人签订割地赔款的“绍兴和议”。至孝宗时，被追夺封爵。

岳飞(1103—1142)　南宋抗金名将。字鹏举。相州汤阴(今属河南)人。原为宗泽部下，屡败金兵，后任镇抚使，讨平割据势力与农民军，两次大破伪齐军，屡请北伐中原。因反对和议，秦桧忌之。绍兴十年(1140年)，他大败金军于郾城(今属河南)，将进抵朱仙镇(今河南开封西南)，高宗、秦桧以十二道金牌命他班师。回朝后辞去军权，被诬陷冤杀于狱中。孝宗时平反，宁宗时追封鄂王。有《岳忠武王文集》。他的事迹照耀史册，成为后世大量小说、戏曲、曲艺的题材。

河南汤阴岳飞庙

洪迈(1123—1202)　南宋文学家。字景卢，别号容斋。乐平(今属江西)人。父洪皓，兄适、遵，皆有文名。高宗时进士，出使金国，守节不屈，为世敬仰。孝宗朝再入史馆，拜翰林学士。生平考证经史，关心民俗，著述宏富，有《容斋随笔》《夷坚志》等；另选有《万首唐人绝句》。

陆游(1125—1210)　南宋文学家、诗人。字务观，号放翁。越州山阴(今浙江绍兴)人。孝宗时，赐进士出身。历任建康等地通判、范成大幕府参议、礼部郎中等，曾与主战派大臣张浚共商北伐大计。晚年归乡隐居。一生诗作今存九千余首，题材广阔，诗风豪放雄浑，其爱国激情，至老未衰。亦工词与散文。著有《剑南诗稿》《放翁词》《渭南文集》《老学庵笔记》《南唐书》等。

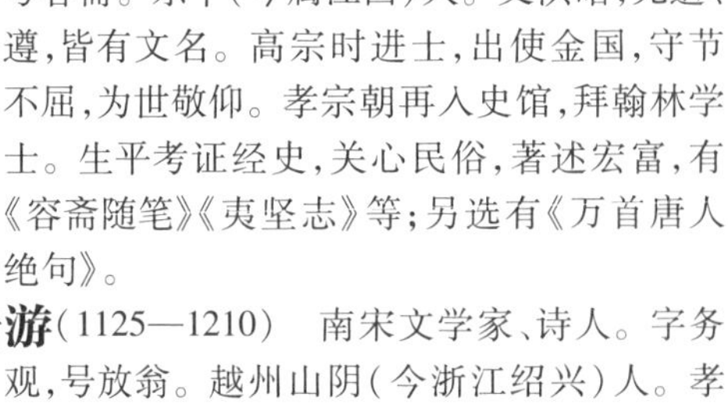
陆游自书诗卷墨迹(局部)

范成大(1126—1193) 南宋文学家。字致能,号石湖居士。苏州吴县(今江苏苏州)人。高宗朝进士。历任中书舍人、静江(今广西桂林)知府、四川制置使、参知政事等。曾出使金国,不辱使命。晚年退居石湖。诗风继承唐人,以爱国诗和田园诗为主,颇多关心社会现实、民生疾苦之篇,语言清新简洁,风格婉峭自然。有《范石湖集》《桂海虞衡志》《吴船录》等传世。

杨万里(1127—1206) 南宋诗人。字廷秀,号诚斋。吉州吉水(今属江西)人。高宗朝进士。历任国子监博士、秘书监、江东转运副使等。性刚直,主张积蓄力量抗金,反对苟安。工诗,受江西诗派及晚唐诗风影响而自成一体。所作构思巧妙,语言通俗,突破江西诗派樊篱,风格活泼自然。亦能文章。有《诚斋集》。

朱熹(1130—1200) 南宋思想家、学者、教育家。字元晦,号晦庵,别号紫阳。徽州婺源(今属江西)人。十八岁中进士,孝宗、光宗时,历任枢密院编修官、提点江西刑狱公事、江东转运副使及地方官等。曾数次上书孝宗,反对和议。宁宗庆元年间,禁止道学,他被打击迫害,未久病死。在哲学思想上,他集宋代理学之大成,发展为完整的体系,对后世影响极大。与北宋二程兄弟并称"程朱",与陆九渊并称"朱陆"。明清时,其思想成为官方思想,尊称朱子。一生讲学不倦,学识渊博,著有《四书章句集注》《周易本义》《诗集传》《楚辞集注》《通鉴纲目》《近思录》《朱文公文集》等。后人辑有《朱子语类》《朱子大全》等。

张孝祥(1132—1170) 南宋文学家。字安国,号于湖居士。历阳乌江(今安徽和县)人。高宗绍兴二十四年(1154 年)进士第一。孝宗时,任中书舍人、建康留守,因赞助张浚北伐而免职。后因病辞官,病死。工诗文,其词旷达豪放,风格近苏轼,抒发爱国感情,慷慨悲愤,对后来辛派词人颇具影响。作品有《于湖集》《于湖词》。

陆九渊(1139—1193) 南宋思想家、教育家。字子静。因曾讲学象山(在今江西贵溪),世称"象山先生"。抚州金溪(今属江西)人。乾道进士,任靖安主簿,曾奏陈恢复方略,被劾还乡讲学。光宗时知荆门军。在哲学思想上,主张"心即理",曾与朱熹在鹅湖作学术论争。其思想上承孟子,下为明代王阳明等继承发挥,称为陆王学派。著作今人整理为《陆九渊集》。

辛弃疾(1140—1207) 南宋政治家、词人。字幼安,号稼轩。历城(今山东济南)人。祖父仕于金。二十一岁为耿京的抗金义军掌书记。后率众南归,历任建康府通判,湖北、江西、湖南、福建等地安抚使。受主和派排挤后,寓居江西上饶一带。一度被起用,后又被排斥去职。一生以词著称,表达抗金壮志,描写江山形胜,笔力雄健,意境阔大,风格沉郁,与北宋苏轼并称"苏辛"。生平与陆游、朱熹、陈亮交好。有《稼轩词》《辛稼轩诗文钞存》。

陈亮(1143—1194) 南宋思想家、词人。字同甫。世称"龙川先生"。婺州永康(今属浙江)人。绍熙进士。生平才气超迈,以恢复中原为己任,屡上书朝廷,力主抗战,遭权臣迫害,三次被诬下狱。光宗初,状元及第,授签书建康府判官,未赴任而卒。倡导"事功"之学,与朱熹进行过多次"王霸义利之辩"。所作政论与词,慷慨磊落,气势纵横。有《陈亮集》。

叶適(1150—1223) 南宋思想家。字正则,世称"水心先生"。温州永嘉(今属浙江)人。孝宗淳熙进士,历官平江节度推官、太学正。宁宗时,官至知建康府兼沿江制置使,屡败金军,因韩侂胄兵败被杀,他也被夺职奉祠。在思想上,是"永嘉学派"的集大成者,主张功利之学,重视商业,反对朱熹等的性理之学。文章雄赡,才气奔逸,不满江西诗派的奇拗生硬和"资书以为诗"的作风,而倾向于晚唐。与"永嘉四灵"相友善,曾刊印他们的诗集。卒谥忠定。著有《习学纪言》《水心先生文集》等。

姜夔(约 1155—1209) 南宋词人、音乐家。字尧章,号白石道人。饶州鄱阳(今属江西)人。一生未仕。遍游湘鄂、江浙佳山水,与辛弃疾、范成大、陆游、杨万里、叶適等为友。诗工绝句,词重格律,能自谱新曲。所作情意真挚,音节谐美,风格清雅空灵。也能书法。有《白石道人诗集》《白石道人歌曲》《诗说》《续书谱》等。

宋慈(1186—1249) 南宋法医学家。字惠父。建阳(今福建南平市建阳区)人。宁宗嘉定进士,历任长汀知县,提点广东、江西、湖南等地刑狱,官至广东经略安抚使兼知广州。在任为官清廉,抱着"民命为重"的信念,以雪冤禁暴为己任。他办案重视实地检验,亲手检验尸体,寻找现场实证;在处理重大案件时,必反复思考,慎之又慎。晚年总结前代法医知识及自己办案经验,著成《洗冤集录》一书传世。

秦九韶(约1208—约1261) 南宋数学家。字道古。普州安岳(今属四川)人。早岁随父官,得读太史藏书,并从隐者受数学。曾任知琼州等职。性智巧,于天文、音律、算学、营造等,无不研究,然为人阴险贪贿,无所不为。著有《数学九章》十八卷,所创"大衍求一术""正负开方术""三斜求积术"为当时最先进水平。

贾似道(1213—1275) 南宋末年宰相。字师宪。台州(今属浙江)人。少游荡无行,姊为理宗宠妃,遂得进用。淳祐中,任京湖安抚制置大使,移镇两淮。蒙古军攻鄂州,他私向忽必烈乞和,许以称臣纳币。兵退,诈称大捷,以功升右丞相。执政十余年,祸国病民。度宗时封太师,专权奢淫。襄阳被围数年,他隐匿真相,不予兵援,终至陷落。后不得已出师,兵败革职。在押送循州(在今广东)安置中途,为监送者郑虎臣所杀。

王应麟(1223—1296) 南宋学者。字伯厚,号深宁居士。浚仪(今河南开封)人,至其祖移居庆元鄞县(今浙江宁波)。理宗淳祐进士,生平致力于典章制度之学。正直敢言,触怒权臣贾似道等,后官至礼部尚书,辞官归。宋亡不出。著有考订性札记《困学纪闻》及大型类书《玉海》。

文天祥(1236—1283) 南宋末政治家、文学家。字履善,一字宋瑞,号文山。吉州庐陵(今江西吉安)人。理宗宝祐状元。初为地方官。元军东下,组织义军入卫临安,咸淳七年(1271年)任右丞相兼枢密使,赴元营议和,被扣留。逃脱后,南下与大臣张世杰、陆秀夫等拥立宗室为皇帝,坚持抗元。后在广东五坡岭被俘,送大都囚禁四年,多次拒绝元廷拉拢,始终不降,在柴市从容就义。所作诗词皆工,感慨苍凉。在大都狱中所作《正气歌》,尤为世人所传诵。有《文山先生全集》。

文天祥画像

周密(1232—约1298) 宋元之际文学家、词人。字公谨,号草窗、四水潜夫等。祖籍济南,寓居吴兴(今浙江湖州)。出身诗书世家,曾任两浙转运司幕官、义乌令等职。宋亡后,寓杭州,与谢翱、邓牧等遗民相往还。生平博学工词,晚岁著书,以寄家国之痛。今存诗集、词集及笔记《癸辛杂识》《齐东野语》《武林旧事》等,另有所选《绝妙好词》,影响深远。

成吉思汗(1162—1227) 即"元太祖"。蒙古汗国创立者、皇帝。名铁木真。蒙古部孛儿只斤氏,世为部落酋长。1206年,以武力统一诸部,称成吉思汗。建国后,制定军事、政治、法律等制度,创蒙古文字。1207—1218年间,率军先后灭畏兀尔、西辽,进攻西夏与金国,至黄河北岸,占领中都(今北京)。1219—1225年西征,攻灭花剌子模,侵入忻都(印度),在喀勒喀河(今顿河)击败斡罗思(中国古籍对今俄罗斯的称呼)和钦察联军。1227年在西夏投降前夕病死。一生建立了横跨亚、欧两洲的大帝国,并将这些地区分封给三个儿子,后被追尊为元太祖。

忽必烈(1215—1294) 即"元世祖"。元代皇帝。成吉思汗之孙。公元1260—1294年在位。1260年在开平(今内蒙古正蓝旗闪电河北岸)即大汗位。至元元年(1264年)定都燕京(后称大都,即今北京)。至元八年定国号为元。至元十六年灭南宋余部,统一全国。在位期间,任用刘秉忠、叶李等汉族知识分子,建立行省制度，加强中央集权和对边疆地区的管理，注意农桑，兴修水利，发展了中国统一的多民族国家，但民族压迫深重。庙号世祖。

元世祖忽必烈画像

耶律楚材（1190—1244） 蒙古国大臣、政治家。字晋卿，号湛然居士。契丹族。博览汉籍，通天文、历法。曾仕于金。1215年，成吉思汗取燕后，召为左右司员外郎。太宗（窝阔台）时拜中书令。在太祖、太宗两朝任事近三十年，颇见信任。其间建议军民分治，反对将汉地辟为牧场，主张建立赋税制度。又请废屠城制度，建议开科取士，大力推行“汉法”。元代立国的政策、法令、制度，多由其奠定。晚年不受信任，抑郁而死。诗文气象阔大，有《湛然居士文集》。

耶律楚材画像

元好问（1190—1257） 金代文学家。字裕之，号遗山。太原秀容（今山西忻州）人。祖系出自北魏拓跋氏。进士出身。曾任行尚书省左司员外郎，入翰林知制诰。金亡不仕，潜心著述，为当时文坛领袖。散文严谨，具有史料价值；诗多感时伤事之作，清雄顿挫，沉郁苍凉；词以苏、辛为典范，博采众长，兼有婉约、豪放等诸种风格，被誉为金朝一代之冠。其《论诗绝句三十首》，在文学批评史上影响深远。著有《遗山集》《遗山乐府》《续夷坚志》。又编有金代诗选《中州集》。

元好问画像

关汉卿（约1230—约1297） 元代戏曲作家。号已斋叟。大都（今北京）人。性豪迈不羁，精通音律歌舞，熟悉下层社会生活，与朱帘秀等演员交往密切，有时亲自参加排练、演出。

关汉卿画像

他是大都剧作家群的领袖人物，所作杂剧共六十余种，今存十三种。代表作有《窦娥冤》《望江亭》《拜月亭》《救风尘》《单刀会》等，题材风格多样，主要表达了对人民苦难的同情和妇女命运的关切。亦工散曲，语言活泼风趣。今人编有《关汉卿全集》等。与郑光祖、白朴、马致远合称“元曲四大家”。

郑光祖（？—1324之前） 元代戏曲作家。字德辉。平阳襄陵（今山西襄汾）人。活跃于元代末期，终生寓居杭州。擅长爱情剧和历史剧，所作杂剧存目十八种，今存八种。以《倩女离魂》《王粲登楼》为代表作。前者表达封建礼教压迫下青年男女追求婚姻自主的强烈愿望，后者抒发士人怀才不遇的内心感受。与关汉卿、马致远、白朴合称“元曲四大家”。

白朴（1226—约1306） 元代剧作家、词人。字仁甫。隩州（今山西河曲）人。父仕于金，幼从著名作家元好问学诗文。入元不仕，居金陵，从事杂剧创作。所写杂剧十六种，今存《墙头马上》《梧桐雨》《东墙记》三种。与关汉卿、马致远、白朴合称“元曲四大家”。另有词集《天籁集》。

马致远（约1251—1321后） 元代剧作家。号东篱。大都（今北京）人。活动时间稍后于关汉卿与白朴。曾任江浙省务提举。早年开始创作杂剧。作品存目十三种，今存《汉宫秋》《岳阳楼》以及与人合作的《黄粱梦》等七种。《汉宫秋》为其代表作，写昭君出塞故事。散曲有《东篱乐府》，抒写了他否定传统政治价值观的思想，风格自由不羁。其套曲《秋思》，被誉为元散套第一。与关汉卿、马致远、白朴合称“元曲四大家”。

马致远故居

王实甫 元代剧作家。本名德信，字实甫。大都（今北京）人。生平不详。所作杂剧存目十四种，现存《西厢记》《破窑记》《丽春堂》三种；另有《芙蓉亭》《贩茶船》两剧仅存曲词残篇。作品大都以青年女性为主角，塑造了崔莺莺、红娘、刘月娥等不同的妇女形象，其中《西厢记》为元杂剧中少有的长篇杰作。

郭守敬（1231—1316） 元代科学家。字若思。顺德邢台（今属河北）人。少时从祖父学习，后受教于刘秉忠等。至元二年（1265年）任都水少监，曾设计开凿通惠河以通漕运，并修治多处河渠。至元十三年奉命参加创制简仪、高表、候极仪、浑天象、玲珑仪、仰仪等天文仪器。还提出“三次内插公式”和“球面直角三角形解法”。他参与编制的《授时历》，使用近四百年之久。著有《推步》《仪象法式》等。

北京郭守敬纪念馆

黄道婆（约1245—？） 元代女纺织技术家。松江乌泥泾镇（在今上海徐汇区）人。少时为童养媳，不堪虐待，曾入道观，后流落崖州（治今海南三亚市崖州区）三十年，从黎族人民学习棉纺技

上海黄道婆纪念馆

赵孟頫行书《与山巨源绝交书》(局部)

术。元贞二年(1296年)返回故乡,将轧花车、弹棉椎弓、纺车和织机等先进生产工具以及她总结的技术经验推广给乡人,有力地促进了棉纺织业的发展,使松江成为当时江南的绵织业中心。

马端临(约1254—1323) 宋元之际史学家。字贵与。饶州乐平(今属江西)人。南宋度宗朝宰相马廷鸾之子。以荫补承事郎。宋亡隐居不仕,以二十余年精力撰成史学巨著《文献通考》三百四十八卷,专门载录历代典章制度方面的内容。晚年出任慈湖、柯山两书院山长,台州儒学教授。另有《多识录》《大学集注》等,俱失传。

赵孟頫(1254—1322) 元代书画家、文学家。字子昂,号松雪道人。湖州(今属浙江)人。宋宗室。入元,官至翰林院学士承旨。擅画山水、木石、花竹、人物、鞍马。山水师法董源、巨然,人物、鞍马学李公麟。传世画作有《重江叠嶂图》《秋郊饮马图》等。工书法,尤精正书、行书和小楷,圆转遒丽,世称"赵体"。诗文有《松雪斋集》。

黄公望(1269—1354) 元代画家。字子久,号一峰、大痴道人。常熟(今属江苏)人。曾在浙为小官,为人中伤入狱。出狱后浪迹江湖,寄情山水,信奉全真道。工书法,能散曲,尤善画山水,为"元四家"之一。师承董源、巨然,亦学荆浩、关仝,能兼各派之长。著《写山水诀》。传世代表作有《富春山居图》《九峰雪霁图》等。

王祯 元代农学家、活字印刷的推广和改良者。字伯善。东平(今属山东)人。他先后在旌德、永丰任县尹,居官清廉,注重提倡种植桑、棉、麻等经济作物和改良农具,著成《农书》三十七卷。同时,他还改进木活字的排版技术,设计成转动轮盘,以方便检字,并印成《旌德县志》一书。

吴镇(1280—1354) 元代画家。字仲圭,号梅花道人、梅沙弥。嘉兴思贤乡(今属浙江嘉善)人。一生清贫,曾教书村塾,卖卜钱塘等地。工草书,能诗。擅水墨山水,师法巨然的长披麻皴,兼以马(远)、夏(圭)的斧劈和括铁皴,苔多介字点;善用湿墨表现湖光山色,笔力雄劲而圆凝,墨气沉厚而氤氲。喜作《渔父图》,为其南湖渔隐生活的自我写照。写松竹亦挺劲。与黄公望、倪瓒、王蒙合称"元四家"。存世作品有《双桧平远图》《渔父图》等,绘有《竹谱》。其诗文后人辑为《梅道人遗墨》。

杨维桢(1296—1370) 元末明初诗人、书画家。字廉夫,号铁崖、东维子、铁笛道人等。诸暨(今属浙江)人。元泰定进士,历官天台县尹、杭州四务提举、建德路总管推官。元末战乱,避居浙西山水间,张士诚屡召不赴。明朝建立,亦不愿仕。多以史事与神话为题材,写作乐府诗,纵横奇诡,号"铁崖体"。所创"西湖竹枝词"通俗清新,和者众多。为元末文坛领袖。所著有《东维子集》《铁崖古乐府》《丽则遗音》《复古诗集》等。

王冕(1287—1359) 元末明初诗人、画家。字元章,号煮石山农、饭牛翁、会稽外史等。诸暨(今属浙江)人。出身农家,幼贫好学,为人牧牛,晚就寺中长明灯下读书。屡举进士不第,隐居九里山。朱元璋克婺州,召为谘议参军,后病卒。工墨梅,花密枝繁。笔墨简淡,风格清新,姿韵独绝。诗多写隐逸生活,语言质朴。有《竹斋集》。

倪瓒(1306或1301—1374) 元末书画家。字元镇,号云林子。无锡(今属江苏)人。家世豪富。元末动乱,散其家资,避乱江湖间。善以水墨画太湖一带平远山林、枯木竹石,意境清远萧疏。其画风对后世影响甚大,与黄公望、吴镇、王蒙合称"元四家"。代表作有《六君子图》《幽涧寒松图》《狮子林图卷》等。工诗,书法有晋人之风。著有《清閟阁全集》。

倪瓒画像

王蒙(1308或1301—1385) 元末画家。字叔明,号黄鹤山樵。湖州(今属浙江)人。赵孟頫外孙。元末隐居临平(今浙江余杭)黄鹤山。明初出任泰安知州,因胡惟庸案牵连,死狱中。喜画山水,师承董源、巨然,擅长表现万壑千岩、径路幽深的山林郁茂苍茫气象。为"元四家"之一。传世作品有《葛稚川移居图》《太白山图》等。有诗集《草堂雅集》。

施耐庵 元末明初小说家。名子安。一说兴化(今属江苏)人,一说为苏州人。生平事迹不详,存在多种猜测与说法。曾在杭州生活。一般认为,长篇小说《水浒传》,由他与小说家罗贯中先后创作润色完成,系罗作施改,或施作罗编。

罗贯中(约1330—约1400) 元末明初小说家、剧作家。名本,别号湖海散人。祖籍太原(今属山西),生活于杭州,生平事迹不详,存在多种说法。著有小说《三国志通俗演义》《残唐五代史演义》《隋唐两朝志传》《三遂平妖传》等。一般认为,长篇小说《水浒传》由他与施耐庵先后创作润色完成。他另著有杂剧三种,今存《风云会》。

明太祖(1328—1398) 即"朱元璋"。明王朝的建立者。1368—1398年在位。濠州钟离(今安徽凤阳东北)人。出身贫苦,参加郭子兴的红巾军,先后削平群雄,于1368年在应天(今江苏南京)称帝,定国号为明,年号洪武。同年,攻克大都(今北京),迫使蒙古贵族北逃。在位期间,重视农业发展,严惩贪吏,兴修水利,推广屯田,制定《大明律》,废除丞相,加强专制皇权。性残暴猜忌,诛戮功臣宿将殆尽,兴文字狱,杀害文人才士,规定以八股取士,奴化和控制士人。又分封诸子为王,设宦官衙门及特务机构锦衣卫,动辄廷杖朝臣,为身后留下隐患。死谥高皇帝,庙号太祖。

明太祖朱元璋画像

永乐帝(1360—1424) 即"朱棣"。明代皇帝。1402—1424年在位。太祖第四子。初封燕王,建藩北平(今北京)。因其侄建文帝大举削藩,起兵反抗,自称"靖难",两年后攻破京师(今江苏南京),夺取帝位,年号永乐。在位期间,曾五次亲征漠北,扫除蒙元残余势力。重视农业生产，疏浚大运河，使经济获得明显发展，史称“永乐盛世”。又迁都北京，完善内阁制度，编修《永乐大典》，派郑和七次出使外洋等地。生性残暴，族诛建文诸臣，手段血腥，设置东厂，开宦官干政先例，晚年因宫廷疑案，杀妃嫔宫女宦官 3 000 人。庙号成祖。

正德帝(1491—1521) 即“朱厚照”。明代皇帝。1505—1521 年在位。孝宗长子，十五岁继位，年号正德。在位重用宦官刘瑾及佞人钱宁、江彬等，专权不法，扩建皇庄，掠夺民田，致使农民武装反抗不断。他不理朝政，专务嬉游，在宫中建立豹房，驯养猛兽，藏乐户、美女等，日夜淫醉其间。又一生好武，自称“镇国公”“总督军务威武大将军总兵官朱寿”，率众南北巡游。一路滋扰民间，掳掠妇女，无所忌惮。后群臣一百多人谏阻他再出，他以杖死、逮捕、降职等手段相抗。后外出时落水受寒，病死于豹房。庙号武宗。

嘉靖帝(1507—1566) 即“朱厚熜”。明代皇帝。1521—1566 年在位。年号嘉靖。武宗死，无嗣，张太后(孝宗皇后)与阁臣决定他以兴献王长子，皇帝堂弟的身份，奉遗诏入继大统。即位之初，他革除前朝弊政，抑制宦官，清理皇庄，颇有振作的气象。后期追求长生不死，崇信道教，网罗道士炼丹，二十余年居深宫修炼，滥用民力，大事营建宫殿。政事上则由严嵩长期主持朝政，贪贿腐败，正邪颠倒，造成北方鞑靼侵袭，东南倭寇骚扰不断，社会危机日益加深。庙号世宗。

万历帝(1563—1620) 即“朱翊钧”。明代皇帝。1572—1620 年在位。明穆宗(隆庆帝)朱载坖第三子，十岁即位，年号万历。初年李太后(穆宗李贵妃)重用大学士张居正执政，整顿吏治，清丈土地，治理黄河，练兵选将，行“一条鞭法”，国势渐近中兴。张居正死，他尽废改革。自万历二十年(1592 年)以后，晏处深宫，酒色享乐，大事营建，贪求金钱珠宝，派宦官四出搜刮，掠夺工商业，激起民变，朝内党争剧烈，国事日非。庙号神宗。

天启帝(1605—1627) 即“朱由校”。明代皇帝。1620—1627 年在位。光宗长子，十五岁即位。因系庶出，幼年受冷落，未读书，性喜木工技艺，在位期间，不理朝政。其乳母客氏受封奉圣夫人，勾结大宦官魏忠贤，控制熹宗，窃取权力。二人培植阉党，屡兴大狱，杀害东林党人，朝政空前黑暗。造成农民暴动频繁，后金(清)攻占沈阳，进逼锦州，明朝濒临覆亡。病死前，遗命其弟信王朱由检继位。庙号熹宗。

崇祯帝(1611—1644) 即“朱由检”。明代皇帝。1627—1644 年在位。年号崇祯。熹宗之弟，封信王。受熹宗遗命，即位后铲除大宦官魏忠贤、客氏等，严办阉党，平反冤狱。时后金(清)力量壮大，几次进逼京郊；内地天灾频仍，赋役繁重，农民起义遍及各方。他刚愎自是，用人多疑，冤杀重臣袁崇焕，以致内外交困，人心离析。崇祯十七年(1644 年)，李自成军攻入北京，他在煤山(今北京景山)自缢，明亡。南明时上庙号思宗，清乾隆时追谥庄烈帝。

宋濂(1310—1381) 明初散文家。字景濂，号潜溪。浦江(今浙江金华)人。早年师从吴莱、柳贯、黄溍等名家，元末隐居山中。后被朱元璋征为江南儒学提举，授太子经书，与修《元史》。官至侍讲学士、知制诰。因孙子涉案被谪茂州(在今四川)，途中病故。擅长散文创作，记人物形象生动鲜活，寓意深刻。写景物情状生动，文笔清新。有《宋学士文集》。

宋濂画像

刘基(1311—1375) 明初大臣、文学家。字伯温。浙江青田南田武阳村(今属文成)人。元末进士。因不满当时黑暗统治,弃官归乡。至正二十年(1360年)投朱元璋,辅佐太祖平定天下,参与制定各项制度。明王朝建立后,任御史中丞兼太史令,封诚意伯。后为胡惟庸所谗,忧愤而死(一说被毒死)。所作《郁离子》为杰出的寓言作品。亦工散文、诗歌。有《诚意伯文集》,今人整理为《刘伯温集》。

高启(1336—1374) 明初诗人。字季迪。长洲(今江苏苏州)人。元末隐居吴淞青丘,自号青丘子。少与杨基、张羽、徐贲合称"吴中四杰"。明初召修《元史》,任翰林院国史编修。太祖授以户部侍郎,不受,后被借口腰斩。诗作兼师众长,尤擅乐府歌行,风格豪放清逸,含蓄优美,与刘基同为明代最有成就的诗人。也能文。有《高太史大全集》,今整理出版有《高青丘集》。

于谦(1398—1457) 明代大臣、政治家。字廷益,号节庵。钱塘(今浙江杭州)人。永乐进士。历任御史、兵部右侍郎兼河南巡抚。正统十四年(1449年)"土木之变"中,英宗被瓦剌俘获,他力排南迁之议,坚请固守北京,进兵部尚书,拥立景帝,率师二十二万,击退瓦剌军。后英宗放归,得以复辟,他以"谋逆"罪被杀。葬于西湖。万历时改谥忠肃。有《于忠肃集》。

沈周(1427—1509) 明代画家、诗人。字启南,号石田。长洲(今江苏苏州)人。博览群书,工诗善画,以画著称,评者谓明朝第一。其山水花鸟,融汇各家之长,自成一格,景物葱郁深邃,笔墨坚实豪放。为"吴门画派"之

沈周山水小品

祖。与文徵明、唐寅、仇英合称"明四家"。诗文多佚失,今存有《石田集》。

唐寅(1470—1523) 明代文学家、书画家。字伯虎,一字子畏,号六如居士等。吴县(今江苏苏州)人。与祝允明、沈周等相友善。后因科举案受牵连,终生不仕。毕生致力绘画,擅山水、人物、花鸟,兼及书法。为"明四家"之一。也能诗文散曲,有《六如居士全集》。

文徵明(1470—1559) 明代书画家。以字行,又字徵仲,号衡山居士。长洲(今江苏苏州)人。正德末,曾官翰林院待诏,未久辞官归家。善诗文书画,工行草,擅画山水,多写江南湖山庭园景色;亦善兰竹、花卉、人物,名重当世。门人甚多,形成"吴门画派"。为"明四家"之一。诗风近白居易、苏轼,有《甫田集》。今整理有《文徵明集》。

仇英(约1501—约1551) 明代画家。字实父,号十洲。太仓(今属江苏)人,移居苏州。出

仇英《汉宫春晓图》(局部)

身民间彩绘工匠，少时从周臣学画，后受到文徵明提携与沈周教诲。他从院画入手，吸取文人画之长。画人物、山水、界画、花鸟等，无所不工。尤擅青绿重色，精丽艳逸，骨力秀劲，名重当世。为“明四家”之一。

王阳明（1472—1529） 明代哲学家、教育家。名守仁，字伯安。余姚（今属浙江）人。弘治进士。曾筑室故乡阳明洞，人称“阳明先生”。官至南京兵部尚书。发展宋陆九渊的思想，提出“致良知”的学说，以反教条、反传统的姿态出现，在明中期以后称为“王学”，影响极大，并流传到日本。在论儿童教育上，也有深刻的见解。著作由门人辑成《王文成公全书》。今整理有《王阳明全集》。

王守仁 即“王阳明”。

李梦阳（1473—1530） 明代文学家。字献吉，号空同子。庆阳（今属甘肃）人。弘治进士，曾因反对宦官刘瑾下狱，后官至江西提学副使。他在文学上提出“文必秦汉，诗必盛唐”，追求高古雄放的风格，为“前七子”之首。但因强调摹拟，造成流弊甚大，晚年有所醒悟，赞扬“真诗乃在民间”，肯定民歌的重要价值。有《空同集》。

严嵩（1480—1567） 明代大臣。字惟中，一字介溪。分宜（今属江西）人。弘治进士。嘉靖时任至内阁首辅。专国政二十年。他以子世蕃与赵文华等为爪牙，排斥异己，收受贿赂，私吞军饷，卖官鬻爵，以至战备废弛，东南倭寇和北方鞑靼不断侵扰。晚年为世宗疏远，遭御史邹应龙等弹劾。世蕃被杀，他被革职，家产籍没，不久病死。能诗，著《钤山堂集》。

归有光（1507—1571） 明代文学家。字熙甫，号震川。昆山（今属江苏）人。嘉靖进士，官至南京太仆寺丞。论文反对当时王世贞、李攀龙“文必秦汉”的主张，重视唐宋古文，对《史记》及欧阳修文尤为推重。与王慎中、唐顺之、茅坤等被称为“唐宋派”。所作朴素简洁，感情真挚，自然动人。对后来“桐城派”影响很大。著《震川先生集》《三吴水利录》等。

吴承恩（约1500—约1582） 明代文学家。字汝忠，号射阳山人。山阳（今江苏淮安市淮安区）人。少时家贫好学，博览群书。四十三岁才补贡生，五十四岁时任长兴县丞，与上司意见不合，辞归乡里。善诗文，工书法，喜稗官野史。依据民间流传的唐僧西天取经故事及戏曲、话本，创作有长篇神魔小说《西游记》一书。

海瑞（1514—1587） 明代官员。号刚峰。琼山（今海南海口市琼山区）人。回族。出身贫寒。嘉靖举人，历任淳安知县、户部主事、应天巡抚、南京右佥都御史等。一生清廉，在地方抑制权豪，清丈田亩、减轻农民赋役，推行“一条鞭法”，疏浚吴淞江，消除水患。曾上书指斥世宗皇帝迷信道教，不理朝政等，被捕入狱。世宗死后获释。前后被革职闲居十六年。颇受当时人爱戴。死谥忠介。今人整理有《海瑞集》。

海瑞画像

李攀龙（1514—1570） 明代文学家。字于鳞，号沧溟。历城（今山东济南）人。嘉靖进士，官至河南按察使。论文持复古主张，认为文自西汉、诗自盛唐以下，都无足观。与王世贞同为“后七子”首领，时称“王李”。所作诗文，多摹拟古人，唯七言绝句颇有佳作。著《沧溟先生集》，今人整理为《李攀龙集》。

李时珍（1518—1593） 明代医学家。字东璧，号濒湖。蕲州（今湖北蕲春）人。世代业医。曾任楚王府奉祠正。好读医书，重视临床实践与药物研究。以历来《本草》多讹误，立志重修，因而于三十年间，翻山越岭，穷搜博采，阅书八百余家，考辨异同，著成《本草纲目》一书。另著有《濒湖脉学》《奇经八脉考》等。

李时珍塑像

徐渭(1521—1593)　明代文学家、书画家、戏曲家。字文长，号天池山人、青藤道士。山阴(今浙江绍兴)人。屡应举不中，曾入浙闽总督胡宗宪幕，颇受礼遇。后因事下狱，一生不得志。工诗文、书画。其行草书笔意纵放，水墨画古拙雅淡，成就最高。又写有杂剧，著《四声猿》及戏曲评论《南词叙录》。其诗文今人辑为《徐渭集》。

徐渭画像

张居正(1525—1582)　明代大臣、政治家。字叔大，号太岳。湖广江陵(今湖北荆州市荆州区)人。嘉靖进士，穆宗时任至礼部尚书。神宗幼年即位，他联合宦官冯保，共逐高拱，成为首辅。在任采取加强内阁和六部事权，裁省冗官，加强边防，行“一条鞭法”等改革措施，朝政一新。死后被劾，遭削籍抄没。著有《书经直解》《张太岳集》等。

王世贞(1526—1590)　明代文学家、文学批评家、史学家。字元美，号凤洲、弇州山人。太仓(今属江苏)人。嘉靖进士。累官南京刑部尚书。早年倡导文学复古运动，与李攀龙同为“后七子”首领。主张“文必秦汉，诗必盛唐”。晚年眼界开阔，兼取宋元，对专事模仿的文风有所不满。所作《艺苑卮言》论述诗文辞曲书画，时有卓见。对明代史事、制度，亦有较深入研究。著有《弇州山人四部稿》《弇山堂别集》等。

李贽(1527—1602)　明末思想家、文学评论家。号卓吾，又号宏甫、温陵居士。泉州晋江(今属福建)人，回族。嘉靖进士。历官云南姚安知府等，晚年在湖北麻城著书讲学。一生对道学多所揭露和攻击，触怒权贵，后自刎死于狱中。文学方面，他反对复古摹拟，主“童心说”，大力肯定小说戏曲的价值，曾评点《水浒传》《西厢记》等。著有《焚书》《续焚书》《藏书》《续藏书》等。

李贽塑像

戚继光(1528—1588) 明代军事家、抗倭名将。字元敬,号南塘。山东登州(治今蓬莱)人。出身将门。初任登州卫指挥佥事。后调任浙江参将,编练新军成为抗倭主力。先后在台州、福建与广东剿灭倭寇,解除东南倭患。后镇守蓟州十六年。对练兵、军械、阵图均有创见。著有《纪效新书》《练兵实纪》等。

汤显祖(1550—1616) 明代剧作家。字义仍,号若士等。临川(今江西抚州)人。万历进士,历官南京太常博士、礼部主事。因弹劾大学士申时行遭贬,又因不附权贵,辞官归乡。所作传奇《紫钗记》、《还魂记》(即《牡丹亭》)、《南柯记》、《邯郸记》,合称《临川四梦》,今与诗文合编为《汤显祖集》。

董其昌(1555—1636) 明代书画家。字玄宰,号思白、香光居士,卒谥文敏。华亭(今上海松江)人。万历进士。官至南京礼部尚书。其书法参合晋、唐诸家笔意,疏宕秀逸,清康熙帝尤好之。山水画取法宋元,讲究笔墨,清润明秀。论画创"南北宗"说,推崇南宗的文人画。著作有《容台集》《画禅室随笔》《画旨》《画眼》等。

徐光启(1562—1633) 明代科学家。字子先。上海人。万历进士。崇祯时任礼部尚书、东阁大学士。与来华传教士利玛窦等交往甚密,万历三十一年(1603年),在南京正式受洗,入天主教。毕生致力天文、历法、数学、测量、水利和农业等科学的研究。曾主持《崇祯历书》的编制,与利玛窦共译《几何原本》。晚年写成巨著《农政全书》传世。今人编有《徐光启全集》。

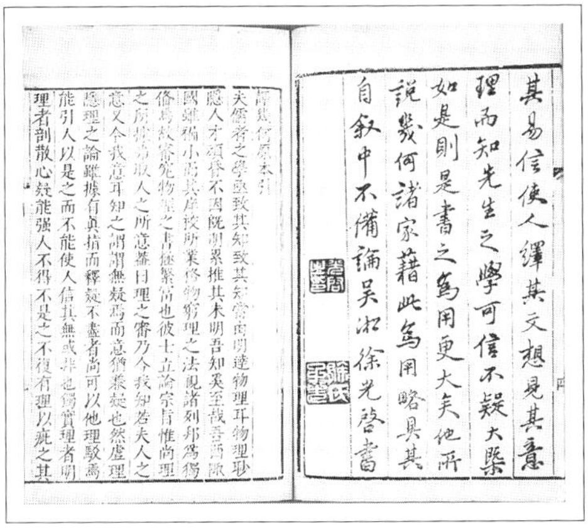
其易信使人繹其文想見其意
理而知先生之學可信不疑大槩
如是則是書之為用更大矣他所
說幾何諸家藉此為用略具其
自叙中不備論吳淞徐光啓書

徐光启译《几何原本》刻本

袁宏道(1568—1610) 明代文学家。字中郎,号石公。公安(今属湖北)人。万历进士,官至吏部郎中。论文学主"性灵"说,反对"前后七子"的拟古主张。对小说、戏曲和民歌在文学上的地位,给予很高评价。擅长小品,清隽流畅,自成一格。与兄宗道、弟中道,合称"公安三袁"。他在"三袁"中成就最大,有《袁中郎全集》。

魏忠贤(1568—1627) 明代宦官。河间肃宁(今属河北)人。万历时入宫,熹宗即位,被任为司礼秉笔太监,兼掌东厂,以善于引诱熹宗玩乐得宠。勾结熹宗的乳母客氏,专断国政,斥逐、杀害东林党人及正直朝臣。当时内外大权归其一人,称为"九千岁",从内阁六部至四方督抚,均有其私党,政治日益腐败。思宗即位后,命逮治,他在贬凤阳途中畏罪自缢。

冯梦龙(1574—1646) 明末文学家。字犹龙,号顾曲散人、墨憨斋主人等。长洲(今江苏苏州)人。崇祯中贡生,曾任福建寿宁知县。清兵南渡,曾参加抗清斗争。特别重视通俗文学的收集与整理,辑录有话本"三言",时调集《挂枝儿》《山歌》,散曲集《太霞新奏》,笑话集《笑府》,文言小说《情史类略》。又著有《智囊》《古今谭概》《寿宁待志》等。今人整理为《冯梦龙全集》。

凌濛初(1580—1644) 明末文学家。字玄房,别号即空观主人。乌程(今浙江湖州)人。十八岁为诸生,应举不利,以刻书、著述为事。崇祯初任上海县丞,擢徐州判官。后李自成攻徐州,被困,呕血死。他编著有拟话本《拍案惊奇》初集、二集,著杂剧《虬髯翁》《北红拂》,编有散曲集《南音三籁》等。和冯梦龙同为著名的通俗文学家。

徐霞客(1587—1641) 明末旅行家、地理学家。名弘祖(或宏祖),号霞客。江阴(今属江苏)人。家庭富有,自少博览群籍,无意科举。从二十二岁起,多次外出旅游考察、前后三十余年,足迹遍及十六省,名山大川,无不亲历。考察日记详载山脉水道、古迹胜景,对地理学多所贡献。后人整理为《徐霞客游记》。

徐霞客塑像

宋应星(1587—约1661) 明末科学家。字长庚。江西奉新人。万历举人。曾任分宜教谕、汀州推官、亳州知府等职。崇祯十七年(1644年)辞官回乡,约死于清顺治间。他精通农业及工业生产技术。著《天工开物》一书,为中国古代科学名著。其他杂著有《野议》《论气》《谈天》《思怜诗》四种。参见“天工开物”。

张岱(1597—约1689) 明末清初文学家、史学家。字宗子,号陶庵。山阴(今浙江绍兴)人,侨寓杭州。出身世家,不乐仕进。明亡后,家产荡然,避居山林著书。所写散文小品,清新、活泼、诙谐,每于写景抒情中,追忆昔日繁华。著有《琅嬛文集》《陶庵梦忆》《西湖梦寻》以及纪传体明史《石匮书》《石匮书后集》等。

毛晋(1599—1659) 明末藏书家、出版家。原名凤苞,字子晋,号潜斋。常熟(今属江苏)人。性好书,家藏八万四千余册,多宋元刻本,建汲古阁、目耕楼以贮书。曾校刻《十三经》《十七史》《津逮秘书》《六十名家词》《六十种曲》等经、史、别集、百家之书,所刊行遍天下。虽变卖田地房产,在所不惜,为传布文化作出巨大贡献。是中国历史上最大的刻书家。

朱舜水(1600—1682) 明末学者。名之瑜,字楚玙,号舜水。余姚(今属浙江)人。明亡,清兵下江南,他在舟山参加抗清失败,赴日本定居。他对经、史都有研究,主张为学要重实效,认为“研经必须究史”。在日本,他深受水户藩主德川光圀礼遇。有《朱舜水先生文集》。参见“朱舜水东渡”。

李自成(1606—1645) 明末农民军领袖。米脂(今属陕西)人。曾充银川驿卒、甘肃边兵。后率众投闯王高迎祥为“闯将”。崇祯九年(1636年),高迎祥死,他袭称闯王。后屡经曲折,势力愈强,攻破洛阳、襄阳、西安,建国大顺。1644年春,攻入北京,推翻明朝。未久,明山海关守将吴三桂引清兵入关,自成率军六万对敌,大败于一片石。于“登基大典”后撤离北京,次年在湖北通山九宫山,被地方武装击杀。

张献忠(1606—1646) 明末农民军首领。字秉吾,号敬轩。延安(在今陕西)人,出身穷苦。崇祯三年(1630年),在米脂起事,自称“八大王”。后攻破凤阳,焚明皇陵,转战豫、陕、鄂、皖各地。曾接受明政府“招抚”。第二年再起,攻入四川。1644年,在成都称帝,号大西国,年号大顺,性残酷嗜杀。清兵南下,他率兵抵抗,在西充凤凰山中箭死。

史可法(1601—1645) 明末抗清大臣。字宪之,号道邻。祥符(今河南开封)人。崇祯进士。曾任南京兵部尚书。南明小朝廷成立,任礼部尚书、东阁大学士。受马士英等排挤,1644年,以扬州督师之名抵抗清军。扬州城破,自杀未死,被执,从容就义。著有《史忠正公集》。

郑成功(1624—1662) 清初收复台湾名将。本名森,字明俨,号大木。福建南安人。明将郑芝龙之子。生于日本,返国后住福建南安,15岁中秀才,入南京国子监,拜在钱谦益门下。反对其父降清,南明时唐王赐他姓朱,永历帝封为延平郡王,以南澳(今属广东)为基地抗清。曾率船队沿江攻南京,未获成功。1661年,率将士数万人,登陆台湾,击败荷兰入侵者,次年收复全岛。在台湾建立行政机构,推行屯田,开垦土地,改进耕作技术,促进了台湾社会经济的发展。

努尔哈赤(1559—1626) 后金建立者。1616—

1626年在位。满族,爱新觉罗氏。先世受明册封,为建州左卫(今辽宁新宾境)都指挥使。明万历朝,统一女真各部,创建八旗制度,命人用蒙古文字母创制满文。1616年称汗,建立后金,年号天命。后迁都盛京(今辽宁沈阳)。在进攻宁远(今辽宁兴城)的战役中,被袁崇焕击败,受伤死。清建立后,追尊太祖。

皇太极(1592—1643年) 即"清太宗"。后金汗、清朝皇帝。1626—1643年在位。满族,爱新觉罗氏,努尔哈赤第八子。1626年继汗位,年号天聪。1636年,于盛京(今辽宁沈阳)即皇帝位,改国号"大清",改元崇德。为人雄才大略,在位时颁布法令保护农业,积极吸收汉族文化,重用汉将,仿明官制,设立六部,废除四大贝勒共同理政旧制,自掌正黄、镶黄、正蓝三旗,加强专制权力。先后征服朝鲜、蒙古,屡次对明征战,占有整个东北地区,为入关夺取全国政权奠定基础。庙号太宗。

皇太极画像

顺治帝(1638—1661) 即"爱新觉罗·福临"。清朝皇帝。1643—1661年在位。满族,清太宗皇太极第九子,六岁在盛京嗣位,年号顺治,随其母孝庄太后、摄政王多尔衮等入关。他从小受到汉文化和儒家经书教育。初期由多尔衮摄政,十四岁亲政。在位期间,安抚汉民,重用汉官,鼓励开垦,尊奉孔子学说,加强思想统治,澄清吏治,勤于政事。除台湾外,完成对中国的统一。董鄂妃卒后不久,染天花不治,病逝后火化。庙号世祖。

康熙帝(1654—1722) 即"爱新觉罗·玄烨"。清朝皇帝。1661—1722年在位。满族,清世祖第三子。八岁继位。年号康熙,接受明朝灭亡教训,尽革前代弊政。一生平定三藩之乱,收复台湾,与沙俄签订《尼布楚条约》,加强多民族国家的统一;重视农业生产,吸收西洋先进科学知识,用于测绘、历法等;思想上以程朱理学为正统,注重选拔人才,编纂了大量大型文史典籍和工具书《字典》。

康熙帝画像

雍正帝(1678—1735) 即"爱新觉罗·胤禛"。清朝皇帝。1722—1735年在位。满族,清圣祖第四子。以权谋夺得帝位,年号雍正。即位后,设立军机处,平定西部叛乱,将兄弟

雍正帝画像

中反对他的异己，以及权臣年羹尧、隆科多等逐一剪除，重用和提拔满汉官员中的务实人才，严惩贪官，改革赋役，兴修水利，在西南少数民族地区推行“改土归流”，解除各类贱民的特殊身份，恢复他们的平民户籍，注意思想意识形态的控制，大兴文字狱，加强专制统治。庙号世宗。

乾隆帝（1711—1799） 即“爱新觉罗·弘历”。清朝皇帝。1735—1796 年在位。满族，清世宗第四子，年号乾隆。一生平定西部叛乱，维护国家统一。屡次大兴文字狱，禁锢思想，钳制言论。命朝臣编定《四库全书》及《明史》等大型文献，同时借机销毁明清之际的史料、窜改不利于专制统治的书籍。性喜奢华挥霍，六次巡幸江南。后期任用宠臣和珅二十年，上下贪贿成风，引发剧烈的社会矛盾。晚年“内禅”于子，退居太上皇。庙号高宗。

乾隆帝画像

嘉庆帝（1760—1820）。即“爱新觉罗·颙琰”。清朝皇帝。1796—1820 年在位。满族，清高宗第十五子。受禅继位，年号嘉庆。三年后高宗死，亲政，赐死大贪官和珅，抄没家产，严肃整顿吏治。在位期间，重视治河和赈灾。白莲教、天理教徒屡次举事，清廷为镇压耗军费白银二亿两。在和西方国家的交往中，他坚决维护国家主权，但由于继续实行闭关锁国与重农抑商政策，导致中国逐渐落后于世界潮流，清王朝也从此由盛转衰。一生勤政，性喜戏曲。文化上，考据之学盛极一时，史称乾嘉学派。庙号仁宗。

道光帝（1782—1850） 即“爱新觉罗·旻宁”。清朝皇帝。1820—1850 年在位。满族，清仁宗子，年号道光。当时政治腐败，武备废弛，土地高度集中，人民反抗不断。英国侵略者大量输入鸦片，白银外流，他派林则徐赴广东禁烟。道光二十年（1840 年）英国发动鸦片战争，他动摇妥协，于 1842 年与英签订丧权辱国的《南京条约》，与法国签订《黄埔条约》，加剧社会矛盾。庙号宣宗。

咸丰帝（1782—1850） 即“爱新觉罗·奕詝”。清朝皇帝。1831—1861 年在位。满族，清宣宗子，年号咸丰。即位后用主要力量镇压“太平天国”及捻军等农民军。第二次鸦片战争爆发，与俄、英、法等国分别签订《瑷珲条约》《天津条约》《北京条约》等不平等条约。他死后，经过祺祥政变，大权落入其宠妃叶赫那拉氏（即慈禧太后）之手。庙号文宗。

光绪帝（1871—1908） 即“爱新觉罗·载湉”。清朝皇帝。1875—1908 年在位。满族，道光帝之孙，慈禧太后外甥。同治帝无子，四岁入继为帝，十七岁亲政，年号光绪。甲午战败后，受清流派大臣翁同龢和维新变法人士康有为等的影响与支持，决意变法，于光绪二十四年（1898 年）下诏大力推行新政。三个月后，慈禧太后发动政变，将其幽禁，庚子事变中随同避难西安。后比慈禧太后早死一天。庙号德宗。

慈禧太后（1835—1908） 亦称“西太后”。清咸丰帝妃。同治、光绪两朝四十七年的实际统治者。满族，叶赫那拉氏。咸丰帝死，她被尊为皇太后，长期垂帘听政。她依靠汉族大臣曾国藩、李鸿章等镇压太平军，举办洋务，政治上顽固守旧，发动戊戌政变，囚禁主张变法的光绪帝，杀害维新人士。1900 年，她利用义和团对多国宣战，八国联军攻陷北京，她逃往西安，被迫命李鸿章与列强订立丧权辱国的《辛丑条约》。几年后病死。

钱谦益（1582—1664） 清初文学家。字受之，号牧斋，晚号蒙叟、东涧遗老。常熟（今属江苏)人。明万历进士。名列东林党。崇祯时官礼部侍郎,弘光朝任礼部尚书。清军南下时迎降,以礼部侍郎管秘书院事,未几告病归。暗中支持郑成功等抗清力量,并与遗民等来往。家有绛云楼,藏书丰富,工诗能文,反对明前后七子模拟复古的文学主张,为当时文坛领袖。与吴伟业、龚鼎孳合称"江左三大家"。著有《初学集》《有学集》等。又选录明二千家诗,附以小传,名《列朝诗集》。史学上亦有一定成就。

柳敬亭(1587—约1670) 明末清初评话艺人。本姓曹,字敬亭。泰州(今属江苏)人。早年流落江湖,后改姓柳,名逢春,从师学艺。面多麻,人皆以柳麻子呼之。先后在扬、苏、杭等地说书,后至南京,声誉鹊起,与东林党、复社人士相往还。明亡后一度至京,以其艺名闻公卿间。擅说《水浒》《三国》《隋唐》《岳传》,受到当世文人的一致推崇,并被写入笔记《陶庵梦忆》、传奇剧《桃花扇》,吴伟业为之作传,成为说书艺人的一代宗师。

傅山(1607—1684) 明清之际思想家、文学家、书法家、医学家。字青主,别号真山、石道人等。山西阳曲人。明末诸生。兵部侍郎袁继咸蒙冤入狱,他与薛宗周等联络生员百余名,步行赴京为袁作证诉冤,终于得雪。明亡为道士,号朱衣道人,隐居土室养母。曾因秘密抗清事牵连被逮,以无实据获释。康熙间,征举博学鸿词,屡辞不得免,至京称病不入城,住崇文门外园教寺,康熙帝赐以内阁中书衔,不试而归。与顾炎武、申涵光、孙奇逢、李因笃、屈大筠、阎若璩、王显祚、阎尔梅等抗清人士及学者交往。于经史外,博通佛、道诸子,公开以"异端"自命,开清代子学研究风气。工草书、山水,风格古拙雄奇。著《霜红龛集》《荀子评注》等。又擅医学,有《傅青主女科》《傅青主男科》流传,或谓后人托名之作。

陈子龙(1608—1647) 明末诗人。字卧子,号大樽。华亭(今上海市松江区)人。曾参加复社,主持幾社。崇祯进士,历绍兴推官、兵科给事中。南明亡后,起兵抗清,失败被捕,投水死。他论诗宗汉魏盛唐,近"前后七子"的主张,风格高华壮丽。晚期作品悲壮苍凉,充满爱国的感情。其词极受后人推崇,认为是明词第一。有《陈子龙诗集》《陈子龙文集》《湘真词》。又编有《皇明经世文编》《皇明诗选》。

金圣叹(1608—1661) 清初文学批评家。原名采,后改人瑞,字圣叹。长洲(今江苏苏州)人。诸生。少倜傥不群。入清后因参与苏州哭庙案,被杀于南京。他博学多通,将古文评点的方法移用于小说、戏曲,见解新颖,受到社会欢迎。尝称《离骚》《庄子》《史记》杜甫诗《西厢记》与《水浒传》为"六才子书",拟一一加以批点,仅完成后三种。著有《沈吟楼诗选》等。今人整理为《金圣叹全集》。

吴伟业(1609—1672) 清初文学家。字骏公,号梅村。太仓(今属江苏)人。复社首领张溥弟子,崇祯进士,官左庶子。弘光朝任少詹事。入清后被迫进京,官国子监祭酒,一年后辞归。学识渊博,早期诗风华绮丽,明亡后激荡苍凉,多寓身世之感,尤工七言歌行,是在继承初唐四杰七言乐府的格律和元白长庆体叙事诗基础上变化创新而成,后人称为"梅村体"。他是娄东诗派的开创者。也擅词曲。著有《梅村家藏稿》《梅村词》,杂史《绥寇纪略》及传奇《秣陵春》,杂剧《通天台》《临春阁》等。

李渔(1611—1680) 清初剧作家。字笠鸿,号笠翁。祖籍浙江兰溪。少有才子之誉,长而无意仕进。晚年由南京迁居杭州西湖畔。喜好通俗文学,尤醉心戏曲。家设戏班,常亲自组织至达官贵人门下演出。所作剧本以《笠翁十种曲》最为著名。又著有《闲情偶寄》一书,杂论各门生活艺术与享受。其诗文杂著合集名《李笠翁一家言》。

黄宗羲(1610—1695) 清初思想家、史学家。字太冲,号南雷,学者称"梨洲先生"。浙江余姚人。父尊素为东林党人,天启间被魏忠贤下狱后残酷杀害。他从学于刘宗周。崇祯即位,穷治阉党,他十九岁与罹难东林党人子弟入都讼冤,以铁锥毙伤仇人,与阉党余孽进行面对面斗争。明亡,追随鲁王抗清,失败后隐居著述,屡拒清廷征召。学问赅博,于天文、算学、乐律、经史百家以及释道之书，无不悉心研究，史学方面的成就尤大。在哲学上，反对宋儒“理在气先”之说；政治思想上，深刻批判以天下为一人私产的中国专制君主制度；经济上主张改革土地赋税制度，强调工商皆本；文学方面，不满明七子的剽窃模拟之风，强调必须表达真情实感。著作有《南雷文集》《明夷待访录》《明儒学案》《宋元学案》等。另编有一代文献巨帙《明文海》。今人整理有《黄宗羲全集》。

黄宗羲画像

方以智（1611—1671） 明末清初学者。字密之。桐城（今属安徽）人。崇祯进士，官翰林院检讨。明亡后，曾在南明桂王府任职。后出家为僧，名弘智，字无可，人称“药地和尚”。

方以智墓

生平对文史、经学、音韵、医药、书画、音乐均有研究。著《通雅》《浮山文集》等。其《物理小识》，论述科学，明显受到西学的影响。

顾炎武（1613—1682） 明清之际思想家、学者。初名绛，字宁人。曾自署蒋山傭。江苏昆山人。居亭林镇，学者称“亭林先生”。少年时参加复社反宦官阉党斗争。清兵南下，参加抗清起义。失败后，十谒明陵，遍游华北，考察地形、赋役、风俗、物产，尤致力于西北地理的研究，并垦殖荒地，联络同道，不忘恢复。晚年寄居华阴，卒于山西曲沃（今属临汾）。生平学识渊博，于国家典制、郡邑掌故、天文仪象、河漕兵农以及经史百家、音韵训诂之学，无不探究原委。晚年治经重考证，开一代朴学之风。在哲学上，赞成张载“气”是宇宙实体，道寓于器的学说，反对空谈“心、理、性、命”，提倡“经世致用”的实际学问，并提出“博学于文”“行己有耻”的古训，提出“舍经学无理学”的命题。著有《日知录》《肇域志》《天下郡国利病书》《音学五书》《亭林诗文集》等。今有整理本《顾炎武全集》。

王夫之（1619—1692） 清初思想家、学者。字而农，号姜（薑）斋。衡阳（今属湖南）人。明末举人，曾在衡山和桂林等地抗清。南明亡后，隐居衡山石船山麓，著书四十年，世称“船山先生”。尤精于经学、史学、文学。他提出“道不离器”的观点，对朱熹和佛、道思想均有批判。一生著述宏富，共一百余种，见于著录者主要有《周易外传》《张子正蒙》《尚书引义》《礼记章句》《读四书大全说》《老子衍》《庄子通》《庄子解》《读通鉴论》《宋论》《黄书》《噩梦》《楚辞通释》《诗广传》等 88 种。至道光、同治间，才流传于世，由曾国藩汇刊为《船山遗书》。生平亦工词曲。前人评其词曰“芳悱缠绵，怆怀故国，风格遒上”，“真屈子《离骚》之遗响”，有词集《鼓棹集》《潇湘怨词》。另有杂剧《龙舟会》。其论诗之著则有《姜斋诗话》，又有《古诗评选》《唐诗评选》《明诗评选》三种，反对明人模拟之风，极多精义。今编有《王船山诗文集》《船山全书》等。

朱耷（约 1626—约 1705） 清初画家。号八大山人等。江西南昌人。明宁王朱权后代，诸生。明亡后曾出家为僧，又为道士。画喜用水墨，用笔简劲，豪健生动，多画芭蕉、怪石、花竹等。署款“八大山人”，笔法连缀，似“哭之”或“笑之”，隐含亡国之痛。亦工书法，狂草奇伟傲岸。对后世“扬州八怪”画派有较大影响。

南昌八大山人纪念馆

朱彝尊(1629—1709) 清初文学家、学者。字锡鬯，号竹垞，晚号小长芦钓鱼师，别号金风亭长。秀水(今浙江嘉兴)人。幼年家贫好学。曾参加抗清，浪迹江湖。康熙十八年(1679年)举博学宏词，参加修撰《明史》。工诗词古文，通经史之学。诗与王士禛并称“朱王”。词作蕴藉空灵，哀婉沉郁，为浙西词派创始人。主“醇雅清空”之说，推尊南宋姜夔、张炎，反对轻薄粗俗。著述有《日下旧闻》《经义考》《曝书亭全集》等。所编选《词综》《明诗综》，影响深广。

朱彝尊雕像

唐甄(1630—1704) 清初思想家。初名大陶，字铸万，号圃亭。四川达州人。出身仕宦家庭，家富资财。顺治举人，会试不第，曾任山西长子知县，未几罢职。买田经商，著书以终。其思想主要见于所著《潜书》。他大力抨击君主专制，认为“自秦以来，凡为帝王者皆贼也”，提倡社会平等思想，在经济上主张富民，哲学上继承王阳明心学。是黄宗羲以后对封建君主制度批判最激烈大胆的思想家。

夏完淳(1631—1647) 明末文学家。字存古。松江(今属上海)华亭人。夏允彝之子，幼能诗文，天才早慧，受到前辈陈继儒、钱谦益的赏识。以陈子龙为师。十四岁随父参加抗清运动，鲁王监国时授以中书舍人。失败被捕后，在南京面斥打算开脱他的洪承畴，从容就义，年仅十七。在狱中所写诗，名《南冠草》。所作诗词文赋，多抒发国破家亡之痛，华美凄楚，慷慨悲壮。另著有记载南明史事的《续幸存录》一卷。今人编为《夏完淳集》。

顾祖禹(1631—1692) 清代历史地理学家。字景范。生于江苏常熟，徙居无锡宛溪。家中四代通晓舆地之学，因少年时正值明清易代，怀亡国之痛，故终身不仕，隐居著述，穷老以终。遵父嘱，以三十年时间完成军事地理巨著《读史方舆纪要》。另著有《舆图要览》《古本方舆书目》等。

王士禛(1634—1711) 清初文学家。字子真，一字贻上，号阮亭，又号渔洋山人。新城(今山东桓台)人。出身仕宦之家。顺治进士。官至刑部尚书。工诗，康熙时继钱谦益而主盟诗坛。创“神韵说”，所写以山水风物、个人情怀见长，早年清丽澄淡，中年后转为苍劲，擅长各体，尤工七绝，在当时与朱彝尊齐名。也能词，风格婉丽。著有《渔洋山人精华录》《衍波词》《渔洋诗话》《香祖笔记》《居易录》《分甘余话》《感旧集》《五代诗话》等。后人编为《带经堂全集》《带经堂诗话》。又选有《古诗选》《唐贤三昧集》《唐人万首绝句选》等。卒谥文简。

王士禛画像

颜元(1635—1704) 清代思想家、教育家。字易直,号习斋。博野(今河北安国东北)人。家境贫寒,曾务农、行医、贩药。少好陆、王之书,继而笃信程、朱,后摆脱陆、王、程、朱,提倡恢复"周、孔正学"。晚年讲学,与门人李塨倡导注重实学,反对死读书,猛烈抨击空谈性命的宋明理学,主张"躬行践履",坚持"理在气中"。著述有《四存编》《习斋纪余》,今人整理为《颜元集》。

阎若璩(1636—1704) 清代经学家、考据学者。字百诗,号潜丘。山西太原人。侨居淮安,补县学生员。以研究经史,声闻一方。生平论述,必求根据,尤精于山川形势、州郡沿革。应博学鸿儒试未取,徐乾学奉命修《一统志》,邀他参加撰述。以二十余年精力,著成《古文尚书疏证》一书,确证古文《尚书》为伪作,受到学者一致推崇。又著《潜邱札记》《困学纪闻笺》等。他是清代"汉学"的主要开创者。

万斯同(1638—1702) 清初史学家。字季野。鄞县(今浙江宁波)人。从学于黄宗羲,博通诸史,尤精熟明代史事及典制。为浙东学派史学代表人物。一生坚不仕清。1679年始,应邀以布衣身份,先后参与昆山、北京两地史局,助理主编,修撰裁定《明史稿》(卷数说法不一)。此外,有《石园诗文集》《历代史表》《历代纪元汇考》等著作传世。

蒲松龄(1640—1715) 清代文学家。字留仙、剑臣,号柳泉居士。淄川(今山东淄博)人。十九岁成诸生,受知于学使施闰章,后屡试不第,七十一岁始成贡生。一生以作幕客和教学为业。著《聊斋志异》,受到诗坛领袖王士禛的推重,是古代文言短篇小说的巅峰之作。此外在诗词、文赋、戏曲、散曲、俚曲等方面,也多佳作。今人整理为《蒲松龄集》。参见"聊斋志异"。

蒲松龄雕像

石涛(1641—约1718) 清初画家。本姓朱,名若极,明宗室。广西全州清湘人。幼孤,长而为僧。法名道济、原济,号石涛、苦瓜和尚、大涤子等。中年住南京,晚年居扬州卖画。多历名山大川,自言"搜尽奇峰打草稿",提倡"借古以开今"。所作山水、花果、人物,笔墨雄奇纵恣,构图新颖善变,意境苍茫,景象蓬勃。对"扬州八怪"及近代画风影响甚大。也工书法和诗。著有《苦瓜和尚画语录》等。

洪昇(1645—1704) 清初戏曲作家、诗人。字昉思,号稗畦。钱塘(今浙江杭州)人。国子监生,长期居北京,师从毛先舒、王士禛等名家。他以唐玄宗与杨贵妃的悲剧故事写成传奇《长生殿》。康熙二十八年(1689年),因佟皇后丧期演出此剧获罪,削籍回乡。晚年,酒后坠水死。今存诗集《稗畦集》《稗畦续集》及杂剧《四蝉娟》。与孔尚任齐名,时有"南洪北孔"之称。

孔尚任(1648—1718) 清初戏曲作家。字聘之、季重,号东塘、岸堂、云亭山人等。山东曲阜人。孔子第六十四代孙。能诗文,通音律。康熙二十三年(1684年)南巡,北归至曲阜,他受荐于御前讲《论语》,受到赏识,授国子监博士。历任户部主事、员外郎等。以十余年时间访问遗老,搜采史料,于康熙三十八年

(1699年)写成《桃花扇》。一时洛阳纸贵,频繁演出于各地。次年即罢官,两年后回乡隐居。另有与顾彩合撰的传奇剧《小忽雷》。诗文集有《湖海集》《长留集》等。今人编为《孔尚任全集》。

孔尚任画像

纳兰性德(1655—1685)　清代词人。原名成德,字容若。满洲正黄旗人,纳兰氏。大学士纳兰明珠之子,尚书徐乾学门生。十六岁中进士,一直担任康熙帝的侍卫。淡于荣利,性好书史。工词,风格凄凉感伤而清新流畅,近于南唐后主。文学外,留意经史,刻成《通志堂经解》。著有《纳兰词》《通志堂集》等。

纳兰性德画像

方苞(1668—1749)　清代散文家。字灵皋,号望溪。安徽桐城人。康熙四十五年(1706年)进士。因曾为戴名世《南山集》作序而入狱。后得赦,于乾隆元年入直南书房,官至礼部侍郎。生平好古文,论文章讲究"义法"。以程朱理学为核心,以儒家经典为本源,以《左传》《史记》和唐宋八家文为准则,力求朴实雅洁。与刘大櫆、姚鼐,同为桐城派古文理论的奠基人。著有《方望溪集》等。

沈德潜(1673—1769)　清代诗论家。字确士,号归愚。长洲(今江苏苏州)人。六十七岁中进士,官至内阁学士兼礼部侍郎。其论诗主"温柔敦厚"说与"格调"说,承汉儒与明前后七子之余绪,尊唐黜宋,与袁枚的"性灵说",完全对立。所编历代诗选,有《古诗源》《唐诗别裁集》《明诗别裁集》《国朝诗别裁集》等,影响颇广。著有《沈归愚集》。

厉鹗(1692—1752)　清代文学家。字太鸿,号樊榭。钱塘(今浙江杭州)人。幼年家境清贫,好读书,二十九岁中举,一生未做官。工诗词,为浙派诗、浙派词重要作家。其诗多闲情逸致,风格峭折幽深,喜用冷僻典故,有《樊榭山房集》。又熟悉宋元以来杂史笔记,编有《宋诗纪事》《南宋杂事诗》,扩大了宋诗派的影响。

杭州西溪厉鹗雕像

郑燮(1693—1766)　清代书画家、文学家。字克柔,号板桥。江苏兴化人。幼年丧母,生活贫困。乾隆进士,官范县、潍县县令,以赈济饥民得罪豪绅去职,寓居扬州卖画。为"扬州八怪"之一。其书法以隶书入行楷,绘画擅兰竹奇石,诗有真性情,人称"诗书画三绝"。其《家书》自然坦率。亦工词。今有《郑板桥全集》。

惠栋(1697—1758) 清代学者、经学家。字定宇,号松崖。吴县(今江苏苏州)人。传父祖之学,自幼遍读经史百家之书。是清代考据学"吴派"创始人。他治经崇尚古文经学,生平广搜汉儒经书旧注,编辑考证,以详博见长。著名弟子有江声、余萧客等。著有《九经古义》《周易述》《古文尚书考》《后汉书补注》等。

吴敬梓(1701—1754) 清代文学家。字敏轩,一字文木。安徽全椒人。出身仕宦之家,幼时家道中落,至三十岁犹未中举,长年寓居南京。乾隆元年(1736年),安徽巡抚重其名,推荐他应试博学鸿词科,他称病不赴。晚年生活窘困,客死于扬州。著有长篇小说《儒林外史》,是古典小说中的现实主义巨著。另有《诗说》《文木山房集》。今人有《吴敬梓集系年校注》。长子吴烺,为著名数学家、词韵学家。

全祖望(1705—1755) 清代史学家、文学家。字绍衣,一字谢山。浙江鄞县(今宁波)人。乾隆元年进士,翰林院庶吉士散馆后,归乡不复出仕。曾主讲书院,以著述终其身。一生精研经学、史学。将黄宗羲草创未成之《宋元学案》补辑至百卷。其文章以表彰明末忠义人物之传记性散文成就最高。另著有《鲒埼亭集》《经史问答》,辑有《续甬上耆旧诗》等。今人有《全祖望集汇校集注》。

曹雪芹(约1715—约1764) 清代小说家。名霑,字梦阮,号雪芹、芹圃、芹溪。内务府正白旗包衣,祖籍河北丰润(一说辽阳)。康熙朝文学家曹寅孙。三代世袭江宁织造,家世显赫。雍正初,其父曹頫获罪,家产抄没,家道急剧衰落,迁居北京。中年后僻居北京西郊,以十年时间完成长篇小说《石头记》(即《红楼梦》)八十回,增删五次,终因贫病无依,爱子夭亡,伤痛而逝。传百二十回本的后四十回传为高鹗所续。

袁枚(1716—1798) 清代文学家、诗人。字子才,号简斋、随园老人。钱塘(今浙江杭州)人。乾隆进士,历任溧水、江浦、沭阳、江宁等县县令。六年后即告归,在江宁小仓山筑随园,优游著述。其论诗讲求个性,反对拟古,持"性灵说",近体最具特色。亦工骈、散文。著述有《小仓山房诗文集》、《随园诗话》、小说《子不语》等三十余种。

蒋士铨(1725—1785) 清代诗人、剧作家。字心余,一字苕生,号清容、藏园。铅山(今属江西)人。三十三岁得中进士,曾任翰林院编修。四十岁时辞官,主讲各地书院,晚年居南昌。诗与袁枚、赵翼齐名,主张自立门户,反对蹈袭古人,有《忠雅堂集》。亦工戏曲,撰杂剧、传奇十六种,均存。其中《临川梦》《冬青树》等九种,合称《藏园九种曲》,颇多创新。

赵翼(1727—1814) 清代文学家、史学家。字云崧,号瓯北。阳湖(今江苏常州)人。早年孤苦贫困,后入京中举,乾隆进士第二名。历任乡试主考、会试同考官,地方知府,有政声。论诗主性灵,贵创新,与袁枚相近。所作诗题材丰富,庄谐杂出,才气纵横,雄丽豪健。精于史学,著《廿二史札记》,为中国史学史名著。另有《瓯北集》《陔余丛考》《瓯北诗话》等。

戴震(1724—1777) 清代思想家、考据学家。字东原。安徽休宁人。乾隆举人,因参与纂修《四库全书》,赐同进士出身。在经学、天文、历算、地理、音韵、训诂等方面,均有深入研究,著述广博。为清考据学"皖派"大师。其《孟子字义疏证》一书,揭露批判程朱理学"以理杀人"。后世编为《戴氏遗书》。今有黄山书社整理本《戴震全书》7册。

安徽屯溪戴震纪念馆

纪昀(1724—1805) 清代大臣、文学家、学者。字晓岚,别字春帆,号石云。直隶献县(今属河北)人。进士出身,以学问为乾隆帝赏识,累迁侍读学士。曾因事谪戍乌鲁木齐,后放还,官至礼部尚书、协办大学士。修《四库全书》时,任总纂官,主持编定《四库全书总目》及《四库全书简明目录》。有《纪文达公遗集》及小说《阅微草堂笔记》等。

钱大昕(1728—1804) 清代史学家、考据学家。字晓徵,号竹汀、辛楣,晚称潜揅老人。嘉定(今属上海)人。乾隆进士,历任翰林院编修、侍讲学士、广东学政等。与修《大清一统志》《续文献通考》《续通志》等。晚年主讲于江南诸书院。对史学、金石学、古音韵学贡献很大,主要著作有《二十二史考异》《潜揅堂集》《十驾斋养新录》《元史氏族表》《潜揅堂金石文跋尾》等。

姚鼐(1732—1815) 清代散文家。字姬传,室名惜抱轩。桐城(今属安徽)人。刘大櫆弟子。乾隆进士。曾任礼部主事、四库馆纂修官等。在继承方苞、刘大櫆的基础上,他主张文章须"义理、考据、词章"三者合一,又提出"阴阳刚柔"说,丰富了中国古代散文的创作和审美理论。著有《惜抱轩文集》等,所编《古文辞类纂》对文体分类有新贡献,流传甚广。

段玉裁(1735—1815) 清代语言文字学家、考据学家。字若膺,号懋堂。江苏金坛(今常州市金坛区)人。乾隆举人。曾任贵州玉屏等地知县。师从戴震,积数十年之功撰《说文解字注》,全面阐述汉字构造原则,以精审著称,是中国文字学重要著作。对经学、音韵亦有创见,为"皖派"考据大师之一。著有《经韵楼集》等。

章学诚(1738—1801) 清代史学理论家、方志学家。字实斋。会稽(今浙江绍兴)人。乾隆进士,曾主讲永定、保定等地书院,主编《湖北通志》《永清县志》《和州志》等。一度入湖广总督毕沅幕,协助编纂《续资治通鉴》。在学术上,他强调"史德",提出"六经皆史"的进步观点。著作有《史籍考》(已佚)、《文史通义》、《校雠通义》等,后人收为《章氏遗书》。

邓石如(1743—1805) 清代书法家、篆刻家。初名琰,字石如,后以字行,号完白山人。安徽怀宁人。少好刻石,早年寄寓江宁梅家,专心临摹秦汉以来金石碑刻多年。后游公卿间,被推为"国朝第一名手"。精于篆隶,篆法以李斯、李阳冰为宗,稍参隶意,字体微方。隶书厚朴沉雄。篆刻突破秦、汉旧规,自创面目,世称"邓派"或"皖派"。著有《完白山人篆刻偶存》等。

王念孙(1744—1832) 清代音韵训诂学家。字怀祖,号石臞。江苏高邮人。乾隆进士。任陕西道御史、吏科给事中。嘉庆初曾弹劾大贪官和珅祸国殃民,后屡受命治理各处河道。生平精于文字音韵之学及古史校勘,撰《广雅疏证》《读书杂志》等,校正文字,阐明古义,超越前人。为扬州学派大师之一。

和珅(1750—1799) 清代权臣、大贪官。字致斋。满洲正红旗人,钮祜禄氏。生员出身,袭世职为侍卫,乾隆加以宠信,擢升户部侍郎兼军机大臣等,累官至文华殿大学士,封一等公。在官擅权纳贿,植党营私,吏治日坏,祸国病民,控制朝政达二十年。乾隆帝一死,嘉庆帝即命王念孙等纠参,宣布其二十大罪,夺职下狱,抄没家产,责令自尽。时有"和珅跌倒,嘉庆吃饱"之谚。

阮元(1764—1849) 清代大臣、学者。字伯元,号芸台。江苏仪征人。乾隆进士,历任翰

阮元画像

林院编修、山东学政、浙江巡抚，湖广、两广、云贵总督。致仕后居扬州。生平学问渊通，长于考证，为当时学术界领袖人物。曾主持校勘《十三经注疏》，编纂《经籍籑诂》《皇清经解》。著有《畴人传》《两浙金石志》等。诗文有《揅经室集》。谥文达。

王引之（1766—1834） 清代大臣、音韵训诂学家。字伯申，号曼卿。江苏高邮人。王念孙子。嘉庆进士，官至工部尚书。他继承家学，精于音韵训诂与考证之学，所撰《经义述闻》，为研究古汉语虚词的重要著作。与王念孙，世称“高邮王氏父子”“高邮二王”。还曾受命考订官修《康熙字典》。

林则徐（1785—1850） 清朝大臣。字少穆。福建侯官（今福州）人。嘉庆进士，历任道台、巡抚等，注重调查研究，干练有政绩。道光十七年（1837 年），任湖广总督，次年受命为钦差大臣，赴广东查禁鸦片，在虎门当众销毁，屡挫英军挑衅。后因英国发动鸦片战争，他遭诬陷，流放新疆。在新疆兴办水利，推广先进生产技术。后又起用为云贵总督等，病死。有《林文忠公政书》及日记等传世，今辑为《林则徐全集》。

林则徐画像

龚自珍（1792—1841） 清代思想家、文学家，近代改良主义先驱。一名巩祚，字璱人，号定盦。浙江仁和（今杭州）人，出身于官宦学者家庭。道光进士。早年从外祖段玉裁研讨学问。官至礼部主事。后辞官南下，客死于丹阳书院。他主张“更法改图”，抨击君权专制，揭露官场腐朽，支持林则徐禁烟；为学提倡“通经致用”，属今文经学派。其诗想象奇特，文辞瑰丽，风格多变，是“开一代风气”的文学家。有《定盦文集》等，今辑为《龚自珍全集》。

魏源（1794—1857） 清代思想家、史学家、文学家。字默深。湖南邵阳人。道光进士。历任高邮知州等。与龚自珍同属“通经致用”的今文经学派。曾辑成《海国图志》及《皇朝经世文编》。他主张“师夷之长技以制夷”，自建船厂、炮舰，练军经武，加强海防，以抵御侵略。诗歌写山水，善于捕捉动态美，雄豪遒劲，奇峭奔逸。著作有《古微堂集》《元史新编》《老子本义》《圣武记》等。今辑有《魏源全集》。

曾国藩（1811—1872） 晚清大臣、洋务派首领。字伯涵，号涤生。湖南湘乡人。道光进士。咸丰二年（1852 年），奉诏在乡办团练，创建湘军及水师。三年后，出湘攻打太平军，互有胜败。咸丰十年升任两江总督，节制四省军务。同治二年（1864 年），攻入南京，擒杀李秀成等，剿灭太平天国。后与李鸿章、左宗棠等从事洋务，兴办军事工业。能文章，奇偶并用，雄厚舒展，在桐城派理论的“义理、考据、辞章”外，又加“经济”一项，使内容更加面向社会现实。诗尚黄庭坚，不限于唐宋。门下有张裕钊、吴汝纶、黎庶昌、薛福成四大弟子。编《经史百家杂钞》《十八家诗钞》。今有岳麓书社版 31 册本《曾国藩全集》。

左宗棠（1812—1885） 晚清大臣、洋务派首领。字季高。湖南湘阴人。道光举人。生平以诸葛亮的功业自期，受曾国藩赏识，后任浙江巡抚，进攻太平军。任陕甘总督时，镇压西北捻军与回民，先后兴办福州船政局、兰州制造局等。光绪二年（1876 年），毅然带兵入疆，率军击败受俄、英支持的中亚阿古柏侵略军，收复新疆全境。后病逝于福州。有《左文襄公全集》，今辑有《左宗棠全集》。

李鸿章（1823—1901） 晚清大臣、洋务派首领。字少荃。安徽合肥人。道光进士。咸丰十一年（1861 年）受曾国藩委派，组织淮军，参与镇压太平军、捻军。历任江苏巡抚、两江总督、直隶总督兼北洋大臣。为挽救清朝危亡,兴办洋务,陆续开办江南制造局、招商局、煤矿、铁路等,又购买外国军舰军火,建立北洋舰队。在内外交困的不利情势下,周旋于列强间,曾代表清政府与外国签订《马关条约》《辛丑条约》等不平等条约。有《李文忠公全集》。

洪秀全(1814—1864) 太平天国的领导者。客家人,生于广东花县(今广州市花都区)。四次应秀才试未录取,因接触基督教宣传品,病愈自称耶稣之弟,天父次子,下到人间替天行道,自撰《原道救世歌》《原道醒世训》《原道觉世训》等。道光二十三年(1843年)与冯云山共创"拜上帝会",在两粤传教。咸丰元年(1851年)1月在广西桂平金田村宣布起义,建号太平天国,自称天王。咸丰三年春攻克南京,改名天京,以为国都。定都后,长期居于深宫,腐化享乐,不能任用贤能,也未实施任何新政。在后期争权内乱中,利用韦昌辉、秦日纲等诛杀杨秀清,石达开被迫离京出走,再杀韦、秦,滥封诸王,以致人心离散。同治三年(1864年)6月在天京被清军攻破前病逝。参见"太平天国"。

洪仁玕(1822—1864) 太平天国后期领导者之一。字益谦,号吉甫。广东花县(今广州市花都区)人。洪秀全族弟。曾在香港居住多年,清咸丰十年(1860年)4月辗转到达天京。5月,洪秀全封他为"精忠军师""干王",总理太平天国朝政。天京陷落后。他携幼天王出走,10月一起被清军俘杀于南昌。执政之年,作《资政新篇》,提出一整套向西方学习,在中国发展资本主义的改革方案。经洪秀全批准后,予以刊刻颁布。但由于时局形势与太平军体制的限制,完全不可能付诸实施。

王韬(1828—1897) 清末改良主义政论家、文学家、变法维新运动的先行者。字紫诠,号仲弢,又号天南遁叟、弢园老民等。江苏长洲(今苏州)人。秀才出身。早年在上海英国人办的墨海书馆协助编译中西书籍,后遭清政府通缉,逃往香港,著书办报,接着赴英,游历欧洲,访问日本。同治十三年(1874年),他在港创办中文的《循环日报》,评论时政,鼓吹变法图强,要求发展民办工商业,提出君主立宪主张。晚年定居上海,主持格致书院。著有政论集《弢园文录外编》、小说《淞滨漫录》以及诗歌、笔记数种。

容闳(1828—1912) 清末改良主义者、中国留学生事业的先驱。字达萌,号纯甫。广东香山南屏(今属珠海)人。幼年随父至澳门。同治十三年(1847年),由香港到美国耶鲁学院学习,入美国籍。后返回中国,任职于广州、香港、上海等处。投入"师夷自强"的洋务运动,积极参与美中之间的商务,组织派遣幼童和学生留学的活动,曾任留学事务所副监督,清朝驻美国、西班牙、秘鲁三国副大使。被誉为"中国留学生之父"。戊戌变法失败后避居上海。晚年支持孙中山的革命活动。著有回忆录《西学东渐记》。

李慈铭(1830—1894) 近代学者、诗人。字爱伯,号莼客。浙江会稽(今绍兴)人。清光绪六年(1880年)进士。六十岁始补山西道监察御史。遇事敢言,多次弹劾大臣,不避权贵。生平以《越缦堂日记》著名,前后历时40年,其中朝野见闻、友朋聚散、人物品评、古物考据、书画鉴赏、山川游历及各地风俗等,足资学者参考;读书札记部分,内容宏富,亦时有精到之见。与《缘督庐日记》《湘绮楼日记》《翁同龢日记》并称"晚清四大日记"。能诗文,工骈体,今人整理为《越缦堂诗文集》。

翁同龢(1830—1904) 清末大臣。字声甫,号叔平,晚号松禅、瓶庐居士。江苏常熟人。咸丰状元,光绪帝师傅,为帝党首领。历任刑部、工部、户部尚书等职,两度入军机处,兼总理各国事务衙门大臣。光绪二十年(1894年)中日战起,他力主对日抗战。光绪帝亲政后,他支持康有为的变法主张,未久被慈禧下令开缺回籍。戊戌政变后被革职,交地方官管束。有《翁文恭公日记》《瓶庐诗文稿》。

张之洞(1837—1909) 晚清大臣、洋务派首领。字孝达,号香涛。直隶南皮人(今属河北)人。同治进士。历任侍讲学士、湖广总督、军机大臣等。属朝内"北清流派"人物。所至注意奖拔人才。在湖广总督任上,先后创办各种轻重工矿企业，各种专科学校和师范学堂，并筹办铁路。戊戌变法期间，曾发表《劝学篇》，提出“中学为体，西学为用”主张。一生居官清廉，诗作多反映现实，关心国事，亦有登览游赏之篇，风格清雄雅健。其骈文亦称一时名手。有《张文襄公全集》，今辑有《张之洞全集》。

张之洞

沈家本（1840—1913） 清末大臣、法学家。字子淳，别号寄簃。归安（今浙江湖州）人。光绪进士，历任天津、保定知府，升任刑部右侍郎、修订法律大臣，兼大理院正卿、资政院副总裁等。光绪二十六年（1900年）后奉命主持修订法律。他参考古今，融通中外，引进西方现代的法律思想和原则，修改和制订了《大清新刑律》《大清民律》《大清商律草案》，刑事、民事《诉讼法草案》等。他主张在法律面前，各族平等，男女平等；司法必须独立；奏请“永行禁止”买卖人口，蓄养奴婢；停止比附断案；废除凌迟、枭首、戮尸等酷刑，但不断遭到守旧派的诋毁和非难。生平精研法学，所著《历代刑法考》《汉律摭遗》等，后人汇编为《沈寄簃先生遗书》《枕碧楼丛书》。

王先谦（1842—1917） 近代经学家、训诂学家。字益吾，号葵园。湖南长沙人。清同治进士，曾任翰林院编修。光绪六年（1880年）任国子监祭酒、江苏学政，先后主持江苏南菁书院及湖南岳麓书院、城南书院。维新运动中，支持兴办民间工业与新式学校，反对“民权平等”学说，维护封建伦理纲常。一生勤于著述，恪遵乾嘉学风，曾校刻《皇清经解续编》，又编撰有《十一朝东华录》《汉书补注》《后汉书集解》《水经注合笺》《荀子集解》《庄子集解》《诗三家义集疏》《续古文辞类纂》等。另有《虚受堂文集》。

盛宣怀（1844—1916） 近代政治家、企业家和慈善事业家。字杏荪，号愚斋。江苏武进（今常州）人，出身官宦家庭。乡试落榜，慨然以匡时济世、挽救危亡自期。同治九年（1870年）入李鸿章幕，协办洋务。曾在天津等地任招商局督办、海关监督等。他利用官督商办或官商合办形式，大力兴办矿冶、纺织、交通等事业，并开设银行，获得巨量财富。曾先后创立电报局、天津中西学堂、上海南洋公学，以及广仁堂、中国红十字会等慈善机构。宣统三年（1911年）任邮传部大臣期间，他下令将铁路收归国有，引发四川保路运动，导致辛亥革命爆发。病逝于上海。有《盛宣怀未刊信稿》及大量档案资料传世。

吴昌硕（1844—1927） 近现代书画篆刻家、诗人。原名俊，字昌硕，别号缶庐、苦铁等。浙江安吉人。清末秀才，自幼酷嗜治印。青年时在杭州诂经精舍，从名儒俞樾学习。中年后定居上海，以“书、画、印”闻名，与任伯年、蒲华、虚谷合称“海上四大家”。民国初被推举为杭州西泠印社首任社长。其艺术贵于创造，擅长将书法、篆刻之法融入绘画。所作花卉木石等，笔力老辣、用色对比强烈，纵横恣肆、气势雄强。是近代中国艺坛承先启后的巨匠。有《缶卢集》《缶卢诗存》《缶卢印存》及书画集多种传世。

黄遵宪（1848—1905） 近代诗人、外交家。字公度，号人境庐主人。广东嘉应（今梅州）人。清光绪举人。历任清政府驻日参赞、旧金山总领事、驻英参赞、新加坡总领事、出使日本大臣等。他在美保护华工合法权益，在新加坡保护侨胞财产，发展华侨教育。戊戌变法期间在湖南按察使任，赞助巡抚陈宝箴推行新政。后遭革职，回乡积极兴办新式学堂。生平工诗，主张“我手写我口”，风格瑰奇矫健，是晚清“诗界革命”的代表诗人。著有《人境庐诗草》《日本国志》《日本杂事诗》等。

林纾（1852—1924） 近代文学家、翻译文学的奠基人、画家。字琴南,号畏庐。福建闽县(今福州)人。清光绪举人。生平与人合作,以文言翻译《巴黎茶花女遗事》、《迦茵小传》、《块肉余生记》、《吟边燕语》(即《莎氏乐府》)、《拊掌录》、《大食故宫余载》等世界文学作品,达180余种之多。在京师大学堂任教八年,古文受到吴汝伦、马其昶的推重。清亡后,以遗老自居,鬻文卖画为生,反对新文化与白话文。有《畏庐诗文集》、自著小说及画作传世。其"林译小说"简洁隽永,瑰奇多姿,是中国翻译文学画廊中的珍品,所传播的新思潮,对"五四"新文化运动具有深刻的影响。

严复(1854—1921) 近代启蒙思想家、翻译家、教育家。字又陵,又字幾道。侯官(今福建福州)人。毕业于马尾船政学堂,公派至英国学习海军。清光绪五年(1879年)毕业回国,先后任天津北洋水师学堂总办(校长)、京师大学堂译局总办、上海复旦公学校长、安庆高等师范学堂校长。一度党附袁世凯,为世诟病。译述《天演论》《原富》《群学肄言》《群己权界论》《法意》等西方著作,宣传进化论,主张民主、自由和天赋人权说。在翻译上,提出"信、达、雅",成为后世翻译遵循的三原则。著作有《严幾道诗文钞》等。

辜鸿铭(1857—1928) 近代翻译家、散文家。本名汤生,鸿铭为其字。福建惠安人。生于南洋,母亲为西方人,十岁随义父布朗赴英国,先后就读于爱丁堡大学、莱比锡大学。精通多种欧洲语言和经典。回国后,在张之洞幕府任英文秘书二十年,后在北京大学讲授英国文学,晚年在北洋政府外交部任职。热爱古老的中国文化,行为偏激,至死留着辫子。以英文翻译《论语》《大学》《中庸》,著《中国的牛津运动》《中国人的精神》,强调东方文明和中国传统文化的价值。今人整理为《辜鸿铭集》。

刘鹗(1857—1909) 近代文学家、商人、学者。字铁云,笔名"鸿都百炼生"。江苏丹徒(今镇江)人,寄籍淮安。出身官僚家庭,先后入河南巡抚吴大澂、山东巡抚张曜幕,帮办治黄工程。成绩显著,被保荐至总理各国事务衙门,以知府任用。八国联军侵入北京,刘鹗向联军处购得太仓储粟,赈救北京平民。光绪三十四年(1908年)清廷将他流放新疆,次年死于乌鲁木齐。一生行医、治河、经商,致力于医学、水利、数学、测绘等,纵览百家。著有长篇小说《老残游记》、甲骨文著作《铁云藏龟》以及《历代黄河变迁图考》等。

康有为(1858—1927) 近代思想家、清末改良主义运动领袖。又名祖诒,字广厦,号长素。广东南海丹灶(今属佛山市南海区)人。光绪二十一年(1895年),听说要与日本订立《马关条约》,他联合在京举人1 300多人集会,起草上皇帝书,慷慨陈词,提出变法救国主张。中进士后,授工部主事,又连续上书,提出变君主专制为君主立宪的要求,并组织保国会、强学会,促成1898年的戊戌变法。变法失败后,流亡海外,渐趋保守。著有《新学伪经考》《孔子改制考》《日本变政考》《戊戌奏稿》《大同书》《欧洲十一国游记》等。通书法,著《广艺舟双楫》,提倡北碑。诗文奇肆雄健。今人整理为《康有为全集》。

康有为

袁世凯(1859—1916) 晚清大臣、中华民国第一任大总统、北洋军阀首领。字慰亭。河南项城人,出身官宦家庭。两次乡试不中,弃文就武。清末任至直隶总督兼北洋大臣、内阁总理大臣。积极编练新军、发展工业、修筑铁路、创建巡警、开办新式学堂,成为立宪派领袖人物。辛亥革命后,以军事实力取得大总统地位后,继续推行各项现代法制建设,发展民族工商业与教育。1914年1月,下令解散国会,废除临时约法,后再修改总统选举法等。1915年底宣布恢复帝制,自任洪宪皇帝,当即遭到共和派的起兵讨伐。次年3月被迫恢复"中华民国"年号,不久忧惧病死。

詹天佑(1861—1919) 近代铁路工程学家。字眷诚,号达朝。安徽婺源(今属江西)人,生于广东南海(今广州)。十二岁为留美学童,随容闳赴美,入小学中学,考取耶鲁大学,学习土木工程及铁路专科。毕业返国,任教黄埔水师学堂。光绪十四年(1888年),成为中国第一名铁路工程师,先后负责修成塘沽到天津、天津至山海关的铁路。光绪三十一年担任京张铁路总工程师,以惊人的毅力和智慧,凿通八达岭隧道,使全线通车。为中国自行设计修建铁路之第一人。

谭嗣同(1865—1898) 清末维新派思想家。字复生,号壮飞。湖南浏阳人。出身仕宦家庭。光绪二十一年(1895年)8月在京成立强学会,认康有为为师。光绪二十三年,应湖南巡抚陈宝箴邀,在长沙先后创办学堂、报纸,筹办内河航运、修筑铁路等各项时务。次年授四品卿衔军机章京,参与新政。戊戌变法失败后,不愿逃亡,被杀。为"戊戌六君子"之一。思想见于《仁学》,诗文苍茫雄奇,有《谭嗣同全集》。

谭嗣同

孙中山(1866—1925) 中国近代伟大的民主革命家。名文,字德明,号逸仙,在日本化名中山。广东香山(今中山)人。光绪二十年(1894年)在美国檀香山建立兴中会,提出"驱逐鞑虏,恢复中国,创立合众政府"的政纲。此后在海外16年,先后5次环游世界,在华侨中广泛宣传革命。光绪三十一年在日本组织成立同盟会,领导1911年的辛亥革命,提出"民族、民权、民生"的三民主义学说。推翻清王朝后,被推选为中华民国临时大总统。1912年将同盟会改组为国民党。1914年在日本组织中华革命党,并于1919年改组为中国国民党。1924年在召开的国民党全国代表大会上通过宣言,实行"联俄、联共、扶助农工"三大政策,将旧三民主义发展为新三民主义。1925年3月12日在北京逝世,1929年根据其生前遗愿,将陵墓永久迁葬于南京紫金山中山陵。1940年,国民政府通令全国,尊称他为"中华民国国父"。著有《建国方略》《建国大纲》《三民主义》等,汇编为《孙中山全集》。夫人宋庆龄。

孙中山

吴趼人(1866—1910) 近代文学家。名沃尧,字趼人,号我佛山人。广东南海佛山(今佛山市)人。出身官宦没落家庭,幼丧父,18岁至上海谋生。光绪二十三年(1897年)起,创办小报,先后主持《字林沪报》《采风报》

《奇新报》《寓言报》《月月小说》杂志,发表创作小说三十余种,其中《二十年目睹之怪现状》和《恨海》影响深远。他还著有寓言集和长篇科幻小说《新石头记》。不但是晚清小报的创始人之一,也是当时最重要的小说家。

李宝嘉(1867—1906) 近代文学家。字伯元,号南亭亭长、游戏主人等。江苏武进(今常州)人。多才艺。在上海办报,与吴趼人同为晚清小报创始人。勤于写作,先后发表《庚子国变弹词》《官场现形记》《文明小史》《中国现在记》《活地狱》《海天鸿雪记》《海上繁华梦》《南亭笔记》《南亭四话》《滑稽丛话》等。其中《官场现形记》为晚清谴责小说的代表作。今人整理为《李伯元全集》。

章炳麟(1869—1936) 近代民主革命家、思想家、学者。初名学乘,字枚叔。浙江余杭(今杭州市余杭区)人。受祖父辈影响,不满满清统治,因慕顾绛(顾炎武)为人而改名绛,号太炎。光绪十七年(1891年)入杭州诂经精舍,师从俞樾、谭献。光绪二十三年任《时务报》主笔,宣传革命。光绪二十九年发表《驳康有为论革命书》并为邹容《革命军》作序,触怒清廷,被捕入狱。光绪三十二年出狱后去日本,入同盟会,主编《民报》,与改良派展开论战。辛亥革命后任孙中山总统府枢密顾问。1913年参加声讨袁世凯,一度遭囚禁。1924年脱离孙中山改组的国民党。晚年在苏州主持章氏国学讲习会。生平著述涉及语言文字、历史、哲学、政治、中医等。有《齐物论释》《訄书》《国故论衡》《国学概论》《太炎文录》等,后整理成《章氏丛书》三编。今汇集为《章太炎全集》。

曾朴(1872—1935) 近代小说家。字孟朴,号铭珊,笔名东亚病夫。江苏常熟人。早年翻译介绍法国雨果等人作品,后参与变法维新运动,长期开办书店。以创作的长篇章回小说《孽海花》著名。

梁启超(1873—1929) 近代思想家、文学家、中国现代学术史的开辟者与奠基人之一。字卓如,号任公、饮冰室主人。广东新会(今江门市新会区)人。清光绪举人。追随康有为参加改良运动,著书办报,影响巨大。晚年任教于清华大学研究院。文章诗词热情畅达,极富感染力。生平学识渊博、述作宏富,尤著名者有《先秦政治思想史》、《清代学术概论》、《中国近三百年学术史》、《中国历史研究法》(正续编)、《戊戌政变记》、《饮冰室诗话》、《梁启超家书》等。后人编为《饮冰室合集》。今有夏晓虹编《饮冰室合集集外文》。

梁启超

秋瑾(1875—1907) 清末女革命家、诗人。字璿卿,号竞雄,自号鉴湖女侠。浙江山阴(今绍兴)人。出身宦门,通经史,工诗词,善骑射击剑。留学日本,参加光复会和同盟会。曾在上海创办《中国女报》,宣传妇女解放,鼓吹民主革命。光绪三十三年(1907年),组织光复军,与徐锡麟约期,分别在浙、皖起义,事泄被捕,被杀于绍兴轩亭口。葬杭州西湖畔。诗词豪放悲壮,感情深沉。有《秋瑾集》。

绍兴秋瑾雕像

邹容(1885—1905) 清末革命家。字蔚丹。四川巴县(今重庆市巴南区)人。幼习经史,长于议论。光绪二十八年(1902年)留学日本,次年归上海,参加“爱国学社”,与章炳麟力倡革命。著《革命军》,号召推翻清朝统治,建立中华共和国。后因《苏报》案被捕,光绪三十一年死于狱中。辛亥革命成功后,被追赠为大将军。今辑有《邹容文集》。

文字语言

汉语 亦称"中文""汉文"。汉民族固有的语言。在语言分类上属汉藏语系。是中国的主要语言，也是世界上使用人数最多，最发达、丰富的语言之一。它是中国各民族间共同的交际语，也是国际通用语言之一，其使用广泛度居世界第二。主要方言分为北方话、吴语、湘语、赣语、客家话、闽北话、闽南话和粤语。汉语包含书面语及口语两部分。古代书面语称文言文。现代标准汉语，是以北京语音为标准音、以北方话为基础方言、以典范的现代白话文著作为语法规范的普通话。在中国香港、澳门、台湾称为国语；在新加坡、马来西亚称为华语。

汉字 记录中国汉语的文字。因系方块形体，常称为"方块字"。是世界上最古老的文字之一，至今已有六千年左右的历史。世界上所有古代的表意文字中，唯汉字巩固并流传下来。现用汉字从3 000多年前殷商的甲骨文和稍后的金文演变而来，形体的演变经历大篆、小篆、隶书、草书、楷书等阶段。其发展趋势是由繁变简，由象形、表意到形声。一个字一形体，代表一个音节，绝大多数是形声字。东汉许慎《说文解字》收字9 353个，清《康熙字典》收字47 035个，今人所编《汉语大字典》收字56 000余，《中华字海》收字85 568个。现代日常通用汉字约在5 000~8 000个之间。在20世纪以前，汉字亦是亚洲日本、朝鲜半岛、越南等国家官方的书面规范文字。它对中华民族文化历史的形成与创造具有伟大贡献，对中国社会生活的各方面以至日本等邻国都有深广的影响。

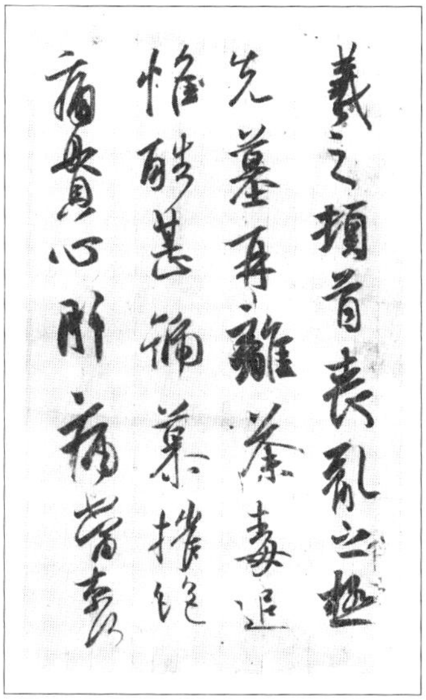

王羲之行草书《丧乱帖》(局部)

古文 古代的文字。统称汉隶以前的文字。包括甲骨文、金文、籀文(大篆)、战国时六国通行的文字和小篆等。凡用汉隶以前的文字书写的儒家经籍，称作古文经(跟"今文经"相区别)。

今文 汉代称当时通行的隶书字体为"今文"(跟"古文"相区别)。凡师弟子口头相传，至汉代才用隶书抄写成书的儒家经籍，称"今文经"(跟"古文经"相区别)。

甲骨文 亦称"契文""殷墟文字"等。刻记在龟甲或兽骨上的文字。内容多为殷商时人占卜后的卜辞记录及相关记事。1899年，最初发现于河南安阳小屯村(殷王朝都城遗址，即殷墟)。此后多次发掘，先后出土数量达十万余片，单字总数4 500字左右。清末刘鹗《铁云藏龟》、孙诒让《契文举例》，是最早的考释著作。历经几代学者的艰辛研究，已辨识甲骨文字近2 000个。郭沫若的《卜辞通纂》及其主编的《甲骨文合集》、李孝定的《甲骨文集释》、于省吾主编的《甲骨文诂林》，为研究甲骨文的重要参考书。甲骨文字体以象形为主，但其中已有不少形声字，是今天可识的最古老的汉字。

甲骨文

契文　“甲骨文”的别称。

卜辞　见“甲骨文”。

金文　旧称“钟鼎文”或“吉金文字”。即铸刻在殷周至秦末钟鼎等青铜器上的铭文。其书体凝练奇古，雄伟挺拔，结构严谨。与甲骨文相比，形声字明显增加，偏旁渐趋定型，奠定了汉字表意体系的基础。殷代的金文字体与甲骨文相近，铭辞字数亦少。周初继承殷代，后书体风格乃变为凝重雄放，铭辞有长达数百字者，很富史料价值。内容多为祀典、锡命、征伐、约契等活动的相关记录。是研究西周至春秋时期政治历史的重要资料。至战国末，字与小篆接近。铭辞多为督造者、铸工名或器名，少有长篇者。金文应用的年代，上自商代早期，下至秦灭六国，以小篆统一中国文字之时，共约1 200余年。现存字数据统计有3 722个，其中可识别的有2 420个。容庚著《金文编》、中国社会科学院编《殷周金文集成》、周法高著《金文诂林》及其续编、戴家祥主编《金文大字典》等，为研究金文的重要参考书。

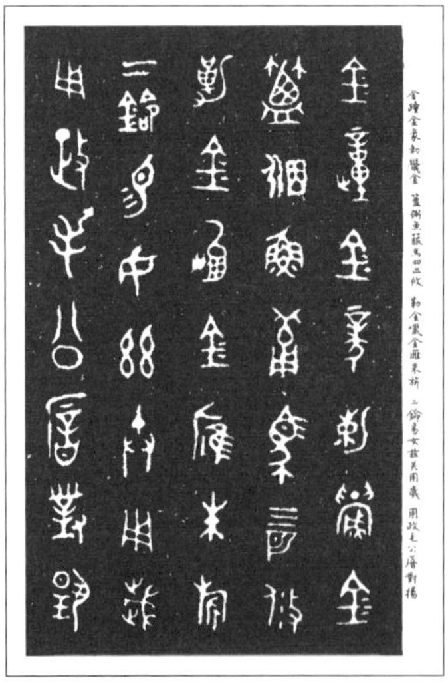

毛公鼎铭文拓片（局部）

钟鼎文　金文的旧称。泛指铸刻在殷周秦汉的钟、鼎等青铜器上的文辞及其字体。其中以乐器中的钟和礼器中的鼎最富代表性，故称。参见“金文”。

鸟虫书　一种古文字。由篆书演变而成。为金文中的特殊美术字体。常以错金形式出现，千姿百态、华丽高贵，富于装饰效果。春秋中后期至战国时代，盛行于吴、越、楚、蔡、徐、宋等南方各国。鸟书亦称“鸟篆”，笔画作鸟形，文字与鸟形融为一体。如《越王勾践剑铭》等，多见于兵器，少见于容器、玺印。虫书笔画蜿蜒盘曲，首尾出尖，长脚下垂，若虫身之弯曲。如春秋晚期的《楚王子午鼎铭》，少数字近鸟书，余多属于虫书。《吴王子于戈铭》亦是鸟书与虫书皆有。鸟虫书除见于容器、兵器，亦见于战国古玺及两汉礼器、印章与瓦当，乃至于唐代碑额。郭沫若认为鸟虫书是“审美意识之下所施之文饰也，其效用与花纹同。中国以文字为艺术品之习尚，当自此始。”

六书　汉代学者归纳出的汉字造字、用字之法的六种类型。“六书”一词最早见于《周礼·地官·保氏》，但未详其目。东汉班固《汉书·艺文志》、郑众《〈周礼〉注》以及许慎《说文解字·叙》三家，所举“六书”名称和次序互有出入。清以来学者大多取许慎所说名称及班固所列次序，即：象形、指事、会意、形声、转注、假借。六书理论基本符合当时汉字的基本情况，其概括的对象主要是小篆。清人认为，“六书”中前四种是造字之法，后两种是用字之法。

象形　汉字“六书”之一。以描摹实物形状为原理的造字方法。如“日”“月”“川”三字,即象太阳、月亮、河流之形。

指事 汉字“六书”之一。以象征性的符号表示意义的造字方法。如“上”“下”。

会意 汉字“六书”之一。即组合两个或两个以上独体字来示意的造字方法。会,“聚合”之意。如“信”“休”“伐”“伍”“林”“森”等字,均是会意字。“信”,表示人说的话有信用;“休”,表示人在树下歇息;“伐”,表示人用武器攻击,等等。会意法造字功能强,能表示抽象的意义,《说文解字》中有会意字 1 167 个。清王筠《说文释例·会意》:“凡会意之字,或会两象形字以为意,或会两指事字以为意,或会一形一事以为意,或会一象形一会意,或会一指事一会意,皆常也。”

形声 亦称“谐声”。汉字“六书”之一。即字形由“形”和“声”两部分合成的造字方法。其声符和字的读音有关,意符和字的意义有关。形声字占全部汉字的八成以上。如“纨”“婷”“贷”“芳”都是形声字。唐兰《中国文字学》十七:“中国文字在近古期以后,几乎完全是形声文字。《说文》九千多字里面,朱骏声《说文通训定声》的《六书爻列》所载形声就占了八千零五十七字,约十分之八。”

转注 汉字“六书”之一。汉代许慎《说文解字·叙》谓:“转注者,建类一首(同一部首),同意相受,考、老是也。”后世解释不一。清代学者戴震、段玉裁的看法较可信,认为“转注”即字和字(一对或一组)意义相同或相近,彼此间互相解释的现象。为用字的方法之一。如《说文解字》中以“考”注“老”,以“老”注“考”。转注的条件必须是“异字同义”,而且在声音方面亦是同一语根。因属互相训释,故叫转注。

假借 汉字“六书”之一。汉语发展过程中所产生借用他字以表达此词的方法。即所谓以不造字为造字之法。情况有二:一种是本无其字,借他字以代之。如汉许慎《说文解字·叙》所谓:“假借者,本无其字,依声托事,令、长是也。”清段玉裁注:“如汉人谓县令曰令、长……令之本义发号也;长之本义久远也。县令、县长本无字,而由发号、久远之义,引申展转而为之,是谓假借。”另一种是某词本有其字,而另以读音相同或相近的字代替,参见“通假”。

假借字 古代汉语书面语中,借用语音相同或相近的字来表示某个意义,这个字即为假借字。假借字的产生,分本有其字和本无其字两种情况。如“归”本义为女子出嫁,假借为“馈”(赠送);“辩”本义为巧言,假借为“辨”(辨别);“壶”本义为盛酒浆之器,假借为“瓠”(葫芦)。又如三国魏曹植《洛神赋》:“明眸善睐,靥辅承权”的“权”假借为“颧骨”之“颧”,皆属假借字。

通假 古汉语中,本有表示某义的专用字,由于种种原因,古人不用,而另以一个音同或音近的字来代替,此种现象称通假。原有的字叫“本字”,借用的字叫“通假字”,通假字临时获得的本字之义称通假义。通假在先秦至汉古籍中十分常见。如屈伸的“伸”写成“信”(读“伸”),背叛的“叛”写成“畔”,无有的“无”写成“亡”(读“无”),抗拒的“拒”写成“距”,等等。后者俱为“通假字”。

通假字 见“通假”。

初文 亦称“本字”。文字学上称同一个字的初期写法。与“后起字”相对。初文多为独体字,如“背”字本写作“北”,在未楷化以前像两人背对着背,后来“北”被借指为“南北”之“北”,就加了意符“月”(即“肉”),成为今天的“背”。

本字 ① 即“初文”。② 在通假的关系中,借用的字称“通假字”,原有的字亦称“本字”。参见“通假”。

后起字 文字学上指同一个字的后起写法。与“初文”相对。如“足趾”的“趾”和“日暮”的“暮”,最初的写法是“止”和“莫”。“趾”和“暮”即为后起字。“止”和“趾”,“莫”与“趾”之间,就形成了各自的“初文”和“后起字”。

古今字 记录原来的多义词或同形词的字为古字,记录分化后形成的新词的字为今字。古字和今字先后出现,系初造字和后造字的关系。两者合称古今字。如“知”与“智”;“辠”与“罪”;“责”与“债”;“反”与“返”;“然”与

"燃"。前者和后者,都构成古今字的关系。

助字 文言中的虚词。一般不作句子成分,不表示实在的意义。主要用于组合语言单位。有副词、介词、连词、助词、叹词、象声词、代词七类。常用助字有:而、何、乎、乃、其、且、然、若、所、为、焉、也、以、矣、因、于、欤、则、者、之。"助字"之称约起于唐。清代刘淇的《助字辨略》,为解释助字(文言虚词)的专著。

本义 一个词的本来意义。与"引申义"相对。它是所有引申义产生的基础。如"年"字,本义为谷子成熟,后来才变成为计算时日的单位;又如"素"字,本义为白而细、尚未染色的生绢,此后才产生白色、质朴、原始、本质、素质、向来、素食等义。东汉许慎的《说文解字》是一部讲解汉字本义的著作,在推断一个词(字)的本义时,须以《说文解字》为主要工具书,参照甲骨文、金文,以及古代文献,进行综合考察。

引申义 一个词从本义发展、派生出来的意义。与"本义"相对。参见"本义"。

正体字 与"异体字"相对。字形结构和笔画符合规范的字。如"迹"是正体字,"跡""蹟"是异体字。

俗体字 亦称"俗字"。异体字的一种。跟"正体字"相对。指主要流行于民间、不合字书规范的汉字,如"菓"(果)、"唸"(念)等。俗体字在历代碑帖里很多,六朝碑刻中就有不少,到隋唐时更多。今简化汉字,往往采用过去的俗体字为简体字。

异体字 跟正体字同音同义只是写法不同的字。如"覩"(睹)、"豬"(猪)、"颿"(帆)、"氷"(冰)、"峯"(峰),都属于异体字。

部首 字典、词典根据汉字形体偏旁所分的门类。最初是将含有相同的表意偏旁(形旁)的字排列在一起,以成一部,因将此表意偏旁置于本部之首,故称"部首"。同一部首的字,一般都和部首字所标示的事物有关。如从"女"之字与女性有关,从"言"之字与言谈有关,从"糸"之字多与丝织有关。部首始创于东汉许慎,其《说文解字》按不同的表意偏旁,将9 353个汉字分为540部首。明代梅膺祚《字汇》首次将楷书汉字简化为214个部首。后为《正字通》《康熙字典》《中华大字典》《辞源》等沿用。新版《辞海》根据简化汉字字形,分为250部首。《新华字典》分为189个部首。《汉语大词典》与《汉语大字典》统一将传统的214部首删并成200个部首。依部首查词条是汉语工具书重要的检索方法之一。

偏旁 指合体字字形中经常出现的某些组成部分。旧称左为偏,右为旁。今不受此限。如"谈"字的"言"旁,"江"字的"三点水"旁,"树"字的"木"旁,"宝"字的"宝盖头"等。

独体字 汉字形体结构的一种类型。即结构单一,不能再拆分出偏旁的单字。跟"合体字"相区别。如"事""瓜""平"。

合体字 汉字形体结构的一种类型。由两个或两个以上的独体字合成。如"明"由"日""月"合成,"麝"由"鹿""身""寸"合成。

读破 同一个字,意义不同而有两个以上读音时,不按常读的读音去读,叫读破。如"大王"的"大"读 dài,不读 dà;"饮马"的"饮"读 yìn 去声,不读 yǐn 上声。读破了的字叫破读字。

韵部 将汉语同韵的字归在一起成为一部,称韵部。上古韵部是古代音韵学家据先秦的《诗经》《楚辞》等材料整理而成。中古韵部因不同时代及著书宗旨不同而异:宋《广韵》分206韵,宋末《礼部韵略》归并为106韵。元周德清《中原音韵》根据北曲用韵分为19部。清代以来,北方戏曲、曲艺押韵普遍用"十三辙"。

韵目 韵书中韵部的标目(领头)字。系从同一韵部中选出来作为代表者。如北宋人编《广韵》,其上平声第四个韵部以"江"字为韵目,该韵便称"江韵"或"江部";去声第二个韵部以"宋"字为韵目,该韵便称"宋韵"或"宋部"。亦即表示此韵目下所收的字,韵母全与韵目字同。比《广韵》稍晚编成的《集韵》,韵目亦同此原理。

四声 ① 对汉字的平、上、去、入四个声调的总称。汉字的声调,从古存在,一直到南朝梁时,才由学者沈约、周颙等发现其规律性,正式提出"四声"的概念。此后,对律诗、骈体文、律赋、词、曲的形成与发展产生了巨大影响。平、上、去三声的区分在于声调的高低升降;入声在韵母结构上以塞音〔p〕〔t〕〔k〕收尾,形成闭锁性短促音。今日研究或写作旧体诗、词、曲等,仍须分清汉字中古音的“平、上、去、入”四声,并按照体裁格律,正确运用。② 今普通话以阴平、阳平、上声、去声为四声。从中古时期的四声演变而来。其结果是:平声分为阴平、阳平;上声有一部分变为去声;去声无转化;入声分别派入平、上、去三声,在普通话中消失,而仅保存于方言。

平仄 在古汉语中,“平”指四声中的平声,“仄”指四声中的上、去、入三声。亦泛指由平仄构成的诗文的韵律。要学写旧体诗词,首先须分清平仄,包括记住常用入声字。

平声 古汉语四声中的第一声(区别于“仄声”)。古平声字在普通话里分化为阴平字和阳平字两类。如“星”“型”都是平声字,前为阴平,后为阳平。

仄声 古汉语四声中的上声、去声、入声的统称(区别于“平声”)。其中的入声,在普通话中已经消失,原来的入声字,如“石”“急”“铁”“雪”“骨”“药”“客”等,分别演变为阳平声、上声、去声等。但在如今许多地区,如江苏、浙江、广东、山西等地区的方言中仍有入声字。

直音 中国古代汉字注音方法之一。即用一个容易认识的字来标注与其同音的字。如“畯,音俊”,是表示“畯”与“俊”同音;“灑,音邕”,是表示“灑”与“邕”同音。东汉以前,儒家经师注音往往采用“读若”(或“读如”“读为”)等术语,以同音字或近音字来比拟标注一个字的读音。东汉以下,始采用直音方式注音。

反切 中国古代汉字注音方法之一。即用两个汉字相拼来表示所注汉字的读音。反切上字与所切字的声母相同,反切下字与所切字的韵母及声调相同,有时还加注韵部。如“稠”字,通常注“池尤切,尤韵”;“汉”字,通常注“黑按切,翰韵”。

古音 ① 古代汉字的语音。② 专指周秦两汉时期的汉字语音(跟“今音”相区别)。

上古音 周秦两汉时期的汉语语音。一般以《诗经》押韵和谐声字所反映的语音系统为代表。通常认为上古有单辅音声母 28 个。有声调平、上、去、入四个。

中古音 隋唐宋时期的汉语语音。一般以《切韵》的增订本《广韵》的语音系统为代表。通常认为《广韵》有声母 35 个。《广韵》有 206 个韵部,如果不计声调的区别,则有 61 个韵部,每个韵部包括一至四个韵母,因此《广韵》的韵母有 100 多个。《广韵》的声调有平、上、去、入声四个。

双声叠韵 汉语音韵的一种常见现象。两个字或几个字的声母相同叫双声,如:“回环”“参差”“磊落”“光怪陆离”。两个字或几个字的韵母相同叫叠韵,如:“栏杆”“窈窕”“婵娟”“荡漾”“回归”“扑朔迷离”等。双声或叠韵组成的词,具有声韵之美。古典作家在诗、词、曲、赋、骈文中,往往自觉地运用。

联绵词 旧称“连绵字”。一种单纯复音词。它是一个凝固结构,记录它的两个汉字不能拆开解释,或拆开后的字义与该联绵词的意义并无联系。联绵词中的两个字仅代表单纯复音词的两个音节。其语音类型有:双声的(两字声母相同),如参差、淋漓、踌躇、犹豫、流利、慷慨、吩咐、玲珑、芳菲、崎岖、梗概、鸳鸯、琵琶;叠韵的(两字韵母相同),如彷徨、从容、崔嵬、徘徊、汹涌、咆哮、烂漫、窈窕、辗转、腼腆、葱茏、葫芦、匍匐、蹒跚、朦胧、苍莽、螳螂、桫椤、蜻蜓、惝恍、魍魉、缥缈、缠绵等。又有少数非双声叠韵的,如芙蓉、苯莒、鹦鹉等。近人符定一著有《联绵字典》,资料丰富,唯当时对“联绵词”定义尚模糊,书中收有大量的非联绵词。

训诂 本指经师在传授过程中,对儒家经书中的方言俗语、名物形貌等进行解释。最初称为“故训”,始见于西汉学者毛亨的《毛诗故训传》。《尔雅》中也有相关的《释故》《释训》篇。此后“训诂”范围逐渐扩大,包括了所有古书的传、笺、微、章句、音义、正义、义疏、疏证等不同体式。也即除解释原著的字、词、句义外,还包括申述篇章旨意,判定文字正误、说明表现方法,乃至征引史实,解说典章制度等。如《春秋左氏传》《周礼正义》《书古微》《尔雅注疏》《楚辞章句》《老子解诂》《水经注》《世说新语笺疏》等,都是训诂名著。训诂是整理和研究古籍的重要手段。

小学 中国古代对语言文字学的传统名称。据

《周礼》记载,周代的“国子”(公卿大夫的子弟)八岁入小学后,因须先学习文字,后世乃称语言文字之学为“小学”。最初仅指有关字的学问和书籍,至隋唐以后,才包括文字学、音韵学、训诂学。由于它直接带有帮助学者阅读儒家经典的语文学的性质,故“小学”一直作为经学的附庸。直到清末,章太炎主张摆脱经学的附庸地位,“小学”才被称为“语言文字之学”。

句读 亦称“句逗”“圈点”。旧称文章中一个意思完整的语句为“句”,语句意思未完而需要停顿处为“读”。合称为“句读”,古人认为,学习“句读”,只是读书的最初阶段。唐韩愈《师说》:“彼童子之师,授之书而习其句读者,非吾所谓传其道解其惑者也。”

经传 儒家经典与阐释经文的“传”的合称。如春秋时孔子编订鲁史,名曰《春秋》,文字简古,隐寓褒贬,后人尊之为“经”。孔子死后,陆续有公羊氏、穀梁氏、左氏三家为之解释,后世称为“传”。《春秋》与《左氏传》合称则为《春秋左氏传》。晋张华《博物志》卷四:“圣人制作曰经,贤者著述曰传。”

经解 历代解释儒家经书的著作的统称。清顺治至康熙间,学者徐乾学及其门人纳兰性德辑录唐、宋、元、明人注释儒家经书的著作146种,1 860卷,刻为《通志堂经解》。此后道光间学者阮元又有《皇清经解》的汇刻,光绪时王先谦再刻《皇清经解续编》,两大丛书,共2 800余卷,集中体现了清人在解经方面的成就和水平。

解诂 古书注释体式的一种。指用当代语言解释古代词语。也指经过训释后的著作。如汉贾逵有《春秋左传解诂》(已佚),清王引之有《周秦名字解诂》。

章句 古书注释体式的一种。除一般解释字、词外,并注重串讲全句以至全章的大意。有时并在一章的末尾标明章旨,讲述一章的中心思想。东汉赵岐有《孟子章句》,王逸有《楚辞章句》,南宋朱熹有《大学章句》《中庸章句》,加上他的《论语集注》《孟子集注》,后人合称《四书章句集注》。

义疏 原指六朝讲解佛经的疏本讲义。后借用于中国的经籍研究。指会通义理,加以阐释发挥;或指广搜群书、补充旧注,究明原委的书。如南朝梁皇侃的《论语义疏》、清郝懿行的《尔雅义疏》等。

注疏 注文和疏解的合称。解释古书文义者称“注”,进一步疏通注文者称“疏”。“注”有传、笺、解、章句等名称;“疏”有义疏、正义等名称。因语言变迁,先秦儒家经籍及汉以下的注,至后代又显深奥或仍有难明之处,后人因此再加疏解。南宋前,注与疏的本子单行,至光宗绍熙间出现汇集唐宋前最具权威性的“十三经”的注疏合刻本,称为《十三经注疏》,乃有“注疏”之名。至清代,学者又先后对经书再加注疏,世称“十三经清人注疏”。历代注疏中,保存有大量思想史、文化史和语言训诂的材料。

疏证 会通古书义理,加以补充、校订、考证、阐释。也指经过这种整理后的著作。如清代阎若璩《尚书古文疏证》、王念孙《广雅疏证》、陈立《白虎通疏证》等。

正义 “疏”的一种。即对前人的注加以进一步疏解,使人易懂。也指经过疏解后的著作。如唐孔颖达著《周易正义》《尚书正义》《毛诗正义》《礼记正义》《春秋左传正义》,合称“五经正义”。有时亦用为“注”的别称,如唐张守节注《史记》,有《史记正义》。

集注 汇集前人关于某书的注释,有的并附有汇注者的见解。也指以这种方式完成的著作。如南宋学者朱熹的《楚辞集注》《四书集注》,郭知达的《九家集注杜诗》等。也称“集释”“集解”。如清郭庆藩的《庄子集释》,今人杨伯峻的《列子集释》,王利器的《颜氏家训集解》等。

集解 见“集注”。

集释 见“集注”。

会注 亦称“会笺”。整理古籍、注释古书方法的一种。即对某一注家众多的古书,取一佳版本作底本,采撷各本注释之精华或全部,荟集一书,以省遍检之劳。如日本学者泷川资言的《史记会注考证》,今人张友鹤辑校的会校、会注、会评本《聊斋志异》等。

校注 校勘和注释古代典籍的方法。一般是取一较好的版本做底本，搜罗各种不同的版本与相关文献资料，加以核对。发现讹误衍脱，即予订正，并且写出校记；同时，对疑难的字、词、句须一一引证文献资料，全面加以注解。也用于经过此种整理工作的古籍书名，如《李白集校注》《黄帝内经太素校注》《文心雕龙校注》《校注人间词话》等。

三十六字母　用以表示中古汉语声母系统的一套代表字。中国古代无标音符号，声母、韵类都用汉字来代表。所谓“字母”即声母。相传唐末僧人守温参考梵文字母，提出30个汉字代表声类，宋无名氏对其进行增补，又提出6个，当时称为“三十六字母”。它反映了唐、宋时期的汉语声母系统。“三十六字母”的创立，推动了宋以后汉语音韵学的发展。通过这套字母，可追溯上古汉语的声母系统，也可研究现下的方言语音以及汉语语音发展的规律。三十六字母表见下：

三十六字母表

发音部位新名	发音部位旧名 \ 发音方法		全清	次清	全浊	次浊
双　唇	唇音	重唇	帮(b)[p]	滂(p)[p‘]	並[b]	明(m)[m]
唇　齿		轻唇	非(f)[f]	敷[f‘]	奉[v]	微[ɱ]
舌尖中	舌音	舌头	端(d)[t]	透(t)[t‘]	定[d]	泥(n)[n]
舌面前		舌上	知[ȶ]	彻[ȶ‘]	澄[ȡ]	娘[ȵ]
舌尖前	齿音	齿头	精(z)[ts] 心(s)[s]	清(c)[ts‘]	从[dz] 邪[z]	
舌面前		正齿	照(j)[tɕ] 审(x)[ɕ]	穿(q)[tɕ‘]	床[dʑ] 禅[ʑ]	
舌　根	牙　音		见(g)[k]	溪(k)[k‘]	群(g)	疑(ng)[ŋ]
	喉　音		影(∅)			
舌　根			晓(h)[x]		匣[ɣ]	
舌面中（半元音）						喻[j]
舌尖中	半舌音					来(l)[l]
舌面前	半齿音					日[ȵʑ]

押韵　诗、词、歌、曲、赋等韵文文体，在某些句子末尾，使用韵母相同或相近的字，叫“押韵”或“用韵”。押韵，能起到诵读或歌唱时音韵和谐优美、前后呼应的效果。是古汉语韵文的一种规律性现象和文体要求。

平水韵　金代官方为科举考试而编印的韵书名。金大定十六年（1176年），平阳（即平水，今山西临汾市）毛麾曾著《平水韵》一书（已不存）。金大正六年（1229年），平水王文郁又刊行《平水新刊礼部韵略》，其书归并《广韵》的206个韵部为106部（平声30部，上声29部，去声30部，入声17部）。因书名上有“平水”的地名，故称“平水韵”。此后成为元明清以来近体诗用韵的依据，故“平水韵”又指这一韵部体系。

诗韵　写作旧体诗时所用的韵。至盛唐时期，近体诗格律及用韵俱已形成。当时用韵以隋代陆法言《切韵》为标准。至北宋真宗朝，在《切韵》基础上增订形成《广韵》一书。主持科举考试的礼部为统一标准，同时颁行了比《广韵》较简略的《景德韵略》，两书同为206个韵部，比较琐细。仁宗时改为《礼部韵略》，后不断修改刊行。至淳祐十二年（1252年），山西平水人刘渊编《壬子新刊礼部韵略》，将韵部归并成107部。此前，北方金国的《平水新刊礼部韵略》曾归并为106部。均为当时应考士人所遵循。清康熙朝所编《佩文韵府》及其缩略本《佩文诗韵释要》，即属于106韵部的平水韵体系。

词韵　倚声填词时所押的韵。前人虽有著述，但以清嘉庆间江苏吴县人戈载所编《词林正韵》最为著名。此书以《平水韵》韵目为根据，按照唐宋人作词用韵的实际情况，予以归纳，将词韵分成19部：平、上、去三声韵共14部，入声韵5部。其划分较诗韵宽，为后世词家所接受，奉为词创作用韵的标准。

曲韵　创作杂剧剧本和散曲时所押的韵。元周德清归纳当时北曲的用韵为十九部，编成《中原音韵》一书，是后来写作杂剧、散曲者用韵的标准。

古代汉语　古代汉族的语言。与“现代汉语”相对。广义的古代汉语的书面语包括两个系统：一是以先秦口语为基础而形成的上古汉语书面语，以及后人学习、沿用此种书面语的系统。也即文言。二是六朝以后在北方方言基础上形成的古白话系统。狭义的古代汉语书面语即指文言。

文言 指我国"五四"新文化运动以前通用的古汉语书面语言。与"白话文"及"古白话"相区别。它在先秦口语的基础上提炼而成。在汉魏以后，它逐渐脱离了与口语的联系。唐宋以下，距离越来越大。至"五四"后，终为白话文所取代。由于文言具有几千年历史，是一个独特的汉语语言系统，中国20世纪以前的大部分文献都用文言文写成，今天仍是研究古代文化遗产必需的工具，"文言"仍普遍应用于古典文史研究领域。其中的某些精华，不断地为现代语文所吸收。

白话 即汉语口语。有古白话和现代白话之分。唐宋以来，古白话在口语的基础上形成。宋、明、清的话本、章回小说、民歌、曲艺等大量俗文学作品皆以古白话写作。在宋儒语录、禅宗传灯录、南戏、元代官方文书、皇帝诏旨、元明杂剧、散曲、地方戏曲中，古白话也占有相当的比重。现代白话，即现代汉语（普通话）的书面形式，"五四"以后才普遍使用。

古白话 古代汉语书面语言之一。与"文言文"相区别。是唐宋以来逐渐摆脱文言文束缚，在北方方言基础上形成的接近口语、富有生活气息的一种书面语言，为通俗文学作品所使用。"五四"时，被现代白话文所批判继承，发展成为现代汉语的书面语言。参见"白话"。

官话 旧称作为汉语官方标准语的北方话。因元、明、清三代均以北京为国都，政治中心在北方，常应用于官场交际，故称。

婉词 委婉含蓄的话。如生病称"不适"，失业称"赋闲"，年纪轻称"富于春秋"等。

谦辞 用于表示谦虚的词语。如称对方的赞扬为"谬赞""过誉"，称对方的帮助为"抬爱""鼎力"；表示自己不能当此评价，曰"岂敢"；称自己为"鄙人""在下""后学"等。

敬辞 亦称"敬语"。人际交往中含恭敬口吻的用语。如询问对方的姓氏称"尊姓"，称呼对方的母亲为"令堂"，称对方的家庭为"府上"，称对方的来信为"来示"或"手教"，等待对方来到叫"恭候"，提到对方的著作曰"大著"，等等。使用敬辞是文明礼貌、尊重他人的表现，在今天仍有必要。

借代语 不直接说出某事物名称，而用与其有关系的另一事物的名称代替它，后者即为借代语。如以"蛾眉"代美女，以"丹青"代绘画或颜料，以"桑梓"代故乡，以"翰墨"代诗文、书画，以"冷暖"代生活起居，以"抱负"代志向等。借代语的适当运用，可以使用词免重复、避忌讳，表达更为委婉含蓄，丰富多姿，是汉语中独特现象，在文学艺术中的使用更为普遍。

双关 借助词语的同音或多义，使语句在表面意思外，还隐藏着另一个意思。双关可分为谐音双关和语义双关。可表现出说话人的含蓄、幽默或机智。如六朝乐府诗中常以"莲""藕""丝"表达"怜"（爱）、"偶"（配偶）、"思"（相思）等含义。又如唐人刘禹锡的《竹枝词》："杨柳青青江水平，闻郎江上唱歌声。东边日出西边雨，道是无晴却有晴（情）"，后两句即为双关语的美妙应用。

格言 汉语熟语的一种。为前人所说，含有劝诫和教育意义、可为准则的话。多出自古代文献，用语精炼。如："满招损，谦受益"（《尚书·大禹谟》）；"欲速则不达"（《论语·子路》）；"不义而富且贵，于我如浮云"（《论语·述而》），等等。

箴言 规谏劝诫的话。古代称为"箴"。"箴"即"箴石"，是上古时期石头做成的一种医疗工具。西汉末扬雄有《十二州箴》《二十五官箴》，都是提醒做官者的话语。

妙语 亦称"隽语"。词美意深、富有情趣的话。中国古代史传、笔记中每有记载。专门载录名人轶事的书，如南朝宋刘义庆《世说新语》，北宋王谠《唐语林》、孔平仲《续世说》，明何良俊《语林》，清王晫《今世说》，清末易宗夔《新世说》，以及宋潘自牧《记纂渊海》等类书中，此类妙语最多。

名句 诗词文章中流传众口的句子或短语。如："江流天地外，山色有无中"（王维），"为人性僻耽佳句，语不惊人死不休"（杜甫），"大珠小珠落玉盘”“此时无声胜有声”（白居易），“欲把西湖比西子，淡妆浓抹总相宜”（苏轼），“问世间情为何物，直教生死相许”（元好问），以及“上善若水”（《老子》），“逝者如斯夫，不舍昼夜”（《论语》），等等。

名言 狭义的名言指名人说的含义深刻的话。广义的名言通常还包含格言、箴言、妙语、一部分谚语和警句等。如“天行健，君子自强不息”（《周易》），“富贵不能淫，贫贱不能移，威武不能屈”（孟子），“彼亦一是非，此亦一是非”（庄子），“种瓜得瓜，种豆得豆”（民谚），“岁寒，然后知松柏之后凋也”（孔子）等。

典故 亦称“故实”。诗词文章所引用的古书中的语句或故事。如“此君”（指竹。晋王徽之命人种竹，说“何可一日无此君邪”）、“故侯瓜”（秦东陵侯召平，汉初为布衣，在长安城东隐居所种瓜）、“题桥”（汉司马相如题桥柱发誓故事）、“目无全牛”（《庄子·养生主》中对庖丁解牛的赞美），等等。作为修辞手段，用典可以美化文学语言，加强说理抒情的概括力，以彼喻此，含蓄有味。

用典 亦称“用事”。在写作时引用古书中的故事或语句。参见“典故”。

辞藻 亦称“词藻”。华丽工巧的词语。多指古代诗文中现成的典故、词语。辞藻为前人的创造，运用得当能加强作品的表现力，展现语言的变化之美；过于注重辞藻，则容易忽略作品的实在内容，缺乏新意，变得浮华而缺少风骨。清代所编《子史精华》《分类字锦》《骈字类编》《佩文韵府》《渊鉴类函》等类书，收录中国古典文学中的辞藻极为丰富。

二徐 五代末、宋初学者徐铉、徐锴兄弟的合称。二徐并负才名，精研《说文解字》，有声于南唐，世以大徐、小徐称之。徐锴著《说文解字系传》，卒于宋军围困金陵之时，世称“小徐本”。徐铉入宋后，曾奉诏校订《说文解字》，世称“大徐本”。二书并传于世。

高邮二王 清代训诂学家王念孙、王引之的合称。王念孙，江苏高邮人，在古文献学上以小学与文史校勘见长，著有《读书杂志》等，与段玉裁齐名，同出安徽戴震门下，但比段玉裁更为严谨。引之承父学，著《经义述闻》《经传释词》，并曾奉诏校正《康熙字典》。王氏父子是清代扬州学派的主要代表，他们在古文献学上代表清代乾嘉学术的最高成就。阮元认为二王在精博上超过了惠栋与戴震，方东树在《汉学商兑》中说：“高邮王氏《经义述闻》实足令郑（玄）、朱（熹）俯首，汉、唐以来未有其比。”

戴段二王 清代乾嘉时期四位著名语言文字、文献校勘学者的合称。他们是：安徽休宁戴震，江苏金坛段玉裁，高邮王念孙、王引之。

思想学术

学说概念

阴阳 ① 本义是云遮日称阴，云开日出称阳。后用以指相互对立的两种气候或气的两种状态。② 中国古代用以概括世界上最基本的两种互相矛盾的力量或属性。凡静的、寒的、在下的、向内的、晦暗的、减退的、虚弱的为阴，凡动的、热的、在上的、向外的、明亮的、亢进的、强壮的为阳。道家认为阴阳的相互作用对万物的产生和发展具有重要意义。儒家认为阴阳的交互作用是宇宙间的根本规律，并用它们比附君与臣、夫与妻、君子与小人等伦理和人际关系。中医则以阴阳探索各种疾病的根源。

五行 指金、木、水、火、土五种物质。古代思想家用日常生活中习见的这五种物质来解释世界万物的起源以及其多样性的统一。五行思想起于西周末，至春秋战国时期又产生五行相生相克的思想，认为它们既相互促进，又相互排斥。

阴阳五行说 “阴阳”和“五行”两种学说的合流。它对中国古代的天文、历法、哲学、政治、医学、化学、农学等发展具有重大影响。

八卦《周易》中的八种基本图形。名称为：乾、坤、震、巽、坎、离、艮、兑。《易经》中六十四卦皆由八卦两两相重组成。起源于原始宗教的占卜。《周易》作者认为，八卦分别象征天、地、雷、风、水、火、山、泽八种自然现象，每一卦又象征多种事物。其中乾、坤两卦最为重要，是自然界与人类社会一切现象的本源。

气 中国古代思想家如东汉王充、北宋张载等指出，“气”是一种极细微的物质，“气”聚集而构成世间万物，因而“气”为万物的本原。南宋朱熹则提出“理先气后”说，认为未有天地之先，只有理，有理才有气，气流行而生万物。

五伦 宗法社会指君臣、父子、夫妇、兄弟、朋友五种人伦关系。

三纲五常 汉代儒家提出的道德标准。“三纲”与“五常”的合称。始见于西汉董仲舒的《举贤良对策》，后见于东汉班固等的《白虎通德论》。三纲，指“君为臣纲，父为子纲，夫为妇纲”。即君对臣、父对子、夫对妇拥有绝对支配和统治的权力，臣对君、子对父、妇对夫应尽效忠和服从的义务，同时也要求君、父、夫为臣、子、妻作出表率。五常，“常”是“不变”之意，指仁、义、礼、智、信这五个道德信条。“仁”含意丰富，主要指爱他人；“义”指合乎道德的标准与义务；“礼”指约束人们思想、言行的各种礼仪制度；“智”指判断是非的才能与智慧；“信”指恪守道德的坚定与忠诚。

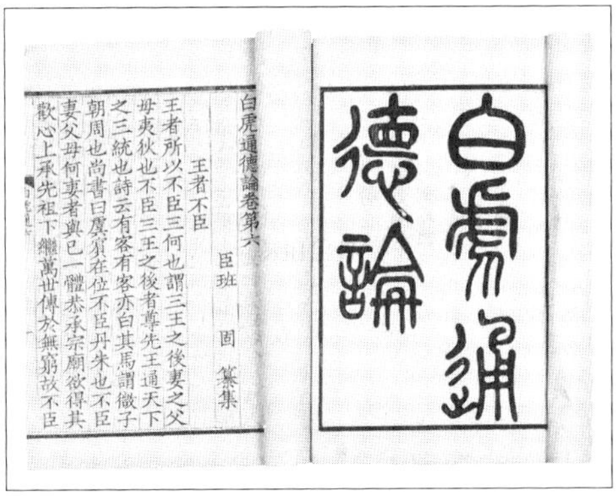

班固《白虎通德论》

仁 中国古代儒家的道德范畴之一。含义极广。本指人与人的相互亲爱。孔子所说“仁”，包括恭、宽、信、敏、惠、智、勇、忠、恕、孝、悌等内容。而实行“仁”的方法，即：“己所不欲，勿施于人”“己欲立而立人，己欲达而达人”。

义 中国古代儒家的道德范畴之一。指人们不可违背的封建道德和各自应尽的义务。儒家认为，“仁义”对于维持社会秩序不可缺少，每个处于不同等级的社会成员都应严格遵守。如君臣、父子、夫妇、兄弟、主仆、师生、朋友间，都各有道德的标准和应尽的义务，否则便是“不义”。

礼 中国古代儒家的道德范畴之一。春秋时的政治家子产最先把“礼”当作人们行为的规范。孔子也要求人的言行符合礼,这“礼”既指周礼的礼节、仪式,也指人们的道德规范。他对“礼”进行全面论述,提出“克己复礼”的观点;把“礼”当作调整统治集团内部关系的手段,当作治国治民的根本。荀子也很重视“礼”,把“礼”看作是节制人欲的最好方法。战国末和汉初的儒家对“礼”作了系统的论述,主张用礼来调节人的情欲,使之合乎儒家的道德规范。

智 中国古代儒家的道德范畴之一。“智”,即智慧、聪明,有才能,有智谋。孔子认为,“唯上智与下愚不移”,绝大多数人都可成为“仁人”。儒家把“智”看成是实现其最高道德原则“仁”的重要条件之一。他们要实现“达德”,而要实现“达德”必须经过“知”的五个步骤,即博学、审问、慎思、明辨、笃行。汉儒把“智”列入“五常”之中。

信 中国古代儒家的道德范畴之一。意为诚实,讲信用,不虚伪。“信”既是儒家实现“仁”这个道德原则的重要条件之一,又是其道德修养的内容之一。孔子及其弟子提出“信”,是要求人们按照礼的规定互守信用。儒家把“信”作为立国、治国的根本。汉儒把“信”列入“五常”之中。

仁义 ① 中国儒家道德范畴“仁”和“义”的合称。② 今指同情、爱护、帮助他人的思想感情和恪守正义的精神。

仁义礼智 儒家伦理思想。战国思想家孟轲提出。他认为:恻隐之心,是“仁”的发端;羞恶之心,是“义”的发端;辞让之心,是“礼”的发端;是非之心,是“智”的发端。这“四端”是道德观念的起始与萌芽,是人性中固有的,是人和禽兽的根本区别。“仁”是根本,其余三者处于从属地位。

忠 中国古代儒家的道德范畴之一。孔子所说的“忠”,是指和别人的一种关系,尽力帮助别人叫做“忠”。“忠”又特指事上忠诚。孔子把“忠”作为实行最高道德原则“仁”的条件。孟子也把“忠”视为重要的道德规范。汉以后出现“三纲”,“君为臣纲”规定了臣民对君主必须绝对“忠”,忠君便成为天经地义、永恒的伦理教条。“忠”与“孝”成为儒家伦理道德的两大主要内容。《论语·子路》:“居处恭,执事敬,与人忠,虽之夷狄,不可弃也。”

孝 中国古代儒家的道德范畴之一。主要指敬奉父母,善事父母。儒家认为孝是各种道德中最根本的。孝是宗法等级制在家庭关系中的表现,一直被视为最高美德之一。《孝经·开宗明义》:“夫孝,始于事亲,中于事君,终于立身。”《论语·为政》:“孟武伯问孝。子曰:‘父母唯其疾之忧……今之孝者,是谓能养,至于犬马,皆能有养。不敬,何以别乎?’”

悌 儒家伦理思想。指敬爱兄长,顺从兄长,目的在于维护宗法关系。常与“孝”并列,称为“孝悌”。儒家非常重视“孝悌”,把它看作是实行“仁”的根本条件。《论语·学而》:“其为人也孝悌,而好犯上者,鲜矣。不好犯上,而好作乱者,未之有也。君子务本,本立而道生。”《孟子·滕文公下》:“于此有人焉:入则孝,出则悌。”

孝悌 儒家伦理思想。能对父母尽子女的义务,顺从父母,称孝;能对兄长尽做弟弟的义务,服从兄长,称悌。儒家极其重视孝悌,西汉时作为人才的德行标准,以“孝悌力田”及“孝廉”等作为国家选拔官吏的科目。

恕 中国古代儒家的道德范畴之一。“恕”,要求推己及人,自己不想做的事,不强加给别人。在孔子的有关伦理学说中,“忠”与“恕”是并列的。因“恕”而得“忠”,为“忠”以行“恕”。“忠恕”是实行“仁”的方法,是“仁”的内容,同时又是孔子思想的一贯之道。《论语·里仁》:“曾子曰:‘夫子之道,忠恕而已矣。’”朱熹集注:“尽己之谓忠,推己之谓恕。而已矣者,竭尽而无余之辞也。”《论语·卫灵公》:“子贡问曰:‘有一言而可以终身行之者乎?’子曰:‘其恕乎。己所不欲,勿施于人。’”

忠恕 儒家伦理思想。曾子认为贯穿孔子学说的中心思想是“忠恕”。“忠”即“己欲立而立人,己欲达而达人”,“恕”即“己所不欲,勿施于人”,二者合起来即忠恕之道。孔子认为忠恕之道是实行“仁”的方法。

勇 中国古代儒家的道德范畴之一。指果断、勇敢。孔子把“勇”作为施“仁”的条件之一。

“勇”必须符合“仁、义、礼、智”，才能成其为勇。《论语·宪问》：“仁者必有勇。”《论语·阳货》：“君子有勇而无义为乱。”《论语·子罕》：“知者不惑，仁者不忧，勇者不惧。”

让 中国古代儒家的道德范畴之一。指谦让、礼让。对人的谦让是中华民族的一种传统美德。《孟子·公孙丑上》：“无恻隐之心，非人也；无羞恶之心，非人也；无辞让之心，非人也；无是非之心，非人也。恻隐之心，仁之端也；羞恶之心，义之端也；辞让之心，礼之端也；是非之心，智之端也。”

节 中国古代儒家的道德范畴之一。指气节和节操。(1) 指一个人在政治上、道德上的坚定性。对内，气节表示对一定的政治制度、政治理想和道德理想的坚定信仰；对外，则指在国家和民族遭到外敌侵犯时，能挺身而出，以国家民族利益为重，坚持斗争，乃至献出个人生命。《荀子·君子》：“节者，死生此者也。”(2) 亦称“贞节”。是专制时代约束妇女的道德规范。即要求妇女婚前谨守闺门，婚后要“从一而终”，夫死不得再嫁，为丈夫终身守节，甚至殉夫。中国社会，直至南宋初，并不禁止寡妇改嫁。程朱理学成为官方哲学以后，为害始烈。《二程遗书》卷二二下：“然饿死事极小，失节事极大。”鲁迅《坟·我之节烈观》：“我依据以上的事实和理由，要断定节烈这事是：极难，极苦，不愿身受。然而不利自他，无益社会国家，于人生将来又毫无意义的行为，现在已经失了存在的生命和价值。”

三从四德 “三从”与“四德”的合称。“三从”始见于《仪礼·丧服》，指女子未嫁从父，既嫁从夫，夫死从子；“四德”始见于《周礼·天官·九嫔》，指妇德、妇言、妇容、妇功。都是男权社会对女子提出的道德要求。

慎独 儒家用语。出自《礼记·中庸》。指在一人独处、无人注意的情况下，自己的言行也能谨慎不苟。宋明理学家以“慎独”作为重要的修养方法之一。

礼义廉耻 亦称“四维”。古代政治家认为一个国家存在所必备的四种社会道德规范。出自《管子·牧民》。礼，指思想行为的道德标准；义，指每个人应尽的责任与义务；廉，指思想的清正和自我约束；耻，指羞耻惭愧之心。《管子》认为，失去“四维”，社会就要崩溃。

无为 道家的哲学思想。出自《道德经》。即认为宇宙万物的本原是“道”，而“道”本身是“无为”而“自然”的。它不将万物据为己有，不夸耀自己的能力与功劳，不主宰和支配万物，听任万物自然生长发展。因而，人效法“道”，也应以“无为”为主，这样就能达到整个社会的无为而治。

修齐治平 “修身、齐家、治国、平天下”的简称。出自《礼记·大学》。儒家主张由近及远，由己及人，因而将“格物”“致知”“诚意”“正心”作为“修齐治平”的基础，形成了儒家伦理政治哲学的整个体系。

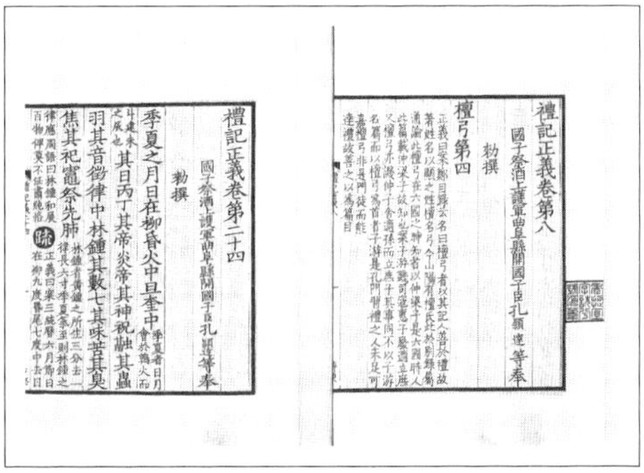
禮記正義卷第八
國子祭酒上護軍曲阜縣開國子臣孔穎達等奉
勑撰
檀弓第四
禮記正義卷第二十四
國子祭酒上護軍曲阜縣開國子臣孔穎達等奉
勑撰
季夏之月日在柳昏火中旦奎中
其日丙丁其帝炎帝其神祝融其蟲
羽其音徵律中林鍾其數七其味苦其臭
焦其祀竈祭先肺

《礼记正义》

三不朽 中国伦理思想史上的命题。出自《左传·襄公二十四年》。意思是：第一要务是“立德”，以伟大的品德做后人的榜样；其次是“立功”，为国为民建立功业，永为后人所怀念；再其次是“立言”，即提出新的含有真理的言论，给后世留下有益的影响。只有以上三者，可称为不朽。

天道 天的规律与道理。中国古代不同的哲学学派，有不同的“天道观”。或认为“天”是主宰万事万物的有人格意志的神，或认为“天”是自然的存在，没有意志，“天道”只是自然的规律。“天道”与“人道”为中国伦理思想史上的一对范畴。

人道 指人事、为人之道及社会规范等。殷商西周，一般认为“人道”受“天道”支配。至春秋时代，逐渐将“人道”与“天道”区分开，认识到人是自己命运的主宰。因而,后来的“人道”,多指处理人与人之间关系的社会规范。

道器 道和器是中国哲学史上一对重要的哲学范畴。“道”是无形象的,含有规律原则道理准则的意思,“器”是有形象的,指具体事物和名物制度。即抽象的道理与具体事物之间的关系问题。宋代的程朱学派认为“道”超越于“器”之上,是“天理”。清初王夫之等思想家认为,“道”不能离开“器”,“道在器中”。

礼乐 儒家的政治伦理规范。“礼”是维持等级社会的政治制度、道德规范和礼节仪式。“乐”是音乐、歌咏、舞蹈。“礼乐”即文化教育,与“刑政”(政事、法律)相对。孔子认为,礼和乐相互配合,对人的道德、文化修养有教育熏陶的重要作用,能维持和巩固统治阶级的内部秩序,可以更有效地治理人民。

礼教 即礼仪教化。是中国君主社会为巩固其等级制度和宗法关系而制定的礼法条规和道德标准。封建礼教指将儒家学说中礼治思想片面化、绝对化后形成的,并强制人们信奉、遵守的整套政治伦理制度。如“君为臣纲,父为子纲,夫为妇纲”“天下无不是的父母”“忠臣不事二主、烈女不嫁二夫”“君要臣死,臣不得不死”之类。

礼治 儒家的政治思想。“礼”是维护等级秩序的社会规范和道德规范。自孔子起,即提倡礼治,要求天子、诸侯、卿、大夫、士等各级统治者都要安于名分,严守礼制,不得僭越,以便巩固统治阶级内部和更有效地统治人民。

德治 儒家的政治思想。认为政、刑只能起强制和镇压的作用,而依靠德和礼才能征服人心,因而主张以礼教的道德感化作用来统治人民,治理国家。

仁政 儒家的政治主张。即以德为政,宽厚待民,施以恩惠,从而争取民心、得到人民拥护的政治方略。源于孔子“仁”的思想。战国时代,孟子明确提出统治者应当施行“仁政”的观点,后成为思想者抨击统治者不行“仁政”、以暴政虐民的依据。

七情 ① 出自儒家经典《礼记・礼运》,指喜、怒、哀、惧、爱、恶、欲七种情志活动。② 佛教以喜、怒、忧、惧、爱、憎、欲为七情。

良知 中国伦理学概念。首先由战国思想家孟子提出。他认为,爱父母,敬兄长,以及同情心、羞耻心、恭敬心和是非善恶之心,都是人天生具有的“良知良能”,并不是通过后天学习得来的。明代王阳明继承、发挥了这一学说。参见“致良知”。

致良知 中国哲学、伦理学概念。明代思想家王阳明在孟子“良知良能”说的基础上提出。即人的“良知”具有识别善恶的本能,人们应该除去私欲蒙蔽,恢复天赋道德意识,使一切想法都符合自己的“良知”。他称这种道德的训练过程为“致良知”。

格物致知 古代认识论的命题。语出《礼记・大学》。宋代朱熹将“格物致知”解释为通过究察事物以获得知识,进而启发内心,是一种内心修养的过程。清代颜元认为,“格物致知”是通过动手做事、亲身实践,然后得到知识。

中庸 儒家伦理思想。出于《论语》。指思考和处理事情不偏不倚、无“过”和“不及”的态度,并认为这是最高的道德标准和道德境界。孔子认为,“过”和“不及”一样,都不是正确的态度。

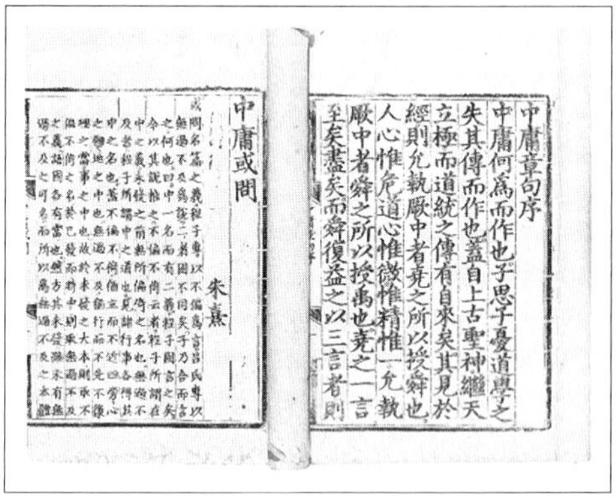
中庸章句序
中庸何爲而作也子思子憂道學之失其傳而作也蓋自上古聖神繼天立極而道統之傳有自來矣其見於經則允執厥中者堯之所以授舜也人心惟危道心惟微惟精惟一允執厥中者舜之所以授禹也堯之一言至矣盡矣而舜復益之以三言者則

中庸或問
朱熹

《中庸章句》

王道 儒家关于以“仁义”治天下的政治主张。与“霸道”相对立。实质上从无单纯的“王道”,“王道”与“霸道”互相依存、交替使用,一直是进行封建专制统治不可或缺的两种政治策略。

霸道 指国君凭借权势,利用武力、权术、刑法,对外扩张，对内实行严酷统治的政治策略。与“王道”相对立。战国时法家商鞅以谋求强国的“霸道”之术进献秦孝公，受到赏识和重用。“霸道”的思想与实行常受到主张“王道”的儒家的批评。

王霸之辨 中国伦理思想史上关于“王”“霸”问题的辩论。始于战国。孟子推崇施行仁政、以德服人的“王道”，反对依仗实力、征服天下的“霸道”。一般来说，儒家主“王道”，法家尚“霸道”。秦国与秦王朝专行“霸道”，收效显著，然而秦王朝很快灭亡，此后的统治者接受亡秦教训，多儒法兼采，王霸并用。

民贵君轻 孟子的政治思想。《孟子·尽心下》认为：民众是最重要的因素，其次是国家，再其次是君主。因为民众不可更换，民心最为重要，而失去民心的君主可以废除和更换，唯有民众拥戴的人才可以做君主。《孟子·梁惠王下》又认为，诛杀一个像商纣王那样的暴君，不是“弑君”，只是“诛一夫纣”而已。其思想反映了当时的进步潮流。

天人感应 关于“天”和“人”相互关系的一种神秘理论。认为“人”和“天”相通。人的行善或作恶，顺从或违背上天的意志，“天”都会通过自然界的风调雨顺或地震、旱涝等灾变显示出来。这一学说是西汉董仲舒的封建神学体系的理论基础。

天人合一 中国思想史上关于“天”与“人”或“自然”与“人”相互之间关系的一种观点。由战国时的子思与孟子率先提出。庄子认为“天地与我并生，而万物与我为一”。西汉董仲舒继承和发展了孟子与《中庸》的观点，认为“人道”本于“天道”，“天道”与“人道”一致。人世间的等级制度、政治、法律等都能在“天”那里找到根据。

天理 ① 指自然的法则。道家强调无论是个人还是社会都要顺应自然，不违背自然的法则。② 宋代理学家程颐、朱熹等所说的“天理”，指纲常伦理等，与他们所说的“人欲”相对立。

人欲 指人过度的欲望嗜好。宋代理学家以“天理”与“人欲”相对立。

天理人欲 宋儒程颐、朱熹等以“天理”与“人欲”相对立。他们要求人们过度的“私欲”，一切服从“天理”。曾受到宋代陈亮、叶適，明代李贽和清代王夫之、戴震、袁枚等思想家的严厉批判。王夫之认为，“天理”就在“人欲”之中；戴震认为“天理”离不开人情、人欲，不是“理在事先”，而是“理在事中”，抹煞“人欲”的后果就是“以理杀人”。

学术流派

稷下学宫 “稷”是齐国国都临淄城（今山东淄博）一处城门名。“稷下”即稷门附近。学宫因地近稷门而得名。始创于战国田齐的桓公时期（前375—前357），兴盛于齐威王时。学宫规模宏大，曾吸引容纳当时“诸子百家”中道、儒、墨、法、名、阴阳、纵横、兵、农、小说等各家学者多达千人。如孟子、淳于髡、邹衍、田骈、慎到、申不害、接子、环渊、尹文、田巴、鲁仲连、邹爽、荀子等都曾会集于此，进行讲学、论辩。荀子曾三次担任学宫“祭酒”。齐王封著名学者为“上大夫”，并“受上大夫之禄”，允许他们“不治（事）而议论”。各派学者围绕天人之际、古今之变、礼法、王霸、义利、名实等，反复展开辩论，相互辩驳和吸收，世称“百家争鸣”。周秦诸子的学术活动，至此达一高峰。至末代齐王田建时衰弱，后因秦灭齐而消亡，前后历时约150年。

先秦诸子 秦统一以前，东周春秋、战国之世出现的各派思想家著作的统称。东周以后，学术中心由官方转向民间，大思想家如老子、墨子、孙子、庄子、荀子、韩非子等及其后学，莫不成一家之言。诸子著作是了解中国古代社会政治、经济、文化的宝贵资料，中国后世思想学派大多渊源于此。孔子、孟子等儒家学者的著作因得到统治者的承认和提倡，被尊称为“经”，一般不包括在“诸子”范围。

《诸子集成》

诸子百家 ① 春秋至汉初众多学术流派及其代表人物的总称。“诸子”指儒家的孔子、孟子、荀子,道家的老子、庄子,法家的韩非子,墨家的墨子,兵家的孙子,杂家的吕不韦等;“百家”指儒家、道家、阴阳家、法家、名家、墨家、纵横家、杂家、农家、小说家等。② 各学术流派所著书籍的总称。

九流十家 先秦至汉初学术思想流派的合称。西汉学者刘歆作《七略》,其中《诸子略》将先秦和汉初诸子学派分为“十家”,“十家”即儒家、道家、阴阳家、法家、名家、墨家、纵横家、杂家、农家、小说家。“十家”中除小说家属“艺文”不算,其他九家称为“九流”。班固《汉书·艺文志》即据刘歆说,著录各家著作与人物:“诸子十家,其可观者九家而已……若能修六艺之术,而观此九家之言,舍短取长,则可以通万方之略矣。”后亦泛称各学术流派。《南史·袁粲传》:“九流百氏之言,雕龙谈天之义。”

黄老学派 先秦道家的一个派别。“黄”,指传说中的黄帝;“老”,指春秋末期的老聃。因其尊黄帝、老聃为学派创始人,主要以《老子》为其指导思想,故称。形成于战国时期,最初流行于齐国稷下学宫。带有明显的道、法结合的性质。汉初统治者鉴于秦王朝的教训,实行与民休养生息的“无为”政治,以安定社会、恢复经济、缓和阶级矛盾和统治集团内部的矛盾,一度形成黄老之学盛极一时的局面。此时的黄老之学根据社会政治的需要,“采儒墨之善,撮名法之要”,而以儒、道、法三者相互渗透。强调清静无为,主逸臣劳,宽简刑政,除削烦苛,务德化民,恢弘礼义,顺乎民欲,应乎时变等。

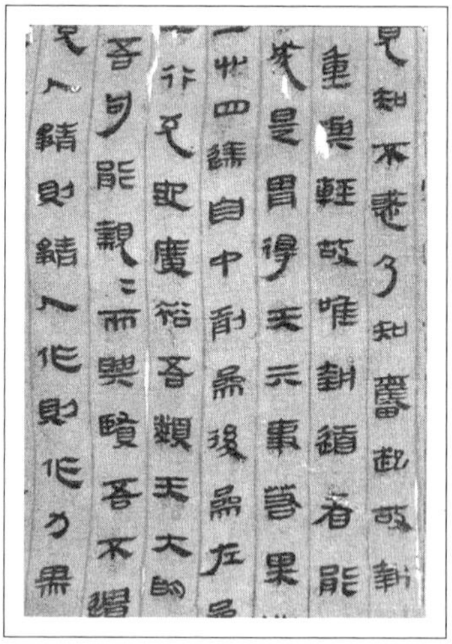

马王堆汉墓出土的帛书《黄帝四经》

罢黜百家,独尊儒术 指西汉元光元年(前134年)儒家学者董仲舒提出的政治思想主张,并为汉武帝所采纳的历史事件。建元元年(前140年),董仲舒在《举贤良对策》中建议:凡不在六艺之科、孔子之术的各家学说,都应从博士官学中排除。汉武帝对这一维护大一统的主张非常赏识。接着又采丞相卫绾之议,罢黜治申不害、商鞅、韩非、苏秦、张仪之言的贤良。但受到好黄老之言的祖母窦太后的强烈反对。窦太后死后,武帝于元光元年将不治儒家五经的太常博士一律罢黜,排斥黄老等百家之言于官学之外,提拔布衣出身的儒生公孙弘为丞相,优礼延揽儒生数百人,大力宏奖儒学。此后封建王朝的官员主要出自儒生,儒家逐步成为中国两千年间统治人民的正统思想。

儒家 以孔子、孟子为创建人的思想学派。《汉书·艺文志》列为“九流”之一。儒本为有知识技艺者的通称。自孔子在春秋末年创立学派后,儒成为崇奉孔子学说的人的专称。其主张为“祖述尧、舜,宪章(效法)文、武”,崇尚“礼义”和“仁义”,提倡“忠恕”和“中庸”之道。儒家政治上主张“德治”和“仁政”,反对暴虐统治。自汉武帝“罢黜百家,独尊儒术”

以后，成为中国两千多年君主专制社会的正统思想，对社会形态、阶级构成、政治思想、法律制度、文化教育、宗教信仰、商业经济、文学艺术等各方面影响极其深远。“五四”新文化运动时期，西方民主、科学思想引进，新文化运动对儒家学说进行了猛烈的批判。随着社会制度的变更，儒家学说失去统治地位，但其影响至今依然广泛存在。

道家 以先秦老子、庄子有关“道”的学说为中心的学派。道家之名，始见于西汉司马谈《论六家之要指》，又称为“道德家”。《汉书·艺文志》称道家，列为“九流”之一。道家强调人在思想上应该效法自然的“道”，政治上主张“无为而治”，知识道德上“绝圣弃智”“绝仁弃义”，与儒、墨之说强烈对立。其后，道家思想与刑名、法家相结合，成为黄老之学，汉初颇为君主所重。至武帝独尊儒术，黄老乃渐衰微。然其思想流入民间，对东汉末道教的兴起颇有影响。魏晋之间玄学盛行，王弼、何晏等辈以老庄解释儒家经典，促成儒道融合。其后宋明理学力倡儒家道统，并斥佛、老，但仍涵融有若干道家思想。同时，道家崇尚自然的旨趣，对中国古典文学艺术、养生医学等方面，也有深远重大的影响。

阴阳家 战国时期提倡阴阳五行学说的一个学派。《汉书·艺文志》列为“九流”之一。齐人邹衍为其代表。衍曾至稷下及魏、赵等国宣传其学，颇受尊礼。他提出“大九州”说与“五德终始”说，运用土、木、金、火、水“五行相胜”的原理，解释历史上朝代兴替的原因，为新王朝的建立提供理论根据。邹衍所著有《邹子》四十九篇、《邹子终始》五十六篇，皆亡佚。其学说的一些片断，见于《史记》。又，写成于战国后期的《礼记·月令》，有人认为也属阴阳家的著作。此派学说多先验及迂怪不经之言，至汉代演变为谶纬学。但其对于山川地理、天文时令的探究在自然科学史上不无认识价值，表现了非凡的想象力与宽广的眼界。

法家 战国时期以提倡法治为核心思想的重要学派。《汉书·艺文志》列为“九流”之一。源于春秋时的管仲、子产，发扬光大于战国时的李悝、商鞅、慎到和申不害等人。商鞅重“法”，申不害重“术”，慎到重“势”。至战国末，韩非加以融合，乃集法家学说之大成。法家在经济上主张废除井田制，建立和巩固封建土地私有制，重农抑商，奖励耕战。在政治上主张废分封，行郡县，建立统一的君主国家，打击旧贵族势力，厉行严刑峻法，使令行禁止。教育上主张废儒家“仁义”之说，以吏为师。秦国用韩非学说建立了统一的秦王朝，然法家以性恶论为其理论根据，主张实行极端的君权主义和残酷镇压人民的政治手段，秦王朝不久即遭覆灭。西汉以后，统治者“罢黜百家，独尊儒术”，但仍采用“外儒内法”、儒法兼治的方法。法家的主要著作有《商君书》《韩非子》。

名家 战国时期以辩论名实问题为中心的一个学派。《汉书·艺文志》列为“九流”之一。战国时称“刑(形)名家”“辩者”，西汉称“名家”。名家强调“控名责实，参伍不失”，名称和事实必须完全相符。其见解常和当时流行的看法相反，“以非为是，以是为非”。对于名、实问题，惠施主张“合同异”，认为一切差别、对立都是相对的，过分夸大事物的同一性；公孙龙主张“离坚白”，重在分析感觉和概念，区别个别与一般、具体与抽象，过分强调事物之个性。两者各有所偏，然对中国古代逻辑思想的发展具有一定贡献。名家代表人物的著作，有《邓析子》《尹文子》《惠子》《公孙龙子》等。今传本《邓析子》《尹文子》系后人伪作。

墨家 战国时期的重要思想学派。《汉书·艺文志》列为“九流”之一。是儒家的反对派，影响极大。创始人墨翟，世称“墨子”。战国初，战争频仍，贵族奢靡，平民生活困苦，墨翟反对侵略战争，主张以天下交相利来达到“兼爱”的目标，不论出身的高低，选贤者担任天子、国君，并制定制度、标准，让天下平民去遵行。他要求为政者崇俭、节葬，要人不相信命运，却又相信天帝鬼神。后期墨家在认识论、逻辑学以及数学、力学、光学等自然科学方面获得进一步发展。墨家有严密的组织纪律，其首领称为钜(巨)子，由上代钜子指定贤者担任，代代相传。墨门子弟必须听命于钜子，赴汤蹈火而不辞。汉以后墨家衰微，至清代中叶以后才被汪中等学者重视研究。墨家著作留传后世的有《墨子》一书，其中《墨经》反映了后期墨家的思想。

纵横家 战国时专以纵横捭阖之术游说诸侯，从事政治外交活动的学术流派及其谋士群体。《汉书·艺文志》列为"九流"之一。代表人物有苏秦、张仪等。南与北合为纵，西与东连为横。苏秦出使燕、赵、韩、魏、齐、楚六国，说诸国以合纵拒秦；张仪则破合纵，连横六国分别事秦。两派合称纵横家，对当时政局的发展变化有很大影响。《战国策》中集中记载了他们的活动和言论，除可以验证战国历史外，其文辞辩驳纵横，雄肆可喜，对于后世策论等散文的写作，亦影响深远。《汉书·艺文志》："纵横家者流，盖出于行人之官……当权事制宜，受命而不受辞，此其所长也。及邪人为之，则上诈谖而弃其信。"

农家 战国至西汉注重农业生产的一个学派。《汉书·艺文志》列为"九流"之一，著录其代表人物与著作，如《神农》20篇、《氾胜之》18篇等，共9家、114篇，但今多已失传。《孟子》中载有许行其人，亦属农家者流。针对当时不少学派鄙视农业生产，许行提出贤者应该与民同耕而食，饔飧而治，反映了古代的一种社会政治理想。农家对农业生产技术也作了总结。《管子》中《地员》，《吕氏春秋》中《上农》《任地》《辩土》《审时》等篇，皆为研究先秦农家的重要资料。后世贾思勰《齐民要术》、王祯《农书》、徐光启《农政全书》等著作，是对先秦农家学说的继承与发展。《汉书·艺文志》："农家者流，盖出于农稷之官。播百谷，劝耕桑，以足衣食，故'八政'一曰食，二曰货。孔子曰'所重民食'，此其所长也。"

杂家 战国至西汉初的学派，以博采各家之说见长。《汉书·艺文志》列为"九流"之一。杂家的出现与形成，是当时政治上趋向统一，学术上要求综合的产物。《汉书·艺文志》所载杂家著作共20家、403篇，今多不存。其说折衷糅合儒家、墨家、名家、法家等各学派。代表著作有秦相吕不韦集合众门客编的《吕氏春秋》，亦称《吕览》；汉淮南王刘安主持编纂的《淮南鸿烈》，又称《淮南子》，以道家思想为主，亦具杂家特色。二书保存了较多的先秦哲学思想、文化科技史料。《汉书·艺文志》："杂家者流，盖出于议官。兼儒墨，合名法，知国体之有此，见王治之无不贯，此其所长也。及荡者为之，则漫羡而无所归心。"

兵家 先秦至汉初研究军事的学术派别。《汉书·艺文志》据刘歆《七略·兵书略》著录。分为兵权谋家、兵形势家、兵阴阳家、兵技巧家，共53家、790篇。主要代表人物春秋末有孙武、司马穰苴；战国有孙膑、吴起、尉缭、魏无忌、白起等；汉初有张良、韩信等。兵家的实践活动与理论，影响当时及后世甚大，为中国古代宝贵的军事思想遗产。今存兵家著作有《孙子兵法》《司马法》《孙膑兵法》《吴子》《六韬》《尉缭子》等。后世兵家著作，重要的有宋仁宗时官修《武经总要》，明代戚继光著《纪效新书》《练兵实纪》，以及明末茅元仪著《武备志》等。

孔门弟子 孔子以前，中国仅有培养贵族子弟的官学，自孔子首创私人办学，本着"有教无类"的原则，才开始有对平民的教育。孔子将教育的内容分为德行、言语、政事、文学四科，《史记·孔子世家》谓"孔子以诗、书、礼、乐教，弟子盖三千焉，身通六艺者七十有二人。"《论语·先进》载其优秀的门人，"德行"科有颜渊、闵子骞、冉耕、冉雍；"言语"科有宰予、子贡；"政事"科有冉有、仲由；"文学"科有子游、子夏。后世将此十人称为"孔门十哲"。此外有事迹见于《史记》《孔子家语》等史书的有曾参、公冶长、子张、子羽、子贱、子思、南宫括、季次、曾点、季路、子木、子羔、子开、子周、子牛、子迟、子有、子华、叔鱼、子柳、子鲁、子循、子析、子石；以及仅见名字的冉季、子之、子南、子敛、漆雕徒父、子徒、子秀、子明、任不齐、公良孺、后处、子皙、子中、颜祖等人。他们是孔子思想和学说的坚定追随者和实践者，也是儒学的传播者。

孔孟 指儒家思想家孔丘和孟轲及其学说。

申韩 战国时法家思想家申不害与韩非的并称。有时也借指法家。

老庄 ① 先秦思想家老子和庄周的并称。② 指哲学著作《老子》与《庄子》。③ 借指道家学派。

黄老 ① 黄帝与老子的并称。② 道家的一个派别。见“黄老学派”。

佛老 指佛家和以老子为代表的道家的思想。中国的儒家思想家多把两者看成是“异端”，认为它们虚无，不利于统治，而主张辟佛老。

经学 研究儒家经典，为诸经作训诂或发挥其义理的学术。起源于春秋的子夏和战国的荀子等。秦代焚书坑儒，至汉代恢复经籍。汉武帝推尊儒家，置五经博士，始以通经作为选取人才的标准，治经、尊经成为一时风尚，经学大盛，自此成为中国封建文化的正统。但因经书文字、来源的不同，而有今文家与古文家之异。今文家多被立为学官，如《诗》分齐、鲁、韩三家，《礼》分大小戴，《春秋》分《公羊》《穀梁》等，师徒皆由口授，称“今文经学”。西汉末，古文经兴，《毛诗》《左传》皆古文。至东汉马融、贾逵等为作注释，重在训诂考辨，称“古文经学”。至唐代，孔颖达等撰成《五经正义》，综合魏晋南北朝以来“南学”和“北学”的特点，成为义疏之派。宋代经学重在义理，称为理学。其中又分程朱与陆九渊两派。明王守仁上承陆学，后人合称陆王心学。至清代，程朱与陆王两派俱无新义，经学家多宗汉学，亦称“朴学”，对历代经学之整理，贡献卓著。周予同《〈经学历史〉序言》：“因经今文学的产生而后中国的社会哲学、政治哲学以明，因经古文学的产生而后中国的文字学、考古学以立，因宋学的产生而后中国的形而上学、伦理学以成。”

两汉经学 汉武帝即位后，接受“罢黜百家，独尊儒术”的建议，将儒家经书列于学官，成为指导一切的思想依据。汉代经学因传授系统与经书抄本字体的不同，分为古文经学和今文经学。学者在研习过程中，由此而形成两种思想派别，后经过互相争辩、互相渗透和整合，初步实现了经学的统一。两汉是经学发展最繁荣兴盛的时期之一，集其大成的为东汉经学大师郑玄。儒生通过对儒家经典的阐述，将经学的思想深深渗透到整个统治阶级以及普通民众的思想意识和日常生活中。

古文经学 亦称“经古文学”。经学中研究古文经籍的一个流派。与“今文经学”相对。古文经，指秦统一以前用篆书字体抄写而由汉代学者加以训诂解读的儒家经籍。因始皇焚书期间，民间儒生将一些古文经书暗地埋藏，至汉代前期，相继发现，先后献予朝廷，藏于秘府。西汉末及王莽时期，古文经学地位得以提高。东汉中叶以后，古文经学压倒今文经学，至东汉末，儒学大师郑玄以古文经学为宗，兼采今文之说，综合两派，遍注群经，成为汉代经学的集大成者。唐代，太宗命国子祭酒孔颖达统一南北经说，撰定《五经正义》，纷争遂暂告平息。宋儒抛开旧注，直接从经文中寻求义理，敢于怀疑与独立思考，遂成“理学”。直至清代，乾嘉学者大兴训诂考证之风，号称“汉学”“朴学”，无论吴派、皖派、扬州学派，皆与古文经学为近，大师众多，名著林立，在古籍整理与语言学研究上达到很高成就。清末，古文经学与今文经学分别以章炳麟与康有为为殿军，二人以后，经学今古文之争遂告结束。然作为不同的治学方法与对待古代思想文化典籍的不同态度，两派的影响并未结束。

今文经学 亦称“经今文学”。经学中研究今文经籍的一个流派。与“古文经学”相对。今文经，是指战国以来学者父子师徒口头传授，至汉代用当时通行的隶书记录下来、写成定本的儒家经籍。其特点是着重发挥经文中圣人的“微言大义”。西汉武帝时采董仲舒、公孙弘建议，建立经学博士，所用皆今文经籍。西汉中叶以后今文经学渐衰。东汉初，曾恢复设立今文经博士，未几废去。此后因马融、郑玄兼采今古文学说，经学流派趋向混同。今文经学对西汉封建统治的巩固具有一定作用。至清代乾嘉时，常州学派为今文经学派。此派依据《公羊传》及董仲舒、何休等人的著作，阐发孔子“微言大义”，表达自己的历史哲学和政治态度，影响及于龚自珍、魏源、康有为等思想家，遂成为中国资产阶级改良与变法的重要理论根据。周予同《经今古文学》：“清代今文学在中国学术思想史上，也自有相当的价值和功绩,未可一概抹杀。就普通的影响说,在消极方面,能发扬怀疑的精神;在积极方面,能鼓励创造的勇气。就实际的结果说,在消极方面,使孔子与先秦诸子平列;在积极方面,使中国学术,于考证学、理学之外,另辟一新境地。”

常州学派 清代的今文经学派。因创始人庄存与、刘逢禄都是常州(今属江苏)籍学者,故名。此派特点与当时古文经学派的重视训诂名物,以字解经的学风,大异其趣。他们崇尚是探索孔子与经书中所蕴藏的有关社会、政治的“微言大义”。鸦片战争前后,龚自珍、魏源以《公羊》经义,发挥政见,抨击封建专制制度的腐朽。光绪间,廖平分析经学,详论汉代今古文经学的歧异,认为古文经均系伪造,唯今文经乃孔子自创新制。后来康有为亦利用今文经学“托古改制”,作为戊戌变法的理论依据。此派学者,不局限于常州府。如曲阜孔广森、吴县宋翔凤、江都凌曙、句容陈立、仁和龚自珍和邵阳魏源等,也属常州学派。

公羊学 研究以《公羊传》解释《春秋》的学问。《公羊传》,即《春秋公羊传》,亦名《公羊春秋》。相传为战国齐人公羊高所著,专门阐释《春秋》。最初仅有口头传授,至西汉初才写成书,属于今文经学系统。东汉何休作《春秋公羊解诂》十一卷,多发明《春秋》的“微言大义”,大张“三世”(据乱世、升平世、太平世)之说,又好引谶纬。唐徐彦为之疏。《春秋公羊传》是今文经学的重要经籍,盛行于汉武帝、宣帝间。但自王莽以后古文经大盛,《公羊传》极少有人研究。18世纪中后期,清代庄存与、刘逢禄、龚自珍、魏源、康有为等,先后力主今文经学,以《公羊传》的“微言大义”说经,与经世、救亡、图存的政治目的紧密结合,对当时的学术界影响很大。参见“今文经学”。

谶纬 秦汉流行的两类预言迷信,“谶”与“纬”的合称。“谶”是秦汉间巫师、方士编造的隐语、预言,作为上天的启示,向人们昭示未来的吉凶祸福、治乱兴衰。有谶言、图谶等形式,如“亡秦者胡也”即为秦代之谶。“纬”即纬书,是汉代儒生假托古代圣人制造的依附于“经”的各种著作,是儒学神学化的产物。东汉时流传《易纬》《书纬》《诗纬》《礼纬》《乐纬》《孝经纬》《春秋纬》“七纬”,皆以迷信方术、预言附会儒家经典。谶起于先秦,《左传》中已有记载。纬较晚出,通常认为出现于西汉。后来两者逐渐合流,常为帝王、野心家所利用。魏晋后日渐衰落,受到历朝查禁,所存仅为少量残篇,有明《古微书》、清《七纬》等辑本存世。除其中包含的迷信成分外,谶纬之书里也包含有某些古代自然科学知识。

玄学 魏晋时期的主要哲学思潮。出于《老子》“玄之又玄,众妙之门”一语。此派奉儒家的《周易》与道家的《老子》《庄子》为经典,合称“三玄”。又因他们讨论的理论深奥、玄虚,具有高度抽象的思辨性质,故后世称为“玄学”。玄学家大都出身名门大族,何晏、王弼为创始人。他们注重研究有无、本末、体用、一多、动静、自然与名教等范畴的关系。以“清谈”相标榜,成为一时风尚。其内部不同派别有:主张“以无为本”“名教出于自然”的何晏、王弼;主张“越名教而任自然”的阮籍、嵇康;主张“崇有论”的裴頠;提出“名教即自然”的郭象。玄学以老庄思想解释儒家经典,“援道入儒”,是对先秦道家学说的发展。魏晋玄学提出了一系列哲学范畴,对中国古代认识论的发展有着重大的贡献,对于丰富中国哲学史的内容,促进人类思维的发展,具有积极的开拓作用。对诗歌也产生了一定影响。南北朝时,佛学大盛,玄学乃走向衰微。

魏晋玄学 见“玄学”。

佛学 中国对佛教哲学的称呼。佛教起源于古印度。佛教传入中国的时间,一说为西汉元寿元年(前2年),一说为东汉永平十年(67年)。魏晋南北朝时,佛教与玄学关系密切,广泛流行于全国。这一时期,信奉佛教的皇帝、贵族、士大夫甚多,如梁武帝萧衍、竟陵王萧子良,名士宗炳、谢灵运、何敬容、颜之推等人,皆精研佛典。此时又大量翻译佛经,以后各代续有新译,对佛学的形成与传布关系甚大。至唐贞观间,玄奘游历天竺回,在长安开设译场,又译出大量佛教经论。隋唐时代,形成了具有中国特色的佛教各宗派。通过与中国传统的伦理、宗教等观念的结合,产生了中国佛教与中国佛教哲学。其宗教体系及理论论证中,包含有十分丰富的逻辑分析与辩证法观点。作为中古时期中国哲学的主要思潮之一,中国佛教哲学对宋明理学及晚清思想界都具有直接的影响。

道统 儒家传道的脉络和系统。战国时孟子认为孔子的学说是上接尧、舜、汤、周文王,并自命是继承孔子的正统。唐代韩愈作《原道》,正式提出了所谓"尧、舜、禹、汤、文、武、周公、孔、孟"关于道的传授系统,自称自己继承了真正的孔孟之道,是儒家的正宗,开启了宋代道学的先声。至南宋朱熹则认为,儒家的道统是以周敦颐、二程(程颢、程颐)上承孟子的,而自己又继周、程为儒家正统。

宋明理学 宋代理学家程颢、程颐与朱熹等人的理学思想,后为明代学者所继承,成为官方哲学,思想史上因称为"宋明理学"。

二程 宋代哲学家程颢、程颐的合称。他们是宋代理学的奠基者。后人将他们的著作合编为《二程全书》。

程朱理学 宋代理学的主要派别。创始者为北宋的二程兄弟(程颢、程颐),集大成者为南宋朱熹。此派认为"理"是宇宙的本原,主宰并派生万事万物。其学以主敬存诚为主,元明以来影响很大,是明清两朝统治阶级维护与提倡的官方哲学。其理论和思想方法,与陆九渊、王阳明的"陆王心学"相对立。参见"理学"。

程颐(左)与朱熹(右)画像

程朱 宋代哲学家程颢、程颐兄弟与朱熹的并称。他们是宋代理学的代表人物。

周程张朱 宋代濂关洛闽四派理学家周敦颐、程颢、程颐、张载和朱熹的并称。

理学 宋、明之际儒家的一派哲学思想。即宋朝以后的新儒学。北宋嘉祐治平年间,理学获得了极大的发展,形成了王安石(荆公)新学、司马光(温公)朔学、苏轼的蜀学、二程(程颢、程颐)兄弟的洛学(含张载的关学)为代表的四大派。宋代理学以阐释义理、兼谈性命为主,与汉儒治经侧重名物训诂不同。其中,北宋周敦颐、邵雍、张载、程颢、程颐一派,至南宋朱熹,集前人之大成,将抽象的"理"提高到先天地而存在、永恒和至高无上的地位,思想史上称为"理学",此为狭义的理学,以与"陆王心学"及浙东的"功利之学"相区别。

道学 宋儒的哲学思想。他们的思想以继承周公、孔、孟等的"道统",宣扬"性命义理"之学为主旨,元代所修《宋史》将这一类哲学家二十余人归入《道学传》。后乃以"道学"作为"理学"的别称。

陆王心学 中国宋明时期陆九渊与王守仁两个学派的合称。南宋时,针对朱熹等人的"理"在心之外、"即物"才可"穷理"的理论,陆九渊倡言心即理,提出"发明本心"的主张。他还同朱熹辩论过"无极""太极"等问题,成为与朱熹一派理学相对立的一家,被称为"心学"。后陆九渊弟子杨简将"心即理"发展成"万物唯我"的思想。宋以后程朱理学成为官方哲学,至明中期,学者陈献章由朱学转向陆学。王守仁更集心学之大成,提出"心外无物""心外无理""心即是理"的命题,在认识论上推行"致良知"的方法,认为"良知"就是"天理",同时提出"知行合一"的观点,反对宋儒"知先行后"的说法或"知而不行"的做法。陆九渊的心学经王守仁发展,在明中期以后产生巨大影响。两派都是上接孟子,把"心"看成是宇宙万物的本原,思想上一脉相承,与程朱之说相对立。他们的学说强调人的主动性,重视启发,在教育学上也具有相当的贡献。

陆王 南宋陆九渊与明王守仁的并称。他们是陆王心学的代表人物。

浙东学派 南宋以浙东地区为活动中心的学派。包括以吕祖谦为代表的金华学派(一称"婺学"),以薛季宣、陈傅良、叶適为代表的永嘉学派和以陈亮为代表的永康学派。金华学派首倡经世致用,调和朱熹和陆九渊理学争执,但倾向心学;永嘉、永康两学派则反对理学家空谈心性命理,更强调事功之学的重要。

金华学派 亦称"婺学"。南宋的一个儒家学派。因主要代表人物吕祖谦为金华(简称"婺",今属浙江)人,故名。调和朱熹和陆九渊的理学争执,但偏重陆氏"心学"。又接受永嘉学派的"务实"学风,提倡经世致用。重视历史文献的研究。学术思想较杂博。与永嘉学派、永康学派同有浙东学派之称。

永嘉学派 南宋的一个儒家学派。因其代表人物薛季宣、陈傅良、叶適等均为浙江永嘉(今温州市)人,故称。此派在哲学思想上,认为充盈宇宙者是"物",而"道"只能存在于事物本身之中,离开了具体的客观事物就不可能有"道"的存在。他们提倡功利之学,反对虚谈性命的繁琐议论。清代学者全祖望在《宋元学案》卷五十四的《水心学案》里评价说:"乾(道)、淳(熙)诸老既殁,学术之会,总为朱(熹)、陆(九渊)二派,而水心(叶適之号)其间,遂称鼎足。"永嘉学派与永康学派观点比较一致,与金华学派、永康学派同有浙东学派之称。

永康学派 南宋的一个儒家学派。因代表人物陈亮为婺州永康(今浙江永康市)人,故称。陈亮推崇历史上有王霸之略的政治人物,强调"道"存在于实事实物之中,反对空谈义理,认为一切"道义"都不能脱离"功利"。除陈亮外,尚有倪朴、王自中、喻偘、喻南强等人。倪朴喜"谈兵说剑,耻为无用之学",痛恨朝廷御侮无策,曾著书记录全国山川险夷形势和户口虚实情况,为积极抗金筹策;王自中主张兵农结合以备边防。陈亮弟子喻偘、喻南强谨守师说,曾为营救陈亮脱狱而尽力。永康学派与永嘉学派观点比较一致,与金华学派、永嘉学派同有浙东学派之称。

阳明学派 亦称"姚江学派"。明代哲学家王阳明(守仁)创立的学派。因其曾筑室于故乡的阳明洞中,故称。该学派上承孟子、南宋陆九渊,提倡"心即理""致良知""知行合一"等学说。在明中期以后,影响甚大。后分化为浙中王学、江右王学和泰州王学等支派。是明中晚期的主流学说之一。明末清初之际,阳明学传入日本,成为日本明治维新前后的重要思想学派。

浙江余姚王阳明故居瑞云楼

泰州学派 明代的一个儒家学派。因创始人王艮(1483—1541)为泰州(今属江苏)籍得名。王艮出身灶户,本为王守仁弟子,其学说系发端于阳明心学,加以改造而成。自1526年始,他讲学宣传"百姓日用即道""尧舜与途人一,圣人与凡人一""庶人非下,侯王非高"等,充满对传统儒教的叛逆精神,思想史上被称为"左派王学"。是属于前资本主义时代反映城市平民、农民大众思想情感的儒学流派。其弟子遍天下,门人中有士大夫,也有底层人物,绵延百余年不绝。传播其学说与精神的有徐樾、颜钧、王栋、王襞、罗汝芳、何心隐、李贽、焦竑、汤显祖、袁宏道、徐光启等。

宋学 指程朱与陆(九渊)两派的理学。因理学主要创始于宋代思想家,故称。是清代学术思想上主要学术流派之一。清初黄宗羲、顾炎武等人提倡经世致用、实事求是之学,为学不分汉、宋。乾嘉时期,考据学主盟学界,宋学渐呈衰微,著名学者翁方纲、纪昀、阮元等,对汉、宋多作持平之论。清代宋学除祖述宋代理学以为清统治阶级维持主流意识形态的权威之外,比起声势浩大,成为一代学术主流的汉学来,其人物与著述成就,可谓无足称述。清代宋学代表人物有汤斌、陆陇其、熊赐履、李光地、张伯行等；站在宋学立场，对汉学进行否定的则有方东树、夏炯，以及桐城派文家姚鼐、姚莹等。至道咸以降，汉、宋二学的调和、融合成为主流。有江藩《国朝宋学渊源记》、方东树《汉学商兑》，可参考。

汉学 指汉儒的考据训诂之学。明清之际的学者顾炎武提出"通经致用"，反对空言，推崇汉儒的朴实作风，注重训诂语言文字，考证名物事实，至清代乾隆、嘉庆年间，形成潮流。与专门阐述"义理"的宋学相对。清嘉庆、道光年间江藩著有学术史著作《国朝汉学师承记》，专门阐述清代汉学人物及其成就。

乾嘉学派 清代前期的一个经学流派。鼎盛于乾隆、嘉庆年间。源于明清之际的顾炎武，继承汉儒古文经学的训诂方法，考证经史，揭示古书本来面目。先后有吴派、皖派、扬州学派三大分支。近百年间，汉学达于极盛，并逐渐突破经书范围，扩大到对中国子、史、集一切古籍与史料的整理，对于较全面整理研究中国古代文化的各领域作出很大成绩。其研究方法具有中国特点，合乎人文科学的实际，至今仍为中国文史学界所珍视和应用。参阅梁启超《清代学术概论》。参见"吴派""皖派""扬州学派"。

吴派 清代乾嘉学派中的地域性学派之一。因其代表人物为苏州吴县人惠栋而得名。此派主要成员，多为具有家学渊源性质的苏州或江苏籍学者。有沈彤、江声、余萧客、洪亮吉、孙星衍、王昶、王鸣盛、钱大昕以及稍后的江藩等。他们的学术宗旨为尊信汉儒家法、师法，运用小学训诂的方法，以汉儒笺注为主要依据，以求经书意义。因而对于宋儒的经说多采取批评、否定的态度。江藩认为经学坏于"南北宋道学"。吴派的扬汉抑宋，展示了清代前期学术思想发展的一般趋向，奠定了乾嘉汉学的基础。

皖派 清代乾嘉学派中的地域性学派之一。导源于徽州婺源（今属江西）江永。因其代表人物戴震为安徽休宁人而得名。其主要成员多为徽州学者，如程瑶田、金榜、洪榜、汪绂等。其涵盖面扩展到江苏金坛、扬州等地，如段玉裁、王念孙、凌廷堪、孔广森等人，亦属此派。在尊信汉儒上受到吴派重大影响，但戴震等人在强调汉儒的家法师法的同时，并不一味盲目尊信。此派对语言文字的研究主要集中在古韵方面，他们对宋明理学同样采取严厉批判的立场。运用小学训诂的方法，重新研究汉儒经注，将程朱附会于经的注解，一一加以破除，以恢复儒家学说的基本精神。除了偏重于音韵、名物、制度和版本的考释外，对中国传统数学也进行了重点研究。

扬州学派 清代乾嘉汉学的一个重要分支。其主要成员，多为扬州籍学者，其代表人物有兴化任大椿，宝应刘台拱、刘宝楠，甘泉焦循，高邮王念孙、王引之，江都汪中，仪征阮元等。此派学术渊源远师顾炎武，近承吴派、皖派两方面，形成于清乾隆至嘉庆时期，在经学、小学、校勘学等方面都取得了突出的成就，将整个乾嘉汉学的业绩推向巅峰，并在历史转折时期开启了近代学术之先河。扬州学派的前期学者在治学方法上较之吴、皖两派有很大改进，他们把辑佚、校勘、注释等研究手段熟练地加以综合利用，兼顾训诂与义理，解经更具有精确性。他们不仅讲究贯通群经，而且追求经学与诸子学以及史学的融汇。其注重经世致用，实为晚清经世派之先驱。

朴学 亦称"汉学"。质朴之学。汉儒中的古文经学派治经，注重训诂考证，后人称其学为朴学。也借称继承汉儒学术传统的清代乾嘉学派。近人支伟成著有《清代朴学大师列传》，取材宏富，论列清代著名学者370余人。

考据学 亦称"考证学"或"朴学"。一种治学方法。主要是对传世古籍加以整理、校勘、注疏、辑佚等。对于考据学，梁启超在《清代学术概论》中阐明其治学之根本方法，在"实事求是""无证不信"。其研究范围，以经学为中心，而扩大到小学、音韵、史学、天算、舆地、典章制度、金石、校勘、辑佚等。

中学为体，西学为用 简称"中体西用"。晚清洋务派官员、学者提出的观点与主张。主要见于张之洞《劝学篇》。即在不改变清王朝专制政体的前提下学习和应用西方技术科学。"中学"指传统的中国文化价值体系，"西学"指西方的技术科学等。

宗法家庭

宗法制度 中国古代社会以家族为中心,按血缘远近区分嫡庶亲疏,此种等级制度称为宗法制度。萌生于殷商时期,定型于周代。西周时,周王自称天子,王位由嫡长子继承,是为天下的“大宗”,为同姓贵族的最高家长,在政治上是全国的共主。其余嫡出诸子与庶子被分封为诸侯,相对天子为“小宗”,在本国则为“大宗”,其职位亦由嫡长子继承。诸侯的诸子与庶子分封为卿大夫者,相对诸侯为“小宗”,在本家则为“大宗”,其爵位亦由嫡长子继承。从卿大夫到士,其“大宗”与“小宗”的关系亦相同。历朝统治阶级继承周代的宗法制,实现于全社会,直到清末。宗法制度是上自天子、下至庶民都必须遵循的维系整个专制社会的基本制度。

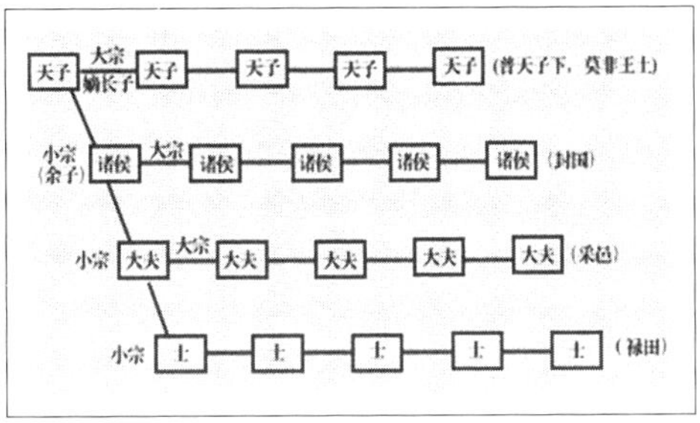

西周宗法制度示意图

九族 儒家经典指九个方面的亲属。有以下两种解释:(1) 古文经学专指父宗的亲属关系。即高祖、曾祖、祖父、父亲、己身、子、孙、曾孙、玄孙这九代直系亲属。此说在唐宋以后的国家法律中得到确认。(2) 今文经学认为指父族四、母族三、妻族二(见汉班固《白虎通义》)。父族四是指姑之子(姑姑的子女)、姊妹之子(外甥)、女儿之子(外孙)、己之同族(父母、兄弟、姐妹、儿女);母族三是指母之父(外祖父)、母之母(外祖母)、从母子(娘舅);妻族二是指岳父、岳母。唐以前统治者常在赏赐、惩罚、屠杀时采用九族的今文说,如“诛九族”等,以实现皇权对本阶级以至整个社会的最大控制。《汉书·高帝纪上》:“置宗正官以序九族。”元无名氏《赚蒯通》第四折:“律法有云:一人造反,九族全诛。”

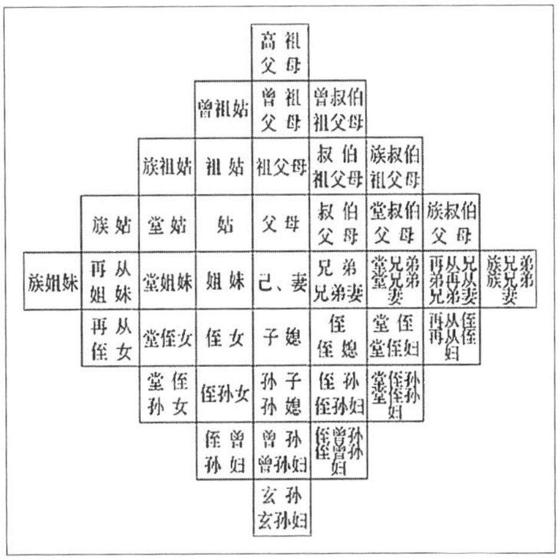

九族图

三族 指三个方面的亲属。汉以前形成两种说法:(1) 指父族一系的父、子、孙三代亲属。(2) 指父族、母族、妻族三方面的亲属。汉代在惩罚重大罪案时常用后一说,称为“罪三族”或“诛杀三族”。《大戴礼记·保傅》:“三族辅之。”卢辩注:“三族,父族、母族、妻族。”《汉书·高帝纪下》:“诏敢有随王,罪三族。”颜师古注引如淳曰:“父族、母族、妻族也。”明初,太祖、成祖在杀戮功臣与政敌时,也使用诛杀三族的恐怖手段。

三党 指父族、母族、妻族。《古今小说·杨八老越国奇逢》:“老爷不信时,移文到盩厔县中,将三党亲族姓名,一一对验,小人之冤可白矣。”

六亲 六种亲属。历代说法不一:(1) 指父、兄弟、从父兄弟、从祖兄弟、从曾祖兄弟、同族兄弟。(2) 指父、子、兄、弟、夫、妇。《老子》:“六亲不和有孝慈。”王弼注:“六亲,父、子、兄、弟、夫、妇也。”（3）指父、母、兄、弟、妻、子。（4）指父子、兄弟、姑姊、甥舅、婚媾、姻亚六种亲属关系。

亲戚 ① 先秦时可指至亲，如父母、妻、嫂及叔伯兄弟、子侄等。《大戴礼记·曾子疾病》：“亲戚既没，虽欲孝，谁孝？”《战国策·秦策一》：“苏秦曰：‘嗟乎！贫穷则父母不子，富贵则亲戚畏惧。’”② 泛指与家族有血缘或婚姻关系的人。族内的为亲，族外的为戚。《孟子·公孙丑下》：“寡助之至，亲戚畔之；多助之至，天下顺之。”《礼记·曲礼上》“兄弟亲戚称其慈也。”孔颖达疏：“亲指族内，戚言族外。”《红楼梦》第六回：“亲戚们不大走动，都疏远了。”

始祖 指一个家族最早得姓的祖先。也指有世系可考的最初的远祖。如李唐统治者以周守藏室之史李耳（字聃），即著《道德经》八十一章的老子为始祖；郭姓以周武王时所封文王弟虢叔为始祖，虢氏的后世子孙均以郭为姓。

祖先 一个民族或一个家族的上代。多指始祖或年代久远的先人。如传说中的黄帝是华夏各族的共同祖先。《参同契》卷下：“子继父业，孙踵祖先。”

祖宗 ① 对家族始祖及先代中有功德者的尊称。《红楼梦》第一〇六回：“且说贾母见祖宗世职革去，现在子孙在监质审……所以日夜不宁，思前想后，眼泪不干。”② 皇帝和大臣对本朝开国皇帝的尊称。如宋代皇帝与大臣，提及宋太祖赵匡胤、太宗赵光义等，多称“我祖宗”。

宗族 亦称“家族”“族”。指同一族姓内父系家庭的联合体。即以一成年男性为中心（称“宗子”或“族长”），按父子相承原则上溯下延的几代人。族内有家，家有家长，家长听命于族长，所有女姓都是男性的附庸，世系均按男姓的先后长幼排列，体现于族谱（亦称“宗谱”“家谱”）中。春秋战国以后，一个宗族所包含的人口往往可达数千；魏晋至隋唐时，个别豪门大姓甚至有上万人。《尔雅·释亲》：“父之党为宗族。”汉班固《白虎通·宗族》：“族者何也？族者，凑也，聚也，谓恩爱相流凑也。上凑高祖，下至玄孙，一家有吉，百家聚之，合而为亲，生相亲爱，死相哀痛，有会聚之道，故谓之族。”

家族 即“宗族”。

宗子 ① 指宗法制度中身承大宗的嫡长子。分家时，宗子除占有家庭财产的主要部分外，还继承老家长的地位。宗族中事务，如祭祖先、办丧事、宴宾客等，都以宗子为主。② 专指族长。清冯桂芬《复宗法议》：“或无父无兄，或父兄不才，民于是乎失所依。唯立宗子以养之教之，则牧令之所不能治者，宗子能治之，牧令远而宗子近也；父兄所不能教者，宗子能教之，父兄多从宽，而宗子可从严也。”③ 泛指嫡长子。

大宗 宗法制度以始祖的嫡长子为大宗，其他为小宗。大宗与小宗系相对而言，唯天子、诸侯的大宗百世不迁。每代大宗都有收族、合族，维护团结整个家族的责任。清陈立《白虎通疏证·封公侯·论为人后》：“为后，本所以传重。传重者，传所受宗庙、土地、爵位、人民之重也。大宗百世不迁，为大宗有重可传者也。小宗五世则迁，为小宗无重可传……天子建国，则诸侯于国为大宗，对天子言则为小宗，未闻天子之统可绝，而国统不可绝也。诸侯立家，则卿于家为大宗，对诸侯则为小宗，未闻诸侯之宗可绝，而卿之家统不可绝也。”

大宗小宗图

小宗 宗法制度规定,嫡长子一系为一族之大宗,其余子孙为小宗。天子的王位由嫡长子世袭,称大宗;余子对天子为小宗。诸侯之位亦由嫡长子世袭,在本国为大宗;余子对诸侯为小宗。卿、大夫、士、庶人之家,与此同一原理。

大房 亦称"长房"。唐代世家大族各支以房划分,用始祖的官爵名或封地称其房,长次之间有大房、小房以及二房、三房等分别。后世大体沿之。《新唐书·宰相世系表二下》:"崔氏定著十房:一曰郑州,二曰鄢陵,三曰南祖,四曰清河大房,五曰清河小房……八曰博陵大房,九曰博陵第二房,十曰博陵第三房,宰相二十三人。"

长房 即"大房"。

伯仲叔季 旧时兄弟长幼排行的次序,伯是老大,仲是第二,叔是第三,季是最小的。春秋战国和秦汉时期,人物名字中多带有"伯""仲""叔""季"等字,如伯夷、叔齐、孔仲尼、管仲、鲍叔等,显示了他们的排行位次。女子也多有名伯姬、仲姬者。后世沿之,如元代女画家管道昇,其字即"仲姬"。

宗人 同一宗族之人。清梁绍壬《两般秋雨庵随笔·苏小小》:"有宗人为杭倅,托召盼奴,而盼奴已一月前没矣。"倅,辅佐官。明清两代,朝廷都设置宗人府,专门负责皇家宗室的管理事务。

宗女 宗室之女。即君主同宗的女儿。中国古代中央政权与周围少数民族国家和亲时,常将宗女嫁与其首领。如唐太宗时嫁到吐蕃的文成公主,即为宗女。

宗庙 亦称"祖庙"。帝王、诸侯等祭祀其祖先的大型建筑,其中供有本朝历代皇帝的神位、画像,或开国君主与陪祀功臣的塑像。是国家政权存在的象征。宗庙的数量、规模,因家族的地位,从天子至士人以次递减。一般士大夫家族的宗庙即称"宗祠"。《礼记·王制》规定:天子七庙,诸侯五庙,大夫三庙,士一庙。庶人无庙,祭祀祖先在嫡长子家里进行。

祖庙 即"宗庙"。

宗祠 亦称"家庙",俗称"祠堂"。同族的人共同祭祀祖先的房屋建筑。祠中供奉祖先神位等,子孙依时祭祀。

林氏家庙

家庙 即"宗祠"。

七庙 ① 指在位皇帝按照礼制,所供奉的其七代祖先的宗庙。具体为:四亲庙(父、祖、曾祖、高祖庙)、二祧庙(高祖的父、祖父庙)和始祖庙。或是在位皇帝供奉的其前六代祖先与本朝开国皇帝的宗庙。《礼记·王制》:"天子七庙:三昭三穆,与太祖之庙而七。"② 泛称帝王的家庙。

九庙 指帝王的宗庙。古时帝王立庙祭祀祖先,有太祖庙及三昭庙、三穆庙,共七庙。王莽时增为祖庙五、亲庙四,共九庙。后历朝皆沿九庙之制。晋潘岳《西征赋》:"由伪新之九庙,夸宗虞而祖黄。"清顾炎武《井中心史歌》:"有宋遗臣郑思肖,痛哭元人移九庙。"

昭穆 ① 宗法制度中按辈分排列祖先位次的规则与顺序。用于宗庙、神位及墓地等。源于商代,周代已完备,称为"左昭右穆"。以周代天子七庙为例,二世、四世、六世,位于始祖之左,称"昭";三世、五世、七世,位于始祖之右,称"穆"。后世沿之。《周礼·春官·小宗伯》:"辨庙祧之昭穆。"郑玄注:"自始祖之后,父曰昭,子曰穆。"② 亦借指一个族人在同族中的辈分。清孔尚任《桃花扇·阻奸》:"若果如此,俺纵不依,他也竟自举行了。况且昭穆伦次,立福王亦无大差。"

宗室 ① 指宗庙。② 指宗子的家。《仪礼·士昏礼》:"女子许嫁,笄而醴之称字。祖庙未毁,教于公宫三月。若祖庙已毁,则教于宗室。"郑玄注:"宗室,大宗之家。"③ 宗族;同族之人。特指与君王同族之人,也即皇族。如明末清初画家朱耷,号八大山人,出身明朝宗室。

嫡母 父亲的正妻。相对于"庶母"而言。如《红楼梦》中的贾宝玉为嫡母王夫人所生,探春为庶母赵姨娘所生。探春出于嫡庶观念,只认王夫人为母亲,宝玉为兄弟,而不愿搭理出身低下而人品又差的生母赵姨娘。

嫡妻 亦称"正室"。正妻。相对于"妾"而言。《红楼梦》第一回:"嫡妻封氏,情性贤淑,深明礼义。"又第二回:"虽有几房姬妾,奈他命中无子,亦无可如何之事。今只有嫡妻贾氏生得一女,乳名黛玉,年方五岁。"

正室 即"嫡妻"。相对于"侧室"而言。

妾 亦称"小妻""庶妻""侧室"。指在正妻以外娶的女子。

嫡子 正妻所生的儿子。相对于"庶子"而言。特指正妻生的有权继承家业的长子,亦称"嫡长子"。《孔子家语·曲礼公西赤问》:"公仪仲子嫡子死,而立其弟。"

嫡长子 亦称"冢子"。正妻所生的长子。

冢子 即"嫡长子"。《左传·闵公二年》:"大子奉冢祀、社稷之粢盛,以朝夕视君膳者也,故曰冢子。"杜预注:"冢,大也。"

冢妇 嫡长子的正妻。《礼记·内则》:"冢妇所祭祀宾客,每事必请于姑。"《红楼梦》第一一〇回:"邢夫人虽说是冢妇,仗着'悲戚为孝'四个字,倒也都不理会。"

支子 对嫡妻所生次子以下以及姬妾所生儿子的统称。支,为旁支之意。相对于嫡长子而言。支子在家族中处于旁支地位。

庶子 妾所生的儿子。庶子在宗法家庭中的地位,次于嫡子,更次于嫡长子,在继承位号、财产与受教育方面,常受到歧视。如《红楼梦》中贾政的儿子贾环,是妾赵姨娘所生,即为庶子。其地位与受尊重的程度,与嫡出的宝玉相差悬远。

介子 ① 古代宗法制度规定嫡长子为宗子,主持家族的祭祀。若宗子为士,庶子为大夫,祭祀时,则称庶子为"介子",协助祭祀。"介"为"副"义,表示不敢僭越宗子。《礼记·曾子问》:"孝子某,使介子某,执其常事。"② 指庶子有官爵者。明宋濂《瞿孝子传》:"孝子年且耄,见介子庄宦学有立,洪武初,擢礼部员外郎,喜动颜色。"

介妇 亦称"众妇"。古代称嫡长子之妻为冢妇,诸子之妻为介妇。参见"介子"。

庶妇 ① 泛指庶子的妻、妾。《仪礼·士昏礼》:"庶妇,则使人醮之。"郑玄注:"庶妇,庶子之妇也。"② 嫡子的众妾。《尔雅·释亲》:"子之妻为妇。长妇为嫡妇,众妇为庶妇。"

庶女 妾所生的女儿。《红楼梦》第五十五回:"凤姐叹道:'你那里知道。虽然庶出一样,女儿却比不得男人。将来攀亲时,如今有一种轻狂人,先要打听姑娘是正出是庶出,多有为庶出不要的。殊不知别说庶出,便是我们的丫头,比人家的小姐还强呢!将来不知哪个没造化的为挑庶正误了事呢,也不知哪个有造化的不挑庶正得了去。'"按凤姐此处所说,乃庶出之女探春。

嫡孙 王侯贵族之家,以嫡长子继承家业、奉祀宗庙。嫡长子死,则立嫡长子之嫡长子为嫡孙,以实现继承。如明太祖朱元璋的太子朱标病死,听大臣建议,继立嫡孙朱允炆为皇太孙,让他在太祖死后继承皇位。太子朱标的嫡长子,为元妃所生,死于幼年。次子朱允炆虽系吕妃所生,但仍为太子亲生,系长房一脉,所以朱元璋以其为嫡孙,承继宗庙。

嗣子 ① 指作为家族与爵位继承人的嫡长子。清王应奎《柳南随笔》卷一:"所谓嗣子……皆所谓嫡长子。盖庶出之子虽年长于嫡出,而不得为嗣子……古人严于嫡庶之分,即此可见。"② 因无子而以他人子为后代,继承家业,此子也称嗣子。

兼祧 兄弟数人,其中有无子者,便让另一兄弟之子同时继承两房的家业,称为兼祧。清俞樾认为,一子两祧,为乾隆间新制定的条规。道光间议定服制,大宗子兼祧小宗,则为所生父母斩衰三年,而为兼祧父母齐衰不杖期。

宗祧继承 依据血缘与辈分关系而承续宗庙世系的制度。具体规定为:首先应由嫡长子继承。无嫡长子的由嫡长孙继承,无嫡长孙的由嫡次子继承,无嫡子或嫡孙的由庶长子继承,无庶子或庶孙的,方可于同宗中寻找昭穆相当(辈分相当)者立嗣继承。宗祧继承涉及遗产继承,有宗祧继承权者有财产继承权,但有财产继承权者不一定有宗祧继承权。《清会典事例·刑部·立嫡子违法》规定:禁止随意收养异姓子为嗣子。“无子者,许令同宗昭穆相当之侄承继,先尽同父周亲,次及大功、小功、缌麻。如俱无,方许择立远房及同姓为嗣。若立嗣之后却生子,其家产与原立子均分。”

承重 谓承受继承宗庙与丧祭的重任。封建宗法制规定,如果本人及父俱是嫡长子,而父先死,则祖父母丧亡时,其人即称“承重孙”。如祖父及父均先死,于曾祖父母丧亡时,则称“承重曾孙”。凡遇这类现象都称“承重”。《仪礼·丧服》“适孙”唐贾公彦疏:“此谓适子死,其适孙承重者。”适,同“嫡”。清沈初《西清笔记·纪恩遇》:“祖母病革,承重南旋。”《称谓录·孙》引清毛奇龄曰:“盖古有承重之称,谓其承大宗之重,非专指丧服也。”《二十年目睹之怪现状》第七十四回:“非但是嫡亲的祖父,并且他老子先死了,他还是一个承重孙呢。”

承重孙 宗法制度规定,如嫡长子死在父母之前,嫡长孙在其祖父母去世举办丧礼时,则代替他的父亲(长子)做丧主,称为“承重孙”。即继承家业的孙子。

过继 指自己无子,收养同宗之子为后嗣,以继承家业。《清史稿·德宗本纪一》:“穆宗崩,无嗣。慈安皇太后、慈禧皇太后召惇亲王……诸臣等定议,传懿旨,以上(指光绪帝)继文宗(指同治帝)为子,入承大统,为嗣皇帝。”李劼人《死水微澜》第五部分二:“一来拜年,二来也是商量过继承主的事。”

世系 一个家族世代相传的系统。由男性子孙排列而成。世系的注重与记载,起源上古,相关文献有先秦的《世本》和《春秋》左氏、公羊、穀梁三传,司马迁《史记》之“世家”,唐代林宝的《元和姓纂》和《新唐书·宗室世系表》《新唐书·宰相世系表》,以及中国传世的大量族谱、家谱等。《国语·楚语上》“教之世”三国吴韦昭注:“世,谓先王之世系也。”亦称“世统”。宋曾巩《陈书目录序》:“高祖以自魏以来二百余岁,世统数更,史事放逸,乃诏论次。”

世统 见“世系”。

家谱 亦称“族谱”“氏谱”“世谱”“宗谱”“家乘”“谱牒”等。家族及士大夫之家记录本族起源、世系盛衰和重要人物的历史。源于《世本》之体,兴于南北朝,历代相沿。修撰家谱是维系宗法制存在的重要内容。中国传世的历朝家谱,今有数万种,是研究中国历史、经济、文化的重要史料。《隋书·经籍志二》《旧唐书·经籍志上》《新唐书·艺文志二》《宋史·艺文志三》皆有著录。《南史·贾希镜传》:“希镜三世传学,凡十八州士族谱,合百帙,七百余卷,该究精悉,当时莫比。永明中,卫将军王俭抄次百家谱,与希镜参怀撰定。”宋胡继宗《书言故事·宗族类》:“叙宗族长幼之名,曰族谱。”

《马氏家乘》

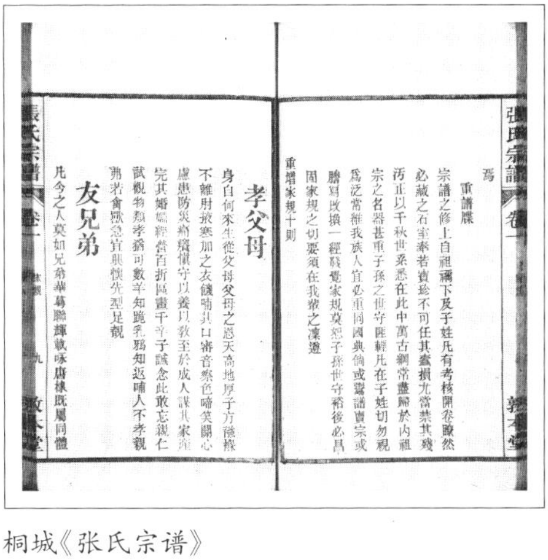
張氏宗譜 卷一 敦本堂

焉

重譜牒

宗譜之修上自祖禰下及子姓凡有考核開卷瞭然
必藏之石室奉若寶珍不可任其蠹損尤當禁其殘
汚正以千秋世系悉在此中萬古綱常盡歸於內祖
宗之名器甚重子孫之世守匪輕凡在子姓切勿視
爲泛常維我族人宜必重同國典倘或鬻譜賣宗或
謄寫改換一經發覺家規莫恕子孫世守裕後必昌
固家規之切要須在我輩之凜遵

重增家規十則

孝父母

身自何來生從父母父母之恩天高地厚子方襁褓
不離肘腋寒加之衣饑哺其口辨音察色嘻笑關心
慮患防災疴癢慎守以養以教至於成人謀其家室
完其婚媾經營百折區畫千辛子試念此敢忘親仁
試觀物類孝猗可數羊知跪乳鴉知返哺人不孝親
弗若禽獸急宜興慎先型足觀

友兄弟

凡今之人莫如兄弟華萼聯輝載咏唐棣既屬同體

張氏宗譜 卷一 九 敦本堂

桐城《张氏宗谱》

族谱 即“家谱”。

世谱 即“家谱”。

宗谱 即“家谱”。

家长 一家之长。宗法社会里，家长在家庭中主宰一切。如财产的拥有和支配、子女婚姻的决定等，权力皆属家长。封建法典维护家长的权威，触犯和反抗家长者会遭到严厉惩处，家长对子女、妾、奴婢等甚至握有生杀大权，后者如因“过失”被打死或自杀，家长可以不论罪。《墨子·天志上》：“恶有处家而得罪于家长，而可为也？”《唐律疏议·斗讼》：“诸詈祖父母、父母者绞；殴者斩；过失杀者流三千里，伤者徒三年。若子孙违犯教令，而祖父母、父母殴杀者，徒一年半；以刃杀者，徒二年；故杀者各加一等。即嫡、继、慈、养杀者，又加一等。过失杀者，各勿论。”疏议：“过失杀者，各勿论。即有违犯教令，依法决罚，邂逅致死者，亦无罪。”

家规 亦称“家法”。封建大家庭中的法规。由家长制定，如关于家产、开支、祭祀、婚嫁、亲属来往、子弟读书交友，妇女侍奉公婆、和睦妯娌等的行事准则。家庭成员、婢仆如有违反，家长得依法惩处之。唐代有《柳氏家规》，已失传。目前能见到的最早族规为唐代江州陈氏《义门家法》。后世著名的家规有宋代袁采《袁氏世范》、元代浦江郑氏《郑氏规范》、清孙奇逢《孝友堂家规》等。

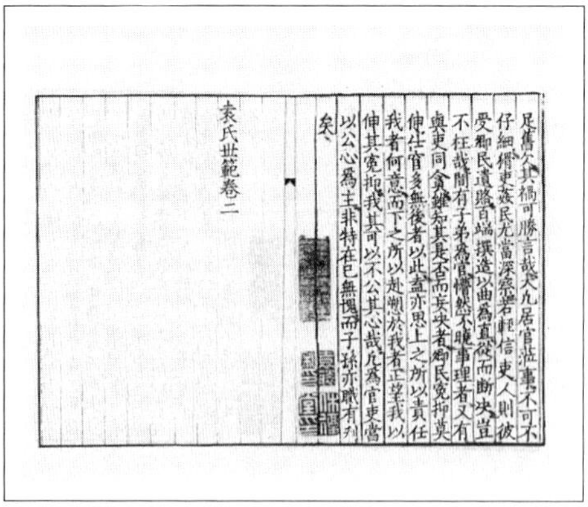
袁氏世範卷二

《袁氏世范》

家法 ① 即“家规”。② 封建家长对子女、奴婢施行责打的一种用具，以两层狭长的竹片制成。今日只见于戏曲舞台，如京剧《三娘教子》和《红娘》中即有“家法”。

家礼 封建大家庭对有关礼仪的规定。包括日常家居、婚丧祭祀、亲族来往等活动中，家族成员言谈举止的思想准则，以及有关的礼仪格式等。著名的如宋代司马光的《居家杂仪》、朱熹的《家礼》（又名《文公家礼》）等。

文公家禮卷第三

門人揚復 劉垓孫 集註

昏禮第三

議昏

男子年十六至三十女子年十四至二十

身及主昏者無

《文公家礼》

家训 封建时代的贤人学者为教育和告诫自己的子孙后代所写的文章或书。大多关于读书进取、立身行事、和睦亲属、教养子女、治家保家等方面。如，北齐颜之推、唐柳玭、宋陆游皆有家训。蜀汉诸葛亮《诫子书》、三国魏嵇康《家诫》、明末朱柏庐《治家格言》等，实际上等同家训。

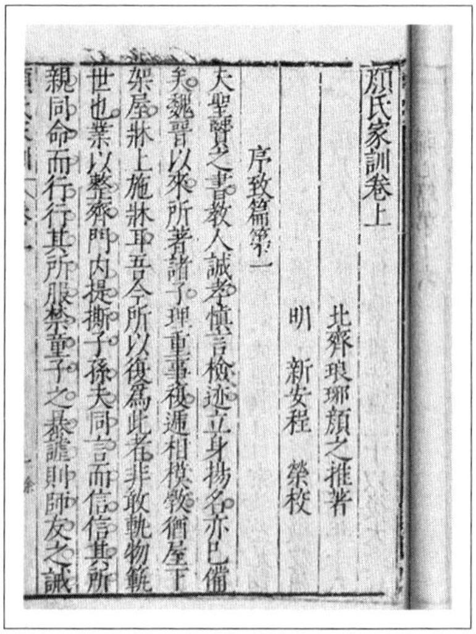
顏氏家訓卷上

北齊琅琊顏之推著

明 新安程榮校

序致篇第一

夫聖賢之書教人誠孝慎言檢迹立身揚名亦已備矣魏晉以來所著諸子理重事複遞相模效猶屋下架屋牀上施牀耳吾今所以復爲此者非敢軌物範世也業以整齊門內提撕子孫夫同言而信信其所親同命而行行其所服禁童子之暴謔則師友之誡

《颜氏家训》

族长 掌管一姓宗族事务的人。通常由族中年辈较高，有威望者担任。族长对违反族规或封建道德的族人有惩治乃至生杀之权。《红楼梦》第四回："现在族长乃是贾珍，彼系宁府长孙，又现袭职，凡族中事自有他掌管。"

族人 同一宗族之人。

族子 同宗族兄弟之子。一般指同高祖（四代）以上的族兄弟的儿子。

本家 对同宗同姓之人的通称。《儒林外史》第六回："他有个本家在这省里住，是做过应天巢县的，所以到省去会会他。"《红楼梦》第一〇四回："他也不是什么好的，拿着太爷留下的公中银钱在外放加一钱，我们穷本家要借一两也不能。"

族规 封建宗族的法规。是关于族产、祠祭、教育、婚嫁、救助孤寡等事务的处分原则和具体规定。族长依规定实行，违反者亦依法惩治之。如北宋名臣范仲淹曾制定《义庄规矩》，其中对族人子女的嫁娶如何资助，对寡妇之守节或再嫁、孤儿的抚养如何补贴，都有明确规定。族规起着团结家族成员、照顾孤寡弱小、恪遵封建礼法、维护等级秩序的作用。

世袭 指贵族官僚家庭中爵位的世代传承。如清高祖努尔哈赤，自其六世祖猛哥帖木儿起，受明王朝册封，直到其祖父觉昌安、父塔克世与其本人，都一直担任明王朝的武官，居建州左卫，其家族为世袭的建州左卫指挥。

夺嫡 以支子取代嫡子的地位。封建时代，帝王之家，支子因受宠、贤明、立有大功，或以阴谋废嫡子，得以嗣位，称为"夺嫡"。如隋炀帝杨广之取代太子杨勇，唐太宗李世民之取代太子李建成，清世宗胤禛之取代太子胤礽等。

归宗 ① 指妇女夫亡无子或离异后，回到娘家。② 指随母改嫁之子回归生父的宗族，恢复原来的姓氏。如北宋政治家范仲淹两岁时父亲亡故，随母改嫁长山朱氏，改名朱说。在考取进士、担任官职后，经朝廷同意，他终于归宗苏州范氏，复其本姓。

社会阶层

天子 君主的别称。历代最高统治者为巩固政权,无不自称受命于天,并通过史书宣扬他们在出生时即有种种瑞兆,是秉承上天的意旨治理万民,因而称为“天子”。史书及民间传说将他们比作龙,称为“真龙天子”。

王 君主。“王”字的甲骨文为斧钺之形,斧钺为礼器,象征王者的权威。本为天子之称,商、周最高统治者称“王”。春秋时楚国实力渐强,其君主最先越爵称王(楚国原为子爵),吴、越两国继之。至战国后期,诸侯大多数都称王。自秦始皇自称“皇帝”后,“王”成为皇帝之下最高一级的爵位。多用以封赏开国的异姓功臣和皇帝的兄弟子侄,前者称异姓诸侯王,后者称同姓诸侯王。

诸侯 对中央政权分封的各国国君的统称。起于商、周。周代封功臣、子弟为诸侯,分公、侯、伯、子、男五等。诸侯国除按规定向天子纳贡、朝觐、出兵助战外,一切内政自主处理。春秋战国时,各诸侯国互相攻伐不断。汉代分王、侯二等,中央朝廷派国相或长吏佐理,王、侯仅食赋税。此后封地渐小,独立性受到削弱。然当中央控驭力弱或朝政混乱时,诸侯王则会乘时而起,引发祸乱,如西汉的“七国之乱”、西晋的“八王之乱”、明初的“靖难之役”、清初的“三藩之乱”等。

卿大夫 西周至春秋时,王室及诸侯分封的有采地的臣属。卿、大夫对国君有辅佐、纳贡和服役等义务。在其封地之内,被同姓庶民奉为宗子,世代掌握军政大权。如晋国原有卿大夫十余家,春秋后期,六卿逐渐强大,互相吞并,至公元前4世纪中叶,韩、赵、魏三家分晋后,自立成国。

家臣 春秋时各国卿大夫的臣属。包括宰及司徒、司马等。宰为家臣之长,总管卿大夫家政,有的则为卿大夫属下都邑之长官。家臣效忠卿大夫,依靠俸禄为生,由卿大夫任免,不世袭。如孔子的弟子冉求曾为鲁大夫季氏宰,闵子骞曾为季氏采邑费宰。

民 本义指奴隶。西周以后,由于阶级的分化,“民”字的含义扩大为一般劳动者。通称“庶民”。《周礼·地官·质人》:“掌成市之货贿、人民、牛马、兵器、珍异。”郑玄注:“人民,奴婢也。”郭沫若《奴隶制时代》:“民是盲的初文,象目中着刺。其用为人民之民,可能就是古时候的生产奴隶曾经被盲其一目。”

百姓 ① 上古庶民无姓,有土地官爵者才有姓,“百姓”为贵族统称。与“黎民”相对。在商为奴隶主阶级,在周指领主阶级。春秋后期,地主兴起,百姓失去世袭贵族的含义,社会地位逐渐与庶民相似。② 指人民。与官员阶层相区别。

黎民 上古指平民。与“百姓”相对。是周代被统治阶级的一部分。参见“百姓①”。

众人 商代和西周时期的下层平民。一般从事农业生产。与奴隶不同,他们身份自由,有当兵的权利和参政的机会。

国人 商代、西周、春秋时,称居住在城内的人。与“野人”相对。国指城郭。国人多由战胜的部族构成,与居住在城外的野人属于两个等级。国人有姓氏,野人无姓氏;国人受教育,可当兵做官,野人只能务农。参见“野人”。

野人 亦称“鄙人”。商代、西周、春秋时,称居住在城郊田野的人。与“国人”相对。由战败的部族、奴隶、外来居民构成。他们从事耕作,供赋税,服徭役。参见“国人”。

四民 通称“士农工商”。指读书、种田、做工、经商的四种人。是君主专制社会里,皇帝、贵族、官僚集团以外,从事不同分工的社会阶层。汉魏实行察举,隋唐以下科举取士,“士”作为统治阶级的底层,其中的小部分通过做官入仕,可以进入统治阶级的上层,参与国家管理;农、工、商都属于被统治阶级。《穀梁传·成公元年》:“古者国家,百官具,农工皆有职以事上。古者有四民,有士民、有商民、有农民、有工民。”

士 古代称“四民”之首。商代、西周和春秋时是最低一级的贵族。春秋时的士，政治上任卿大夫的家臣，军事上是军队的主力，经济上依靠食田或俸禄。后逐渐失去贵族特权，取得小块土地所有权，转化成地主或自耕农。此时出现大批以思想、教育为职业的文士，开始形成中国的知识分子阶层。

农 亦称“农人”“农民”“农夫”等。古代“四民”之一。包括自耕农、佃农和雇农。中国古代主要的生产者。春秋时隶属封建领主，战国以后受地主奴役。地主阶级剥削农民的方式，宋之前以劳役地租为主，之后以出租田地榨取实物地租为主。《汉书·食货志上》：“今农夫五口之家，其服役者不下二人，其能耕者不过百亩，百亩之收不过百石。春耕夏耘，秋获冬臧，伐薪樵，治官府，给徭役；春不得避风尘，夏不得避暑热，秋不得避阴雨，冬不得避寒冻，四时之间亡日休息；又私自送往迎来，吊死问疾，养孤长幼在其中。勤苦如此，尚复被水旱之灾，急征暴赋，赋敛不时，朝令而暮改。当具有者半贾而卖，亡者取倍称之息，于是有卖田宅鬻子孙以偿责者矣。”

工 古代“四民”之一。“工”在甲骨文中，即木匠手持的曲尺。后成为从事各种技艺的劳动者的总称。中国自奴隶制国家建立起，就有官府工业的存在。早期的工匠，其身份为奴隶。

商 亦称“商人”“商贾”。古代“四民”之一。居于末位，即从事商品交易活动的人。商朝在建立奴隶制国家后，生产力不断提高，贸易得到空前发展，出现了水陆运输业和专门从事商品交换的经营者。周王朝建立后，将商朝遗民集中一地严加管束，对善于经商者，准其继续经商。这些人通称“商人”，以区别于周人。后人们忘其“贱民”含义，以其作为买卖人的代称。春秋以后的统治者与儒家认为，农桑为本，商业是末，必须重本抑末，国家才能安定。法家韩非将工商之民列为“五蠹”之一，认为是不利于君主专制的蛀虫。商人一直遭受贬抑与歧视。汉代规定，商人不可乘车、衣锦绣，子弟不可为官。后世，商人的子弟不得参加科举考试。中国民间的大商业必须托庇于皇家与官府，资本主义萌芽得不到正常发展。春秋战国时，著名的大商人有范蠡（陶朱公）、孔子的弟子子贡（端木赐）、吕不韦等。《史记·货殖列传》中记载了商人的活动。

商人 从事商品交易活动的人。《左传·僖公三十三年》：“郑商人弦高，将市于周。”参见“商”。

商贾 从事商品交易活动的人。行商与坐商的合称。《周礼·天官·大宰》：“以九职任万民……六曰商贾，阜通货贿。”孙诒让注云：“行曰商，处曰贾。”

行商 亦称“客商”。与“坐商”相区别。一般指在货物的产地与需求的市场之间，从事长途水陆贩运，通过流通以获利者。

坐商 亦称“贾”“贾人”。与“行商”相区别。一般指有固定地点、店房与交易时间，在城镇中开设商铺或摆设摊位的生意人。

臣妾 ① 商代、西周至战国时期对奴隶的称谓。男的叫“臣”，女的叫“妾”。主要是掠夺或俘虏来的他国人民。无人身自由，早期还杀害之，用于祭祀和殉葬。秦汉时称给公家服役的男女罪犯为“隶臣妾”，境遇与奴隶相似。② 皇后、妃嫔等在皇帝前的自称。多见于戏曲、小说。

百工 西周时工匠奴隶的总称。从事礼器、乐器、玉器、兵器、车旗、衣服等的制作，世代相继，地位低下。各诸侯国均有专门管理百工的官吏。战国官营工业组织中的百工仍具有奴隶性质。至汉代，官府工业与民间工业都很发达，一部分工匠仍属国家、官府的作坊管理，一部分则由农村向城市集中，成为民间工匠。民间工匠的技艺精湛，此后被历代编为匠户，以定期轮流到官府作坊服役的方式，逐渐取代工匠奴隶的生产。中国古代百工的生产，涉及采矿、铜铁器、纺织、皮革、印染、漆器、木作、瓷器、铸钱、金银、车船、兵器、火器、造纸、酿酒、煮盐、制糖、制茶、食品、印刷等行业。唐韩愈《师说》：“巫医乐师百工之人，不耻相师。”参见“匠户”。

仆 古代奴隶的一种。起初从事家内贱役。殷商以后,因生产的需要,领主、地主和商人大量用于农业和工商业。西周以来,天子常把臣仆赏赐下级。君主社会里,仆的身份依附于主人,没有人身自由,为贱民之一。《清稗类抄·奴婢类·康熙初八旗仆婢自尽之多》:"主仆之分,满洲尤严。康熙初,大司寇朱之弼疏言:'臣见八旗仆婢,每岁报部自尽者不下二千人,岂皆乐死恶生哉?由其平日教不谨而养不备,饥寒切于中,鞭扑加于外,饮恨自尽,势固然也。'"郭沫若《卜辞中的古代社会》:"仆即古人所用以司箕帚之贱役。"

黔首 秦代平民的正式称呼。包括农民、小手工业者、小商贾。秦王朝依据方士的"五德终始论",自以为在五行之中得"水德",冠服、旌旗等皆尚黑色,平民则以黑巾裹头,故称。《史记·秦始皇本纪》:"更其民曰黔首。"西汉思想家贾谊《过秦论》批评秦始皇,有"燔百家之言,以愚黔首"之语。

君子 ① 商代、西周、春秋时贵族的统称。西周、春秋以来,将王侯、卿大夫、士等称为"君子",将平民和奴隶称为"小人"。以"君子"与"小人"区分劳心者与劳力者、统治阶级与被统治阶级。《诗·魏风·伐檀》:"彼君子兮,不素餐兮!"《孟子·滕文公上》:"无君子莫治野人,无野人莫养君子。"② 指人格高尚的"有德者"。与"小人"相对。起于春秋末,多见于《论语》《孟子》《礼记》等儒家著作。后世沿用之。清方文《石桥怀与治》诗:"昔年居南村,卜邻近君子。"

小人 ① 商代、西周、春秋时平民及奴隶的通称。平民包括务农、当兵、经商者。属于当时的被统治阶级。② 指人格卑鄙的"无德者"。与"君子"相对。起于春秋末。参见"君子②"。

布衣 宋以前木棉未普遍栽植,平民不准衣锦绣,只穿麻质的衣服,因以"布衣"借称平民。《大戴礼记·曾子制言中》:"布衣不完,蔬食不饱。"《荀子·大略》:"古之贤人,贱为布衣,贫为匹夫。"宋沈括《梦溪笔谈·技艺》:"庆历中,有布衣毕昇,又为活板。"

良家子 意为家世清白的好人家的儿女。历代从民间挑选宫女,规定必须出身良家,即不是出身于巫、医、商贾、百工、皂隶、倡伎、罪犯等家庭的平民的女儿。如东汉王嫱(王昭君)即以"良家子"被选入宫,后自请远嫁匈奴。

士大夫 ① 秦汉以后,指官僚阶层及准备入仕的读书人。他们在政治上享有特权,在经济上是拥有一定田产的地主,并有不同于民间的知识信仰、道德礼仪与生活方式,是君主专制社会的支柱之一。《晋书·夏侯湛传》:"仆也承门户之业,受过庭之训,是以得接冠带之末,充乎士大夫之列。"② 指读书做官的士族。与"庶民"相区别。

庶人 亦称"庶民"。春秋战国以来指身份自由的农民,可以议政和做官。秦汉以后,泛称没有官爵的平民。一般法律规定,庶人之家,不得畜养奴婢。《论语·季氏》:"天下有道,则庶人不议。"《明神宗实录》卷一九一:"律称庶人之家不许存养奴婢,盖谓功臣家方给赏奴婢,庶民当自服勤劳,故不得存养。"

庶民 即"庶人"。

庸客 亦称"佣""庸夫""庸奴"等。战国、秦汉对雇工的称谓。多为失去田地的农民,以出卖劳力,替人劳作为生。《荀子·议兵》记载,庸客甚至被雇佣去当兵打仗。《韩非子·外储说左上》中生动地描述了地主和庸客之间的利益关系。《后汉书·逸民传》记载了东汉文学家梁鸿批评朝政,遭到朝廷通缉,夫妻隐居在吴郡富户家当佣工的事迹。

佣保 古代受雇于酒店的伙计、杂工等。战国时期,土地允许自由买卖,自耕农失去土地后进入城市当雇工,此为"庸保"之始。行刺秦始皇的音乐家高渐离隐于民间,即曾为佣保。汉代商业繁荣,城市酒店中多雇有佣保,后世"酒保"之名,当起于此。《史记·刺客列传》:"高渐离变姓名为人庸保,匿作于宋子。"《史记·司马相如列传》:"相如与俱之临邛,尽卖车骑,买酒舍,乃令文君当卢。相如身自著犊鼻裈,与庸保杂作,涤器于市中。"

家僮 亦称"僮仆"。古代私家所属的男性奴隶或依附民。"僮"亦作"童"。秦汉以来,大地主、大商人往往拥有大量家僮,从事农业、手工业生产,或从商、打仗。其来源为卖身豪门的穷人、没入官府的罪犯家属等。宋以后,家僮主要做家务事,服侍主人。

赘婿 亦称“赘子”。秦汉时奴婢的一种。贫民将儿子典质于富家,过期不能赎,富家无子,遂就婚于主家之女,称为赘婿。在家庭内和社会上地位低下,受到歧视,是朝廷征发戍边的对象之一。《史记·秦始皇本纪》:“发诸尝逋亡人、赘婿、贾人略取陆梁地,为桂林、象郡、南海,以适遣戍。”裴骃集解:“赘,谓居穷有子,使就其妇家为赘婿。”

闾左 秦代指居住于闾巷左侧,主要由雇农、佃农等构成的贫苦人民。秦始皇时不征闾左,但刑法苛暴,很多农民亦被当作罪人征调去服苦役。至秦二世时,闾左亦在征发之列,遂引发农民大起义。《史记·陈涉世家》:“发闾左适戍渔阳。”司马贞索隐:“闾左,谓居闾里之左也。秦时复除者居闾左。今力役凡在闾左者尽发之也。又云,凡居以富强为右,贫弱为左。秦役戍多,富者役尽,兼取贫弱者也。”

客作儿 佣工。即因没有土地,不得已到别人家里充当劳力的人。东汉魏晋时期,客作儿地位仅高于奴婢。

营户 两晋南北朝时期,各族统治者将掳获和投募来的民户配置各地,隶属于军府,以供生产和战争的需要,称作“营户”。营户主要从事耕田、畜牧、匠作等生产。有时亦直接当兵。其身份低于平民,高于奴隶,特点是世代服役。《宋书·沈庆之传》:“庆之前后所获蛮,并移京邑,以为营户。”

隶户 北魏时将俘获的来自敌国的民户称为“隶户”。隶户有自己的家室,虽非奴隶,但无自由。皇帝常大量赏赐臣下,以供驱使。又辽、金、元和清初也有类似的人户。《隋书·刑法志》:“魏虏西凉之人,没入名为隶户。魏武入关,隶户皆在东魏,后齐因之,仍供厮役。”

军户 ① 东晋南北朝时期,士兵及家属的户籍隶于军府者,称为“军户”。军户子弟世袭当兵,未经准许不得脱离军籍。北魏军户亦有用俘虏充当者。元朝的军户必须出成年男子到军队服役,父死子替,兄亡弟代,世代相袭。至元顺帝时,军户制解体。明代中叶以后,募兵渐渐成为明朝官军的重要来源。古乐府《木兰诗》为北朝作品而经过唐人润色者,女英雄木兰出身之家即为军户家庭:“昨夜见军帖,可汗大点兵。军书十二卷,卷卷有爷名。阿爷无大儿,木兰无长兄。愿为市鞍马,从此替爷征。”② 宋代将应募从军的人户称为“军户”,军士年老退伍后则除籍。③ 清代屯卫兵丁和充配为军的人户,亦称“军户”。

匠户 封建社会的一种依附民户籍。即为统治者的物质需要进行生产,而编入特种户籍的工匠人户。匠户在城市里生活,国家一般不再授予土地,其合法性受政府保护,但必须服从征调,在指定的官府作坊里轮流服役,生产制作工艺品器物。由于生活困苦,待遇菲薄,工匠常大规模逃亡。明成化二十一年(1485年)颁布法令,可向轮班工匠折收银两,“以银代役”。随着商品经济的发展,匠户对于封建国家的人身依附关系日趋松弛,清顺治二年(1645年),清王朝宣布废除匠籍制度,从此手工业者得到了身份自由。

主户 ① 中国古代各地的土著居民。汉魏以来,因战争、荒歉等灾难造成人口大量流动,各地户籍遂有土著的“主户”与外来的“客户”之别。② 宋代称有土地的田主为主户,无土地的佃客为客户。

客户 ① 汉魏以来,流亡各地的无地农民,成为官僚地主门阀豪族荫占下的依附性人口,其性质为农奴。② 即“佃客”。

佃客 晚唐以后至宋代编入国家户籍,在租种地主土地外仍需交纳人丁税和负担徭役的农民。

庄客 唐代以来地主田庄里佃农和雇农的通称。地主占有土地,通称为“庄”。无地农民或租种庄主的田地,或受雇于田庄,耕作生活其间。宋元以来,庄客除耕种外,还承担劳役和武装保卫田庄的义务。小说《水浒传》里的地主大庄园,如柴进的庄园,以及祝家庄、扈家庄等,往往有人数众多的庄客。

奴婢 ① 丧失自由被人无偿役使的人。男为奴,女为婢。自商周至明清,蓄奴之风甚盛。其来源为异族俘虏、罪人及其家属,以及贫困自卖为奴者。国家法律规定,奴婢可以买卖和赏赐,主奴关系不仅终身,且延及子孙。② 宫中太监、宫女在皇帝前的自称。

壁画中的婢女形象

家奴 私家的奴隶或依附民。无独立身份,依附于主人。多为异族俘虏、逃亡之民或无赖之徒。古代豪门势族多豢养大量家奴,为主子行凶作恶。宋陆游《老学庵笔记》卷一:“朔日,太守客次有服金带者数十人,皆朱勔家奴也。”《明史·郭英传》:“御史裴承祖劾英私养家奴百五十余人。”

奴产子 封建社会私家奴婢的子女,其身份仍为奴婢,需世代在主家服役。秦汉称“奴产子”,晋、唐以后又称“家生”“家生儿”“家生孩儿”,以区别新卖身的奴婢。

家生子 即“奴产子”。古代在家奴制统治下,奴婢所生的子女仍在主家当奴婢,称为“家生”“家生儿”。奴婢之女亦称“家生女儿”。《红楼梦》中的仆婢,有些是家生子,如鸳鸯。贾母去世以后,贾赦欲强收她为妾,她不愿意,只能以死作为抗争。按照《大清律例》,家奴是主人的财产,没有人身自由,“世世子孙永远服役,婚配俱由家主”。

家生女儿 见“家生子”。

门阀 亦称“阀阅”。指君主社会中的世家门第。东汉时期,许多人因荐举做官,逐渐形成门生故吏遍天下的家族势力,因而魏晋南北朝时,产生世家大族垄断政治、经济的门阀特权制度。中下级士人与庶族备受压制,为取得富贵,往往投靠王公、外戚和少数世族。唐代门阀犹有余威,但统治者利用新兴的科举制度予以打击,因而遭到削弱。至宋代,入仕主要由科举一途,门阀不再起主要作用。《后汉书·韦彪传》:“士宜以才行为先,不可纯以阀阅。”李贤注引《史记》曰:“明其等曰阀,积功曰阅。”西晋文学家左思曾对这种不合理现象作了尖锐有力的批评,其《咏史》诗曰:“郁郁涧底松,离离山上苗。以彼径寸茎,荫此百尺条。世胄蹑高位,英俊沉下僚。地势使之然,由来非一朝。金张籍旧业,七叶珥汉貂。冯公岂不伟?白首不见招。”

阀阅 即“门阀”。

门第 亦作“门地”。指君主社会中地主阶级家族范围内所占等第。显贵之家称“高门”,卑庶之家称“寒门”。魏晋以来,以门第规定社会地位的贵贱,并根据士人的郡望、门第选官授职;士族间通婚亦严格区分门第,多有以通过婚姻来提高自身地位者。当时有旧门、次门、后门、勋门和役门等名称。唐代实行科举取士,门第的状况有所改变,但依然有高下之分。《晋书·杨佺期传》:“杨佺期,弘农华阴人,汉太尉震之后也……自云门户承籍,江表莫比,有以其门地比王珣者,犹恚恨。”

门地 即“门第”。

士族 魏晋以来,形成各地门阀大姓垄断政治权力的局面,世代做官的家族称为“士族”,亦作“世族”;不是世代做官的平民家族,称为“庶族”,亦称“寒族”。士族内部按族望高低、门阀上下分配官职,在政治、经济上享有种种特权。文化上,他们自有不同于庶族的礼仪、家风与传统。其影响直至唐末才完全结束。

世族 见“士族”。

士庶 ① 魏晋南北朝时期指士族和庶族的阶级区别。士庶之别,南朝由士大夫决定,北朝由皇帝决定。士庶之间地位悬殊,以至于互相不通婚姻。唐代,记载士族姓氏的《氏族志》由朝廷修订。② 宋代以后指士大夫阶层与平民。

庶族 魏晋以来,不是世代做官的平民家族,称为“庶族”。庶族出身者,在入仕做官、经济、婚姻等各方面受到士族的歧视与限制。至唐代实行科举制度,庶族士人的地位才逐渐得到改变。《南齐书·高帝纪下》:“诏曰:‘吾本布衣素族,念不到此,因藉时来,遂隆大业。’”

高门 ① 士族中显贵的家族。与“寒门”相对。魏晋南北朝时重门第,有高门、寒门之分。高门大姓以其家族的政治地位和文化传统,在社会上具有特殊威望，而非士族和低级士族出身的高官，则会感到自卑。南朝时，户籍分黄、白两种，黄籍多为高门，可以免役。《北史·高允传》："学生取郡中清望，人行修谨，堪循名教者，先尽高门，次及中等。"② 宋以后泛称显贵之家。然性质上，已非南朝与唐代的"高门"可比。

望族 亦称"望姓"。地方上显贵的姓族。与"寒族"相对。东汉以来，世代做官的家族散布各州郡，形成望族。他们把持政权，压迫底层士人，也互相排斥。魏晋以下，重视门第，族谱流行，士人往往攀附或托名望族之后。

寒族 亦称"寒门""素族""素姓"。魏晋南北朝时期指士族中无势力的中下层。与"望族"相对。出身寒族的士人，受到高等士族的歧视与排挤。

寒门 ① 士族中无势力的中下层。与"高门"相对。② 泛称微贱的家族。所谓寒门小户。

寒人 亦称"寒士"。魏晋南朝至唐代称出身寒族的士人。《魏书·良吏传·窦瑗》："除大宗正卿，寻加卫将军。宗室以其寒士，相与轻之。"

贱民 古代具有某些特殊身份、地位低下的居民。如南北朝至唐代的部曲、杂户、官户以及宋元以后广东的疍户，苏州府常熟、昭文二县的丐户，浙江钱塘江上的九姓渔户、绍兴一带的堕民，山西、陕西等地的乐户，安徽徽州府的伴当、宁国府的世仆等。他们世代遭受歧视，不得自由择业、自由居住，子弟不得读书应举，不能与平民通婚，连走路都要避让平民。直至清雍正元年（1723年）以后，皇帝下谕旨移风易俗，要开豁贱籍，使他们成为良民，"俾得奋兴向上，免至污贱终身，累及后裔"，才相继获得普通户籍。但成为平民后，大多职业依旧。真正免除歧视，要到辛亥革命后。

疍户 古代贱民阶层之一。宋以后广东一带的水上居民。以船为家，以采珠、捕鱼为业，疍户间互通婚姻，养女或为船妓。清雍正时，准予上岸居住，取得良民户籍。《世宗实录》卷八一载："疍户本属良民，无可轻贱摈弃之处。且输纳鱼课，与齐民一体，不应因地方积习强为区别。"饬令督抚晓谕地方，"凡无力之疍户，听其在船自便，不必强令登岸。如有力能建造房屋及搭棚栖身者，准其在近水村庄居住，与齐民一同编列甲户，以便稽查。势豪土棍不得借端欺凌驱逐，并令有司劝谕疍户开垦荒地，播种力田，共为务本之人"。

丐户 古代贱民阶层之一。指以乞讨为业的人家。《世宗实录》卷九四载，清雍正八年（1730年）五月，江苏巡抚尹继善奏称，苏州府属之常熟、昭文二县，有从旧沿袭下来的丐户，不得列于四民（指士农工商）。"请照乐籍、惰民之例，除其丐籍，列于编氓。"得到雍正帝的允准实行。

江山九姓 古代贱民阶层之一。相传元末陈友谅军兵败鄱阳，明太祖朱元璋将其部曲九姓的家属贬逐到浙江严州建德一带，永为贱民，不许上岸居住及与普通百姓通婚。此九姓子孙以舟船往来于杭州、严州（治今建德东北）、金华、衢州，捕鱼货运。迫于生活，多有以女为船妓者。其船号称"江山船"，亦称"九姓渔船"。晚清诗人黄遵宪有诗《九姓渔船曲》。又《孽海花》第七回："（钱塘）江里有一种船，叫做江山船，只在江内来往，从不到别处。如要渡江往江西，或到浙江一带，总要坐这种船。这船上都有船娘，都是十七八岁的妖娆女子，名为船户的眷属，实是客商的钓饵……做这项生意的，都是江边人，只有九个姓，他姓不能抢的。所以又叫江山九姓船。"

堕民 亦称"惰民"。古代贱民阶层之一。指元、明时今浙江绍兴等地的一部分居民。来

晚清宁波堕民妇女

源为战俘家属及其后代。男子不许读书应科举,女子多为大户人家的妇女梳头,以及任婚丧喜庆中的杂役等事,不与平民通婚。清雍正时获得良民身份。

乐户 古代贱民阶层之一。指以音乐歌舞服役于朝廷、官府,具有特殊户籍的人家。《世宗实录》卷六载,明代山西、陕西有大批乐户。有的祖上原为教坊乐工,有的是明初"靖难之役"中反对朱棣的官员的家属子女,明成祖朱棣将他们"编为乐籍,令世世不得自拔为良",男女等同倡伎。除出应官差,得到报酬外,平时为民间婚丧嫁娶服务。但世代相继,遭受歧视,不准与良民通婚。雍正初,议政王大臣会议认为,压良为贱,是前朝弊政,亟宜革除。雍正帝采纳建议,命除山西、陕西的教坊乐籍,一律改为良民。

伴当世仆 古代贱民阶层之一。明末以来,江南徽州府有"伴当",宁国府有"世仆",当地称为"细民"。伴当、世仆户需为主户家服役,甚至遭受鞭打。然其主仆之分承袭前代,多茫然无考。《世宗实录》卷五六载:雍正帝认为,这是相沿之恶习,并无上下之分,应开豁为良。安徽巡抚魏廷珍奏请:"嗣后绅衿之家典买奴仆,有文契可考未经赎身者,本身及其子孙俱应听从伊主役使;既已赎身,其本身及在主家所生子孙,仍应存主仆名分;其不在主家所生者,应照旗人开户之例,豁免为良;至年代久远,文契无存,不受主家豢养者,概不得以世仆名之,永行禁止。"雍正帝准其议,一大批贱民被除为良民。

包衣 满语"包衣阿哈"的简称。汉译为"奴仆"。满洲贵族的家奴及其所生子女,有满人也有汉人,从事各种劳动。虽有因战功致身显贵者,对其主人,仍保留包衣身份。《红楼梦》作者曹雪芹的家族即包衣出身。

皂隶 皂和隶本是先秦时服贱役、供驱使的奴隶。后用于称衙门中的差役。其职责是抓捕人犯、维持秩序、审讯时用刑等。

仵作 ① 旧时官衙中负责验伤与尸检的差役。《负曝闲谈》第一回:"陆华园装作受伤,弄了两个人扶着,扶到县里,元和县大老爷把呈子看了一遍,叫仵作下去验伤。"② 民间以代人殓葬为职业的人。宋廉布《清尊录》:"俄顷即死,父母哀恸,呼其邻郑三者告之,使治丧具。郑以送丧为业,世所谓仵作行者也。"

地方 里正、地保等的总称。他们负责地方治安、催征钱粮、组织人役等事。在其管事区域发生命案,必须拿住凶手和将有关人送到县衙。京剧《遇皇后》:"地方地方,差事难当。一卯不到,两腿遭殃。我,赵州桥的地方的便是。"

里正 古代乡官的一种。各代不同,以数十户至百户左右为一里,设里正一人。明代称里长。由富户或能办事的人担任。负责地区治安、催征钱粮、组织工役等事。

乡约 明清时乡中小吏。由县官任命,负责传达政令、维持治安。《儒林外史》第六回:"族长严振生,乃城中十二都的乡约。"《老残游记》第十五回:"(魏老儿)连忙跑来看时,却好乡约、里正俱已到齐。"

地保 清代至民国初地方上替官府办差的人。大约相当于秦汉时的亭长、隋唐的里正、宋的保正。

姓名称谓

姓氏、名字等

姓氏 姓和氏的合称。“姓”是表明家族系统的符号，源于母系社会，其作用为区分氏族，实行族外婚。“氏”是姓的支系，是区别于他支的标志。秦汉以后，姓、氏逐渐混而为一，通称“姓”或“姓氏”。大约有以下来源：(1) 以氏为姓；(2) 以国名为姓；(3) 以邑、乡、亭名或居住地为姓；(4) 以先人的名或字为姓；(5) 以官职为姓；(6) 以排行为姓；(7) 以家族掌握的技艺为姓；(8) 以谥号为姓；(9) 因统治者赐姓、避讳、避祸等原因而改姓；(10) 古代少数民族融合到汉族中时带来的姓，等等。据查，中国古今姓氏超过 8 000 个，汉族目前使用的大约为 3 000 个。古代记述、研究姓氏之书多散佚，现存以汉初《世本》，唐代林宝《元和姓纂》，南宋邓名世和邓椿年父子《古今姓氏书辨证》、郑樵《通志 · 氏族略》、王应麟《姓氏急就篇》，明代凌迪知《古今万姓统谱》等，最为知名。现代则有姚薇元的《北朝胡姓考》。

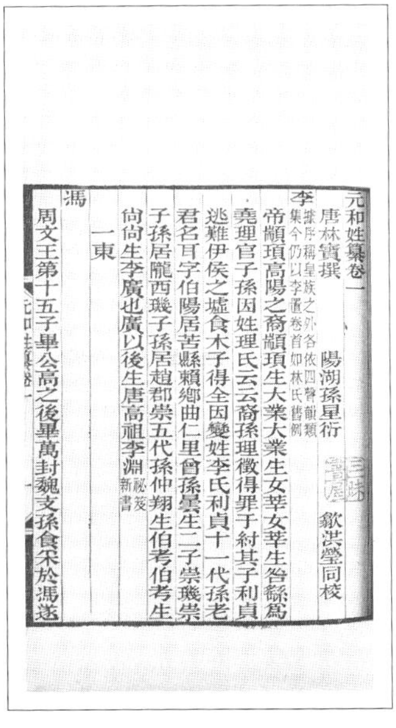
元和姓纂卷一
唐林寶撰　陽湖孫星衍　歙洪瑩同校
李 按序稱皇族之外各依四聲韻類集今仍以李置卷首如林氏舊例
帝顓頊高陽之裔顓頊生大業大業生女華女華生咎繇爲
堯理官子孫因姓理氏云云裔孫理徵得罪于紂其子利貞
逃難伊侯之墟食木子得全因變姓李氏利貞十一代孫老
君名耳字伯陽居苦縣賴鄉曲仁里曾孫曇生二子崇璣崇
子孫居隴西璣子孫居趙郡崇五代孫仲翔生伯考伯考生
尚尚生李廣也廣以後生唐高祖李淵 秘笈新書
一東
馮
周文王第十五子畢公高之後畢萬封魏支孫食采於馮遂

《元和姓纂》书影

姓名 姓和名的合称。上古三代，唯贵族有姓，平民、奴隶无姓。汉代以后平民才有姓。名代表本人。中国古代姓、名、字的结构，为历代所沿用。如宋代文学家欧阳修，欧阳是其姓，修是其名，永叔是其字。参见“姓氏”。

郡姓 亦称“郡望”。指一郡中众所仰望的显贵家族。魏晋至唐，如弘农杨氏、赵郡李氏、清河崔氏、博陵崔氏、荥阳郑氏、范阳卢氏、太原王氏、陇西李氏等，俱是一郡的代表性姓氏。世族子女的婚嫁首重门第，以利于结成势力。唐贞观十二年(638 年)，吏部尚书高士廉奉诏撰修《氏族志》，因沿袭魏晋南北朝旧例，以山东崔姓为第一等，太宗大怒，亲自出面干涉，改李姓为第一等，外戚之姓为第二等，崔姓降为第三等。历史上，一般姓氏都有多个郡望，说明它们是由古代同一个或几个根上衍生出来的分支旁系。虽然宋代以后郡姓特权不再，但以郡望标注姓氏的文化习俗，历明、清至近代，依然流行。

郡望 即“郡姓”。

右姓 亦称“著姓”。指汉魏以来的世家大族。古代以右为上，因称。其一姓子孙，世代为官。如避乱江南的北方士族，以王、谢、袁、萧为右姓；北方山东士族以王、崔、卢、李、郑为右姓等。

著姓 即“右姓”。

俗姓 指僧尼出家前原来的姓。如唐代僧人、天文学家一行，俗姓张；唐代佛经翻译家、高僧玄奘，俗姓陈。

名字 名和字的合称。周代以后，贵族有名有字。男子年二十举行冠礼，女子十五举行笄礼，并须取字，表示已成人。旧时，晚辈对尊长不能直呼姓名，称名是冒犯与极不尊重的表现，不仅要使用敬称或称字，且须避讳；尊长一方，对臣下、晚辈则可以称名；平辈(如兄弟、朋友、同僚)之间，例须称字，以表敬重，如称苏轼为"子瞻"等。

小名 亦称"小字""乳名""奶名"。幼时的非正式的名字。与"学名""大名"相对。仅使用于家庭,流传于相熟的亲族间。旧时迷信,父母怜爱子女,认为起贱名易于养大、不会夭折。如西汉文学家司马相如乳名犬子,三国蜀后主刘禅幼名阿斗,南朝宋武帝刘裕幼名寄奴等。

小字 即"小名"。

大名 亦称"官名"。正式的名字。与"小名"相对。

学名 入学读书时用的正式名字。

表字 古人在本名以外起的另一名字。"字"用来阐释、发挥或补充"名"的意义,多寄寓师长的希望。如屈原,名平,字原(宽阔平坦义);诸葛亮,名亮,字孔明("孔"是"大"的意思)。古人多在成年行冠礼时,请尊长从儒家经书上取字,并作一篇"字说",阐明意蕴,加以勉励。《西厢记》第一本第一折:"小生姓张,名珙,字君瑞,本贯西洛人也。"

未字 古代贵族女子十五岁行笄礼,在名以外另起一个"字",表示可以许嫁别姓。因而,许嫁称作"字人",未许嫁称"未字"或"待字闺中"。

别号 古人在名和字以外起的别名。汉代以后人多自取号,称为"自号",常以山川郡望、身份职业、园林住宅、癖好追求等为内容,将自己的性情、怀抱、志趣蕴含其中。如陶潜号五柳先生,苏轼号东坡居士,文天祥号文山,黄公望号大痴,蒲松龄号柳泉居士、异史氏等。称人之号比起称字,是更高的尊敬。也有的别号为他人所起,如陈维崧多须,海内皆称他陈髯。

自号 古人自起的别号。参见"别号"。

室名 文人学者为自己的书房或居室所起的名称。实际上,也是他本人的一种别号。如南宋词人辛弃疾号稼轩,哲学家朱熹号晦庵,近代诗人、学者黄遵宪号人境庐主人,王国维号观堂,梁启超号饮冰室主人等,其别号也是他们的书房或居室名。至今沿用之。

山东淄博蒲松龄故居聊斋

天津梁启超故居饮冰室

法名 亦称"法号"。僧尼出家后,抛弃俗姓而由师父另起的名字。如晋代高僧法显、唐代高僧玄奘,两者都是法名。

法号 即"法名"。

绰号 亦称"外号""诨号""诨名"。在人的本名以外,根据其体貌、性格、行为等特征而另起的名字。多含有亲昵、赞美、憎恶或玩笑的意味。如西汉时右北平太守李广,驻守边境,能骑善战,匈奴人畏之,不敢入侵,称他为"飞将军"。又如《水浒传》中的梁山泊好汉一八零八人,个个有诨名;《红楼梦》中的富家公子薛蟠,好色而不读书,性喜花钱摆阔、惹是生非,人称他"呆霸王"。

诨名 即"绰号"。

谥号 古代帝王及官员死后,统治者根据死者生前功业和事迹给予他的称号。帝王之谥,由礼官拟议,皇帝批准;臣下之谥,由朝廷赐予。不经朝廷的,称为私谥。美谥还是恶谥,关系一生评价,极为古人所重视。其制始于周代。《礼记·檀弓上》:"死谥,周道也。"《逸周书·谥法》:"谥者,行之迹也……经纬天地曰文,道德博厚曰文,学勤好问曰文,慈惠爱民曰文,愍民惠礼曰文,锡民爵位曰文,刚强直理曰武,威强睿德曰武,克定祸乱曰武,刑民克服曰武,大志多穷曰武……”宋苏洵有《谥法》,明王圻有《谥法通考》,都是关于谥的专著。如清世祖福临的谥号为“体天隆运定统建极英睿钦文显武大德弘功至仁纯孝章皇帝”,清人著述中提及“章皇帝”,即谓世祖。

私谥 古代士大夫死后,由亲属或朋友、弟子拟定的谥号。因非朝廷所定,故称“私谥”。起于周末,汉代已盛行。如春秋时鲁国大夫展禽(“禽”是展获的字,其封地在柳下)死,门人听从其妻的意见,以“惠”为他的谥号,后人因称“柳下惠”,见《列女传·柳下惠妻》。后之乱世,学者、诗人隐居民间,德行为众所仰,谥号多出于门人弟子所拟。如东晋诗人陶渊明,谥号靖节,明末清初思想家黄宗羲,谥号文孝,皆为私谥。

尊号 为尊崇帝、后而加的称号。始于秦代,《史记·秦始皇本纪》载,秦统一天下后,群臣为秦王嬴政上尊号,颂其功德。嬴政同意,但表示不用“泰皇”,而改用“皇帝”,并追尊其父庄襄王为太上皇。此后,继位的皇帝皆尊前皇帝为太上皇,尊前皇后为皇太后,称为“上尊号”。唐以后的上尊号,是在帝、后号之上再加美称。如唐中宗李显给他母亲武曌上尊号曰“则天大圣皇帝”。又如天宝十三载(754年)二月甲戌,群臣为唐玄宗上尊号曰“开元天地大宝圣文神武证道孝德皇帝”。

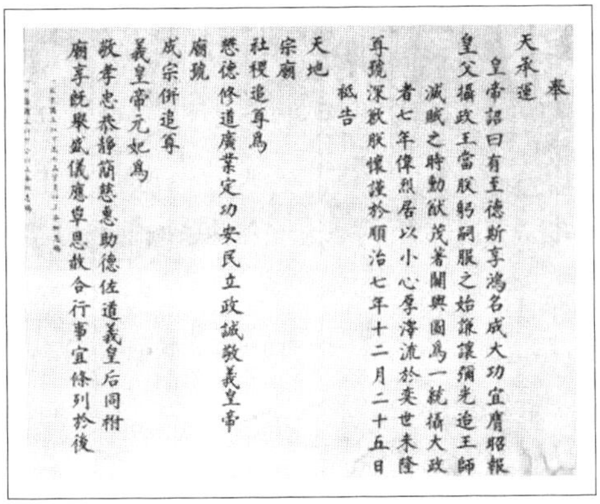
奉
天承運
皇帝詔曰有王德斯享鴻名成大功宜膺昭報
皇父攝政王當朕躬嗣服之始謙讓彌光追王師
滅賊之時勳猷茂著闢輿圖爲一統攝大政
者七年偉烈居以小心厚澤流於奕世未隆
尊號深歉朕懷謹於順治七年十二月二十五日
祗告
天地
宗廟
社稷追尊爲
懋德修道廣業定功安民立政誠敬義皇帝
廟號
成宗併追尊
義皇帝元妃爲
敬孝忠恭靜簡慈惠助德佐道義皇后同祔
廟享既舉盛儀應覃恩赦合行事宜條列於後

清代为摄政王多尔衮追加尊号所颁诏书

徽号 后妃生前所受的尊崇性的称号。宋代以后,规定只对皇太后、太皇太后上徽号。

庙号 帝王死后,在太庙里立室奉祀,并追尊以某祖、某宗名号,称作“庙号”。始于商代,如太甲称太宗,太戊称中宗,武丁称高宗。两汉承其制,其后历代帝王,均有庙号。如西汉开国皇帝刘邦,庙号高祖;宋代开国皇帝赵匡胤,庙号太祖,其弟光义,庙号太宗;清努尔哈赤庙号太祖,皇太极庙号太宗等。

行第 以家族中同曾祖兄弟间的长幼排算次序,而非以同父所生的兄弟排行,古代称为“行第”。唐、宋时期,朋友间以对方在家族中的排行相称,蔚为一时风气。如称杜甫为杜二,元稹为元九,白居易为白二十二,欧阳修为欧九,秦观为秦七,黄庭坚为黄九,等等,多见于诗文题目与书信。今人论著,有岑仲勉《唐人行第录》、邓子勉《宋人行第考录》,可供查考。

敬称 人际交往中对别人表示尊敬的称呼。以对方的身份、年辈以及与自己的关系决定。有古今、尊卑、长幼、男女之别。如称皇帝为“陛下”,太子为“殿下”,宰相为“相公”,大学士为“阁老”,上司为“大人”,老师为“夫子”,长者为“前辈”,学使为“大宗师”,县令为“父母”,同学的父亲为“年丈”“年伯”,有身份的妇女为“夫人”,同事、朋友为“兄”等。

鄙称 含有鄙视意味的称呼。与“敬称”相对。如“小人”“奸佞”“谗人”“鄙夫”“乡愿”“市侩”“纨绔”“浪子”“败子”“墨吏”“蠢材”“泼妇”“淫妇”“贱人”等。

称呼的原则

称名 古代称人之名,分以下几种情况:(1)自称名或姓名,以示谦虚。《史记·廉颇蔺相如列传》:“五步之内,相如请得以颈血溅大王矣。”(2)父母、老师等尊长对晚辈,皇帝对臣民,可直称其名。(3)用于对他人(如皇帝、上司、公众)的介绍或叙述,见于奏疏、公文、文章、论著者,为明白无误,无论古人或同时代人,皆可直接称名。

称字 对人称字,是表示敬意的一种礼仪。古代贵族幼年取名,成年后由师长取字。用于平辈间。尊长或晚辈表示对其人尊重时亦可用。如称司马迁为司马子长,晏幾道为晏小山,梁启超为梁任公,钱锺书为默存先生等。参见“表字”。

称号 对人称号,亦是用于表示敬意。如称陶潜为五柳先生,苏轼为东坡居士,陆游为放翁,王士禛为渔洋山人,龚自珍为定庵等。参见“别号”。

称谥号 古人谥号,由其一生功业品德所定。称谥号,是对其评价的认同。称美谥表示崇敬,称恶谥意味反感。如称宋初隐士林逋为林和靖,政治家范仲淹为范文正,欧阳修为欧阳文忠,抗金名将岳飞为岳武穆,明代大臣于谦为于忠肃,海瑞为海忠介,清代学者阮元为阮文达,大臣左宗棠为左文襄等。对帝王,常以庙号加谥号称之。如清顺治帝福临,称世祖章皇帝;康熙帝玄烨,称圣祖仁皇帝;雍正帝胤禛,称世宗宪皇帝;乾隆帝弘历,称高宗纯皇帝,等等。参见“谥号”。

称籍贯 古人常以著名人物的籍贯或居住地称其人,多表示尊敬。如称李白为李青莲,因其幼年居绵州彰明县青莲乡(今四川江油南);又如对晚清人物,以“湘乡”称曾国藩,以“合肥”称李鸿章,以“南皮”称张之洞,以“项城”称袁世凯,以“浏阳”称谭嗣同,都是以其家乡作为他们的代称。又如宋王安石,晚年退居金陵,后人即以“金陵”作为代称。宋王沂孙《庆清朝·榴花》词:“玉局歌残,金陵句绝,年年负却熏风。”参见“籍贯”。

称郡望 魏晋六朝是形成门阀大姓、垄断政治的时期,社会风气亦以门第郡望为荣,直至唐末五代。后世沿其余风,用郡望为名人代称,

武汉蛇山岳武穆遗像亭

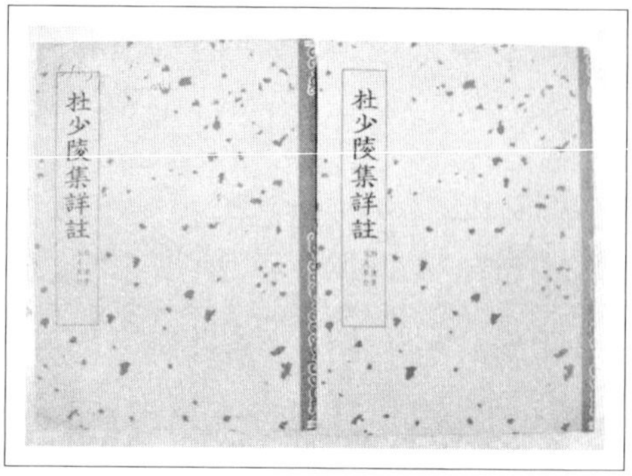

《杜少陵集详注》

杭州于忠肃公祠

《昌黎先生集》

亦是表达崇仰之意。如唐代大诗人杜甫，京兆（长安）城南杜氏是其本望，其地近西汉宣帝许皇后少陵，故他以“少陵野老”为号，后人亦称他为“杜少陵”；又古文家韩愈，自谓系出昌黎望族韩氏，每自称“昌黎韩愈”，后人亦以“韩昌黎”称之。皆是以郡望为其人别称。参见“郡望”。

称官职 历代政治文化名人多曾出任官职，前人或见载史籍，当世或众所周知，因而古人亦以某人所任官职称他。如东晋书法家王羲之官至右军将军，世称王右军；其子献之官至中书令，世称王大令；北周文学家庾信，官至骠骑大将军、开府仪同三司，人称庾开府；唐代杜甫先后任职左拾遗、检校工部员外郎，故称作杜拾遗、杜工部；北宋苏轼先后任翰林学士、玉局观提举，后世因以苏内翰、苏学士、苏玉局称之。宋刘克庄《摸鱼儿·赏海棠》词：“怅玉局飞仙，石湖绝笔，孤负这风韵。”参见“称籍贯”。

称官地 古代以某人曾在某地做官，即以某地作为其人代称。如清初诗人王士禛曾为扬州推官，其友宋荦曾任黄州通判，后来王士禛有诗《叹老口号寄宋牧仲巡抚》曰：“尚书北阙霜侵鬓，开府江南霜满头。谁识朱颜两年少，王扬州与宋黄州。”即以早年为官之地为二人代称。

称封号 古代以人之封号作为其人的代称。如三国魏文学家曹植被封陈思王，后人即以“陈思”或“陈王”称他；唐代书法家颜真卿，被封鲁国公，后人即称他“颜鲁公”；大将郭子仪因平定安史之乱功勋，封汾阳王，后人即称他为“郭汾阳”。明李梦阳《秋望》诗：“闻道朔方多勇略，只今谁是郭汾阳？”

称庙号 古代提及本朝帝王，直称姓名为“大不敬”罪，即使前代帝王，亦多称其庙号，以表尊崇。如唐高祖、宋孝宗、清太祖等。有时亦省称作某庙，如宋仁宗，可称仁庙；明世宗，可称世庙。参见“庙号”“称谥号”。

人物并称 古代政治文化人物常因年辈、成就相近，而被世人相提并论，此为姓名并称。如战国辞赋家屈原、宋玉，并称“屈宋”；汉代史学家司马迁、班固，并称“班马”；唐开元时名相姚崇、宋璟，并称“姚宋”；山水诗人王维、孟浩然，并称“王孟”；边塞诗人高适、岑参，并称“高岑”；宋代书法家米芾、蔡襄、苏轼、黄庭坚，并称“米蔡苏黄”等。

人物合称 ① 两个或两个以上的古代文化人物，由于主张相同、成就相近，或出生、活动于同一时期、同一地域等原因，而构成的含有数词的称呼。政治方面，如东汉助光武帝一统天下的“云台二十八将”，唐初辅助太宗李世民的“十八学士”；文学方面的“初唐四杰”“唐宋八大家”“二晏”“三苏”“元曲四大家”“前七子”“后七子”；书法绘画方面的“唐初四大家”“北宋四大家”“元四家”“明四家”“清初四王”“扬州八怪”等。② 文学艺术中人物形象同类而含有数词的称呼。如《水浒传》中的“一百零八将”、《红楼梦》中的“金陵十二钗”等。

扬州八怪纪念馆

避讳 在古代社会，规定人们言谈和书写均要避开君父、尊亲的名字，以表示尊崇敬畏。孔子及帝王之名，众所周知，称公讳；人子避祖、父之名，称家讳。避讳之法，一般采用同义或同音字代替本字，也有用原字省缺笔画，以表避讳者。此制起于周代，行至清末。如秦始皇名嬴政，乃改正月为“征月”。汉高祖名刘邦，《史记》《汉书》以“国”代邦；文帝名恒，乃以恒山为“常山”，以姮娥为“嫦娥”。汉王昭君，晋人为避武帝之父司马昭讳，改称为“王明君”。唐代避太宗“世民”、高宗“治”讳，文史奏章中，凡说“世”则换用“代”，“民”则改用“人”，“治”则改曰“理”。宋以后刊刻古书，各代多以其所讳而改古书，如清代刻书，避康熙帝的“玄”字，多改成“元”或缺最后一笔等，流弊无穷。陈垣《史讳举例·序》：“避讳为中国特有之风俗，其俗起于周，成于秦，盛于唐宋，其历史垂二千年。其流弊足以淆乱古文书，然反而利用之，则可以解释古文书之疑滞，辨别古文书之真伪及时代，识者便焉。盖讳字各朝不同，不啻为时代之标志，前乎此或后乎此，均不能有是，是与欧洲古代之纹章相类……研究避讳而能应用之于校勘学及考古学者，谓之避讳学。避讳学亦史学中一辅助科学也。”

依年龄而分的称呼

伯仲叔季 兄弟行辈中长幼次序的名称。伯是老大，仲是老二，叔是老三，季是老四。女子亦同。周及秦汉时期，人名或字中，所带“伯、仲、叔、季”，即为其在兄弟排行中的位次。如商末孤竹国的伯夷、叔齐兄弟；春秋时孔丘，字仲尼；元代女书画家管道昇，字仲姬等。汉班固《白虎通·姓名》：“以时长幼，号曰伯仲叔季也。伯者，子最长，迫近父也。仲者，中也。叔者，少也。季者，幼也。”最小的叔叔，则称季父。

垂髫 髫，是古代儿童头部左右垂下的头发。借指三四岁至八九岁的儿童，以及幼年。晋陶潜《桃花源记》：“黄发垂髫，并怡然自乐。”清戴名世《姚符御诗序》：“符御与余垂髫相识，稍长，各游学四方。”郁达夫《青岛杂事诗》之六：“握手凄然伤老大，垂髫我尚记当年。”

戏曲中娃娃生的垂髫发式

总角 ① 古代男孩将头发分扎头顶两旁为发髻，称为总角。《诗·齐风·甫田》：“婉兮娈兮，总角丱兮。”《红楼梦》第三回：“这院门上也有四五个才总角的小厮，都垂手侍立。”王闿运《皇中宪大夫侯官陈君墓志铭》：“君孝思纯穆，神情渊静，总角之年，研精六艺。”② 借指八九岁至十三四岁的少年。晋陶潜《荣木》诗序：“总角闻道，白首无成。”清刘大櫆《祭族长嗣宗先生文》：“我始总角，翁犹壮年。”

诸葛亮左右总角的琴童

束发 亦称“结发”。古代男子自成童开始束发，后因用以代指初成年的十五六岁。束发，用锦为总，束扎发髻。《礼记·玉藻》：“童子之节也，缁布衣，锦缘，锦绅并纽，锦束发。”孔颖达疏：“锦束发者，以锦为总而束发也。”唐鲍溶《苦哉远行人》诗：“去时始束发，今来发已霜。”

结发 ① 即“束发”。唐陈子昂《感遇诗》之三四：“自言幽燕客，结发事远游。”② 指成婚。因古代成婚之夕，有男左女右共髻束发的风俗。汉苏武《诗》之三："结发为夫妇，恩爱两不疑。"清陈梦雷《青青河畔草》诗："结发与君知，相要以终老。"③ 借指妻子，后专指元配。《京本通俗小说·冯玉梅团圆》："令孺人何姓？是结发还是再娶？"

豆蔻 一种多年生草本植物。花冠白色或稍带淡黄，尚未大开的称含胎花。产于岭南，有不同品种。诗文中常比喻十三四岁少女时期，称作"豆蔻之年""豆蔻年华"。语出唐杜牧《赠别》诗："娉娉袅袅十三余，豆蔻梢头二月初。"

含胎豆蔻花

及笄 周代以来，贵族以女子十五岁为成人，须在订婚以后、出嫁之前举行笄礼。后即以"及笄"借指十五岁。参见"笄礼"。

破瓜 ①"瓜"字破开为两个"八"字，年及"破瓜"借指女子十六岁。晋孙绰《情人碧玉歌》之二："碧玉破瓜时，郎为情颠倒。"唐皇甫枚《三水小牍·绿翘》："破瓜之岁，志慕清虚。"② 比喻女子破了处女身。《警世通言·杜十娘怒沉百宝箱》："那杜十娘自十三岁破瓜，今一十九岁。"

摽梅 古代女子已到结婚年龄，称为"摽梅之年"。语出《诗·召南·摽有梅》："摽有梅，其实七兮；求我庶士，迨其吉兮。"摽梅，谓梅子成熟而落下。唐郑世翼《看新婚》诗："初笄梦桃李，新妆应摽梅。"

弱冠 周代以来，贵族以男子二十岁为成人，举行冠礼。因身体尚未强壮，故曰"弱冠"。后即用以指代二十岁。语出《礼记·曲礼上》："二十曰弱，冠。"晋左思《咏史》诗之一："弱冠弄柔翰，卓荦观群书。"参见"冠礼"。

而立 《论语·为政》："子曰：吾十有五而志于学，三十而立。"立，指有所树立。后因称三十岁为"而立"或"而立之年"。宋严有翼《艺苑雌黄》："顷有人年七十余，置一侍婢，年三十。东坡戏之曰：'侍者方当而立岁，先生已是古稀年。'"《聊斋志异·长清僧》："见其人默然诚笃，年仅而立。"

不惑 本谓遇事能明辨不疑。语出《论语·为政》："四十而不惑。"后即以"不惑"为四十岁的代称。晋陶潜《饮酒》诗之十六："行行向不惑，淹留遂无成。"清方文《初度》诗："行年将不惑，学道尚无闻。"

知命 本谓懂得事物生灭变化都由天命决定的道理。语出《论语·为政》："五十而知天命。"后因以"知命"代称五十岁。唐张说《豫州刺史魏君碑》："年近知命，位止方州。"

耳顺 本谓富有智慧和人生经验，能深刻理解别人的话。语出《论语·为政》："六十而耳顺。"何晏集解引郑玄曰："耳顺，闻其言而知其微旨也。"后因以"耳顺"为六十岁的代称。《汉书·萧望之传》："至乎耳顺之年，履折冲之位。"清梁绍壬《两般秋雨盦随笔·不白》："陈太仆句山先生，年逾耳顺，须尚全黑。"

花甲 古代干支纪年以天干与地支依次错综搭配，每六十年周而复始，故以六十岁称"花甲"。《西游记》第二十回："(老者)道：'痴长六十一岁。'行者道：'好！好！好！花甲重逢矣。'"

古稀 唐杜甫《曲江》诗之二有句："酒债寻常行处有，人生七十古来稀。"后因以"古稀"为七十岁的代称。清平步青《霞外攟屑·掌故·瑞文端公重瞳》："公早贵，致位宰辅，寿臻古稀。"

杖朝 语出《礼记·王制》："八十杖于朝。"意思为大臣年八十，可以拄杖出入朝廷。后因以"杖朝"作八十岁的代称。清赵翼《初用拐杖》诗："我年届杖朝，卅载林下叟。"

耄耋 《礼记·曲礼上》："八十、九十曰耄。"《诗·秦风·车邻》："今者不乐，逝者其耋。"毛传："耋，老也。八十曰耋。"两者皆指高龄，高寿。后因以"耄耋"指八九十岁。东汉曹操《对酒》诗："人耄耋，皆得以寿终。"清蒲松龄《聊斋志异·锺生》："君无大贵，但得耄耋足矣。"

期颐 《礼记·曲礼上》："百年曰期、颐。"郑玄

注："期，犹要也；颐，养也。不知衣服食味，孝子要尽养道而已。"孙希旦集解："百年者，饮食、居处、动作无所不待于养。方氏悫曰：'人生以百年为期，故百年以期名之。'"宋陆游《初夏幽居》诗之五："余生已过足，不必到期颐。"

称自己的亲属及有特定关系者

王父　称祖父。

王母　称祖母。

大父　称祖父。已故的则称"先大父"。

大母　称祖母。已故的则称"先大母"。

皇考　古代曾用为对已故曾祖、祖、父的尊称。后专用于称亡父。又，自宋徽宗始，"皇考"的使用只限于皇家。《礼记·曲礼下》："祭……父曰皇考，母曰皇妣。"《楚辞·离骚》："帝高阳之苗裔兮，朕皇考曰伯庸。"王逸注："皇，美也；父死称考。"宋欧阳修《泷冈阡表》："惟我皇考崇公卜吉于泷冈之六十年，其子修始克表于阡。"

考妣　父母。后专称已故的父亲、母亲。

墓碑上的"考妣"等敬称

先考　称自己已死的父亲。

显考　① 古代对自己亡父的美称。② 古代称高祖。

先君子　① 亦称"先君"。对他人称自己已故的父亲。② 称自己或他人的已去世的祖父。

先君　即"先君子①"。

先妣　对他人称自己已死的母亲。

先慈　对他人称自己已死的母亲。

显妣　① 对自己亡母的美称。② 古代称高祖母。

先大夫　官宦人家对他人称自己已死的父亲。

府君　子孙对其父、祖的尊称。

孺人　大夫之家对妻子的通称。明清时用为对七品官的母或妻的封号。已去世的称先孺人。《礼记·曲礼下》："天子之妃曰后，诸侯曰夫人，大夫曰孺人，士曰妇人，庶人曰妻。"旧时亦通用为妇人的尊称。南朝梁江淹《恨赋》："左对孺人，顾弄稚子。"唐储光羲《田家杂兴》诗之八："孺人喜逢迎，稚子解趋走。"宋梅尧臣《岁日旅泊家人相与为寿》诗："孺人相庆拜，共坐列杯盘。"

家君　对他人称自己的父亲。

家父　对他人称自己的父亲。

家严　对他人称自己的父亲。

家母　对他人称自己的母亲。

家慈　对他人称自己的母亲。

椿庭　旧时父亲的代称。因古代传说椿寿千年，故称。

萱堂　旧时母亲的代称。古代因母亲所居的北堂多植萱草，故称。

娘娘　① 称母亲。《敦煌变文集·大目乾连冥间救母变文》："儿与娘娘今日别，定知相见在何年。"宋洪皓《使金上母书》："皓远违膝下……日夜忧愁娘娘年高。"② 称姑母或婶母。如二娘娘、小娘娘。

奶奶　① 称母亲。明汤显祖《牡丹亭·惊梦》："恁般景致，我老爷和奶奶再不提起。"② 称祖母。也尊称祖母辈的妇女。

妈妈　称母亲。宋江应辰《祭女四娘子文》："维年月日，爹爹妈妈，以清酌庶羞之奠，祭于四小娘子之灵。"

爸　亦称"爸爸"，又曾写作"八八""巴巴"等。对父亲的称呼，起源甚早。三国魏张揖《广雅·释亲》:“翁、公、㚖、爸、爹,父也。”清梁章钜《称谓录·方言称父》:“八八、巴巴、爸:《正字通》:‘夷语称老者为八八或巴巴,后人加父作爸字。’吴人称父曰爸。”

达达 称父亲。

爹 亦称“爹爹”。称父亲。《儒林外史》第十六回:“匡超人走到跟前,叫一声‘爹,儿子回来了!’”

阿马 女真语称父亲为“阿马”,又写作“阿妈”,多见于元杂剧。满语同,写作“阿玛”。元关汉卿《拜月亭》第二折:“阿马,认得瑞兰么?”元关汉卿《哭存孝》第一折:“存孝,今日父亲饮宴,唤俺两口儿,俺见阿妈、阿者去。”又《五侯宴》第四折:“阿妈、阿者大喜。谢俺阿妈封俺五将为五侯,着俺老阿者设一宴,名唤做五侯宴,就要犒赏三军。”

阿玛 见“阿马”。

阿者 女真语称母亲为“阿者”,多见于元杂剧。参见“阿马”。

汗阿玛 满语称父亲为“阿玛”,如果父亲是皇帝,则称为“汗阿玛”。汗,即大汗、皇帝。在清代奏折或正式文档中均如此。

世父 指伯父。

仲父 指叔父。

诸父 父亲的兄弟。泛指伯父、叔父。

从父 父亲的兄弟。即伯父或叔父。

兄弟 ① 哥哥和弟弟。古代包括对同族之间同辈男子的称呼。《诗·小雅·常棣》:“凡今之人,莫如兄弟。”郑玄笺:“人之恩亲,无如兄弟之最厚。”② 古代对姻亲之间异姓同辈男子的称呼。有舅表兄弟、姨表兄弟、姑表兄弟之别。③ 称弟弟。金董解元《西厢记诸宫调》卷二:“兄弟欢郎忒年纪小。”《红楼梦》第三十四回:“到底宝兄弟素日肯和那些人来往,老爷才生气。”④ 泛称意气相投、志同道合的人。异姓结拜者,则称盟兄弟、把兄弟。《水浒传》第七十五回:“吴用道:‘哥哥,你休执迷!招安须自有日,如何怪得众兄弟们发怒?’”⑤ 平辈男子间的自谦之称。《老残游记》第三回:“那年,兄弟署曹州的时候,几乎无一天无盗案。”⑥ 指姐妹。古代姐妹亦称兄弟,姐称女兄,妹称女弟。《孟子·万章上》:“弥子之妻与子路之妻,兄弟也。”

兄长 ① 称哥哥。② 对同辈男子的尊称。《水浒传》第六十五回:“张顺苦苦求告:‘若是兄长推却不去,张顺也难回山。’”

族兄弟 同族中的兄弟辈。

从兄 称同祖兄弟中的年长者。

从弟 称同祖兄弟中的年幼者。

从子 侄子;族兄弟之子。

伯兄 指大哥。

仲兄 指二哥。

女兄 指姐姐。

女弟 妹妹。《战国策·楚策四》:“赵人李园,持其女弟,欲进之楚王。”鲁迅《中国小说史略》第二十四篇:“已而王夫人女弟所生女亦至,即薛宝钗,较长一年,颇极端丽。”

姐姐 亦称“姐”,又称“姊”。① 称同父母而年长于己的女子。② 称亲戚中同辈而年长于己的女子。③ 尊称非亲戚关系中年纪与自己相仿的女性。④ 奴婢对年轻女主人的尊称。《宣和遗事》前集:“请殿元稍待,容妾报知姐姐。”元王实甫《西厢记》第一本第三折:“正待回姐姐话:二月十五日,请夫人、姐姐拈香。”⑤ 妾对正室的称呼。⑥ 对妻子或所爱女子的昵称。《牡丹亭·惊梦》:“姐姐,你既淹通书史,可作诗以赏此柳枝乎?”⑦ 父母称女儿。《初刻拍案惊奇》卷三八:“员外与妈妈道:‘姐姐快说些个。’”

姊 见“姐姐”。

妹妹 亦称“妹”。① 称同父母而年小于己的女子。② 称亲戚中同辈而年小于己的女子。《诗·卫风·硕人》:“东宫之妹,邢侯之姨。”《红楼梦》第三回:“我送妹妹一字,莫若‘颦颦’二字极妙。”③ 对妻子的昵称。《北齐书·南阳王绰传》:“绰兄弟皆呼……妇(妻子)为妹妹。”清翟灏《通俗编·称谓》:“猥俗间有呼妻为妹妹者,沿此习与?”

嫂 ① 称兄之妻。俗称“嫂子”。《红楼梦》第三回:“众姊妹忙告诉黛玉道:‘这是琏二嫂子。’”② 对已婚妇女的尊称。如大嫂。

姒娣 亦称“娣姒”。即妯娌。兄妻为姒,弟妻为娣。参见“妯娌”。

娣姒 即“姒娣”。

妯娌 兄弟之妻的合称。《尔雅·释亲》:“长妇谓稚妇为娣妇，娣妇谓长妇为姒妇。”晋郭璞注：“今相呼先后，或云妯娌。”娣妇，即弟媳妇。

翁姑 公公与婆婆。相对媳妇而言。

翁 ① 称父亲。宋陆游《示儿》诗：“王师北定中原日，家祭无忘告乃翁。”② 称丈夫的父亲。俗称“公公”。《隋书·长孙平传》：“鄙谚曰：‘不痴不聋，未堪作大家翁。’此言虽小，可以喻大。”③ 泛称老年男子。应酬场中用为尊称。宋辛弃疾《清平乐·博山道中即事》词：“醉里吴音相媚好，白发谁家翁媪？”《儒林外史》第二十三回：“牛玉圃忽然想起，问道：‘雪翁，徽州有一位程明卿先生是相好的么？’”

公婆 公公与婆婆。

公公 ① 称丈夫的父亲。俗称“阿公”。元本高明《琵琶记·五娘劝解公婆争吵》：“但愿公婆以此去，相和美。”清李渔《风筝误·释疑》：“你们两个女婿都不曾拜丈人，两个媳妇都不曾拜公公。”② 指祖父。清蒋士铨《临川梦·花庆》：“说到了此处，孙儿们，快斟大杯来，我与你公公吃干。”

婆婆 ① 亦称“婆”。称丈夫的母亲。元关汉卿《窦娥冤》第一折：“婆婆索钱去了，怎生这早晚不见回来？”② 老夫对老妻的称呼。

姥姥 亦写作“老老”。称外祖母。明沈榜《宛署杂记·民风二》：“外甥称母之父曰老爷，母之母曰姥姥。”《二十年目睹之怪现状》第一百零七回：“北边人称呼外祖母，多有叫老老的。”

老老 即“姥姥”。

爷 ① 称父亲。古乐府《木兰诗》：“军书十二卷，卷卷有爷名。”② 称父亲的哥哥、弟弟及族兄弟。如大爷、三爷。

爷爷 称祖父。《三国志平话》卷中：“你爷爷种瓜为生。”

老太爷 称自己的父亲，或尊称别人的父亲。《红楼梦》第一百零九回：“这块玉还是我们祖爷爷给我们老太爷，老太爷疼我，临出嫁的时候叫了我去，亲手递给我的。”

相公 士大夫之家，妻子对丈夫的称呼。《二刻拍案惊奇》卷十七：“这人姓魏，好一表人物，就是我相公同年。”

良人 女子对丈夫的称呼。《孟子·离娄下》：“齐人有一妻一妾而处室者，其良人出，必餍酒肉而后反。”赵岐注：“良人，夫也。”

官人 士大夫之家，妻对丈夫之称。明高明《琵琶记·南浦嘱别》：“官人此去，千万早早回程。”

山妻 隐士、文人等谦称自己的妻子。

拙荆 亦称“荆妻”“荆妇”。《后汉书·逸民传》载，东汉隐士梁鸿的妻子孟光生活俭朴，以荆枝作钗，粗布为裙。后因以“拙荆”谦称自己的妻子。清蒲松龄《聊斋志异·狐嫁女》：“遂有妇人出拜，年可四十余。翁曰：‘此拙荆。’”

荆妻 对人谦称自己的妻子。清李渔《怜香伴·僦居》：“只是荆妻早逝，后嗣杳然。”参见“拙荆”。

糟糠 原指酒滓、谷皮等，是贫者用以充饥的食物。后借称一起共过患难的妻子。语出《后汉书·宋弘传》：“贫贱之知不可忘，糟糠之妻不下堂。”宋苏轼《东坡志林·梁贾说》：“居富贵者不易糟糠。”

媳妇 ① 称儿子的妻子。元关汉卿《窦娥冤》楔子：“媳妇儿，你在我家，我是亲婆，你是亲媳妇，只当自家骨肉一般。”② 称自己或他人的妻子。元无名氏《渔樵记》楔子：“王安道云：‘你休了媳妇儿？兄弟，你如今可往那里去？’”

外子 对人称自己的丈夫。古代认为男主外，故称。

内子 对人称自己的妻子。古代认为女主内，故称。

内兄弟 妻之兄称内兄，妻之弟称内弟。亦称“妻兄”“妻弟”，通称“妻舅”。民间俗称“阿舅”。通信往来，可直称兄或弟。

妻舅 妻子的弟兄。元无名氏《符金锭》第三折：“有我妻赵氏，乃是殿前都指挥使赵弘殷之女，有我两个妻舅，大舅赵匡胤，二舅赵匡义。”

泰山 对岳父的美称。相对女婿而言。

丈人 岳父。清李渔《风筝误·释疑》：“你们两个女婿都不曾拜丈人，两个媳妇都不曾拜公公。”

外舅 称妻子的父亲。即岳父。《尔雅·释亲》：“妻之父为外舅。”《儒林外史》第十二回：“三公子大笑道：‘我亦不解你令外舅就俗到这个地位。’”

舅 ① 称母亲的兄弟。② 女子称丈夫的父亲。俗称“公公”。③ 称妻子的父亲。俗称“丈人”。《礼记·坊记》：“昏礼，婿亲迎，见于舅姑。”郑玄注：“舅姑，妻之父母也。妻之父为外舅，妻之母为外姑。”④ 称妻子的兄弟。如大舅子、阿舅。

妗 亦作“妗子”。舅母。

姨 ① 称母亲的姐妹。今人称“姨妈”。② 称妻的姐妹。《诗・卫风・硕人》:“东宫之妹,邢侯之姨。”毛传:“妻之姐妹曰姨。”③ 对庶母的称呼。亦称“姨娘”。

姑 ① 称丈夫的母亲。旧时因姑表兄妹间常通婚,因而媳妇称公婆为舅姑。② 称父亲的姊妹。俗称“姑母”。③ 妻子称丈夫的姊妹。俗称“姑子”。《二十年目睹之怪现状》第二十六回:“何况我们女子,婆媳、妯娌、姑嫂团在一处,第一件要紧的是和气。”

婶 ① 称叔叔的妻子。亦称“婶娘”“婶婶”。《红楼梦》第四十九回:“李纨笑道:‘或者我婶娘又上京来了?’”② 称弟媳妇。

家姊 对他人称自己的姐姐。

家兄 对他人称自己的哥哥。

舍弟 对他人称自己的弟弟。

舍妹 对他人称自己的妹妹。

舍亲 对他人称自己的亲戚。

犹子 兄弟之子;侄子。南朝梁任昉《为齐明帝让宣城郡公第一表》:“太祖高皇帝笃犹子之爱,降家人之慈。”

子弟 ① 称子侄。② 泛称年轻后辈。《史记・项羽本纪》:“且籍与江东子弟八千人渡江而西,今无一人还,纵江东父兄怜而王我,我何面目见之!”

亲家 儿女结为婚姻,双方的父母互称“亲家”。

亲家翁 儿女结为婚姻,双方的父亲互称“亲家翁”。亦称“亲家公”。

亲家母 儿女结为婚姻,双方的母亲互称“亲家母”。亦称“亲家太太”。

称他人的亲属

太君 ① 对别人父亲的尊称。② 封建朝廷对官员母亲的封号。后在贵族士大夫间,也用作对别人母亲的尊称。如小说、戏曲《杨家将》中有杨令公的夫人佘太君,《红楼梦》中有史太君(贾母)等。

令尊 尊称对方的父亲。

令堂 尊称对方的母亲。

令兄 尊称对方的哥哥。

令弟 尊称对方的弟弟。

令正 尊称对方的妻子。正,嫡妻。

令郎 美称对方的儿子。

贤郎 美称对方的儿子。

令嫒 美称对方的女儿。

令倩 对他人女婿的美称。倩,古代对男子的美称。

令坦 对他人女婿的美称。参见“东床”。

尊大人 对别人父亲的尊称。

贤乔梓 对他人父子的敬称。乔、梓,皆为树名。语出《尚书大传》卷四。《水浒后传》第二十回:“我匹马逃生,幸遇贤乔梓得解此难。”

昆仲 亦称“昆季”。兄弟。当面称他人兄弟,则说“贤昆仲”。唐黄滔《〈颍川陈先生集〉序》:“父讳赀,通经及第。娶江夏黄夫人。贤而生先生,无昆仲姊妹。”《镜花缘》第十一回:“唐敖问起吴氏昆仲事业,原来都是闲散进士。”

昆季 即“昆仲”。

伉俪 夫妻。当面称他人夫妇,则说“贤伉俪”。《晋书・孙楚传》:“未知文生于情,情生于文,览之凄然,增伉俪之重。”《京本通俗小说・冯玉梅团圆》:“那汉道:‘足下休疑,我已别娶浑家,旧日伉俪之盟,不必再题。’”

东床 对他人女婿的美称。南朝宋刘义庆《世

坦腹东床的王羲之

说新语·雅量》载:“郄郗太傅在京口,遣门生与王丞相书,求女婿。丞相语郗信:‘君往东厢,任意选之。’门生归白郗曰:‘王家诸郎亦皆可嘉。闻来觅婿,咸自矜持;唯有一郎在东床上坦腹卧,如不闻。’郗公云:‘正此好!’访之,乃是逸少,因嫁女与焉。”逸少,东晋政治家、书法家王羲之的字。

对女性的称呼

娘 ① 妇女的通称。多称青年女子。《乐府诗集·子夜歌》:“见娘喜容媚,愿得结金兰。”《西厢记》第一本第二折:“可喜娘的庞儿浅淡妆,穿一套缟素衣裳。”② 亦称“阿娘”。称母亲。③ 奴婢对女主人的尊称。《金瓶梅词话》第二三回:“惠莲道:‘我不得闲,与娘纳鞋哩。’”

小姐 ① 对有地位人家未婚女子的尊称。元王实甫《西厢记》第一本楔子:“只生得个小姐,小字莺莺。”《红楼梦》第二回:“三小姐,政老爷庶出,名探春。”② 宋代对女艺人、妓女的通称。后世沿之。宋洪迈《夷坚己志·傅九林小姐》:“(傅九)好狎游,常为倡家营办生业,遂与散乐林小姐绸缪。”清钱泳《履园丛话》:“吴门称妓女曰小姐,形之笔墨,或称校书,或称录事。”

女公子 对有地位人家女儿的美称。

少夫人 旧时仆人称少爷的妻子。

院君 对富豪之家女主人的尊称。

新妇 ① 称新娘;初结婚的女子。② 称儿媳。至今沿用。③ 已婚妇女的自称。对丈夫、公婆等均可自称新妇。《古诗为焦仲卿妻作》:“新妇初来时,小姑始扶床。今日被驱遣,小姑如我长。”《世说新语·文学》:“王夫人因自出云:‘新妇少遭家难,一生所寄,唯在此儿。’”

新娘 ① 称新婚夫妻中的女方。《儒林外史》第十九回:“郑家把匡超人请进新房,见新娘端端正正,好个相貌,满心欢喜。”② 对妾的称呼。《儒林外史》第二十六回:“他(她)做小不安本分,人叫他‘新娘’,他就要骂,要人称呼他是‘太太’。”

娘子 ① 古代对年轻女子的敬称。唐韩愈《祭周氏侄女文》:“祭于周氏二十娘子之灵。”② 宫中对妃嫔的尊称。《旧唐书·后妃传上·玄宗杨贵妃》:“宫中呼为‘娘子’,礼数实同皇后。”③ 丈夫称妻子。多见于古典小说、戏曲。明陶宗仪《辍耕录·妇女曰娘》:“都下自庶人妻以及大官之国夫人,皆曰娘子。”④ 婢仆称主妇。《水浒传》第七回:“官人休要坐地!娘子在庙中和人合口!”

大娘子 ① 有妾之人的正妻;大老婆。相对侧室而言。《水浒传》第三回:“他家大娘子好生利害,将奴赶打出来,不容完聚。”② 对已婚中青年妇女的尊称。《水浒传》第四十九回:“乐大娘子惊得半晌做声不得。”

大娘 ① 称皇后。清梁章钜《称谓录·天子妻古称》:“《韩魏公传》云:宫中称郭后为大娘,刘妃为小娘。”② 妾对正妻的敬称。③ 对成年妇女的敬称。唐杜甫《观公孙大娘弟子舞剑器行》序:“问其所师,曰:‘余公孙大娘弟子也。’”《红楼梦》第五六回:“有吴大娘、单大娘,他两个在西南角上聚锦门等着呢。”④ 称伯母。《儿女英雄传》二十二回:“咱们八旗,论起来非亲即友。那么论,你就叫他大娘。”

小娘子 ① 古代泛称未婚少女。宋欧阳修《答连郎中》:“承贤郎、小娘子见过。故人有佳儿女,朋友当所共庆也。”欧阳予倩编京剧《人面桃花》第一场:“小娘子,尊府的桃花十分美丽,可否折枝相赠?”② 泛称年轻妇女。《古今小说·蒋兴哥重会珍珠衫》:“蒋兴哥新娶这房娘子,不上四年……这小娘子足不下楼,甚是贞节。”③ 指妾。《醒世恒言·十五贯戏言成巧祸》:“后因没有子嗣,娶下一个小娘子,姓陈。”

少奶奶 ① 旧时称富贵人家的儿媳或年轻主妇。《二十年目睹之怪现状》第八十七回:“(苟观察)便带了大少爷、少奶奶,一同回了南京。”② 旧时对同辈人的儿媳的尊称。如:他家少奶奶是苏州人。

室人 对他人称自己的妻子。

细君 ① 妻的通称。唐韩愈《岳阳楼别窦司直》诗:"细君知蚕织,稚子已能饷。"② 特指妾。清俞正燮《癸巳类稿·释小》:"小妻曰妾……曰细君。"清李渔《奈何天·妒遣》:"只因我家老爷,是个风流才子,娶着一位夫人,十分丑陋,心上气愤不过,只得另娶两位细君。"

宜人 命妇的一种封号。清代,五品官之母或妻称"宜人"。参见"命妇"。

安人 命妇的一种封号。清代,六品官之母或妻称"安人"。参见"命妇"。

太太 ① 对有身份的已婚妇女的尊称。源于西汉哀帝尊其祖母傅氏为"帝太太后"及"皇太太后"。清梁绍壬《两般秋雨庵随笔·太太》认为"此妇人称太太之始"。明代规定,巡抚以上官员之妻可称"太太"。后凡官僚士大夫之妻,渐皆称"太太"。《儿女英雄传》第一回:"虽然安老爷不善经理家计,仗着这位太太的操持,也还可以勉强安稳度日。"② 仕宦之家,对长辈妇女的尊称。《红楼梦》第四十六回:"凤姐儿笑道:'到底是太太有智谋,这是千妥万妥。'"③ 旧时奴仆等对女主人的称呼。

身边人 妾的别称。如《红楼梦》中,平儿即是贾琏的"身边人"。

外妇 妾的别称。

外室 妾的别称。

篷室 妾的别称。篷,为"副"的意思。语出《左传·昭公十一年》:"僖子使助薳氏之篷。"杜预注:"篷,副倅也。薳氏之女为僖子副妾。"清俞正燮《癸巳类稿·释小补楚语笄内则总角义》:"小妻曰妾,曰嬬,曰姬,曰侧室,曰篷室。"《老残游记》第十七回:"你就说,见一妓女某人,本系良家,甚为可悯,弟拟拔出风尘,纳为篷室。"

小妻 妾的别称。参见"篷室"。

小星 妾的别称。《诗·召南·小星序》:"小星,惠及下也。夫人无妒忌之行,惠及贱妾。"后因以"小星"为妾的代称。明吴炳《疗妒羹·贤风》:"夫人时常宽慰,许备小星。"

小妇 妾的别称。

小夫人 对他人妾的美称。

如夫人 对他人的妾的雅称。《左传·僖公十七年》:"齐侯好内,多内宠,内嬖如夫人者六人。"原意谓同于夫人,后即用"如夫人"称妾。《儒林外史》第二十三回:"他第七位如夫人有病,医生说是寒症。"

外宅 亦称"外室"。指男子于正妻之外在别处另娶的妾。《水浒传》第四回:"亏杀了他,就与老汉女儿做媒,结交此间一个大财主赵员外,养做外宅。衣食丰足,皆出于恩人。"《二刻拍案惊奇》卷七:"倘有人说话,只说你遭丧在途,我已礼聘为外室了,却也无奈我何!"

外室 即"外宅"。

姨娘 ① 旧时子女称父亲的妾。如《红楼梦》中贾政之妾赵姨娘,为探春、贾环之生母,探春鄙其为人,不称她母亲,径直称她"姨娘"。② 母亲的姐妹,姨母。

庶母 指父亲的妾。

妞儿 北方对女孩儿的称呼。

姑娘 ① 少女;未婚的年轻女性。《红楼梦》第三回:"一面听得人说:'林姑娘来了!'……贾母又叫:'请姑娘们。今日远客来了,可以不必上学去。'"② 特指女儿。如:二姑娘迎春。③ 父亲的姊妹,姑母。元无名氏《刘弘嫁婢》第一折:"我辞别了姑夫、姑娘,我就出去了。"④ 妾的别称。清俞正燮《癸巳类稿·释小》:"小妻曰妾……曰姑娘。"⑤ 专称妓女。《儿女英雄传》第四回:"想来是将才串店的这几个姑娘儿,不入你老的眼,要外叫两个。"

弱息 称自己的女儿。

蹄子 清代年轻妇女之间的詈称和昵称。《红楼梦》第十六回:"凤姐听了笑道:'……原来是你这蹄子闹鬼!'"

大嫂 ① 称长兄的妻子。《乐府诗集·相和歌辞十三·孤儿行》:"大兄言办饭,大嫂言视马。"② 对同辈已婚妇女的尊称。③ 元明时期丈夫对妻子的称呼。元无名氏《货郎旦》第一折:"我过去见我浑家去。(做见科云)大嫂,我来家也。"《水浒传》第四十四回:"杨雄入得门,便叫:'大嫂,快来与这叔叔相见。'"参见"大哥"。

浑家 民间对妻子的俗称。因旧时妻子主内,故称。《京本通俗小说·碾玉观音》:"浑家说与丈夫道:'你与我叫住那排军,我相问则个。'"

元李文蔚《燕青博鱼》第一折："浑家王腊梅，元不是我自小里的儿女夫妻。"

老婆 ① 称年老妇女。唐寒山《诗三百三首》三六："东家一老婆，富来三五年。昔日贫于我，今笑我无钱。"② 民间对妻子的俗称。《红楼梦》第四十四回："为这起娼妇打老婆，又打屋里的人，你还亏是大家子的公子出身，活打了嘴了！"③ 称已婚的女仆。《红楼梦》第三十五回："到了怡红院中，只见抱厦里外回廊上，许多丫头老婆站着，便知贾母等都在这里。"

婆娘 ① 民间对女性的俗称。元王实甫《西厢记》第三本第一折："（红娘）我虽是个婆娘有志气。"② 妻子的俗称。元石君宝《秋胡戏妻》第四折："谁着你戏弄人家妻儿，迤逗人家婆娘？"

淫妇 淫荡的女人。多用作詈词。汉刘向《说苑·正谏》："狂夫淫妇，绝交败友。"《北史·段孝言传》："孝言本以勋戚致位通显，骄奢无惮……又与诸淫妇密游。其夫觉，又拷掠而殒。"《金瓶梅词话》第十二回："你只递马鞭子与我，打这淫妇。"

黄花闺女 亦称"黄花女儿"。指未出嫁的年轻女子；处女。因古代未婚女子爱在额上涂以黄色，称为"额黄"，又在两颊贴上"花子"，以为美饰，故称。古乐府《木兰诗》："当窗理云鬓，对镜帖花黄。"

吴娃 吴地的美女。《资治通鉴·周赧王二十年》："后得吴娃，爱之。"胡三省注："吴娃……吴楚之间谓美女曰娃。"鲁迅《无题》诗："皓齿吴娃唱柳枝，酒阑人静暮春时。"

红袖 女子的红色衣袖，借指美女。五代韦庄《菩萨蛮》词："如今却忆江南乐，当时年少春衫薄。骑马倚斜桥，满楼红袖招。"

红粉 妇女化妆用的胭脂和铅粉，后用来借称美女。《古诗十九首·青青河畔草》："娥娥红粉妆，纤纤出素手。"宋计有功《唐诗纪事·杜牧》："忽发狂言惊满座，两行红粉一时回。"

裙钗 妇女穿裙戴钗，因而用为妇女的代称。《红楼梦》第一回："我堂堂须眉，诚不若彼裙钗。"

蛾眉 蚕蛾触须细长弯曲，古代比喻女子美丽的眉毛。《诗·卫风·硕人》："螓首蛾眉，巧笑倩兮。"后以"蛾眉"作为美女的代称。宋赵彦卫《云麓漫钞》卷十："列屋蛾眉，豪侈不可状。"苏曼殊《东居杂诗》之十八："空山流水无人迹，何处蛾眉有怨词？"

佳人 称美女。宋玉《登徒子好色赋》："天下之佳人，莫若楚国；楚国之丽者，莫若臣里；臣里之美者，莫若臣东家之子。"宋欧阳修《浣溪沙》词："红粉佳人白玉杯，木兰船稳棹歌催。"

女史 ① 古代宫廷女官。从有知识的妇女中选任，掌管王后礼仪和文书典册等。② 对有文才、能著作的女子的尊称。

才女 富有文才的女子。

东施 传说中美女西施的东邻。模仿西施心疼时捧心之态，人称"东施效颦"。后用为丑女的代称。语出《庄子·天运》："西施病心而矉其里，其里之丑人见而美之，归亦捧心而矉。其里之富人见之，坚闭门而不出；贫人见之，挈妻子而去之走。"成玄英疏："西施，越之美女也，貌极妍丽。既病心痛，嚬眉苦之……因其嚬蹙，更益其美。是以闾里见之，弥加爱重。邻里丑人见而学之，不病强嚬，倍增其丑。"

嫫母 传说为黄帝的第四妃，貌甚丑。后成为丑女的代称。见《荀子·赋》及杨倞注。汉王褒《四子讲德论》："嫫母、倭傀，善誉者不能掩其丑。"梁启超《新民说》第十一节："披绮罗于嫫母，只增其丑；施金鞍于驽骀，只重其负。"

妮子 年轻女子的通称。元无名氏《举案齐眉》第一折："这妮子既然要嫁梁鸿，我如今只问他要两件宝贝，有便嫁他。"《儒林外史》第五十一回："夜静了，你这小妮子，船上没有人，你也不怕吗？"

亲爱者之间的称呼

萧郎 南朝齐、梁两代皇室贵族都姓萧，唐人重姓氏，遂以"萧郎"为所爱年轻男子的美称。

后世沿用。唐于鹄《题美人》诗:“秦女窥人不解羞……嫁得萧郎爱远游。”唐崔郊《赠去婢》诗:“侯门一入深如海,从此萧郎是路人。”

萧娘 南朝齐、梁两代皇室贵族都姓萧,唐人重姓氏,遂以“萧娘”为所爱年轻女子的美称。后世沿用。唐杨巨源《崔娘诗》:“风流才子多春思,肠断萧娘一纸书。”宋周邦彦《夜游宫》词:“不恋单衾再三起。有谁知,为萧娘,书一纸。”参见“萧郎”。

仙郎 年轻的男仙人。称俊美的青年男子。多用于情爱关系。五代和凝《柳枝》词:“醉来咬损新花子,拽住仙郎尽放娇。”《红楼梦》第五回:“好一似霁月光风耀玉堂,厮配得才貌仙郎。”

卿卿 ① 夫妻间的昵称。南朝宋刘义庆《世说新语·惑溺》:“王安丰妇常卿安丰,安丰曰:‘妇人卿婿,于礼为不敬,后勿复尔。’妇曰:‘亲卿爱卿,是以卿卿;我不卿卿,谁当卿卿?’遂恒听之。”此后两“卿”连用,乃作为相互亲昵之称。② 爱称。但有时含戏谑、嘲弄义。《红楼梦》第五回:“机关算尽太聪明,反算了卿卿性命。”

可意人 聪明可爱、称人心意的人。元李好古《张生煮海》第二折:“且将个采芝女权休怪,只问那可意人安在哉!”《白雪遗音·马头调·细细雨儿》:“可意的人儿,不曾在家。”简称“可人”。《红楼梦》第二十八回:“你是个可人,你是个多情。”

杀才 ① 佯嗔之词。常用于称呼所爱者。元关汉卿《金线池》第三折:“爱你个杀才没去就,明知道雨歇云收,还指望待天长地久。”《警世通言·白娘子永镇雷峰塔》:“白娘子看见道:‘你这杀才,把这一块好香与那贼秃去换酒肉吃!’”② 詈词。犹言该杀的。《水浒传》第三十八回:“那节级便骂道:‘你这黑矮杀才,倚仗谁的势要,不送常例钱来与我?’”

可喜娘 美女;可爱的姑娘。元王实甫《西厢记》第一本第一折:“颠不剌的见了万千,似这般可喜娘的庞儿罕曾见。”又第二折:“可喜娘的庞儿浅淡妆,穿一套缟素衣裳。”元孔文升《折桂令·赠千金奴》曲:“一个可喜娘身材儿是小。”

可憎才 反语。可爱的人。《东墙记》第一折:“近东墙住左邻,觑了可憎才有就因。”简称“可憎”。明沈仕《玉包肚·风情》曲之二:“更阑人静,喜匆匆相逢可憎。”

冤家 反语。对情人的昵称。指给自己带来烦恼而又舍不得的人。唐无名氏《醉公子》词:“门外猧儿吠,知是萧郎至。刬袜下香阶,冤家今夜醉。”元王实甫《西厢记》第四本第一折:“望得人眼欲穿,想得人心越窄,多管是冤家不自在。”

郎君 女子称所爱男子或丈夫。《乐府诗集·清商曲辞一·子夜四时歌夏歌》:“郎君未可前,待我整容仪。”京剧《孔雀东南飞》第四场:“(刘兰芝)郎君好容易请假回来,适才还是欢天喜地,忽然闷闷不乐,所为何来?”

对他人的称谓

老丈 对老年男子的尊称。清李渔《意中缘·赴任》:“我还有一句话,要替老丈踌躇。”

年伯 亦称“年丈”。科举时代,士人对和自己父亲同年登科者的尊称。明中叶后,亦用以称同年的父亲或伯叔,以至相熟的父辈。清王应奎《柳南随笔》卷二:“前明正、嘉以前,风俗犹为近古,必父之同年,方称年伯;而同年之父,即不尔。”清蒋士铨《空谷香·病侠》:“小侄不幸,将罹大难,特求老年伯相救。”

年丈 即“年伯”。

夫子 ① 古代对男子的尊称。② 孔子门徒对孔子的尊称。科举时代成为对老师、座主的专称。《论语·公冶长》:“子贡曰:‘夫子之文章可得而闻也,夫子之言性与天道,不可得而闻也。’”③ 妻子对丈夫的敬称。《后汉书·逸民传·梁鸿》:“居有顷,妻曰:‘常闻夫子欲隐居避患,今何为默默?’”

老师 ① 称老辈传授学术之人。《史记·孟子荀卿列传》:“田骈之属皆已死,齐襄王时而荀卿最为老师。”元元好问《示侄孙伯安》诗:“伯安入小学,颖悟非凡儿,属句有夙性,说字惊老师。”后泛称传授文化技艺者。② 明清两代生员、举子称座主和学官(如教谕、教授、训导等)为老师。③ 对有德僧侣的尊称。

大师 ① 对学者、专家的尊称。② 佛的十尊号之一。即天人师。后用为对僧人的尊称。《晋书·艺术传·鸠摩罗什》:“(姚兴)尝谓罗什曰:‘大师聪明超悟,天下莫二。’”元王实甫《西厢记》第一本第二折:“大师一一问行藏,小生仔细诉衷肠。”

先生 ① 称父兄、前辈。《战国策·齐策三》:“孟尝君宴坐,谓三先生曰:‘愿闻先生有以补之阙者。’”姚宏注:“先生,长老,先己以生者也。”② 称有学问的人;教师。《红楼梦》第八十一回:“前日倒有人和我提起一位先生来,学问人品都是极好的。”③ 妻子对丈夫的敬称。至今沿用。④ 称医生。清李渔《凰求凤·假病》:“请先生过来,用心替他诊脉。”⑤ 称道士。亦说成“先儿”。《西游记》第四十五回:“八戒笑道:‘这先儿只好哄这皇帝,搪塞黎民,全没些真实本事。’”⑥ 称以相面、卜卦、卖唱、看风水等为职业的人。《史记·淮阴侯列传》:“(蒯通)以相人说韩信曰:‘仆尝受相人之术。’韩信曰:‘先生相人何如?’”⑦ 晚清称妓女。《官场现形记》第八回:“兰芬虽然十六岁,还是小先生勒!”《文明小史》第十九回:“上海妓女,都是称先生的。”

弟子 ① 称学生。《管子·弟子职》:“先生施教,弟子是则。”唐韩愈《师说》:“孔子曰:‘三人行,则必有我师。’是故弟子不必不如师,师不必贤于弟子。”② 信徒的谦称。《红楼梦》第一百十七回:“弟子请问师父,可是从太虚幻境而来?”③ 称乐工、歌妓。唐开元二年,玄宗选乐工数百人,自教法曲于梨园,谓之皇帝梨园弟子。④ 元代妓女的别称。

足下 古代下称上或同辈间相称的敬词。三国魏嵇康《与山巨源绝交书》:“足下昔称吾于颖川,吾常谓之知言。”唐韩愈《与孟东野书》:“与足下别久矣,以吾心之思足下,知足下悬悬于吾也。”

年兄 明清乡试、会试同榜登科者,称为“同年弟兄”。互相之间,称对方“年兄”,表示尊敬。参见“同年”。

弟兄 旧时交往,除亲戚或上下级,有明显尊卑关系者外,男性同辈间,无论口头寒暄、笔札通问,通常都是尊对方为“兄”,如仁兄、贤兄、学兄、年兄、吾兄、大兄、老兄等,而自称为“弟”,如小弟、愚弟、盟弟等。

仁兄 对朋友的敬称。用于男性同辈之间。明袁宗道《答沈何山书》:“读仁兄手书,知念弟之深。”

贤弟 对朋友的昵称。称年龄小的同辈男性朋友。

世兄 旧时对辈分相同的世交的称呼。后来对师友之子等辈分较低的世交,也尊称“世兄”。

盟弟 结拜兄弟中之年幼者。为自谦之称。

太老师 老师的老师。

大哥 ① 称长兄。② 对同辈而年长于己的男子的敬称。③ 元明时期妻子对丈夫的称呼。《水浒传》第二十三回:“武大叫一声:‘大嫂开门。’只见芦帘起处,一个妇人出到帘子下应道:‘大哥,怎地半早便归?’”

公子 ① 对诸侯的庶子之称,以别于世子。又泛称诸侯之子。《礼记·玉藻》:“公子曰臣孽。”郑玄注:“适(嫡)而传世曰世子,余则但称公子而已。”《诗·豳风·七月》:“殆及公子同归。”孔颖达疏:“诸侯之子称公子。”② 对富贵人家子弟的尊称。《古今小说·汪信之一死救全家》:“此事一时传遍了临安府,王孙公子,富家巨室,人人来买宋五嫂鱼羹吃。”

哥儿 对富贵人家青年男子或少主人的称呼。《红楼梦》第二十九回:“张道士道:‘前日我在好儿处看见哥儿写的字,做的诗,都好的了不得。’”又第一百十八回:“李纨因向贾兰道:‘哥儿瞧见了?场期近了,你爷爷惦记的甚么似的。’”鲁迅《阿长与〈山海经〉》:“哥儿,有画儿的‘三哼经’,我给你买来了!”

西宾 旧时礼仪,主位在东,宾位在西。故常以“西宾”作为家塾教师或幕宾的敬称。

东翁 旧时家塾教师或幕宾对主人一方的敬称。《官场现形记》第一回:“东翁,有话好讲,这从那里说起!”参见“西宾”。

恩人 对自己有大恩情的人。明高明《琵琶记·义仓赈济》:“恩人相见,分外眼明;仇人相见,分外眼睁。”《水浒传》第四回:“若非恩人垂救,怎能够有今日!”

大官人 对有钱财地位的男子的尊称。多见于古典小说、戏剧等。《水浒传》第一一回:“林冲看时,不是别人,却是小旋风柴进,连忙叫道:‘大官人救我!’”

员外 本指定额外设置的官员。民间用以尊称地主、富豪。

金枝玉叶 比喻出身高贵的皇族后裔。元纪君祥《赵氏孤儿》第二折:“一任他金枝玉叶,难逃我剑下之灾。”

郎君子弟 犹言公子哥儿。宋元时称那些整天寻欢作乐的官家子弟。《水浒传》第四回:“老儿道:‘这个便是我儿的官人赵员外。却才只道老汉引甚么郎君子弟在楼上吃酒,因此引庄客来厮打。老汉说知,方才喝散了。’”

才子 称有才华的人。晋潘岳《西征赋》:“终童山东之英妙,贾生洛阳之才子。”《儒林外史》第二十九回:“这人是有子建之才,潘安之貌,江南数一数二的才子。”

俗子 见识浅陋或鄙俗的人。清周亮工《书影》卷五:“若庸夫俗子,用金帛相购请,虽穷饿,掉头弗顾也。”梁启超《南海康先生传》第二章:“成童之时,便有志于圣贤之学,乡里俗子笑之。”

俗物 对世俗庸人的鄙称。南朝宋刘义庆《世说新语·排调》:“嵇、阮、山、刘在竹林酣饮,王戎后往。步兵曰:‘俗物已复来败人意!’”唐薛用弱《集异记·王涣之》:“此辈皆潦倒乐官,所唱皆《巴人》《下俚》之词耳,岂《阳春》《白雪》之曲,俗物敢近哉!”

鄙夫 庸俗浅陋的人。《论语·子罕》:“有鄙夫问于我,空空如也。”叶圣陶《穷愁》:“阿松所识,不出里巷鄙夫。”

措大 原作“醋大”,犹云穷酸。后成为对读书人与贫寒士子的蔑称。唐高彦休《阙史》:“醋大知之久矣。”原注:“中官谓南班,无贵贱皆呼醋大。”明谢肇淛《五杂俎·物三》:“今人以秀才为措大。措,醋也,盖取寒酸之味。”《初刻拍案惊奇》卷二十:“我想恁般一个寒酸措大,如何便得做状元?”

对自己的称谓

在下 对自己的谦称。因坐席时,尊者居于上座,故云。元无名氏《神奴儿》第一折:“哥哥休怪,是在下不是了也。”《警世通言·白娘子永镇雷峰塔》:“许宣答道:‘在下姓许名宣,排行第一。’”

鄙人 原指居住在乡野的人。《荀子·非相》:“楚之孙叔敖,期思之鄙人也。”《史记·李将军列传论》:“余睹李将军悛悛如鄙人。”后成为对自己的谦称。《史记·张释之冯唐列传》:“唐谢曰:‘鄙人不知忌讳。’”《老残游记》第二回:“目下鄙人要往济南府去看看大明湖的风景。”

卑人 地位卑微之人。古代用为对自己的谦称。

不肖 本谓子不像父,不如父亲,不成材。后用为对自己的谦称。《辽史·耶律阿息保传》:“不肖适异国,必无生还,愿公善辅国家。”

仆 古代士人对自己的谦称。《史记·滑稽列传》:“使张仪、苏秦与仆并生于今之世,曾不能得掌故,安敢望常侍侍郎乎?”清彭翊《与友人论文书》:“承询作文,仆非能者,乌足以知之?虽然,刍荛之得,不敢私也。”

小生 ① 古代读书人对自己的谦称。② 戏曲中年轻读书人的自称。

晚生 读书人对前辈的自称。

后学 读书人对前辈的自称。同一地的称“邑后学”。

奴家 古代年轻女子的自称。无论婚嫁否。《敦煌变文集·破魔变文》:“奴家爱着绮罗裳,不勋(熏)沉麝自然香。”《京本通俗小说·错斩崔宁》:“是奴家要往爹娘家去。”清孔尚任《桃花扇·拒媒》:“奴家已嫁侯郎,岂肯改志?”

儿家 古代年轻女子自称“儿”。“儿家”即指自身。五代欧阳炯《木兰花》词:“儿家夫婿心容易,身又不来书不寄。闲庭独立鸟关关,争忍抛奴深院里。”

乃公 傲慢的自称,犹言“你老子”。《史记·郦生陆贾列传》:“陆生时时前说称《诗》《书》。高帝骂之曰:‘乃公居马上而得之,安事诗书!’”

洒家 陕甘一带人的自称。洒,犹言“咱”。《水浒全传》第十七回:“杨志指着骂道:都是你这厮们不听我言语,因此做将出来,连累了洒家。”鲁智深也常以“洒家”自称。

咱家 自称之词,犹言“我”。清孔尚任《桃花扇·抚兵》:“咱家左良玉,表字昆山。”在古典小说和京剧中,太监每自称“咱家”。

小可 社会地位不高的男子的自称。

小人 谦词。男子对地位高于自己或平辈的自称。《左传·隐公元年》:“小人有母,皆尝小人之食矣,未尝君之羹。”宋钱愐《钱氏私志》:“燕北风俗,不问士庶,皆自称小人……对中人以上,即称小人,中人以下,则称我家。”《红楼梦》第四回:“门子道:‘小人已想了个很好的主意在此。’”

小的 谦词。旧时平民、差役对官绅的自称。元高文秀《遇上皇》第三折:“大人,小的是东京差来的。”

小民 平民百姓面对官员的自称。

草民 无官职者在皇帝或官员面前的自称。

民妇 民间妇女在皇帝或官府问话时的自称。

老夫 老年男子的自称。《礼记·曲礼上》:“大夫七十而致事……适四方,乘安车,自称曰老夫。”唐杜甫《北征》诗:“老夫情怀恶,呕泄卧数日。”

老身 老年人自称。初不分男女,后成为老妇人专用。《新五代史·汉家人传·高祖李皇后》:“老身未终残年,属此多难,唯以衰朽,托于始终。”《水浒传》第二十回:“阎婆道:‘……押司只得和老身去走一遭,到家自有告诉。’”

孤子 父亡母存者的自称。多用于讣闻。

哀子 母亡父存者的自称。多用于讣闻。

孤哀子 父母俱亡者的自称。多用于讣闻。

主奴之间的称谓

主子 旧时奴仆对主人的称呼。

主母 古代对主人之妻的尊称。《初刻拍案惊奇》卷十一:“却说王家家僮们在县里打听消息,得知家主已在监中,唬得两耳雪白,奔回来报与主母。”清沈复《浮生六记·坎坷记愁》:“汝主母特遣来耶?抑便道耶?”

奴才 ① 詈词。有鄙薄轻视之意。《晋书·刘元海载记》:“颖不用吾言,逆自奔溃,真奴才也!”《儒林外史》第二十七回:“被他妈一顿臭骂道:‘倒运的奴才,没福气的奴才。’”② 家奴;奴仆。《红楼梦》第三十二回:“这会子又叫我做,我成了你们奴才了。”③ 清代规定,朝臣面对皇帝,满大臣须自称奴才。④ 旗籍家庭的奴仆对主人的自称。

书童 古代读书士子身边的少年男仆。欧阳予倩编京剧《人面桃花》第二场:“书童书童,事事全懂。相公管我,我管相公。”

小厮 ① 多说“小厮儿”。称年轻的儿子或男孩。元白朴《墙头马上》第三折:“自离洛阳,与小姐到长安七年也。得了一双儿女,小厮儿叫做端端,女儿唤做重阳。”《明成化说唱词话丛刊·白兔记》:“你身怀六甲,倘若是女,随娘改嫁,倘若是个小厮儿,好歹收留在此,接取我刘家香火。”② 称年轻的男仆。《醒世恒言·卢太学诗酒傲王侯》:“一个小厮捧壶,一个小厮打扇。他便看几行书,饮一杯酒,自取其乐。”

婢女 使女;女仆。

妮子 对婢女的称呼。《六书考》:“今人呼婢曰妮。”《通俗编》:“今山左目婢曰小妮子。”元王实甫《西厢记》楔子:“又有个小妮子,是自幼服侍孩儿的,唤做红娘。”

梅香 旧时多以"梅香"为婢女的名字,后即用为婢女的通称。宋华岳《呈古洲老人》诗:"朱帘更倩梅香挂,要放银蟾入座来。"《水浒传》第五十六回:"两个梅香,一日伏侍到晚,精神困倦,亦皆睡了。"

丫头 亦称"丫环"。对婢女的称呼。宋王洋《弋阳道中题丫头岩诗》自注:"吴楚之人,谓婢子为丫头。"《儒林外史》第三回:"到两三个月,范进家奴仆、丫环都有了。"

丫环 即"丫头"。

奶子 古代称奶妈。五代、宋时已这样称呼。《红楼梦》第七十三回:"大约这些奶子们,一个个仗着奶过哥儿、姐儿,原比别人有些体面,他们就生事。"

嬷嬷 称乳母及老年女仆。《红楼梦》第三回:"每人除自幼乳母外,另有四个教引嬷嬷。"

养娘 在主人家服役的婢女、奶妈、保姆之类。宋黄庭坚《宴桃源·书赵伯充家小姬领巾》词:"生受,生受,更被养娘催绣。"《醒世恒言·两县令竞义婚孤女》:"四旬之外,丧了夫人,又无儿子,止有八岁亲女月香,和一个养娘随住。"顾学颉注:"养娘:婢女、丫头。有时也泛指女仆。"清李渔《奈何天·忧嫁》:"分付家僮叫养娘伏侍小姐出来。"

苍头 因以青巾裹头而得名。本为护卫主人的私家军队。魏晋以后,为私家男性奴仆的代称。

家人 亦称"家丁"。旧时对仆人的称呼。《古今小说·滕大尹鬼断家私》:"滕大尹写个照帖,给与善述为照,就将这房家人判与善述母子。"

青衣 青色的衣服。汉代以后,为地位低下者所穿。借指穿青衣的男女,如侍女、侍童、差役等。汉蔡邕《青衣赋》:"嗷嗷青衣,我思远逝,尔思来追。"清蒲松龄《聊斋志异·神女》:"遥见小车来,二青衣夹随之。"

官场称谓

明公 对权贵长官的尊称。《后汉书·列女传·董祀妻》:"文姬曰:'明公厩马万匹,虎士成林,何惜疾足一骑,而不济垂死之命乎!'"

老父母 旧时对地方官的敬称。本意谓地方官爱民如子,犹如民之父母。《二刻拍案惊奇》卷五六:"今日年夜,老父母何事直入内室?"清黄宗羲《与康明府书》:"老父母固二公之流亚也,宁肯坐视宇下之小民肝脑涂地,而不为之动心乎?"

老父台 即"老父母"。《儒林外史》第三十二回:"杜少卿道:'老父台,些小之事,不足介意。荒斋原是空闲,竟请搬过来便了。'"

郎君 汉代制度,郡守(二千石)以上官员的子弟可入朝为郎(皇帝的侍从官),后因以"郎君"作为贵家子弟的通称。《古诗为焦仲卿妻作》:"贫贱有此女,始适还家门。不堪吏人妇,岂合令郎君?"

仙郎 唐人对尚书省各部郎中、员外郎的美称。唐綦毋潜《题沈东美员外山池》诗:"仙郎偏好道,凿沼象瀛洲。"唐李白《江夏使君叔席上赠史郎中》诗:"仙郎久为别,客舍问何如。"

衙内 本指衙门以内,后用为武官名。唐、五代藩镇相沿以亲子弟担任。宋以后成为官家子弟的代称。《水浒传》第七回:"恰待下拳时,认的是本管高太尉螟蛉之子高衙内。"

先达 称有技艺本领或道德学问的前辈。北齐颜之推《颜氏家训·勉学》:"爰及农商工贾,厮役奴隶,钓鱼屠肉,饭牛牧羊,皆有先达,可为师表。"《初刻拍案惊奇》卷十:"出场来将考卷誊写出来,请教了几个先达、几个朋友,无不叹赏。"

前辈 ① 唐代称进士及第者为前辈。宋王谠《唐语林·文学》:"得第谓之前辈。"② 清代翰林称早于己三科入院者为前辈。《儿女英雄传》第一回:"从次日起,便去拜房师,拜座师,认前辈,会同年。"

阁下 最初用为对尊显者的敬称。后泛用于一般人。唐赵璘《因话录·徵》:"古者三公开阁，郡守比古之侯伯，亦有阁，所以世之书题有阁下之称……今又布衣相呼，尽曰阁下。”唐欧阳詹《送张尚书书》：“前乡贡进士欧阳詹于洛阳旅舍再拜授仆人书，献尚书阁下。”

麾下 “麾”是将帅指挥用的旗帜。麾下，谓在将帅旗之下，后用为对将帅的敬称。《周礼·春官·巾车》：“建大麾。”《三国志·吴志·张纮传》：“愿麾下重天授之资，副四海之望，毋令国内上下危惧。”

大人 ①本指王公贵族等身居高位之人。后成为官场中下属对上司的习惯称呼。清福格《听雨丛谈·大人》：“本朝内大臣、都统、尚书、侍郎、卿寺、学士、堂上官，皆称大人。中允、洗马、赞善、巡城御史、掌科给事，皆在本署中称大人，出署则否也。外官文职督抚、学政……武职提督、副督统、总兵、城守尉，皆称大人。”②百姓对官员的尊称。

老大人 旧时官场用语。①对年老位尊的官员的尊称。②对他人父亲的尊称。

老先生 旧时官场中称呼。明代，三司见督抚称“老先生”，见巡抚称“先生大人”。至清康熙以后渐滥，对京官通称“老先生”。明代宦官称外廷官员，则省称“老先”。见清翟灏《通俗编·何氏语林》。

老先 见“老先生”。

下官 ①晋代至唐，官场中官员的自称。②戏曲中官员的自称。

老公祖 明清官场中对地方长官知府的尊称。

倡优业内的习称

行院 ①元代称艺人聚居之处以及妓院。欧阳予倩撰京剧《桃花扇》第七场：“本来行院人家，朝秦暮楚，想不到些些小事会闹成这样。”②宋元时借称江湖卖艺的女艺人。

明清时秦淮河畔多行院人家

谢娘 称妓女。唐宰相李德裕有家妓谢秋娘，后因以“谢娘”代称歌妓。唐李贺《恼公》诗：“春迟王子态，莺啭谢娘慵。”唐温庭筠《归国遥》词：“谢娘无限心田，晓屏山断续。”郁达夫《偶感》诗：“谢娘偏有意，怜及白衣郎。”

女校书 对妓女的雅称。唐代薛涛姿容美艳，父死流寓蜀中，以能诗善歌舞倾动一时。德宗贞元中，韦皋任剑南西川节度使，召令薛涛赋诗侑酒，遂入乐籍。韦皋曾拟奏请朝廷授她以秘书省校书郎，格于旧例，未能实现。但人们仍以“女校书”称呼她。后世称歌妓“女校书”者始此。也简称“校书”。参见“薛涛”。

唐女诗人薛涛雕像

校书 见“女校书”。

姐儿 指妓女。《金瓶梅词话》第十一回：“这位姐儿上姓？端的会唱。”《老残游记》第十三回：“次一等的人呢，就无非说那个姐儿长得怎么好，同他怎么样的恩爱。”

姐夫 妓院中对嫖客的通称。《金瓶梅词话》第十一回：“姐夫贵人，那阵风儿刮得你到于此处！”清余怀《板桥杂记·雅游》：“（妓家）称客曰姐夫。”

老鸨 旧时开设妓院的女人。元关汉卿《金线池》第三折：“那杜家老鸨儿欺侮兄弟也罢了，连蕊娘也欺侮我。”明贾仲名《对玉梳》第四折：“天下老鸨，那一个不爱钱的？”《二十年目睹之怪现状》第七十九回：“曾经见过一回，西合兴里死了一个老鸨，出殡起来，居然也是诰封宜人的衔牌。”

乌龟 对妓院老板的俗称。

王八 亦作“忘八”。称妓院老鸨的丈夫。

忘八 即“王八”。

表子 ① 宋元时称女演员。② 宋元时称姘妇。③ 旧称妓女。后也写作“婊子”。

行首 宋元时对上等官妓的称呼。后泛称名妓。元关汉卿《谢天香》楔子：“如今新除来的大尹姓钱，一应接官的都去了，止有妓女每不曾去。此处有个行首是谢天香，他便管着这班门户人。”《天雨花》第九回：“我是天香院中行首贾秀鸾。”

子弟 ① 称歌舞戏曲艺人。如梨园子弟。② 宋元以来指嫖客。元武汉臣《玉壶春》第二折：“相公，你不思进取功名，只要上花台做子弟。”

弟子 唐以后称乐工、歌伎。如梨园弟子。

弟子孩儿 宋元时期詈词。犹言娼妓的儿子。

孤老 宋元时称嫖客、姘夫。元汤式《一枝花·子弟每心寄青楼爱人》曲：“恁如今模样正娇，年纪儿又小，则不如觅个知心俊孤老。”《醒世恒言·卖油郎独占花魁》：“小娘半老之际，风波历尽，刚好遇个老成的孤老，两下志同道合，收绳卷索，白头到老，这个谓之了从良。”清朱骏声《说文通训定声·豫部》：“《声类》：婟嫪，恋惜不能去也。按今俗谓女所私之人曰孤老，其遗语也。”

瘦马 旧时有一种人贩子，专收买穷人家幼女，教其音乐歌舞，待成年卖与有钱人作妾或卖入妓院，称为“养瘦马”。唐代已有。此种女孩子被称为“瘦马”。参见清张岱《陶庵梦忆·扬州瘦马》。

粉头 古代称娼妓或勾栏中女艺人，因其涂脂抹粉，着意修饰，故称。有时也借称好打扮而不正经的妇女。《警世通言·玉堂春落难逢夫》：“他家里还有一个粉头，排行三姐，号玉堂春，有十二分颜色。”《红楼梦》第六十五回：“你们哥儿俩，拿着我们姊妹两个权当粉头来取乐儿，你们就打错算盘了。”

对某些身份、某些职业者的称谓

老公 ① 亦称“公公”。对太监的尊称。《官场现形记》第九回：“他就立刻进京，又走了老公的门路。”② 民间俗称丈夫。与“老婆”相对。

大夫 ① 宋代医官的官阶有大夫、郎、医效、祗候等，见宋洪迈《容斋三笔·医职冗滥》。后世因尊称医生为“大夫”。② 对于手工艺人的敬称。《京本通俗小说·碾玉观音》：“启请婆婆，过对门裱褙铺里，请璩大夫来说话。”

待诏 本指以一技之长供奉于内廷的人。宋元时成为对手艺匠人的尊称。《京本通俗小说·碾玉观音》：“抬起头来，看柜身里却立着崔待诏的浑家。”《水浒传》第四回：“智深便道：‘兀那待诏，有好钢铁么？’”

山人 ① 古代称山中隐逸之士。② 晚宋和明代中叶的某一类文人。他们有较高的文化素养，因仕进不利，身份为布衣，或入军幕、宰相府为幕僚记室，或入王府为清客师友，或卖文笔耕、为书坊评点书籍出版，或以诗文书画结交高官显宦，而活跃于官场、城市。如宋代的姜夔、吴文英，明代的谢榛、徐渭、沈周、程嘉燧、周履靖、孙一元、陈继儒、王稚登等，都属于“山人”的范畴。③ 宋以后亦称算命、卜卦、赞礼等迷信职业者。

仙师 原为对仙人的尊称。借用为对道士或有道者的敬称。明屠隆《彩毫记·展叟单骑》:“(老爷)泛舟采石,即往匡庐,要替夫人去叩李腾空仙师。”《红楼梦》第一回:“适闻仙师所谈因果,实人世罕闻者。”

仙翁 原为对男性神仙的尊称。借用为对道官的敬称。明屠隆《彩毫记·仙翁指教》:“仙翁拜揖,念小生与仙翁素乏平生,何以见顾?”

仙人 唐人用以称女道士。唐李白《玉真仙人词》王琦注引胡震亨曰:“玉真公主,睿宗女。字持盈。太极元年出家为道士,筑观京师以居。”

仙姑 ① 对女道士的敬称。明高濂《玉簪记·幽情》:“小生潘必正,下第羞归,暂投女真观中安息,偶见仙姑修容,光彩艳丽夺人,此心羁绊,不忍轻去。”又《玉簪记·寄弄》:“敢求仙姑,面教一曲如何?”② 旧时对从事下神占卜等迷信活动的妇女的称呼。

师太 对尼姑的尊称。

师姑 亦称“姑子”。尼姑的别称。

三姑六婆 “三姑”指尼姑、道姑(女道士)、卦姑(以算命起卦为业的女人);“六婆”指牙婆(买卖女子的中间人)、媒婆、师婆(女巫)、虔婆(妓院老鸨)、药婆(以药治病或害人的女人)、稳婆(以接生为业的女人)。见明陶宗仪《辍耕录·三姑六婆》。旧时指市井中从事以上职业的妇女。因其整日走街串巷,接触各色人等,深入人家闺阁,其中不无散播迷信、传递谣言、勾引坏人、无端生事以谋取钱财,以致酿成是非者,故而历来读书人家,往往有“三姑六婆”不许上门的规定。《红楼梦》第一百十二回:“我说那三姑六婆是再要不得的!”

稳婆 亦称“产婆”“收生婆”“接生婆”“老娘”等。旧时民间专门替产妇接生的妇女。东汉已有,宋代稳婆是城市里一种谋生的职业。属于“三姑六婆”之列。元武汉臣《老生儿》第一折:“他道是真个,我便教人请稳婆去。”清袁枚《续新齐谐·杨老爷召稳婆收生》:“稳婆阿凤者,以收生致富。”其中有的被选为宫廷接生,或为官府检验女性身体。明蒋一葵《长安客话·三婆》:“就收生婆中预选名籍在官,以待内庭召用,如选女则用以辨别妍媸可否,如选奶口(奶妈)则用等第乳汁厚薄、隐疾有无,名曰稳婆。”《醒世姻缘传》第七十二回:“你诬枉清白女儿,我天明合你当官讲话,使稳婆验看分明。”

老娘 ① 接生婆的别称。参见“稳婆”。② 乳母的别称。元武汉臣《老生儿》第一折:“我急煎煎去把那稳婆和老娘寻。”③ 母亲的俗称。《水浒传》第四十二回:“李逵道:‘我只有一个老娘在家里。’”④ 已婚的泼辣妇女的自称。常含自负的意思。《水浒传》第二十四回:“有甚么言语在外人处说来,欺负老娘!”⑤ 外祖母的别称。《官场现形记》第五十一回:“亏得我母亲彼时手里光景还好,便把咱老娘接到长沙同住。”

虔婆 宋元以来多指不正经的老年妇女或妓院鸨母。

庄家 ① 庄稼人;农民。② 玩牌或赌博时做主持者的一方。

儿郎 ① 称年轻男子。② 将帅称士兵。亦指士兵。《水浒传》第五十五回:“惯战儿郎,个个英雄如子路。”

夜不收 军队中的探子。因彻夜在外打听,故称。《气英布》第四折:“贫道已曾差能行快走夜不收往军前打探去了。”又传奇《连环记》中吕布帐下有“能行探子”一角,即自称为“夜不收”。

大王 ① 对君主或诸侯王的敬称。《史记·项羽本纪》:“谁为大王为此计者?”汉邹阳《狱中上梁王书》:“愿大王孰察,少加怜焉。”② 小说戏曲中,用以称占山为寨的绿林头领或妖魔头领。《京本通俗小说·错斩崔宁》:“只听他林子背后大喝一声:‘静山大王在此!行人住脚,须把买路钱与我!’”《西游记》第六十回:“大王宠幸新婚,抛撇奴家,今日是那阵风儿吹你来的?”

汉子 ① 北方少数民族对汉人的称呼,后成为男子的俗称。《水浒传》第四回:“正想酒哩,只见远远地一个汉子挑着一副担桶,唱上山来。”② 称自己或他人的丈夫。《醒世因缘传》第三回:“没廉耻的淫妇,顶着我的天,踩着我的地，占着我的汉子，倒赏我东西过节，这不是鼻涕往上流的么?”

牙人 旧时居于买卖双方之间，从中撮合，以获取佣金的人。唐薛用弱《集异记·宁王》：“宁王方集宾客燕话之际，鬻马牙人曲神奴者，请呈二马焉。”范文澜、蔡美彪等《中国通史》第三编第二章第五节：“牙人招揽买卖，协议物价，官府和商人交涉，有时也使牙人出面。”

牙子 ① 即“牙人”。《水浒传》第六十五回：“我生在浔阳江边，长在小孤山下，作卖鱼牙子，谁不认得!”② 特指人贩子。《红楼梦》第四十六回：“老爷跟前竟没有一个可靠的人，心里再要买一个，又怕那些牙子家出来的，不干不净。”

女先儿 即女先生。明清时称以算命、说书等为业的女子。《红楼梦》第四十三回：“园中人都打听得尤氏办得十分热闹，不但有戏，连要百戏并说书的女先儿全有。”简称“女先”。《醒世姻缘传》第二十一回：“又唤了一个长来走动的算命女先。”

阴阳生 亦称“天文生”。旧时替人占卜、择日、看风水、主持婚礼和丧葬仪式的人。《古今小说·葛令公生遣弄珠儿》：“一面吩咐阴阳生择个吉日，合家迁在新府住居。”

小二 亦称“小二哥”。受雇于客店、茶馆、酒楼的男侍应人员。

泼皮 称无职业、家产，且有流氓习气的城市游民。《水浒传》第六回：“且说菜园左近有二三十个赌博不成材破落户泼皮，泛常在园内偷盗菜蔬，靠着养身。”又第十二回：“原来这人是京师有名的破落户泼皮，叫做没毛大虫牛二。专在街上撒泼行凶撞闹。”

团头 ① 宋代各行业都有市肆，叫做团行。行有行老、团有团头，是各自行业的首领。② 乞丐行的首领。有的家中经济富裕，但社会地位低于常人。俗称“叫化头儿”。《古今小说·金玉奴棒打薄情郎》：“那丐户中有个为头的，名曰‘团头’，管着众丐。”③ 宋代又称地保为“团头”。民间死人，要经他验看呈报，方能成殓。《水浒传》第二十五回：“王婆道：‘只有一件事最要紧：地方上团头何九叔，他是个精细的人；只怕他看出破绽，不肯殓。’”

篾片 对在豪门帮闲的清客的俗称。明西泠《芙蓉衫·清欢》：“做了场篾片，只落得奔走两头，扫兴扫兴。”鲁迅《集外集拾遗·帮忙文学与帮闲文学》：“那些会念书、会下棋、会画画的人，陪主人念念书，下下棋，画几笔画，这叫做帮闲，也就是篾片!”

帝王宫廷

皇帝 中国君主时代最高统治者的称号。公元前221年,秦王嬴政统一六国后,据传说中“三皇”的名称,兼采上古帝号,称为“皇帝”。此后历代相沿。在中国,常以“龙”与“日”作为皇帝的象征。皇帝自称曰“朕”,曰“孤”。与皇帝有关的事物,多以“御”称之,如御笔、御案、御道、御辇。皇帝享有无上的权威,占有全国最多的财富,不受法律制约,以血统传位子孙,是专制主义制度的最高代表。明清以来,专制帝制曾受到进步思想家黄宗羲、唐甄、谭嗣同等的严厉批判。

朕 本为人的自称,无论贵贱均可用。自秦始皇二十六年(前221年)起,定为皇帝专用的自称,沿用至清。《楚辞·离骚》:“帝高阳之苗裔兮,朕皇考曰伯庸。”汉蔡邕《独断》卷上:“朕,我也。古代尊卑共之,贵贱不嫌。”《史记·秦始皇本纪》:“臣等昧死上尊号,王为泰皇,命为制,令为诏,天子自称曰朕。”唐玄宗《〈孝经〉序》:“朕闻上古,其风朴略。”

寡人 古代君主的谦称。《礼记·曲礼下》:“诸侯见天子,曰‘臣某侯某’。其与民言,自称曰‘寡人’。”孔颖达疏:“寡人者,言已是寡德之人。”汉傅毅《舞赋》:“(楚襄王)谓宋玉曰:‘寡人欲觞群臣,何以娱之?’”唐李朝威《柳毅传》:“(洞庭君)谓毅曰:‘水府幽深,寡人暗昧,夫子不远千里,将有为乎?’”

寡君 臣下对别国谦称本国的国君。《国语·鲁语上》:“展禽使乙喜以膏沐犒师,曰:‘寡君不佞,不能事疆埸之司,使君盛怒,以暴露于弊邑之野,敢犒舆师。’”《韩非子·难四》:“叔孙穆子趋进曰:‘诸侯之会,寡君未尝后卫君也,今子不后寡君一等,寡君未知所过也。’”

不穀 不善。古代王侯自称的谦词。《老子》:“贵以贱为本,高以下为基,是以侯王自谓孤、寡、不穀。”《左传·僖公四年》:“齐侯曰:‘岂不穀是为,先君之好是继,与不穀同好,如何?’”《史记·韩世家》:“不穀国虽小,已悉发之矣!”汉刘向《说苑·正谏》:“庄王曰:‘善,不穀知诎。’”

孤 诸侯、皇帝的自称。春秋时诸侯自称“寡人”,有凶事则称“孤”,后渐无区别。《左传·庄公十一年》:“列国有凶称孤,礼也。”《史记·魏世家》:“卫君曰:‘先生果能,孤请世世以卫事先生。’”《三国志·蜀志·诸葛亮传》:“先主解之曰:‘孤之有孔明,犹鱼之有水也。愿诸君无复言。’”后世戏曲中君王自称“孤”或“孤家”。民间俗话以“称孤道寡”形容做皇帝。京剧《杨门女将》第三场:“二卿不必争论,寇卿替孤传旨,且看可有人挂帅出征,再作计较。”

孤家 见“孤”。

乘舆 天子或诸侯坐乘的马车。也借指皇帝。

人主 亦称“人君”。指皇帝。

主公 古代臣下对君主的尊称。元无名氏《隔江斗智》第三折:“某,周公瑾。甫能赚得刘备过江来,不想主公为甚么就放他回去了?”

卿家 古代君称臣为“卿”。戏曲小说中普遍称“卿家”。受到尊重和信任的,称为“爱卿”。

皇上 亦称“上”“主上”“圣上”“圣人”。臣民对皇帝的尊称。多指在位的皇帝。

圣上 即“皇上”。

官家 宫中和民间对皇帝的通称。如《水浒传》中称宋徽宗为“赵官家”。

当今 亦称“今上”。对如今在位的皇帝的尊称。

万岁 本为汉代宫中欢呼祝颂之辞,后成为皇帝的代称。戏曲、小说中多称为“万岁爷”。

陛下 原指帝王宫殿的台阶之下。后用作对帝王的尊称。《史记·秦始皇本纪》:“今陛下兴义兵,诛残贼,平定天下。”汉蔡邕《独断》:“天子必有近臣执兵陈于阶侧,以戒不虞。谓之陛下者,群臣与天子言,不敢指斥天子,故呼在陛下者而告之,因卑达尊之意也。”

殿下 臣子对太子、诸王的尊称。

先帝 称已去世的皇帝。

单于 汉代时，匈奴人对其君长之称。

可汗 古代鲜卑、柔然、突厥、回纥、蒙古等北方游牧民族称最高统治者为“可汗”。唐代，各少数民族首领尊唐太宗为“天可汗”。北朝乐府《木兰诗》：“昨夜见军帖，可汗大点兵。”

太上皇 秦始皇追尊其父秦庄襄王为“太上皇”，汉高祖迎养其父太公，亦尊称“太上皇”。后代皇帝于未死时传位太子，如唐睿宗、唐玄宗、宋高宗、清高宗（乾隆帝）等，均被尊为“太上皇”。简称“上皇”。清洪昇《长生殿·收京》：“（郭子仪）你将这令箭一枝，带领龙虎军士五千，备齐法驾，赍我表文，前往灵武，奉迎今上皇帝告庙。并候圣旨，遣官前往成都，迎请上皇回銮。”今上皇帝，指唐肃宗；上皇，指退位的玄宗。

王后 国王的妻子。

小君 称皇后。《后汉书·皇后纪上·和熹邓皇后》：“至冬，立为皇后。辞让者三，然后即位。手书表谢，深陈德薄，不足以充小君之选。”

皇后 皇帝的正妻。秦汉以下历代沿称。有的皇后位号系死后追赠，如开国皇帝对其取得帝位前已故妻子的追赠。

清圣祖孝恭仁皇后像

中宫 借称皇后。

子童 皇帝对皇后的称呼。也是皇后的自称。多见于戏曲中。元无名氏《抱妆盒》第二折：“（旦扮刘皇后上云）子童乃刘皇后是也，虽无绝色，幸掌中宫。”《前汉书平话》卷中：“子童领圣旨，九月二十一日未央宫下，斩讫韩信也。”亦作“梓童”。《西游记》第八四回：“那国王急睁眼睛，见皇后的头光，他连忙爬起来道：‘梓童，你如何这等？’”京剧《摘缨会》：“劝梓童休得要把本奏上，听孤王把前情细说端详。”

梓童 见“子童”。

阏氏 汉代匈奴称单于之妻妾为阏氏。为王后之意。诸王之妻有时也称阏氏。《汉书·匈奴传下》记载：王嫱（昭君）在汉后宫，自请和亲匈奴，嫁南匈奴呼韩邪单于，受封为宁胡阏氏。生一男伊屠智牙师，为右日逐王。后呼韩邪单于死，其前阏氏之子继位，欲以她为阏氏。昭君上书汉王朝求归，汉成帝命她遵从胡俗，于是她复为后单于的阏氏。

可敦 古代鲜卑、蠕蠕、突厥、回纥、蒙古等族最高统治者可汗的正妻，称“可贺敦”。省称“可敦”。亦作“可孙”“恪尊”“合屯”“合敦”。《魏书·蠕蠕传》：“大会国人，号地万为圣女，纳为可贺敦。”《新唐书·突厥传上》：“突厥阿史那氏，盖古匈奴北部也。居金山之阳，臣于蠕蠕，种裔繁衍。至吐门，遂强大，更号可汗，犹单于也，妻曰可敦。”

椒房 亦称“椒室”。原指汉代皇后所住宫殿，因以椒和泥涂墙壁，取温暖、芳香、多子之义，故名。后亦用作后妃的代称。元耶律楚材《怀古一百韵寄张敏之》：“国事归椒室，民饥询肉糜。”

太后 ① 诸侯或诸王母亲的尊称。如战国时各国国君之母，都称“太后”。② 前一代皇帝去世，其皇后遗孀，即被尊称为“皇太后”。省称“太后”。秦汉以下历代沿称。清代，凡皇帝的生母，均称“皇太后”。有的本为妃嫔，如汉文帝之母薄姬，因儿子得承帝位，亦被尊为“太后”。

皇太后 见“太后”。

太皇太后 皇帝的祖母称“太皇太后”。秦汉以下历代沿称。如清代顺治帝（清世祖）逝世，康熙帝继位，其祖母（顺治的母亲）孝庄皇太后，即被尊为“太皇太后”。

太妃 ① 已去世的皇帝，其留下的妃嫔，按制度当晋位为各级太妃。自汉朝开始,太妃的册立需要举行仪式,并颁赐铜印和朝服。清代称为“皇太妃”。② 已去世的亲王、郡王,其留下的王妃(正室)通称“王太妃”。

清孝庄太皇太后像

皇太妃 见“太妃”。

夫人 ① 周代诸侯的正妻。② 妃嫔称号。《礼记·曲礼下》:“天子有后,有夫人,有世妇,有嫔,有妻,有妾。”《南史·后妃传序》:“晋武帝采汉魏之制,置贵嫔、夫人、贵人,是为三夫人,位视三公。”③ 命妇封号。始于王莽。至唐代,文武官一品及国公的母或妻为国夫人,三品以上官员的母或妻为郡夫人。宋代执政以上官员之妻封夫人。明代一品二品官员之妻皆封夫人。清代并封宗室贝勒至辅国将军之妻为夫人。

妃嫔 亦称“嫔妃”“嫔御”。皇帝姬妾的总称。中国古代帝王为广子嗣,妻妾众多。甲骨文记载,商王武丁有妻妾四十余人。春秋战国时,诸侯大国后宫有女子千人,小国数百人。秦始皇妃嫔数目远过前代。皇后以下妃嫔,等级由高至低,西汉分十四等,唐代分十九等。如唐代有四妃(正一品),昭仪、昭容等九嫔(正二品),婕妤九人(正三品),美人九人(正四品),才人九人(正五品),直至采女二十七人(正八品),等等。《新唐书》记载,玄宗开元、天宝间,后宫妃嫔人数达四万。宋初仅二三百人,徽宗时又逾万。明末达九千人。清代最少,连宫女仅数百人。

女官 ① 泛指皇帝的妃嫔和在宫中任职的女子。汉代分昭仪、婕妤等十四等,唐代分贵妃等十九等,各有相应俸禄。后代沿其制,名目、品级、人数各不同。② 专指在宫中机构任职的女子。隋代以六局管二十四司。明代多采民间良家女子年十五以上,端正聪明以及无夫妇人年四十以下,能读书写字,并谙晓算法者,择优入宫,以供役使。名义上,所有宫中女子都属于皇帝的妻妾。被帝王召幸受宠的,可以依次升级,或册封为妃嫔,也可赏赐臣下。往往直至年老,才得出宫,有的则老死冷宫、陵园之中。

贵妃 妃嫔称号。南朝宋始设,地位次于皇后。

戏曲中贵妃形象

才人 妃嫔称号。如武则天曾为唐太宗的才人,后又成为高宗的皇后。

国夫人 命妇封号。包括诸王、国公与一品大臣的母、妻,以及其他受封国号的贵妇。如唐玄宗时,杨贵妃的三姊妹,分别被封为秦国夫人、韩国夫人、虢国夫人;南宋抗金名将韩世忠的夫人梁氏,先后被朝廷封为安国夫人、杨国夫人等。

皇太子 通称“皇储”“储君”“东宫”。皇帝指定的帝位继承人。通常为皇帝的嫡长子,由皇帝选定册立。但亦常有例外,如因皇太子品德、智力有缺,或遭谗失宠,或其他皇子更具实力，而造成夺嫡等结果。

太子 ① 经皇帝册立、预定继承君位的皇子。依宗法制度，应立嫡长子为太子。皇后无子，才在妃嫔生的庶子中立其年长者。② 春秋战国时，诸侯国有的世子亦称“太子”。古籍中又写成“大子”。

东宫 太子的住处。借指太子。

世子 诸侯王指定的继承人。如春秋战国时各诸侯国的嫡长子。又如东汉末曹操封魏王，以长子曹丕为世子。

王妃 ① 诸侯王、太子的正妻。② 帝王的妾，位次于皇后。《法苑珠林》卷一一五：“王妃闻已，生大忧恼。”

皇子 皇帝的儿子。清代的皇子，以排行称为皇太子、皇二子、皇三子等。

诸王 皇帝的兄弟子侄经正式册封者，泛称“诸王”。诸王各有封号。有的王朝，诸王拥有封地，甚至有一定数量的军队，如西汉、西晋、明代等，往往造成争夺统治权的内乱。

亲王 古代爵位名。始于南朝末。隋、唐以皇帝的近亲，如伯、叔、兄、弟及皇子为亲王。后代沿其制。清代，宗室爵号中有和硕亲王。满语“和硕”为一方或部落之意。主要封给皇子。蒙古贵族也有封亲王者。

郡王 古代爵位名。始于西晋。唐宋以下，诸王的长子封郡王，地位次于亲王。除宗室外，臣下也可封郡王，如南宋名将韩世忠解除兵权后，晚年进封咸安郡王，死后追赠通义郡王，至宋孝宗时，再追封蕲王，后世史家因称为“韩蕲王”。清代宗室爵号中有多罗郡王，满语“多罗”为“理”之意，简称“郡王”。

陕西绥德韩蕲王故里

贝勒 清代贵族的世袭封爵。满语。位在亲王、郡王之下，贝子之上。如清代的雍正皇帝，原为四贝勒，后受到康熙帝的重视与奖励，晋封为雍亲王。也用以封蒙古贵族。

贝子 清代贵族的世袭封爵。满语，“王”或“诸侯”之意。位在亲王、郡王、贝勒之下。也用以封蒙古贵族。

公主 帝王之女的称号。始于战国，历代沿称。汉唐时与少数民族和亲的公主，如文成公主等，实为宗室之女受封号者。

长公主 汉代皇帝的姊妹称“长公主”。皇帝的姑母则称“大长公主”。如汉武帝的姑母馆陶公主，称大长公主。

尚主 公主出身皇室，地位高贵，择夫成婚称为“下降”；男方被选中意味着高攀，称为“尚主”。

驸马 西汉时置驸马都尉一职，为皇帝身边侍从官之一。魏晋以下，皇帝的女婿照例加此荣衔，简称“驸马”，并非实职。后用来专称公主的丈夫。清代称为“额驸”。

额驸 清制，公主、郡主的丈夫称“额驸”。

郡主 古代宗室之女的称号。始于唐。明清以亲王之女为郡主。

格格 满语“小姐”之意。清代皇室女儿的称号。有不同的级别。

福晋 满语“妻子”和“贵妇”的意思。清制，亲王、郡王等的正室称“福晋”，侧室称“侧福晋”。

宫女 亦称“宫人”。指在皇宫中供役使的女子。中国古代皇宫中蓄养的女子数量巨大。秦始皇时后宫万余人。东汉末年五六千人，唐玄宗时达四万人，明末宫中约九千人。唯清代仅数百人，并规定：未被皇帝看中者，二十四岁（有时是二十、二十五、三十岁）送归民间，另行择配。宋、明两代，颇有皇后出身宫女者。

宫娥 “宫女”的别称。

秀女 清代宫廷每三年一次，从八旗（包括蒙古八旗、汉军八旗）中挑选少女，凡十三至十六岁符合条件者，充入后宫，备妃嫔之选或与近亲宗室婚配。获选者称为“秀女”。

宫妓 ① 旧时专为帝王服务的音乐歌舞女艺人。来源或出身于乐户，或调集自民间。春秋时，吴王夫差筑姑苏台，有宫妓数千。东汉末，曹操造铜雀台，蓄有为他表演歌舞的“铜雀妓”。三国吴后主孙皓骄奢淫暴，投降后，晋武帝选自吴宫的妓妾就达五千人。唐玄宗时，教坊中女弟子、歌舞伎不计其数。除极个别得到帝王宠爱外，大多地位低下，命运悲惨。② 指宫女。唐李贺《河南府试十二月乐词·三月》诗：“军装宫妓扫蛾浅，摇摇锦旗夹住城暖。”宋郑文宝《南唐近事》：“（韩偓）为学士日，常视草金銮内殿，深夜入还翰苑，当时皆宫妓秉烛以送。”

古典舞剧《铜雀伎》

掖庭 ① 皇帝后宫中的一个区域。因在帝后寝宫的东西两侧，故称。是尚未分配的宫女集中地、没入宫中的犯官家属妇女的劳动之处，也是低级和失宠妃嫔居住之处。秦代称“永巷”。由宦官中的掖庭令负责管理。《后汉书·班固传》：“后宫则掖庭、椒房，后妃之室。”李贤注引《汉官仪》：“婕妤以下皆居掖庭。”掖，肘掖，臂下。② 宫中官署名。汉武帝太初元年改永巷为掖廷。以宦官为令丞。东汉分为二，设掖庭令、永巷令。《后汉书·百官志三》：“掖庭令一人，六百石。注曰：宦者。掌后宫贵人采女事。”

永巷 掖庭的别称。皇宫中的长巷。参见“掖庭”。

太官 亦作“大官”。官署名。起于战国，汉代沿置。在宫内，属少府，设有太官令、丞。专门负责皇帝、后妃、宫内官之饮食，以及赏赐、祭祀所用食品。又兼管酿酒及供应四时果蔬等。《后汉书·马武传》：“远方贡珍甘，（光武帝）必先遍赐列侯，而太官无余。”《日下旧闻考·效坰南》：“元旦进椿芽、黄瓜，其法自汉已有之。汉世大官园冬种葱韭菜茹，覆以屋庑，昼夜煴，菜得温气皆生。”

宗人府 官署名。管理皇室宗族事务的机构。明初改大宗正院为宗人府，以亲王任宗人令，为其长官。清沿置，改宗人令为宗令，下设左右宗正、左右宗人，以亲王以下皇族担任。

内务府 官署名。清代特设的专管皇室事务的机构。凡皇宫内的庆典、仓储、财务、工程、警卫、刑狱诸事以及太监，皆由内务府的特殊系统负责，不与外廷行政系统相混。长官称内务府总管大臣，由受皇帝信任的满洲王公或满洲大臣兼任。

织造衙门 明代在京师和各地设有织染局，由宦官主持，又在南京、苏州、杭州各设“提督织造太监”一员，掌织造皇帝御用衣物及缣帛彩缯之类，供宫廷祭祀、颁赏之用。清代在三地亦设官监造，不用宦官，而由内务府派官员充当，称江宁织造、苏州织造等。康熙间，《红楼梦》作者曹雪芹之祖父曹寅曾任江宁织造，曹寅的妹夫李煦曾任苏州织造。

清江宁织造府遗址内景

清苏州织造署遗址（今苏州十中）

宦官 亦称"阉人""阉宦""阉竖""太监""内臣""内侍""内官""中官"等。原为男子，幼年阉割后在宫中服役的人。约起于商代，存在至清末。明代，宦官除在皇宫服役，还被派往各省负责监税、监军和监理织造、开矿等事务，总人数多达数万。因接近皇帝的特殊身份，东汉、唐、明等朝多次发生宦官专擅朝政，造成政治黑暗；晚唐宦官掌握禁军，甚至多次密谋废立君主、杀害大臣。

宦官塑像

太监 宦官的通称。唐高宗时，宫中设中御府，专管乘舆、服饰等，负责的宦官称为中御太监和中御少监。后世因以太监为宦官的通称。

内侍 即"宦官"。

内官 即"宦官"。

中官 即"宦官"。

对食 君主时代的皇宫中，宫女与宦官人数众多，除皇帝一人外，再无其他男性。为减轻寂寞痛苦，宫女之间发生同性相恋的关系，称为"对食"。此称起于汉代，意为搭伙吃饭，互慰孤寂而已。明代宫廷中，宦官与宫女，普遍结成较长久的亲密关系，有如夫妻，称为"菜户"。甚至皇帝、皇后明知亦不加干涉。《汉书·外戚传下·孝成赵皇后》："房与宫对食。"颜师古注引应劭曰："宫人自相与为夫妇名对食，甚相妒忌也。"房，道房；宫，曹宫，皆宫女名。明沈德符《万历野获编·内监·对食》："今中贵授室(指娶妻)者甚众，亦有与娼妇交好，因而娶妇者。至于配耦宫人，则无人不然。凡宫人市一菜蔬，博一线帛，无不藉手，而费亦不资。然皆宫掖之中，怨旷无聊，解馋止渴，出此下策耳……按宫女配合，起于汉之对食，犹之今菜户也。武帝时，陈皇后宠衰，使女巫著男子衣冠帻带，与后寝居，相爱若夫妇。上闻穷治，谓女而男淫，废后处长门宫。"

菜户 见"对食"。

二十四衙门 明代皇宫中所设立的宦官机构。明太祖晚年，有二十一衙门。成祖迁都北京后完全形成，发展为十二监、四司、八局，统称"二十四衙门"。十二监为：司礼监、内官监、御用监、司设监、御马监、神宫监、尚膳监、尚宝监、印绶监、直殿监、尚衣监、都知监。四司为：惜薪司、钟鼓司、宝钞司、混堂司。八局为：兵仗局、银作局、浣衣局、巾帽局、针工局、内织染局、酒醋面局、司苑局。除清洗内廷衣物、便器的浣衣局外，其余衙门皆设在紫禁城内。明中后期，多数监局在各省州县皆派驻直属宦官，主管与宫内需索有关的事务，并监视疆吏民情以密报内廷，宦官总人数高达数万。清顺治时仿明制，仍有十三衙门，康熙继位后予以革除，宦官一概属内务府管理。

司礼监 明代宦官机构"二十四衙门"中居总管地位的部门。设掌印太监一人，秉笔太监数人。其职权初为：掌管宫中冠婚丧祭礼仪、赏赐笔墨书画、所属经厂主持刻印善本图书、督导光禄司供应皇宫筵宴、传宣皇帝谕旨等。宣宗以后，地位提高，宫内特设"内书堂"，以大学士教授小宦官读书。太祖"不许宦官识字读书"之制无形中废除。随着内阁"票拟"的制度化，秉笔太监进而代皇帝日常批答内外章奏(批红)；对外朝传宣谕旨；总管皇城内礼仪、刑罚、人事、门禁等事务。此后，举凡各地镇守太监的调派，同三法司录囚，提督京营、东厂等大权，皆归掌握。司礼监是全国宦官机构的总部，实际已成为与外廷内阁部院相对应的宫中另一内阁。因而，掌印太监权势煊赫，被外廷称为"内相"。明代司礼监掌印太监著名者有王振、怀恩、刘瑾、陈矩、黄锦、冯保、魏忠贤、曹化淳、王承恩等。

浣衣局 二十四衙门中唯一不在皇宫中的宦官机构。明代浣衣局在德胜门以西,由年老及有罪退废的宫人充任,专司皇宫中衣物等浣洗之事。

内相 明清时对宫中太监的尊称。《红楼梦》第八十三回:"门上人进来回说:'有两个内相在外,要见二位老爷呢。'"

锦衣卫 明代官署名。明太祖时设置,为皇帝禁卫军,专掌侍卫仪仗。成祖以后,兼管巡察缉捕,权力渐重。最高长官为指挥使,常由功臣、外戚充任。次设同知、佥事、镇抚司镇抚等官。再其下有官校,专司侦察。所属镇抚司分为南、北二部。北镇抚司专理诏狱,直接听命于皇帝诏旨,用刑尤为残酷。明中期以后,与东厂、西厂并称"厂卫",加强活动,成为实行黑暗残暴统治的特务组织。

东厂 明代官署名。明成祖设立,由宠信的宦官负责掌管,专门从事刺探缉捕等特务活动,诸事可直接报告皇帝,权力在锦衣卫之上。东厂、西厂与锦衣卫并称"厂卫"。明天启年间,大宦官魏忠贤专擅朝政,利用锦衣卫和东厂,杀害东林党人和正直官员。

西厂 明代官署名。成化十三年(1477 年)在东厂以外增设西厂,以太监汪直提督。从事侦缉活动,随意侦伺官民隐事,罗织罪名,有生杀之权。其人员权力超过东厂,活动范围自京师遍及各地。与东厂、锦衣卫并称"厂卫"。后因遭到反对,被迫撤销。武宗时宦官刘瑾专权,又一度恢复,刘瑾死后废。

玺宝 皇帝的印章。秦汉时的"传国玺",玉制,为皇权的象征。汉代,凡皇帝代表国家发布诏书或文告,视用途不同,分别使用六种不同的玉制印章,称为"六玺"。以后各代,玺宝逐渐增多,其收藏、使用,宫中均有专人管理。

卤簿 帝王车驾外出时,担任导引和随从的仪仗队、车乘、骑乘等。因外出目的不同,其品级、规模、人数也不一样。卤,即提防意外袭击的大盾牌;簿,为记录仪仗队次序的册子。汉以后,皇后妃嫔、皇太子、太子妃以及王公、大臣也给用卤簿,各有定制。

册封 亦称"册立"。古代皇帝以封爵位号授给宗族、后妃时举行的仪式。届时,须派员代表皇帝,当面宣读册文,颁发册书和印宝给受封者。如册封皇太子、诸王或贵妃等。册书,相当于证书;印宝,即图章。

封赠 朝廷推恩大臣,以官爵授给本人的祖父母、父母。对在世者称封,对已死者称赠。始于晋代,至唐渐成制度。及清代,封赠可上追曾祖、祖、父母三代。

留守 官名。从隋代起,皇帝离开京城出巡或亲征时,指定亲王或大臣留守京城,称为京城留守;而陪都和行都等亦常设留守,多以地方行政长官兼领。隋炀帝出游江都,以李渊为太原留守,兼领晋阳宫监。北宋末,徽、钦二帝被金人俘虏,高宗即位,以宗泽为东京留守兼开封府尹。辽、金时,其五京皆置留守,以其地方行政长官担任。元于大都、明于中都,亦设留守以守卫之。清代的盛京将军,则相当于前代陪都的留守。

监国 皇帝外出时,由太子或亲王留守宫廷,暂代处理国事,称"监国"。也有中央朝廷覆灭,宗室在部分文武朝臣拥戴下成立地方性临时政权,以"监国"名义暂理政事者。如明英宗亲征瓦剌被俘后,即由皇弟郕王朱祁钰监国。又,明亡后,宗室朱以海曾以鲁王身份监国,在浙东抗清。

摄政 代君王处理政务。多由于国君年幼,不能亲主国政,由其最近的亲族或戚族暂且代行职务。如西周武王灭商两年后去世,成王年幼,由叔父周公旦摄政;西汉末刘婴两岁继位,由王莽摄政;清入关之初,顺治帝年幼,由其叔睿亲王多尔衮摄政;清末宣统继位,由光绪帝之弟、宣统帝的生父载沣亲王摄政。

垂帘听政 指皇后、皇太后临朝听政,处理国家大事。因在宝座前设珠帘,以示男女内外之别,故称。历史上的"垂帘听政",多因嗣君年幼。最有名的为西汉的吕太后、唐代的武则天、宋代的章献皇后刘氏(真宗皇后)、清初的孝庄太皇太后、清末的慈禧太后,皆曾"垂帘听政"。皇帝成年后,归政称为"撤帘"。

亲政 帝王即位时如年龄尚幼,多由皇太后主政、大臣辅政。皇帝成年后亲自理政,称为

"亲政"。

复辟 指帝王失位后恢复原位，重掌政权。如明英宗朱祁镇听信大宦官王振之言，御驾亲征，在土木堡一役中被瓦剌俘虏。孙太后以其弟郕王朱祁钰监国，旋即位为帝，史称代宗（景泰帝）。后瓦剌首领也先放回英宗，被幽居于南宫。后景泰帝病重，在一部分朝臣策划下，通过夺门之变，英宗得以复辟。

阉党 明后期依附于宦官势力的官僚集团。明熹宗时，党争激烈，出身无赖的大宦官魏忠贤受到宠信，专断朝政，朝廷内外的腐败官员争相投靠。双方互相勾结，倾陷异己，大肆捕杀东林党官员，造成冤狱无数，史称"阉党"。至崇祯帝继位，始将阉党定为逆案，分等治罪。

面首 中国古代女皇帝、太后、公主的情夫，以其美姿容，称为"面首"。如南朝宋山阴公主有面首三十人，武则天有面首薛怀义和张易之、张昌宗兄弟等多人。

外戚 指帝王的母族、妻族。中国历史上，帝王年幼，太后依靠父兄掌政，往往造成外戚专权的局面，甚至有改朝篡位者，如西汉末的王莽与建立隋朝的杨坚（隋文帝）等，都是著名的外戚。

登极 帝王即位。

践祚 帝王即位。

不豫 避讳用语。指皇帝生了重病。

大渐 避讳用语。指皇帝病危将死。

登遐 亦称"升遐"。避讳用语。指皇帝之死。

晏驾 避讳用语。指皇帝之死。

崩 亦称"驾崩"。避讳用语。周代天子，后世皇帝、皇后、皇太后之死，称"崩"。

薨 避讳用语。周代诸侯，后世诸王、贵妃之死，称"薨"。

大行 ① 避讳用语。为"长行不归"之意。秦汉以后，皇帝、皇后、皇太后、太皇太后死，而尚未有谥号的，都加"大行"二字以称，如大行皇帝、大行皇后等。② "大行皇帝"的简称。

大行皇帝 避讳用语。参见"大行"。

山陵 指帝王的陵墓。因陵区地面有建筑，地下有墓室，依山而建，规模宏大，故称"山陵"。负责修筑陵墓工程的大臣，多由宰相兼任，称为"山陵使"。参见"陵墓"。

殉葬 古代丧葬制度。指以活人或器物随死者入葬。始于奴隶社会，商代最盛。历代帝王多厚葬，有以人殉葬者。唯汉文帝遗诏薄葬，其霸陵内，只用瓦器，不用金银铜锡等装饰，霸陵山川不改原样，妃嫔"夫人以下有美人、良人、八子、七子、长使、少使，凡七辈，皆遣归家"，与父母团聚，后世称为盛德。历代随葬品的材质，有骨器、玉石器、青铜器、铁器、陶器、瓷器、金器、银器、漆器、象牙、贝类、琉璃、玻璃、丝织品等；以器物的用途分，有农具、兵器、装饰物、饮器、食器、乐器、车马、人像、动植物造型、兵马俑、帛画、竹木简、钱币、植物种子，以及神树、面具、博山炉、宫灯等各种用品。随葬品的多少与精美程度，因死者身份而不同。由随葬品可考见一个时代的文字语言、历史政治、生产铸造、宗教观念以及工艺美术等情况与发展水准。

作为殉葬品的唐三彩马

天女户 指明代前期为皇帝殉葬的宫女的家族。《明史·后妃传》等史料记载，明太祖死时，用一批生前侍奉的宫女殉葬。在建文、永乐两朝，对有殉葬宫女的家族给予优待，用其家族男子担任锦衣卫千户或百户的世袭武职。当时人称这些家族为"太祖朝天女户"。此种残酷制度为明成祖、仁宗、宣宗死时所沿用。直到明英宗复辟，代宗（景泰帝）退位，虽以郕王身份病死，仍以宫女殉葬。后英宗病死前，遗诏不用殉葬，才从此废止。

后妃为尼 古代后妃废黜后，有被皇帝敕令进寺院出家为尼的，也有帝王去世后，未生子女的妃嫔被送入寺院者。北朝后妃为尼者最多。武则天为唐太宗幼妾,位号才人。太宗崩逝,她无子,循例入长安感业寺为尼。高宗继位,于寺见之,复召入宫,拜为昭仪。至唐以后,代有其人。《金史·后妃传下·贞懿皇后》:"旧俗,妇女寡居,宗族接续之。后乃祝发为比丘尼,号通慧圆明大师,赐紫衣,归辽阳,营建清安禅寺,别为尼院居之。"

后妃入道 古代失宠或被废的皇后、妃嫔,多有被皇帝强令入道观出家者。如宋仁宗不喜郭皇后,对她颇冷淡,而宠幸美人尚氏、杨氏。一日,尚氏在仁宗面前讥讽皇后,皇后忍耐不住,伸手打她的脸颊,仁宗加以阻挡,结果打在仁宗颈上。仁宗大怒,下诏废后,封为净妃、玉京冲妙仙师,赐名清悟,居长乐宫。(见《宋史·后妃传上》)

公主为尼 皇家公主中也有看破红尘,潜心向佛,到宗教世界中寻求精神解脱者。如《宋史·公主列传》记载,宋太宗第三女邠国大长公主,在太平兴国七年(982年)削发出家,法号"员明大师";第六女卫国大长公主,生不茹荤,在真宗时坚决请求削发出家,法号"报慈正觉大师"。

公主入道 唐代统治者为巩固王朝,自称是老子李耳的后代,追封老子为"太上玄元皇帝",对道教特予尊崇。终李唐一朝,学仙求道在上层社会与民间,蔚为风气。皇家公主出家为女道士者甚多。她们出家做女道士,保持公主称号,拥有自己的道观与庄田,既可追求长生不死,又能不受拘束,公开与士大夫交际。一些著名的公主道观及山庄,实为诗人文士的聚会之所。如唐睿宗之女、玄宗的亲姊妹玉真公主,热心文艺,奖掖后进,与诗人张说、王维、李白、储光羲等时相过从。唐高适有《玉真公主歌》、卢纶有《过玉真公主影殿》诗,赞颂其事,吊其遗踪。宋代,如真宗第二女升国大长公主,号为"清虚灵照大师",也是女道士。

宫人为尼 宫女年长后有出家为尼者。唐人多有"送宫人出家"的诗。如白居易有《吹笙内人出家》诗:"雨露难忘君念重,电泡易灭妾身轻。金刀已剃头然发,玉管休吹肠断声。新戒珠从衣里得,初心莲向火中生。道场夜半香花冷,犹在灯前礼佛名。"

宫人入道 宫女年长后,为摆脱深宫寂寞悲惨的生活,有进入道观寻求最后归宿的,也有皇帝命为女道士者。唐诗中多有此类题材。如殷尧藩有《宫人入道》诗:"卸却宫妆锦绣衣,黄冠素服制相宜。锡名近奉君王旨,佩箓新参老氏师。白昼无情趋玉陛,清宵有梦步瑶池。绿鬟女伴含愁别,释尽当年妒宠私。"前蜀花蕊夫人《宫词》之七六:"会仙观内玉清坛,新点宫人作女冠。每度驾来羞不出,羽衣初著怕人看。"

封禅 古代帝王祭祀天地的重大典礼。帝王登泰山,筑土为坛祭天,叫"封";在泰山北坡下的梁父山铲平土地祭地,叫"禅"。史载,秦始皇、汉武帝,皆曾行封禅之礼,至南宋时废止。明清时,改在天坛、地坛祭祀天地。

年号 ① 中国古代纪年的一种名号。始于汉武帝。此后每一位皇帝皆有年号,如东汉光武帝年号"建武",唐太宗年号"贞观",清高宗年号"乾隆"等。年号用字,多取吉祥太平或祝颂神明之义,通常两字,也有三字、四字、六字者。如南朝梁武帝年号"中大通"和"中大同",宋太宗年号"太平兴国",宋真宗年号"大中祥符"。年号使用时间短的仅一年,长的如"康熙",达61年。武则天先后用过17个年号。明清两代,一位皇帝在位期间通常只用一个年号。② 少数民族、农民起义、藩镇割据等政权,也多有年号,如五代时大理段思良年号"至治",元末红巾军首领韩林儿年号"龙凤",唐安禄山年号"圣武"等。

改元 新皇帝登位,或在位皇帝遇有祥瑞及可资纪念之事换用新年号,称为"改元"。历史上以女皇帝武则天改元次数最多,先后用过光宅、垂拱、永昌、载初、天授、如意、长寿、延载、证圣、天策万岁、万岁登封、万岁通天、神功、圣历、久视、大足、长安17个年号,计改元16次。参见"年号"。

老佛爷 清代对帝后或太上皇、皇太后的敬称。后多专指慈禧太后。

礼制政事

五礼 中国古代五类性质不同、功能各异的礼仪制度。分别为吉礼、凶礼、军礼、宾礼、嘉礼。《周礼·春官·小宗伯》:“小宗伯之职……掌五礼之禁令与其用等。”郑玄注引郑司农云:“五礼,吉、凶、军、宾、嘉。”《隋书·礼仪志一》:“以吉礼敬鬼神,以凶礼哀邦国,以宾礼亲宾客,以军礼诛不虔,以嘉礼合姻好,谓之五礼。”

吉礼 古代五礼之一。指祭祀天地、山川、祖先等神灵的礼仪活动。如郊天、祭日月、祭社稷、祭山川、籍田、祭先蚕、祭天子宗庙、功臣配享、上陵、祀前代帝王、祀孔子、封禅、祭婚姻生育之神高禖等。历代兴革不一,但极为统治阶级所重视。

凶礼 古代五礼之一。指用于吊慰国家忧患灾祸方面的礼仪活动。多指皇帝、后妃、太子、官员的丧葬、吊祭、丧服、册赠谥号以及荒年的赈济抚恤等礼仪。也包括对邻国、属国的吊祭慰问等礼仪。

军礼 古代五礼之一。即国家有关军事方面的礼仪活动。如皇帝亲征、告于太庙、召集军队、检阅部队、田猎演习、命将出师、整修道路沟渠以及祭马神、大傩(驱逐疫鬼的仪式)等。

宾礼 古代五礼之一。即邦国之间的外交往来及接待宾客的礼仪活动。如天子受诸侯朝见、天子接见诸侯派来的使者、天子派使者迎接或慰问诸侯、天子接受诸侯国使者的贡物、天子宴请诸侯或诸侯使者等。此外,内外王公以下直至士人间相见的礼仪,也属宾礼。

嘉礼 古代五礼之一。即国家具有喜庆意义及一部分用于亲近人际关系、联络感情的礼仪活动。如君主登基、册封皇太子、策拜王侯、节日受朝贺、天子纳后妃、太子纳妃以及公侯大夫直至士人的婚礼、冠礼笄礼(男女成年礼)、宴飨、乡饮酒等。

祭日月 古代吉礼的一种。即帝王对日月的祭礼。其制始于周代。后世沿之。

祀山川 古代吉礼的一种。即祭祀山林、河湖、沼泽、丘陵等,以祈求丰年。因大山川多距离遥远,故又称“望山川”。

祈岳渎 古代吉礼的一种。即帝王亲自或派官员祭祀五岳、四渎等名山大川之神,以祈求风调雨顺。起源于上古对大自然的敬畏与崇拜。周代已有此类崇拜自然的宗教礼仪活动,秦、汉、唐各代沿之。岳渎,五岳和四渎的并称。五岳,指东岳泰山、南岳衡山、西岳华山、北岳恒山、中岳嵩山,历代不一;四渎,指长江、淮河、黄河和济水。

祀高禖 古代吉礼的一种。高禖为传说中的婚姻与生殖之神,是妇女生殖力的象征。生殖女神作为民族的女始祖,各代和各地名称不一,夏人以女娲、楚人以高唐神女、民间则以送生娘娘和子孙娘娘等为高禖。周代仲春二月,天子、王后要率妃嫔前往高禖宫祠进行祭祀,祈祝人丁兴旺,民间则大会男女,让年轻人及时恋爱、婚嫁、生育。《旧唐书·礼仪志二》:“《礼》仲春以玄鸟至之日,用太牢祀于高禖。汉武帝年二十九,乃得太子,甚喜,为立禖祠于城南,祀以特牲。”

子孙娘娘塑像

巡狩 古代吉礼的一种。指帝王巡视所辖的疆土,了解山川形势、风土民情及各地吏治等,以加强统治管理。上古有大舜南巡之说。秦始皇统一中国后,曾数次出巡,后死于中途。

清代康熙、乾隆二帝皆曾数次巡视江南，是古代巡狩制度的延续。又，帝王被少数民族俘虏北去，如宋代徽、钦二帝为金所虏，明英宗为瓦剌所俘，不能直言其事，往往讳称“北狩”。

禅让 远古部落联盟首领更迭与继承的一种制度。相传尧为部落联盟首领，年老时，根据四方部落首领的推荐，由舜摄政，尧死后由舜继位。舜年老时，同样以被推荐的禹摄行政事，舜死后由禹继位。此项制度至禹的儿子启终止，此后传位方式由“传贤”的禅让变为“传子”的家天下。

郊 亦称“郊祀”“郊社”。古代吉礼的一种。即天子祭天地的大典。起源于上古时对天地的自然崇拜。古代祭天的“圜丘”，象征天圆，建于都城南郊。现存北京天坛，即圜丘，是明清皇帝祭天的祭坛。祭天于每年冬至日在南郊举行，亦称“郊天”。历代行之不废，直至清末。祭地于每年夏至日在北郊举行。《礼记·中庸》：“郊社之礼，所以事上帝也；宗庙之礼，所以祀乎其先也。明乎郊社之礼、禘尝之义，治国其如示诸掌乎。”《明史·礼志二》：“今当尊古制，分祭天地于南北郊。冬至则祀昊天上帝于圜丘，以大明、夜明、星辰、太岁从祀。夏至则祀皇地祇于方丘，以五岳、五镇、四海、四渎从祀。”

郊祀 即“郊”。

郊社 即“郊”。

大雩 亦称“雩祀”，省称“雩”。古代吉礼的一种。所祀为古人认为能兴云降雨的“山川百源”。周代雩礼分两种：孟夏四月由天子举行的常规雩礼，称“大雩帝”，以盛大的舞乐队伍，祭祀天帝及山林川泽之神，以求风调雨顺、五谷丰登，具有节日的气氛；另一种是因天旱而雩，不定时举行，用巫舞而不用乐，气氛严肃，祈祷殷切。战国时，天子“大雩帝”，祭天地，配以五方天帝，诸侯则祭祀句龙、后土诸神。祭时，由女巫组成舞蹈队，边舞边呼号，并献牺牲玉帛。东汉以后，自春至秋，若郡国少雨，则公卿官长以次行雩礼，并造土龙以祈龙神降雨。唐代，于初祈后十日，如不雨，则禁止民间屠宰，雨足则以酒脯报祀谢神。历代大体相似。

祈雨 古称“雩祀”。因久旱而求神降雨。在古代久旱无雨时，县令有亲率吏民祈雨的责任。因而古人文集中多有祈雨之文。史载，东汉初松滋（今安徽宿松）县令、蜀人张何丹勤政爱民，因久旱不雨，于六月六日冒烈日酷暑，在水口山虔诚祈雨，中暑卒于雩坛，百姓哀之，为其立庙纪念。《晋书·礼志上》：“武帝咸宁二年春分，久旱……五月庚午，始祈雨于社稷山川，六月戊子，获澍雨。”清厉鹗《东城杂记》卷上：“信州怀玉山有画罗汉，郡中每迎请祈雨。”

祭社稷 古代吉礼的一种。“社”代表土地神，“稷”为谷神。起源于新石器时代中期的母系氏族社会。古代中国以农业为本，土地及谷为最重要的原始崇拜物。天子与诸侯每年春季祭祀社稷，祈求丰年；秋季祭祀，表示报谢。《诗经·周颂》中的《载芟》《良耜》，即为周人春祈秋报时所唱乐歌。当时，周天子所祭社，代表中原及四方土地；诸侯所祭社，代表封国的领土；大夫至百姓所祭的公社，代表封邑或乡里的土地。其神民间俗称“土地公公”，每年仲春、仲秋祭祀的节日，旧称“社日”。天子社稷由五色土筑成，中央黄、东方青、南方赤、西方白、北方黑，象征拥有天下四方，诸侯的社坛则按其方位仅一色土，历代沿之。今北京中山公园为清代社稷坛旧址。

祀先蚕 亦称“祈蚕桑”“亲蚕”。古代吉礼的一种。“先蚕”为传说中最早发明种桑养蚕的

祀先蚕图

黄帝的妃子嫘祖,民间奉她为蚕桑之神。周代,仲春二月以少牢祭祀先蚕神,三月朔由天子后妃率内外命妇在北郊亲躬蚕桑事,以鼓励蚕桑生产。其意义与籍田相似,历代行之。唐代以其载于《开元礼》。《周礼・天官・内宰》:"中春,诏后帅外内命妇,始蚕于北郊,以为祭服。"《后汉书・礼仪志中》:"是月,皇后帅公卿诸侯夫人蚕。祠先蚕,礼以少牢。"

亲蚕 见"祀先蚕"。

籍田 亦作"藉田"。古代吉礼的一种。即孟春正月,春耕之前,天子、诸侯象征性亲自耕田的典礼。源自原始社会春初部落长带头耕种,然后开始大规模春耕的古俗。它是"祈年"(祈求丰收)的礼俗之一。亦称"亲耕"。寓有重视农耕之意。自周、汉以下,各代多行之,然亦有废而不行者。相传天子籍田千亩,诸侯百亩。届时,以太牢祀先农神,在国都之南郊,天子执耒(后代执犁)三推三反(返),群臣以次耕,王公诸侯五推五反,卿大夫七推七反,士九推九反,然后由籍田令率其属耕播完毕,礼成,命天下州县及时春耕。唐玄宗时,载其仪于《开元礼》。《汉书・文帝纪》:"夫农,天下之本也,其开藉田,朕亲率耕,以给宗庙粢盛。"颜师古注引韦昭曰:"藉,借也。借民力以治之,以奉宗庙,且以劝率天下,使务农也。"

亲耕 即"籍田"。《穀梁传・桓公十四年》:"天子亲耕,以共粢盛。"汉桓宽《盐铁论・授时》:"故春亲耕以劝农。"参见"籍田"。

劝农 提倡和勉励百姓农耕。中国古代以农桑为本,天子、诸侯于初春所行籍田礼,是整个劝农活动中的重要部分。汉代置大农丞十三人,每人掌管一州劝农桑力田事务,为劝农官之始。唐代,州郡长官多带"劝农"名衔。宋太宗时,曾设劝农使,招集流民垦荒;真宗景德间,诏诸路转运使、开封知府、诸知州、少卿、监以上,并兼"劝农使"官衔,其余知州、军通判,并兼"劝农事"衔。又,历代地方官至春耕时,都需下乡"劝农",督促民众不误农时,因田赋为封建国家主要收入,春耕关系一年收成,直接影响天下治乱。明汤显祖《牡丹亭・劝农》:"时节时节,过了春三二月。乍晴膏雨烟浓,太守春深劝农。农重农重,缓理征徭词讼。"

祀孔子 古代吉礼的一种。祭祀儒家创始人、教育家、思想家孔子的典礼。起于公元前478年鲁哀公在孔子阙里故宅立庙奉祀孔子。历代沿之,尊称为"先师""先圣",并以孔子的弟子及名儒陪祀。唐太宗贞观时,以左丘明、卜子夏、公羊高、穀梁赤、伏胜、高堂生、戴胜、毛苌、孔安国、刘向、郑众、杜子春、马融、卢植、郑玄、服虔、何休、王肃、王弼、杜元凯、范宁、贾逵等儒家经师陪祀;玄宗开元八年(720年),以颜回等孔门"十哲"坐像从祀,并为曾参塑像,又图画七十子及左丘明等二十二贤之像于堂壁,后又追谥孔子为"文宣王",以其像服王者衮冕之服,南面而坐,以示"尊儒重道"之意。后世国学与天下诸州县学宫皆仿建孔庙,以四时致祭。

祀先代帝王 古代吉礼之一。指对传说中三皇五帝等有功于民的古代帝王的祭祀。始于东汉章帝时,北魏定制,后世沿之,遂成为国家祭祀常典。

功臣配享 古代吉礼的一种。指大臣因功绩及生前官爵陪祀于本朝帝王宗庙。是古代宗庙制度之一。如北宋神宗庙以富弼、王安石配享;哲宗庙以司马光配享,等等。在封建时代,唯宰执名臣得以配享,每代仅二三人,是人臣死后最高的荣誉。

时享 古代吉礼之一。时,指四季。为历代天子按季节祭奉祖先宗庙的正式礼仪。由皇家在每季的首月供祭于祖庙。《明史・礼志五》:"太祖命孟春特祭于各庙,三时及岁除则祫祭于德祖庙。二年定时享之制,春以清明,夏以端午,秋以中元,冬以冬至,岁除如旧。"

上陵 古代吉礼的一种。即帝王拜扫祖先的陵寝。秦汉时已有其礼。每上陵,皇室亲属、朝廷官员等须陪同皇帝拜见祖先神座,敬献乐舞,奉祀食品,并申告丰歉情况、谷物售价、民间疾苦等,以祈求神灵保佑。各代沿之。唯《宋史》将其列于"凶礼"。清恽敬《先茔记》:"今朝廷有上陵之礼,始谓可损,今见威仪,乃知至孝恻隐不可废也。"

玉帛 古代祭祀、朝聘、会盟时所用的瑞玉与缣帛。玉,指圭、璧、琮、璋、琥、璜、玦等玉制品,多从原始社会的斧、戈等石器和装饰品发展而来。帛是丝织品,也称“币”或“缯”,故玉帛也称为“玉币”或“币”。《周礼·春官·肆师》:“立大祀,用玉帛牲牷;立次祀,用牲币;立小祀,用牲。”

牺牲 古代祭祀所用毛色纯而完整的牲畜,多指牛、羊、豕等。毛色纯曰“牺”,未加分解曰“牲”。春秋以后,牛、羊、豕三牲兼用称“太牢”,用羊、豕二牲称“少牢”,牛、羊、豕中单独用一牲称“特”。祭神灵须献礼,牺牲是所献礼品中食品的一个部分。所用品种及多寡,因不同的祭祀对象、目的及主祭者的身份而不同。

太牢 亦作“大牢”。指古代祭祀时所用畜牲。因比较重要的祭典,祀前畜牲须在栏圈(牢)中饲养一段时间,故借称经过牢养的牛、羊、豕(即猪)为“牢”。商代,“大牢”多指牛牲,“小牢”多指羊牲。春秋以后,由于用大牢一定兼用小牢,用小牢未必兼用大牢,故以“太牢”(即“大牢”)指牛、羊、豕三牲,或单指牛牲;以“少牢”(即“小牢”)指羊、豕二牲。周代礼仪,帝王、诸侯致祭宗庙,必须用“太牢”,牛、羊、豕全备;卿大夫致祭宗庙,只用“少牢”。

大牢 即“太牢”。

少牢 亦作“小牢”。指古代祭祀时所用畜牲。商代,“小牢”通常指羊牲。周代礼仪,诸侯之卿、大夫、士祭祀宗庙,用羊、豕,称“少牢”。见《仪礼·少牢馈食礼》“少牢馈食之礼”郑玄注。《清史稿·礼志一》:“牲牢四等:曰犊,曰特,曰太牢,曰少牢……太庙西庑、文庙配哲,崇圣祠、帝王庙两庑,关帝、文昌后殿,用少牢。光绪三十二年,崇圣正位改太牢。直省神祇、社稷、先农、关帝、先医配位暨群祀用少牢。”

小牢 即“少牢”。

衅礼 古代祭神仪式之一。即宫室器物新造成时需用牲血涂抹以祭神。因而动工前有奠基之仪,完成时有落成之仪。其落成仪式即衅礼。最初曾用奴隶为人牲,刺颈或击鼻取血,后多用毛牲(牛、羊、猪、犬等)及羽牲(鸡、鹅等)。《礼记》《周礼》等书记载,凡宝物重器,每年于孟春行衅礼,乐器及兵器如钟鼓、尊彝、簠簋、俎豆、旗帜、戈戟等,新制成皆须行衅礼。《左传》及《孟子》中分别有衅鼓和衅钟的记载。

人殉 古代丧葬礼俗之一。即埋葬死人时,以活人陪葬。起源于原始父系氏族社会晚期。其时,氏族首领及氏族贵族占有大量财富及由战俘转化来的奴隶、妻妾。继承人出于鬼神迷信,为让死者在阴间继续享受,往往依据遗嘱将部分珍贵物品及奴隶殉葬。有时甚至包括死者妻妾。考古发现,甘肃、青海地区的辛店文化和甘肃的齐家文化等墓葬中均有人殉遗迹。商代普遍实行人殉,周代大为减少,春秋时期产生反对残暴的人殉制度的新观点,如孔子出于“仁”的信念,不但反对人殉,并反对以人形俑殉葬。然秦始皇死,秦二世却将后宫无子妇女及修墓工匠尽数生殉于大墓内。秦汉以后,人殉现象虽少,但根除未尽,明初皇帝及诸王葬时,有妃嫔、宫女殉葬,直至英宗,才下诏废除人殉之制。满清未入关前,帝王及大贵族也用人殉,至康熙帝始废除。

人祭 古代祭祀礼俗之一。即杀人作祭品来祭祀神灵。起源于原始社会的部落战争。其时生产力低下,凡俘虏人口,妇女通常娶为妻妾,儿童或收养或杀害,男子则杀祭于祖先灵前,以告胜利。大量殷墟甲骨文记载,商代杀祭人数多者每次达三百至五百人,其次百人,以及三十、十或一二人不等。其方式极其残暴。春秋以后,人的价值提高,儒家“仁”的观念兴起,人祭现象大量减少,但用敌方首领杀祭于社的现象仍然存在。此后,聚众起事、发兵出师也有用人头盟祭者。此外,云南少数民族自古有人祭的野蛮习俗,考古发现的滇王铜鼓,其上即刻有杀人祭铜柱的场面,其俗一直保持到近代。

棺椁制度 古代表示死者身份和等级的棺葬制度。棺,盛放死者的木制葬具;椁,套在棺外的外棺。仰韶文化时期始有棺葬,但只有石棺、瓦棺。木棺出现于大汶口文化时期,用于氏族中的头领。至殷商时,才有棺、椁之分。在商王陵墓室中,多用大木条叠压成方形或“亞”字形的椁室,其正中安放商王棺木。至周代,棺椁制度化。规定:天子棺椁四重,由内到外，第一重是有野水牛革蒙在外的木棺，第二重用椴木制，第三、四重皆用梓木制，因而又称“梓宫”。四重都是上下左右密封。诸侯棺椁三重，大夫两重，士只有大棺一重。又，天子大棺厚八寸，大夫、士大棺厚六寸，庶人之棺厚四寸、无椁。后世帝王、贵族、士大夫，基本沿用此制，然而时有逾制现象。

丧礼 古代凶礼的一种。即安葬和悼念死者时必须遵循的一套礼仪制度。汉族丧礼与灵魂不灭的观念有关，源于上古丧葬习俗，至周代大致定型，成为人生礼仪中的重要组成部分。由秦汉及隋唐，臻于完备。主要包括丧葬仪规、丧服制度、祭祀活动三方面。丧葬仪规，有属纩、招魂、停尸、小敛（殓）、报丧、吊唁、入敛（殓）、出殡、下葬。丧服制度，按血缘的亲疏远近，分为斩衰、齐衰、大功、小功、缌麻五等服，服期不一。祭礼活动，有奠、虞祭、卒哭、祔、小祥、大祥、禫祭等。其核心为丧服制度。它具有重嫡系轻旁系、重长子轻庶子、重男轻女的特点，表现了对宗族内尊卑长幼秩序的维护，具有用宗法伦理道德思想教育族人、团结宗族的作用。其影响广泛涉及政治、法律、婚姻等各方面，历来受到统治阶级的重视。汉族丧礼在历史上曾影响过亚洲的日本等国以及国内的部分兄弟民族。蒙古、满、回、藏等少数民族，也有其本民族固有的丧葬礼俗。

报丧 旧时汉族丧礼仪式之一。即亲人死后，迅速通知亲友邻里。起于周代，文献中写作“赴告”或“讣告”。天子崩，要讣告诸侯和全国，诸侯一般应立即奔丧。列国之间，诸侯薨，应讣告友邻各国，友邻国家当派使者吊丧。民间，父母长辈死，近代多采取由丧家晚辈至亲友家叩头报丧的形式，子孙须戴重孝。祖父母、父母死，隐匿不举丧，是属于“十恶”之中“不孝”的犯罪行为。

奔丧 古代汉族丧礼仪式之一。指居于他处，听到亲人死讯后归乡并服丧志哀。后多指奔亲丧。周代礼仪规定，子女在外，闻父母死，应即以哭答使者，然后详问父母死因，哭毕即着深衣、戴素冠急归故乡，途中素食，凡过一处皆哀哭过境，到家则自门外号哭于堂上。官员如遇父母大丧，一般皆须去职赴丧守制。在封建社会，不奔父母丧，属于“大不孝”行为。唯朝廷重臣，因特殊情况或有军务在身者，经皇帝特准，从国事考虑，方可留任不赴，此举称为“夺情”。

殓 亦称“殓礼”。汉族丧礼仪式之一。殓，经籍中多写作“敛”。流行于全国大多数地区。殓礼分小殓和大殓。为死者穿衣，并设灵座于堂供人吊哭曰“小殓”；为死者加冠（女子佩钗），并置尸入棺曰“大殓”。一般于人死三日后入殓，主要是为了希冀死者复苏。也有于死后七日或第二日进行者。《礼记・问丧》：“或问曰：死三日而后敛者，何也？曰：孝子亲死，悲哀志懑，故匍匐而哭之，若将复生然，安可夺而敛之也？故曰：三日而后敛者，以俟其生也。三日而不生，亦不生矣。孝子之心，亦益衰矣。家室之计，衣服之具，亦可以成矣。亲戚之远者，亦可以至矣。是故圣人为之断决，以三日为之礼制也。”

成服 旧时汉族丧礼制度之一。即在亲人死后的第四天，大殓之次日，让亲属按照与死者关系的亲疏，按五服制度（斩衰、齐衰、大功、小功、缌麻）穿上不同的丧服。清吴荣光《吾学录・丧礼门二》：“是日成服，五服各以亲疏为等。”注：“三日成服，除死日数之，是死之第四日……故《书仪》《家礼》皆云大敛之明日成服……盖盖棺以后，断无复生之理，陈馔既用素品，孝子之心以成服为安耳。”

出殡 亦称“出灵”。汉族及部分少数民族丧礼仪式之一。即将盛放死者遗体的灵柩送至安葬地或寄放地。一般汉族地区出殡时，由长子双膝下跪，头顶丧盆，灵柩启动前将丧盆摔碎，号啕大哭，然后起行。孝子须肩扛灵头幡，以孝带牵头杠。女儿或侄儿抱领魂鸡随后。灵柩后为鼓乐队及送葬亲友。到达墓地，孝子先执锹挖土，众亲友接着打墓穴，灵柩下葬。出殡时若用柩车，送丧者执绋前导，有服亲属皆在引布之内，而孝子行在后。清吴荣光《吾学录・丧礼三》：“挽柩车之索谓之引，亦谓之绋，今以整匹白布为之，系于杠之两端，前属于翣（棺饰），柩行，引布前导。《礼・檀弓》所谓‘吊于葬者必执引’，《曲礼》所谓‘助丧必执绋’，皆是物也。”

挽歌 古代汉族丧礼仪式之一。即送葬时唱哀歌。史载，起于汉初田横死时，其从者挽其遗体至葬所，不敢哭，为歌以寄哀音。至汉武帝时，音乐家李延年分为二曲，《薤露》送王公贵人，《蒿里》送士大夫庶人，后世挽歌诗，皆出于此。三国至初唐，其形式多为五言古诗或五言律诗。唐代长安城，至有以唱挽歌为业并享盛誉者。《乐府诗集·相和歌辞二·薤露》："薤上露，何易稀。露稀明日更复落，人死一去何时归？"又《蒿里》："蒿里谁家地？聚敛魂魄无贤愚。鬼伯一何相催促，人命不得少踟蹰。"唐白行简《李娃传》："每听其哀歌，自叹不及逝者，辄呜咽流涕，不能自止，归则效之。生（荥阳公子郑生）聪敏者也，无何，曲尽其妙，虽长安无有伦比……有顷，东肆长于北隅上设连榻，有乌巾少年，左右五六人，秉翣（出殡时的棺饰，状如掌扇）而至，即生也。整衣服，俯仰甚徐，申喉发调，容若不胜。乃歌《薤露》之章，举声清越，响振林木，曲度未终，闻者歔欷掩泣。"肆，指凶肆，即承办人家丧事的店铺。

庐墓 古代汉族丧礼习俗之一。遇君父、尊长大丧，服丧者往往于既葬之后，在坟墓之侧筑茅舍小屋（称"倚庐"），哀伤守墓，因称"庐墓"。起于先秦，大行于东汉。《后汉书·逸民传·戴良》："母卒，兄伯鸾居庐啜粥，非礼不行。"又《崔寔传》："寔父卒，隐居墓侧，服竟，三公并辟，皆不就。"

守制 旧时汉族丧礼仪式之一。起于周代。《仪礼》《礼记》等规定，嫡长子与承重孙（长房长孙）及为人后者，凡值父母或祖父母丧，须服丧三年。其礼士庶大略相同。发展至明清，居丧期间，规定不能听乐观舞，不能娶妻纳妾，不行房事；上层贵族，出入不走正门，门庭不换旧符；孝子居倚庐，三年内不饮酒；居官者须解除职务。三年期满，在隆重祭祀、移神位于祖庙后，方能脱除孝服，称为"起灵除孝"。唯在具体实行中，多不能全遵古制。但居父母丧，自行嫁娶，或丧制未终作乐、脱丧服而穿吉服，皆属"不孝"行为。至清代规定，凡丧三年者，二十七个月服满起复。

读礼 古代规定，守丧期间，要读有关丧祭的礼书，后世因以"读礼"一词借指居丧。语本《礼记·曲礼下》："居丧未葬，读丧礼；既葬，读祭礼。"清陆以湉《冷庐杂识·鲲溟侄》："丙午余读礼家居，侄亦奉讳南还。"《二十年目睹之怪现状》第二回："临去时，执着我的手，嘱咐我回去好好的守制读礼。"

丁忧 原指遇到父母丧事。后多专指官员居丧。周代至东汉初，父母死后，子女按礼制，须持丧三年，其间不得行婚嫁之事，不得出席喜庆之典，任官者并须离职，称为"丁忧"。服满后起复。匿丧不报者，革职，且要遭到强烈的道德谴责。

夺情 古代官员遇父母等丧事，按丧礼，须立即去职回乡持服（穿着丧服）。重要官员或领军在外，离任会影响朝内外重大政务者，由皇帝下诏命其留任，称为"夺情"。又守丧未终，而应朝廷之召起复任职者，也称"夺情"。

丧服 旧时汉族丧礼制度。即按本人与死者血缘关系的亲疏远近，在服丧期间及丧葬仪式中穿戴不同的服饰，以及相应的不同长短的服丧期限。源于上古，至周代宗法社会，以白色麻衣为丧服，成为定制，后世沿之。《仪礼·丧服》将丧服分为斩衰、齐衰、大功、小功、缌麻五种，亦称"五服"。其制度的形成与中国古代传统的九族制直接相关。服丧主要是晚辈为长辈或平辈间尽哀，是古代九族制血缘观念具体形象的反映。自周至民国，历时 2 000 多年，多有变化。汉初，文帝临终曾下短丧之诏，大臣服丧一月余即除服，少有行三年之丧者。王莽当国及东汉初，盛行三年之丧，居官者去职。魏晋时服丧期变短。唐宋以后，多有父死子守孝一周年，即举行"小祥"祭祀除服者。除服后，可娶妻纳妾，但三年内仍不宜离家远行。又，周制，父在子为母，齐衰杖期（一年）；父卒子为母，齐衰三年。唐制，父在父卒，子为母皆齐衰三年。至明清，子为母升为斩衰三年，与父同。

斩衰 丧服名。衰，通"缞"。"五服"中最重的丧服。用最粗的生麻布制成，断处外露不缉边，丧服上衣叫"衰"，因称"斩衰"。表示毫不修饰以尽哀痛。服期三年。古代，诸侯为天子，臣为君，男子及未嫁女为父，承重孙（长房长孙）为祖父，妻妾为夫，均服斩衰。至明清，子及未嫁女为母，承重孙为祖母，子妇为姑（婆），也改齐衰三年为斩衰。女子服斩衰，并须以生麻束起头发，梳成丧髻。实际服期约两年余，多为二十五个月除孝。《礼记·丧服小记》："斩衰括发以麻。"《清史稿·礼志十二》："斩衰三年，子为父母；为继母、慈母、养母、嫡母、生母；为人后者为所后父母；子之妻同。女在室为父母及已嫁被出而反者同；嫡孙为祖父母或高、曾祖父母承重；妻为夫，妾为家长同。"

齐衰 丧服名。齐，下衣的边；衰，通"缞"。是次于"斩衰"的丧服。用粗麻布制成，断处缉边，因称"齐衰"。服期分三年、一年、五月、三月。服齐衰一年，用丧杖，称"杖期"；不用丧杖，称"不杖期"。周代，父在为母服齐衰杖期，父卒服齐衰三年。唐代，为母，父在父卒皆齐衰三年；子妇为姑（婆）亦齐衰三年。至清代，凡夫为妻，男子为庶母、为伯叔父母、为兄弟及在室姊妹，已嫁女为父母，孙男女为祖父母，均服齐衰一年，杖与否，各有规定；重孙男女为曾祖父母，服齐衰五月；玄孙男女为高祖父母，服齐衰三月。

大功 亦作"大红"。丧服名。是次于"齐衰"的丧服。用粗熟麻布制成。服期为九个月。明清时，为同堂兄弟及姊妹在室者，为姑及姊妹及兄弟之女出嫁者；父母为众子妇，为女之出嫁者；祖为众孙；为兄弟之子妇……为兄弟之子为人后者；以及已嫁女为伯叔父、兄弟等，均服大功。

大红 即"大功"。

小功 亦作"小红"。丧服名。是次于"大功"的丧服。用稍粗熟麻布制成。服期五个月。清代，凡为伯叔祖父母、堂伯叔父母、未嫁祖姑及堂姑，为已嫁堂姊妹、兄弟妻、再从兄弟、未嫁再从姊妹，又外亲为外祖父母、母舅、母姨等，均服小功。

小红 即"小功"。

缌麻 丧服名。是次于"小功"的丧服。"五服"中最轻的一种。用较细熟麻布制成，做工也较"小功"为细。服期三月。清代，凡男子为本宗之族曾祖父母、族祖父母、族父母、族兄弟，以及为外孙、外甥、婿、妻之父母、表兄弟、姨兄弟等，均服缌麻。

降服 旧时汉族丧服制度之一。即降低一等服丧。如已出嗣为他人之后者，其为本生父母仅服齐衰不杖期，为祖父母仅服大功，为曾祖父母仅服小功，为高祖父母仅服缌麻，其他略同，均较原有规定（正服）降低一等。此外，如妾为其父母，已嫁女为其父母；诸侯女嫁与天子，大夫女嫁与诸侯，地位高于母家，为母家旁亲服丧，也皆降服。

卒哭 旧时汉族丧礼仪式之一。古代，孝子自父母始死至殡，哭不绝声；殡后思及父母即哭，不择时间，称"无时之哭"。卒即终止，卒哭祭为终止"无时之哭"的祭礼，自此改为朝夕各一次哭奠，称"有时之哭"。周代礼制，士三月而葬，自葬日开始接连举行三次虞祭，卒哭祭举行在第三次虞祭后的一个刚日（天干纪日法，甲丙戊庚壬日为刚日，乙丁己辛癸日为柔日）。此时距始死约百日。后世民间的"百日祭"即源于"卒哭"礼。

小祥 旧时汉族丧礼仪式之一。即父母丧后一周年举行的祭礼。此后，孝子乃渐除丧服，换上吉服，如去除用麻做成的丧带（首绖），换戴练冠，着练中衣（练即熟丝织成的缯）等。《大清通礼》卷五十："期而小祥，于忌日行事。厥明，丧主以下及期亲，就内外位哭尽哀，焚香进馔酒，读祝行礼仪与卒哭同。"参见"大祥"。

大祥 旧时汉族丧礼仪式之一。古代，父、母丧后一周年举行的祭礼叫"小祥"；两周年举行的祭礼，叫"大祥"。据《礼记·间传》，卒哭（百日）祭后，孝子只能食粗饭饮水，小祥祭后才可以吃菜与果，至大祥祭后，饭食中才可用酱、醋等调味品。小祥祭礼与卒哭同。大祭设于宗祠，以递迁改题神主之事祝告祖先，使善书者一人改题毕，陈设行礼。归后即撤除灵床灵座，停朝夕之奠，并断弃丧杖。

禫祭 古代丧礼仪式之一。即服丧期满脱除孝服的祭礼。在挂孝满二十七个月时举行。祭毕，孝子脱除全部丧服，结束守丧，开始恢复正常生活。起于周代，历代沿之。

除服 亦称"除丧""脱服"，俗称"脱孝"。古代汉族丧礼仪式之一。即除去丧礼之服。亲族中，按五服制度，各人所服及服期不同，除服时间亦先后不一。服斩衰者（孝子、子妇、承重孙等），除服最迟，须待二十七月禫祭时除去。除服后，素服终月，始改常服。

除丧 即“除服”。

脱服 即“除服”。

神位 代表神灵、祖先或死者的牌位。祖先或死者的牌位，亦称“神主”“木主”“灵牌”“灵位”“牌位”等。以木制造，上写头衔称谓，置于庙宇或灵堂、宗祠中，供祭祀之用。

灵位 代表初死者或祖先的神位。供于灵堂或宗祠，供生者祭祀。

牌位 代表祖先的神位。

木主 牌位。

忌日 在家族范围，指亲人亡故日期；在国家范围，则专指本朝帝后及先祖去世之日期。自唐代起，逢忌日不进行音乐歌舞，停罢政务，百官行香纪念死者。后又有禁刑、断屠宰等规定，以示虔敬。

上冢 亦称“上墓”，俗称“上坟”。皇家则称“上陵”。携带香烛酒食，到死者陵墓前祭拜，表示纪念。起于上古，初无定日，后乃定于清明、社日、腊日等四时节日。汉代自天子至百姓，莫不重其事。所上之冢，除祖先外，也包括亲戚故交以及乡贤名人之冢。

国丧 亦称“国恤”。古代逢皇帝、皇后之丧，一段时间内，臣民缟素，停止宴乐婚嫁，称为“国丧”。各代规定不一。汉文帝崩，遗诏臣民在命令到达各地三日后，吏民脱除丧服，不禁止百姓嫁娶、祭祀及饮酒食肉；宫中服丧者，在下葬后，“大红十五日，小红十四日，纤七日，释服”（《史记·孝文本纪》）。此后各代，因缟素不可以临朝，故对外多奉行“以日易月”之法，二十七日后释服；而有的皇帝则在宫内行三年之丧，素服二十七月。清代大体亦同古制，军民素服二十七日服除，外省十三日服除，王宫百官百日内停嫁娶，禁理发。康熙三十八年（1699 年）九月，诚郡王胤祉因在敏妃丧百日中剃头，降为贝勒。乾隆时，崇庆皇太后去世，帝衰服百日；停嫁娶，王宫百官百日，军民一月；辍音乐，王宫百官一年，军民百日。《清史稿·礼志十一》：“时沂州营都司姜兴汉、锦州知府金文醇国恤期内剃发，所司以闻，下部逮治。并申明祖制，禁百日内剃发，违者处斩。谕载入《会典》。”

田猎 古代军礼的一种。天子诸侯遇农闲无事、行围射猎，既是体育娱乐活动，亦借此演习军事。商代田猎频繁，卜辞中多记载。西周时形成制度，天子六军，诸侯国三军、二军或一军，每年进行田猎。春称蒐，夏称苗，秋称狝，冬称狩，见《左传·隐公五年》。汉代，武帝好猎，猎时并命司马相如作赋。此后，魏文帝、魏明帝、唐太宗、后唐庄宗、辽圣宗、金元诸帝、清圣祖（康熙）、清高宗（乾隆）等，皆好田猎。猎场多有固定地点，西汉在上林苑进行，并设专官管理；清代皇室之木兰围场，在河北承德避暑山庄北面四百里处。

射礼 古代军礼的一种。在周代曾属嘉礼。起源于上古氏族社会的军事教育。射，指射箭技术的训练，是征服野兽、抵御外敌的重要手段。商代对内镇压奴隶，对外征伐掠夺，拥有庞大的军队，射、御等军体教育在学校中占有重要地位。至周代，统治者重视武力建设，射术为选士标准之一。在尊礼思想指导下，周人创制了射礼，共包括大射、宾射、燕射、乡射四种。仪节繁复庄重，对所用弓、箭、侯（箭靶）、乐舞等都有不同的规定，程序亦各不同，具有鲜明的等级观念。大射是天子、诸侯、卿大夫祭祖、祭神前所设之典，以此选择参加祭礼的贡士；宾射是天子因诸侯来朝举行的射礼；燕射是天子与群臣燕息之射，以表君臣之礼；乡射（飨射）是举行乡饮酒礼时所行的射礼，以竞技、选贤、表长幼之序。

今人演示古代射礼

校阅 亦称“大阅”。古代军礼的一种。指君主亲自检阅军队，习武操练。《左传・桓公六年》：“秋，大阅，简车马也。”《唐会要・讲武》：“武德元年十月四日诏：‘杀气方严，宜顺天时，申耀威武，可依别敕，大集诸军，朕将躬自循抚，亲临校阅。’”《明史・礼志十一》：“隆庆二年，大学士张居正言：‘祖宗时有大阅礼，乞亲临校阅……令各营整搠人马。台上吹号笛，麾黄旗，总协戎政及将佐等官各归所部。兵部尚书请阅阵，举炮三。马步官军演阵，如常法。’”

出师 古代军礼的一种。指将帅及军队受命出征作战之际，整齐军纪，耀武扬威，以鼓舞军心。周始制，每战，大司马巡阵而论赏罚。汉代因以立出师礼仪，后世沿之。

会盟 古代诸侯之间会面和结盟的仪式。春秋时代，一些较小的诸侯国为了抵御大国侵略，联合作战；一些较大的国家利用自己的实力和影响，胁迫其他小国加入自己的阵线，都曾会盟。

朝觐 古代宾礼之一。指诸侯藩国朝见天子的礼仪。周代始制礼，诸侯春季拜见天子曰“朝”，夏季曰“宗”，秋季曰“觐”，冬季曰“遇”，亦以“朝觐”借称朝见天子。《周礼・春官・大宗伯》：“以宾礼亲邦国，春见曰朝，夏见曰宗，秋见曰觐，冬见曰遇。”《孟子・万章上》：“天下诸侯朝觐者，不之尧之子而之舜。”

朝贺 古代嘉礼之一。指岁首、新正、冬至等重要节日，群臣拜贺皇帝，或宫内太子、妃嫔、命妇等拜贺皇帝、皇后的礼仪。

朝会 古代嘉礼的一种。泛称诸侯、臣属等朝见君主。包括节日的朝贺之礼。

宴飨 亦作“宴享”“燕享”等。古代嘉礼的一种。即宴礼与飨礼。古代，王室以酒肉款待宾客，因招待对象不同而用不同等级的礼仪，天子款待诸侯用飨礼，款待诸侯公卿用宴礼，合称“宴飨”。

宴享 即“宴飨”。

燕享 即“宴飨”。

册封 原称“册”，亦称“册立”“册命”“策命”等。古代嘉礼之一。为天子封立太子、皇后、妃嫔、王侯、公主、郡主等，正式授予名号的礼仪。始于周代，后世沿之。举行仪式时，由天子派遣相应的大臣为使者，向受封者及有关人等宣读册文，并授以印玺，受封者的地位由此即得到承认。《清史稿・礼志七》：“康熙十六年，册立孝昭仁皇后，前期补行纳采、大徵如大婚礼。亲诣奉先殿告祭……宣制曰：‘某年月日，册立妃某氏为皇后，命卿等持节行礼。’”

策命 即“册封”。

册命 即“册封”。

册立 即“册封”。

加九锡 古代嘉礼之一。锡，通“赐”。九锡，指衣服、朱户、纳陛、舆马、乐则、虎贲之士、钺、弓矢、秬鬯等九种器物及待遇，是帝王赐予诸侯大臣的最高礼遇。每行此礼，帝王必同时颁“九锡文”，历数受赐者的事迹与勋劳。事实上，自汉献帝封丞相曹操为魏王，加九锡，后之权臣如曹丕、刘裕、萧道成、萧衍、陈霸先、杨坚等，在掌握军政大权后，莫不仿其故事，以为篡位换代之准备。

冠礼 古代嘉礼的一种。汉族男子的成年礼。周代，贵族男子二十岁行冠礼，主持者通常为父亲，由约请的男宾为受冠者加冠、诵读祝词、取字，表示从此为成年人，可以婚娶。后世民间十五岁至二十岁举行，各地不一。清中期后，多移至娶妻前数日举行。

今人演示古代冠礼

笄礼 俗称“上头”。古代嘉礼的一种。汉族女子的成年礼。笄，即簪子。周制，贵族女子在订婚后、出嫁之前行笄礼，一般在十五岁举行。受笄即改变幼年发式，将头发绾成一个髻，然后用一块黑布将发髻包住，以簪插定发髻。主持笄礼者为女性家长，由约请的女宾为少女加笄。因而，女子年十五岁，称为"及笄"。

今人演示古代笄礼

婚礼 古代嘉礼的一种。《仪礼》《礼记》等古籍中，"婚"多写作"昏"。即男女正式结为夫妇的婚礼形式。至周代，婚礼日趋完善，由简而繁，逐渐形成"六礼"之制，除奴隶外，天子至庶人皆实行之。后代繁简不一。一般，统治者的婚礼繁琐奢侈，平民较简；中原地区较繁，边远地区较简。少数民族地区，社会发展及文明程度不一，亦各有礼、俗。《通典·嘉礼三·天子纳后》："伏牺氏制嫁娶，以俪皮为礼。五帝驭时，娶妻必告父母。夏氏亲迎于庭，殷迎于堂。周制，限男女之岁，定婚姻之时，亲迎于户，六礼之仪始备……婚礼者，将合二姓之好，上以事宗庙，下以继后世也，故君子重之。共牢而食，合卺而酳，所以合体同尊卑而亲之。成男女之别，立夫妇之义，而后父子亲、君臣正，故曰：婚礼者，礼之本也。"

六礼 古代汉族婚礼的六个仪节。形成于周代，自天子纳后妃、皇太子纳妃、公侯大夫士婚礼，皆实行之。包括纳采（说媒求婚）、问名（问女方生辰八字，占卜吉凶）、纳吉（交换婚书）、纳徵（下财礼）、请期（商定结婚日期）、亲迎（迎娶新娘）六个步骤。南宋以后，渐简化成纳采、纳徵、亲迎三个步骤。它对男女婚姻礼仪起有规范的作用。《宋史·礼志·嘉礼二》："元祐五年八月，太皇太后诏：以皇帝纳后，令翰林学士、御史中丞、两省与太常礼官检详古今六礼沿革，参考《通礼》典故，具为成式。"

纳采 古代婚姻"六礼"之一。后代亦称为"合婚""说媒"等。即男家请使者（即媒人）去女家表示求亲之意，试探女家意向，女家答应议婚后，男家就用雁等为礼品再去正式求婚。后世帝王或富贵之家，如北齐皇太子及王纳妃，皇帝遣使纳采，有司所备礼物为：羔羊一口，雁一只，酒、黍、稷、米、面各一斛。问名、纳吉、请期、亲迎同。民间贫穷之家，则以野鸡、鹅等代之。《仪礼·士昏礼》："昏礼：下达纳采，用雁。"郑玄注："达，通也。将欲与彼合昏姻，必先使媒氏下通其言，女氏许之，乃后使人纳其采择之礼。"贾公彦疏："纳采言纳者，以其始相采择，恐女家不许，故言纳。"胡培翚正义："自纳采至请期五礼，皆遣使者行之。"

问名 古代婚姻"六礼"之一。即男家正式求婚，女家同意后，男家再请媒人执雁问议婚之女生母的姓名、本人的名字及出生年月日等，以回去占卜吉凶。后代问名扩大到门第、财产、职位、容貌、健康等诸方面。宋代以后，简化六礼，纳采与问名常合并一次完成。江南民间旧俗，男家至女家问名，女家将女子年庚八字，裹以红纸，副以红米、千年红（酒名），由媒人交付男家。媒人默然不语，持至男家厨房，供于灶神座下。如三日内家中平安，即请算命者合婚，或求签贞卜。若三日内有碎碗破钵等事，或八字相克，则借故将八字退还女家。《仪礼·士昏礼》："宾执雁，请问名。"郑玄注："问名者，将归卜其吉凶。"

纳吉 俗称"送定""过定""定聘""小聘""小定"等。古代婚姻"六礼"之一。是男家问名后将占卜得吉的消息通知女家的礼仪。也是定婚阶段的主要礼仪。男家如卜得吉兆，决定缔结婚姻，便以雁等为礼物，使媒人告知女家，然后双方交换婚书，分别开明男女正式年庚、生辰八字、两家三代及主婚人姓名、荣衔、里居，并详列男方的财礼，女方的陪嫁（首饰、金银、珠翠、帐幔，及随嫁田土、房舍、山园等）等。其"门当户对"的意义十分明显。《唐律》等所称"报婚书"，即纳吉而女家回复男家答应定婚的书契。宋代民间称“过细帖”。至近代所谓“换帖”“换庚帖”“换龙凤帖”“定亲”等，都是订定婚约之意，均属“纳吉”内容。宋朱熹《家礼》将纳吉并入纳徵，此后两礼常一并进行。纳吉早期以雁为礼，后世逐渐以首饰、彩绸、食品等为礼物。通常，男家长辈亲属与媒人一起至女家，相看家庭与人品，长辈须给女子见面礼，称为“相亲”。宋吴自牧《梦粱录·嫁娶》：“其伐柯人两家通报，择日过帖，各以色彩衬盘，安定帖送过，方为定论。然后男家择日备酒礼诣女家，或借园圃，或湖舫内，两亲相见，谓之相亲。男以酒四杯，女则添备双杯，此礼取男强女弱之意。如新人中意，则以金钗插于冠髻中，名曰插钗。若不如意，则送彩缎两匹，谓之压惊，则姻事不谐矣。”

纳徵 亦称“纳币”，后世俗称“纳财”“大聘”“过大礼”“下财礼”等。古代婚姻“六礼”之一。此为纳吉之后，男家送聘礼给女家的仪式。女家受物复书，标志婚姻完全成立，从此男女双方作为亲家往来。纳徵礼品，周代，庶人用缁帛，士大夫用玄、束帛、俪皮，诸侯加谷圭，天子加大璋。后代皇室、高官，聘礼丰奢无比，唐高宗时曾下诏，限定官宦之家聘财之数。历代民间也多以金银器为聘礼，故贫寒之士每有成年而无财以聘婚者。《仪礼·士昏礼》“纳徵”郑玄注：“徵，成，使使者纳币以成昏礼用。”贾公彦疏：“纳此，则昏礼成，故云徵也。”《通典·嘉礼三·天子纳后》：“汉惠帝纳后……聘黄金二万斤，马十二匹。”宋司马光《书仪》：“今世俗之贪鄙者……将嫁女，先问聘财之多少……是乃驵侩鬻奴卖婢之法，岂得谓之士大夫婚姻哉！”

请期 古代婚姻“六礼”之一。为男家向女家请定婚期的礼仪。纳徵之后，男家卜取吉日，派使者（即媒人）持雁和礼物，至女家求请结婚的日期，女家谦让，使者则将男家卜取的吉日告诉女家。如女家因故不能行，则须改期，请女方决定。民间多由男女双方共同商定日期，由算卜者卜定吉日后，送一期帖至女家，或由媒人口头通知。俗称为“提日子”“送日子”等。宋代以后，纳吉、请期多与纳徵合并。

亲迎 亦称“迎亲”。古代婚姻“六礼”之一。即举行成婚典礼之日，新郎奉主婚家长之命亲自至女家迎娶新娘。宋代以后，迎新娘多用轿，新郎骑马或乘轿，轿用红绿彩绸装饰，称为“花轿”，并以鼓乐作前导。

亲迎图

拜堂 古代婚礼仪式之一。民间俗称“拜天地”。始于唐代，自皇家至百姓，普遍行之。所拜为天地、祖宗、舅姑（公婆），及夫妻交拜，表示从此女子成为男方家族的一员，因而是婚礼过程中最重要的大礼。元关汉卿《窦娥冤》第一折：“你不要错过了好时辰，我和你早些儿拜堂罢。”

拜天地 见“拜堂”。

合卺 古代婚礼仪式之一。即结婚当晚，新夫妇在新房内共饮合欢酒。起于上古用葫芦一剖为二，用线将两瓢之柄相连，以之盛酒，夫妇共饮，称为“合卺”，表示从此成为一体。后世改用杯盏，也称“交杯酒”。宋周煇《清波杂志》卷八：“顷岁儿女合卺之夕，婿登高座，赋诗催妆为常礼。”清蒲松龄《聊斋志异·青梅》：“母笑慰之，因谋涓吉合卺。”

躬身 俯屈身体，以示恭敬。《三国演义》第二十五回：“三日一次于内门外躬身施礼，动问二嫂安否。”《西游记》第五十二回：“行者躬身唱个喏。”《红楼梦》第五十七回：“王太医只管躬身陪笑。”

长跪 指直身而跪。六朝以前，古人席地而坐，面对尊长或接待宾客，以此礼表示庄重。古乐府《上山采蘼芜》：“上山采蘼芜，下山逢故夫。长跪问故夫，新人复何如？”

叩首 下跪叩头行礼。《旧五代史·周书·慕容彦超传》：“（高祖）睹其圣像，一如梦中所见者,于是大喜,叩首再拜。"清昭琏《啸亭杂录·用傅文忠》:"文忠免冠叩首,神气不宁者数日。"

拱手 亦称"拱"。一种男子的礼节。两手围合在自己胸前。一般是左手握住右手,表示敬意。《礼记·曲礼上》:"遭先生于道,趋而进,正立拱手。"《说文·手部》:"拱,敛手也。"徐锴注:"两手大指相柱也。"《尔雅·释诂》郭璞注:"两手合持为拱。"《警世通言·老门生三世报恩》:"众人拱手听命。"

叉手 一种男子的礼节。《事林广记》记载,见面时用左手紧握右手,左手小指朝向右手腕,右手大指向上,其余四指伸直,如用右手掩其胸,离胸二三寸,表示恭敬或降伏。五代顾闳中《韩熙载夜宴图》中,即画有这种叉手礼的姿势。《孔丛子·论势》:"游说之士挟强秦以为资,卖其国以收利,叉手服从,曾不能制。"元王实甫《西厢记》第二本第二折:"则见他叉手忙将礼数迎,我这里万福先生!"《水浒传》第四十四回:"那大汉叉手道:'感蒙二位大哥解救了小人之祸。'"

唱喏 亦称"声喏"。一种男子的礼节。双手抱拳直立或躬身作揖,口中扬声致敬。"喏"为应答之声。用于下属对上级、晚辈对长辈。或曰起于东晋时王氏子弟,后乃普遍用之。唐陈希烈《道士萧从一见元元皇帝奏》:"今日凌晨,于三清门外,见道士萧从一鞠恭唱喏三四声,有紫云及音乐,移时不散。"《水浒传》第八回:"林冲寻思道:'庄客称他做教师,必是大官人的师父。'急急躬身唱喏道:'林冲谨参。'那人全不睬着,也不还礼。"

万福 古代女子的礼节。行礼时目光视下,两手松松抱拳,重叠在胸前下侧上下移动,并略作俯身的姿势,口称"万福"。宋罗大经《鹤林玉露》卷五:"(陆象山家)每晨兴,家长率众子弟致恭于祖祢祠堂,聚揖于厅,妇女道万福于堂。"《水浒传》第三十四回:"那妇人拭着眼泪,向前来深深的道了三个万福。"

请安 清代的问安礼节之一。男子打千,即右膝半跪,较隆重时双膝跪下;女子双手扶左膝,右腿微屈,往下蹲身口称"请某人安"。《红楼梦》第三十一回:"一时进入房中,请安问好,都见过了。"《儿女英雄传》第八回:"又赶着说:'别请安了,作揖罢。'安公子转过身来恭恭敬敬的作了一个揖。"

女子行万福礼

趋 古代的一种礼节。即面对君王、长者、尊者、贵宾,要以碎步疾行向前,表示敬意。入朝不趋,是皇帝给予大臣的一种特许。《论语·季氏》:"(孔鲤)趋而过庭。"《战国策·赵策》:"(触龙)入而徐趋,至而自谢,曰:'老臣病足,曾不能疾走,不得见久矣,窃自恕。'"《史记·萧相国世家》:"赐带剑履上殿,入朝不趋。"《旧唐书·忠义传下·李源》:"寺之正殿,即憕之寝室,源过殿必趋,未尝登践。"《二刻拍案惊奇》卷十四:"(吴宣教)急急趋上前去唱个肥喏。"

九拜 中国古代特有的向对方表示敬意的跪拜礼。《周礼·春官·大祝》:"辨九拜:一曰稽首,二曰顿首,三曰空首,四曰振动,五曰吉拜,六曰凶拜,七曰奇拜,八曰褒拜,九曰肃拜,以享右祭祀。"所述九拜,是不同等级、不同身份的社会成员,在不同的场合所使用的规定礼节。

稽首 ① 古代的一种拜礼。施礼者屈膝跪地,右手背至地,左手加在右手上,头也缓缓下俯,并在左手上停留一段时间。是拜礼中最重者。臣子拜见君王时所用。后来,拜天地神灵、子拜父、拜师、拜祖、拜庙、拜墓等,也都用此大礼。② 出家人所行常礼，一般在见面时用。即以双手（或单手）在胸前作“合十”状，躬身行礼，口称“稽首”，名为“打一个稽首”，实际上并不跪拜。元马致远《陈抟高卧》第三折：“只打个稽首，权充拜礼。”明高濂《玉簪记·幽情》：“（老旦）相公稽首。（外）观主拜揖。”

顿首 古代的一种拜礼。行礼时，头碰地即起，因其头接触地面时间短暂，故称“顿首”。通常用于下对上及平辈间的敬礼。是拜礼中次重者。

空首 古代的一种拜礼。即双手拱地，引头至手而不着地。是拜礼中较轻者。

肃拜 中国古代的一种拜礼。其实并不下跪，而是俯首躬身行礼，也就是揖。此为军礼，因军人身披甲胄，不便跪拜，故用肃拜。

褒拜 亦称“报拜”。中国古代的一种拜礼。即行拜礼后，因他人回礼而再拜。

再拜 古代的一种拜礼。拜两次，为极表崇敬之礼。《论语·乡党》：“问人于他邦，再拜而送之。”《史记·孟尝君列传》：“坐者皆起，再拜。”《东周列国志》第一〇六回：“太子丹闻田光至，亲出宫迎接，执辔下车，却行为导，再拜致敬。”

侠拜 古代的一种拜礼。妇女与男子相见，女先拜，男子答拜，女又拜，谓之“侠拜”。侠，通“夹”。《仪礼·士冠礼》“（冠者）北面见于母。母拜，受子拜，送，母又拜。”郑玄注：“妇人于丈夫，虽其子，犹侠拜。”宋赵与时《宾退录》卷八：“礼，妇人与丈夫为礼则侠拜。侠者夹，谓男子一拜，妇人两拜，夹男子拜。”

稽颡 古代的一种跪拜礼。屈膝下拜，以额触地，表示极度的虔诚。丧礼中孝子等亦用之。颡，额头。《仪礼·士丧礼》：“吊者致命，主人哭拜，稽颡成踊。”《红楼梦》第六十三回：“贾珍下了马，和贾蓉放声大哭，从大门外便跪爬进来，至棺前稽颡泣血，直哭到天亮喉咙都哑了方住。”

膜拜 古代的一种拜礼。即合掌加额，长跪而拜。表示尊敬或畏服的礼式。亦专指礼拜神佛。《穆天子传》卷二：“吾乃膜拜而受。”郭璞注：“今之胡人礼佛，举手加头，称南膜拜者，即此类也。”唐唐扶《使南海道长沙题道林岳麓寺》诗：“逢迎侯伯转觉贵，膜拜佛像心加尊。”

口谕 ① 皇帝向有关机构或人员下达的口头命令。② 旧指上司或尊长口头的指示。

留中 朝臣章奏送达皇帝后，出于某种原因，皇帝留下奏折，对其建言或报告之事，不表态度。

弹劾 指朝廷官员以章奏指陈大臣或其他官员的罪责过失，以求朝廷给予处分的行动。是封建时代纠绳不法或不称职官吏的一种手段。御史台（明、清改为都察院）的官员，负有弹劾违法官员的专职。

封驳 对皇帝不合宜的诏命，封还并署列反对的理由或意见。汉代已有封还诏书之事。至唐代，规定皇帝的诏敕须经过门下省，如果认为有失宜的可以封还，有错误的可以据理陈述，甚至可以改正诏书。清代，其制废。

票拟 明代内阁代皇帝批答来自全国各方面的臣僚奏章，在送呈皇帝批示以前，由内阁学士把批阅的建议，“用小票墨书”，并贴在各奏疏的封面上以进呈，称为“票拟”。清代自雍正帝设军机处后，重要奏章改用奏折，此制遂废。参见“批红”。

批红 明代废除宰相，内阁与各部大臣奏议公事要先行“票拟”，再由皇帝“朱批”决定可否。由于奏议繁琐，使皇帝无力负荷，加上明代初期以后若干君主废弛朝政，遂有司礼监秉笔太监代为“批红”之制产生。即各部公文奏议交司礼监分类后，拣选其重要的呈送皇帝。皇帝或亲批，或由秉笔太监口述大要而由皇帝口头指示，由秉笔太监代用朱笔书写，称为“批红”。发还内阁与各部后，再依据批红撰写正式诏书执行。

密折 ① 秘密向皇帝报告情况而呈递的奏折。② 清代实行的一种制度。清初统治者为广泛了解全国的真实情况，特地给予少数受信任大臣以秘密呈递奏折的权利，康熙、雍正时形成制度。缮写者须亲自为之，不可假手他人，报告内容多有关地方治乱、吏治好坏、天气收成、民间动态等。折叠的白纸上写奏文，外加特制皮匣，皮匣的钥匙备有两把，一把由上奏折的官员自存，一把由皇帝保管。官员自派亲信送抵京城，不经驿站，直达御前，由皇帝亲自批答。雍正七年（1729年）建立之军机处，亦负责密折。皇帝特许的下级官员可直接向皇帝弹劾上级长官。密折奏事使政令完全体现皇帝的意志，使君主专制、中央集权达于极限。

建储 指确定皇位继承人，册立太子。因太子是国之储君，故称。封建社会常有皇帝不育或嫡长子夭折而暂时后继无人的情况，此时则须在皇族诸王或庶子中挑选贤者，以继统序。清代立贤不立长，自雍正以后，为防止太子交通朝臣，威胁皇权，而皇子众多，也容易窥伺大位，各自树立朋党，互相攻击，乃采取秘密建储之制，直至咸丰朝。

乡饮酒礼 古代嘉礼之一。也是汉族的一种宴饮风俗。起源于上古氏族社会的集体活动，《吕氏春秋》认为是古时乡人因时聚会，在举行射礼之前的宴饮仪式。周代，以致仕之卿大夫为乡饮酒礼的主持人，贤者为宾，其次为介，又其次为众人。仪式严格区分尊卑长幼，升降拜答，俱有规定，见载于《仪礼》等儒家经典。明代，京师及州县以下，令民间以百家为一会，以里长或粮长主之，坐席时，以善恶分列三等，不许混淆，以此作为实行封建道德教育的手段之一。《礼记·射义》："乡饮酒之礼者，所以明长幼之序也。"《唐会要·乡饮酒》："开元六年七月十三日，初颁乡饮酒礼于天下，令牧宰每年至十二月行之……各备礼仪，准令式行礼，稍加劝奖，以示风俗。"《清史稿·礼志八》："雍正初元，谕：乡饮酒礼所以敬老尊贤，厥制甚古，顺天府行礼日，礼部长官监视以为常。"

旌表 古代统治者提倡封建德行的一种方式。自秦汉以后，历代王朝对所谓义夫、节妇、孝子、贤人、隐逸以及累世同居等大加推崇，往往由地方官申报，获朝廷批准后则赐以匾额，或由官府建造石坊，以彰显其名声气节。秦始皇为巴寡妇清筑女怀清台，为旌表之始。此后，东汉重孝道，明清加强对妇女的束缚，大力表彰节烈，皆属旌表的范畴。

刑名法律

法经 战国魏相李悝编纂制定的法典。是中国最早的一部较完整的成文法。约编成于周威烈王十九年(前407年)。共6篇,是关于盗窃、抢劫、叛乱、杀人、捕捉、关押以及各种禁止制度、刑罚名称和量刑轻重等的法典。原著早佚。但对于各诸侯国以及秦、汉的法律具有很大影响。

秦律 秦代法律的总称。秦孝公三年(前359年),任用和支持商鞅变法,根据魏相李悝《法经》6篇,改法为律,创制连坐律、告奸律、匿奸律、禁私斗律、收孥律等,颁行秦国。秦昭襄王时,秦国的法典进一步完备。秦始皇统一全国后,修订补充原有秦国法律,颁行全国,以代替战国时期各国的法律。《秦律》非常严密,政治、经济,军事、思想、生活等方面皆有法式。1975年12月,湖北云梦睡虎地出土的秦墓竹简中,载有部分秦律。2007年底湖南大学入藏的岳麓秦简,亦有反映秦代律令的相关内容。

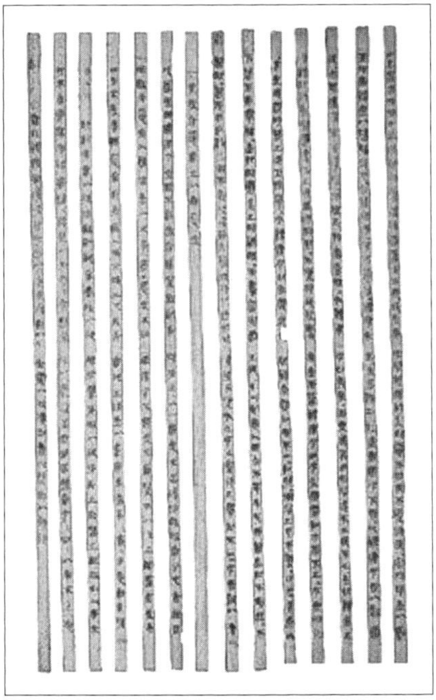

湖北云梦睡虎地出土的秦律竹简

汉律 汉代法律的总称。通常指西汉高祖、惠帝、武帝时期,为维护封建经济,加强封建统治,先后制定的许多法律。主要有关于罪名和刑罚的《九章律》9篇,关于礼仪制度的《傍章》18篇,关于宫廷警卫的《越宫律》27篇,关于朝贺制度的《朝律》6篇。东汉时期,无大增减。此四部法典,原文均佚,仅有清末法律史家沈家本和民国历史学家程树德的辑佚。1983年湖北张家山汉墓出土简中有《二年律令》,包含《金布律》《盗律》等二十余种汉律律名。

唐律 唐代法律的总称。包括唐高祖武德年间颁行的《武德律》,太宗贞观年间颁行的《贞观律》,高宗永徽年间颁行的《永徽律》和《永徽律疏》,玄宗开元年间颁行的《开元律》和《唐六典》,唐宣宗大中年间颁行的《大中刑律统类》。除《武德律》以隋代《开皇律》为蓝本外,其余均在前一朝律的基础上修订而成。此外,还有《武德令》《武德式》《贞观令》《贞观格》《贞观式》《永徽令》《开元七年令》《开元二十五年令》等。令以设范立制,格以禁止违邪,式以规定程式。宋以后残佚。1933年,日本学者仁井田陞据中国古籍辑成《唐令拾遗》出版,共33门、750条,已接近《开元七年令》原总数之半。唐律是中国古代法律成熟的标志。

唐律疏议 中国保存至今的最早、最完备的成文法典。全书对唐高宗时的《永徽律》逐条做了注解,成书于永徽四年(653年)。共三十卷、12篇、502条。12篇名为:名例、卫禁、职制、户婚、厩库、擅兴、贼盗、斗讼、诈伪、杂律、捕亡和断狱。元以后通称《唐律疏议》。书中的注释,阐明文义,揭示内涵,并设问答,以释疑义。它上承秦汉至隋代法制的成就,创造性地于律条之后附以注疏,使得"疏在律后,律以疏存",对后世的立法,如《宋刑统》《大明律》《大清律例》等都有深远影响,并直接影响东亚及东南亚多国的立法。参见"唐律"。

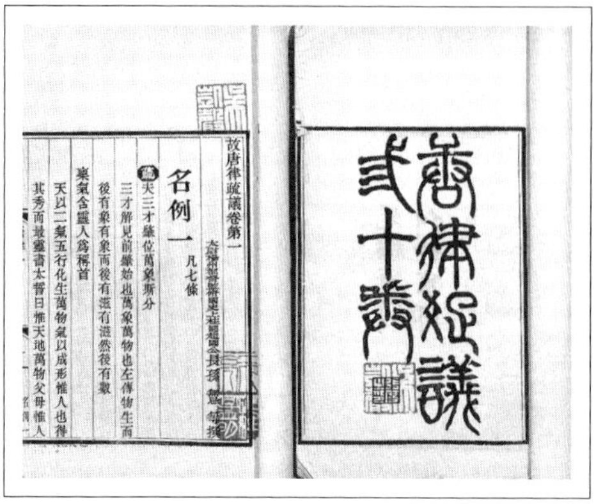
唐律疏議 三十卷

故唐律疏議卷第一

名例一 凡七條

疏 夫三才肇位萬象斯分

三才解見前肇始也萬象萬物也左傳物生而

後有象有象而後有滋有滋然後有數

稟氣含靈人爲稱首

天以二氣五行化生萬物氣以成形惟人也得

其秀而最靈書太誓曰惟天地萬物父母惟人

《唐律疏议》

宋律令 宋代法律的总称。宋代主要法典有二,其一为《刑律统类》,系仿照唐末《大中刑律统类》、后唐《同光刑律统类》与后周《显德刑律统类》三书名称,于建隆四年(963年)由窦仪等撰成,同年诏行全国。共三十卷、12篇、213门、502条。律文只是《唐律疏议》的袭用,除"折杖法"外很少变动,但收集了唐开元二年(714年)到宋建隆三年(962年)将近150年间的敕、令、格、式中的刑事规范,从中选出209条附于律文之后。此后数次订补,但改动很少。其二为《编敕》,系以皇帝的敕令编成,同时规定"律""敕"并行。后《编敕》的范围逐渐扩大,从神宗时起,敕的使用优先于律,实际上加大了皇帝随意赏罚处置的权力。

刑律统类 别称"宋刑统"。宋代主要法典之一。也是中国历史上第一部公开印行的皇朝法典。参见"宋律令"。

宋刑统 "刑律统类"的别称。

元律令 元代法律的总称。元初审理案件,沿用《金律》。此后,主要法典有元世祖至元二十八年(1291年)颁行的《至元新格》、元仁宗时颁行的《风宪宏纲》、元英宗时颁行的《大元通制》《大元圣政国朝典章》,以及元顺帝时颁行的《至正条格》等。《至正条格》共2 909条,系增删《大元通制》而成。对于元代法律,时人曾有"有例可援,无法可守"的批评。其法律公开维护以蒙古贵族为主体的统治阶级的特权,实行民族歧视与民族压迫,确认畜养奴婢的制度,并保留了许多习惯法。

元典章 《大元圣政国朝典章》的简称。元代法典之一。是至治二年(1322年)以前元朝法令文书的分类汇编。全书分诏令、圣政、朝纲、台纲、吏部、户部、礼部、兵部、刑部、工部十大类,共计六十卷、373目,每目分若干条格。记事至延祐七年(1320年)止。后又增附《至治条例》作为"新集",未分卷,共8类、81门、467目、2 391条,体例属《唐六典》类型。《元典章》全部内容都由原始文牍资料组成。元代政治、经济、文化等各个侧面在书中常有具体生动的反映。如有关贵族官僚的特权、封建的身份等级制、统治者对民众的剥削压迫、不平等的民族等级划分等,资料十分丰富。大量的诉讼文字和判例从各方面反映了元代尖锐的阶级矛盾和动荡的社会生活。对研究元代法制史和社会史具有很高价值。

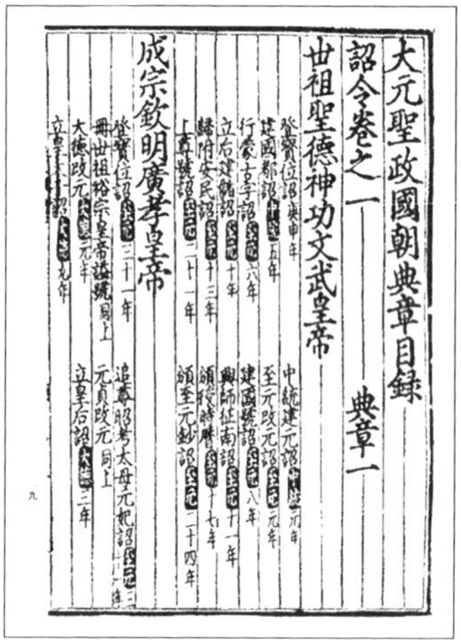
大元聖政國朝典章目録

詔令卷之一 典章一

世祖聖德神功文武皇帝

成宗欽明廣孝皇帝

《元典章》

明律令 明代法律的总称。明代的主要法典有:(1)吴王(朱元璋称帝前位号)元年(1367年)由李善长等根据《唐律》制定的《明律》,共285条。(2)明太祖洪武七年(1374年)颁行的《大明律》。洪武三十年重加修订颁行,共三十卷,460条。(3)明孝宗弘治年初修、万历时重修成书的《明会典》,共二百二十八卷。主要规定各行政机构的职掌、事例。(4)明神宗万历十三年(1585年)最后修纂成的《问刑条例》,382 条。(5) 弘治时期初纂、嘉靖时重修的《明条法事类纂》,五十卷。此外,洪武间朱元璋手订的《大诰》,也是明代重要法典。

大诰 明代主要法典之一。源出《尚书》"陈大道以诰天下"一语,原意是帝王对臣民的告诫。《大诰》三编,加《大诰·武臣》,共 4 编 236 条。是明太祖朱元璋从洪武十八年(1385 年)起,用严刑峻罚镇压臣民而颁布的特别刑法。内容包括刑事案例、新的重刑法令和对臣民的训导三方面。所列严刑峻罚,有族诛、凌迟、极刑、枭首、斩等死刑,以及墨面文身、挑筋去指、剁指断手、刖足、阉割为奴、斩趾、枷令、常枷号令、枷项游历、重刑迁、充军、籍没等项刑罚。直至洪武三十年(1397 年)《大明律诰》颁行,《大诰》诸项峻令才不复援用。

大明律 明代主要法典之一。明太祖洪武六年(1373 年)诏刑部尚书刘惟谦等撰定,次年颁行。《大明律》一以《唐律》为蓝本,分 12 篇,共 606 条。洪武三十年再加修订颁行,共 30 卷,减至 460 条,按六部之制,分为《吏律》《户律》《礼律》《兵律》《刑律》《工律》。

清律令 清代法律的总称。清统治者入关之初,沿用明律。后根据明律参照满汉条例编成《大清律集解附例》,于顺治三年(1646 年)颁行。康熙、雍正时加以修订,于乾隆五年(1740 年)完成总修,定名《大清律例》,简称《大清律》。共四十七卷,30 篇。其中律有 436 条,附例 1 409 条。包括《名例律》《吏律》《户律》《礼律》《兵律》《刑律》《工律》等。律例并行,"例"的作用往往超过"律"。乾隆以后,条例五年一小修,十年一大修,成为定制,而"律"很少变更。至光绪三十三年(1907 年),为改良图存,清王朝命修订法律大臣沈家本等,仿照资本主义国家刑法体例,参照封建旧律,重新制定成《大清新刑律》,于宣统二年(1910 年)颁行,准备三年后实施。然不久辛亥革命爆发,清亡。

《大清律例》

大清律例 见"清律令"。

钦定宪法大纲 中国晚清政府颁布的中国历史上第一部宪法性文件。清皇室因社会矛盾尖锐,要求变革的呼声日高,为防止革命爆发,由宪政编查馆参照 1889 年日本明治天皇颁布的《帝国宪法》而制定。《大纲》删去了日本宪法中限制君权的条款,以皇帝名义,于光绪三十四年八月初一日(1908 年 8 月 27 日)颁布。宪法大纲 23 条,分为"君上大权"14 条和"臣民权利义务"9 条。大纲规定人民有言论、出版、集会、结社、担任公职等权利与自由,有当兵、纳税、服从政府等义务;但保留君主专制的特权,皇统永远世袭,皇权不可侵犯,法律议案必须经皇帝核准施行,宣战、媾和由皇帝决定,用人、司法、军权由皇帝独揽。议院不能干预皇帝的权力,仅是点缀而已,而皇帝则有"召集、开闭、停展及解散议会之权"。《大纲》表现了清统治者重君权(国权)、轻民权的主旨,与传统的法典不同的是,它打破了中华法系的旧有结构,使宪法作为根本大法独立于刑法、民法等普通法律之外,

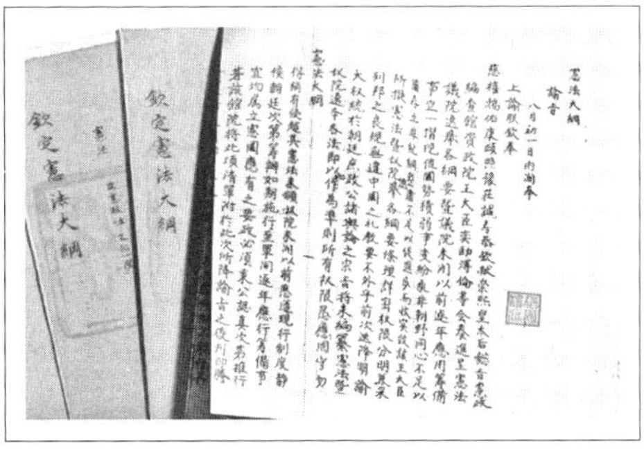

《钦定宪法大纲》

在中国法律史上第一次明确规定了臣民的权利和义务。这对于开启民智，培养近代的法律意识具有一定意义。

城旦舂 秦汉时期刑罚之一。城旦与舂的合称。即强制男犯修筑城墙，女犯舂米。也用为这两种罪犯的名称。一般刑期是四年。有时与其他刑罚结合使用，如黥城旦舂、髡钳城旦舂等。至东汉时，“城旦”不止于筑城一事。至北周时，将强制犯人服役的刑罚定名为“徒”，一直沿用至清。《史记·秦始皇本纪》：“令下三十日不烧(书)，黥为城旦。”黥，在面额上刺字和染色。《汉书·惠帝纪》：“上造以上及内外公孙耳孙有罪当刑及当为城旦舂者”，颜师古注引汉应劭曰：“城旦者，旦起行治城。舂者，妇人不豫外徭，但舂作米：皆四岁刑也。”

复作 秦汉时期刑罚之一。即强制轻罪犯服劳役的一种刑罚。复，指解除其钳钛等刑具与赭衣等；作，指劳役。汉代复作，指女子徒一年刑。《汉书·宣帝纪》：“使女徒复作”，颜师古注引李奇曰：“复作者，女徒也。谓轻罪，男子守边一岁，女子软弱不任守，复令作于官，亦一岁。故谓之复作徒也。”

隶臣妾 秦汉时刑徒的名称。指因本人犯罪，或被俘，或亲属连坐充当官奴婢的，男子称隶臣，女子称隶妾。合称“隶臣妾”。秦代的隶臣妾，为终身刑徒，无固定的劳动，被役使种地、放牧、修筑城墙及官府房屋、充当官营手工作场的工匠、士兵、狱卒，看管刑徒劳动等。但有赎免之法，如以亲属戍边、军功爵赎免本人或亲属等。至汉文帝时，始定为有期刑，刑满后免服劳役，成为庶人(平民)，但亦只限本人犯罪者。魏晋至清代，均有因连坐、缘坐、籍没为官奴婢者，但不再用“隶臣妾”的名称。

鬼薪 秦汉时期刑罚之一。因使刑徒上山采伐宗庙祭祀所需柴薪，以及从事手工业生产和其他重体力劳动等官府杂役，故称。刑期三年。女子服三年刑者称为白粲。文献中，鬼薪、白粲多连用。魏晋以后不见记载。《史记·秦始皇本纪》：“尽得毐(指嫪毐)等……车裂以徇灭其宗。及其舍人，轻者为鬼薪。”裴骃集解：“应劭曰：‘取薪给宗庙为鬼薪也。’如淳曰：‘《律说》鬼薪作三岁。’”宋陆游《新秋感事》诗之二：“强颜未忍乞墦祭，积毁仅逃输鬼薪。”康有为《大同书》甲部第四章：“古用苗制，施行肉刑，汉文免之，改为囚徒。髡钳、鬼薪，役作。”

白粲 秦汉时期刑罚之一。因使女刑犯择精米以供宗庙祭祀用，故称。粲，鲜亮。三年徒役于男子称鬼薪，于女子称白粲。魏晋以后不见记载。参见“鬼薪”。

肉刑 残害肉体的刑罚。古代指切断肢体、割裂残害肌肤以及生理器官的刑罚。古代指墨(刺面并着墨)、劓(割鼻)、刖(斩足)、宫(割去或破坏生殖器)、大辟(死刑)等五种刑罚。起源于奴隶社会，夏商周三代成为常刑，秦及汉初相沿不改。汉文帝前元十三年(前 167 年)废除墨、劓、刖三种肉刑，以笞刑代替劓和刖左趾。宫刑一度废除，后又恢复，魏晋之后间或用之，最终废。魏行鞭杖之制，晋、南朝梁有髡钳五年刑加笞二百。北魏有鞭、杖之刑，北周徒、流刑，皆加笞刑。隋以后至清末均有杖、笞刑。五代后晋天福年间行刺配法，沿用至 1904 年三、四月，清廷改革刑法，才从法律上明令废除死刑外的各种酷刑等，故整个封建社会都存在肉刑。《清史稿·德宗纪》：“癸巳，谕更定法律。死罪至斩决止，除凌迟、枭首、戮尸等刑。斩、绞、监候者以次递减。缘坐各条，除知情外，余悉宽免。刺字诸例并除之。甲午，以禁止刑讯，变通笞、杖，清查监狱羁所，谕督抚实力奉行……夏四月甲辰……更定窃盗条款。凡应拟笞、杖者改罚工作。乙巳，谕各省府州县立罪犯习艺所。”

五刑 ① 古代五种刑罚的合称。周以前指墨(刺字)、劓(割鼻)、剕(砍足)、宫(阉割生殖器)、大辟(杀头)等。秦汉两代有各种轻重不等的刑罚，但无“五刑”的总称。② 隋代至清，以笞、杖、徒、流、死为“五刑”。

墨刑 古代五种刑罚之一。在犯人面部或额上刺刻并染以墨色，为五刑中最轻的刑罚。始于夏、商、周。战国时称“黥刑”。秦代广泛使用，五代后晋开始恢复黥刑，创刺面之法，并与流刑混用，称为刺配，小说《水浒传》中多写及之。一直沿至清代。

劓刑 古代五种刑罚之一。割掉鼻子的刑罚。重于墨刑,而轻于剕(刖)刑。最早见于甲骨文,周代广泛施用,史称周初"劓罪五百"。春秋战国时代沿用,战国及秦亦用以惩罚士兵。至汉文帝时废除,以笞刑替代。此后间或使用。隋以后不见于刑典,唯金初对于犯重罪赎刑者,仍割鼻或耳,以别于一般平民。《金史·刑志》:"或重罪亦听自赎,然恐无辨于齐民,则劓、刵以为别。"

剕刑 古代五种刑罚之一。把脚砍掉的刑罚。周以前称"膑",周代称"刖"或"剕",都是断足之刑。一说剕仅是断去足趾,刖是割掉脚筋,恐不确。春秋、战国时普遍使用。秦汉时称"斩左右趾"。斩右趾(足)比斩左趾(足)为重。汉文帝时除肉刑,当斩左趾者笞五百,斩右趾者弃市,实际上等于变相处死。武帝时始用"釱左趾"(即给左足戴上铁镣)的刑法代替斩左趾。东汉时废除斩右趾者弃市的法律。三国魏时,斩左趾者不笞,斩右趾者亦不弃市,改用木械。魏晋以后,刑法中已不见刖刑的规定,偶有用之者。

刖刑 见"剕刑"。

膑刑 古代的一种酷刑。剔去受刑者的膝盖骨,使其不能行走,从此残废。膑,本作"髌",意为膝盖骨。始于夏代。战国时期军事家孙膑,在魏国遭受同窗庞涓陷害,曾受此刑,因即以膑为名。后被人救回齐国,齐威王任为军师,在马陵之战中,身居辎车,以计杀庞涓,打败魏军。

宫刑 古代五种刑罚之一。即阉割男子的生殖器,或使女子子宫坠落。是使人丧失性功能和生殖能力的酷刑。在上古社会中施于奴隶,秦以后大量使用。

腐刑 亦称"下蚕室"。宫刑的一种。是施于男子的酷刑。见于《舜典》。在古代是仅次于大辟的重刑。它使受刑者丧失性功能,如腐朽的树木不能结果实,故称。西汉时,史学家司马迁,因替兵败投降匈奴的李陵辩解,触怒汉武帝下狱,以无财力赎罪,而遭受腐刑。

幽闭 亦称"椓刑"。宫刑的一种。即以木槌敲击女子腹部,使子宫坠下,封闭阴道,从此不能性交、生育,以达到严惩目的。是古代施于女子的酷刑。最初用来惩罚男女间不正当的性关系,见于《吕刑》篇。后成为仅次于大辟的重刑,用于汉代,至明初犹存。明初受刑妇女多被弄死,后乃废。《书·吕刑》"宫辟疑赦",孔传:"宫,淫刑也,男子割势,妇女幽闭,次死之刑。"清褚人获《坚瓠续集·妇人幽闭》引明王兆云《碣石剩谭》:"昔遇刑部员外许公,因言宫刑……椓窍之法,用木槌击妇人胸腹,即有一物坠而掩闭其牝户,只能便溺,而人道永废矣。"

椓刑 "幽闭"的别称。又一说,是将女性耻骨击碎,使骨折,故而此处无法被触碰,用以达到严惩的目的。参见"幽闭"。

大辟 古代五种刑罚之一。隋以前为死刑的通称。奴隶社会时是五刑中最重的刑罚。秦代有斩、枭首、车裂、弃市、腰斩、肢解、磔(剐)等不同手段。西汉废除前朝酷刑,定此刑为腰斩、弃市、枭首和磔,直至清末。

斩刑 即大辟。原泛称各种残酷的死刑。汉以后指杀头、腰斩、肢解并弃市。南朝不用腰斩。后世普遍用之。

枭首 古代死刑的一种。斩下犯人的头,高悬在木杆之上示众。传说起于上古黄帝斩蚩尤时。至秦汉,定名为"枭首"。是汉代死刑的主要执行方法之一,用于谋反、大逆等罪。隋、唐、宋、元时无此刑,辽有之。明、清律对强盗仍用枭首。至光绪三十一年三月(1905年4月),清廷修改刑法,才废除死刑中的凌迟、枭首和戮尸等酷刑。宋高承《事物纪原·律令刑法》:"黄帝斩蚩尤,悬首军门,此枭首之起也。"参见"戮尸"。

车裂 俗称"五马分尸"。古代一种残酷的死刑。将犯人的头部与四肢分别捆绑在五驾马车之后,然后驱马分驰,活活撕裂肢体。始于周代,春秋战国至南北朝时常用之。秦国实行变法的政治家商鞅失败被擒后,遭车裂。又,改革家吴起在楚,纵横家苏秦在齐,被杀后均遭车裂之刑。

五马分尸 见"车裂"。

弃市 古代死刑的一种。在闹市执行死刑,并将犯人尸体暴露街头,以达到威慑百姓的作用。

湖北云梦睡虎地秦墓出土的竹简显示，秦、汉两代死刑，均有弃市。有研究认为，秦汉的弃市并非斩刑，而是绞刑。隋唐以后，斩、绞、凌迟、枭首等死刑均承袭此法，处死后以尸体示众。故"弃市"成为公开执行死刑的代称。《礼记·王制》："刑人于市，与众弃之。"《史记·秦始皇本纪》："有敢偶语《诗》《书》者弃市。以古非今者族。"

腰斩 古代死刑的一种。将犯人用大斧在砧上拦腰砍断。次于枭首。始于周代，秦、汉、魏晋时期普遍使用，明初仍有此刑，著名大诗人高启因忤明太祖朱元璋意，被腰斩。

支解 亦作"肢解"。古代一种残酷的死刑。将人杀死后分解四肢。春秋时已有此刑，后世沿之。一说即凌迟。《战国策·秦策三》："（吴起）功已成矣，卒支解。"鲍彪注："断其四支。"晋葛洪《抱朴子·行品》："义正所在，视死犹归，支解寸断，不易所守。"

磔刑 古代一种残酷的死刑。将活人肢体分解后悬首张尸示众。秦代及汉初被广泛使用。汉初死刑中有弃市和磔。

凌迟 亦称"磔"或"剐刑"，俗称"千刀万剐"。古代的一种残酷的死刑。先碎割受刑者的肉体，然后斩断肢体和头部，使其缓慢死去，以加重其痛苦。五代时始立凌迟之刑。宋、辽、元、明、清沿之，常用于处罚谋反、大逆等重罪。明末督师辽东的爱国将领袁崇焕，因皇太极的反间计，使明崇祯帝误信他通敌卖国，将他下狱，冤死于凌迟。

烹刑 亦称"汤镬""鼎镬"。古代一种残酷的死刑。用鼎或镬（大锅）将犯人活活煮死。流行于周至秦、汉间，秦代设其为常刑。

菹醢 亦作"葅醢"。古代一种残酷的死刑。即将人剁成肉酱。传说起于上古，夏末大臣关龙逄被暴君夏桀，商代贵族梅伯被商纣王，分别处以菹醢，春秋战国沿之。西汉著于律令，用来杀戮功臣。汉以后，不见于刑律，但实际并未废除。如魏晋时，有用来惩治"谋反大逆"者。元代亦承用之。屈原《离骚》："后辛之菹醢兮，殷宗用而不长。"又："不量凿而正枘兮，固前脩以菹醢。"王逸注："菹醢，龙逄、梅伯是也。"《汉书·吴王濞传》："敢请葅醢之罪。"

戮尸 古代的一种刑罚。为惩罚死者生前的行为，而斩戮其尸。如本人生前谋反或思想文字被认为"大逆不道"，或子孙犯重罪，而累及父、祖，即掘墓戮尸。始于上古，直至清代。如《后汉书·灵帝纪》："皇甫嵩与黄巾贼战于广宗，获张角弟梁。角先死，乃戮其尸。"李贤注："发棺断头，传送马市。"《晋书·王敦传》载王敦及其党沈充死后，朝廷"发瘗出尸，焚其衣冠，跽而刑之。敦、充首同日悬于南桁，观者莫不称庆。"至清代，雍正、乾隆帝对于已经死去的文字狱犯，如吕留良及其子吕葆中等，也采用戮尸之刑，以镇压思想异端者。

绞刑 旧时死刑的一种。用布帛、绳索等将犯人勒死或用绞刑架绞死。周代已有。除元代有斩无绞外，历代相沿至清。辛亥革命后，北洋军阀的刑法曾规定死刑用绞。因其可保留全尸，故轻于斩刑。

鞭刑 古代刑罚之一。用皮鞭抽打犯人，主要用于男子，须赤裸上身受刑。周代已有，多用于责罚奴仆。后世沿用。明初将领、功臣朱亮祖，被封永嘉侯，后出镇北平（今北京）、广东，因所行多不法，与其长子朱暹一起，被明太祖下令鞭死。

笞刑 用竹板或荆条棰击罪犯臀腿部或脊背部。上古时，用为对受教育者施行惩戒，汉文帝时才用为正式刑罚。魏晋南北朝以后，多作为流刑、徒刑的附加刑，杖数不等。《醒世恒言·陆五汉硬留五色鞋些》："知县相公一见了这锭样，认定是造假银的光棍，不容分诉，一上打了三十毛板，将强得利送入监里。"

清代笞刑

杖刑 以大于笞刑所用的荆条、毛竹板或棍杖棰击犯人的臀、腿或背部。起源甚早，从上古鞭刑演变而来。作为刑种，自东汉始。隋代以生荆为之，杖数分六十、七十、八十、九十、一百共五等。唐、宋、明、清因之，多用竹板或棍杖，俱以一百为满杖。元代计数方法特殊，以前皆从十下开始，元朝则减三下作七下。为的是所谓："天饶他一下，地饶他一下，我饶他一下。"如"不孝"罪，闻父母之丧不奔，杖四十七；居丧宿娼，杖八十七；口陈欲反之言，流二千里，杖一百零七等。清唐甄《潜书·省刑》："山东习用重刑。杖以巨竹连根为之，长八尺，头径六寸，厚五寸，敦然方物也。皂必长大强力者……挞二十则易二十人，挞三十则易三十人，恐其再挞则力减也。"皂，皂隶，行刑的差役。

杖毙 施以杖刑，活活打死。宫廷中皇帝常用于重惩参与阴谋作恶的太监、宫女之类。在皇权至上的专制时代，常有受牵累或完全无辜者。

夹棍 古代社会法定刑具之一。始于南宋末，明、清沿之。用三根相连的木棍夹挤受刑者的腿足部，施用于男子，以刑讯逼供。清唐甄《潜书·省刑》："夹棍以铁贯本，置胫（小腿）其间，左右各五人并力曳之。良久，乃合其末，左右击以巨棍，至百数十。异日复夹，胫肿如股（大腿），不可入。皂（差役）举踵踏入，复夹之。"

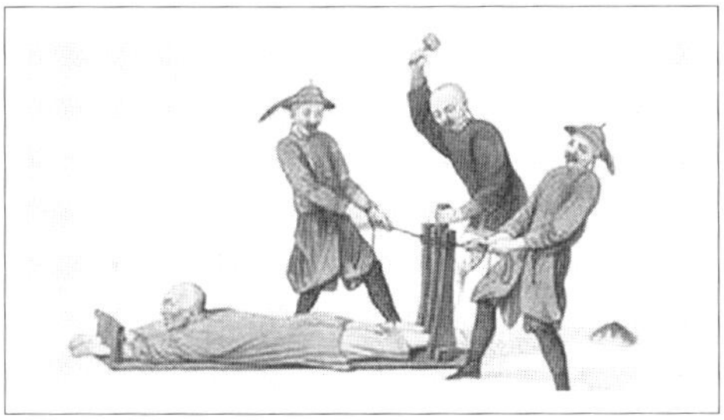

夹棍

拶指 古代的一种刑罚。起于周代。用绳子穿联五根小木棍，套入犯人手指后用力紧收，此种刑具叫"拶子"。施用于妇女，以刑讯逼供。《初刻拍案惊奇》卷十九："把申春严刑拷打，蔺氏亦加拶指，都抵赖不得，一一招了。"《辛亥革命前十年间时论选集·论革命之趋势一》："清律重刑讯，所用刑具有笞杖、枷锁、手杻、脚镣、夹棍、拶指、压膝、问板等，已极人世之残忍矣。"

拶子 刑具名。《醒世恒言·陆五汉硬留合色鞋》："拶子才套得指头上，疼痛难忍。"参见"拶指"。

立枷 明清时的一种刑罚。因令犯人套重枷而直立，故称。其公开示众，带有羞辱意味。又称"枷号示众"。当时的统治者认为，这样能使百姓畏惧，可预防犯罪。明代重枷达 150 斤，甚至 300 斤。后废除。

立枷

站笼 清代的一种刑罚。在"立枷"的刑罚上，又创木笼站囚制。用木棍制成笼子，顶部开圆孔，拘束犯人的颈部，使其昼夜站立。其后

站笼

果可致人死亡。有的在脚下垫物，然后抽去，使悬空致死。辛亥革命后彻底废除。《老残游记》第三回："未到一年，站笼站死两千多人。"

赭衣 中国古代罪囚所穿衣服，因用赤土染成赭色，故称。亦用为囚徒、罪人的代称。文史作品中，常以"赭衣半道""赭衣塞路"等形容政治残暴，法律苛严，到处可见犯法的无辜者。汉贾山《至言》："赭衣半道，群盗满山。"《梁书·武帝纪中》："若悉加正法，则赭衣塞路。"清丁澎《风霾行》："秦时赭衣常塞路，日蚀星移失恒度。"

刺字 文献中称"墨"或"黥"。古代的一种刑罚。汉代一度曾废除。五代后晋时实行刺配之法，在犯人面部、臂部或其他部位刺明所犯事由及流放地。宋代多用以惩治盗贼等判徒流迁徙者。后世施用范围较宽，沿袭至清代。

刺配 源于墨刑和黥刑。将罪犯脸上、臂部或他处刺刻标记，遣送到边远地区或指定场所服劳役或充军。创制于五代后晋。一般先受徒、流、杖刑再刺脸，服役终身。《水浒传》第七回："看林冲口词，是个无罪的人……如今着他招认做不合腰悬利刃，误入节堂，脊杖二十，刺配远恶军州。"

徒刑 省称"徒"。指在一定期限内强制罪犯从事劳动的刑罪。周代为死刑外的附加刑，徒刑犯人均须服劳役。秦汉时根据劳役的性质、期限和有无附加刑分为若干等级。隋、唐至清，除金代外，均以三年刑为最高刑。

流刑 俗称"流放"。即将犯人放逐到边远地区服劳役或戍守。非特赦不得回乡。轻于死刑，重于徒刑。正式始于南朝梁，沿用至清。流放的距离、时间不等。自唐至清，凡犯此罪者妻妾从之，子、孙听便。

充军 将免死罪犯发配到边远地区的军中屯垦，以充实军伍，或在官办作坊等处服劳役。轻于死刑、重于流刑。魏晋相沿，死罪与重罪者的妻、子皆处以充军。明代有终身刑与永远刑两种。终身刑为犯人终身服役，永远刑则累及子孙，犯人死后由子孙顶替，并按路程远近分为五等。《宋史·刑法志三》："刺配之法二百余条，其间情理轻者，亦可复古徒流移乡之法。俟其再犯，然后决刺充军。"

削籍 亦称"除名"。君主专制时代指官员革职后，朝廷取消其士大夫的身份，降为平民。宋苏轼《上皇帝书》："大则身首异处，破坏家门；小则削籍投荒，流离道路。"

夺爵 亦称"削爵"。谓因罪而削去爵位。秦、汉时一种制度，历代相沿。对统治阶级内有爵位的犯罪者，剥夺其爵位及充任的官职。也有免为庶人者。《汉书·景帝纪》："夺爵为士伍，免之。"颜师古注："谓夺其爵，令为士伍，又免其官职，即今律所谓除名也。"《清史稿·后妃传·敏惠恭和元妃》："郡王阿达礼、辅国公扎哈纳当妃丧作乐，皆坐夺爵。"

圈禁 明清时的一种罪罚。皇室宗亲犯罪，严重的即用此法予以惩处，由宗人府负责看管。主要有：（1）墙圈，即选一地用高墙圈起来，犯人只能在高墙内生活。俗称"打入高墙"。（2）屋圈，即把一处宅院或一间屋子圈起来，犯人只能在屋子里生活。被圈禁者完全失去与外界接触的自由，饮食只由很小的门洞传递。圈禁没有年限，何时释放或处死，全由皇帝一人决定。如雍正四年（1726年），清世宗对与其争夺帝位的廉亲王允禩（康熙帝第八子），即处以"交宗人府圈禁高墙"的惩罚。

禁锢 ①古代一种惩罚制度。即终身禁止犯罪官员及其亲友做官。春秋时已有此制。秦代称为"籍门"，被禁锢者为废官。东汉末，宦官势力将政治上的反对派士族官员逮捕或罢职，永远不许参政，史称"党锢之祸"。此后有对本人禁锢终身，也有锢及三族，锢及五族，锢及知交、门生、故吏的。赃吏可以增加禁锢至二世、三世，不准为官。魏、晋及南朝宋、梁、陈、北朝西魏皆沿袭此制。后世的"革职永不叙用"与"禁锢"有部分相似。②亦称"幽禁"。明清时的一种刑罚。主要用于宗室犯罪者。即完全剥夺其行动自由，禁止其与外界联系，由宗人府负责看管和照料生活起居。如明成祖篡夺其侄建文帝皇位后，将其两岁的次子文奎贬为庶人，幽禁于中都凤阳（今属安徽）广安宫，直至明英宗时才予释放，共囚禁55年。又，清圣祖康熙帝废太子允礽以后，将其禁锢于咸安宫。世宗（雍正帝）继位后,曾将他的兄弟、圣祖第十四子胤禵削爵、禁锢于寿皇殿。至高宗(乾隆帝)即位,才予释放。

幽禁 见"禁锢"。

籍没 古代以簿册登记、没收犯罪者全家人口和全部财产物品的制度。起源甚早,至明、清实行之。重罪犯人的妻、妾、子、女等往往充作官奴婢或发卖为奴婢,资财田宅充公。犯谋反、大逆罪的,甚至累及祖孙、兄弟姊妹和家奴。

廷杖 明代特有的一种酷刑。由于皇权专制主义的加强,皇帝用其惩处提反对意见或不合心意的官员。即命令宦官杖责朝臣于殿阶之下或广场之上,每有当廷被杖死或造成终身残废者。如明代嘉靖三年(1524年)七月,因争"大礼议"一事,明世宗朱厚熜下令将五品以下官员134人下狱拷讯,当廷杖责。因廷杖而死者共17人。至清代,废除此制。

连坐 亦称"相坐""从坐"等。古代的一种刑罚制度。即一人犯罪而株连与其有一定关系的人。源于周代,至秦国商鞅变法时,定有相坐之法。历代对连坐范围有亲属、邻里、官职等明确规定。如唐律规定,凡犯谋反大逆罪,其父子、叔伯、母女、妻妾、祖孙均受株连。

反坐 古代的一种刑罚制度。即以诬告者所告他人之罪刑处罚其自身。秦汉以来,历代均有反坐法。唐律规定,反坐者止坐其罪,然不同于真犯,定罪较轻。

族诛 古代的一种刑罚制度。即因一人犯罪处死并诛灭其亲族。是死刑中的最高刑。殷商时已有,后世用于谋反等重罪。所诛杀的范围有诛三族、诛七族、诛九族之分。秦二世对李斯,吕后对韩信,均为诛三族。

监候 明清时对判处死刑的犯人暂行监禁,以等待秋审、朝审复核后再行裁定,称为"监候"。与"立决"相对。有斩监候和绞监候两种。

斩监候 见"监候"。

立决 亦称"决不待时"。明清时对重要死刑犯,刑部覆文至则立即处决,不必再经朝审、秋审者,称为"立决"。与"监候"相对。有斩立法与绞立决两种。

斩立决 见"立决"。

秋审 清代死刑案件的一种会审复核制度。因于秋季举行,故称。清制,各省于每年四月,对判处死刑尚未执行的案犯,再行审议,分为:情实(罪情属实,罪名恰当,奏请执行死刑)、缓决(案情虽属实,但危害性不大,可减为流三千里,或发烟瘴极边处充军,或再押监候办)、可矜(案情属实,但有值得怜悯同情或可疑之处,可免死刑,一般减为徒、流)、留养承祀(案情属实,罪名恰当,但亲老单丁,合乎申请留养父母、祖父母者,免除死罪,减轻发落)四类,报送刑部。秋八月,刑部会同大理寺等,对上述原判死刑的四类案件再次集中审核,提出意见,最后奏请皇帝裁决。这一程序的目的在于加强中央集权,体现皇帝权威的至高无上,同时也是对死刑判决的重视,防止冤情误判。

朝审 明清死刑案件的一种会审复核制度。始于明英宗天顺三年(1459年)。即在每年霜降后,由三法司(刑部、大理寺、都察院)官员、公侯伯爵,在吏部尚书(或户部尚书)主持下,对于将要处决的重案囚犯进行复审。地点在承天门外,如果死刑犯喊冤,或有官员认为案件可疑、可矜(即有怜悯的理由),就要认真复审,然后报请皇帝裁决。一般重犯都已遵照"决不待时"(即不等到秋冬季节就执行死刑)原则予以处决。经朝审的死刑犯都是普通死罪犯或严重盗窃犯。至清朝发展为秋审和朝审,分别审理各省上报和刑部在押的死刑犯。

赎 亦称"赎刑""赎罪"。指用一定数量的财物折抵原定刑罚的制度。起于上古。秦律规定,上自死刑,下到杖、笞,都可以赎;无力缴纳赎罪财物的,则以劳役抵偿。赎金的数量西周已有具体规定,东汉成为定制。后世至清,立法对赎刑有限制,一般犯重罪不可赎。赎罪财物,上古用铜,汉代用黄金、粟,东汉用缣,魏晋以后多用绢。隋代复古,又改用铜。唐、宋沿用隋制。元代用钞,明清用银两。西汉大史学家司马迁以无财力赎罪,而遭受宫刑。《尚书·舜典》:"金作赎刑。"孔颖达疏:"古之赎罪者,皆用铜,汉始改用黄金。"

赦 免除或减轻罪刑的刑罚。周代有三宥三赦之法。春秋战国后,各诸侯国普遍施行。秦二世二年(前208年),曾"大赦天下"。汉以后成为定制。分为:(1)大赦,即不问犯罪大小程度轻重,一律赦免。但各朝均有例外。(2)曲赦,只赦免灾区或帝王车驾所至处的罪犯。(3)特赦,也名"德音",仅赦免一部分罪犯。如北宋仁宗时曾有《庆历赦书德音》的颁布。(4)别赦,因特殊原因而赦免。明清时期,则分恩赦与常赦两种。合称"恩常赦"。《汉书·高后纪》:"惠帝崩,太子立为皇帝。年幼,太后临朝称制,大赦天下。"《资治通鉴·唐高祖武德元年》:"甲子,唐王即皇帝位于太极殿……大赦,改元。"

恩赦 指遇到非常庆典,帝王以赐恩为名实施的赦免。即遇有皇帝登位、改元、册皇后、建储(立太子)、帝冠(皇帝成年)、封禅(朝祭泰山)、立庙、巡守、定都、克捷、年丰、祥瑞、灾异等而进行的赦免。

八议 中国专制时代法制规定,有八种人的犯罪(唯犯"十恶"罪除外)一般司法机关无权审判,须经特别审议并享有减免刑罚的特权,称为"八议"。即:议亲(皇帝宗室亲戚);议故(皇帝旧友故交);议贤(有德行的贤臣);议能(有大才能的臣子);议功(对国家有大功勋者);议贵(高官贵族);议勤(对封建王朝有特殊劳绩者);议宾(前朝统治者及其后代等)。源于周代的"八辟",秦自商鞅变法后废止,至汉末确定"八议"。三国魏时正式载入法律,南北朝继承之,直至清末,成为这八类人减刑免刑的特权规定。唐代,凡属八议者犯死罪,须先将其罪状等奏请议处,议定后呈皇帝裁决。犯流罪以下轻罪,可径行减刑裁断。明清时则一律需奏请。至清末改革刑法时,废除。

丹书铁契 亦称"丹书铁券"。古代皇帝赐给功臣之家世袭享有免罪等特权的证件。为使其长久,皇家与受赐者各执一份,以铁铸成,用丹漆书之,故称。《汉书·高帝纪下》:"又与功臣剖符作誓,丹书铁契,金匮石室,藏之宗庙。"《后汉书·祭遵传》:"丹书铁券,传于无穷。"北魏崔鸿《十六国春秋·前燕·慕容廆》:"(慕容廆)封东郡公,丹书铁券,承制海东。"《水浒传》第五十一回:"丹书铁券护家门,万里招贤名振。"

赐死 亦称"赐自尽"。中国专制时代特有的一种死刑执行制度。常见的方式有赐鸩(毒酒)、赐剑、赐绫等。用于身份特殊的人群,如贵族、大臣、妃嫔等。实质即君主允许被赐者以自尽的方式死于家中或拘禁的处所,不在刑场公开处死,以保全死者、家族和整个统治集团的"体面"。由于是出于帝王恩典,故曰"赐"。在除灭政敌时往往用之。源于商代,历代沿用不废。如春秋时吴王夫差赐老臣伍子胥自尽,越王勾践赐功臣文种自尽,秦昭王派使者持剑赐大将白起自尽;秦始皇死,赵高、李斯矫诏立胡亥继位,遣使者以捏造的罪名赐公子扶苏、大将蒙恬死。至唐代,《唐律疏议》规定"五品以上犯非恶逆以上(罪),听自尽于家"。清雍正时,陕甘总督年羹尧,犯九十二大罪,因其曾建大功,雍正帝最后将他赐死。乾隆宠臣和珅在乾隆死后不久,即被嘉庆帝赐自尽。赐死制度是专制君主至高无上地位和绝对权力的体现,贯穿于整个中国君主专制时期。

十恶 封建王朝制定的不可加以赦免的十个重大罪名。俗称"十恶不赦"。具体为:一谋反,二谋大逆,三谋逆,四恶逆,五不道,六大不敬,七不孝,八不睦,九不义,十内乱。秦汉以后逐渐形成,至隋、唐时正式订入法典,沿用至清。其中谋反、谋大逆两罪尤重。犯者皆斩,家属连坐,父子年十六岁以上皆绞。明、清律对犯此两罪者多凌迟处死。

十恶不赦 古代社会里十种不可赦免的重大罪名。历代法律对于"十恶"都严加惩处,其目的与作用巨大,在于严格维护君主权威的神圣性与尊严、作为统治基础的封建家族内部的尊卑伦常关系,以及维护封建王朝政权的有效统治。参见"十恶"。

谋反 "十恶"之一。指阴谋造反、危害朝廷的行为。唐代规定处以斩刑。父子年十六岁以上者连坐,处以绞刑。明清律更加严厉,共谋者凌迟处死。

谋大逆 "十恶"之一。指毁坏帝王宗庙、祖陵或宫室的谋划和行为。其处罚与谋反同。汉代规定,犯者株连其亲属,父母、妻子、亲兄弟姐妹一律弃市。三国魏时，以言语及犯宗庙陵墓者，称“大逆无道”，处腰斩，家属从坐；但祖父母及已许嫁女，不从坐。

谋逆 “十恶”之一。指暗中谋划背叛朝廷的行为。唐律规定谋叛者处绞刑，从犯处流刑，妻子和父母流三千里。明、清律改为图谋叛国，指谋背本国，暗通他国，凡共谋者不分首从，一律皆斩，财产没入官府，妻妾子女给付功臣家为奴婢；父母祖孙兄弟皆流二千里安置。谋而未行，首犯绞刑，从犯杖一百，流三千里。

恶逆 “十恶”之一。指殴打、谋杀直系和旁系尊亲属，如祖父母、外祖父母、父母、兄、姊、丈夫及丈夫的直系尊亲属的诸犯罪行为。因属于穷凶极恶，弃绝人理，故称恶逆。罪名始于汉。唐律规定犯罪者皆斩。明清律对有谋杀尊亲行为而未遂的杖一百，流放二千里，致人死者绞，殴伤尊亲者处斩。

不道 亦称“无道”。“十恶”之一。指灭绝人道的行为。汉代以来作为刑律的名目，唐代指杀一家三人，支解人或用毒药杀人，借助鬼神迷信致人死等罪行。明、清律，凡杀一家非死罪三人及支解人者，凌迟处死，财产断与受害者家属，妻、子流二千里，从犯处斩。

大不敬 “十恶”之一。指不尊敬皇帝及皇家的行为。汉代已有此罪名，后世因之。如偷盗皇帝祭神、祭祖的物品，偷盗皇宫用物，为皇帝配药有误，制作御膳违背规定，皇帝所乘舟车发生事故，对待太子严重违背情理，对皇帝的使者或诏旨无礼，以言辞指斥皇帝等。分别处以流放或斩刑。

不孝 “十恶”之一。指向官府控告父母、祖父母；或打骂虐待父母尊亲，供养有缺；或祖父母、父母健在，子孙有异财、别立户籍；或居父母丧，却自行嫁娶；或丧制未终却作乐，脱丧服而穿吉服；或祖父母、父母死，却隐匿不举丧，以及伪称祖父母、父母死等行为。汉律，凡殴打祖父母、父母者，枭首，唐律处斩。唐律，咒骂祖父母、父母者，处绞刑。明清律相同。“不孝”罪的设置，在古代，有维护封建家长的尊严与财产权，规定为儿孙者有奉养双亲及祖父母义务的作用。

不睦 “十恶”之一。指特定的亲属间有谋杀、出卖、殴打或控告等行为。唐律有详细规定，明、清律同之。其处罚，如唐律规定：妻子殴打丈夫，徒一年；如伤重，杖一百，徒刑二年，须夫告乃坐。

不义 “十恶”之一。唐律，指吏民杀本属府主，如刺史、县令，见受业师；宋至明清，指吏民杀本属知府、知州、知县，军士杀主管指挥千户、百户。又，丈夫死而匿不举哀，或居丧作乐，在丧服期内改着吉服，以及改嫁他人。唐律对“不义”的惩处，对谋杀本属府主、刺史、县令，以及吏卒谋杀本部五品以上官长（有犯罪行为）者，流二千里。已伤者绞，已杀者皆斩。这种对“以下犯上”者的惩处，意在巩固合乎礼义的人伦关系。

内乱 “十恶”之一。指在同一家族内发生违反伦常的男女性关系。汉律称为“禽兽行”。主要包括：奸污同辈或上辈的女性亲属（如亲姊妹、族姊妹、姑母、婶母、父亲或祖父的妾等）。如系双方愿意的和奸，男女都属内乱。历代处罚不同，如唐代奸父、祖父之妾者绞，明清时处斩。惩罚“内乱”的目的，旨在维护宗族内部正常的伦理秩序。

七出 亦称“七去”，俗称“七出之条”。中国宗法社会里习惯法的一种。指丈夫休弃妻子、夫妇离异的七项条款。其内容为：不孝顺公婆、无子、淫荡、嫉妒、恶疾（有严重传染病、精神病之类）、多口舌（爱吵闹、挑拨离间）、偷盗等。“七出”作为离婚理由，始于汉代，唐代予以法律化，后世沿之，然受到“三不去”的限制。汉乐府《焦仲卿妻》（孔雀东南飞）中的女主角、《上山采蘼芜》中被“出”的妇女以及宋代诗人陆游的妻子唐婉被休弃的命运，可能均与“无子”一条有关。

三不去 中国宗法社会里成文习惯法的一种。指丈夫不得休妻的三种情况。只要有其一种，妻子虽符合“七出”之条，丈夫也不能轻易休弃。其内容为：曾为公婆守孝三年的；夫妻先贫贱而后富贵的；女方离婚后无处安身的。唐律规定，违背“三不去”而休妻，要杖一百，追回复合。但犯奸情及生恶疾者，不在此限。“三不去”对妇女在家庭中的地位具有一定的保护作用。

科举教育

科举 中国封建社会的教育考试制度。荐举与考试之法起源甚早。隋代,文帝废九品中正制,打破士族的垄断,炀帝时始设进士科。唐代,于进士外,复置秀才、明经、明法、明书、明算诸科,又有一史、三史等科,分科取士,因称科举。武则天称制时,亲行殿试,并增设武举。宋以后,科举皆用儒家经义。明、清两代以《四书》文句为题,规定文章体式为八股文,解释须依照朱熹《四书章句集注》。历代封建统治阶级通过科举考试选拔官吏,为显示其“至公”,规定了各种制度以防止舞弊,实际上,弊端极多。至清光绪三十一年(1905年),推行学校教育,科举始废。然科举制度对中下层知识分子走上政治舞台、废除门阀士族垄断政权曾经起过巨大的作用,对中国唐宋以下的文化教育的发展也影响至深。邓之诚《中华二千年史·唐之制度·科举》:“唐行科举制度,凡举士铨官,皆重考试。自魏晋以来,造成门阀之九品中正制度,至是始完全废除。且科举盛行,白衣及第,得通婚于世宦,而门第之风亦衰,此实为中古社会上一大变革也。”

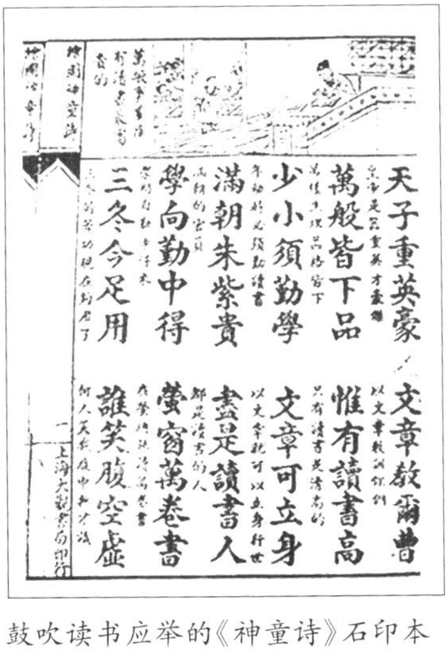

鼓吹读书应举的《神童诗》石印本

察举 汉代选拔官吏的制度。察举,原意为选拔。汉武帝时成为定制,有孝廉、贤良文学、秀才等科。由大臣、贵族及地方官推举,经考核任以官职。是两汉做官的重要途径之一。后常为世家大族所操纵。

孝弟力田 亦作“孝悌力田”。① 汉代选拔官吏的科目之一。该科目选拔既勤于务农,又能孝敬双亲、友爱兄弟,品德高尚,能为百姓表率的人才。始于惠帝时。凡中选者受到赏赐,并免除一切徭役。至吕后朝元年,置“孝弟力田”职,予秩二千石。② 唐代科举选士的科目之一。《旧唐书·代宗纪》:“癸卯,上御紫宸殿,策试茂才异行、安贫乐道、孝悌力田、高蹈不仕等四科举人。”

贤良方正 汉代选拔官吏的科目之一。汉文帝二年为询访政治得失,诏举贤良方正能直言极谏者,中选者授予官职,是为举贤良方正之始。唐、宋时作为制科的一种。

贤良文学 简称“贤良”或“文学”。文学汉代选拔官吏的科目之一。该科目选拔品德与文才兼备,又有良好经学底蕴的人才。《汉书·晁错传》:“诏有司举贤良文学士,错在选中。上亲策诏之。”《汉书·董仲舒传》:“武帝即位,举贤良文学之士前后百数,而仲舒以贤良对策焉。”

孝廉 ① 汉代选拔官吏的科目之一。孝廉,指孝顺父母,友爱弟兄,为人清廉。始于西汉董仲舒的建议,作为选才的标准,每年进行。东汉时,为进入官场的必由之路,如曹操即为孝廉出身。② 明清时代举人的别称。

秀才 ① 本意为“优异人才”。汉代与“孝廉”同为举士科目之一。南北朝时期,最重此科,对学问要求严格,而录取人数很少,每科常一二人。唐初仍置此科,后废去。晋葛洪《抱朴子·审举》:“时人语曰:‘举秀才,不知书;察孝廉,父别居。’”② 明清时代专称府、州、县学校的生员。③ 元明以来用以泛称书生、读书人。元乔吉《新水令·闺丽》曲:“我是个为客秀才家,你是个未嫁女娇娃。”

茂才 即“秀才”。东汉时因避世祖刘秀名讳,秀才改称茂才。后世相沿,明清时即用为在学生员(秀才)的别称。《南史·刘之遴传》:“年十五,举茂才,明经对策,沈约、任昉见而异之。”清侯方域《贾生传》:“间读书为文词,干谒当世,举茂才第一。是时,贾生年二十余。”

对策 汉代以来,考试取士,朝廷以政事经义等设问,写在简策上,使应考者对答,称为对策。后世科举考试殿试时也有对策。南朝梁刘勰《文心雕龙·议对》:“又对策者,应诏而陈政也。”清陶福履《常谈》:“汉制,贤良方正,天子亲策之。文帝策贾山、武帝策董仲舒是也。唐初,秀才科第最高,试方略策五条。高宗显庆四年,上亲策试举人。宋大科,御试策一道,限三千字以上……明殿试进士,策一道。国朝因之。由汉而来,科举之文屡变,相承不废者惟策而已。盖士非泛览经史百家、博通古今、深明治体者,不能对策。”

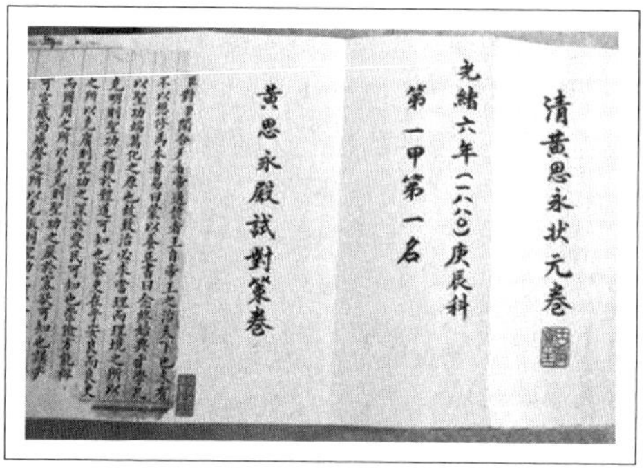

清光绪六年(1880年)状元对策卷

贡举 地方官向君主荐举人才,泛称贡举。由上古的诸侯贡士、乡举里选发展而来。汉初举孝廉,为贡举之始。后用以指科举考试。大臣受命主持礼部会试,称为“知贡举”。

科甲 汉唐举士考试皆有甲乙等科,后世因称科举为科甲。经科举考试录取者称科甲出身。《金史·裴满亨传》:“章宗即位,谕之曰:‘朕左右侍臣多以门第显,唯尔由科甲进。’”元乔吉《金钱记》第一折:“几年窗下学班马,吾岂匏瓜?指望待一举登科甲。”

科目 指隋唐以来分科考试以选拔官吏的名目。唐代分科较多,宋代分科较少。明、清通常仅指进士科。顾炎武《日知录·科目》:“唐制取士之科,有秀才,有明经,有进士,有俊士,有明法,有明字,有明算,有一史,有三史,有开元礼,有道举,有童子;而明经之别有五经,有三经,有二经,有学究一经,有三礼,有三传;有史科。此岁举之常选也。其天子自诏曰制举……见于史者凡五十余种,故谓之‘科目’。今代止进士一科,则有科而无目矣,犹沿其名谓之‘科目’,非也。”

明经科 唐代科举制度中科目之一。主要考试经义,依靠记诵,故不为世所重。当时人特重进士科,有“三十老明经,四十少进士”之说。《宋史·选举志一》:“自唐以来,所谓明经,不过帖书、墨义,观其记诵而已,故贱其科。”

童子科 唐、宋两代特设考试科目之一。唐代十岁以下,宋代十五岁以下的男童或少年,有能通一种经典及背诵文章、能作诗赋的均可应试,合格者授予官职,其次给予出身(资格),免除其贡举考试。不常举行。宋代文学家、宰相晏殊即为童子科出身。

进士科 隋以后各封建王朝选拔官吏的科目之一。始于隋炀帝时,至唐特被重视。宋以后,其他科目多存空名,无足轻重,唯进士科成为科举制度中定期举行的最重要科目。唐李肇《国史补》卷下:“进士为时所尚久矣。是故俊义实集其中,由此出者,终身为闻人,故争名常切,而为俗亦弊……虽然,贤士得其大者,故位极人臣,常十有二三,登显列十有六七。”五代王定保《唐摭言·述进士上篇》:“进士,隋大业中所置也……彰于武德而甲于贞观。盖文皇帝(指唐太宗)修文偃武,天赞神圣。尝私幸端门,见新进士缀行而出,喜曰:‘天下英雄入吾彀中矣!’”清赵翼《陔餘丛考·进士》:“唐制有与后世不同者,后世三岁一会试,唐则每岁皆试;后世放进士多至三四百人,少亦百余人,唐则每岁放进士,不过三四十人……宋初犹每岁一试,仁宗至和二年,始定令间岁一科举。英宗二年,又定令三岁一科,此后世三年一乡会之始也。”

武科 科举制度中为选拔武官设立的科目。始于唐代,称为武举。至明、清,考试内容有马箭、步箭、弓、刀、举重与兵书经典等。其各级考试及童生、生员、举人、进士、状元等名目,与文科相同,但加"武"字以区别。

制科 亦称"制举"。封建王朝于常选外,为选拔特殊人才,临时设置的考试科目,统称制科。源于汉代天子亲策贤良,至唐代始有其名。宋王应麟《玉海》指出唐有59科,实际当不止此数。录取者分等授官。宋代制举科目稍少,废置无常,考试内容为策论等。南渡后高宗立博学宏词科。清代沿设,康、雍、乾三朝曾举行之。《新唐书·选举志上》:"其天子自诏者曰制举,所以待非常之才焉。"又"所谓制举者,其来远矣。自汉以来,天子常称制诏道其所欲问而亲策之。唐兴……有司常选之士,以时而举。而天子又自诏四方德行、才能、文学之士,或高蹈幽隐与其不能自达者,下至军谋将略、翘关拔山、绝艺奇伎莫不兼取。其为名目,随其人主临时所欲,而列为定科者如贤良方正直言极谏、博通坟典达于教化、军谋宏远堪任将率、详明政术可以理人之类,其名最著。"

制举 见"制科"。

博学宏词科 封建王朝设置的考试科目,为制科的一种。始于宋高宗绍兴三年(1133年)。至清康熙时,改称"博学鸿儒"科。乾隆时,又改为"博学鸿词"科。简称"鸿博"。康熙十八年(1679年)、乾隆元年(1736年)皆曾举行。先由内外大臣荐举,不分已仕未仕,定期在殿廷考试,录取者授以翰林官等。《清史稿·文苑传一·陈维崧》:"逾五十,始举鸿博,授检讨,修《明史》,在馆四年,病卒。"邓之诚《中华二千年史》卷五中:"康熙戊午,开博学鸿儒科。其时三藩军事尚未全定,欲以此收揽山林文学之士,与征者皆一时名流。不应举如傅山、杜越诸人,则强迫就道。试竣,布衣、生员即授检讨,老病不入试者,亦授中书,意在羁縻之。"

童生 明清科举考试制度,凡学习举业的读书人,在未通过考试取得生员(秀才)资格、进入学校以前,不论年龄大小老幼,习惯上一律称为童生。且有文童生与武童生之别。简称"文童""武童"。

童生试 俗称"小考"。明、清两代取得生员(秀才)资格的入学考试。应考者无论年龄大小,统称童生。童生试的次第为县试、府试和院试。三年内举行两次。

案 指清代科举考试中的县试、府试及院试。考试合格者的名单,也统称作"案",发布名单曰发案。商衍鎏《清代科举考试述录》第一节:"学政俗称大宗师,莅临考试曰案临,曰案试,案即考验之意,县、府、院试均谓之案者以此。"

岁考 亦称"岁试"。明代由提学,清代由各省学政巡回所属地区举行的考试。凡府、州、县的生员、增生、廪生,非本人患病或父母丧,皆须应岁考。清初沿明旧制,定有六等,考四等以下有罚或黜革。道光后稍宽,少有四等以下者。《明史·选举志一》:"提学官在任三岁,两试诸生。先以六等试诸生优劣,谓之岁考。一等前列者,视廪膳生有缺,依次充补,其次补增广生。一二等皆给赏,三等如常,四等挞责,五等则廪、增降一等,附生降为青衣,六等黜革。"

科考 亦称"科试"。明代由提学,清代由各省学政巡回所属地区举行的考试,于每届乡试前举行。科考合格的生员才能参加本省乡试。《明史·选举志一》:"提学官在任三岁,两试诸生……继取一二等为科举生员,俾应乡试,谓之科考。其充补廪、增给赏,悉如岁试。其等第仍分为六,而大抵多置三等。三等不得应乡试,挞黜者仅百一,亦可谓绝无也。"明艾南英《艾千子自叙》:"其科考,则三岁大比,县升其秀,以达于郡;郡升其秀,以达于督学;督学又升其秀,以试于乡闱。不及是者,又有'遗才大收',以尽其长。非是途也,虽孔、孟无由而进。"

案首 清代,各省学政于考试后揭晓名次,称为"发案"或"出案"。凡县试、府试、院试名列第一者称为案首。学政取定新生后,发交各府、州、县之名单,俗称为"红案"。

录科 清代,生员科考,考在一二等,及三等小省前五名、大省前十名者,准其参加乡试。其余三等十名以下、因故未考者,与在籍监生、荫生、官生、贡生名不列于学官,不经科考者,均须由学政考试,称为录科。经过录科方可参加乡试。

录遗 清代,凡生员参加科考、录科未取,或未参加科考、录科者,在乡试前再行补考一次,称为录遗;录遗不限额数,有名者准其乡试。

乡试 亦称"秋试""秋闱"。明清两代,每三年一次在各省城(包括京城)举行的考试。考期在八月,分三场。届时,朝廷选派正副主考官,试四书、五经、策问、八股文等,考中者称"举人",可于次年赴京参加会试。

秋试 即"乡试"。

秋闱 即"乡试"。

大比 明清时三年举行一次的乡试,也称"大比"。语出《周礼·地官·乡大夫》。有时亦用来借称会试。《红楼梦》第一回:"且喜明岁正当大比,兄宜作速入都,春闱一战,方不负兄之所学也。"参见"乡试"。

会试 亦称"礼部试""春试""春闱"。唐、宋时,各地应试举人冬季集中于京师礼部,而于来春举行的考试。明清时每三年一次在北京举行。考期在二月,分三场。考中者称贡士,第一名为会元。成贡士后可参加殿试。

礼部试 即会试。唐代进士考试,原由吏部的考功员外郎主持。开元二十四年(736年),考功员外郎李昂与进士李权发生冲突,朝廷因省郎位轻,乃改由尚书省的礼部侍郎主持,通称"省试"。历代沿袭,科举遂为礼部专职,因称在京举行的会试为礼部试,亦称"礼闱"。明清时会试因在春季举行,又称春试、春闱。唐杜甫《哭长孙侍御》诗:"礼闱曾擢桂,宪府旧乘骢。"《新五代史·李怿传》:"年少举进士登科,盖偶然尔……假令予复就礼部试,未必不落第。"

省试 见"礼部试"。省,指礼部所属的尚书省。

春试 见"礼部试"。

春闱 见"礼部试"。

殿试 亦称"廷试""廷对"。科举考试中的最高一段。皇帝亲临殿廷,考核中式的贡士,称殿试。起源于西汉的"对策"制度。明清殿试后按成绩分为三甲:一甲三名赐进士及第,称状元、榜眼、探花;二甲赐进士出身;三甲赐同进士出身。

科场 科举考试的场所。宋范仲淹《与韩魏公》:"承宠示科场文字中瑕病,不胜降服,大是大是,非公精识,取笑天下。"宋李觏《送王都曹》诗:"高文健笔科场手,白发青衫宦路人。"《宋史·选举志》:"太宗曰:'朕欲博求俊彦于科场中。'"

贡院 科举时代举行会试和乡试之所,皆称"贡院"。唐代始设。明清两代,贡院大堂内外为考官及管理人员居住、办公之所。贡院的两旁建有号舍,为应试者的考场。

北闱 ① 明代礼部会试考房称礼闱。明仁宗洪熙元年(1425年),南人北人分房取中,名额有定,谓之南闱、北闱。宣德、正统间,又分南、北、中闱。② 明代北京的顺天乡试贡院,称北闱。又明清两代的顺天乡试也通称北闱。

南闱 明代,南京的应天乡试贡院,称"南闱";北京的顺天乡试贡院,称"北闱"。故南北两京的乡试亦称南闱、北闱。又清代的江南、顺天乡试,也通称南闱、北闱。《明史·选举志》:"(唐)寅,江左才士,戊午南闱第一。"参见"北闱"。

南京江南贡院

出身 科举时代为考中录选者所规定的身份、资格。唐代举子中礼部试称及第，中吏部试称出身。宋代中殿试称及第出身，明清两代经科举考试选录的，称正途出身。商衍鎏《清代科举考试述录》第三章：“凡科举中之五贡、举人、进士，皆谓之出身，而以进士为止，类于今之学位。官职有升转，而由考试得来之出身，终身带有不可移易。”

及第 科举应试中选之称。唐代，进士考试合格称为及第。明清仅殿试一甲的第一、二、三名赐“进士及第”，余称“进士出身”或“同进士出身”，不称及第。

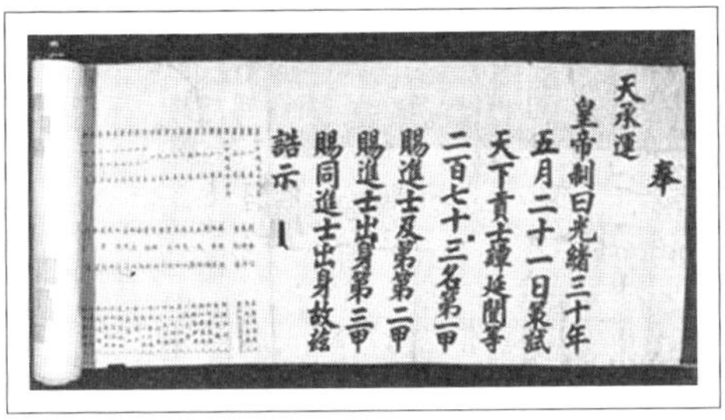

清光绪三十年(1904年)殿试金榜

举人 指被荐举之人。汉代取士，朝廷令郡国守相荐举贤才，因以“举人”称所举之人。唐、宋时有进士科，凡应科目考试经地方贡举者，通谓为举人。至明、清时，是乡试考中者的专称，成为一种出身资格。

登贤书 “贤书”语出《周礼·地官·乡大夫》。本指举荐贤能者的名册。后乃以“登贤书”借称乡试考中，成为举人。明廖自升《山堂肆考序》：“彭先生少习举业，为诸生最著，顾诸生冠军者二十有余年，竟不获一登贤书。”

大挑 清代乾隆十七年(1752年)定制，三科以上(即从四科起。嘉庆五年改三科)会试不中的举人，挑取其中一等的以知县用，二等的以教官用。每六年举行一次，意在使举人出身的士人有较宽的出路，名曰大挑。挑选的标准重在形貌与应对，须体貌端正，言语详明，于时事吏治素有研究者。如著名学者包世臣、诗人郑珍，都是举人经大挑而出仕的。蔡冠洛《清七百名人传·文学·包世臣》：“字慎伯，安徽泾县人，嘉庆十三年举人，大挑一等，以知县分发江西，权新喻县。”又《清七百名人传·朴学·郑珍》：“字子尹，晚号紫翁，贵州遵义人。道光十七年举人，以大挑二等，选荔波(县)训导。”

解元 亦称“解首”。唐制，举进士者皆由地方解送入试，故后世称乡试第一名为解元。如明代著名书画家唐寅，即因他曾获应天府(今江苏南京市)乡试第一名，世称“唐解元”。

会元 明清，各地举人到京会考，称为会试。会试第一名称会元。

状元 科举考试中名列第一者称元。殿试第一名称状元。

四川古城阆中的状元坊

榜眼 科举考试中殿试一甲第二名称榜眼。宋时一甲第二、三名均称榜眼，意谓榜中之双眼。以后才专指第二，而称第三名为探花。

探花 科举考试中殿试一甲第三名称探花。五代王定保《唐摭言》记载，唐时新进士在曲江杏园的初宴，称探花宴。席间，以进士年轻英俊者二人为探花使，入园折花。探花之名始于此。宋沿此俗，称为探花郎。本非贵重之称。到南宋时，才专称殿试一甲第三名为探花。元、明、清三代沿而不改。

三鼎甲 状元、榜眼、探花的总称。宋以后进士一甲共三名，因鼎为三足，故称。

进士 原意指可进授官爵之士。隋代开始乃用为取士科目名。唐代，凡来京参加礼部考试者，都称进士。至明、清，始用为经过殿试取得一甲、二甲和三甲资格者的通称。

散馆 明清时翰林院庶吉士经一定年限学习后，举行甄别考试，称为散馆。因进士经殿试后,除一甲三名分别授修撰、编修外,其余一部分选为庶吉士,由特派的翰林担任教习,予以指导。三年后,考试优等者,二甲进士授编修、三甲进士授检讨,次者,改任各部主事或知县。翰林官相当于唐宋时的馆职,又庶吉士学习之地称庶常馆,故学习期满称散馆,而留充编修、检讨的则称留馆。

庶吉士 亦称"庶常"。明、清由新进士中选入翰林院庶常馆学习者。始设于明洪武年间。永乐二年(1404年)专设于翰林院庶常馆,选进士文学优等及善书写者入馆学习,称为翰林院庶吉士。清代沿其制,选新进士之优于文学书法者,入馆学习。三年后举行考试(亦有提前举行者),成绩优良者分别授以翰林院编修、检讨等官,其余分发各部任主事等职,或以知县优先委用,称为散馆。

生员 唐代国学及州、县学有规定的学生员额,因称生员。明清时,凡经过本省各级考试录取入府、州、县学的,通称生员,也称"诸生""庠生""博士弟子员",俗称"秀才"。生员经常受地方教官与学政的监督考核。

廪生 "廪膳生员"的简称,亦称"廪膳生"。科举制度中生员名目之一。明代州、府、县学生员最初都供给廪膳,补助其生活。到了清代,则须经岁科两试一等前列的,才能取得廪生名义。成为廪生,谓之"食饩"。童生应试,例须请廪生具保,称作廪保。《明史·选举志一》:"提学官在任三岁,两试诸生。先以六等试诸生优劣,谓之岁考,一等前列者,视廪膳生有缺,依次充补,其次补增广生……继取一二等为科举生员,俾应乡试,谓之科考。其充补廪、增给赏,悉如岁试。"

增生 "增广生员"的简称。科举制度中生员名目之一。明代生员皆有月米,额内者为廪膳生员,增额者为增广生员。清沿之。生员初入学为附生,须经岁科两试在一等前列者,方能依次补为增生或廪生,而名额皆有一定。廪生有廪米有职责,而增生无职责,故增生地位在廪生下。

附生 "附学生员"的简称。科举制度中生员名目之一。明正统时,于府、县学外有取附学生员之制,清代相沿,凡生员初入学,皆称附生。须经岁科两试在一等前列者,方可依次补为增生或廪生。

贡生 科举时代,挑选府、州、县生员(秀才)中成绩或资格优异者,升入京师的国子监读书,称为贡生。意思是各地贡献给皇帝和中央朝廷的人才。明代有岁贡、选贡、恩贡和纳贡;清代有恩贡、拔贡、副贡、岁贡、优贡和例贡。

监生 在国子监中学习的诸生,统称监生。始于唐代。明、清入监之途主要来自考试,也有经皇帝特许者。明清两代有举监、贡监、荫监、例监的不同名目。又,由捐纳而取得应试资格者,亦称监生。未入府、州、县学而欲应乡试,或未取得科名而欲做官,都必须先花钱捐监生,作为"出身",实际上往往不住监读书。

县学 唐以后,封建王朝在县一级设立的学校。

府学 唐以后,封建王朝在府一级设立的学校。

国学 古代指国家一级设立的学校。西周时代为天子及上层贵族子弟设立的学校,按学生年龄分为大学、小学。大学即辟雍,规模较大,中有五学,分科教授典礼、音乐、文字、舞蹈等。小学,规模较小,司教的官称为"小辅"。王太子8岁入小学,15岁入大学。公卿长子,大夫、元士的嫡子,13岁入小学,20岁入大学。其余众子则15岁入小学。大学以礼、乐、射、御为主,小学以书、数为主兼及一般行为规范。国学定有考查及奖惩制度,管教严格。至汉代则发展为太学。

乡学 西周时代国学之外的地方性学校。依行政区划设立,名称不一。有塾、庠、序、校等。清代学者毛奇龄认为,塾为家学,庠为党学,序为州学,校为乡学。当时王城和诸侯国都的近郊为乡,远郊为野。乡分为家、比、闾、族、党、州,共六级建制。乡大夫掌其乡之政教,乡师掌其州之政教。他们培养教育的人才,通过选贤贡士制度,考察其德艺,举荐给周王朝。由于其时政教机关不分、学在官府、官师合一,庠序、乡校等既是乡学所在,也是举行乡饮酒礼、乡射礼、养老尊贤,以及士人议政的地方。至西周末,始被私学和封建官学代替。

太学 古代学校名。元朔五年(前124年),西汉武帝时立,并立五经博士,传授儒家经典,实施教育。受教者称博士弟子。

经筵 为皇帝讲解经史所特设的讲席。宋代始设。明初无定日,亦无固定场所。正统初,始为常制。每月三次,皇帝御文华殿听讲,寒暑免。由勋臣一人知经筵事,内阁学士或知或同知经筵事。尚书、都御史、通政史、大理卿及学士等侍班。由翰林院、春坊官及国子监祭酒充任讲官,轮流进讲。万历二年(1574年)定春讲以二月十二日起,至五月初二止。秋讲以八月十二日起,至十月初二止。

儒学 自唐代起,封建王朝在府、州、县、路等行政区域内设立学校,元、明、清以来,通称为儒学,设有儒学教授、学正、教谕、训导等职,掌教诲所属生员。《宋史·选举志一》:“自仁宗命郡县建学,而熙宁以来,其法浸备,学校之设遍天下,而海内文治彬彬矣。”《明史·选举志一》:“郡县之学,与太学相维,创立自唐始。宋置诸路州学官,元颇因之,其法皆未具。迄明,天下府、州、县、卫所,皆建儒学,教官4 200余员,弟子无算,教养之法备矣。”

国子监 古代的最高学府。晋武帝时设立国子学,隶属太常。北齐更名国子寺,成为独立机构,主官为祭酒。隋炀帝时改名国子监,历代多沿其称。唐代国子监分为国子、太学、广文、四门、律、书、算七学,负责教育工作的为博士与助教。宋、元以后渐存国子一学。明代南、北京各设国子学,称为南监、北监,国子学生由州、县学选拔,贡入肄业。清代则可由捐纳取得监生名义,不必在监受业。唐高宗时,曾据《周礼》改国子监为成均监,故后世又以“成均”为其别称。宋王之道《奉送果上人住开先寺》诗:“我昔游成均,年少心犹童。”

北京国子监

祭酒 学官名。汉代有博士祭酒,为博士之首。西晋国子学设国子祭酒。隋唐以后称国子监祭酒,为国子监主管官。清末始废。

司业 学官名。隋代开始,国子监置司业,为监内的副长官,协助祭酒,总掌各学训导之政。至清末始废。

博士 古代官名。本为博学之士的通称,战国时,是国君身边参与议政的顾问。秦代沿置,兼有礼官性质,并典守图籍。汉文帝时,博士分诸子专书博士与儒家专经博士。武帝时设置五经博士及弟子员,此后博士专掌儒家经学的传授,执教于太学,成为传播孔孟学说的国家学官。职掌议政、制礼、藏书、教授、试策、出使等。东汉后历代多置之,唐置国子、四门等博士,明清有国子博士。唐文学家韩愈曾为四门博士。

助教 学官名。西晋武帝咸宁间立国子学,始置助教,协助博士教授生徒。南北朝、隋、唐相沿设置。唐代国子学、太学、广文馆、四门馆等,也都设助教。明、清两代,仅国子监有助教。

直讲 学官名。唐代置。武则天长安四年(704年),定为四人,掌佐博士、助教讲授经术。宋增至10人,须年四十及进士九经出身,先试讲然后就职。每二员共讲一经。

学官 亦称“教官”。别称“广文”。掌握学校教育的教官。宋以后用以泛称各级儒学的教授、教谕等。明清两代,学官不同等级有不同的名目,府学称教授,州学称学正,县学称教谕,各设训导的副职。负责在学生员的管理教育。

广文 ① 指唐玄宗时,在国子监增开的广文馆。内设博士、助教等职,领国子学生中修进士业者。当时被看作清苦闲散的教职。唐杜甫《醉时歌》:“诸公衮衮登台省,广文先生官独冷。甲第纷纷厌粱肉,广文先生饭不足。”原注:“赠广文馆博士郑虔。”② 明清两代儒学教官的别称。因其处境与唐广文馆博士相似。清黄丕烈《士礼居藏书题跋记续·吴都文粹》:“歙程易畴(瑶田)先生,今之老宿也,向为嘉定(府)广文,后即辞官去。”

学博 唐制,府郡置经学博士各一人,掌以五经教授学生。清代用为对州县学官的泛称。清杨恩寿《坦园日记》卷四:“十六日,晴,午后颇凉。走访何鹤芝、张豫斋两学博。”

学正 ① 宋、元、明、清国子监所属学官。掌学规与训导,协助博士教学。位在博士、助教之下。② 地方学校学官。元代路、州、县学及书院设学正,明清州学设学正,掌教育所属生员。

学录 ① 宋、元、明、清国子监所属学官。掌学规与训导,协助博士教学。② 元代路学学官。协助教授教育所属生员。《新元史·选举志》:“凡师儒之命于朝廷者,曰教授,路、府、上中州置之。命于礼部及行省及宣慰司者曰学正、山长、学录、教谕,路、州、县及书院置之。”

博士弟子 ① 汉代太学中博士所教授的学生,称博士弟子。汉武帝时,兴立太学,由太常和各郡国选送青年士子,就博士处受业。博士弟子免徭役、赋税,至一定年限,经考核,一般可在郡国任文学职务,优异者可授中央及地方行政官,学而无成者退学。所授以儒家经学为主。② 明清时生员(秀才)的别称。

教授 学官名。始于宋代,太学及州、府、县学设教授,掌教学、考试等事。元代的州、府学,明、清的府学,亦设教授。

教谕 学官名。宋代于京师所设小学和武学中置教谕。元、明、清县学皆置教谕,掌文庙祭祀,教育所属生员。《明史·职官志四》:“儒学。府,教授一人,训导四人。州,学正一人,训导三人。县,教谕一人,训导二人。教授、学正、教谕,掌教诲所属生员,训导佐之。”

训导 学官名。明清府、州、县学皆置训导,协助同级学官教育所属生员,地位略次于教谕。《明史·选举志一》:“洪武二年,太祖……大建学校,府设教授,州设学正,县设教谕,各一。俱设训导,府四,州三,县二。”

山长 亦称“院长”。唐五代后,书院多设在山林幽静处,其主讲和主持事务者称山长。南宋至元,官立书院,由礼部及行省委任山长;明清,多由地方官聘请著名学者担任。

提督学政 简称“学政”,亦称“督学使者”,俗称“大宗师”“学台”。学官名。清中叶以后,派往各省,按期到所属各府、厅考试童生与生员;人选由朝廷在翰林官及进士出身的中央官员中选派。

主考 科举考试中乡试的主考官。明、清时代,朝廷选派赴各省主持乡试考官,称为主考。其职务为总阅试卷,分别去取,核定名次,将取中举人及其试卷奏报皇帝。

座主 唐代进士称主试官为座主。

座师 明清举人、进士,称其本科主考官或总裁官为座师。

同年 科举时代,同科考中者之间的互称。唐代以同举进士为同年,后世因之。明清乡试,同时考中者亦称同年。

门生 科举时代,考中者称主考官为“座师”,自称“门生”。起于唐代中期。因座主及门生之间的特殊关系,朝官中常形成不同的政治集团。

进士题名碑录 科举时代,书写进士同榜者姓名、年龄、籍贯等,汇集成册,以为荣耀及纪念,称题名录。元、明以来,进士按例,要在国子监刻碑,一碑上尽列一榜姓名。今北京国子监尚保存有若干石碑。

清道光进士题名碑录

书院 古代高等学校的一种。初为朝廷藏书、编书的机构或私人藏书、读书之所。《全唐诗》所载唐代书院有11所,地方史志提到唐代书院有17所。至北宋时才普遍成为藏书、讲学的学术教育机构，多建于山林名胜之处，有四大书院、六大书院、八大书院之说。元明清时，各地普遍设立书院，直至海南岛、台湾岛、新疆等边远地区，或官办，或私立，皆选聘著名学者担任山长（校长），延请名师讲授。

应天府书院 亦称“应天书院”。宋代著名书院之一。在河南商丘。当时为应天府治，故名。商丘古称睢阳，故亦名睢阳书院。五代后晋商丘虞城人杨悫建私学教授生徒。死后其徒戚同文重修并讲学于此，称“睢阳学舍”，请益者不绝。北宋大中祥符二年（1009年）邑民曹诚就其地造屋百五十间，聚书千卷，广徕生徒，讲习甚盛。府奏其事，赐额“应天府书院”。命同文之孙戚舜宾主之。后晏殊知应天府，聘范仲淹主讲其中，声名大振。南宋吕祖谦《白鹿洞书院记》及王应麟《玉海》以之与白鹿洞、嵩阳、岳麓并称四大书院。元马端临《文献通考·学校考》仍以之与白鹿洞、岳麓、石鼓并称四大书院。宋景祐、庆历间改为官学。北宋末毁于兵，后屡废屡兴。

白鹿洞书院 宋代著名书院之一。在江西庐山五老峰南麓（今属江西九江市）。唐代李渤兄弟曾隐居此地读书。南唐升元年间，建为“庐山国学”。北宋时扩为书院。南宋哲学家朱熹知南康军（今庐山市）时重加修整，确定办学宗旨和规条，亲自讲学，并奏请皇帝赐额及御书，自此名声远播。著名哲学家陆象山及王阳明等，先后来此讲学。光绪二十四年（1898年）下令变法，改书院为学堂。今书院修葺一新，胜迹如林，碑廊内嵌历代名人碑刻120余块。西北隅曲径通幽，极富山石林泉之美。

庐山白鹿洞书院

嵩阳书院 宋代著名书院之一。位于今河南登封市峻极峰下，因坐落于嵩山之阳，故名。原为北魏的嵩阳寺，隋更名为嵩阳观，五代后周时改为太乙书院。宋仁宗景祐二年（1035年），更名嵩阳书院。此后一直是历代名人讲学授课的教育场所，也是宋代理学的发源地之一。范仲淹、司马光、范纯仁、程颢、程颐、杨时等学者，都曾在此讲学。司马光巨著《资治通鉴》的一部分也曾在此撰写。元、明、清各代重修增建，书院建制古朴雅致，现存殿堂廊房500余间，由五进院落组成。院中有先贤祠、先师殿、三贤祠、丽泽堂、藏书楼等建筑。

登封嵩阳书院

石鼓书院 宋代著名书院之一。位于湖南衡阳市区北石鼓山，正当蒸水、耒水、湘水汇合处。始建于唐元和五年（810年），迄今已有1 200年的历史。宋太平兴国二年（978年），太宗赐“石鼓书院”匾额和学田。至道三年（997年），衡州人李士真拓展其规模，作为衡州学者讲学之所，仁宗景祐时再赐额。元代毁于兵火，明代陆续重新修建，至嘉靖后又成

衡阳石鼓书院

为学者讲论学术之所。明末毁，清代再建。主要建筑有武侯祠、李忠节公祠、大观楼、七贤祠、敬业堂、合江亭、禹碑亭等。1944 年 7 月，石鼓书院在衡阳保卫战中毁于日军炮火。今石鼓书院，为 2008 年当地政府仿照清代格局重建。

岳麓书院 宋代著名书院之一。在湖南长沙市岳麓山东麓。北宋开宝九年(976 年)潭州知州朱洞创建。咸平二年(999 年)，李允则任潭州太守，扩建其规模。天禧二年(1018 年)真宗赐以门额。南宋时哲学家张栻、朱熹先后在此主讲，订立学规，从学者千余人。元、明至清，两度被毁。清代重加修建，道光间巡抚吴荣光在岳麓书院增设"湘水校经堂"，专以研习汉学为主。其最后一任山长为著名经学家湖南王先谦。今书院的建筑为清代遗物，有讲堂、斋舍、文昌阁、御书楼、六君子堂、濂溪祠、赫曦台等著名建筑古迹。其附近是湖南大学等高等学校的集中地。

长沙岳麓书院

京师大学堂 中国近代最早的大学。校址在北京。光绪二十四年(1898 年)由清政府创立，为戊戌变法"新政"措施之一。目的在"广育人才，讲求时务"。是中国第一所国立综合性大学。它既是全国最高学府，又是国家最高教育行政机关，统辖各省学堂。至宣统二年(1910 年)，发展出经、法、文、格致、农、工、商七科。1912 年改为北京大学。

职官衙署

卿 ① 官名。西周至战国为天子、诸侯所置执掌军政的高级长官。秦、汉为中央高级官员的尊称。如九卿、列卿、上卿。南北朝渐入衔，成为正式官称，如太常卿、宗正卿等。历代因之，职权较汉为轻。清代往往以三品至五品卿作为官僚的虚衔。② 爵名。西周至战国王室与诸侯国爵制，公以下、大夫以上为卿，后分上、中、下三等。

六卿 《周礼》以天官冢宰、地官司徒、春官宗伯、夏官司马、秋官司寇、冬官司空分掌邦政，称为六官或六卿。隋唐以后，吏、户、礼、兵、刑、工六部尚书，大致与《周礼》的六官相当，因而亦称为六官或六卿。宋王禹偁《待漏院记》："三公论道，六卿分职，张其教矣。"

大夫 ① 古职官名。周代在国君之下有卿、大夫、士三等，后因以"大夫"为任官职者之称。秦汉以后，中央要职有御史大夫，备顾问者有谏大夫、中大夫、光禄大夫等。唐宋尚存御史大夫及谏议大夫，明清废。② 爵位名。如秦汉分爵位为公士、上造等二十级，其中大夫居第五级，官大夫为第六级，公大夫为第七级，五大夫为第九级。见《汉书·百官公卿表上》。隋、唐、明、清的光禄大夫、荣禄大夫为文职散官，专为封赠时用。

冢宰 官名。① 别称"太宰"。《周礼》有冢宰，为天官之长、六卿之首，辅佐帝王治理国事。周武王死时，成王年少，周公曾以冢宰之职摄政。《书·周官》："冢宰掌邦治，统百官，均四海。"② 后世用为吏部尚书的别称。

司徒 官名。① 西周置，掌管国家的土地和人民。司徒、司马、司空合称三公。② 西汉哀帝时丞相改称大司徒，东汉时改称司徒。

宗伯 ① 官名。西周置，春秋时鲁国沿用，掌管宗庙祭祀等礼仪。② 后世以"大宗伯"作为礼部尚书的别称。

司马 官名。① 西周、春秋战国时，掌一国军政和军赋。司徒、司马、司空合称三公。汉武帝时罢太尉置大司马。后世用作兵部尚书的别称，侍郎则称少司马。② 为将军府属官，在将军之下，综理一府之事，参谋军事。③ 隋唐时州郡的佐官。后徒有空名，专用来安置贬谪的官员。诗人白居易、柳宗元都曾被贬为州司马。明清时为府同知的别称。

司寇 ① 官名。西周置，春秋、战国沿置。掌管刑狱、纠察等事。② 后世用作刑部尚书的别称，侍郎则称少司寇。

司空 ① 官名。西周置，春秋、战国沿置，掌管工程。司徒、司马、司空合称三公。② 西汉成帝时改御史大夫为大司空，东汉改为司空。后世用作工部尚书的别称，侍郎则称少司空。

太宰 官名。① 冢宰的别称。"太"亦作"大"。春秋时吴国伯嚭曾为太宰。秦、汉、魏不设。晋避讳，改太师为太宰。隋、唐不设。宋曾改左、右仆射为太宰、少宰。② 后世用为吏部尚书的别称。

相国 官名。春秋时齐景公始设左右相，相成为齐国强大的卿大夫的世袭官职。此后至战国，各诸侯国亦先后设相，或称相国、相邦，或称丞相，为百官之长。唯楚国，以令尹为最高官职，终战国之世未设相。秦代以后成为君主以下的最高官职。唐代以后多用作实际任宰相者的尊称，清代官场专称任大学士者。

尹 官名。商代、西周时的辅弼之官。春秋时，楚国长官多称尹。汉代开始，都城的行政长官称为尹，如京兆尹、河南尹，明清的顺天府府尹、应天府府尹等。元代，州县长官称尹。后亦因之用以称州县官，如"县尹"等。《警世通言·苏知县罗衫再合》："那苏云……二十四岁上，一举登科，殿试二甲，除授浙江金华府兰溪县大尹。"

令尹 官名。春秋、战国时楚国的最高官职，执掌军政大事，以宗族担任。《论语·公冶长》："令尹子文三仕为令尹，无喜色；三已之，无愠色。”邢昺疏：“楚臣，令尹为长。”《史记·屈原贾生列传》：“（怀王）长子顷襄王立，以其弟子兰为令尹。”

柱国 官名。战国时楚国设置，原为保卫国都之官，后为楚的最高武官，称为上柱国，地位仅次于令尹。同时赵国也有此职。至北朝时，北魏、西魏均设柱国大将军，北周增置上柱国大将军，隋设上柱国及柱国，以酬勋劳。唐以后用作勋官的职号，清废不用。《周书·李弼传》：“十四年，北稽胡反，弼讨平之。迁太保，加柱国大将军。”《隋书·百官志下》：“高祖又采后周之制，置上柱国、柱国……总十一等，以酬勤劳。”

左徒 官名。战国时楚国设置。入则参与议论国政，发布号令，出则接待宾客。诗人屈原曾任此职。《史记·楚世家》：“考烈王以左徒为令尹，封以吴，号春申君。”左徒，指黄歇，后封春申君。又《史记·屈原贾生列传》：“屈原者，名平，楚之同姓也。为楚怀王左徒。”张守节正义：“盖今左、右拾遗之类。”

三闾大夫 官名。战国时楚国设置。掌楚国贵族屈、昭、景三姓。诗人屈原曾任此职，后人即以“三闾大夫”称屈原。《楚辞·渔父》：“屈原既放，游于江潭，行吟泽畔，颜色憔悴，形容枯槁。渔父见而问之曰：‘子非三闾大夫与？何故至于斯？’”

太史 ① 亦称“太史令”。官名。西周、春秋时掌管起草文书，策命诸侯贵族，记录史事，兼管国家典籍、天文历法、祭祀典礼等，为朝廷大臣。秦汉设太史令，职位渐低。西汉史学家司马谈、司马迁父子曾相继担任此职。魏晋以后修史的职务划归著作郎，太史仅掌管推算历法。隋改称太史监，唐改为太史局，肃宗时又改为司天台，五代同。宋代有太史局、司天监、天文院等名称。元代改称为太史院，推步测算之事都归太史院，司天监仅余空名。② 明清两代修史归翰林院，以“太史”作为对翰林官的美称。

长史 官名。秦置。西汉的相国、丞相，东汉的太尉、司徒、司空、将军府，皆置长史。为掾属之长，秩皆千石，丞相长史职权尤重。边郡太守也设长史，助太守掌兵马。隋以后，三师、三公无幕僚，三省属员无长史。唐代，上、中州设长史一人，名为刺史佐官，从五品，却无实职。宋代州、府无此职。唯历代亲王、郡王、将军、都护、都督府大多置长史，以掌理一府的事务。

三公 官名合称。周始设三公，有两说：一称司徒、司马、司空；一称太师、太傅和太保。秦汉时三公为丞相、御史大夫和太尉，是协助皇帝处理政务的中央最高行政长官。汉武帝时为削弱丞相的权力，只保留了三公的形式，而以中朝官行三公职权。西汉末三公为大司徒、大司马、大司空。东汉时三公为太尉、司徒和司空（亦称“三司”），他们辅佐皇帝，共议国政，但无实权。北周以太师、太傅、太保为三公。自此以后，历史上除权臣外，很少有三公能够真正担任宰相掌实权者。唐宋虽有三公之名，无实际职务。明清时，虽仍把太师、太傅、太保称三公，但仅将其作为大臣的荣衔，无实权。

太师 官名。① 周代设置，为辅弼天子之任。“三公”之一。汉代复置。历代相沿，以太师、太傅、太保为三公，多用作大官加衔，无实职。② 指太子太师。为辅导太子的东宫官。也常用作虚衔。

太傅 官名。① 周代设置，为辅弼天子之任。“三公”之一。汉代复置，次于太师。历代沿置，多用作大官加衔，无实职。② 指太子太傅。为辅导太子的东宫官。也常用作虚衔。

太保 官名。① 周代设置，为辅弼天子之任。“三公”之一。汉代复置，次于太傅。历代沿置，多用为大官加衔，无实职。② 指太子太保。为辅导太子的东宫官。也常用作虚衔。

九卿 中央各行政机关的总称，各代情况不一。秦汉的九卿为：奉常（太常）、郎中令（光禄勋）、卫尉、太仆、廷尉、典客（大鸿胪）、宗正、治粟内史（大司农）、少府。魏晋以后，设尚书分掌各部行政，九卿专掌部分事务，职权转轻。明清有大、小九卿之别。明的大九卿为：六部尚书及都察院都御史、通政司使、大理寺卿；小九卿为太常寺卿、太仆寺卿、光禄寺卿、詹事、翰林学士、鸿胪寺卿、国子监祭酒、苑马寺卿、尚宝司卿。清代皇帝的谕旨中常以六部、九卿并提，可见六部不在“九卿”之内，九卿究竟指哪些官，文献中记录颇不一致。清代的小九卿则指：宗人府府丞、詹事、太常寺卿、太仆寺卿、光禄寺卿、鸿胪寺卿、国子监祭酒、顺天府府尹、左右春坊庶子。

三少 三公或三师的副职。自北周始，称少师、少傅、少保为“三孤”，又称“三少”。历代多沿置，虚衔而无实职。又，晋代以后，东宫官太子少师、少傅、少保亦称“三少”。

少师 官名。① 周代设置。自北周以后，历代多沿置，与少傅、少保合称“三少”。一般用作大官加衔，并无实职。清钱谦益《列朝诗集小传·杨少师荣》：“累官工部尚书，谨身殿大学士，加少师，谥文敏。”② 指太子少师。为辅导太子的东宫官。但仅用作虚衔。《明史·职官志一》：“太子少师、太子少傅、太子少保，并正二品，掌奉太子以观三公之道德而教谕焉……永乐间，成祖幸北京，以姚广孝为太子少师，留辅太子。自是以后，终明世皆为虚衔，于太子辅导之职无与也。”

少傅 官名。① 周代设置。自北周以后，历代多沿置，与少师、少保合称“三少”。一般用作大官加衔，并无实职。② 为辅导太子的东宫官。其制甚早，西汉起称为太子少傅。后亦用作虚衔。《汉书·疏广传》：“地节三年，立皇太子，选丙吉为太傅，广为少傅。”《新唐书·白居易传》：“起为同州刺史，不拜，改太子少傅。”

少保 官名。① 周代设置。自北周以后，历代多沿制，与少师、少傅合称“三少”。一般用作大官加衔，并无实职。《宋史·岳飞传》：“帝得奏，大褒其忠，授少保。”《明史·于谦传》：“论功，加谦少保，总督军务。”清袁枚《谒岳王墓作十五绝句》之十五：“赖有岳于双少保，人间始觉重西湖。”② 指太子少保。为辅导太子的东宫官。亦用作虚衔。《明史·职官志一》：“洪武元年，太祖有事亲征……常遇春兼太子少保。”

师傅 官名。古代官制中，太师、太傅、太保、少师、少傅、少保等，统称为师傅、师保或保傅。《晋书·愍怀太子传》：“惠帝即位，立为皇太子。盛选德望以为师傅。”清汤鹏《浮邱子·原傅》：“储贰，天下之根本也。师傅，储贰之根本也……凡为师傅，容止欲饬以安，性行欲淳以善，睹记欲赡以详，指归欲壹以显。”

洗马 官名。秦以前置，本作“先马”。后为太子东宫属官，职掌如谒者，太子出行时为前导。晋以后改掌图书文籍。南朝梁、陈典经局洗马，都用世族充任。北齐称典经坊洗马。隋改为司经局洗马。历代因之，清代不设太子官属，仍存此官名，以备翰林之升转，清末废。《汉书·百官公卿表上》：“太子太傅、少傅，古官。属官有太子门大夫、庶子、先马、舍人。”颜师古注引张晏曰：“先马，员十六人，秩比谒者。”又引如淳曰：“前驱也。《国语》曰勾践亲为夫差先马。先或作洗也。”《晋书·职官志》：“洗马八人，职如谒者秘书，掌图籍。”

太子宾客 官名。唐代始置。为太子东宫属官。掌调护、侍从、规谏等。唐代诗人贺知章、刘禹锡，都曾担任太子宾客。宋、元、明因之，多以他官兼任。清不立太子，不设。《新唐书·百官志四上》：“太子宾客四人，正三品。掌侍从规谏，赞相礼仪，宴会则上齿。”

分司 唐宋制度，中央官员在陪都（洛阳）任职的，称为“分司”。但除御史分司洛阳有实权外，其他分司多仅用以优待退闲之官，并无实权。唐代诗人白居易晚年即以太子宾客分司东都，直到致仕。又清代制度，于“盐运使”下设“分司”，以运同、运副或运判管领。

宰相 对君主负责，统领百官、总揽政务的大臣。历代所用名称及职权广狭多不相同。秦、汉时的丞相、相国、三公，魏晋以后的中书令、侍中、尚书令、仆射，隋唐以后的中书省、门下省、尚书省的长官，宋代的同平章事、参知政事，元代的平章政事，明、清时的内阁大学士，清代的军机大臣等，都是宰相之任。

丞相 官名。战国时秦国始置左右丞相。秦以后，为封建官僚组织中的最高官职，其任为辅佐皇帝，综理全国政务。自秦至明朝初年朱元璋废丞相的 1 600 余年间，丞相的设置断断续续，作为官名的丞相在历史上存在的时间并不长。

太尉 官名。西汉初始置，为全国武官最高职衔。与丞相、御史大夫并称“三公”。汉武帝时改称大司马。东汉与大司徒、大司空合称“三公”。历代亦多沿置,但渐变为加官,无实权。

台谏 唐代以职掌纠弹的御史为台官,以职掌建言的给事中、谏议大夫等为谏官。宋代合称御史台和谏院为“台谏”,也兼称两署所属各官。

谏议大夫 官名。西汉武帝时置谏大夫,掌议论朝政。东汉初改谏议大夫。唐、宋都有左、右谏议大夫,专掌对朝廷任官及政令缺失提意见。

御史台 官署名。西汉时称御史府,又称御史大夫寺,其长官为御史大夫。东汉时改称御史台,又名兰台寺。以御史中丞为事实上的台长,成为封建国家的监察机关。武则天时,一度改称肃政台,旋复旧称。历代相沿不改。明初曾设置,后改为都察院,清因之,御史台之名遂废。《宋史·职官志四》:“御史台,掌纠察官邪,肃正纲纪。大事则廷办,小事则奏弹。其属有三院:一曰台院,侍御史隶焉;二曰殿院,殿中侍御史隶焉;三曰察院,监察御史隶焉。”

御史大夫 官名。秦汉时是仅次于丞相的中央最高长官。主要职务为监察、执法、传诏,兼掌重要文书图籍。西汉时,丞相缺位往往由御史大夫递补。后改称大司空,东汉改司空。与丞相(大司徒)、太尉(大司马)合称三公。晋代以后多不置,隋唐以后,为御史台的长官。明御史台改为都察院,御史大夫之名遂废。

御史中丞 省称“中丞”。官名。① 汉制,御史大夫下有御史中丞。晋以后不常置御史大夫,御史中丞遂成为事实上的御史台长官。东汉至南北朝,中丞的威权颇重。唐宋虽置御史大夫,往往缺位,以中丞代行其职。明改御史台为都察院,副都御史即相当于御史中丞。② 清代巡抚例兼右副都御史,有纠察、执法之责,故亦称巡抚为中丞。相沿成俗。

侍御史 通称“侍御”。官名。秦代始置,汉沿置。位在御史大夫下,行监察等职。或给事殿中,或举劾非法,或督察郡县,或奉使出外执行指定任务。晋以后,除侍御史、治书侍御史外,又有殿中侍御史。唐改治书侍御史为御史中丞,而以侍御史、殿中侍御史、监察御史总为御史台之成员。历代多因之。至明清则仅存监察御史一种。

御史 官名。周代始设置。称“柱下史”,掌法令,地位不高,战国时在国君身边掌记事与文书。汉以后多称侍御史,一般即称御史。职权专主纠察。唐代有侍御史、殿中侍御史和监察御史三种,宋沿之。至明清仅存监察御史,行纠察之任。明代派遣监察御史分任出巡,如巡按御史、巡漕御史等。

监察御史 官名。隋开皇二年(582年)始设。唐御史台分为三院,监察御史属察院,品秩不高而权限广。宋、元、明、清因之。明、清改御史台为都察院,设都御史、副都御史、监察御史,以弹劾与建言。监察御史分道负责,因而分别冠以某某道地名。《新唐书·百官志三》:“监察御史十五人,正八品下。掌分察百僚,巡按州县,狱讼、军戎、祭祀、营作、太府出纳皆莅焉。”

殿中侍御史 官名。自魏晋以后均为监察之任。唐代殿中侍御史属殿院,掌殿廷仪卫及京城的纠察。宋代沿置,掌纠弹百官朝会时失仪者。明清不置。《旧唐书·职官三》:“殿中侍御史六人。从七品下……掌殿廷供奉之仪式。凡冬至、元正大朝会,则具服升殿。若郊祀、巡幸,则于卤簿中纠察非违,具服从于旌门,视文物有所亏阙,则纠之。凡两京城内,则分知左右巡,各察其所巡之内有不法之事。”

兰台 汉代宫中收藏图书之处。以御史中丞掌之,后世因称御史台为兰台。又东汉时史学家班固为兰台令史,受诏撰史,故后世亦用以借指班固。又唐高宗时曾改秘书省为兰台。

察院 官署名。① 唐宋两代,御史台官员分属三院。侍御史属台院,殿中侍御史属殿院,监察御史属察院。② 明代都察院的简称。又,御史出差巡视在外,其衙署也叫察院。《警世通言·玉堂春落难逢夫》:“玉姐披枷带锁,眼泪纷纷,随解子到了察院门首,伺候开门。”参见“御史台”。

廷尉 ① 官名。秦始置,掌刑狱,为全国最高司法官。汉沿置，为九卿之一。从北齐至明清皆称大理寺卿。② 官署名。为全国最高司法机构。其下设有监狱，大臣犯罪，下廷尉治罪。

大将军 官名。起于战国，历代多沿用，而以汉代地位最尊。汉初以韩信为大将军。其后又称为大司马大将军，主政的霍光、王凤等皆曾任之。三国时魏、吴并增置上大将军，位在大将军之上；唐宋于十六卫皆置大将军。明清时，是授予负责重大军事行动统帅的临时性称号。明初以徐达为大将军；清初年羹尧及诸王也曾授予此号，督师出征，礼遇殊异，然非常设，事毕则废。

将军 官名。始于春秋时，战国时用为武官名。汉代有大将军，骠骑将军，车骑将军，卫将军，前、后、左、右将军等名号。临出征之统帅有别加称号者，如楼船将军、度辽将军等。魏晋南北朝时，名号极繁，除沿用汉旧称外，又有龙骧、骁骑等将军，其常置而有专职者仅为少数。唐代，十六卫、羽林、龙武、神武、神策等军，均于大将军下设将军之官。自唐至元也用为武散官。明代总兵官有挂印并带将军号者。此外，宋、元、明亦称殿廷武士为将军。清代将军有四种：一为宗室爵号之一，如镇国将军、辅国将军等；二为驻防各地的八旗最高长官，由满人充任。内地各省将军掌驻防军事及旗籍民事，在黑龙江、吉林、伊犁等边疆地区，将军即为全区的最高军事和行政长官；三为临时出征统帅的称号，如扬威将军、靖逆将军等；四为正一品到从二品武官封赠之阶。

元帅 统率全军的主将。在唐代，元帅常以皇子、亲王担任，副元帅由有威望的大臣担任。

开府 本指成立府署，自辟僚佐。汉代唯三公、大将军、将军可以开府，魏晋以后可开府的渐增多，因有“开府、仪同三司”之称。晋代州刺史多以将军身份开府，都督军事。唐宋两代，开府仪同三司为从一品文散官封阶。至明代废。北周文学家庾信曾官骠骑大将军、开府仪同三司，后世因称为“庾开府”。唐杜甫《春日忆李白》诗：“清新庾开府，俊逸鲍参军。”参见“仪同三司”。

仪同三司 官名。始于东汉。本意指非三公（司马、司徒、司空）而给以与三公同等的待遇。延平元年（106年），邓骘为车骑将军，加“仪同三司”，“仪同”之名始于此；三国魏黄权以车骑将军“开府仪同三司”，“开府”之名始于此。魏晋以后，将军开府置官属者，遂称开府仪同三司。至南北朝末，成为官号，并置开府仪同大将军、仪同大将军等。隋唐后仅为散官。明以下废。为此官者，又称为开府或仪同。唐杨炯《后周青州刺史齐贞公宇文公神道碑》：“十年，迁中书监，领骠骑大将军，加开府仪同三司。”《宋史·职官志八》：“诸枢密使，开府仪同三司，特进，太子太师、太傅、太保，嗣王，郡王，国公，为从一品。”参见“开府”。

仪同 “仪同三司”的简称。

假黄钺 魏晋南北朝时，宗室重臣出征往往加有假黄钺的称号。黄钺，以黄金为饰，古代帝王所用，后世用为仪仗。借之以增威重，有代表皇帝出征之意。《晋书·职官志》：“魏文帝黄初三年，始置都督诸州军事，或领刺史。又上军大将军曹真都督中外诸军事、假黄钺，则总统内外诸军矣。”《通志·职官略六》：“江左以来，都督中外尤重，唯王导等权重者乃居之。宋氏人臣无居者，唯江夏王义恭得假黄钺。”

节度使 官名。唐代驻守各道的武将称都督，都督带使持节的称节度使。总揽一区的军、民、财、政。所辖区内各州刺史均为其下属，本身亦兼任所驻州之刺史。唐玄宗晚年，宠信胡人将领安禄山，以他为平卢兵马使、营州都督，兼任平卢、范阳、河东三州节度使，统兵15万，终于酿成“安史之乱”。中晚唐以后的藩镇割据，和节度使制度亦有密切关系。至宋代，吸收历史教训，节度使仅是授予大臣或宗室的虚衔。

使相 唐后期，常以宰相官衔（同平章事）加于节度使，作为荣衔，称作使相。五代沿之，节度使多带宰相衔而实际不问朝廷政事。宋代，亲王、留守、节度使等加侍中、中书令、同平章事者，亦皆谓之使相，实际不主政事，但在除授官员命令的末尾保留其官衔。清代用以称兼大学士衔的总督。

监军 官名。古代监军属临时差遣，代表朝廷协理军务，督察将帅。唐玄宗始以宦官为监军。后出监诸镇，因代表皇帝，竟与统帅分庭抗礼。

校尉 官名。秦时已有。汉武帝初，置八校尉，随其职冠以名号，即中垒、屯骑、步兵、越骑、长水、胡骑、射声、虎贲，为西汉时掌管特种军队的武官将领，东汉略同。位次于将军。汉在少数民族地区设置的长官，亦有称校尉者。隋唐以后用为低级武散官之号。明清卫士亦称校尉，地位愈低。

中尉 官名。战国时赵国初置。秦汉时为武职，掌京师的治安警卫。武帝时，改称执金吾。唐代自德宗以后，于神策军置护军中尉，专由宦官担任，率领禁兵。《新唐书·百官志四上》："左右神策军……护军中尉各一人。"《旧唐书·宦官传·窦文场霍仙鸣传》："德宗还京，颇忌宿将，凡握兵多者，悉罢之……贞元十二年六月，特立护军中尉两员、中护军两员，以帅禁军，乃以文场为左神策护军中尉，仙鸣为右神策护军中尉。"

执金吾 官名。源于秦代中尉，西汉武帝时改称执金吾。金吾，一说为两端涂金的铜棒，执之以表示威权所在。执金吾是负责皇帝大臣警卫、仪仗以及京师治安的武职官员。天子出行，则担任护卫及先导。东汉沿置，晋以后废。唐宋以后有金吾卫、金吾将军、金吾校尉等。清代或用为步军统领的别称。《汉书·百官公卿表上》："中尉，秦官……武帝太初元年更名执金吾。"颜师古注："金吾，鸟名也，主辟不祥。天子出行，职主先导，以御非常。故执此鸟之象，因以名官。"

都督 官名。本意为统领、总领。始称于东汉末。魏文帝黄初三年（222年）置都督诸州军事，或领刺史，而都督中外诸军及大都督权位为最重，实为全国最高军事统帅。两晋南北朝因之。北周改都督诸军为总管。又有大都督、帅都督、都督之称。至隋文帝时，三都督并为散官。唐复旧称，设大都督府，后又分都督府为上中下。大都督（上都督）以亲王为之，遥领其任，亦常用为赠官。唐中叶以后，以节度使、观察使为地方最高长官，都督之名遂废。元置大都督府，统领诸卫。明代置五军都督府，各有左右都督，及都督同知、都督佥事，分领京卫与各地卫所，为全国最高军政机关。清以后废。

都指挥使司 ① 明官署名。简称"都司"。是明代一省的最高军事指挥机关。统率其所辖卫所，属五军都督府而听从兵部调令。与布政使司、按察使司合称三司。② 官名。明代都指挥使司的长官。掌一省军政，与布政使、按察使同为封疆大吏，分掌地方军政、民政、刑狱。

都统 官名。为领兵的武官。前秦攻东晋时所建，苻坚征富家子弟年二十以下者三万余骑，置少年都统一人领之。唐后期讨伐藩镇和镇压农民起义，设诸道行营都统，为各道出征军的统帅；辽、金亦有都统、副都统之称。清顺治十七年（1660年）定固山额真之汉名为"都统"，梅勒章京为"副都统"。满洲八旗、蒙古八旗、汉军八旗每旗置一人，共24人。都统掌管该旗户籍、田产、教养、军械、操练、营制、补放官爵等旗务。初置为正一品，后改为从一品。副都统为正二品。

提督 官名。明代有提督京营戎政诸职，多以勋戚大臣及太监充任。性质为差遣，非正式定员。后各省巡抚、镇守总兵官，常加"提督军务"等衔。清代，提督为各省绿营最高主管官，全称"提督军务总兵官"。以职能分为陆路提督与水师提督，掌管区域为一或两省。一般全国共设置12名陆路提督，3名水师提督。

总兵 亦称"总兵官"。官名。本为差遣的名称，无定员，无品级。明初，镇守边区的统兵官有总兵和副总兵。遇有战事，总兵佩将印出战，事毕缴还，后渐成常驻武官。清代为正二品，受提督统辖，掌理本镇军务，故又称"总镇"。统辖兵员多寡相差甚多，大约在10 000~15 000名。全国设总兵83名，其中，陆路总兵约70名、水路约13名，统辖中国18省614防营约63万兵力。

副将 亦称"协镇"。官名。元朝始置。明清沿置。地位次于总兵，高于参将，相当于副总兵。在清代的绿营军武官中，为从二品，一般可担任督标（总督直辖的绿营兵）的中军，下辖的兵力称为“一协”，约数千人。又漕运总督下亦设副将，掌理催护粮艘等事。

参将 明代镇守防区的统兵官，初无定员，位次于总兵、副总兵，分守各路。清代为绿营武官，秩三四品，位在总兵与副总兵之下，都司与游击之上，次于副将一级，服从于总兵。京师巡捕五营，各设参将防守巡逻。又，明、清漕运官皆设置参将，协同督催粮运。清代河道官的江南河标、河营，也都设置参将，掌管调遣河工、守汛防险等。

游击 官名。游击将军的简称。“游击”原意为对敌进行分散的灵活机动的袭击。汉武帝时置游击将军，统兵专征，职权颇重。东汉至唐沿置，唐、宋武散官中亦有游击将军。明初属差遣性质，无定员，无品级，多以功臣、外戚充任，分掌驻地防守应援。后于沿边及要地驻军中设游击将军，位次参将，统率边军一营三千余人以为游兵，主野战，正五品。其下有千总、把总等官。清绿营兵军中亦有游击，秩从三品，位次参将，为将军、督、抚、提、镇分领营兵，也有充各镇中军官者。四川土司又有土游击。

都司 ① 明代官署名。都指挥使司的简称。② 清代绿营武官名。四品，位次于游击，分领营兵。

守备 官名。守备本为差遣的名称，无定员，无品级。明初设南京守备一人，节制本区各卫所，以公、侯、伯充任；协同守备一人，以侯、伯、都督充任。掌南京防守事务，管理南京地区各卫所，为重要军职。后在总兵下设守备，担任驻守，位次于游击将军。清代，绿营所设统兵官，分领营兵，称营守备；又漕运总督辖下各卫分设守备，统率运军领运漕粮，称卫守备。此外，于四川、云南等省土司中亦设守备，称土守备。

教头 宋代军队中担任教练武艺的军官。有教头与都教头之别。教头的地位很低，都教头亦仅为中下级军官。

五军都督府 明代最高军事统率机构。明太祖初设大都督府，洪武十三年（1380 年）废大都督府，改设中、左、右、前、后五军都督府，分领在京各卫所和外地各都司卫所。规定五军都督府有统兵权，但无调兵权，调兵权由皇帝直接掌管。永乐间在北京设行在五军都督府，后除“行在”二字；在南京的五军都督府，加“南京”二字，分掌南京卫所。各府长官为左右都督。

卫所 明代军队编制实行“卫所制”。军队组织有卫、所两级。一府设所，几府设卫。卫设指挥使，统兵士 5 600 人。卫下有千户所（1 120 名士兵），千户所下设百户所（112 名士兵）。各府县卫所归都指挥使司管辖，各都指挥使司归中央五军都督府管辖。京都的卫军分为京军三大营和皇帝亲军，前者归五军都督府管，后者由太监统领直接听令于皇帝。士兵有军籍，世袭为军，平时屯田或驻防。遇有战争，朝廷调兵命将，率军征战。

少府 官名。① 战国始设。秦汉相沿，为九卿之一。掌山海地泽收入和手工业制造，供皇室享用，属于皇帝的私府。东汉时，掌管宫中服御用物、宝货、玺印、珍膳、医药、园林，以及管理内监、宫女等事务。魏晋六朝至唐宋，专事工艺制造、铸钱等。元以后废。明代其事归工部。清代归内务府。② 唐代称县令为明府，称县尉为少府。后世沿之。

尚方 官署名。古代负责制办和掌管宫廷饮食器物的部门。秦置，属少府。汉末分中、左、右三尚方。唐称“尚署”。元惟置中尚监。明废。清吴伟业《织妇词》：“少时织绮贡尚方，官家曾给千金直。”

将作大匠 官名。秦代称将作少府。西汉改称将作大匠，职掌宫室、宗庙、陵寝等的土木营建。东汉、魏、晋沿置。南朝梁改称大匠卿，北齐改称将作寺大匠，隋代至辽多称将作监大匠。元代设将作院院使，掌金、玉、织造、刺绣等手工艺品的制造。明初曾设将作司卿，未久废，并其职于工部。

尚食 官署名。掌帝王膳食。秦始置。东汉以后，并其职于太官汤官。北齐门下省有尚食局，置典御二人。隋改为奉御。唐、宋因之，属殿中省。金、元尚食局属宣徽院。明设尚膳监，由宦官掌管。后用以泛指御膳。

太医 官名。秦、汉设太医令，主医药之事。隋以后各代都有专门的太医官署，名称不一。除执掌医药政令外，主要为皇室成员的医疗保健服务。后泛称皇帝的医生为太医或御医。

谒者 官名。春秋、战国时置，为国君掌管传达。秦汉沿置。汉制，郎中令属官有谒者，少府属官亦有中书谒者令（后改称中谒者令）。郎中令所属谒者，多以孝廉及美仪表者担任，掌宾赞受事，员额至七十人，其长官称谒者仆射。南北朝时曾沿置，掌引见臣下，传达使命。隋置通事谒者，唐改为通事舍人。其以阉人充任者，东汉称中宫谒者，属大长秋。

大长秋 官名。秦名将行，汉景帝时改称大长秋，掌宣达皇后旨意，管理长秋宫（皇后所居宫）中各事，多由皇后近侍宦官充任，秩二千石。《汉书·百官公卿表》颜师古注："秋者收成之时，长者恒久之义，故以为皇后官名。"历代沿设，名目不一。北魏名大长秋卿，北齐称长秋寺卿。隋设内侍省，炀帝改内侍省为长秋监，主管称长秋监令。唐以后无此称。

三省 指中书省、门下省、尚书省。隋唐时代同为最高政务机构，一般为中书决策、门下审议、尚书执行。

中书省 官署名。魏晋始设，为秉承皇帝意旨，掌握机要，发布政令的机构。隋唐渐成为全国政务的中枢。与门下省、尚书省合称三省。中书决策，通过门下审议，交尚书省执行。

门下省 官署名。晋代原为皇帝的侍从、顾问机构。北朝时成为中央政务机构的重心。唐代与中书、尚书合称三省。与中书省同掌机要，共议国政，负责审查诏令，签署章奏，有封驳之权。宋代，主要职权为政事堂（中书）所代替。

尚书省 官署名。南北朝时始设，为中央执行政务的总机构。唐代，尚书省下有吏、户、礼、兵、刑、工六部，与中书省、门下省合称三省，长官为尚书令。北宋沿置。明、清不设。

中书令 官名。汉武帝时以宦官担任，掌传宣诏命等。司马迁被刑后，曾任此职。西汉后期改为中谒者令。三国魏文帝时，改秘书为中书，分设中书监与中书令，掌握机要。南北朝至唐，非君主亲近之人及有特殊资望者，不授此官。实际任宰相者，唐代多仅授以中书侍郎、门下侍郎、同中书门下平章事。宋制略同。中书令在隋代曾改名内史令、内书令。唐代曾改称右相、凤阁令、紫微令等，旋复旧称。北宋用为赠官。元代中书令权位尤重，或以皇太子兼任。明代废。《新唐书·长孙无忌传》："太子即位，是为高宗。进无忌太尉，检校中书令，犹知门下、尚书二省。"

侍中 官名。秦代为丞相属官。两汉沿置，南朝时掌机要，实际上相当于宰相。唐代，侍中是门下省的长官，若为宰相，需有"同平章事"的头衔。一般用作大臣的加衔。南宋废。

给事中 官名。秦始设。西汉因之，为加官，位次中常侍，无定员。加此号得给事禁中，备顾问应对。东汉不置。晋以后或为正官。唐高祖时，正五品上，为门下省重职，具体负责审议、封驳皇帝诏敕、百司奏章，可驳正其违失，事权甚重。北宋大体沿之。明代给事中分吏、户、礼、兵、刑、工六科，辅助皇帝处理政务，监察六部，纠弹官吏。清雍正初并入都察院，与监察御史合称"科道"，职掌抄发题本，审核奏章，监察六部、诸寺、府、监公事，其封驳之权有名无实，职权较明为轻。

散骑常侍 汉有散骑及中常侍，俱为皇帝侍从之官。东汉中常侍由宦者担任。魏文帝合并为一官，称散骑常侍，由士人任职，为皇帝侍从顾问。梁代与隋代，隶门下省。唐高宗时分为左右。左散骑常侍二人，属门下省；右散骑常侍二人，属中书省。职掌同为规谏过失，侍从顾问，无实权而地位尊贵。又常用作将相大臣的加官。宋不常置。辽属门下省。金、元不设。

仆射 官名。起于秦代。汉时为尚书令之副，职权渐重。唐初，因秦王李世民（唐太宗）担任过尚书令，后乃不设尚书令，以仆射为尚书省长官，与中书令、侍中同为宰相。宋初相沿不改，元丰改制时以左右仆射为宰相。后成为宰相的加衔或大臣荣衔。元以后废。

秘书省 官署名。南朝梁时，专掌艺文图籍，陈、隋因之。唐初改称秘书监。后又改兰台、麟台。至太极元年（712 年）再改为秘书省。

下领太史、著作二局。设监一人，从三品；少监二人，从四品上；丞一人，从五品上。掌经籍图书之事。宋代沿置，兼国史实录、天文历数等事。明废。

秘书监 官名。东汉桓帝时始置，专掌图书秘籍，官属太常。魏、晋后亦为其官署名。南朝梁以下，为秘书省之长官，有秘书少监及秘书丞助掌其事。唐、宋沿置。元代秘书监长官为卿及大监、小监，事务官为监丞。明不设。瞿蜕园《历代职官简释》："古代图书集中帝室，西汉则藏于天禄阁，东汉则东观，故谓之秘书。亦以东汉崇尚谶纬，故取秘密之意……唐、宋以后，虽掌艺文图籍之官迭有增设，而秘书监之名不废。直至明初始罢不设，其职全并入翰林院……清代以文渊阁官当古之秘书监，则略有相近者。"参见"秘书省"。

司天监 官署名。中国古代掌管天文历法的中央机构。天文之事，周朝归太史，秦汉以后有太史令。隋代设太史监，唐代设太史局，乾元元年（758 年）起称司天台，隶秘书省。五代及北宋元丰改制前称司天监，主官称监。金称司天台，隶秘书监，兼教授生员。元代沿金制。明改钦天监，清代沿之，设监正、监副等官，掌观察天文、颁布历法，制作仪器，教习人材等事。自元代起，至清代道光以前，一直有天主教传教士加入，甚至担任钦天监监正，主管中国的天文事务。

内侍省 官署名。北齐初置中侍中省；隋初改设内侍省，领内侍、内常侍等官，俱以宦官任职。炀帝时改为长秋监，其长官用士人，余用宦者，所掌为出入及宫内事务等。唐代内侍省，或称内侍监，专用宦官。由内侍监、内侍少监负责。宋代增设入内内侍省，与内侍省合称前后省。明代分设为二十四衙门。凡前代宫内各官署之职掌，几全归宦官，权力甚至凌驾于外廷正规机构之上。清代，宦官统归内务府管辖，无宦官专掌的机构。

政事堂 唐宋时宰相议政的处所。唐初设在门下省，后迁到中书省。开元十一年（723 年）改称中书门下。北宋沿唐制，也称中书门下，简称中书，与枢密院分掌政、军大事，合称"二府"。元丰改制后，遂以尚书省的都堂为宰相办公所在，因也称都堂为政事堂。元、明、清不设。

参知政事 ① 官名。意为参议朝廷政事。唐初宰相偶用此称。宋代正式设官，以分宰相之权，以"同中书门下平章事"为宰相，"参知政事"为副宰相。② 元代于各行省设参知政事，是行省副长官。

同中书门下三品 唐代制度，以尚书省、中书省、门下省三省长官仆射、中书令、侍中担任宰相，后因三省长官品位崇高，不轻授人，常在其他职官（主要是尚书省）中选派充任，特加"同中书门下三品"之号，即视同中书令、侍中（均为三品）之意。至代宗大历间，中书令、侍中升为从二品，宰相已习称"同中书门下平章事"，乃不再用此称。

同平章事 官名。初用于唐太宗时。自高宗永淳元年（682 年）始，实际担任宰相者，或加以同中书门下平章事的名义。省称同平章事。中书、门下二省本为政务中枢，同中书门下平章事即与中书、门下协商处理政务之意。宋初，沿用为宰相官衔，至元丰改制时废。南宋初恢复，乾道时再废。宋代节度使加同平章事者，仅为虚衔，非实职。

平章 官名。本义为议论政事，始见于唐太宗时。唐中期后，凡实际任职宰相者，必在其本官外加同平章事的衔称。意为共同议政。宋代有平章军国重事之名，专用以位置年高或望重的大臣，位高于宰相。金、元二代有平章政事，位次于丞相。元代的行中书省亦置有平章政事，则为地方高级长官。简称平章。明初曾沿袭，未几废。

补阙 官名。唐垂拱元年（685 年）置，职务为对皇帝进行规谏及举荐人才。左补阙属门下省，右补阙属中书省。北宋时改为左右司谏。南宋及元、明重又设置，随设随罢。低一级者为左右拾遗。《新唐书·百官志二》："门下省有……左补阙六人，从七品上；左拾遗六人，从八品上。掌供奉讽谏，大事廷议，小则上封事。"又"（中书省有）右补阙六人，右拾遗六人，掌如门下省"。

拾遗 唐代谏官名。武则天时，置左右拾遗分属门下、中书两省，职掌与左右补阙相同。北宋改为左右正言。后随设随罢。唐代诗人陈子昂、杜甫均曾担任拾遗一职,后人因称为陈拾遗、杜拾遗。参见“补阙”。

枢密院 官署名。五代后梁时建崇政院,后唐改称枢密院。宋代沿置,以枢密使为长官。大臣兼领者,称“知枢密院事”。主要管理军事机密、边防等,与中书并称二府,同为最高国务机关。辽代设有北枢密院(相当兵部)、南枢密院(相当吏部)及汉人枢密院(掌汉族地区兵马)。元代枢密院主要掌军事机密、边防及宫廷禁卫等事务;战争时设行枢密院,掌一方军政。明代废。关履权《两宋职官制度》:“内忧外患的国内外政治形势,使宋朝需要有一支相当庞大的军队,方能抵抗少数民族的入侵和镇压国内人民的反抗。这也就要有一个强有力的管理这支庞大军队的机构,这就是枢密院设立的原因。同时枢密院的设立,又可以削弱宰相的权力,是强化皇权的一个重要措施。”

枢密使 官名。始置于唐后期。元和四年(809年),以宦官梁守谦为枢密使,掌接受表奏及向中书门下传达诏命。至唐末时,发展至直接指挥公事,侵夺宰相权力。五代后梁时改由士人充任。宋代,以枢密使为枢密院长官,与宰相共同负责军国要政,并以文官担任。辽代设北枢密使和南枢密使,分主“蕃事”和“汉事”。元代之军务则统归枢密院使掌之,往往由皇太子兼任。

六部 从隋唐开始,为中央行政机构中的吏、户、礼、兵、刑、工各部的总称。是尚书省的组成部分。每部下辖四司。吏部主管人事升降,在六部中居于特别重要的地位。明以前,六部为宰执的办事机构,品阶不高,唐代六部尚书为正三品,宋代从二品。明太祖废宰相,六部直接对皇帝负责,品阶升高,尚书为正二品,清代升为从一品。清末因逐渐添设新的部,六部之名废。

吏部 官署名。东汉时有吏部曹,魏晋以下改称吏部。隋唐时列为尚书省六部之首,掌全国官员的任免、考课、升降、调动等,长官为吏部尚书。后世相沿不改。

户部 官署名。三国魏以后,常置度支尚书,掌财政,隋改称民部尚书。唐避讳,改称户部,为尚书省六部之一,掌全国土地、户籍、赋税、财政收支等,长官为户部尚书。后代相沿不改。

礼部 官署名。北周始设礼部。隋唐沿其称,为尚书省六部之一,掌礼仪、祭享、贡举等,长官为礼部尚书。后代相沿不改。

兵部 官署名。北周设兵部。隋唐因之,为尚书省六部之一,掌全国武官选用和军政,长官为兵部尚书。后代沿置,职权范围不完全相同。

刑部 官署名。北周始设刑部。隋唐沿其称,为尚书省六部之一,掌法律、刑狱等,长官为刑部尚书。后代相沿不改。

工部 官署名。北周设工部。隋唐因之,为尚书省六部之一,掌工程、工匠、屯田、水利、交通等,长官为工部尚书。后代相沿不改。

度支 官名。掌管全国财赋的统计与支调。魏文帝设度支尚书寺,晋及南朝宋、齐,北朝北魏、北齐均设度支尚书,领度支、金部、仓部、起部四曹。隋初沿之。开皇三年(583年)改称民部,为六部尚书之一。唐初避太宗李世民讳,改民部为户部,下有度支郎中。至宋代,度支使与户部使、盐铁使,总领全国财赋,合称三司使。度支使下设有副使、判官等。元明不设三司,事权归于户部。

尚书 ① 官署名。始置于战国,东汉时称尚书台,成为国家政务的中枢。隋唐开始,尚书省成为中央首要机关之一。宋以下,行政权全归尚书省,以六部尚书分掌政务,直接对皇帝负责。② 官名。唐以后尚书省所辖六部的每一部的长官。

侍郎 官名。汉代为宫廷近侍之官。唐以后,中书省、门下省及尚书省(三省)所属各部皆以侍郎为长官之副。明清时,与尚书同为各部的长官。

郎中 官名。始于战国。秦汉沿置,为皇帝侍从,掌管门户、车骑等事。晋武帝置尚书诸曹郎中,郎中为尚书曹司之长。隋唐设六部,各部所辖司,皆以郎中、员外郎为其正副长官。明清时,以郎中、员外郎、主事为司官的三级。

员外郎 官名。简称“员外”。原指正额以外的郎官。三国魏末始置员外散骑侍郎，为皇帝侍从官之一。隋开皇六年(586年)于尚书省二十四司各置员外郎一人，为各司之次官。唐宋以后沿其制，以郎中、员外郎为六部各司正副主官，实已在编制定员之内。明清时，以郎中、员外郎、主事为司官的三级。清代，理藩院、太仆寺、内务府等官署，亦有员外郎。

主事 官名。为中央官署中的低级官员。起于东汉光禄主事。北魏尚书各司有主事令史，以流外人员充任。唐尚书省与六部及中书、门下二省均有主事。宋三省与枢密院主事为群吏之首，列从八品。金世宗时选用进士任职。明清沿之，为各部司官中最低一级，清内务府、理藩院等官署也有主事，正六品。进士分至各部，先补主事，然后递升员外郎、郎中。主要负责处理公文及日常事务。

祠部 官署名。三国魏始置，为尚书列曹之一。掌祭祀及死丧赠赐等事。南北朝多沿置。自唐代以下，成为礼部所属四司之一。明清改为祠祭司。一般亦用为礼部司官的通称。《宋书·百官志上》："魏世有殿中、吏部、驾部……祠部。"《新唐书·百官志一》："(礼部)其属有四：一曰礼部，二曰祠部，三曰膳部，四曰主客。"

水部 官署名。三国魏始置，为尚书列曹之一。掌水道之政令。南北朝多沿置。隋唐至宋为工部四司之一。明清改为都水司。一般亦用为工部司官的通称。《隋书·百官志下》："工部尚书统工部、屯田侍郎各二人，虞部、水部侍郎各一人。"

比部 官署名。魏晋时设，为尚书列曹之一，职掌稽核簿籍。后世沿之。至唐代，为刑部所属四司之一，设有郎中、员外郎各一人，主事四人。宋代为刑部三司之一。金元废。明清时用为刑部司官的通称。《新唐书·百官志一》："比部郎中、员外郎，各一人，掌句会内外赋敛、经费、俸禄、公廨、勋赐、赃赎、徒役课程、逋欠之物，及军资、械器、和籴、屯收所入。"

内阁 官署名。明、清时的政务机构。明初为进一步强化君主专制，有意削弱相权，废宰相，设内阁。入阁的为尚书、侍郎级官员，内阁实际成为皇帝的顾问机构。唯首席大学士号称首辅，地位较近于宰相。实际上重大事情基本听命于皇帝，皇帝通过宦官的司礼监传达意旨给内阁。清代相沿，至军机处成立后，内阁成为发布谕旨文告的机构。

大学士 官名。唐代，宰相兼领导宏文馆、集贤院者称大学士。明废中书省，废丞相，以数名大学士组成内阁，充当皇帝顾问，听命于皇帝的意旨，代为起草诏令、批答章奏、商办政务。多以尚书、侍郎入阁办事，称为阁老。清代作为荣衔，授予军机大臣及资望特高者。

首辅 ① 明代对首席大学士的习称。意即首相。嘉靖至万历初，首辅和次辅界限严格，首辅主持内阁大政，职权最重，次辅不敢与较。② 清代称领班军机大臣。职权亦重。

军机处 清代辅佐皇帝的政务机构。始于雍正七年(1729年)，因当时用兵于西北，而设军机房。三年以后，正式改称办理军机处，简称军机处。因掌理国家军政要事，故称。在军机处办事的军机大臣，无定员，于亲王、大学士、尚书、侍郎、京堂内特简充任，通称大军机。其僚属称为军机章京，掌缮写谕旨，记载档案，查核奏议等，共满汉4班，每班8人，通称小军机。宣统末年撤销。

故宫内的清代军机处

钦差大臣 简称"钦使"。官名。明代，凡由皇帝亲自派遣，出外办理重大事情的官员称钦差。清代沿袭。其出于特别任命并授予印信者，称作钦差大臣，权力更大。驻外使节则称钦差出使某国大臣。

北洋大臣 清末"北洋通商大臣"的简称。原名"三口通商大臣"，管理天津、牛庄、登州(今烟台市)的通商、交涉事务。后改名，管理直隶(今河北)、山东、奉天(今辽宁)三省的通商和交涉事务,兼外交、海防等。例由直隶总督兼任。

总理各国事务衙门 晚清官署名。特设于咸丰十年(1861年),总揽外交及与外交相关的财政、军事、文教、工商等活动,如派驻公使、中外通商、海关征税、定购军火、派遣留学生、培养翻译人才、开办学校与洋务企业等。大臣有管理大臣(以军机大臣兼领)、总理大臣上行走等,皆特简而无定员。下有满汉章京十数人。是办理洋务与外交事务的中央机构。光绪二十七年(1901年)改为外务部。

晚清总理各国事务衙门

中堂 宰相的别称。宋代因宰相在中书省的政事堂办公而得名。明代沿称大学士。清代用为对军机处首脑及大学士的称呼。

史馆 官署名。是封建王朝官修史书的机构。北齐始置,以宰相领之,称为监修国史。唐、宋称史馆。金称国史院。元置翰林兼国史院。明清设翰林院,置修撰、编修、检讨,专掌修史之事。清翰林院内置国史馆,设总纂、提调、纂修等官。

著作郎 官名。三国魏始置,属中书省,为编修国史之任。晋惠帝时起,改属秘书监,称大著作郎。南朝末期为贵族子弟初任之官。至唐代,主管秘书省属下之著作局,高宗龙朔年间一度改称司文郎中。其下设著作佐郎、校书郎、正字等官。宋代沿置,掌修纂"日历"。明代废。

校书郎 官名。汉代典校皇家藏书的人员,以郎充任者称校书郎,不置官。三国魏始置官,称秘书校书郎,后世沿置。明废。

正字 官名。北齐始置于秘书省,隋唐至宋沿置。掌校雠典籍,刊正文章。地位略次于校书郎。《新唐书·百官志》:"校书郎十人,正九品上;正字四人,正九品下。"《旧唐书·刘晏传》:"(刘晏)年七岁,举神童,授秘书省正书。"《宋史·文苑传六·秦观传》:"元祐初,(苏)轼以贤良方正荐于朝,除太学博士,校正秘书省书籍。迁正字。"

翰林院 官署名。唐玄宗置,是专为皇帝服务的各种文学技艺人才的汇聚之所。宋代,以翰林院总管天文、书艺、图画、医官四局。至于翰林学士供职之所,则不在此,唐代在学士院,宋代在翰林学士院。元代称翰林兼国史院。至明代,翰林院才成为外朝官署,负责修史、著作、图书等事。清代沿明制,设翰林院掌编修国史、起居注,进讲经史,以及草拟有关典礼的文件等。由大臣充任掌院学士,负责管理。

待诏 官名。汉代征召才技之士,使随时听候皇帝的诏令,称为待诏。唐玄宗设翰林待诏,掌批答四方表疏、文章应制等。辽有翰林画待诏。明清时,翰林院中的待诏,地位低微,掌校对章疏文史等。

翰林 ① 唐宋时翰林学士、明清时翰林院属官的通称。包括学士、侍读学士、侍讲学士、侍读、侍讲、修撰、编修、检讨等。宋欧阳修《赠王介甫》诗:"翰林风月三千首,吏部文章二百年。"两句分指唐代李白和韩愈,李白曾为翰林学士,韩愈曾为吏部侍郎。② 指学士院或翰林院。

翰林学士 官名。学士之称,始设于南北朝。唐玄宗时,建学士院,选有文学才能的朝官任翰林学士,入直内廷,随时宣召撰拟文字。至宋改翰林学士院,设翰林学士等职,专掌制诰诏令的撰述等事。

学士 官名。魏晋时征文学之士,主管典礼、编纂、撰述等事,通称学士。历代学士名目众多,所属机关不同,职权各异,品秩高低也有别。如北齐文林馆学士,北周麟趾殿学士,唐代集贤院、宏文馆学士等,专主撰述。唐代始设之侍读学士,宋代始设之侍讲学士,专为皇帝讲解经书。武则天时北门学士、唐玄宗时翰林学士等,执掌起草皇帝诏命,参与机密。至宋代,设观文殿、资政殿、端明殿学士及龙图、天章等阁学士,则与大学士同为优礼大臣及文学之士的荣衔。明清两代,带殿阁大学士衔者,资望特重,职权近似宰相。

侍读学士 官名。唐代始设集贤殿侍读学士。宋代始设翰林侍读学士。明清沿置翰林院侍读学士、侍读,与侍讲学士、侍讲,均为较高级翰林官。清制另于内阁置侍读学士,与翰林官有别。参见"侍讲学士"。

侍读 见"侍读学士"。

侍讲学士 官名。唐代始设集贤院侍讲学士、翰林侍讲学士,职在讲论文史,备皇帝顾问。宋代沿置翰林侍讲学士、侍读学士,其次为侍讲、侍读,皆以朝臣之有文学者兼充。明清时为翰林院之正官,定员。又,清制于内阁亦置侍读学士、侍讲学士,规定读在前,讲在其次,合称"讲读"。其职典领奏章,不以翰林出身之官充任。

侍讲 见"侍讲学士"。

修撰 官名。唐玄宗时,于集贤殿书院设修撰官,掌刊辑经籍,于史馆设修撰,领修史。宋代,设史馆修撰和实录院修撰,掌管皇帝言行政事的记录。明清时,状元通常先授以翰林院修撰的官职。《明史·杨慎传》:"杨慎,字用修,新都人,少师廷和子也。年二十四,举正德六年殿试第一,授翰林修撰。"

编修 官名。宋代凡修国史、实录、会要等,均随时设置编修官。明、清翰林院编修,一般以一甲二三名进士及庶吉士留馆者担任,职位次于修撰。与修撰、检讨同为史官,掌修国史。宋代枢密院亦有编修官,负责编纂记述。如南宋绍兴八年(1138 年)激烈反对向金国屈辱求和、上书高宗、请斩秦桧的爱国史家胡铨,当时即为枢密院编修官。

检讨 官名。掌修国史,宋代设置,位次于编修。明清翰林院一般以三甲进士之留馆者为检讨。无定员。《宋史·职官志四》:"(绍兴)九年,修《徽宗实录》,诏以实录院为名,仍以宰臣提举,以从官充修撰、同修撰,余官充检讨,无定员。"如明末清初骈文家、词人陈维崧,康熙十八年(1679 年)举博学鸿词,清廷即授以翰林院检讨,与修《明史》。

知制诰 官名。即负责撰写皇帝的诏令等。唐代翰林学士须加知制诰衔者才掌起草机要诏令,否则仅备顾问。宋代翰林学士皆加知制诰衔,所起草的制、诰、诏令、赦书、德音等,称为"内制"。其他官员加知制诰衔,起草的以上文书,称"外制"。合称"两制"。

中书舍人 简称"舍人"。官名。舍人始于先秦,本为国君、太子亲近属官,魏晋时于中书省内置中书通事舍人,掌传宣诏命。南朝沿置,梁代称中书舍人,任起草诏令,参与机密,权力日重。隋唐时,中书舍人在中书省掌制诰(拟草诏旨),多以有文学资望者充任。隋炀帝时曾改称内书舍人,武则天时称凤阁舍人。宋初亦设此官,实不任职,另置知制诰及直舍人院起草诏令。元丰改制后,始掌其事。明清时于内阁中的中书科设中书舍人,其职仅是缮写文书,非前代可比。《新唐书·百官志二》:"(中书)舍人六人,正五品上。掌侍进奏,参议表章。凡诏旨制敕、玺书册命,皆起草进画。"

内制 唐宋时,由翰林学士知制诰,所起草的皇帝的诏命等,称为内制。唐初,中书省设中书舍人,负责起草诏命,没有内外制之分。玄宗开元后期,始置翰林学士掌内制,中书舍人掌外制。内制、外制,因又成为翰林学士与中书舍人的别称。宋代,翰林学士知制诰的,称内制;其他官员带知制诰的,称外制。两者合称"两制"。

外制 见"内制"。

两制 见"内制""知制诰"。

学士院 官署名。唐开元二十六年(738 年)为安置文学侍从而设,直属于皇帝。供职者称翰林学士,掌起草将相的任免等机密诏令,并备政事咨询。宋代称翰林学士院,地位职掌与唐代略同。但因地处宫禁,待遇优渥,号称"玉署""玉堂""仙掖"。元代称翰林兼国史院,又曾别置奎章阁学士院。明清两代称翰林院,始废学士院之名。《宋朝事实类苑·词翰书籍》引宋王辟之《渑水燕谈录》:"玉堂(翰林院)东西壁,延袤数丈,画水以布之,风涛浩渺，盖拟瀛洲之象也。修篁皓鹤，悉图廊庑，奇花异木，罗植轩砌。每外喧已寂，风传禁漏，月色满庭，真人世之仙境也。”

钦天监 官署名。掌管观察天象，推算节气，制订历书，培养天文人才等。明清两代，西方科学传入中国，欧洲传教士亦参加工作，甚至主持钦天监，著名的有利玛窦、汤若望、南怀仁等。参见“司天监”。

大理寺 官署名。秦、汉时以廷尉主刑狱，审核各地重案。两汉数次改名大理，后仍复旧。北齐始定名大理寺，设主管官大理寺卿。隋以后沿用。大理寺所断之案，须报刑部审批。唐制，凡遇重大案件，由大理寺卿与刑部尚书、侍郎、御史中丞会审，称三司使。明、清由大理寺、刑部、都察院会审，称三法司。决狱之权在刑部，但大理寺不同意时，可上奏皇帝。大理寺卿官秩，隋初为正三品，炀帝改从三品，唐代同。明、清均正三品。清光绪三十二年（1906 年），改为大理院。明清时期各中央司法机构的职能与隋唐时期相反，刑部负责审判，大理寺负责复核。

大理寺卿 见“大理寺”。

评事 官名。大理寺卿以下的属官。西汉于廷尉置廷尉平，与廷尉正、廷尉监同掌决断疑狱。隋炀帝时改称“评事”，秩正九品，员额 48 人。唐、宋沿设，减为 12 人，唐掌出使推按，秩从八品下。宋改为正八品，与司直详断疑案。金分设女真、汉人、契丹评事，各有定员。明、清均为七品。清末改大理寺为大理院，评事废。

京兆尹 官名。秦以内史掌治京师，汉武帝时分置左右内史，太初元年（前 104 年）改右内史为京兆尹，分原右内史东半部为其辖区，职掌相当于郡太守，但参与朝议。治所在长安。三国魏辖区改称京兆郡，官名改称太守。唐开元初改雍州为京兆府，往往以亲王领雍州牧，而改雍州长史为京兆尹，并增设少尹，以理府事。

刺史 官名。汉武帝时，在全国十三州每州派刺史一人，用以监察地方官。东汉末至隋唐，为一州的行政长官。宋代成为虚衔，元以后废。

郡守 官名。始设于春秋战国，初为武官，职在防守边郡。秦统一中国后以郡为最高的地方行政区划，每郡置一郡守，其下置监、尉。共管本郡事务。汉景帝时郡守改称太守。

太守 官名。西汉景帝时郡守改称太守，为一郡最高行政长官。隋唐以刺史代郡守、太守之任，太守不再是正式官名。后仅用为刺史或知府的别称。明清时专称知府。

二千石 汉代对郡守（太守）的通称。汉制，郡守（太守）和诸侯的相，年俸均为二千石。故用为郡守（太守）的代称。《汉书・循吏传序》：“庶民所以安其田里而亡叹息愁恨之心者，政平讼理也。与我共此者，其唯良二千石乎！”颜师古注：“谓郡守、诸侯相。”

文学 官名。汉代于郡及王国皆设有文学，职在管理学校，以经学传授学生。其正式名称为文学掾和文学史，在一郡属官中，地位较诸曹掾、史高，凡有关教化、典礼之事均得参加。魏晋以后，有文学从事之职。唐代于州县学置博士，德宗时改称文学。宋代起废此称。又隋唐以后，太子及诸王府亦置文学，为侍从之官。

知府 官名。宋代命朝官中的文臣出任府的长官，代理一府行政，称为知（主持）某府事，简称知府。明代正式用为一府长官之称，管辖州县。清代沿置。

通判 官名。通判，即共同处理政务之意，是宋代所设的州府长官的副手。有裁可、连署州府公牍与监察官吏之权。明清沿置，设于各州府。清代的州通判，称州判。属于直隶州的，地位相当于同知；属于散州的，则分掌粮务、水利、海防、巡捕等事，均从七品官。

同知 官名。本意为参与领导管理。宋代枢密院设有同知枢密院事。辽、金、元沿袭此称。元有同知宣政院、都元帅府同知等。元、明、清府州均有同知，为府州的佐官。明、清府州同知，分掌督粮、捕盗、海防、江防、水利等，分驻指定地点。明、清府同知，为正五品。清代的州同知，称为州同，从六品官。

州同 见“同知”。

知州 官名。宋以朝臣充任各州长官，称“权知某军州事”，简称知州，属于差遣性质。“权知”意为暂时主管，“军”指该地厢军，“州”指民政。至明、清，以知州为正式官名，为州的行政长官。直隶州知州地位与知府平行，散州知州地位相当于知县。

知县 官名。宋代命朝官之文臣出任县的长官，代理一县行政，有时兼管兵事，简称知县，属于差遣性质。明代正式用为一县长官之称。清代沿之。

县令 官名。秦汉定制，以县为地方行政基层单位，人口满万户以上县，其主官称县令。宋代多以京朝官执行其职务，称为知某县事。明清称知县。官场中以"大令"为其尊称。

县丞 官名。战国时设置，秦汉沿置。掌文书、仓库、监狱，与县尉同为县令的主要辅佐。后代沿置，清代县丞为正八品。

县尉 官名。秦汉设置。掌一县的军事、治安，大县二人，小县一人。后代沿置。唐代通常为进士出身者初授之官，如诗人李颀、王昌龄、王湾、刘长卿、孟郊、常建、柳宗元、项斯、李商隐等，进士出身，初期皆曾任县尉。京畿县尉的职位尤其重要。宋以后渐轻，明废，职权归典史。

主簿 官名。汉代中央及郡县皆设主簿，以典领文书，办理事务。魏晋以后，为统兵开府的大臣幕府中的重要属员，参与机要，总领府事。唐宋以下，职权渐轻。明清中央官署设有主簿的，改称典簿。外官则与县丞同为知县的佐官，多省并不设。

典史 官名。元代始置。明清沿置，是知县以下掌缉捕、监狱的属官。如无县丞、主簿，则典史兼领其职。

佐贰 明清时代，凡知府、知州、知县的辅佐官，如通判、州同、县丞等，统称佐贰。品级略低于主官，但并非纯粹属员性质。

九品 中国古代官员的等级。始定于曹魏时代。如相国为第一品，尚书令为第三品，御史中丞为第四品等。一品至九品，共分九等。北魏时，每品再分正、从，自第四品起，正品、从品，又分上、下二阶，共三十阶。唐宋文职与北魏同，武职自三品起即分上下阶。隋及元、明、清，分九品，保留正、从，而无上下阶，共分九品十八阶，文武职相同。

未入流 明、清官制分九品十八阶，凡不在九品以内的官员，如典史、狱官、驿丞等，称为未入流。

师爷 指清代官衙中的幕僚。掌管刑名、钱粮、文书等事。俗称刑名师爷、钱粮师爷等。系由官员自聘，用其代审案件，联络士绅，拟写奏折、文稿、书信，参与机密。至有世代以此为业者。有些科场不利的士人，亦会受人聘请，暂充此任，称为"作幕""游幕"。

亭长 官名。始置于战国。西汉时，乡村每十里设一亭，亭有亭长，由县任命，负责地方治安、徭役，兼管接待旅客。汉高祖刘邦即出身亭长。

土司 官名。元、明、清时期，在西北、西南地区设置，由少数民族首领充任。其权位的世袭，从其旧俗。土司除对中央政权承担规定的贡赋等义务外，在辖区内保留有传统的统治机构和权力。

都察院 官署名。明、清两代最高的监察、弹劾及建议机关。明初，改前代御史台为都察院，长官为左、右都御史，分设监察御史，巡行州县，专事官吏的考察、举劾。清代以都御史等作为总督、巡抚的加衔，以方便其行事。

总督 官名。明代始设，原为临时差遣，有管辖地方与管辖专务的不同。清代始，才正式以总督为地方最高长官，综理一省或二、三省军民要政，为正二品官。另有河道总督、漕运总督，专管河道或漕运事务。明代官场尊称"制宪""制台"，又别称"制军"。宪、台，都是对高级官长的称呼。

军门 ① 明代官场对总督、巡抚的一种尊称。② 清代对提督或总兵加提督衔者的尊称。

巡抚 官名。明代设置，与总督同为地方最高长官。官场通称"抚台""抚宪""抚军""抚院"等。清代，以巡抚总揽一省军事、吏治、刑狱等，地位略次于总督。

布政使 别称"藩台""藩司"。官名。明初分全国为十三布政使司，每司设左、右布政使各一人，为一省最高行政长官。相当于现代的省长。清代地位在总督、巡抚之后，专管一省的财政、人事。与按察使并称两司。

按察使 别称"臬台""臬司"。官名。始于唐初，职在赴各道巡察，考核吏治。主管一路的司法刑狱与官员考核。明代主管一省的司法，后成为巡抚的属官。清代沿置，隶属于各省总督、巡抚。与布政使并称“两司”。

三大宪 清代地方官员对总督（或巡抚）、布政使、按察使的合称。

巡按 明代派遣监察御史分赴各省区巡察，考核吏治等，称为巡按。以一省为一道，分道出巡，其品级仅正七品，然可与省区行政长官分庭抗礼，事毕还京。

监司 监察州县的地方长官。汉以后常用来称呼刺史。宋代转运使、转运判官与提点刑狱等，有监察一路官吏之责，统称“监司”。元代的廉访使，明代的按察使，清代的布政使、按察使以及各道道员，皆有督察所属府、州、县之权，通称“监司”。

征辟 汉代中央和地方任用官员或僚属的制度。朝廷诏聘为“征”，三公以下召请为“辟”，统称“征辟”。后世沿之。

征聘 亦称“征”“征召”“征举”。东汉时，任命中央高级官员不从其他官职中选调，而由地方举荐，由皇帝直接下诏礼请知名人士，称为“征聘”。后世礼聘隐逸之士或前朝遗老，亦沿此称。此类人物，即使未应召出仕，亦被世人尊称为“征士”。

辟召 亦称“辟”“辟除”。汉代高级官员任用属官的制度。辟，征召之意。即中央最高行政长官如三公，地方官如州牧、郡守，都可自行聘任僚属，然后向朝廷推荐。与后代大小官吏都由吏部铨选的制度不同。《文献通考·选举》：“盖东汉时，选举、辟召皆可以入仕，以乡举里选循序而进者，选举也；以高才重名躐等而升者，辟召也；故时人犹以辟召为荣焉。”

九品官人法 魏晋南北朝时维护世族特权的官僚选拔制度。东汉末，曹操当政，施行“唯才是举”。至黄初元年（220年），魏文帝曹丕采吏部尚书陈群议，推选各郡有“声望”的人，出任“中正”，将当地士人按“才能”分别评定为上上、上中、上下、中上、中中、中下、下上、下中、下下九品，每十万人举一人，由吏部按等选用，授予官职，谓之“九品官人法”。三国魏齐王曹芳时，司马懿当政，于各州设大中正，用世族豪门担任，选拔官吏的原则以“家世”为重。从此，形成“上品无寒门，下品无势族”的门阀制度，九品中正制亦成为世族地主操纵政权的工具。至隋废止，改行科举制。

九品中正制 见“九品官人法”。

封疆大吏 亦称“封疆大臣”。指明代的都指挥使、布政使、按察使与清代的总督、巡抚等官员。因均系皇帝亲自任命，掌握一方军政大权，故称。

寄禄官 宋代官制。“寄禄官”系相对“职事官”而言，仅表示其官位、品级、俸禄，作为叙迁之阶。因宋初，官名与职务分离，如尚书、侍郎、中书舍人、给事中等，称为“寄禄官”，非有皇帝特命，不管本部门事务，而另以“差遣”如判吏部尚书、知制诰等治事，称为“职事官”。神宗元丰时改制，以原寄禄官为职事官，以散官如金紫光禄大夫、正议大夫、朝请郎等为寄禄官；职事官以寄禄官高下分“行、守、试”三等：寄禄官高于职事官一品称“行”，低于职事官一品称“守”，低二品称“试”，品同者不用行、守、试。

差遣 本意为派遣。后指官员被派充的实际职务。唐后期，有时派官员以“摄、判、知”等名义主管不同事务。宋承唐制，加以发展，朝廷的台、省、寺、监、院等机构皆无定员，无专职，虽有官名而不任其职，非有特殊诏令，不管本机构事务，称寄禄官。另有差遣名义，分派官员主管各部门事务，地方长官亦由京朝官以差遣名义充任。元丰改制，意图改变名实不符情况，但不彻底，此后仍有差遣。《宋史·职官志一》：“其官人受授之别，则有官、有职、有差遣。官以寓禄秩、叙位著，职以待文学之选，而别为差遣以治内外之事。”宋司马光《百官表总序》：“其所谓官者，乃古之爵也；所谓差遣者，乃古之官也；所谓职者，乃古之加官也。”

磨勘 唐宋官员考绩升迁的制度。唐代内外文武官员考课，由本司或本州府长官按规定考核其功过行能，分九等写入考状。并由吏部与各道观察使复验。任期满后，根据考绩决定升降。宋代真宗咸平四年（1001年），规定京朝官任中外职事代还引对，由审官院考其高下。后渐形成文臣三年、武臣五年给予磨勘迁秩的制度。京朝官在磨勘时须引对，即由皇帝亲自考核升擢之。宋范仲淹《答手诏条陈十事》：“今文资三年一迁，武职五年一迁，谓之磨勘。”

休沐 原意为休息和沐浴。指古代官员规定的休息日。汉制，官吏工作五日休沐一日。唐制，官吏工作十日休沐一日，又称“旬休”。宋沿之。每月此三天，又分别称作“上浣”“中浣”“下浣”。浣，指沐浴。

致仕 亦称“休致”。官员辞职归家。源于周代，汉以后形成制度。一般致仕的年龄为七十岁，有疾患者提前。官员以何等官称致仕，致仕后的俸禄多少以及是否朝见等待遇，与其原官品、功绩及皇帝的恩宠程度有关。

祠禄 宋代大臣罢职，令挂名管理某道教宫观，以示优礼，称为“奉祠”。此种官称，名“祠禄之官”。有“使”“副使”“提举”“提点”“主管”“管干”等不同名目。是宋代特有的俸禄制度。宋陆游《秋晚岁登戏作》自注：“时方谋祠禄。”《宋史・职官志十》：“宋制，设祠禄之官，以佚老优贤。先时员数绝少，熙宁以后乃增置焉。在京宫观，旧制以宰相、执政充使，或丞、郎、学士以上充副使……又有提举、提点、主管。其戚里、近属及前宰执留京师者，多除宫观，以示优礼。”又“卿、监、职司以上提举，余官管干。”

公 五等爵的第一等。周朝所封诸侯的通称。各国诸侯，非公即侯。如西周时的秦庄公、齐文公，春秋时的宋襄公、晋文公等。沿用至清代。《礼记・王制》：“王者之制禄爵，公、侯、伯、子、男，凡五等。”《明史・职官志五》：“公、侯、伯，凡三等，以封功臣及外戚。”

国公 中国古代封爵名。北周始置国公，居郡公、县公之上。唐制，郡王与国公并为从一品。下至元明，基本不变。历代有许多名臣被授予国公之位，如隋朝的齐国公高颎、越国公杨素、唐国公李渊；唐朝的鄂国公尉迟敬德、英国公李勣、卫国公李靖、郑国公魏徵、燕国公张说、梁国公狄仁杰；宋朝的莱国公寇准、魏国公韩琦、荆国公王安石、温国公司马光；明朝的魏国公徐达、荣国公姚广孝，等等。

侯 ① 五等爵的第二等。如汉代开国功臣韩信，初封齐王、楚王，后贬淮阴侯；唐代德宗时宰相李泌，受封邺侯；近代曾国藩以攻克南京、平定太平天国之功，被清廷封为一等毅勇侯。② 对士大夫的尊称。唐李颀《送陈章甫》诗：“陈侯立身何坦荡，虬须虎眉仍大颡。腹中贮书一万卷，不肯低头在草莽。”唐杜甫《与李十二白同寻范十隐居》诗：“李侯有佳句，往往似阴铿。”

伯 五等爵的第三等。如明代开国文臣刘基，受封为诚意伯，其诗文集名《诚意伯集》；正德间哲学家、大臣王守仁（阳明）以平定农民起义和“宸濠之乱”，受封新建伯；近代李鸿章以参与平定太平天国，受封一等肃毅伯。

子 五等爵的第四等。一说子、男爵同属一等。其后或废或置。魏、晋、南北朝皆置，为六等爵之第五等，有“开国子”“县子”等称号。三国魏咸熙元年（264 年）定爵制，诸子地方五十里，邑八百户，官一品。晋武帝时分大、次、小王国制，始封支子为子爵。隋代为九等爵之第八等，置官府。唐代沿置，贞观十一年（637 年）加“开国”之称。宋制，令邑五百户以上、七百户以下者封子。清代为九等爵之第四等，原称“精奇尼哈番”，乾隆元年（1736 年）改汉名为“子”。分为四等，叙正一品。

男 五等爵的第五等。三国魏元帝复五等爵，定诸男地方三十五里，邑四百户，位一品。西晋始以立国建官食封邑之男爵加“开国”之称。唐代以后多不食封。清代为九等世爵第五等，满语为阿思哈尼哈番，乾隆元年（1736 年）定汉名为男。分四等：一等男兼一云骑尉，一等男、二等男、三等男，皆叙正二品。

衍圣公 孔子后裔的世袭封号。西汉平帝时封孔子后裔为褒成侯。唐玄宗开元中追谥孔子为文宣王，封其后裔为文宣公，至北宋仁宗时改封世袭衍圣公。后相沿不改。

命妇 古代泛称有朝廷封号的妇女。封号品级，随其夫的官爵高低而定。唐代形成制度，一品为国夫人、三品以上为郡夫人、四品为郡君、五品为县君。宋代有国夫人、郡夫人、郡君、县君、孺人等（以上，凡母加“太”字）。清制，一品二品称夫人，三品称淑人，四品称恭人，五品称宜人，六品称安人，七品以下称孺人。不分正从，文武职相同。又，宫廷中的嫔妃、世妇、女御、未嫁公主统称内命妇；外廷官员的妻、母，统称外命妇，民间俗称“诰命夫人”。命妇享有各种仪节上的待遇。如遇节日，外命妇多奉诏进宫朝见皇太后、皇后，并参与宴饮游览，获得赏赐等。《国语·鲁语下》：“命妇，成祭服。”韦昭注：“命妇，大夫之妻也。”唐陈鸿《长恨歌传》：“每岁十月，驾幸华清宫，内外命妇，熠耀景从。”《新唐书·礼乐志五》：“皇后初采桑，典制等各以钩授内外命妇。皇后采桑讫，内外命妇以次采，女史执筐者受之。”

衣冠服饰

服色 ① 指车马、祭牲、服饰等的颜色。因战国时期邹衍"五德终始说"流行，每一个王朝都特别崇仰某一种颜色，以求符合五行相生相克的道理。五德，指"金木水火土"五种德性。如说夏朝木德尚青、商朝金德尚白、周朝火德尚赤、秦朝水德尚黑、汉朝土德尚黄之类。秦汉以后，新王朝建立，都将改正朔、易服色视为关系国运的大事。② 指各级官员规定的服饰。唐白居易《初除尚书郎脱刺史绯》诗："亲宾相贺问如何，服色恩光尽反初。"

丝 养蚕缫丝是中国人民的创造。中国在4 700多年以前已出现丝织品。殷商时发明提花的装置，出土的商代甲骨文上有"桑""蚕""丝""帛"等100多个与蚕丝有关的汉字。西汉时开始向国外输出蚕丝与丝织品，丝绸之路因此而得名。中国丝绸的种类繁多，绣工织造技术高超，图案花纹精美，在世界上历来享有盛誉。古希腊人和罗马人因此称中国为"丝国"。

治丝(《天工开物》)

帛 丝织品的总称。生帛称"缟""素""绡""绢"，熟帛称"练"。在古代不仅用于服饰，还用于书写绘画。湖南长沙楚墓出土的帛画，是中国现存缣帛画中年代最古的。美玉与帛，在古代又是珍贵的礼品，交战双方言和，停止战争，称为"化干戈为玉帛"。

缟 未经染色的生丝织品。历史上以曲阜所产的尤为轻细，称"鲁缟"。《诗·郑风·出其东门》："缟衣綦巾，聊乐我员。"《汉书·韩安国传》："强弩之末，力不能入鲁缟。"颜师古注："缟，素也。曲阜之地，俗善作之，尤为轻细。"

素 指白色生绢。除用为衣料外，古代的许多书画作品以及顾绣、湘绣、苏绣、粤绣等，也都以白色生绢作为艺术创作的原材料。《论语·八佾》："子曰：'绘事后素。'"朱熹集注："绘事，绘画之事也；后素，后于素也。"意谓有了洁白的生绢，才具备了创作色彩绚丽绘画的前提。《古诗十九首·驱车上东门》："服食求神仙，多为药所误。不如饮美酒，被服纨与素。"

锦 以彩色丝线织出图案花纹的一种织品。其特点是色泽鲜艳，质地厚实。春秋战国时期已有菱花织锦、深棕地红黄菱纹锦、朱条暗花对龙对凤纹锦等。《诗·卫风·硕人》描写了一位贵族妇女庄姜，穿着漂亮的锦衣，仪态万方。秦汉以下，锦的名目繁多。晋唐时，宫廷作坊中的织锦，品类丰富，不可尽数。唐代民间也有大量出品，仿造宫中名贵图案，以致朝廷要下诏禁止私织。宋代，以苏州宋锦、南京云锦、四川蜀锦合称"三大名锦"。清代，南方壮族的壮锦也很著名。

云锦

蜀锦 四川成都所产的锦类丝织品。用染色熟丝织造，质地坚韧，以经向彩条为基础起彩，图案多样，色彩缤纷，织纹精细，配色典雅。与南京云锦、苏州宋锦合称“三大名锦”，居于首位。汉代成都蜀锦织造业十分发达，朝廷在此设有专管官员，成都因而被称为“锦官城”。三国时，是蜀汉的主要手工产品，销行全国。宋代列为贡品，专供皇家使用。

织成 亦称“织绒”“绒”。古代名贵的丝织品。由锦分化产生。是在经纬交织基础上另以彩纬挖花形成的实用装饰织物。形成于汉代以前。《后汉书·舆服志下》：“衣裳玉佩备章彩，乘舆刺绣，公卿以下皆织成，陈留襄邑献之。”唐杜甫《太子张舍人遗织成褥段》诗：“客从西北来，遗我翠织成。”也有用羊毛织成者。多用于贵族的服饰。

罗 质地轻软稀疏的丝织品。起花纹者称“纹罗”，无花纹者称“素罗”。先秦以来，历代都有生产。江陵楚墓出土的服饰实物，有绣、罗、绢、纱等各种衣着十余件。除作衣料，古代还常用罗作床帐（罗帐）、帷幕（罗帷）、屏风、扇面等。三国魏曹植《美女篇》：“罗衣何飘飘，轻裾随风还。”唐杜牧《秋夕》诗：“银烛秋光冷画屏，轻罗小扇扑流萤。”明周在《闺怨》诗：“江南二月试罗衣，春尽燕山雪尚飞。”

绮 在素地起斜纹花的高级丝织物。质地柔软，纹理疏朗，多用作夏季衣料。殷墟出土的残迹证明，商代已有丝织物上织出凸出图案的工艺。战国楚简上，出现“绮”字。此后，历代织造的规格和花样丰富多样，有逐经（纬）提花型和隔经（纬）提花型两类。有些朝代，对不同身份地位的人穿绮作出限定。西汉时，禁止贾人穿包括绮在内的各种丝织品。

绫 俗称“绫子”。一种有彩纹的高级丝织品，光如镜面，像缎子而比缎子薄。《西京杂记》载，西汉霍光家所用名贵之绫，六十日才能成一匹，每匹价值万钱。唐时尤为发达，名目繁多。以蜀中、吴越和河南、河北所产最佳。宋代罗绫则多提花。唐代白居易新乐府诗有《缭绫》一篇，极言其精美难得，为皇宫中舞女所穿用：“缭绫缭绫何所似？不似罗绡与纨绮。应似天台山上月明前，四十五尺瀑布泉。中有文章又奇绝，地铺白烟花簇雪。织者何人衣者谁？越溪寒女汉宫姬。去年中使宣口敕，天上取样人间织。织为云外秋雁行，染作江南春水色……缭绫织成费功绩，莫比寻常缯与帛。丝细缲多女手疼，扎扎千声不盈尺。昭阳殿里歌舞人。若见织时应也惜。”

縠 亦称“纱縠”。一种有绉纹的纱，以极轻极薄著称。先秦称为“雾縠”。南朝人称作“天衣”。常用为贵重衣料。湖南长沙曾出土西汉初年的细绣纹的縠纱女衣，薄如烟雾，每件重不到一市两。战国楚宋玉《神女赋》：“动雾縠以徐步兮，拂墀声之珊珊。望余帷而延视兮，若流波之将澜。”

纱 一种织品。经纬稀疏而轻薄，多以丝织成。周代王后、夫人之服，以素纱为里。六朝以后，不论冬夏，凡朝服公服，无不用纱。唐代以纱罗作为女装的衣料，宫中妃嫔常以轻纱蔽体。宋陆游《老学庵笔记》卷六：“亳州出轻纱，举之若无，裁以为衣，真若烟雾。一州惟两家能织，相与世世为婚姻，惧他人家得其法也。云自唐以来名家，今三百余年矣。”宋以后亦兼指棉纱。

绡 生丝织成的纱绸。质地细薄，周代已能生产。多制作夏衣或罩衣。史载，以白色的绡做成的单衣，轻而透明，薄如蝉翼。又，古代贵族常用黑色的绡衣罩在青色的狐裘衣之外。它同时也是制作团扇的材料。古典诗词中，常以“鲛绡”代指女子的手帕。三国魏曹丕《与群臣论被服书》：“夫珍玩必中国，夏则缣、总、绡、繐，其白如雪；冬则罗、纨、绮、縠。”宋苏轼《贺新郎·夏景》词：“手弄生绡白团扇，扇手一时似玉。”

绨 一种粗绸，质地厚实、平滑而有光泽，色彩多样。秦汉以来常用作袍料，称为“绨袍”。《史记·范雎蔡泽列传》中，就记有战国时魏国大夫须贾出使秦国，遇见故人范雎，误以为他穷愁潦倒，寒冬无衣，赠以绨袍的故事。

绢 用生丝织成的平纹织物。其经纬密度基本一致，质地挺爽细腻，可用来做衣服，亦用于赏赐、酬谢与交易。湖北荆州楚墓曾出土春秋战国时的绣绢袍、裙、裤和单衣等。历代绣工在细薄轻软的绢上，能绣出各种美妙的图案。亦用于绢花制作和书画装潢等。如新疆吐鲁番阿斯塔那唐墓曾出土《伏羲女娲图》绢画和当时的绢花；清代大型官修丛书《四库全书》的经史子集四部，即分别用绿、红、蓝、灰黑色的绢为书面。

缣 质地细密的丝绢。通常以双丝织成，故称“缣”。染成各种颜色，可做衣料。汉以后，也多用于赏赐、酬谢与交易。《新唐书·皇甫湜传》载，韩愈弟子皇甫湜，恃才傲物，以古文闻名。东都留守裴度请皇甫湜撰重修洛阳福先寺的碑记，皇甫湜索润笔费每字缣三匹，共3 254字。裴度笑曰：“真命世不羁之才也。”以缣9 762匹酬之。

纨 一种细致光洁的绢。属于珍贵的丝织品。汉代宫廷以纨素为冬服，轻绡为夏服，《古诗十九首》中有“不如饮美酒，被服纨与素”之句。用细绢制成的团扇，称为“纨扇”，是古代女子所用之物。

绸 俗称“绸子”。丝织物的一个大类。中厚型，质地紧密。起源于中国，专指用粗丝乱丝纺成的平纹织品。两晋南北朝时，开始有粗、细之分。汉唐时期，中国丝绸远销中亚、欧、非各国。明清以后，绸成为丝织品的泛称。按原料分，除采用桑蚕长丝的外，还有用绢纺落棉的棉绸，用柞蚕丝的鸭江绸，用双宫丝的双宫绸。绸有生（白）织和熟（色）织之别，又可分为不提花的素绸和提花的花绸。

缎 俗称“缎子”。丝织物的一个大类。比较厚，织物表面平滑而有光泽。分经面缎纹和纬面缎纹两类。为丝产品中技术最复杂精细，外观最绚丽多彩，工艺水平最高级的品种。常见的有花软缎、素软缎、织锦缎、古香缎等。至现代，又有以人造丝和其他化学纤维长丝为原料的。较轻薄的可做衬衣、裙子、头巾；较厚重的可做高级外衣（如旗袍）、袄面、台毯、床罩、被面和其他装饰品。

絮 古代原指丝的粗纤维，可填充衣被以保暖。《急就篇》卷二：“绛缇絓绸丝絮绵。”唐颜师古注：“今则谓新者为绵，故者为絮。”后通称“丝绵”。《汉书·文帝纪》：“其九十已上，又赐帛，人二匹，絮三斤。”颜师古注：“絮，绵也。”后亦称木棉和草棉的纤维，俗称“棉絮”。《艺文类聚》卷八五引裴氏《广州记》：“蛮夷不蚕，采木棉为絮。”

布 麻、苎、葛、棉等非丝织品的通称。上古的“布”仅指麻、葛所织。古代，“布衣”为平民的通称。五六千年以前母系氏族时期，中国人就用野麻纤维纺线织布，制作衣服。汉魏六朝时期，著名的有南方葛布，是夏季衣服的材料。宋末元初，棉花传入内地，开始流行棉布。至明代，苎麻布和粗绢为棉布所取代。

葛布 俗称“夏布”。用多年生草本植物葛的茎纤维制成的织品。质地细薄，可制衣服和裹头的巾。葛产于吴越与岭南。苏州草鞋山遗址曾出土三块五六千年前的葛布。明清以来，也有用葛为经线与丝混纺者。古人于暑天穿葛布单衣出外，须加套衣，否则被认为不敬。《越绝书·外传记越地传》：“使越女织治葛布，献于吴王夫差。”清屈大均《广东新语·货语·葛布》：“粤之葛，以增城女葛为止，然恒不鬻于市。彼中女子终岁乃成一匹，以衣其夫而已……一女之力，日采只得数两。丝缕以针不以手，细入毫芒，视若无有。卷其一端，可以出入笔管。以银条纱衫之，霏微荡漾，有如蜩蝉之翼。”

火浣布 亦作“火烷布”。石棉布的古称。具有高度耐火性。用火燃的方法可以去除其上的污渍。中国利用石棉作纺织材料的历史悠久，《山海经》《十洲记》《后汉书·西域传》中均见记载。或讹传为“火鼠”之皮毛。忽必烈曾以之赠送罗马教皇。《列子》：“周穆王大征西戎，西戎献锟铻之剑、火浣之布……火浣之布，浣之必投于火……出火而振之，皓然疑乎雪。”

白叠布 亦作“白叠”或“帛叠”。即棉花纺织的布。棉花自印度经南北两路传入中国。东汉时，云南少数民族生产出一种叫“白叠花布”的纺织品。南北朝时由北路传入新疆。唐宋时，白叠布被视作珍品。直至宋末元初，内地才大量种植棉花和生产棉布。

襦 一种用作女子内衣的短上衣，长及腰间。自春秋至清代，上襦下裙为中国妇女服装的主要样式。唐以后，为便于劳作，襦亦可穿在外，袒领，里面不穿内衣。宋代多为下层妇女穿着，腰身袖口较宽松，以质朴清秀为雅。

裳 下衣。中国历代妇女下裳一般穿裙，直至清光绪以后才渐多穿裤。男子除袍服外，隋唐以前下裳也多为裙，以后渐多穿裤，直至清代。就色彩而言，古代规定，上衣下裳，衣用正色，裳用间色。

裙 下裳。隋唐以前，男女皆穿裙，后主要为女装。汉代裙仅四幅，唐代风行紧身长裙，增至六幅。唐李群玉《同郑相并歌姬小饮戏赠》诗描写歌女有“裙拖六幅湘江水，鬓耸巫山一段云”之句。其石榴红裙一直传到明代。宋代裙多在六幅以上，中施细褶。明清多变为百褶的素白裙，或加以刺绣。南方少数民族妇女，如黎、瑶族穿短裙，壮族穿长裙，傣族穿筒裙。

裤 古人下衣。其形状与今不同，仅有两个裤筒，而没有前后裆。穿时套在腿上，以带系腰，外罩深衣（长衣）与裳（裙）。近代称为“套裤”。本写作“袴”或“绔”。富贵人家的子弟被称为“纨绔子弟”。

帨 佩巾。古代妇女的佩巾。用于擦拭不洁，在家时挂于门右，外出时系在身左，垂于腰下。《诗·召南·野有死麕》：“无感我帨兮。”

披帛 亦称“画帛”。隋唐妇女的一种服饰。以轻薄纱罗制成，上印花纹，长度在2米以上，披搭在肩，盘绕于两臂之间。今于古代绘画或《天女散花》等戏曲舞蹈中犹可见到。

古代绘画中披帛的唐代宫廷妇女

抹胸 亦有“腰巾”“襕裙”“袜肚”“抱肚”“裹肚”等别称，俗称“肚兜”“兜肚”。古代内衣的一种。妇女用以遮蔽胸腹，有前片而无后片，以细绳束系于腰间。讲究的以丝织品制作。民间多用布缝制，上或绣花。青年男子与儿童也可用。南唐李煜《谢新恩》词之三：“双鬟不整云憔悴，泪沾红抹胸。”《京本通俗小说·西山一窟鬼》：“侧手从抹胸里取出个帖子来。”徐珂《清稗类钞·服饰·抹胸》：“抹胸，胸间小衣也，一名袜腹，又名袜肚。以方尺之布为之，紧束前胸，以防风之内侵者。俗谓之兜肚，男女皆有之。”

肚兜 “抹胸”的俗称。清吴珠泉《续板桥杂记·雅游》：“至于抹胸，俗称肚兜，夏纱冬绉，贮以麝屑，缘以锦缣。”

诃子 古代的一种胸衣。唐、五代时以女性丰满为美，裙子高束于胸际，胸下系一宽带，上胸及后背袒露，再披轻纱外衣。诃子贴身穿，无带，与裙的上端一起被宽带束住。面料多以“织成”制作，挺括略有弹性，具有上托胸部的美观之效。宋高承《事物纪原·衣裘带服·诃子》：“本自唐明皇、杨贵妃作之，以为饰物。贵妃私安禄山，以后颇无礼，因狂悖，指爪伤贵妃胸乳间，遂作诃子之饰以蔽之。”元刘致《折桂令·疏斋同赋木犀》曲：“贴体衫儿淡黄，掩胸诃子金装。”清李伯元《南亭笔记》卷七：“集诸妓裸其上体，着红诃子。”

褐 ①以兽毛、粗麻之类为原料的织品，或制成的短褂。泛指粗劣的衣服。古代为平民所穿。后因以“释褐”（脱掉粗劣衣服，换上官服）借指科举考试中第，得以授官。《诗·豳风·七月》：“无衣无褐，何以卒岁？”②一种士人家居穿的长袍，斜领大袖，四周镶边，前系长带。参见“直裰”。

直裰 一种长袍，斜领大袖，四周镶边，前系长带，古代称为“褐”，类似后世的道袍。汉以后成为士人家居常服，隋唐为盛。宋代称为“直裰”。

袍 长衣。古代基本服装之一。秦汉时为礼服，大袖，领和袖用花边，以袒领为主。历史上契丹、蒙古、吐蕃、女真等民族盛行穿交领或圆领的长短袍，一般小袖紧身。清代的礼服以蟒袍为贵。女子盛行源自满装的旗袍。袍服用色，以黄色象征中央，唐以后黄袍为帝王专用服色。龙袍仅限皇帝、皇后等皇室成员所穿。

深衣 古代诸侯、大夫、士晚间所穿之衣。流行于周秦。以白麻布制作，用途极广，是朝会、祭祀以外士人的吉服。其特点为上下相连，垂及足踝，边缘镶以彩帛，下摆不开衩，将衣襟接长，向右和身后拥掩。因其前后皆深长，故称。形制、规格有严格规定。汉代妇女亦用为礼服。后世袍服，今之连衣裙，都从深衣发展变化而来。

单衣 形制略与袍同，衣袖宽大，因其无里，故称。汉魏以来，除平时在家穿着外，官员也可以作为衬衣，穿在袍服之内。湖北荆州楚墓出土的春秋战国服饰中有绣罗单衣与绣绢单衣。

襕衫 古代士人、儒生的服装。唐代已普遍穿用。宋代为圆领大袖，白细布为之，各级儒生皆着此服。明清时为秀才、举人的公服，因用蓝色的绢制作，用青色绲边，又写作“蓝衫”。

绘画中的襕衫

号衣 ① 古代军士服装。明清时期特指一种兵勇穿的背心，胸背处有字号。② 旧时租界巡捕穿的制服。胸前有标号。

比甲 一种无领无袖的短便装。其式样为对襟，长至膝盖。来源于蒙古族，最初是为方便骑射。后为汉族仿制，逐渐变短，称为“马甲”“背心”“坎肩儿”等，多为妇女穿着。

半臂 一种短袖外衣。无领或翻领，对襟或套头，身长及腰，袖长及肘，用小带子当胸系住。后演化作坎肩、背心。唐初宫女一律着半臂，后亦为男子所服。宋代官员闲居时也穿，不在正式礼见时用。

半臂

裲裆 ① 古作“两当”。古代的一种背心。类似今天的马甲，但肩部稍宽。多为布帛所制，有夹有棉，男女皆可穿用。妇女穿的常饰以彩绣。《释名·释衣服》：“裲裆，其一当胸，其一当背也。”沈约《歌辞》：“阳春二三月，单衫绣裲裆。”② 也有用金属做的，是护身的战甲，称为“铁裲裆”。《乐府诗集·企喻歌辞》：“前行看后行，齐著铁裲裆。”清沈钦韩《和周保绪常副将军折枪歌》：“将军呼酒解裲裆，大羽腰间犹剩否？”

品服 按等级规定的官员服色。古代官员服色，各朝风尚不一。至北魏孝文帝始规定五等公服，五等为：朱、紫、绯、绿、青。至唐代改为：三品以上服紫，四品服深绯（大红），五品服浅绯（浅红），六品深绿，七品浅绿，八品深青，九品浅青。臣民一概不许穿黄色。宋以下各有差异。

法服 按封建礼制规定，天子与百官在朝会、祭祀等场合穿的标准服。与平时日常的轻便服装相区别。其特点是峨冠博带、宽袍大袖，在式样、颜色、佩戴上都有严格的等级规定。

衮衣 亦称“衮服”，简称“衮”。古代天子、王公的正式礼服。其上织或绣有日、月、星、辰、山、火、云、龙等十二种图案。起于周代，历代相沿。

龙袍 皇帝的吉服。在参加重大典礼时穿用。因上绣五爪龙形图案，故称。其特点是盘领（清代为圆领）、右衽，底色为黄色、朱色等。唐高祖武德年间令臣民不得僭服黄色，此后明黄色的袍遂为皇室专用，后世沿为制度。五代时赵匡胤发动陈桥兵变，授意将士给他穿上黄袍，史称“黄袍加身”。袍上龙形，一般为九条：前后身各三条，左右肩各一条，襟里藏一条，于是正背各显五条，暗合“九五之尊”之意。明代龙袍做工考究，有刺绣与缂丝之分，图案上除行龙、云龙外，还有团龙、正龙、坐龙、升龙、降龙等名目。清代龙袍，更为精细严格。皇后、皇太后、太皇太后的吉服亦称“龙袍”。京剧《游龙戏凤》：“叫一声凤姐来看宝，哪一个庶民敢穿龙袍？啊，五爪的金龙！”

清代皇帝龙袍

蟒袍 明清时官服的一种。明代又称“蟒衣”“花衣”。因袍上绣有蟒纹而得名。蟒与龙形相似，仅四爪，比龙少一爪。皇帝对有功的重要官员，往往赐蟒玉（蟒袍和玉带），作为特殊的荣宠。至清代，上自皇子下至文武官员皆有，但以服色及蟒的多少加以区分。妇女受诰封的也可以穿。清富察敦崇《燕京岁时记·辞岁》：“凡除夕，蟒袍补褂走谒亲友者，谓之辞岁。”徐珂《清稗类钞·服饰类》：“蟒袍，一名花衣，明制也……为象龙之服，与至尊所御袍相肖，但减一爪耳……凡有庆典，百官皆蟒服，于此时日之内，谓之花衣期。如万寿日（皇太后、皇帝生日），则前三日后四日为花衣期。”

胡服 原为中国古代北方游牧民族的服装。上衣下裤，衣短而裤长，方便骑射。战国时，赵武灵王率先以胡服骑射。后渐成为汉民族服装的一种。自汉至唐，天子与百官作为戎装、猎装或旅行时的服饰。南北朝时，妇女亦着之。

补子 明初正式规定，官服前后胸各有一块有用金线、彩丝绣成的图案，文官为鸟，武官为兽，用于表示职位品级，称作“补子”。清代用于外褂，如皇子、亲王、郡王用龙，公侯用蟒；文官用鹤、孔雀、雁、白鹇、鹭鸶，武官用麒麟、狮、豹、虎、熊等。今戏曲中官服即仿此制作。

补服 清代官服中主要的一种。其形式比袍短，类似褂而长，袖端平，对襟，前后各缀有用金钱、彩丝绣成的“补子”，故称“补服”。穿在蟒袍之外，又称“外褂”“外套”。

明代一品文官补服和纱帽

马褂 旧时男子穿于长衣袍衫之外的短褂。其长仅及于脐，比外褂短。本为满族人骑马时所着，故称。清康熙以后成为无人不穿的常服。有长袖、短袖、宽袖、窄袖、对襟、大襟等各种式样。袖口平，不作马蹄式。

黄马褂 清代官员的一种制服。穿于袍外，长仅及腰，便于骑马；袖只到肘，便于射箭。以明黄色（淡黄色）的绸缎或纱制成，故称。是皇帝近侍的服装，显示地位的高贵特殊。清代帝王每用此作为对有功臣下的赏赐，称为“钦赐黄马褂”。

冕 古代帝王、诸侯、卿、大夫在举行大典时戴的礼冠。外黑色，内朱红色。冕顶有长方板，略向前倾，前端坠有数串小圆玉，称为“旒”。天子之冕十二旒，以下递减。南北朝后，唯有帝王才能戴冕，后乃用为皇帝礼冠的专称。

幞头 一种头巾或帽子。起于北周，用黑色纱罗制作。裹幞头时，两个巾脚朝前系，另两个巾脚在脑后系一结，多余部分自然垂下。宋代幞头，以一种植物纤维作里，以纱作表，再涂上漆，称为“幞头帽子”，可以随意脱戴，也是不同身份的重要标志。按规定，皇帝或官员幞头的两脚向两侧平直伸长，差役则戴无脚幞头。

古代绘画中的幞头

乌纱帽 帽名。起于南朝，上自天子，下至百官士庶，皆可以用。初为便帽，至明初洪武三年(1370年)始定为官帽。

纶巾 古时头巾名。以丝带编成，一般为青色。是图画和戏曲中诸葛亮所穿的服饰。古典小说《三国演义》中写他“羽扇纶巾”，气度潇洒。历来被视为儒将的装束。宋苏轼《念奴娇·赤壁怀古》词中描写周瑜：“遥想公瑾当年，小乔初嫁了，雄姿英发。羽扇纶巾，谈笑间，樯橹灰飞烟灭。”

花翎 清代官服附件。即冠上向后垂拖的一根孔雀尾翎羽。其尾端有像眼睛般一圈灿烂鲜明者，称为“眼”，有无眼、单眼、双眼、三眼之别。清初，唯近侍武官等皇帝特赐者可戴。后受赏戴者渐多，汉人也有因封爵或文臣而兼提督、巡抚而受赐者，才渐普遍戴之。

方巾 明代儒生所戴方形软帽。医卜星相之士也戴此帽。入清以后，成为禁用品。

腰带 古代男子用在衣服外面的带子。通常，平民以熟牛皮制的“韦带”束外衣，“布衣韦带之士”后即成为百姓的代称。贵族官员的腰带，有丝织的“绅带”及皮革做的“革带”两种。魏晋至唐宋以后，革带用玉、金、银、犀作装饰，以为等次。小吏及平民，只可以铜铁角石之类。直至清末。

绅带 古代士大夫束在衣服外面的丝织的大带。绅，也特指束衣后余下的下垂部分。

玉带 用玉作装饰的腰带。宋初以后规定，从三品以上官员才可用玉带。玉带的品级，高于用金、银、犀装饰的腰带。在封建社会里，“蟒袍玉带”是高官显宦的身份象征。

花冠 一种用花朵串成冠状的头饰。始见于唐代。初以纸、绢、通草等材料制成，后乃簪戴真花。至宋代，插戴花冠的习俗十分流行，也不限于妇女。传世的五代壁画及宋代绘画中都有当时妇女戴花冠的形象。

山西永乐宫壁画中戴花冠的女神

幂䍦 亦作“幂篱”。北朝至唐代贵族妇女的一种服饰。幂䍦为面纱，本胡服，宫廷或贵族妇女出门，可防风沙及外人窥探。隋唐沿之，宫女和贵族妇女外出骑马皆用幂䍦障蔽全身。以后发展为帷帽，遮蔽仅止于颈部以上。宋代士大夫家妇女外出至街衢，以整幅紫罗纱遮蔽全身，俗称“盖头”，也为幂篱的遗制。《隋书·文四子传·秦孝王俊》：“俊有巧思……为妃作七宝幂䍦，重不可戴，以马负之而行。”《旧唐书·舆服志》：“武德、贞观之时，宫人骑马者，依齐、隋旧制，多著幂。虽发自戎夷,而全身障蔽,不欲途路窥之。王公之家,亦同此制。永徽之后,皆用帷帽,拖裙到颈,渐为浅露。寻下敕禁断,初虽暂息,旋又仍旧……则天之后,帷帽大行,羃渐息。中宗即位,宫禁宽弛,公私妇人,无复羃之制。开元初,从驾宫人骑马者,皆著胡帽,靓妆露面,无复障蔽。士庶之家,又相仿效,帷帽之制,绝不行用,俄又露髻驰骋,或有著丈夫衣服靴衫,而尊卑内外,斯一贯矣。"

羃篱 即"羃䍦"。

帷帽 古代妇女所戴的有面纱能遮住脸部的帽子。参见"羃䍦"。

唐三彩戴帷帽骑马女陶俑

盖头 ① 见"羃䍦"。② 旧式婚礼中新娘蒙在头上盖住脸的红绸巾。

襁褓 "襁"是背负幼儿时用的宽带,"褓"是包裹婴儿的被子。后以"襁褓"借指未满周岁的婴儿时期。苏曼殊《断鸿零雁记》第二十六章:"余自襁褓,独媪一人怜而抚我,不图今已长眠。"

画眉 妇女面部化妆之一。女子为使眉目分明,容颜美丽,多以石黛等画眉毛,先秦已见记载。石黛是一种黑色矿物,磨黛的石砚在汉墓里多有发现。隋、唐、宋时,使用来自波斯的螺子黛,它经加工,制成各种形状的黛块,和书画用的墨锭相似,使用时只要蘸水即可,又称"画眉墨"。元、明、清时,宫廷女子画眉的黛,全部选用一种眉石。唐玄宗时,画眉的式样繁多,宫廷中绘成图样,名曰《十眉图》。宋以后沿之,多见于诗词。《楚辞·大招》:"粉白黛黑,施芳泽只。"晋葛洪《西京杂记》:"司马相如妻文君,眉色如望远山,时人效画远山眉。"唐颜师古《隋遗录》上:"吴绛仙善画长蛾眉,司宫吏日给螺子黛五斛,号为蛾绿。"亦称"扫眉"。唐司空图《灯花》诗之二:"明朝斗草多应喜,剪得灯花自扫眉。"旧称女子之有文学才华者为"扫眉才子"。唐王建《赠薛涛诗》:"扫眉才子知多少,管领春风总不如。"

扫眉 即"画眉"。

檀唇 古代妇女面部妆容之一。唐宋时期,贵族妇女及教坊歌妓,都以檀色(赭红色)涂抹嘴唇为美丽,称"注唇"或"点唇"。后世沿之。《渊鉴类函·服饰·燕支二》引明陈仁锡《潜确居类书》:"唐僖、昭时,都下竞事妆唇,以此分妍否;其点缀之工,名字差繁。"敦煌词《柳青娘》:"故着胭脂轻轻染,淡施檀色注歌唇。"宋秦观《南歌子》词:"揉蓝衫子杏黄裙,独倚玉阑无语点檀唇。"

注唇 见"檀唇"。

点唇 见"檀唇"。

环珮 古代贵族的玉饰"环"与"珮"的合称。环,圆圈形;珮,亦作"佩",片状。形制多样。浙江良渚遗址出土有原始社会的人体佩饰。商周后,贵族穿礼服时,成套佩戴环珮。魏晋以下,男子佩玉渐少,环珮成为女子的专用。

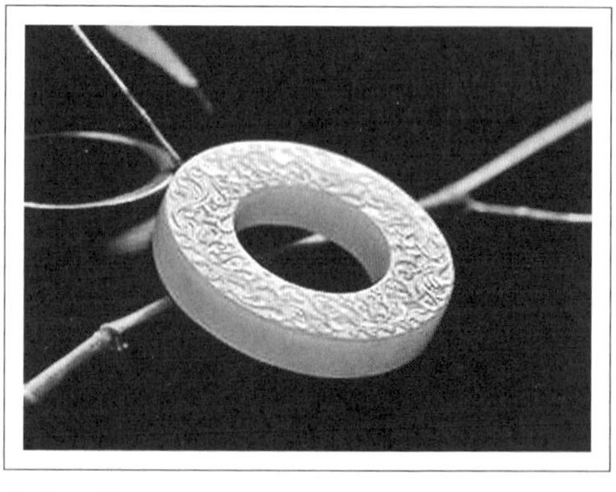

雕花玉环

透雕玉佩

一般垂系于衣带,行走时会发出清越声响。《礼记·经解》:“行步则有环佩之声,升车则有鸾和之音。”郑玄注:“环佩,佩环、佩玉也。”《史记·孔子世家》:“夫人自帷中再拜,环佩玉声璆然。”亦借指美女。唐杜甫《咏怀古迹》之三:“画图省识春风面,环佩空归月夜魂。”

玉玦 古代佩身玉器的一种。圆环形,有缺口。新石器时代、西周晚期和春秋的墓葬中常有发现。又“玦”与“决”同音,古人用以表示决绝或决断之意。用以赠人则表示双方关系断绝,举起玉玦则暗示对方下决断。《史记·项羽本纪》写鸿门宴上,谋士范增曾三次捧举他所佩的玉玦,暗示项羽,促他下决心杀刘邦。

玉玦

香囊 古名“容臭”,俗称“香袋儿”。古人重要佩饰之一。是一种装有香料的小囊,多以色彩鲜明的丝织物缝制,绣以花卉、人物等。青年男女系于腰带、衣襟或挂在胸前,藏在袖中,取其芬芳,以为装饰。也有系在床帐或车辇上的。常用作恋爱、私情中的信物。

香袋儿 “香囊”的俗称。

朝珠 清代朝服的组成部分。形制如念珠,每串一百零八颗。珠用珍珠、珊瑚、琥珀等制作,用不同颜色的丝带为饰,悬垂于胸前,以区别地位高低和官品大小。凡文官五品、武官四品以上以及五品官命妇以上,才得使用朝珠。珍珠及明黄色丝带,唯皇帝、皇后、皇太后可用。

黛 古代妇女用来画眉毛的青黑色颜料。多以青石或烧焦的柳枝制成,五代以后也用香墨。最珍贵的为来自域外的螺子黛,一颗售价十两银子。画眉时常剃去眉毛,用黛描绘出各种形状。参见“画眉”。

胭脂 古代妇女的一种红色化妆品,用来涂脸颊或双唇。以红蓝花或苏木制成,隋唐以后也用石榴花代替。胭脂用于脸颊,在战国时期的楚俑中已有发现。六朝至唐、宋,应用更为广泛。宋元街市上有胭脂铺。元明以来,画家也用作绘画的颜料。明末郁逢庆《续书画题跋记》载南宋李唐诗曰:“早知不入时人眼,多买胭脂画牡丹。”

花钿 古代妇女的一种脸部装饰物。用金属片或其他材料做成,质地轻薄,色彩浓艳,样式有鸟、虫、花叶等,化妆时粘贴额间。贴于脸颊的叫“靥钿”。起于南朝,至唐成为时尚,以至对内外命妇所用的花钿都有规定。新疆吐鲁番阿斯塔那唐墓出土绢画以及敦煌莫高窟唐代壁画上女供养人的花钿,有红、绿、黄三色。大多为红色。绿色的叫“翠钿”,即唐杜牧诗“春阴扑翠钿”、温庭筠词“眉间翠钿深”所咏。黄色的如南唐成彦雄词“鹅黄剪出小花钿”所描述。

花子 亦称“靥钿”。古代妇女脸部装饰花钿的一种。以彩色光纸、绸罗、云母片、蝉翼、蜻蜓翅等为材料,染成金黄、霁红或翠绿等色,剪作星月、梅花、小鱼、小鸟等形状,粘贴于酒靥、嘴角、鬓边,美妙新颖。参见“花钿”。

靥钿 即“花子”。

插梳 古代妇女的一种头饰品。风行于中唐。此种梳子制作精美,造型别致,材料多以黄金、象牙、犀角等制成。并非用来梳头,而是插在发髻前后左右作为装饰。《清异录》载:

洛阳少年崔瑜卿为其所爱歌妓造绿象牙五色梳一套,费钱近二十万。唐代人物画及诗人作品中也有描绘,当时的仕女贵妇,在发上常插满钗、簪、步摇、大梳小梳。至宋代,插梳有长达古制一尺者。

步摇 古代妇女的一种首饰。取其行走时会摇动,故名。其制作多以黄金屈曲成龙、凤等形状,其上缀以珠玉。六朝以下,花式繁多,或做成鸟兽花枝等,晶莹辉耀,与钗、钿相混杂,簪于发上。今戏曲中贵妇头饰,多有步摇。《释名·释首饰》:"步摇,上有垂珠,步则动摇也。"《后汉书·舆服志下》:"步摇以黄金为山题,贯白珠为桂枝相缪,一爵九华。"王先谦集解曰:"汉之步摇,以金为凤,下有邸,前有笄,缀五采玉以垂下,行则动摇。"唐白居易《长恨歌》:"云鬓花颜金步摇,芙蓉帐暖度春宵。"

指环 亦称"戒指""约指"。戴在手指上的小环,以金、银、宝玉等制成。古代宫中后妃所戴,是向帝王暗示自己正在经期的标志。后传入民间,成为妇女普通的装饰物,也是男女常用的定情物。清代以后,男女皆可戴。

笄 中国古代的一种首饰。"簪"的前身,与秦汉以后的"簪"同物异名。少女成年须行笄礼。参见"笄礼"。

簪 中国古代的一种首饰。秦汉时称"笄"。即插发髻或冠的长针。男用以系冠,使不脱坠;女用以固定发髻,使不松散。初用竹、荆制,后用骨、象牙、玉、金、银、玳瑁等制作。长二、三、四寸不等。簪头雕刻花样甚多,有花、鸟、兽等。

钗 古代妇女的一种首饰。用于结束头发。一股为簪,两股为钗。初以骨、木制作,后用金、银、玉等,形状趋于繁复精美。钗上嵌以珠宝金玉,称为"宝钗",饰作花朵形,名为"钗朵"。

钏 亦称"跳脱""条脱",俗称"镯子"。古代妇女戴于手臂、手腕一种饰物。汉代时,质料有金、银、铜、玉等。宋代有螺旋式套钏,以扁圆的金银制成,可达十数圈之多。明清风格多样,或以金为骨,镶嵌珠宝,或以玉为骨,包金镶银。民间迷信,认为戴钏能够辟邪。

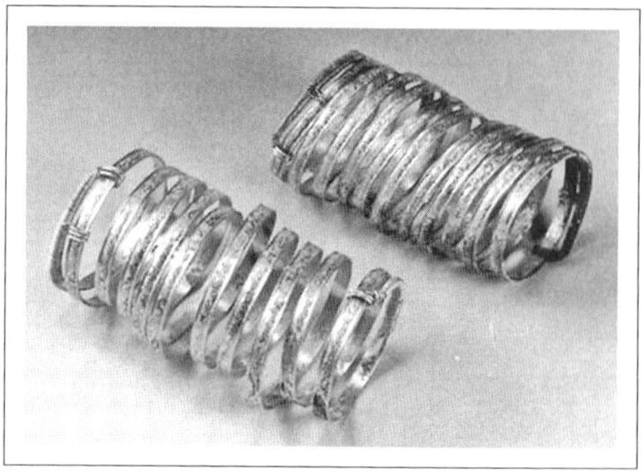

螺旋式金臂钏

条脱 古代臂饰。呈螺旋形,上下两头左右可活动,以便紧松。一副两个。南朝梁陶弘景《真诰·运题象》:"赠诗一篇并致火浣布手巾一枚,金、玉条脱各一枚。"宋吴曾《能改斋漫录·辨误》:"文宗问宰臣:'条脱是何物?'宰臣未对,上曰:'《真诰》言,安妃有金条脱为臂饰,即金钏也。'"清和邦额《夜谭随录·秀姑》:"女脱臂上紫金条脱为赠。"

扳指 亦作"搬指""班指"。古代射箭时套在右手拇指上的一种物件。圆环状,用来勾弦。古代称"韘",用象牙、兽骨等制成。后成为男子的装饰品,多用玉石、水晶、玛瑙等制成。

玉扳指

荷包 一种随身佩带的扁圆形小袋子,常用绸缎等制作,上面刺绣花鸟等图案,以作盛放药品、香料等零星物品之用。古时常常作为赏赐或馈赠他人的礼品。

丹舄 帝王和皇后祭祀时穿的鞋,朱红色,复底。周代已有。后代道士也用来与法衣相配。

皂靴 古代官吏士人穿的黑面白底靴。用皮或布制成,长筒。原为胡族所穿。隋、唐时已非常流行。至元、明,被定为百官公服之一。清代规定,官员穿方头靴,平民男子穿尖头靴。

木屐 省称"屐"。木底鞋。有平底和装齿的两种,初为雨天用具,后成为一种便鞋,但访友、宴会时不穿。《世说新语·雅量》:"阮遥集(阮孚)好屐……或有诣阮,见自吹火蜡屐,因叹曰:'未知一生当箸几量屐?'"

弓鞋 古代缠足妇女所穿的鞋子。中国汉族妇女缠足,起于南唐时宫中舞伎。妇女因缠足而脚呈弓形,故称其鞋为"弓鞋"。旧时女子,以纤足为美。明清时,弓鞋有平底、高底多种,并以刺绣与珠玉等为装饰。

弓鞋

饮食烹饪

饭 谷物（黍、稷、麦、菽、麻、稻）脱去皮壳后蒸煮成的食品。其干者统称为“饭”。为日常主食之一。在古代，以麦饭与米饭为主。此外，尚有雕胡米（即菰米）饭、稗饭、荞米饭、青精饭、橡子饭等。现代仅指稻米干饭。《渊鉴类函·食物部·饭》引《周书》曰：“黄帝始蒸谷为饭。”《周礼·天官·膳夫》：“掌王之食饮膳羞，以养王及后、世子。凡王之馈，食用六谷。”郑司农注：“六谷，稌（稻）、黍、稷、粱、麦、苽（菰）。”三国魏曹丕《与朝臣书》：“江表惟长沙有好米，作饭五里闻香。”

粥 亦称“糜”。以谷米煮之至糜烂即成。六谷皆可为粥，最常见的是米粥与麦粥。亦可加他物于粥中同煮，如唐代加茶叶的茗粥，加果菜的腊八粥，以及赤豆粥、绿豆粥、梅粥等荤素甜咸粥品。《本草纲目》列举五十余种，清曹廷栋《粥谱说》列举一百种，不但各具风味，且有养生保健之功。此外，古代居丧有食粥的礼俗，荒年施赈济贫亦用粥，以粥为正食则为贫穷的表现。《后汉书·冯异传》：“光武谓诸将曰：‘昨得公孙豆粥，饥寒俱解。’”宋张耒《粥记》：“每晨起，食粥一大碗，空腹胃虚，谷气便作，所补不细，又极柔腻，与肠胃相得，最为饮食之妙诀。”清敦诚《赠曹雪芹》诗：“满径蓬蒿老不华，举家食粥酒常赊。”

饼 古代对面制食品的总称。经过蒸、煮、烧、烤、烙、煎、炸等工序制作而成。除汤饼（面条）为线形外，大部分为扁形或圆形。有蒸饼（馒头）、胡饼（烧饼）、煎饼、烙饼、油饼、环饼等。

胡饼 面食的一种。即现代所说的烧饼。因上面撒有胡麻（芝麻），故称。甜、咸皆有，在炉中经烘烤而成。始于汉代，今多作为早点。

蒸饼 亦称“笼饼”“炊饼”。面食的一种。即今之馒头。以面粉发酵，做成圆形，无馅，以笼蒸熟之。起于汉代以前的古代祭祀。至今仍为常见面食。《水浒传》中武大郎所卖“炊饼”，即是馒头。

包子 面食的一种。古代称内有馅心的较小的馒头。五代时，开封有一家饮食铺专做应节食品，伏日所卖绿荷包子，享有盛名。宋代，包子除市肆有售外，也是家庭过生日时的食品，甜咸荤素，品目极为丰富。

汤饼 面食的一种。即今之面条。因在汤中煮熟，故称。包括切面、拉面、索面、挂面、水引面等。汉代已有，至宋代品种繁多，至今为中国人民的主食之一。经两千年的发展创造，各地皆有不同的制作方法与独特风味。元代时传入意大利。其别称有“索饼”“餺飥”等。索，即绳索，面条呈绳索状。

餺飥 一种汤煮的面条。唐代写作“不托”。见“汤饼”。

冷淘 古代夏令消暑食品。即今之冷面。唐代夏令朝会，宫中厨房供应官员的食品中，有一种“槐叶冷淘”。槐叶，取其青翠颜色，捣之和入面粉。做成后，放入冰窖中冷藏，食用时再加以佐料。杜甫有《槐叶冷淘》诗。宋代以后，品种更为丰富，市场上有售。

饺子 面食的一种。古代称“馄饨”。用薄的面片包馅，成半月形，以汤煮的称“水饺”或“水角”，以笼蒸的称“蒸饺”。其尤小者称“小馄饨”。起源于汉代，8 世纪时传入日本。宋以后，成为日常的花色点心。明清时北方有正月初一食饺子之俗，称为“煮饽饽”。

水角 以汤煮的饺子。今写作“水饺”。《聊斋志异·司文郎》一篇，写赴乡试应考的王平子多次命厨师“以蔗糖作水角”招待教他做八股文的朋友宋生，可见当时的水饺也有甜馅的。

馄饨 面食的一种。① 饺子的古称。汉扬雄《方言》提到“饼谓之饨”，当时无馅，称“浑沌”，后写作“馄饨”，并有了内馅，经蒸、煮后食用。南宋周密《武林旧事》记载，当时临安（今杭州）居民，有冬至食馄饨祭祖的风俗。② 比水饺皮薄、有馅的一种面食。亦以汤煮食，然水饺重蘸料，馄饨重汤料。别名很多，广东称“云吞”，福建称“扁食”，四川称“抄手”，湖北称“包面”，江西称“清汤”，各具特色。

圆子 见“汤圆”。

稍麦 面食的一种。又写作“烧麦”“稍梅”“烧梅”等，今作“烧卖”。以面作皮，肉或糯米等为馅，皮薄馅嫩，当顶束作花蕊形，放在笼中蒸熟。起源晚于包子，出现于元代大都（今北京）。后传入朝鲜。

烧卖 即“稍麦”。

糕 用米粉或面粉掺和枣、豆、糖等材料制成的一种食品。古称“饵”。起源于周代秋天收获后的敬神活动。汉魏开始，九月初九重阳有蒸糕的习俗。唐以后，制作愈见精美讲究，名为“花糕”，是节日与平时的点心。宋代花糕品种丰富，荤素俱全。近代称“重阳糕”。至今仍是中国人喜爱的食品。

重阳糕 见“糕”。

粢 一种以蒸熟的糯米饭（有的加以捣烂）做成的饼状食品。周代时已有。糯米、粟米皆可做粢。后世称为“糍糕”“糍饭”“糍粑”“糍团”等，形状、做法各有别。《周礼·天官·笾人》：“羞笾之实，糗饵、粉粢。”清顾禄《清嘉录·八月·糍团》：“二十四日，煮糯米和赤豆作团祀灶，谓之糍团。”《湘西风土志》：“糯糍粑，系糯米饭就石臼中杵如泥，压成团形，形如圆月……土人苗民皆喜之。”

糍团 见“粢”。

糍粑 见“粢”。

庖人 官名。掌王宫中膳食之事。《周礼·天官·冢宰》：“庖人掌共六畜、六兽、六禽，辨其名物。”后即用以指厨师。

炮 烹调技术之一。将整只的牲体涂以调料，放在火上烧烤，然后再进行种种加工，称为“炮”。起于远古。周代有炮豚（乳猪或小猪）、炮牂（母羊羔）等，被列为“八珍”中的两种，供天子及大贵族享用。其他珍味也有用“炮”者。其技术复杂讲究，达到当时烹饪的高峰，历代相传不绝。

脍 烹调技术之一。以各种细切的鱼或肉，加作料，进行红煮，称为“脍”。所脍之物，有鲫、鲈、鲤、鳊、鲂等鱼及鹿、猪、羊，乃至蛙、蛇等。

炙 烹调技术之一。各种肉、鱼、禽等加调料后放在火上灼烤，称为“炙”。也称以此法烧制的肉及鱼、禽等。起于远古。汉代时，成为一种专门技术。晋代贵族喜欢炙牛心，称为“牛心炙”。此后，有鱼炙、肉炙、丸炙、鸡炙、鹅炙、兔炙、蛤蜊炙、黄雀炙等。今之烤羊肉、烤鹅、烤鸡、烤鸭等，皆源于“炙”。

脯 ① 即干肉。初制成的称“脯”，较久的称“脩”。② 蜜渍的干果。如桃脯、杏脯等，统称“果脯”。

腊 古代，禽类及小兽整体风干以保存的方法，称“腊”。古代用于冬天的祭祀，因冬日里鲜物较少。周代王室有专官掌其事。也指风干的整体禽兽，如雉腊、兔腊等。

鲊 以鱼加盐等调料腌渍之，使久藏不坏，古代称为“鲊”。本是为防止变质，加以处理的一种方法。也指以此法制成的咸鱼。糟鱼、腌肉等，古代也称为“鲊”。

六清 亦称“六饮”。周代宫廷中的六种饮料，即水、浆、醴、凉、医、酏。浆，是一种用米汁做的微酸的淡酒；醴，是一种味稍甜的薄酒；凉，是一种米粉加水及冰制成的冷饮；医，是米粥加入酒曲后酿成的饮料，清于醴；酏，是更薄于“医”的饮料。《周礼》中记载，皆由浆人掌管之。

浆 古代日常饮料。是一种比酒淡的米汁。也用于宴客时佐餐，稍次于茶、酒。在周代为“六清”（六种饮料）之一。后也以“浆”泛称捣为汁液的各种饮料，如甘蔗汁称“蔗浆”，美酒称“玉液琼浆”。在古代生活中，其重要性与饭、酒并列，多有以卖浆为业者。后世最常见的为豆浆。

酱 在汉代以前，“酱”是“醢”和“醯”的总称。醢，指用鱼、肉等制成的酱；醯，指带酸味的酱或酱汁。两者皆用以调味，因此亦称“醢酱”和“醯酱”。汉以后才逐渐指豆酱。

醢 ① 指用鱼、肉等制成的酱。起源于殷商时期，远早于豆酱。其制法是以干肉为原料，加粱曲、食盐和好酒，渍之，置于容器中，密封百日即成。周代的醢酱，有兔醢、鱼醢、蚳（蚁卵）醢，以及枸酱（一种水果酱）、芥酱（一种蔬菜酱）等。至汉代，才包括豆酱。② 因带酸味，古籍中又借指醋。

菹 蔬菜加盐及姜、桂、酱、酒、醋等腌制而成，细切称“齑”。即今之酱腌菜。起于周代以前，周王室中以“醢人”掌其事。韭、蒜、瓜、菜等，无不可为“菹”。是古代人民贮藏加工蔬菜、丰富食品来源的发明之一。

酱腌菜 腌菜和酱菜等的总称。古代称“菹”。约起于周代以前。1971 年，湖南长沙马王堆西汉墓中出土的豆豉姜，是中国迄今发现最早的酱腌菜实物。制作酱菜的调料，主要有盐、酱、酒糟、酱油、糖、醋、蜜、虾油、鱼露等。直至今天，仍为中国人民的日常佐味品。省称“酱菜”。参见“菹”。

豆豉 一种豆制食品。以大豆煮熟，加盐等调料，密封于瓮中，使其生霉，大豆中的蛋白质分解成为氨基酸，因而获得鲜美的风味。不仅可下饭佐酒，也是主要的调味品之一。制作豆豉并作为商品贩卖，约始于秦汉时期，经营的商人因之成为巨富。历代需求量大，销路不亚于盐。民间多有能自制豆豉者。

制豆酱 指以大豆制作豆酱和酱油。其制作始于西汉。大豆浸泡、蒸熟，拌入适量面粉，制成曲子，加入盐水，历经九个月，在天然条件下日晒夜露发酵，即可形成风味独特的豆酱。豆酱经过沉淀、篓抽、自淋或人工压榨，可以提取豆酱油。公元前 2 世纪时，已成为黄河中下游地区日常的调味食品。《齐民要术》的《作酱法》专章中，有制作豆酱工艺过程的详细记载。除作为调味品外，从汉代起，豆酱开始应用于医药；至唐代时，豆酱油也用为外敷药剂。汉史游《急就篇》：“芜荑盐豉醯酢酱。”颜师古注：“酱，以豆合面而为之也。”

豆酱油 一种豆制调味品。从豆酱中提取而成。东汉时称为“清酱”，此后亦称“淋油”“酱清”等。“酱油”之名，起于宋代，见于林洪的《山家清供》，当时作为调味品，已广泛应用于烹调。明代，其制法由泉州传入日本。除大豆外，小麦或麦面也可制面酱油。

醋 一种酸性调味品。殷商时期，调味用盐与梅。古籍中，“醋”仅指酸味。中国酿醋约起于汉代。以“醯”“酢”二字借指之。南北朝至唐代，始从“酢”渐过渡到用“醋”字。北魏贾思勰《齐民要术》中记载了许多酿醋法，并且其时已能酿造具有独特风味的陈醋。唐代《新修本草》中除载有米醋、麦醋、杂果醋外，还载有特制加有药物的药醋。后世传其技，使醋成为中国人民烹饪中不可或缺的调味原料。山西太原一带的老陈醋，江苏镇江的香醋，四川阆中用多种中药制成的保宁醋都驰誉中外。古代又称女子善妒为“吃醋”“醋娘子食杨梅”，以为调侃。《齐民要术》卷八注：“酢者，今醋也。”宋吕本中《官箴》：“王沂公常说：‘吃得三斗酽醋，方做得宰相’，盖言忍受得事。”

食盐 中国食盐有五千余年的历史。初以海水煮盐，用于调味及腌藏食物，后各地依据天然条件，生产开发井盐、池盐（即湖盐）、岩盐（即矿盐），以供民之所需。海盐产量最大。因获利丰厚，历代王朝对盐的生产销售，或由国家垄断，或由民间制售，或民制官卖等，政令不一。

汉画像石上的煮井盐图

吴盐 江淮一带所晒制的散末盐。此盐色白而味淡，古人食水果如杨梅、橙子时，多喜佐以吴盐，渍去果酸，古典诗词中每见之。宋周邦彦《少年游・感旧》词中有“并刀如水，吴盐胜雪，纤指破新橙”之句。

食油 周代时，动物油脂已被用于烹调食物。植物油脂的使用与生产晚于动物油脂。汉代以后，中国人食用的植物油脂主要有豆油、菜籽油、花生油、胡麻（芝麻）油、向日葵籽油、棉籽油、油茶籽油等。

可制油的胡麻(芝麻)

饴 即麦芽糖。大约至迟在西周,中国人已懂得以稻米、黍米等为原料,再加磨碎的麦芽和水,制造麦芽糖。古人称液体状的麦芽糖为“饴”,称固体状的为“饧”。饴糖是富于营养的食品,也是制造其他食品的原料和调料,并可用于医药。旧时街巷中挑担卖麦芽糖块的小贩,多吹箫吸引买家,称为“吹箫卖饧”。清明节前后,民间有家家食饧粥的风俗。

饧 见“饴”。

蜂蜜 省称“蜜”。由蜜蜂采花汁酿制而成,不加人工或略加人工的具有天然甜味的一种稠厚液体。麦芽糖发明前,是唯一的甜味食品。蜜的组成及香气、颜色,因蜂种、蜜源的花不同而异。含多量果糖及葡萄糖,及微量蔗糖、麦芽糖、有机酸类、挥发油、维生素类等成分。中国食用野蜂蜜,约始于周代后期。东汉时,已由人工养蜂产蜜。宋以后,广泛用于菜肴、糕点及医药。

燕窝 生活在热带海边的金丝燕用唾液在悬崖峭壁上构筑的窝巢。由胶状物凝结而成。性味甘平,是高级的滋补品,具有养阴润肺、祛痰止咳等功用。春天金丝燕首次筑成的燕窝洁白晶亮,称“白燕”,是燕窝中的上品。因旧时作为贡品,又称“官燕”。中国的燕窝,产于东南沿海一带,在国际上久负盛誉。

蔗糖 用甘蔗汁加工制成食糖。中国南方地区自古栽培甘蔗、饮食蔗汁,见于《楚辞》。公元前,已懂得将蔗汁加工成固体糖块。公元7世纪初,在学习印度制糖技术的基础上,加以改进,白砂糖与冰糖的质量从此远超国外。古代除食用调味,还用于医药。蔗糖在古籍中,别称“石蜜”“糖霜”“蔗霜”“蔗冰”“沙糖”等。南宋学者王灼著《糖霜谱》一卷,专叙其制造法及功用。

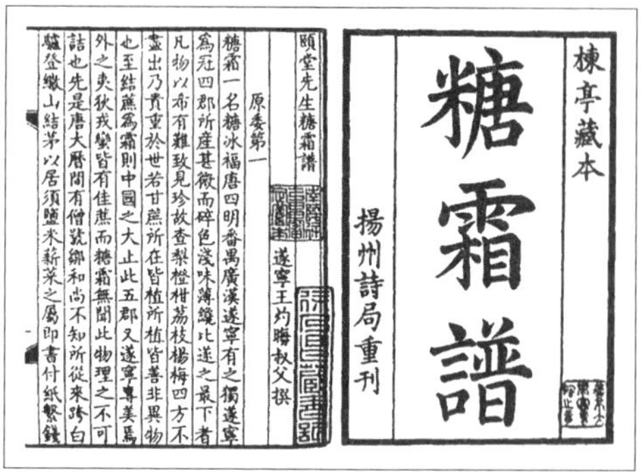

棟亭藏本

糖霜譜

揚州詩局重刊

頤堂先生糖霜譜

遂寧王灼晦叔父撰

原委第一

糖霜一名糖冰福唐四明番禺廣漢遂寧有之獨遂寧
為冠四郡所產甚微而碎色淺味薄纔比遂之最下者
凡物以希有難致見珍故查梨橙柑荔枝楊梅四方不
盡出乃貴重於世若甘蔗所在皆植所植皆善非異物
也至結蔗為霜則中國之大止此五郡又遂寧專美焉
外之夷狄戎蠻皆有佳蔗而糖霜無聞此物理之不可
詰也先是唐大曆間有僧號鄒和尚不知所從來跨白
驢登繖山結茅以居須鹽米薪菜之屬即書付紙繫錢

南宋王灼《糖霜谱》

葡萄酒 相传汉初张骞从西域将葡萄引入中国,初仅供食用,大约至公元1世纪后的东汉时,北方才用来造酒。至唐代,太宗李世民从西域高昌(在今新疆吐鲁番)得到制葡萄酒法及马奶子葡萄良种,加以推广,从此才酿造出优质的葡萄美酒。

黄酒 亦称“老酒”。中国酒类的一种。有三千多年的酿造历史。是用糯米、大米、黄米等淀粉类粮食,经过蒸煮、糖化、发酵、压榨等工序酿制而成。其色泽橙黄、香气浓郁、味美醇厚、营养丰富,含有十余种氨基酸,色、香、味俱佳。具有健脾、益胃、舒筋活血之功。最著名的为浙江的绍兴老酒。

白酒 亦称“烧酒”。是酒精浓度高的蒸馏酒。有起于唐代或宋代的不同说法。唐以前不见于文献,南宋有被蛇咬伤后用来进行外科消

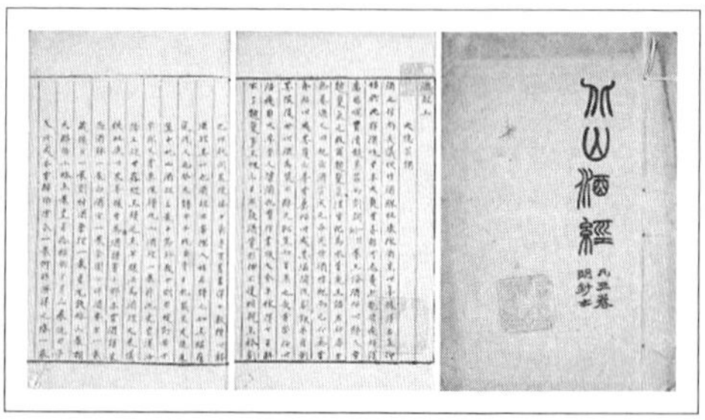

北宋朱肱《北山酒经》

毒的记载。后世白酒名品，有贵州的茅台酒、山西的汾酒、陕西的西凤酒、四川的泸州大曲、安徽的古井贡酒、四川的宜宾五粮液和绵竹剑南春等。

茶叶 中国是种茶、制茶、饮茶历史最悠久的国家。从西汉至唐宋，茶已成为中国人日常生活不可缺少的饮品。俗谚云“开门七件事，柴米油盐酱醋茶”。中国茶的品类丰富，花色繁多，在世界上享有盛誉。大约有六千多个品种，按制作方式可分为三大类，即不发酵茶、半发酵茶、全发酵茶；按商品可分为六大类，即绿茶、红茶、白茶、青茶、黄茶、黑茶。在此以外，还有枣茶、人参茶、果茶、莲心茶、菊花茶、八宝茶、橘皮茶、米泡茶、药用茶以及少数民族的酥油茶、奶子茶、擂茶等。

饮茶 以茶叶作为饮品原料，始于周代。至汉代，饮茶已成为民间普遍的饮食习俗。

法门寺地宫出土的唐代宫廷茶具

明文徵明《惠山茶会图》

团茶 宋代的一种小茶饼，始制于福建，专供宫廷饮用。茶饼上印有龙、凤的图案花纹。印盘龙者称“龙团”，或“龙茶”“盘龙茶”“龙焙”“小团龙”；印团凤者称“凤团”，或“凤饼”“小凤团”等。团茶须煎饮之。

绿茶 中国名茶的一类。经由杀青、揉捻、干燥等工艺制成。属于不发酵茶。因其茶汤和叶底呈现绿色，故称。也是中国历史上最早的茶类。其原始采集与收藏，距今有三千多年历史。一般分为炒青、烘青、晒青和蒸青几种。上品干茶，色泽翠绿有光，白毫显露，条索紧实；冲泡后，香气鲜爽持久，滋味醇和，有回甜，汤色嫩绿清澈，叶底色泽均匀一致。其特点是味淡性寒，能使口内生津，可以消暑解热。品种繁多，名品主要有江苏洞庭山的碧螺春，西湖的龙井茶，南京的雨花茶，皖南的屯绿、舒绿，六安的瓜片，黄山的毛峰，杭州的龙井和旗枪，江西庐山的云雾茶等。

红茶 中国名茶的一类。是经过全发酵制成的一种茶。因干茶与茶汤呈红色，故称。经由萎凋、揉捻、发酵、干燥等工艺制成。上品干红茶，色泽乌褐而带油润，条索紧结而重实；冲泡后，汤色红艳明亮、清澈、香气浓烈持久，滋味浓厚、鲜爽、纯正，叶底呈鲜明的铜红色。其名品有祁红、川红、宜红、宁红、滇红、政和等，其中以祁红、滇红最为名贵。是重要的出口茶之一。

白茶 中国名茶的一类。一种轻微发酵茶。因其成品茶多为芽头，满披白毫，如银似雪而得名。其精制工艺分为萎凋、干燥两道工序，以文火进行烘焙至足干，不用花熏而具天然香气。其特点是外形完整，汤色黄绿清澈，汤味甘醇。相传已有近千年历史，产于福建省福鼎、政和、松溪、安吉、建阳等地区。主要品种有大白、小白、水仙白、白毫银针等。尤以“白毫银针”为珍品。此外，尚有广东龙门南昆山的百岁茶、湖北利川的雾洞茶、广西凌云的白毛茶等，皆是白茶名品。

青茶 通称“乌龙茶”。中国名茶的一类。是一种半发酵茶。经过杀青、萎凋、摇青、半发酵、烘焙等工序制成。由宋代贡茶龙团、凤饼演变而来。创制于清雍正三年（1725 年）前后。茶叶色泽乌黑，泡开后叶片卷曲，有如乌龙入水。它具有红茶的甘醇、绿茶的鲜爽和花茶的芳香,深受中外人士喜爱。名品包括闽北的水仙、武夷岩茶、白毛猴;闽南的安溪铁观音、黄金桂、永春佛手、色种;广东的凤凰水仙、岭头单枞、石古坪乌龙;中国台湾的冻顶乌龙、高山茶、木栅铁观音,等等。

黄茶 中国名茶的一类。一种轻发酵茶。其制作与绿茶有相似之处,不同点是在炒青绿茶的过程中,多一道闷堆工序。按其鲜叶的嫩度和芽叶大小,分为黄芽茶、黄小茶和黄大茶三类。黄芽茶主要有君山银针、蒙顶黄芽和霍山黄芽;黄小芽主要有北港毛尖、沩山毛尖、远安鹿苑茶、皖西黄小茶、浙江平阳黄汤等;黄大茶有安徽霍山、金寨、六安、岳西和湖北英山所产的黄茶和广东大叶青等。

黑茶 中国名茶的一类。一种全发酵茶。成品茶的外观呈黑色,故称。采用的原料较为粗老,是压制紧压茶的主要原料。制作工艺一般包括杀青、揉捻、渥堆和干燥四道工序。在加工成团块的过程中,要经过二十余日的湿性堆积,使色泽由绿逐渐变为黑褐色,并形成茶品的独特风味。起于唐代,最早产于蜀中。按地域分布,主要分类有湖南黑茶、湖北老青茶、四川边茶、滇桂黑茶。其中的云南黑茶,统称普洱茶。普洱散茶是黑茶类中独具浓醇陈香的品种。

药茶 宋代街市有专卖药茶的小贩,烹煮以供客饮,其药性多有驱寒、补气、健身等功效,当时称为“汤药”。今广东一带普遍有爱饮药茶的习惯。

花茶 一种用香花熏制成的茶。又名香片。其制作方法是将有香味的鲜花和新茶一起闷,茶将香味吸收后再将干花筛除。它兼有绿茶与花的香味,茶汤色深,深得中国北方人喜爱。一般都用绿茶制作,也有用红茶或乌龙茶作茶坯的。宋代,已发明用茉莉花窨茶的方法。产地有福建、浙江、江苏、安徽等地。据其所用香花不同,主要品种有茉莉花茶、玉兰花茶、桂花花茶、珠兰花茶,此外还有荷花茶、菊花茶、玫瑰花茶等。其中茉莉花茶产量最大。

酪 亦称“乳酪”。指用牛、马、羊等的乳汁炼制成的半凝固的食品。本为古代北方游牧民族的日常食品与饮料,至魏、晋时,已为北方士人所喜饮。酪又可制为干酪、酥、乳饼、乳团等食品。

火腿 亦称“火肉”“兰熏”。腌制的猪腿。浙江金华和云南宣威出产的最为有名。因其肉质嫣红似火得名。火腿有健脾开胃、生津益血的功用,能治疗虚劳怔忡、胃口不开、虚痢久泻等症。历来是席上佳肴,馈赠珍品。

豆腐 一种中国传统食品。由豆浆经一系列加工后凝固制成。传说西汉淮南王刘安发明。又日本相传,中国盛唐时高僧鉴真东渡时传去制豆腐法,至今仍称为“唐腐”。但中国书面文献记载,始见于五代末人著作。其确切时期,尚待进一步证明。豆腐价廉物美,营养丰富,其生产开创了世界最早采用化学方法制造食品的纪元。

古代制作豆腐流程

蜜饯 中国的一种果蔬特色制品。是以果蔬和糖为主要原料加工制成的消闲甜食。含糖类和多种维生素,具有帮助消化、增进食欲、解渴生津的功能及解酒作用。早期是用蜂蜜浸泡鲜果,以便随时取食,品种有莲子、藕片、梅子、冬瓜条等类。至宋代称为“蜜煎”,品类变得丰富,有的还加以雕花,以为美观。后分果脯与蜜饯两大类。清代除原有京、浙两派之外,又有关外满洲蜜饯一派。现代蜜饯则有京式、广式、苏式、福式四大流派。

蜜枣 一种蜜饯制品。由鲜枣加工制成。形态长圆、扁平、金丝缕缕,光亮如琥珀,甜味纯正,入口松而不僵硬,可作为高级糕点的辅料。其中尤以浙江兰溪蜜枣最为有名。已有400多年生产历史,加工时要在每个青枣上要用刀划100多条纹路。

藕粉 中国传统特产之一。是选用上等荷藕经十余道传统工艺精制而成。多呈薄片状、质地细腻、洁白无瑕,有的白里透红。用沸水冲调后,鲜洁芳香,晶莹透明,具有帮助消化、生津清热、开胃补肺、滋阴补血的功效,为营养丰富的老年食品、儿童食品。主要有浙江的西湖藕粉、金华藕粉、湖州藕粉,以及江苏宝应的“鹅毛雪片”藕粉,四川乐至的天池藕粉等。

果飣 俗称“看食”“看果”。指在祭祀或宴客时,堆叠于器皿中只供陈列欣赏而不食用的果品、点心、菜蔬。古代多用高脚的白色牙盘盛装。唐、宋至近代,普遍用之。果品堆叠的样子称为“餖飣”,后因借用“餖飣”比喻文辞的罗列堆砌。

素菜 以植物类、菌类、果品等为原料烹制的菜肴。起源于上古祭祀前的斋戒素食。南朝梁以后,汉族佛教徒普遍素食。宋以后,豆腐、面筋等豆制品产生,寺院及市场的素菜、素点烹饪,达到很高水平。南宋临安(今杭州)开设有专门的素食店,大量素菜、素点琳琅满目;又用豆制品、山药、菇类等巧制出了具有荤菜色、香、味、形特征的象形菜,为中国古代烹饪艺术的一大发明,其名多称为“假”,如假炙鸭、假羊事件、假鱼脍等。明清时,南北寺院素馔名品迭出,各擅独得之妙,达于极盛。清皇宫中御膳房有专门厨师,能做素馔二百多种。此外,以花卉入馔及冷盘雕刻,也是素菜烹饪传统中的独特的成果。

花馔 古代素菜的一个部分。即利用四时花卉做成菜肴或点心。源于先秦。起初,以花卉入馔多出于保健去病、益寿延年的目的。随着对花卉性状和食用、医用价值的不断认识,花馔得以兴盛与发展。唐以前,花馔谱散见于本草学、食学与文学书籍中,至宋代开始专类列谱。及今所知,花馔菜点已不下二三百种。花馔不仅富有营养、医疗作用,而且千姿百态,极富审美价值。其中,有以花卉作主料者,也有作辅料者;有的作香料,有的作色剂;烹饪法则以煎、炸、氽、蒸为多。

胡食 指西域各民族的食品。汉魏以来,胡地食品即传入中国,至唐更盛,受到广大汉族人士的欢迎和喜爱,上自宫廷、高官,下至平民百姓,无不饮食之。唐代,长安为全国政治、经济、文化中心,对外交流频繁。当时城周围七十余里,人口一百余万,其中来自西域的胡人,多经营酒肆及饼店,居住于长安西市和春明门至曲江池一带。胡人所卖西域名酒,有高昌葡萄酒、波斯龙膏酒、三勒浆等,俱为时人称美。酒肆皆以胡地少女当垆,招待客人,有的还能歌善舞,诗人每形之吟咏。唐李白《送裴十八图南归嵩山》诗:“何处可为别? 长安青绮门。胡姬招素手,延客醉金尊。”日本僧人圆仁《入唐求法巡礼行记》:“开成六年正月六日,立春,命赐胡饼、寺粥。时行胡饼,俗家皆然。”

民间食馔 中国风味菜肴之一。民间家庭饮食是中国菜系形成的重要源头之一,许多著名菜点首先出自民间。川菜有“家常味”,浙菜有“家乡味”,各大菜系中均有此类土色土香的美味食品。著名的宋嫂鱼羹、麻婆豆腐、京江肴肉等,皆由家常菜而登上筵席。中国古代,《齐民要术》的饮馔部分为当时平民的食谱,历代菜谱如《吴氏中馈录》《饮馔服食笺》《易牙遗意》《宋氏养生部》《随园食单》《养小录》等,所记多为家常饮食,尤其是野蔬、野味、山珍、海错。其特点是地方色彩浓郁,原料出于本地,用本乡之法烹制,受到本地人的喜爱。有的经能手改进,成为佳品,再经名家品评,即能进入名菜行列,成为菜系中的美馔。

市肆食馔 中国风味菜肴之一。中国的饮食市场起于商、周,因城市经济的发展而产生。古籍记载,那时城市的饮食市场已有大量成品和半制成品售卖,如朝歌牛屠、孟津市粥、宋城酤酒、燕市狗屠、鲁齐市脯等。饮食店铺与担挑出售,各地均有。至汉代,市场饮食业更见繁荣,《史记》记载,张氏因卖浆而家财千万,浊氏因卖胃脯而财富拟于王侯,司马相如与卓文君曾开酒舍于临邛。同时,西北少数民族与西域客商亦至中原都市经营酒店食肆。唐、宋而下,大都市增多,在经营的食品项目、地方风味、饮食质量、节令时间上,饮食业日渐多样化。长安、洛阳、金陵、开封、杭州、北京不仅是全国政治、经济、文化的中心,也是饮食业的中心。市肆食馔菜点，以民间食馔为源，因商业上的竞争，往往集宫廷、寺院、民间妙馔之精华于一体，又广取各地各族风味之长，加以改进，争奇斗胜，以招徕顾客，因而对中国的烹饪艺术及菜系的形成产生重大影响，成为地方菜系的主流。

汉画像砖上的酒肆

宫廷食馔 中国风味菜肴之一。自商周时起，宫廷中就设有负责饮食菜肴的机构与官员，各代名称不一。这些机构的设立，保证了王室享乐的需要，且由于集中人力和物力，对研究与提高烹饪的技术水平具有重大的影响。宫廷风味菜，有南、北味之分：南味包括金陵（今南京）、益都（今成都）、临安（今杭州）、郢都（今荆州）菜，北味包括长安（今西安）、洛阳、开封、北京、沈阳菜。元明以来，宫廷风味菜主要指北京宫廷菜。南、北味的共同点都是华贵珍奇、配菜典式有一定规则，要求严格，制作精美。《隋书》《旧唐书》《新唐书》中所载《大官食法》《四时御食经》（二书已佚），及隋代谢讽《食经》，皆专谈宫廷御膳；唐代韦巨源《烧尾宴食单》，宋代司膳内人《玉食批》，《武林旧事》附载张俊招待宋高宗的食单，《东京梦华录》《梦粱录》所载御宴食单，元代《饮膳正要》及《明史·礼志》所载各种御宴食品和清宫档案所存御膳食单，均为宫廷食馔的重要资料。

宗教食馔 中国风味菜肴之一。主要分为佛教寺院食馔及伊斯兰教的清真食馔。佛教僧尼，自南朝梁后持斋茹素，所制食馔荤素均有，有的还以荤食取胜，但大多数都以素菜素点闻名。起初仅供寺院内部食用，后也用于招待拜佛游览的香客游人。其中，较大寺院之香积厨就扩大范围，兼营"寺食"，如宋代的腊八粥等。清代时，扬州一带寺院素食负有盛名，如天宁寺僧人文思的什锦豆腐羹，至今流传。又如北京法源寺的口蘑锅巴、南京报恩寺的软香糕、扬州定慧庵的冬瓜和素面、天台山僧的笋油、芜湖太庵和尚的炒鸡腿蘑菇，皆有名于时。清乾隆、嘉庆时，寺院素菜又出现以果子为菜肴的做法，品类不胜枚举。至现代，寺院素菜著名的，南北各地皆有。如杭州灵隐寺斋堂素菜馆，巧用豆腐皮、竹笋、蘑菇等，所制作有荤菜名目的佳肴，既继承古代素菜的传统，又有创新，可称江南寺院素菜的代表。伊斯兰教的清真菜，自成体系，有严格的禁食范围与自身的特色。参见"民族风味"。

民族风味 指中国各民族的独特烹饪方法和著名的美点佳肴。中国是多民族国家，最大的民族菜系为汉菜系。汉菜的形成，也有各兄弟民族创造的文明成果在内。兄弟民族的烹饪是中国菜肴不可缺少的组成部分。其中回族菜肴，北路以牛羊为主，名菜有涮羊肉、烤羊肉片、炕羊、涮牛肉、烤羊肉串等；南路以鸡、鸭、鹅为主，名菜有板鸭、卤鸭、烤鸭、烤鹅等。用油方面，北路多用黄油、羊油、酥油，南路则多用素油。清代时，宫廷招待伊斯兰使节的御宴为"全羊席"，除干碟、鲜碟外，冷热大菜要七十二个，外加几道点心，非常丰盛隆重。此后"全羊席"风行全国，西安、济南、江苏淮安俱有此席。维吾尔族食俗与回族清真风味相同。哈萨克、乌兹别克、塔吉克等族饮食亦与之相近。以面食为主，稻米次之。面食为干馍、切面、面片，米则与鸡蛋、羊肉细切，炒为抓饭。肉食为牛羊肉，以烧烤为上，煎与炒次之。油为酥油、羊油。素油则有芝麻油。羊油可作油茶冲饮之，芝麻油则用以作油果、油馓之类。酒有葡萄酒及米、麦所酿之酒。满族有满席闻名于世，多烧烤，多糕点面食，多鲜、干果，现与汉族饮食大部分已融合。蒙古族世以游牧为生，畜产丰富，以酥、牛马乳、羊酪、肉馔为家常食，点心以面食为主。菜肴原料以牛羊畜肉、奶品和炒米为主，兼食野兽山珍、驼峰黄鼠，因蔬菜稀少，多食胡葱、胡蒜，烹制以清炖、白煮和烧烤为主。

其民特重饮茶。其他各地兄弟民族,也都有自己的食俗,因人数较少,在国内影响不大,尚未形成自己的菜系。

火锅 亦称"暖锅"。中国特有的一种烹饪饮食方式。起源于原始社会。春秋至汉,出现了一些上盛食物、下燃炭火的小型铜制食器,实即单人火锅。西晋《三都赋》中亦有记载。此后渐流行于北方,以之涮牛、羊、猪、鸡、鱼及蔬菜、莲藕、豆腐等,加调料蘸食。唐、宋时,官府和名流家中设宴,多备火锅;北宋开封酒馆,冬季有火锅应市。林洪所著《山家清供》中,有涮兔肉片的记载。清代,食火锅成为宫廷时尚。至近代,形成几十种不同的火锅流派,北京羊肉涮锅、重庆麻辣火锅、广东海鲜打边炉、北方的肥牛火锅等,尤为著名。14世纪时传入日本。

船宴 旅游宴席的一种。中国古代帝王、贵族、士大夫,于春秋佳日或令节,乘舟泛于水上,于观赏风景的同时,在船中举行宴会,称为"船宴"。春秋至唐,见于历代记载。南宋时,西湖上有专门供客宴游的船,最大者可容百余人。后世沿之。为中国富有民族特色的宴席形式,是饮宴与旅游活动的结合。

中国菜系 菜系,旧称"帮口"。即各地因当地物产、饮食习惯、烹调方法、著名菜点的不同而形成的较为完整和独树一帜的烹饪技术。菜系可追溯到先秦,当时已有南北之别。《周礼》所载"八珍",是北方菜的代表作;《楚辞·招魂》中所列菜肴,水产禽类居多,属长江流域的地方风味。中国菜系的经典分法为"四大菜系"。另有"八大菜系"及"十大菜系"的说法。

四大菜系 中国菜系的经典分法,即苏菜、川菜、鲁菜、粤菜。其起源在先秦,至南宋时,首都临安(今杭州)商业经济繁荣,已有许多专营不同地方风味的酒楼,中国四大菜系基本形成。至清代,各菜系保持、发展了自己的鲜明特色,并相互影响、渗透、促进。此后其他的菜系或帮口,都属于"四大菜系"的支系或流派。

苏菜 亦称"江苏菜系",俗称"扬帮"。中国传统的四大菜系之一。起源于先秦。其时扬州地域广大,处于江、淮、湖、海之间。明清时,扬州、苏州、南京等地菜肴面点,兼有南北各地之长。烹调技艺以炖、焖、煨著称,重视调汤,保持原汁。以烹制河鲜、家禽、蔬菜为主。其所覆盖的长江中下游地区,包括今江苏、浙江、安徽、上海等地。江苏的镇江菜(镇扬帮)、淮安菜(淮扬帮)、苏州菜,浙江的杭州菜及上海的本帮菜,都属苏菜支流。

川菜 亦称"四川菜系"。中国传统的四大菜系之一。起源于先秦的巴蜀。秦至三国,益州(治今成都)为四川的政治经济文化中心,川菜得到较大发展,唐、宋时已具有全国性影响。在烹调上,有炒、煎、干烧、炸、熏、泡、炖、焖、烩、贴、爆等三十八种技法,口味上以清鲜醇浓及麻辣见长,小食点心极为丰富。包括有成都菜与重庆菜两个流派。目前在全世界享有盛名。

鲁菜 亦称"山东菜系"。中国传统的四大菜系之一。起源于先秦。春秋时,齐鲁地区烹饪就比较发达。主要由济南及胶东两地菜肴构成。济南菜以禽畜味取胜,清鲜脆嫩,讲究用汤;胶东菜源于福山、烟台、青岛,多烹饪海鲜,口味鲜嫩而偏于清淡。鲁菜调味纯正醇浓,一菜一味。另一特征是面食品种多,制为筵席名点。华北、东北、京津地区的菜肴受其影响较大,是其支流。

粤菜 亦称"广东菜系"。中国传统的四大菜系之一。起源较其他菜系为晚。秦代时广州是岭南政治经济文化中心,唐代时成为著名海港,饮食文化获得较大发展。菜系由广州菜、潮州菜、东江菜等组成,以广州菜为代表。其烹饪用料广博,选料珍奇,配料精巧,将京、苏、扬、杭等外省菜与西菜之长融为一体,善于在模仿中创新求变,时令性强,夏秋尚清淡,冬春求浓郁。如今在国内外享有盛誉,影响远至港、澳及世界各国的中餐馆。

古代食疗 中国医药文化传统之一。在中国,"医食同源"有悠久历史与完整理论。上古时,将酒用于医药,此后的调味品,如姜、桂之属,同时也用为药物。周代宫廷中四种医生之一的"食医",职责大略相当于今日的营养师。后世《本草》等药典中所收动植物,皆同时载录和辨明其医疗的功能，民间还有大量有效的食疗偏方。这些都表明了中国医药学在食疗方面的突出成就。

满汉全席 亦名“满汉大席”等。中国的一种巨型宴席。以肴馔繁多精美、场面豪华、礼仪讲究享盛名。产生于北京。源于清康熙时宫中的“满席”与“汉席”。其时官府往来，满族官员请汉官用汉菜，汉族官员请满官用满菜。后渐汇于一席，又在流传中不断吸取各地民间宴会及蒙古、回、藏等民族食品精华，因而形成一种独特的宴会形式。其中，满族肴馔多烧烤菜，因而又有“烧烤席”“满汉燕翅烧烤全席”之称。以猪为原料的菜肴有全猪、烤乳猪、烧小猪、野参七星肘子、白哈尔巴、烧哈尔巴等，又有干鲜果品、蜜饯甜肴、火锅类、砂锅类、涮锅类菜肴。早期的满汉全席中，多用东北出产的原料，如熊掌、飞龙、猴头、人参、鹿尾、鹿筋、驼峰等，甜点与粥品也多而精。乾隆时，主要用于新亲上门及上司入境。嘉庆以后，各地的全席皆不同程度地汉化。京、津、东北、豫、川、鲁、粤等地的满汉全席，实质上是中国各路菜系传统名菜精华的荟萃，其中工艺难度很高的名贵肴馔，非第一流名厨高手不能烹制。

建筑园林

中国园林 中国传统建筑的形式之一。可分为皇家园林与私家园林。皇家园林,气魄宏大,起于上古;六朝以下,贵族官僚的私家园林有所发展。园林结合假山、瀑布、小桥、流水、曲径、奇石、花卉、树木以及楼台、亭榭、廊轩等,使整个建筑巧妙地形成若干个既相隔又相接的空间,成为一处精心设计而圆融天成的人造山水环境。至明、清,中国造园艺术达于极盛。

皇家园林 亦称“苑囿”。指帝王居住的宫城及其离宫别馆。以建筑规模宏大、气象万千为特点。往往附带植物园与动物园,栽植各种珍异树木花卉,驯养猛兽、野禽。如秦代的阿房宫,汉代的上林苑、未央宫、建章宫、长乐宫,魏晋六朝时的华林园,隋代的西苑,唐代的大明宫、华清宫,明、清的故宫、三海、颐和园以及畅春园、圆明园、避暑山庄等,都属皇家园林。

江南园林 中国江南士大夫营造的私家园林。五代以后,南方经济获得很大发展。至明清时期,苏州、扬州、杭州、嘉兴、南京、上海等地,成为全国私家园林的集中之地,不下千数。其特点是以意趣胜,“以少胜多”,“小中见大”,在实践与理论上都取得很高成就,至今尚有部分留存。如苏州的拙政园、狮子林、沧浪亭,杭州的郭庄及西湖景区诸园,扬州的瘦西湖诸园、何园、个园,无锡寄畅园,上海豫园、古猗园,嘉兴南湖会景园,如皋水绘园等。

江南园林

苏州园林 起始于春秋时期,形成于五代,成熟于宋代。北宋诗人苏舜钦在城南建沧浪亭,以为别墅。古籍记载,明代有园 271 处,至清末尚有园 170 余处,是江南园林最典型集中之地。历经战火动乱,至今保存完整的有 60 多处,如著名的拙政园、狮子林、留园、怡园、环秀山庄、沧浪亭、网师园等。

宫 古代房屋的通称,后专指帝王的屋宇。用于坐朝听政或居住、游憩等。考古遗址发现,殷代已有大规模王室宫殿。此后如秦始皇时的咸阳宫、阿房宫,汉代的长乐宫、未央宫,明清时的乾清宫、坤宁宫,以及作为离宫别馆的西苑等,无不规模巨大、建筑精巧。

殿 能容纳许多人的高大堂屋。后专指帝王理政、居住或供奉神佛塑像之处。如故宫的太和殿(俗称“金銮殿”)、养心殿,佛寺如大雄宝殿,道观如三清殿等。常见为重檐木结构或砖木混合而建,有基台及阶级。

陵寝 帝王、皇后等的坟墓及墓地的宫殿建筑。“寝”为墓室。陵墓内除棺椁外,一般都有精美器物、金银珍宝等随葬品,或墙上绘有壁画,犹如地下宫殿。往往规模巨大,极尽豪奢,如秦始皇陵等。自宋以后,各代均设置集中的陵区。著名的如明代的十三陵、清代的东陵等。古代制度,帝王每一即位,即开始修建陵寝。

清东陵

楼 两层以上的房屋。古代因建筑体型、功能、建造地点的不同,而有绣楼(指女子住的楼房)、钟楼、谯楼、江楼、酒楼、茶楼、青楼(指妓院)等名称。设楼的大船或有楼饰的游船称为楼船。

镇江北固山多景楼

谯楼 古代城门上用以观望远方的瞭望楼。

鼓楼 古代城内的一种高大建筑,多为重檐重楼,下有宛似城门的楼台。钟表发明以前,漏壶等贵重计时器亦不能普及,京都大邑鼓楼中的值守人员,早晚以钟声与鼓点向全城报告时间。北京、南京、西安三地的明代鼓楼,至今犹存。一般的谯楼就设在城楼上。

北京鼓楼

舍 泛指住处房屋。按居住使用功能之不同,可称宅舍、馆舍、传舍、瓦舍、客舍、僧舍、宿舍等。又以"寒舍""舍下"谦称自己的家。

阁 ① 古代称体量较小的楼房。常筑二层以上,四周设槅扇,并以栏杆回廊围之,可供居住、凭眺和供佛等用。园林中,常设于厅堂之后或山间、湖上,如颐和园的佛香阁、河北独乐寺的观音阁。一般富家女子的卧房,通称闺阁。② 古代用以称藏书的建筑。如北京故宫内乾隆时重修的文渊阁、杭州孤山的文澜阁、宁波的天一阁等。

廊 屋檐下的过道和建筑物之间设有顶的通道。因地势而弯曲者称为游廊、曲廊或回廊,商代宫殿已有。在园林及景观中起导游的作用。如颐和园的彩饰长廊。一般多无墙,也可单边设墙。按其位置不同,又有沿墙走廊、爬山走廊、水廊等。

无锡蠡园千步长廊

榭 建筑于台上的敞屋。常常临水而建,亦称"水榭""台榭"。有时与亭融为一体,合称为亭榭,如《红楼梦》中的藕香榭。

厅 亦称"厅堂""厅事"。院落的主体建筑。民居中用于起居、饮宴、会客;在官府,则用于理政审案。一般朝南而建,装修陈设华丽。有江南私家园林中四面绕以回廊的四面厅,有以屏风或落地罩分隔南北,分别供冬夏两季用的鸳鸯厅,以及花篮厅、楼厅等。今则有客厅、餐厅、宴会厅等。

室 ① 古代住宅建筑中处于堂后中央的部分。堂与室之间有墙隔开。室的东西两侧叫房。后世以"室"泛称家人寝卧之所。古代因称妻为"室"或"室人",称未嫁之女为"室女",称家庭为"家室"等。王国维《明堂庙寝通考》:"故室者,宫室之始也。后世弥文,而扩其外而为堂,扩其旁而为房,或更扩堂之左右而为箱、为夹、为个。然堂后及左右房间之正室,必名之曰室,此名之不可易者也。故通言之,则宫谓之室,室谓之宫。析言之,则所谓室者,必指堂后之正室,而堂也、房也、箱也,均不得蒙此名也。"箱,今作"厢"。② 用作房屋的通称。

堂 ① 亦称“正寝”。古代住宅建筑中的正房，处于院后中央。是接见宾客、举行典礼、生活起居之处。堂左右有东西厢，堂后为寝室。文人避世隐居的住宅，多称“草堂”，如杜甫在成都的浣花草堂。② 专为某种活动用的房屋，如礼堂、会堂。③ 官府用于举行仪式、审讯案件的地方，如大堂。④ 用于厅堂名号，如扬州平山堂。⑤ 用于商店牌号，如胡庆余堂国药号。

斋 ① 供静心清修或读书、藏书用的建筑物。后世称“斋”之房舍，大多处于僻静幽深之处，自成院落。如故宫中有养性斋等。② 用为某些商店的名号。如北京翠文斋（点心店）、荣宝斋（书画店）。

院 ① 房屋围墙以内的空地，四周有墙围绕。其面积比天井大。住宅中可以有多处庭院，有采光通风的作用，也是户外活动、游憩观赏的场所。如《红楼梦》中宝玉住的怡红院、宝钗住的蘅芜院。② 指有院子的房屋。如四合院。③ 某些机关或公共处所的名称。如国务院、戏院、道院、卫生院。

亭 ① 四面敞开的小型建筑物。常用砖、木、竹等建造。有半亭、独立亭及双亭等形式。顶下有柱，柱间不设门窗，下部以半墙或平栏相连，供人倚坐。一般建于环境优美、地势变化丰富之处。以功能命名的有井亭、碑亭、街亭、桥亭等。② 古代官道边的建筑。五里建一短亭，十里建一长亭，以供行人休憩与饯别。

天柱山松竹亭

台 中国古代建筑形式之一。多用石材造成，高而上部平坦。用于观测星象、拜将阅兵，或宴饮作乐、观赏景色。其上常建有楼阁廊榭。如商代纣王造的鹿台，汉末曹操造的铜雀台等，均规模宏大。后世园林中的台，主要为凭眺、休息而建。台四周多设精美的栏杆。随功用的不同，则有灵台（天文台）、将台、琴台、楼台、烽火台等名称。

轩 ① 有窗栏的长廊或小屋子。常见于明清时代的江南住宅。古时园林中的建筑物也常以此命名。② 用为书斋、书画店、茶馆、饭馆等的字号，如朵云轩（书画店）。

馆 ① 指接待宾客的房舍。秦汉以前仅指客舍。汉以后，在苑囿、园林中的建筑也常以此命名，如颐和园的听鹂馆。② 收藏、陈列书籍、档案、文物等，并具有研究、展示、聚会等功能的建筑，如史馆、同文馆、图书馆、博物馆等。

华表 古代宫殿、陵墓、桥梁等大型建筑物前起装饰作用的巨大石柱。柱身雕有蟠龙等纹饰，上部横插雕有云彩的石板，柱基设栏杆围护。

牌坊 亦称“牌楼”。门洞式纪念性建筑物。多见于庙宇、陵墓、祠堂、衙署以及园林、街道路口。旧时用来标榜功德，宣扬礼教，如功德坊、状元坊、贞节坊等。左右为对联，上面刻有题字，以示褒扬和纪念。一般常以石、砖、木等筑成。基础设柱台，上有石雕图案之类。面阔三间、五间不等。

徽州古牌坊

牌楼 即“牌坊”。

苑囿 即“皇家园林”。大多与皇宫或离宫相结合。面积规模很大，气势宏伟。其中种植林木，畜养禽兽，具有供帝王及贵族游玩、打猎、起居、宴饮、会见外国使节、召见大臣、处理政务等多种功能。如秦代的阿房宫、汉代的上林苑、唐代的华清宫、宋代的艮岳以及清代的圆明园、颐和园、避暑山庄等。

别业 亦称“别墅”。住宅以外的私家园林及其建筑物。多在都市郊外山水幽胜处。古代大官用作公事之余或退休之后的游乐之所。如晋代石崇的金谷园，唐代王维的辋川别业、李德裕的平泉山庄及明代无锡的寄畅园等。大多叠石为山，引水为池，回廊曲折，处处栽种松竹花草。主人蓄歌姬，接宾朋，藏书籍，觞咏其中。

四合院 中国北方地区传统的院落式住宅。以院为中心，四边布置堂房、厢房、耳房等，用走廊相连。门窗朝向院内，四周墙壁不设窗，为封闭型庭院。其内院南向为正房，供长辈居住，两侧厢房为晚辈居室。角落中的耳房，做储藏室、厨房等，西南角的为厕所。大门开在正南或东南。大型考究的有三到四层院落。各层院落中，都配置有花草树木、荷花缸、金鱼池与盆景等。其雅致精巧与数量众多，当推北京为最。

北京四合院内景

中国古代桥梁 中国古代桥梁的记录，最早见于甲骨文。历代所建主要为木桥、石桥、索桥。如隋代的赵州桥，金代的卢沟桥，宋代的泉州洛阳桥，山西太原晋祠内的十字形鱼沼飞梁，清代颐和园内的十七孔桥、玉带桥，浙江泰顺县的众多廊桥等，形态多样，设计合理，都具有高超的建筑水平与鲜明的民族特色。

颐和园玉带桥

扬州五亭桥

廊桥 中国古代桥型之一。桥面两端之间建成廊屋，上有屋顶遮蔽风雨，两边护板的上部透光，多建于水流或山涧之上。可方便行人休憩、交易。有的桥身中设有神龛，或是在桥头附小型木偶戏台。廊桥主要分布在浙江的泰顺、景宁、庆元及福建的寿宁。泰顺山区现存明清以来建造的古木拱廊桥30多座，形态优美多样，其中有在世界桥梁史上占据重要地位的木拱廊桥6座，被誉为“廊桥之乡”，是世界上廊桥最多的地方。

泰顺清代廊桥

干栏 中国南方傣、布依、壮等民族的住房形式之一。以云南景洪的傣族竹楼为典型。近正四方形。分两层，一般以竹、木为柱，承载上层结构，置木梯由侧面上楼。顶覆以茅草、杉树皮或平瓦。上层设卧室、堂屋、厨房、晒台、神龛。下层空透无墙，用作圈养牲畜、堆放农具和家务劳动的场所。

干栏式民居

毡包 中国古代北方少数民族居住的帐篷，因取材于毛毡，故称。今蒙古族居住区称为“蒙古包”。一般圆形，多用条木结成网壁与伞形顶，上覆毛毡，用绳索勒住，顶中央有圆形天窗，易拆装，便于草原游牧生活。古文献诗歌中亦称“穹庐”“毡帐”“毡房”“毡屋”“毡幕”等；聚集众多的，则称“毡城”。

城 ① 旧时在都邑四周用作防御的城垣。一般分两重，里面的叫“城”，外面的叫“郭”。城、郭对举时只指城。古代城市的内城部分，是诸侯、卿大夫或皇帝等统治者居住、理政的地方，亦称“宫城”“皇城”。早在西周至战国时期，就形成了周王城、吴姑苏城、赵邯郸城、魏大梁城等一大批以宫室为主的古城。《礼记·礼运》：“城郭沟池以为固。”孔颖达疏：“城，内城；郭，外城也。”② 指城池，城市。如长安城、苏州城。

赣州宋代古城墙

郭 古代在城的外围加筑的一道城墙。也指外城部分，是平民居住的地方。唐孟浩然《过故人庄》诗：“绿树村边合，青山郭外斜。”

市 古代进行交易的场所或商业区。原始社会以日中为市，交易而散，无固定的市场。此后的都城，对“市”的数量与位置都有规定，与上层阶级的居住区“坊”不相混淆。每个“市”内售卖同一类商品，开市与闭市有一定时间，管理市的官员称为“市正”。宋代因商品经济的繁荣发展，打破“坊”“市”的界限，开始不再严格区分，变成各处街巷皆有商铺。

坊 古代城市内划分的居住区。其内有居民住宅和寺庙，每一“坊”四周围以高墙，有入夜关闭坊门的制度。唐末以前，“坊”与商业区“市”有明显的区分界限。唐代长安全城分成108 个坊。古代广州还设有专辟给外国商人居住的坊。

闾 里巷的大门。街巷称为“闾巷”，村落称为“闾里”。汉代起也指都城居民聚居点。古时以二十五家为闾。春秋至战国期间，各都城均有以闾为单位的居住组织方式。

巷 古代城市中与街相通的屋间小道。两侧多为居住建筑。聚集在里巷中的平民议论政事，旧时称为“巷议”。战时在巷中进行的战斗称为“巷战”。

胡同 小巷或小的街道。常与大街巷相连接，也有一端为尽头的，俗称“死胡同”。“胡同”是元大都的产物，本为蒙古语音译，系“水井”之意。因水井处才有人家聚居。据文献记载，明代时，北京内城有 900 多条胡同，外城有 300 多条胡同。清代发展到 1 800 多条，民国时有 1 900 多条，新中国成立初统计有 2 550 多条。胡同的命名，涉及山川湖海、日月星象、人物姓氏、商品器物、工场作坊、花草虫鱼、官厅衙署、桥梁河道、集市贸易、景物民情等，有的还颇形象风趣。如扁担胡同、井儿胡同、米市胡同、酱坊胡同、金丝胡同、纱帽胡同、按院胡同、文丞相胡同、柳树胡同、铁狮胡同、喜鹊胡同、狗尾巴胡同等。

砖 中国传统建筑材料之一。用黏土制成砖坯，干燥后在高温下焙烧而成。产生于周代，汉以前多用于陵墓的建造。小型的长方砖始于西汉中叶，后逐渐用于地面建筑如城墙、房屋等，砖的形式也呈多样化，有力地推动了中国古代各类建筑的发展。明代制砖和砖砌技术有很大发展，出现以砖砌拱券的无梁殿。此外尚有琉璃烧制的砖，专用于皇家建筑。

瓦 中国传统建筑材料之一。用黏土焙烧而成，铺作屋顶具有防雨的功能。中国在西周早期开始使用。形制品种多样，常见的有小瓦、底瓦、盖瓦以及筒瓦、脊瓦等，在建筑上各有不同功能。此外还有陶瓷瓦和琉璃瓦，黄色或绿色的多用于宫殿、官署和庙宇。园林中，瓦还用于构成花窗的装饰性图案等。

瓦当 亦称“勾头”。筒瓦之头。东周时已用于屋面，其表面有凸出的纹饰或文字。战国时多用半圆形瓦当，秦以后普遍用圆形瓦当。秦瓦当绝少文字，其图案多为禽兽动物，如麟、虎、朱雀、鹤、雁之类。汉代更为丰富，有青龙、白虎、朱雀、玄武四象以及麟、凤、兔、辟邪、蟾蜍、比翼鸟、黄鹄、双鱼、青蛙、螳螂、母鸡、星月、连理、嘉禾等形，造型仪态万方，备极匠心。在建筑史、美术史上有很高的价值。

瓦当拓片

版筑 古代建筑技术之一。版，即木板；筑，指杵一类工具。上古时，建房用土。版筑，即筑墙时用两块木板相夹，在两板之间填满泥土，以杵筑之使其坚实，拆去木板木柱后即为墙。商代已有。至战国时，砖已发明，但直至汉代，砖主要用于地下墓室及台基、地面，造墙仍用版筑技术。后世亦普遍用之。

丹墀 古代宫殿前的红色石阶。因以朱漆涂成，故称。也兼指宫殿前阶上的地方。《宋书·百官志上》：“殿……以丹朱色地，谓之丹墀。”唐李嘉佑《送王端赴朝》诗：“君承明主意，日日上丹墀。”《说唐》第五十七回：“叔宝来到丹墀，山呼万岁。”

窗 建筑顶部或壁上的孔洞，用以通风、采光及观景，一般装有窗扇。早期专指开在房屋顶部的天窗，而开在壁上的称为“牖”。或称固定的为“窗”，可活动的为“牖”。随着建筑形式的发展，开在墙上的、开启式的，也可称为“窗”。

牖 古代专指建筑物墙上用来通风采光的孔洞。一般装有窗扇，其面积比房屋顶部的“窗”小，并能开启。后世通称“窗牖”。“老死牖下”本来指人终其天年，后比喻一辈子不出乡里，终生碌碌无为。

照壁 古称“萧墙”，亦称“影壁”或“屏风墙”。置于建筑大门内外的短墙，有遮挡行人视线及艺术装饰等作用。照壁位于大门内者称“内照壁”，位于大门外者称“外照壁”。通常以石雕或砖砌成，有座、身、顶三部分。其造型与雕刻因建筑物的等级而区分。明代以来，尤为流行。在正对大门一面，多有“松鹤延年”“竹报三多”“喜鹊登梅”“麒麟送子”或“福”“禄”“寿”等吉祥的砖雕图案与字样。最著名的大型照壁为故宫的琉璃瓦庑殿式顶、汉白玉石须弥座、浮雕画面的彩色九龙壁。

照壁

影壁 即“照壁”。

复道 亦称“阁道”。架空于高楼之间的廊道，是建筑物之间的连接体。两侧有栏杆而无墙，供人分层而行。上层走道连通建筑物楼上，底层走道则连接楼下。秦代的阿房宫及汉代宫廷建筑普遍设有复道。《史记·留侯世家》：“上在雒阳南宫，从复道望见诸将相与坐沙中语。”裴骃集解引如淳曰：“上下有道，故谓之复道。”《史记·秦始皇本纪》：“自雍门以东至泾、渭，殿屋复道周阁相属。”唐杜牧《阿房宫赋》：“长桥卧波，未云何龙？复道行空，不霁何虹？”《花月痕》第八回：“荷生便一直向后走来，只见宝殿琳宫，回廊复道，是个香火兴旺的古刹。”

阁道 ① 即“复道”。② 某种砖砌的道路。多指庭院中对着厅堂，或墓地中对着坟墓的砖路。③ 亦称“甬路”。墓内的地下甬道。如陕西乾陵永泰公主墓内，其甬道顶部绘有彩画。

飞梁 架空的高桥。两侧都有栏杆围护。一般设于水流之上。也可建于殿堂前的鱼沼上，既是一座步行之道，又起着建筑前面平台的作用。著名的如山西太原晋祠圣母殿前的十字形飞梁，便是依地形而设计。

藻井 亦称“承尘”。中国传统建筑中室内顶棚的独特装饰部分。一般做成向上隆起的井状，有方形、圆形、八角形等，周围饰以各种花藻井纹、雕刻和彩绘。多用在宫殿、寺庙中的宝座、佛坛上方最重要部位。敦煌石窟中建筑物的藻井，均绘有五彩图案。明清时期宫殿、庙宇中的藻井，结构复杂，木雕花纹尤为精美。

槅扇 亦称“槅子”。古代建筑中有槅眼的门、窗构件。槅眼由镂雕的图案形成。槅扇门上部做成窗棂，可以糊纸或安装玻璃。每开间设四、六、八扇槅门，用以区分庭院与厅堂或室内空间。也可将木槅嵌入窗中，以作装饰。一般为镂雕，有流云、寿字、云团、如意、梅花、石榴等图案。古代宫廷、庙宇、民居无不用之。夏季槅扇门可以卸下。

槅扇门

飞罩 中国木构建筑中分隔室内空间的特殊构件。用木条镶搭成漏空的花纹，或用整块银杏木雕空而成。两端垂及地面，内作方、圆、八角形门洞的，称“落地罩”；两端下垂如拱门，悬空不落地的，称“挂落飞罩”。罩皆安装在柱间枋下，空灵通透，典雅美观，有间隔之意，而无分隔之实。

挂落飞罩

挂落 中国木构建筑中用作室内外空间分隔的构件。古典园林建筑，无论游廊、堂前或廊柱间，无不安装挂落。挂落形同飞罩，但两端不下垂，多做成几何图案的漏空花纹。它能加强空间的独立感，并为建筑增添轻巧秀丽的美感。

挂落

漏窗 亦称“花墙”，俗称“花墙洞”。设于墙上的窗洞，由窗框与其中花格组成。外形有方、圆、六角、八角、叶形、菱形、梅花、扇面等。花格以瓦、薄砖等构成几何图案或动植物纹样。白天成为透漏园中景观的画框，夜晚可以映现园中灯火。多用于住宅及园林中的廊、亭、围墙等处。

漏窗

铺首 汉族传统建筑的金属门饰。源于青铜器上的饕餮。圆盘状，固定于大门正面，左右各一，多铸成传说中的怪兽或虎、螭、龟、蛇等的头形，面相狞猛凶恶，口中衔环。寓有镇守保卫和辟除不祥之义。扣环则发出清脆响声，表示希望进入。商周时已有铜制铺首。此后宫廷所用，以鎏金或错金为之者，称“金铺”；以错银为之者，称“银铺”。也用为随葬品。一般富贵之家用铜铺，民居多用熟铁制作，有圆形、六角等形，边缘呈花卉、草木、卷云等，配以圈状门环或各式门坠。《汉书·哀帝纪》：“孝元庙殿门铜龟蛇铺首鸣。”唐颜师古注：“门之铺首，所以衔环者也。”

风铃 亦称“风马儿”“檐马”“铁马”。古代挂在屋檐或门窗下，风吹动时能发出声响的装饰品。汉代已有，历代沿之。一般以金属制，也有用玻璃、陶瓷或竹木等制成的。唐元稹《神曲酒》诗：“遥城传漏箭，乡寺响风铃。”元王实甫《西厢记》第二本第四折：“莫不是裙拖得环佩叮咚？莫不是铁马儿檐前骤风。”

檐马 即“风铃”。清袁枚《随园诗话》卷二：“蒋廷镕有句云：‘自从环佩无消息，檐马丁东不忍听。’”

瀑布 园林中仿天然瀑布而设计的景致。水由峭壁直下，或由高处斜下，其势汹涌，水沫飞溅，遥望如匹练下垂，因称“瀑布”。宋徽宗造艮岳时，已用此法。

叠石瀑布

石舫 亦称“船房”“不系舟”。形体像船的房屋，常造在水边，底部用石料砌成。一般设楼层，可以登上远眺。是苑囿、园林中的风景点之一。有的四周有柱，设围廊，形如船舷，使用功能与厅相同，称为“船厅”。如扬州何园、大明寺的船厅。

颐和园石舫

太湖石 亦称“湖石”。中国古典园林造景所用石名。是一种石灰岩，有水、旱两种，多为灰色。产于太湖，故称。其形态多孔窍而玲珑剔透，最适合点缀庭院与叠造假山。佳石需要“雄”而且“秀”，具备“瘦、透、漏、皱”四个特点。杭州花圃的“绉云峰”、苏州留园的“冠云峰”、北京中山公园内的“青莲朵”等，皆为传世有名的太湖石。

苏州狮子林太湖石

假山 中国园林中以人工堆叠而成、供人观赏的石山。古代多就近选取佳石，自宋徽宗造艮岳始，后代都喜以太湖石为之。堆叠假山，成为中国造园独特的艺术形式之一。参见“叠石”。

假山

水榭 中国园林中供游人休憩、观赏的临水建筑。其典型形式，是在水边架设平台，部分在岸上，部分伸入水中，以梁柱架设于水面之上。临水平台有低平栏杆围绕或设靠椅，供人凭眺；建筑临水的一侧常用落地门窗，开敞通透。著名的如苏州拙政园中的芙蓉榭等。

水榭

水景 中国造园艺术手法之一。水能使花草林木、飞禽游鱼呈现生机勃勃景象，配合柳堤、平台、桥梁、亭榭、走廊等，产生出丰富多姿的画面。苑囿、园林中的水景，以静为主。水面区域间，各有景区，而又相互关联，多采用堤、岸、桥、廊、山、屿等园林要素进行分割，以获得不同的气氛与效果。

水景

造水 中国造园艺术手法之一。园林中造水之法大致有三：一为“掩”。即以建筑和绿化将曲折的池岸加以掩映。二为“隔”。筑横堤于水面，或建隔水浮廊，或用曲折的小桥，或点以步石涉水，以隔出不同的空间景观。三为“破”。凡曲溪绝涧，清泉小池，俱用乱石为岸，纵横交错，再植以细竹野藤，配以朱鱼翠藻，而形成山野的风致。

叠石 亦称“叠山”。中国造园艺术手法之一。用太湖石、黄石等堆叠假山，以形成岩洞溪谷、奇峰绝嶂、高下盘曲之势。为中国造园艺术中独特的表现手法之一，也是造园师的主要技艺，对东西方园林的布置都产生了影响。妙处在其有法无式，只有师法自然，才能胸有丘壑，其理与中国山水画相通。始于汉代，元明而下，南北著名园林无不有叠石的艺术。明后期至清中期，著名造园叠石名家有张南阳、计成、周秉忠、顾山师、曹谅、张涟、郑元勋、李渔、张然、戈良裕等人。

叠石

障景 中国造园艺术手法之一。有分隔园林景象的作用。相邻景象空间的过渡往往也靠障景引入。分两种：实障是隔断性障景，多用假山、建筑组成；虚障是渗透性障景，多用漏窗、空廊、疏林、竹幕等造成，并不完全阻碍视线，却增加了园景的层次。与对景的手法相反而相成。参见“对景”。

对景 中国造园艺术手法之一。有联结、互映园林景象的作用。对景与障景系相对而言，一组景象在某一视角看是障景，从另一视角看，又成了对景。如拙政园腰门内假山，本为入口处所设障景，以免一进门即将主要园景尽收眼底，但因其与园内远香堂隔池相望，即成了由远香堂向南望的对象。

园景题刻 指古典园林中的匾额、楹联、题刻、碑记等艺术形式。其作用是恰到好处地点出景象的主题，给人以富于诗意的美感，而更深刻地领悟园林的艺术意境，可以看作是园林景象的标题。如《红楼梦》第十七回中的“曲径通幽处”“杏帘在望”“稻香村”等。

匾额 亦单称“匾”或“额”。挂在殿堂、商铺大门外或厅堂、亭榭内正中上方的题字横牌。如：“玉佛殿”（寺庙）、“平山堂”“花港观鱼”“郑板桥读书处”（古迹）、“天一阁”（藏书楼）、“朵云轩”（书画店）、“观瀑”（亭）等。《红楼梦》第十七回“大观园试才题对额　荣国府归省庆元宵”中，对如何拟匾额，有生动细致的刻画。

盆景 一种在瓷或陶制盆中布置微型景物的陈设。可置于庭院中或几案之上，以为玩赏。是中国传统的园林艺术之一。大约有一千多年历史。唐代贵族之间盛行。至明清时，供养盆景的风气盛极一时。以山石为主，配以亭桥、清水的，称为“山石盆景”；以松、柏、梅、榆等各种树木为主的，称为“树桩盆景”。各地盆景，带有不同的地域色彩，有扬州派、苏州派、四川派、岭南派、上海派五大流派，再加浙江、安徽、福建，共八大派。其他，如辽宁的木化石盆景、丹东的树桩杜鹃盆景、天津的山水盆景、北京的树桩盆景，以及山东的屏风式树桩盆景等，亦各具特色。

苏州盆景 一种中国传统艺术品。苏州是中国盆景发源地之一。在风格上以古拙清秀见长，称为“苏州派”。分树桩盆景和水石盆景两大类。树桩盆景，观叶多用雀梅、榆、枫、梅、石榴、桧柏、六月雪、虎刺、五针松、黄杨等树种；观花和观果，多用杜鹃、紫薇、蜡梅、石榴、枸杞、天竹等，式样众多。水石盆景以硬石为主，款式有近景、中景、远景、全景等。是古代园林和家居布置的必备点缀。

苏州盆景

扬州盆景 一种中国传统艺术品。主要以植物、山石等塑造大自然风景于一盆之中，形如立体山水画。扬州盆景起于唐代。常见的树桩盆景以松、柏、榆、瓜子黄杨为主，姿态造型多样，自成一派。山水盆景采用多种石料，高低相宜，疏密得当，常缀以房屋、人物、亭、桥、船、动物等小配件。以力求自然而富有生气为特点。

扬州树桩盆景

阿房宫 秦始皇所造宫城。建于秦始皇三十五年(前212年)。因其前殿名阿房,故称。秦亡,战乱中为项羽所焚毁。遗址在今陕西西安市西郊。据史书记载,阿房宫雄伟宏大,东西三里,南北五百步,殿内可容万人。殿前铸12个铜人巨像,为防止刺客进入,以磁石为宫门,内部集中六国的宝物,陈设奢丽惊人。元张养浩《山坡羊・潼关怀古》曲:"峰峦如聚,波涛如怒,山河表里潼关路,望西都,意踌躇。伤心秦汉经行处,宫阙万间都做了土。兴,百姓苦;亡,百姓苦。"

阿房宫遗址公园

长乐宫 西汉宫殿名。故址在今陕西省西安市西北郊。汉高祖刘邦时,据秦代宫苑改建而成,周围10千米,共有14座宫殿,用为朝会之所。未央宫建成后,长乐宫改为太后的居所。

未央宫 西汉宫殿名。故址在今陕西省西安市西北郊。汉高祖七年(前200年),由丞相萧何主持营造,周长11千米,由43座宫殿组成,建成后常为朝见之所。新莽末年毁于兵火。东汉、隋、唐屡加修葺,再毁于唐末的战乱。

上林苑 西汉宫苑名。建元三年(前138年),汉武帝据秦代旧苑扩建而成。大约在今陕西省蓝田县以西、秦岭以北、渭河以南这一范围。数百里间,有山及泾、渭等八条水流。内建宫苑36处,百兽珍禽饲养其间,名果奇花遍布其内。是皇家动植物园、狩猎场与宫殿群的综合体,也是当时世界上规模最大的宫苑。

昆明池 中国古代宫苑中最大的人工湖。在汉代长安城上林苑中。元狩三年(前120年),汉武帝仿昆明滇池规模命人开凿而成。周围40里,水面332顷,当时曾在池中演习水战。南北朝时池水涸竭,宋以后渐湮没。遗址在今陕西省西安市西南斗门镇以北。

华林园 三国至南北朝时洛阳城中最大的帝王宫苑。初名"芳林园"。在洛阳内城东北。魏文帝时,筑池建台,垒景阳山,北魏时又增修殿馆建筑。园中水全为活水,或聚为大池,或溪流曲折。其人工筑山,具有近景造型的悬崖绝涧的形象与意境,在中国造园史上属于以自然山水为创作主题时期的作品。

金谷园 西晋大官僚石崇所筑园林别墅。故址在今河南省洛阳市东北。有金谷水流经其处。石崇为人豪奢骄纵,文献记载,园林依地势高下而建,内有泉水、溪流、鱼池、药草、花竹及各种果树林木。主人畜养声妓,常在此与宾客昼夜游宴。园中清凉台,相传为其宠姬绿珠坠楼自尽处。是唐以前最著名的私家园林。今不存。

西苑 ① 隋炀帝时皇家宫苑。在当时东都洛阳城西,北至邙山,南抵伊阙。隋大业元年(605年)始建。周长约200里。由五湖十六院、北海及后苑组成。每湖方圆40里,洲岛上设宫院十六所,择嫔妃、美人居之。湖与海之间有水道萦回相通。北海上有三山,构亭榭、回廊、台殿数千间。后苑为驯养禽兽之所。是当时世界上最华丽的园林。唐时尚存,宋代败落，今不存。② 明清皇家园林北海、中海和南海的别称。

大明宫 唐代宫殿名。遗址在陕西省西安市北1千米处。初建于贞观八年（634年），后经唐高宗扩建，成为东西宽3里、南北长5里的雄伟壮丽的建筑群。是唐王朝政治活动中心。宫殿区共有33门，正门名丹凤门，正殿为含元殿，左右为中书省、门下省、弘文馆、史馆等中央机构，又有别殿、亭、观等30余所。毁于唐末。

华清宫 唐代离宫名。故址在今陕西省西安市临潼区骊山山麓。贞观十八年（644年），唐太宗于此建汤泉宫。至玄宗时扩修为华清宫，每年冬季携杨贵妃等来此居住。内有供休憩游乐的楼台殿阁数十处，汤池都以白玉石雕等铺成，备极精美。今已辟为公园，园内建筑多为清代重修，是西安市郊幽美的游览胜地。唐王建《华清宫感旧》诗："尘到朝元边使急，千官夜发六龙回。辇前月照罗衫泪，马上风吹蜡烛灰。公主妆楼金锁涩，贵妃汤殿玉莲开。有时云外闻天乐，知是先皇沐浴来。"

华清池 华清宫中的温泉名。其中有贵妃池，相传为唐代杨贵妃沐浴处。诗人白居易在《长恨歌》中所写"春寒赐浴华清池，温泉水滑洗凝脂"及"骊宫高处入青云，仙乐风飘处处闻"等诗句，即咏其事。

艮岳 北宋徽宗时所造大型宫苑，其址在当时开封东北隅。宣和四年（1122年）建成。艮，东北方。全苑以造山为主，号万岁山及南山，万岁山周长十余里。苑中石林、瀑布、磴道、栈阁、溪谷、丛林，无不具备；庭院轩榭，无处无奇石。其意在于"模写"自然山水，集天台、雁荡、匡庐、三峡、洞庭之美于一地。不久金人南侵，艮岳毁于战乱。

长城 中国古代最宏伟的建筑之一。始建于春秋战国，大多为阻挡北方的匈奴所造。秦始皇统一中国后，将秦、赵、燕三国北部的长城相连接，始成万里长城。现存的长城为明代历次修筑而成，砖石结构，东起河北山海关，西至甘肃嘉峪关，全长6 700千米，至今大部分完好。

长城

天安门 在北京市中心。建于明永乐十五年（1417年），原为明清两代皇城的正门。城门五阙，重楼九楹，红墙黄瓦，金碧辉煌，高33.7米。门前有石狮两对及挺秀的华表，金水河在城下流过，上跨汉白玉石桥5座。其形象为中国国徽的组成部分。

前门 亦称"正阳门"。在北京市天安门广场南侧。是明清时北京内城的正门。始建于明永乐十九年（1421年），高42米，高大壮观。城墙涂朱，城楼和箭楼下有城门洞可通车马。1900年为八国联军焚毁，后照原样重建。

故宫 旧称"紫禁城"。明清两代的皇宫。在北京市中心，为中国现存最大最完整的古建筑群。明永乐四年（1406年）始建，多次重修扩建。占地72万多平方米，屋宇9 000余间，建筑面积约15万平方米。周围宫墙长约3千米。墙外有护城河及7座金水桥。其外朝的太和殿等是皇帝举行大典和朝见群臣之处，内廷是皇帝处理日常政务及后妃、皇子居处。内廷的三座花园，以乾隆花园最有名。

紫禁城 "故宫"的旧称。

太和殿 俗称"金銮殿"。明清宫殿名。在故宫的中心位置，是全国最大的木构殿宇。明永乐十八年（1420年）初建，清康熙时重建。建于高约2米的汉白玉台基上，殿高35.05米，宽63米，面积2 377平方米。殿内富丽堂皇，明清两代重大典礼都在此举行。殿中的金漆雕龙宝座，是皇位的象征。

乾清宫 明清宫殿名。在故宫内廷最前的位置。明永乐十八年（1420年）建。明成祖迁都北京后至清康熙朝，皇帝在此居住和处理政务。自雍正始，皇帝移居养心殿，但仍在此批阅奏章、召见臣下。

养心殿 明清宫殿名。在故宫内乾清宫之西。建于明代。清康熙帝作为书斋。此后历代清帝都在此居住和处理日常政务。同治、光绪时为慈禧太后“垂帘听政”之所。

颐和园 清代皇家园林。在北京市海淀区。金代为行宫。清乾隆时改建为清漪园。咸丰十年(1860年)被英法联军焚毁。光绪十四年(1888年)慈禧挪用海军经费重建，改今名。全园占地约290公顷，水面占四分之三，由万寿山、昆明湖等组成。计有各种形式的宫殿园林建筑3 000余间，与湖光山色相映成趣。其布局集中国古代造园艺术之大成，今为开放的游览胜地。近代王国维作有七言歌行《颐和园词》。

颐和园

万寿山 在颐和园内。高约60米。前山以佛香阁为中心，组成巨大的主体建筑群，气势宏伟，金碧辉煌。登临山上亭台楼阁，可俯瞰昆明湖上景物。后山后湖建有藏族佛教建筑及五彩琉璃多宝塔等，以松林幽径、小桥曲水取胜。

昆明湖 在颐和园内。原为天然湖泊，清乾隆时加以开拓。水面约3 300多亩，占园面积四分之三。湖上景物主要有仿杭州西湖苏堤建成的西堤、西堤六桥、东堤、铜牛、南湖岛、十七孔桥等。

颐和园长廊 在颐和园内。循万寿山南麓沿昆明湖构建。始建于清乾隆十五年(1750年)。廊长728米，共273间。在每一根枋梁

昆明湖上的十七孔桥

颐和园长廊

上都绘有精美的传统彩画，共有以山水、花鸟、人物等题材的彩画8 000余幅。

圆明园 清代皇家园林。在北京市海淀区。清康熙时修，后多次扩建，由圆明、长春、万春三园组成。占地约5 200亩，共有楼台殿阁、亭榭轩馆140余处。多位清帝曾在此处理朝政。长春园北部有仿意大利文艺复兴式样的“西洋楼”及喷泉等建筑。园内文物珍宝极为

圆明园废墟

丰富，西方誉为“万园之园”。咸丰十年（1860年）遭英法联军劫掠、焚毁，光绪二十六年（1900年）八国联军侵华时再遭劫掠。今仅存废墟。晚清诗人王闿运有《圆明园词》咏其事。

畅春园 清代皇家园林。在圆明园之南。建成于清康熙二十八年（1689年），系由明代李姓外戚的别墅清华园改建。康熙帝常奉其祖母孝庄太皇太后到此休憩。园内湖水溪岸，清幽静谧，楼阁亭轩众多。澹宁居为康熙帝理政与读书之所。咸丰十年（1860年）被英法联军焚毁。

恭王府 在北京市西城区。是清道光帝第六子、咸丰帝之弟恭亲王奕䜣的府第。王府分府邸和花园两部分：府邸占地46.5亩，气象宏深；后花园占地38.6亩，有叠石假山、曲廊亭榭、水池花木、殿阁戏台。历来相传，《红楼梦》中描写的荣国府与大观园，即以恭王府为蓝本。

北京恭王府

避暑山庄 亦称“热河行宫”“承德离宫”。清代皇家园林。在河北省承德市区北部。建于清康熙至乾隆间。总面积564万平方米，有建筑物110余处，是全国现存占地最大的古代帝王宫苑。清朝皇帝在此避暑，或接见国内少数民族首领、王公大臣和外国使节。山庄气势雄伟，分为湖区、平原区和山区，建筑形式多种多样，具有江南、北方和草原等不同风格，有七十二景。

拙政园 江南著名园林。在江苏省苏州市娄门内。元代为寺院。明正德时改建为园林。今面积约28亩，中部为园的主景，以水为中心，所有建筑都临水。园内山石嶙峋，古木参天，花竹掩映，景物层次多而深远。楼阁厅堂、馆轩亭榭之间，以回廊、漏窗相联。

苏州拙政园

狮子林 江南著名园林。在江苏省苏州市内。元代时为寺庙园林，传说明代重修时著名画家倪瓒曾参与设计，至清乾隆南巡时再次重修。今面积约15亩，园中有大量形似狮子的太湖石，围成石林。东南多山，西北多水，楼阁亭台，以长廊相通，曲折盘旋，虚实相应，尤以洞壑与假山取胜。

苏州狮子林

网师园 江南著名园林。在江苏省苏州市。原为南宋时史氏“万卷堂”。清乾隆至嘉庆时重修，始成现状。园面积不大，但结构紧凑，小巧玲珑。东部是厅堂住宅，中部为假山水池，西部为书斋，亭阁廊轩均环水而建，风格典雅古朴，幽深曲折。

留园 江南著名园林。在江苏省苏州市。建于明嘉靖年间，为太仆徐泰时私园。原有东、西两园，清嘉庆年间就东园遗址建成寒碧山庄，光绪年间改称留园。分中、东、西、北四部分，均以曲廊相连。中部为池沼，临水设置山石楼阁。东部多厅、堂、轩、斋，间以奇峰巨石。西部漫山枫林，绕以清溪。北部花果繁茂，盆景多姿。园中小桥、长廊、漏窗、龙墙，依势起落，相互联系分隔，形成无数幽深庭院。

蠡园 江南著名园林。在江苏省无锡市西南蠡湖畔。相传春秋时越国大夫范蠡携西施泛舟于此，因以得名。面积87.6亩，水面占35.3亩，三面临湖，始建于20世纪30年代。50年代又增修千步廊与春夏秋冬亭等，亭、廊、堤均傍水而筑，庭园幽秀，景物绮丽，在江南名园中尤具特色。

豫园 江南著名园林。在上海市黄浦区。原是明代私人花园，建成于万历五年（1577年）。面积2万多平方米。几经修整，成为旅游胜地。内有点春堂、九曲桥、会景楼等30余处景点，处处峰回路转，玲珑秀雅，具有明清两代江南建筑风格。

何园 亦称“寄啸山庄”。江南著名园林。在江苏省扬州市区东南部。晚清时据旧园扩建而成。全园楼台亭阁精致曲折，紧凑严密。水池四周建有多种形式的串楼，游人沿空中回廊，可绕园一周，登临鸟瞰园景，有随势凌空之感。是扬州兴造最晚而保存最完整的古园林。

沈园 江南著名园林。在浙江省绍兴市。主人原姓沈。该园因南宋诗人陆游与其前妻唐琬的爱情悲剧而闻名。陆游迫于母命，与妻子唐琬离异，后各自婚嫁。诗人于春日游园，与唐琬在园中邂逅，感慨万端，题《钗头凤》一词。唐见后亦和作一首，未久抑郁而死。陆游暮年又有《沈园二首》：“城上斜阳画角哀，沈园非复旧池台。伤心桥下春波绿，曾是惊鸿照影来。”“梦断香消四十年，沈园柳老不吹绵。此身行作稽山土，犹吊遗踪一泫然。”今整修开放，园中小池、石桥与池畔假山、水井等，犹是当年旧物。

绍兴沈园

国清寺 隋唐四大丛林之一，天台宗的发源地。在浙江省天台县天台山山麓。隋开皇十八年（598年）始建。今存建筑为清代所建。寺院规模宏大，占地1.96万平方米，气势雄伟。大雄宝殿内有明代铜铸释迦牟尼像，高6.8米，重13吨，左右十八罗汉用元代楠木雕成。另有南宋古塔、隋代古梅及众多佛教文物。

栖霞寺 隋唐四大丛林之一，三论宗的发源地。在江苏省南京市栖霞山中峰南麓。创建于南朝齐永明元年（483年），为隐士明僧绍舍宅改建。1979年重修。主要建筑有山门、天王殿、毗卢殿、法堂、念佛堂、藏经楼、过海大师纪念堂、舍利塔等。南朝梁时僧朗曾在寺内弘传三论教义，创立三论宗。

灵岩寺 隋唐四大丛林之一。在山东省济南市长清区东南、泰山西北麓灵岩峪中。建于前秦永兴年间。现存主要建筑千佛殿、大雄宝殿、辟支塔。千佛殿始建于唐代，气势雄伟，内有40尊宋代彩塑罗汉像，形态生动逼真。还有立鹤泉、佛日岩、塔林、黄檀树等胜迹及唐李北海灵岩寺碑。

玉泉寺 隋唐四大丛林之一。在湖北省当阳市西玉泉山东麓。南朝梁敕建覆船山寺。隋开皇初智者禅师建为玉泉寺。北宋景德中又增建，改额“景德禅林”。现存主体建筑大雄宝殿，面阔七间，深三间，殿柱72根，重檐歇山顶，高21米，是湖北现存最大木构古建筑。寺前有铁塔，称如来舍利宝塔，建于嘉祐六年（1061年），八面13层，高17.9米，玲珑剔透，工艺精巧，为国内现存最高的铁塔。

天童寺 在浙江省宁波市鄞州区太白山麓。始建于西晋永康元年（300年）。现存建筑为清代重建。寺宇规模宏大，有天王殿、佛殿、藏经阁等建筑，共936间，占地4.46万平方米。寺周围重峦叠嶂，溪水清冽，景物奇丽多姿，是中国佛教禅林胜地之一。

独乐寺 在天津市蓟州区城内。始建于唐贞观间，辽统和二年(984年)重修。寺内有著名的观音阁，高23米多，上下三层。阁中供奉观音菩萨塑像高16米，是中国最大的泥塑像之一。观音阁重修至今已逾千年，经受风霜雨雪与无数次强烈地震，至今巍然屹立。

赵州桥 正名"安济桥"。古代著名桥梁。在河北省赵县(古赵州)城南洨河之上。隋代工匠李春设计建造。桥南北向，单孔，圆弧，全长64.4米，宽9.6米，跨度大而弧形平，大石拱上两端各建两个小拱。此一巧妙设计能减少水流阻力，减轻承受的重压，是世界桥梁史上伟大的发明创造。

赵州桥

卢沟桥 古代著名桥梁。在北京市西南永定河上。始建于金大定二十九年(1189年)，明清重建。全长266.5米，宽7.5米，下有涵孔11个。桥身两侧石雕护栏的柱头上共刻有大小石狮485个，俯仰异态，栩栩如生。"卢沟晓月"旧称"燕京八景"之一。1937年7月7日，中国驻军在此奋起反击日本侵略军，史称"卢沟桥事变"。

北京卢沟桥

灞桥 古代著名桥梁。在今陕西省西安市东郊，横跨于灞水之上。建造于隋代，是长安通向东部地区的必经要道。唐人送客离京，多在灞桥上折柳赠别行人。晚唐郑綮与人论诗，说："吾诗思在灞桥风雪中驴背上，此处何以得之?""灞桥风雪"因此成为"关中八景"之一。

万里桥 古代著名桥梁。在四川省成都市，横跨于锦江之上。三国时，诸葛亮于此设宴送费祎出使东吴，费祎说"万里之行，始于此"，因以名桥。今桥为清康熙五十年(1711年)重建的七孔石砌拱桥，是市区南行主道。唐刘禹锡《竹枝词九首》之一："日出三竿春雾消，江头蜀客驻兰桡。凭寄狂夫书一纸，家住成都万里桥。"

垂虹桥 古代著名桥梁。在江苏省苏州市吴江区，横跨塘河两岸。建于北宋庆历七年(1047年)，桥中央有垂虹亭。元代将木桥改建为石桥，长500余米，有拱形桥孔72个，其形环如半月，长若垂虹。以其为江南水乡少见的长桥，遂成为当地一大景观，每见于诗人吟咏。"垂虹夜月"也成为吴江八景之一。近代失修，逐孔坍坏。1996年与2005年先后修缮西端和东端遗迹共17孔，予以保护，今已建为垂虹遗址公园。

洛阳桥 旧名"万安桥"。古代著名桥梁。在福建省泉州市东的洛阳江上。北宋嘉祐四年(1059年)由郡守蔡襄主持建成。原长约1200米，宽约7米，有桥墩46个、扶栏500个、石亭7座、石塔9座、石狮子28个，历三次重修，今为钢筋水泥桥面。桥南有蔡襄祠，内有其亲自撰书的《万安桥记》石碑。

泉州洛阳桥

安平桥 俗称“五里桥”。中国古代最长的桥梁。横跨于福建省晋江市安海镇与南安市水头镇之间的海湾上。建于南宋绍兴八年至二十一年。桥身今长 2 050 米，宽 3~3.8 米。全部用花岗石铺砌，结构谨严，气势宏伟。每块石板重达 3 吨左右，桥下有泄水孔 362 个，桥面有亭 5 座。是当时世界上最长的桥梁。

应县木塔 在山西省应县佛宫寺内。建于辽清宁二年（1056 年）。塔平面八角形，外观五层，加暗层四级，共九层，底层直径 30 米，总高 67.13 米。塔建在 4 米高的石砌台基上。其内部梁柱结构紧密特殊，虽历经大地震，安然无恙。塔内明层有释迦佛塑像及如来、飞天壁画等，庄严精美，对研究古代建筑与佛教文化具有多方面重要意义。

悬空寺 在山西省浑源县城南西岩峭壁间，建于北魏后期，历代重修。佛寺面对恒山，上有危岩，下临深谷，就岩起屋，造型奇特惊险。寺内共有大小殿阁 40 余处，南北两部分高下对望，其间以飞架栈道相通，栈道中有重檐楼阁两层，游人至此，怵目惊心，如缘壁行。

恒山悬空寺

大昭寺 在西藏拉萨市老城区中心。唐贞观二十一年（647 年），藏王松赞干布为供奉尼泊尔墀尊公主带来的释迦牟尼 8 岁等身像而建。土木结构建筑。后经历代修缮增建，形成庞大的建筑群。今占地 2.51 万余平方米，气势磅礴，殿高四层，上覆金顶。寺内供有文成公主带来的释迦牟尼 12 岁镀金等身像及松赞干布、文成公主塑像。寺前有公主手植柳和标志汉藏亲密关系的唐蕃会盟碑。8 岁等身像于 8 世纪被转供奉在小昭寺。

布达拉宫 位于西藏拉萨市区西北，是一座规模宏大的宫堡式建筑群。系公元 7 世纪，藏王松赞干布为迎娶唐朝文成公主入藏时始建，清顺治二年（1645 年）扩建后，成为历代达赖喇嘛的居所，西藏政教合一的统治中心。乾隆三十二年（1693 年）基本完工。宫殿群依山而筑，飞阁层楼，雕梁画栋，主楼十三层，高 110 米，东西长 360 米，包括宫殿、佛堂、经室、平台、庭院、金塔等。整个建筑群占地 10 余万平方米，有房屋数千间，内藏佛像、经卷、壁画、珍宝无数。

舟车交通

独木舟 以整根的大木头挖空做成、用桨划行的小舟。为木板船的原始形态之一。1975 年在福建连江县曾发掘出一只长 7.1 米、用樟木制成的独木舟,其上有火烧和石劈的明显痕迹,经鉴定为新石器时代的遗存。在四川及东南沿海一带,也发现过春秋战国时的独木舟形式的随葬品,可能是死者生前所用的水上工具。《周易·系辞下》:“刳木为舟,剡木为楫,舟楫之利,以济不通。”宋周去非《岭外代答·器用》:“广西江行小舟皆刳木为之,有面阔六七尺者,虽全成无罅……然质厚迟钝,忽遇大风浪,则不能翔,多至沉溺。”

筏 以竹木编成的渡水用具。古文献中亦称“泭”。小的名“桴”。一般为平底,比独木舟制作更简便,稳定性好,装载面积大,有利于浅水航行。是木板船的原始形态之一,当比独木舟更早出现。后世则有用牲畜皮制成的牛皮筏、羊皮筏,航行于黄河激流中。《论语·公冶长》:“子曰:‘道不行,乘桴浮于海。’”何晏集解引马融曰:“桴,编竹木,大者曰筏,小者曰桴。”

竹筏

桴 即小的竹木筏。参见“筏”。

皮筏 一种水上运载工具。中国西北地区河流湍急,多礁石,古人缝皮革以为囊,充入空气,用作泅渡工具,称为“革囊”。宋以后至近代,以整个牛或羊的皮囊充气鼓胀,或填入驼毛、干草等易浮物,再以十数个以至几百个皮囊为一组,用木框架联成一体,载货可至数万斤。

皮筏

棹 划船用的长桨,中部支承在船舷的桨座上。与楫并称。棹长而楫短,楫用于小船,棹用于较大的船。棹的出现比楫晚,棹有桨座,利用杠杆的原理,是一种发展。“楫棹”连用,可代指船。宋苏轼《赤壁赋》:“桂棹兮兰桨,击空明兮溯流光。渺渺兮余怀,望美人兮天一方。”

楫 划船用的短桨。适用于独木舟或木板小船,短小精悍,省力方便。1960 年,浙江吴兴(今湖州)的新石器晚期遗址出土不少短桨。“舟楫”并称,可借指船只。《诗·卫风·竹竿》:“桧楫松舟。”毛传:“楫所以棹舟,舟楫相配,得水而行。”《楚辞·九章·惜往日》:“乘泛泭以下流兮,无舟楫而自备。”

桨 见“棹”“楫”。

樯 即桅杆。竖立在船的甲板上挂风帆的柱杆。也借指船。晋郭璞《江赋》:“舳舻相属,万里连樯。”唐杜甫《旅夜书怀》诗:“细草微风岸,危樯独夜舟。”宋苏轼《念奴娇·赤壁怀古》词:“羽扇纶巾,谈笑间、樯橹灰飞烟灭。”

橹 用人力推船前行的工具。由桨发展而来,外形似桨,但比桨大。靠来回不断摇动而产生推力，效率高于桨。橹的位置最初支在船舷旁，后来出现尾橹。尾橹还可控制船的航向。有单人摇、双人摇，甚至十几个人摇的大橹。明代海船上的橹，常有数十支。

摇橹的游船

舵 亦作"柂""柁"。船上用来控制航行方向的装置。由舵桨演变而来，位置也从船舷移至船尾。1955 年广州近郊出土的东汉陶制船模，船尾已有尾舵装置。至 12 世纪末，此项发明经由阿拉伯传入欧洲。明代的海船上，并有备用的舵。《释名·释船》："其尾曰柁。柁，拖也，在后见拖曳也，且弼正船，使顺流不使他戾也。"明陈侃《使琉球录》："舟之器具，舵用四副，用其一，置其三，防不虞也。"

帆 挂在桅杆上，利用风力推动船只前进的布篷。用帆布或其他纺织品制成。最初仅有单桅单帆船，后发展为两桅船、三桅船、四桅船。早在甲骨文中，即已有"凡"（帆）字。帆的发明使自然风成为动力，从而使远洋航行成为可能。《释名·释船》："随风张幔曰帆，使舟疾泛泛然也。"唐李白《行路难》诗："长风破浪会有时，直挂云帆济沧海。"

古代海上帆船

锚 船停泊时用以固定船位置的器具。锚上有爪，用锚索与船相连，停船时将锚放下，使爪抓住水底，将船固定。锚一般置于船首，大船则首尾都设锚。由于难以铸造大型金属锚，初期都用石锚，古代称为"碇"，后来才出现铁锚。到宋代时，石锚、木石锚、木锚、铁锚并用。北宋张择端名作《清明上河图》上，船中就画有铁锚。《使琉球录》记载，明朝出使琉球的大海船上，有铁锚四个，每个重约五千斤。

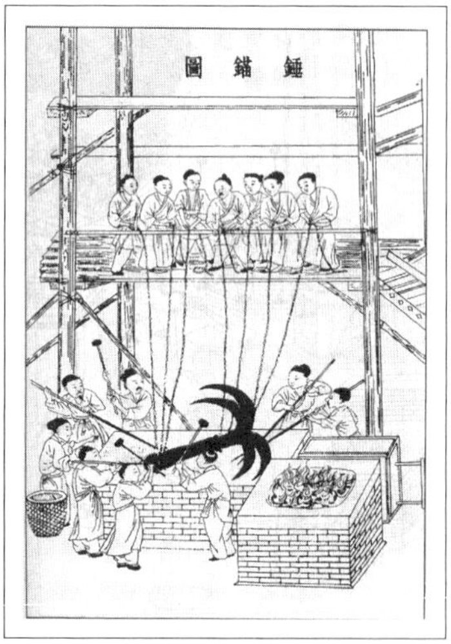

铸锚

舷 船两侧的边沿。左侧叫左舷，右侧叫右舷。古称"枻"。《楚辞·渔父》："渔父莞尔而笑，鼓枻而去"。汉王逸注："叩船舷也。"晋郭璞《江赋》："忽忘夕而宵归，咏采菱以叩舷。"宋苏轼《赤壁赋》："于是饮酒甚乐，扣舷而歌之。"

舴艋 一种小船。以其轻捷如昆虫蚱蜢，故称。《广雅·释水》"舴艋"王念孙疏证引《玉篇》："舴艋，小舟也。"唐张志和《渔父》词："钓台渔父褐为裘，两两三三舴艋舟。"宋李清照《武陵春》词："闻说双溪春尚好，也拟泛轻舟。只恐双溪舴艋舟，载不动，许多愁。"清厉鹗《东城杂记·东里草堂》："葫芦盛酒待明月，舴艋载琴当上流。"

舫 亦称"方舟"。古代一种并列相连的双体船。如两条以上的船相连，则称"连舫"。早在《诗经》中已有"舫"的记载，晋代是舫最盛行时期。《晋书·王濬传》中记大将王濬受命伐吴,造连舫为战船,长宽均120步,能载2000余人。晋代画家顾恺之《洛神赋图》中也有一艘舫。舫是古人为解决船只稳定性和装载面积问题而采取的措施。至唐宋时,舫渐消失。后乃将方头方尾、平底、甲板宽阔、有舱室的船称为"舫",如画舫等,用作游船。《史记·张仪列传》:"舫船载卒,一舫载五十人,与三月之食。"汉王粲《从军行》:"连舫逾万艘,带甲千万人。"

漕舫(《天工开物》)

画舫 亦称"画船"。装饰华丽的游船。一般用于水面游览、方便观赏两岸山水景致。有时也用于宴饮。宋贺铸《木兰花》词:"东城柳岸匆匆发,画舫一篙烟水阔。可怜单枕欲眠时,还见尊前前夜月。"明汤显祖《牡丹亭·惊梦》:"朝飞暮卷,云霞翠轩。雨丝风片,烟波画船。"

画船 即"画舫"。

楼船 亦称"舰"。其上有楼的船。古代多用于作战,帝王也用于出巡观景。文献中,西汉为造楼船最盛时期。古代作战用楼船,船体巨大,上面建有女墙,作为水兵防御敌人弓箭矢石的掩体。船的周围用坚硬木材制成"战格",要害部分还蒙上牛皮,以为保护装置。楼船的出现,是古代造船业发展的表现。汉武帝《秋风词》:"泛楼船兮济汾河,横中流兮扬素波。"《史记·平准书》:"是时越欲与汉用船战逐,(汉武帝)乃大修昆明池,列观环之。治楼船,高十余丈,旗帜加其上,甚壮。"唐刘禹锡《西塞山怀古》诗:"王濬楼船下益州,金陵王气黯然收。"

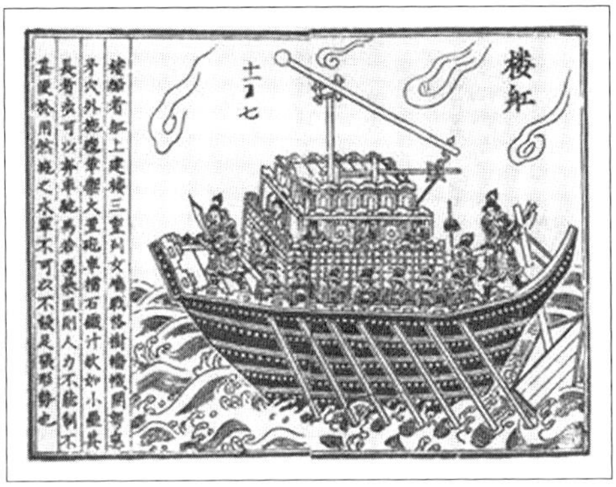

楼船

汉代楼船模型

蒙冲 古代的一种大型战舰。以生牛皮蒙覆船身,船两侧开有棹孔,棹可以动作一致,划水前进。船上的弩窗,用于发射,使敌方无法靠近。水战中专用以冲击敌船,三国时普遍使用。史书上多称作"蒙冲斗舰",简称"蒙冲",亦称"艨艟"。《后汉书·文苑传下·祢衡》:"黄祖在蒙冲船上,大会宾客。"李贤注引《释名》:"外狭而长曰蒙冲,以冲突敌船。"

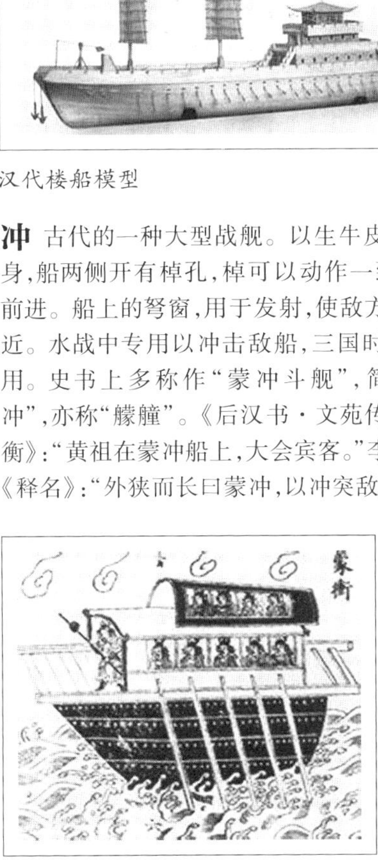

蒙冲

艨艟 即“蒙冲”。

舰 古代一般指大型战船。《三国志·吴志·周瑜传》:“然观操军,方连船舰,首尾相接,可烧而走也。”晋左思《吴都赋》:“弘舸连舳,巨舰接舻。”参见“蒙冲”。

舳舻 舳是船尾装舵的位置,舻是船头。“舳舻”连用,借指船。常用来形容船只多,声势大。《汉书·武帝纪》:“舳舻千里。”颜师古注:“舳,船后持柂处;舻,船前头刺棹处也。”清查慎行《京口和韬荒兄》诗:“舳舻转粟三千里,灯火沿流一万家。”

舶 指航行海上、能远越重洋的大船。从海外运来的货物,古代称为“舶物”,近代称“舶来品”。唐宋时负责管理海外贸易、海船进出的机构,称“市舶司”。“船舶”常连用,也泛指一般的船。北魏郦道元《水经注·江水》:“昔孙权装大船名之曰长安,亦曰大舶,载坐直之士三千人。”《南史·梁纪下》:“徐度至合肥,烧齐船舶三千艘。”《明史·郑和传》:“永乐三年六月,命和及其侪王景弘等通使西洋。将士卒二万七千八百余人,多赍金币。造大舶,修四十四丈、广十八丈者六十二。”

宝船 明代郑和远洋航行所用大型海舶。船体高大,结构坚固,行驶快而稳。据记载,大船长44丈,宽18丈,中船长37丈,宽15丈,是当时最先进的海船之一,在世界造船史和航海史上占有重要地位。文献记载,名称各异,官书上则通称“宝船”。明巩珍《西洋番国志》自序:“其所乘之宝舟,体势巍然,巨无与敌。篷帆锚舵,非二三百人莫能举动。”

仿郑和宝船

沙船 亦称“防沙平底船”。古代的一种大型平底帆船。约成形于唐宋时期。其优点是遇沙不搁浅,是航行于中国北方海域的主要海船。明茅元仪《武备志·军资乘·沙船》:“沙船能调戗使斗风,然惟便于北洋,而不便于南洋,北洋浅南洋深也。沙船底平,不能破深水之大浪也。”清魏源《圣武记》卷十四:“请言舟制……曰沙船,调戗使风,三桅五桅,一日千里,大帆长驰,增以舷栅,江海是宜。”

沙船

衡 马车的部件之一。为车辕前端的横木,驾车时軛首系于其上。《论语·卫灵公》:“在舆,则见其倚于衡也。”《急就篇》:“轵轼軫軨轙軜衡。”颜师古注:“衡者,横也,横木在马颈上者。”《淮南子·修务》:“掩以衡轭,连以辔衔。”

辕 车前用来驾牲畜的直木,其后部压在车轴上,前部伸出车舆的前方。商周时代的车都是独辕,辕在中;汉以后车多双辕,分列左右。《周礼·考工记·车人》:“凡为辕,三其轮崇。”意指辕是轮高的三倍。汉刘向《九叹·离世》:“执组者不能制兮,必折轭而摧辕。”亦借指车。汉荀悦《申鉴·杂言下》:“先民有言:适楚而北辕者曰:‘吾马良,用多,御善。’此三者益侈,其去楚亦远矣。”

轭 马车的部件之一。拉车时驾在马颈部。马车的轭首系在辕前横木(即衡)上,形状略如人字形,木制。明宋应星《天工开物·舟车》:“其余軫衡箱轭,则诸木可为也。”

轼 马车的部件之一。为车厢前部的横木。古人立乘时,轼可供凭倚。“扶轼”是古人表示致敬的一种方式，古籍中的“轼之”即此意。《左传·僖公二十八年》：“请与君之士戏，君凭轼而观之。”《吕氏春秋·期贤》：“魏文侯过段干木之闾而轼之。”

辋 亦称“牙”，《广韵》作“棢”。马车的部件之一。即车轮的外周。《释名·释车》：“辋，罔也，罔罗周轮之外也。”晋王嘉《拾遗记·晋》：“车皆镂金为轮辋，丹画其毂轭。”明宋应星《天工开物·舟车》：“车轮之中，内集轮，外接辋，圆转一圈者，是曰辅也。”

辖 马车的部件之一。即用来防止车轮从车轴上脱落，插在轴端孔中的销钉。扁平长方形，上有辖首。商代辖用木制，周代改用铜制。“管辖”之义即从辖的作用引申而来。《淮南子·人间训》：“夫车之所以能千里者，以其要在三寸之辖。”

辀 马车的部件之一。即居中的单根曲辕，其后端接在车轴上，方形，从车底向前伸出，渐渐隆起成圆木。辀前端置衡。《周礼·考工记·辀人》：“国马之辀，深四尺有七寸；田马之辀，深四尺；驽马之辀，深三尺有三寸。”清朱骏声《说文通训定声》：“大车左右两木直而平者谓之辕，小车居中一木曲而上者谓之辀。”

轴 车的部件之一。在车厢下面，用来支承车轮。古代一车两轮一轴，轴贯穿轮毂，两端有軎，軎上有孔，孔中插以辖，以防车轮脱落。因轴在轮的中心，故又以轴比喻中心、枢纽。明宋应星《天工开物·舟车》：“凡骡马之制，有四轮者，有双轮者，其上承载支架，皆从轴上穿而过。”

轮 圆形车轮。古代用坚木做成，轮中心贯轴处叫“毂”，轮外周叫“辋”，支在毂和辋之间的木条叫“辐”。上古一车两轮。轮是车赖以前进的主要部分，因此又以轮为车的代称。《周礼·考工记》：“凡察车之道，必自载于地者始，是故察车自轮始。”《后汉书·舆服志上》：“上古圣人见转蓬，始知为轮。轮行可载，因物知生，复为之舆。舆轮相乘，流运罔极，任重致远，天下获其利。”明宋应星《天工开物·舟车》：“凡骡车之制，有四轮者，有双轮者。”

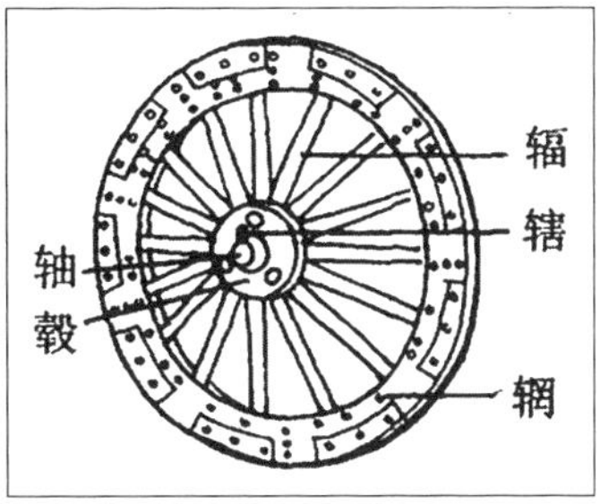

轮

毂 俗称“轮心”。轮的构件之一。即车轮中间的圆木。毂的外周与辐条的一端相接，中间有孔，车轴从孔中穿过。毂孔外四周用金属包裹，叫“輨”。毂亦泛指车轮或车。《周礼·考工记·车人》：“毂长半柯，其围一柯有半。”《老子》：“三十辐共一毂。”《楚辞·九歌·国殇》：“操吴戈兮披犀甲，车错毂兮短兵接。”明宋应星《天工开物·舟车》：“其大车中毂，长一尺五寸，所谓外受辐中贯轴也。”

辐 轮的构件之一。即车轮中连接车毂和轮圈的直木条。古籍中多说一轮三十辐，实为举其大概。如在安阳孝民屯发掘的二号车，一个车轮上只有二十六根辐条。《周礼·考工记·车人》：“辐长一柯有半，其博三寸，厚三之一。”《后汉书·舆服志》：“舆方法地，盖圆象天，三十辐以象日月。”明宋应星《天工开物·舟车》：“辐计三十片，其内插毂，其外接辅。”将车辐集于车毂称为“辐辏”（亦作“辐凑”），比喻人或物聚集一处。《韩非子·难一》：“百官修通，群臣辐凑。”《史记·叔孙通列传》：“且明主在其上，法令具于下，使人人奉职，四方辐辏，安敢有反者。”

舆 车的主要部分。即乘人和载物的车厢。河南安阳出土的商代后期车马器中，车厢呈簸箕形，乘车人由车厢后部上下。车厢底部四周的横木叫“轸”。舆上有盖。后世车厢形制有变化，乘者多从车厢前方上下。也有专门装货的车厢。古文献中，常以“舆”代指车。《周礼·考工记·舆人》：“舆人为车。”郑玄注：“车，舆也。”孙诒让正义：“凡兵车、乘车，舆广衡长六尺六寸；田车，舆广衡长六尺三寸。”唐韩愈《符读书城南》诗：“木之就规矩，在梓匠轮舆。”

轨 车两轮间的距离。古代轨定制为八尺。车轮驶过留下的印迹与轨同宽，故亦称“轨”。古人又称一定不变的路线为轨，进而更以轨比喻秩序、规矩、法度，而把越出常规、不循法度称作“不轨”。《周礼·考工记·匠人》：“国中九经、九纬，经涂九轨。”郑玄注：“轨谓辙广，乘车六尺六寸，旁加七寸，凡八尺，是为辙广。”《左传·隐公五年》：“不轨不物，谓之乱政。”

独轮车 一种以硬木制造的手推单轮车。车架设于车轮两侧，用以载货或供人乘坐，方便行走于田间小路。汉代画像石上的形象显示，汉初已有使用独轮车。两千年来，一直是农村不可缺少的运载工具。四川的“鸡公车”也是独轮车的一种。

南方独推车(《天工开物》)

牛车 亦称“犊车”。一种中国传统运输工具。先秦即以牛车载物和乘人。汉魏以来，因牛车行走安全平稳，皇室及江南世族竞以乘坐牛车为时尚。当时的牛车，车厢高大，装饰精美。直至南宋时，四川成都的望族妇女，出入仍喜乘坐犊车。

马车 一种中国传统运输工具。古代驾车的马，一般为四匹，称为“驷”，三匹的称“骖”，两匹的称“骈”。后世载人的马车，多为王公达官、富家巨室所拥有，制作考究，装饰精美，由专门的马夫驾驭。载货的马车主要流行于北方的城市、农村。

汉画像石上的马车

骖乘 乘马车时，陪乘于车右的人。古代乘车的规则是，尊者居左，驾车者居中，陪乘的人在右。陪乘者除有保持平衡、防止倾倒的作用外，有的还担任武装警卫，以防不测，称“车右”。

轩车骖乘

五路 亦作“五辂”。古代天子、皇帝所用的五种车，即玉路、金路、象路、革路、木路。王后的五路为重翟、厌翟、安车、翟车、辇车。一般所说的五路是指天子的五路。五路中的玉路、金路、象路，分别是以玉、金、象牙装饰的车；革路是战车，用皮革装饰；木路则不用其他物装饰，漆上彩色而已。晋潘岳《藉田赋》：“五辂鸣銮，九旗扬旆。”《宋书·礼志五》：“周之五路，则有玉、金、象、革、木。五者之饰，备于《考工记》。”

五辂 即“五路”。

法驾 亦称“法车”。皇帝的车驾。《史记·吕后本纪》：“乃奉天子法驾，迎代王于邸。”裴骃集解引蔡邕曰：“法驾，上所乘，曰金根车，驾六马。”汉班固《西都赋》：“于是乘銮舆，备法驾，帅群臣，披飞廉，入苑门。”《三辅黄图·杂录》：“法驾，京兆尹奉引，侍中参乘，奉车郎御，属车三十六乘。”

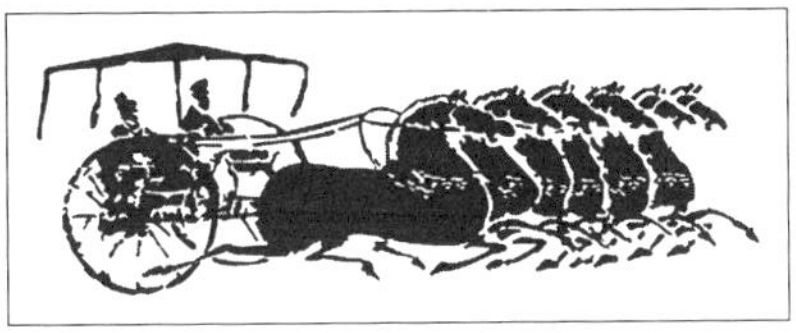

天子驾六

路车 诸侯所乘之车。《公羊传·昭公二十五年·乘大路》何休注：“礼：天子大路，诸侯路车，大夫轩车，士饰车。”

轩车 卿大夫及诸侯夫人所乘之车。曲辕，有帷幕，前顶较高。古代“轩”与“冕”是卿大夫的车服，因以“轩冕”借指高官厚禄。《左传·闵公二年》：“卫懿公好鹤，鹤有乘轩者。”杜预注：“轩，大夫车。”孔颖达疏引服虔曰：“车有藩曰轩。”《庄子·胠箧》：“虽有轩冕之赏弗能劝，斧钺之威弗能禁。”参见“路车”。

辇车 古代用人力挽行的一种代步工具。相传起于夏末。秦汉以后，限于君王、皇后乘坐。君王乘的称“帝辇”，后妃乘的称“凤辇”。也有用人力抬着走，并不密封者，称为“步辇”，通用于宫廷之内。一部分则演变成为轿子。《战国策·赵策四》：“太后曰：‘老妇恃辇而行。’”

帝辇 见“辇车”。

凤辇 见“辇车”。

步辇 见“辇车”。

栈车 用竹木散材制成、外涂油漆的车子。可载物，也可乘人。乘人时加车篷，遮挡风尘。一说栈车为用木条制成的卧车，是兵车的一种。《周礼·春官·巾车》：“士乘栈车，庶人乘役车。”郑玄注：“栈车，不革而漆之。”《韩非子·外储说左上》：“孙叔敖相楚，栈车牝马，粝饼菜羹，枯鱼之膳，冬羔裘，夏葛衣，面有饥色。”意为孙叔敖在楚国任首相，生活节俭，外出只乘一般士人用的栈车。

五戎 五种用于战争的兵车。《周礼·春官·车仆》：“掌戎路之萃，广车之萃，阙车之萃，苹车之萃，轻车之萃。”郑玄注：“此五者皆兵车，所谓五戎也。”

戎路 亦称“戎车”。兵车名，五戎之一。四匹马拉，亲临战场的君主所乘。车上备有旗、鼓。各国诸侯、大夫的旗都有特殊徽号，竖旗可使全军看到将帅所在位置。《周礼·春官·车仆》：“掌戎路之萃。”郑玄注：“戎路，王在军所乘也。”《左传·庄公九年》：“秋，师及齐师战于乾时，我师败绩，公丧戎路，传乘而归。”《晋书·舆服志》：“戎车，驾四马，天子亲戎所乘者也。”参见“五戎”。

戎车 即“戎路”。

轻车 兵车名，五戎之一。两匹马拉，其体轻捷，便于在战场上驰骋冲杀。《周礼·春官·车仆》：“轻车之萃。”郑玄注：“轻车，所用驰敌致师之车也。”《战国策·齐策一》：“使轻车锐骑冲雍门。”《宋书·礼志五》：“轻车，古之战车也。轮舆洞朱，不巾不盖，建矛戟幢麾，置弩于轼上，驾二。”参见“五戎”。

兵车 古代的一种战车。无车盖、帷幔等装饰物，便于驰骋冲杀。兵车易损的部分以皮革包裹，驾车的马身披铠甲。车上有旗号，备弓、矢、戈等，战士据以攻击敌人。一般作为进攻主力的，称“轻车”。春秋战国是兵车的全盛时代。

四马拉兵车雕像

革车 亦称“革路”。古代的一种战车。外部蒙有牛皮，取其坚固，以利攻战。《周礼·春官·巾车》：“革路”郑玄注：“鞔之以革而漆之。”《孟子·尽心下》：“武王之伐殷也，革车三百两，虎贲三千人。”赵岐注：“革车，兵车也。”《孙子·作战》：“凡用兵之法，驰车千驷，革车千乘。”梅尧臣注：“革车，重车也。

凡……重车一乘，甲士、步卒七十五人。”

楼车 用于在高处观察敌情，以准备攻城的战车。古人因其瞭望楼如鸟巢在树顶，故称“楼车”。又因其高而称“云车”。《左传・宣公十五年》：“登诸楼车，使呼宋而告之。”杜预注：“楼车，车上望橹。”《史记・五宗世家》：“淮南王谋反时，寄微闻其事，私作楼车镞矢，战守备，候淮南之起。”《后汉书・光武纪》：“遂围之数十重，列营百数，云车十余丈，瞰临城中。”李贤注：“云车即楼车，称云言其高也。升之以望敌。”《梁书・侯景传》：“景又攻东府城，设百尺楼车，钩城堞尺落，城遂陷。”

传车 简称“传”。古代用于传送消息、法令的车。行走轻快，春秋时已有。为驿站所专用者，称“驿传”。

驿传 古代国家驿站专用的马车。

槛车 运载猛兽或重要囚犯的车子。车厢之上盖以木板，四周装有粗的栏槛，锁闭之不得随意开启，以防止逃逸，故名。

轿子 亦称“肩舆”“步舆”。古代用人力代步的乘坐工具。最初样式如四川的“滑竿”，中唐规定，只有贵家妇女及老病官员可乘坐。至南宋，使用渐多，以质地坚韧的木料及竹、藤等制成，轿厢三面有屏障、前有门帘。有二人抬的小轿、多人抬的官轿，以及街轿、花轿等。城市普遍有专门出租轿子的铺行。明清时期，皇家的轿子有玉辇、金辇、礼舆、步舆、轻步舆、凤舆、翟舆、仪舆等。官轿分八抬及四抬。花轿用于娶亲。其形状像一个有窗户的亭子，左右有两根直杆穿在轿帮上，前后直杆头上包铜铁，架横杆。二人抬，一前一后；四人抬，前后各二人；八人抬，前后各四人。清代规定：唯皇帝、王公大臣之轿及喜轿（花轿）才装轿顶，即高出木框的一圆弧形方盖。轿顶分金、银（一至三品）、锡（四品以下），民轿一般无轿顶，以示等差。至辛亥革命后，汽车与人力车兴起，轿子乃废，然僻远乡镇犹用以迎娶新娘。

轿子

清代皇家二十八抬大轿

肩舆 “轿子”的古称。详“轿子”。

官轿 专供官员乘坐的轿子。南宋官员上朝或外出，普遍以轿代步。清代，武官除受伤经皇帝特许，一律骑马，不许坐轿。文官的官轿一般为自备。对轿饰的颜色、抬轿人数及轿顶等，因官阶的不同而有严格的区分，不得逾越。

花轿 民间嫁娶时迎接新娘用的轿子。自宋代至近现代汽车兴起之前，普遍使用之。轿门上用绣花轿帘，轿顶及四角以红绸扎花，通常由四名轿夫抬行。因装饰华丽、色彩鲜艳，故称“花轿”。

花轿

驰道 秦王朝时国家所修道路。秦始皇二十七年(前220年)开始修筑。其命名为供天子驰车走马之意。干线分东、南二路,皆以咸阳为出发点。东路直通旧时燕、齐之地,南路直通旧时吴、楚之地。道宽五十步,路面修筑坚固;道旁每隔三丈,植青松一株。驰道不仅方便皇帝本人巡视天下,且有巩固对各地统治、方便迅速调兵镇压的作用。

邮驿 亦称“邮传”。中国古代国家利用邮车、快马传递官方文书的设施与制度。相传起于殷商盘庚时。西周时,使用轻便的传车通信。周王朝的邮传网络以首都丰镐为中心,方圆千里的王畿四面有十二个关口,出关后有大道通达各诸侯国。从京城至关五百里,沿途每隔三十里设“宿”,每隔五十里设“馆”,以供使者食宿。西周时除中心地区之外,荒芜未辟,交通仍十分不便。春秋战国时期,交通迅速发展,各国通信频繁,传送的方式有传车、骑兵、徒遽(步递)等。秦统一中国后,开辟道路,修建邮亭、传舍,实行接力传递,路线固定,并以法律形式保证通信过程的安全与迅速。“邮”负责通信,“传舍”用于接待、迎送,对后代具有深远影响。两汉时,邮亭的修缮、治理是考核地方官政绩的标准之一。历代沿之。参见“馆驿”。

河北怀来古鸡鸣驿

邮传 ① 即“邮驿”。② 指邮政与交通等事务。清光绪三十三年(1907年)设邮传部,主管邮电、交通事务,盛宣怀曾任邮传部大臣。

馆驿 亦称“厨传”“传舍”。古代负责招待行旅官员食宿、提供车马等服务的处所。由国家设立于各地。是邮驿制度的组成部分。唐、宋时,首都、大郡的馆驿往往建筑宏伟,环境幽雅。州县以上亦皆有宾馆,周围植树,由驿官主持。住宿人员,均按官职等级,分别享受不同待遇。参见“邮驿”。

厨传 即“馆驿”。

传舍 即“馆驿”。

旅店 亦称“逆旅”“客舍”“客店”等。供来往客商、行人中途食宿之所。约西周时,已有“逆旅”出现。战国时,商品经济快速发展,位于交通枢纽和商货聚散之地的城邑,如邯郸、洛阳、江陵、南阳等处,都已有民间旅店。后进一步演变成遍布全国的旅店业。旅店的兴盛对繁荣城市经济、促进商品流通、推动其他服务业、增加城市人口等,具有重要作用。

烽堠 亦称“烽燧”,俗称“烽火台”。古代军事上用于防御、警备和传递讯息的设施。“堠”为土筑的瞭望台。西周时已有。春秋战国时,列国皆于边境置烽堠,派兵守之,敌国有所行动,则燃放烽火以报警。白昼举烟曰“烽”,夜晚举火曰“燧”。汉、唐时,边疆有警,报警的烽火可一直传至京城。历代沿之。敦煌、酒泉、张掖等地,至今犹有遗迹。

古烽火台遗址

烽燧 即“烽堠”。

烽火台 “烽堠”的俗称。古代国家在边境之地设立的高台。常年派士兵驻守,观察敌情,按时燃放报警或报平安的烽火。唐玄宗时,北方边关的烽火可以一直传送到长安。安禄山起兵叛乱后,报平安的烽火三日不至首都,因知有变。参见“烽堠”。

烽火 古代边防用于报警或报平安的烟火。后借指战火或战争。唐杜甫《春望》诗:"烽火连三月,家书抵万金。"参见"烽火台"。

狼烟 燃烧狼粪升起的烟,古代边防用于报警。后借指战乱。段成式《酉阳杂俎·毛篇》:"狼粪烟直上,烽火用之。"唐杜牧《边上闻笳》诗:"何处吹笳薄暮天,塞垣高鸟没狼烟。"

日用器物

鼎 古代的一种炊器和礼器。圆腹环底，三足两耳。亦有方形四足者。最初为陶制。先秦文献中有“禹铸九鼎”的记载。殷周时以青铜铸造，祭祀时用于盛放牲肉。周礼规定，天子用九鼎、诸侯七鼎、大夫五鼎。后成为国家政权的象征。古代，称定都或建立王朝为“定鼎”，图谋天子王位和中央政权为“问鼎”，改朝换代为“鼎革”；贵族之家豪奢的生活称为“钟鸣鼎食”。

商代后母戊鼎

彝 ① 盛酒器的总称。“尊彝”在铭文中常连用。初为陶制，至殷商后期才有青铜制。《尔雅·释器》：“彝、卣、罍，器也。”郭璞注：“皆盛酒尊，彝其总名。”《广韵》：“彝，酒器也。”② 祭祀用的青铜礼器的总称。彝有六种，称为六彝，其上各有不同的鸟兽形状，分别用于不同时令的不同祭祀。《说文·系部》：“彝，宗庙常器也。”王国维《观堂集林·说彝》：“尊、彝，皆礼器之总名也。”

甑 古代蒸食物的一种炊器。底部有若干透蒸汽的孔格，蒸煮时置于鬲或鍑（大口锅）上，作用类似现代的蒸锅。也有无底另加竹屉的。陶甑产生于新石器时代晚期。至商、周，贵族用青铜制，而民间普遍使用陶甑。后世以竹木仿制，即为蒸笼。《孟子·滕文公上》：“许子以釜甑爨，以铁耕乎？”《后汉书·郭太传》：“（孟敏）客居太原，荷甑堕地，不顾而去。”按：此为陶甑。

甗 古代的一种炊器。初为陶制，后为青铜制。相当于现在的蒸锅。形制有圆有方；有上下合体，也有上下分体。其上部为甑，下部为鬲；上置食物，下置水。鬲形似鼎，三足，足间烧火。甑、鬲之间有穿孔的铜“箅”。商及西周的甗，甑、鬲合铸。春秋战国时的甗，甑、鬲分铸。如妇好墓的“妇好甗”“左史友甗”“仲伐父甗”，1923 年新郑出土的“铜甗”，1933 年寿县朱家集出土的“楚甗”等。晚期的甗又有方形、四足、两耳、上下分铸者，其方形甑内有隔，可同时蒸两种食品。《周礼·考工记·陶人》：“陶人为甗。”

战国青铜甗

釜 亦作“鬴”。古代的一种炊器。青铜制。圆腹，双耳，无足。后多以铁制，即现代所用的“锅”。又有一种大釜，称为“鬵”。《诗·召南·采苹》：“于以湘之，维锜及釜。”毛传：“有足曰锜，无足曰釜。”《说文·鬲部》：“鬴，鍑属也。”段玉裁注：“今经典多作釜，惟《周礼》作鬴。”明方孝孺《釜铭》：“勿纳非义，以取满盈。非义多毒，满盈必倾。”

铫 一种小烹器。有柄，有流而无足。青铜制，也有陶制者。《说文·金部》:“铫,温器也。”段玉裁注:“今煮物瓦器谓之铫子。”汉曹操《上器物表》:“臣祖腾(曹腾),有顺帝赐器……御物有纯银粉铫一枚,药杵臼一具。”宋苏轼《试院煎茶》诗:“且学公家作茗饮,砖炉石铫行相随。”石铫,即陶制的铫子,俗称瓦吊子。《骈字类编·器物》引《杜预奏事》:“杵臼、澡盘、熨斗、釜、瓮、铫、盘……皆亦民间之急用也。”

壶 古代盛水或酒的器皿。起于上古,商周时为青铜器,扁圆形。周代壶有长颈,有盖,兽耳衔环。春秋时,盖常作莲瓣装饰。战国时形制多样,有圆形、方形、扁或圆形带流(器皿的嘴)的等。古人以箪盛饭,以壶盛饮料,称为“箪食壶浆”。后世形制变化不一,以铜、锡、陶、瓷、金、银、玉等制。晋陶潜《归去来兮辞》:“引壶觞以自酌,眄庭柯以怡颜。”唐王昌龄《芙蓉楼送辛渐》诗:“一片冰心在玉壶。”宋苏轼《送段屯田》诗:“溪边策杖自携壶。”

盉 古代的一种盛酒器,也用来调和酒与水,以节制浓淡。偃师二里头文化中,已出现陶质的原始盉。至商代,为青铜制。形状较多,一般为深腹,圆口,有盖,前有长流,后有鋬,三足或四足。盛行于商、周。如“妇好盉”“上土盉”“卫盉”“它盉”“蔡侯盉”等。春秋战国时,又出现了圆腹和有螭梁的盉。

卣 古代的一种盛酒器。青铜制。器形为深腹,圈足,椭圆口,有盖,似壶但有提梁,故也称作“提梁卣”。腹或椭或圆或方,也有做成圆筒

商代饕餮牛首纹青铜卣

形、鸱鸮形、虎食人形者。盛行于商代与西周,常用来盛一种祭祀时用的酒。《书·文侯之命》:“用赉尔秬鬯一卣。”秬鬯,黑黍米做成的香酒。《尔雅·释器》:“彝、卣、罍,器也。”郭璞注:“皆盛酒尊。”邢昺疏:“孙炎云:‘尊、彝为上,罍为下,卣居中。’”

罍 古代的一种盛酒器,也可盛水。青铜制。有方形与圆形两种。方形罍,宽肩,肩上有两耳,有盖。圆形罍大腹,圈足,两耳。一般在肩上或肩侧都有一个穿系用的鼻。流行于商、周时期,如“妇好方罍”、西周初的“陵罍”。有的自铭为“盥缶”。小而低矮的,也叫“瓿”,如“妇好瓿”等。《诗·周南·卷耳》:“我姑酌彼金罍。”《礼记·礼器》:“庙堂之上,罍尊在阼,牺尊在西。”唐柳宗元《平淮夷雅》:“天子饯之,罍斝是崇。”

西周铜罍

勺 古代的一种酒器。青铜制。用以从盛酒器中取酒,注入饮酒器或温酒器中。一般作短圆筒形,旁有柄。有的柄短、中空,要安上木把才可使用。另有一种深腹和口沿上铸有一只鸟的勺,称为“鸟形勺”。在金文及古籍中,勺又称为“枓”“斗”等。今所见勺多为商代物。至汉代,有漆木制的勺,形制已产生变化。后多写作“杓”。唐李白《襄阳歌》:“鸬鹚杓,鹦鹉杯,百年三万六千日,一日须倾三百杯。”元杨维桢《吴下竹枝词》:“银马杓中劝郎酒,看郎色似赤瑛盘。”

铛 ① 古代的一种温酒器。青铜制。圆形,三足。唐杜牧《阿房宫赋》:“鼎铛玉石,金块珠砾。”② 有耳有足的釜。《世说新语·德行》:

"吴郡陈遗,家至孝,母好食铛底焦饭。"《骈字类编·珍宝》"铁铛"引《谈薮》:"孟信为太守,政宽和,有老人遗以膊,信接引自出酒,以铁铛温之。"膊,猪腿。

缶 古代水或酒的一种盛器。其形小口圆腹,有盖,肩上有环耳。颇似后世之坛。多为陶制,也有青铜制者。盛行于春秋战国时。方形的较少。《易·坎》:"尊酒簋,贰用缶。"郑玄注:"副设玄酒以缶。"《左传·襄公九年》:"具绠缶,备水器。"杨伯峻注:"缶,汲水之盛器。"

盂 古代饭或水、酒的一种盛器。深腹,圈足,侈口,两侧有附耳,其形似簋,但比簋大。青铜制。商代及西周的盂,多为圆形。个别方形。《史记·滑稽列传·淳于髡》:"操一豚蹄,酒一盂。"《说文·皿部》:"盂,饮器也。"《太平御览·器物五·盂》引《韩子》曰:"为人君者犹盂也,人犹水也。盂圆水圆,盂方水方。"

瓿 古代水、酒或酱的一种盛器。短颈,圆口,深腹,圈足。也有方形瓿。陶制。商、周时有青铜制者。古人以"覆瓿"形容著作不被重视或没有价值,只能用来盖盛酱的瓿。《汉书·扬雄传》:"(刘歆)谓雄曰:'空自苦,今学者有禄利,然尚不能明《易》,又如《玄》何?吾恐后人用覆酱瓿也。'"颜师古注:"瓿,音部,小罂也。"《玄》,指扬雄的著作《太玄》。

春秋战国原始瓷瓿

匜 ① 古代的一种盛水器。出现于西周中期,盛行于东周。青铜制,也有陶制的,多是明器。形似瓢而无盖。有的有足或圈足,并有流、鋬;有的无足,柄中有道。古代盥洗时用以盛水。《左传·僖公二十三年》:"奉匜沃盥,既而挥之。"杨伯峻注:"匜,音移,古人洗手洗面之具,用以盛水。古人洗盥,一人持匜,灌水于洗盥者之手以洗之,下有盘,以盛盥讫之水。"② 古代盛酒之具。青铜制。《礼记·内则》:"敦牟卮匜"孔颖达疏:"匜,盛酒浆之器。"《旧唐书·李宝臣传》:"又于深室斋戒筑坛,上置金匜、玉斝,云'甘露神酒自出'。"

洗 古代一种盥洗用的器皿。青铜制。相当于现在的脸盆。圆形,宽口沿,平底或圆底,腹外常有穿环的二兽耳,器内底常用双鱼纹为饰,或铸有吉祥语的铭文,如"长宜子孙""富贵昌宜侯王"等。主要应用于汉代。《仪礼·士冠礼》:"夙兴,设洗直于东荣。"郑玄注:"洗,承盥洗者弃水器也。士用铁。荣,屋翼也。"《新唐书·礼乐志》:"设御洗于午陛东南。"又,洗毛笔的小盂,称为"笔洗"。

鉴 古代的一种盛水器。青铜制。形体很大,大口,深腹,有二耳或四耳,多数为圆形,也有方形者。流行于春秋战国。铜镜盛行以前,鉴用来盛水照面容或夏日盛冰,大的鉴可以沐浴。后人因鉴的作用似铜镜,亦以"鉴"称镜,并有"知人之鉴""明鉴""鉴戒"等说法。

盘 古代盛水的器具。流行于商至战国。青铜制。形状多圆形、浅腹、无耳或二耳,圈足或三足,有盘口与流。另有长方形的和宽唇、无耳、圈底的盘。盘、匜相需为用,盥洗时以匜注水,以盘承接水。考古证明,匜往往置于盘内。除盛水外,有的盘中还可以放冰。特大的盘,如传世的西周晚期的虢季子白盘,长方形,可作澡盆用。《礼记·内则》:"进盥,少者奉盘,长者奉水,请沃盥,盥卒,授巾。"郑玄注:"盘,承盥水者。"《周礼·天官·凌人》:"大丧共夷盘冰。"林尹注:"尸床之下置冰之盘也,盖以寒尸,使其不腐。"

尊 ① 古代盛酒器的一种。青铜制,其形似觚而口较大,中部较粗。常见者为圆形,侈口,圈足,也有作方形者。盛行于商及西周初。其特制而模拟鸟兽之形者,统称"鸟兽尊",在顶部或背部开口以出酒。有鸟尊、羊尊、牛尊、虎尊、象尊、龙尊、凤尊等。后世亦有以漆木、金、玉、瓦等制者。《说文·酋部》:"尊,酒器也。”段玉裁注：“凡酒必实于尊，以待酌者。”后世泛称一般酒器。用为“杯”的代称，也写作“樽”。《后汉书·孔融传》：“坐上客恒满，尊中酒不空，吾无忧矣。”唐李白《行路难》诗：“金樽清酒斗十千。”② 盛酒器的总称。铜器铭文中常将尊、彝二字联用。

敦 古代一种盛黍、稷、稻、粱的器具。青铜制。形状较多，基本特征为圆腹，二环耳，三短足，有盖。有的敦为“上下圆相连”形，器与盖同，一器可作两器用，俗称为“西瓜敦”。流行于春秋战国时，用于祭祀。如安徽寿县蔡器的“铜敦”。也有以玉制者。《礼记·内则》：“敦、牟、卮、匜，非馂莫敢用。”郑玄注：“敦、牟，黍稷器也。”《周礼·天官·九嫔》：“凡祭祀赞玉齍”郑玄注：“玉齍，玉敦，受黍稷器。”

簠 古代一种盛黍、稷、稻、粱的器具。青铜制。其形制为长方形，口外侈，有盖。盖与器大小相同，合上为一器，打开则为相同的两器。器、盖各有四短足、两耳。西周晚期开始出现，用于祭祀，古人认为由玉制的礼器“瑚”“琏”演变而来。流行至战国末。《周礼·地官·舍人》：“凡祭祀，共(供)簠簋，实之，陈之。”郑玄注：“方曰簠，圆曰簋，盛黍、稷、稻、粱器。”《论语·公冶长》：“瑚琏也。”何晏集解：“包曰：瑚、琏，黍稷之器。夏曰瑚，殷曰琏，周曰簠、簋，宗庙之器贵者。”汉贾谊《陈政事疏》：“古者大臣有坐不廉而废者，不谓不廉，曰簠簋不饰。”

簋 古代的一种食器。主要用于盛放煮熟的饭食。青铜制。造型形式多样，变化复杂。流行于商代至战国时期。商代簋形体厚重，多为圆形，侈口，深腹，圈足，两耳或无耳。器身多饰兽面纹，有的器耳做成兽面状。西周除原有式样外，又出现了四耳簋、四足簋、圆身方座簋、三足簋等各种形式，部分簋上加盖。簋也是商周时期重要的礼器。宴享和祭祀时，以偶数与列鼎配合使用。史书载，天子用九鼎八簋，诸侯用七鼎六簋，卿大夫用五鼎四簋，士用三鼎二簋。

铏 古代的一种盛羹器。初为陶制，后青铜制。形似鼎，两耳，三足，大腹，有盖。其羹即称为“铏羹”。《仪礼·公食大夫礼》：“宰夫设铏四于豆西。”郑玄注：“铏，菜和羹之器。”贾公彦疏：“据羹在铏言之，谓之铏羹；据器言之，谓之铏鼎。”《韩非子·喻老》：“昔者纣为象箸而箕子怖，以为：象箸必不加于土铏，必将犀玉之杯。”土铏，陶制的铏，后世借称盛羹之器。唐柳宗元《岭南节度飨军堂记》：“铏鼎体节，燔炮胾炙。”

青铜铏

俎 古代祭祀时载放牲体的礼器。方形，四足。青铜制，也有木制而漆饰者。与礼器“豆”合称“俎豆”。《说文·且部》：“俎，礼俎也。从半肉在且上。”《隋书·礼仪志一》：“宗庙贵文，诚宜雕俎。”雕俎，雕绘的木俎。又，切肉之砧板亦叫“俎”。《史记·项羽本纪》：“如今人为刀俎，我为鱼肉。”

豆 古代的一种食器。形似今之高脚盘，圈足，多有盖。起于上古，盛行于商、周，用于祭祀及宴会。有陶豆、木制涂漆豆及青铜豆。最初用来盛黍、稷等粮食为祭品，后多用于盛肉食。

角 古代的一种饮酒器。青铜制。其形似爵，比爵大，圆腹，三足，无两柱，两端都是尾。有的有盖。盛行于商、周。宴享时地位较次者所用。《礼记·礼器》：“宗庙之祭……尊者举觯，卑者举角。”又《效特性》：“举斝角”孔颖达疏：“斝、角，爵名也。天子曰斝，诸侯曰角。”

觯 古代的一种饮酒器。青铜制。商代的觯，形似尊而小，圆腹，侈口，圈足，多有盖。至西周，有时作方柱形而四角圆者。春秋时演变为长身，侈口，圈足，其形类觚。《礼记·礼器》："尊者举觯，卑者举角。"《仪礼·有司彻》："兄弟之后生者，举觯于其长。"《说文·角部》："觯，乡饮酒角也。"

觚 古代的一种饮酒器。青铜制。形状类似喇叭，细长身，大侈口，圈足。长身上常有突起的棱为装饰。用途相当于后世的酒杯。主要盛行于商及西周。传世数量较多，考古发现时，常与爵共出。《论语·雍也》："子曰：'觚不觚，觚哉！觚哉！'"《周礼·考工记·梓人》："爵一升，觚三升。"《说文·角部》："觞受三升者觚。"段玉裁注："燕礼、大射、特牲皆用觚。"

爵 古代的一种饮酒器。功用相当于酒杯。爵即"雀"义。青铜制，后亦有以金、玉等制者。圆形腹或方形腹，平底或凸底，有流（嘴儿）及尾，形状颇似鸟雀之曳尾翘立。爵下有三个高尖足。器口上有二柱，也有一柱或无柱者。盛行于商及西周，广泛用于祭祀及宴会。

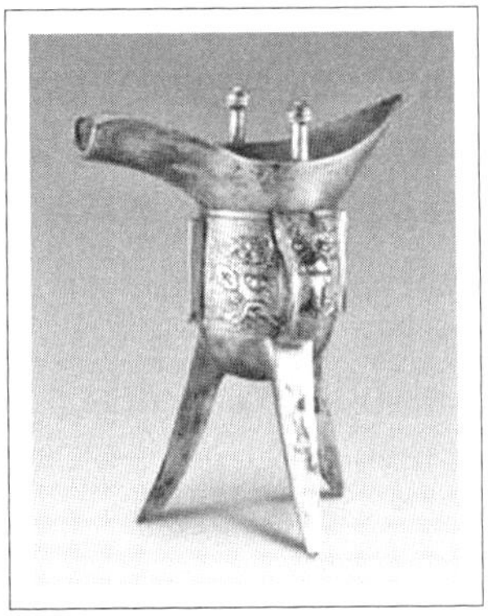

清代铜鎏金爵

觥 泛称大的酒杯。宋欧阳修《醉翁亭记》："觥筹交错，起坐而喧哗者，众宾欢也。"参见"兕觥"。

兕觥 古代一种盛酒及饮酒器。兕，兽名，头生一角，色青，类似野牛，一说即雌犀牛。兕觥，初以犀牛角制，后为铜制或漆木制。腹圆或方形，圈足或四足，有流与把手，有盖。盖作有角兽头形或长鼻上卷的象头形。形似匜，至王国维《说觥》始辨识之。盛行于商代及西周。《诗·周南·卷耳》："我姑酌彼兕觥。"毛传："兕觥，角爵也。"孔颖达疏："《礼图》云：觥大七升，以兕角为之。"

杯 一种盛饮料的器皿。可盛酒或羹。有玉、金、银、铜、木及陶瓷等制者。始于战国时期，初为"耳杯"。后世形制多样，以所盛饮料来指称，常见者为茶杯、酒杯。杯之小者称为"盏"。《庄子·逍遥游》："覆杯水于坳堂之上。"《史记·项羽本纪》："必欲烹而翁，幸分我一杯羹。"晋陶潜《责子》诗："天运苟如此，且进杯中物。"宋欧阳修《渔家傲》词："金盏溢，却忧风雨飘零疾。"

耳杯 古代的一种饮酒器。也可盛羹。椭圆形，两侧各有一弧形的耳。多为木胎涂漆，也有全体铜制或两耳上鎏金者。因其形状似爵（雀），两耳像雀之双翼，亦名"羽觞"或"羽杯"。一说，饮时杯上可插羽毛，意在催人速饮。盛行于战国、汉代至晋。

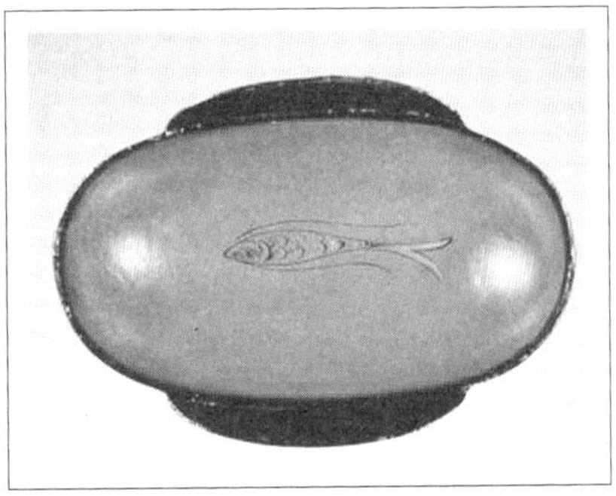

漆器耳杯

斝 古代的一种酒器。玉或青铜制。圆口，三足，一鋬。形状似爵而大，然无流无尾，仅在口缘上有两柱。腹有圆形而平底的；有腹部分裆，袋足似鬲的；也有少数体方而四角圆，

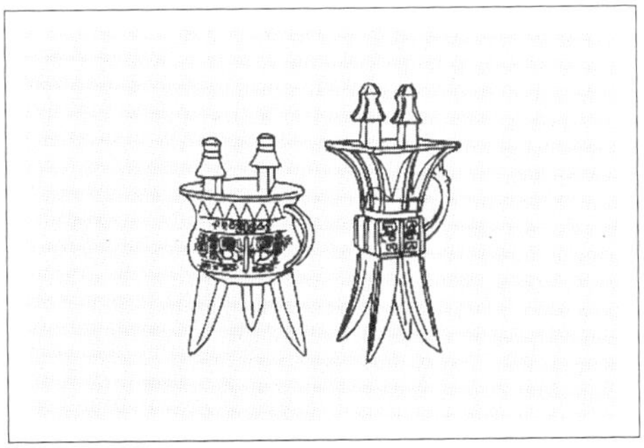

妇好斝

四足，带盖的。盛行于商及西周初。其初为玉制，后世珍贵的玉制饮器，往往亦称为“斝”。《诗·大雅·行苇》：“或献或酢，洗爵奠斝。”《说文·斗部》：“斝，玉爵也。夏曰盏，殷曰斝，周曰爵。”唐张说《岳州宴姚绍之》诗：“翠斝吹黄菊，雕盘脍紫鳞。”《红楼梦》四一回：“又见妙玉另拿出两只杯来。一个旁边有一耳……妙玉便斟了一斝递与宝钗。”

酒船 一种较大的酒器。形如船，金银制，则称为“金船”或“银船”。起于魏晋时。古典诗词中亦以“船”为杯的代称。北周庾信《北园新斋成应赵王教》诗：“玉节调笙管，金船代酒卮。”唐白居易《早春西湖闲游怅然兴怀》诗：“画舫牵徐转，银船酌慢巡。”唐张祜《贵家郎》诗：“醉把金船掷，闲敲玉镫游。”宋叶廷珪《海录碎事·饮器门》：“金船，酒器中大者。”《增补类腋·物部·酒器》“酒船”引《觥记注》：“南海出酒船，以金、银为之，内藏风帆十幅，酒满一分则一帆举，饮干一分则一帆落，真鬼工也。”

匕 古代的一种食器。状如今天的羹匙。古代有饭匕、牲匕、疏匕、挑匕四种。形制相似，唯长短大小，因用途而不同。饭匕，以枣木制。后世亦有以金、银、琉璃制者。今之羹匙，系由匕演变而来。

箸 俗称“筷”。一般以竹木制。亦有用象牙、犀牛角、金、银、铁等制者。与“匕”同为汉族人民的主要餐具。起于商代，后流传到亚洲如日本等国。中国人至今仍以箸进食。

筷 见“箸”。

茶壶 饮茶用的器具。形制各别。汉代所用茶具，大约为釉陶一类。唐以后，饮茶之风盛行，贵族家庭的茶具多为金、银、玛瑙或玉制，民间以陶瓷茶碗为主。明中期以后，出现用瓷壶和紫砂壶的风尚。由清迄今，以江西景德镇白瓷茶壶与江苏宜兴紫砂茶壶为贵。

笊篱 用竹篾或金属丝编成的勺形漉器。唐段成式《酉阳杂俎前集·忠志》：“安禄山恩宠莫比，锡赉无数，其所锡品，有桑落酒……银笊篱。”清李光庭《乡言解颐·物部上·庖厨十事》：“笊篱用以淅米、捞面、抄蔬菜，水去不留，网疏不漏，古人制器之妙义也。三家村以破笊篱悬于门前柳枝上，以当望子。”

床 供人坐卧的器具。多为木制，也有铁床、石床。统治者豪华奢侈，有以金、银、玉、象牙、珊瑚、玳瑁制的床。战国时出现形制考究、雕刻精美的漆木床。当时床足较矮，床周围有栏杆，床上可置几案，人们读书、写字、进食，多在床上进行。魏晋以后，室内家具种类增多，床的高度才与今相似。《诗·豳风·七月》：“十月，蟋蟀入我床下。”《世本》：“纣为玉床。”《战国策·齐策三》：“孟尝君出行国，至楚，献象床。”

榻 供人坐卧的器具。类似床，四足，较低矮。小者仅供一人坐，大者亦可卧。多以木或竹制成。有的三面置有矮屏风。《释名·释床帐》：“人所坐卧曰床……长狭而卑曰榻。”《后汉书·徐穉传》：“蕃(陈蕃)在郡不接宾客，唯穉来特设一榻，去则县(悬)之。”《玉台新咏·为焦仲卿妻作》：“移我琉璃榻，出置前窗下。”

簟席 席指芦苇、竹篾等编成的铺垫用具，簟专指竹席，合称簟席。中国古代，床、榻及地上皆铺簟席，便于坐卧。魏晋六朝时，会稽(今绍兴)所产竹席进贡宫廷，号流黄簟。唐代，蕲州笛竹簟尤为有名。此外，亦有以藤、草、猪毛乃至象牙精制而成者。铺地用于歌伎表演的，称“舞簟”。

枕 睡卧时枕首的用具。古代除布帛锦缎等织物制成者外，还有以木、瓦、革、琥珀、磁、水晶、玉、石等制成者。形状不一，一般多为长六面体，名为角枕。有的中空，可贮香料药物、花瓣等，有安神、醒脑、明目等保健作用。与簟席合称“枕簟”“枕席”。夫妇成对之枕叫“鸳鸯枕”，是情爱的象征物。

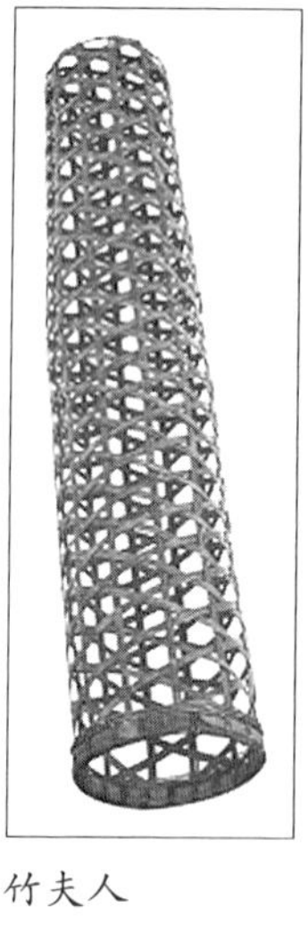
竹夫人

竹夫人 亦称“青奴”。古代夏日用具。唐时名竹夹膝，至宋始称竹夫人。编青竹为长笼，或取整段竹中间通空，四周开洞以透风，暑天置床席间，睡卧时抱于怀中，亲近以取凉。

氍毹 一种毛织的毯子。汉代自西域传入。古代用作地毯、床毯、壁毯、帘幕等。旧时富贵之家观舞演剧，演员们即于其上表演，因用红色氍毹，故“红氍毹”或“氍毹”亦借作歌舞场、舞台的代称。《乐府诗集·相和歌辞十二·陇西行》：“请客北堂上，坐客毡氍毹。”唐岑参《玉门关盖将军歌》：“暖屋绣帘红地炉，织成壁衣花氍毹。”清富察敦崇《燕京岁时记·灯节》：“楼设氍毹帘幕，为宴饮地。”清张岱《陶庵梦忆·刘晖吉女戏》：“十数人手携一灯，忽隐忽现，怪幻百出，匪夷所思，令唐明皇见之，亦必目睁口开，谓氍毹场中那得如许光怪耶！”

桌 室内家具的一种。古代几、案置于席上或床上，比较矮小。桌面方形、四腿较高的桌子形象，最早见于东汉墓葬中的陶制模型，外形与现代方桌基本相似。然当时尚未广泛采用。至唐代，桌椅普遍使用，人们坐椅据桌，席地而坐或在床上活动的习惯才有了根本的改变。宋杨亿《谈苑》：“咸平景德中，主家造檀香倚桌一副。”倚卓，即椅桌。《水浒传》第四回：“安排整顿许多金银酒器，设放在桌上。”

椅 室内家具的一种。古人席地而坐。汉魏时尚无椅凳，人们坐于床、榻之上。其坐式与跪近似，以臀部着于足跟。敦煌莫高窟唐代壁画中，已出现有扶手椅、靠背椅的形象。后世沿之。椅，初写作“倚”字。《新五代史·景延广传》：“延广所进器物，鞍马、茶床、椅榻，皆裹金银，饰以龙凤。”宋丁谓《谈录》：“于堂前雕起花椅子二只，以祗备右丞洎太夫人同坐。”《金史·仪卫志下》：“坐麒麟金浮图椅。”

几 古代的一种家具。面狭长，不高，下面两端有足。在高足桌、椅出现以前，人们将几置于地席或床榻上，用以搁置物品或吃饭、看书。后世则有炕几、茶几、搁几等。

案 古代的一种器具。分食案与书案两种。食案是送食物的托盘，木制涂漆，长方形的有四个矮足，圆形的三个矮足。可置于席上或床上，用时陈设，用毕即撤去。书案是用于读书和办公的长条形矮桌，其两端宽足向内弯成弧形。六朝以后，高足的桌椅等渐流行，书案样式也随之变高。《周礼·考工记》：“案十有二寸。”郑玄注：“以玉饰案，其广十有二寸。”《后汉书·梁鸿传》：“为人赁舂。每归，妻为具食，不敢于鸿前仰视，举案齐眉。”汉张衡《四愁诗》：“美人赠我锦绣段，何以报之青玉案。”汉曹操《上杂物疏》：“御物三十种，有纯银参镂带漆画书案一枚。”《资治通鉴·汉献帝建安十三年》：“（孙权）因拔刀斫前奏案曰：‘诸将吏复有言当迎操（曹操）者，与此案同！’”此处“奏案”，即指听取奏事的书案。

屏风 亦称“障子”。室内用的一种家具。用于挡风或遮蔽，起于周代。有座屏风与围屏风之分。有的单扇，有的由若干扇构成，可以屈曲折叠。还有一种作摆设用的插屏。其质地有木、竹、玉、琉璃、水晶、象牙、云母等。或用漆雕，或镶嵌珠宝，或嵌以螺钿；或蒙素缣，于其上刺绣或彩绘山水花鸟、人物故事等。其名称有素屏、玉屏、锦屏、画屏、云屏、翠屏、雀屏、花屏等。明张绅《题江岫图》诗：“太常春瓮碧霞沉，六曲屏风对银烛。”置于枕畔小巧精致的，叫枕屏。唐温庭筠《菩萨蛮》词：“无言匀睡脸，枕上屏山掩。”

木雕六扇屏风

纸帐 床帐的一种。系用一种质地柔韧的藤皮茧纸缝制而成。以纱布为顶，取其透气。帐上常绘有梅花，风致清雅。唐、宋、明以来，诗人隐士及僧人道士颇喜用之，称为“梅花纸帐”，每见于诗词笔记。宋朱敦儒《鹧鸪天》：

“道人还了鸳鸯债，纸帐梅花醉梦闲。”明高濂《遵生八笺》卷八：“纸帐，用藤皮茧纸缠于木上，以索缠紧，勒作皱纹，不用糊，以线折缝缝之。顶不用纸，以稀布为顶，取其透气。或画以梅花，或画以蝴蝶，自是分外清致。”

碧纱厨 亦作“碧纱幮”“碧纱橱”，省称“纱厨”。古代一种帏帐性质的装置。乃以木头做成架子，装槅扇门，顶上与四周蒙以绿纱，状如小屋。富贵人家多有之，平时折叠收藏，夏季张开摆在室内或花园中，坐卧其间，蔽日透风，可避蚊蝇。唐王建《赠王处士》诗：“松树当轩雪满池，青山掩障碧纱厨。”元王实甫《西厢记》第四本第一折：“今宵同会碧纱厨，何时重解香罗带？”《红楼梦》第三回：“当下王嬷嬷与鹦哥陪侍黛玉在碧纱厨内。”

碧纱厨

铜镜 古代日常生活用品。铜镜的正面平滑光泽，用以梳妆照面，背面一般铸有花纹或字铭。商代已有铜镜，汉、唐时制作精美，式样丰富。镜体有圆形、葵花形和菱花形等。其纹饰、图案、铭文，是研究古代纹样、神话故事、诗歌发展的宝库。西汉时，曾出现一种奇特的铜镜，称为“透光镜”，外形与普通镜一样，但当光线照在镜面上时，镜面相对的墙上，会反映出镜背面花纹的影像。宋元后，玻璃镜传入中国，铜镜才渐衰落。东汉徐幹《情诗》：“自君之出矣，明镜暗不治。思君如流水，何有穷已时。”

古代铜镜

镜台 古代贵族妇女梳妆所用器具。可安放或悬挂起铜镜。镜台有玉、银、铜、玳瑁制及珍宝镶嵌者，豪华精美。汉曹操《上杂物疏》：“镜台，出魏宫中，有纯银参带镜台一，纯银七，贵人公主镜台四。”《晋东宫旧事》：“皇太子纳妃，服用有玳瑁细漏镜台一。”

奁 古代存放器物的匣子。诗词作品中，妇女梳妆用的镜匣及盛放化妆品的盒子，称为“妆奁”“镜奁”或“香奁”等。由于装饰精美，其中常存放金玉首饰，故又称“宝奁”。

博山炉 青铜制香炉。为古代贵族生活用品。形状略如今天的高脚杯而下有圆盘。炉上有盖，雕镂成山形，上有羽人、走兽等形象。盘中贮水，使“润气蒸香”。香烟自炉盖中冒出。制作精巧者有五层、九层，外涂金、银。亦有玉或瓷制者。唐李白《相和歌辞·杨叛儿》：“乌啼隐杨花，君醉留妾家。博山炉中沉香火，双烟一气凌紫霞。”

铜错金博山炉

香炉 焚香的器皿。金属或陶、瓷制成，用于陈设、熏衣、供佛、祀神等。其大小形状不一，多做成鸟兽之形，如狻猊、鸭、鹤等，称为金猊、香兽、香鸭等。古无香炉，自汉代造博山炉，始有香炉之制。

金猊 亦称“金狻猊”“香兽”。指刻镂成狮子状的镀金铜香炉。狻猊即狮子。宋李清照《凤凰台上忆吹箫》词：“香冷金猊，被翻红浪，起来慵自梳头。”清蒲松龄《聊斋志异·余德》：“金狻猊爇异香。”吕湛恩注引《香谱》：“香炉以涂金为狻猊之状，空其中以燃香，使香自口出。”

铜狻猊香薰

香篆 一种通过模压制成、盘曲如篆字形状的香。有的在上面压刻有十二时辰，共分96刻，放在盘内，可以燃一昼夜，用以计时。

自鸣钟 亦称“时辰钟”。计时仪器。明万历时期由意大利耶稣会士传入中国。明谢肇淛《五杂俎·天部二》：“西僧利玛窦有自鸣钟，中设机关，每遇一时辄鸣。如是经岁无顷刻差讹也。”清印光任《澳门纪略》：“自鸣钟有数种，曰桌钟，曰挂钟，皆按时发响，起子末一声，至午正十二声；复起午末一声，至子正十二声。鸣时八音俱奏者，谓之‘乐钟’。欲知其辰，而非其应鸣之时，则掣绳转机而报响，谓之‘问钟’。”《红楼梦》第十四回：“不论大小事，都有一定的时刻——横竖你们上房里也有时辰钟。”

时辰表 亦称“怀表”“挂表”。装在衣袋里或挂着使用的小型计时器。明、清时由欧洲传入。皇室及功臣贵族之家多有之。《清文献通考·象纬三》：“时辰表，以金为之，形圆。盘径一寸五分二厘，均分时刻，以针指之。内施轮齿，盛以金盒……周饰杂宝。”《红楼梦》第十四回：“素日跟我的人，随身俱有钟表，不论大小事，都有一定的时刻。”

熏笼 亦称“篝”“火笼”。室内用具。由熏炉和罩在外面的笼子组成。炉以青铜等制，笼以竹制。可焚香熏衣被及燃木炭取暖。战国时王宫与贵族家庭中已有此物，后世沿其制。民间所用陶制火盆与竹笼，乃其遗意。又，铜制的手炉、足炉亦从其变化而来。

清陈洪绶《斜倚熏笼图》(局部)

香皂 亦称“胰子”“胰皂”。古代以含皂素的皂角去种子后捣烂，做成橘子大小的球状，用来洗面、洗身和洗衣，称为“肥皂”。此后又取其汁和以香料药物，制为“香皂”。至明代成为一种高级的洗涤化妆用品，大都市有商店专门售卖。

麈尾 省称“麈”。一种兼有拂尘和扇子功用的名流雅器。其形似树叶状，前端以麈(一种大鹿)的尾毛为装饰，柄以檀木或白玉制成。因麈与群鹿同行，麈尾摇动，可指挥鹿群走向。“麈尾”取义于此，有领袖群伦之义。魏晋六朝时名士清淡时常手执麈尾，以为风致。唯有善于谈玄的大名士，才有执麈尾的资格。后世称为“挥麈谈玄”。

羽扇 用鹰、鹤等鸟羽制成的扇子。形制不一。汉末为南方人士所喜好。蜀诸葛亮、晋顾荣皆曾持白羽扇指挥军队。因而，后世戏曲小说中，军师谋臣常以执羽扇形象出现。宋苏轼《念奴娇·赤壁怀古》词：“遥想公瑾当年，小乔初嫁了。雄姿英发，羽扇纶巾，谈笑间，樯橹灰飞烟灭。”

折叠扇 亦称“撒扇”“聚头扇”“聚骨扇”，今通

唐孙位《高逸图》中执麈尾的阮籍(左一)

称“折扇”。一种工艺扇。用时撒开,收时折叠。以竹、檀香木、象牙等为扇骨,大骨二,小骨数目不等。大骨上镌刻书画,扇面为纸或绢,由名家作山水花鸟及诗词于其上,成为一种独特的艺术。以苏、杭、川等地所产最精。16世纪传入西欧,贵族阶层妇女人手一柄,蔚为时尚。

折叠扇

纨扇 亦称“宫扇”。一种工艺扇。形似圆月,古代宫廷中多用之。边框及柄以竹制,扇面用洁白丝绢,上画山水楼台、草虫花鸟等。有圆形、长圆、梅花、葵花、海棠等样式。精美雅致,自汉代至北宋是纨扇的盛行时期。四川及苏、杭的纨扇,制作最精。汉班婕妤《怨歌行》:“新裂齐纨素,鲜洁如霜雪。裁为合欢扇,团团似明月。出入君怀袖,动摇微风发。常恐秋节至,凉飚夺炎热。弃捐箧笥中,恩情中道绝。”

纨扇

蒲葵扇 俗称“芭蕉扇”,也称“葵扇”。用蒲葵叶制成的扇子,炎夏使用。蒲葵,一种棕榈科的常绿乔木,其叶大,柄长,专用于制扇。

笏 亦称“朝笏”“牙笏”“手板”。古代臣子上朝时手中所拿的狭长板子。以象牙、玉或竹片制成,长尺余。以记奏事之要点和供指画之用。皇帝亦常用来赏赐臣下,表示宠信和奖励。

如意 一种象征吉祥的器物。初用于搔痒,以可如人意,故称。柄微曲,柄端呈手指形,以玉、石、犀角、竹、骨、木、铜、铁等制成。名士谈玄、僧人讲经,持手中便于指划。近代多改作灵芝形、云彩形,供陈列玩赏。

火石 取火用的燧石。古人家居往往随身携带,用火镰(一种形似镰刀的铁块)打击火石,击出火花,以点燃垫在火石下的艾绒。唐代,贮放火石的口袋,是武官身上的佩饰之一。

庭燎 古代夜晚用于照明的火炬的一种。用含油脂的细木条或芦苇、竹、麻等缠为一束,并涂以油脂制成,可燃烧较长时间。周代,用于王宫门外的称为“大烛”,用于门内较小者称“庭燎”。后世的蜡烛,由“庭燎”演变发展而来。

烛 夜晚照明的一种用品。最初,古代用麻秆、竹木、芦苇等植物茎,集为一束,点燃而执于手称为"烛"。后乃以苇杆为中心,以布缠裹,浸动植物油脂以助燃。此烛之雏形,起源上古。至晋代,已有圆柱形的蜡烛,与油灯同为生活中必备之需。通常为红烛。婚礼所用的彩饰的蜡烛,称花烛。

灯笼 照明的用具。以竹篾为骨架,纱、葛、油纸为笼,在其中点燃蜡烛,可防风吹灭。其形制大小各异。旧时自宫廷至民间普遍用之。官府豪门则往往将衙门名称、官号及主人姓氏大书其上,以为标识。

名刺 即名片。古代未有纸,将自己名字写在竹木片上,用于拜访别人时投递,汉末称为"刺"。后世用纸,称为"名纸""名帖""帖子""拜帖"。除姓名、官爵、籍贯外,有的并写明所要告白之事,旧时普遍使用之。一般用白纸,明代中叶后,竞用红纸名帖。

算盘 计算数目的用具。以木制成,四周有框,中有纵杆若干,称为档。每档串木珠七枚。以横木为梁,隔为上二下五。依口诀上下拨动算珠,即可进行计算。珠算简便迅捷,为中国古代重要发明,系由春秋时期普通使用的筹算逐渐演变而成。算盘名称最早见于宋代的《谢察微算经》,可以确定至迟在宋代,有横梁的穿档的大珠算盘已出现。至元代,算盘已十分流行。宋元之间的刘因写有《算盘》一诗。旧时商业普遍用之。

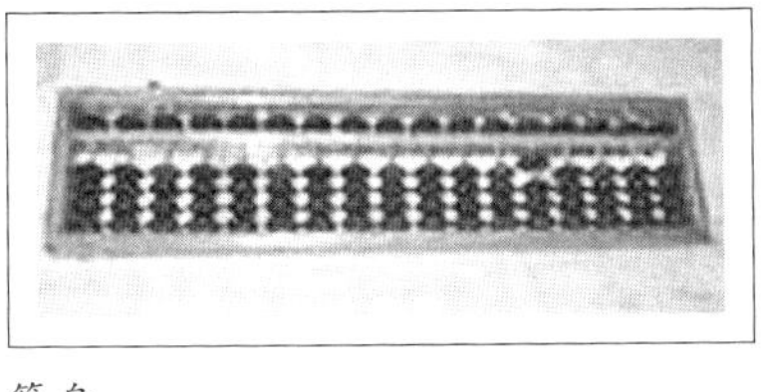

算盘

爆竹 亦称"炮仗"。喜庆节日用物。古代元旦清晨,在庭前燃空竹,发出毕剥声响,认为可以驱除山鬼,称为"爆竹"。后世用纸卷火药,爆裂时能产生巨响,即名"爆竹"。至宋代,爆竹的制作,已极精巧。其燃放,也从元旦逐渐扩展到所有喜庆节日,如除夕、元宵、结婚、迎神赛会、迁居、开业等。

惊闺 亦称"惊闺叶"。一种装有铃铛的小鼓,有的还挂着金属片。旧时卖针线脂粉的小贩和磨镜者所用。持柄摇鼓,可引唤妇女出门购物。《醒世恒言·勘皮靴单证二郎神》:"冉贵却装了一条杂货担儿,手执着一个玲珑珰瑯的东西,叫做个'惊闺',一路摇着,径奔二郎神庙中来。"《金瓶梅》第五十八回:"正说着,只听见远远一个老头儿,斯琅琅,摇着惊闺叶过来。潘金莲便道:'磨镜子的过来了。'"《清稗类钞·物品类·惊闺》:"惊闺,贩卖针线脂粉之人所执之器也。形如鼗而附以小钲,持柄摇之,则钲鼓齐鸣,以代唤卖。曰惊闺者,欲其声之达于闺阁也……《滇事纪略》谓吴三桂之妾陈圆圆,为江南陈惊闺之女是也。"

毛笔 中国特有的书写、绘画用具。与纸、墨、砚合称"文房四宝"。是人类文明史上的重大发明之一。周代已能制造毛笔。一般以羊毛、兔毛、黄鼠狼尾毛等为笔毛,以竹或木为笔杆。因用途不同,有粗细、长短、软硬之别。优质毛笔,应具有"尖、齐、圆、健"的特点。中国书法、绘画艺术注重线条,与毛笔有很大关系。参见"制笔"。

墨 中国特有的书写、绘画用具。与毛笔、纸、砚合称"文房四宝"。起源于公元前十二世纪以前。后来的墨,多以松树、桐树、漆树等烧作的烟料制成。分为松烟和油烟两大类。松烟墨适合书写,油烟墨适合绘画。中国的书法与绘画艺术讲究"笔墨",与使用的墨有很大关系。参见"制墨"。

纸 中国书画、印刷及日用的材料。与毛笔、墨、砚合称"文房四宝"。据考,西汉时已发明以大麻及苎麻等植物纤维造纸,只是所造纸质地粗糙,数量少,成本高,不能普及。至东汉蔡伦加以改进,此后才逐渐普及。唐五代之际,雕版印刷技术发明,纸与之相结合,使书籍得以大量印刷。它对典籍的保存、流通,书法、绘画的发展繁荣以及生产生活的便利化产生了巨大影响,极大地推动了文明的进步。参见"造纸术"。

砚 中国特有的书写、绘画用具。也写作"研"。与毛笔、纸、墨合称"文房四宝"。以墨加水研磨,能出墨汁。商代墓中已有玉质古砚出土。春秋战国至近代,文人普遍使用石砚,是钢笔、铅笔等引进以前,中国人日常必备的文具。形容人长期读写用功叫“铁砚磨穿”,靠写作获得生活来源,称为“笔耕”与“砚田”。清戴名世《砚庄记》:“世之人以授徒卖文称之曰笔耕,曰砚田。”王力《〈同源字典〉写成》诗:“望八衰翁老蠹鱼,砚田辛苦事耕锄。”参见“制砚”。

耒耜 中国最早的耕作工具。早期的耒即尖木棒。后产生“双齿木耒”,为前带双叉的木棒。汉武梁祠石刻“神农执耒图”、汉墓出土的木俑及陶俑,所执皆双齿木耒。耜,最初为经过打磨的石片,圆形,头尖,带柄。人们用两者掘土、播种、除草等。耜缚在耒的头上,合称“耒耜”,演变为犁。战国以后,耒、耜前端多以铁制。耜有铁口的即称为“臿”(锸)。文献中以“耒耜”代表农具。《周易·系辞下》:“神农氏作,斫木为耜,揉木为耒。”《周礼·冬官考工记下》:“车人为耒。”林希逸注:“直而有斜势在上者曰耒,耒下前接者为耜。”《韩非子·五蠹》:“禹之王天下也,身执耒臿,以为民先。”

耕犁 耕地的农具。由农具耒和耜相加发展而成,使用牛耕以后,改称“犁”。出现于商代,西周晚期出现铁犁,春秋时期开始以牛犁田。缺少耕牛的地区,则使用人力的“踏犁”翻土。秦汉以后,既有二牛三人的长臂木辕犁,也有一人一牛的短臂双辕犁。至唐代,逐步改进成定型的木制辕犁。晚唐陆龟蒙《耒耜经》记载其时的耕犁有犁铲、犁臂等 11 个铁、木部件,结构完善,轻便灵活,使用时可调节翻土的深浅。

嘉峪关墓室壁画《耕犁图》

石磨 将粮食碎粒成粉的工具。上古时,人们用木杵与石臼将谷物脱壳取粒。相传春秋时杰出的工匠公输般发明上下重叠的两层的石磨,西汉墓亦有出土。磨的发明,使中国人的食品制作进入“面食”的新阶段,促进了小麦的大面积生产。至晋代,在人力、畜力之外,更发明了畜力连磨与水力连磨的装置。

水运石磨(《农书》)

滑车 古代提吊重物的机械。原理与辘轳相近。一般是在一个架子上装一个能灵活转动的圆轮,圆轮的周边有凹槽,槽中嵌以绳索。用力拉绳的一头,圆轮随绳转动,绳的另一端就上下移动,可以提取水桶或其他重物。汉代四川画像石表明,当时蜀中的盐井中已在使用这种机械。

筒车 一种以水流作动力的灌田工具。其构造是:在水流湍急的岸旁固定设置一能转动的

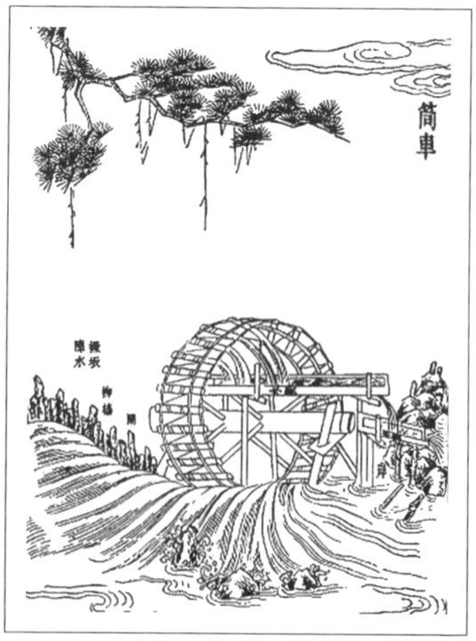

筒车(《天工开物》)

大木轮，大木轮上半部高出堤岸，下半部浸在水里。木轮辐外受水板上斜系有一个个竹筒。急流冲激受水板转动木轮，水桶中依次灌满水，当转过轮顶时，筒口一一向下倾斜，正好将水倒入水槽，并流入田中。此种机械不用人力畜力，日夜不停自动灌溉，约产生于隋唐时代。今滇、桂、川、粤等地仍使用之。

桔槔 一种提水的简单机械装置。多竖立于水井或沟渠边。即以一横木支着于木柱上，一端系重物，另一端悬挂水桶，使两端上下运动来取水。它利用杠杆、重物的惯性和重力加速度的作用，使提水的劳动减轻。约产生于春秋时期。

桔槔（《天工开物》）

辘轳 古代从井中取水的简单机械装置。其构造是在井上搭一木架，架起横轴，轴上套一长筒，筒上绕以长绳，绳的一端挂一水桶。长筒头上装有曲柄，摇动曲柄，绳即在筒上缠绕或松开，水桶亦因之吊上或放下，可以取水。约产生于战国时期。

龙骨水车 亦称“翻车”“踏车”“水车”，省称“龙骨”。一种用于排水灌溉的机械。其结构是以木板为槽，尾部浸入水流中。另一端固定于堤岸的木架上。用时以人力踩动拐木，使大轮轴转动，带动槽内板叶刮水上行，倾灌于地势较高的田中。后世又有利用流水作动力的水转龙骨车和利用牛拉转动齿轮的牛拉翻车。

龙骨水车（《天工开物》）

工艺美术

中国陶器 用黏土或陶土经捏制成形后烧制而成的器具，总称陶器。中国是世界上最早生产陶器的地区之一。考古工作者从湖南道县玉蟾岩遗址、广西桂林甑皮岩遗址先后发现目前中国最原始的陶器，距今约1.2万年。至新石器时代，已有风格粗犷朴实的灰陶、红陶、白陶、彩陶和黑陶等。商代时出现釉陶和初具瓷器性质的硬釉陶。彩陶有丰富的动植物山水图案花纹，黑陶器形浑圆工整，器皿造型多样。在古代的物质生活中，陶器一直是中国人的主要日用器物之一。近现代，以江苏宜兴的紫砂陶、广东石湾的美术陶、山东淄博和河北邯郸的花釉美术陶最为著名。

仰韶文化彩陶双耳罐

宜兴陶瓷 江苏宜兴丁蜀镇所产的陶瓷器。其地有五千年陶瓷生产史。商周时期已生产原始青瓷，秦汉时有釉陶的烧制。现今生产的日用陶、建筑陶、卫生陶、工业陶等，门类齐全，品种繁多。其中青瓷、紫砂陶最为著名。品种有壶、杯、碟、瓶、花盆、盘、假山、雕塑等。又以紫砂茶壶最具特色，享誉最高。

宜兴紫砂壶 著名陶瓷品种之一。是用产于江苏宜兴的紫砂泥及同类的白泥、绿泥、大红泥烧制成的茶壶。这种壶质地较坚硬，外部不施釉，呈现陶泥本色，上面多加以浅刻的图画书法，以刀代笔，线条自然流畅、风格古朴典雅。其制品以造型取胜，式样奇巧繁多，自明代至今，为中外公私藏家所珍藏。

宜兴紫砂茶壶

唐三彩 著名陶瓷品种之一。以黄、绿、蓝、赭、紫等颜色釉装饰陶器，且以绿、黄、白三色为主，故称。盛行于唐开元年间，主要用作随葬的明器。凡与生者在世时有关的建筑、家具、人物、牲畜及生活物品，无不毕备，其色彩绚丽斑驳，造型生气盎然，包括了唐代生活的各方面，历来出土甚多。动物中的马、骆驼，人俑中的贵妇人、胡人、乐舞俑等，姿态生动，堪称珍品。今之仿制品，也称唐三彩。

唐三彩胡人骑马

玉器 以名贵玉石雕琢成的器物。起于新石器时代晚期。最初出现玉刀等工具，后来出现祭祀神灵祖先的祭器。之后出现玉佩。至商周时，产生大量的礼器和佩饰，汉以后更趋向生活日用品的制造。中国玉器原料丰富，有各种美玉数十种,明清两代技法上突破前人,造型有花木、鸟兽、山水、人物、建筑等,具有很高的创造性与艺术价值。

青玉璧

青铜器 以铜锡合金铸造的器物。商代为鼎盛时期。周秦汉沿之,六朝后衰落。形制多源于陶器。包括工具、兵器、炊器、食器、酒器、水器、乐器、车马饰、铜镜、带钩、度量衡器等。各个时期具有不同的风格特征。器上的铭文是研究历史、冶金、文字和工艺美术的重要物质依据。

商代青铜四羊首瓿

漆器 以中国独特的漆工艺制成的器物。早在商周时期,已用色漆和雕刻来装饰器物。战国时青铜器衰微,优质漆器已广泛应用于生活的各个方面。漆器广销中原市场,楚国漆器尤为著名。汉代漆器产地之广、数量之多、传播之远前所未有,制造中心在今四川。唐宋中心在今湖北襄阳。宋元时审美取向转向雕漆。明代漆器,备极精美,达于最盛。今北京、福州、扬州、西安、凤翔及贵州、河北等地区所产漆器,工艺精湛,名扬中外。福州以造型雅致、色泽鲜明、轻巧耐用的脱胎漆器为特色。扬州漆器以螺钿镶嵌、玉石镶嵌为特色。北京漆器以金漆镶嵌为特色,具有清雅的风格。

战国凤鸟纹漆盒

漆画 中国传统的漆器艺术之一。战国漆画使用的漆色有朱、黑、黄、金四种,以朱、黑两色最多,色彩的衬托也多是黑地朱绘或朱地黑绘。出土漆器的花纹、画工精巧,构图美观,有龙纹、凤纹、鸟纹及几何形花纹图案,也有以现实生活为题材的狩猎纹。

石雕 中国传统雕刻形式。即以天然名贵石料,精工雕刻成形态各异的观赏造型或器物用品。殷商时期已有大理石圆雕的人、兽、虫、鸟形象。汉代圆雕气魄雄浑,平雕主要为画像石。此后,两晋南北朝的石窟雕刻,唐代的圆雕人物、走兽,宋代的石砚,皆负盛名。历代石雕名品中,福州寿山石雕、浙江青田石雕,多雕人物、动物、花果、山水等;宁夏贺兰石雕,多制作台灯、烟具、花瓶;湖南浏阳菊花石雕,多雕花瓶、挂屏、假山等。此外,尚有河北汉白玉雕、四川广元石刻等,各自具有高度的艺术成就。

象牙雕刻 简称“牙雕”。中国传统雕刻形式。起于商代。发展至近现代,主要分布在北京、广州、上海、南京等地。所雕品种有人物、花卉、鸟兽、亭台、楼阁及实用器皿等,技法有浮雕、圆雕、平刻、镂雕、微雕。20 世纪 50 年代后,广州象牙雕刻又出现“蟹笼”、象牙船、花篮、花瓶及大型主题牙雕等,构思巧妙,工艺精湛,超过前代。

镂雕多层象牙球

木雕 中国传统雕刻形式。即以优质木材,根据不同的品种、纹理、色泽、雕刻成各种观赏造型、建筑装饰、宗教神像和家具用物等。中国木雕历史悠久,有丰富多彩的技法风格。主要的有浙江东阳木雕及乐清和温州的黄杨木雕,福州木雕,广东潮州金漆木雕,苏州建筑木雕,山东曲阜楷木雕刻等不同流派。

黄杨木雕 以黄杨木为原料的木雕工艺品。黄杨属常绿灌木,是一种名贵木材,它质地坚韧,纹理细腻,硬度适中,色黄如同象牙,适宜雕刻小型的人物与陈设品。年久色泽渐深,更显古朴美观。浙江的温州乐清、广东的潮州等地产黄杨木,也是黄杨木雕的产地。

东阳木雕 中国传统工艺。浙江东阳四面环山,盛产林木,自古以制作斗拱及雕刻佛像等传统工艺闻名。明代,多制作居室、厅堂、宗庙、牌坊等建筑物的木雕装饰。清代,大量东阳木雕工匠参与修建北京故宫建筑的木雕工作。东阳木雕艺人多取材神话故事、民间传说,尤擅长雕刻大型佛像或成套作品。如曾为杭州灵隐寺雕一香樟木大佛像,高 19.6 米;又人民大会堂内,有一套 24 幅的故事传说条屏,长三百多米,形象生动,气魄宏伟。

微雕 中国传统雕刻工艺。即在橄榄核、核桃、胡桃、象牙粒上雕刻图画或书法作品,笔画极微细,而意态生动,仍保持原有的艺术风格。源于上古的甲骨文字篆刻。至明代,其艺愈精,有人在橄榄核上,雕出 16 个半粒米大情态生动的娃娃;又有人在一桃核上刻"苏东坡夜游赤壁"游船一艘,船舱有窗八扇,船上人物五人。现代微雕,不减前人。

中国瓷器 以瓷土、长石、石英为原料,成形后烧制而成的日用品或陈设品。中国最早的原始青瓷,发现于山西夏县东下冯龙山文化遗址,距今约 4 200 年。器类有罐和钵。分布较广,黄河流域、长江中下游及南方地区都有发现。真正的瓷器出现于东汉,浙江绍兴市上虞区上浦小仙坛发现有东汉晚期瓷窑址和青瓷等。瓷片质地细腻,釉面有光泽,胎釉结合紧密牢固。唐代主要是青瓷与白瓷。宋代有定、汝、官、哥、钧五大名窑。明以后,江西景德镇成为全国瓷器制造中心,各种釉色及彩绘瓷器不断创新与发展,取得极高成就。中国瓷器与书法、绘画、雕塑、文学、历史等紧密联系,体现了中国人的审美情趣。宋以后一直远销外洋,是中国人对世界文明的伟大贡献。

瓷器过釉(《天工开物》)

宋瓷 中国宋代瓷器的总称。至宋代,瓷器达到成熟,当时的名窑有:在今河南的汝窑、官窑、钧窑，河北的定窑、磁州窑，浙江的龙泉窑，江西的景德镇窑、吉州窑，福建的建窑，陕西的耀州窑等。宋代瓷器在雕刻、配料和烧制技术上有新的发展，形态和釉色双美，气韵柔美温和，远销亚、非各国。

宋代官窑瓷瓶

青瓷 古代瓷器品种。晋代越窑的缥瓷为早期青瓷。唐五代时有千峰翠色、秘色瓷、“雨过天青色”等不同名称。宋代青瓷，成就达到高峰，颜色深浅浓淡，多姿多彩。明代销至法国，其莹润如玉的特质引起惊叹，法国人将其比喻为舞台上穿的美妙的青色衣服“雪拉同”。“雪拉同”因此成为欧洲文献里中国青瓷的代称。

越窑青瓷莲花碗

白瓷 古代瓷器品种。与青瓷相比，其胎釉含铁量低，胎色较白，釉色透明或乳浊。白瓷最早出现在北朝晚期的北方地区，隋代正式烧成，在唐代与南方青瓷并立，形成“南青北白”的格局，此后历代不衰。邢窑、巩县窑、定窑、磁州窑、景德镇窑、鹤壁窑、登封窑、耀州窑、萧县窑等众多窑场都有生产。胎土质量不佳的地区，往往借助白色化妆土来制作白瓷。白瓷的出现，是中国陶瓷史上新的里程碑，为以后青花、五彩、粉彩等彩瓷的出现奠定基础。

宋代定窑白瓷瓶

黑瓷 古代瓷器品种。是在青瓷基础上发展而来的。以铁的氧化物为主要呈色剂，呈黑色。商周原始瓷中已出现黑瓷，东汉浙江上虞帐子山、东晋德清窑等均有烧造。宋代黑瓷种类大增，如建窑的兔毫、油滴、曜变黑瓷，吉州窑玳瑁斑、木叶纹、剪纸贴花黑瓷。此外，定窑、磁州窑等北方窑场亦有烧造。元、明、清时期，黑瓷亦十分常见。

青花瓷 瓷器釉下彩的一种。专指一种白地蓝花瓷器。其烧制方法，先在瓷器毛胚上描绘

青花瓷壶

纹饰，再上一层无色透明的釉，在高温下一次烧成。纹饰清澈明丽，风格明净素雅。创始于宋，至明清时，造型多样，远销西欧。以景德镇的出品最佳。

彩瓷 绘有彩色装饰图案的瓷器。渊源于上古的彩陶及唐三彩陶器。宋代磁州窑始创彩绘技法，后此项技术传入景德镇，在明成化年间，彩瓷乃大放光芒。其最高成就为釉上彩与釉下彩结合的"斗彩"，在陶瓷史上具有里程碑作用。至清，彩瓷有民间五彩、珐琅彩、粉彩、斗彩、素三彩等，千变万化，蔚为大观。

五彩鹭莲纹蒜头瓶

珐琅彩瓷 清代康熙、雍正、乾隆三朝御窑的瓷器新产品。其彩色颜料以国外的珐琅质为主，兼用中国彩料；画法也受到外来影响。瓷质莹洁，造型挺秀，色彩鲜艳，画意精美。有杯、盘、碗、碟、瓶等。雍正时多在白瓷器上彩绘，乾隆时多仿西洋油画作画，人物题材增多。

清雍正珐琅彩瓷碗

脱胎瓷 亦称"薄胎瓷"。一种特殊的瓷器品种。极薄透光，似乎无胎骨而只有釉层。景德镇白瓷的脱胎瓷成熟于明代。至清代，其薄如蛋壳，盛行于世。现代以来，产品工艺水平超过古代，品种逾百。白瓷而外，更有青花、粉彩、色釉等的脱胎瓷。有一种薄胎瓷灯，双面彩绘，山水花卉，若隐若现，如烟如雾，可称绝世珍品。

窑变 一种特殊的瓷器工艺。因釉里的铜、铁等不同质料未经融和，器皿入窑烧制后，经氧化还原，而形成各种变化多端的纹片或丰富美丽色彩的现象。初系偶然形成，始于北宋，后则有意为之，追求窑变的各种效果。至清代，景德镇已能烧制出各种窑变的理想产品，称为"窑变釉"，也叫"杂色釉"或"花釉"。

明代窑变瓷罐

景德镇瓷器 江西景德镇所产的瓷器。宋代有青瓷、白瓷，元代有青花瓷、釉里红、颜色釉瓷。明代于此设御瓷厂，成为全国制瓷中心，著名产品有青花瓷、釉上彩、斗彩、薄胎瓷、祭红等。至清代，又创造出五彩、古彩、珐琅彩、粉彩、素三彩、郎窑红等，驰誉世界。

明代景德镇瓷碗

景泰蓝 中国独特的传统工艺品。系用铜胎掐丝后填以珐琅釉彩,经烧制磨光镀金或银而成。有各种器皿造型。其技术在元代由阿拉伯传入。明代景泰年间大量制造。由于珐琅质中含有钴蓝,烧成的珐琅器有一种特殊的宝蓝色,因称。主要产于北京。

清代景泰蓝花瓶

琉璃 中国独特的传统工艺品。以陶土为胎,施以主要成分是氧化铅的琉璃釉,再入窑烧成。有缸、盆、砖瓦等。西周时期已有琉璃珠、琉璃管等。宋代以后,琉璃工艺才得到较大发展,北京北海的琉璃九龙壁,北海公园及香山公园的琉璃牌坊等,都是元、明、清时代留下的代表作。

料器 以加颜料的玻璃原料制成的手工艺品。制品纯净光滑,类似玻璃,有各种不同的色彩。主要制作各种小型摆饰、玩具或日用品。产地在北京和山东博山。

制笔 中国制毛笔已有2 000年以上历史。秦代以兔毛为毫。自汉至宋,制笔的中心主要在宣州(今安徽宣城)。所造之笔,统称宣笔,风行天下,极受文人画家称赏。北宋以后,浙江湖州制笔业兴起,所制湖笔极为精工考究,有后来居上之势。目前中国毛笔约有3 000多个品种,畅销国内外。参见“毛笔”。

制墨 中国对墨的制造与使用,始于公元前12世纪。其原料以松、桐或漆树等多油脂树木烧作烟料制成。自南唐至现代,徽州(今属安徽)一带以产优质名墨著称,有“墨都”之称。所产墨色泽乌润、香味浓郁、入纸不洇,亦是可供观赏的工艺品。又江西婺源及上海曹素功也产名墨。参见“墨”。

制砚 中国制砚有几千年历史。在商、周墓中曾有玉质古砚出土。春秋、战国时普遍使用石砚。东汉以后,有漆砚、砖砚、铜砚、铁砚、陶砚、瓷砚等。唐至明清,石砚的造型与浮雕工艺愈益精美,以山东鲁砚、广东端砚、安徽歙砚、甘肃洮砚质量最佳,号称“四大名砚”。

宣纸 中国安徽泾县所产高级书画用纸。泾县古属宣州,纸品在此集散,因称宣纸。唐代以来,宣州为全国产纸中心之一。宣纸以檀树皮为主要原料,纸质绵韧,洁白平滑,润墨性强,不蛀不腐。中国保存至今的珍贵史料及名家书画多使用宣纸,向有“纸寿千年”的美誉。

毛边纸 简称“毛边”。一种用竹纤维制成的手工纸。明末产于江西。纸质细腻,薄而松软,呈淡黄色,托墨吸水性能好,既适于书写,又可用于印制古籍。因明末常熟大藏书家毛晋好用竹纸印刷其汲古阁所藏善本书籍,曾到江西大量订购纸张,并在纸边上盖一篆书“毛”字印章,故人们习称这种纸为“毛边纸”,沿用至今。

连史纸 亦称“连四纸”“连泗纸”。一种用竹纤维制成的手工纸。色洁白如玉,质地细腻,厚薄均匀,着墨鲜明,永不变色。主要产于江西铅山、福建邵武。起于唐代,采用嫩竹为原料,碱法蒸煮,漂白制浆,竹帘抄造,工艺数十道。旧时凡贵重碑帖、契文、书画、扇面等多用之。明代的“十七史”、清末大量石印书、商务印书馆版的《四库全书珍本初集》等,皆以连史纸印成。

端砚 石砚品种之一。产于今广东肇庆,肇庆古称端州,因称端砚。其石均在端溪附近山峦中。始制于唐初。石料品质优良,细腻滋润,有白、青、紫、褐等色彩。至清代,端砚造型多样,雕刻线条流畅,风格古朴大方,题材有花鸟、虫鱼、云龙、丹凤及山水、人物等,艺术性登峰造极。

歙砚 石砚品种之一。产于安徽歙州(治今歙县),因称歙砚。唐代开元间开始制砚。砚石质坚韧致密,色如碧云。清代至今,名匠因材施艺,镂刻成云霞日月、山水人物、飞禽走兽、草虫瓜果等,造型浑厚古朴,线条挺秀,刀法刚劲。

洮河砚 亦称"洮河绿石""洮砚"。石砚品种之一。因产于洮州(今甘肃临潭东)而得名。原石沉于临洮大河深水之底,非人力所致,得之不易。其中"鸭头丝""鹦哥绿""赤紫石"等均为上品。

澄泥砚 石砚品种之一。用泥烧制而成。以"鳝鱼黄""蟹壳青"等为佳品,盖以其砚色为名。北宋苏易简《文房四谱》载:"作澄泥砚法,以墐泥令入于水中挼之,贮于翁器内,然后别以一翁贮清水,以夹布囊盛其泥而摆之,俟其至细,去清水令其干,入黄丹团和溲如面……以物击之,令至坚,以竹刀刻作砚之状,大小随意,微荫干……而烧一复时,然后入墨蜡贮米醋而蒸之五七度,含津益墨,亦足亚于石者。"

蜀锦 中国著名织锦之一。早在2 000多年前的战国时代,蜀锦就已初具规模。成都作为中心产地,素有"锦城"之称。唐代,蜀锦通过"丝绸之路"销往西方,也流传到日本。近现代,蜀锦仍以染色熟丝制造,质地坚韧,五色缤纷,具有独特的地方风格。

云锦 中国著名织锦之一。因其织纹如天上彩云而得名。至今已有1 500多年历史。与成都蜀锦、苏州宋锦合称"中国古代三大名锦",而居首位。是古代丝织物中代表最高技术水平的织物。以真丝及金银线为原料织成,织工精致,图案优美,色彩艳丽,永不褪色,质地坚韧耐用。可做衣服,又可做装饰品,至今保有传统的织造技术和独特的艺术风格。品种甚多,其中织金和妆花为代表品种。元、明、清三代是专供宫廷御用的贡品。

宋锦 中国著名织锦之一。因其主要产地在苏州,故又称"苏州宋锦"。纹样繁复,配色淳朴,有龟背纹、绣球纹、剑环纹、古钱套、席地纹等四方连续的图案,朱雀等动物图案,百吉等字形图案。大量用于制服装和装裱书画。

地毯 亦称"地衣"。中国著名传统工艺品。以棉、麻、毛、丝、草等原料,经手工编结、栽绒或纺织而成。广义"地毯"还包括铺垫、坐垫、壁挂、帐幕、鞍褥、门帘、台毯等。中国东汉墓出土的地毯残片为典型手工栽绒地毯。西北高原牧区的少数民族善于编织地毯,元代地毯生产发达,宫廷下设有作坊。明清时期,新疆、西藏、甘肃、宁夏、内蒙古等地区,在传统工艺的基础上,结合织锦、刺绣等的特点,创造出独特的寓意丰富的地毯图案。由于维、蒙、汉、藏等各族匠师的共同创造,并通过丝绸之路与中东各国交流,逐渐形成了古代中国的地毯艺术。

蜡染 中国著名传统工艺。古称"蜡",与绞缬(扎染)、夹缬(镂空印花)并称为古代三大印花技艺。它用蜡刀蘸熔蜡绘花于布,再以蓝靛浸染,既染去蜡,布面就呈现出蓝底白花或白底蓝花的多种图案。同时,在浸染中,作为防染剂的蜡自然龟裂,使布面呈现特殊的"冰纹",尤具魅力。由于蜡染图案丰富,色调素雅,风格独特,用于制作服装服饰和各种生活实用品,尤显得朴实大方、清新悦目,富有民族特色。

蜡染布

夏布 中国传统纺织品。即用苎麻的纤维织成的平纹布。起于母系氏族的原始公社时期,已有五六千年历史。是中国人民制作夏衣和蚊帐的传统布料。有挺括、不皱折变形、透气吸汗、滑爽耐用、易洗涤的特性。产于江西、湖南、四川。湖南浏阳夏布是夏布中的上品,闻名全国。

刺绣 中国著名传统工艺。约有二三千年以上历史。刺绣为古代女子所应掌握的技能。唐代宫中有绣工数百人,专绣宫廷用品及佛经、佛像等。宋代设有绣院,制作日用品及山水、花鸟、人物、楼阁等欣赏品。至明代,民间刺绣以上海顾绣最著名,专绣宋元名画,具有极高的水平。清以后有苏绣、粤绣、蜀绣、湘绣、京绣等不同的地域流派。

清代刺绣《赤壁夜游图》轴(局部)

苏绣 以苏州为中心的刺绣工艺的总称。兼指其产品。明代以来,苏州一带,刺绣为大众性的副业生产,妇女自幼习其艺。苏绣继承上海顾绣的传统,并加以发展创造,除艺术品外,更多为室内装饰用品,如被面、枕套、鞋面、绣衣以及戏剧用服装等。

湘绣 湖南的传统刺绣方法及其工艺品。清代中期,在吸收了苏绣与广绣的技法上发展起来。初以日用品为主,后增加绘画性题材的作品,参用西洋画法,以长短针分出远近层次,强调颜色的阴阳浓淡,富有立体感,制作极为精细工巧。

蜀绣 亦称"川绣"。中国传统刺绣工艺的一种。以四川成都为中心的刺绣品的总称。历史悠久。据东晋常璩《华阳国志》记载,当时蜀中刺绣已闻名于世。以软缎和彩丝为主要原料,运用独特技法绣制被面、枕套、衣、鞋及画屏等。针法有晕针、切针、拉针、沙针、汕针等百余种。短针细密,针脚平齐,片线光亮,色彩鲜艳,变化丰富,具有浓厚的地方色彩。

粤绣 亦称"广绣"。中国传统刺绣工艺的一种。中国广东刺绣品的总称。盛行于清代以后,国内以故宫藏品为最多,且有代表性。构图繁而不乱,色彩富丽夺目,针脚均匀,针法多变,纹理分明。品类较多,大如六尺高屏风,小如荷包扇套。常以凤凰、牡丹、松鹤、猿、鹿、鸡、鹅等为题材,混合组成画面。妇女衣袖、裙面则多作满地折枝花,铺绒极薄,平贴绸面,有的只用翠蓝一色,风格别致。另有18世纪广东流行的"皮金绣",为纳丝绣的一种,底层多用羊皮金作衬,金光闪烁,分外精美。

顾绣 指以顾氏一家妇女为代表的刺绣技法及其作品。明嘉靖进士顾名世一家居上海"露香园",顾名世儿媳缪氏及孙媳韩希孟,均擅长刺绣,所绣花鸟人物,以及摹绣宋元名画,技法高超,形象逼真,绣工精美。后家道中落,希孟等设帐授艺三十余年,"顾绣"名声大噪,成为流派。此种刺绣技法对后来陈设性的刺绣影响很大。

顾绣猫图

缂丝 亦称"刻丝"。中国特有的能将绘画移植于丝织品的工艺美术。盛行于宋代,主要产于苏州。织造时,经丝纵贯织品,各色纬丝与经丝交织,形成图像,而纬丝并不贯穿全幅。它能保存原作的风格形象。织成后,看上去如同雕刻,有花卉、翎毛、山水、人物等及书法作品,艺术性极高。

藤器 中国著名手工艺品。以藤条制篾编成,具有柔韧坚牢、朴素清雅、富于自然气息的特点。最著名的有西湖藤器和四川藤器。西湖藤器既有传统的孔雀椅、"三潭印月"屏风等,又有畅销国外的藤席、藤木家具、藤编品等，造型别致，工艺精巧。四川藤器主要有藤箱、藤帽、藤包及精美舒适的藤制家具等，畅销全国。

竹器 中国著名手工艺品。其生产历史十分悠久，向以造型美观、做工精致、富有民族特色，蜚声国内外。可分为竹制家具和竹编两大类。竹制家具有各式桌、椅、凳、书架、碗柜、茶几、床等。竹编有各式小型箩、篮、蒸笼、筛、盆、盒、花瓶、竹帘、凉席等。两类产品琳琅满目，其著名产地有浙江、四川、福建、湖南等省。《急就篇》卷三："竹器：簦、笠、簟、籧篨。"颜师古注："竹器，总言织竹为器也。"

竹席 中国著名手工艺品。起源古老。以水竹的竹皮劈成篾条编制而成。夏日使用，比草席更凉爽。中国著名竹席有安徽潜山舒席、湖南益阳竹席、四川绵竹竹席、浙江文成折叠竹席、四川开县凉席、福建竹筒席等。大多具有编工精细、图案清雅、柔软光滑、经久耐用的特点，有的还不怕折叠，便于存放携带。历来远销欧、美及亚洲地区。

竹刻 亦称"竹雕"。中国传统工艺品。起源古老，湖南长沙马王堆西汉墓中已有竹雕器具。此后，宋郭若虚《图画见闻志》中记载唐代竹刻颇详。至明清时期，竹刻艺术日益繁荣，出现嘉定与金陵两派。既有竹根刻圆雕人物，又有竹制笔筒、扇骨等。明代竹刻技法主要有："嘉定三朱"的高浮雕或圆雕刻法；金陵濮

明代嘉定竹刻笔筒

仲谦以浅刻或略施刀凿即可成器的刻法；以留青作阳文花纹的刻法。清前期继承明代，又有创新，达到鼎盛。出现了如吴之璠的"薄地阳文"浅浮雕，周颢的阴刻山水、竹石等，还出现了仿青铜器的竹雕，鼎、卣、尊、壶，无所不备，使器物形状丰富多姿。此外，竹簧雕刻亦是竹刻的精美工艺之一。参见"竹簧雕刻"。

竹簧雕刻 亦称"竹黄雕刻""翻簧竹刻"。中国传统手工艺品。清乾隆时期，以福建上杭、湖南邵阳为重要产地。近代以四川江安、上海嘉定与浙江三大产地最负盛名。其方法是用优质毛竹筒去皮，经煮、晒、压平后，附在木胎上磨光成型，然后用各种浅深浮雕手法，刻上山水、花鸟、人物、文字等。产品呈淡黄色泽，纹路细腻、莹润晶亮，风格清雅。有对联、果盒、烟盒、茶叶筒、花瓶、插屏、座屏、宫灯、窗灯等产品，远销世界各国。

清代竹簧雕刻

草编 中国传统手工艺。目前中国最早的草编遗物，见于河姆渡文化遗址，距今约 7 000 年历史。周代已有以莞（蒲草）编制的莞席。秦汉时期，草编物品在民间广泛使用。汉至唐代，蒲草不仅用于编制蒲衣、蒲鞋等，还能编制蒲帆，用于行船。今广义的"草编"包括草、柳、苇、藤四大类。著名产地有山东莱州、海阳、烟台，上海嘉定，湖北沔阳，福建大甲，陕西凤翔。所编品种式样繁多，有衣着、器具、家具、室内装饰品等。包括草帽、拖鞋、手提箱、果盘、花篮、扇子、床席、坐垫席、屏风、沙

发、书架、摇篮、地毯等。手工精致，造型美妙，具有不同材料的天然色泽与经久耐用的特点。历来销往欧美和南洋各地。

草席 中国著名手工艺品。是凉席的一种。具有浓郁的乡土风情，体现大自然的美感，价廉物美。中国草席产地主要有江苏苏州，湖南祁东、祁阳，浙江金华、宁波，湖南临武（龙须草席），台湾大甲等地。

柳编 中国著名手工艺品。柳编制品以柳条为原料，是中国编织工艺中重要品种之一，历史悠久。产地有河北、黑龙江、安徽、山东、辽宁等地。其一大特点是手编成型，不用模具和量具。编织手法多样，编工细密，品种繁多，如箱、筐、篓，以及成套的柳盘、柳盒礼品篮、花篮等。在国际市场上颇受欢迎。

剪纸 中国民间工艺美术。即用剪刀将纸剪成各种图案以为装饰。所剪有动物、植物、人物、戏曲故事等。因用途不同，名称不一：贴在窗户上的称窗花，贴在门上的称门签，用于喜庆礼品的称喜花，用于鞋面的称花样子。其特点是构图单纯、造型洗炼、轮廓分明、富有情趣。约起源于唐以前，南北各地都有，各具地方特色。

剪纸《鸳鸯荷花》

绢花 亦称“京花儿”。中国传统工艺品。以绸、绢、绫、纱、丝绒等为原料，染上与鲜花一般的颜色，手工精制而成。有佩戴及观赏两类。1 700 年前，中国就有以丝织物制花的技艺。至唐代，绢花是妇女主要装饰品。周昉《簪花仕女图》形象表现了宫中妇女簪花的情景。1972 年在新疆吐鲁番阿斯塔那唐墓中出土有一束完好的绢花，色彩鲜艳，姿态盎然。在中国宫廷和民间婚、丧、寿诞、节日等风俗活动中，广泛使用绢花。元、明、清以来，北京为制作绢花的中心。今著名的有天津玉泰丰绒绢花、南京的金陵绒花、北京绢花、广东海陆丰尼龙花。

工艺扇 中国传统工艺品。商周时代已用鸟羽制扇。西汉时，普遍用扇子取凉，盛行用生丝织纨制作团扇。北宋时从高丽传入折扇，至明、清盛行于世。现有羽扇、竹扇、纸扇、骨扇、纨扇、绢扇、葵扇、蒲扇、麦秆扇、檀香扇等工艺扇品种。以杭州、苏州的制品最为精美多样。羽毛扇是湖州的特产。

苏州檀香扇 中国传统工艺扇之一。由折扇演变而来。用料考究，做工精细，取印度出产的檀香木做扇骨，采用拉花、烫花、雕花、画花、穿拼等工序，使扇面形成完美图画，玲珑剔透，轻盈如纱。质量精美，纤巧玲珑，有天然香味，以其高超的技艺和独特的民族风格，深为中外人士珍爱。

葵扇 俗称“芭蕉扇”。中国传统工艺品。是用葵叶做成的扇子。广东江门市新会区为全国著名的“葵扇之乡”。已有 1 600 多年的生产历史。此处葵扇，造型优美、质地轻巧、纤维致密、出风大，历来畅销全国，以至国外。

灯彩 亦称“花灯”。中国民间工艺品。相传始于西汉。历代每逢元宵等年节或结婚、诞辰，往往悬灯结彩，以示欢庆。其品种有宫灯、纱灯以及各种花卉、飞禽、走兽、神话人物形象的彩灯。如荷花、龙、凤、仙鹤、孔雀、骏马、金鱼、唐僧取经等。又有能旋转的走马灯等。内燃蜡烛，晶莹辉耀。历代至今，以开封、杭州、扬州、苏州、北京、泉州、佛山等地所产的最有名。

皮影 中国传统工艺品。即民间皮影戏所用的皮制人物或鸟兽形象。选用驴、骡、羊皮等为材料，经雕刻、上色、缝缀、绘彩等工序做成。风格与民间剪纸类似。手、腿等关节处，分别雕镂后，再用线连缀，在表演时能活动自如。由于源头、环境及兽皮材料的差异，各地皮影戏偶造型风格亦不同，以陕西皮影、北京皮影的制作最著名。陕西皮影形象继承画像砖的概括手法,脸谱、服饰吸取传统戏曲的精华,在技法、设色上能区分忠奸、身份、性格与年龄,武将威猛,女性形象俊美大方。北京皮影,清中叶后,受到京剧影响,出现生、旦、净、丑脸谱,具有鲜明的京味儿。两者都流传海外,受到喜爱与欢迎,用于演出或收藏。

风筝 亦称“纸鸢”。中国民间工艺玩具。约有两千年历史。五代时有人将竹哨装在风筝上,风入竹哨,声如筝鸣,因称“风筝”。其形式多模仿禽鸟虫鱼,如燕子、老鹰、金鱼、蝴蝶、蜈蚣等,以竹、纸等为材料,绘以彩色,飘飞天际,姿态生动逼真。近代以北京及河北廊坊一带所产的风筝最为有名。

龙泉宝剑 中国著名工艺品,兵器。浙江龙泉铸造铁剑,相传已有 2 000 余年历史。特点为:开刃后锋利无比,硬剑能斩断铜、铁而不卷刃,坚而且韧;纹饰雕刻精细,风格古朴,配以花梨木、青铜镂花剑鞘、剑柄。自古以来被视为珍品,见于史籍及诗人吟咏。

鼻烟壶 中国著名工艺品。即盛放鼻烟的小瓶子。明后期鼻烟传来中国。至清代康熙时开始自制鼻烟壶,后渐成为玩赏的工艺品。以质料区分,有料烟壶(玻璃制)、玉烟壶(玛瑙、翡翠、水晶、松石等制)、瓷烟壶三大类。料烟壶绘图于内,瓷烟壶画景物于外,玉烟壶就原有色彩、形状雕琢。收藏者以精多为胜,使用时须日日更换不同。参见“内画壶”。

内画壶 指水晶或玻璃制而于内壁上绘画的鼻烟壶。所画有花鸟、山水、人物等。形象精细,色彩艳丽,变化无穷,而透现于外。清康熙时所制造者,精妙浑朴,简雅明艳,如异宝奇珍。

铁画 亦称“铁花”。中国民间工艺美术品。用低碳钢的铁片为原料制成。清初安徽芜湖,铁工汤鹏与大画家萧云从为邻,从书画中得到启发,创制而成。作品以铁线构成草书、兰竹、花鸟或山水,涂上黑漆等色彩制成。兰竹枝叶潇洒,石头层次分明。草书对联,连贯成行,一气呵成,流畅飞动,刚柔兼具,以铁的性能表现出苍劲的笔意。

建筑彩画 中国传统工艺美术。主要用于宫殿、寺庙等木结构建筑物的梁枋、藻井、斗拱等部位,以为装饰。《楚辞》等记载,公元前400—前500年已有建筑彩画。封建社会,建筑彩画是特权的象征。宋代禁止皇家宫室和寺观以外的建筑加以彩画。明清时代,严格规定了使用的对象及其色彩、图案。

明代家具 明代园林艺术兴盛,家具工艺取得重要发展。有各色椅、凳、几、案、桌、柜、橱、箱、衣架、屏风等,式样丰富,超越前代。所用木材,除国产之外,更从东南亚进口优质木材。多用紫檀、红木、花梨木、楠木、樟木、胡桃木等。它们造型洗练,落落大方,形象浑厚,做工精细,成就在历代之上。

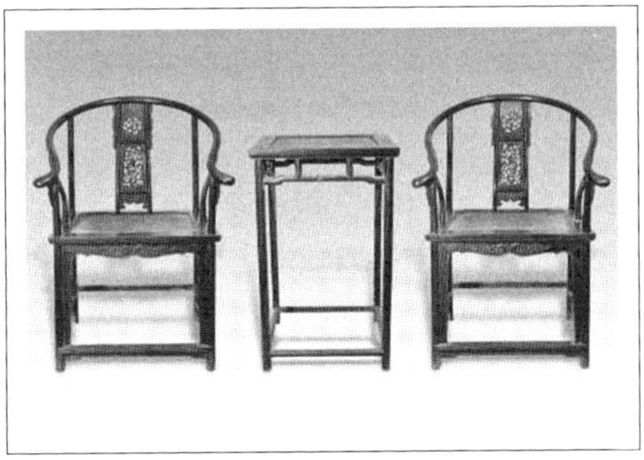

明式家具

清代家具 清代家具具有和明代家具截然相反的风格。明式简练,清式繁琐;明式以造型取胜,清式以装饰见长。清代家具因产地和风格的不同,形成不同的地方特色。一般分作苏作、广作和京作。乾隆时制作家具盛极一时,品种繁多,采用多种工艺装饰,如镶嵌、珐琅、雕漆、玉石等,以达到多样的艺术效果。

花木谷蔬

兰 古代或称为“蕙”，亦称“国香”。兰科植物。中国“兰”主要指中国原产和培植的地生兰。有春兰、蕙兰、建兰、寒兰、墨兰五大类，品种繁多，形态各异。从花期分，有春花、夏花、秋花和冬花。叶狭线形，四季常青，花香幽馥清远，宋以后普遍栽于园林或庭院，是绘画、诗歌中常见题材之一。与菊花、水仙、菖蒲并称“花草四雅”。自古以来，以兰作为品格高洁的君子或美女的象征。南宋赵时庚写成的《金漳兰谱》是世界上第一部兰花专著，存世至今。《左传·宣公三年》：“以兰有国香，人服媚之如是。”《孔子家语·在厄》：“芷兰生于深林，不以无人而不芳；君子修道立德，不为穷困而改节。”宋黄庭坚《书幽芳亭记》：“士之才德盖一国，则曰国士；女之色盖一国，则曰国色；兰之香盖一国，则曰国香。”

建兰

蕙草 多指报春花科植物灵香草。多年生直立草本，有浓烈香气。茎光滑，具棱或薄翅，下半部往往呈匍匐状。单叶互生，卵形。花单生于叶腋，下垂，花萼淡绿色，花冠黄色。蕙草与兰草同为古代著名香草。古人以此草合香或入药，妇女用其和油饰发。《楚辞·离骚》中已见描述。古代常将“兰蕙”并提，比喻美好事物。又以“兰心蕙性”等语赞美女性。《古诗十九首·冉冉孤生竹》：“伤彼蕙兰花，含英扬光辉。过时而不采，将随秋草萎。”元马致远《青杏子·姻缘》套曲：“标格江梅清秀，腰肢宫柳轻柔，岂止兰心蕙性，不惟皓齿明眸。”

菊 菊科植物。多年生草本。叶卵形至广披针形，花色丰富，秋天开放。中国为菊花原生地，原始品种为黄色，亦称“黄花”。古人认为食菊可以延年。晋代诗人陶渊明爱菊，因此菊亦作为逸士高人的象征。唐代培育出白菊、紫菊等品种，至明代王象晋编《群芳谱》，共收有品种 270 余。中国现有品种 1 000 多个，现全世界有 2 000 余种，皆直接或间接引自中国。《楚辞·离骚》：“朝饮木兰之坠露兮，夕餐秋菊之落英。”宋孟元老《东京梦华录·重阳》：“九月重阳，都下赏菊，有数种：其黄白色蕊若莲房，曰‘万龄菊’；粉红色曰‘桃花菊’；白而檀心曰‘木香菊’；黄色而圆者曰‘金铃菊’；纯白而大者曰‘喜容菊’，无处无之。酒家皆以菊花缚成洞户。”

菊花

黄花 “菊”的别称。

莲 亦称“荷花”“芙蓉”“芙蕖”等。睡莲科植物。原产地为中国，栽培历史悠久，中部、南部栽种较多。1973 年河南郑州大河村仰韶文化遗址曾出土两枚 5 000 年前的古莲子。多年生水生草本植物。根状茎，向上抽叶，叶圆形,高出水面,叶柄有刺。花大,夏季开粉红、红色或白色花。中国观赏性荷花有单瓣型、复瓣型、重瓣型和重台型四种,有红、紫、白等色。其中佳品有:品字莲(一蒂三花)、并蒂莲(两朵双生)、重台莲(花开后蕊中再吐花)等。花谢后结成莲蓬,内有莲子,有滋补之效。向下入土膨大成藕,藕可食用或制藕粉。莲叶、莲子、藕节可入药。在古代乐府民歌中,"莲"与"怜"("爱"之意)同音,常一语双关,表达男女情爱。民间以农历六月二十四日为荷花生日,此日有赏荷之俗。又佛教崇尚莲花,菩萨像有莲座,寺院建筑多用莲花为图案。古乐府《江南可采莲》:"江南可采莲,莲叶何田田。"宋周敦颐《爱莲说》:"予独爱莲之出淤泥而不染,濯清涟而不妖,中通外直,不蔓不枝,香远益清,亭亭净植,可远观而不可亵玩焉。"

牡丹 毛茛科植物。落叶小灌木。叶互生,初夏开花。花冠一般15~20厘米,有红、紫、粉、黄、白、绿等色,号"花中之王",为名贵的观赏植物。在中国有1 500年以上栽培史。中国传统上素以牡丹为富贵吉祥之物,常用作绘画雕刻的题材和丝织品上的图案。唐宋两代,洛阳牡丹盛极一时,有"甲天下"之誉。宋代最名贵牡丹,称"姚黄魏紫"。今以河南洛阳、山东菏泽与北京三地所产最有名。其中洛阳牡丹已有200余种,菏泽牡丹达300种。欧阳修《洛阳牡丹记·花释名》:"钱思公(指钱惟演)尝曰:人谓牡丹花王,今姚黄真可为王,而魏花乃后也。"

牡丹

荼蘼 亦作"酴醾""荼醾"。蔷薇科植物。落叶灌木。茎有棱刺。羽状复叶,小叶五片。春末着花,单生,大型,重瓣,有微香。花青跗红,萼至花开时变白带浅碧。栽种时,常盘作高架,以供观赏。宋王淇的《暮春游小园》诗:"一从梅粉褪残妆,涂抹新红上海棠。开到酴醾花事了,丝丝夭棘出莓墙。"明汤显祖《牡丹亭·惊梦》:"遍青山啼红了杜鹃,荼蘼外烟丝醉软,牡丹虽好,他春归怎占的先?"

荼蘼

茉莉 亦作"末利"。木樨科植物。常绿灌木。单叶对生,广卵形。花白色,夏秋开花,以夏季为盛。原产印度和阿拉伯地区,后传入中国,宋时栽种甚广。花香纯正,沁人心脾,妇女串缀以为首饰,夜间常置于纱帐之内。除观赏外,可提取芳香油或熏制花茶。晋代嵇含《南方草木状》卷上引汉陆贾《南越行纪》:"南越之境,五谷无味,百花不香,惟茉莉、那悉茗二花特芳香,不随水土而变……彼处女子用彩丝穿花心以为首饰。"宋张孝祥《临江仙》词:"翠叶银丝簪末利,樱桃淡注香唇。"宋蒋捷《秋夜雨》词:"茉莉标致别。占断了、纱橱香月。"

蔷薇 蔷薇科植物。落叶灌木。蔓生,茎枝有刺,大而尖,或有钩。复叶互生,倒卵形或椭圆形,两面有柔毛。春夏之交开花,花有红、白等色。常见的观赏品种有"十姐妹""木香花",有黄、白两色,清香远逸。蔷薇花可制香料。白花可入药。南朝梁柳恽《咏蔷薇》诗:"当户种蔷薇,枝叶太葳蕤。不摇香已乱,无风花自飞。"

芍药 亦称"婪尾春"。芍药属植物。多年生草本。根肉质,茎丛生,复叶,花单瓣或重瓣。

4—5月开花，有红、白、黄、绿、粉、紫、黑等色。与牡丹相似，花形妩媚，花色艳丽。原产中国北方，有3 000年栽培史。为中国园林栽植的名贵花卉。根加工后为中药白芍，古代也用于制酱调味。周代写作“勺药”，青年男女相赠，以其传达情意。历史上，扬州盛产芍药。宋时称为“洛阳牡丹，广陵(扬州)芍药”。宋王观著有《扬州芍药谱》。清代北京丰台栽培盛极一时，有“丰台芍药甲天下”之誉。《诗·郑风·溱洧》：“维士与女，伊其相谑，赠之以勺药。”唐许景先《阳春怨》：“芍药花初吐，菖蒲叶正齐。”

芍药

婪尾春 “芍药”的别称。

杜鹃花 亦称“映山红”“红踯躅”“山石榴”等。杜鹃花科植物。常绿或半常绿灌木。野生成乔木的高达20余米。花呈钟状或漏斗状，多红色，绚丽多彩。人工栽培约始于唐，因其花于杜鹃鸟啼时始开，故名。清代引种到欧洲荷兰、英国、比利时等国，与当地杜鹃杂交出新种，称为“西洋杜鹃”，成为世界著名观赏植物。目前，世界上有1 000余种，中国有600余种。今集中于苏、皖、浙、赣、闽、台、两湖、两广、川、滇、贵等地栽种。唐李白《宣城见杜鹃花》：“蜀国曾闻子规鸟，宣城还见杜鹃花。一叫一回肠一断，三春三月忆三巴。”

映山红 即“杜鹃花”。

海棠 蔷薇科植物。落叶乔木。高可达8米。叶互生，长椭圆形。花数朵簇生，花蕾期深红，开后为粉红。有的果实可食用、药用。原产中国，南北各地都有栽植。古人所称海棠，除苹果属中的垂丝海棠、西府海棠外，还包括木瓜属中的贴梗海棠、木瓜海棠，总称“海棠四品”。海棠树姿优美，春天花色明艳动人，至秋季金果满树，芳香袭人，园林中普遍培植。宋苏轼《海棠》诗：“东风袅袅泛崇光，香雾空蒙月转廊。只恐夜深花睡去，故烧高烛照红妆。”

秋海棠 亦称“相思花”。秋海棠科植物。多年生草本。茎直立，有分枝，高40~60厘米，叶互生，叶宽卵形至卵形，上有柔毛，两侧不对等。叶形和颜色因种而异。花期7月开始，花色为粉红、红、黄或白色。根状茎近球形，果与根茎都可入药。可作为盆栽室内观赏，也可在暖地栽于花坛或斜坡。宋无名氏《采兰杂志》：“昔有妇人，思所欢不见，辄涕泣，恒洒泪于北墙之下。后洒处生草，其花甚媚，色如妇面，其叶正绿反红，秋开，名曰断肠花，又名八月春，即今秋海棠也。”清纪昀《题秋海棠》诗：“憔悴幽花剧可怜，斜阳院落晚秋天。词人老大风情减，犹对残花一怅然。”

丁香 木犀科植物。落叶小乔木或灌木。初春开紫色花，另有白色变种，均有香气。原产中国北方，俗称“北丁香”。唐以来作为观赏花卉，广为栽培，诗文中吟咏多为此种。又有桃金娘科常绿乔木，也称“鸡舌香”，夏季开淡紫色花。中医以花蕾和果实入药。原产印尼，俗称“南丁香”。古代诗词中常以丁香比喻愁思郁结不解。又美称女子之舌为丁香，衣服纽扣为丁香结等。唐李商隐《代赠》诗：“芭蕉不展丁香结，同向春风各自愁。”南唐李煜《一斛珠》词：“向人微露丁香颗，一曲清歌，暂引樱桃破。”

山茶 亦称“耐冬”，通称“茶花”。山茶科植物。常绿灌木或小乔木。叶革质有光，长椭圆形、卵形。花期在1—4月。有单瓣和重瓣之分，花色有大红、淡红、白色、黄色、洒金与红白相杂等。原产中国，四川、台湾、山东、江西等地有野生种。人工栽培始于唐，段成式《酉阳杂俎续集》中有记载，至宋代品种益繁。种子榨油，花入中药。17世纪后期传入欧洲，今成为世界性观赏名花，共约5 000种，中国有300余种。今南北俱有栽植，浙江、广西、四川、云南的茶花最有名。宋苏轼《邵伯梵行寺山茶》诗：“山茶相对阿谁栽，细雨无人我独来。说似与君君不会,灿红如火雪中开。”明徐弘祖《徐霞客游记》附《滇中花木记》:“山茶花大逾碗,攒合成球,有分心、卷边、软枝者为第一……城中张石夫所居朵红楼楼前,一株挺立三丈余,一株盘垂几及半亩。垂者丛枝密干,下覆及地,所谓柔枝也,又为分心大红,遂为滇城冠。”

山茶花

茶花 即“山茶”。

琼花 忍冬科植物。落叶或半常绿灌木。树冠球形,叶对生,卵形或椭圆形。四五月间开花,花大如盘,风姿绰约,洁白馨香。分布于苏、皖、浙、赣及两湖等地的部分地区。宋时扬州后土祠有一株,传为唐人所植,名盛一时。欧阳修曾建“无双亭”以赏此花。金人南侵时掘去,种遂绝。世间犹存者,乃“聚八仙”嫁接之种。今扬州大明寺内一株,为康熙时所栽,已有300余年历史。宋周密《齐东野语·琼花》:“扬州后土祠琼花,天下无二本,绝类聚八仙,色微黄而有香。仁宗庆历中,尝分植禁苑,明年辄枯,遂复载还祠中,敷荣如故。淳熙中,寿皇(指宋孝宗)亦尝移植南内,逾年,憔悴无花,仍送还之。其后,宦者陈源命园丁取孙枝移接聚八仙根上遂活,然其香色则大减矣,杭之褚家塘琼花园是也。今后土之花已薪,而人间所有者,特当时接本,仿佛似之耳。”扬州传统民歌:“蚕豆花开紫兜兜,隋炀皇帝下扬州。一心要把琼花看,万里江山一旦丢。”

芸香 亦称“芸草”。芸香科植物。多年生草本。因经年老根木质,又称芸香树。叶羽状分裂,夏季开黄色小花。花叶香气浓郁,可入药。古人多置于书中或藏书室内,有驱虫辟蠹的功用。凡与书籍有关的事物,多冠以“芸”字,作为美称,如书房称“芸窗”“芸馆”;书册称“芸编”“芸帙”“芸翰”;朝廷的秘书省称“芸(香)署”“芸(香)阁”“芸省”“芸局”“芸台”;校书郎一职称“芸(香)吏”等。宋梅尧臣《和刁太博新墅十题·西斋》:“请君架上添芸草,莫遣中间有蠹鱼。”蠹鱼,书蛀虫。明王錂《寻亲记·对雪》:“凤阁鸾台做了栋梁材,芸省兰室做了词赋魁。”

艾 菊科植物。多年生草本。叶互生,茎叶均有香气。叶可入中药,揉软后叫艾绒,为针灸用材料。艾野生,古人认为它可辟除病邪毒气,故民间五月端午有悬艾、簪艾、佩艾之习俗。在古代,艾是较低级的香草。诗人屈原以兰蕙和萧艾相对比,贱萧艾而贵兰蕙,此后乃以“萧艾”比喻小人。萧,蒿类植物。《楚辞·离骚》:“户服艾以盈要兮,谓幽兰其不可佩。览察草木其犹未得兮,岂珵美之能当?”南朝梁宗懔《荆楚岁时记》:“端午,四民并蹋百草,又有斗百草之戏。采艾以为人(形),悬门户上,以禳毒气。”

艾

萱草 古书中亦作“谖草”。百合科植物。多年生宿根草本。根肉质,长纺锤形。叶丛生细长。夏至秋开花,花葶长,顶端着花6~12朵,橘红或橘黄色,漏斗状。食用的花多单瓣,是一种花卉珍品蔬菜,嫩茎俗称黄花菜。蒸熟晒干后做菜者,名金针。观赏的花多重瓣,可作人工盆栽或作园林小景。性耐阴湿,古人多种于北堂的母亲居处,后因以“萱堂”“萱亲”代称母亲。又因花色美丽温暖，观之能使人愉悦，故别名“忘忧草”“疗愁花”。又因原生南方，别名“宜南”，后人附会说佩此花能令妇女生男，遂名“宜男”。东汉蔡琰《胡笳十八拍》：“对萱草兮忧不忘，弹鸣琴兮情何伤。今别子兮归故乡，旧怨平兮新怨长。”晋阮籍《咏怀诗》之三：“临觞拊膺，对食忘餐。世无萱草，令我哀叹。”《重修政和经史证类备用本草·草部下品之下》：“萱草……花名宜男。《风土记》云：怀妊妇女佩其花，生男也。”

忘忧草 见“萱草”。

宜男 见“萱草”。

蓍 亦称“蓍草”“锯齿草”。菊科植物。多年生直立草本。叶互生，长线状披针形。花白色，果实扁平，可入中药。中国上古视蓍草为神异之草，传说一株要数百年乃至千年才能长成百茎，因而认为它能预知吉凶，故以其茎为占卜工具。《易·系辞上》：“探赜索隐，钩深致远，以定天下之吉凶，成天下之亹亹者，莫大乎蓍龟。”龟，指龟甲。汉王充《论衡·状留》：“蓍生七十岁生一茎，七百岁生十茎。神灵之物也，故生迟留；历岁长久，故能明审。”

灵芝 亦称“木灵芝”。多孔菌科植物。菌盖肾形，上赤褐色，有漆状光泽和云状环纹；下淡黄色，有细孔。菌柄长，红褐色有光泽。全株入药，可益精气，强筋骨。古人将灵芝看成是传说中的仙草，难得的祥瑞之物，多生长于仙境。民间传说中，亦有“灵芝仙草”起死回生的故事。戏曲《白蛇传》中即有白素贞为救夫而赴仙山盗草的情节。元马致远《岳阳楼》第二折：“早来到绿依依采灵芝徐福蓬莱，恰行过高耸耸卧仙台陈抟华山。”

水仙 石蒜科植物。多年生草本。生于浅水中。鳞茎肥大，叶扁平，阔线形。冬季花葶于叶丛中抽出，早春1—2月开花。一葶数朵至十数朵，花白色，清香幽细。素有“凌波仙子”的美誉。鳞茎或全草皆可入药。中国栽培约始于南北朝，唐代成为名贵的盆栽花卉，至宋代普遍栽培。主要分布于东南沿海，福建漳州所产茎大形美，葶多香浓，驰名中外。当代已培育出能开红、黄、蓝、绿等不同种颜色的水仙。明文震亨《长物志》卷二：“水仙二种，花高叶短，单瓣者佳。冬月宜多植。但其性不耐寒，取极佳者移盆盎，置几案间。次者杂植松竹之下，或古梅奇石间，更雅……六朝人呼为雅蒜，大可轩渠。”

萍 古代对浮萍科植物的泛称。常见的有浮萍（青萍）、紫萍（水萍）。叶扁平，浮生水面，有根或无根。萍随水飘浮，古人误认为它是柳絮（杨花）落水后所变成，常比喻人的行踪不定。如居无定所称“萍寄”“飘萍”“萍踪浪迹”，偶然相遇称“萍水相逢”等。宋陆游《水龙吟》词：“一身萍寄，酒徒云散，佳人天远。”明李景福《暮春遗意》诗：“三春看又尽，身世一飘萍。”

蓝 古代对染青植物的统称。主要为蓼蓝。原产地中国，属蓼科植物，一年生草本。秋季开花，红色，穗状花序。叶长椭圆形，干后变蓝色，可作青色染料。果实可入中药。蓼蓝是古代重要的经济作物。因《荀子·劝学》有“青，取之于蓝而青于蓝”之语，故弟子胜过老师，或超过了同类事物，即称“有出蓝之誉”或“出蓝”。金元好问《中州集·密国公璹》：“少日学诗于朱巨观，学书于任君谟，遂有出蓝之誉。”明杨慎《丹铅杂录·五代史学史记》：“李耆卿谓公之《五代史》，比《顺宗实录》有出蓝之色，似矣。”

茜草 茜草科植物。多年生攀援草本。根黄红色。茎方，有刺。叶心脏卵形，四叶轮生。秋天开黄色小花，果实球形。根含茜素，可作染料，亦入中药。周代已能利用茜草根提炼茜素。其染成的红色，色泽鲜亮不易褪。汉代随印染技术的发展，开始大面积种植茜草，在当时有很高经济价值。经鉴定，马王堆一号汉墓出土的深红绢和绣袍，即用茜草染成。诗词曲中，茜红即绛红色。茜纱、茜罗，指绛红的丝织品。明无名氏《鸣凤记·秋夜女工》：“落得我泪痕斑血染针头，恐污了茜红颜色难剖。”茜裙则指红裙。唐李群玉《黄陵庙》诗：“黄陵庙前莎草春，黄陵女儿茜裙新。”《西厢记》第五本第一折：“腰肢瘦损，茜裙宽褪，好烦恼人也呵！”

蓬 菊科植物名。叶形似柳叶，边缘有锯齿，花外围白色，中心黄色。秋枯根拔，遇风飞旋，故称“飞蓬”“转蓬”。古诗文中多比喻生活的漂泊不定或孤独无依。又因蓬为至贱的野草,故亦以“蓬门”“蓬户”称乡村的贫寒之家。《诗·卫风·伯兮》:“自伯之东,首如飞蓬。”伯,大哥,此处是妻子称丈夫。《庄子·让王》:“原宪居鲁,环堵之室,茨以生草,蓬户不完。”唐李颀《欲之新乡答崔颢綦毋潜》诗:“男儿在世无产业,行子出门如转蓬。”

女萝 亦称“松萝”。松萝科植物。体呈树枝状,灰绿色,长达三尺以上。藻体多附生于松树枝干,成丝状下垂。全草含地衣酸,入药。古诗中常以“女萝菟丝”比喻夫妇间的爱情和婚姻。《诗·小雅·弁》:“茑与女萝,施于松柏。”《楚辞·九歌·山鬼》:“若有人兮山之阿,被薜荔兮带女萝。”元卢浩《愿郎归来莫再别》诗:“愿郎归来莫再别,郎作女萝依兔丝。”

菟丝 亦作“兔丝”。旋花科植物。一年生草本。蔓生,茎细柔丝状,橙黄色,寄生在其他植物上。种子名“菟丝子”,入药,有补肾益肝之效。女萝与菟丝同属攀缘类植物,缠绕于树木,不易分开,诗文中常以“菟丝”喻指婚姻关系中的女方。《古诗十九首·冉冉孤生竹》:“与君为新婚,菟丝附女萝。”元柯丹丘《荆钗记·受钗》:“愿天早与人方便,丝萝共结。”参见“女萝”。

相思子 豆科植物。木质藤本。枝细弱,荚果。其子形如赤豆,一端朱红色,另一端三分之一黑色。古人作为赏玩之物或嵌作饰品,是爱情和相思的象征。参见“红豆”。

相思子

红豆 亦称“相思子”。木质藤本。枝细弱,荚果。其子坚硬,形如赤豆,一端朱红色,另一端三分之一黑色。古人作为赏玩之物或嵌为饰品,是爱情和相思的象征。唐王维《相思》诗:“红豆生南国,春来发几枝?愿君多采撷,此物最相思。”《红楼梦》第二十八回:“滴不尽相思血泪抛红豆,开不完春柳春花满画楼,睡不稳纱窗风雨黄昏后,忘不了新愁与旧愁。”参见“相思子”。

茱萸 芸香科植物。落叶灌木或小乔木,羽状复叶对生,小叶长椭圆形或卵状椭圆形。有山茱萸、吴茱萸、食茱萸之分。夏初开绿白色小花。果熟时红紫色,气味芳烈如椒,有小毒,入中药,有温中、止痛、止呕的功用。在辣椒传入中国前,食茱萸是主要的川菜辣味调味品。民间相信茱萸能辟邪,旧时重阳日多折以戴首系臂。晋葛洪《西京杂记》卷三:“九月九日,佩茱萸,食蓬饵,饮菊花酒,令人长寿。”唐王维《九月九日忆山东兄弟》诗:“遥知兄弟登高处,遍插茱萸少一人。”

芭蕉 芭蕉科植物。多年生直立草本。叶翠绿宽大,树形优美。为长江以南常见的庭院观赏植物。叶纤维可造纸或制绳。根茎和花蕾入药。芭蕉叶大易承雨,每逢雨夜,其声淅沥,诗文中常以之烘托寂寥愁苦的心境。唐韩愈《山石》诗:“升堂坐阶新雨足,芭蕉叶大栀子肥。”唐徐凝《宿冽上人房》诗:“觉后始知身是梦,更闻寒雨滴芭蕉。”

芭蕉

岁寒三友 松、竹、梅三种植物的合称。因它们性不畏寒,经霜雪而不凋,故称。在传统文化中，被赋予了人的品格，常作为在恶劣环境中不改本性、坚持气节的君子的象征，而见于诗人和画家的创作。一般应将蜡梅包含在内。实际上，早、中花期的蜡梅，开时往往正是风雪交加之腊月。而梅树开花，江南已值早春2月，北京则迟至3—4月。

松 部分松科和少数罗汉松科植物的统称。常绿或落叶乔木。常见的有黑松、雪松、油松、红松、华山松、金钱松、罗汉松等。枝干苍劲，为庭院、园林的优良观赏树种。木材用途广，松果内松子可以食用和榨油。山松多油脂，劈成细条，燃以照明，叫“松明”。树脂结成块状，含松香和松节油。松花与松叶可酿酒。松树性耐干旱贫瘠，抗严寒风霜，生机盎然，四时常青。古人看作长寿、坚贞、高洁的象征，与梅、竹并称“岁寒三友”，是绘画与装饰的传统题材。《诗·小雅·斯干》：“秩秩斯干，幽幽南山。如竹苞矣，如松茂矣。”后遂以“松茂竹苞”比喻兴盛繁荣。《论语·子罕》：“岁寒，然后知松柏之后凋也。”晋陶潜《归去来兮辞》：“三径就荒，松菊犹存。”是归隐的境界。宋末林景熙《五云梅舍记》：“累土为山，种梅百本，与乔松、篁为岁寒友。”

竹 禾本科植物。多年生，秆木质化。原生中国，种类繁多，栽培和利用的历史悠久。为雅致的园林观赏植物，也是常用的建筑材料，可编制各种生活、生产用具。纸张未普及前，竹简可供书写，纪史则称为“青史”，还用于制弓箭、造纸等；竹笋味鲜美，是常见蔬菜；根、叶等可入药。竹园、竹林称为“篁”。因其不畏寒暑，四季苍翠，挺拔正直，被誉为“岁寒三友”之一。宋代画家文同（与可）、清代画家郑燮（板桥），俱以善画竹著名。南朝宋戴凯之有《竹谱》，元刘美之有《续竹谱》。《楚辞·山鬼》：“余处幽篁兮终不见天。”唐王维《竹里馆》诗：“独坐幽篁里，弹琴复长啸。”宋苏轼《於潜僧绿筠轩》诗：“可使食无肉，不可居无竹。无肉令人瘦，无竹令人俗。”

竹林

梅 蔷薇科植物。灌木或小乔木。原产长江以南川滇山区，有3 000多年栽培史，分花梅和果梅两大类。花先于叶，迎寒开放，多白色或淡红色，有清香。核果球形，未熟时青色，成熟时黄色，味极酸，商周时已用为调味品。可生食，亦可制蜜饯、果酱，或加工成“乌梅”，供药用和调制饮料。是著名的园林观赏树。被誉为“岁寒三友”之一。宋初诗人林逋，隐居西湖孤山，种梅养鹤，号称梅妻鹤子。宋文学家范成大著有《梅谱》。清顾禄《清嘉录·二月·玄墓看梅花》：“暖风入林，玄墓梅花吐蕊，迤逦至香雪海。红英绿萼，相间万重。郡人舣舟虎山桥畔，幞被遨游，夜以继日。”

梅花

蜡梅 亦称“腊梅”“香梅”。蜡梅科植物。落叶灌木。叶对生，椭圆状卵形。花冬末先叶开放，色黄如蜡，芳香袭人，可提取芳香油。茎可入药。原产秦岭、大巴山、武当山等地。唐代已有种植，宋时普遍栽培，明清时发展更盛。今遍布于黄河以南、长江流域的各地园林。因花开腊月，故又称“腊梅”。是传统春节的应时花卉。宋黄庭坚《从张仲谋乞蜡梅》诗：“闻君寺后野梅发，香蜜染成宫样黄。不拟折来遮老眼,欲知春色到池塘。”范成大《梅谱》:“蜡梅,此物本非梅类。以其与梅同时,香又相近,色酷似蜜脾,故名蜡梅。”

柏 柏科植物的总称。常绿乔木或灌木。有侧柏、圆柏、刺柏、台湾扁柏、福建柏等多种。柏木坚实细致,有芳香,耐腐,可供造船、建筑及制家具之用。古代帝王和贵族用以营造棺椁陵寝。柏子可入药,传说服之轻身延年。古代习俗,用柏叶浸酒,元旦共饮,以祝寿和避邪。柏生长缓慢,树龄极长,四季常青,经冬不凋。常以松柏并举,是长寿与坚贞的象征。多植于宫苑、陵庙和墓园。汉代御史府中列植柏树,故御史台又称“柏台”。唐杜甫《古柏行》:“孔明庙前有老柏,柯如青铜根如石。霜皮溜雨四十围,黛色参天二千尺。”

槐树 豆科植物。落叶乔木。枝条绿色,羽状复叶。槐木坚硬,可供建筑和制造器具用。夏季开黄白色小花,是蜜蜂的优良蜜源,与子实、皮均可入药。花可作黄色染料。嫩叶可食,唐宋时期,夏日以其汁和入面粉,制作细面条,冷藏后食,其色鲜碧,称为“槐叶冷淘”。《周礼·秋官·朝士》:“传说上古三公面槐而坐,故古人庭园中多栽植,以取吉兆。三公位焉。”

榆树 榆科植物。落叶乔木。早春花先叶开放。翅果钱形,古人称为“榆钱”。是常见的行道树或庭荫树。木材可供建筑及制作器具用。嫩叶可食。果实可蒸食,亦可酿酒、制酱及入药。树皮磨粉,为古代重要救荒食品。榆树老桩,姿态奇古,是制作园林盆景的好材料。《汉书·天文志》:“至河平元年三月,旱,伤麦,民食榆皮。”清富察敦崇《燕京岁时记·榆钱糕》:“三月榆初钱时,采而蒸之,合以糖面,谓之榆钱糕。”

垂柳 亦称“垂杨”,通称“杨柳”。杨柳科植物。落叶乔木。原产中国。采用扦插法繁殖,生长极易,最宜栽植于水边、池畔。其枝细柔,迎风飞舞,袅娜多姿,为优良的风景树。历代民间于清明日插柳戴柳,以迎春归。汉代长安有霸桥(亦作灞桥)折柳送别行人的风俗,它是美好也是别离的象征。《诗·小雅·采薇》:“昔我往矣,杨柳依依。今我来思,雨雪霏霏。”《三辅黄图·桥》:“霸桥在长安东,跨水作桥,汉人送客至此桥,折柳赠别。”唐刘禹锡《杨柳枝》诗:“城外春风吹酒旗,行人挥袂日西时。长安陌上无穷树,唯有垂杨管别离。”

垂柳

杨柳 见“垂柳”。

桑 桑科植物。落叶乔木,种类颇多。叶可饲蚕。果实名桑葚,味甜,可食用和酿酒。叶、果、枝、根皮可入中药。桑皮是造纸的优质原料。早在商、周时代,栽桑养蚕已是重要的副业生产。《诗经》中有大量诗篇写到桑。战国时,鲁地蚕桑业最发达,培育出一种植株低矮、叶大枝繁、采摘方便的地桑(也称鲁桑)。元代,杭、嘉、湖地区在鲁桑基础上又培育出新的树种湖桑。由于栽桑在中国古代的重要地位,历来以“农桑”称农业,以“桑梓之地”称家乡,以“桑麻”为农事的代称。在封建礼教确立后,“桑间陌上”借指男女幽会之所,

桑叶和桑蚕

"桑间之咏"指称民间情歌或淫靡之音。京剧中有《桑园会》《桑园寄子》的故事。《孟子·梁惠王上》:"五亩之宅,树之以桑,五十者可以衣帛矣。"晋陶渊明《归田园居》诗:"相见无杂言,但道桑麻长。"唐孟浩然《过故人庄》诗:"开轩面场圃,把酒话桑麻。"

桂树 亦名"木犀"。木犀科植物。常绿灌木或小乔木。叶对生,革质,椭圆形。秋季开花,簇生于叶腋,黄色或黄白色,极芳香浓郁。常见的有金桂(花橙黄色)、银桂(花黄白色)和四季桂等。苏州、杭州、桂林、成都和武汉等处为桂的集中栽培地。花可作蜜饯和糕点的配料,亦用于熏茶和制作高级香精。古代神话里,月中有桂树,因此又称月为"桂魄"等。唐人称科举登科为"折桂"。唐卢照邻《长安古意》诗:"寂寂寥寥扬子居,年年岁岁一床书。独有南山桂花发,飞来飞去袭人裾。"

漆树 漆树科植物。落叶乔木。羽状复叶。初夏时开黄绿色小花。皮下乳汁即为漆,是重要的涂料原料。木材耐水湿,有弹力,古人用以造琴瑟或制弓。原产中国,今四川、湖北、陕西、云南、贵州、湖南、江西、浙江、福建等省均为产漆地区。生漆为中国重要出口物资。传说战国时期庄子曾担任宋国蒙邑(在今河南商丘)管理漆园的小官,后人因以"漆园"或"漆园吏"称他。《庄子·人间世》:"桂可食,故伐之;漆可用,故割之。"晋崔豹《古今注·草木》:"漆树,以刚斧斫其皮开,以竹管承之,汁滴管中,即成漆也。"

银杏 初名"鸭脚",后更名"银杏"。亦称"白果树""公孙树"。银杏科植物。落叶乔木。雌雄异株。叶扇形,如鸭脚。种子核果状,俗称"白果",可食用。叶对冠心病有治疗作用。木质细致轻软,可供建筑、雕刻及制造家具。为中生代孑遗植物,生长较慢,寿命极长,可达千余岁。今多用作庭园树、行道树。宋欧阳修《和圣俞李侯家鸭脚》诗:"鸭脚生江南,名实未相孚……今也遍中国,篱根及墙头。"明李时珍《本草纲目·果二·银杏》:"原生江南,叶似鸭掌,因名鸭脚。宋初始入贡,改呼银杏,因其形似小杏而核色白也。今名白果。"

银杏

枫 槭树科槭属植物的统称。通常为落叶乔木或灌木。按叶形分,有三角枫、掌状枫、瓜叶枫、鸡爪枫等,共百余种之多。是现代著名的园林观赏树和盆景制作树。此类中不少品种,叶至秋天经霜变赤,红艳如霞,因又称丹枫、红枫,有很高的观赏价值。汉代已种植于宫苑殿前,因而皇帝居住的地方又称"枫宸"。《楚辞·招魂》:"湛湛江水兮上有枫,目极千里兮伤春心。"唐白居易《琵琶行》:"浔阳江头夜送客,枫叶荻花秋瑟瑟。"

枫

桐 今名"泡桐"。玄参科植物。落叶乔木。常见的为白花桐。叶长椭圆形,春季先叶开白花。果实特大,长圆状椭圆形,果皮厚而坚硬。另有紫花泡桐,花淡紫色。桐树树干高大,生长迅速,易繁育,适应性强。花、叶、木、皮均可入药。材质耐水湿,不易开裂。古人用以造屋,做棺木,又可制作琴、瑟等,后因称乐器或乐曲为"丝桐"。为常见的栽培树种之一。《后汉书·蔡邕传》:"吴人有烧桐以爨者,邕闻火烈之声,知其良木,因请而裁为琴,果有美音,而其尾犹焦,故时人名曰焦尾琴焉。"明高濂《玉簪记·琴挑》:"夜色新凉,故尔操弄丝桐,少寄岑寂。"

泡桐 见"桐"。

梧桐 梧桐科植物。落叶乔木。叶掌状。夏秋开花,种子缀其上,大小如胡椒,可炒食或榨油。叶入药。木可制乐器等。常栽培于庭园、宫观,供观赏。古代传说,神鸟凤凰非梧桐树不栖,非梧桐子不食。民间以梧桐落叶为交秋的象征,诗词中常用以描写秋思。《诗·大雅·卷阿》:"凤凰鸣矣,于彼高冈。梧桐生矣,于彼朝阳。"孔颖达疏:"梧桐可以为琴瑟。"《庄子·秋水》:"夫鹓(凤凰的幼鸟)发于南海,而飞于北海,非梧桐不止。"宋李清照《声声慢》词:"梧桐更兼细雨,到黄昏,点点滴滴。这次第,怎一个愁字了得!"

椿 亦称"香椿"。楝科植物。落叶乔木。羽状复叶,小叶长椭圆形。夏季开白色花。香椿木细致坚实,耐湿耐腐,是建筑和家具的优质材料。嫩叶可食,古代作为蔬菜,亦用以点茶。椿木灰为织物染色(如茜红、紫草红)的媒染剂。因其寿命很长,古人用以喻指父亲,也称"椿庭"。祝人长寿,则谓"椿年""椿龄"等。《庄子·逍遥游》:"上古有大椿者,以八千岁为春,八千岁为秋。"明徐光启《农政全书》卷三十八:"(椿)其叶自发芽及嫩时,皆香甘,生熟盐腌,皆可茹。"清潘荣陛《帝京岁时纪胜·三月·时品》:"香椿芽拌面筋,嫩柳叶拌豆腐,乃寒食之佳品。"

楮 亦称"构树""穀"。桑科植物。落叶乔木。皮下有乳状树液。叶卵形,正反皆有毛。初夏开淡绿色小花。果序圆形,熟后红如杨梅。嫩芽可当蔬菜,果可食用。叶、果、皮、树液均可入药。东汉蔡伦时,已用楮树皮造纸。楮皮纸坚韧耐磨,是优良的书画和造币用纸,故俗称纸为"楮",纸币为"楮币"。纤维可织布。乳状树液可为胶水。因而是古代重要经济树木。《诗·小雅·鹤鸣》:"乐彼之园,爰有树檀,其下维穀。"陆玑疏:"穀……今江南人绩其皮以为布。又捣以为纸,谓之穀皮纸,洁白光泽。其叶初生,可以为茹。"北魏贾思勰《齐民要术·种穀楮》:"煮剥卖皮者虽劳而利大。自能造纸,其利又多。种三十亩者,岁斫十亩,三年一遍,岁收绢百匹。"明李时珍《本草纲目·木三·楮》:"南人剥皮捣煮造纸。亦缉练为布,不坚易朽。"

木棉 亦称"攀枝花""红棉树"。木棉科植物。落叶大乔木。树高可达 25 米,分枝平展。掌状复叶,互生,长圆形至长圆状披针形。花红色而大,热烈如火焰,春二三月先叶而开,可以入菜,与树皮、根均可入中药。果实中的白色纤维,亦称"木棉",是目前最轻细、中空度最高、最保暖的天然纤维材料。可与棉花及其他纤维混纺,可作救生圈、被褥、枕芯等以及房屋隔热层、隔音层的填料。木材松软,可作装箱用板。是优良的行道树、园林观赏树。原产南亚,分布于云南、四川、贵州、广西、江西、广东、福建、台湾等省。今广州市用作为市花。唐皇甫松《竹枝》:"槟榔花发鹧鸪啼,雄飞烟瘴雌亦飞。木棉花尽荔支垂,千花万花待郎归。"

皂荚 亦称"皂角"。豆科植物。落叶乔木,高者可达 30 米。羽状复叶,雌雄异株,春季开黄白色花。雌树结荚能力强。荚果呈带状,黑皮,微肥厚,富胰皂质,旧时日常洗衣、沐浴,俱以之去污垢。原产长江流域,今南北均有分布。皂荚果是药品、化妆品及洗涤用品的天然原料。皂荚刺(皂针)有很高经济价值。冠大荫浓,寿命较长,适宜作园林绿化树种。木材坚实,可制家具。元王实甫《西厢记》第二本第二折:"我打扮着等他,皂角也使过两个也,水也换了两桶也……怎么不见红娘来也呵?"

桃 蔷薇科植物。落叶小乔木。原生中国西部,有 3 000 多年栽培史。西汉前后,渐次传到亚洲各国,再传入欧洲。经长期培育,分为食用桃与观赏桃两大类。食用桃各地名种甚多,中国约有 300 种。观赏桃,花多为复瓣或重瓣,有深红、粉红、白色和红白相间等色,花期为 3—4 月。核果近球形,有毛,肉厚多汁,味甜,多生食,也可制桃脯等。上古时民间崇拜桃树,认为桃木有驱邪除鬼的神奇力量。花艳丽多彩,古代常比喻美貌年轻女子,称脸颊为"桃腮"。唐人小说和后世戏曲中有"人面桃花"的故事。《诗·周南·桃夭》:"桃之夭夭,灼灼其华。之子于归,宜其室家。"唐崔护有《题都城南庄》诗:"去年今日此门中,人面桃花相映红。人面不知何处去?桃花依旧笑春风。"

李 蔷薇科。落叶小乔木。原生长江流域,约3 000年前已有栽培。树高9~12米。叶片呈长椭圆等形,开白色花,花期约在4月,有较高观赏价值。文学中多以李花比喻美丽女子。果实球形,呈黄、绿、红或紫色,味甜,可生食及制蜜饯。现代栽培李品种主要有中国李、欧洲李、美洲李三大系统。中国李,《诗经》《管子》中已有记载。《西京杂记》载,汉上林苑中栽培李品种有15个之多。现代良种有浙江的槜李、辽宁的大红袍、北京的扁李、贵州的青脆李等。南朝宋刘义庆《世说新语·雅量》:"王戎七岁,尝与诸小儿游。看道边李树多子折枝,诸儿竞走取之,唯戎不动。人问之,答曰:'树在道边而多子,此必苦李。'取之信然。"唐苏味道《正月十五夜》诗:"游妓皆秾李,行歌尽《落梅》。"

杏 蔷薇科植物。落叶乔木。原生中国,经培育,分为观花型与食用型两类。3—4月开花,有浅红、红、白、黄等色,有单瓣和重瓣之别。史载,大约在汉代已有杏树的栽培。核果圆形或扁圆形,果皮多金黄色,肉暗黄,味甜多汁,供生食或制果脯。果仁可食用、榨油或入药。木材色红质坚、纹理细致,可加工成家具和各类工艺品。中国现有栽培品种近3 000个,名品甚多。因春秋时孔子讲学处有杏树,古代泛称授徒之所为"杏坛"。又三国时期闽籍道家医生董奉,隐居山林,为人治病,不取钱物,使人重病得愈者,栽杏五株,轻者一株,如此十年,共得十万余株,郁然成林。后世遂以"杏林"美称医师或医界。小说戏曲中形容女子美丽,则曰"杏眼"或"杏脸"。宋宋祁《玉楼春》词:"绿杨烟外晓寒轻,红杏枝头春意闹。"

梨 蔷薇科植物。落叶乔木或灌木。中国梨原产中国,有四千年以上栽培史。中国人民对梨的野生种"樣""樆""楂""杜""甘棠""沙棠"等不断驯化,西汉时成为重要的栽培果树,培养出许多优良品种。北魏《齐民要术》中有利用杜梨作砧木嫁接梨树的记载,是中国果树嫁接最早、最详细的记录。梨叶卵形,通常开白花,有开红花的品种。果实脆美,味甜多汁,可生食,亦可制作多种食品。入药,有保肺止咳之效。梨木是古代雕版刻印书籍的优质材料。现约有一千个品种,多分布在华北、东北、西北及长江流域各省。名品有河北鸭梨、山东莱阳梨、鞍山香水梨、山东槎子梨、安徽砀山酥梨等。另有西洋梨品种29个,系19世纪以后传入者。三国魏文帝《诏书》:"真定御梨,大若拳,甘若蜜,脆若菱,可以解烦释渴。"宋范成大《内丘梨园》诗题解:"内丘鹅梨为天下第一,初熟收藏,十月出汗后方佳。园户云:'梨至易种,一接便生,可支数十年。'"

栗 山毛榉科植物。落叶乔木。果实有硬壳,含有丰富的淀粉及糖、蛋白质、脂肪等,可作副食。古人以栗作食粮,蒸、炒后亦作果品。中国目前栽培品种主要有板栗、茅栗、珍珠栗三种,另有引进的日本栗一种。其中以河北良乡栗最著名。栗的利用和栽培历史悠久。考古发现,河南裴李岗、浙江河姆渡和西安半坡遗址均有栗果遗存。距今2 000多年的江陵战国墓葬和西汉墓葬中发现过板栗实物。《诗经》《夏小正》等文献中有栗的记载。汉代,作为重要经济果树,曾大面积种植。《韩非子·外储说右下》:"秦大饥,应侯请曰:'五苑之草、蔬菜、橡果、枣栗,足以活民,请发之。'"明文震亨《长物志·蔬果》:"杜甫寓蜀,采栗自给,山家御穷,莫此为愈。出吴中诸山者绝小,风干,味更美。"

柑橘 柑和橘的合称。芸香科植物。多为小乔木。叶长卵状披针形,春季开黄白色花。果扁圆形,红色或橙黄色,味酸甜不一。原产中国,有四五千年栽培史。广义的柑橘还包括橙、柚等。据《尚书》载,古扬州地区广泛栽培柑橘。战国时已有不少优良品种。湖南洞庭湖地区为著名产地。汉代,柑橘生产在农业经济中占重要地位,品种增多。南宋时,韩彦直写成了世界上第一部柑橘专著《橘录》，著录柑8种、橘14种、橙5种。中国柑橘自汉代起向世界各国传布。名种有洞庭橘、温州乳橘、黄岩蜜橘、潮汕椪柑、新会甜橙等。《书·禹贡》："淮海惟扬州……厥包橘柚锡贡。"蔡沈注："小曰橘，大曰柚。锡者，必待锡命而后贡，非岁贡之常也。"《吕氏春秋·本味》："果之美者……江浦之橘；云梦之柚。"宋梅尧臣《食橙寄谢舍人》诗："洞庭朱橘未弄色，襄水锦橙已变黄。玉臼捣齑怜鲙美，金盘按酒助杯香。"

石榴 亦称"安石榴"。石榴科植物。落叶灌木或小乔木。汉代时来自波斯(今伊朗)，栽种于皇家上林苑与温泉宫。高5~7米。叶对生，长圆形。果球形，成熟时往往裂开，内有很多种子，呈半透明，酸甜多汁，是风味独特、营养丰富的水果。花供观赏。果皮、根、花皆可入药。有果石榴和花石榴之别。果石榴花多红色，单瓣。花石榴为变种，也称"看石榴"，植株较矮小，宜盆栽。五月开花，复瓣，有淡红、深红、黄色、白色和红白杂色等。古代妇女之裙，多喜石榴红色，因染料也从石榴花中提取，故称"石榴裙"。唐韩愈《题张十一旅舍三咏》："五月榴花照眼明，枝间时见子初成。"唐刘禹锡《乐天寄忆旧游因作报白君以答》诗："其奈钱塘苏小小，忆君泪点石榴裙。"

苹果 蔷薇科植物。落叶乔木。叶椭圆形，有锯齿，花白色带有红晕。果实营养价值很高，为中国最重要的果树之一。中国的栽培品种有中国苹果和西洋苹果两大种群。中国苹果亦称"绵苹果"，古代称"频婆"或"苹婆果"，由"柰"发展而来。1 500年前，河西走廊和新疆一带大量栽植。现在只有河北、山西、陕西、甘肃等省尚有少量生产。西洋苹果为近百年从欧美引进。明蒋一葵《长安客话·皇都杂记·柰属》："林檎、频婆、秋子皆柰属。"清褚维垲《燕京杂咏》："沙土疏松木易栽，灌园多半作生涯。鸦儿梨子苹婆果，风物燕京此最佳。"

频婆 见"苹果"。

柿 柿树科植物。落叶乔木。原生中国，有两千多年栽培史。叶形不一，有倒卵形、椭圆形等，6月开黄白色花。浆果多圆形，色红或黄，含多种营养物质。可作鲜果，亦可制成柿饼、酿酒和制醋。青柿可作柿漆。柿木致密，纹理美丽，可制器具。中国约在汉代前进行人工栽培。汉代运用嫁接技术，培养出了较优品种，唐代起有无核柿的新种。唐段成式《酉阳杂俎·木篇》："俗谓柿树有七绝：一寿，二多阴，三无鸟巢，四无虫，五霜叶可玩，六嘉实，七落叶肥大。"明徐光启《农政全书》卷二十九："今三晋、泽、沁之间，多柿。细民干之，以当粮也。中州、齐、鲁亦然。"

杨梅 杨梅科植物。四季常绿，也为观赏植物。果圆，有红、紫、白三类。初夏成熟，柔软多汁，味甜，可生食及酿酒。中国杨梅树的栽培，大约始自西汉。江苏、浙江、福建、广东皆有分布，各有名品，以浙江产量最高。《广群芳谱》卷五十六引《林邑记》："邑有杨梅，其大如杯碗，青时极酸，熟则如蜜，用以酿酒，号为梅香酎。"明文震亨《长物志·蔬果·杨梅》："杨梅吴中佳果，与荔枝并擅高名，各不相下，出光福山中者最美。彼中人以漆盘盛之，色与漆等，一斤仅二十枚，真奇味也。生当暑中，不堪涉远，吴中好事家或以轻桡邮置，或买舟就食。出他山者味酸，色亦不紫。"

樱桃 蔷薇科植物。落叶灌木或小乔木。原产华东、华中和华北，品种各异。早春最先开花结果。花蕾红色，花白色或浅红色，可观赏。核果初夏成熟，小球形，有长柄，色鲜红，稍甜而带酸。可生食或制酱、酒及罐头。上古春日或夏初，是进献宗庙的供物。古诗文戏曲中常以樱桃喻指美女之口。元杜仁杰《双调雁儿落过得胜令》曲："他生得柳似眉、莲似腮，樱桃口、芙蓉额。不将朱粉施，自有天然态。"

胡桃 亦称"核桃"。胡桃科植物。落叶乔木。高可达30米。核果椭圆形或球形。外果皮肉质。内果皮硬，有皱脊。种子富有蛋白质及油质，味香美，入药有补血、补肾之功。木材坚韧，可用于建筑及雕刻。为珍贵的栽培果树。原产欧洲东南部及西亚，约于公元2世纪时传入中国。传说为汉代张骞自西域带回。一说为西北地区原产。文献记载最早见于《文选·左思〈蜀都赋〉》刘逵注引汉马融《西第颂》。唐孟诜《食疗本草·胡桃》:"除去风,润脂肉,令人能食。不得多食之。计日月渐渐服食,通经络气,润血脉,黑人鬓发,毛落再生也。"

枣 鼠李科植物。落叶乔木。初夏开黄绿色小花,清香多蜜,是良好的蜜源花。核果长圆形,成熟后呈紫红色,含糖分和多种维生素,可生食,亦可制成干品,是重要的食品工业原料。入药有养胃健脾、补血强身功效。枣木坚硬致密,古代用于雕版印书,故古人刻书,每谦称为"灾梨祸枣"。原产中国,有3 000多年栽培史。据《诗经》记载,西周时期,枣是齐鲁地区的主要果树。《礼记》记载,当时新媳妇初见公婆,枣为礼品之一。西汉时,枣的生产受到高度重视。《齐民要术》中介绍了促进枣树结果的"嫁枣"技术。在长期栽培过程中,产生了很多优良品种。《尔雅》中有11个品种,元代《打枣谱》有72种,至清《植物名实图考》记有87种。现有枣品约300种,其中河北密云小枣、山东金丝小枣、陕西无核枣、山西和陕西的晋枣、浙江义乌大枣等,都是著名佳品。中国枣大约在2 500年前传入西亚,经波斯、叙利亚传入地中海国家。19世纪初,由欧洲传到美洲。《诗·豳风·七月》:"八月剥枣。"《战国策·燕策一》:"(燕)北有枣栗之利。民虽不田作,枣栗之实足食于民矣。"《清朝野史大观·武英殿版之遭劫》:"(武英殿)版皆红枣木,厚寸许,经二百年无裂痕。"

佛手 亦称"佛手柑"。芸香科植物。枸橼的变种。常绿小乔木或灌木。叶互生,长椭圆形,叶腋有刺。初夏开花,上部白色,基部紫赤色。果冬季成熟,鲜黄色,基部圆,上部分裂如掌,呈手指状。香气芳烈。果供陈列观赏,也可制蜜饯。中医以果与花入药,功能理气和胃。原产亚洲,中国南方各地均有栽培。一般用嫁接繁殖。清余怀《板桥杂记·轶事》:"每当夏月,置宴河房,选名妓四五人,邀宾侑酒,木瓜佛手,堆积如山,茉莉芝兰,芳香似雪。"

香橼 亦称"枸橼"。芸香科植物。常绿小乔木或大灌木,有短的硬刺。叶长圆形或倒卵状长圆形,缘有锯齿。花带紫色,一年多次开花。果实圆或长圆形,皮粗厚有芳香,初冬成熟。柠檬黄色。中国中部及南部有栽培。置于盘中堆叠之,一室芳馨,主要供赏玩。果皮、花、叶可提取芳香油,果皮可入药。晋嵇含《南方草木状》:"枸橼子肉甚厚,白如芦菔,女工竞雕镂花鸟,渍以蜂蜜,点以燕檀,巧丽妙绝,无与为比。"《广群芳谱》卷六十五引《学圃余疏》:"香橼花酷烈甚于山矾,结实大而香。山亭前及厅事两墀皆可植。香橼虽味酸溅齿,以为汤则大佳。置实盘中,盈室俱香,实佳品也。"

金橘 芸香科植物。常绿灌木或小乔木。花白色,每年开花3~5次。果实大者似鸽蛋,秋末冬初开始成熟,色金黄或橙黄,有气味芳冽。果肉味甜或酸,可生食和制金橘饼等蜜饯,亦供药用。树可观赏。原产中国,分布于长江流域及江南各地。品种有金枣、金弹、园金柑等。宋欧阳修《归田录》卷二:"金橘产于江西……香清味美,置之樽俎间,光彩灼烁如金弹丸,诚珍果也。都人初亦不甚贵,其后因温成皇后尤好食之,由是价重京师。"

枇杷 蔷薇科植物。常绿小乔木。叶长椭圆形,边缘有锯齿,背面生茸毛。冬季开淡黄白色小花,是良好蜜源。夏季结果,球形或椭圆形,主要有"白沙"(白枇杷)及"红沙"(橙红色枇杷)两种。果肉软而多汁,味甜而带微酸,供生食或制作罐头食品。叶可入药,治肺热咳嗽、呕吐呃逆等。中国中部及南部都有分布,为园林常见观赏树,苏州东山镇的白沙枇杷,尤称上品。唐王建有《寄蜀中薛涛校

枇杷

书》诗:“万里桥边女校书,枇杷花里闭门居。扫眉才子于今少,管领春风总不如。”薛涛是著名诗妓,后世因以“枇杷门巷”美称歌妓住处。

荔枝 古代亦作“离支”。常绿乔木。高约10米,树龄可达数百年。花为优良蜜源。果实心形或圆形,表皮多小突瘤,熟时暗红色。果肉白色半透明,味甜,芳香多汁,可生食或制成干品,有补肝健脾等功效。为中国独特的果中珍品。分布于中国西南、南部和东南,尤以两广和闽南栽培最盛。秦汉以前已有培植,并作为贡品进献。唐代蜀中亦产荔枝。今以福建为主要产地,有不少著名品种。北宋至明,有蔡襄等所著的《荔枝谱》5种。唐白居易《荔枝图序》:“荔枝生巴峡间,树形团团如帷盖。叶如桂,冬青;华如橘,春荣;实如丹,夏熟。朵如葡萄,核如枇杷,壳如红缯,膜如紫绡,瓤肉莹白如冰雪,浆液甘酸如醴酪。大略如彼,其实过之。若离本枝,一日而色变,二日而香变,三日而味变,四五日外色香味尽去矣。”唐杜牧《过华清宫绝句》:“一骑红尘妃子笑,无人知是荔枝来。”

龙眼 俗称“桂圆”。无患子科植物。常绿乔木。树龄可达数百年。分布范围与荔枝同,果形如荔枝而小。果肉白色半透明,味甜多汁。可生食或加工成干品,有养血安神,培补心脾的功效。民间历来视为珍贵滋补果品。为中国南方特产果树,栽培史有2 000年以上。原生于广东、广西,汉代作为贡品,和荔枝同时输入中原。今以福建莆田为主要产区,品质亦最优。《三国志·吴志·士燮传》:“燮每遣使诣权(孙权),致杂香、细葛……奇物异果,蕉、邪、龙眼之属,无岁不至。”唐刘恂《岭表录异》卷中:“龙眼之树如荔枝。叶小,壳青黄色,形圆如弹丸大……荔枝方过,龙眼即熟。南人谓之荔枝奴,以其常随于后也。”

桂圆 见“龙眼”。

椰子 棕榈科植物。常绿乔木。果实椭圆形。外果皮黄色或褐色,内果皮为角质硬壳,中有乳白色果肉及汁液。果肉和汁液可供生食,亦可榨油、制糖。中果皮纤维质为制绳原料。原产亚洲热带岛屿。中国广东、海南岛及台湾地区都有出产。

葡萄 古书中或作“蒲桃”“蒲陶”“蒲萄”。葡萄科植物。落叶木质藤本。卷须分支,叶卵圆形,花淡黄绿色。果为浆果,椭圆和圆形,可生食、制葡萄干和酿制葡萄酒。性喜温暖干燥、阳光充足。原产于欧洲、西亚和非洲北部。自汉代张骞从西域引进良种,经长期培育,已形成白、紫、绿三大类品种。据《册府元龟》记载,唐太宗破高昌国(在今新疆吐鲁番)得马乳葡萄和葡萄酒酿造技术,并将其传入内地。清潘荣陛《帝京岁时纪胜·八月·时品》:“鲜果品类甚繁,而最美莫过葡萄。圆大而紫色者为玛瑙,长而白者为马乳,大小相兼者为公领孙。又有朱砂红、棣棠黄、乌玉珠等类,味俱甘美。”马乳,今俗称马奶子葡萄。

香蕉 古代亦称“甘蕉”。芭蕉科植物。多年生草本。叶长而大,花淡黄色,果实长形,稍弯,果肉黄白色,味香甜,可生食。原产亚洲东南部热带地区,中国南部为原产地之一。约有两千年栽培史。今台湾、海南岛、两广、云南广为种植,广东栽培最盛。世界热带地区也多有出产。晋嵇含《南方草木状》卷上:“甘蕉,望之如树。株大者一围余。叶长一丈或七八尺,广尺余二尺许。花大如酒杯,形色如芙蓉。著茎末百余子,各为房,相连累,甜美,亦可蜜藏。”清朱仕玠《瀛涯渔唱》:“紫花如盎映山椒,结子垂垂象翠翘。消渴夜深难禁制,金茎流露进牙蕉。”原注:“牙蕉即甘蕉,结子每茎百余,始绿,熟则黄,味极甘美。”

甜瓜 俗称“香瓜”。葫芦科植物。一年生草本。茎蔓生,卷须不分叉。花冠黄色。果圆形、长圆形或扁圆形,皮黄、白、绿或杂有各种斑纹。果肉绿、白、红或橙黄色,肉质脆或绵软,味香而甜。性喜高温、干燥和充足的阳光。为夏季优良水果,与全草俱可药用。原产非洲和亚洲热带地区,中国华北为薄皮甜瓜次级起源中心,新疆为厚皮甜瓜起源中心。周代已有栽培,战国至秦汉广大地区都有栽种。因张骞通西域,外传至欧洲。宋以前古籍中所述“瓜”,均系甜瓜。此后南北名种甚多,著名的新疆哈密瓜,实为甜瓜变种的一个名品。《诗·豳风·七月》:“七月食瓜。”《史记·萧相国世家》:“召平者,故秦东陵侯。秦破,为布衣,贫,种瓜于长安城东。瓜美,故世俗谓之东陵瓜。”清富察敦崇《燕京岁时记·甜瓜》:“五月下旬则甜瓜已熟,沿街卖。有旱金坠、青皮脆、羊角蜜、哈密酥、倭瓜瓤、老头儿乐各种。”

香瓜 见“甜瓜”。

西瓜 亦称“寒瓜”。葫芦科植物。一年生草本。茎蔓生,花黄色。果圆或椭圆形,皮色浓绿、绿白或绿夹蛇纹。瓤深红、淡红、黄或白色,味甜多汁,能清热解暑,富含多种营养物质。果皮可制蜜饯、果酱。种子可榨油、炒食或作糕点配料。其栽培历史始于秦汉之际的西域。一般认为,西瓜原产非洲,自五代胡峤从契丹带来回纥瓜种,中国北方始有栽种。然西瓜为汉族农民普遍栽种,并与甜瓜明显相区别,却在南宋时。此后名品愈多,栽培遍于全国,乃成为夏季常见消暑佳品。《新五代史·四夷附录二》引胡峤《陷虏记》:“明日,东行……始食西瓜,云契丹破回纥得此种,以牛粪覆棚而种,大如中国冬瓜而味甘。”宋范成大《西瓜园》诗:“碧蔓凌霜卧软沙,年来处处食西瓜。”

甘蔗 禾本科植物。古代亦作“甘柘”等。一年生或多年生草本。茎直立,分蘖,丛生。圆柱形,有节,节间实心。茎多汁甘甜,可生食,是制糖的主要原料。亦可药用。外皮有紫、红或黄绿等色。战国时,南方已有栽植。今以台湾、两粤、四川、福建等地最多。有中国竹蔗、印度蔗和热带蔗等种。汉司马相如《子虚赋》:“其东则有……诸柘、巴苴(芭蕉)。”郭璞注:“诸柘,甘柘也。”晋嵇含《南方草木状·诸蔗》:“一曰甘蔗。交趾所生者,围数寸,长丈余,颇似竹。断而食之甚甘。榨取其汁,曝数日成饴,入口消释,彼人谓之石蜜(白砂糖)。”明宋应星《天工开物·甘嗜·蔗种》:“凡甘蔗有二种,产繁闽广间,他方合并,得其十一而已。似竹而大者为果蔗,截断生啖,取汁适口,不可以造糖;似荻而小者为糖蔗,口啖即棘伤唇舌,人不敢食,白霜、红砂皆从此出。”

稻 禾本科植物。一年生草本。茎直立,叶片线形,花白色或绿色。子实去壳后称大米,主要作粮食,也可酿酒。米糠和茎秆可作家畜饲料。秆俗称稻草,在古代是盖屋和冬季铺床的好材料。稻依栽培环境分,有旱稻和水稻;依子实黏性分,有籼稻、粳稻和糯稻。中国华南和西南为野生稻发源地之一,各文化遗址出土的稻粒证明,在距今4 000~7 000年前,栽培稻已遍布长江、珠江和黄河流域的部分地区。历来稻列为“五谷”之首。殷墟甲骨卜辞中,刻有预卜丰年的“稻”字。汉以前已有糯稻的记载。3 000年前传入越南和朝鲜,公元500年前后,经伊朗传入巴比伦,又经非洲传到欧美。汉魏至清,培养了众多有特色的优良稻种,如各种香稻、香糯米等。宋辛弃疾《西江月·夜行黄沙道中》词:“明月别枝惊鹊,清风半夜鸣蝉。稻花香里说丰年。听取蛙声一片。”

麦 大麦和小麦等禾本科植物的统称。后多指小麦。大麦和小麦原产中国,从野生到栽培,都经历了万年的漫长过程。考古发现,距今7 000~5 000年的原始社会遗址中有麦类印痕和小麦子粒。安阳小屯村甲骨上有“来”(小麦的古称)字和“麦”字。约在4 000年前,已在黄河、长江、淮河流域大面积栽种麦子,作为主要粮食作物。《诗·大雅·生民》:“麻麦幪幪,瓜瓞唪唪。”《后汉书·张堪传》:“桑无附枝,麦穗两岐。张君为政,乐不可支。”《旧唐书·玄宗本纪》:“是夏,上自于苑中种麦,率皇太子已下躬自收获。谓太子等曰:‘此将荐宗庙,是以躬亲,亦欲令汝等知稼穑之难也。’”参见“大麦”“小麦”。

小麦 禾本科植物。一年生或二年生草本。秆中空,叶长披针形,复穗状花序。有芒或无芒。颖果卵形或长椭圆形。小麦子粒磨面粉供食用,是中国主要食粮之一。秆可编器物。中国为普通小麦的发源地,商周以前已有栽培。栽培品种颇多。唐白居易《观刈麦》诗:“田家少闲月,五月人倍忙。夜来南风起,小麦覆陇黄。”

大麦 禾本科植物。一年生或二年生草本。植株形态似小麦,唯茎稍粗软,叶稍短大。子粒供食用,酿酒或作饲料。秆可编器物。在史前时代,中国偏北地区已有栽培。唐李颀《送陈章甫》诗:“四月南风大麦黄,枣花未落桐叶长。”

粟 古代亦称“禾”。今称带壳的子实为“谷子”,去壳的叫“小米”。禾本科植物。一年生草本。秆粗壮,叶线形,穗粗如棒,下垂。颖果有黄、白、黑等色。子粒卵圆形,黄白色,有糯、粳之别,可供食用或酿酒,富有营养。全株可作饲料。是中国最古老的粮食作物之一,北方地区人民的主食。甲骨文中已有“粟”字。中原和华北广大地区的新石器时期遗址中发现过大量炭化粟粒。其中河北磁山遗址出土的炭化粟粒,经测定距今7 900余年。经中国人民长期栽培和选择,培育出许多品种,北魏贾思勰《齐民要术》记载,当时已有80余个品种。今北方仍普遍种植。

小米 “粟”的别称。亦指其去壳后的子粒。

黍 俗称“黄米”。禾本科植物。一年生草本。秆直立而有茸毛,叶线形,圆锥花序。颖果平滑而有光泽。子粒有黏性,可供食用或酿酒,也作饲料。为中国古代北方人民主要食粮之一。唐曹邺《田家效陶》诗:“黑黍春来酿酒饮,青禾刈了驱牛载。”

稷 一种古老的粮食作物。究何所指,至今尚无定论。主要有三说:唐以前诸家和农学家多主稷为粟(谷子)说;唐苏恭《唐本草注》首倡稷为黍说,《本草纲目》集此说之大成;清程瑶田《九谷考》主稷为高粱说。现代农学界、文字学界多赞同粟说或黍说。稷在北方地区的上古农业中占首要地位,被称为“五谷之长”。传说中,周族的始祖弃,在尧舜时担任农官,教导人民种稷与麦,后人因尊称他为“后稷”。“稷”与“社”代表五谷之神和土地神,在古代受到隆重祭祀。“社稷”合称,代指国家。《诗·王风·黍离》:“彼黍离离,彼稷之苗。”朱熹集传:“稷,亦谷也。一名穄,似黍而小。或曰粟也。”

高粱 亦称“秫”“蜀黍”“木稷”等。禾本科植物。一年生草本。叶如玉米,穗帚状或锤状。子实像粱(即粟),而植株高大,故称高粱。有粘性和不粘的两种。是中国北方人民的主要食粮之一,也是酿酒的重要原料。茎可制糖和织箔编席。梢可扎扫帚。考古和文献证明,中国高粱栽培历史比非洲悠久。山西万泉县荆村新石器遗址中发现的炭化高粱,距今至少有五六千年。《晋书·隐逸传·陶潜》:“在(彭泽)县,公田悉令种秫谷,曰:‘令吾常醉于酒足矣。’妻子固请种粳。乃使一顷五十亩种秫,五十亩种粳。”南朝宋陶渊明《和郭主簿》诗:“春秫作美酒,酒熟吾自斟。”

高粱

大豆 豆科植物。先秦统称“菽”,汉以后才称“豆”。一年生草本。按种皮颜色可分黄豆、青豆、黑豆等。全株被茸毛,花白色或紫色。荚果。种子椭圆形或近球形。富含蛋白质、脂肪、磷酸及其它高级营养成分。古代是人和牲畜的粮食,列为五谷之一,亦可制作食油和豆腐等副食品、豆酱等调味品。现代除食用外,是制药和多种工业产品的原料,用途在500种以上。茎叶可作饲料。原产于中国西南,有5 000年栽培史,今全国各地均有种植,以东北大豆最为著名。最先传遍亚洲,清代时传入欧美。《诗·小雅·采菽》:“采菽采菽,筐之筥之。”朱熹集传:“菽,大豆也。”

脂麻 亦作“芝麻”,亦称“胡麻”。胡麻科植物。一年生草本。秋天开白色唇形筒状花,节节生枝。茎节间结角果,有棱四、六、七、八不等。有白芝麻、黑芝麻及黄芝麻等不同品种。原产中国,浙江杭州水田畈史前遗址等处曾发现古代脂麻种子。种子含油可食,营养丰富。一般以白芝麻榨油,称为香油或麻油;黑芝麻入药,用以疗疾养生。因其子实最多,被视为子孙众多的象征。民间习俗，脂麻须夫妇二人一起播种，才能茂盛。其韧皮纤维，可作纺织原料。唐葛鸦儿《怀良人》诗："蓬鬓荆钗世所稀，布裙犹是嫁时衣。胡麻好种无人种，正是归时不见归。"

芝麻 即"脂麻"。

荼 古书中"荼"，为"茶"的古字。又别称"茗"等。山茶科植物。常绿灌木或小乔木。原产中国西南地区。最初为野生，取其嫩叶，由食用、药用到饮用、种植，经历了漫长过程。晋常璩《华阳国志·巴志》记载，周武王伐纣，得到巴蜀民族的支持，他们以茶和蜂蜜等珍贵产品向周王纳贡，当时已有人工栽培。西汉至唐宋，茶叶逐渐成为中国人日常生活的必备饮品。茶农种茶，茶商从事茶叶贩运。俗谚云"开门七件事，柴米油盐酱醋茶。"中唐诗人陆羽开辟茶园，著《茶经》，在世界上第一次对茶叶的源流、现状、制作技术及饮茶之道进行综合论述。中国茶叶 9 世纪初传入日本，16 世纪后半叶传入欧洲。如西湖龙井、武夷岩茶、洞庭碧螺春、黄山毛峰、庐山云雾茶、安溪铁观音、君山银针、六安瓜片、岳西翠兰、信阳毛尖、祁门红茶、蒙顶甘露、都匀毛尖、云南普洱茶、沱茶等，都是世界知名的名茶。参见"制茶""茶叶"。

茶山

茗 ① 茶芽。一说指晚采的茶。《说文·艸部》："茗，荼芽也。"《尔雅·释木》："槚，苦荼。"晋郭璞注："今呼早采者为荼，晚取者为茗。"② 茶的别称。喝茶称"茗饮""品茗"，好茶曰"香茗""佳茗"。唐陆羽《茶经》卷上："茶者，南方之嘉木也……其名一曰茶，二曰槚，三曰蔎，四曰茗，五曰荈。"南朝梁任昉《述异记》卷上："巴东有真香茗，其花白色如蔷薇……煎服令人不能眠，能诵无忘。"唐皎然《山居示灵澈上人》诗："晴明路出山初暖，行踏春芜看茗归。"

大麻 古代亦称"枲""火麻""线麻"等。桑科植物。一年生草本。茎上、中部方形，基部圆形，皮粗糙。掌状复叶。原生中国，半坡村和河姆渡等新石器时期遗址中，曾发现麻布印痕，及与麻的加工、纺织有关的纺锤、骨针等工具。至周代，麻的栽培利用已很普遍。茎皮纤维可纺线织布、制绳索、编制渔网和造纸。种子可榨油、做漆，与花均可入药。古书中所称"布"皆为麻布，作为平民衣料，一直沿用到宋代棉布生产之前。故历来农事也称"桑麻"。汉至唐代，麻纸占主要地位。唐、宋帝王诏令皆以麻纸书写，称诏书曰"麻"，颁诏曰"宣麻""降麻"。汉桓宽《盐铁论·散不足》："古者庶人耋老而后衣丝，其余则麻枲而已，故命曰布衣。"南朝宋陶潜《归园田居》诗："相见无杂言，但道桑麻长。"

苎麻 荨麻科植物。多年生草本。茎直立。叶互生，卵圆形或心脏形。其叶可食。根、叶可药用。茎皮纤维洁白有光泽，为重要纺织原料。织成的布古称"纻"，光滑洁白，透气性好，适宜夏天穿着，故又名夏布。苎麻为中国特产。浙江湖州钱山漾新石器时期遗址中曾发现苎麻布残片，证明四五千年前，苎麻已是中国人民的衣着原料。近现代夏布以湖南、四川和贵州所产最为著名。亦为最早的造纸原料。很早传入朝鲜和日本，18 世纪后传到欧美各国。《诗·陈风·东门之池》："东门之池，可以沤纻。"孔颖达疏："正义曰：陆玑疏云，纻亦麻也。科生数十茎，宿根在地中，至春自生，不岁种也。荆扬之间一岁三收，今官园种之，岁再刈。刈便生。剥之以铁若竹……今南越纻布皆用此麻。"

棉花 锦葵科植物。草本或灌木。在温带栽培时为一年生草本，在热带可能为多年生木本。叶互生，掌状分裂。花腋生，开放后多为白色，也有紫色和黄色等变异。花的纤维可纺纱或做棉絮，棉籽可榨油，茎皮可造纸，制绳。

过去认为，棉非中国原产，木本棉由南亚传入中国南方地区，草棉由中亚传入新疆，至宋元时中原才大量种植。今研究者认为，《尚书·禹贡》中的“织贝”，《史记》中的“蜀布”，《汉书》中的“白叠”，《后汉书》中珠崖出产的“广幅布”，三国时期吴人万震《南州异物志》中的“五色斑布”，以及武夷山殷商时期船棺遗址中发现的棉布残片，都证明：中国南方早在4 000年前就已栽植和利用草本棉花，2 000年前的商人已将特产蜀布运到中亚出售；整个川、滇少数民族地区，自古以来栽培棉花，作为纺织原料。又，新疆东汉墓中发现有保存完好的草棉种子以及蓝白印花布、白布裤；梁武帝穿布衣、用木棉帐；唐玄宗时，长安销售白叠布，杜甫、白居易等上层士人喜爱用棉布作衣料，也足以证明：草棉并非宋以后才传入中原。结合四川、云南、贵州存在野生棉的事实，可以认为，中国的栽培棉种是来自本土的原生植物。

弹棉(《天工开物》)

烟草 茄科植物。一年生草本。基部稍木质化。根粗壮。茎高0.7~2米。花序顶生，圆锥状。夏秋开花结果。花多为红、黄、白色。前两种叶子可制作烟草；开白花者多用于观赏。蒴果卵状或矩圆状。原产美洲，16世纪传入欧洲。其后由菲律宾传入中国南方地区，烟丝据西班牙名，音译为“淡巴菰”。至清初，形成吸烟的风习。晚清两广总督周馥有《悯农》诗，描述粤地农民辛苦负债买豆饼为肥料、种植烟草的情形。

花生 亦称“落花生”“长生果”。豆科植物。一年生草本。茎直立或匍匐，长30~80厘米。叶长圆形至倒卵形。花果期6—8月。开花后，荚果在土内生长成熟。果实外壳粗糙，多带有方格花纹。种子叫花生米，外皮多浅红色，可生产芳香的食用植物油，亦可炒食，或加工成副食品。花生油含各种营养物质，也可用于医疗，做纺织业的润滑剂和机械工业的淬火剂。种皮及叶可入药。有大花生与小花生两大类。小花生为中国原生，有数千年栽培史。大花生在16、17世纪时经东南沿海传入。各地栽培极广。

芋 亦称“芋艿”“芋头”。天南星科植物。叶盾状，叶柄长。地下块茎大，富淀粉和蛋白质，可蒸煮食用，软滑香美，可作蔬菜。亦可药用。易储藏，亦可代粮充饥。3 000年前，黄河流域已普遍栽种。有旱芋和水芋两类及很多变异品种。《史记·项羽本纪》：“今岁饥民贫，士卒食芋菽，军无见粮。”

菘 指以大白菜为代表的某些十字花科芸薹属植物。可分结球、半结球与散叶等类型。包括青菜、塌菜和大白菜(即黄芽菜)等。是中国古代人民对原生植物长期定向培育的结果。秦汉之际出现，是当时重要蔬菜。后北方大量种植，产生各种变异，唐时有牛肚菘、紫菘和白菘。至宋代培养出像大白菜这样的优良品种。《南齐书·周颙传》：“文惠太子问颙：‘菜食何味最胜？’颙曰：‘春初早韭，秋末晚菘。’”明李时珍《本草纲目·菜一·菘》：“南方之菘畦内过冬，北方者多入窖内。燕京圃人又以马粪入窖壅培，不见风日，长出苗叶皆嫩黄色，脆美无滓，谓之黄芽菜，豪贵以为嘉品，盖亦仿韭黄之法也。”

大白菜 俗称“黄芽菜”。十字花科植物。一年生或二年生草本。叶生于短茎上，叶片薄而大，椭圆或长圆形，多浅绿色。常包结成球或半球状。原产中国，为北方地区的主要蔬菜。

参见“菘”。

黄芽菜 “大白菜”的俗称。

白菜 亦称“小白菜”，俗称“青菜”。十字花科植物。原产中国。一年生或二年生草本。植株矮小，叶发达，匙形、圆形或长椭圆形，绿色，叶柄明显。为南方地区的主要蔬菜，四季可露天种植。宋苏颂《图经本草》：“扬州一种菘，叶圆而大……啖之无滓，绝胜他土者，此所谓白菜。”宋杨万里《菜圃》诗：“看人浇白菜，分水及黄花。”

青菜 “白菜”的俗称。

萝卜 亦称“莱菔”。十字花科植物。二年或一年生。肉质根肥大，外皮有白、红、绿、紫等色。夏季4—6月开花结果。为中国最古老的蔬菜之一，各地普遍栽培，品种极多。生熟皆可食，营养丰富。生食清热去火、止咳定喘、帮助消化。也是酱菜的原料，可制作萝卜干、萝卜头等。种子入药，称“莱菔子”，能下气、消积、化痰。

辣椒 亦称“番椒”“海椒”“辣子”“辣角”“秦椒”等。茄科植物。一年生草本。叶互生，卵形或卵状披针形，花白色。果实有的像毛笔尖，也有的灯笼形及心脏形。青色，成熟后变红色。一般都有辣味，尖的更辣。富含维生素，是常见蔬菜，也可制作调味品辣酱、辣油等。原生地为南美洲的墨西哥。15世纪末，哥伦布将其带回欧洲，并由此传播到世界其他地方。明代时传入中国。目前南北各地皆有，主要分布于四川、贵州、湖南、云南、陕西和内蒙古等地。

番薯 亦称“甘薯”“金薯”，民间俗称“红薯”“白薯”“甜薯”“山芋”“红苕”“地瓜”等。旋花科植物。一年生或多年生草本植物。原生美洲，由印第安人培植成功。茎蔓细长，匍匐地面生长。地下块根呈纺锤等形，皮色发红或发白，肉黄白色，含有大量淀粉及维生素。中医认为，有补虚乏、益气力、健脾胃、强肾阴等功效。除作食粮，还能制糖和酒精。蔓、叶可作饲料。具有耐旱、耐瘠、耐风雨、抗病害力强的特性，属于单位面积产量特别高的粮食作物。清陈世元《金薯传习录》载，明万历间福建地区粮食不足，福建巡抚金学曾接受幕僚陈经纶建议，派其父商人陈振龙自吕宋（今菲律宾）购苗引进，并大力推广，先栽种于漳州，继而潮州，后逐渐传播至全国各地。晚明科学家徐光启写有专著《甘薯疏》，已佚，序尚保存于《群芳谱·谷谱》卷二中。

山芋 “番薯”的别名。

红薯 “番薯”的别名。

番茄 俗称“西红柿”“洋柿子”。茄科植物。一年生或多年生草本。羽状复叶，夏秋开黄色花。浆果呈扁圆或圆形，红或粉红色，具特殊风味，富含碳水化合物、蛋白质、维生素、胡萝卜素、矿物盐、有机酸等营养物质。今为常见蔬菜，亦用于食疗。原产南美洲，16—17世纪，先后传到英国、法国。初为观赏，后乃成为水果，用于馔食。18世纪开始，作为蔬菜在南欧种植。其后传入中国，后在南北各地始普遍栽种，冬季则于温室中栽培。

西红柿 “番茄”的俗称。

马铃薯 俗称“洋山芋”“洋芋”“土豆”“山药蛋”等。茄科植物。多年生草本。高15~80厘米，地下块茎呈圆球形、卵形等。有芽眼，土黄或蛋白等色，含淀粉、蛋白质、脂肪以及钙、磷、铁、核黄素等多种营养成分。一般作蔬菜或粮食。也可制造淀粉与酒精。原产南美洲秘鲁和智利一带，印第安民族有极古老的栽培史。17世纪成为欧洲的重要粮食作物，于明末由东南亚传入中国，今南北各地都有栽培。

土豆 “马铃薯”的俗称。

山药蛋 “马铃薯”的俗称。

向日葵 古称“葵藿”，俗称“葵花”。菊科植物。一年生草本。秆直立，高1~3米，叶互生。夏季开黄花，有较大的圆形花盘，常朝向太阳。子实叫葵花籽，富含油脂，主要作油料，也可炒食。原产北美洲。中国南北各地栽培较广。古人常以其向阳性比喻对皇帝的忠诚。唐杜甫《自京赴奉先县咏怀五百字》诗：“葵藿倾太阳，物性固莫夺。”宋苏轼《乞常州居住表》：“愿回日月之照，一明葵藿之心。”

葵藿 “向日葵”的古称。

花椒 别称“大椒”“秦椒”“蜀椒”“川椒”“山椒”。芸香科植物。灌木或小乔木。高3~7

米，可孤植也可作防护刺篱。种子呈圆形，绿豆大小，具有浓烈的香辣味，其红色或紫红色果皮叫椒红，可除各种肉类的腥气，是用来调味、增进食欲的烹饪调料，川、湘菜尤喜用之。亦可提取芳香油。中国有数千年利用花椒的历史。古代，常以花椒叶与茶同煮作饮料。种子性温，味辛，入中药，有温中散寒、健胃除湿、止痛杀虫、解毒理气的功效。又皇后所居宫殿，取其多子之义，并能防虫去秽，气味温香，例用椒泥涂壁，称作“椒房”。

姜 姜科植物。多年生草本。叶长披针形，互生。夏秋时开花，橙黄色。地下根茎肥大，块状，嫩者白色，老者黄白色，有香气，味辛辣，供调味，去腥臊。入药，有暖胃驱风寒之效。原产印度尼西亚。中国春秋时用以调味，汉代大量种植，有很高的经济价值。

笋 竹类的嫩茎芽。有竹笋和毛笋两大类，约80余种。毛笋冬季在土中长肥，立春前采掘的，称“冬笋”；春天出土者，称“春毛笋”；夏秋时节收获的竹笋称“夏笋”。含多种营养物质，是优良的保健蔬菜。中医认为笋具有清热化痰、益气和胃、治消渴、利尿、利膈爽胃等功效。可治浮肿、腹水、喘咳，消渴等多种疾病。竹笋经加工后，成为笋干、笋衣、笋丝、腌笋、酸笋、笋脯等，俱可食用。中国江浙地区所产毛竹笋，色白脆嫩，味鲜美，自古以来视为笋中上品。又古代文学作品中，形容女子手白嫩纤美，多用“春笋”以为比喻。唐王维《冬笋记》：“重冰闭地，密雪滔天，而绿箨包生，不日盈尺。”《水浒传》第四回：“鲁达看那女子时，另是一般丰韵，比前不同。但见：金钗斜插，掩映乌云；翠袖巧裁，轻笼瑞雪。樱桃口浅晕微红，春笋手半舒嫩玉。”

菌 指生长于栎、榆、杨、柳、桑等阔叶树朽木上的生菌，亦包括某些生于地上和石上的菌类。种类繁多。其中伞状的称“蕈”，有香菇、蘑菇等，味鲜美；耳状的称“耳”，有黑木耳、白木耳（银耳）等。历来称为“山珍”，有很高的食用价值和药用价值。木耳、香菇、草菇、蘑菇等均可人工培养。

藕 莲的地下茎。长形，圆筒状，肥大有节，白色，内有许多管状的孔，折断后有丝相牵。藕片可生食，炒菜，其味清爽淡雅，富于营养。亦可制造藕粉，最宜病人儿童。藕节入药。藕花，即莲花。宋释道潜《临平道中》诗：“五月临平山下路，藕花无数满汀洲。”南戏《白兔记·受封》：“炎威可畏，凉亭避暑。浴罢晚凉时，纤手调冰水，佳人雪藕丝。”

鸟兽虫鱼

凤凰 亦作“凤皇”，省称“凤”。中国传说中的神鸟。古代“四灵”（麟、凤、龟、龙）之一。“凤”字在殷墟甲骨文中已出现，其义为风，其形如鸟。在周代形成对凤鸟的崇拜。古人认为凤为“百鸟之王”，政治清明、天下太平时才会出现。传说中凤凰非梧桐不栖，非竹实不食，古代宫廷用物多以凤凰为饰。后民间喜庆物品，亦渐用凤凰作图案。一说，雄为凤，雌为凰。《玉台新咏》卷九载西汉司马相如《凤求凰》歌以凤自比，用凰比他所追求的女子卓文君：“凤兮凤兮归故乡，遨游四海求其凰。时未遇兮无所将，何悟今夕升斯堂。有艳淑女在此方，室迩人遐毒我肠。何缘交颈为鸳鸯，胡颉颃兮共翱翔?”唐杜甫《壮游》诗：“七龄思即壮，开口咏凤凰。”

汉画像石上的凤凰

大鹏 中国神话传说中最大的鸟。由鲲鱼变化而成，善于高飞远举。典出《庄子·逍遥游》：“北冥有鱼，其名为鲲。鲲之大，不知其几千里也。化而为鸟，其名为鹏。鹏之背，不知其几千里也；怒而飞，其翼若垂天之云。”后因以“鲲鹏”喻指杰出的人；称人奋发上进、前程远大为“鹏程万里”，地位升迁为“鹏举”“鹏骞”。唐代诗人李白作有《大鹏赋》，又有《上李邕》诗：“大鹏一日同风起，扶摇直上九万里。假令风歇时下来，犹能簸却沧溟水。”宋李清照《渔家傲》词：“九万里风鹏正举。风休住，蓬舟吹取三山去。”

鸾 亦称“鸾鸟”。与凤凰相似的一种神鸟。或说是五种凤凰之一，赤色多者为凤，青色多者为鸾。青鸾在神话中为神仙乘骑。《山海经·西次二经》：“（女床之山）有鸟焉，其状如翟而五采文，名曰鸾鸟，见则天下安宁。”南朝梁江淹《从冠军建平王登庐山香炉峰》诗：“此山具鸾鹤，往来尽仙灵。”古代很多器物上以鸾为装饰。天子用鸾形装饰的马车称“鸾路”；用鸾形装饰的铜镜称“鸾镜”，因而以“青鸾”“鸾”借称铜镜；用鸾形装饰的筝称“鸾筝”；战马胸前装饰的铃称“鸾铃”。

鸾凤 亦称“鸾凰”。鸾与凤凰的合称。因鸾、凤都是仙境神鸟，善于歌舞，互相和鸣，故古代比喻贤人君子。《山海经·大荒南经》：“爰有歌舞之鸟，鸾鸟自歌，凤鸟自舞。”汉贾谊《吊屈原赋》：“鸾凤伏窜兮，鸱枭翱翔。”又以之比喻情侣、夫妻。元王实甫《西厢记》第四本第二折：“来时节画堂箫鼓鸣春昼，列着一对儿鸾交凤友。”元荆干臣《醉花阴·闺情》套曲：“分莺燕，拆鸾凰，总是离人苦断肠。”情侣夫妻欢爱，则称为“颠鸾倒凤”。《白雪遗音·马头调·荼蘼架》：“荼蘼架下成双对，鸳鸯戏水，颠鸾倒凤，连连几回，甚是娇美。”又以“鸾歌凤舞”比喻歌舞的美妙。南朝宋鲍照《代淮南王》诗之一：“紫房彩女弄明珰，鸾歌凤舞断君肠。”“鸾翔凤翥”则用以形容书法的美妙灵动。明朱国祯《涌幢小品·白玉蟾》：“（白玉蟾）善草书，有鸾翔凤翥之势。”

鸾凰 即“鸾凤”。

青鸟 古代神话传说中的神鸟。栖息在女神西王母的座侧，共三只。本为多力健飞的猛禽，后渐演变为毛色奇丽、娇弱依人的小鸟。后世诗词小说中多借指传送相思爱情的使者。《山海经·大荒西经》：“有三青鸟，赤首黑目，一名曰大，一名少，一名曰青鸟。”郭璞注：“皆西王母所使也。”《汉武故事》：“有顷，王母至，乘紫车，玉女夹驭，载七胜履、玄琼凤文之舄，青气如云；有二青鸟如乌，夹侍母旁。”唐李商隐《无题》诗：“蓬山此去无多路，青鸟殷勤为探看。”

比翼鸟　亦称“鹣鹣”。中国古代传说中的鸟名。此鸟仅一目一翼，须要雌雄并翼才能飞行，故民间常用它们比喻恩爱夫妻。《尔雅·释地》：“南方有比翼鸟焉，不比不飞，其名谓之鹣鹣。”郭璞注：“似凫，青赤色，一目一翼，相得乃飞。”《史记·封禅书》：“西海致七翼之鸟。”司马贞索隐：“《山海经》云：‘崇吾之山有鸟，状如凫，一翼一目，相得乃飞，名曰蛮。’”唐白居易《长恨歌》：“在天愿作比翼鸟，在地愿为连理枝。”

鹊　亦称“喜鹊”“灵鹊”。鸟名。鸦科。体型俏丽。上体羽毛黑褐色，翅基部有白色羽带，体下部白色，尾长，鸣声响亮。杂食性，为益农鸟类。中国在汉代已有鹊知报人喜信的说法。汉末，更产生农历七月初七夜牛郎、织女在银河上鹊桥相会的神话传说。《敦煌曲子词·鹊踏枝》：“叵耐灵鹊多谩语，送喜何曾有凭据？几度飞来活捉取，锁上金笼休共语。比拟好心来送喜，谁知锁我在金笼里。欲他征夫早归来，腾身放却我向青云里。”五代王仁裕《开元天宝遗事·灵鹊报喜》：“时人之家闻鹊声，皆为喜兆，故谓灵鹊报喜。”

喜鹊　见“鹊”。

鸦　一称“乌”，俗称“老鸹”。鸟名。鸦科部分种类的通称。体型大。羽色大多单纯乌黑。杂食，喜食腐败动物。古代北方以其为吉祥之鸟，认为它有“反哺”之德，称为“慈乌”。白鸦被视为祥瑞之征。南方认为是凶鸟。其叫声呕哑凄厉，文学作品中多以其烘托环境的凄凉冷落。有古乐府诗题，即名《乌夜啼》。宋秦观《满庭芳》词：“斜阳外，寒鸦万点，流水绕孤村。”元马致远《天净沙》曲：“枯藤老树昏鸦，小桥流水人家，古道西风瘦马，夕阳西下，断肠人在天涯。”

乌　即“鸦”。唐张继《枫桥夜泊》诗：“月落乌啼霜满天，江枫渔火对愁眠。姑苏城外寒山寺，夜半钟声到客船。”

燕　古称“玄鸟”，俗称“燕子”。鸟名。燕科各种类的通称。翼尖长，尾呈叉状，喙扁而短，飞行中捕食昆虫，为益农鸟类。古籍中所记载，多为常见的家燕，体形小巧，背部羽毛黑色，有光泽，腹部白色，尾羽如剪。冬迁南方，夏季遍布中国，营巢于檐下，是最亲近人的鸟类。燕子入室，古人认为是妇女生育的吉兆。其中白燕罕见，被视为祥瑞。《诗·邶风·燕燕》：“燕燕于飞，差池其羽。”

家燕　燕的一种。《玉台新咏·艳歌行》：“翩翩堂前燕，冬藏夏来见。”唐王维《春中田原作》诗：“归燕识故巢，旧人看新历。临觞忽不御，惆怅远行客。”唐刘禹锡《乌衣巷》诗：“旧时王谢堂前燕，飞入寻常百姓家。”参见“燕”。

家鸽　鸟名。鸠鸽科。鸽子的一种。由原鸽驯化而成。喙短，足短，翼大善飞。毛色以青灰最普遍，也有纯白、茶褐、黑白交杂等色。雌雄双栖，喜群飞。品种极多，可分为传书、肉用、玩赏三大类。唐以前已有驯养，8世纪上半叶，在外商影响下，广州地区开创驯养信鸽之风。此后至今，都盛行信鸽饲养，并有交换、放飞、竞赛等活动。唐段成式《酉阳杂俎·羽篇》：“大理丞郑复礼言，波斯舶上多养鸽。鸽能飞，行数千里辄放一只至家，以为平安信。”五代王仁裕《开元天宝遗事·传书鸽》：“张九龄少年时，家养群鸽，每与亲知书信往来，只以书系鸽足上，依所教之处飞往投之。”

鸥　古称“沤鸟”。水鸟。鸥科的通称。中国常见的有黑尾鸥、海鸥、银鸥、红嘴鸥和燕鸥等。翼尖长，善飞翔。趾间有蹼，能游泳。生活于江河湖海地域。食鱼、昆虫和水生小动物等。常飘浮水面，随浪上下，姿态闲雅。诗文中常借以表现隐居田园的生活与自由不羁的个性。归隐的心愿称为“鸥约”“鸥盟”。唐杜甫《江村》诗：“自去自来堂上燕，相亲相近水中鸥。”又杜甫《奉赠韦左丞丈二十二韵》：“白鸥没浩荡，万里谁能驯。”宋黄庭坚《登快阁》诗：“万里归船弄长笛，此心吾与白鸥盟。”

鹤　一称“仙鹤”。鸟名。鹤科的总称。大型涉禽。喙、翼和足很长。鸣声嘹亮。为世界珍稀鸟类之一。其中白鹤、丹顶鹤、黑颈鹤尤为珍稀。均为国家一级保护动物。鹤羽毛洁白，形态高雅超俗，古代文人隐士多喜驯养。宋初林逋居西湖孤山，终生不仕不娶，无子，惟喜植梅养鹤，自谓“以梅为妻，以鹤为子”，人称“梅妻鹤子”。文学作品中被视为仙禽，常与神仙为侣。画家亦以松、鹤为题材，表达“长寿延年”的祝愿。《诗经·小雅·鹤鸣》：“鹤鸣于九皋，声闻于野。”南朝宋刘义庆《世说新语·言语》：“支公好鹤，住剡东岇山。有人遗其双鹤，少时翅长欲飞。支意惜之，乃铩其翮。鹤轩翥不能飞，乃反顾翅垂头，视之如有懊丧意。林（支道林）曰：‘既有凌霄之姿，何肯为人作耳目近玩！’养令翮成，置使飞去。”

丹顶鹤

仙鹤 见“鹤”。

鹭鸶 鸟名。鹭科部分种类的通称。有苍鹭、白鹭、夜鹭等。体形一般高大瘦削，嘴硬直而尖，颈、足也长，趾有半蹼。生活于河、湖岸边与水田、沼泽地。食鱼、蛙、贝类、甲壳类与水生昆虫等。白鹭因姿态优雅，古代诗文图画常以它为题材，旧时园林池沼中也常驯养。

白鹭

唐王维《积雨辋川庄作》诗：“漠漠水田飞白鹭，阴阴夏木啭黄鹂。”唐李白《赋得白鹭鸶送宋少府入三峡》诗：“白鹭拳一足，月明秋水寒。人惊远飞去，直向使君滩。”唐杜甫《绝句》：“两个黄鹂鸣翠柳，一行白鹭上青天。”

白鹭 见“鹭鸶”。

鸠 鸟名。鸠鸽科部分种类的通称。古籍中多指斑鸠，中国现有棕背斑鸠、珠颈斑鸠、火斑鸠、山斑鸠等品种。头蓝灰，背部褐色，腹部淡红，身材略似鸽而细长。在地面觅食大量种子，也吃昆虫的幼虫。候鸟。是有观赏价值的猎禽。鸠拙于营巢，传说常占据别种鸟的巢居住，故有“鹊巢鸠居”“鸠占鹊巢”之说。鸠性知晴雨，啼则有雨，农家多以其验阴晴。又，《后汉书·礼仪志》载，汉代对民间七十岁以上老人，授以王杖，杖的上端刻有鸠形，因称“鸠杖”。《诗·卫风·氓》：“于嗟鸠兮，无食桑葚。”朱熹集传：“鸠，鹘鸠也。似山雀而小，短尾、青黑色，多声。葚，桑实也。鸠食葚多则致醉。”唐王维《春中田园作》诗：“屋上春鸠鸣，村边杏花白。”

斑鸠 见“鸠”。

朱鹮 古称“朱鹭”“红朱鹭”。鸟名。鹮亚科的一种。系东亚特有种。中等体型，雄鸟体长近80厘米，雌鸟稍小。后枕部有长的柳叶形羽冠，额至面颊部皮肤裸露，呈鲜红色。嘴细长弯曲，腿长。全身白色羽毛，但上下体部分有粉红色渲染。活动于海拔1 200~1 400米的疏林地带，在附近的溪流、沼泽及稻田内涉水，觅食小鱼、蟹、蛙、螺等水生动物及昆虫，栖身于高大的树上。秋季南飞越冬。历来把朱鹮出现看作祥瑞，今已成为处于灭绝边缘的世界级珍禽。

朱鹭 “朱鹮”的古称。

雁 亦称“鸿”“鸿雁”“大雁”等。鸟名。鸭科。雁亚科各种类的通称。大型游禽。形状略像鹅，颈和翼较长，足和尾较短，羽毛淡紫褐色，善于游泳和飞行。主食植物的种子、嫩叶，也食螺、虾、昆虫，千百为群，活动于淡水区域。其中鸿雁为家鹅原祖。候鸟，每年春分后北飞，秋分后南翔。全世界共有9种，中国有鸿雁、豆雁、白额雁等7种。自古民间有鸿雁传书的传说。飞行时每排成“一”字或“人”字形，称为“雁阵”。雁飞秋空，鸣声凄厉，传说孤雁尤甚。古代文人多以此为题材，抒写孤独凄凉的情怀。另外，古人也以“雁行”借指兄弟。上古定婚，男方纳彩等礼，须以雁为礼品送女家。《礼记·昏义》：“婿执雁入，揖让升堂，再拜奠雁。”唐李颀《送魏万之京》诗：“鸿雁不堪愁里听，云山况是客中过。”

雁阵

雉 一称“雉鸡”，俗称“野鸡”。鸟名。雉科。多数种雄鸟羽衣艳丽，雌鸟色彩暗淡。中国常见的为环颈雉，如鸡略小。雄鸟尾羽很长，颈绿色，有白色环纹。雌鸟尾羽较短，褐色或棕黄色，杂有黑斑。不能久飞，善走，性好斗。肉肥美可口，为著名野味。雄雉的长尾羽可作戏曲人物冠帽上的装饰。白雉在古代被视为祥瑞。射雉是重要的田猎娱乐活动。古琴曲中有《雉朝飞》，是男子七十无妻，感叹人不如鸟之作。唐韩愈《雉带箭》诗：“原头火烧静兀兀，野雉畏鹰出复没。将军欲以巧伏人，盘马弯弓惜不发。”清赵翼《檐曝杂记·木兰物产》：“野鸡味最鲜。初在草中，为人马所惊，辄飞起，然飞只在两山间，不能越山而过。力竭则扑而下，入草中尚能冲十余丈，过此则以首伏丛薄，不见人，即自以为人不见矣。俯而拾之，尚活。”

白颈长尾雉

野鸡 见“雉”。

伯劳 古称“鵙”“䴗”，亦写作“百劳”“百鹩”。鸟名。伯劳科。伯劳属各种类的通称。嘴大，上嘴尖端钩曲。翅短，尾长，性凶猛，为食虫益鸟。中国常见的有棕背伯劳、大灰伯劳、红尾伯劳和虎纹伯劳。古人或视伯劳为凶鸟，以其鸣为不祥；情侣、亲人分离则称为“劳燕分飞”。《诗·豳风·七月》：“七月鸣鵙。”毛传：“鵙，伯劳也。”南朝梁武帝《东飞伯劳歌》：“东飞伯劳西飞燕，黄姑织女时相见。”明张凤翼《灌园记·法章闻变》：“东去伯劳西去燕，断肠回首各风烟。”

棕背伯劳

黄莺 省称“莺”，亦称“黄鸟”“黄鹂”“仓庚”。鸟名。黄鹂科各种类的通称。在中国大部分地区为夏候鸟；在台湾、海南为留鸟。羽毛背部金黄，稍沾绿色，由额、眼至枕部有一道黑纹；翅尾大多黑色。鸣声清脆婉转，低昂有致，富有韵律。可饲养观赏。古人常以“莺语”“莺声”形容少女清脆动听的说话声或歌声。古代还有吃了黄鸟，能治疗妇女爱妒忌的传说。唐金昌绪《春怨》诗：“打起黄莺儿，莫教枝上啼。啼时惊妾梦，不得到辽西。”清富察敦崇《燕京岁时记·黄鹂》：“四月末花事将阑，易增惆怅。惟柳阴中莺声婉啭，如鼓笙簧，殊有斗酒双柑之乐。”

黄莺

黄鹂 即“黄莺”。唐杜甫《绝句》:“两个黄鹂鸣翠柳,一行白鹭上青天。窗含西岭千秋雪,门泊东吴万里船。”

杜鹃 亦称“杜宇”“子规”,省称“鹃”。鸟名。杜鹃科各种类的通称。常见的有大杜鹃与四声杜鹃。大杜鹃暗灰色,叫声如“布谷,布谷”,也名“布谷鸟”。四声杜鹃比大杜鹃小,体色纯浓褐色,传说为古蜀王杜宇所化,啼声悲苦。人们拟其鸣声为“不如归去”。古典诗歌中的描写,大抵抒发凄凉悲怨的情感。

杜宇 即“杜鹃”。宋吴潜《谒金门·枕上闻鹃赋》:“纱窗晓。杜宇数声声悄。真个不如归去好。天涯人已老。”

子规 即“杜鹃”。唐李白《蜀道难》诗:“但见悲鸟号古木,雄飞雌从绕林间。又闻子规啼夜月,愁空山。”

布谷 即大杜鹃,亦称“勃姑”“拨谷”“鸤鸠”“桑鸠”“郭公”“戴胜”等。鸟名。其叫声如“布谷,布谷”。鸣时正值中国南方麦熟种稻,像是在催人耕种播种一样,历世相传为劝耕之鸟。《后汉书·襄楷传》:“臣闻布谷鸣于孟夏,蟋蟀吟于始秋。”参见“杜鹃”。

鸳鸯 鸟名。鸭科。雄鸟羽毛华美绚丽,背部褐色,腹部白色,头有彩色羽冠,翅上有一对翼羽,上弯成扇形。雌鸟朴实无华。汉代以来多放养于园池中,是美丽的观赏水禽。主要产于中国。鸳鸯配偶期间,雌雄相随,古人误以为终身相匹,以其作为情侣间忠贞不贰的象征。常用作衾枕衣服上的图案,寄寓相思与爱情。南朝梁刘孝威《独不见》诗:“独寝鸳鸯被,自理凤凰琴。”唐卢照邻《长安古意》诗:“得成比目何辞死?愿作鸳鸯不羡仙。”

鸳鸯

鹧鸪 鸟名。雉科。外形较鹌鹑稍大。头顶暗紫红色。体羽黑白相杂,眼旁有横向黑条纹。嘴、脚色红。尾短。雄性好斗,古代驯养供玩赏。肉肥美,为古代南方著名美食。古人有鹧鸪飞必向南的传说,又拟其鸣声为“行不得也哥哥”,诗词中多用以寄托幽恨哀思等情感。唐诗人郑谷以《鹧鸪》诗著称,时人称为“郑鹧鸪”。宋人饲养鹧鸪,供观赏或斗玩。《异物志》:“鹧鸪,其志怀南,不思北徂,南人闻之则思家。”明李时珍《本草纲目·禽二》:“鹧鸪性畏霜露,早晚稀出,夜栖以木叶蔽身。多对啼,今俗谓其鸣曰‘行不得哥也’。其性好洁,猎人因以竿粘之,或用媒诱取。”

鹌鹑 古代亦称“鹑”。鸟名。雉科。形似鸡雏,头小尾短。额、头侧、颏和喉等处淡红色。羽毛深栗黄色,有白色纹。雄鸟经训练,能斗。肉和蛋营养丰富,味美,为滋补食品,亦作药用。野生者为候鸟,集群迁徙。分布广,一般在平原、丘陵、溪流的草丛中生活,主食植物种子、幼芽,也吃昆虫等。大约西汉时开始供赛斗和赛鸣。后世沿之。宋陶谷《清异录·禽名·族味》:“鹑,捕者多论网而获。故雌、雄、群子同被鼎俎。”

鸡 雉科。家禽。由原鸡驯化而来。中国是最早驯化鸡的国家之一,约在8 000年前的新石器时期已有家鸡。殷商甲骨文中已有鸡的记载。周代王室,有官员专门主管祭祀用鸡。养鸡是农业社会的家庭副业之一。中国历代良种鸡甚多。鸡肉鲜美,鸡蛋是价廉易得的滋补食品。雄鸡善啼喜斗,古代普遍养来报晓司晨。斗鸡之戏历代盛行不衰。《诗·郑风·风雨》："风雨如晦，鸡鸣不已。"晋陶潜《归园田居》诗之一："狗吠深巷中，鸡鸣桑树颠。"参见"斗鸡"。

鸭 古称"鹜"。鸭科。有家鸭和野鸭两大类。嘴扁，颈长，趾间有蹼，善游泳，野鸭会飞。家鸭成群饲养，肉、蛋可食，绒毛可制衣被。中国是最早驯化鸭的国家之一。先秦时鸭被视为珍肴，后世有斗鸭之戏。历代农村都以养鸡鸭为副业，有河湖水港处，更宜放养。一般分蛋用、肉用、兼用三种类型。现代名种有北京鸭、攸县麻鸭、连城白鸭、建昌鸭、金定鸭、绍兴鸭、莆田黑鸭、高邮鸭等。北京鸭为著名食用鸭，19 世纪由美国传入英国，现遍布世界各国。唐王勃《滕王阁诗序》："落霞与孤鹜齐飞，秋水共长天一色。"宋苏轼《惠崇春江晚景》诗："竹外桃花三两枝，春江水暖鸭先知。"参见"斗鸭"。

鹅 鸭科。家禽。由鸿雁驯化而来。中国大约在 3 000 年前已有人工饲养。体形比鸭大，身体宽壮，颈长，龙骨长，喙扁阔，尾短。体白色或灰色。额部有肉质突起，雄的突起较大。脚大有蹼，善游泳。食青草，耐寒，合群性及抗病力强。生长快，体重 4~15 千克。栖息于池塘、河流附近。北魏贾思勰《齐民要术》中总结有前人养鹅的经验。鹅肉可制肴馔。鹅绒毛轻柔，保温性好，是优良的衣被填充物。今优良品种有太湖鹅、狮头鹅等。古代养鹅护卫门户，有的品种善斗，有斗鹅之戏。《晋书·王羲之传》："山阴有一道士，养好鹅，羲之往观焉，意甚悦，固求市之。道士云：'为写《道德经》，当举群相赠耳。'羲之欣然写毕，笼鹅而归，甚以为乐。"唐骆宾王《咏鹅》："鹅，鹅，鹅，曲项向天歌。白毛浮绿水，红掌拨清波。"

鹦鹉 俗称"鹦哥"。鸟名。鹦鹉科各种类的通称。头圆，嘴强大，上嘴弯曲。羽毛华美，有白、赤、黄、绿等色。善攀援。舌柔软，经训练能模仿人声。食果实及昆虫。生长栖息于南部近热带地区。中国的绯胸鹦鹉，云南、广西、海南岛、四川均有出产。汉代已笼养，后世宫廷及富贵之家多养来玩赏。又有原产澳洲的大葵花鹦鹉，体白色，羽冠金黄，由南方或西域入贡中国，极为珍贵。《山海经·西山经》："（黄山）有鸟焉，其状如鸮，绿羽赤喙，人舌能言，名曰鹦。"袁珂校注："即鹦鹉。"唐朱庆馀《宫词》："寂寂花时闭院门，美人相并立琼轩。含情欲说宫中事，鹦鹉前头不敢言。"

小五彩鹦鹉

孔雀 鸟名。雉科。云南西双版纳和滇东南、西南地区产绿孔雀。体羽以翠绿、亮绿、青蓝、紫褐色为主，微有金属光泽。雄性有尾屏，发情期常展开如宫扇，艳丽无比。传说中"凤凰"的形象可能与之有关。西周时称为"孔鸟"，南方部族作为特产进贡中原。羽毛常用于帝王车舆、宫扇等，所织衣裘，华贵无比。清代用为官员的顶戴花翎。《楚辞·九歌·少司命》："孔盖兮翠旍，登九天兮抚彗。"王夫之通释："孔，孔雀。翠，翡翠，以其羽饰盖旍。"后蜀欧阳炯《南乡子》词："孔雀自怜金翠尾，临水。认得行人惊不起。"

绿孔雀

桐花凤 亦称"桐花鸟""么凤"。鸟名。科属不明。羽毛五色，美丽可爱，形似传说中的凤鸟而体型甚小。“么”为“小”义。产于川中,因暮春桐花开时飞集其上而得名。词人比喻情侣,画家用为题材。古代,桐花凤罗扇为蜀中名扇。《太平广记》卷四百六十三引《朝野佥载》:“剑南彭蜀间,有鸟大如指,五色毕具,有冠似凤。食桐花,每桐结花即来,桐花落即去,不知何之。俗谓之桐花鸟,极驯善,止于妇人钗上,客终席不飞。人爱之,无所害也。”唐李德裕《桐花凤扇赋序》:“成都夹岷江,矶岸多植紫桐。每至暮春,有灵禽五色,小于玄鸟(燕子),来集桐花,以饮朝露。及华落,则烟飞雨散,不知其所往。”宋苏轼《次韵李公择梅花》诗:“故山亦何有?桐花集么凤。”又《异鹊》诗:“家有五亩园,么凤集桐花。”

枭 亦称“鸮”,俗称“猫头鹰”。鸟名。鸱鸮科各种类的通称。头似猫,两眼圆大,夜间视觉敏锐。嘴钩状,短硬锋利。爪弯曲而强健。善捕田鼠,为益农鸟类。古代误传枭鸟食母。民间比喻不孝和忘恩负义之人,闻其声则认为不吉利。因其性凶猛,故强悍猛厉之人则以“枭”称之,如“枭将”“枭雄”“枭帅”“毒枭”等。又古人因其是“恶鸟”,有在夏至日(后改五月五日)制枭羹赐臣下的习俗,寓有除绝邪恶之意。相关记载见于《史记·武帝本纪》集解引三国魏如淳注。游戏六博中则以得枭为胜。明夏完淳《端午赋》:“萧条佳节,惨淡余生。盘中角黍,杯底枭羹。”

鸮 即“枭”。

猫头鹰 “枭”的俗称。

鸬鹚 俗称“鱼鹰”“水老鸦”。水鸟名。鸬鹚科。体羽黑色,有绿色光泽,颔下有小喉囊,嘴长,上嘴尖端有钩。栖息于河川湖沼和海滨,善潜水,捕食鱼类。文献载,中国渔民大约在2 000年前已驯养鸬鹚捕鱼。唐杜甫《田舍》诗:“鸬鹚西日照,晒翅满鱼梁。”明李时珍《本草纲目·禽一·鸬鹚》:“鸬鹚,处处水乡有之……长喙微曲,善没水取鱼,日集洲渚,夜巢林木。南方渔舟往往縻畜数十,令其捕鱼。”

捕鱼的鸬鹚

鱼鹰 “鸬鹚”的俗称。

鹰 鸟名。鹰科部分种类的通称。猛禽的一种。包括苍鹰、雀鹰等。古籍中多指苍鹰。头黑色,上体苍灰,下体灰白。趾具钩爪,喙钩而锐,翼大善飞行。性凶猛。肉食。幼鸟经驯养可用于狩猎。故受权贵豪门驱使的人称为“鹰犬”。中国春秋时代已驯养鹰,汉代有养鹰的专著《鹰经》。宋代贩卖鹰、鹘成为专门行业。晋葛洪《西京杂记》卷四:“茂陵少年李亨,好驰骏狗、逐狡兽,或以鹰鹞逐雉兔。”元杨朝英《叨叨令·叹世》曲:“昨日苍鹰黄犬齐飞放,今日单鞭羸马江南丧。他待学欺君罔上曹丞相,不如俺葛巾漉酒陶元亮。”

海冬青 亦作“海东青”。鹰科。雕属的一种。性极凶猛。产于黑龙江下游及附近海岛。自古为当地人民狩猎的助手。辽、金、元统治者极重之。金朝廷设有鹰坊,专门调养鹰及海冬青等鸷鸟。宋庄季裕《鸡肋篇》卷下:“鸷禽来自海东,唯青鸡最嘉,故号海东青。”清西清《黑龙江外记》卷八:“海青,一名海东青,身小而健捷异常。见鹰隼以翼搏击。大者力能制鹿。《本草集解》:‘青雕出辽东,最俊者谓之海东青。’……《明一统志》:‘五国城东出海东青。今岁以十一月入贡,中途饲以鸭肉。旦夕尝引其爪立冰上,性恶热也。’”

白鹇 鸟名。雉科。鹇属的一种。雄鸟体长连尾过1米,脸裸露,赤红色。背及双翅白色,有黑纹,冠及腹部蓝黑色。雌鸟背部双翅棕绿色。生活在高山竹林间,食昆虫、植物茎叶、果实和种子等。分布于中国南方各省亚热带常绿阔叶林中,是有名的观赏鸟。唐雍陶《和孙明府怀旧山》诗:“五柳先生本在山,偶然为客落人间。秋来见月多归思，自起开笼放白鹇。”

白鹇

大鸨 鸟名。鸨科。嘴短，头长，体形似雁，高1米左右，是目前体重最大的飞行鸟类。雌雄鸟的两翅覆羽均为白色，在翅上形成大的白斑。背部有黄褐色和黑色斑纹，腹部灰白色。足三趾，善于奔驰，杂食植物、昆虫。群栖于草原地带，是冬季南迁的候鸟。古人观察不明，说它有雌无雄，喜与其他鸟类杂交，故称开妓院的女人或妓女养母为鸨母、鸨儿或老鸨。明李时珍《本草纲目・禽一・鸨》：“鸨，水鸟也。似雁而斑文……肥腯多脂，肉粗味美。或云：纯雌无雄，与他鸟合。”明朱权《丹丘先生曲论》：“妓女之老者曰鸨。鸨似雁而大，无后趾，虎文；喜淫而无厌，诸鸟求之即就。”

大鸨

鸩 古代传说中的一种鸟。所指难以确定。传说此鸟大如雕，毛紫绿色，长颈赤喙，喜食蝮蛇。其毛羽有剧毒，用来浸酒，人饮之立死。多用于宫廷阴谋，屡见于史书记载。故毒酒或以毒酒杀人皆称为“鸩”。

龙 传说中的神异动物。古代“四灵”（麟、凤、龟、龙）之一。中国目前最早的龙形图案，来自8 000年前新石器时代兴隆洼文化查海（辽宁阜新）原始村落遗址。其龙形堆塑由大小均等的红褐色石块构成。龙长近20米，宽近2米，扬首张口，弯腰弓背，尾部若隐若现。至商代，甲骨文中已有“龙”字。目前公认它是鱼、鳄、蟒蛇、鹿、马、猪、牛等动物，以及云雾、雷电、虹霓等自然天象等集合成的一种图腾。其形象长身大口，有角有须有爪。它能显能隐，能短能长，春分登天，秋分潜渊，兴云布雨，而四海及湖泊皆有龙王，是掌管雨水的神。古代认为，龙的出现会带来吉祥幸福，是人间天子的象征。皇帝称为“真龙天子”，其居处及袍服等多以龙形为装饰图案。对龙的传说与崇拜，广泛存在于中华民族的文化艺术中。清蒲松龄《聊斋志异・龙》：“北直界有堕龙入村。其行重拙，入某绅家。其户仅可容躯，塞而入。家人尽奔。登楼哗噪，铳炮轰然。龙乃出。门外停贮潦水，浅不盈尺。龙入，转侧其中，身尽泥涂；极力腾跃，尺余辄堕。泥蟠三日，蝇集鳞甲。忽大雨，乃霹雳孥空而去。”

福建晋江龙山寺屋脊上的瓷雕青龙

蛟 亦称“蛟龙”。古代神话传说中一种龙。首见于战国楚诗人屈原的作品。其形状小头细颈，四足，自由地生活在汉水、洞庭湖等水域中。后世民间认为它也能引发洪水，造成灾害。屈原《离骚》：“麾蛟龙使梁津兮，诏西皇使涉予。”屈原《九歌·湘夫人》：“麋何食兮庭中？蛟何为兮水裔？”汉东方朔《七谏》：“从水蛟而为徙兮，与神龙乎休息。”汉庄忌《哀时命》：“鸾凤翔於苍云兮，故矰缴而不能加。蛟龙潜於旋渊兮，身不挂於罔罗。”

麒麟 传说中的一种神奇动物。古代“四灵”（麟、凤、龟、龙）之一。外形像鹿，头上独角，全身有鳞甲，尾像牛尾。是神的坐骑，成年的麒麟会飞。古人认为，麒麟性仁慈，故也称仁兽、瑞兽。谓帝王至仁，麒麟才会出现。《春秋》记载，鲁哀公十四年春，西狩于大野，曾经“获麟”，孔子为之悲泣。后代统治者每遇麒麟出现，则为之改元。古代帝王的年号或古建筑、古地名，往往以“麟”字为祥瑞的代号，如麟德殿、麒麟阁、麟台、麟州等。据考证，中国自周、秦至北宋，古籍中所载“麒麟”，多为犀牛；南宋以后，由国外输入者，可能为长颈鹿。世以“麒麟”比喻优异出众的人才，幼儿聪慧则称为“麒麟儿”。所谓“麒麟送子”，是民间的生育崇拜之一。《晋书·顾和传》：“和二岁丧父，总角便有清操，族叔（顾）荣雅重之，曰：‘此吾家麒麟，兴吾宗者，必此子也。’”

北京原长春园前的铜麒麟

貔貅 古代传说中一种猛兽。或说像虎，或说像熊。古代画于军队旗帜。亦喻指勇猛的军士。《礼记·曲礼上》：“前有挚兽，则载貔貅。”谓古代行军，前面发现猛兽，就举起画有貔貅的旗帜以为警示。《诗·大雅·韩奕》：“献其貔皮，赤豹黄罴。”高亨今注：“言北国贡献貔皮及赤豹、黄熊于韩侯。”元无名氏《吴起敌秦》第二折：“举荐我掌军权，则将这皇恩受。展机谋能领貔貅，我着那敌兵见了闻风走，杀的他人马难收救。”京剧《失街亭》：“两国交锋龙虎斗，各为其主统貔貅”。

獬豸 亦称“觟”“獬廌”。古代传说中的神兽。如羊，一角。能辨别事理曲直，见人争斗，则以角触有错的一方。自汉代以来，御史等执法官员都戴獬豸冠，服饰上亦往往有獬豸的图案。汉王充《论衡·是应》：“觟者，一角之羊也，惟知有罪。皋陶治狱，其罪疑者令羊触之，有罪则触，无罪则不触。斯盖天生一角圣兽，助狱为验，故皋陶敬羊，起坐事之。”《后汉书·舆服志》：“法冠……执法者服之，侍御史，廷尉正监平也。或谓之獬豸冠。獬豸神羊，能别曲直，楚王尝获之，故以为冠。”

虎 俗称“大虫”“老虎”。哺乳动物。猫科。猛兽。是亚洲陆地上最强的食肉动物之一。雄性体长超过3.5米，重量可达350千克以上。头圆，耳短，毛色为橘黄、黄棕或橘红色，腹部及四肢内侧白色或乳白色，全身有黑色横纹，前额上纹似“王”字。眼眶有白斑、两颊有醒目的白色鬃毛。生性威猛，喜爱独居，能游水爬树，以捕食动物为生，号称“百兽之王”。中国有东北虎和华南虎两种，今为国家一级保护动物。中国古代传说，虎能驱食鬼魅，又以白虎出现为祥瑞。勇武的战将称为“虎将”；调兵的印信称为“虎符”；护卫帝王的武士名为“虎贲”。

豹 哺乳动物。猫科。猛兽。豹类的通称。有金钱豹、云豹、雪豹、猎豹等。身体一般有黑色斑纹。矫健善奔，能攀援爬树。肉食，有时亦侵害人类。其中金钱豹毛皮美观，为贵重的裘皮。现被国家列为二级保护动物。民间以其性凶残，多将虎豹并举。古代豹尾用作官员的冠饰与车的装饰。宋罗愿《尔雅翼·释兽二》：“豹尾车，周制也，象君子豹变。以尾言者，谦也。古者军正建之。汉大驾属车八十一乘，作三行，尚书、御史乘之，最后一乘悬豹尾。”

狮 亦写作“师子”，别称“狻猊”。哺乳动物。猫科。猛兽。雄狮体魄雄壮，头大脸阔，雌狮较小。中文“狮”的读音来自波斯语。史载，东汉章帝时,西亚大国安息遣使臣献师子至汉,中国人才知道这种动物。汉统治者将其驯养于皇家苑囿中。梁武帝时,波斯献狮子至江南。唐太宗时,西域康居国亦献狮子。此后宋、元各朝,西亚诸国多以狮子为礼品,运献来华。东汉乐舞中有狮子舞,南朝时见于绘画。唐代以糖做成狮子形象,后世沿之。自东汉始,官府及庙宇大门前,往往以一对石雕狮子为守卫,通常右为雄狮,左为雌狮。雄狮左爪下有一绣球,母狮的右爪下是一幼仔。在传说中,百兽包括虎皆为其慑服。它是佛教文殊菩萨的坐骑。"河东狮吼"是妻子悍妒、嘲笑丈夫惧内的典故。明人汪廷讷作有传奇《狮吼记》,为昆曲名剧。宋苏轼《寄吴德仁兼简陈季常》诗:"龙丘居士亦可怜,谈空说有夜不眠。忽闻河东狮子吼,拄杖落地心茫然。"

狻猊 "狮子"的别称。

象 哺乳动物。象科。是陆地上现存最大的哺乳动物。头大,双耳如扇,肩高约 3 米,体重 2~8 吨。皮厚毛少,四腿如粗柱。鼻与上唇合为一,是象自卫和取食取水的有力工具。上颌门齿长大,通称象牙,为中国传统雕刻类工艺品的原料。亚洲象易驯服,可供使役。传说古帝王虞舜曾以象耕田。至商代,已能驯养。明清宫廷大门为壮威严,常用象为仪卫。每年三伏日,则要驱象下河洗浴,称为"洗象"。届时遣官以鼓乐引导,监浴。往往河两岸观者万众,其情形见于诗人吟咏。明徐渭有《宣武门河看洗象》,清王士禛有《洗象行》咏其事。

汉画像石上的象

鹿 哺乳动物。鹿科的通称。世界上共 38 种。中国有 18 种,如梅花鹿、马鹿、麋鹿、驼鹿、白唇鹿、麝等。中古及上古时代,中国多鹿,鹿肉曾是重要的肉食之一。鹿茸为大补珍品,入药,早在春秋战国时,就大量猎鹿采茸。又"鹿""禄"同音,古人视鹿为吉祥动物。白鹿更被看作是祥瑞。神话传说中的仙人多乘鹿,因又称"仙兽"。常见于诗文绘画雕刻。《诗·小雅·鹿鸣》:"呦呦鹿鸣,食野之苹。"唐卢照邻《怀仙引》:"若有人兮山之曲,驾青虬兮乘白鹿,往从之游愿心足。"唐陈陶《避世翁》诗:"乘槎上玉津,骑鹿游峨嵋。"

麋鹿 鹿科的一种。是世界珍稀动物之一。毛淡褐色,雄性有形状特殊的角。因其蹄似牛,头似马,尾似驴,角似鹿,俗称"四不像"。体长约 2 米,肩高 1~1.3 米,成年雄麋鹿体重可达 250 千克。性温顺合群,善游泳,喜食嫩草和其他水生植物。原产中国,栖息于长江流域湖泊沼泽地带。早在 3 000 多年前,周王室园囿中已有驯养,世代繁殖不绝。清代驯养于皇家猎苑,经英法联军及八国联军两次战乱,先后掠夺至欧洲。20 世纪 80 年代,英国还赠中国三批近 80 头。之后有更多的麋鹿回归家乡,并有部分被放生野外。古代以"麋鹿游"比喻宫殿荒芜、国家灭亡。《史记·淮南衡山列传》:"臣闻子胥谏吴王,吴王不用,乃曰:'臣今见麋鹿游姑苏之台也。'"

四不像 "麋鹿"的俗称。

麝 一称"香獐"。鹿科的一种。雌雄均无角。雄麝有獠牙,脐与生殖孔之间有麝香腺,能分泌麝香,是极名贵的香料和贵重药材。为国家二级保护动物。古代大量捕杀以取麝香,作为香料和入药。《南史·东昏侯传》:"涂壁皆以麝香,锦幔珠帘穷极绮丽。"

香獐 见"麝"。

貂 亦称"貂鼠"。鼬科动物。形似黄鼬,体细长,30~40 厘米。嘴尖,四肢短,毛黄色或紫黑色,尾毛长而蓬松。听觉敏锐,善爬树,栖息于针叶林中。种类很多,性情凶猛,活动敏捷。吃松鼠等啮齿类小动物、鸟类、果实等。其毛皮轻柔保温,毛绒丰厚,色泽光润,防潮去湿,为制裘的珍贵材料,春秋时代已视为珍品。汉魏六朝,天子近侍官员以貂尾为冠饰,以示贵幸。清代在长白山专设机构为皇家收取貂皮,并规定,三品以上官员方可穿貂褂。产于中国东北及新疆北部。其中紫貂,也称

“黑貂”“林貂”，尤为珍贵，是“关东三宝”（人参、貂皮、鹿茸）之一。今已能人工驯养、繁殖。《红楼梦》第六回：“那凤姐家常带着紫貂昭君套……粉光脂艳，端端正正坐在那里。”

狐 俗称“狐狸”。哺乳动物。犬科。外形略像狼，嘴部较尖。耳朵三角形。毛赤黄，尾尖白色。性机敏，昼伏夜出，吃野鼠、鸟类、家禽、野果等。毛皮可制狐裘，腋下和腹部的毛皮称“狐肷”，尤珍贵。中国历来有狐修炼成精的传说，认为它能变化人形并魅惑人，因而将善于迷惑人的女子称为“狐媚子”，俗称“狐狸精”。清代小说集《聊斋志异》中有许多女性狐仙的故事。唐骆宾王《代徐敬业讨伪临朝武氏檄》：“入门见嫉，蛾眉不肯让人；掩袖工谗，狐媚偏能惑主。”唐张鷟《朝野佥载·补辑》：“唐初以来，百姓多事狐神，房中祭祀以乞恩，食饮与人同，事者非一主。当时有谚曰：‘无狐魅，不成村。’”

狼 哺乳动物。犬科。外形如犬，嘴比犬略尖。耳直立，足长，尾下垂，善奔走。毛黄色或灰黑色，毛皮可制衣褥。其性残忍贪婪而机警，昼伏夜出，常猎食兔、鹿等动物或家畜，亦伤害人类，对畜牧业有害。然于生态平衡，亦不可或缺。无狼，则鼠、兔类繁殖过多，破坏草原植被。世有“狼心狗肺”之语，以之比喻凶残的坏人。明代文学家康海著有寓言杂剧《中山狼》。清西清《黑龙江外记》卷八：“狼夜入残害牲畜。人家往往缚草为人，置墙头。盖以形似者怖之。”清蒲松龄《聊斋志异·梦狼》：“异史氏曰：窃叹天下之官虎而吏狼者，比比也。即官不为虎，而吏将为狼，况有猛于虎者耶！”

豺 哺乳动物。犬科。如狼而小。体多棕红色，尾末黑色。喜群居。性凶猛，多主动袭击中小型兽类或家畜。诗文中多以“豺狼”并举，喻指凶残的坏人。《史记·秦始皇本纪》：“秦王为人，蜂准，长目，挚鸟膺，豺声，少恩而虎狼心。”

熊 哺乳动物。熊科。体形大，耳小，尾短，四肢粗壮。体色有棕褐、黑色或全白。肉食性。能爬树游泳。胆入药，熊掌旧为珍肴，皮可作裘衣，皆有很高经济价值。为传统的狩猎对象。中国上古有熊罴（棕熊）崇拜，梦见熊罴为妇女生男孩的吉兆。熊罴亦比喻勇士。《诗·小雅·斯干》：“维熊维罴，男子之祥。”朱熹集注：“熊罴，阳物在山，强力壮毅，男子之祥也。”明陈继儒《偃曝谈余》卷下：“熊得人，辄搔人喉若腋令笑，人仆，舌舐面血以为快。人屏气阳死，乃弃去，还视之再三。人苏欲起逃去，追而扼之。山民习其状，能脱于死。”

大熊猫 学名“猫熊”，亦称“熊猫”“竹熊”。哺乳动物。猫熊科。是世界珍稀动物之一。其古名，至今未能确定。数量稀少，为中国特产，素有“国宝”之称。其祖先出现于二三百万年以前。体形肥胖似熊而略小，长约1.2～1.9米。头圆，尾短。除眼周、耳、鼻尖、前后肢和肩部黑色外，其余均为白色。最初食肉，演变至今，主要食竹类植物。现存栖息地为四川、陕西和甘肃海拔2 600～3 500米高、有茂密竹丛的山林间。善爬树，性温和，孤独，自卫能力差，繁殖慢，憨态可掬，逗人喜爱。1936年后，活体先后进入美国、英国。今属国家一级保护动物，已经能人工饲养、繁殖。

猴 哺乳动物。灵长目，猴科。通称“猴子”。种类很多。一般指猕猴。形状略像人。全身有灰色或褐色的毛，有尾巴。性活泼聪明，善模仿人，群居生活于山林中，强者为首领。口腔有储存食物的颊囊。以果实、野菜、鸟蛋、昆虫等为食物。在中国古籍中，有时也以“猿”称猴，或以“猿猴”“猿狖”指猴，区分不很严格。民间艺人每蓄养猴子，在集镇街头作表演。明代神魔小说《西游记》中的主角孙悟空，即是一位神通广大、爱憎分明的神猴。《水经注·三峡》：“自三峡七百里中，两岸连山，略无阙处……每至晴初霜旦，林寒涧肃，常有高猿长啸，属引凄异。空谷传响，哀转久绝。故渔者歌曰：‘巴东三峡巫峡长，猿鸣三声泪沾裳！’”唐李白《早发白帝城》诗：“两岸猿声啼不住，轻舟已过万重山。”此三峡中的“猿”，皆为猴。

猿猴 见“猴”。

猿狖 泛指猿猴。狖，黑色的长尾猿。《楚辞·九章·涉江》：“深林杳以冥冥兮，乃猿狖之所居。”汉班固《西都赋》：“猿狖失木，豺狼慑窜。”

猿 哺乳动物。灵长目人猿总科的通称。包括黑猩猩、大猩猩、长臂猿和猩猩等十余种高智能动物。似猴而大，手臂比腿长，无颊囊与尾巴。生活在森林中。但在中国古籍里，“猿”有时指的是猴。《楚辞·九歌·山鬼》：“雷填填兮雨冥冥，猿啾啾兮又夜鸣。”《山海经·南山经》：“（堂庭之山）多棪木，多白猿。”郭璞注：“今猿似猕猴而大，臂脚长，便捷。色有黑有黄。鸣，其声哀。”唐杜甫《登高》诗：“风急天高猿啸哀，渚清沙白鸟飞回。”

马 哺乳动物。马科。耳小而直立，面长。毛有栗、青、黑、白等色。四肢强健，善奔跑。性温驯而敏捷，是草食役用家畜。与牛、羊、鸡、犬、猪并称“六畜”。中国周代已有发达的养马业，掌握马的阉割术，并设置专管马政的官员。秦代有关于马的法律。近年长沙马王堆西汉墓出土有托名伯乐所撰《相马经》帛书。汉唐以来，为装备骑兵，不断从西域和北方引进良马，如大宛马、汗血马等，杂交育种。在中国古代，马是战争、仪仗、田猎、交通、驿传、耕种的重要牲畜。马是聪明和有感情的动物，古人以良马比喻贤才。传说中著名相马的专家有王良、伯乐、九方皋等。善于画马的艺术家有唐代曹霸、韩幹，宋代李公麟，元代赵孟頫等，传世的马的浮雕有唐太宗的“昭陵六骏”。唐杜甫《房兵曹胡马》诗：“胡马大宛名，锋棱瘦骨成。竹批双耳峻，风入四蹄轻。所向无空阔，真堪托死生。骁腾有如此，万里可横行。”

牛 哺乳动物。牛科。体强力壮。部分公牛头部长有一对角。重数百公斤至千余公斤不等。由野牛驯化而成，性情温驯，毛色多样。有黄牛、水牛、牦牛三种。据用途可分为肉用、役用、乳用和兼用。殷商祭祀主要以牛作牺牲，周代开始用于农耕。牛能帮助人类进行耕作，是农业社会里最重要的家畜。至西汉，农学家赵过发明播种效率高的耧车，大力推广牛耕，生产力获得很大提高。古代为“六畜”之一。历代都有保护耕牛的法律。魏晋南朝时，崇尚老庄，乘牛车成为江南世族的风尚。唐代画家戴嵩以画牛著称。历代民间多有斗牛之戏。元戴表元《春愁曲次刘正仲韵》：“日高饭饱牛背坐，日晚放牛溪上游。”参见“斗牛”。

牦牛 中国的一种特有牛种。原产亚洲中部山地。是役用和乳、肉、皮、毛兼用的家畜。体型雄壮，四肢短小，身披长毛，毛多黑褐色或黑白花斑，尾似马。性耐寒，驮运负重，走高山如履平地。肌肉纤维粗，肉质香，含蛋白质高而脂肪少。奶味鲜美富营养。皮、毛可制皮衣、帐篷和绳索，绒可制毡。是青藏高原地区主要的力畜。古人取其尾毛以为旌旄，后又用为帽缨。明郭登《甘州即事》诗：“牦牛互市番氓出，宛马临关汉使回。”明李时珍《本草纲目·兽二·牦牛》：“牦牛出甘肃临洮及西南徼外，野牛也。人多畜养之。状如水牛，体长多力，能载重，迅行如飞，性至粗梗。髀膝尾背胡下皆有黑毛，长尺许。其尾最长，大如斗。亦自爱护，草木钩之则止而不动。”

白牦牛

羊 哺乳动物。牛科，羊亚科。有绵羊、山羊、黄羊、羚羊、青羊、盘羊、岩羊等品种。家羊指温顺集群，易于管理的绵羊和山羊。为“六畜”之一。早在母系氏族时期，中国北方草原地区居民，就已开始驯牧羊群。《说文解字》：“羊，祥也。”在秦汉金石文字中，“吉祥”都写作“吉羊”。周秦以后，羊肉是中国人民的重要肉食，羊是祭祀主要用牲之一。北方游牧各民族以羊为衣食之源。皮供制裘，毛可纺织。嫁女以羊作为礼品。哈萨克、蒙古、塔吉克等民族有骑手在马上竞逐的“叼羊”游戏。又广州因神话而号为“五羊城”。《汉书·卜式传》:“卜式,河南人也。以田畜为事……式入山牧,十余年,羊致千余头,买田宅。”《敕勒歌》:“天苍苍,野茫茫,风吹草低见牛羊。”

猪 亦称“彘”“豚”“豕”。哺乳动物。猪科。由野猪驯化而成。为“六畜”之一。中国养猪有六七千年以上历史。考古工作者在陕西半坡遗址和浙江河姆渡遗址中发现家猪的骨骼。河姆渡遗址还出土一陶猪,形态与现代家猪相似。猪体躯肥满,四肢短小,性温驯,生长快,繁殖力强。肉质优良,皮、鬃、骨等可为工业原料。并可为农业提供肥料。中国人民在长期实践中,培育出不少优良猪种。古罗马曾引入华南猪种,育成罗马猪;18世纪英国从广东引入华南猪种,和约克夏地方猪杂交成大约克夏猪。18世纪后期,英国本地猪种逐渐绝迹,代之以中国血统的猪种。现代世界上的著名猪种,几乎都含有中国猪血统。中国人通常认为猪懒惰、贪食、愚蠢。著名神魔小说《西游记》中的人物猪八戒,可笑又可爱,即具有类似的某些特征。汉扬雄《方言》卷八:“猪……关东西或谓之彘,或谓之豕。”唐韩愈《柳州罗池庙碑》:“池园洁修,猪牛鸭鸡,肥大蕃息。”

豚 猪的古称。宋陆游《游山西村》诗:“莫笑农家腊酒浑,丰年留客足鸡豚。”

犬 学名“家犬”,俗称“狗”。哺乳动物。犬科,犬亚科。为“六畜”之一。一般耳短,听觉和嗅觉灵敏。一万多年前由狼的某些品种驯化而来。性机警,易受训练,是与人类关系最亲密的家养动物。先秦至汉,不仅是狩猎时的助手,也是重要的肉食动物。周王宫中负责管理犬的小官,称“犬人”。秦汉时民间屠狗是一种职业。此后食用价值渐低,主要用作守户和狩猎。“犬羊”是旧时对外敌的蔑称。“犬马”为臣下对君主、卑幼对尊长的自我谦称。唐代出现玩赏犬,名叫猧儿、猧子。晋陶渊明《归园田居》诗:“狗吠深巷中,鸡鸣桑树颠。”

狗 “犬”的俗称。

猫 雅称“狸奴”。哺乳动物。猫科。品种很多。趾底有肉垫,行走无声。行动敏捷,善跳跃。能夜间视物。喜捕食鼠类。民间豢养,多用以捕鼠,亦有专供玩赏者。明代宫中养猫,贵宠异常,极其奢靡。唐段成式《酉阳杂俎续集·支动》:“猫,目睛暮圆,及午,竖敛如。其鼻端常冷,唯夏至一日暖。其毛不容蚤虱。”元柳贯《题睡猫图》诗:“花阴间卧小于菟,堂上氍毹锦绣铺。放下珠帘春不管,隔笼鹦鹉唤狸奴。”明刘若愚《明宫史·内府职掌·猫儿房》:“近侍三四人,专饲御前有名分之猫。凡圣心所钟爱者,亦加升管事职衔:牡者曰某小厮,骟者曰某老爹,牝者曰某丫头。候有名封,则曰某管事……凡皇子女婴孺时,多有被猫叫得惊风薨夭者,有谁敢言?”

蝙蝠 哺乳动物。翼手目的总称。其形似鼠,前后肢之间有翼膜,如翅。眼退化,以自身发出的超声波定位和判别外界物体。大部分蝙蝠都是白天憩息,夜间觅食。种类繁多,分大蝙蝠和小蝙蝠两类。因“蝠”“福”同音,中国古代建筑的构件、家具、服装、用品上,多以蝙蝠图形为装饰,以求吉祥幸福。

萤 俗称“萤火虫”。昆虫。萤科。体小,细长而扁平。雌雄虫一般有鞘翅。腹部末段有发光器,呼吸时“荧光素”氧化,即发出白色的冷光。夏夜如流星点点,称为“流萤”。古人误认萤为腐草所化。传说晋代车胤曾聚萤夜读,后用为家贫勤学之典,称为“囊萤”。又习称书室为“萤窗”。《逸周书·时训》:“大暑之日,腐草化为萤。”《晋书·车胤传》:“胤恭勤不倦,博学多通。家贫不常得油,夏月则练囊盛数十萤火以照书,以夜继日焉。”《隋书·炀帝纪下》:“上于景华宫征求萤火,得数斛,夜出游山,放之。光遍岩谷。”唐杜牧《秋夕》诗:“银烛秋光冷画屏,轻罗小扇扑流萤。”

蝉 亦称“蜩”。昆虫。蝉科的通称。已知有3 000多种。按生活季节分,有春蝉、夏蝉和秋蝉之分。中国常见的为蚱蝉,俗称“知了”。体黑色,粗壮。复眼大,椭圆形。前胸背板前宽后窄。六足。前后翅透明。夏日,雄虫鸣声响亮。其幼虫栖息于泥土中,数年后才蜕皮羽化。其脱落的干燥皮壳称蝉蜕,可入中药。古人食蝉。汉代以貂尾和蝉形为官员冠饰,后因以“蝉冠”称显贵。汉应劭《汉官仪》卷上:“侍中金蝉左貂。金取坚刚,百炼不耗;蝉居高食洁,目在腋下;貂内劲悍而外温润。”

唐骆宾王的《在狱咏蝉》为寄托怀抱的名作。

蜩 亦称"蝉"。《诗·豳风·七月》:"五月鸣蜩。"

蚕 昆虫。蚕蛾科。吃不同植物的叶子。能吐丝结茧,是重要的纤维资源。中国有家蚕、柞蚕、蓖麻蚕、天蚕、樟蚕、樗蚕等。

养蚕取茧(《天工开物》)

家蚕 亦称"桑蚕"。昆虫。家蚕蛾科。因驯化后在室内饲养,故称。幼虫灰白色,以桑叶为食,蜕四次皮,成熟后吐丝结茧,变为蛹。蛹变为蛾,蚕蛾交尾产卵后死去。茧可缫丝,丝是重要纺织原料。蚕、蛹、茧均入中药。中国是饲养家蚕的唯一发源地。5 000多年前,黄河流域和长江流域已养蚕织绸。殷商初具规模,周代养蚕业蓬勃发展,《诗经》中多有种桑养蚕的叙述。至北周朝,因黄帝正妻西陵氏嫘祖始教民育蚕,乃奉为先蚕神。每年季春由皇后主祭先蚕。经数千年培育,现代家蚕茧除黄、白外,尚有浅红、浅绿、肉色、桃红等品种。公元前12世纪,中国蚕种和养蚕技术传入朝鲜;1—2世纪传入日本;6世纪传入欧洲。蚕的驯养是中国对世界文明的不朽贡献。唐王建《簇茧辞》诗:"蚕欲老,箔头作茧丝皓皓。"唐李商隐《无题》诗:"春蚕到死丝方尽,蜡炬成灰泪始干。"宋张俞《蚕妇》诗:"昨日入城市,归来泪满巾。遍身罗绮者,不是养蚕人。"参见"祀先蚕"。

桑蚕 "家蚕"的别称。

柞蚕 蚕的一种。天蚕蛾科。幼虫比家蚕大,绿、黄、天蓝等色,全身长有刚毛,吃栎树的叶子,室外人工放养。茧椭圆形,黄褐色,是织造柞丝绸的原料,在工业和国防上也有重要用途。唯柞蚕丝的颜色比较暗淡,织品手感不及桑蚕丝的柔软贴身。柞蚕蛹是高蛋白低脂肪食物。可入中药。残渣可作鱼、畜、禽的饲料。中国是最早利用柞蚕和放养柞蚕的国家,约在3 000年前已由人工放饲,明代中叶以后人工放养技术渐趋完善。19世纪传入欧洲。现在中国的柞蚕生产分布于10多个省区,以辽宁、河南、山东等省为主要产区。

柞蚕

蜜蜂 昆虫。膜翅目,蜜蜂科。群体生活,通常一群有2万只左右。由蜂王、雄蜂和工蜂组成。蜂王为母蜂,专司产卵;雄蜂主要与蜂王交尾;工蜂采集花粉花蜜,营造巢穴,哺育幼蜂。人工养蜂主要为生产蜂蜜、蜂蜡、蜂乳、蜂毒和蜂胶等,供食用和医疗。中国人工养蜂最迟始于汉代,至宋代经验成熟,已掌握分房技术,达到很高水平。《太平御览》卷九五引晋张华《博物志》:"远方诸山出蜜蜡,其处人家有养蜂者,其法以木为器,或十斛五斛开小孔,令才容蜂出入,以蜜蜡涂器,内外令遍,安著檐前或庭下……至夏,开器取蜜、蜡。"唐罗隐《蜂》诗:"采得百花成蜜后,为谁辛苦为谁甜?"明刘基《郁离子·灵丘丈人》:"灵丘之丈人善养蜂,岁收蜜数百斛,蜡称之。于是其富比封君焉。"

蟋蟀 诗词中称为“蛩”,亦称“促织”,俗称“蛐蛐儿”。昆虫。直翅目,蟋蟀科。体黑褐色,有光泽。触角两根,长丝状。后腿粗壮,善跳跃,有尾须二根。雌虫产卵管裸出,雄虫善鸣好斗。中国绝大部分地区,秋季皆有蟋蟀成虫鸣叫,古诗文中常用来渲染凄凉、孤独的秋景。从唐代始,笼养蟋蟀,成为风尚,宋以后斗蟋蟀赌博之风盛行,成为一种行业。《诗·豳风·七月》:“十月蟋蟀入我床下。”五代王仁裕《开元天宝遗事·金笼蟋蟀》:“每至秋时,宫中妃妾辈,皆以小金笼捉蟋蟀闭于笼中,置之枕函畔,夜听其声。庶民之家皆效之也。”

蛩 即蟋蟀。清吴文柔《长相思》词:“蓼花洲,荻花洲,分付蛩吟且暂休,断肠人倚楼。”参见“蟋蟀”。

蛙 两栖动物。蛙科。黑斑蛙、金线蛙、虎纹蛙等的通称。常见的为黑斑蛙,亦称“青蛙”“田鸡”,古代也称“蝈”“蛙鱼”“蝼蝈”。背黄绿、深绿或灰棕色,有黑斑。头扁宽,略呈三角形。眼圆而突出。善跳跃。捕食害虫,为益农动物。雄蛙鸣声响亮。汉代,百姓食蛙,皇家以蛙献宗庙。《逸周书·时训》:“立夏之日蝼蝈鸣……蝼蝈不鸣,水潦淫漫。”《汉书·东方朔传》:“土宜姜芋,水多蛙鱼,贫者得以人给家足,无饥寒之忧。”颜师古注:“(蛙)似虾蟆而小,长脚,盖人亦取食之。”清陈启佑《十二连桥》诗:“蛙声阁阁送轮蹄,喜见新秧出水齐。十二红栏都倚遍,此身疑在洞庭西。”

田鸡 见“蛙”。

蟾蜍 俗称“虾蟆”“癞蛤蟆”。两栖动物。种类很多。体短圆而粗壮,嘴宽而扁,趾间有蹼。善捕食昆虫等。体表多黑绿色,背部有许多疙瘩,其腺体能分泌白色黏液,可制蟾酥,为著名的中药。全体干燥后亦可入药。古代传说,月中有蟾蜍,故以“蟾宫”“银蟾”等借称月亮。《淮南子·精神训》:“日中有踆乌,而月中有蟾蜍。”高诱注:“蟾蜍,虾蟆。”唐白居易《中秋月》诗:“照他几许人肠断,玉兔银蟾远不知。”传说月中有桂树,唐以后称科举得中为“蟾宫折桂”。《红楼梦》第九回:“彼时黛玉在窗下对镜理妆,听宝玉说上学去,因笑道:‘好,这一去,可是要蟾宫折桂了,我不能送你了。’”

蛤蚧 爬行动物。壁虎科。长约30厘米,背面紫灰色,有赤色斑点,腹部灰白色。栖身于山岩或树洞。夜出活动,捕食昆虫、小鸟、蛇类及其他种壁虎等。分布于中国两广、福建、台湾、云南等地。干燥后全体入中药,治疗虚劳咳嗽、气喘等症。

蟹 通称“螃蟹”。节肢动物。爬行亚目。有河蟹、青蟹、梭子蟹等。生活在淡水河湖或海里。有的种类陆栖或水陆两栖。中国诗文中提及的蟹,多指河湖蟹。头胸甲方圆形,褐绿色。螯足强大,密生绒毛。八足长而侧扁。肉味鲜美。古代九九重阳节,民间有饮酒、食蟹、赏菊等俗。文人戏称其为“无肠公子”。南朝宋刘义庆《世说新语·任诞》:“毕茂世云:‘一手持蟹螯,一手持酒杯,拍浮酒池中,便足了一生。’”宋梅尧臣《二月十日吴正仲遗活蟹》诗:“年年收稻卖江蟹,二月得从何处来。满腹红膏肥似髓,贮盘青壳大于杯。”明贾仲名《吕洞宾桃柳升仙梦》第二折:“你看那北苑柳添黄,东篱菊放蕊,橙黄橘绿蟹初肥。”

龟 爬行动物。龟科。常见者为乌龟,俗称“王八”。体扁,背部隆起,长圆形硬甲上有黑褐色花纹,四肢头尾可缩进壳内,趾有蹼。生活在河流湖泊间,以杂草、小动物为食。耐饥渴,行动迟缓,寿命可至百年以上。龟腹甲可入中药。古代为“四灵”(麟、凤、龟、龙)之一。商周时,统治者以龟甲预卜吉凶大事。后世多有以“龟”字为名、号者。如北魏孝明帝以“神龟”为年号;唐代有音乐家李龟年,诗人陆龟蒙,南宋陆游自号“龟堂”等。又,武则天天授元年(690年)改内外官所佩鱼符为龟符,规定三品官以上佩金龟。皆取其长寿、智慧之义。至元明,因规定教坊中男子须戴绿头巾,民间乃以“龟”称娼妓之夫,始成贬义的詈词。唐李白《对酒忆贺监诗序》:“太子宾客贺公,于长安紫极宫一见余,呼余为‘谪仙人’,因解金龟,换酒为乐。”唐李商隐《为有》诗:“无端嫁得金龟婿,辜负香衾事早朝。”

蛇 爬行动物。身体圆而细长,有鳞,无四肢。种类甚多,或有毒或无毒。以鼠、蛙等小动物为食。中国古代,作为图腾,曾受到崇拜。汉代画像砖与画像石上,人的始祖女娲、伏羲皆为人首蛇身。传说中龙的形象,主要取自于蛇。因而民间称蛇为“小龙”。统治阶级常利用蛇的传说,愚弄人民,证明帝王上应天命,如《史记》《汉书》俱载汉高祖为亭长时,夜行拔剑斩白蛇,为“赤帝子斩白帝子”故事。因某些蛇有剧毒,能啮杀人,乃称凶残奸诈之人为“蛇蝎心肠”。民间有《白蛇传》传说,旧时多于端午日上演此剧目。唐代柳宗元有名篇《宥蝮蛇文》,以蝮蛇比天生谗佞小人,代表了思想家的深刻思考。此外,蛇自汉以来,为十二生肖之一。蛇与蜈蚣、蝎子、壁虎、蟾蜍同属“五毒”。其肉可作美味菜肴,两粤之人尤喜食之,胆可制药。东汉王延寿《鲁殿灵光赋》:“伏羲鳞身,女娲蛇躯。”

金鱼 古代也称“金鲫鱼”。鱼名。鲤科。中国特产的观赏鱼类。由鲫鱼演化而来。系通过长期选择培育,引起鱼的头、眼、鳞、鳃、鳍、体形等的变异而形成。宋代开始驯养,始于宫禁,达官显贵争仿效之,养于园林池沼,成为风尚。是中国人民对生物进化和遗传育种研究的贡献。现代金鱼约160种,有红、橙、紫、蓝、黑、古铜、银白、五花及透明等,体色五彩缤纷。今世界各国的金鱼皆直接或间接引自中国。宋苏轼《去杭十五年复游西湖用欧阳察判韵》:“我识南屏金鲫鱼,重来拊槛散斋余。”

鲤 鱼名。鲤科。青黄色,尾鳍下叶红。口下有须两对。体长达1米左右。为常见淡水养殖鱼。中国养鲤有2 000多年历史,在旧题春秋范蠡所著《养鱼经》中已见记载。唐以前为主要养殖鱼种。唐代皇帝因讳“李”音,法律规定不许食鲤鱼,养鲤也少。宋代列为上等珍肴。古代有“鲤鱼跳龙门”的传说,故民间特重之。年画中用为题材,谐丰收有余(鱼)之意。《诗·陈风·衡门》:“岂其食鱼,必河之鲤。”《辛氏三秦记》:“龙门山在河东界。禹凿山断门一里余,黄河自中流下,两岸不通车马。每暮春之际,有黄鲤鱼逆流而上,得者便化为龙。”唐李白《赠崔侍郎》诗:“黄河二尺鲤,本在孟津居。点额不成龙,归来伴凡鱼。”明李时珍《本草纲目·鳞三·鲤》(集解)引陶弘景曰:“鲤为诸鱼之长,形既可爱,又能神变,乃至飞越江湖,所以仙人琴高乘之也。”

鲈 鱼名。鲈科。体延长,侧扁。口大,下颌突出。银灰色,背部和背鳍上有小黑斑。性凶猛,食鱼虾。栖于近海,也进入淡水。历代诗词中所说“鲈鱼”,多指松江名产四腮鲈。《世说新语·识鉴》载:“张季鹰辟齐王东曹掾,在洛见秋风起,因思吴中菰菜羹、鲈鱼脍,曰:‘人生贵得适意尔,何能羁宦数千里以要名爵!’遂命驾便归。俄而齐王败,时人皆谓为见机。”张季鹰,即江南吴县(今江苏苏州)名士张瀚。此后千余年来,一直为诗人墨客所赞美,见于诗词吟咏。宋范仲淹《江上渔者》诗:“江上往来人,但爱鲈鱼美。君看一叶舟,出没风波里。”辛弃疾《水龙吟》中有名句:“休说鲈鱼堪脍,尽西风,季鹰归未?”

河豚 古称“鲑”“鲐”等,亦作“鲀”。鱼名。牙坚利。体呈圆筒状。无鳞或有刺鳞。体内有气囊,触物便鼓腹如球。主要生活于海中。中国约有40种。其肝、眼、脂、血、子有大毒。卵巢可制取河豚毒,供医用。肉经特殊加工处理,方可食用,味极鲜美。然加工不慎,食之有生命之忧,故有“拼死吃河豚”的俗谚。腌制后为干鱼中的佳品。中国在汉魏六朝时代已食鲜河豚。宋人誉其腹中腴白曰“西施乳”。汉王充《论衡·言毒》:“毒螫渥者,在虫则为蝮蛇蜂虿,在草则为巴豆冶葛,在鱼则为鲑与,故人食鲑肝而死。”宋苏轼《惠崇春江晚景》诗:“蒌蒿满地芦芽短,正是河豚欲上时。”

鲸 亦称“鲸鱼”。哺乳动物。鲸目。生活在海洋或淡水中。体形大,外形似鱼,小者长1米,大者长30米。头大,眼小。前肢呈鳍状,后肢退化。尾鳍叉形,呈水平状。皮下脂肪厚,用肺呼吸,可潜水15分钟至1小时。胎生。皮、肉、脂肪均可利用。种类很多,如蓝鲸、抹香鲸、海豚、江豚以及中国特有的淡水海豚即白鱀豚等,均属鲸类。古籍中或称“大鱼”,或以“鲸鲵”比喻难以制服的强敌。《文选·左思〈吴都赋〉》:“于是乎长鲸吞航,修鲵吐浪。”《文子·上仁》:“老子曰:鲸鱼失水,则制于蝼蚁。”唐杜甫《戏为六绝句》之四:

"或看翡翠兰苕上,未掣鲸鱼碧海中。"

白鳍豚 也写作"白鱀豚"。哺乳动物。鲸的一种。由远古时代陆生动物移居水中后逐渐形成。前肢变为鳍,后肢消失。体呈纺锤形,似鱼,以肺呼吸。长可达2.5米,背淡蓝灰色,腹与鳍白色。是中国独有的水生珍稀动物,仅存于长江中游一带。今在安徽铜陵附近建立白鳍豚保护区,实行人工养殖。清代文学家蒲松龄《聊斋志异》中《白秋练》一篇所写白氏母女,即为白鳍豚变化,所以白秋练一生离不开洞庭湖水。

白鳍豚

鳄鱼 古书上称"鼍",民间称作"猪婆龙"。爬行动物。鳄目。分布于热带到亚热带的河川、湖泊、海湾中。全世界共有20多个品种,如湾鳄,分布于东南亚沿海至澳大利亚北部。全长5~6米。中国淡水中的为扬子鳄,亦称"中国鳄",体长仅1.5米左右。皮肤革质,有角质鳞,背部暗褐色,有黄斑和黄条。前肢五趾,无蹼;后肢四趾,有蹼。穴居江河及沼泽地区,以鱼、蛙、小鸟、鼠类等为食。主要产于安徽青弋江至太湖流域,列为国家一级保护动物。今在安徽、浙江等地建有自然保护区和人工养殖场。交配期间,公鳄会发出响亮连续而类似击鼓的声音,招引母鳄。用鼍皮蒙的鼓,其声亦如鼍鸣。古代称"鼍鼓"。唐许浑《赠所知》诗:"湖日似阴鼍鼓响,海云才起蜃楼多。"又,唐代古文家韩愈至潮州任刺史,当地鳄鱼危害,他曾写过一篇著名的《告鳄鱼文》。

戏剧曲艺

戏曲 中国传统戏剧的通称。此称首见于明初陶宗仪《辍耕录·院本名目》,本指宋杂剧。自王国维始,才把"戏曲"作为包括宋元南戏、宋元明杂剧、金院本、明清传奇以至近代京剧和所有地方戏在内的中国传统戏剧形式的通称。中国戏曲源于秦汉乐舞、俳优和百戏。唐代有参军戏,北宋有宋杂剧,金代杂剧称为院本,南宋温州一带产生戏文。宋、金杂剧在元初演变为元杂剧;城市瓦舍勾栏演出空前繁荣,促使创作进一步活跃,各种声腔不断产生、流传与演变。明代在戏文(即南戏)与杂剧的基础上形成传奇剧。清代传奇由盛转衰,民间花部兴起,各地方戏种纷纷形成。至现代,中国共有戏曲350种左右。以杂剧、传奇与京剧等为代表的中国戏曲,具有虚拟性与程式化的特点,它融诗歌、音乐、舞蹈、杂技、美术于一体,创造了丰富的戏曲文学和完整独特的舞台艺术体系。

散乐 ① 汉代指民间乐舞。后成为乐舞杂技的总称。南北朝后亦称"百戏"。是隋唐时期重要的表演形式之一。宋代散乐又有"杂手艺""歌舞""杂剧"之称。内容繁多,系指筚篥、大鼓、杖鼓、筝、琵琶、方响、拍板、笙、笛、舞旋、杂剧、参军、歌板诸项目。散乐中的歌舞表演图像多有发现。如河南禹州白沙北宋墓壁画散乐图,中间一女舞者,乐队十人,所奏乐器为笙、筚篥、排箫、琵琶、横笛、拍板、大鼓、腰鼓等。此画对面壁上绘墓主赵大翁夫妇正对坐观赏表演。《周书·宣帝纪》:"散乐杂戏、鱼龙烂漫之伎常在目前。"宋王溥的《唐会要》卷三三:"散乐,历代有之,其名不一……俳优、歌舞、杂奏,总谓之百戏。"参见"百戏"。② 宋元以后指民间艺人、民间剧团。宋赵彦卫《云麓漫钞》卷十二:"今人呼路岐乐人为散乐。《错立身》戏文第四出:'老身幼习伶伦,生居散乐。'元汤式《一枝花·子弟每心寄青楼爱人》套曲:'少不得留与青楼做散乐。'"

傩戏 民间的一种戏剧形式。是中国古代戏剧的源头之一。渊源于商、周、汉代以来驱鬼逐疫的傩舞,在此基础上发展而成。用于民间祭神等宗教节日。由乡民饰演角色,头戴彩绘木制面具,多表演上古神话传说及神灵驱除恶鬼等题材,情节简单,人物不多。至今安徽、湖南、湖北、贵州、西藏等地尚有遗存。

踏谣娘 亦作"踏摇娘"。南北朝歌舞戏节目。唐崔令钦《教坊记》、段安节《乐府杂录》载:北齐有苏某,酒糟鼻而貌丑,未曾做官却自称郎中,常醉后殴打其妻。苏妻貌美善歌,以悲怨谱为词曲,自诉其不幸。这些词曲在传唱中渐形成歌舞表演。因女主角"且步且歌",故称"踏谣娘"。《旧唐书·音乐志》谓为隋末河内故事,因"妻悲诉,每摇顿其身",故称"踏摇娘"。后教坊传讹,又称"谈容娘"或"谈娘"。初为男优装扮,每唱完一段,配有帮腔。待其夫出场,两人就作斗殴状。后妻子由女优扮演,并增添出另一脚色"典库",形成滑稽与舞蹈结合的演出节目。唐人常非月有《咏谈容娘》诗咏之,反映了这个节目演出时的情态、场景与受观众欢迎的实况。

踏摇娘 即"踏谣娘"。

参军戏 中国古代戏剧的一种初级形式。源于五胡十六国后赵石勒时。据《赵书》记载,参军周延任馆陶县令,贪污绢数百匹,案发后获赦免。但此后皇帝每于宴会之时,即令一优伶身穿官服,扮作其模样,让另一优伶从旁予以讽刺、羞辱。渐发展成为一种表演形式,称作"弄参军"。被戏弄的参军,比较愚笨迟钝;戏弄者名苍鹘,比较伶俐机敏。两个演员的问答动作,以滑稽、嘲弄逗引观众发笑。其内容可据需要随时更改,扮演各种人物情境。中国戏曲有脚色行当之分,当始于此。至晚唐,发展为多人演出。除男优外,还有女优出场,甚至有音乐歌舞。至南宋初犹有演出。

对宋杂剧的形成具有直接影响。

傀儡戏 “木偶戏”的古称,俗称“木头人戏”。戏曲表演形式的一类。起源于丧葬俑。山东汉墓出土证明,汉代已有提线木偶,盛于魏晋,在各种喜庆丧葬活动中表演歌舞百戏。宋代,木偶戏在城镇的“瓦舍”(游艺场)中表演各类题材的故事,演出且有剧本,技艺高超,木偶名艺人成批出现。有杖头傀儡、船上表演的水傀儡、药发傀儡等不同品种。元、明、清皆甚流行,演出于城乡戏台、空场、街巷。直至现代,尤为儿童所喜爱。清李斗《扬州画舫录·虹桥录下》:“又围布作房,支以一木,以五指运三寸傀儡,金鼓喧嗔,词白则用叫颡子,均一人为之,谓之肩担戏。”清富察敦崇《燕京岁时记·耍苟利子》:“苟利子即傀儡子,乃一人在布帷之中,头顶小台,演唱打虎、跑马诸杂剧。”

木偶戏 “傀儡戏”的古称。

木偶戏

皮影戏 亦称“影子戏”“影戏”“驴皮影”等。戏曲表演形式的一种。源于唐代。用兽皮(多为驴皮)彩绘和剪刻成人物形象来表演故事。演出时,用灯光把剪影照射在布幕上,艺人在幕后操纵剪影,配以音乐,边演边唱。北宋时已能表演三国关羽的片段故事。每逢元宵等节日,坊巷口皆搭棚,通夜演出,以吸引本坊少年儿童。南宋时,临安(今杭州)皮影艺人的行业团体名“绘革社”。明代,皮影戏进入皇宫和王公贵族之家,在民间流行更广。元代,中国皮影戏传到波斯。清代,法国神父居阿罗德,把皮影戏的全部形式及其制作带回法国,在巴黎和马赛公演,继而传入英国和德国,由此产生了表演法、英、德等民族内容的皮影戏。

皮影戏人物造型

影子戏 即“皮影戏”。

优 古代以歌唱、舞蹈、滑稽、杂技表演为业的艺人的统称。先秦时代,专事歌舞的叫“倡优”,从事笑谑的称“俳优”,操吹打器乐的是“伶优”。春秋后期,多指以说笑话娱乐君王的人。后世以“优”或“优伶”称戏曲演员,名演员称为“名优”。《史记·滑稽列传》中记叙秦始皇身边有一个侏儒演员优旃,他“善为笑言,然合于大道”。王国维所辑《优语录》一书中,有很多他们的言行事迹。

伶 古代以表演为职业的艺人的统称。传说上古时,黄帝手下有一大臣名伶伦,创造了音乐并负责管理相关事务,后世梨园行和娼妓业奉他为行业祖师。世遂以“伶”“伶人”“优伶”称戏曲演员。名演员称“名伶”,女演员称“女伶”,老演员称“老伶工”,儿童演员称“童伶”。在专制的等级社会里,他们有特殊户籍,不在“齐民”(普通百姓)之列,受社会歧视,不得从事其他行业,不能与良民通婚,其后代不得读书应科举。除非获得官府批准,“脱籍从良”,才能成为普通人。五代后唐庄宗李存勖喜声色,宠信伶人、宦官,最后死于伶人之手。《新五代史》中有《伶官列传》,作为统治者的鉴戒。

优伶 古代表演歌唱、舞蹈、逗趣、杂技等的艺人统称“优”,演奏音乐的统称“伶”。后世以“优伶”泛称各种艺人。宋元以后,成为戏曲演员的通称。

俳优 指古代专司诙谐、逗趣表演的艺人。史书记载，自春秋战国以来，宫廷中多有俳优，以供君主笑乐，有的还是侏儒。俳优在君主面前，常以笑话讽喻时事，显示他们的智慧。

勾栏 亦作"勾阑""构栏"。本义指做成花纹图案、互相勾连的栏杆。宋元时借称城市里演出百戏、杂剧的剧场。为木结构，封闭或露天，内有戏台、观众席等。因戏台周围有栏杆围起，故称。戏台后为戏房，两者中以画有神像的幕布分隔。观众席分为神楼与腰棚。神楼正对戏台而位置较高，供奉梨园神等牌位；围住戏台的观众席称腰棚。每个观众都有座位，不编号，先到者先坐。元散曲作家杜仁杰有一首描写进城农民看戏的套曲《耍孩儿·庄家不识勾阑》，生动有趣地描述了乡下农民花钱进"勾栏"看戏的情景。

瓦舍 亦称"瓦子""瓦肆""瓦市"。唐代坊市制度打破后，产生于北宋仁宗中期城市里的固定大型游乐区。源于隋唐时期寺庙中的"戏场"。内有戏棚、茶楼、酒肆、赌场以及算卦、卖药、卖服装杂货等各种处所，供市民游乐消闲。宋孟元老《东京梦华录》卷二、卷三记载，北宋后期繁盛时，都城汴京（今开封）有大小勾栏 50 余座，大的瓦子中有十几座勾栏，可容数千人游乐。演出诸宫调、口技、相声、讲史、歌舞、杂剧、傀儡戏、影戏等。"不以风雨寒暑，诸棚看人，日日如是。"南宋末周密《武林旧事》记都城临安（今杭州）当时有瓦子 23 处，规模超过汴京。《西湖老人繁胜录》记其中最大的为北瓦，内有勾栏 13 座，而临安市民"深冬冷月无社火看，却于瓦市中消遣"。至元代，除大都（今北京）外，各地大中城市都有大小勾栏演出杂剧。瓦舍的固定开设，使看戏成为市民的娱乐消费，有力促进了勾栏艺术的互相交流、融合与竞争，对杂剧的最后成熟并走向繁荣具有决定意义。

瓦子 即"瓦舍"。《水浒传》第二十九回："里面坐着一个年纪小的妇人，正是蒋门神初来孟州新娶的妾，原是西瓦子里说唱诸般宫调的顶老。"

书会 宋元时期戏曲、曲艺作品编写者的行会组织。书会原为讲书论文之所，至南宋演变为诸色伎艺人编写话本、戏曲、曲艺的处所和组织。存在于杭州、温州、苏州、大都（今北京）等大城市中。参加者被称为"才人"，即才子、作家之意。元代，大都有以关汉卿为首的玉京书会，马致远、李时中、花李郎、红字李二等人的元贞书会；杭州有萧德祥等的武林书会，编撰戏文《小孙屠》的古杭书会。书会间为吸引观众，扩大影响，常进行创作比赛，对元杂剧的发展起了直接的刺激作用。

书会才人 宋元时期大城市中"书会"的成员。有些是低级官吏、医生、术士或商人，还有些是有才学和演出经验的艺人，如《录鬼簿》所载的红字李二和花李郎都是教坊演员。也有少数身份较高的"名公"，如王实甫曾任陕西行台监察御史，马致远为进士出身，曾任浙江行省官员，后在大都（今北京）任工部主事。但大部分是仕途失意的饱学文士。元朝从开国至仁宗延祐初，近五十年未举行科举考试，文人做官之路断绝。为了生存，有些文人不得不厕身市井瓦舍，出入勾栏行院，与倡优歌妓合作编写脚本。书会才人的大量出现，是元代戏曲创作繁盛的重要原因。如戏文《宦门子弟错立身》的作者，署名"古杭才人"，关汉卿则被称为玉京书会中的"燕赵才人"等。

南戏 亦称"戏文""温州杂剧""永嘉杂剧"等。中国戏剧最早成熟的艺术形式之一。南宋时形成于浙江温州一带。用南曲的声腔演唱。由宋杂剧、唱赚、宋词、民间歌谣等发展结合而成。在中国戏曲艺术发展史上，具有重要的意义。元代流行于南方。自宋代至明初，其唱法以清唱为主，只用锣鼓、拍板等打击乐器表示节奏，曲尾有多人和唱，而无管弦伴奏。至明中叶，才加入管弦。宋元以来，有剧名留存的南戏共 200 余种，有残文佚曲的约 119 种，见近人钱南扬的《宋元南戏辑佚》。剧本完整存世的仅 17 种，有《小孙屠》《张协状元》《宦门子弟错立身》《琵琶记》《荆钗记》《刘知远白兔记》《拜月亭》《杀狗记》《苏武牧羊记》等。明代中期演变为"传奇"。对明清两代戏曲的发展影响很大。

永嘉杂剧 即"南戏"。

戏文 ① 即"南戏"。② 泛称戏曲。《二刻拍案惊奇》卷二七:“汪秀才定席已毕,就有带来一班梨园子弟上场做戏,做的是《桃园结义》《千里独行》许多豪杰襟怀的戏文。”

南曲 ① 宋元明时南方戏曲和散曲所用各种曲调的统称。与“北曲”相对。其曲调来自宋词小令词调及南方民间歌曲等,字少声多,节奏舒缓,旋律性强,风格流丽婉转。用韵以江浙一带语音为准,有平上去入四声。音乐上用五声音阶,声调柔缓婉转。宋元南戏、明清传奇都以南曲为主。与元杂剧每折只一人独唱不同,场上任何角色都可以唱,形式灵活多变。有独唱、对唱、接唱、同唱,还有台后用以渲染气氛的帮腔合唱。是其后海盐腔、余姚腔、昆山腔、弋阳腔等兴起和发展的基础。② 亦称“南乐”“南音”“南管”。民间音乐的一种,也是一种曲艺。流行于福建闽南地区和台湾,乐器有箫、笛、琵琶、三弦等。

荆刘拜杀 亦称“四大传奇”。元代南戏《荆钗记》《刘知远白兔记》《拜月亭》《杀狗记》的合称。是南戏中《琵琶记》以外最负盛名的作品。这四部剧本都产生于元末明初。明清时期,能否演此四剧,成为衡量一个戏班优劣的标准。

杂剧 中国历史上曾有多种表演形式称为“杂剧”,其名出现于晚唐。“杂”形容多。与中国戏剧从内容到形式都是五花八门、纷繁复杂有关。宋代在继承前代歌舞戏、参军戏、说唱、词调与民间歌曲的基础上,产生出宋杂剧。这是一种包含歌舞、说唱、调笑,偶尔有杂技穿插的表演形式。金杂剧的剧目,保留在“院本”中,后发展为元杂剧。元杂剧是在宋、金杂剧基础上发展而成的有完整故事情节、反映社会现实、行当齐全,并融合音乐、歌舞、杂技的成熟戏剧形式。明、清继之。直到近现代,仍有作家撰作杂剧,如吴梅、顾随等人的作品。

宋杂剧 宋代多种戏剧的共称。是唐代参军戏和其他歌舞杂戏的进一步发展。北宋汴梁(今河南开封)、南宋临安(今浙江杭州)及大都(今北京)、平阳(治今山西临汾)、福建、温州、成都等地均曾盛行。形式、体制多样。宫廷教坊杂剧的演出一般由末泥、引戏、副末、副净四人组成,或添一人,名装孤。宋代杂剧的脚本都已失传,仅南宋周密《武林旧事》载有官本杂剧名目 280 种。南宋时,南方的杂剧逐渐发展为南戏;北方的杂剧(院本)逐渐发展为元杂剧。参见“杂剧”。

院本 ①“院本”一词出于元代,指金代教坊的“官本杂剧”;元以后亦称宋杂剧为“院本”,以别于元杂剧。金杂剧体制继承宋杂剧,是北方的宋杂剧向元杂剧过渡的形式。演时每场四五人,有末泥、副末、装孤、副净、引戏等,后又增装旦,形成较完整的脚色行当。其表演不止说白与科范(身段动作),已多“曲”的因素。金院本多写历史和爱情题材,表现下层人民的痛苦,嘲讽封建统治阶级及其帮凶的愚蠢与丑恶。金亡后,其艺术融入元杂剧,为元杂剧的发展奠定基础。剧目没有留下记载。元末陶宗仪《南村辍耕录》载有“院本名目”713 种,实包括宋、金、元三代作品。《辍耕录·院本名目》:“金院本、杂剧、诸宫调。院本、杂剧,其实一也。”② 明清泛指杂剧、传奇剧本。清张岱《陶庵梦忆·阮圆海戏》:“然其所打院本,又皆主人自制,笔笔勾勒,苦心尽出。”清昭梿《啸亭续录·大戏节戏》:“乾隆初,纯皇帝以海内升平,命张文敏制诸院本进呈,以备乐部演习,凡各节令皆奏演。”

元杂剧 亦称“北曲”“元曲”。元代的主要戏剧形式。是在宋杂剧、金院本、说唱诸宫调的基础上吸收多种词曲、技艺发展而成。繁盛于 13 世纪后半期。其结构上显著的特点是四折一楔子,以及“一人主唱”。演唱以弦索伴奏,与说白紧密相连,注重表演(动作、舞蹈、武功),多插科打诨,富于幽默趣味。杂剧题材广泛,歌颂男女真挚的爱情,赞扬英雄人物的品德,肯定底层人物的智慧勇敢,揭露统治者的残暴贪婪,现实与浪漫相结合,表达了人民的愿望。主要代表作家有关汉卿、白朴、马致远、王实甫等。代表作有《窦娥冤》《梧桐雨》《汉宫秋》《西厢记》等。据统计,姓名见于著录的元杂剧超过 500 种、无名氏杂剧 50 种,另有元明之际无名氏杂剧 187 种。传世的完整杂剧与残剧在 200 种以上。王国维《宋元戏曲考》:“明以后传奇无非喜剧,而元则有悲剧在其中……其最有悲剧之性质者，则如关汉卿之《窦娥冤》、纪君祥之《赵氏孤儿》……即列之于世界大悲剧中，亦无愧色也。”

元曲 ① 元杂剧与元散曲的合称。是盛行于元代的文学艺术形式。其中杂剧成就尤高，广泛而形象地反映了蒙元时期的社会生活，对后代戏剧的发展影响巨大。元杂剧至今仍是中国传统戏曲的重要源头之一。散曲则是在诗、词之后出现的一种抒情或叙事的新颖诗体，风格多样，以痛快淋漓、尖新奇巧为上。散曲在中国文学史上与楚骚、汉赋、唐诗、宋词等并列为一代文学的代表。有清人臧懋循编《元曲选》、近人隋树森编《元曲选外编》、今人王季思主编《全元戏曲》等。参见“元散曲”。② 专指元杂剧。

元曲四大家 元代著名剧作家关汉卿、郑光祖、白朴、马致远四人的合称。

北曲 ① 宋元以来对北方诸宫调、戏曲、散曲所用曲调的统称。由北方民间曲调、宋词词调以及女真、蒙古等民族的曲调，逐渐融汇而成。与“南曲”相对。元杂剧即用北曲，其演唱由大曲和诸宫调形成套曲联唱的严格体制，调式为七声音阶，伴奏用弦索乐器为主。其特点是一折之中只有一人单唱，字多声少，朗诵性强，节奏较为紧促，听起来慷慨雄壮，激越刚劲，与南曲之舒缓婉转、流丽绵长截然不同。明代万历以后，南曲的变体诸声腔在各地繁衍滋长，昆山腔更因上层社会的喜爱与扶助而盛极一时。至此，北曲杂剧竟成绝响。② 元以后对元杂剧的别称。

传奇 ① 戏曲的通称。始见于宋末元初的戏文中。后包括南戏、杂剧以及明清传奇。② 明清时期文学体制规范化、音乐体制格律化的长篇戏曲的通称。是在宋元南戏的基础上，吸收继承元杂剧的部分因素发展而成。以唱南曲为主，兼用一些北曲曲调，情节比南戏、杂剧更复杂，人物刻画也更细致，表演艺术、脚色分行、舞台美术等都有进一步的发展。从明嘉靖时到清乾隆间最为盛行，其时剧种如昆腔、弋阳腔、青阳腔、高腔等，都以演唱传奇剧本为主。每本传奇一般分为三十至四五十出不等。乾隆以后全本演出渐少，多上演其中精彩的单出。明清两代传奇作家约700余人，作品有2 700种以上，今有完整存本1 100多种，在中国文化史上占有重要地位。《浣纱记》《牡丹亭》《清忠谱》《桃花扇》《长生殿》等，是其中的杰作。③ 中国古典小说体裁之一。通常指唐、宋人用文言写成的短篇小说。参见“传奇小说”。

折子戏 戏曲术语。相对整本戏而言。从明代《浣纱记》起，传奇剧一般长二三十出至四五十出，情节枝蔓，头绪繁多，必须分多日才能演完，往往显得冗长。此后的昆腔艺人在舞台实践中，删除多余场次，节演整本名剧，称作“小本”；或从中选出特别精彩的一出到数出，独立演出，称作“折子戏”。折子戏由于经常演、反复加工，艺术质量不断得到提高。如《牡丹亭》的《游园》《惊梦》，《玉簪记》的《琴挑》《偷诗》，《长生殿》的《惊变》《弹词》等，都受到欢迎，至今盛演不衰。此后京剧及地方戏，也继承这一做法。乾隆间刊行的《缀白裘全编》十二集，即是一部主要为昆剧折子戏的选集。

京剧折子戏《坐宫》

吴江派 亦称“格律派”。明代戏曲文学流派。领袖人物为吴江(今江苏苏州市吴江区)人沈璟。历来认为，属于此派的作家有顾大典、吕天成、卜世臣、王骥德、叶宪祖、冯梦龙、沈自晋、袁于令、范文若、汪廷讷、史盘等。沈璟的戏曲理论的主要内容是重视音律美，要求作曲“合律依腔”；在语言上，崇尚“本色”。他编纂的《南九宫十三调曲谱》，为创作指出了规范。此派的实践，对于扭转传奇的不良骈俪之风，起了积极作用。但过分强调音韵格律而轻视文采，也产生了缺少想象力与文词俚浅的弊病。沈璟等人与汤显祖于万历间曾有过激烈争论，后人总结为“吴江守法，临川尚趣”，“吴江派重音律，重舞台性；临川派重意趣，重文学性”。吴江派在创作上虽逊于临川派，但在理论上著述甚多，对曲学发展贡献巨大。

临川派 亦称“玉茗堂派”。明代戏曲文学流派。领袖人物是汤显祖。因其祖籍临川（今江西抚州），剧作总称“玉茗堂四梦”而得名。历来认为，属于此派的作家还有来集之、冯延年、陈情表、邹兑金、阮大铖、吴炳、孟称舜、凌濛初等。汤显祖的思想深受“陆王心学”与李贽的影响，具有反传统礼教、批判程朱道学的倾向。从万历间开始，与沈璟等人曾有过长时间的争论。汤显祖在艺术创作上持“意趣说”，特别重视个人感情的作用，追求“自然之美”，认为语言上既要本色，还要有文采，反对拘泥于声韵格律。沈璟等人恰认为其失在于“不惜因意害律”而损伤音律美。两派的争论，对于晚明至清代中叶传奇戏曲的鼎盛和李玉、李渔、洪昇、孔尚任等大家的出现，起到了促进的作用。

有声必歌，无动不舞 戏曲研究家齐如山对中国戏曲本质特征的概括。其意为：在中国戏曲舞台上，演员发出的任何声音，本质都是歌唱；做出的任何动作，本质都是舞蹈。原因在于中国戏曲由古代的歌舞嬗变而来（齐如山《国剧的原则》），本身的特点，就是“以歌舞演故事”（王国维《戏曲考原》）。因而，要求戏曲演员不仅是唱腔，即使是道白、引子、诗句，甚至哭笑叹呼，都要以歌唱的形式表现出来；所有动作，无论是身段舞姿，还是举手抬足，跟斗开打，都要给人以舞蹈的美感享受。它简明地揭示了中国戏曲舞台表演的基本原则。

联曲体 亦称“曲牌联套”。戏曲、曲艺音乐的一种结构形式。即全部唱腔由若干不同的曲牌连缀而成，同一曲牌，可以重复。如《牡丹亭·惊梦》一出，即由“绕池游”“步步娇”“醉扶归”“皂罗袍”“好姐姐”“山坡羊”“山桃红”“鲍老催”“绵搭絮”等曲牌加“尾声”组成。戏曲中如宋元南戏、元杂剧、昆腔、高腔等，曲艺中如诸宫调、四川清音等，在音乐结构上都属联曲体。元杂剧每一折的“曲牌联套”，严格遵守宫调规范，每一套曲子，应隶属于同一个宫调。

板腔体 亦称“板式变化体”。戏曲、曲艺音乐的一种结构形式。即全部唱腔由同一腔调的不同板式组成。基本板式为三眼板、一眼板、流水板和散板四种，再加由此而产生的各种反调、倒板等。多种板式的变化，可以满足表达剧中人物情绪各种变化的需要。戏曲中的皮黄腔、梆子腔等，曲艺中的大鼓、河南坠子等，都使用板腔体。板腔体的进步，主要在于增添了“过门”的音乐形式，不像联曲体的伴奏和演唱，同时开始又同时结束。在剧词创作与舞台演唱两方面，板腔体不仅自由灵活，而且更有利于酝酿情绪，烘托气氛，扩大戏曲音乐美的功能。

声腔 指中国某些历史较久的戏曲剧种的腔调和演唱方式。一般把具有共同特点或相似特点、互相有血缘关系的剧种，统称为一种声腔系统。如秦腔（陕西梆子）、蒲剧（蒲州梆子）、晋剧（山西梆子）、河北梆子等，归入“梆子腔”声腔系统；徽剧、汉剧、京剧、桂剧等，归入“皮黄腔”声腔系统。明清以来，影响广泛的声腔系统有昆腔、高腔、梆子腔、皮黄腔等。

四大声腔 中国戏曲的“四大声腔”，随戏曲的发展盛衰演变，各个时期有所不同：（1）明初指演唱南戏的余姚腔、弋阳腔、海盐腔、昆山腔。（2）明中叶以后，指弦索腔（包含罗罗腔等多种用弦索乐器伴奏的小戏种）、西秦腔、高腔、昆腔。（3）地方戏兴起以后，指南昆（昆山腔）、北弋（弋阳腔）、东柳（柳子戏）、西梆（梆子腔）。（4）现代的说法指昆腔、高腔、梆子腔、皮黄腔。

余姚腔 南戏“四大声腔”之一。出于浙江余姚。宋元以来，以南方曲调为主，融合北方曲调及法曲精华，而逐渐形成。明成化、弘治间已有记载。其特点是：清唱为主，以小音量的打击乐器伴奏，演唱平稳柔和，音调低缓轻软，抒情色彩较浓，采用后台帮腔伴唱，余韵悠长；演唱和说白中，时而插唱“滚调”。至明代，因著名南戏《琵琶记》采用余姚腔，而进入南京、北京。据徐渭《南词叙录》载，嘉靖间，余姚腔传唱于绍兴、杭州、镇江、济南、济宁、池州、当涂、扬州、凤阳、徐州、南京等地，深受广大观众喜爱。曾对弋阳腔、昆山腔的形成产生影响，至清乾隆间消亡。

弋阳腔 简称“弋腔”。南戏“四大声腔”之一。出于江西弋阳一带。南宋中期，浙江的南戏传入江西，以南曲与当地的音乐融合，又吸收北曲，在元末明初时形成。其演唱形式是一人徒歌（清唱），众人帮腔，加入“滚调”，只用锣鼓等打击乐伴奏，场上气氛热烈，风格激情澎湃，汪洋恣肆，摄人心魄。明初至嘉靖间，流传到北京、南京、浙江、安徽、两湖、福建、广东、云南、贵州，一度达到极盛，与昆腔争雄并峙。在流传过程中，与各地方言及民间曲调结合，产生不少新的剧种，或者成为当地戏曲的组成部分。其中之一即演变为“高腔”，在各地形成庞大的高腔体系。明代弋阳腔及其流变生成的青阳、徽州、四平、太平诸腔的演出剧目名，尚存 120 种左右。赣剧中也有部分弋阳腔的曲调与剧目。

海盐腔 南戏“四大声腔”之一。因形成于浙江海盐而得名。源于元代流行于海盐的“南北歌调”，经杂剧作家海盐人杨梓等的加工发展形成。据明陆容《菽园杂记》载，明成化年间，海盐县多有“戏文子弟”（南戏演员），海盐腔已在当地兴起。至嘉靖、隆庆年间，流布地区扩展到嘉兴、湖州、温州、南京、台州、苏州、松江，远及江西宜黄、北京等地，尤为士大夫官员爱好。其音乐为曲牌联套体结构，分生、旦、净、末、丑诸行当。初时演唱，只用鼓、板及打击乐器，后加入琵琶、银筝等，腔调清柔委婉。在发展、流传过程中，对弋阳腔、昆山腔的演变有一定影响，至明万历后日趋衰落而渐绝迹。

昆山腔 亦称“昆腔”。南戏“四大声腔”之一。元末明初产生于昆山（今属江苏）。明嘉靖间，当地人魏良辅，得擅长北曲的河北人张野塘相助，吸收海盐腔、弋阳腔及当地民间曲调的特点，加以改造，创立新腔。主要以中州官话为唱说语言。伴奏乐器以曲笛为主，辅以笙、箫、唢呐、三弦、琵琶及打击乐。曲调细腻委婉，抒情性强，与演员动作表演紧密结合，有“水磨腔”或“水磨调”之称。《浣纱记》开昆山腔演出传奇风气之先，令人耳目一新，较当时的其他声腔更具曲尽雅致、曼妙动人之效果。万历以后，因受到上层社会的爱好和扶助，成为“官腔”。此后文人创作传奇，一般都为昆腔所写。至清中叶以前，已流行全国各地，被士大夫阶层称为“雅部”，对京剧及其他剧种的形成、发展具有相当影响。今分为南昆和北昆。南昆以苏州语音为主，北昆以北方韵白和京白为主。存世剧目甚多，亦有部分保存在其他剧种中。

昆腔 即“昆山腔”。

高腔 戏曲声腔之一。元明以来，弋阳腔由江西向全国各地流传，并与各地戏曲结合，形成不同风格的高腔。其特点是表演质朴、曲词通俗、唱腔高亢激越，只用金鼓击节，没有管弦乐伴奏，富于朗诵意味。其演唱，粗放时裂金碎玉、响彻云霄，柔和时细若游丝、婉转动人。传统高腔的帮腔，由担任打击乐伴奏的乐队演唱，常由鼓师领帮，众乐手齐唱。具有渲染戏剧气氛、表现人物内心情感的作用。川剧、湘剧、滇剧、婺剧、赣剧等剧种以及广东、福建等省的一些剧种中都有高腔。此外，尚有湖北的清戏，湖南的长沙、常德、祁阳、辰河诸高腔，北京的京腔，以及安徽的岳西高腔，浙江的西安（衢州，古曾称西安）、松阳、瑞安诸高腔。参见“弋阳腔”。

京腔 戏曲声腔之一。明末，弋阳腔传入北京后，吸收昆曲优点，趋于雅化，以其腔与当地语音相结合后形成。在清康熙和乾隆时达到极盛。其时清宫演出，以昆腔与弋腔（京腔）并举。因而，又称“京弋腔”“京高腔”“高腔”等。嘉庆时有“南昆、北弋、东柳、西梆”之说，其中“北弋”即指京腔。至乾隆末，秦腔、徽调相继来京，京腔乃渐走向衰落，并于清末民初绝迹于舞台。京腔的唱白与京字京音相结合的艺术特点，为徽班吸收，成为新生的京剧的特点。清杨静亭《都门纪略·词场序》：“我朝开国伊始，都人尽尚高腔。延及乾隆年，六大名班，九门轮转，称极盛焉。”

青阳腔 戏曲声腔之一。出于安徽青阳，因地属池州府，又称“池州调”或“徽池雅调”。明嘉靖间，弋阳腔流入青阳地区，与当地方言及民间小曲结合而形成。青阳腔突破曲牌联套体的音乐结构，一般只用大鼓、大铙、大锣等伴奏而不用管弦，独唱与帮腔结合，一唱众和，同时运用“滚调”，在唱腔中加入“滚白”和“滚唱”，形成长于叙事的特点。其剧目上起元明南戏，下到后世文人传奇，数量众多，历史上曾有过《词林一枝》《摘锦奇音》《玉谷新簧》《徽池雅调》等一批剧目刊本，现存剧目 94 个。青阳腔继承古南戏的脚色体制，有生、旦、净、末、丑、外、贴七个行当，后又增加了小、夫两个脚色。其表演讲究“文戏武唱”，火爆热闹，常穿插盘吊杆、翻高台、跳火圈等武技，还有各种纸面具，在舞美上甚具特色。它直接或间接影响了徽剧、赣剧、川剧、黄梅戏等的形成发展。目前仅存在于安徽青阳、江西湖口等地区。

徽调 ① 徽剧所用的腔调。主要有吹腔、四平、拨子、二黄、西皮、昆腔等。清乾隆时徽调随徽班传入北京，与汉调合流，在这基础上促成了京剧的形成。② 徽剧的旧称。

吹腔 徽剧主要声腔之一。由笛子伴奏。后来也被京剧、婺剧、赣剧、湘剧等吸收应用。

西皮 戏曲腔调之一。清初秦腔传入湖北，在汉调（汉剧）中演变形成。有倒板（导板）、慢板、原板、快板、摇板、散板等板式。一般适宜表现激昂雄壮或愉快活泼的情感。另有反西皮，有散板、摇板和二六板等几种板式，多表现生离死别情境中哀痛、凄凉的情绪。在徽剧、汉剧、京剧等剧种里，西皮与二黄并用，是这些剧种最基本的腔调，合称“皮黄”。

二黄 戏曲腔调之一。清初在安庆的徽班中，由“吹腔”“高拨子”演变形成。有倒板（导板）、回龙、慢板、原板、垛板、摇板、散板等板式。一般适宜表现凄凉沉思或悲伤哀痛的情感。另有转调的“反二黄”，也有相应各种板式。在徽剧、汉剧、京剧等剧种里，二黄与西皮并用，合称“皮黄”。有的文献中，以“二黄”兼指二黄与西皮两种腔调。

皮黄 ① 戏曲声腔系统之一。西皮和二黄的合称。是徽剧、汉剧、京剧等剧种的主要腔调。② 京剧的早期名称。参见“西皮”“二黄”。

梆子腔 戏曲声腔系统之一。也是北方地方戏曲中，用硬木梆子作打击乐器表示节拍的剧种的统称。源于明代陕西、甘肃一带高亢激越的民歌。首先形成陕西梆子（秦腔）。后向东发展，与各地语言及民间曲调结合，陆续形成山西梆子、河南梆子、河北梆子、山东梆子等剧种。对川、鄂、皖、浙等省的许多剧种也有过不同程度的影响。山西省戏剧研究所编《中国梆子戏剧目大辞典》收录各梆子声腔剧种清以前题材的剧目 4 000 多个。

剧种 ① 戏剧艺术的种类。根据不同的艺术形式和艺术特点，现代戏剧学把戏剧分为歌剧、舞剧、话剧、戏曲等。② 戏曲的种类。根据起源点、流行地区语言及音乐曲调的不同，中国近现代戏曲剧种可分为京剧、昆剧、徽剧、汉剧、赣剧、湘剧、桂剧、河北梆子、豫剧、晋剧、秦腔、川剧、滇剧、梨园戏、高甲戏、粤剧、评剧、越剧、沪剧、黄梅戏等约 350 种。声腔的流传演变以及对当地民间曲调的吸收，是产生剧种的重要因素。

雅部 清乾隆年间划分戏曲剧种的名称之一。与“花部”相对。指昆腔。因相对于各地方剧种的粗犷、通俗和杂乱，昆腔的音乐、语言显得高雅纯正，更符合宫廷和士大夫的趣味而得名。

花部 亦称“乱弹”。清乾隆年间划分戏曲剧种的名称之一。与“雅部”相对。清乾隆年间昆腔逐渐衰落，各地方剧种萌发产生，因其风格粗犷，语言通俗，北京、扬州等地的士大夫遂称昆腔为“雅部”，称昆腔以外的其他剧种为“花部”或“乱弹”。如秦腔、弋阳腔、梆子腔、二黄调、徽调、汉调等，皆属花部。清代扬州学者焦循重视地方戏曲，著有《花部农谭》。

乱弹 戏曲剧种的名称之一。含义及所指不一：（1）作为声腔的别称。主要指梆子腔，兼指秦腔以及受秦腔影响较大的剧种，如绍剧也名“绍兴乱弹”。（2）对昆腔、高腔以外的各地方剧种的统称。也指早期的京剧。（3）有些剧种直接以“乱弹”命名。如河北乱弹、温州乱弹等。

昆剧 亦称“昆曲”。地方戏曲剧种之一。盛于明清两代，始于明代梁辰鱼《浣纱记》一剧。此后的《桃花扇》《长生殿》等不朽传奇名作都是昆剧剧目。近现代流行于江苏南部、沪、浙（南昆）及北京、河北（北昆）等地，用昆腔演唱。脚色不出“生、旦、净、末、丑”五大行当，又细分二十小行，称作“二十个家门”。参见“昆山腔”。

昆曲 ①即“昆剧”。②指戏曲声腔中的昆腔。

北昆 亦称“高阳昆腔”。昆曲在近代的一个支派。流行于北京地区。是清代中期昆曲在北京衰落后，由流落河北的部分艺人，与当地高腔班社结合后所形成。唱、白基本用北方语音，风格明朗刚健。

徽剧 旧称“徽戏”“徽调”。地方戏曲剧种之一。20世纪50年代定名。明末清初形成于安徽，流行于本省和江苏、浙江、江西等地。源于徽州、青阳、四平等声腔。受昆腔影响，形成昆弋腔。此后又受西秦腔、汉调的影响，逐渐演变而成。主要腔调有吹腔、四平、拨子、二黄，也有西皮、昆腔、高腔等曲调。脚色行当包括末、生、小生、外、旦、贴、净、丑等，表演火爆热烈，气势豪壮，动作粗犷，特别擅演历史题材的大戏以及武戏，另有翻台子、跳圈、窜火、飞叉、滚灯、变脸等特技。在乾隆后期的扬州、北京等地曾盛极一时，对南方许多剧种都有深远影响。是形成京剧的重要基础。

徽剧《水淹七军》

徽戏 “徽剧”的旧称。

徽班 徽剧戏曲班子。清乾隆五十五年（1790年）起，三庆、四喜、春台、和春四大徽班先后进入北京。其间吸收昆腔、京腔（北京地区的高腔）、汉调、秦腔等，逐渐演变成“京皮黄”（即京剧）。此后至清末，南方的徽班，多集中于安徽的皖南、皖北，苏南的高淳、苏北的扬州及里下河地区，浙江的杭嘉湖和金华、衢州一带，其演出活动沿京杭大运河一线，到处受到欢迎。

黄梅戏 地方戏曲剧种之一。流行于安徽和湖北、江西等省。源于湖北黄梅一带的采茶调。传入安徽安庆一带后，在剧目和声腔上，曾受当地民歌与流行于该地的戏曲剧种的影响。唱腔分花腔、彩腔、正腔，表演富有民间小戏风格与歌舞风味。中华人民共和国成立后经整理上演的传统剧目《打猪草》《夫妻观灯》《天仙配》《女驸马》等产生了广泛的影响。

汉剧 旧称“楚调”“汉调”。地方戏曲剧种之一。清乾隆、嘉庆间形成。流行于湖北全省及河南、陕西、湖南、广东等省的部分地区。主要声腔以秦腔南下演变出的西皮与安徽传来的二黄为主，合流并用。一度风行北京，称为“楚声”，早期与徽剧互相影响。除皮、黄外，还有昆腔、罗罗腔、吹腔、杂曲小调等。伴奏乐器有胡琴、月琴、三弦、唢呐、鼓板等。脚色分为十行。对京剧的形成有重要影响。对川剧、滇剧、桂剧、湘剧、粤剧、赣剧等，也有不同程度的影响。是研究戏曲板腔体系和戏曲音乐结构演变的重要史料，也为研究剧种艺术创新提供了实证资源。传统剧目有660余个，多为历史演义故事和民间传说。参见“行当”。

汉剧《活捉三郎》

汉调 “汉剧”的旧称。

京剧 亦称“京戏”“皮黄”。因北京旧称北平，一度也称“平剧”。中国戏曲的主要剧种之一。流行于全国大部分地区及海外华人居住区。清代康熙、乾隆二帝先后南巡，各声腔戏班集中扬州，汇演以供观赏。当时的徽班能兼唱昆、弋、西皮、二黄诸腔，水平最高。至乾隆五十五年(1790年)乾隆帝八十大寿时，四大徽班进京，逐渐吸收昆曲、秦腔、汉调、京腔等的表演艺术，在唱法、念白上更具北京地区的语音特点，乐器也由笛子改以胡琴为主。经“徽汉合流”及与其他声腔的长期融合，至道光、咸丰间形成京剧。表演上唱、念、做、打并重。唱腔主要为西皮、二黄，加以昆腔与民间曲调。在声腔、音乐、舞蹈、武打、行当、脸谱、服饰等方面，都达到了中国传统戏曲的最高艺术水平，并形成严密完整的表演体系。20世纪以来，被称为中国的“国剧”。曾白融主编的《京剧剧目辞典》，共收录京剧剧目5 000个左右。

京剧《霸王别姬》

京戏 即“京剧”。

平剧 “京剧”的旧称。因民国时北京一度称北平而得名。

秦腔 俗称“陕西梆子”。地方戏曲剧种之一。流行于西北各省。源于陕西、甘肃一带的民间曲调，受到宋元杂剧及各种声腔的影响，形成于明代中期。音调高亢激越，声情悲愤雄壮，对北方各地梆子腔和京剧的形成产生过影响。

陕西梆子 “秦腔”的俗称。

晋剧 亦称“中路梆子”“山西梆子”。地方戏曲剧种之一。流行于山西中部以及内蒙古、河北部分地区。形成于清代，由蒲州梆子演变而来，吸收晋中的民间曲调而形成。道光、咸丰时已盛行。

山西梆子 ① 山西省中路、北路、蒲州、上党“四大梆子”的统称。② 指中路梆子，今称晋剧。

河北梆子 亦称“京梆子”“直隶梆子”。地方戏曲剧种之一。流行于河北、辽宁、吉林、黑龙江、内蒙古及山东部分地区。清乾隆间由传入河北的秦腔和山西梆子演变而成。演唱时以梆子按节拍，音调高亢，适宜表现悲壮激烈、慷慨昂扬的感情。主奏乐器有板胡、笛子等，有传统剧目500余出。

赣剧 地方戏曲剧种之一。流行于江西东北部地区，由弋阳腔发展而来。明末清初演唱高腔，兼唱昆腔、乱弹(二黄、西皮、秦腔等)。艺术风格古老，保存高腔剧目甚多。其大部分以唱二黄、西皮为主。

湘剧 地方戏曲剧种之一。流行于湖南长沙、湘潭一带。源于明代，形成于清代。包括高腔、低牌子、昆腔、乱弹四种声腔。高腔、低牌子均来自弋阳腔，乱弹包括西皮和二黄。传统剧目有千出以上，脚色分行细致，声腔丰富，唱功、表演精湛。分为长沙湘剧、衡阳湘剧、常德湘剧等。

湘剧《百花赠剑》

婺剧 旧称“金华戏”。地方戏曲剧种之一。流行于浙江金华、丽水一带。主要声腔有高腔、昆腔、乱弹、徽戏、滩簧、时调等，结合当地语音和民间音乐而形成。其高腔形式独特，有乐队伴奏，高亢激越中见婉转细腻。传统剧目大多来自各种声腔。

越剧 地方戏曲剧种之一。流行于浙江、上海以及许多省区的大城市。清道光末年由浙江嵊县(今嵊州)一带的曲艺“落地唱书调”为基础发展而成。初称“小歌班”或“的笃班”。1917年进入上海,称“绍兴文戏”,受绍剧、京剧等剧种的影响,在表演、音乐等方面有较大发展。30年代中,形成全部由女演员演出的“女子绍兴文戏”,1938年起称“越剧”。抗日战争时期浙东敌后根据地曾加以改革;同时在上海受话剧、昆剧的影响,在表演上得到进一步发展,形成写实与写意相结合的风格。主要曲调有四工调、尺调、弦下调等。中华人民共和国成立后,整理改编《梁山伯与祝英台》《红楼梦》《祥林嫂》《盘夫索夫》等剧目,并作了男女演员合演的探索。

绍剧 旧称“绍兴乱弹”“绍兴大班”。地方戏曲剧种之一。流行于浙江绍兴、宁波、杭州一带。形成于明末,以板胡为主要伴奏乐器,风格粗犷、朴实、庄重。原有文班、武班之分,后文武合一,其武戏甚有特色。曾改编、创作神话剧《孙悟空三打白骨精》。

川剧 亦称“川戏”。地方戏曲剧种之一。流行于四川全省和云南、贵州的部分地区。清代以来逐渐形成。包括昆腔、高腔、胡琴、乱弹、灯戏等五种声腔。其中高腔音调高亢,用打击乐和帮腔,在各地高腔体系中占有重要地位。表演艺术细腻独特,有完整程式。其戏曲语言生活气息浓厚,剧本有较高文学性和幽默风趣的特色,尤以喜剧见长。“变脸”为其绝活。

川剧《李亚仙》

滇剧 地方戏曲剧种之一。流行于云南全省和贵州、四川的部分地区。腔调来自秦腔、汉剧、徽调,明末清初由外地传入形成,剧目丰富。

桂剧 地方戏曲剧种之一。流行于广西的汉族聚居地区和湖南省南部地区。由昆腔、高腔、弋阳腔、吹腔等多种声腔融合而成,以弹腔(皮黄)为主。注重以细腻、富于生活气息的表演手法塑造人物。

邕剧 地方戏曲剧种之一。流行于广西粤语地区。清代中期逐渐形成于古名邕州的南宁,故称。唱腔与桂剧相近,并吸收了粤剧的艺术因素,表演纯朴粗犷。

粤剧 地方戏曲剧种之一。用粤语演唱,流行于广东、广西的粤语地区和港、澳,以及东南亚、美、欧、澳的华人居住区。形成于清代,音乐有梆子(相当于汉剧、京剧的西皮)、二黄、西皮(相当于京剧的四平调)、牌子、小曲等,吸收了南音、粤讴以及广东民间音乐演变而成。唱腔音乐以板腔体和曲牌体混合使用。

潮剧 地方戏曲剧种之一。流行于广东潮州、汕头和福建南部及台湾等地。明代中叶形成,在声腔上保留较多的唐宋古乐曲和明代弋阳腔的传统。

评剧 地方戏曲剧种之一。流行于北京、天津和华北、东北各省。清末以莲花落、蹦蹦为基础,先后吸收河北梆子、京剧等音乐和表演艺术发展演变而成。早期称“平腔梆子戏”“唐山落子”“奉天落子”。板腔体结构,有慢板、二六板、尖板、流水板等。伴奏以板胡为主,打击乐器与京剧相同。擅长表现现代生活,中华人民共和国成立后编演了《小女婿》《刘巧儿》等一批剧目。

梨园戏 地方戏曲剧种之一。流行于福建闽南话地区和台湾省。约有四五百年历史,保存了许多南戏的剧目和音乐。成人演出的称“大梨园”,儿童演出的称“小梨园”。

高甲戏 亦称“戈甲戏”“九角戏”。地方戏曲剧种之一。流行于福建省的泉州、厦门、漳州和台湾省等地,有百余年历史。其丑角的表演最有特色。

家乐戏班 中国历史上豪门多蓄养男女歌舞演员及乐工,称为“家乐”或“家班”。宋元后渐以演戏为主,如明代分封诸王时,都赐以家乐,以供自娱、娱宾和祭祀。明中叶后,士大夫爱戏成癖者,多蓄养家班,有的自创剧本,有的亲自或请教师精心培训演员,排演新作,以争奇斗胜。家乐戏班所表演的北杂剧、弋阳腔、昆山腔剧目,达到很高水平,此风在明万历后至明末,达于极盛。清代康熙、乾隆帝多次南巡江南,地方官员商贾组织献演,更促进了家乐戏班之间艺术的交流与提高。家乐中的男女幼童,多购自贫家,女演员年长后或为主人姬妾,或进入别家豪门,或择配嫁人,或流入民间戏班。至雍正初,明令禁止地方官蓄养家班,乃转向衰落。

科班 旧时培养戏曲演员的民办教育团体。培训期限一般为7~10年。在长期教学中,建立了一套完整的培训方法,以从小打好技术基础为主,同时结合舞台演出的实践,曾培养出大量优秀演员。但主办者多从营利目的出发,教学上重技术而轻文化,又存在不合理的师徒关系,以及打骂体罚等陋习,是其固有缺陷。京剧富连成社、秦腔易俗社,都是有名的科班。民国以后渐为新式的戏曲学校和艺术学校代替。

堂会 亦称"堂会戏"。传统戏曲演出的形式之一。古代戏曲演出的处所,包括乡镇广场、戏院会馆、佛寺道观、茶园酒肆、私家厅堂以及宫廷殿堂等,堂会戏为其中之一。指为了节日庆典或生日寿辰等,多由个人出资邀集戏曲演员,在私家厅堂,或借饭庄、会馆、戏园等处,作招待亲友宾客的专场演出。源于汉、唐、宋时期贵族富户宴饮时,教坊官妓或职业艺人的百戏、歌舞、杂剧等表演。明清两朝戏曲兴盛,王府、官员及民间富户举办堂会戏演出,蔚为风气。演员堂会戏的收入,往往数倍于平日。20世纪50年代后基本中止,21世纪初又有所恢复。堂会戏与昆曲、京剧等的发展有较密切的关系。

场面 泛指戏曲演出的乐队。因早期戏曲舞台装置较简陋,乐队位于舞台中央靠后之处,故称。今乐队位置移至舞台下场门的一侧,仍沿此称。分为"文场"和"武场"。文场指胡琴、二胡、三弦、月琴、笛、唢呐等管弦乐器。武场指鼓板、大锣、小锣、铙钹、堂鼓等打击乐器。旧时戏班中称乐师为"场面上的"。

闹场 旧时乡镇演戏,班社(剧团)于开场前演奏锣鼓音乐约一小时,制造气氛,以吸引场外观众前来看戏,称为"闹场",亦称"开台锣鼓"。

行当 亦称"脚色"。传统戏曲中演员专业分工的类别。是根据不同人物类型及其表演上的特点逐渐划分而成。各行当一般都从实践中创造出自己的表演程式,蔚为中国戏曲特有的表演艺术体系。从中国戏曲史看,行当划分由简而繁,各剧种亦不同。宋代戏文的行当分为生、旦、外、贴、丑、净、末。元杂剧的行当有末、旦、净三大类。末又分正末、外末、冲末;旦又分正旦、外旦、搽旦;净又分净与副净,副净相当于"丑"。扮演主要角色的是正末和正旦。明至清初,昆曲盛行,有老生、正生(相当于小生)、老外、末、正旦、小旦(相当于闺门旦)、贴旦、老旦、大面(相当于净)、二面(相当于副净)、三面(相当于丑)、杂,合称"江湖十二脚色";嘉庆、道光后再细分为二十小行,称为"二十个家门"。汉剧有一末、二净、三生、四旦、五丑、六外、七小(文武小生)、八贴、九夫(扮演老年妇女)、十杂(做功和武打花脸)等十种行当。至京剧,行当分为生、旦、净、丑四大类,每个大类中又包含若干小类,比汉剧更细致严密。

脚色 即"行当"。

末 传统戏曲中的脚色行当。主要扮演中年男性。宋杂剧中已有"末"。元杂剧中,"正末"与"正旦"是两个并重的主要脚色。如《梧桐雨》中,唐明皇由正末扮演,杨贵妃由正旦扮演。明清戏曲中仍有末行脚色,如汉剧里"末"为主要行当。在京剧中,最初为生行的次要脚色,专演配角,后并入"老生"行。

副末 传统戏曲中的脚色行当。(1)宋杂剧和金院本的脚色。在戏中起烘托"副净"笑料表演的作用。(2)元杂剧的脚色。是次要的末角。(3)宋元南戏和明清传奇的脚色。专担任开场时向观众介绍剧情大意。通称"副末开场"。

外 传统戏曲中的脚色行当。主要扮演中年男性。元代戏曲中有外末、外旦、外净，实际上是末、旦、净等行当的次要脚色。如元杂剧《风光好》中的配角南唐金陵太守韩熙载，由"外"扮演。表演上与生、末基本相同。明清以来，"外"渐成为专演老年男子的脚色，由于一般挂白须，故又称"老外"。在汉剧中，与"末""生"同为脚色行当之一。在京剧的初期，也有"末"与"外"，饰演生行的次要人物，后并入"老生"行。

生 传统戏曲中的脚色行当。扮演青壮年男性人物。宋元南戏中已有"生"角。此后除元杂剧外，是历代戏曲中的主要脚色。近代地方戏曲中，依据人物年龄、身份，分别划分出许多专行，表演上各有特点，如京剧中生行分老生、小生、武生、娃娃生等。在汉剧中，"生"专演壮年男性，因汉剧同时还有"末"（老年生角）、"外"（重做功的生角）的脚色行当。

老生 亦称"须生"。传统戏曲中的脚色行当。生行的一支。扮演中年或老年男性，多为正面人物。绝大多数挂须，须有黑、灰、白三种，表示年龄差别。京剧老生，按表演艺术的重点，分为唱功老生、做功老生、靠把老生、红生（饰关羽、赵匡胤）等。如《空城计》中的诸葛亮、《文昭关》中的伍子胥，是唱功老生，《四进士》中的宋士杰是做功老生，《定军山》中的黄忠是靠把老生，亦称"武老生"。

京剧老生（《搜孤救孤》）

京剧老生（《文昭关》）

武生 传统戏曲中的脚色行当。生行的一支。主要饰演擅长武艺的青壮年将军与英雄豪杰。京剧武生分长靠武生、短打武生。长靠武生身上扎靠（衣甲），足穿厚靴，以武打、功架并重，如京剧《长坂坡》中的赵云、《挑滑车》中的高宠；短打武生身着紧身短装，偏重武打技艺，如《恶虎村》中的黄天霸，以及水浒戏中的武松、石秀等。此外，猴戏如《闹天宫》中的孙悟空，通常也由武生扮演。

京剧武生饰演的赵云

京剧武生饰演的黄天霸

小生 传统戏曲中的脚色行当。生行的一支。主要饰演青少年男子。俊扮,不挂胡须。京剧小生的唱用尖音假嗓,念白兼用真假嗓。

京剧小生饰演的书生

京剧武小生饰演的吕布

因人物性格、身份的不同,分为雉尾生、纱帽生、扇子生、穷生、武小生等。如京剧《群英会》中的周瑜,属雉尾生;《玉堂春》中的王金龙,属纱帽生;《打侄上坟》中的陈大官,属穷生;《赵氏孤儿》中的赵武,《八大锤》中的陆文龙,属武小生。

娃娃生 传统戏曲中的脚色行当。专门扮演剧中的男性儿童。一般垂发,穿短上衣。用接近老生的真声唱念,还要显出童音,并在表演上带天真稚气。通常由女演员(小旦)或未成年的小演员扮演。如《三娘教子》中的薛倚哥、《二堂舍子》中的沉香和秋儿、《桑园寄子》中的邓元和邓方,以及《空城计》中的二琴童等。

京剧《三娘教子》中娃娃生饰演的薛倚哥

旦 传统戏曲中的脚色行当。扮演女性人物。是戏曲中的主要脚色。在中国戏曲中,依据人物年龄、身份,又划分出许多专行,表演上各有特点。如杂剧有正旦、小旦、搽旦(相当于彩旦),昆剧有闺门旦、贴旦等。京剧旦角则分为青衣(正旦)、花旦、花衫、刀马旦、武旦、老旦等。彩旦属丑行,多由男性丑角演员扮演,如《拾玉镯》中的刘媒婆等。

旦角儿 京剧等剧种对旦行的通称。

正旦 传统戏曲中的脚色行当。旦行的一支。或简称"旦"。在旦行里处于最主要位置,因称"正旦"。多扮演端庄、正派的青、中年妇女，大都为贤妻良母或贞节烈女一类人物。如元杂剧《窦娥冤》中的窦娥、昆曲《雷峰塔》中的白娘子和《十五贯》中的苏戍娟，都由正旦饰演。京剧中正旦称为“青衣”。

贴旦 传统戏曲中的脚色行当。旦行的一支。原意为较次要的旦角。扮演的角色既有村姑贫女、侍妾丫环，也有夫人贵妃、大家小姐。如昆曲《琵琶记》中的赵五娘由正旦扮演，牛氏则由贴旦扮演。又《牡丹亭·游园》中的春香、《西厢记》中的红娘、《思凡》中的尼姑色空、《玉簪记》中的道姑陈妙常，都由贴旦饰演。贴旦还可以演男孩，如《浣纱记·寄子》中伍子胥之子。

青衣 传统戏曲中的脚色行当。旦行的一支。为京剧中的“正旦”。主要饰演正派、庄重的青年或中年妇女。唱做并重，尤重唱功与念白。因多穿青色或黑色褶子得名。如京剧《生死恨》中的韩玉娘、《桑园会》中的罗敷女、《三娘教子》中的王春娥等。青衣演员往往兼演花衫或刀马旦。

京剧青衣

花衫 传统京剧中的脚色行当。旦行的一支。比传统青衣显得性情活泼，注重唱做念打的综合表演。是近代京剧综合青衣、花旦、刀马旦的特点发展而成，由著名京剧旦行艺术家、教育家王瑶卿首创，由“四大名旦”加以发扬光大。如《霸王别姬》中的虞姬、《贵妃醉酒》中的杨贵妃、《红楼二尤》中的尤二姐、《玉簪记》中的陈妙常、《鸳鸯冢》中的王五姐等，既不同于青衣，又与花旦有别。一般青衣和花旦演员，常兼演部分花衫剧目。

京剧花衫(《打金枝》)

花旦 传统戏曲中的脚色行当。旦行的一支。主要饰演天真烂漫的小姑娘或放荡泼辣的青年妇女。早期的花旦与武旦都须踩跷表演，民国以后，逐渐取消。表演上注重做功与念白。如京剧《拾玉镯》中的孙玉姣、《游龙戏凤》中的李凤姐、《西厢记》中的红娘、《乌龙院》中的阎惜姣等。

刀马旦 简称“刀马”。传统戏曲中的脚色行当。旦行的一支。多扮演擅长武艺、身扎硬靠、头插雉尾的青壮年女将。表演上侧重唱念舞蹈，讲究功架与神情姿态，须刚柔兼顾，不似武旦专以武打见长。如《穆柯寨》《破洪州》中的穆桂英、《抗金兵》中的梁红玉、《樊江关》中的樊梨花等，都以刀马旦应工。

京剧刀马旦(《穆柯寨》)

武旦 传统戏曲中的脚色行当。旦行的一支。多扮演擅长武艺的青壮年女将、江湖女英雄或神话剧中的女神、女妖。如京剧《扈家庄》

中的扈三娘、《十字坡》中的孙二娘、《泗州城》中的水母等。需要身手矫健，能使用各种兵器“打出手”和翻滚跌扑，以武打勇猛火炽、动作干净利索取胜。

京剧武旦

闺门旦 传统戏曲中的脚色行当。旦行的一支。清乾隆以来有此称。昆剧的闺门旦，也称“小旦”。在少女外，亦兼演少妇。如《游园惊梦》中的杜丽娘、《长生殿》中的杨贵妃。京剧则专扮未婚少女，其内向、腼腆，与正旦近，表演上讲究含蓄、妩媚。如《勘玉钏》中的俞素秋、《凤还巢》中的程雪娥。《黛玉葬花》中的林黛玉多由正旦扮演，但可归入闺门旦中。

昆剧闺门旦饰演的杜丽娘

老旦 传统戏曲中的脚色行当。旦行的一支。扮演老年妇女，如《岳母刺字》中的岳母、《寇准罢宴》中的刘妈妈、《徐母骂曹》中的徐母、《洪母骂畴》中的洪母。扮相、身段、台步突出老年人的特点，唱用本嗓，唱腔多高亢激越。

京剧老旦饰演的太后

京剧架子花脸与老旦合演的《李逵探母》

男旦 戏曲界旧指演旦行的男演员。因清政府明令禁止妇女登台演戏,戏曲中的女性人物只能由男演员饰演,晚清时期,京剧名旦梅巧玲(梅兰芳的祖父)、陈德霖、王瑶卿等,民国后的"四大名旦"梅兰芳、程砚秋、荀慧生、尚小云,以及青衣杨畹农、张君秋、杨荣环、梅葆玖,武旦宋德珠等,都是男旦。20 世纪 50 年代后,不培养男旦。今打破禁区,又有男旦演员,如温如华、胡文阁等。

京剧旦行大师梅兰芳

坤旦 戏曲界旧指演旦行的女演员(区别于"男旦")。徽班旦行女演员兼班主苏瑞仙出现于清咸丰、同治间。京剧旦行女演员出现于清末,初期有的是业余爱好的票友性质,有的只演私人堂会。辛亥革命后破除旧制,京剧等剧种变为男女合演。至 20 世纪二三十年代,坤旦渐多,艺术上大展风采。50 年代至今,艺术院校培养的演员中,坤旦成为绝大多数。参见"男旦"。

坤角 戏曲界对女演员的通称。民国以后,除大多数饰演旦行的女演员外,也有演其他各行的女演员。京剧界如著名的余派老生孟小冬、张文涓、王佩瑜,汪派老生恩晓峰、何玉蓉,言派老生张少楼,杨派老生蒋慕萍,铜锤花脸齐啸云,昆曲小生岳美缇,河北梆子武生裴艳玲,以及越剧界绝大多数的小生、老生,都是坤角。

净 传统戏曲中的脚色行当。(1) 元杂剧中脚色。由参军戏中"参军"演变而来。扮演性格刚猛粗暴的人物。一般扮男性,有时也扮女性。其特点是勾画脸谱。除正净外,又有副净、二净等。如《赵氏孤儿》中的屠岸贾、《李逵负荆》中的鲁智深,均由净扮演。(2) 俗称"花脸"。在传奇剧、京剧及地方戏中,扮演个性威武刚毅、勇猛鲁莽或横蛮残暴的男性人物,年龄老少不等,上自帝王将相,下至屠夫盗贼。细分为正净、副净、武净等。面部化妆用油彩勾脸谱,唱、念用宽音或假音,动作幅度大,以表现其性格、气度或声势。如昆曲《三国志·刀会》中的关羽,京剧中的曹操、包拯、严嵩、张飞、李逵等,皆以净角扮演。在昆曲中,"净"亦可扮演粗蠢丑陋的妇女,如《牡丹亭》中的石道姑由净扮演,《长生殿·窥浴》中的一宫女由副净扮演。

正净 俗称"大花脸""大面"。传统戏曲中的脚色行当。京剧中俗称"铜锤花脸",又叫"唱功花脸"。

大花脸 "正净"的俗称。

大面 "正净"的俗称。

铜锤花脸 简称"铜锤"。传统戏曲中的脚色行当。净行的一支。京剧等剧种里"正净"的俗称。多扮演地位较高、性格沉的将相王侯一类人物。如《将相和》中的廉颇、《铡美案》中的包拯、《二进宫》中的徐延昭等。后者登场时手捧御赐铜锤,表演以唱为主,后即以"铜锤花脸"泛称偏重唱功的花脸脚色。

京剧铜锤花脸饰演的徐延昭(《二进宫》)

铜锤 “铜锤花脸”的简称。

黑头 传统戏曲中的脚色行当。净行的一支。京剧中的包拯戏，以唱念为主，勾黑脸，前额有白色弯形月牙，性格沉雄刚毅，代表正义，后因称偏重唱功的花脸脚色为“黑头”。有时也作为“大花脸”的同义语。

京剧黑头饰演的包公

副净 传统戏曲中的脚色行当。(1) 宋杂剧和金院本中的主要脚色，从参军戏中的“参军”演变而来。多表演言行滑稽可笑的人物，然后由副末加以嘲骂、敲打，以逗引观众谐谑笑乐。在南戏中衍化为丑行。(2) 元杂剧中居于次要地位的净角。如《窦娥冤》中的张驴儿，即以副净扮。(3) 俗称“二花脸”“二面”。清代传奇脚色。“副”常写作“付”。如《桃花扇》中的奸佞人物阮大铖，就以副净饰演。

二花脸 “副净”的俗称。

架子花脸 传统戏曲中的脚色行当。净行的一支。京剧等剧种“副净”的俗称。表演上着重功架、念白和做功。所扮人物类型较广，有文臣武将、绿林好汉、土豪恶霸等。如《长坂坡》中的张飞、《野猪林》中的鲁智深、《连环套》中的窦尔敦。还有一类勾“水白脸”的人物，多为权臣奸雄。如《宇宙锋》中的赵高，《捉放曹》中的曹操以及董卓、司马懿、严嵩等。

丑 传统戏曲中的脚色行当。从宋金院本中的“副净”发展而来。因其化妆，多在鼻梁上抹

京剧架子花脸饰演的鲁智深

京剧架子花脸饰演的曹操

一小块白粉，故俗称“小花脸”或“三花脸”。所演人物品类繁多，上至帝王将相，下至市井人物。或心地善良，机智敏捷，性格幽默，或奸诈刁恶，卑鄙庸劣。由于身份、性格的不同，又细分为文丑、武丑。饰演女性人物的则称为“彩旦”或“丑婆子”。丑在戏曲中具有重要地位，历来有“无丑不成戏”之说。

小花脸 “丑”的俗称。

三花脸 “丑”的俗称。因与大花脸(正净)、二花脸(副净)并列而为第三，故称。

文丑 传统戏曲中的脚色行当。丑行的一支。与“武丑”相对。专演文人、文官或一般小人物。着重念白与神态。或表现其酸腐之态，或刻画其奸险卑劣，或显示其猥琐庸俗，或突出其善良风趣。如京剧《群英会》中的蒋干、《审头刺汤》中的汤勤、《乌龙院》中的张文远、《连升店》中的店家、《锁五龙》中的程咬

金、《女起解》中的崇公道、《秋江》中的艄翁等。一般戏里的店小二、公差、老军、马夫、门官、小太监等，多以文丑饰演。

京剧文丑饰演的蒋干(《群英会》)

武丑 俗称“开口跳”。传统戏曲中的脚色行当。丑行的一支。与“文丑”相对。专演有武功、动作轻捷、机智灵活的人物。如《时迁偷鸡》中的时迁、《连环套》中的朱光祖等。

邮票上的京剧武丑

彩旦 亦称“丑旦”。传统戏曲中的脚色行当。源于元杂剧中的“搽旦”。京剧中属丑行。用来扮演滑稽风趣或奸刁凶狠一类妇女，如媒婆、禁婆、晚娘、丑小姐、傻丫头等。年老的称“丑婆子”。其化妆特点是面涂白粉，再搽厚重的胭脂，表演上与丑基本相同，用大嗓，注重念白表情，但带女性特点。如《法门寺》中的刘媒婆、《春秋配》中的贾氏、《凤还巢》中的程雪雁等。

京剧彩旦

京剧彩旦饰演的丑小姐(《凤还巢》)

丑旦 即“彩旦”。

龙套 传统戏曲中的脚色行当。扮演剧中仪卫、夫役等随从人员。穿一色的彩绣服装，服色主要有红、绿、白、蓝，其色彩当随主角的服色而一致。

龙套出场,手执长形枪旗等,四人为一堂,亦有用两堂者,代表人员众多,甚至千军万马,称为“跑龙套”。在高官、将帅坐堂或行军时,变化出各种队形,有时齐唱曲牌,或齐声应答,具有烘托声势的作用,但对阵时不参加开打。

武行 俗称“打英雄”。传统戏曲中的脚色行当。指专演武戏的群众性脚色。其专职是参与武打。所演多为剧中无名的士兵、打手、小妖等。历来的传统,在《四杰村》等武戏中,他们往往表演翻跟头等绝技,各人可各显身手。戏单上称为“全武行”,以示武打的规模盛大。

翻筋斗 亦作“翻斤斗”“翻跟头”等。古代百戏之一。后多用于戏曲表演和体育锻炼等。指以手据地,身体迅速向前翻转、向后倒转或侧身翻转,并连续进行。也可只在原地转动。

打出手 简称“出手”。传统戏曲表演程式。即以一个脚色为中心,同其他脚色相配合,抛掷兵器的特技。在打击乐的伴奏下,可形成种种舞蹈性场面,多用于女仙斗法或女将出战的剧目,如《泗州城》《虹桥赠珠》等。它意在表现女主角力拒众敌、英勇善战,或在纷乱中抢夺敌方兵器等情节。其起源约在清末,无确考,男演员不用。

中州韵 许多戏曲剧种在唱和念时使用的一种字音标准。“中州”旧指今河南省一带。戏曲唱念的“中州韵”以北方话为基础,跟皮黄戏的“十三辙”很相近,有阴平、阳平、上、去四声而无入声,字音归为 19 个韵类。分韵的方法各地不尽相同。最早使用中州韵的是元代的北曲。元明以来,许多剧种都继承了这种字音传统,而参酌本地语音加以变化,作为读音、咬字、归韵的标准。目前,表现于舞台的共同特征已不明显,大致上共同遵守某些读音咬字的方法,在念白中保留一种抑扬顿挫、节奏感特别鲜明的声调。一般称这种念白为“韵白”或“上韵”,以区别于用本地方言的念白,如京白、苏白、扬州白等。

韵白 京剧等戏曲中话白的一种形式。与京白、方言白相对。以中州韵为读音、咬字、归韵的标准。规定字头要分“尖团”,如“笑”“孝”同音,但“笑”读尖字、“孝”读团字;字尾按“十三辙”归韵,无“庚青”韵类,“庚青”的字均转入“人辰”韵类。其四声调值有特殊规律,无入声,阴平最高,阳平较低,上声走高,去声走低而有转折。由于四声的组合,形成一种抑扬顿挫、铿锵有致的语调。而某些字另有特殊读法,像“如”读“余”、“日”读“日衣切”、“吃”读“车衣切”,习称“上口”,一般认为是受湖广音(主要是湖北音)的影响,较京白有更强的节奏感与音乐性。传统戏中有身份的人物大多念韵白。行当中除彩旦念京白、丑角与花旦多念京白外,老生、青衣、花脸、小生、老旦一般都念韵白。许多地方戏曲也有韵白与方言白之分,特点各有不同。

上口 见“韵白”。

京白 京剧中话白的一种形式。与“韵白”相对。读音、咬字、归韵都以北京方言为标准,但加强其节奏感。传统剧目中,市井小人物、宫廷太监、北方少数民族(如辽、清)的太后及公主等贵妇,大多念京白。从行当看,彩旦念京白,花旦与丑角以念京白为主。有时为插科打诨,有身份的人物也会偶尔说一句京白,以达到打趣诙谐的效果。

脑后音 京剧等剧种的一种发音方式,老生演员常用,花脸偶一用之。发音时,气从丹田而出,喉腔稍加压缩,而与鼻音相聚,使声音迂回脑后,通过头腔共鸣,形成一种苍劲有力而又含蓄的音调。

脸谱 中国传统戏曲演员面部化妆的一种谱式。主要用于净角(花脸),从古代乐舞的戴面具发展而来。既是脚色行当的特征,也是

京剧《将相和》中廉颇的脸谱

戏曲演出于广场高台、便于观众识别人物的产物。脸谱以不同色彩、图案显示人物的性格及其他特点，如红色代表忠勇，黑色代表粗直，白色代表奸邪等。传统剧目中净角扮演的常见人物，都有其特定的脸谱。

髯口 传统戏曲中演员化装时所挂的胡须，以牦牛毛制成。以年龄区分，一般有黑、灰、白、红等色。老生大多戴髯，武生偶亦有戴髯者，如《一箭仇》中的史文恭。花脸角色中饰演容貌特异者，如孙权，戴紫髯；桀骜不驯、具反叛性格的，如单雄信、青面虎、窦尔敦等人物，戴红髯；性格鲁莽直爽的鲁智深戴虬髯短须。性格诙谐或迂腐的丑角，带垂挂式、能前后晃动的“吊搭”。此外还有各种不同样式的髯口，依据脚色行当与人物身份性格的不同，而与之配合。

行头 戏曲脚色所穿戴的服装的统称。包括各式盔帽、袍蟒、褶子(各种平民便服)、帔(富贵者所穿便服，对襟)、开氅、箭衣、短衣袄裤、裙、靠(武将穿的甲衣)、靴、鞋等。

盔头 戏曲演员扮演角色时所戴的富于装饰性的帽子的统称。按剧中人物身份、年龄、性别的不同而分别使用。如皇帝戴皇帽，割据一方的王侯霸主戴草王盔，皇后、贵妃戴珠凤冠，宰相戴相貂，文官戴纱帽，元帅戴帅盔，江湖侠客戴罗帽，商人店主戴鸭尾巾等。

翎子 传统戏曲中某些角色盔头上装饰的野鸡尾毛。一般两根，长三四尺至六七尺，有弹性，成对使用，插在盔帽两侧。不仅具有装饰之美，演员更可借此表演各种舞蹈性优美动作和造型，传达剧中人物感情，加强人物威武遒劲、潇洒豪迈的气概。多用于年轻英俊的将帅、刚健婀娜的女将、粗豪勇猛的番王番将、称雄一方的山寨大王或神仙妖魔等。唯刽子身穿红衣，头上只插一根翎子。

头插翎子的周瑜

蟒袍 简称“蟒”。传统戏曲中的一种服装。帝王将相脚色的官服。圆领，大襟，上绣云龙、花朵、凤凰等，下摆及袖口有海水等图样。其色分上五色和下五色。龙纹分团龙与独龙两种，皇帝穿黄色团龙蟒，将相大臣穿独龙蟒。后妃、女将穿女蟒，长仅至膝，其下为裙，穿时多加“云肩”。老旦扮的太后、诰命夫人穿“香色蟒”。

靠 传统戏曲中武将的一种装束，是铠甲的艺术化。以缎制面，靠身分前后两块，腿部各有护腿，满绣花纹图案。依剧中人物的年龄、性格、脸谱而区分穿用，如周瑜、赵云穿白靠，张飞穿黑靠，关羽穿绿靠等。背后所插四面三角小旗，名“靠旗”，有显示大将气度威严、舞蹈时增加美感的作用。不用靠旗的称“软靠”。女靠从腰际缀五彩飘带数十根至足面，胸前多有彩球。

京剧长靠武生戏《挑滑车》

褶子 传统戏曲中的一种便服。男女老少、贫富贵贱、文武美丑通用。也是穿蟒袍的衬衣。

男角褶子大领大襟,带水袖,襟长及脚面,分花色、素色两种。花色褶子有鸟兽花草等图案;素色褶子有黑、蓝等色。样式和色彩繁多,依据脚色和人物的身份年龄选用。女角褶子长仅及膝,其下穿裙,分“大襟”“对襟”两种。老年妇女所穿大襟多为素色;小姐的便服对襟多绣鲜艳的角花。高领青色褶子,又叫“青衣”,是剧中贫苦妇女所穿。

穿褶子的旦角

水袖 戏曲服装上的附件。是缝在上衣袖端的一段长方形的白色纺绸。因其甩动时如水之波纹,故称。长短随演员的高矮以及剧情需要而定:男长一尺许,女长二尺许,丑角的较短。是演员进行舞蹈表演时的工具,有助表现人物丰富复杂的思想感情,增强表演动作的丰富性和美感。

把子 亦称“刀枪把子”。传统戏曲中所用兵器的总称。有刀、枪、剑、戟、棒、棍、斧、钺等。一般分作长、短、徒手三类:长把子如大刀、长枪、叉、棍棒等;短把子如刀、剑、斧、锤等;徒手俗称“手把子”,即赤手空拳对打。不同器械有不同打法。把子技艺是戏曲演员表现人物、展示剧情的艺术手段之一,要求演员在运用时从剧情、人物出发,推动剧情进展,打出人物性格。

把子功 戏曲表演基本功之一。指戏曲演员为在武戏中表现打斗场面而学习和训练的技巧与套路。参见“把子”。

毯子功 戏曲表演基本功之一。是戏曲演员各个脚色行当都需要掌握的表演技艺。泛指翻、滚、腾、扑、跌等各项技艺的基本功夫。它不仅能使演员的形体动作更为协调,还可以增强身体的柔韧性以及对各种动作的控制能力。因演出时所有动作不超越舞台台毯的范围,练习时也是在毯子上进行,故称。

连台本戏 情节连贯、分几次演出的长篇本戏,每次只演一两本。内容多为神怪、武侠之类。如多本的《西游记》《封神榜》《七侠五义》之类。

机关布景 指通过机械动力及灯光等,使台上的布景道具自行变换,以增强气氛和效果的舞台装置。多用以表现神仙降凡、山崩地裂、侠客遁走或落入陷阱等。如《封神榜》《七侠五义》等海派京剧,即以“机关布景”为号召。

猴戏 以神话人物孙悟空为主角的戏曲剧目。如《水帘洞》《闹天宫》《三打白骨精》等。因悟空本是神猴,武艺高强,性情高傲急躁,又顽皮好动,其台步、武打等神态动作,对演员有特殊的要求,故由武生应工,称作“猴戏”。京剧及绍剧等地方剧种,都有擅演猴戏的著名演员。

猴戏《闹天宫》

西厢记 全名《崔莺莺待月西厢记》。杂剧剧本。元王实甫作。写书生张珙在蒲东普救寺救援崔莺莺一家，并与莺莺相爱，崔夫人失信悔婚，因侍女红娘的帮助，二人终于冲破礼教束缚而结合。故事源于唐代元稹传奇小说《莺莺传》，又参考北宋赵令畤《商调蝶恋花》鼓子词、金董解元《西厢记》诸宫调编写而成。全剧突破元杂剧每剧四折体例，共五本二十一折（一说第五本为关汉卿续作）。剧本表达争取爱情与婚姻自主的主题，人物性格鲜明，曲词优美生动，在文学史和戏曲史上影响深远。

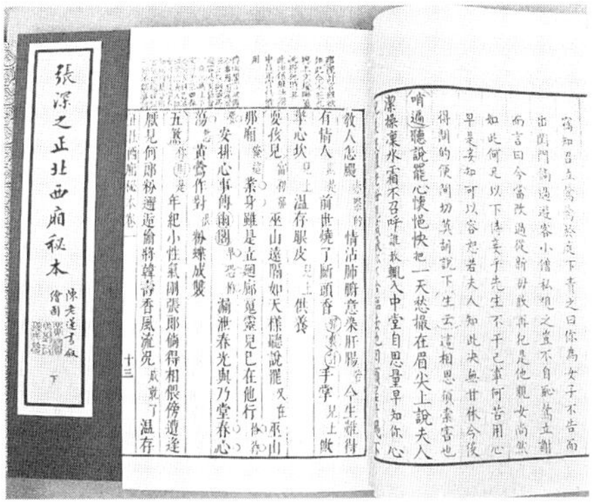

元杂剧《西厢记》书影

窦娥冤 全名《感天动地窦娥冤》。杂剧剧本。元关汉卿作。写童养媳、寡妇窦娥与婆婆受流氓张驴儿父子欺侮，窦娥为救婆婆，在酷刑下诬服杀人。太守判窦娥死刑。临刑时窦指天为誓：她死后必颈血飞溅白练、六月天降大雪及楚州大旱三年，以明己冤。其誓愿感动天地，件件应验。后窦娥父窦天章为官巡视至此，予以昭雪。剧本反映了元代官府昏聩枉法，塑造了善良正直、敢于诅咒天地、控诉社会不公的窦娥形象。

单刀会 全名《关大王单刀会》《关大王独赴单刀会》。杂剧剧本。元关汉卿作。剧情写三国时东吴鲁肃为索还荆州，暗中设下埋伏，请关羽赴宴。他约请隐士司马徽作陪，受到嘲讽和拒绝。关羽接到请柬，明知是计，仍旧带周仓一人单刀赴会，关平、关兴率军在江边接应。席间二人言辞交锋，鲁肃不能取胜。关羽智勇双全，震慑鲁肃，最后安然返回。此剧并不注重情节的曲折多变，而是在烘托渲染、铺垫蓄势中展现关羽性格，抒发了英雄豪迈的激情。

昆剧《单刀会》

汉宫秋 全名《破幽梦孤雁汉宫秋》。杂剧剧本。元马致远作。写西汉时元帝选美，来自秭归的王昭君因不肯贿赂，被毛延寿在画图上加以破绽，因而独处冷宫。元帝深夜闻琵琶声，偶然发现昭君品貌，将其封为明妃。毛延寿畏罪逃至北国，怂恿匈奴呼韩单于索要昭君为妻。元帝与满朝文武无力抵挡。为免战乱，昭君自愿出塞和番。单于迎得昭君后，昭君于中途投黑江而死。单于无奈，将毛延

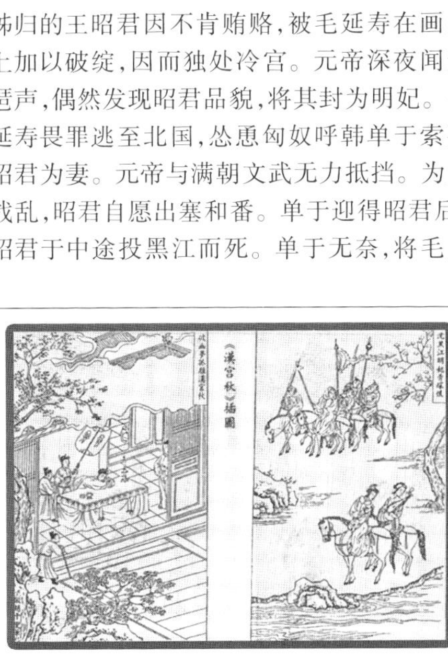

元杂剧《汉宫秋》插图

寿送回汉朝。汉元帝夜梦昭君,伤痛不已,将毛延寿斩首以祭昭君。作品寄寓深沉,曲辞优美,表达了作者对王昭君的同情赞美,以及对统治者的辛辣嘲讽。

望江亭 全名《望江亭中秋切脍旦》。杂剧剧本。元关汉卿作。写美貌寡居的谭记儿再嫁潭州州官白士中,随其到任。权贵子弟杨衙内谋夺谭记儿为妾,向皇帝请得势剑金牌,前来拿办白士中。谭记儿得信后,巧扮渔妇,中秋夜在望江亭上智赚势剑金牌,使杨失去凭借,次日不得不低头认罪。剧本表现了谭记儿的聪明机智和不畏强暴的精神。

墙头马上 全名《裴少俊墙头马上》。杂剧剧本。元白朴作。写尚书之子裴少俊客游洛阳,与李尚书之女李千金邂逅相爱,并私奔结合,在裴家花园中匿居七年,生下一双儿女。终被裴父发现,赶出家门。后裴少俊科考得中状元,裴父到洛阳向李府赔礼,方获谅解,夫妻重圆。剧本塑造了一个能爱能恨、敢于反抗专制礼教的青年女性形象。俞振飞、言慧珠曾以昆剧,陈伯华曾以汉剧,先后改编演出。

赵氏孤儿 全名《赵氏孤儿大报仇》。杂剧剧本。元纪君祥作。写春秋时期晋灵公昏庸,佞臣屠岸贾残杀忠良赵盾全家数百口,并搜捕赵盾之孙孤儿赵武。赵家门客程婴与公孙杵臼定计,救出赵武,由程婴抚养成人,最终报了父祖的冤仇。内容悲壮激烈,曲词豪放,情节曲折。王国维评价它"即列之于世界大悲剧中,亦无愧色也"。参见"中国孤儿"。

京剧《赵氏孤儿》

琵琶记 南戏剧本。元末高明作。取材于早期民间剧目《赵贞女》。写陈留郡士人蔡伯喈赴京应试,妻赵五娘在家侍奉公婆。蔡在京得中状元,被牛相强招为婿。家乡遭遇荒年,五娘克尽孝道,自己吞糠充饥。二老死后,五娘身携琵琶,沿路乞讨,进京寻夫。最后因牛小姐之贤德,得以团圆,一起回家守墓三年。作品注重宣扬封建伦理,但描写农村大饥荒及对中国妇女善良个性的刻画,颇多感人之处。对当时及后世都有较大影响。

浣纱记 本名《吴越春秋》。传奇剧本。明梁辰鱼作。写春秋时吴越相攻,越国为吴所败,越王勾践身为囚虏,用谋臣范蠡计,访得浣纱美女西施,献给吴王夫差,并离间其君臣,终于灭吴。范蠡功成后,弃官携情人西施泛舟五湖而去。剧本语言华丽,曲词委婉。其写作时间,与戏曲家魏良辅改革昆山腔约在同一时期,开昆曲演传奇之风,创作、演艺互相促进,对昆曲的发展和传播起了重要作用。

牡丹亭 亦名《还魂记》。传奇剧本。明汤显祖作。写南安太守杜宝之女杜丽娘偕侍女春香游园,梦中和书生柳梦梅相爱,醒后感伤而死。三年后柳至园中,发现丽娘自画像,深为爱慕,丽娘感而复生,两人最终结为夫妇。剧本表现青年男女对自由爱情的执着追求,讴歌"情"的伟力,显示了个性解放的鲜明倾向。

昆剧《牡丹亭》

人物心理刻画细腻，曲词诗意浓郁，对后世戏曲的发展有很大影响。今有整本的昆剧《牡丹亭》改编演出，多以折子戏《游园》《惊梦》等演出。

玉簪记 传奇剧本。明高濂作。写南宋年间，少女陈妙常因战乱流落金陵，在女贞观为道姑；观主的内侄书生潘必正应试落第，暂寓观中读书；潘、陈二人互相爱慕，终于冲破封建礼教和道教清规而结合。剧本富于喜剧气氛，人物心理刻画微妙，曲词优美。除昆曲原著外，京剧及川剧都有全本改编，以及《琴挑》《偷诗》《秋江》等折子戏。

昆剧《玉簪记》

桃花人面 杂剧剧本。明末清初孟称舜作。取材于唐代孟棨《本事诗》中故事。写博陵士人崔护清明节独游长安城南，见一家墙内桃花盛开，酒渴思饮，叩门得遇少女叶蓁儿，双方互生爱慕。次年旧地重来，蓁儿与父外出祭扫，他怅然若失，在门上留诗一首。蓁儿归家，见诗伤感而死，适崔护再访，抚尸痛哭，女竟复苏，二人遂得成为佳偶。欧阳予倩将其改编为京剧《人面桃花》，特富青春诗意。

清忠谱 传奇剧本。明末清初李玉作。写天启间东林党人周顺昌，因反对阉党而遭逮捕，苏州市民颜佩韦等率众大闹府衙，要求释放周顺昌。后周顺昌解往北京，死于狱中，颜佩韦等亦遭杀害。是传奇中难得的政治题材戏，剧本深刻揭露当时政治的腐败黑暗，歌颂了东林党人的凛然气节和下层人民的正义抗争，刻画人物性格鲜明，写群众场面极具声势。

桃花扇 传奇剧本。清初孔尚任作。写明末复社名士侯方域与秦淮歌妓李香君的爱情故事，通过侯、李的悲欢离合，揭示了南明弘光小朝廷必然灭亡的原因。剧本塑造了不同阶层的人物形象，热情赞美了李香君、柳敬亭等的高尚情操，也刻画了马士英、阮大铖等奸佞的弄权误国。全剧文辞流畅，结构谨严，是中国戏曲史上最卓越的历史悲剧之一。欧阳予倩并将其改编为京剧、话剧、秦腔。

京剧《桃花扇》

长生殿 传奇剧本。清初洪昇作。写唐明皇宠幸杨贵妃，沉湎声色，任其堂兄杨国忠为相，政治腐败。安禄山叛军攻长安，明皇仓皇出奔蜀中避难，行至离长安不远的马嵬坡，将士哗变，杀死杨国忠，迫明皇赐杨贵妃自缢。后

昆剧《长生殿》

半部分写明皇对杨贵妃思念成梦，请道士作法引魂，两人在天上相会。剧本多方面反映当时的社会矛盾，以百姓的痛苦与宫廷的奢华相对照，爱憎分明。全剧结构宏大，意蕴丰富，是中国戏曲史上与《桃花扇》齐名的历史悲剧。上海昆剧团有整本改编演。

思凡下山 昆剧剧目名。写青年尼姑色空逃离寺院，下山追求世俗幸福生活，与另一处境相同的和尚本无相遇而结合的故事。演出时，分为《思凡》《下山》两出。后一出，也称《双下山》。此剧载歌载舞，喜剧性强。京剧和地方戏中也多有此剧。

昆剧折子戏《思凡》

游园惊梦 昆剧剧目名。《游园》与《惊梦》分别写少女杜丽娘在使女春香陪同下春日游览后园，触景生情，以及回房后于梦中与青年书生柳梦梅在后花园缱绻相爱的情景。是明代传奇剧《牡丹亭》中的两出，演出诗意浓郁，对当时压抑人性的儒家礼教是一次大胆的冲击，曾感动无数心灵，以致对《红楼梦》的创作都产生了影响。

昭君出塞 昆剧剧目名。写西汉王昭君奉命出塞、赴匈奴和亲的情景，主要表达她一路上难离故土、痛恨官吏无能的凄凉愤怨的心情。此剧为明传奇《和戎记》的一折，舞蹈性强。昆剧、京剧与部分地方剧种都有此戏。

琴挑 昆剧剧目名。写书生潘必正借弹琴之机，对道姑陈妙常言语挑逗，暗示爱慕之心，妙常碍于清规，佯作恼怒，将潘赶走，其实内心已生眷恋。原为明人传奇《玉簪记》中的一出。京剧也有此剧，唱腔不用昆腔。

曲艺 说唱曲种的通称。起于2 000多年前的俳优活动。敦煌石室中发现的唐、五代变文的写卷，就是唐代讲唱“变文”的稿本。宋代说唱艺术臻于高潮，成为后世曲艺艺术的基础。演出人数较少，有一人单演，也有二三人合演。表演有坐唱、站唱、边唱边表演等不同形式。也可一人同时转换不同角色。以叙讲和演唱为主要手段，辅以动作和表情，演出轻简、灵活。目前中国有曲艺300余种。以唱为主的曲种，有乐器伴奏或器乐击节伴奏。传统题材的曲目与戏曲剧目一样，多有曲折生动的故事情节，可分为长篇的“大书”和短篇的“小段”。

同光十三绝 清光绪年间画家沈蓉圃以彩色创作的一幅画。画上是同治、光绪年间著名的十三位演员的剧装像。画中绘老生四人：程长庚饰《群英会》之鲁肃，卢胜奎饰《战北原》之诸葛亮，张胜奎饰《一捧雪》之莫成，杨月楼饰《四郎探母》之杨延辉。武生一人：谭鑫培饰《恶虎村》之黄天霸。小生一人：徐小香饰《群英会》之周瑜。旦角四人：梅巧玲饰

晚清沈容圃绘京剧同光十三绝画像

《雁门关》之萧太后，时小福饰《桑园会》之罗敷，余紫云饰《彩楼配》之王宝钏，朱莲芬饰《玉簪记》之陈妙常。老旦一人：郝兰田饰《行路训子》之康氏。丑角二人：刘赶三饰《探亲家》之乡下妈妈，杨鸣玉饰《思志诚》之闵天亮。他们是徽班进京以后由演唱徽调、昆腔衍变为京剧的十三位奠基者，又都是技艺非凡的表演艺术家。此画流传很广，后称为“同光十三绝”。是研究近代戏曲极为珍贵的文献史料。

俗讲 唐代宗教性说唱艺术。其形式来自印度佛教。佛寺在讲说经文时，为使信众易于理解，俗讲僧多引入世俗故事性质的变文，进行讲唱。道观中也有类似形式。《资治通鉴》卷二四三载，连唐敬宗也被吸引到长安兴福寺听沙门文溆的俗讲。宋赵璘《因话录》卷四评论：“有文溆僧者，公为聚众谭说，假托经论，所言无非淫秽鄙亵之事。不逞之徒，转相鼓扇扶树，愚夫冶妇，乐闻其说，听者填咽……教坊效其声调，以为歌曲。”唐韩愈《华山女》诗叙述，除佛寺外，道观中的年轻女道士，亦装扮得艳丽夺目，升座讲唱，能把佛寺的听众全部吸引过来，以至观中人满，后来者无地可坐。俗讲对宋以后的说话、话本、宝卷、诸宫调、弹词等，有深远影响。

变文 唐代说唱艺术的一种。内容原为佛经故事，后扩大到历史故事、民间传说，如《汉将王陵变》《季布骂阵词文》《秋胡小说》《韩擒虎话本》《张义潮变文》等。形式多为韵文与散文相间，对后来的鼓词、弹词有显著影响。讲说变文多在寺庙中进行。清末在敦煌石窟中发现的变文作品，经王重民、向达、周一良等编校为《敦煌变文集》，共收录作品 78 部。

说话 唐宋说唱艺术的一种。为“讲故事”之意，相当于近世的“说书”。唐代郭湜《高力士外传》记唐玄宗退位为太上皇，在宫中曾以听讲变文和“说话”消遣。又，诗人元稹记他与白居易曾听艺人讲说《一枝花》（即《李娃传》故事）。说话伎艺繁盛于两宋。表演者称为“说话人”。宋末周密《武林旧事·诸色伎艺人》载，当时临安（今杭州）勾栏及宫廷中有演史艺人 23 人、小说艺人 52 人、说经和诨经艺人 17 人、说诨话艺人 1 人。与南宋同时，北方的金朝也有不少说话艺人。至元、明两代，说话伎艺仍很流行，但以讲史为最盛。说话伎艺注重诗、词、赋、赞的运用是受唐人影响。说话须凭口才，有的还要歌唱。“说话”包括多种形式。见于中唐时期文献记载。敦煌卷子写本中有唐、五代的说话话本。南宋时“说话”因内容不同而分成四家。

说话四家 对宋代“说话”艺术分科的概括。出自南宋吴自牧《梦粱录》。同时人和后世说法不一。按宋灌圃耐得翁《都城纪胜》记载，可分为以下四家：（1）小说（又称“银字儿”）；（2）说公案、说铁骑儿；（3）说经、说参请；（4）讲史书。此外，《西湖老人繁胜录·瓦市》分为小说、说经、说史书三类。《武林旧事》和《梦粱录》记载诸色伎艺人姓名，也按此三类划分。

讲史 亦称“讲史书”“说史书”“演史”。宋、元时说唱艺术的一种。是“说话”的一科。只说不唱，专门讲述历代兴亡和战争故事，篇幅较长。元代称为平话。其话本今存《宣和遗事》《五代史平话》《三国志平话》等。一般认为，“讲史”是后世评话、评书的直接源头。

诸宫调 宋、金、元说唱艺术的一种。起于北宋神宗时。系取同一宫调的若干曲牌组成短套，首尾一韵；再以不同宫调的许多短套联成数万言的长篇，中间夹以说白，以说唱长篇故事。用琵琶等乐器伴奏。现存作品有金《刘知远》残篇、元《天宝遗事》残篇、金董解元《西厢记诸宫调》全部。诸宫调体制宏大，曲调丰富，对元杂剧宫调的形成颇具影响。

词话 ① 元、明说唱艺术的一种。散文、韵文交错，有说有唱，韵文七字句或十字句，如明人的《大唐秦王词话》等。② 明人称一种散文叙说中夹有唱词的小说，如《金瓶梅词话》。③ 评论词人词作及词的创作、流派、考订的著作。起于宋代，今人有唐圭璋辑《词话丛编》、朱崇才辑《词话丛编续编》、葛渭君辑《词话丛编补编》。

鼓词 明、清说唱艺术的一种。起于宋代，陆游诗《小舟游近村舍舟步归》：“斜阳古柳赵家庄，负鼓盲翁正作场。死后是非谁管得，满村听说蔡中郎。”已有情景记载。明清以来，北方流行于河北、河南、山东及京、津地区。至近现代，有梅花大鼓、京韵大鼓、京东大鼓、沧州木板大鼓、西河大鼓、乐亭大鼓、梨花大鼓、潞安鼓书、山东大鼓、陕北说书、奉调大鼓、东北大鼓等。南方主要有扬州鼓词和温州鼓词。说用散体，唱为韵文，一般为七字或十字句。多用三弦伴奏，或加琵琶、筝、琴等，以鼓板击节。节目有成套的大书，也有与苏州“弹词开篇”相近、只唱不说的小段，称为“大鼓书”或“大鼓”，至今流传不绝。内容或写金戈铁马的英雄传奇，如《杨家将》《呼家将》；或写公案故事，如《包公案》《海公案》；或写爱情婚姻题材，如《西厢记》《蝴蝶杯》；也有滑稽讽刺性的作品。大多取材于历史演义、民间传说和戏曲。今存有大量鼓词的抄本、印本。

大鼓 见“鼓词”。

宣卷 清代说唱艺术的一种。江浙地区请和尚或佛教信徒宣讲宝卷称为“宣卷”。清代出现专业演员，以一人或多人演唱。曲目也由佛教故事转向以民间传说故事为主。曲目多与弹词、鼓词类同，曲调与伴奏简单。后渐衰亡。曲调多被一些地方戏或曲艺所吸收。

宝卷 说唱艺术“宣卷”的脚本。其全篇以散文、韵文交错，韵文七字或十字一句。宋元以来，内容多为佛教故事、劝世经文、神仙传说等。明清间，民间秘密宗教白莲教用其形式宣讲教义。后成为一种讲说民间传说故事的曲艺形式，如《梁山伯宝卷》《白蛇宝卷》等。

评话 亦称“评书”“平话”。说唱艺术的一种。由唐宋的“说话”“讲史”发展而来。主要讲述长篇历史故事，为广大城乡民众所喜爱。不用乐器伴奏，只用一块醒木。清乾隆以后，因流行地域的差异，形成具有各种不同特色的评话、评书，各自用方言说讲，有扬州评话、苏州评话、北方评书、四川评书、湖北评书等。

评书 即“评话”。

平话 即“评话”。

南音 ① 说唱艺术的一种。流行于珠江三角洲，吸收扬州弹词等曲种的音乐发展而成。唱词基本为七字句，格律严谨，行腔婉转悠

说评书

扬，用扬琴、椰胡、三弦、洞箫、琵琶等伴奏。② 即民间音乐南曲。参见“南曲”。

弹词 说唱艺术的一个类别。形成于元末至明代，有苏州弹词、扬州弹词、四明弹词、长沙弹词等。近现代弹词，由一人至数人坐演，自弹自唱。乐器以琵琶、三弦或月琴为主，唱词基本为七字句，均用各地方言演唱。其中以苏州弹词成就较高、影响较大。题材多为情节曲折的市井传奇或公案故事，在电视剧未产生的时代，极受市民阶层爱好。

评弹 评话和弹词的合称。如“苏州评弹”，就是只说不唱的苏州评话和既说又唱的苏州弹词的合称。

苏州评弹

相声 北方曲艺的一种。是以“说、学、逗、唱”为表演手段的喜剧性曲艺艺术。源于周秦时代俳优的说笑话。宋以后在一些瓦舍伎艺和宋、金杂剧里，也有不少以摹拟为内容以及滑稽讽刺的表演，如“杂扮”“说诨话”“学像生”

“学乡谈”“叫果子”等。明以来，称为“象声”的隔壁戏和说笑话盛行。至清乾隆时，吸收了口技、评书、莲花落、把式（武术）、戏曲等艺术的营养，成为一种独立的艺术形式。表演分为单口、对口、群话三种。表演特点主要是“以词叙事”，用语言艺术的魅力取胜，用笑料揭露矛盾，塑造人物，评价生活。

子弟书 北方曲艺的一种。清乾隆时开始流传，清末衰亡。盛行于北京，东北地区也颇流行。相传为八旗子弟所创。唱词为七字句，短篇的数十句，长篇的二三十回。多取材于明清小说、戏曲和社会生活。由鼓词派生而成。在发展过程中，与大鼓曾互相影响。傅惜华编有《子弟书总目》，共辑录400余种。

京韵大鼓 北方曲艺“大鼓”的一种。19世纪末期，由当时的鼓书艺人刘宝全等，将原以河北语音演唱的木板大鼓改用北京语音演唱，又广泛吸收京剧唱腔及北京流行的民间曲调，在三弦外，增加四胡和琵琶等伴奏乐器后形成。流行于北京、天津地区。因不同的艺术风格，形成以刘宝全、白云鹏、张小轩为代表的三个流派。其中以刘宝全的艺术造诣最高，被尊为一代宗师。京韵大鼓重在歌唱，专唱短篇曲目。刘宝全擅唱金戈铁马的《三国》故事，白云鹏擅唱《红楼梦》故事。此外，还有纯抒情的写景小段，如《丑末寅初》《百山图》等曲目。

滩簧 近代曲艺的一个类别。苏州、常州、无锡、上海、杭州、宁波等地均有流行。苏州滩簧形成于清乾隆年间，至同治、光绪时，各地滩簧相继产生。曲目和音乐均采自宣卷和各地民歌。苏州滩簧还受到昆曲的一定影响。一般由一二人至五六人表演。辛亥革命前后，几处滩簧分别演变成地方戏剧种，后改名为苏剧、沪剧、锡剧、甬剧等。

道情 说唱艺术的一种。南宋起用渔鼓、简板伴奏，因此又称“渔鼓”。最初为道士传道或募化时，演唱的神仙故事和道家之情。明清以来，吸收戏曲、民歌的曲调及方言，演变成几十种具有地方特色的道情，如温州道情、义乌道情等。唱词以七言为主。文人创作以清郑板桥的《道情》最有名。称“渔鼓”的则有湖北渔鼓、湖南渔鼓等，在四川的称“竹情”。

口技 杂技的一种。运用口的发音技巧来模仿各种声音。两千多年前已有，宋代作为技艺，或进入宫廷教坊，或表演于瓦舍勾栏。能模仿各地方言、小贩叫卖、百鸟之声。至明代，表演者藏身屏风之后，甚至能模仿街市喧闹、法庭审案、里巷人语等众声齐作的复杂场景，达到惊人的逼真效果。

游戏体育

击壤 古代民间游戏。相传源于上古帝尧时代。“壤”以木制,形状如鞋履,前大后小,长的近尺,短的数寸。以投掷中目标为胜。宋代的抛堶,明代的打瓦、打柭柭,后世乡村孩子的抛掷石球、胡桃等,都由击壤演变而来。晋皇甫谧《帝王世纪》:“(帝尧之世)天下大和,百姓无事,有八十老人击壤于道。”《太平御览》卷七百五十五引北魏邯郸淳《艺经》:“击壤,古戏也……将戏,先侧一壤于地,遥于三四十步,以手中壤敲之,中者为上。”

击壤图

打瓦 亦称“打阎王”。儿童游戏。流行于北方,旧时深受男孩的喜爱,多五六个人一起玩。所用之“瓦”用石片,或铜铁小块。玩法是在空地上,相隔十余米,划出两条横线,一条为打瓦者站立之线;远处的一条线上,等距离横列三块砖。中间一块叫“鼻子”,两旁的叫“耳朵”。在中间一砖的后面再放一砖,称作“阎王”。击中“阎王”者为胜,称为“神仙”。而落空者为输家,要听“神仙”的命令,由击中“鼻子”或“耳朵”的孩子执行处罚,但惩罚不能过三,即应给予饶恕。清蒲松龄《聊斋俚曲·磨难曲》:“长街打瓦,踢毽罚毛。”

踢石球 古代民间游戏。玩法是:置二石球于前,一人先踢一令远,接着另一人踢,以踢中前球者为胜。西安半坡新石器晚期遗址中,曾出土大小不一、磨制光滑的石球。当时的玩法无考,有可能是以球击球。金元两朝,流行于北方民间。明刘侗、于奕正《帝京景物略·春场》:“是月(指阴历十二月),小儿及贱闲人,以二石球置前,先一人踢一令远,一人随踢其一,再踢而及之,而中之,为胜。”清富察敦崇《燕京岁时记·踢球》:“十月以后,寒贱之子,琢石为球,以足蹴之,前后交击为胜。盖京师多寒,足指酸冻,儿童踢弄之,足以活血御寒,亦蹴踘之类也。”

击角球 宋代球类游戏。两个儿童各手持短棒,轮流俯身棒击己方地上的小球,使其撞击对方的小球,以击中与否为胜负。小球角质,极坚韧。可看作是“步打球”的儿童游戏形态。宋无名氏《蕉荫击球图》上,有击角球的图像。宋范公偁《过庭录》:“滕甫元发,视文正为皇考舅,自少侍文正侧……爱击角球,文正每戒之,不听。一日,文正寻大郎肄业,乃击球于外。文正怒,命取球,令小吏直面以铁槌碎之。球为铁所击起,中小吏之额。”

宋佚名《蕉荫击球图》

斗百草 简称“斗草”。古代游戏名。以草为比赛对象。常在春日或端午前后进行，儿童、少女多爱好之。采集以后，或对花草之名，或比手中所采的多少与韧性等。南朝梁宗懔《荆楚岁时记》中，已见记载。唐韩鄂《岁华纪丽》：“端午，结庐蓄药，斗百草。”唐崔颢《王家少妇》诗：“闲来斗百草，度日不成妆。”五代前蜀释贯休《春野作》诗：“牛儿小，牛女少，抛牛沙上斗百草。”《红楼梦》第六十二回亦有记载。

清金廷标《群婴斗草图》

斗草 即“斗百草”。宋陈舜道《春日田园杂兴》诗：“乍随父老看秧去，还共儿童斗草嬉。”元贡性之《暮春》诗：“吴娃二八正娇容，斗草寻花趁暖风。”清宫廷画家金廷标有《群婴斗草图》一幅，生动刻画了一群孩子斗草的情景。

打麦 儿童游戏名。始于唐朝，直至现代，仍为儿童所喜爱。起源生产劳动，以拍掌声模拟打麦，故称。《旧唐书·武元衡传》：“先是长安谣曰：打麦、麦打、三三三。”宋高承《事物纪原·博弈嬉戏·打麦》：“《唐书》：武元衡之将遇害也，京师童谣曰‘打麦、三三三。’今俗儿戏有打麦，鼓掌作打麦声，后必三拍之。”

骑竹马 儿童游戏名。以竹枝代马，置于胯下，一手握竹的前端，使后梢曳地，另一手作扬鞭态，两腿仿骑马姿势，快步跑跳向前。玩者多为成群的男孩，汉代已流行。《后汉书·郭伋传》：“始至行部，到西河美稷，有童儿数百，各骑竹马，道次迎拜。”唐李白《长干行》诗：“妾发初覆额，折花门前剧。郎骑竹马来，绕床弄青梅。”骑竹马，后亦用为称颂地方长官受百姓欢迎之典。唐许浑《送人之任邛州》诗：“群童竹马交迎日，二老兰觞初见时。”

丰子恺漫画《郎骑竹马来》

抓子儿 儿童游戏名。男女儿童多喜好之。子儿，用小石子、果核、骨牌等物充当。或以碎布块缝制而成，内充豆粒。玩时先铺撒开，捡起一枚向上抛，紧接着尽快抓起其余各枚，再把落下的接在同一手中，以比赛手眼的灵活敏捷。此游戏一直延续至今。明刘侗、于奕正《帝京景物略·春场》：“是月（正月）也，女妇闲，手五丸，且掷且拾且承，曰‘抓子儿’。”《红楼梦》第六十四回：“进来看时，只见西边炕上麝月、秋纹、碧痕、春燕等正在那里抓子儿赢瓜子儿呢。”

踢毽子 亦称“踢箭子”。民间体育游戏。考古发现，汉画像砖上已有踢毽子图形。由古代蹴鞠发展而来，以鸡毛毽最普遍。用布或皮革缝裹铜钱一枚，成为圆形底座。再缝一截鹅毛管，插以雄鸡毛若干。游戏时，用脚踝连续向上踢，使经久不落地。玩法多样，常在寒冷冬季进行。唐宋以后，民间更加流行，技艺亦更高超。《格致镜原·玩戏器物·毽子》引《事物原始》：“今时小儿以铅锡为钱，装以鸡羽，呼为毽子，三四成群走踢，有里外廉、拖枪、耸膝、突肚、佛顶珠、剪刀、拐子各色，亦蹴鞠之遗事也。”清潘荣陛《帝京岁时纪胜·岁时杂戏》:“都门有专艺踢毽子者,手舞足蹈,不少停息,若首若面,若背若胸,团转相击,随其高下,动合机宜,不致堕落,亦博戏中之绝技矣。”

放风筝 亦称“放纸鸢”“放鹞子”等。民间体育游戏。历史极悠久,《墨子·鲁问》中已有记载。以细竹篾扎成骨架,糊上薄纸或绢,多数加以彩绘。或于其上置木笛,能迎风发声,故称风筝。放者拉着所系长线,趁风势放上天空。式样有禽、兽、虫、鱼、人物等。分“硬膀”和“软翅”两类。“硬膀”飞得高,“软翅”飞得远。多于春日进行。清高鼎《村居》诗:“草长莺飞二月天,拂堤杨柳醉春烟。儿童散学归来早,忙趁东风放纸鸢。”清代《南鹞北鸢考工志》,专讲纸扎风筝的工艺,供世间残疾人谋生,题曰曹雪芹著,恐系托名之作。

杨柳青年画《十美图放风筝》

孔明灯 亦称“天灯”。一种特制的纸灯玩具。用竹篾扎架,外糊以纸,刷上桐油。灯笼底部横架上,用铁丝捆扎浇满豆油的布团。放飞孔明灯时,先点燃布团,因上端无出口,灯笼内空气受热膨胀变轻,一撒手,灯便冉冉升空。待灯油燃尽,会自动落下。相传为三国时诸葛亮发明,亮字孔明,因称。海南、福建及客家地区,有元宵节放孔明灯的习俗,寓有“人丁兴旺,家景兴隆”之意。清朝道光间,从福建传入台湾。

走马灯 一种彩灯玩具。其内有一能活动的纸轮,纸轮下部木杆的四周粘有纸剪的人马鸟兽之形。烛火点亮后,热空气使纸轮转动,带动人马鸟兽之形,投影于灯纸上,往来不停,因称为“走马灯”。唐玄宗时,正月灯节中已有。宋范成大《上元纪吴中节物俳谐体三十二韵》诗:“映光鱼隐见,转影骑纵横。”自注:“马骑灯”。清富察敦崇《燕京岁时记·走马灯》:“走马灯者,剪纸为轮,以烛嘘之,则车驰马骤,团团不休。烛灭则顿止矣。其物虽微,颇能具成败兴衰之理,上下千古,二十四史中无非一走马灯也。”

放烟火 亦作“放焰火”。一种娱乐游戏。多在喜庆日燃放。约起于宋代。有平地小焰火和空中大焰火两类。民间作坊制作,厚纸内装火药等剂,须搭架施放。点燃后焰火喷射,五彩缤纷,能在夜空形成各种美丽景象。今亦称“礼花”。传入西方后,流行全世界,作为节日欢庆的娱乐项目。宋周密《武林旧事·元夕》:“宫漏既深,始宣放烟火百余架,于是乐声四起,烛影纵横,而驾始还矣。”参见“元宵节”。

捉迷藏 一种娱乐游戏。在一定区域内,选择一人,以手帕蒙扎住双眼,让其循声捉住周围欢呼躲避的玩伴。被捉者再蒙眼,连续进行。也有互相摸捉的玩法。相传出自唐玄宗时宫中游戏,后世多儿童为之。唐元稹《杂忆诗》之三:“忆得双文笼月下,小楼前后捉迷藏。”前蜀花蕊夫人《宫词》之一三二:“内人深夜学迷藏,绕遍花丛水岸旁。乘兴或来仙洞里,大家寻觅一时忙。”元伊世珍《琅嬛记》卷中引《致虚阁杂俎》:“玄宗与玉真杨贵妃,恒于皎月之下,以锦帕裹目,在方丈之间互相捉戏。玉真捉上每易,而玉真轻捷,上每失之,满宫之人抚掌大笑……谓之捉迷藏。”

丰子恺漫画里捉迷藏的孩子们

摸瞎鱼 亦称“摸虾儿”。儿童游戏名。以绳围成约一丈见方的圆圈。圈内两个孩子，俱用手帕蒙上眼，一孩执木鱼一声声敲击，不时变换自己的位置，一孩闻声摸索，以巧遇夺得木鱼为胜。败者淘汰出城，更换一儿，继续进行。旧时常在正月间玩此游戏。明沈榜《宛署杂记·民风一》：“元宵游灯市，走桥摸钉，祛百病，放烟火，打鬼，跳百索，摸瞎鱼。”

打鬼 古代儿童游戏。起源于驱逐疫鬼之俗。每年正月十六日，一童扮鬼，用绳系其腰，群儿牵之，相去丈许。各人轮番跳跃向前，出其不意打一拳即逃走，不得为系腰者所捉，称作“打鬼”。若被捉，则替其为“鬼”，称为“替鬼”。如此轮番进行，以比赛谁更轻捷灵巧。见载于明沈榜《宛署杂记·民风》。

抖空竹 亦称“扯铃”“抖空钟”。民间体育游戏。杂技的一种。空竹，北方俗称“空钟”“响簧”“闷葫芦”等。以竹木制成，轴内有木笛，轴上有圆柱形的“把”。玩时，以两根短竿，顶端系细绳，置空竹于绳上，两手各执一竿来回拉动，空竹急速旋转，会发出“嗡嗡”的响亮鸣声。有各种动作，可自娱或多人表演。技巧高者能抛入高空，落下接住，连续不断。清李虹若《朝市丛载·时尚》：“抖空竹。每逢庙集，以绳抖响，抛起数丈之高，仍以绳承接，演习各样身段。”清富察敦崇《燕京岁时记·空钟》：“空钟者，形如车轮，中有短轴，儿童以双杖系棉线播弄之，俨如天外晨钟。”

抖空竹表演

抽陀螺 一种儿童游戏。起源极古老。山西夏县仰韶遗址中曾出土陶制小陀螺，证明此戏至少产生于4 000年前。陀螺圆锥体，有石制、陶制、木制等。玩时，于细木棍前端结绳，缠绕陀螺上，置于地，猛一抽绳，使直立旋转。待其缓，再以绳鞭之，以维持不停旋转。10世纪以前，传入朝鲜、日本等国，流传至今。明刘侗、于奕正《帝京景物略·春场》：“陀螺者，木制如小空钟，中实而无柄。绕以鞭之绳而无竹尺。卓于地，急掣其鞭，一掣，陀螺则转，无声也，视其缓而鞭之，转转无复往。转之疾，正如卓立地上，顶光旋旋，影不动也。”

跑风车 旧时儿童游戏。以数寸长的秫秆或芦秆一根，剖开，两头交互贴以彩纸；另以细竹一根，削尖，插入秫秸正中的小孔内，持之顶风奔跑，则旋转如风车，故称“跑风车”。明刘侗、于奕正《帝京景物略·春场》：“风，则剖秫秸二寸，错互贴方纸，其两端纸各红绿，中孔，以细竹横安秫竿上，迎风张而疾趋，则转如轮，红绿浑浑如晕，曰风车。”

跳绳 亦称“跳百索”“跳白索”。民间体育游戏。即在舞成圆圈的绳索中做各种跳跃动作。绳有短长之别：短绳可单人或双人跳；长绳两端由两人甩绳，多人轮跳或同时跳；又有用双绳，交叉甩者。活动方式分三类，一类是边跳边伴唱；一类是技巧性跳绳，有单脚跳、双脚并跳、换脚跳、蹲跳等花式；第三类是快速跳绳，分快跑跳绳和原地快跳两种。后两类成为竞技项目。在《北齐书·后主传》中初见记载。儿童游戏时，多以旋律、节奏相符的歌谣作伴唱。

手影戏 儿童游戏。即在灯前作各种手势，摹仿鸟兽动物等，将手影投在白色的墙壁、纸窗或帷帐上。流行于宋代，至今仍为幼儿游戏。宋洪迈《夷坚三志辛·普照明颠》：“（僧惠明）尝遇手影戏者，人请之占颂，即把笔书云：‘三尺生绡作戏台，全凭十指逞诙谐，有时明月灯窗下，一笑还从掌握来。’”

分茶 宋元时的一种高超茶艺。以沸水冲茶，能使茶汤表面变化出图形、字迹。产生于宋以前，明代犹存，今不传。宋初陶穀《清异录·生成盏》载，当时有一僧人名福全，他冲茶能使茶汤表面显示出物象或文字。他在每个茶瓯里注成一句诗，共点四瓯，就组成一首绝句。至于一般物体图像，更是随手而成。许多信徒每天到寺里求他表演。福全自己有“生成盏里水丹青”的诗句。宋杨万里有《澹庵座上观显上人分茶》诗，亦咏其艺，可见当时的流行。

酒令 亦称“行令”。古代饮宴时的助兴游戏。功能是佐酒助兴，达到宾主尽欢。行酒令，不但有下酒物，且须根据令官要求说诗词、背《四书》、对对子、用典故，以至讲笑话、划拳、猜物、猜谜或唱曲子等，以显示机智才华。其形式，推一人作令官，其他人听其号令，通过掷骰、摸牙牌、抽签等展开，违令者或输者要罚酒。最早萌生于周代贵族的当筵歌诗，经汉人的饮酒作赋和规定觞令，至唐代成为风尚，至近代，在各地有不同的演变方式。东汉贾逵有《酒令》一书，清代俞效培辑《酒令丛钞》四卷，列举酒令多达300种，雅俗不等。《红楼梦》第二十八回：“宝玉笑道：‘听我说罢：这么滥饮，易醉而无味，我先喝一大海，发一个新令，有不遵者，连罚十大海，逐出席外，给人斟酒。’……宝玉拿起海来，一气饮尽，说道：‘如今要说“悲”“愁”“喜”“乐”四个字，却要说出“女儿”来，还要注明这四个字的原故。说完了，喝门杯，酒面要唱一个新鲜曲子，酒底要席上生风一样东西——或古诗、旧对，四书五经成语。’”又第四十回：“鸳鸯……笑着说，酒令大如军令，不论尊卑，唯我是主，违了我的话，是要受罚的。”

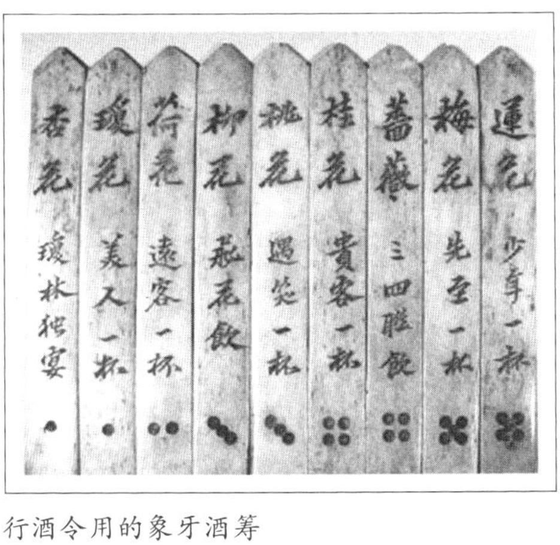

行酒令用的象牙酒筹

行令 即“酒令”。

猜拳 亦称“搳拳”“划拳”“拇战”等。旧时酒令游戏的一种。席间用以助兴。源于唐末五代，初用手作各物之势，以赌胜负，其法今不传。后为两人对猜，同时出拳伸指喊数，能猜中双方所伸手指的合计数的一方为胜。《红楼梦》第六十二回：“湘云等不得，早和宝玉‘三’、‘五’乱叫，猜起拳来。那边尤氏和鸳鸯隔着席，也‘七’‘八’乱叫，搳起拳来。”

拇战 见“猜拳”。清江藩《汉学师承记·朱笥河先生》：“（朱笥河）性又喜饮，至连举数十觥不乱，拇战分曹，杂以谐笑。”

猜枚 俗称“猜单双”。旧时酒令游戏的一种。一人取席上零食或小物件，如莲子、瓜子、松子、棋子、钱币等，握于拳中，让人依次猜其单双、枚数或颜色。共猜三次以角胜负，负者罚饮酒。元无名氏杂剧《醉写赤壁赋》第二折楔子：“今无甚事，且回后堂中和夫人猜枚吃酒去也。”《红楼梦》第二十三回：“每日只和姊妹丫鬟们一处，或读书，或写字，或弹琴下棋，作画吟诗……拆字猜枚，无所不至。”

茶令 亦称“赌茗”。古代饮茶时的助兴游戏。与酒令相似。在唐代时已有萌芽。三五诗友促膝围坐，以茶为题材续成茶诗，续不上者当场受罚。如颜真卿、陆士修、张荐、李萼、崔万、昼上人（即僧皎然）等六人，即曾饮茶联句，写成五言《月夜啜茶》一首。宋时流行于江南。以一人为令官，余者听其号令。由令官出题行茶令，要求解答或执行，违者饮茶若干作罚。南宋王十朋《万季梁和诗留别再用前韵》“搜我肺肠茶著令”句自注：“余归，与诸子讲茶令。每会茶，指一物为题，各举故事，不通者罚。”

赌茗 “茶令”的别称。宋李清照《金石录后序》：“余性偶强记，每饭罢，坐归来堂，烹茶。指堆积书史，言某事在某书、某卷、第几叶、第几行，以中否角胜负，为饮茶先后。”明卓人月《花舫缘》第三折：“若能勾茑萝松柏相缘缀，有心待翻书赌茗，举案齐眉。”清吴吴山《三妇评牡丹亭杂记》：“不觉大醉，自晡时卧至次日，日射幔钩犹未醒。斗花赌茗，夫子尝举此为笑噱。”钱钟书《偶见二十六年前为绛所书诗册》：“翻书赌茗相随老，安稳坚牢祝此身。”

击鼓传花 亦称“击鼓催花”。古代饮宴时的助兴游戏。属于酒令的一种。起于唐玄宗于二月以羯鼓奏《春光好》一曲，催促桃杏花发，事见《羯鼓录》。玩法为众人围坐，一人坐屏后击鼓。座客在鼓声中将花枝依次传递。鼓停时，花枝在谁手，谁便罚饮或罚演节目。鼓声越密，传递的喜悦感越强，最终的“处罚”也越吸引人。清翟灏《通俗编·俳优》：“唐人诗有：城头击鼓传花枝，席上抟拳握松子。”今犹存此游戏。清蒲松龄《聊斋志异·余德》：“既，命童子击鼓催花为令。”《红楼梦》第五十四回：“（贾母）忙命人取了黑漆铜钉花腔令鼓来，给女先儿击着。席上取一枝红梅，贾母笑道：‘到了谁手里住了鼓，吃一杯，也要说些什么才好！’……那女先儿们都是惯熟的，或紧或慢，或如残漏之滴，或如迸豆之急，或如惊马之驰，或如疾电之光，忽然喑其鼓声，那梅方递至贾母手中，鼓声恰住，大家哈哈大笑。”女先儿，说书唱曲的盲女艺人。

七巧板 亦称“七巧图”。一种智力拼板玩具。由一块正方形薄木板或厚纸板，分成大小不等的七块制成。可拼成人物、动植物、房楼亭阁、车轿船桥等图形。制作看似简单，但变化无穷。可一人玩，也可多人比赛。原理相当于几何学上的“等积变换”。清陆以湉《冷庐杂识》卷二认为，它源于宋黄伯思发明的“燕几”，即六张可以灵活组合、请客吃饭的小桌子。后扩为七张几，再演变为“七巧板”。明清时定型，流传愈广，受到普遍的欢迎，变化之式有1 000多种。清王其沅所著《七巧八分图》，收有大量用七巧板拼成的图形。18世纪，传到日本和欧洲，立即引起极大兴趣，称为“唐图”。曾为法国皇帝拿破仑·波拿巴、美国作家埃德加·爱伦·坡等所爱好。

弹棋 古代弹局游戏的一种。名虽曰棋，实际有点接近台球而不同。两人对局，由棋盘、棋子、石箭（击棋的杆）三部分构成。相传为西汉刘向为献给成帝而创制。棋盘中间隆起象征天，四边象征地，倾斜而至平坦。双方轮流使用石箭，以自己的棋子“弹”击对方棋子，至取胜而止。唐代弹棋，分黑红双方，各有十二个棋子。宋代象棋兴起后，渐被淘汰。《后汉书·梁冀传》：“（梁冀）性嗜酒，能挽满，弹棋、格五、六博、蹴鞠、意钱之戏。”李贤注引《艺经》：“弹棋，两人对局，白黑棋各六枚，先列棋相当，更先弹也。其局以石为之。”三国魏曹丕《典论自序》：“予于他戏弄之事少所喜，唯弹棋略尽其巧。”他又著有《弹棋赋》，唐代柳宗元有《弹棋序》。

弹棋

围棋 中国传统棋戏之一。起源于上古，有4 000余年历史，是世界上最古老棋种。下围棋又称“弈”“弈棋”等。雅称“手谈”。在古代，与弹琴、写诗、绘画，同被认为是风雅之事。以围困对方、吃子多取胜得名。今围棋有19道棋局，361个交叉点，黑子181个，白子180个。对弈运用做眼、点眼、劫、围、断等多种技术与战术。通常分布局、中盘和收束三个阶段。以围地多者为胜。春秋战国时已流行，见于《左传》《论语》《孟子》等书。东汉墓出土有正方形的石质棋盘，棋局纵横17道，289个交叉点，白、黑棋子各150枚。汉代棋手分上中下三等。至魏晋南北朝时定型与今同，成为帝王大臣、文人学士交往中的常见娱乐，棋手按水平分为九品。隋代传入日本。唐代翰林院设“围棋待诏”，专陪皇帝下棋，或使对弈以供观摩。汉马融著《围棋赋》，宋代张拟《棋经》、晏天章《元元经》为最早围棋专著。清代围棋好手辈出，康熙时海昌（今浙江海宁)人范西屏十二岁,即成国手,战无不胜,著有《桃花泉棋谱》传世。

傅抱石《对弈图》

象棋 亦称“象戏”。中国传统棋戏之一。起源甚早,北朝文学家庾信有《象棋经赋》,经隋唐至宋代定型,南宋刘克庄有《象棋》诗。多以木、铜、玉石等制作棋子。黑白双方各十六子,为帅(将)一,仕(士)、相(象)、车、马、炮各二,兵(卒)各五。棋盘正方形,中有分界。二人对局,双方轮流各走一着,以将对方的将(或帅)困死,或使对方认输为胜。亦可和局。上层社会多重视围棋,轻视象棋,民间却极流行。唐、五代时鼎盛,南宋初定型与今同。明以后出现不少总结棋艺的专著,有《梦入神机》残本四卷、《百变象棋谱》等流传至今。明代徐艺的《适情雅趣》,为古谱中最完整、系统者。崇祯间朱晋桢所辑《橘中秘》与清代王再越《梅花谱》,为传世最著名的两大象棋谱。

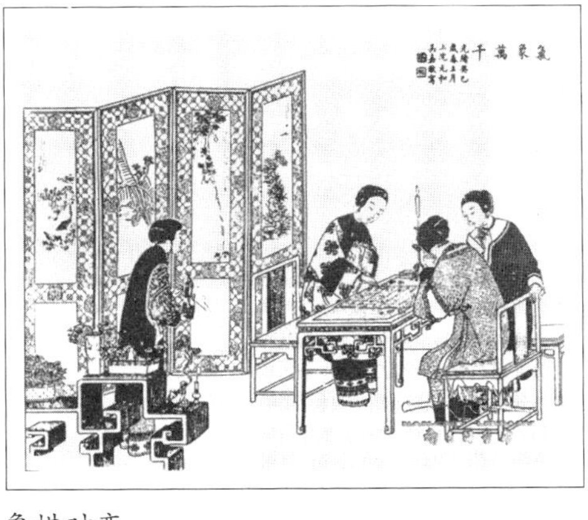

象棋对弈

投壶 古代游戏名。起源甚古。源于礼射,本为周代贵族士大夫宴飨时的活动。见载于《左传·昭公十二年》。壶有陶、铜、铁和瓷制品。河北平山曾出土战国中山王墓的铜制投壶,大小各一。壶圆筒状,平口深腹,上下粗细相同。大壶高59厘米,口径20.5厘米,下以三犀为足,筒两侧各有一铺首衔环,遍体花纹,线条流畅美观,器形古雅厚重。古人乃以酒壶象征箭靶,宾主在壶的五至九尺外依次投箭于壶口中,投壶的裁判称为司射。箭长度分三种:室内用古尺二尺,堂上用二尺八寸,庭中用三尺六寸。壶中盛豆,以防反跳。中多者胜,负者罚饮酒,礼仪甚繁。西汉中叶后,渐向游戏化发展。在汉画像石和铜壶上,都有生动的投壶人物形象。南北朝时投法渐趋复杂,增加了娱乐性,帝王、将帅、儒士都参加投壶。唐代东传,演化成日本的民间游戏“投扇兴”。《西京杂记》卷六:“武帝时,郭舍人善投壶,以竹为矢,不用棘也。古之投壶,取中而不求还,故实小豆,恶其矢跃而出也。郭舍人则激矢令还,一矢百余反,谓之为骁……每为武帝投壶,辄赐金帛。”晋傅玄著有《投壶赋序》。宋司马光曾更定壶谱新格,明代继续流行。清以后无创新,遂衰亡。

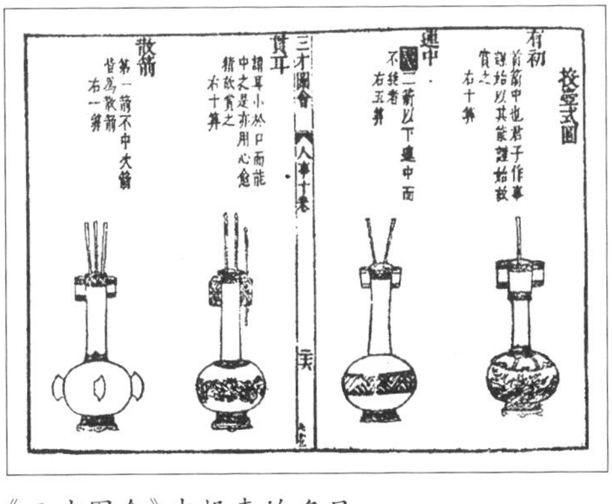

《三才图会》中投壶的名目

六博 亦作“陆博”。中国古代掷彩行棋游戏。因使用六根竹制博箸故称。其中的古玩法称“大博”,属早期兵种棋戏,以吃子为胜。战国时开始流行,湖北江陵、山东曲阜等地出土有战国时的漆器博局盘、博箸及棋子。秦汉时更加流行,汉长安城未央宫少府建筑遗址、北宫南砖瓦窑场址,都发现陶质博局盘。汉墓出土的六博棋子以青玉、水晶、铜或象牙制,博局以木或铜制。在汉代画像石、画像砖以及晋墓壁画上,都有六博戏的画像。东汉出土文物中,有二人对坐玩六博的绿釉陶俑。此后形制变化,出现了使用茕(与“箸”作用同)的“小博”。其制为十二棋,一人六棋白,一人六棋黑,局分十二道,中间横一空间为水,放鱼两枚。博时先以“茕”掷彩,然后行棋,攻守进退,互相胁迫,棋到水处则食鱼,食一鱼得二筹,以得筹多者为胜。因此阻止敌方得鱼,或夺对方的鱼,杀枭,为重要手段。六博随丝绸之路传到域外,东晋时传入印度。《西京杂记·陆博术》:“许博昌,安陵人也,善六博,窦婴好之,常与居处。”唐李白《猛虎行》:“有时六博快壮心,绕床三匝呼一掷。”

二人玩六博陶俑

樗蒲 中国古代掷彩行棋游戏。继六博戏之后,盛行于汉魏六朝至唐。可能从西域传入。因最初掷彩的骰子用樗木(臭椿)制成,棋盘为白或紫色的毡类,故称“樗蒲”。棋子称为“马”。骰子共五枚,故又称“五木”,皆两头圆锐,中间平广,正反面共有“黑、白、雉、犊”四种花色。以五木掷彩,能产生“卢”、“塞”、“秃”、“雉”、“枭”(2种)、“撅”(2种)、“犊”、“塔”、“开”、“白”共12种不同排列组合。卢、雉、犊、白4种为贵彩,其余8种为杂彩。按所掷彩数,在棋盘上行棋。掷到贵彩,可连掷,或打马,或过关,杂彩则不能。以谁先将棋子全数抵达终点为胜。后用“樗蒲”为赌博和赌具的代称。东汉马融有《樗蒲赋》。开元天宝间,唐玄宗好樗蒲,杨国忠因善于樗蒲而受宠幸。宋初曾以死罪严禁樗蒲,乃渐废。晋葛洪《抱朴子·百里》:“或有围棋、樗蒱而废政务者矣,或有田猎、游饮而忘庶事者矣。”唐岑参《送费子归武昌》诗:“知君开馆常爱客,樗蒱百金每一掷。”唐韦应物《逢杨开府》诗:“朝持樗蒲局,暮窃东邻姬。”

骨牌 亦称“天九牌”,俗称“牌九”。古代牌戏的一种。由骰子演变而来,每张牌有两个骰子的点数。形状长方,牌面用牛骨制,牌背竹制,一副共32张。又有用象牙制牌面的,故又称“牙牌”。牌面所刻点,依照天空星辰的次序和数目。最大的是天牌两张,各12点,象征二十四节气;地牌二张,各两点,象征东西南北四方;人牌两张,各八点,象征人的仁义、礼智、忠信等16种美德;其余的牌点也都按照中国伦理设计排列。其构成远比骰子复杂,比骰子更多变化且更有趣。传为北宋徽宗宣和间所制作。南宋高宗时,颁行全国。玩法多样,也可一人游戏。后世多用于赌博,明清及近代盛行,或被江湖算命者用作卜筮之具。

双陆 亦称“打马”。古代博戏的一种。因局如棋盘,左右各六路,故名。棋子锥形,如小棒槌,近似今之国际象棋子。棋子称“马”,黑白双方,各十五枚,以骰子两枚,掷采行马。白马从右到左,黑马反之,先出完者为赢家。北宋晏殊《类要》谓,此游戏来自天竺(古印度),称为波罗塞戏。三国魏初传入中国,盛行于南北朝及隋唐,至清而衰。双陆形制甚多,据宋洪遵《谱双》载,有北双陆、广州双陆、大食双陆、真腊双陆、日本双陆等多种形制。后亦用于赌博。详见宋陈元靓《事林广记续集·文艺·双陆格制》。《日下旧闻考·风俗》:"燕京茶肆设双陆局,或五或六,多至十余,博者蹴局,如南人茶肆中置棋具也。"

双陆

打马 亦称"双陆"。南宋女词人李清照作《打马图序》,认为"彩选""打马"是比樗蒲等赌博更为高雅的智力游戏。

升官图 亦称"彩选"。古代博戏的一种。其法为:在一张纸上画文武大小官位若干,另掷骰子,以第一掷为进身之始,其后计点数之多寡以定升降。以四为德,以六为才,以二、三、五为功,以么为赃。遇德则超迁,才次之,功亦升转,唯遇么则降罚。起源于唐,至宋代,经过几位文人、官员的改进设计,成为士人闲暇时的游戏。明嘉靖以后犹流行,并加入了有关杨继盛、严嵩等政治斗争和人品的内容,称为"忠佞升官图"。宋徐度《却扫编》卷下:"彩选格起于唐李郃。本朝踵之者,有赵明远、尹师鲁。元丰官制行,有宋保国,皆取一时官制为之。至刘贡父独因其法,取西汉官秩升黜次第为之,又取本传所以升黜之语注其下。局终,遂可类次其语为一传。博戏中最为雅驯。"

马吊牌 亦称"叶子"。古代牌戏的一种。在明代万历间定型。因必须四人玩,一人为主家,三人为散家,犹如马吊起一足,故名马吊。全副共四十张。牌分十字、万字、索子、文钱四门(即十万贯、万贯、索子、文钱四种花色)。其中,万字、索子两色,是从一至九各一张;十万贯是从二十万贯到九十万贯,乃至百万贯、千万贯、万万贯各一张;文钱是从一至九,乃至半文、没文各一张。十字、万字画《水浒》中好汉人像,文钱、索子画钱、索图形。玩时每人先取八张,多余的置于桌中央,出牌以大打小。庄无定主,可轮流坐。因而三个散家要合力攻击庄家,使之下庄。数百年间,文人妇女皆好尚之,至今犹存。

叶子戏 ① 亦称"叶子格"。古代博戏的一种。起源于唐代中期,盛行至宋初,后其法失传。士人宴集聚会时,常以此为娱乐。"叶子"即卷起的画有棋局的纸页。可能类似于"升官图",玩时要用骰子掷彩。② "马吊牌"的别称。

麻将牌 亦称"麻雀牌"。竞技或娱乐活动的一种。数字牌分万、条(索)、饼(筒)三门,每门一至九各四张,共一百零八张。另有中、发、白、东、南、西、北各四张,加花牌八张,共一百四十四张。四人同玩,每人十三张,经过吃、碰进行组合,以先组合成四组(三张为一组)加一对牌者为胜。起源于殷商的砖戏,至唐代变为叶子戏,明代的马吊牌为麻将牌的雏形,至清末形成(骨牌)。已流传至日、美等国。

钓鱼 古代休闲活动的一种。源于上古的渔猎生产。主要工具有钓竿、鱼饵、鱼篓等。因隐士常在水边垂钓,以寄闲情,乃成为一种雅趣,受到宫廷和民间的普遍喜爱。古代有钓鱼台多处,最著名的有:商周时太公望(俗称姜太公)的钓鱼处,在今陕西宝鸡东南的磻溪;东汉隐士严光(严子陵)的钓台,在今浙江桐庐的富春江滨。又,古代诗人隐士常以钓者自号,如唐诗人张志和自名"烟波钓徒",清朱彝尊自号"小长芦钓鱼师"等。唐以来诗歌、散文、小说中,多有关于钓鱼的叙述描写。

南宋马远《寒江独钓图》

唐杜甫《江村》诗:“老妻画纸为棋局,稚子敲针作钓钩。”又司空曙《江村即事》诗:“钓罢归来不系船,江村月落正堪眠。纵然一夜风吹去,只在芦花浅水边。”

斗鸡 古代斗赛游戏之一。因雄鸡性好争斗,以其互斗以决胜负。起于周代,先秦史籍中多有记载。有寒食斗鸡之俗,历代流行宫廷与民间。汉高祖之父太上皇、汉宣帝及诸多王室成员、贵族子弟,都好斗鸡。《史记·货殖列传》载,当时以斗鸡赌财物。唐代,玄宗即位后,设立鸡坊专事驯养。少年贾昌本领尤高,被命为首领,受宠四十年,迷恋斗鸡成为当时风气。明清至今沿之。在少数民族地区,亦有此戏。《左传·昭公二十五年》:“季、郈之鸡斗,季氏介(套上皮甲)其鸡,郈氏为之金距(金属爪子)。”《战国策·齐策一》:“临淄甚富而实,其民无不……击筑、弹琴、斗鸡、走犬、六博、蹋踘者。”唐陈鸿《东城老父传》:“帝(玄宗)出游,见(贾)昌弄木鸡于云龙门道旁,召入,为鸡坊小儿,衣食右龙武军……当时天下号为‘神鸡童’。时人为之语曰:生儿不用识文字,斗鸡走马胜读书。贾家小儿年十三,富贵荣华代不如。”

斗鸡漆盘

斗鸭 亦称“斗凫”。古代斗赛游戏之一。大约起自西汉,王公贵戚之家常建鸭栏于水池边,畜鸭相斗,以为娱乐。唐五代至宋代仍很风行,成为高门大户闺中妇女的爱好。《三国志·吴志·陆逊传》:“时建昌侯虑(孙虑)于堂前作斗鸭栏,颇施小巧。”《西京杂记》卷二:“(汉景帝之子)鲁恭王好斗鸡、鸭及鹅雁。”晋蔡洪有《斗凫赋》,唐李邕有《斗鸭赋》,描述其事。《宋书·王僧达传》:“坐属疾,于杨列桥观斗鸭,为有司所纠,原不问。”南唐冯延巳《谒金门》词:“斗鸭栏杆独倚,碧玉搔头斜坠。”

苏州角直镇保圣寺内斗鸭池

斗蟋蟀 亦称“斗蛩”。传统斗赛游戏之一。蟋蟀古称“蛩”“促织”。雄虫性好斗。此种游戏是以大小重量相当的两只蟋蟀,置于同一陶罐、瓦盆中,使之相斗,以决胜负。往往用来赌博财物。笼养始于盛唐,其后广为流行,上至宫廷贵戚,下至民间市井,不惜重金以购求之。南宋后期权相贾似道以好斗蟋蟀闻名。明宣宗时,以蟋蟀为贡品,下征于民,造成悲剧。清蒲松龄《聊斋志异·促织》篇,写其罪恶。今日仍广受喜爱。专著有署名贾似道所撰的《促织经》二卷。明、清时人亦撰有《促织志》《促织经》等书。南宋无名氏《西湖老人繁胜录》:“促织盛出,都民好养,或用银丝为笼,或作楼台为笼,或黑退光笼,或瓦盆竹笼,或金漆笼、板笼甚多。每日早晨,多于官巷南北作市,常有三五十火(伙)斗者。乡民争捉入城货卖,斗赢三两个,便望卖一两贯钱。若生得大,更会斗,便有一两银卖。每日如此。九月尽,天寒方休。”

斗鹌鹑 古代斗赛游戏之一。以鹌鹑相斗为戏。相传唐玄宗时,西凉人进献鹌鹑,能闻金鼓声而争斗,宫中驯养之以为戏。民间亦好之,历宋代直至晚清、近代。亦常用来赌博。宋吴自牧《梦粱录·闲人》:“又(有)谓之‘闲汉’,凡擎鹰、架鹞、调鹁鸽、斗鹌鹑、斗鸡、赌扑落生之类。”清潘荣陛《帝京岁时纪胜·斗鹌鹑》:“膏粱子弟好斗鹌鹑,千金角胜。夏日则贮以雕笼，冬日则盛以锦囊，饲以玉粟，捧以纤手，夜以继日，毫不知倦。”

斗牛 传统斗赛游戏之一。使牛相斗，以决高下，起源于牛的选种。唐宋时形成习俗，士大夫高官亦有喜观斗牛者。浙江金华一带斗牛，天下闻名，相传始自宋仁宗时。每逢春秋祭神或农闲日，常有斗牛之会。斗之日，聚牛多至五六十头，登场相角者仅十数头，多为性猛体健之黄牯牛。辟山间平地四五亩为斗场，沿田塍皆搭台或置桌凳，观者千万。参斗之牛皆簪金花，披红绸，各有勇猛响亮名号。斗时，两家各令壮汉四人扶其牛，二牛对峙相注视，良久乃前斗，以角相抵，各施其巧。强者奋力角逐，弱者败退避逃，观众呐喊助威，三五回合即分胜负，主持者即令将牛分开。胜者亲友欢呼，簇拥牛归，且设宴庆贺。平时则加意爱护，卧处罩以帐，饲以白米饭，酿最佳之酒以饮之。负者意兴索然。至今犹存其俗。西域及云贵、广西少数民族中，亦有此俗。唐《酉阳杂俎》卷四：“龟兹国元日，斗牛马驼为戏……以占一年减耗蕃息也。”宋孙光宪《北梦琐言》卷四：“崔侍郎安潜好看斗牛。”清陈其元《庸闲斋笔记·婺州斗牛俗》：“金华人独喜斗牛，则不知始于何时……斗胜之家，张宴款客，高朋满座。主人轩眉攘臂，矜其牛之能曰：‘彼之角如何来，我之角如何往；彼如何攻坚，我如何蹈瑕；我意彼必从是出，而彼竟不料我从此出也。’言之津津，几忘我之为牛，牛之为我焉……牛所买来之家，呼之曰牛亲家，豢牛之牧童，名之曰牛大舅。其真正儿女亲家之亲，不若与‘牛亲家’亲也。”

广西侗族斗牛节

荡秋千 亦称“打秋千”。传统体育活动。以两根木柱埋植于地，柱顶之间固定一圆木，上垂双绳，下端系以横板。人站立或坐于板上，双手握绳，用力向空中荡去。南朝梁宗懔《荆楚岁时记》记载，寒食节有玩秋千之俗，历代流行于宫廷和民间，为大胆的年轻女子所喜爱。唐代女子尤喜在月光下荡秋千。云南少数民族则有“转秋千”，可 4 人或 8 人玩，更为热闹。唐王维《寒食城东即事》诗：“蹴踘屡过飞鸟上，秋千竞出垂杨里。”宋李清照《点绛唇》词：“蹴罢秋千，起来慵整纤纤手。露浓花瘦，薄汗轻衣透。”明李开先《观秋千作》诗序：“清明日，高竖秋千数架，近村妇女，欢聚其中。”

荡秋千

水秋千 唐宋时的一种水上杂技。是荡秋千与高处跳水的结合。宋孟元老《东京梦华录·驾幸临水殿观争标锡宴》：“又有两画船，上立秋千……一人上蹴秋千，将平架，筋斗掷身入水，谓之水秋千。”

拔河 民间传统体育活动。原为春秋时楚国训练士兵体力的一个项目。南朝时称“拖钩”或“牵钩”。即于空场中画两平行直线为河界，甲乙两队人数相等，分站河界两边，各执长绳的一端。赛时，双方同时用力拉绳，以把绳中间的标志拉到河界的己方为胜。唐代开始盛行，流传至今。唐封演《封氏闻见记·拔河》：“拔河，古谓之牵钩，襄汉风俗，常以正月望日为之。相传楚将伐吴，以为教战……分二朋，两相齐挽。当大絙（粗绳）之中，立大旗为界，震鼓叫噪，使相牵引，以却者为胜，就者为输，名曰‘拔河’……进士河东薛胜为《拔河赋》，其辞甚美，时人竞传之。”

蹴鞠 亦称“蹋踘”“蹴球”“蹴圆”“筑球”等。中国古代足球运动。“鞠”即球(旧作“毬”)，初用皮革缝制，内塞以毛，起源甚早，至战国时，已盛行齐、楚间。汉初，成为贵族与平民都喜爱的游戏。分对抗赛与表演两类。两队比赛，每队十二人，两边各有六个建于平地的鞠室(球门)，每门一人看守。比赛时，双方队员身体接触如同打仗，以踢进对方鞠室的次数定胜负。也作为训练士兵、考察兵将体格的军事项目，《汉书·艺文志》“兵书略”著录《蹴鞠》二十五篇，已失传。至唐代，球以八片皮革缝缀，内用动物的胞(膀胱)作胆，灌气而成，弹性大增；而比赛方式，变为单球门，高3丈余，宽近丈，络网其上，其“门”直径约2尺，设在场地正中。每队7人，双方各在一侧，在球不落地情况下，由本队球头(队长)射门，以穿过球门上“风流眼”的次数多为赢。女子蹴鞠，以踢高和踢出各种花样为能。宋代，宫廷与军中都有球队，在典礼中表演。市上所售足球，有一定的标准。南宋，民间出现大量蹴鞠社团，称“齐云社”或“圆社”，实为世界上最早的足球爱好者组织。宋以后，对抗性比赛渐消失，个人表演的“白打”，向杂技发展。元明时期，或男女对踢，或一人表演。元代出现以蹴鞠闯荡江湖的女艺人，高手称“女校尉”。明代踢球成为家庭游戏和妓女娱客的节目，在散曲、小说和绘画中多有描绘。清代蹴鞠走向衰落。文献今存宋汪云程《蹴鞠图谱》、元明间无名氏《戏球场科范》等。

击鞠 亦称“击球”“打球”。中国古代马球运动。其方式为骑在马上，持球杖击球入门。球如拳大，木质中空，韧性而轻，外涂红漆或彩绘花纹，也有皮制的。打马球的棍称“球杖”或“鞠杖”，长数尺，一端弯曲如偃月，多为木或藤制。球场大而平坦光滑，三面有短墙，一面为殿、亭、楼、台等观球建筑。场上设裁判，比赛有双球门和单球门两种。击鞠产生于东汉末，由蹴鞠演变而来，兴盛于唐宋，明代衰，清中叶后绝迹。一说，击鞠从波斯经吐蕃传入。唐玄宗时下诏，定击鞠为军事训练项目。宋代是隆重的“军礼”之一，辽、金、元时列为重五日祀天典礼的节目。唐代皇帝，如中宗李显、玄宗李隆基、穆宗李恒、敬宗李湛、宣宗李忱、僖宗李儇等，都是击鞠的爱好者，且多技艺高超。宫中陪皇帝打球的名手，称为“打球供奉”。宋画家李公麟创作有《明皇击球图卷》。唐宋宫廷妇女亦能(骑马或骑驴)打球。步行的，称为“步打球”。三国魏曹植《名都篇》：“鸣俦啸匹侣，列坐竟长筵。连翩击鞠壤，巧捷唯万端。”前蜀花蕊夫人《宫词》第二十二首：“自教宫娥学打球，玉鞍初跨柳腰柔。”《资治通鉴·唐中宗景龙二年》：“上好击球，由是风俗相尚，驸马武崇训、杨慎交洒油以筑球场。”

壁画中的马上击鞠

步打球 省称“步打”。宋代称“步击”。中国古代球类运动的一种。从马球演变而来，与今之曲棍球相似。本为军中项目，唐宋盛行于宫廷。比赛时分两队，队员各持下端弯曲的木棍徒步击球，以击入对方球门多者为胜，以筹计分。前蜀花蕊夫人《宫词》第一百四十六首：“殿前铺设两边楼，寒食宫人步打球。一半走来争跪拜，上棚先谢得头筹。”叙述当时女子步打球表演，两队竞赛，每队人数相等。赢得第一球的一队到皇帝面前拜谢，然后继续竞赛，胜者有赏。唐末僖宗皇帝精于玩乐，能步打，曾自夸：“朕作步打进士，亦合得一状元。”直至清末，还在民间流传。大约8世纪时传入日本。近年在郑州出土一件唐青花瓷罐，高40厘米，罐身上绘有“童子步打球图”，结合文献，证明中国曲棍球的历史比欧洲要早得多。

唐代流行的步打球

球杖 亦作“球仗”“鞠杖”。古代打马球所用器具。据《金史·礼志》记载，杖长数尺，木制，一端弯曲如月，唐代之制相同。因历代帝王、贵族爱好马球运动，对球杖的制作也十分讲究。宋代，皇帝出行的仪仗队中，有专执球杖的军官两列，杖涂以金、银，在前以为导引。金代球杖，有用白牛皮包裹者。宋孟元老《东京梦华录·驾登宝津楼诸军呈百戏》：“分为两队，各有朋头（队长）一名，各执彩画球仗，谓之小打。”

木射 亦称“十五柱球戏”。中国古代球类运动的一种。以木柱为“侯”（箭靶），木球为“矢”，故称。创始于唐代。在室内进行，尤适合中老年人。游戏时取十五个笋形木柱，其中十个，用红字书写：仁、义、礼、智、信、温、良、恭、俭、让，另五个用黑字书写：傲、慢、佞、贪、滥。红黑字柱相间排列，竖于场地一端。比赛者在另一端，依次用象征“箭”的木球从地面滚射木柱，击倒红字柱者胜，击倒黑字柱者负，以此为赏罚。唐人陆秉著《木射图》一书解说其制，著录于宋晁公武《郡斋读书志》，今不传。有学者认为，13世纪德国教会流行的九柱球戏，及19世纪末以来国际上流行的室内“地滚球”（音译“保龄球”），均为中国“木射”传入欧洲后发展变化而成。

捶丸 古代球类运动的一种。“捶”即击，“丸”即球。来源于唐代的步打球。至北宋，步打球由原先的对抗性竞赛演变为非对抗性比赛，取消了球门，改用球穴，以球进穴得分。盛行于宋、辽、金、元时的北方。北宋时也称“步击”。宋徽宗、金章宗、明宣宗都是捶丸的爱好者。其方法是：以一处广大的园林场地为球场，地面须有凸有凹有平。参加者各自画一球基，离球基数十步至百步范围，作一定数量的球窝（球穴），旁立彩旗。球用坚固耐久的赘木制作，站在球基处，用下端弯曲的木棒击之入穴，以筹计分，决定胜负。参赛人数自两人至十人不等，裁判的规则明确细密。明代犹存此戏。山西洪洞广胜寺水神庙壁画中保存有生动的形象，与今之高尔夫球非常相似。金元时期，一位室名“宁志斋”的老人著有《丸经》，全书32章，为中国古代球戏专著之一。明周履靖《〈丸经〉跋》：“予壮游都邑间，好事者多尚捶丸。”

捶丸

步击 见“捶丸”。

角抵 亦称“角力”。古代体育活动及百戏的一种。类似今天的摔跤，通过力量与技巧的较量决定胜负。南朝梁任昉《述异记》认为，角抵源于祭祀上古部落领袖蚩尤的“蚩尤戏”。周代时为军事训练项目之一。秦统一天下后，将角抵变成一种观赏娱乐项目，秦二世曾在甘泉宫观看角抵表演。汉为百戏之一，常用于为外宾表演，盛行于宫廷、民间。湖北江陵凤凰山秦墓出土一柄彩色漆绘木篦，其弧形背上画三男，上身赤裸，下着短裤，腰间系带，足穿翘头鞋。右二人正在比赛，左一人平伸双手作裁判。其他，如西汉墓壁画、出土汉代帛画和铜牌上，都有角抵图的发现。晋至宋亦称“相扑”。宋代皇帝卫队中有角抵的专业编制，名“内等子”，共数十人。遇重大节日及饮宴，均须成对出场。宋调露子著有《角力记》，一书，叙其历史沿革。传入日本后演变成为“柔道”。清代称为“布库”。《礼记·月令》：“（孟冬之月）天子乃命将帅讲武，习射御、角力。”参见“相扑”。

角力 亦称“角抵”。《文献通考·乐二十》：“角力戏，壮士裸袒相搏而角胜负。每群戏既毕，左右军雷大鼓而引之，岂亦古者习武而变欤？”

相扑 古代体育活动及百戏的一种。自晋代后，角力又称“相扑”。敦煌石窟第290窟有北周时壁画《相扑图》，画一全身仅穿一条短裤的力士将另一力士摔倒在地，形象生动。宋元时也称“争交”。宋代除宫廷表演和民间博彩竞赛外，也是民间游乐场“瓦舍”里的固定节目之一，表演极受市民欢迎。据记载，南宋仅都城临安，男相扑艺人有姓名者，即达四五十人。此外，还有女子相扑、小儿相扑（儿童模仿大人）和乔相扑（一人用头套，假扮两人摔跤的滑稽相扑）。《水浒传》第七十四回“燕青智扑擎天柱”一段，描写了他高超的技艺及泰安州相扑比赛的盛况。现今日本的相扑程式，大致来自中国唐代。

女子相扑 宋代体育表演的一种。北宋时的女子相扑节目，为教坊“百戏”中的一绝。曾于正月十八日上元（元宵）节期间，在都城东京（今开封）宣德门广场上为仁宗皇帝及万民表演。年轻的女选手赤裸上身，技艺精彩，受到赏赐。十日后，大臣司马光为此上奏，论“妇人裸戏”不合礼法，劝谏皇帝下不为例，并明令禁止她们在民间表演。然而始终未能禁绝，据南宋末周密《武林旧事》、吴自牧《梦粱录》记载，当时都城临安（今杭州）有女相扑手一二十人。多数每天在瓦舍里，为男相扑手作开场表演，以吸引观众。因其招数变幻难测，身法疾速如风，当时号为“女飐”。南宋以后，理学盛行，民间女子普遍缠足，禁锢加强，此项体育遂不可复见。

擒拿 中国武术的一种。是一种应敌捕捉技术，从古代的技击演变而来。即在徒手格斗中，运用杠杆原理与经络学说，采用反关节动作和集中力量攻击对方薄弱部位，使其产生无法抗拒的生理反应，达到拿其一处而擒之的目的。可分为拿骨（即反关节）、拿筋、拿穴三类，其中以拿骨为核心。历来有七十二拿之说，其中有三十六拿法、三十六解法。充分体现中华武术“以巧打拙，以柔克刚”的特点。明代嘉靖间，擒拿法风靡一时，名将戚继光在其《纪效新书·拳经》中有所记述。近代以来，大体可分为太极拳擒拿手和少林武术擒拿手两大类。太极拳擒拿手主要有陈氏太极拳32路擒拿手及杨氏太极拳擒拿手。少林武术中有72路擒拿手、32路小擒拿，以及108路擒拿手。

拳术 武术的一种。起源甚早，从徒手格斗发展而来。古代亦称“手搏”或“技击”，历来作为兵器技巧的基础。春秋战国时为选拔武士的项目。汉代出现观赏性和健身性的象形舞，如“沐猴舞”“醉舞”“五禽戏”等，属于早期的象形拳术。《汉书·艺文志》著录《手搏》六篇，是最早的拳术著作（已佚）。三国时已有较高水平，有人能“空手入白刃”。唐武宗时，宫廷有专门斗拳的勇士，以表演供帝王娱乐。宋代城市瓦舍（游乐场）中有“使拳”“踢腿”“打套子”等表演。明清时武术大发展，拳种林立，出现许多武术研究家与拳法论著，如王宗岳的《太极拳经》、黄百家的《内家拳谱》、陈鑫的《陈氏太极拳图说》等。明戚继光《纪效新书·拳经》介绍当时拳种，分内、外两家。内家的特点在“以静制动”“主于御敌”；外家的特点“主于搏人”。清代拳术以套路形式，形成南北两大派几十个拳种，风格特点各异。南派类似“内家”，主要有形意拳、八卦掌、太极拳等，以“武当”为代表；北派类似“外家”，主要有长拳、地趟拳、象形拳等，以“少林”为代表。传习至今。

套路 旧时称“套子”或“套”。指编制成套的武术动作。一般由4段或6段组成，有起势和收势。拳术的套路，由手型、步型、手法、步法、腿法以及数量不等的跳跃、平衡、跌扑、滚翻等动作与技术组成。

手搏 即徒手搏斗，以拳术对打。参见“拳术”。

扛鼎 亦称“举鼎”。古代体育运动及百戏的一种。即把鼎举到空中。是锻炼和比较力气大小的一种方式。鼎，三足两耳，古代炊器，多以青铜、铁制成。先秦时已将“力能扛鼎”列为勇士的重要条件。君主多物色此类人材，使其追随左右，担任护卫。《吴子·料敌》："然则一军之中，必有虎贲之士，力轻扛鼎，足轻戎马。"《史记·秦本纪》："（秦）武王有力好戏（玩乐），力士任鄙、乌获、孟说皆至大官。王与孟说举鼎，绝膑。"绝膑，指折断膝盖骨。又《项羽本纪》："籍（项籍）长八尺余，力能扛鼎。"扛鼎又是百戏表演的一种。汉张衡《西京赋》："乌获扛鼎，都卢寻橦。"

投石 古代投掷运动。即用手将石块掷出，比赛远近。战国时期，跑、跳、掷（投石）为军中习武较力的项目之一。起于战国。《史记·白起王翦列传》："王翦使人问军中戏乎？对曰：'方投石超距。'于是王翦曰：'士卒可用矣。'"《汉书·甘延寿传》："（延寿）少以良家子善骑射为羽林，投石拔距，绝于等伦。"颜师古注引张晏曰："《范蠡兵法》：飞石重十二斤，为机发，行二百步。延寿有力，能以手投之。"飞石，军中用投石机抛射的石块。

超距 古代指跳跃、跳远一类运动。也是军中训练项目之一。《史记·白起王翦列传》："王翦使人问：军中戏乎？对曰：方投石超距。"《东周列国志》第一百零八回："士卒日间无事，惟投石、超距为戏。"清吴伟业《送山东耿中丞青藜》诗："幕中壮士争超距，稷下高贤共唱酬。"

骑射 亦称"马射"。古代射术的一种。是骑在马上开弓放箭的体育活动。原为少数民族习俗。战国时，赵武灵王向北方的胡人学习，实行胡服骑射，进行军事改革，列国仿效之。西汉名将李广即以骑射著名。南北朝时进一步发展，妇女中亦有射技高强者。武则天长安二年（702年）设武举制，骑射为主要项目之一，直至明清不变。唐时亦为宫廷体育项目之一，妇女常参加骑射行猎。宋、辽、金、元时军队中已使用火器，但骑射技术仍处于重要地位。辽、金人为北方民族，精于骑射，契丹族有"射木兔"、女真族有"射柳"等俗。元以骑射立国，以弓矢为作战的重要武器，其骑技、射术又有发展。至近代，因火器的普遍使用乃渐衰。《宋史·礼志二十四》："祖宗每上巳游幸，必命卫士驰射，因而激赏，亦所以讲武也。"

汉画像砖上的骑射

竞渡 古代传统体育活动。多于节日，选择一处宽而深的江或湖面举行。汉族端午历来有划龙舟竞渡之俗，南朝梁时已有记载。各地竞渡，均与祭祀之礼有关，如两湖纪念屈原、浙江纪念伍子胥或曹娥、广西纪念马援、福州纪念王审知等。船首多雕为龙头，船长二三十米，约坐二三十人或以上。一人指挥，集体配合，动作整齐协调，以最快速度划向终点，先达者为赢。竞渡前一般要行祭祀礼，如在屈原投水的汨罗江畔，须先祭屈子庙。古代竞渡场面很大，州郡官员、男女百姓都争往观看。此外，唐代皇宫内，亦尚竞渡之戏，诗人甚多应制之作。唐刘禹锡《竞渡曲》自注："竞渡始于武陵，至今举楫而相和之，其音咸呼云'何在'，斯招屈之义。"唐王建《宫词》："竞渡船头掉采旗，两边溅水湿罗衣。池东争向池西岸，先到先书上字归。"参见"赛龙船"。

游泳 古代传统游戏和体育活动。即人在水中靠肢体的动作前行。始于上古渔猎时代，居处近水的居民，在捕鱼行船时，通过观察与模仿，学会游泳。中国水域辽阔，多江河湖海环境，春秋战国时，民间已有高超的游泳能手，能在急流中游泳，或逆流中潜水，且很早就出现"弄潮"的活动。敦煌莫高窟壁画中，有北魏和隋代游泳的图像。北宋皇家检阅军队，即有水下潜泳比赛的项目。《庄子·达生》："孔子观于吕梁，县（悬）水三十仞，流沫四十里，鼋鼍鱼鳖之所不能游也。见一丈夫游之。"宋苏轼《日喻》："南方有没人（指潜水者），日与水居之。七岁而能涉，十岁而能浮，十五岁而能没矣。"《宋史·礼志十六》："淳化三年三月，幸金明池，命为竞渡之戏，掷银瓯于波间，令人泅波取之。因御船奏教坊乐，岸上都人纵观者万计。”银瓯，撇口的银制杯碗。参见“弄潮”。

弄潮 古代水上运动。即弄潮者在江河水面溯潮泅水，进行各种的惊险表演。相传起于春秋时，初盛于山东。汉以后盛行于扬州，唐宋时盛于浙江杭州一带。宋苏辙《竞渡》诗：“父老不知招屈恨，少年争作弄潮游。”宋吴自牧《梦粱录·观潮》：“其杭人有一等无赖不惜性命之徒，以大彩旗，或小清凉伞、红绿小伞儿，各系绣色缎子满竿，伺潮出海门，百十为群，执旗泅水上，以迓子胥弄潮之戏。”子胥，指钱塘大潮，传说为春秋时期遭谗而死的吴国大臣伍子胥所化。宋蔡襄《八月十九日》诗：“潮头出海卷秋风，风豪潮起苍海空。弄潮船旗出复没，腾身潮上争骁雄。”

五禽戏 古代的一种象形健身体操。每节操从起势至收势，分别模拟虎、鹿、熊、猿、鸟五种禽兽的姿态和动作。传为东汉名医华佗所创，见《后汉书·方术传下》。其具体动作今不可考，但在帛画上留有画面。后人改编，形成各种流派传世。如象形拳中的猴拳、鹰爪拳、螳螂拳等，亦其遗绪。古人用于强身健体，每见于诗篇。唐柳宗元《从崔中丞过卢少尹郊居》诗：“闻道偏为五禽戏，出门鸥鸟更相亲。”明何景明《卧病贻友人》诗：“终年只学五禽戏，早岁浑忘三箧书。”清姚启圣《丙辰生日放言》诗：“负郭久荒二顷田，养身漫假五禽戏。”

马王堆汉墓帛画《导引图》复原图

溜冰 亦称“跑冰”“冰嬉”等。古代冰上运动的一种。即穿一种铁制的鞋，捆缚于履，在冰上滑行，比赛速度或做各种姿态动作。《宋史·礼志》已见记载。因满族来自东北，旧有此运动，故清代更为盛行。不但民间开展，皇家宫中也每年举行大型滑冰活动。《日下旧闻考·宫室·西苑一》：“冬月则陈冰嬉，习劳行赏。以简武事而习国俗云。”清高宗《冰嬉赋序》：“国俗有冰嬉者，护膝以芾，牢鞋以韦，或底含双齿，使啮凌而人不踣焉；或荐铁如刀，使践冰而步愈疾焉。”清潘荣陛《帝京岁时纪胜·冰床滑擦》：“冰上滑擦者，所著之履皆有铁齿，流行冰上，如星驰电掣，争先夺标取胜，名曰溜冰。都人于各城外护城河下，群聚滑擦，往还亦以拖床代渡。”清富察敦崇《燕京岁时记·溜冰鞋》：“冰鞋以铁为之，中有单条缚于鞋上，身起则行，不能暂止。技之巧者，如蜻蜓点水，紫燕穿波，殊可观也。”

冰嬉 清代宫中对溜冰的别称。有时亦泛指各项冰上运动游戏。

杠子 民间传统体育健身。盛行于清代北方农村。杠，木制，架立于地上，与今之单杠相似。以单手或双手握杠做的技巧动作，分为三类：“上把”，为杠上倒立之类，有“金背顶”“拳头顶”“八字顶”“叉花顶”“车轮顶”等；“中把”，为身体绕杠和回环越杠的动作，如“轱辘”等；“下把”，为身体悬垂于杠下所作各种动作，如“前压”“后压”等。当时练杠子的民间爱好者组织称为“盘龙会”或“杠子会”。清李静山《增补都门杂咏》：“踧腿何曾是废人？练成杠子更通神。寒鸭浮水头朝下，遍体功夫在上身。”

百戏 中国古代散乐杂技的统称。内容包括各种歌舞杂奏、幻术杂技、角力比武等表演。品类繁多。形成于秦汉，西汉中叶盛行，常用于招待外国使者。见东汉张衡《西京赋》。其中有许多节目来自西域及南亚各国。北朝至隋唐宋，又称“散乐”。项目增多，技艺提高，从宫廷扩展到社会。太平岁月，每逢佳节，几乎所有的城镇都在广场上进行表演或比赛，观者如堵。文人骚客亦写入作品。明清时亦盛行不衰。《旧唐书·音乐志二》：“散乐者，历代有之，非部伍之声，俳优歌舞杂奏。汉天子临轩设乐，舍利兽从西方来，戏于殿前，激水成比目鱼，跳跃嗽水，作雾翳日，化成黄龙，修八丈，出水游戏，辉耀日光。绳系两柱，相去数丈，二倡女对舞绳上，切肩而不倾。如是杂变，总名百戏。”又：“汉世有橦木伎，又有盘舞。晋世加之以柸，谓之《柸盘舞》。乐府诗云‘妍袖陵七盘’，言舞用盘七枚也。梁谓之《舞盘伎》。梁有《长跷伎》《掷倒伎》《跳剑伎》《吞剑伎》，今并存。又有《舞轮伎》，盖今戏车轮者。《透三峡伎》，盖今《透飞梯》之类也。《高袛伎》，盖今之戏绳者是也。梁有《猕猴幢伎》，今有《缘竿》，又有《猕猴缘竿》，未审何者为是。又有《弄碗珠伎》《丹珠伎》……”所记名目繁多，后世继之。

汉画像石上的歌舞百戏

走索 亦称“绳技”。即现在的杂技“走软绳”。古代百戏之一。艺人不仅在宫廷中表演，也在城乡空场上表演。多为女演员或儿童，在悬空的绳索上走动，并表演各种惊险动作，以娱观众。东汉张衡《西京赋》中，描写两个演员在绳索上迎面而走，一面手上还在抛掷短剑和小球；山东汉墓石刻上也有《绳技图》的生动形象。《隋书·音乐志下》：“又以绳系两柱，相去十丈，遣二倡女对舞绳上，相逢切肩而过，歌舞不辍。”宋司马光《走索》诗：“伎儿欲夸众，喜占衢路交。系组不厌长，缚竿不厌高。空中纷往来，巧捷如飞猱。却行欠肤寸，倒絓连秋毫。参差有万一，虀粉安可逃。钱刀不盈掬，身世轻鸿毛。徒资旁观好，曹偶相称褒。岂知从事者，处之危且劳。”却行，指退着走。

弄丸 亦称“跳丸”“抛丸”“飞丸”。传统杂技名。表演者两手上下连续抛接数个小球，不使落地。少则三个，多则七至九个，常一丸在手，数丸在空，递抛递接而不坠。又常与短剑同时抛接，称为“弄丸跳剑”，效果更为惊险。其形象在东汉画像砖和汉墓画像石上多有刻画。起源古老，春秋时代楚国有一杂技家熊宜僚，即以“弄丸”著称，见《庄子·徐无鬼》与《左传·哀公十六年》。东汉张衡《西京赋》：“跳丸剑之挥霍，走索上而相逢。”清龚自珍《明良论四》：“庖丁之解牛，伯牙之操琴，羿之发羽，僚之弄丸，古之所谓神技也。”

踏球 传统杂技名。表演者立于大木球上踩蹬，使来回滚动。与今之节目“踩大球”相似，女演员并可于其上表演舞蹈。唐段安节《乐府杂录·俳优》：“舞有骨鹿舞、胡旋舞，俱于一小圆球上舞，纵横腾踏，两足终不离于球子上，其妙如此也。”《文献通考·乐二十》：“踏球用木球，高尺余，伎者立其上，圆转而行也。”

橦技 传统杂技名。橦，竿或旗杆。指竿木类的杂技表演。有顶竿、爬竿等。爬杆又称“缘竿”。起源甚早，东汉张衡《西京赋》中所说的“都卢寻橦”即爬竿。都卢，西域国名，那里的人体格轻健，善于攀爬。他们将此节目带到西汉的都城长安，为皇帝表演。艺人附着竹、木制的高竿向上爬，并在杆上完成各种惊险动作。后世沿之。南北朝时尤盛行。北魏敦煌壁画上画一女演员反弓头脚着地，在腹部顶一高竿，而竿顶有一小演员正在表演惊险动作，可见当时技艺的高超。其竖竿形式新奇多样，有的在额上顶竿（戴竿），有的以口齿咬着顶竿，有的在车上竖竿（车竿），也有以一人肩扛或手持者。在竿上的演员，或如飞鸟盘旋，或倒挂身体，至今流传。

耍中幡 亦称“舞中幡”。传统杂技名。源于晋皇家仪仗队行军，狩猎中途休息时，旗手为皇帝的表演。幡旗高而且重，形制壮丽，旗手舞弄幡旗，保持平衡，尽显其武勇智慧。清乾隆时，皇家仪仗在原龙旗杆上加伞，用于迎接外交使者，称为“大执事”。每逢重要庆典，也表演之。民间举行庙会庆典时，各走会团体都有自己的标旗，他们的耍幡吸收了“耍大执事”的技巧，渐形成高难度的节目。近世以来，以北京天桥的耍中幡技艺最精。清李声振《百戏竹枝词·舞中幡》：“幡如四五丈高，上悬铃铎，健儿数辈舞之，指挥甚如意，佐以金鼓声，观者如堵墙焉。”

口技 传统杂技名。表演者运用口腔（有时也借助小道具）模仿鸟、兽、虫、机械、人以及各种环境声音的技艺。古时常在隔壁表演，或以屏风遮蔽，俗称“隔壁戏”。宋代口技，有学百鸟鸣叫、学买卖果品吆喝、学方言俗语对话,学人之吟诗唱曲等。明清两代,技巧更高超。如清蒋士铨《京师乐府词》,写口技艺人“画眉杨”能效百鸟及鸡、犬的鸣叫,并展示情节。又如林嗣环《秋声诗自序》中,记叙表演者能逼真描摹深夜一家庭内夫妇与二儿的声响,以及街市失火救火时之风声、火爆声、群犬吠声,众人的哭喊声、呼救声、屋塌声、抢救物品声,以及泼水声等复杂场面,撼人心魄。又清蒲松龄《聊斋志异·口技》中记述一女艺人,能以口技描摹一群女子聚会时,各个不同性格、年龄人的口吻情态。

猴戏 亦称“耍猴”“弄猢狲”。古代驯兽杂戏的一种。即驯养猴子,在街头巷尾或庙会上使其模仿、表演人的各种动作,以吸引观者。起源甚早,一直延续至今。清翟灏《通俗编·俳优》引《野人闲话》载,五代时蜀中人杨于度善弄猢狲,饲养猴十余头,能学人言,或令骑犬扮演参军,行则呵殿前后。至清代,猴戏有很大发展,已不单是简单的跟斗、倒立动作,而是让猴子戴着面具模仿戏曲人物,表演群众熟悉的戏曲故事中人物的动作。猴戏之中,又以其他小动物与之合作。如扶犁,则用狗代替牛;跑马,则骑羊作马。以安徽凤阳和河北吴桥的猴戏最为著名,两地艺人带着猴与狗走遍全国,乃至远涉重洋,赴外国表演。见傅起凤、傅腾龙《中国杂技》第六章。

马戏 古代百戏的一种。本为骑兵习武之术,汉代已有民间表演。唐宋时军中高超的驯马术,也作为喜庆日的节目。民间跑江湖,以此谋生者,称为“卖解”,多由年轻女子表演。近代,“马戏”则成为各种驯兽及杂技表演的统称。汉桓宽《盐铁论·散不足》所说民间有“百兽马戏斗虎”等表演,即为当时的马戏。汉李尤《平乐观赋》:“戏车高橦,驰骋百马。连翩九仞,离合上下。或以驰骋,覆车颠倒。”《三国志·魏志·甄皇后传》“后三岁失父”裴松之注引《魏书》:“(甄皇后)年八岁,外有立骑马戏者,家人诸姊皆上阁观之,后独不行。”《北史·沈光传》:“光少骁捷,善戏马,为天下之最。”另可参阅宋孟元老《东京梦华录·驾登宝津楼诸军呈百戏》的详细描述。

汉画像石上的马戏表演

卖解 亦称“马戏”。泛指包括表演武艺、杂技等,借以谋生。明单本《蕉帕记·下湖》:“卖解单身控,千钧只手拿。”清秋星《女侠翠云娘传》:“幼业卖解,随父流转江湖,行踪几遍南北。”

幻术 亦称“魔术”,俗称“戏法”。古代百戏的一种。指演员用熟练的手法变化各种物件或造成某种特殊效果的技艺。西汉时已有,相当一部分来自天竺(古印度)等地区。常表演于宫廷庆典或节日。其中包括了如吞刀吐火、画地成川等节目。此后不断丰富发展,形成了独特而鲜明的民族风格,直至现代。汉张衡《西京赋》:“奇幻倏忽,易貌分形,吞刀吐火,云雾杳冥,画地成川,流渭通泾。”北齐颜之推《颜氏家训·归心》:“世有祝师及诸幻术,犹能履火蹈刃,种瓜移井,倏忽之间,十变五化。”《旧唐书·音乐志二》:“大抵散乐杂戏多幻术,幻术皆出西域,天竺尤甚。汉武帝通西域,始以善幻人至中国。安帝时,天竺献伎,能自断手足,刳剔肠胃,自是历代有之。”

戏法 即“幻术”。

鱼龙漫衍 亦作“鱼龙曼延”。古代百戏大型节目。是具有复杂变化的两种彩扎的瑞兽戏,演员藏身于其中进行操纵,类似今之舞狮子之类。汉代已有记载,魏晋六朝、唐代称作“黄龙变”。后世的鳌山灯、滚龙灯等均受其影响。清代民间的灯彩幻术鱼变鳌,鳌再变龙等,即为此戏的继承。《汉书·西域传赞》作“漫衍鱼龙”,颜师古注:“漫衍者,即张衡《西京赋》所云‘巨兽百寻,是为漫延’者也。

鱼龙者，为舍利之兽，先戏于庭极，毕乃入殿前激水，化成比目鱼，跳跃漱水，作雾障日。毕，化成黄龙八丈，出水敖戏于庭，炫耀日光。《西京赋》云：'海鳞变而成龙'，即为此色也。"宋辛弃疾《青玉案·元夕》词："凤箫声动，玉壶光转，一夜鱼龙舞。"

吞刀吐火 古代百戏的一种。吞刀，演员当众表演吞下利刃。吐火，演员将燃烧物放在口中，喷吐火焰。源于天竺（古印度）等地区，后传入内地，成为独特的中国魔术。唐王棨《吞刀吐火赋》："奇幻谁传？伊人得焉。吞刀之术斯妙，吐火之能又玄。却锋铓不患乎？洞胸达腋，嘘成艳赫，俄惊其飞焰浮烟。原夫自天竺来，时当西京暇日，骋不测之神变，有非常之妙术。"《旧唐书·音乐志二》："后魏、北齐，亦有鱼龙辟邪、鹿马仙车、吞刀吐火、剥车剥驴、种瓜拔井之戏。"清顾瑗《舞狮曲》："寻橦缘曲走长索，吐火吞刀相继作。"

岁时节日

元旦 ① 亦称“元日”“正旦”等,俗称“大年初一”。汉族一年中最重大的传统节日。在农历正月初一日。古代群臣于此日朝贺皇帝、朝廷赐宴作乐。民间普遍有祭祖、饮屠苏酒、食五辛盘(五种带辛辣味的凉菜)、放爆竹、钉桃符、贴画鸡、放鸠、食麦芽糖、贴春联、拜年等活动。辛亥革命后,正月初改称春节。② 今指公历的1月1日。

放爆竹

挂桃符 节令民俗。古代神话称东海某山上有大桃树,树下有二神,能吞食百鬼。故汉代农历元旦,民间都以桃木板画二神于其上,悬挂于门户,以辟邪驱鬼,称为“桃符”。五代以后,渐演变成用红纸写的春联及刻印的门神像。

小挂千 旧时北京等地过春节时,店铺门前所粘刻有吉祥语的小红纸或小黄纸。清富察敦崇《燕京岁时记·挂千》:“挂千者,用吉祥语镌于红纸之上,长尺有咫,粘之门前,与桃符相辉映。其上有八仙人物者,乃佛前所悬也。其物民户多用之,世家大族鲜用之者。其黄纸长三寸,红纸长寸余者,曰‘小挂千’,乃市肆所用也。”

年糕 节令食品。即江南地区用糯米或黏性较大的米,加水磨粉,蒸制而成的糕。也叫“水磨年糕”。各地形状不一,以江浙一带最为重视。冬腊月制成,可存贮数月之久,平日随时食用。清顾禄《清嘉录·十二月·年糕》:“黍粉和糖为糕,曰‘年糕’。有黄、白之别。大径尺而形方,俗称‘方头糕’。为元宝式者,曰‘糕元宝’。黄白磊砢,俱以备年夜祀神、岁朝供先及馈贻亲朋之需。其赏赍仆婢者,则形狭而长,俗称‘条头糕’。稍阔者,曰‘条半糕’。富家或雇工至家磨粉自蒸,若就简之家,皆买诸市。春前一二十日,糕肆门市如云。”

糯花米 节令食品。用糯米淘净晒干,在锅中拌沙炒爆而成,南方作为新年食品,并有用来占卜之俗。起于宋代以前。

拜年 节令民俗。正月初一起,由家长带领小辈出门谒见亲友尊长,以吉祥语向对方祝颂新年,卑幼者并须叩头致礼,称为“拜年”。主人家则以点心、糖食或酒饭等热情款待之。也有士大夫之族,仅遣子弟或仆役持帖登门代拜者,至近现代则改用贺年片。

拜年

立春 传统节令。二十四节气之一。在农历正月初,阳历的二月四日或五日。为冬至后的第四十六天。是一年中第一个节气日。古代此日天子亲率公卿出东郊迎春,众人皆穿青衣,以祈求丰年。天下州县都陈列土牛,表示节令。晋以后,有食春盘、贴“宜春”字、剪彩燕、戴春幡、打春牛(模型)、尝新、赛会等风俗,直至近代。

春幡 节令饰品。古代立春日,将彩色的罗绢或纸剪成的长条状小幡,戴在家人头上,或缀于花枝,迎风摇曳,以庆贺春天到来,称为"春幡"。此俗起于汉代,至唐、宋时,制作更为精巧,从宫廷至民间皆然,不限于女性。

彩胜 节令饰品。古代人日(正月初七)与立春日,用彩色的罗绢或纸剪成双燕、小幡、人形、花朵等,统称"彩胜"。妇女儿童插戴在发上,表示迎春。胜,妇女头饰。起于汉、晋,唐宋时皇帝颁赐臣下,以庆贺节日。近代演变成通草和红绒做的花饰。

打春牛 节令民俗。自汉代始,直至清代,京都及天下州县官衙前,立春日都需陈列土牛及农具,祭先农神。主管官员,届时持彩杖鞭牛三下,表示奖励农耕;聚观百姓,则争撒麦麻米豆于牛身,祈祝丰年,称为"打春牛"。春牛也有用纸糊成,施加彩绘的。

潮汕地区立春打春牛习俗

春饼 节令食品。古代立春日所吃的面饼。与几种生菜同食,也称作"春盘"。清代时,春饼用白面为外皮,圆薄平匀,内包菜丝,卷成圆筒形,以油炸成黄脆,食之。今其俗普遍存在,称为"春卷",有甜、咸等不同馅心。

人日 古代节令。在农历正月初七,旧时称为"人日"。起于晋代以前。传说这一天为人类的诞生之日。古代有登山、饮酒、剪贴彩胜,食菜羹、煎饼的风俗。民间又传说这一天"老鼠娶亲",晚上禁止点灯烛。

三元 传统节日。本为道教节日,以正月十五日为"上元",七月十五为"中元",十月十五为"下元",共称"三元"。唐以后,民间普遍以"上元"为赏灯之节,"中元"为超度亡魂之节,"下元"为祭祖祈福之节。

元宵节 传统节日。其夜又称"元夜""元夕"。东汉起,以正月十五日为"上元节"。至唐代,张灯成为最主要、盛大的活动。此夕京城内,宫廷与民间盛陈灯彩,不禁夜行,纵士女尽兴游观。宋代更为繁盛,并有食汤圆、猜灯谜、鱼龙百戏、放烟火等活动。明以后从十三日开始,称"上灯",十八日止,称"落灯"。宋元话本、小说及文人诗词中记其盛况。宋朱淑真《元夜》诗:"十里绮罗春富贵,千门灯火夜婵娟。"宋辛弃疾《青玉案·元夕》词:"东风夜放花千树,更吹落,星如雨。宝马雕车香满路,凤箫声动,玉壶光转,一夜鱼龙舞。"

唐代上元赏灯(《帝鉴图说》)

上元节 见"元宵节"。

灯市 节令景象。唐代开始,农历正月十五之夜张灯,至宋代达于极盛。从腊月末至正月初,民间已有各种奇巧灯彩应市,称为"灯市",直至近代。明田汝成《西湖游览志余·熙朝乐事》:"腊后春前,寿安坊而下至众安桥,谓之灯市,出售各色华灯。其像生人物,则有老子、美人、钟馗捉鬼、月明度妓、刘海戏蟾之属;花草则有栀子、葡萄、杨梅、柿橘之属;禽虫则有鹿、鹤、鱼、虾、走马之属;其奇巧则琉璃球、云母屏、水晶帘、万眼罗、玻璃瓶之属。而豪家富室,则有料丝、鱼、彩珠、明角、镂画羊皮、流苏宝带;品目万殊,难以枚举。"

元宵赏灯

闹蛾 用纸做成的灯蛾儿。宋代正月十五日元夕夜，妇女戴之，以应时节，盖取蛾儿戏火之意。到明代，仍很流行，“闹嚷嚷”即其遗制。宋康与之《瑞鹤仙》词：“花影乱，笑声喧。闹蛾满路，成团打块，簇着冠儿斗转。”宋杨无咎《人月圆》词：“闹蛾斜插，轻衫乍试，闲趁尖耍。”宋周密《武林旧事·元夕》：“元夕节物，妇人皆戴珠翠、闹蛾、玉梅、雪柳……而衣多尚白，盖月下所宜也。”

走百病 亦称“走桥”。江南苏州一带称“走三桥”。明清时，北京等地正月十五日夜间，妇女约齐外出行走，一人持香前导，且须去桥，谓可健身却病，称为“走百病”。明刘侗、于奕正《帝京景物略·春场》：“八日至十八日……妇女着白绫衫，队而宵行，谓无腰腿诸疾，曰走桥。”清顾禄《清嘉录·正月·走三桥》：“元夕，妇女相率宵行，以却疾病。必历三桥而止，谓之走三桥。”

汤圆 唐代叫“牢丸”，宋代叫“圆子”（又写作“元子”）。因在农历元宵节煮食，后又称作“元宵”。今或称“汤团”。传统食品。南宋都城杭州已有专卖圆子的店铺。是以糯米粉为外皮，包以甜或咸的馅心，在沸水中煮熟而成。也有不包馅子的，如今之“酒酿圆子”等。宋吴自牧《梦粱录·荤素从食店》：“又有粉食店，专卖山药元子、真珠元子。”清袁枚《随园食单·点心·水粉汤团》：“用水粉和作汤团，滑腻异常。中用松仁、核桃、猪油、糖作馅，或嫩肉去筋丝捶烂，加葱末、秋油作馅亦可。”清薛宝辰《素食说略·汤圆》：“周必大有《元宵浮圆子》诗，朱淑真有《圆子》诗，是元宵汤圆之名，古已有之矣。今人捏馅作小块，入糯米粉滚之，再湿再滚，大小合宜而止，曰元宵。以水和糯米粉，擘块，实以馅包之，曰汤圆。古人作此，当亦不外此二法也。”

汤圆

送穷 节令民俗。农历正月的最后一天（二十九或三十日），夜晚无月，民间相传，穷神名瘦约，死于此日。居民皆以稀粥、破衣在巷中祭送他，号称“送穷”。此俗产生于唐以前。它表达了人们希望摆脱贫困，过上富裕生活的愿望。《天中记》卷四引《岁时记》：“高阳氏（即古帝王颛顼）子瘦约，好衣弊食糜（粥），正月晦日巷死。世作糜，弃破衣，是日祀于巷，曰‘送穷鬼’。”唐文学家韩愈作有幽默自嘲的《送穷文》。唐姚合《晦日送穷》诗：“年年到此日，沥酒拜街中。万户千门看，无人不送穷。”

社日 古代节令。古代春、秋两季祭祀土地神的日子。春社祈祝丰年，秋社感谢神灵。其俗起于先秦。自宋代起，以立春、立秋后的第五个戊日为社日。社神，相传为古代共工氏之子，名曰后土，掌管土地与农业之事。

春社 古代节令。春季祭祀土地神的日子。自宋代起，以立春后第五个戊日为春社日。民间定为二月二日，俗称“土地公公生日”，并有饮酒、分肉、赛会、妇女停针线之俗；官社为国家祀典，在社稷坛举行，主要内容都是祈求丰年。

挑菜 宋代风俗。每年春二三月，百草生发，青年妇女多至郊外挖取野菜，以应时节，供制春盘，称为“挑菜”。当时并以二月初二日为挑菜节。宋史达祖《夜行船·正月十八日闻卖杏花有感》词：“草色拖裙，烟光惹鬓，常记故园挑菜。”宋周密《武林旧事·挑菜》：“（二月）二日，宫中排办挑菜御宴……用此以资戏笑。王宫贵邸，亦多效之。”清端木国湖《沙湾放船》诗：“时节刚逢挑菜好，女儿多见采茶忙。”

花朝 亦称“百花生日”。古代节令。晋代在农历二月十五日，宋以后改为二月十二日。传说这一天为百花之神生日。宫廷民间都剪彩条为幡，系于花树之上，表示对花神的祝贺。一般士民，于花朝日都到郊外看花游春。这是中国人民最富诗意的传统节日之一，与八月十五的中秋，分别称为“花朝”与“月夕”。宋吴自牧《梦粱录·二月望》：“仲春十五日为花朝节，浙间风俗，以为春序正中，百花争放之时，最堪游赏。都人皆往钱塘门外玉壶、古柳林、杨府、云洞，钱湖门外庆乐、小湖等园……玩赏奇花异木。最是包家山桃开，浑如锦障，极为可爱。此日帅守、县宰率僚佐出郊，召父老赐酒食，劝以农桑，告谕勤劭，奉行虔恪。”

武汉花朝节活动

观音生日 民间宗教节日。历代相传，农历二月十九日为佛教观音菩萨诞辰，六月十九日为观音成道之日。此两日士女到寺院庙庵烧香敬拜，以求安康，或求生子。已生者则于像座下皈依寄名，以求长寿。佛寺往往举办诵经之观音会。

上巳 古代节令。因在农历三月上旬的巳日，故称。源于上古，是春季到郊外水边沐浴、采兰、饮酒、游春的日子。三国魏以后定为三月三日，于祛除不祥的民俗仪式外，士大夫并有“曲水流觞”的活动。后世上巳日，民间有戴荠菜花、挑荠菜、听蛙鸣占卜当年收成等习俗。《后汉书·礼仪志》：“是月上巳，官民皆洁于东流水上，曰洗濯祓除，去宿垢疢为大洁。”刘昭注：“谓之禊也。”宋吴自牧《梦粱录·三月》：“三月三日上巳之辰，曲水流觞故事，起于晋时。唐朝赐宴曲江，倾都禊饮踏青，亦是此意……杜甫《丽人行》云：‘三月三日天气新，长安水边多丽人’，形容此景，至今令人爱慕。”后亦有不用三日，仍用巳日者。元白朴《墙头马上》第一折：“今日乃三月初八日，上巳节令。洛阳王孙士女，倾城玩赏。”

傅抱石《丽人行》

曲水流觞 亦称“流杯”。节令民俗活动。为士大夫所爱好。在上巳（农历三月三日）举行，参加者数十人散坐于园中弯曲的水岸边，投杯于上游，听其流下，止于何处，则取杯饮其酒，每人并须咏诗。唐时此风犹盛，至宋渐稀。东晋书圣王羲之的《兰亭集序》，即记其事。

明文徵明《兰亭修禊图》

寒食 古代节令。在此期内，一月冷食不举火，称为"禁烟"。起于春秋时晋文公纪念忠臣介子推奉母隐居绵山不出，而被焚死的悲剧，晋地尤重此事。东汉末，民间老幼因冷食多致疾病死亡，曹操下令改一月为三日。魏晋以下，指清明前一日、二日或三日，与清明相衔接。寒食日有在门上插柳、食枣粥、踏青、荡秋千、蹴鞠、祭扫等习俗（与清明大致同）。宋周密《武林旧事·祭扫》："清明前三日为寒食节，都城人家皆插柳满檐，虽小坊幽曲，亦青青可爱，大家则加枣于柳上，然多取之湖堤。有诗云：莫把青青都折尽，明朝更有出城人。"

山西绵山的介子推神像

踏青 节令民俗。于初春时，芳草始生，杨柳泛绿，到郊外野游，称为"踏青"。但踏青的日期，则因时地而异，或于二月初二，或于三月初，或于清明节前后。

清明 传统节令。二十四节气之一。在农历三月初，阳历的四月四日、五日或六日，寒食节的后一天。唐代宫中于此日赐榆、柳之火给近臣，称为"改火"。民间此日有拔河、斗鸡、抛球、荡秋千、试新茶、上坟扫墓、食饧粥等习俗。宋以后，多在这一天插柳条于门，出郊外游园饮酒，以贺佳节。宋孟元老《东京梦华录·清明节》："寒食第三节，即清明日矣。凡新坟皆用此日拜扫。都城人出郊……士庶填塞诸门，纸马铺皆于当街用纸衮叠成楼阁之状。四野如市，往往就芳树之下，或园囿之间，罗列杯盘，互相劝酬。都城之歌儿舞女，遍满园亭，抵暮而归。各携枣、炊饼、黄胖、掉刀，名花异果，山亭戏具，鸭卵鸡雏，谓之'门外土仪'。轿子即以杨柳杂花装簇顶上，四垂遮映。"

插戴杨柳 节令民俗。唐代，清明日有皇帝赐细柳圈给侍臣，戴之以避疫病的习俗。后世寒食清明前后，家家以柳条插门上，满街叫卖柳枝。妇女则结杨柳球戴于鬓边，谓可以红颜不老。民谚有"清明不戴柳，红颜成皓首"之说。

扫墓 俗称"上坟"。节令民俗。寒食清明前后，士民携带酒、菜肴、纸钱等，出郊外，祭扫祖先坟墓，称为"扫墓"。至坟前，则挑新土、烧纸钱、祭山神、哭泣尽哀而去。唐代将寒食扫墓定为正式礼仪。至清，扫墓可迟至立夏日。

立夏 传统节令。二十四节气之一。在农历四月初，阳历的五月五日或六日。是夏季的开始。古代此日天子亲率公卿出南郊，举行迎夏之礼，众人皆穿赤衣。明清时，江南一带有烹新茶、尝新（樱桃、青梅、鲥鱼）、吃鸭蛋、饮烧酒、供祖先、称体重等风俗。唐太宗《初夏》诗："一朝春夏改，隔夜鸟花迁。"明田汝成《西湖游览志》："立夏之日，人家各烹新茶，配以诸色细果，馈送亲戚比邻，谓之七家茶。富家以侈丽相竞，果皆雕刻，饰以金箔，若茉莉、林禽、蔷薇、桂蕊、丁檀、苏杏，盛以哥、汝瓷瓯，鲜艳夺目。"清顾禄《清嘉录·四月·立夏见三新》："立夏日，家设樱桃、青梅、麦，供神享先，名曰立夏见三新。宴饮则有烧酒、酒酿、海狮、馒头、面筋、芥菜、白笋、咸鸭蛋等品为佐，蚕豆亦于是日尝新。"

浴佛节 民间宗教节日。在农历四月初八日。相传为佛祖释迦牟尼的诞辰。佛教寺院此日以香汤浴沸，并煮乌米饭，施与信众。民间有放生活动，店肆中制作乌米糕，居民皆买归供佛。起于六朝，后世沿之。《高僧传》："四月八日浴佛，以都梁香为青色水，郁金香为赤色水，丘隆香为白色水，附子香为黄色水，安息香为黑色水，以灌佛顶也。"

放生会 节令民俗。古代浴佛节，城镇居民往往持斋素食，礼拜神佛，结众举行放生活动，出钱买来龟、鱼、蚌、螺、小鸟及其他野生动物等，由僧侣主持一定仪规，念咒放归大自然，称为"放生会"。宋周密《武林旧事·浴佛》："四月八日为佛诞日，诸寺院各有浴佛会，僧尼辈竞以小盆贮铜像，浸以糖水，覆以花棚，铙钹交迎，遍往邸第富室，以小杓浇灌，以求施利。是日西湖作放生会，舟楫甚盛，略如春时小舟，竞买龟鱼螺蚌放生。"

端午节 亦称"重五""端阳节"。中国传统三大节日（春节、端午、中秋）之一。在农历五月初五日。起源与祈求农业丰收、防止夏季疫病有关。至晋后，楚地人民纪念爱国诗人屈原的活动也与此结合起来。此日民间有悬菖蒲和艾草于门户、饮酒、划龙船、挂天师符、沐兰汤浴、驱五毒虫、戴五色长命缕、吃粽子等风俗。明余有丁《帝京午日歌》："都人重五女儿节，酒蒲角黍榴花辰。金锁当胸符当髻，衫裙簪朵盈盈新……踏归百草毒可禳，系出五丝命可续。结缕仍将艾叶悬，袚祥却把兰汤浴。"参见"女儿节"。

女儿节 明清两代对端午节的别称。这一天，少女簪戴石榴花，已嫁的女儿则回娘家探望父母。

悬艾 亦称"插艾"。节令民俗。以艾草悬插于门户、堂屋、床头等处。源于古代采集药草之俗。艾，又名"艾蒿""家艾"，茎叶含挥发性芳香油，气味浓烈，有驱除蚊蝇虫蚁、净化空气作用。艾绒可用于针灸。菖蒲作用类似。故自汉、晋以后，端午节家家必插艾以应节景。

粽子 亦称"角黍"。节令食品。用苇叶或茭叶包裹糯米，其中加以枣、栗、糖、豆、肉等佐料，扎成三角锥体等形状，煮熟后食用。民间于端午和夏至日食粽。传说起于楚地人民五月五日祭祀伟大诗人屈原的遗俗。唐宋以后，制作精美，品类极多，并影响到亚洲邻国。北魏贾思勰《齐民要术·粽法》引晋周处《风土记》："用菰叶裹黍米，以淳浓灰汁煮之，令烂熟，于五月五日、夏至啖之。粘黍，一名粽，一名角黍。"宋高承《事物纪原·酒醴饮食部·粽》："《齐谐记》曰：（屈）原以五月五日投汨罗，楚人哀之，每至此日，以筒贮米祭。今市俗置米于新竹筒中；蒸食之，谓之装筒。其遗事亦曰筒粽……《异苑》曰：粽，屈原姊所作。"清袁枚《随园食单·点心》："扬州洪府制粽，取顶高糯米，捡其完善长白者，去其半颗散碎者，淘之极熟，用大箬叶裹之，中放好火腿一大块，封锅闷煨，一日一夜，柴薪不断。食之滑腻温柔，肉与米化。"参见"端午节"。

长命缕 亦称"五色丝"，俗称"长寿线"。节令民俗物品。古人把农历五月看成恶月，因其天气炎蒸，疾病易于流行。自汉代以来，人们在端午日期间，多用彩色丝线系于儿童的手臂、手腕，认为可保平安健康，又谓能避刀兵之灾，故称。

五毒图 节令民俗物品。五毒，指蝎子、蜈蚣、蛇、蟾蜍、蜥蜴等有害于人的五种毒虫。端午节，民间在门户上悬挂五毒图，以及在儿童手臂或身上佩戴五毒形象饰物的习俗，其意在禳避病害，祈求平安。此俗起于宋代。反映了古代人民进入夏季时除害灭病的愿望。

赛龙船 节令民俗活动。龙船为饰成龙形的船。古代江南吴、楚等地，原有划船竞赛的活动。楚地相传，爱国诗人屈原于端午日投汨罗江而死，当地人民为纪念他，因有端午竞渡之俗。明、清时，江南各地皆有，而苏州举行十日，夜以继日，所在城市，规模尤盛。

端午赛龙舟

六月六 古代节令。起于宋代。每逢这一天，居民要到道观献香，求神护佑，以及进行避暑性质的游乐活动。到明、清时代，又有晒衣、晒书，为猫、狗洗浴等习俗。

伏日 亦称"伏天"。三伏的总称。也专指进行祭祀的一天。古代民间，此日有食汤饼（汤面）之俗，谓食之可避疾患。三伏期间，为夏日最炎热之时，富贵人家多搭凉棚遮阳，闭门不出，并于风亭水榭处，浮瓜沉李，作纳凉的盛会。

乘风凉 节令民俗。江、浙等地，夏夜户外纳凉名"乘风凉"。"乘风凉"多在庭院里或空场上。星月临空，凉风习习，人们或坐或卧，谈说聊天，儿童则围住大人听讲故事。同时品尝西瓜、桃子、绿豆粥、百合汤等消暑食品。

立秋 传统节令。二十四节气之一。在农历七月初，阳历的八月七日或八日。古代至此日，皇帝亲率公卿大夫迎秋于西郊，众人皆穿白衣。后代民间立秋之日，有插戴楸树叶、食西瓜、饮烧酒等风俗。传说此日若雷鸣及有虹，则有害于庄稼。

七夕 亦称"乞巧节""女儿节"。传统节日。在农历七月初七。东汉以来，有牛郎、织女二星于此夕在银河鹊桥上相会的传说。此后民间逐渐产生穿针"乞巧"、拜双星、卖巧果、染红指甲、种五生等习俗，诗词中也多吟咏其事。七夕于是成为一个女性的节日，寄托了女性的许多愿望和幻想。

七夕节物 古代七夕节妇女、儿童所吃的和玩的物品。宋代时，有油炸的果食（后世称为巧果）、雕有图案的花瓜、水蜜木瓜、双头莲花、泥孩儿"磨喝乐"（也写作"摩合罗""摩罗"）、笔砚、针线、蜡制凫雁水禽、田舍人家模型"谷板"及"五生盆"等。"磨喝乐"来自佛教神话，通常为泥娃娃，宫中也有用象牙、香木制造者，受到妇女的喜爱，躬身以祈求生子。笔砚、针线，则为男女幼童乞巧之物。当时，街市上均有出售，以供居民度节。北宋时的东京（今开封）、南宋时的临安（今杭州），由于经济的繁荣，人民的文化生活发达，在七夕期间，均极一时之盛。明、清时之节物，大体承袭宋代。

乞巧 节令民俗。七夕之日，东汉以后，女子有向织女乞求智巧的活动，称为"乞巧"。每年此夕，妇女穿七孔针，设瓜果于庭，礼拜双星，祈求婚姻幸福。七夕前，市上竞卖过节的各种精致玩意及食物，民间往往陈列于门首，以奇巧侈丽相尚。

染红指甲 节令民俗。民间美容习俗。唐代时已有。即农历七夕（七月七日）前后，妇女采摘风仙花，捣碎取其汁，染指甲为艳红，能很久不褪。

种五生 民间岁时风俗。宋代以来，于农历七月初七前，将绿豆、小豆（赤豆）、小麦等五谷之属，用水浸于瓷器之中，待生芽数寸，以红蓝彩线束之，置小盆内，七夕供祀牵牛星，谓之"种生"。此类以彩线所系之物，称"五生"。其盆名"生花盆"或"五生盆"。街市上并有出售。培种五生，同时也成了妇女、儿童的一种巧艺，此俗至近代犹存。元白朴《梧桐雨》第一折："龙麝焚金鼎，花萼插银瓶，小小金盆种五生。供养着鹊桥会，丹青帧。"

秋社 古代节令。秋季祭祀土地神的日子。始于汉代，后世在立秋以后第五个戊日。古代收获已毕，官府与民间都在此日祭谢土地神。宋代有食糕、饮酒、妇女回娘家探望父母的习俗。后世，其内容多与中元节（七月半）合并。

停针线 古代岁时风俗。唐宋时，每逢春秋社日，妇女们不做针线活计，称为“停针线”。这一天，她们游玩和进行其他的活动。传说这一天如果工作，人就会不聪明。唐张籍《吴楚歌词》：“今朝社日停针线，起向朱樱树下行。”宋张邦基《墨庄漫录》卷九：“今人家闺房，遇春秋社日，不作组紃，谓之忌作。”

地藏会 民间宗教节日。传说七月十三日为地藏王菩萨生日。古代各寺庙多于此日举行法会，诵经礼地藏像，或纸糊法船，中设地藏及十殿阎王像，稍晚即焚化。民间则普遍于地面插香，在水上燃放莲花灯，以示敬信。

盂兰盆会 民间宗教节日。传说佛祖弟子目连因见其母在地狱备受痛苦，求佛超度。佛瞩目连在七月十五日备百味果食供十方僧众，即可解脱。后佛教徒及民间常在十三到十六日广设供果，为已逝亲属祈福，称“盂兰盆会”。盂兰盆，意为解救倒悬之苦，一说为贮器之盆。

中元节 亦称“鬼节”“盂兰盆节”，俗称“七月半”。民间宗教节日。在农历七月十五。为超度亡魂之节。民间此日普遍祭祀祖先，有焚烧纸糊冥器、冥钱，燃香于地，在水上燃放莲花纸灯等习俗。

中秋节 传统节日。在农历八月十五日。此日为三秋之中，故称。中秋赏月，起于唐玄宗夜游月宫的传说。民间盛传，遂成风气。后世至此夕，人家或登楼临轩，或安排家宴，赏玩月色，留连达旦，不肯虚度。明以后有祭月之俗，家家安置月宫神像，供奉瓜果，男女肃拜烧香。应节的最著名食品即月饼，用于祭月及作馈赠之礼。世界上凡有华人处，皆风行之。明刘侗、于奕正《帝京景物略・城东内外・春场》：“八月十五日祭月，其祭果饼必圆；分瓜必牙错瓣刻之如莲华。纸肆市月光纸，缋满月像，趺坐莲华者，月光遍照菩萨也。华下月轮桂殿，有兔杵而人立，捣药臼中。纸小者三寸，大者丈，致工者金碧缤纷。家设月光位，于月所出方向供而拜，则焚月光纸，撤所供，散家之人必遍。月饼月果，亲属馈相报，饼有径二尺者。女归宁，是日必返其夫家，曰团圆节也。”

中秋拜月

月饼 节令食品。中秋节吃月饼，取“合家团圆”之意。传说起于元末，此后成为全国性风俗，也用于祭月及馈赠。饼以面粉为外皮，内馅有荤、素、五仁、百果、椒盐、豆沙等，烘烙而成。近代以苏州及广州产的最有名。乡村则以面纳馅自制圆饼，称作“烧饼”，实即最初之“月饼”。

兔儿爷 节令物品。北京中秋节供奉和玩赏的一种泥俑。因神话中有玉兔在月宫捣药的传说而出现。起于明后期。至清代，普遍流行，受到大人孩子的欢迎。其形象，兔首人身，有京剧舞台上扎靠的武将，也有的取材于社会生活和模仿妇女，形形色色，童趣盎然。民间尊称为“兔儿爷”。是一种离开神话内容而戏剧化、风俗化、人物化的民间艺术品。

北京兔儿爷

先师诞 传统节日。农历八月二十七日传说为儒家创始人“大成至圣先师”孔子的诞辰。清代此日禁止屠宰，学官到孔庙上祭。凡书房、学校都设供品，师生依次瞻拜，以为纪念。

重阳节 亦称“重九”“九日”。传统节日。在农历九月初九。西汉时此日佩茱萸、食糕、饮菊酒，以祈求逃避传说中的灾厄。东汉以后，增加了登高游赏的内容。明清时期，又有接已出嫁女儿归家过节的习俗。现代中国，将重阳节也作为老人的节日。

登高 节令民俗。即在节日里登上山岭高处。起初多与避灾除病的迷信传说有关，后成为旅游、健身活动的一种。多于人日、元宵日进行。魏晋以后，定为九月九日（重九）的活动，遂以为俗。唐王维《九月九日忆山东兄弟》：“独在异乡为异客，每逢佳节倍思亲。遥知兄弟登高处，遍插茱萸少一人。”

菊花酒 民间饮品。自汉代以来，即有酿造菊花酒，在重阳日（农历九月初九）饮用的习俗。古人认为可以长寿，历代尚之。到这一天，人多提壶携食品，出城登高，至风光佳胜处饮酒赏节。

赏菊 节令民俗。汉魏以来，九月初九有登山、佩茱萸、饮菊花酒的习俗。晋代诗人陶渊明尤爱菊花。到唐宋时，重阳赏菊成为风俗，菊的名种培植繁多。明、清时有堆菊花山等项目，实际即是菊花品种展览，其名目多至千种，成为当时城市居民的一大活动。《帝京岁时纪胜·赏菊》：“秋日家家胜栽黄菊，采自丰台，品类极多。唯黄金带、白玉团、旧朝衣、老僧衲为最雅。酒炉茶舍，亦多栽黄菊，于街巷贴市招曰：某馆肆新堆菊花山可观。”清富察敦崇《燕京岁时记·九花山子》：“九花者，菊花也。每届重阳，富贵之家以九花数百盆，架庋广厦中，前轩后轾，望之若山，曰九花山子。四面堆积者曰九花塔。”

重阳糕 亦称“花糕”。节令食品。重阳节前后，以米粉、豆粉等为原料，发酵，其上点缀枣、栗、杏仁等果脯，加糖蒸制而成。起于唐以前。至宋以后，普遍盛行。糕的制作，名目繁多，销售时插上彩色纸旗，极受儿童的喜爱，一直盛行至近代。宋孟元老《东京梦华录·重阳》：“前一二日，各以粉面蒸糕遗送，上插剪彩小旗，掺果实，如石榴子、栗子黄、银杏、松子肉之类。又以粉作狮子蛮王之状，置于糕上，谓之狮蛮。”明刘侗、于奕正《帝京景物略·春场》：“九月九日……饼面种枣、栗其面，星星然，曰花糕。糕肆准纸彩旗，曰花糕旗。父母家必迎女来食花糕。”

重阳糕

十月朔 民间俗称“十月朝”。古代节令。在农历十月初一日。宋代于立冬日外，更重视此节。朝廷有祭享宗庙，“赐衣”给大臣以表示关怀等典礼。士民则祭祖扫墓，北方天寒，从此日开始用炉火。

送寒衣 节令民俗。十月初一日，士民百姓，不论贫富，于祭祀祖先坟墓时，多以五色彩纸或彩帛剪成的衣服鞋帽焚烧之，以供死者御寒，称为“送寒衣”。宋代已然。明、清时，此日因又称“烧衣节”。

立冬 传统节令。二十四节气之一。在农历十月初，阳历的 11 月 7 日或 8 日。中国以这一天作为冬季的开始。古代此日天子亲率公卿出北郊，举行迎冬之礼，众人皆穿皂衣。并有赐群臣冬天衣帽、救济社会上孤寡贫民的制度。后世大体相同。

冬至 亦称“大冬”“冬节”，又称“长至”“长日”，因此后白天时间渐长，故称。传统节令。二十四节气之一。在农历的十一月，阳历的 12 月 21 日或 22 日。古代国家以冬至为仅次于元旦的重要节日。民间有“冬至大如年”之说。直至清代，每逢冬至，士大夫及百姓之家皆拜贺尊长，穿新衣，备办饮食，祭祀祖先，庆贺往来，一如过年。媳妇有向公婆进献鞋袜的习俗。

九九 中国民间对冬至起或夏至起后八十一天的总称。多用来说明季节气候的变化。冬至起的八十一天为“冬九九”，夏至起的八十一天为“夏九九”。至今流行，一般指“冬九九”。依次称为头九，二九，三九……直至“九九”，即所谓“数九寒天”之意。北京地区流行的《冬九九歌》曰：“一九、二九不出手；三九、四九冰上走；五九六九，沿河看柳；七九河开，八九雁来；九九加一九，耕牛遍地走。”

九九消寒图 节令民俗。是一种记录“进九”后八十一天冬日气象变化的趣味“日历”。产生于元代。即自冬至起算，以九天为一单元，逐日记载“九九”中每日的阴、晴、雨、雪等，用来应验农谚，预卜来年丰歉。同时寓教于乐，作为对儿童识字和自然常识的启蒙教育。它又是文人墨客、书香之家的一种雅兴消遣。此图通常有三种：第一种是一幅双钩描红书法，上有楷书繁体“亭前垂柳珍重待春风”九字，每字九划，共八十一划，每天按顺序填充一个笔画，每过一九填充好一个字，至“九九”结束。称作“写九”。第二种画八十一个小方格，每格代表一天。在方格里用色彩、符号或文字注明此日的天气状况。第三种，画素梅一枝，枝上梅花九朵，每朵九个花瓣，每瓣代表一天。每天以颜色染一瓣，并在花瓣上用文字和符号注明阴晴雨雪。“消寒图谚”云：“下点天阴上点晴，左风右雾雪中心。图中点得墨黑黑，门外已是草茵茵。”九朵染完，冬去春来。也有在梅枝上日画一圈者。称作“画九”。以素梅的“九九消寒图”最受人们喜爱。清代从皇室到民间，极为盛行。元末杨允孚《滦京杂咏》卷下：“试数窗间九九图，余寒消尽暖回初。梅花点遍无余白，看到今朝是杏株。”原注：“冬至后，贴梅花一枝于窗间，佳人晓妆，日以胭脂图一圈，八十一圈既足，变作

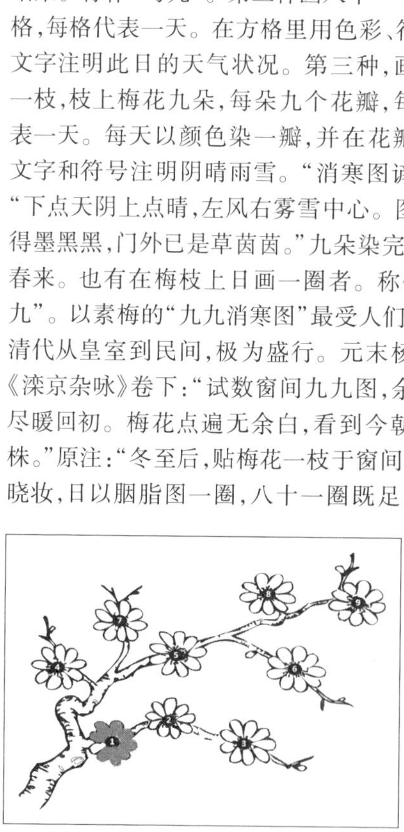

九九消寒图

杏花，即回暖矣。”明刘侗、于奕正《帝京景物略·春场》：“日冬至，画素梅一枝，为瓣八十有一，日染一瓣，瓣尽而九九出，则春深矣，曰九九消寒图。”

消寒会 节令民俗。旧时冬至以后，富贵之家邀集亲朋饮酒，轮流作东举行宴会，以消磨冬日。其俗始于唐末。五代王仁裕《开元天宝贵事·扫雪迎宾》：“王元宝每至冬月大雪之际……迎接宾客，就本家具酒炙宴乐之，为暖寒之会。”《红楼梦》第九二回：“明儿不是十一月初一日么？年年老太太那里必是个老规矩，要办‘消寒会’，齐打伙儿坐下，喝酒说笑。”

腊八粥 亦称“佛粥”“五味粥”等。宗教节日食品。农历十二月八日，俗称“腊八”，相传为佛祖成道之日。宋代此日，各佛寺都用枣、栗等干果以及豆、菜、米煮成粥，馈送信徒，称为“腊八粥”。民间仿为之，成为风习，直至现代。宋孟元老《东京梦华录·十二月》：“诸大寺作浴佛会，并送七宝五味粥与门徒，谓之腊八粥。都人是日各家亦以果子杂料煮粥而食也。”宋周密《武林旧事·岁晚节物》：“八日，则寺院及人家用胡桃、松子、乳蕈、柿、栗之类作粥，谓之腊八粥”。清潘荣陛《帝京岁时纪胜·十二月·腊八》：“家家煮果粥，皆于预日拣簸米豆，以百果雕作人物像生花式。三更粥煮成，祀家堂门灶陇亩，合家聚食，馈送亲邻。”

唐花 亦称“堂花”。节令物品。北方天寒，腊月所卖鲜花供农历新年所用的，都是暖室所培养，称为唐花。

祀灶 亦称“送灶”。古代信仰民俗。晋以后普遍于腊月二十三或二十四日送灶神上天。迷信认为，灶神将向天帝禀报家中善恶之事，民间因有请（买）新神像、供灶糖、焚旧神像、食糯米饭等风俗。

接灶 亦称“迎灶”。古代信仰习俗。多在除夕之日，也有在元旦或正月十五的。表示迎接灶神自天上返回。此日，民间将新的灶神像安置于灶的神龛上，并敬以酒果点心。

扫尘 亦称“除尘”“掸尘”等。节令民俗。旧时祀灶（通常在十二月二十五日）前后，家家户户例有一次卫生大扫除，准备迎接新年，称为“扫尘”。墙角、床下及屋柱、屋梁等处一年的

积尘，均须在此日清扫干净；箱、柜的铜把手等，也应擦拭一新。其俗起源甚古。

小年夜 传统节日。主要的民俗活动有扫尘、祭灶等。由于南北各地风俗不同，被称为“小年”的日子也不尽相同。南方大部分地区，小年是腊月二十四。北方地区在清朝中期以前也是腊月二十四过小年，如《清嘉录》记载：“俗呼腊月二十四夜为念四夜，是夜送灶。”从清朝中后期开始，帝王家就于腊月二十三举行祭天大典，为了“节省开支”，顺便把灶王爷也给拜了，因此北方地区百姓也提前一天在腊月二十三过小年。

除夕 亦称“除夜”“大年夜”“年三十”。传统节日。指农历一年最后一天的晚上。也指这一天。古时于腊日或腊前有击鼓驱逐疫鬼之俗，谓之“逐除”，除夕之称，盖由此来。汉以后，逐除之事改在除日，称为“驱傩”。宫中盛行，参加者每有千人之多。民间人家，则于此夕高烧红烛，燃香敬神，爆竹之声不绝于耳，全家围坐进餐，儿童嬉戏，通宵不眠，谓之“守岁”。此俗晋时已有。此外，尚有门上换新桃符之俗，宋以后演变为贴新门联。此夜或岁首，长辈给儿女钱物，称“压岁钱”。

大年夜 “除夕”的俗称。

年夜饭 节令民俗。指农历除夕的晚饭。民间风俗，此夕必须准备丰盛菜肴，在外地的小辈也须及时赶回家中，老少团聚一堂，共同饮酒守岁，等待新年到来。因此又称合家欢。

挂喜神 节令民俗。喜神，指祖先的画像，通常是人工手绘的彩色坐像卷轴，多为一对身着清代正式官服的老年夫妇。旧时人家于除夕悬挂，以香烛果品茶点供奉，并率家人跪拜祭祀，称为“挂喜神”。

欢乐图 省称“欢乐”，亦称“门笺”。节令纸装饰物品。是一种上面刻有人物故事图案的大红剪纸。由汉晋时的春幡变化而来。长江南北一带，城乡居民于新年前自市上买来，贴其上端于堂屋屋梁与各处门楣，三或五张一排，下垂于空，以取“吉祥欢乐”之意。其名见清顾禄《清嘉录》。

守岁烛 节令民俗。指旧时民间于除夕之夜，点大红烛一双于卧室中，终夜不熄，直至天明。明王彦泓《残岁即事》诗：“纱笼椽烛焰如幢，火齐呈花喜一双。为惜轻风吹烬落，晓妆成后未开窗。”清吴曼云《江乡节物词》小序：“烛之大者，可通夕。杭俗除夕燃之，为守岁计。”清顾禄《清嘉录·十二月·守岁烛》：“燃双椽烛于寝室中，宵永烬长，生花报喜，红荣四照，直接晨光，谓之守岁烛。”

压岁果子、压岁钱 节令民俗。旧时除夕，家中长辈以红绳穿铜钱与橘子、糕、黑枣之类果点，一同放在小儿枕下，候其元旦一早醒来得之，称为“压岁钱”。果子则称为“压岁果子”。至清初已成为普遍习俗。

传统风俗

男尊女卑 亦称“重男轻女”。旧时社会风俗。上古母系氏族社会，妇女在氏族公社中居于支配地位。及至父系氏族社会确立，妇女在生产中退居次要地位，开始实行父系继承制及女嫁男、从夫居的婚姻居住制度，男尊女卑乃因之而生。中国华夏民族至周代，宗法社会形成，男子从属家族，女子从属男子。东周以后，贵族阶级实行媵妾制，严格区分嫡庶。汉代进一步用法律褒扬贞节，系统阐扬男尊女卑、夫为妻纲及三从四德的观念，从此男尊女卑观念深入全社会的各个方面，给妇女带来深重压迫及无穷痛苦。直至近代启蒙思想产生，西方民主主义思想输入，才逐渐打破此一思想禁锢。《周易·系辞上》：“天尊地卑，乾坤定矣，卑高以陈，贵贱位矣……乾道成男，坤道成女。”汉班昭《女诫·夫妇》：“夫有再娶之义，妇无二适之文，故曰夫者天也；天固不可逃，夫固不可违也……故事夫如事天，与孝子事父、忠臣事君同也。”

重男轻女 即“男尊女卑”。

男女授受不亲 上古男女交际自由，进入宗法社会后，女性逐渐沦为男性的附庸。然直至西周时的中原地区，仍保留原始氏族的遗风，仲春之月，允许男女自由交往相恋。至战国时，儒家经典规定的贵族家礼，强调男女隔离与疏远，严防女子与非自己丈夫的任何男子发生爱情与性关系。在家族内部，也严格区别男女，即使递东西也不允许。宋代以后，士大夫之家，将妇女囚禁于一个狭小的天地，不仅限制压抑和摧残了女性对理想异性的爱慕之情，而且扭曲她们的思想、感情与欲望，使其自觉变成封建道德力量的驯服工具。下层社会虽宽松得多，但也受到较深的影响。

贞洁崇拜 中国古代礼俗。父权制为保证家庭财产传给亲生子，而要求妇女一方保持贞操的强制措施。它表现为：女性自小被限制在家庭范围，从父母之命而嫁，夫死守节，从一而终；如遇强暴，要以死殉之；性行为仅仅为了生育后代，等等。由此而产生社会对女性童贞的极端重视，对守寡的赞颂与对“烈女”“节妇”的表彰。汉班昭《女诫·夫妇》：“夫有再娶之义，妇无二适之文。”《后汉书·安帝纪》：“元初六年二月，诏赐贞妇有节义者谷十斛；甄表门闾，旌显厥行。”

安徽歙县的贞节牌坊群

早婚 中国旧时婚俗。即男女未成年而结婚。古代法定婚龄不一，《周礼》规定，男不超过三十而娶，女不超过二十而嫁。后代统治者为承继帝位，传宗接代，或增殖人口，多征赋税，往往亲身实行并下令民间早婚。民间为增添劳力，保证财产有人继承等，童幼许婚、指腹为婚等成为普遍现象。汉代王吉、宋代司马光曾对此提出严厉批评，指明其危害。

同姓不婚 古代婚俗制度及风俗。即同一姓的男女之间不相嫁娶，始于西周初期，是实行族外婚时遗留下来的规定。后世以法律形式禁止之。《左传·僖公二十五年》：“男女同姓，其生不繁。”《唐律》：“诸同姓为婚者，各徒二年；缌麻以上，以奸论。”

良贱禁婚 古代关于禁止良民与贱民之间通婚的法令与习俗。古代奴隶、百姓平民与贵族互不通婚姻。秦、汉以后，平民与贱民虽有区分，通婚受到影响，但法律上尚未有明确规定。汉代帝王后妃中出身微贱者为数不少，如汉武帝皇后卫子夫及李夫人、汉成帝皇后赵飞燕、汉末曹操夫人卞氏，俱出身歌舞倡。自北魏文成帝，始明文禁止良贱通婚。唐以后，规定良贱婚娶为犯罪行为。明代沿之。历代贱民的范围包括官私奴婢、僮仆、官户、杂户、部曲、工乐百户、倡优、隶卒、伴当、世仆、惰民、丐户、浙江九姓渔民、广东等地疍民等。雍正初，陆续废除良贱之分，不再禁止通婚。此种不平等习俗制度，曾造成男女间无数悲剧。妓女身在乐籍，属于贱民，非脱籍为良，不能嫁人。婢女为家内奴隶，无人身自由，不能自行择偶或匹配士人，古典文学中的《霍小玉传》《诈妮子调风月》《红楼梦》等，深刻反映了这种制度习俗的不合理性。

媵妾婚 古代婚姻制度及风俗。周代，诸侯娶一国之女为夫人，女方须以侄（兄弟之女）娣（妹妹）随嫁，同时还须从另两个与女方同姓之国各请一位女子陪嫁，亦各以侄、娣相从，一共九人。只有夫人处于正妻地位，其余都属于贵妾。媵，指陪嫁。诸侯的正妻如亡故或被休弃，不可再娶，应由众妾中依次递补，此种制度称为媵妾婚或媵婚制度。天子媵嫁，与诸侯相似，唯媵嫁数目更多，连正妻共十二人。这一制度，体现了周人对嫡庶的严格区分，但同时也是对多妻现象的承认。战国以后，媵妾制逐步走向没落。

烝报婚 中国古代婚俗。“烝”指父亲死后，儿子娶庶母（父妾）；“报”，指兄、叔死后，弟娶寡嫂，侄娶婶母。起源于奴隶社会，曾被认为是符合贵族社会道德规范的制度与习俗。封建制确立后，渐被视为“乱伦”的淫行，受到谴责，后只存在于匈奴等少数民族。

收继婚 中国旧时婚俗。即兄弟亡故，收其寡妻为己妻，包括兄收弟媳和弟收兄嫂，实行至近代。个别亦有子收庶母（父妾）为妻妾者。前者源于古代群婚时期的兄弟共妻。进入父系社会后，父妾作为遗产的一部分，为嫡子所娶，春秋时各国贵族，都有此现象。在盛行买卖婚姻的社会中，贫者无力娶妻，故有鳏寡两相将就之事。明、清法律禁止收继兄弟之妻，但民间实际并不遵行。民间，兄收弟妻、弟继兄妻相习成风，直至近代。古代少数民族如匈奴等，亦多收继婚观象。《史记·匈奴列传》：“父死，妻其后母；兄弟死，皆取其妻妻之。”《明律集解·附例·户婚》：“兄亡收嫂，弟亡收妇者，各绞。”

赘婿婚 亦称“入赘”“招女婿”“招养老女婿”等。中国旧时婚俗。即女子不出嫁，而招男子入女家为婿。是服役婚的遗留与发展。行赘婿婚之家，大多因家中有女无男，招婿是为生孙以承继家业。也有因钟爱女儿不愿其出嫁，或招女婿奉养自己，依靠其管理产业者。秦始皇时，贱视赘婿，在政策上予以歧视，曾令赘婿及囚徒一起赴边屯戍，汉武帝时沿用其制。此后各代情况不一：有的改从妻姓，有的不改姓，有的子女从妻姓；有的单独继承妻家财产，有的与女家嗣子均分，有的无继承权。

门阀婚姻 中国古代婚俗现象。魏晋以下，世代高官的家族为士族，普遍的农工商之家为庶族。士族在政治上占有统治地位，形成门阀阶层，高门望族之间互为婚姻，不与庶族通婚，逐渐制度化，造成“士庶不婚”的局面。至唐代，前朝旧士族虽受到打击，但高门士族仍然不与庶族通婚。经安史之乱后，族谱散失，门阀衰落，此一习俗才有所改变。然婚姻必须“门当户对”已成固习，宋元以下，虽无士庶通婚禁令，但官宦之家与平民百姓仍少通婚。此一现象，关系家族利益、文化素养、价值观念、生活习尚等复杂因素。

纳妾 古代婚姻制度的一种。妾为贵族男子在正妻之外的次要配偶，女奴为其主要来源。主人去世，由嫡子继承拥有，也可以被出卖或赠人。周制，天子、诸侯皆有媵妾；卿、大夫一妻二妾；士阶层，一妻一妾；庶民，只许一夫一妻，称为“匹夫匹妇”。其来源主要有买而为妾、奔而为妾（未经过“六礼”而形成的婚姻关系）、夺而为妾、“烝”而为妾（诸侯与庶母或婶母通奸，娶以为妾）、收婢为妾等。士大夫之妾，也称“小妇”“小妻”“旁妻”“簉室”“侧室”等。后世王朝或规定各阶层纳妾数目，自亲王至庶人递减，庶人须四十以上无子，方听娶妾，然事实上很少遵守。纳妾制度，至现代才被废除。

童养媳 亦称“养媳”“养媳妇”。旧时婚俗的一种。即收养幼女，长成后给家中子弟作妻的婚姻形式。元、明、清时，养媳从帝王家普及于社会。小地主或平民，往往花少许钱财买来，以省聘礼。由于女家贫寒，养媳年幼，多有受虐待者。

指腹为婚 旧时婚俗的一种。流行于中国广大地区。即双方家长，在孩子尚未出生之时，约定婚姻。因担心男女长成后，互不相认，或一方不守信诺，将衣襟裁为两幅，各执一幅以为凭证，称为“指腹裁襟”。统治者时或禁止，但无实际效用。

面首 古代上层社会特殊风俗。女皇帝、太后、公主丧夫或为满足情欲公开地拥有一个或几个情夫，以其人美姿容，称为“面首”。如南朝宋山阴公主，皇帝特许她有面首 30 人；女皇武则天，临朝称帝，张易之、张昌宗兄弟及薛怀义等皆其“面首”。

太监娶妻 古代宫廷风俗。起源甚早。封建皇帝以阉人供奔走厮役，杂治宫中之事，称为内官或太监。阉人无生殖机能，然历代皆有娶妻，乃至纳妾者。唐代大宦官高力士、李辅国权势煊赫，受诏娶名门女为妻。至明代，宦官擅权，尤成为一时风气，甚至有逼奸民女、夺人之妻、谋杀亲夫、嫖妓纵淫之事。辛亥革命后，清宫太监小德张，居天津租界，时犹有妻妾数人。明沈德符《万历野获编·内监·宦寺宣淫》：“比来宦寺，多蓄姬妾。以余所识三数人，至纳平康歌妓。”又《内监·对食》：“太祖驭内官极严，凡椓人（指宦官）娶妻者，有剥皮之刑。然至英宗朝之吴诚、宪宗朝之龙闰辈，已违禁者多矣。今中贵授室者甚众，亦有与娼妇交好，因而娶归者。至于配耦宫人，则无人不然。”

冥婚 亦称“阴婚”。旧时婚俗的一种。即男女两家为已死去的未婚子女联姻。周代已有流传，称为“嫁殇”。嫁殇及娶殇之家，将合婚男女迁葬在一处。官方虽曾禁止，但由于上层阶级自身的迷信与提倡，历代盛行不衰。

跳月 少数民族婚姻礼俗。湘、粤、桂、滇、黔及四川的苗族同胞，自古即有通过“跳月”选择配偶的风俗。多在仲春时节举行，届时，各村寨男女青年于月下酣歌狂舞，各择所欢，相爱以后，始请人论婚嫁。明王圻《续文献通考》：“苗人休春……未婚男女，吹芦笙以和歌词，谓之跳月。”清赵翼《檐曝杂记·边郡风俗》：“粤西士民及滇、黔苗、倮风俗，大概皆淳朴……每春月趁墟唱歌，男女各坐一边，其歌皆男女相悦之词。其不合者，亦有歌拒之，如‘你爱我，我不爱你’之类。若两相悦，则歌毕辄携手就酒棚，并坐而饮，彼此各赠物以定情，订期相会，甚有酒后即潜入山洞中相昵者。”

彝族的“阿细跳月”

不落夫家 亦称“不乐家”“坐娘家”。婚俗的一种。起于古代对偶婚阶段。流行于广东、福建众多南方少数民族及小部分汉族地区。其表现为，婚后数日，新娘即返娘家长住，短则一二年，长则七八年至二十年以上，惟年节与农忙时才到夫家小住。夫妻双方各自享有性生活自由，互不干涉。待怀孕或生育后，才真正定居夫家。

穿耳 妇女妆饰习俗。在耳垂上穿一小孔，以佩耳环、珠玉等。其俗起自远古，先秦时见于记载，至今流传。一说起自南方少数民族。

缠足 亦称“缠脚”“裹脚”等。旧时汉族妇女习俗，流行于中国大多数地区。即幼年起用布帛将脚裹紧，压缩肌骨，使其成为弓形，因而又称“双弓”“弓弯”等。多数学者认为，缠足起于南唐宫中舞妓，北宋尚未普遍。及南宋至明、清，乃流行天下。清康熙三年（1664年）曾下令禁止，后因积习难除，又废除禁令，只规定满族女子不许缠足。清代学者袁枚、李汝珍、俞正燮、张宗法等，对此予以批判。至辛亥革命后，始逐渐废绝。清袁枚《牍外余言》："女子足小有何佳处？而举世趋之若狂。吾以为戕贼儿女之手足以取妍媚，犹之火焚父母之骸骨以求福利，悲夫！"清张宗法《三农纪·谋生·农女缠足》："人赋鸿濛，万物皆备于一身……今尚缠足，堪伤天地之本元，自害人生之德流，而后世不福不寿，皆因先天有戕，此语可为智者道也。况吾农女村妇，亲操井臼，纺织畜豢……一日之风流，于大端处何济？……此恶俗起于（南）唐后主，为万世罪人。"

晚清缠足女子

守节　古代社会风俗的一种。即贵族妇女在丈夫死后不再嫁，如公婆在世或有子，则需奉老扶孤。源起周代，汉至北宋，上自帝室公主、官宦之女，下至平民，再嫁仍是寻常现象。卓文君、蔡文姬（琰）、范仲淹之母、词人李清照等，皆曾再嫁。明、清以后，上层社会妇女"守节"渐成为普遍现象。《明史·列女传》："明兴，著为规条，巡方督学，岁上其事。大者赐祠祀，次亦树坊表，乌头绰楔，照耀井闾，乃至僻壤下户之女，亦能以贞白自砥。其著于实录及郡邑志者，不下万余人，虽间有以文艺显，要之节烈为多。"

殉夫　亦称"殉节""节烈"。古代社会风俗的一种。南宋以来，理学家强调"夫死守节"的观念，"守节"乃成为上层妇女的义务与崇高的道德行为。其极端化，则为夫死而妻自杀，称为"殉夫"。自尽死的妇女通称"烈妇"。其方式有绝食、自刎、投水火、吞金、服毒，最常见者为自缢。一般，殉夫的妇女无子嗣（包括过继之子），有子嗣者则须抚孤成人。

陪妆奁　旧时婚俗的一种。因女子在母家无财产继承权，贵族官僚嫁女时，往往以大量财物赠女带往夫家，并以此为荣。历代统治阶级嫁女竞尚奢侈，自镜匣（奁）箱笼、钗梳首饰、四季衣服、金银器皿、珍宝玩物，无所不陪。民间亦染此风，俗称"陪嫁妆""陪嫁"。

催妆　汉族古代婚俗。盛行于唐代上层社会。新娘出嫁之日，新郎作诗，派人传达至女方催妆，称为"催妆诗"。亦可由宾相代作，诗为五七言近体，多颂赞吉利语。唐陆畅有《云安公主下降奉诏作催妆诗》。

障车　汉族古代婚俗。盛行于唐代。亲迎之日，女方集众人于道途，待男方迎新妇车至，喧呼作乐，至不能行，必须男方馈以大量财物及酒食，始予放行，称为"障车"。其俗本在惜女，转而变为多索财物。障车文，则为女方请人代作，亦多祝颂之语。唐司空图有《障车文》。

跨马鞍　古代婚俗的一种。流行于汉族地区，尤以唐、宋为盛，后世沿之。即新娘被迎娶至夫家，于入门之时，须在马鞍上象征式地乘坐。"鞍""安"同声，取其"平安"长久之义。至北宋，又有女婿坐马鞍之俗。近代，趋向一致，于新娘进大门后，先跨马鞍，再登堂行礼。唐段成式《酉阳杂俎》谓与北朝胡人尚鞍马习俗有关。此后小说戏曲中，常有"一马一鞍""好女不嫁二夫，好马不配二鞍"等语，亦源于此。

花烛　旧时汉族婚俗。即在婚礼中使用大红色的成对蜡烛，点燃于厅堂及洞房内，因其上多有金银龙凤彩饰，故称。起源于周代的嫁女之家三日不熄烛，表示寄托离别思念之情。唐以后成为风俗。

闹新房　古称"弄新妇"，亦称"闹房"。婚姻风俗的一种。即新婚之夕，男女入洞房后，亲友宾客在房中围观新娘，并以言语行动调笑作弄之。起源于上古，汉代已见记载，直至现代。虽受到学者严厉批评，却流行日广，花样愈多。近代，南方闹新房以男宾为首，北方则男女都参加，有“三日无大小”的俗谚。贺客往往集体提出形形色色的苛刻要求，闹到兴高采烈之时，或将新人引至厅堂，于大庭广众之中，尽情戏谑哄笑。少数民族也有此种风俗。

坐床撒帐 汉族古代婚俗。即新郎引新娘进洞房，夫妇对拜后，男右女左坐于床沿，一群伴娘向之撒金钱彩果，渲染喜庆气氛，并祝愿新人早生贵子，多子多福。起源于汉武帝迎李夫人之事，目的在祈子。唐代大多往新人身上撒钱。后世或用五谷，或用谷豆，或用谷米，或用麦子掺以花瓣，也有夹杂铜钱者。撒帐时，赞礼者并诵念歌词，称“撒帐歌”。

回门 旧时婚俗的一种。即成婚后三、六、七、九、十日或满月，女婿携礼品，随新娘返其娘家，拜谒妻子的父母及亲属，表示正式成为女婿。起于上古，为婚后回家探视父母之意。

溺女婴 汉族旧时民间恶俗。流行于中国大部分地区。女婴生下后，置于水中溺死，先秦时已有，历代史不绝书。少数有识者曾予禁止，然贫民出于经济与劳力上的原因及普遍的重男轻女意识，始终不能根绝。中华人民共和国成立后，基本上消除了这一愚昧、残酷的现象，但极个别的情况，仍有发生。《韩非子·六反》：“父母之于子也，产男则相贺，产女则杀之。”宋王得臣《麈史》卷上：“闽人生子多者，至第四子率多不举，为其资产不足以赡也。若女则不待三，往往临蓐以器贮水，才产则溺之，谓之‘洗儿’，建、剑尤甚。四明俞仲宽，宰剑之顺昌，尝作《戒杀子文》，召诸乡父老，使归谕毋得杀子。岁月之间，全活者以千计。”

抓周 古称“试晬”“试儿”。旧时生育仪礼民俗。于幼儿周岁生日举行。在桌案之上陈列纸笔书本、饮食玩具、脂粉钗环、算盘铜钱等物，让其随便抓取，以此预示其一生志向所在。

生肖纪年 古代以十二种动物为名称的纪时系统。其与十二地支的具体配合为：子鼠、丑牛、寅虎、卯兔、辰龙、巳蛇、午马、未羊、申猴、酉鸡、戌狗、亥猪，往复循环不绝。在干支纪年法中，民间即将地支所在的年份称为鼠年、牛年、虎年等。

抓周

十二属相 亦称“十二生肖”。古代用以纪时的十二种动物名称。具体为：子鼠、丑牛、寅虎、卯兔、辰龙、巳蛇、午马、未羊、申猴、酉鸡、戌狗、亥猪。一个人所生之年，与地支相配的动物，即其属相，如属龙、属马等，至今盛行。起源于上古氏族社会的图腾崇拜，战国时已有。后世男女婚配，有生肖相克的禁忌迷信，如所谓“羊落虎口”等。

十二生肖 即“十二属相”。

供奉行业神 旧时社会信仰风俗。行业神，即一个行业的保护神。从业者供奉之，企求消灾祈福、获得成功及维护本行业的利益。如木瓦石匠供奉鲁班、戏曲业供奉唐明皇、陶瓷

众多行业的保护神关公

业供奉火神等，世代相传，来源复杂。客观上，也具有团结、约束同行业和激发从业者敬业精神的作用。

做生日 亦称“过生日”。汉族民间寿诞风俗。即庆贺生日。起于南朝为幼儿生日设宴请客，至唐渐成习俗，自天子至平民，无不做生日。一般岁数的生日多从简，逢“十”的岁数，则比较隆重，称为“大生日”。庆贺60岁以上生日，名为“做大寿”。

做寿 亦称“祝寿”。汉族民间寿诞风俗。流行于中国广大地区。指为50岁以后的长辈举办庆贺生日的活动。有宴请亲友饮酒食面、拜寿祝颂等仪节。盛于唐以后。多举办于逢十的诞辰。部分地区，逢九提前举行。

招魂 古代丧葬民俗。即招回灵魂的一种方法与活动。源于灵魂不死的信仰。通过此法，认为能与死者的灵魂相沟通，或使其得返故土。也用于重病人和受惊的儿童，意在使脱离肉体的灵魂重回体内，恢复健康。流行于中国大多数地区。周代已有此俗，战国楚诗人屈原有《招魂》之篇。

停柩 亦称“殡”“停灵”。旧时汉族丧葬风俗。流行于全国各地。即死者入棺后，灵柩停放待葬。大多停柩于家中，也有移放宗祠或寺院者。官宦豪富之家为择“风水”好地，多有停殡若干年者。也有因战乱不能归葬故乡或财力困乏，暂厝三五年至十余年者。旧时极为普遍。元王实甫《西厢记》一本二折：“见今崔夫人领着家眷扶柩回博陵，因路阻暂寓本寺西厢之下，待路通回博陵迁葬。”

出殡 把灵柩运到安葬或暂厝的地点。《水浒传》第二十六回：“若是停丧在家，待武二归来出殡。”

土葬 中国古代葬式的一种。即将死者遗体埋进土中的葬法。始于上古，当时氏族皆有固定墓地。后世，一个宗族的固定墓地，称为祖茔，以质地不同的棺盛放遗体，并附殉葬品。商代时为厚葬高峰期，不仅殉葬品奢侈，并迫使大量奴隶殉葬。西周时，墓葬大小、棺椁层数、随葬品的种类及多少，都按礼制作了规定。战国中晚期，又产生了以国君为中心的陵墓制度，秦始皇于即位后即开始营建陵墓，规模巨大。汉代盛行选择风水墓地之说，以人殉葬之俗基本废止，随葬则以陶器、漆器为主。至三国、魏晋南北朝，渐演变为薄葬。自春秋时开始，出现在墓上封土建坟丘的习俗，汉以下普遍行之。

悬棺葬 中国古代葬式的一种。即人死后，亲属殓遗体入棺，将木棺悬置于悬崖绝壁的木桩上，或置于崖洞、崖缝内。其俗流行于南方少数民族地区。在四川、云南、贵州、广西、福建、台湾、湖北、湖南、江西等地，均有此种葬俗。

悬棺葬

鸟葬 亦称“天葬”。中国古代葬式的一种。即人死后，弃尸郊野或高山巅，使鸟啄食，认为可使死者灵魂升入天界。古代南方、内蒙古及西藏、青海等地有此俗。

天葬 即“鸟葬”。

火葬 传统丧葬风俗之一。即人死后，用柴薪将遗体火化，将骨灰或埋或藏。起于原始社会。先秦的义渠、氐羌，北朝时的突厥等，皆实行火葬。东汉时佛教传入，佛教僧侣火葬之俗，进一步影响到民间，皇室成员也有火葬者。由唐至宋，更加盛行，江浙、四川等地尤为普遍，焚尸之地称为“化人亭”。但因与儒家伦理道德及经书中的丧葬仪规相悖，宋、元、明、清统治者皆曾下诏或颁布法令禁止火葬，违者治罪。然对佛教徒、少数民族不禁。西南少数民族，藏族的活佛、上层喇嘛或部落头人，皆实行火葬。今已成为汉族最普遍的葬俗。

纸钱 亦称“冥镪”“纸镪”“楮币”等。祭祀时烧化给死者或鬼神的用品。为铜钱形的圆纸片，中有方孔。也有用较大的纸，上凿许多钱形者。后世民间又产锡箔，用时叠成元宝形，以纸袋盛装烧化，与纸钱同为民间祭祀必用之物。

做七 亦称“斋七”“烧七”“七七”等。旧时汉族丧葬风俗，流行于全国各地。即人死后（或出殡后），于“头七”起设立灵座，供木主，每日哭拜，早晚供餐，每七日做一次佛事，设斋祭奠，至“七七”四十九日止。

盗墓 周秦以后的社会风习。当时统治阶级竞尚奢侈，讲究厚葬，随葬物品中珠玉珍宝等贵重物品大量增加，凡生人所用之器，无不列为随葬之物。因而，有专事发掘冢墓，盗取随葬物以获利者，此风至今未绝。

养宾客 古代贵族官僚阶级风习。春秋以后，大贵族门下，常养宾客数千人。所养“士”或富智谋，或具才艺，大贵族利用他们应付政事，奔走使令，扩充自己的势力。战国时，齐孟尝君、魏信陵君、赵平原君、楚春申君，号称“四公子”，皆以养士众多著称。秦代丞相吕不韦网罗宾客，曾编成杂家名著《吕氏春秋》；西汉淮南王刘安亦招致门下士，编成《淮南鸿烈》（即《淮南子》）一书。唐初李世民为秦王时建文学馆，所延聘人才称“十八学士”，后多成为他夺取帝位和开创贞观之治的重要助手。

清客 明、清时，受聘或在贵族官僚家中走动、以才情为其帮闲凑趣者。其中流品颇杂，历史上，某些著名园林建筑家、戏曲艺人、书画家、名棋手，也常以清客身份栖身于权豪之家。

结拜 俗称“拜把子”。旧时汉族交际民俗。即相好的朋友结为异姓兄弟。是人们基于共同利益结成的小团体。结义形式多采取同饮血酒、叩头换帖、对天盟誓等形式，以誓言约束、维护结义关系。明、清以后，因小说《三国演义》中蜀汉刘备、关羽、张飞三人“桃园结义”故事的影响，结拜之风盛行。

拜把子 见“结拜”。

认同宗 亦称“连宗”。旧时汉族社会风俗。即认同姓人为同宗族。此种现象，多出于势力弱者向势力强者靠拢以及势力强者扩大自己权势的需要，是宗法社会中因权势而互相联络、利用的一种手段。

桃园结义瓷像

清谈 亦称“清言”“玄言”“玄谈”“谈玄”。魏晋时期贵族士大夫崇尚老子、庄周，喜谈玄理，脱离实际事务的一种社会风气。当时谈玄者往往手执麈尾，坐于胡床之上，态度潇洒闲逸，语言玄远，妙于品题人物。此风气对哲学、文学、政治有较大影响。

宦游 古代士大夫生活方式之一。指士人为求官或做官外出游历。宦，做官入仕。汉以后，士人为求官或举进士，外出投拜经师硕儒，游历名山大川，或至京都求显贵引荐，或入军旅为书记。已入仕者，宦途浮沉，远涉山川，往往多年不归。古代有大量文学作品，与表现“宦游”有关。

寒食散 亦称“五石散”。古代服食求仙的一种药物。三国魏时清谈家、贵族何晏是其提倡者，成为一时风气。其主要成分为钟乳石、紫石英、白石英、硫磺、赤石脂等五种石药。服药后，须冷食、饮温酒、冷浴、散步、穿旧衣，因称寒食散。

诗文社 古代社会交际民俗。由若干诗人定期会集作诗的组织，称“诗社”。起于宋代，延续至今。大多定有社规，以众所推服者为主，用意在以诗会友，切磋诗艺。文社、词社与诗社略同。明末及清中后期，有些社具有强烈政治倾向，大者有社友数千人，总社之下再设分社。

游说 古代社会风习的一种。春秋、战国之际，各国国君招徕并任用贤士，以谋富国强兵之道。持有一定政治和哲学主张的"士",为得到统治者信用,往往率领门徒游说于诸侯之间,陈说形势,朝秦而暮楚。一旦受到重视,即为国君之"师"、相,也有任为大夫、博士,置学宫以尊宠之者。

乡谊 旧时社会观念与民俗的一种。即因同乡关系而互相照顾、偏袒、结成小团体,以对抗其他地域之人。在民间,乡谊历来受到重视,表现为在异乡传送信息、照顾疾病、互通银钱、保护弱小等。明清及近代,北京等大城市皆有各地同乡会馆之设。

雁塔题名 唐代新进士及第,赐宴后,有前往长安慈恩寺(在今西安市南),于大雁塔下题写自己姓名与诗的风尚。后因借称考中进士为"雁塔题名"。

饯行送别 亦称"祖帐""祖道""祖饯"等。古代旅行习俗的一种。因道路崎岖,水陆交通不发达,古人长途远行,亲故分别,再见难期,自古即有祭祀路神然后登程之俗,称为"祖"。后世沿之,于路旁亭舍或在野外临时设帐,备酒肴送别行人。诗词中咏唱极多。

折柳赠别 古代旅行习俗的一种。西汉、唐两代,都城长安为全国政治、经济、文化中心,官员商旅、外国使臣进出长安,都需路经灞桥。当时有在灞桥折柳送别行人之俗。"柳"与"留"音相谐,取眷恋不舍、殷勤挽留之义。其他地方也多行之者。

隐居 古代士大夫阶级的一种风气。即离开城市和官场,到深山幽谷等处筑室居住,有的还参加耕作,自觉过一种简朴恬淡的生活。"隐"与"显"相对,隐居是士人不满社会现实,而又无力改变时选择的生活道路。在文学上对田园诗、山水诗的产生具有重大影响。

像姑 清代北京的一种少年男妓。相公的讹称。因清代禁止官员嫖妓,故有此种少年演员产生。年龄在十一二至十六七岁之间,面貌清秀,言语温雅,如同少女。能演昆曲、皮黄旦角,会画兰花,出应宴会以陪客侑酒。师徒相率,其居处称某某堂,俗称相公堂子。民国以后逐渐绝迹。

戴绿头巾 古代行业民俗。元初规定,娼妓的丈夫与教坊乐工一律戴青色和绿色头巾,作为标志。明代沿其制。乐工的妻女多为歌妓,名在乐籍,是当时被玩弄与侮辱的对象。故民间称妻子与别人有奸情的男子为"戴绿头巾"或"戴绿帽子"。

刺青 古亦称"黥""点青""刺花"等。旧时社会生活风习。其源来自南方越族文身以象蛟龙之俗及罪人以墨黥面之刑。即请人用针在身上刻画出各种花纹图案,涂以青色,使永久不褪。所刺形象有植物、动物、人物、景物、诗句等,以显示自己的勇健。唐、宋时盛行,民间有专门为人刺青的工匠。刺青者多为士兵、市井少年、江湖豪杰之属。《水浒传》中刺青者有九纹龙史进、花和尚鲁智深、浪子燕青及阮小五、杨雄等。

幌子 亦称"望子"。汉族的一种商业民俗物品。是表明商店所售物品或服务项目的标志。起源甚古。其形式及纹饰,随店铺性质、经营商品的不同而异。或在木板上书写、镌刻文字,或挂所售商品实物或象征物,具有浓郁的民间情调,今仍可以见到。酒旗即为幌子的一种。

采莲 古代生产民俗。自古江南吴、楚、越之地,水道纵横、池塘遍布,多植莲藕。夏秋之时,少女多乘小舟出没莲荡中,轻歌互答,采摘莲子。文人词客每将此情景,写入诗、词等抒情作品中。南朝梁简文帝萧纲、梁元帝萧绎、唐初王勃均作有《采莲赋》。

放生 旧时宗教民俗。佛教以不杀生为善行,南朝梁武帝时,崇奉佛教,戒杀禽兽,置放生池,用于放养收购的鱼、鳖、螺、蚌等,禁人捕捉。后世沿之,成为传统,信徒往往于四月八日佛诞日或父母忌辰日举行。僧侣主持放生,则有一定的仪规。

社会 古代各种民间文化娱乐组织的泛称。开展活动于各岁时节日。各有其内容、规章及基本群众。会,即各种组织。宋代城市经济空前繁盛,南宋时杭州的"社会"名目繁多。近代有在节日、庙会期间表演的各种花会。活动内容有高跷、旱船、竹马、秧歌、舞龙、舞狮、大头娃娃等。流行各地。

庙会 亦称"庙市"。民间岁时及宗教风俗。也是集市贸易形式之一。定期在庙内或附近举行。苏州玄妙观、成都青羊宫、西安城隍庙的庙会天下闻名，规模各不相同，参加者有坐商、行商及流动小贩，无夜市。与买卖相应的，有众多的文化娱乐表演。不少文学、曲艺形式的形成，与庙会有关。

庙市 即“庙会”。

花会 汉族民间于节日举行的各种游艺活动的统称。旧也称香会。源于元代，流行于北京等地区，一年四季皆有活动，是民间传统自娱性的群众文艺组织，形式多样，深受广大人民的喜爱。大的寺庙开庙时，都有众多花会参加表演。庙会为花会提供场地，花会促进庙会的繁荣。

书画篆刻

中国书法 特指用毛笔书写中国汉字的艺术。从甲骨文、石鼓文、金文(钟鼎文)演变为大篆、小篆、隶书,以至东汉、魏晋的草书、楷书、行书等,书法一直散发着艺术的魅力。书法家通过文字的结构、用墨的浓淡、落笔的轻重、整体的神韵来表达文字的美感和自身的个性心情,使观赏者获得不同程度的艺术享受。中国书法自秦、汉、晋、唐,发展至宋、元、明、清各代,大书法家辈出,历史上以李斯、张芝、蔡邕、钟繇、王羲之、王献之、王珣、欧阳询、褚遂良、颜真卿、李邕、张旭、怀素、柳公权、杨凝式、苏轼、黄庭坚、米芾、赵孟頫、宋克、文徵明、傅山、王铎、邓石如等最具特色,如云生霞起,凤舞鸾翔,流派纷呈,各具姿态,传世名作极多。在中国人的文化生活中占有重要地位,对亚洲邻国如日本等也具有深远的影响。

四体书 通常指正(真)、草、隶、篆四种汉字书体。

篆书 汉字书体的一种。大篆和小篆的统称。参见“大篆”“小篆”。

大篆 亦称“籀文”“籀书”。汉字书体的一种。是笔画较繁复的一种篆书。传为周宣王时太史籀所创,应用于西周晚期。春秋战国时秦居西周故地,故畅行籀文。其字多规旋矩折之意,字体多重叠。后省改其字形,简化为小篆。今所能见到的籀文文献主要有二:一为《说文解字》中根据《史籀篇》收录的二百余字。一为周代秦国刻于石碣上的“石鼓文”数百字。秦代省改字形后,简化为小篆。晋卫恒《四体书势》:“昔周宣王时史籀始著大篆十五篇,或与古同,或与古异,世谓之籀书也。”

小篆 亦称“秦篆”。汉字书体的一种。秦始皇统一中国后,采纳李斯建议,规范书体。将省略和改易大篆字形以后形成的小篆,定为通行文字。其字均匀对称,齐整秀美。现存《泰山刻石》《琅邪台刻石》以及宋徐铉临本《峄山刻石》、重刻的《会稽刻石》,可代表其风格。鲁迅《汉文学史纲要》第五篇:“六国之时,文字异形,斯乃立意,罢其不与秦文合者,画一书体。”

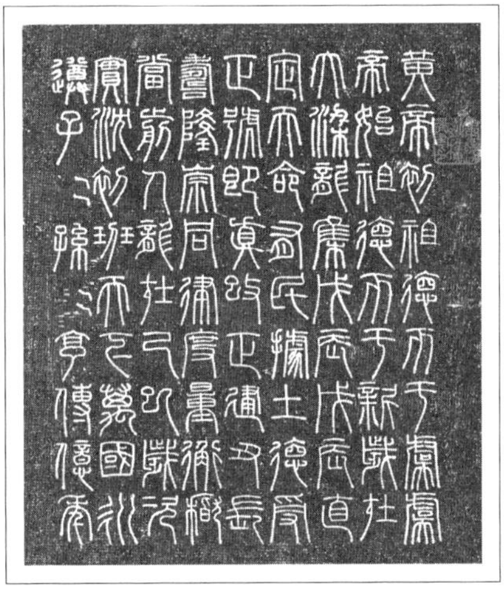

秦《琅邪台刻石》拓本

隶书 亦称“隶字”。汉字书体的一种。本是小篆的简便写法,由篆书圆转的笔迹变为方折。历来传说,是秦始皇使下杜人程邈所造,因“起于官狱多事,苟趋省易,施之于徒隶”,故

清杨岘临汉碑《西狭颂》

称。然1975年湖北云梦出土的大量秦简证明,它在秦始皇之前已流行。秦始皇统一字形后,进一步推广使用,汉代沿用。隶书是篆书演变为楷书的桥梁。汉隶碑刻,有的工整雄秀,有的瘦劲流丽,有的舒闲宽博,风格多样,达到极高成就。

楷书 亦称"正楷""真书"。汉字书体的一种。其形体方正,笔画平直。由隶书演变而来,是纠正草书的漫无标准和减省汉隶的波磔方折而形成的一种字体。形成于东汉末魏晋之间,南北朝以后成为通行的主要字体,沿用至今。

真书 即"楷书"。

草书 汉字书体的一种。源于隶书。原为书写便利而形成的隶书的草写体,称为"草隶"。起于秦汉之际,由隶书减省笔画,以应付紧急文书的需要而形成。后发展成章草、今草、狂草等不同形体与风格。历代著名的草书家有晋王羲之、王献之父子,唐孙过庭、张旭、怀素,元鲜于枢、杨维桢,明祝允明、徐渭,清初王铎、傅山等。

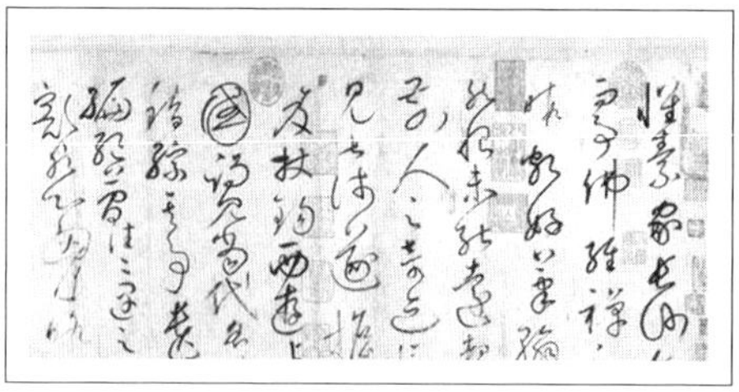

唐怀素草书《自叙帖》(局部)

章草 汉字书体的一种。是流行于汉代的早期草书。其得名说法不一。一说源于史游作草书《急就章》之故;一说取其字体规范化、程式化之意;一说因汉章帝喜好此体,并命杜度等奏事用之,故而得名。章草各字内虽有省笔连笔,但保留隶书的笔意,每个字独立书写不相连缀。书写既较快,又不流于潦草。东汉书法家张芝最擅此体,人称"草圣"。

今草 汉字书体的一种。东汉末,章草省并偏旁,没有笔画的波磔,上下字之间,笔势牵连相通后形成此体。相传为东汉大书法家张芝所创。六朝时为与章草区别,故称"今草"。

狂草 亦称"大草"。汉字书体的一种。唐代某些书法家对今草书体予以突破后形成。其特点是,笔势连绵回绕,字形变化繁多,下笔如惊风骤雨,风格狂放自由,充分展示了豪放的独特个性。后人称为"狂草"。代表作有张旭的《古诗四帖》、怀素的《自叙帖》《苦笋帖》等。

飞白 一种特殊风格的书法。相传东汉灵帝时修饰鸿都门,工匠用蘸白粉的刷帚写字,书法家蔡邕见后受启发,归作"飞白书"。这种书法,黑色的笔画中丝丝露白,如枯笔所写。北宋黄伯思《东观余论》谓:"取其若丝发处谓之白,其势若飞举者谓之飞。"汉、魏后广泛使用,多以之题署宫阙。在行书与草书中常见,楷、隶、篆书中甚少。一般用于笔画的中部或尾部,要求运笔自如,过渡自然,以少胜多,方可有浑然一体、神采奇妙的效果。唐李肇《唐国史补》卷中:"梁武帝造寺,令萧子云飞白大书'萧'字,至今'萧'字存焉。"

行书 汉字书体的一种。形成于东汉后期,流传至今。其风格介于草书和楷书之间,便于书写,比草书容易辨识,有较高实用价值。东晋王羲之的《兰亭集序》与唐代颜真卿的《祭侄文稿》,是行书中的两大巅峰之作。

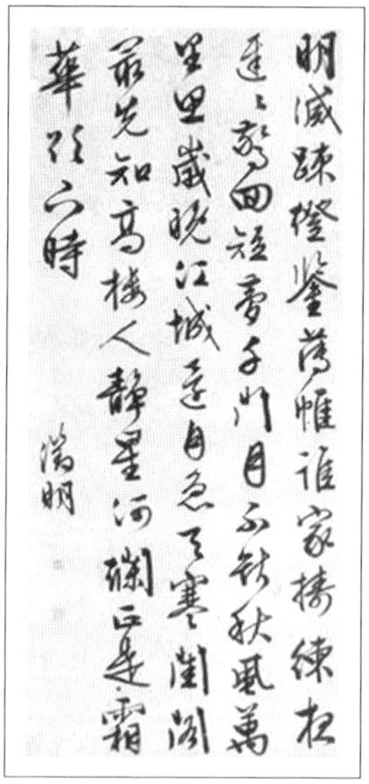

明文徵明行书诗帖

魏碑 汉字书体的一种。北朝时刻于石碑或山崖之上,用于碑志或造像。字体或古拙,或方峻，或流丽，以北魏作品水平最高，代表作有《郑文公碑》等。也兼指此种书法的风格。影响后世甚大。

拓本 将湿宣纸等覆于石碑或古金石器物上，用墨打拓其文字或图形的印刷品。由于金石木刻会随时间而逐渐毁损剥蚀，因此观赏、收藏拓本者皆重视旧拓。

拓片 从碑刻上拓下来成为单页的字迹。如石碑已残破损坏，拓下尚算清晰的部分，则称为“残拓”或“残片”。

法帖 供练习毛笔字用的范本。有以下三种：（1）一种系直接从碑上模拓而成；（2）一种是将墨书的真迹予以石刻或木刻，再拓印下来；（3）一种是以墨写的真迹经摄影印制而成。其名称始于北宋时的《淳化阁帖》。

草圣 对草书有高度成就的书法家的美称。东汉张芝、唐代张旭，都因精擅草书，被时人尊为“草圣”。

书圣 对东晋大书法家王羲之的美称。参见“王羲之”。

二王 指东晋书法家王羲之、王献之父子。

石鼓文 ① 石鼓是周代秦国遗物，为十个花岗石的石礅，形状略似鼓，径三尺余。唐初于天兴（今陕西宝鸡）三畤原出土。韩愈有《石鼓歌》一首咏其事，以为是西周宣王时所制。近代各家考证，或西周末，或春秋战国，说法不一。今藏北京故宫博物院，其中一石，字迹已磨灭，其余九石亦有残损。上用大篆分别刻有四言诗一组十首，记录秦国国君游猎之事，因亦称“猎碣”。为中国现存最早的刻石文字。其字体上承西周金文，下启秦代小篆，是由大篆向小篆衍变而又尚未定型的过渡性字体。多长方形，端庄凝重，笔力稳健，可称古茂雄秀，冠绝古今。唐代书法家虞世南、欧阳询、褚遂良，曾给予高度评价。② 指这种铭文所用的字体。近代书法家杨沂孙、吴大澂、吴昌硕、王福庵等的书法，亦得力于石鼓文。

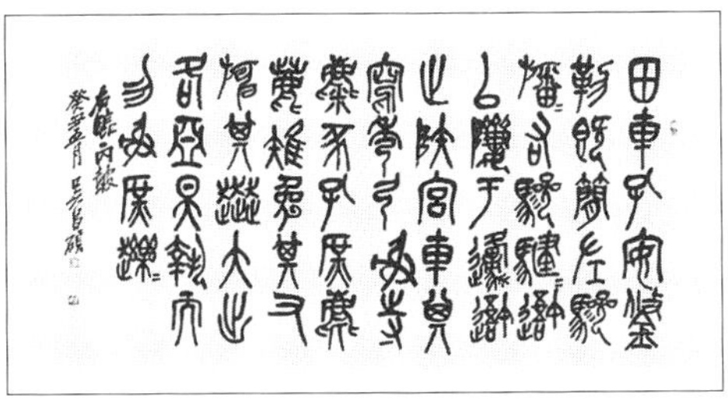

吴昌硕临石鼓文

石门颂 东汉摩崖刻石。隶书。建和二年（148年），汉中太守王升为歌颂司隶校尉杨孟文主持修复褒斜栈道的功绩，因刻颂文于石门崖壁上，故称。书法雄健恣肆，舒展峭拔，自成一格。为汉隶代表作之一。

礼器碑 东汉碑名。永寿二年（156年）刻，隶书。碑文记述修饰孔庙、制造礼器等活动。书法瘦劲雄强，高妙古逸，变化如龙，气象万千，清人赞为汉碑第一。

张迁碑 东汉碑名。中平三年（186年）刻，隶书。碑文是对地方官张迁政绩的赞颂。明初出土，碑今藏泰山岱庙内。字体雄厚端整，于朴茂中见姿媚。为汉隶代表作之一。

汉隶《张迁碑》

郑文公碑 北魏摩崖刻石。碑文为郑道昭对其父北魏兖州刺史郑羲的称颂。有上下两碑，一在山东平度，一在山东莱州。上碑磨灭已多，通行拓本为下碑，字大，存字千余，书体疏朗俊逸，气度凝重浑穆，为学者所推重。

瘗鹤铭 摩崖刻石。华阳真逸撰文，上皇山樵书。刻石年代与书者，向无定论。经考证，今一般认为系南朝梁道教学者陶弘景所书。原刻于江苏镇江焦山西麓石壁上，清代藏于寺中，后砌入定慧寺壁间，今残石尚存。铭文正书大字，体势宽博舒展，笔力雄强秀逸，仪态万方，历来评价甚高。

兰亭集序 简称《兰亭序》，亦称《禊帖》。行

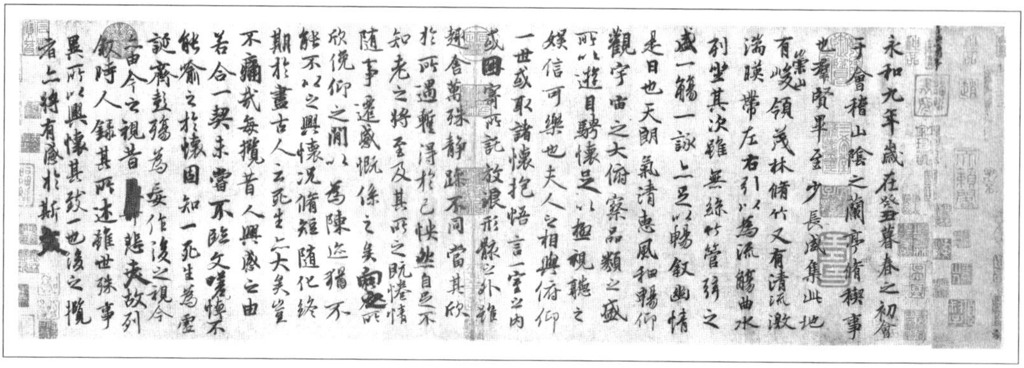

晋王羲之《兰亭集序》(冯承素摹本)

书法帖。晋王羲之撰文并书。是为永和九年(353 年)参加三月三日在山阴兰亭(今浙江绍兴西南)修禊活动时所作的诗序。共 28 行,324 字,章法、结构、笔法都很完美,是他中年的得意之作。保存于绍兴的云门寺,唐太宗派人以计骗取之,传说真迹殉葬于昭陵。流传于世者,有当时冯承素、虞世南、褚遂良等书家的摹本。其体遒媚劲健,前人推为“天下第一行书”。也有人怀疑其文与字均非王羲之所作。

祭侄文稿 简称《祭侄稿》。行书法帖。唐颜真卿撰文并书。是作者悼念其殉难于“安史之乱”的侄儿的祭文草稿。此帖笔致豪放,一泻千里,时出遒劲,杂以流丽,寄予了作者沉痛悲愤的感情。历代评价极高,认为继王羲之《兰亭集序》之后,可称“天下第二行书”。今真迹藏于台北故宫博物院。有刻本、影印本盛传于世。

十七帖 草书法帖。相传为王羲之所书信札。因第一札开头为“十七”二字,故称。至宋代,真迹失传,有刻本与唐人临本传世。书法体势雄健,历代认为是草书中绝品,用作范本。

淳化阁帖 简称《阁帖》,亦称《淳化阁法帖》。汇刻丛帖。十卷。北宋淳化三年(992 年),宋太宗命侍书学士王著根据秘阁所藏历代帝王名臣书法作品编次,标明“法帖”,摹刻于枣木板,拓印赏赐给大臣。王著搜采考核未精,颇有舛误,然古人法书,颇赖以传。后世认为这是最早刻印的法帖。清代重刻。

三希堂法帖 汇刻丛帖。三十二卷。清乾隆帝得晋王羲之、王献之、王珣珍贵墨迹三种,藏于养心殿之西室,题额“三希堂”。乾隆十二年(1747 年),命梁诗正等将内府所藏魏晋至明代的法书及以上三种重刊,题名《三希堂法帖》。共收历代书家 134 人,340 余帖。今流传甚广。后又刻成《续帖》四卷。

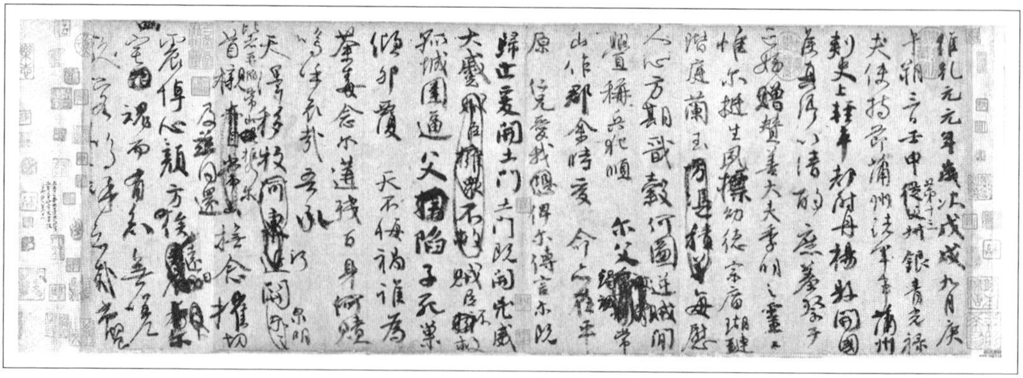

唐颜真卿《祭侄文稿》

欧虞褚薛 亦称“唐初四大书家”。唐代书法家欧阳询、虞世南、褚遂良、薛稷的合称。

欧体 亦称“欧字”。唐初书法家欧阳询所写字体。是楷书的一种。欧阳询取法王羲之、王献之父子,其书法的特点是结构谨严,笔力险劲,意态俊逸,最工楷书,世称“欧体”。其代表作有《九成宫醴泉铭》《化度寺邕禅师塔铭》《虞恭公碑》等。

颜体 亦称“颜字”。唐代书法家颜真卿所写字体。是楷书的一种。颜真卿初学褚遂良,后从张旭得笔法,参用篆书笔意写楷书,大气磅礴,磊落巍峨,笔画雄劲有力,形体浑厚挺拔,至此古法为之一变。其代表作楷书有《颜氏家庙碑》《多宝塔感应碑》等,墨迹行书有《祭侄文稿》《争座位帖》等。

柳体 亦称“柳字”。唐代书法家柳公权所写字体。是楷书的一种。柳公权师法颜真卿,而出以瘦挺,又吸收欧阳询的特点,用笔方圆兼使,形成笔画遒劲、结构紧凑、刚劲挺拔的风格,在前人之外,另成一家。世称“颜筋柳骨”。传世碑刻以《玄秘塔》《神策军碑》等最负盛名。

颜柳 唐代书法家颜真卿与柳公权的合称。

米蔡苏黄 亦称“宋四家”。北宋书法家米芾、蔡襄、苏轼、黄庭坚四人的合称。

瘦金体 亦称“瘦筋体”“瘦金书”。北宋徽宗赵佶创造的书法字体。是楷书的一种。以“金”易“筋”,是对御书的美称。其用笔源于唐代褚遂良,参以二薛(薛稷、薛曜),结体笔势则取黄庭坚的大字楷书。其写法是,横画收笔带钩,竖划收笔带点,瘦直峭劲,挺拔秀润。前人评为“天骨遒美,逸趣蔼然”。后世学之者少,风格非常独特。流传下来的作品甚多,著名的有《楷书千字文》《秾芳诗》等。

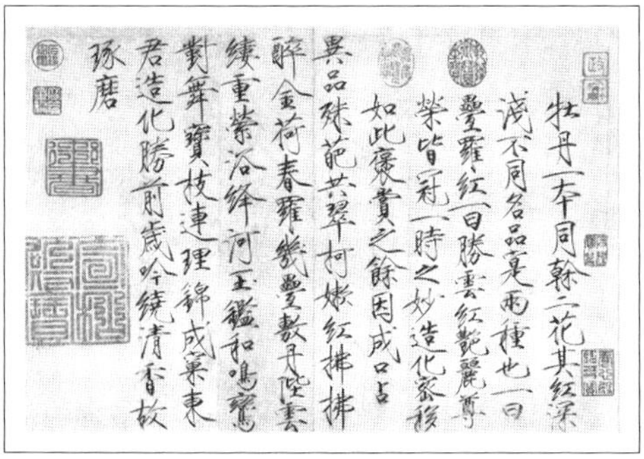

宋徽宗瘦金体墨迹

蝇头小楷 书体名。指字体细小的楷书。

馆阁体 书体名。明清科举考试,要求应试者考卷上的字写得乌黑、方正、光洁、大小一律,以标准化,方便试官阅卷。当时内阁和翰林院等机构中的官员大多擅长此体。明代称为“台阁体”,清代称为“馆阁体”。因其拘谨刻板、缺少意趣和个性特点,后也用作此类书法的贬称。

台阁体 见“馆阁体”。

岩画 史前人类刻画在山洞壁上或山崖上的图画。题材多为狩猎图像和野兽、家畜形象。发现于新疆、内蒙古、甘肃、广西、贵州、黑龙江等地。

天山南麓岩画

帛画 中国古代画在丝织物上的图画。湖南长沙战国楚墓和马王堆汉墓、山东临沂金雀山汉墓曾出土多幅。战国至西汉的帛画,内容丰富,技巧成熟,并运用各种色彩,具有浪漫、奇幻的格调。

人物龙凤帛画 亦称《晚周帛画》《夔凤美女图》。中国现存最古老的一幅画。出土于长沙战国楚墓,距今已有两千多年。画面上一端庄高髻的妇女,侧身而立,双手合掌,细腰。袖口宽松,长裙曳地,体态优美。女子的上方画一只展翅飞舞的凤和一条蜿蜒向上升腾的龙。据当时楚国风俗结合文物考证,此画的妇女形象即为墓主人。作品的主题是表现龙凤引导死者即墓主人灵魂升天。人物神态庄重虔诚,处于静态,与龙凤的动态形成对比,使整个画面构成对比中的和谐。此画在丝织品上以墨线勾勒,毛笔线条劲挺有力,富于装饰趣味。中国古代用线条作为主要造型手段的绘画传统,此时已渐形成。

长沙战国楚墓出土的《人物龙凤帛画》

汉画像石 汉代墓室、祠堂、墓阙等处雕刻有画像的建筑构石。属于祭祀性丧葬艺术的一部分。始于西汉，盛行于东汉。内容丰富多彩，有神话传说、历史人物、劳动生产、商业贸易、车骑出巡、传经讲学、宴饮庖厨、乐舞百戏、建筑庭院、民俗风情等。构图简练生动，造型和线条质朴雄劲，各地有不同的风格特点。著名的有南阳画像石、徐州画像石、离石画像石、武梁祠画像石等。不仅是汉代以前中国古典美术艺术发展的巅峰，对后世影响深远，而且是研究古代社会文化历史极生动的资料。

汉画像石上的宴饮乐舞百戏图

画像砖 一种用雕好的模型压制而成的图像砖。上有浅浮雕装饰画。也有直接于砖上雕刻者。用于祠堂、墓室等建筑。始于战国晚期，盛于汉代，直至宋元。画面的表现形式有浅浮雕、阴刻线条和凸刻线条。有的还施以彩绘。内容多表现贵族游宴享乐、车马出行、音乐歌舞以及生产者采摘、煮盐、射鸟等场面，形象生动，风格明快。以河南画像砖和四川画像砖最为著名。是研究中国古代政治、经济、文化、民俗的宝贵文物。

敦煌壁画 即甘肃敦煌莫高窟壁画。分布在从东晋到元代开凿的400多个洞窟中。壁画色彩绚丽，规模宏大，内容丰富，除大量的宗教题材外，还非常广泛反映了古代人民的现实生活与思想感情。参见“敦煌石窟”。

昭陵六骏 唐代浮雕石刻。昭陵为唐太宗李世民和文德皇后的合葬墓，墓旁祭殿两侧有廊庑，“昭陵六骏”石刻就列置其中。“六骏”是唐太宗生平乘骑的六匹战马，它们象征性地代表太宗所立的赫赫战功。六匹骏马的名称是飒露紫、拳毛騧、青骓、什伐赤、特勤骠、白蹄乌。三匹作奔驰状，三匹为站立状。均为三花马鬃，束尾。其鞍、鞯、镫、缰绳等，逼真地再现了唐代战马的装饰。据传石刻是据绘画大师阎立本的手稿雕镌而成。“飒露紫”和“拳毛騧”二石，于1918年被盗卖到国外，现藏于美国费城宾夕法尼亚大学博物馆，其余四石现藏陕西西安碑林博物馆。

佛教石窟 佛寺建筑的一种，依山崖开凿而成。起源于印度，有两种类型：一种较大，左右及后壁上多开凿小龛，称为“毗诃罗”或“精舍”，即寺院之意；一种较小，中心近后壁上留崖柱琢成塔形，称为“支提”或“制底”，即塔庙之意。中国开凿石窟约始于公元4世纪中，北魏至隋唐时最盛，唐以后逐渐减少。建筑形式可分为有中心柱和无中心柱两种。窟内雕刻佛像和佛教故事。在石质疏松不适宜雕刻的窟中，则以壁画塑像代替。中国著名的石窟有敦煌、云冈、龙门等处。是研究中国古代社会生活、建筑、雕刻和佛教史等方面的重要资料。

六法 中国古代品评人物画的六项标准。南齐谢赫《古画品录》首次提出，为：气韵生动，骨法用笔，应物象形，随类赋彩，经营位置，传移摹写（一作传摹移写）。唐张彦远《历代名画记》则将“气韵生动”“骨法用笔”列为首要之法。后论者益众，并逐渐应用到山水、花鸟等画科。而对“气韵生动”，所论每多玄虚，有违谢赫本旨。

山水画 简称“山水”。中国画画科之一。指以描画自然山水为主体的绘画。形成于魏晋南北朝时期，然当时山水的形象仅作为人物的背景，如顾恺之的《洛神赋图》，两者尚未分离。至隋唐时始有独立的山水画创作，如大诗人王维曾画《辋川图》，云水飞动，笔力雄浑。五代、北宋时期趋于成熟。有青绿山水、金碧山水、水墨山水、浅绛山水、没骨山水等形式。历代大家辈出，面貌各异，达到极高的水准。

人物画 简称“人物”。中国画画科之一。指以描绘人物为主体的画科。出现较山水画、花鸟画等为早。大体分为道释画、仕女画、肖像画、风俗画、历史故事画等。中国画人物画以线条表现神似为主要特点，力求人物个性的逼真传神、气韵生动、形神兼备。历代著名人物画有东晋顾恺之的《洛神赋图》、五代南唐顾闳中的《韩熙载夜宴图》、北宋李公麟的《维摩诘像》、南宋李唐的《采薇图》、清初陈洪绶的《屈子行吟图》等。

道释画 人物画的一种。以道教、佛教为内容的绘画。魏晋南北朝以来，所作以壁画为多。如东晋顾恺之、戴逵在建康（今江苏南京）瓦官寺画的《维摩诘像》，隋代展子虔在洛阳天女寺等处画的菩萨像，唐代吴道子在兴唐寺画的《金刚变相》，元代《永乐宫壁画》等。寺院壁画或年久失修，或禁教破坏，所存无几。石窟壁画则保存尚多，如敦煌壁画。也有卷轴画，如传北宋李公麟的《维摩天女》、武宗元的《朝元仙仗图》和南宋梁楷的《高僧故实》等。

仕女画 人物画的一种。以宫廷女性和上层社会妇女生活为题材。如东晋顾恺之的《女史箴图》，唐代周昉的《簪花仕女图》、张萱的《虢国夫人游春图》《捣练图》，皆为仕女画的典型之作。后世高手之作，有五代周文矩的《重屏会棋图》、北宋王居正的《纺车图》、明代仇英的《列女图》、清初陈洪绶的《西厢记》插图等。民间木版年画中的美女画，亦称“仕女画”。

花鸟画 亦称“花鸟”。中国画画科之一。指以描绘花卉竹石、花鸟鱼虫等为题材的绘画。起源于上古陶器上的鱼鸟图案。东晋后渐形成独立画科，至五代、两宋趋于成熟。五代的黄筌、徐熙分别表达富贵和野逸两种不同的志趣，宋徽宗赵佶亦为出色的花鸟画家。画法上分“工笔”“写意”“兼工带写”三种。至明代徐渭、清代朱耷、近代齐白石等，名家辈出。

宋徽宗赵佶《枇杷山鸟图》

墨竹 水墨画的竹子。竹以其虚心、劲直、高节凌云的特性，一直是绘画的传统题材。水墨画竹，如月夜投影，气韵清雅。宋代文同，元代李衎、吴镇、柯九思，明代王绂、夏昶，清代石涛、郑燮等，都是画墨竹的高手。文同墨竹写实性强，立干分节、发枝布叶、转折向背，得四面之势。吴镇、柯九思用笔端庄严整、结构紧密而神情肃穆。王绂清劲，夏昶敦厚，两家综合宋元名家之长，融会贯通，开启明代墨竹画风。清以后多变化，石涛画竹兴酣淋漓，千枝万叶，一气呵成，而骤雨狂风之势、滴露笼烟之态，一一奔来笔底。郑燮画竹秀劲简远，有清刚之气。

青绿山水 简称“青绿”。中国山水画的一种。指以石青和石绿为主色画的山水画。隋代展子虔的《游春图》是青绿山水的开山之作。唐代李思训与其子李昭道的金碧青绿山水被称为北宗之祖。后代追随者众多，如郭熙、范宽、刘松年、李唐、马远、夏珪、王晋卿、王希孟、赵伯驹、冷谦、仇英等，都从“二李”遗产中汲取营养。

界画 亦称“宫室”。中国画画科之一。指以宫室、楼台、屋宇等建筑物为景物题材。因作画时使用界笔直尺划线而得名。晋代已有。《历代名画记》中评北周、隋初画家董伯仁擅长楼台、人物画,“旷绝古今”。又,宋初郭忠恕,元代王振鹏、李容槿,明代仇英,清代袁江、袁耀等,俱是界画名家。唐懿德太子李重润墓道西壁的《阙楼图》是中国现存最早的一幅大型界画,宋代的著名作品有《黄鹤楼》《滕王阁图》等。

清袁耀《山雨欲来图》(局部)

白描 中国画的一种技法。指用墨线勾描物象、不着彩色或略加淡墨渲染的画法。多用于人物画与花卉画。手法有单勾和复勾两种。因力求单纯,着意于虚实、疏密对比,有朴素简洁之美。为避免锋芒外露,则需要“寓刚健于婀娜”。战国楚墓帛画、汉代壁画中已用此技法。唐吴道子名作《送子天王图》,为白描画,行笔磊落,气势豪放。宋李公麟的人物、鞍马、山水、花鸟等,多为白描杰作。元代钱选、明末陈洪绶是此中大家。

水墨画 中国画的一种形式。基本的水墨画,指纯用水与墨、不着彩色的绘画。墨为主要原料,根据加以清水的多少,有浓墨、淡墨、干墨、湿墨、焦墨等的区分,可以画出不同浓淡(黑、白、灰)的层次。始于唐,成于宋,盛于元,明清时持续发展。其笔墨情趣纯朴高雅,可以表现山水、人物、花鸟等丰富的题材,具有特殊的绘画效果。

指头画 中国画的一种特殊画法。即以指头、指甲和手掌代替毛笔,蘸取墨汁或颜色,在纸、绢上作画。别有一种特殊趣味和技巧。

张大千水墨荷花

唐代张文通曾用手指头修改画中局部,但并未创作过完整的画。清康熙、雍正间高其佩废笔不用,以指蘸墨,大量创作,其题材包罗山水、人物、花卉、虫鸟等,或气势磅礴,或刻画细微,取得巨大成就。是指头画的正式创立者。近代擅长者有潘天寿等。

泼墨 中国画的一种传统画法。即画家用笔蘸墨汁大片地泼洒在纸上或绢上,以淋漓酣畅的墨色、奔腾豪放的笔势描绘物象。唐朱景玄《唐朝名画录》记载,此种手法始于画家王洽。他作画往往在酣饮后,用墨泼之,“或挥或扫,或淡或浓,随其形状,为山为石,为云为水,应手随意,倏若造化”,时人称他为“王泼墨”。宋代米芾父子以泼墨画山水。明代徐渭以泼墨作花卉。现代潘天寿以泼墨绘大幅荷花。黄宾虹、张大千的泼墨画,更把水墨画的传统技法,提高到一个新的高度,影响极大。

院体画 指宋代画院及宫廷画家形成的有共同风格的绘画。至宋徽宗时,画院风格形成,其特点为造型准确,用笔工细,设色鲜丽,于强调法度中追求神似和诗意。后也指南宋画院的作品以及非宫廷画家仿效画院风格之作。院体画对日本、朝鲜的绘画艺术有过较大推动作用。

文人画 亦称“士夫画”。中国绘画史专称。作者为文人士大夫阶层,而非画院或民间的职业画家。多画山水、竹石、花木等,其画以水墨或淡色写意为多,常结合诗与题跋的形式,借以发抒性灵、抱负,间亦寓有对民族压迫或对腐朽政治的愤懑之情。他们标举“士气”“逸品”,讲求笔墨情趣,脱略形似,强调神韵,重视文学、书法修养和画中意境的缔造。对水墨画、写意画技法的发展,有重要影响。如唐代的王维,五代至宋的董源、僧巨然、李成、范宽,南宋的米芾、米友仁父子,元代的赵孟頫、高克恭、黄公望、王蒙、吴镇、倪瓒,明代的王冕、沈周、文徵明、唐寅、徐渭,清代的“四王”以及石涛、八大山人、“扬州八怪”等,都是文人画的代表。

木版水印 中国传统刻板印刷方法之一。因用水墨及颜料在木刻版上印刷,故称。明代已有彩色套印,现代工艺水平可达到乱真的程度。主要用于复制书法、绘画中的珍品。北京荣宝斋、上海朵云轩最擅此艺。杨柳青等地的年画,也用此法制作。

绣像 本指丝线绣成的佛像或人像。如南朝梁沈约《绣像题瓒序》所说“乐林寺主比丘尼释宝愿造绣无量寿尊像一躯”。明清以来,民间出版业兴盛,书坊所刊木版通俗小说的前面,多附有书中人物的白描画像,以增加读者兴味,因用线条钩描,绘制精细,亦称为“绣像”。此种小说则称为绣像小说,如《绣像三国演义》;另有画出每回故事内容的,则称为“全图”,如《全图儒林外史》。绣像和全图都属于书籍的插图。

《三国演义》人物绣像

春画 旧时亦称“春宫”。以男女性爱为题材的图画。北宋前对待性爱的态度温和开明,将其看作人的自然需要。如《汉书·艺文志》里,“房中”就被单独列为一类,录有著作八家一百九十一卷。东汉张衡的《同声歌》里,有“衣解金粉卸,列图陈枕张。素女为我师,仪态盈万方”的句子,描写新人于成婚之夕,同观春画。后世虽为“道学”排斥,但难以禁绝。表现形式有册页、通俗小说插图,或画在瓷器,绣在荷包上,放在新娘衣箱底,以为陪嫁物。至明代成为销售商品。参见“鼻烟壶”。

清明上河图 北宋画家张择端的风俗画名作。宽 24.8 厘米,长 528.7 厘米,绢本设色。现藏于北京故宫博物院。画家以散点透视的全景式构图、精细的笔法,细致生动地描绘了清明时节汴京(今河南开封)城郊以及城内的风光。在这幅长卷上,共画了 500 多个人物,牛、马、骡、驴、骆驼等牲畜五六十匹,车、轿 20 多辆,大小船只 20 多艘,房屋楼阁 30 多栋,桥梁、城楼等各具特色。通过繁盛的街市景象、河上虹桥、河下船只与各种各样人物的繁忙活动,展现了北宋后期这座拥有 100 多万人口的大都市的社会生活面貌,具有极高的历史价值和艺术水平。

富春山居图 元代黄公望的山水名作。始画于至正七年(1347 年),于至正十年完成。原画为纸本水墨画,宽 33 厘米,长 636.9 厘米,为画家晚年题赠给无用上人的力作。它以长卷形式,描绘了浙江富春江一带的山水景物。所画初秋时节的峰峦树木,各极其态,雄秀苍茫,变化多端;画面上茂林村舍、小桥渔舟、亭台流泉,令人目不暇接。用笔简练,境界悠远,把浩渺连绵的江南山水表现得淋漓尽致,达到了“山川浑厚,草木华滋”的境界。对以

元黄公望《富春山居图》(局部)

后的山水画影响甚大。画作流传中被分为前后两段。前段现藏浙江省博物馆,后段较长,现藏台北故宫博物院。

画院 古代指为供奉宫廷而设立的绘画机构。始于五代时的南唐与西蜀朝廷。北宋时设置翰林图画院,罗致天下名画家甚多,并以其才艺高低,授以待诏、祗候、画学正、学生等专门职称。南宋沿其制。金、元、明无图画院,但仍有宫廷画师。清代画院处隶属于内务府。现在部分从事中国画专业创作与研究的机构亦称作“画院”。

画家四祖 指六朝至唐的画家顾恺之、张僧繇、陆探微和吴道子。此合称见于明代杨慎《升庵画品》。东晋顾恺之擅长诗赋,有才绝、画绝、痴绝“三绝”之称。南朝梁张僧繇,画山水不用笔墨勾勒,以“没骨山水”著称于时。陆探微,南朝宋人,用笔连绵不断,称为“一笔画”。吴道子,盛唐时人,擅画各类体裁,尤长于佛寺、道观中的宗教壁画,世称“画圣”。他们是中国画史上较早取得高度艺术成就的大画家,是中国画的重要奠基者。

五代四大家 指五代至宋初的画家荆浩、关仝、董源和巨然。其特色分别为:荆浩的画雄伟深厚,峻拔坚凝;关仝的画气象壮伟,意境幽深;董源开创南派山水,秀逸奇伟,不为奇峭之笔;巨然笔墨秀润,得野逸清静之趣。他们是唐风转向宋格的桥梁。

北宋三大家 指董源、李成、范宽三位北宋画家。元代汤垕《画鉴》说:“迨于宋朝董源、李成、范宽三大家鼎立,前无古人,后无来者,山水格法始备。”他们开拓了唐人所未曾展现的

董源《潇湘图卷》(局部)

新画风,进一步完善了中国山水画的面貌。三大家的特点是:董源之画除部分作品呈雄伟峥嵘之势外,大多趋于平淡天真、朴茂静穆;范宽有坚凝厚重的气象,笔法雄强;李成多画郊野平远空旷之景,画法简练,笔势锋利,好用淡墨,有“惜墨如金”之称。

南宋四大家 亦称“南宋四家”。指南宋画院画家李唐、刘松年、马远、夏珪。四家中,李唐略早,是由北宋画风过渡为南宋画风的关键性人物。刘、马、夏继承发展李唐的画法,成为南宋画院的主流。四家风格特点是:李唐的山水画,追踪唐代李思训而加以变化,开创南宋山水画的新画风,气魄雄伟,笔意不凡;刘松年受李唐影响,在工整方面更为突出;马远、夏珪师法李唐,布局简妙,线条刚劲,构图多取局部,意境深邃清远,有“马一角”“夏半边”之称,对明代浙派和院体山水画有较大的影响。

元四家 指元代的四位画家。明中期认为是赵孟頫、黄公望、王蒙、吴镇。明后期画评家董其昌

元赵孟頫《浴马图》(局部)

等认为，是元末的黄公望、王蒙、吴镇、倪瓒，而赵孟𫖯应有更高的地位，故亦称“元季四大家”。“元四家”是元代山水画派的代表和主流，画风各有特点，但主要都从五代董源、北宋巨然的基础上发展而来，重笔墨，尚意趣，并结合书法、诗文等，对传统的水墨画的发展起了巨大作用。明清以来，受到正统画家的极度推崇。

元季四大家 见“元四家”。

明四家 亦称“吴门四家”。指沈周、文徵明、唐寅、仇英四位明代中期画家。他们都寓居江苏苏州从事绘画活动，苏州古为吴地，故称。四人中，沈周、文徵明擅长画山水，上承北宋山水画的传统；唐寅画山水、人物都很擅长，以南宋院体为法；仇英以工笔人物、青绿山水见称。四人各有所长，先后齐名。除沈周、文徵明有师承关系外，唐寅、仇英各有不同风格。

明沈周《杖履寻春图》(局部)

吴门四家 即“明四家”。

浙派三大家 指明代画家戴进、吴伟、蓝瑛。浙派是明代的绘画流派之一。其代表人物戴进，明初钱塘(今浙江杭州)人，宣德间进入宫廷画院，上承南宋院体画家李唐、马远、夏圭等的画风，善画山水，兼工人物、花卉。后因遭嫉，放回家乡后仍以卖画为生。吴伟，江夏(今湖北武汉)人，成化、弘治间入画院，受到皇帝赏识，画人物出吴道子，纵笔若不甚经意，而奇逸潇洒动人，亦工山水。蓝瑛，钱塘人，由明入清，为浙派殿军。师法宋元名家，擅长山水、花卉，初年秀润，晚年笔力苍劲。

明蓝瑛山水手卷(局部)

金陵画派 亦称“金陵八家”。明末清初在金陵(今江苏南京)形成的一个画家流派。以画家龚贤为首，其余有樊圻、高岑、邹喆、吴宏、叶欣、胡慥、谢荪等人。明亡后，他们多隐居不仕，以诗酒自娱，以书画为生命，富有民族文化意识。在创作上，以“师造化”为宗旨，多取材于金陵与江淮周边的真山实景；在画法上，追随董源、巨然，善用积墨，沉郁深厚，点染繁重，形成了创作审美理念彼此相近的画风。

金陵八家 即“金陵画派”。

新安画派 亦称“新安派”“新安四家”。明末清初山水画派之一。以安徽歙县人弘仁(僧渐江)以及休宁人查士标、汪之瑞和孙逸为代表。因歙县、休宁等地古属新安郡而得名。他们多师法元末倪瓒。四家之画各具特色：弘仁之画，萧疏高简，笔墨苍秀；查士标之画，用笔爽利，景物荒寒；孙逸之画，闲雅轩畅，蔚然天成；汪之瑞之画，能疏能密，高古简劲。

四大高僧 指明末清初四位僧人画家，即石

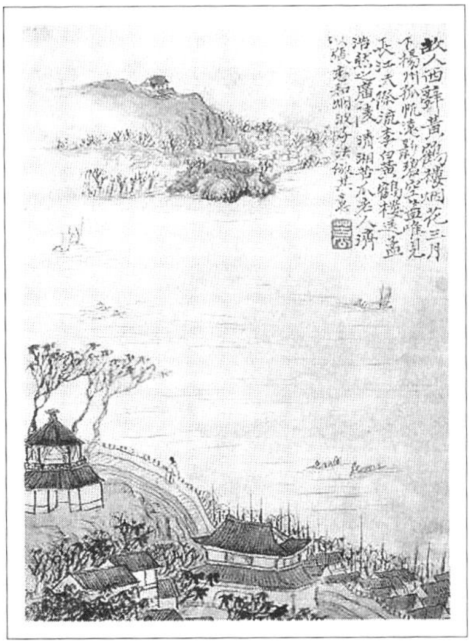

清石涛画李白诗意

涛、八大山人、石溪、弘仁。他们多为前代遗民，在政治上不与清朝统治者合作，出家为僧；在画风上，也一反正统派所为，主张抒发个性，强调笔墨情韵。四人皆为当时一流画家，而题材风格各不相同。

清初四王 亦称"江左四王"。指清初画家王时敏、王鉴、王翚和王原祁（王时敏之孙）。四人画风接近，同属文人画家，他们倡导南宗的绘画风格，师法五代宋元山水画大师之作，运用干笔枯墨，在当时受到康熙帝与乾隆帝的提倡，以正统地位雄踞画坛。在风格上具有"中正平和"之美，其弊端是严重脱离自然与社会，模拟古人笔墨而缺少个性的创造。各自画风亦略有区别，以师承关系，又分为"娄东"与"虞山"两派，影响后世三百余年。

扬州八怪 亦称"扬州画派"。指清代中期扬州地区的一个风格相近的书画家群体，包括罗聘、李方膺、李鱓、金农、黄慎、郑燮、高翔和汪士慎。此外，名列"八怪"的，尚有高凤翰、华喦、闵贞、边寿民等，共十五人。始于康熙末，终于嘉庆初，他们打破清初正统画派"四王"专事仿古的风气，继承明代徐渭和清初石涛、八大山人的传统，大胆创新，重视个性，笔墨豪爽奔放，并以诗、书、画结合，创造出完整的意境，因而被目之为"怪"。他们直接开创了中国近代的写意画风。存世作品，据《扬州八怪现存画目》统计，仅国内外200余个博物馆、美术馆及研究单位所藏就有8 000余幅。

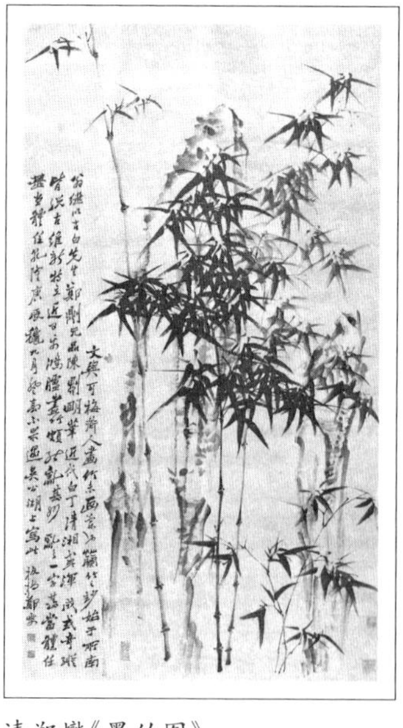

清郑燮《墨竹图》

扬州画派 即"扬州八怪"。

桃花坞年画 苏州桃花坞生产的传统木版年画，流传于江南广大地区。清雍正、乾隆时已能彩色套印。内容多为喜庆吉祥、动物花鸟、宗教迷信和民间故事等题材。色彩强烈，风格简练。与北方的杨柳青年画齐名。

杨柳青年画 天津西郊杨柳青镇一带生产的木版年画。兴起于明末清初，流传北方广大地区。其主要形式是黑白木刻线画，加手工彩绘。其特点是善于运用象征、寓意和夸张的手法，表达民间的美好愿望。具有构图饱满、色彩鲜艳、和谐典雅的特点。

杨柳青年画《多子多福》

朱仙镇年画 河南开封朱仙镇及其周边地区生产的木版年画。源于北宋都城东京（今河南开封）所开创兴起的木版门神画，盛于明代中期至清乾嘉年间。

篆刻 中国传统艺术之一。镌刻印章的通称。印章字体一般采用篆体，先写后刻。金属印

吴昌硕所刻印章

章则须先篆印模，然后浇铸。先秦汉魏时由印工镌刻，艺术成就甚高。明清以来，出土印章渐多，士大夫文人、书画家中研讨篆刻的风气益甚，出现不少名家与风格流派，有皖派、浙派、邓派、赵派、吴派等，并与书法、绘画等艺术紧密结合在一起。

印章 蘸上红色的印泥后，加盖在文书上用以取信的物品。形状不一，一头平面上刻有衙署的名称或自己的姓名、别号等。秦朝皇帝专用的称“玺”，唐以后称“宝”。官府和私人的称“印”。别称“关防”“朱记”“图书”等。印的材料有金、铜、玉、石、象牙、牛角、水晶等。

印泥 亦称“印色”。盖印章时用的涂料制品。一般为朱红色，上等的印泥用朱砂、艾绒、油料等制成。

落款 书画家完成作品后，于书画的一角或空白处由作者自己写上年月、雅号、姓名，加盖印章等，称为“落款”。有“单款”和“双款”之分。既署赠与对象名号，又有作者署名的称“双款”，只署作者名的称“单款”。

白文 亦称“阴文”。与“朱文”相对。指刻铸成凹状的印文。白文印章在纸帛上钤出的印文为红地白字。

朱文 亦称“阳文”。与“白文”相对。指刻铸成凸状的印文。朱文印章在纸帛上钤出的印文为白地红字。

闲章 与姓名、职务等无关的私人图章。印文多为表现闲情逸致或风趣牢骚的典故、熟语、诗文成句。有感而发，字数、字体、形状不拘一格。如清代画家郑燮（号板桥）有闲章“七品官耳”“二十年前旧板桥”；近代画家张大千有闲章“直造古人不到处”“大千世界”，齐白石有闲章“三百石印富翁”“鲁班门下”等。

齐白石所刻闲章

款识 古代称青铜器上所刻的文字。“款识”为“刻记”之意。后世在书法、绘画作品上标题姓名，也沿称“款识”，亦称“题款”或“落款”。画幅上的款识，唐人只以小字藏于树根石罅，书法不工者多落在纸背。至宋代，初亦细楷一两行，至苏轼、黄庭坚等以行楷书，或跋语至三五行。元人款识于姓名年月外，发展到诗文题跋，用以叙述本末、评赏源流、发抒感慨，有多及百余字者。至明清，题跋之风大盛，至今不衰。

印谱 亦称“印存”“印集”“印举”等。辑集古代玺印或名家篆刻印章精品的书籍。可供研究、鉴赏和临摹。宋徽宗“敕撰”有《宣和印谱》《复斋印谱》等，已佚。现能见到的最早印谱，为明隆庆六年（1572 年）顾从德编印的《集古印谱》，增补后收录玉印 220 余枚、铜印 3 200 余枚。在题编排、用笺、译文考证方面极其细致，为以后印谱的形制奠定了基础。清代著名的印谱有《师意斋秦汉印谱》《汉铜印丛》《集古官印考证》等。印谱的版本分原印钤盖、木刻翻摹、摹刻、影印等种类，以原印钤盖的最珍贵。

西泠印社 著名篆刻学研究和出版机构。清光绪三十年（1904 年）由浙派篆刻家发起创建，以“保存金石，研究印学，兼及书画”为宗旨。坐落于杭州西湖孤山南麓，邻近西泠桥，故称。占地面积 7 000 多平方米，内有明清古建筑遗址，园林精雅，景致幽邃。主要建筑有柏堂、竹阁、仰贤亭、还朴精庐等，名人墨迹触目可见。今内建中国印学博物馆，收藏历代字画、印章达 6 000 余件。

杭州西泠印社

音乐歌舞

八音 指用金（金属）、石、土、革、丝、木、匏、竹八类不同材料制成的乐器。后即以“八音”作为中国古代乐器的统称。如编钟属金类，磬属石类，埙属土类，鼓属革类，琴瑟属丝类，檀板属木类，笙竽属匏类，箫笛属竹类等。

五声 中国五声音阶中的宫、商、角、徵、羽五个音级。古代文献中亦称“五音”等。若按音高顺序排列，即为：1、2、3、5、6。五声音阶的特点，是没有半音阶（小二度）音程。中国民歌中，如《康定情歌》、云南情歌《小河淌水》、江苏民歌《茉莉花》等，即用五声音阶构成。

七声 中国七声音阶中的七个音级。即：宫、商、角、变徵（徵的低半音）、徵、羽和变宫（宫的低半音）。若按音高顺序排列，即为：1、2、3、4、5、6、7。中国的七声音阶，或认为很晚才由外国传入。但音乐史学家认为，七声音阶在《国语·周语下》里已有记载，通过对出土的乐器安阳埙和曾侯乙编钟的考察，证明中国的七声音阶当起于商代早期；至战国时的曾侯乙编钟，已具备四个音域区，音阶结构与现今国际上通用的 C 大调七声音阶属于同一音列。其中心音区，12 个半音齐备，构成了完整的半音音阶。可演奏五声、六声或七声的中外乐曲。

宫调 中国古代乐曲的调式。宫、商、角、变徵、徵、羽、变宫共为七声，以其中任何一声为主音都可以构成一种调式。以宫为主音的调式称为宫，以其他各声为主音的调式称为调，合称“宫调”。

工尺 中国民族音乐音阶上的各个音及其记音符号的总称。一般通用的是：上、尺、工、凡、六、五、乙。

工尺谱 中国传统记谱法之一，产生于隋唐时。历代所用，互有出入，常见者以“上、尺、工、凡、六、五、乙”依次记写七声，高八度与低八度另有写法及用符号表示。

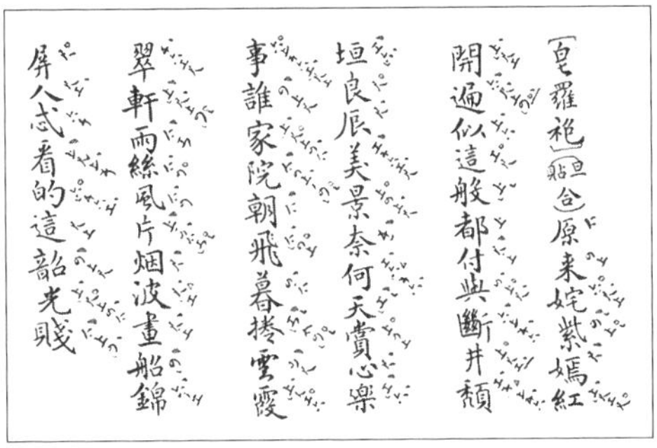

工尺谱

雅乐 古代帝王举行祭祀、朝贺、宴享等典礼时所用的音乐。与民间的“俗乐”相对。历代王朝都制礼作乐，歌颂本朝的功德，歌词多为四言，音乐风格庄严平和。汉以后有专门的机构负责其事务。

俗乐 古代各种民间音乐的统称。与朝廷的“雅乐”相对。

燕乐 古代天子、诸侯宴请宾客时所用的音乐。燕，宴饮。与专用于典礼的“雅乐”相对。一般采自民间俗乐，隋唐时期亦吸收少数民族音乐的成分，风格形式多样。

法曲 因用于佛教法会而得名。原为含有外来音乐成分的西域各族音乐，南朝时传入中国，与汉族音乐相结合而形成。唐代，又吸收道教音乐而至极盛，著名的有《霓裳羽衣曲》等。

古琴 亦称“瑶琴”“七弦琴”。一种弦乐器。是中国起源最古的弹拨乐器，文字记载有四千余年历史，至孔子的时代已很盛行。湖北曾侯乙墓出土的实物距今 2 400 余年。唐宋以来历代都有古琴精品传世。20 世纪初，为区别西方乐器而称“古琴”。用桐木等为琴身，初为五弦，后增为七弦，放在桌案上弹奏。唐琴长 120～125 厘米，宋琴尺寸大于唐琴，明代造琴盛况空前。今传世有南北朝至清代的琴谱百余种，琴曲达 3 000 首。古琴以其清、和、淡、雅的音乐品格，寄寓了文人雅士超越世俗的心志情感。

古琴

筑 古代乐器。形状似古筝，有十三根弦，弦下设柱。演奏时，以左手按弦一端，右手用竹尺击弦发音。

磬 古代乐器。用玉或石块雕成，以小木槌敲打，发出清越声响。有单一的特磬和成组的编磬两种。最初用于先民的乐舞活动，后用于祭祀、宴享的雅乐中，以配合钟、笙的演奏或歌唱。各时代的形制、大小、数量不一。

战国曾侯乙编磬

编钟 古代打击乐器。青铜制，依音调高低的不同，许多枚为一组，构成完整的音阶，悬挂于木架之上，以木槌敲打发音。它不仅是乐器，也是权力地位的象征。起于商代，当时多三或五枚一套，兴盛于春秋战国至秦，是宫廷祭祀、朝聘、宴享、歌舞的主要和声乐器。历代形制不一。相传规定周天子用 64 枚，诸侯用 48 枚，卿大夫用 32 枚。然后世往往逾制，1978 年在湖北随县（今随州）出土的战国曾侯乙墓编钟一套，即是由 65 件青铜编钟组成的庞大乐器。其音域跨五个半八度，十二个半音齐备。至今仍能演奏乐曲，其高音区清脆、明亮、悠扬，低音区浑厚、深沉、气势磅礴，是研究先秦音乐的重要资料。

战国曾侯乙编钟

锣 打击乐器。铜制。体圆，面平或中部微突，用蒙布的木槌或竹、木片敲击发声。用于戏曲伴奏、民间吹打、管弦乐队或体育比赛。有大锣、小锣以及编悬在木架上成组的云锣等。

鼓 打击乐器。以木为框，形制大小不一，蒙以兽皮或蟒皮。有一面蒙皮者，如板鼓、定音鼓；也有双面蒙皮者，如堂鼓、长鼓等。用于战争中的进攻、喜庆节日的乐舞、戏曲伴奏、交响乐队等。《左传·庄公十年》："夫战，勇气也。一鼓作气，再而衰，三而竭。"唐白居易《长恨歌》："渔阳鼙鼓动地来，惊破霓裳羽衣曲。"

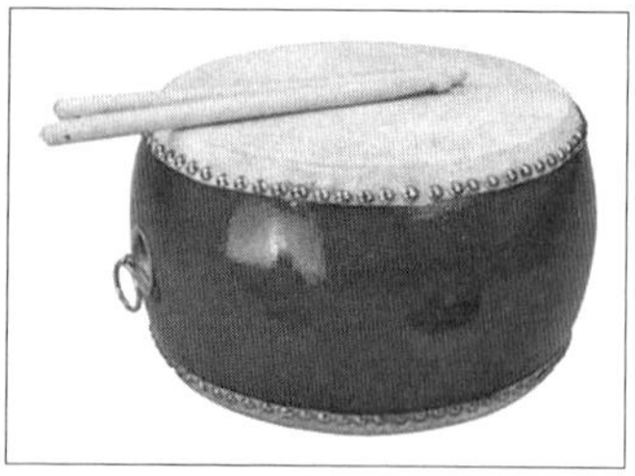

堂鼓

钹 打击乐器。圆形，中部隆起呈半球状，以两个为一副，相互撞击发声。南北朝时由西域传入内地。大小形制不一，广泛应用于戏曲伴奏、锣鼓乐、吹打乐以及交响乐队。

檀板 亦称"拍板"。打击乐器。由三块木板组成，分前后两组，前组两块，后组一块，用绳子联结而成。演奏时，用左手执后一块，使与前两块相碰发音。在戏曲伴奏或民乐演奏中起击节作用。

板鼓 亦称“单皮”。打击乐器。鼓框由坚硬的厚木合成，形扁，面圆而略呈弧形，中央开孔，鼓面全部蒙以牛皮，发音脆亮，是戏曲乐队中的指挥乐器。

铜鼓 打击乐器。流行于中国两广、云贵、四川、湖南的少数民族地区，以及东南亚的越南、老挝、缅甸、泰国、印尼等国。鼓为铜制，鼓身及鼓面多雕有太阳纹、蛙纹、鹭鸟纹或舞蹈纹、竞渡纹等，具有东方艺术特色。在古代为首领、贵族所占有，被视为权力与财富的象征。常用于战争中指挥进退，也用于祭祀、宴会、召集、节日与婚庆等。广西瑶族、贵州苗族中流传铜鼓舞。鼓声浑厚悠远，舞者环绕，随鼓点节奏起舞。

东汉末蛙纹铜鼓

芦笙 流行于苗族、侗族等少数民族中的簧管乐器，音色明亮浑厚，由若干芦竹管和一根吹气管插在长方形木座上制成。常用于独奏表演或戏曲伴奏。

渔鼓 ① 一种打击乐器。用竹筒制成，筒长65~100厘米，鼓面直径13~14厘米，在竹筒的一端蒙上猪皮或羊皮。演奏时，左手竖抱，右手击拍鼓面。是曲艺“渔鼓”“道情”的主要伴奏乐器。② 曲艺的一个类别。因以渔鼓伴奏得名，如湖北渔鼓、湖南渔鼓等。参见“道情”。

笙 簧管乐器。殷周时已流行。由长短不一的笙管、竹制的簧片和有吹口的笙斗三部分组成。演奏时，手按指孔，吹吸簧片，振动发音，音色明亮优美，可用于伴奏、合奏和独奏。现代改良后的笙，更富于表现力。

竽 古代簧管乐器。形似笙而较大，管数多至36簧。殷代已有，周代时与笙同为重要乐器，王宫中有专职乐师教习吹奏笙、竽。隋唐至宋，渐不用而消失。长沙汉墓中出土的竽，22管，分前后两排。《韩非子·内储说上》里有“滥竽充数”的故事。

胡笳 古代吹管乐器。初以芦苇叶为管，首端压扁为簧片，无指孔。也有以羊骨为管者。至汉代改用木制，两端弯曲，三孔，音量宏大，音色悲凉。传入广大中原地区后，形制有变化，历代鼓吹乐中皆用之。唐代盛行以羊骨或羊角为管、管身无孔的哀笳，用于卤簿鼓吹，每见于边塞诗。清代的胡笳，木管长二尺余，形如细长喇叭，管身下部有三个等距圆形音孔。现代蒙古族的“阿勒泰胡笳”，发音柔和浑厚，音色圆润深沉，演奏技巧独特。可用于独奏、合奏或伴奏，是富有民族色彩的吹奏乐器。

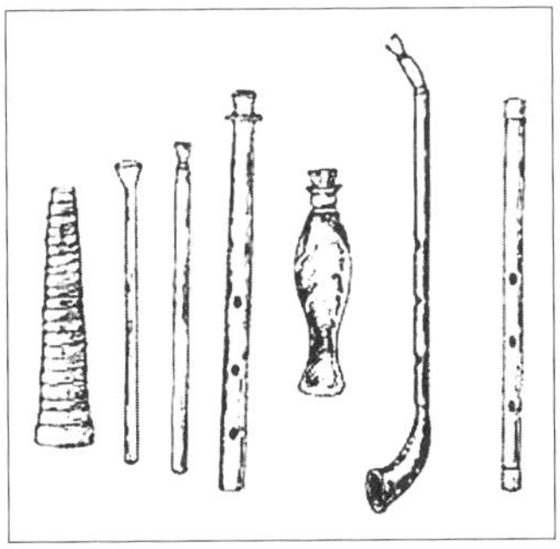

胡笳

笛 亦称“横笛”。古代吹管乐器。竹制，单管横吹。有吹孔一、指孔六、膜孔一。膜孔蒙以芦苇膜，音色嘹亮圆润，表现力丰富。汉代从西域传入，经改制，至元代与今笛一致。

箫 亦称“洞箫”。古代吹管乐器。竹制，单管直吹，有指孔六，下方另有两对出音孔。音量较小，柔和清幽，适于独奏、重奏。西汉时传入中原，亦称“羌笛”。后与笛明确区分，横吹称“笛”，直吹称“箫”。

尺八 古代吹管乐器。因管长一尺八寸而得名。竹制，单管直吹，有指孔六，另一孔蒙竹膜。唐时东传，近代日本尺八形制长短不一，仅五孔，无膜孔。诗人苏曼殊有“细雨楼头尺八箫”的名句。宋代一度消失，今尺八与琵琶，同为福建泉州南音演唱的主要伴奏乐器。

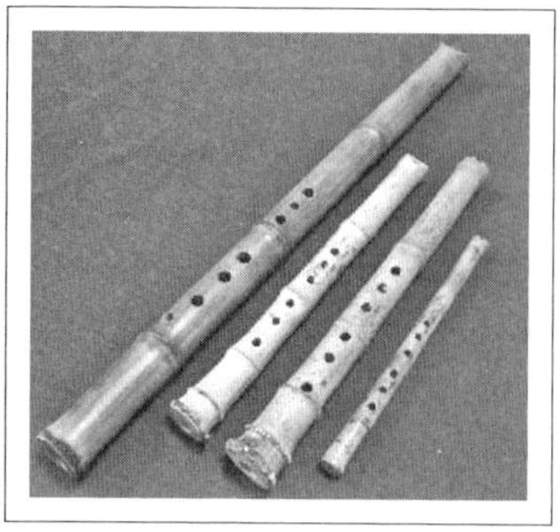

尺八

箜篌 古代乐器。有卧箜篌、竖箜篌两类。卧箜篌最早出现于春秋时楚国，以手拨奏，宋代后失传，但已传入朝鲜、日本。竖箜篌为竖琴前身，东汉时来自西域。其体曲而长，22弦，竖抱于怀，用双手齐奏，称为“擘箜篌”。东汉以前，“箜篌”皆指卧箜篌，东汉以后主要指竖箜篌，当时女子多习其艺。另有凤首箜篌出于天竺，属竖箜篌。乐府《为焦仲卿妻作》(《孔雀东南飞》)有句：“十五弹箜篌，十六诵诗书。”晋代钮滔母孙氏有《箜篌赋》，述其来历形制；唐代王昌龄有《箜篌引》、李贺有《李凭箜篌引》，描绘其音乐境界。

筝 拨弦乐器。木制音箱长方形，面上张弦。每弦有一柱支撑，用以调节音高。唐宋时教坊用筝均为13弦，近代为16弦，今改良后的筝可达25弦，双手弹奏，表现力大为提高。

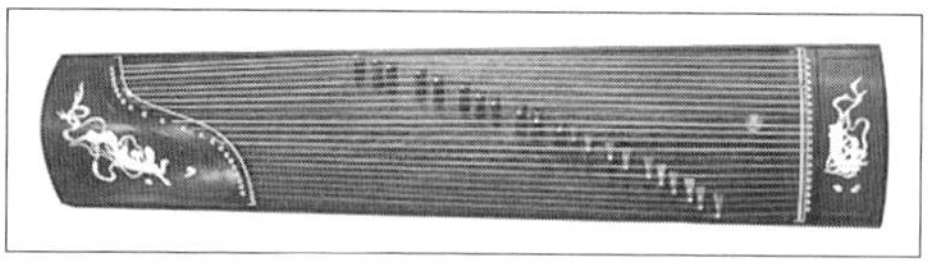

筝

秦筝 筝的别称。因战国时流行于秦国一带，故称。

瑟 拨弦乐器。春秋时已流行。形似古琴与筝。相传最早瑟有五十弦，通常为二十五弦。弦粗细不同，每弦下有一可移动的柱(亦称“雁柱”)。琴箱长方形。瑟分大小，100～160厘米以上者为大瑟。湖北、湖南与河南等地出土的古瑟，以东周的最多。20世纪30年代，音乐界曾对瑟进行改良，制作出五十弦的庖牺瑟与一百弦的大瑟。瑟音质饱满，高音清脆、中音明亮、低音浑厚。其音域为五声调式，可覆盖五个八度。用于独奏、合奏及伴奏。古代，瑟常与古琴、笙合奏。“琴瑟”比喻夫妻，夫妻相爱称“琴瑟和鸣”，夫妻不和曰“琴瑟不谐”。

琵琶 拨弦乐器。本为游牧民族马上所弹，秦代自胡地传入。直项横抱，因向前弹称批，向后挑称把，故谐音称“琵琶”。汉以后演变成阮咸、三弦、月琴等乐器。南北朝时，曲项琵琶(一称“胡琵琶”)由波斯传入中国，横抱弹奏，盛行于北朝。至唐宋，逐渐演变成今之样式，半梨形音箱，张四弦，竖抱，以五指弹奏。是隋唐九部乐、十部乐中的主要乐器，对盛唐歌舞艺术的发展有重要作用。在敦煌壁画和云冈石刻中，可见其在乐队中的地位。外传到东亚各地区，即成为日本琵琶、朝鲜琵琶和越南琵琶。至现代，旧式四相十品、十二品、十三品琵琶已基本不用，而改进为六相十八品、二十四品、二十五品和二十八品，依十二平均律排列，音域更为宽广。

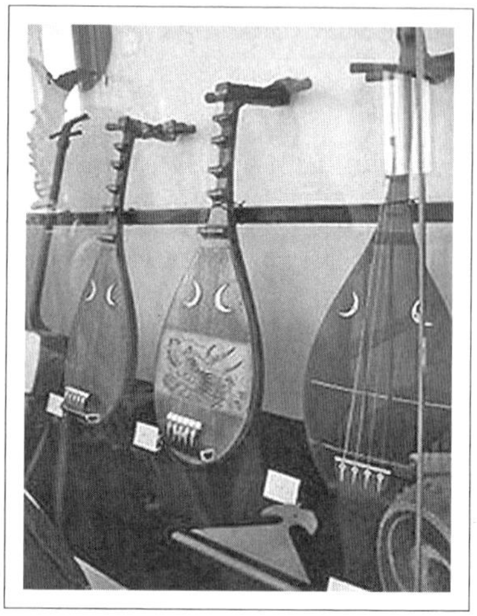

古代琵琶

阮咸 拨弦乐器。由古琵琶演变而来。音箱正圆形，长颈，柱上张四弦。相传西晋阮咸擅演此乐器,因以为名。后简称“阮”。常与古琴合奏。现代制成三弦的阮,分小阮、中阮、大阮、低阮四种,用拨子等弹奏。

月琴 拨弦乐器。由阮咸演变而来。木制音箱为扁平的正圆形或八角形,四弦,以拨子等弹奏。改革后的月琴,音色纯净明亮,用于独奏,也可配合京胡、二胡为京剧伴奏,韵味独特。

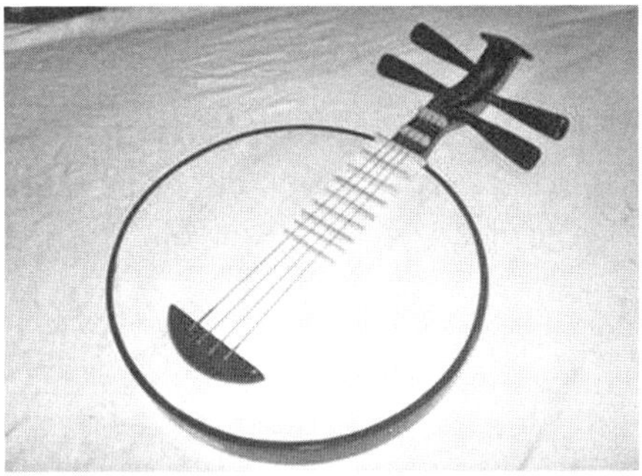

月琴

三弦 亦称“弦子”。拨弦乐器。由秦琵琶演变而来。近代用者,筒为木制,两面蒙蟒皮,柄长,张三弦。有大、小两种。大三弦用于伴奏大鼓等北方曲艺,小三弦盛行江南,用于伴奏弹词及丝竹合奏等。

胡琴 ① 唐宋时对来自北方和西域各族的拨弦乐器的统称。包括琵琶、忽雷等。② 拉弦乐器。宋元时已有。今之胡琴,分二胡、京胡、板胡、四胡等不同形制,用于独奏、合奏及戏曲的伴奏。

二胡 胡琴的一种。以木或竹为筒,筒一头蒙蟒皮或蛇皮,筒上装琴杆,杆端有木轸二,张两弦。演奏时,左手按弦,右手拉弓,使马尾做的弓在两弦间摩擦发音。用于独奏、伴奏和合奏。与京胡同时为京剧演唱伴奏的,称“京二胡”。

京胡 胡琴的一种。以竹为琴筒,一端蒙蛇皮,二弦。发音刚劲嘹亮,是京剧的主要伴奏乐器。

板胡 胡琴的一种。琴筒呈串球形,面板用薄桐木板。发音高亢,为梆子戏的主要伴奏乐器。

阳春白雪 战国时楚国的高雅歌曲《阳春》与《白雪》的合称。跟通俗的《下里》《巴人》相对。宋玉在《对楚王问》中叙述,曾经有人在楚国郢都歌唱《下里》和《巴人》,一起跟着唱的有几千人之多,而当唱《阳春》与《白雪》的时候,一城之中,才几个人,因而可见“其曲弥高,其和弥寡”。后乃以“阳春白雪”借喻不为一般人了解的高深的文艺作品。

广陵散 古琴曲。内容据说是聂政为父报仇行刺的故事,表达了压抑怨愤和激昂慷慨的感情。三国魏时嵇康善弹此曲,他因不满当时专权的司马氏被杀,临刑前索琴弹奏此曲,并叹息说:“《广陵散》于今绝矣!”今传之谱,相传为隋宫所藏的另一谱,全曲分五大部,共四十五段,明人收入《神奇秘谱》。

梅花三弄 古琴曲。据称此曲据晋代音乐家桓伊所作笛曲改编而成。内容表现梅花的傲雪凌霜的精神。全曲主调出现三次。后人或改为琴箫合谱。

阳关三叠 古琴曲。内容以盛唐王维七绝诗《送元二使安西》为主要歌词,并引申诗意,添加词句,抒写离情别绪。全曲分为三段,诗句亦反复三次,因称“三叠”。最流行的是《琴学入门》所收的一种。

夕阳箫鼓 亦称《浔阳夜月》《浔阳琵琶》等。琵琶大曲。全曲通过对夕阳西下、江上渔舟晚归等情景的描绘,歌颂了大自然的美。近人改编为民族管弦乐曲,易名为《春江花月夜》。

十面埋伏 琵琶大曲。明后期流传民间。通常分为 18 段。内容描写汉楚之际刘邦与项羽的垓下之战。此曲以琵琶的特有技巧,刻画战争场面,表现千军万马、刀剑铿鸣、冲锋陷阵之势,风格雄放激烈,颇为生动。

踏歌 亦称“连臂踏歌”。中国古代歌舞形式之一。即人们在郊外、水边或村头聚会,拉手而歌,以足踏地为节拍,自为娱乐。青海大通出土的新石器时代舞蹈纹彩陶盆上,即绘有当地氏族成员连臂踏歌的三组形象。自西汉至唐宋,一直盛行民间。其欲扬先抑、欲进先退、振袖扬袂、婉转回旋的艺术形象,每见于汉画像砖和石窟壁画。唐代,还加工成缭踏歌、踏金莲、踏歌辞等宫廷乐舞。诗人刘禹锡在夔州作《竹枝词引》,记载当地少年男女踏歌时联唱《竹枝词》,以短笛和鼓伴奏,边歌边舞,含思宛转。宋代多于元宵、中秋之夜进行。在少数民族地区,更是广泛流行。唐代传入日本,形成正月十四男踏歌、正月十六女踏歌的风俗。

傩舞 古代举行驱鬼逐疫仪式时的舞蹈。起于商周。汉代宫廷在腊日前一日举行傩舞,由宦官扮演神灵“方相”四人及“十二兽”,由儿童120名扮演“伥子”,表现驱逐恶鬼和疫病并最终成功的情景。动作粗犷有力,风格古朴,历代相传,民间演变为“傩戏”。

七盘舞 汉代民间舞蹈。后多用于宴会表演。表演时,于地上排列盘或鼓,或盘鼓并列,一般用七个,舞者穿长袖舞衣,在盘上舞蹈。汉画像石中有七盘舞的图像资料。

汉画像砖上的七盘舞

剑舞 汉族舞蹈。汉代已有记载。现多保存在武术和传统戏曲中。舞者持双剑或单剑而舞,单剑一般带剑穗,随剑舞动,舞姿英武俊美。

剑舞

狮子舞 汉族民间舞蹈。一般由两人合扮一头大狮子,一人扮一头小狮子,一人扮武士,手持彩球逗引。表演上有“文狮”和“武狮”两种,分别表现狮子的温驯与勇猛,以及母狮和幼狮的种种神态动作。流行于全国各地。

狮子舞

龙舞 亦称“舞龙”。汉族民间舞蹈。常见于喜庆节日。其起源与祈雨有关。龙的形象以竹、木、纸、布等扎成,节数不等,而呈单数。舞时,一人持彩珠在前戏龙,自龙头至龙尾,每节一人持杖而舞,表现种种夭矫翻滚的姿态动作。

舞龙灯

蚌舞 汉族民间舞蹈。舞时,一人穿女子衣裤,身背用竹、布制成的大蚌壳,扮蚌精,一人扮白胡子老渔翁。渔翁撒网,蚌则一开一合,两人一进一退,表现捕捉和逃避的情景,极富童趣,常见于社火、庙会等民间节日。

蚌舞

高跷 汉族民间舞蹈形式之一。起源甚早。舞者扮成各种常见戏曲人物,如书生、美女、侠客、媒婆、小丑等,手上持道具,双足踩有踏脚装置的木棍(跷),高者三四尺以上。可团体对舞,也可两三人表演,或边走边舞,颇饶风趣。

高跷

剑器舞 亦称"剑器浑脱"。唐宋著名舞蹈。舞者执剑(一说双剑)而舞,动作灵活矫健,唐代公孙大娘最擅此舞,杜甫曾有诗咏其弟子之剑器舞。宋代宫廷队舞中有"剑器队"。

霓裳羽衣舞 亦称"霓裳羽衣曲"。唐代宫廷乐舞。《霓裳羽衣曲》原为西凉乐曲,后经唐玄宗润色并制歌词,乃改此名。其乐、舞、服饰描绘虚无缥缈的仙境与仙女形象。安史之乱后仅存残谱,南唐李后主为补曲,南宋词人姜夔为补词。

采莲船 亦称"跑旱船""荡湖船"。一种民间舞蹈。一人(多为女子)站在纸糊的空心船内,一人在船外,或为艄公,或为丑角。前后进退,边舞边唱,如船行水上。

采莲船

丝竹 ① 对弦乐器(如二胡、琵琶、三弦)与竹制管乐器(如箫、笛)的总称。② 民间器乐的一种。以笙、笛、二胡、三弦、扬琴、琵琶等为主要乐器,以板鼓为辅,不用锣鼓。

胡姬 西域少数民族女子。唐代城市规模宏大,社会经济发达,与外国文化交流频繁。长安城内西域胡人开设的饮食店、酒肆甚多,大多以胡族少女当垆卖酒,表演歌舞,为顾客劝饮。唐人习称为"胡姬",多见于诗作。唐李白《前有一樽酒行》:"胡姬貌如花,当垆笑春风。笑春风,舞罗衣,君今不醉将安归?"又《少年行》:"五陵年少金市东,银鞍白马度春风。落花踏尽游何处?笑入胡姬酒肆中。"

梨园 唐玄宗李隆基在长安皇宫中培训歌舞艺人之所。史载,他亲选乐工 300 人、宫女数百人,教授乐曲于梨园。此外,宫外还有类似处所,分属东西两京,规模都及千人。后世因借称戏曲界为"梨园行"、演员为"梨园弟子"。

坐部伎 唐代宫廷乐舞的类别之一。与"立部伎"相对。舞者三至十二人,在堂上表演,舞姿文雅,以丝竹伴奏。其乐工、舞人亦称"坐部伎",技艺水平要求较高。

立部伎 唐代宫廷乐舞的类别之一。与"坐部伎"相对。舞者六十至一百八十人,在堂下表演,舞姿雄壮威武,伴奏乐器有锣、鼓、笛等。其乐工、舞人亦称"立部伎",技艺水平要求较低。

倡伎 亦称"倡"。古代对男女乐舞艺人等的统称。其社会地位低,家属也以此为业,子弟规定不得参加科举考试与做官。女艺人常常是统治者宠爱、玩弄的对象,也有后来位居皇后、王妃者。后世因一般的妓女也学习歌舞、戏曲,"倡伎"乃兼指妓女。后起的"娼妓",则专指妓女。

倡 即"倡伎"。

女乐 亦称"女伎""乐伎"。中国历史上宫廷与豪门为娱乐享受所蓄养的乐舞女演员。起源于女性乐舞奴隶。考古发现,在安阳武官村殷墓中有殉葬的女性骸骨 24 具,身边伴随葬的乐器及舞蹈用的小铜戈;在湖北随县(今随州)战国曾侯乙墓中,除随葬的大批精美乐器外,另有殉葬的青少年女性骸骨 21 具,据研究,大多应属歌舞乐伎。春秋战国时期,各国统治者普遍设女乐，秦始皇统一六国后，宫人女乐达万人以上。汉以后，皇帝、公卿、列侯普遍备女乐。如汉高祖的戚夫人，汉武帝的卫皇后、宠姬李夫人，曹操的卞夫人，都是女乐出身。《左传》与《楚辞·招魂》中都有女乐的记载，东汉张衡的《南都赋》、晋左思的《吴都赋》中描写了女乐歌舞艺术的精湛。女乐也是后世豪门家乐和职业女演员的前身。

女伎 即“女乐”。

乐伎 即“女乐”。

歌妓 亦作“歌姬”。古代泛称以音乐歌舞为业的女子。包括服务于宫廷的教坊妓，服务于中央和地方官署及军队的官妓（营妓），贵族官僚蓄养的家妓，以及民间自立门户的私妓（市井妓）。

官妓 古代由国家供养、登记在册、提供歌舞娱宾等服务的女性。传说春秋时齐国名臣管仲始创。唐宋时，除教坊外，大的州郡皆设官妓。长官宴客，召官妓歌舞助兴和劝酒侍候。宋代法律规定，禁止官员与官妓产生应酬以外的性爱关系。清代废止官妓制度。

营妓 官妓的别称。宋代指在教坊、军中、中央及地方官署为官府宴集提供歌舞和劝酒等服务的女子。因名在册籍，聚居乐营，受乐营将的管束，集中训练技艺，故称。多从私妓中选择色艺佳者充任。其脱籍从良，须得到官府批准。南宋抗金名将韩世忠夫人梁氏，即出身京口（今江苏镇江）营妓。

家妓 古代家中蓄养的以青春美貌及歌舞技艺侍奉主人、娱乐宾客的女子。无人身自由，是主人财产的一部分。秦汉时已见记载。魏晋南北朝至唐宋，宗室贵族、高官显宦，无不蓄养家妓，清中后期始废。家妓的命运多不幸，或为主人侍妾，或作礼物送人，或遭大妇凌虐，或流落江湖以终。历史上，汉武帝皇后卫子夫、晋代绿珠、明末陈圆圆，皆出身家妓。唐代诗人白居易有家妓小蛮、樊素；宋代欧阳修、苏轼、韩绛、韩琦、张镃之家，无不有家妓。南宋范成大赠词人姜夔的歌妓小红，即是家妓。《世说新语·识鉴》：“谢公在东山蓄妓。”《新唐书·元载传》：“名姝异伎，虽禁中不逮。”宋朱弁《曲洧旧闻》：“两府、两制家内各有歌舞。官职稍如意，往往增置不已。”

私妓 亦称“市井妓”。歌妓的一种。活跃于民间酒楼歌馆和自立门户的女性。如宋吴自牧《梦粱录·酒肆》描写的南宋都城临安（今杭州）的情景：“中瓦子前武林园，向是三元楼康沈家在此开沽，店门首彩画欢门，设红绿杈子、绯绿帘幕、贴金红纱栀子灯，装饰厅院廊庑，花木森茂，酒座潇洒。但此店入其门一直主廊约一二十步，分南北两廊，皆济楚阁儿，稳便坐席。向晚灯烛荧煌，上下相照，浓妆妓女数十，聚于主廊面上，以待酒客呼唤，望之宛如神仙。次有南瓦子熙春楼王厨开沽，新街巷口花月楼施厨开沽……俱有妓女以待风流才子买笑追欢耳。”

诗词文史

文学思想、文学运动、文学流派

诗言志 先秦时期对诗歌本质的一种认知与概括。最早见于《尚书·尧典》:“诗言志,歌永言。”《左传·襄公二十七年》也说:“诗以道志。”汉人的《毛诗序》则阐发说:“诗者,志之所之也。”“志”包括人的意志、情感、怀抱等,是一定社会历史条件的产物。“诗言志”的意思是说:诗是表达人的思想意志,抒发人的感情抱负的。这一简明朴素的概括,是中国诗歌理论的早期纲领,至今仍有极强的生命力。

风雅颂 《诗经》中的三种诗歌类型。《周礼·春官·大师》以风、赋、比、兴、雅、颂为六诗。汉人《诗大序》以“风、赋、比、兴、雅、颂”为《诗经》的“六义”。《诗大序》以为风是用于教化、风(讽)刺,“以一国之事,系一人之本”的作品;雅释为“正”,是“言王政之所由废兴”的作品,政事有小大,故有小雅、大雅之分;颂是赞美王的“盛德”,通过敬神祀祖,“以其成功告于神明”的作品。现代学者多认为风是地方乐歌,大部分如朱熹所言为“里巷歌谣之作”;雅是“秦声”(一说“雅”假为“夏”),故推论为西周王畿一带的乐歌;颂的意思是形容,也含有赞美之义,是祭祀所用的乐歌,部分是舞曲。

赋比兴 中国传统的诗歌表现方法。与“风雅颂”一起,最早见于《周礼·春官·大师》。汉人《诗大序》以“风、赋、比、兴、雅、颂”为《诗经》的“六义”,后人解释不一。南宋朱熹《诗集传》认为,赋比兴是《诗经》常用的三种表现方法:赋是直接叙述;比是比喻;兴是兴起,发端,即借物兴起下文。今多认为“兴”是通过自由联想以发端,在诗歌中具有比喻、象征、烘托等多重作用。如汉乐府《焦仲卿妻》就以“孔雀东南飞,五里一徘徊”两句起兴。

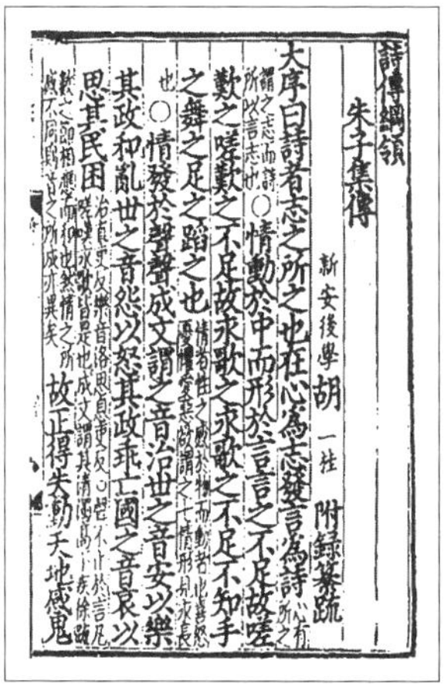

《诗大序》

比兴 中国传统的诗歌表现方法。除“赋”为一切诗文所需要外,“比兴”是诗歌创作必不可少的表现方法。“比”是比喻;“兴”是通过自由联想发端。它们既是形象思维的过程,又是语言修辞的手段。后世诗论家十分强调“比兴”,常常将诗歌衰落的原因归结于诗人但知直接抒写,或过于注重词藻,而忽视比兴、不讲比兴。参见“赋比兴”。

采风 古代称民间歌谣为“风”,搜集民间歌谣为“采风”。儒家认为:周代有“采风”的制度,设采诗之官,周王朝借以“观风俗,知得失”。汉武帝设立乐府,亦其遗意。此一传统,与《诗经》中《国风》及汉乐府的搜集整理,皆有密切关系。元吴澄《校定〈诗经〉序》:“国风乃国中男女道其情思之辞,人心自然之乐也。故先王采以入乐,而被之弦歌。”

乐府 ① 乐府诗的简称。如汉乐府、南朝乐府、新乐府等。详“乐府诗”。② 宋、元、明时期,词、散曲和戏曲的别称。因它们也配乐演唱。如宋苏轼词集名《东坡乐府》,金元好问的词集名《遗山乐府》,明杨慎的散曲集名《陶情乐府》,明朱有燉的戏曲集名《诚斋乐府》。

建安文学 东汉末建安时期的文学。建安,汉献帝的年号。这一阶段的诗歌继承汉乐府民歌的传统,加以创新,反映了社会动乱的现实和人民流离失所的痛苦,抒发了人民要求统一的愿望和诗人建功立业的抱负，感情慷慨悲凉，语言质朴刚劲，散文也有一定成就。代表作家有曹氏父子（曹操、曹丕、曹植）、孔融、王粲、陈琳、徐幹、刘桢、应玚、阮瑀及女诗人蔡琰（文姬）等。

建安风骨 亦称“汉魏风骨”。指东汉末曹操父子及建安七子等人诗赋文章遒劲刚健的风格。建安，汉献帝的年号。其内容或反映社会的动乱，或抒发渴望国家统一的抱负，大多情辞慷慨，在思想和艺术上具有鲜明的特色，后人因称这种特色为“建安风骨”。唐代陈子昂、李白反对六朝文学的绮靡余风，皆曾提倡过“建安风骨”。参见“建安文学”。

汉魏风骨 即“建安风骨”。

永明体 南朝齐武帝永明年间形成的一种诗体。当时称“新体诗”（相对汉魏古诗而言）。因周颙、沈约等发现汉字四声规律，他们和谢朓、王融、范云等诗人，将其运用于实际写作，创为“四声八病”之说，对五言诗的写作做出了严格规定。此种新诗体的出现，对五言律诗的形成具有直接影响，至初唐时完全定型。

唐代古文运动 中唐文学家韩愈、柳宗元倡导的文学革新运动。唐贞元、元和间，韩、柳积极宣传儒家道统，提出明确的文学革新主张。在内容上，主张“文道合一”“文以载道”，反对骈体文的浮华空虚，要求文章反映现实；在形式上，提出突破骈文四六对偶的束缚，要求“辞必己出”“唯陈言之务去”，恢复先秦两汉散文的传统。它的成功，打击了风行数百年的靡丽柔弱文风，确立了“古文”的地位，促进了唐传奇小说的发展，并成为北宋诗文革新运动的先导。

北宋诗文革新运动 五代至宋初，文风浮靡。宋初，柳开、王禹偁、石介、穆修等人极力提倡儒家道统，强调取法韩愈、柳宗元，主张继承杜甫、白居易的现实主义传统。宋真宗时，空洞华丽的西昆体诗与险怪僻涩的“太学体”成为风气。欧阳修、梅尧臣、苏舜钦等起而革新，欧阳修并通过科举，奖掖后进，选拔了王安石、苏轼等优秀人物，使宋代散文走上平易畅达、反映现实生活的道路，并为宋诗的丰富多彩奠定了基础。

唐宋古文运动 见“唐代古文运动”“北宋诗文革新运动”。

诗史 ① 指反映某个时代的社会状况、具有深刻历史意义的诗歌。唐代诗人杜甫，其诗作深刻反映了“安史之乱”前后、唐王朝由盛转衰的社会现实，他的诗被后人誉为“诗史”。此后，如宋末文天祥、金末元好问、清初吴伟业等人的诗歌创作，也较为深广地反映了他们各自经历的国破家亡、战争动乱的时代变化与人间苦难，被当时和后世认为是“诗史”之作。② 诗歌发展的历史，如《唐代诗史》《清诗史》。

杜甫诗的注本《杜诗镜铨》

新乐府运动 中唐时，诗人白居易、元稹学习杜甫，自创乐府新题，咏写时事，发扬汉乐府的现实主义精神。白居易并称自己创作的五十首诗为《新乐府诗》。如《上阳白发人》《缭绫》《卖炭翁》等都是其中名作。同时代诗人张籍、王建、李绅等亦各有创作，斐然可观，一时形成潮流，文学史上称为“新乐府运动”。

元和体 ① 指唐宪宗元和年间诗人元稹、白居易的诗风。史载，当时，元、白之诗天下风传，有不少作者专事模仿他们流连光景的短篇和互相唱和的排律，统称元和体。② 指唐中后期摹拟元和年间名家的一种文学风尚。李肇《唐国史补》卷下载：“元和已后，为文笔则学奇诡于韩愈，学苦涩于樊宗师。歌行则学流荡于张籍。诗章则学矫激于孟郊，学浅切于白居易，学淫靡于元稹。俱名为元和体。”

长庆体 指唐代诗人元稹、白居易建立的全部诗风。元、白诗歌风格、论诗主张相近，二人作品于唐穆宗长庆年间编集，后人因称其体为“长庆体”。重点则指元、白的长篇叙事诗《连昌宫词》《长恨歌》《琵琶行》等新风格、新体制。此类诗影响深远，清初吴伟业《圆圆曲》《鸳湖曲》，近代王闿运《圆明园词》，王国维《颐和园词》等，皆其余绪。

西昆体 北宋初期出现的一种诗文风尚。主要表现于诗歌。代表作家有杨亿、刘筠、钱惟演等人。其特点是雕章琢句，堆砌典故，专在形式上模仿唐代李商隐，外表华丽而内容比较空洞。他们大多为文学侍从，出入史馆秘阁，曾将互相唱和之诗，编成《西昆酬唱集》，一时影响甚大，后进者争效之，称为西昆体。

元祐体 指北宋哲宗元祐年间苏轼、黄庭坚、陈师道诸人的诗风。南宋严羽《沧浪诗话》认为，苏、黄等人“以文字为诗，以才学为诗，以议论为诗”，缺少一唱三叹的风韵，完全不同于唐诗的面貌，是他们自己的创造，因而称为元祐体。事实上，苏、黄、陈诸家诗风并不完全相同，只是同为一朝之诗，有别于唐诗而已。

江西诗派 宋代最大的诗歌流派。此派以北宋诗人黄庭坚为宗，黄为豫章（今江西南昌）人，因此称江西诗派。至北宋末，吕本中作《江西诗派宗社图》，列黄庭坚、陈师道等二十五人于其中，其名乃成。江西诗派讲究形式与技巧，较少关注诗作的社会现实内容，在反对庸俗、创新语言、开拓诗境上有贡献，但其形式主义的倾向消极影响颇大。体现江西诗派观点的选集有元代方回的《瀛奎律髓》。清代宋诗派中，以同光体作家受其影响最深。

江湖派 南宋中后期的一个诗歌流派。宁宗、理宗间，以杭州书商兼诗人陈起为中心，聚集一批诗人相唱和，并陆续选刊《江湖诗集》而形成。派中人流品芜杂，大多为失意仕途、浪迹江湖的文士，他们或放言高论，以博时名，或干谒公卿，游食豪门。各人的思想境界、艺术风格不尽相同。以刘过、姜夔、刘克庄、戴复古诸人的诗词创作成就较高。

公安派 明代后期的一个文学流派。以湖北公安的袁宏道兄弟三人为首，故称。他们的文学思想，深受李贽（卓吾）的影响，反对前后七子的拟古主义，提倡“独抒性灵，不拘格套”，致力于冲破正统思想对文学的束缚。散文作品最有特色的是抨击道学、山水纪游和抒写闲情逸致的文章，亦能诗，风格尖新，往往缺少深广的社会内涵。

竟陵派 明代后期的一个文学流派。以竟陵（今湖北天门）人钟惺、谭元春为代表。竟陵派作家反对模仿古人，主张抒写自家“性灵”，与公安派相同，但取径更狭，专意于表现“幽情单绪”，以具有“幽深孤峭”的风格为“性灵”。导致其作品脱离现实，有时艰涩难解。二人编有《古诗归》《唐诗归》，体现了他们的主张与趣味，后受到钱谦益、朱彝尊的严厉批评。

复社 明末全国性的爱国文社。成立于崇祯二年（1629 年），由一些地方性文社合并而成。其名取“复兴古学”之义。最初活动仅为切磋时文，以应科举。首领为太仓人张溥、张采。后人数扩大，政治色彩日浓，经常抨击朝廷恶政，成为东林党之后的政治舆论力量，屡受当政者的迫害。明亡后，复社成员或壮烈殉国，或隐居山林，不与清廷合作。在文学创作上，他们是前后七子派的继承者。

宋诗派 清代的一个诗歌流派。清初一部分人宗尚唐诗，一部分人推尊宋诗。尊宋者以钱谦益为代表。此后，查慎行、宋荦等也极力标榜宋诗。吴之振等编《宋诗钞》、厉鹗编《宋诗纪事》，也出于宗宋之意。因他们不满意明代王世贞、李攀龙“假盛唐”、空言“格调”的余风，主张重在“性情”，随意书写，在论诗主张上接近宋诗，尤其推崇苏轼。此派影响一直延续到清末，如“同光体”也是以提倡宋诗为特征的诗派。

浙派诗 清前期的一个诗派。发端于康熙间浙西著名诗人朱彝尊，而形成于乾隆时。主要作家有杭世骏、厉鹗、符曾、汪沆等人。浙派宗尚宋诗，作品多写身边琐事及个人的幽情逸志，缺少深厚的现实内容。他们在风格上追求“幽新”，喜用冷僻典故，致使诗境支离破碎，流于生涩。其中，厉鹗有不少优秀的山水诗。

同光体 清末同治、光绪年间和辛亥革命后一段时期的一个诗派。此派以陈三立、陈衍、沈曾植为代表,论诗推崇宋代,以“恶熟、恶俗”相标榜,反对墨守盛唐。在艺术形式上,他们受江西诗派影响较大,力主生新,好用僻词拗句。陈三立有《散原精舍诗》,陈衍著《辽诗纪事》《金诗纪事》《元诗纪事》,选有《近代诗钞》《宋诗精华录》等,其《石遗室诗话》是同光体的主要理论著作。

格调说 明清时代的一派诗论。其说萌芽于唐,完成于明清。明前后七子诗均宗汉魏盛唐,主张从格律声调上学习古人。至清乾隆间,沈德潜继承明人主张,倡格调说,尊唐抑宋,崇尚李白、杜甫为代表的雄放刚健的诗风,不无积极意义。但其说的本质仍重在模仿与形式,又强调“温柔敦厚”的诗教,尽管得到统治者的支持,但此派在创作上仍少出色的作品。

神韵说 清代康熙间王士禛的诗论。其说源于唐末司空图“味在酸咸以外”的理论,以及南宋严羽的“妙悟”和“兴趣”之说。在诗歌风格上,他提倡清新淡远、含蓄蕴藉的风格,强调“兴会神到”,追求“得意忘言”,所作以山水风物的题材最佳,与现实有一定距离。但对于纠正学盛唐的肤廓,晚唐的缛丽和宋人的以议论、学问为诗,揭示诗歌的境界之美颇有贡献。

性灵说 清代乾隆间袁枚的论诗主张。他吸收南宋杨万里、明代公安派的理论加以发展,主张“独抒性灵”,辞贵自然;要敢于写个人的性情遭际。他反对以程朱理学束缚创作,不满意“温柔敦厚”的传统诗教。所著《随园诗话》批评王士禛的神韵说、沈德潜的格调说。他收女弟子,肯定艳情诗,欣赏民间诗,处处反对正统教条。但对社会现实的题材他并不强调,在艺术风格上,多追求清新风趣,而忽略豪放沉雄的风格,有时难免流于浮滑浅易。

境界说 近代学者王国维的诗词理论。“境界”原为佛学术语,后引入文学理论和文学批评。有时也说“意境”。明陆时雍《诗镜总论》、清叶燮《原诗》皆曾以之论诗。王国维在《人间词话》中将有无“境界”视为评价诗词作品高下的重要标准。他所认为有“境界”的作品,即指那些真实深切的意蕴与生动逼真的形象相统一而能引起深刻审美感情的作品。

豪放派 宋词流派之一(与“婉约派”相对)。语出明代张綖《诗余图谱》。由北宋苏轼开创。他“以诗为词”,扩展了词的意境与表现手法,风格豪放。至南宋,辛弃疾等“以文为词”,在词中抒发慷慨悲壮的爱国热情,将词的豪放意境推向高峰。他们突破了“词为艳科”,专写男女相思的藩篱,直抒胸臆,意境雄奇博大。此派作家还有叶梦得、岳飞、张元干、刘过、陈亮、张孝祥、刘克庄、戴复古等人,对词的发展做出了重要贡献,影响直至近现代。

婉约派 宋词流派之一(与“豪放派”相对)。语出明代张綖《诗余图谱》。指的是唐五代以来形成的委婉绮丽的词风。以秦观、周邦彦、李清照、姜夔、史达祖、吴文英为代表。他们的作品多写相思恋情、个人情怀,风格婉丽含蓄,继承和发展了传统的词风,以艺术手法上的创新形成婉约派的正宗,对当时及后世词坛影响很大。历史上的花间派、南唐词派、姜张格律派等都属婉约派。

阳羡词派 清代前期的一个词派。代表作家为陈维崧,江苏宜兴人。宜兴,古名阳羡,故称。陈维崧推崇并效法宋词人苏轼、辛弃疾,以雄浑豪放为主,风格多样,创作繁富,颇注重对社会现实的反映。他大胆地将词与“经、史”并提,反对仅从外表模仿前人。此派词家有曹贞吉、陈维岳、万树等近百人。陈维崧的追随者蒋景祁所选大型清初词选《瑶华集》,体现了此派的观点。

浙西词派 亦称“浙派”。清代前期的一个词派。由秀水(今浙江嘉兴)词人、学者朱彝尊开创。他论词以南宋的姜夔、张炎为宗,崇尚“淳雅”,注重音律,以婉约为“正”,以豪放为“变”,反对前人的粗率叫嚣、庸俗鄙浅,所选《词综》,体现了他的主张。所作颇多纪游、咏物之篇,字琢句炼,词风清空秀雅,华美幽冷。然难免内容贫弱,兴寄不高。此派著名的作家有词人厉鹗、吴锡麒、郭麟等,其后渐趋枯寂。

常州词派 清代中期的一个词派。由常州词人、学者张惠言创立，周济加以发展。他们反对浙西词派追求形式、不重比兴的词风，借用经今文学的方法，强调词中要有寄托和微言大义。张惠言编有《词选》阐扬其理论。周济有《词辨》《介存斋论词杂著》《宋四家词选》，将理论进一步系统化，对晚清的词坛影响深远。

晚清四大词人 指清末词人王鹏运、朱祖谋、郑文焯和况周颐。王鹏运（半塘）汇辑历代词为《四印斋所刻词》，朱祖谋（彊村）汇辑历代词为《彊村丛书》，郑文焯著《大鹤山人诗集》，况周颐著《蕙风词话》。他们在词创作、词的理论研究与历代词总集、别集的校勘整理上做出了贡献。

唐宋派 明代嘉靖时期的一个散文流派。以王慎中、唐顺之、归有光、茅坤为首。他们既推崇先秦两汉散文的传统地位，又主张继承与发展唐宋散文，要求作品"皆自胸中流出"，具有自己的面目，反对前后七子"文必秦汉"的拟古主义主张。其中归有光成就最高，所作多清新感人。茅坤编有《唐宋八大家文钞》，推广其说，影响较大。

桐城派 清代最大的散文流派。康熙时古文家方苞开创，刘大櫆、姚鼐等进一步发展，因都是安徽桐城人，故称。但桐城派众多作家不尽为桐城人。他们主张学习先秦两汉散文和唐宋八家古文，讲究"义法"（文章主旨与文章技巧），以"神气、音节"为作文门径，提出"义理、考据、词章"三者并重，以"阴阳刚柔"辨析文章风格，影响很大，直至清末。但由于受程朱思想束缚，以及过于强调语言的"雅洁"，文章往往流于内容空洞，缺少生气。姚鼐所选《古文辞类纂》七十五卷，颇能代表此派观点。

阳湖派 清代的一个散文流派。因创立者恽敬、张惠言及其后继者多为阳湖（今江苏常州）人，故称。他们受桐城派影响，但又不满桐城派的清规戒律与正统观念，于儒家六经与唐宋八家外，主张兼取子史百家，不废骈体。因而他们的文风笔势纵放，较少束缚，但影响远不及桐城派。

诗界革命 近代诗歌改良运动。戊戌变法前，夏曾佑、谭嗣同、梁启超等好作"新诗"。1898年变法失败，梁启超逃亡海外，以主要精力从事文化宣传，推进文学改良，"诗界革命"为其重要方面。他在《清议报》《新民丛报》《新小说》等刊物上发表和评介谭嗣同、唐才常、康有为、黄遵宪、蒋智由、丘逢甲、夏曾佑等的诗作，又撰《饮冰室诗话》，提出"新意境""新语句""古人之风格"三点，而将"新意境"放在首位。他们的诗与评论，对于长期统治诗坛的拟古主义、形式主义诗风，具有一定程度的冲击作用。

南社 近代文学团体。酝酿于1907年，1909年正式成立于苏州。取名"南社"，寓"楚囚钟仪不忘南音"之意（见《左传・成公九年》）。活动中心在上海。主要骨干多为同盟会成员，有陈去病、高旭、柳亚子、苏曼殊、马君武、周实、宁调元、吴梅、黄节等人。他们继承晚明复社的传统，对当时衰飒的宋诗派、同光体、桐城派等旧文学，强烈不满。每年出版社刊《南社》二至三集，分诗、词、文录三部分。作品多忧国忧民、倾诉爱国热情、呼唤民主、反对清政府专制腐败之作，风格慷慨豪壮，影响及于南北各地，为辛亥革命做了重要的舆论准备。后社员达1 100余人。1923年解体。此后又有新南社和南社湘集、闽集等组织。前后延续30余年。

诗词曲体

楚辞体 "楚辞"之名，始于汉代刘向所编《楚辞》。以屈原等作家运用楚地文学样式、方言音韵，内容具有楚地色彩而得名，对后世创作影响深远，与《诗经》同为中国抒情诗两大源头。刘勰《文心雕龙・辨骚》称屈原作品"衣被词人，非一代也"。一般分为骚体赋和骚体诗两类。骚体影响及于文赋，骚体赋多咏物抒情。骚体诗突破《诗经》以四言为主的形式，采用散文化的句法，句子长短不一，参差多变，可以纵横自由地抒写情怀。其体在五七言诗各体之外，别具一格，流贯古今。

乐府诗 简称“乐府”。诗体名。即乐府官署从民间采集和整理创作的诗歌。汉乐府分为郊庙歌辞、鼓吹曲辞、相和歌辞、杂曲歌辞四类。魏晋至唐，配曲诗歌以及后人用乐府旧题的，如《春江花月夜》《相逢行》《子夜吴歌》等，也属乐府诗。唐以后自创新题的，称新乐府。南宋郭茂倩编有《乐府诗集》一百卷，兼收汉魏乐府与唐人新乐府，是乐府诗的权威总集。

新乐府 诗体名。东汉以后写作乐府诗，题目及内容大多因袭旧作，唯少数诗人另立新题，如唐代杜甫，“因事立题”，作《丽人行》《兵车行》《哀江头》等，或讽喻时政，或记述丧乱，给乐府带来新的生命。中唐时，张籍、王建、李绅、白居易、元稹倡导“新乐府运动”，产生大量创作。其体以七言其主，中间杂有三言，通俗浅切，意到笔随，形象鲜明，针砭时弊，在中国诗歌史上具有创立新体、树立典范的价值。由于它们不再配乐歌唱，为区别于被之管弦的汉魏乐府诗，唐人称之为“新乐府”。

唐诗 中国唐代的诗歌。唐代经济繁荣，国势强盛，文化艺术发达，中外交流频繁，是中国文学史上五七言古体诗、近体诗及乐府诗歌创作的高峰和诗体定型的时期。唐代诗作者遍布各阶层，上自帝王，下至平民百姓、妇女儿童。大诗人、名家辈出。唐诗的题材广泛，风格流派纷呈，名作如林，具有承前启后的典范意义，对后代诗歌流派以及词、曲等新文体的产生，具有直接影响。后人以之与楚辞、汉赋、宋词、元曲、明传奇等并称，同为中国古典文学的瑰宝之一。

《唐人选唐诗》

宋词 中国宋代的词。词体起于隋唐，按谱而作，配乐歌唱。至宋代，因城市经济繁荣，歌妓歌以娱宾，所唱男女相思离别之情，多出于为文人创作，成为一种新型的抒情诗体。自苏轼至辛弃疾、陆游等，摆脱绮罗香泽，抒发诗人豪迈悲壮情怀，宋词又开辟一全新境界。两宋词作者人数众多；风格流派多样，今存词数量达 20 000 首，是中国抒情文学的又一高峰。对后世词派及曲的产生具有重大影响。后人以之与楚辞、汉赋、唐诗、元曲、明传奇并称，视为一代之文学。

《全宋词》

元散曲 中国元代的散曲。散曲是在诗、词之后出现的一种新颖诗体。可以叙事，亦可抒

《梨园按试乐府新声》

情,变化多姿,以痛快淋漓、尖新奇巧为上。在中国文学史上,元散曲与楚骚、汉赋、唐诗、宋词等并列为一代特色。元人辑有《梨园按试乐府新声》《朝野新声太平乐府》《类聚名贤乐府群玉》等选集,近人汇辑为《全元散曲》《元人小令集》等总集。

四言诗 诗体名。每句四字或以四字为主,风格简古含蓄。周代的《诗经》基本为四言诗。两汉、魏晋仍有四言诗,如曹操的《短歌行》《观沧海》《龟虽寿》,三国魏嵇康的《赠兄秀才入军》,陶渊明的《停云》《归鸟》,都是四言诗的名篇。后渐为五、七言诗代替,只是偶有诗人写作此体。

五言诗 诗体名。每句五字。产生于汉代。历经魏晋南北朝、隋、唐,发展繁荣,成为中国古典诗歌的主要形式之一。有五言乐府、五言古诗、五言律诗、五言绝句、五言排律之分。清末至今,仍有大量创作。著名的《古诗十九首》、《为焦仲卿妻作》("孔雀东南飞")、《木兰诗》等,都是五言诗。

六言诗 诗体名。每句六字。多为六言绝句。历代创作较少。唐王维有《辋川六言》七首。其六为:"桃红复含宿雨,柳绿更带朝烟。花落家童未扫,鸟啼山客犹眠。"是歌咏隐居和田园之乐的名篇。北宋王安石、苏轼也偶有创作。后世竹枝词也有六言者,号称为"小竹枝"。

七言诗 诗体名。每句七字,或以七字为主。起于汉代,实由骚体变化而来。旧传七言始于汉武帝《柏梁诗》,实乃后人伪托。清赵翼《陔餘丛考》:"顾宁人(炎武)谓:'楚辞《招魂》《大招》,去其"些""只",即是七言。'"张衡的《四愁诗》与三国魏曹丕的《燕歌行》为现存最早七言诗,都是每句押韵。自南朝宋鲍照始,改为隔句押韵。至唐代,大为发展,与五言诗同为中国古典诗歌的主要形式。有七言乐府、七言古诗与七言律诗、七言绝句之分。

骚体诗 古代诗体的一种。如项羽的《垓下歌》、刘邦的《大风歌》、汉武帝的《秋风辞》,皆为骚体诗。其句法参差错落,句中多带语气字"兮"。西汉以下的模仿作品,如相传为东汉蔡琰的《胡笳十八拍》,即为骚体诗的杰作。

杂言诗 诗体名。是古体诗的一种。诗句字数多少不一,长短不齐,一般以二、三、四、五、七言的句子相间杂为多。《诗经》中已有,汉乐府民歌如爱情诗《上邪》即杂言诗。至唐代,诗人常在七言诗中杂三、四、五、七甚至十言以上的句子,以形成一种自由不羁的形式。如李白的《将进酒》《蜀道难》等,皆属杂言诗。

古诗 ① 唐人指汉、魏晋时期的诗歌与诗体(与"近体诗"相区分)。如《古诗十九首》《焦仲卿妻》等。② 亦称"古风"。指唐以后的人用汉、魏晋诗体写成的诗歌。如《唐诗三百首》中杜甫的《梦李白》为五言古诗,柳宗元的《渔翁》则为七言古诗。③ 今人泛称古代诗歌(与词、曲以及新诗相区分)。

古体诗 古代诗体的一种(相对"近体诗"而言)。具体指汉、魏、晋时代的诗歌体裁。约在唐初,"近体诗"形成以后,仍用汉、魏、晋时代的诗体写成的诗歌,就称为"古体诗"或"古风"。每篇字数不拘,有五言、七言、四言、杂言等形式,句数长短无限制,押韵、平仄较自由。后世沿之,直到当代。

五言古诗 简称"五古"。古体诗常见体式之一。指汉、魏晋时期的五言诗体及其创作,也指后世以此种诗体写成的诗(区别于五言近体诗)。形式较自由:长短在四句以上(四句则为古绝);句内用字不拘平仄;不须对偶;通常以一韵到底,可用平声韵,也可用仄声韵。如陶渊明的《归田园居》、杜甫的《望岳》,都是五言古诗。

五古 即"五言古诗"。

七言古诗 简称"七古"。古体诗常见体式之一。起源东汉,南朝宋鲍照的《拟行路难》为乐府旧题,但实质已是七言古诗,至唐代大盛。其体形式自由,重在铺叙抒情的跌宕淋漓:句子以七字为主;句内用字不拘平仄;不要求对偶;可用平声韵,也可用仄声韵;可一韵到底,也可转韵。有的发展为叙事歌行。如唐卢照邻的《长安古意》、杜甫的《丹青引》,都是七言古诗。参见"歌行"。

七古 即“七言古诗”。

柏梁体 七言古诗中的一体。《古文苑》卷八记载，汉武帝在长安建柏梁台，元封三年（前108年），诏群臣于台上赋诗，诗七言，人各一句，每句用韵。然此诗实出于后人假托。后之作者，或联句，或一人创作，依此形式者，皆称“柏梁体”。如唐中宗《十月诞辰内殿宴群臣效柏梁体联句》。

歌行 古体诗的一种。汉乐府中有《伤歌行》《艳歌行》，实为五言古诗；曹操则有四言的《短歌行》，曹丕有七言的《燕歌行》。“歌”和“行”，本为乐府诗名，如南朝《子夜歌》、东汉《陇西行》等，两者行并无严格区分。后世的“歌行”，主要指一种形式比较自由，句子可长短参差，以七言为主的古体诗，叙事而兼抒情。如初唐卢照邻的《长安古意》，中唐元稹的《连昌宫词》，白居易的《长恨歌》《琵琶行》，清初吴伟业的《圆圆曲》《永和宫词》《萧史青门曲》《听女道士卞玉京弹琴歌》《楚两生行》等，都是歌行体的名篇。

近体诗 亦称“今体诗”。意为“近代的新诗体”。唐人用来称发端于齐梁而形成于唐初的一类诗体（区别于汉魏古诗）。包括律诗与绝句。全首字数、句数、平仄、用韵，都有规定。除排律外，近体诗每首句数固定；押韵位置固定，一般只押平声韵，不换韵；律诗还有对仗的要求。它扩大了诗歌体裁的范围，加强了诗歌的音乐性，丰富了诗歌的表现力和艺术技巧，将唐诗推向高峰。其形式为历代所继承，成为诗歌创作的重要标准。

今体诗 即“近体诗”。

律诗 近体诗的一种。因格律严密得名。始于南朝齐的“永明体”，至唐初形成。在字数、句数、平仄、用韵上，都有严格规定。全首八句，每句五字者为五言律诗，每句七字者为七言律诗。每首在二、四、六、八句末押韵（首句押韵与否可任意），通常押平声韵，一韵到底。中间两联，即三与四句，五与六句，必须分别对仗。一首超过八句的，通常为五言，称为长律或排律。

五言律诗 简称“五律”。律诗的一种。每句五字，全首八句。有平起和仄起两种格式。中间两联须用对仗。平起者如唐杜甫的《登岳阳楼》：“昔闻洞庭水，今上岳阳楼。吴楚东南坼，乾坤日夜浮。亲朋无一字，老病有孤舟。戎马关山北，凭轩涕泗流。”仄起者如唐李白的《渡荆门送别》：“渡远荆门外，来从楚国游。山随平野尽，江入大荒流。月下飞天镜，云生结海楼。仍怜故乡水，万里送行舟。”

七言律诗 简称“七律”。律诗的一种。每句七字，全首八句。有平起或仄起两种格式。中间两联须用对仗。仄起者如唐杜甫的《蜀相》：“丞相祠堂何处寻？锦官城外柏森森。映阶碧草自春色，隔叶黄鹂空好音。三顾频烦天下计，两朝开济老臣心。出师未捷身先死，长使英雄泪满襟。”平起者如宋黄庭坚《寄黄幾复》：“我居北海君南海，寄雁传书谢不能。桃李春风一杯酒，江湖夜雨十年灯。持家但有四立壁，治病不蕲三折肱。想得读书头已白，隔溪猿哭瘴溪藤。”

绝句 诗体名。全首四句，有五言绝句和七言绝句之分。唐律形成以前的绝句，称“古绝”，可以用仄声韵。近体律绝至唐初形成。平仄、押韵都有一定格式。在二、四句末押韵（首句押韵与否可任意），通常押平声韵。其特点是短小精炼，意蕴无穷。

古绝 绝句的一种。唐律形成以前的绝句，实为最短小的五言古诗。平仄较自由，多用仄声韵。律绝形成以后，仍有诗人写作古绝，多为五言。用意含蓄。如李白的《玉阶怨》：“玉阶生白露，夜久侵罗袜。却下水精帘，玲珑望秋月。”即为古绝。

五言绝句 简称“五绝”。绝句的一种。每句五字，全首四句。近体五绝有平起和仄起两种格式。用对仗与否，完全随意。平起者如唐孟浩然《宿建德江》：“移舟泊烟渚，日暮客愁新。野旷天低树，江清月近人。”仄起者如宋吕本中《夜雨》：“梦短添惆怅，更深转寂寥。如何今夜雨，只是滴芭蕉？”

五绝 即“五言绝句”。

七言绝句 简称“七绝”。绝句的一种。每句七字，全首四句。有平起或仄起两种格式。用对仗与否，完全任意。平起者如王昌龄《从军行》五首之四：“秦时明月汉时关，万里长征人未还。但使龙城飞将在,不教胡马度阴山。”仄起者如宋范成大《横塘》:“南浦春来绿一川,石桥朱塔两依然。年年送客横塘路,细雨垂杨系画船。”

七绝 即“七言绝句”。

排律 近体诗的一种。是一般律诗的加长,通常为五言,每首至少十句。短者为试帖诗,用于科举考试,长者达百韵(二百句)以上。七言排律罕见。其体除首、末两联外,中间各联均需用对仗。唐代杜甫、白居易、元稹、李商隐均擅五言排律。名作如杜甫《自京赴奉先县咏怀五百字》等。至元代,杨士弘编《唐音》始列“排律”之目,明高棅《唐诗品汇》等继之。明徐师曾《文体明辨序说》:“大抵排律之体,不以锻炼为工,而以布置有序、首尾通贯为尚。”由于形式的束缚,历来佳作不多。《红楼梦》第七十六回,写林黛玉与史湘云在凹晶馆赏月所作,而后半由妙玉续成的《中秋夜大观园即景联句三十五韵》,即为排律之体。

五排 参见“排律”。

咏怀诗 抒发个人情怀抱负的诗。是中国古典诗歌的常见题目。起于三国魏文学家阮籍有《咏怀》诗 82 首。阮诗用笔曲折,诗旨隐约,充满忧思、痛苦和彷徨之情。后世抒写个人怀抱的诗,多仿效之,如唐陈子昂有《感遇》诗 38 首,实际即是《咏怀》诗的别称。

艳体诗 亦称“艳情诗”“艳诗”。以描写男女情爱为主题的诗歌。南朝梁《玉台新咏》和唐末《才调集》是著名的艳体诗数量较多的选集。历代善写艳体诗的诗人有南朝的梁简文帝萧纲、徐陵,晚唐的李商隐、温庭筠、韩偓,明末的王次回(彦泓)等。

山水诗 以描写山水景物为主要题材的诗歌。山水景物是中国古典诗歌重要题材之一。南朝宋的谢灵运,性好游览,大量写作山水诗,刻画工致,是山水诗派的开创者。南齐谢朓继之,世称“大小谢”。至唐代,王维、孟浩然、李白等著名诗人都以优秀的山水诗著称,对历代诗歌创作产生重大的影响。

宫体诗 南朝时期的一类诗歌。宫,指太子居住的东宫。梁简文帝萧纲为太子时,即为此种诗风的倡导者。宫体诗歌咏女子的声色情态及服饰、用物等,格调轻靡,词句艳丽,思想贫弱,是当时男性统治者享乐心理的反映。著名作家有徐摛、徐陵父子,庾肩吾、庾信父子,萧绎(梁元帝,萧纲之弟)等。前后历百余年时间,至“初唐四杰”与陈子昂出,始退出诗坛。

游仙诗 古代描述寻仙访道或神仙境界,以寄托诗人怀抱的诗。晋代郭璞有《游仙诗》,后世仿作,如元代杨维祯的《小游仙诗》,即是写道教神仙境界的组诗七绝。此外,唐人美称女道士、歌妓为“仙”,以“游仙诗”借称描写男女情爱之诗,如张鹭小说《游仙窟》中的唱和之诗,元稹、白居易的“游仙”诸作,实际都是狎妓寻春之篇。

田园诗 以农村景物和田园生活为主要内容的诗歌。是中国古典诗歌的重要题材之一。晋代陶渊明厌恶官场,弃官回乡,参与乡间劳动,有《归园田居》等创作,是田园诗的开创者。至唐代,王维、孟浩然、储光羲等,皆以描写安逸、宁静的农村田园生活见长,遂开田园诗一派。对后世影响深远。

边塞诗 以描写驻守边疆将士的生活及其感情心理为主要内容的诗歌。发端于六朝,成熟于唐代,至高适、岑参时形成流派。唐代前期国事强盛,边境辽阔,与北方少数民族及西域国家战事频仍,既有抵御外敌、不怕牺牲的豪情壮志,也有战争残酷、征人思妇的别绪离情,以及绝域千里、奇异风光的生动描绘。高、岑而外,王昌龄、李颀、李益、卢纶等,亦以边塞诗著称。他们的创作,意境雄浑、气势豪迈、情调悲壮,是唐诗的重要内容之一。

应制诗 朝臣应皇帝的命令而作,或与其唱和的诗。多用五七律或五言排律。主要内容为歌功颂德、点缀升平、写景纪游等,形式典丽,辞句华美,以“立言得体”为要,很少文学价值。《全唐诗》中,如唐许敬宗《奉和元日应制》、虞世南《赋得临池竹应制》、上官仪《早春桂林殿应诏》、宗楚客《安乐公主移入新宅侍宴应制》等皆是。举宋之问《奉和立春日侍宴内出剪彩花应制》为例:“金阁妆仙杏,琼宴弄绮梅。人间都未识,天上忽先开。蝶绕香丝住,蜂怜艳粉回。今年春色早,应为剪刀催。”

试帖诗 亦称“赋得体”。律诗的一种。即超过八句的五言排律。通常是六韵或八韵(十二句或十六句),平仄、对偶俱同排律,韵脚由试官限定,不可随意,题目多为著名典故。如以“一片冰心在玉壶”(王昌龄句)或“长夏江村事事幽”(杜甫句)为题,要求考生铺排发挥。唐宋及清代乾隆以后专用于进士考试。实际上是对应试者知识面、审美能力与写作水平的考查。唐人钱起的《湘灵鼓瑟》是一首著名的试帖诗,因中有名句“曲终人不见,江上数峰青”,传诵一时。

赋得体 即“试帖诗”。

宫词 以帝王宫廷内日常生活为题材的诗歌。多为七言绝句形式。唐代王昌龄等已有创作。至王建吟咏宫中之事,著《宫词》百首。后蜀花蕊夫人著《宫词》以后,历代诗人多有续作。其内容旁及一朝兴亡大事、典章制度、掌故逸闻、风俗物产、宫室园林、诗画文艺等。清人辑有《十家宫词》,今人校点有《南宋杂事诗》《辽金元宫词》《明宫词》《清宫词》等,内含宫词数十家,是文史考证的有用资料。

组诗 由同一主题的若干首诗组成的一组诗。五古如东汉《古诗十九首》、唐李白《古风》59首;五绝如唐王维的《辋川集》20首;七绝如唐杜甫的《戏为六绝句》,金元好问的《论诗三十首》,清王士禛的《秦淮杂诗》20首、《岁暮怀人绝句》60首;七律如杜甫的《咏怀古迹》5首,清张问陶的《宝鸡县题壁诗》18首等,都是组诗的名篇。

无题诗 近体诗的一个常见诗题。通常为七言律诗或七言绝句。为晚唐李商隐的独特创造。李商隐《无题》诗多为风格绮丽典雅、抒情委婉含蓄的爱情诗,少数含义深隐,别有寄托。因诗中之意不便明言或不能明言,乃名“无题”。亦有取第一句的首二字为题者,如《锦瑟》《碧城》《为有》等。后人多效其体。又如清黄景仁《绮怀》16首,抒写旧日爱情与眼前失意,其实也是一种《无题》诗。

回文诗 杂体诗的一种。特点是诗句可以颠倒或回环交错阅读,皆能自成文意。大多为文字游戏。起自晋代,女作家苏蕙所写回文《璇玑图诗》最为著名。梁简文帝诗《和湖东王后园回文诗》曰:“枝云间石峰,脉水浸山岸。池清戏鹄聚,树秋飞叶散。”倒读则为:“散叶飞秋树,聚鹄戏清池。岸山浸水脉,峰石间云枝。”唐皮日休、陆龟蒙,宋王安石、苏轼亦有其体。

打油诗 一种语言俚俗、轻率随意的诗歌。宋钱易《南部新书》及明代杨慎《升庵外集》记载,唐人张打油《雪诗》曰:“江上一笼统,井上黑窟笼。黄狗身上白,白狗身上肿。”后人因称此类语言鄙俗而故作诙谐,有时还暗含讥讽的诗为“打油诗”。亦有诗人因吸收杂文的特点,意在批判,用语不拘古今,而自称“打油诗”者,现代作家中聂绀弩、何满子、杨宪益、邵燕祥等最擅此体,且多用作诗集名。

题壁 古代文人在旅店、酒楼或风景名胜处偶生感慨,率然命笔,题诗文于粉壁,是他们寄托情怀与讽刺现实的一种方式。始于汉代,《华阳国志・蜀志》载:“(成都)城北十里有升仙桥……司马相如初入长安,题市门曰:不乘赤车驷马,不过汝下也。”南北朝渐多,至唐代形成风气,诗僧寒山题壁诗多达600首。元稹《骆口驿二首》其一云:“邮亭壁上数行字,崔李题名王白诗。尽日无人共言语,不离墙下至行时。”宋周煇《清波杂志》卷十:“邮亭客舍,当午炊暮宿,驰担小留次,观壁间题字,或得亲朋姓字,写途路艰辛之状,篇什有可采者。其笔画柔弱,语言哀怨,皆好事者戏为妇人女子之作。”历代诗文集中收存甚多。如唐崔颢的七律《黄鹤楼》诗、宋苏轼的七绝《题西林壁》,皆为传世名作。

棹歌 原为渔夫或船工行船时唱的歌,后成为诗体名。六朝至唐,文人所作《棹歌行》全为五言古诗。至唐戴叔伦《兰溪棹歌》:“凉月如眉挂柳湾,越中山色镜中看。兰溪三日桃花雨,半夜鲤鱼来上滩。”始为七言绝句。南宋有写成五绝者。朱熹著名的《武夷棹歌》10首为七绝组诗,辛弃疾和作《游武夷作棹歌呈晦翁十首》亦同。清代朱彝尊作《鸳鸯湖棹歌》100首,写景抒情不离水乡生活,运用比兴、谐音、双关手法,富于民歌风味,成为大型的风土诗杰作。清戴延年《吴语》:“棹歌以吴江第一,大约不出男女相慕悦之词,而发情止义,好色不淫,颇得风人之旨。夜程水驿,月落蓬窗，每与柔橹一声相间，动人乡思，凄其欲绝。”

竹枝词 亦称“竹枝歌”。古代诗体的一种。本为今川东、鄂西沿江一带的民歌。盛行于中唐，有联唱、齐唱、独唱、对唱、接唱等不同方式。语言通俗，音调轻快，绝大多数为七言四句。最初多歌唱相思情爱，刘禹锡等效其体，后遂脱离音乐，变成歌咏山水风光、民俗风情的诗体。按照地域可以分为北京竹枝词、成都竹枝词、姑苏竹枝词等。也有五言、六言等“小竹枝”。今人雷梦水等编有《中华竹枝词》，收录 21 600 多首；王利器等编有《历代竹枝词》，收录 25 000 余首。

联句 亦称“联吟”。古代作诗方式之一。指两人或多人共作一首诗，串联成篇。初无一定规矩，有一人作一句一韵，两句一韵，或作两句以上，别人再往下续者。后来的方法是：五言排律，一人首出上句，继者须以下句对成一联，然后再出上句，依次往下，相联成章。多用于上层饮宴及朋友间酬答，甚少佳作。《红楼梦》第五十回《芦雪庵争联即景诗，暖香坞雅制春灯谜》，描写大观园众人联句，出第一句“一夜北风紧”的是王熙凤，其他参加作诗的贵族少年男女共有十一人之多。

联句诗 用联句方式写成的诗。相传始于汉武帝元封三年（前 108 年）与群臣合作《柏梁台诗》，一人一句，集以成篇。其事始见于《三辅黄图・台榭》；称其诗为联句诗体见刘勰《文心雕龙・明诗》；全首诗始见于《古文苑》卷八、《艺文类聚》卷五十六和《三秦记》等。清以前学者不仅以其为联句诗的鼻祖，柏梁体的首创，且认为它是中国七言诗的源头。自清初顾炎武考证，今人多同意其为后人拟作。然联句诗起于西晋前，当无疑问。晋贾充、南朝宋孝武帝刘骏、陶渊明、鲍照等皆有五言联句诗；梁武帝《清暑殿效柏梁体》，唐中宗《十月诞辰内殿宴群臣效柏梁体联句》《景龙四年正月五日移仗蓬莱宫御大明殿重为柏梁体联句》，体制则与《柏梁台诗》同。明吴讷《文章辨体序说・联句诗》认为：“其要在于对偶精切，辞意均敌，若出一手，乃为相称。”参见“联句”。

和韵 和他人诗词，仍用其原韵。韵同而前后次第不同的，称“同韵”“用韵”；同韵而前后次第也相同的，叫“步韵”“次韵”。唐代元稹与白居易互相唱和，首倡其风，唐末陆龟蒙、皮日休诗集里，也多和韵之作。至宋以后更为盛行，有一和再和而多至八、九和者，作者大多逞奇斗巧，乃成为旧诗中一种诗体。明徐师曾《文体明辨序说》：“和韵诗有三体：一曰依韵，谓同在一韵中而不必用其字也。二曰次韵，谓和其原韵而先后次第皆因之也。三曰用韵，谓用其韵而先后不必次也。古人赓和，答其来意而已，初不为韵所缚……中唐以还，元、白、皮、陆更相唱和，由是此体始盛。”

步韵 见“和韵”。

次韵 见“和韵”。

集句 ① 古代作诗方式之一。截取前人一家或数家诗句，拼缀成一首完整的诗，或古或律，以抒发自己的情志。现存最早使用此法的作品为西晋傅咸的《七经诗》。后亦用于传奇剧如《牡丹亭》《长生殿》等每出之末。也可集为楹联。② 集句诗的省称。因以集句方式撰成，故称。宋王安石擅此体，有诗传世。又清康熙、乾隆间诗人黄之隽综览浩博，才华富赡，尝集句为《香屑集》十八卷，凡古今体诗共 930 余首，十首中句无重出，一首中人无叠见，而对偶工整，意义通贯，宛若天成，其组织工巧，一一如其自出。明徐师曾《文体明辨序说・集句诗》：“按集句诗者，杂集古句以成诗也……盖必博学强识，融会贯通，如出一手，然后为工。”

诗钟 一种诗歌文学游戏。传说起于元代之福建（见明叶子奇《草木子》），盛行于清嘉、道间至民国。是近代台湾文学活动的一个组成部分。林则徐、沈宝桢、张之洞、林纾、陈衍、陈三立、陈宝琛、易顺鼎、范增祥、丘逢甲等，均擅此道。其法：取绝不相类的两个词作诗两句，或分咏一事一物，或为嵌字，必须凑合天然，两两相称。如《雪鸿初集》（1881 年刊），录林则徐在家乡时的诗钟吟作：嵌“窗夜”，限第一唱云：“窗虚权借月栖榻，夜静猛闻风打门。”嵌“陈人”，限第一唱云：“陈迹浑如牛转磨，人情几见雀衔环？”近人《诗钟考》：

"昔人作此,社规甚严,拈题时缀钱于缕,系香寸许,承以铜盘,香焚缕断,钱落盘鸣,其声铿然,以为构思之限,故名诗钟,即刻烛击钵之意。"

词 亦称"曲子词""歌曲""长短句""乐章""乐府""诗余"等。韵文体裁的一种。是伴随新兴音乐而产生的一种新型抒情诗体。起源隋唐,通常是按曲调填词,合乐歌唱,大多句子长短不一。至宋代,城市经济繁荣,商业兴盛,官僚家中和歌楼酒肆中的歌妓所唱歌曲,皆需文人填词,故渐演变为文人抒情言志的创作。除格律定型化外,与音乐也渐脱离。其特点是题旨深隐,多用象征,表达手法更加婉曲,地位仅次于诗。两宋以下,以清词最盛。

长短句 亦称"词"。因其本质是歌曲的文字部分,写作时必须按谱填词,句子长短不一,故称。如宋辛弃疾的《稼轩词》,又名《稼轩长短句》,刘克庄有词集名《后村长短句》等。

诗余 亦称"词"。古人认为"词乃诗之余",故称。如南宋词人黄机的词集名《竹斋诗余》,清康熙帝曾命文臣沈辰垣等编有大型词选集《历代诗余》一百二十卷。

词调 亦称"词牌"。填词用的曲调。最初的词,都是配乐歌唱,或依调填词,或按词制调,曲调名多与词的内容有关,如《谢秋娘》《渔歌子》《菩萨蛮》《更漏子》《女冠子》等。后来,多数的词不再配乐歌唱,只是依调填词,曲调和词的内容少有联系,词调名仅成了字数、音韵结构的固定形式。有些词调,在正名之外,还有异名,也有同名异调或一调数体者。少数精通音律的词人,自己制谱并填词,此种新词牌称为"自度曲"。清人万树编有《词律》,康熙时又有官撰的《钦定词谱》,二书收录词调繁富,考证详明,可供参考。

词牌 即"词调"。

敦煌词 亦称"敦煌曲子词"。指1907年在甘肃敦煌石窟中发现的唐、五代人抄写在卷子上的民间词。共160余首。现有辑本《敦煌曲子词集》。其中小令、中调、慢词都有;大都是乐工、歌妓、商人、士卒、书生等无名氏之作;思想感情丰富多样,较多的是对歌妓生活和爱情生活的抒写。艺术上刚健清新,形象鲜明,联想丰富,语言生动。

令引近慢 唐宋乐词的四种体裁。它们的区别在于音乐上节奏的不同。令,是令曲,即小令,每片四拍;引和近,每片八拍,有需要时可增辅拍,辅拍通称为"艳拍"或"花拍"。慢,即慢曲,每片八拍,也可用"艳拍"。引、近、慢的拍子,有缓有急;不论节拍缓急,一字一声,不加重叠,字数也无定规。由于拍子多少不同,令词一般短小,引、近接近中调,慢词较长。

小令 ① 词调体式之一。词中的短调(区别于中调、长调)。唐宋文人在酒宴上常即席填词,利用短调,当作酒令,因称。如"采桑子""长相思""浣溪沙"等,字数在50余字以下。小令要求写得新颖、精炼。② 散曲体式之一。体制短小,大多以一支曲子为独立单位,但也有特殊形式。近人陈乃乾有《元人小令集》,辑录甚丰。③ 元明人称民间流行的小曲为小令。

中调 词调体式之一。因长短适中,故称(区别于小令、长调)。明刻本《类编草堂诗余》以59字以下为小令,59~90字为中调,并无根据,但通行已久,一般仍沿用其说。常见的如"渔家傲""江城子""定风波"等,即是中调。中调最宜即景抒情,音乐性强。

长调 词调体式之一。因全首较长,故称(区别于小令、中调)。明刻本《类编草堂诗余》以91字以上为长调,并无根据,但通行已久,一般仍沿用其说。常见的如"念奴娇""满江红""贺新郎""莺啼序"等,皆为长调。长调宜于铺叙,富有层次,一般用以表达阔大的时空领域和深沉的思想情感。

慢词 依慢调填写的词。唐代,慢词早就流行民间。如敦煌发现的唐代琵琶谱中,即有《慢曲子》的名称,但词人仿作者少。至宋代,柳永为乐工依慢曲大量填词,引起词人注意,填制者始逐渐增多。慢词的运用,在小令之外为词家提供了可以容纳更多内容的新形式。其字句虽然也很多,但与"长调"的区别主要是:慢词从曲调的缓急上分,"长调"从字句的多寡上分。

散曲 曲的一种体式。和诗词一样,用于叙事、写景、抒情(与用于戏曲作品的"剧曲"相区别）。包括散套与小令。实际上是一种可以歌唱的抒情诗。元、明两代盛行。也称“乐府”或“词”。如元张可久的散曲集名《小山乐府》，明冯惟敏的散曲集名《海浮山堂词稿》。今人整理有《全元散曲》《全明散曲》《全清散曲》。参见“套曲”“小令”。

词余 散曲的别称。古人认为“词乃诗之余”“曲乃词之余”。意思是曲由词发展而来。

套曲 亦称“套数”“散套”。剧曲（用于戏曲作品）或小令以外的散曲（用于叙事抒情）的一种形式。即用多种曲调互相联贯、有首有尾、组成一套，选用曲牌大都属同一宫调。借用其他宫调的，称借宫或犯调。元中叶以后，出现北曲与南曲同一宫调的曲牌用于同一套曲内，称为“南北合套”，属于例外。在散曲中，同一套曲，必须首尾一韵。

散体 古代指不讲求字句对偶和整齐用韵的文体。跟“骈体”相区别。如先秦两汉散文、汉代大赋、唐宋以下的“古文”都是散体。

歌谣 民间文学的一类。为民歌、民谣、儿歌、童谣的统称。中国古代，以合乐者为歌，徒歌者为谣。歌谣词句凝炼，音韵谐和，风格质朴清新，是表达下层人民思想愿望的产物。历代王朝在统治腐败、社会矛盾激化时，常有预言式的歌谣流行，正史中每多记载。有的则经过了文人的加工与删改。清代杜文澜（实为刘毓崧）辑有《古谣谚》一百卷，收罗甚广。

时调 亦称“时曲”。时新曲调之意。相对流传已久的曲调而言。往往一调或数调在社会上广泛流传，历时长短无定，有兴起、盛行与衰歇的过程。明代中叶，流行《打枣竿》、《挂枝儿》（《打枣竿》流行到南方的改称）诸调，内容多写男女恋情，一般为7句41字，可以加衬字，脚韵平仄通押。以明冯梦龙所辑《挂枝儿》一书所收为最多。

俗曲 亦称“俚曲”。民间传唱的小曲。创作者多为下层人民，一般作品率真有力，朴素自然，有的还饶有风趣。文人起而仿效，目之为“时调”。明冯梦龙《山歌》、《挂枝儿》以及清华广生《白雪遗音》之类，都是俗曲的选本。清蒲松龄用俗曲的形式敷演故事，写有《聊斋俚曲》。又，变文初发现时，也曾称为俗曲。

赋、古文、骈文及其他文体

骈体 古代指讲求文句对偶、整齐用韵的文体（跟“散体”的“古文”相区别）。萌芽于古代散文中。东汉后期兴起，盛于齐梁及唐代，直至近代，仍有写作。因唐代韩愈、柳宗元提倡散体古文，故称排偶之文为“骈体”。有的学术著作，如刘勰的《文心雕龙》、刘知幾的《史通》，也以骈体写成。清李兆洛辑《骈体文钞》，范围较宽，骈中带散的，也予收入。

赋 古代文体的一种。其名始于战国《荀子·赋篇》。以叙述描写为主。盛于两汉。有大赋、小赋之分，后世历朝沿其体，代有述作。六朝以下，不再作为主要的文体。宋人结合散骈，发展出“文赋”的新体，如欧阳修的《秋声赋》、苏轼的《赤壁赋》，形式更加自由。

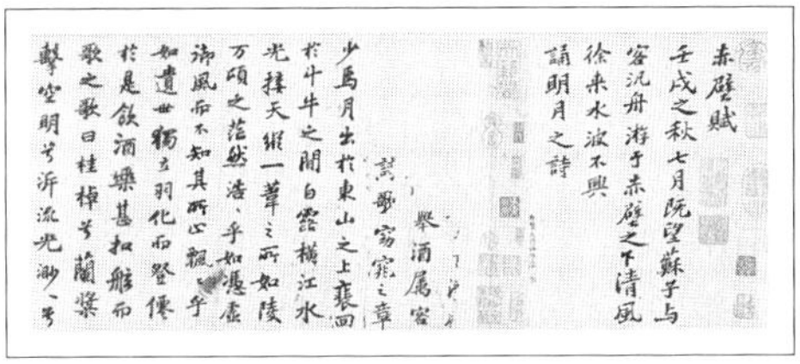

苏轼书《前赤壁赋》（局部）

骚体赋 文体名。是受楚辞影响而产生的文体。早于汉代。也是汉赋的一种类型。它吸取了楚辞作品的优美词藻和铺陈渲染的手法，比起汉代散体大赋来，诗歌成分较多，抒情色彩较重。如贾谊的《吊屈原赋》、司马相如的《长门赋》、董仲舒的《士不遇赋》等，以句末多有语气助词“兮”为特征。清初王夫之的《九昭》也是此体。

大赋 亦称“散体大赋”。赋的一种。与骚体赋有别。两汉大赋,铺叙为主,多描写都城的壮丽、园囿的繁茂,宫廷生活的奢华,帝王狩猎或出行场面的盛大等。唐以后创作渐少,但仍是封建统治者点缀生平、歌功颂德所需的文体。史载,北宋神宗朝,词人周邦彦献《汴都赋》7 000 言,多古文奇字;清康熙、乾隆南巡,臣下亦多有献赋称颂者。参见“汉赋”。

小赋 赋的一种。篇幅较短,于句子末尾用韵,数句一转韵。兴盛于东汉魏晋南北朝,用于叙事、咏物、抒情,题材广阔。如张衡《归田赋》、向秀《思旧赋》、木华《海赋》、鲍照《芜城赋》、谢庄《月赋》、江淹《恨赋》与《别赋》,俱是优秀的名篇。唐宋以下至清,如柳宗元、苏轼、蒲松龄、袁枚等,仍时有创作。参见“汉赋”。

汉赋 中国汉代的赋。在形式上继承战国宋玉、荀况赋的体制和《楚辞》的辞藻,有大赋和小赋之分。大赋篇章阔大,铺叙为主,多描写都城的壮丽、园囿的繁茂、宫廷生活的奢华、帝王狩猎场面的盛大等。如司马相如《子虚赋》《上林赋》,班固《两都赋》,扬雄《羽猎赋》《长杨赋》,张衡《两京赋》,左思《三都赋》等。虽寓讽谏,也属劝百讽一,受到统治者的喜爱。小赋篇幅较短,叙事咏物抒情,题材广阔。如贾谊《鵩鸟赋》、张衡《归田赋》、蔡邕《青衣赋》、王粲《登楼赋》等,皆为名作。后人以汉赋与楚辞、唐诗、宋词、元曲并称,作为一代文学的代表。今有北京大学出版社的《全汉赋》可参考。

律赋 赋体的一类。源于南朝俳赋,要求音韵谐和、对偶工整,隋唐用于科举考试。唐开元二年(714 年),开始限定韵脚。通常赋题来自经、史、子、集,多为四言两句八字。即一篇赋中,要依次以此八字为韵。如以“兰亭修禊”为题,以“群贤毕至,少长咸集”为韵。宋代科举试赋,沿唐制。后世便称这类限制韵脚的命题赋为“律赋”。自唐迄清,1 000 多年。宋存世律赋数量甚多,既有试前的习作,也有入仕后的创作。明科举不用。因徒具形式技巧,近于文字游戏,文学价值不高。

辞赋 亦作“词赋”。楚辞体与赋体文学的统称。唐李白《江上吟》:“屈平辞赋悬日月,楚王台榭空山丘。”

骈文 古代文体的一种(与散体的“古文”相区别)。始于东汉而成熟于南北朝。以排比对偶为主,讲求声律与用典,语句整齐,词藻华丽,是宫廷、官场的应用文体,也用于一般的赋物抒情。北朝的庾信以及唐代的王勃、骆宾王、李商隐等,皆是骈文大家。清代亦多名手,有陈维崧、汪中等。唐宋以后的四六体,是骈文的一种。

四六体 简称“四六”。骈文的一种。形成于南朝,盛行于唐宋。注重声律、对偶与用典,风格华丽,以四字句、六字句相间成文而得名。可以议论抒情,不适合用于叙事。唐宋朝廷,翰林学士代皇帝起草诏令文字,以及官场应酬书启,多用此体。晚唐诗人李商隐得前辈令狐楚的传授,擅长四六体,其文集称《樊南四六》甲乙集。

六朝骈文 东汉以下,骈文渐兴。至南朝齐,汉字的四声规律被发现以后,骈文形成风气,普遍运用于宫廷、官场以及一般的记事、抒情、议论,一时名手辈出。著名作家有鲍照、孔稚圭、丘迟、庾信、徐陵等。梁代文学理论批评家刘勰的《文心雕龙》,全书以骈文写成。清人许梿编有《六朝文絜》,所选多为短小的写景抒情之作。

古文 文体名。指以文言写成的散体文(跟“骈文”“时文”等相区别)。唐代古文运动反对南朝以来的骈俪文风,提倡先秦两汉普遍使用的散体文,并称散体文为“古文”。至北宋,欧阳修、苏轼等继承韩、柳的传统,进一步巩固了古文的地位,并使散文艺术达到巅峰。元、明、清继之,古文成为最重要的文章体裁。明代的唐宋派、清代的桐城派及阳湖派,都是著名的古文流派。

时文 时下流行的文体(跟“古文”相区别)。是对科举考试中采用的文体的通称。唐宋时指限韵的律赋,明清时指八股文。唐宋古文家提倡刚健、质朴、自由的先秦两汉文风,反对骈体;清代古文家反对八股文的陈词滥调,他们认为时文只是进入仕途的工具,不是记叙抒情、载道、言志的文体,因而力主避免时文的影响。桐城派更将“忌时文”作为衡量“古文”的标准之一。

晚明小品 明代后期散文的一类。是中国传统散文的发展,公安、竟陵两派文学革新的直接产物。其特点是篇幅相对短小,形式自由活泼,语言流利清新,卸下“文以载道”的负担;尽管较少接触社会大问题,但不屑模拟古人,独抒性灵,感受真切,无论记人、记事、记山水,皆谐趣幽默,有不少佳作。除三袁及钟、谭之外,著名作家尚有王思任、冯梦龙、江盈科、刘侗、祁彪佳、张岱等人。对现代白话散文小品也有较大的影响。

策 亦称“策问”。文体的一种。用于回答皇帝的问题,陈述对国家大事的看法。如汉文帝时,政治家、散文家晁错针对所问政治、经济、文化等事,旁征博引,对策两千余言;汉武帝时,经学家董仲舒所对的《天人三策》。此后历朝,多有“策问”之举,唐以后且用于科举考试。此外,也有个人献策于朝廷者。“策”的特点是着眼于封建王朝的统治,联系现实,逻辑性强,而主要不在辞采。

论说 文体的一类。用以议论或申说道理的文章。以“论”名篇的,始于西汉贾谊的《过秦论》、东方朔的《非有先生论》等,历代名篇甚多。以“说”名篇的,其义源于《周易·说卦》、许慎《说文》等,三国魏曹植有《说疫气》之篇,分析流行病之起因。至唐韩愈作《师说》、柳宗元作《观八骏图说》等以后,成为常用文体。“说”与“论”并无大异。故其后统称说理论析之文为论说文。

箴 韵文的一种。用于警诫和规劝,有的还讽刺缺失。意在警告、提醒人们避免犯过错,如同医生以箴石治病。先秦有《夏箴》与《商箴》,汉扬雄作十二《州箴》、二十五《官箴》。后世时有仿作,如三国魏嵇康有《太师箴》。多为四言,文字简练深刻。因作用与“铭”的作用相近,多连称为“铭箴”。

铭 韵文的一种。是刻或铸在器物上的文字。作用有二:一、表彰功德;二、立誓言和存警戒。先秦铭文,不限韵语,也有散行无韵者。两汉韵文,班固《封燕然山铭》用楚辞体。后多用四言韵语,如晋张载的《剑阁铭》。至宋苏轼所作铭,多散行而不用韵。实际上,用韵的铭,是歌颂、咏物和表达哲理的诗歌,无韵的铭是杂文。常与“箴”连称为“铭箴”。

记载武王克商的利簋铭文

座右铭 铭的一种。用韵语写成,放在座之右侧,时刻可以见到,内容大多是有关品德修养的格言。源于东汉学者崔瑗的《座右铭》(见《文选》卷五十六),是一首警诫、提醒自己做人行为准则的五言诗。

颂 文体的一种。上古祭祀时告神的诗歌。《诗经》中有《商颂》《周颂》《鲁颂》。其体裁以铺张扬厉、古奥文雅为特点。后成为歌功颂德的文体。《文选》中有汉王褒《圣主得贤臣颂》,为散体不用韵;汉扬雄《赵充国颂》、晋陆机《汉高祖功臣颂》为四言,俱用韵。常与“赞”连称“颂赞”。

赞 文体的一种。用于赞美或评论。一类用于论人物、文章、书画等,称为杂赞。如晋夏侯湛有《东方朔画赞》,郭璞有《尔雅图赞》。一类用于史传,藉以总结全篇大意,词兼褒贬,称为史赞。如《汉书》《后汉书》《晋书》每篇后的赞及《史记》司马贞的“索隐述赞”。除《汉书》的赞为散体外,大多为四言韵语。常与“颂”连称“颂赞”。

像赞 亦称“真赞”。文体的一种。即题写在人物图像旁边的赞美或评论。南宋陆游有《东坡像赞》《宏智禅师真赞》等。也有自题像赞的，如南宋陈亮的《自赞》，其词曰："其服甚野，其貌亦古。倚天而号，提剑而舞。惟禀性之至愚，故与人而多忤。叹朱紫之未服，谩丹青而描取。远观之一似陈亮，近视之一似同甫。未论似与不似，且说当今之世，孰是人中之龙，文中之虎？"

连珠 古代文体的一种。其特点是四六对偶，词藻华丽，不直接说事理，而是借一系列比喻表达，贯穿如珠，故称。起于东汉，班固、贾逵曾应诏而作，蔡邕、张华继之。《文选》载晋陆机《演连珠》50首，如曰："臣闻应物有方，居难则易；藏器在身，所乏者时。是以充堂之芳，非幽兰所难；绕梁之音，实萦弦所思。"比喻出众的人才或事物，不缺少美好的品质，缺少的是表现的机会。

奏疏 文体的一类。臣下向皇帝进言议事文字的统称。包括所上的奏、疏、对、表、状、札子、封事、弹章等。始于汉文帝时贾谊的《政事疏》、晁错的《论贵粟疏》。后世名称不一。

状 泛称陈述、记叙、申诉或褒奖的文辞。(1) 亦称"奏状"。奏疏的一种。用于向皇帝进言议事。如唐韩愈的《御史台上论天旱人饥状》，宋苏轼的《乞医疗病囚状》。(2)"行状"的简称。(3) 指用于控告的诉状。(4) 指供状。

表 ① 文体的一种。用于臣下向皇帝奏事。如三国蜀诸葛亮的《出师表》、唐白居易的《杭州刺史谢上表》。② 史书体例的一种。即按世代年月排比并列帝王、诸侯国的大事或家族的世系。起于先秦，司马迁创造性地用于《史记》，有世表、年表、月表三种，共十表；《新唐书》有"宰相世系表""方镇表"等。

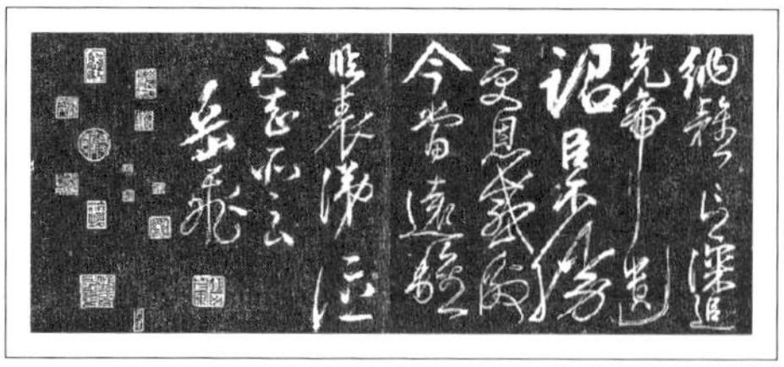

岳飞书《出师表》卷尾

札子 古代公文的一种。可分两类：(1) 用于发指示。中书省、枢密院不用诏令形式的，称札子。也用于诸路帅司向部属发指令。(2) 用于向皇帝或上司建言议事。如王安石有上神宗皇帝的《本朝百年无事札子》，陆游有呈枢密院和中书省的《上二府论事札子》。宋人用得极多。

弹文 亦称"弹章""弹事""劾文"等。奏疏的一种。是专门弹劾官吏大臣的奏疏。以指陈过失、条明罪责为主，往往辞义激切，意在引起震动。为封建时代纠举不法官员的手段之一。如明嘉靖朝杨继盛奏劾奸相严嵩十大罪、天启朝杨涟奏劾宦官头子魏忠贤二十四大罪，都是弹文。

诏令 文体的一类。帝王、皇太后或皇后所发命令或文告的统称。如册文、诏、制、敕、诰、旨、谕、策令、玺书等。秦代始命为诏。六朝而下，唐、宋诏书或用四六骈文，或用散体。具有最高权威性。北宋宋敏求编有《唐大诏令集》，南宋(佚名)编有《宋大诏令集》。

制诰 古代文体的一类。制、诰，原是两种文体。唐以后作为帝王所下文告及命令的统称。有骈文和散体两种形式。"制"多用于大赏罚、大除授，如宋代拜三公、三省之职用之，用骈体文，以便宣读；"诰"因系直达本人，用散文。担任撰写制诰的职务称为"知制诰"。唐代白居易，宋代欧阳修、苏轼、王安石、司马光皆曾知制诰，他们的文集中也收有这类文章。

册文 文体的一种。用于皇家祭祀，立皇后、太子、诸王、妃，帝后大臣之丧，赐赠臣下官称谥号，上尊号等朝廷礼仪大典。汉代用木简，写作"策"。至唐代名"册"，分级别用玉、金、银、铜为之，称为"祝册""玉册""立册""封册""哀册"等，以期永久。

朱批 唐制，皇帝于诏书以外的书札，例用朱砂书写，明清沿其制，习称"朱谕"。清代，内外章奏或特降之旨，由皇帝朱笔批示，以明出其亲笔。清世宗(雍正帝)性苛严，勤于批阅臣下奏折，所批往往至数千言，后世刊为《雍正朱批谕旨》。

罪己诏 诏书的一种。用于皇帝罪责自己。历史上在国家遭受严重灾荒、大规模农民暴动等重大灾难、民不聊生之时，封建王朝为挽回人心，往往取《左传·庄公十一年》"禹汤罪己”之意，以皇帝名义下诏自责，昭告内外，称“罪己诏”。如明崇祯十七年（1644年）二月所下诏。

檄文 文体的一种。用于声讨、晓谕、征召等。有散有骈，或散骈结合。在进行军事声讨时，其内容多宣扬己方德威，历数对方罪恶，敦促其投降，或迫使其接受命令。特点是运用夸张手法，辞宏气盛，富于鼓动力。隋末祖君彦代李密作《檄洛州文》，讨伐隋炀帝，有句：“罄南山之竹，书罪未穷；决东海之波，流恶难尽”，又唐骆宾王《为徐敬业讨武曌檄》，皆是檄文的名篇。

羽檄 亦称“羽书”。文书的一种。古代军情紧急时，上插羽毛，以骑者传送。檄是用于征召的木简，插以鸟羽是表示急件，必须疾如飞鸟般传递送达。

劝进表 章表的一种。专门用于劝登帝位。魏晋六朝时代，统治阶级内部夺权或皇统中断，建立新朝的统治者多以禅让的形式登皇帝位。然下“让国诏”后，又故作逊让，必待朝臣上劝进表，颂美其功德，而归之天命，乃允许受禅。司马炎篡魏，以及东晋司马睿（晋元帝）逃至江东，群臣皆署表联名劝进。

邸报 亦称“邸抄”“朝报”。汉诸侯王与唐代藩镇，都在京师设有官邸（办事处），作为入朝朝见的住所。邸中人员传抄皇帝诏令、朝臣章奏及有关政治情报，向诸侯报告的，称为邸报。至宋代，有人出于牟利，成为一种手抄的类似报纸的读物。明末崇祯间有活字版印的官报，清代有报房商人经营的，称为京报。

判牍 古代判决案件的文书。内容是描述案情，分析罪错，作出判决。亦颇有借此显示才华者。唐张鷟有《龙筋凤髓判》，白居易有《判五十道》，晚清诗人樊增祥有《樊山判牍》，皆是有名的判牍，大多以骈语写成。《聊斋志异·胭脂》篇中，学道施愚山的判词即是一篇词理俱胜的骈体文。

经义 文体的一种。用于科举考试。以儒家经书中的文句为题，让应试者作文阐发其中义理。源于北宋王安石改变科举考试内容。当时认为诗赋崇尚辞采，浮夸不实，无补于培育和选拔人才，因而废诗赋而改经义。发展至明，就成为八股文。因而，“经义”在明清时代，即指八股文。

八股文 亦称“八比文”“时文”“制义”“制艺”“经义”。文体的一种。明清时专用于科举考试。源于唐代律赋及宋代“经义”等多种文体。每篇由八个部分组成，即破题（用两句说破题目要义）、承题（承接破题的意义加以说明）、起讲（开始议论）、入手（起讲后入手之处）、起股、中股、后股、束股。自“起股”至“束股”为正式议论，各有两股排比对偶的文句，合称八股。其题目出自《四书》正文及宋代朱熹的注，体制是“代圣贤立言”，内容空洞，形式拘谨，是封建统治者以利禄为诱饵，禁锢知识分子思想的工具。清末废除。

家传 传记的一种。盛行于六朝。记一姓家世及其人物。所述多标榜本姓族郡望之高贵不凡，历数先代官职爵位，功德勋劳。是世族门阀制度在史学上的反映。《隋书·经籍志二》著录有《桓氏家传》一卷、《太原王氏家传》二十卷、裴松之撰《裴氏家传》四卷等。

小传 略述人物生平事迹的传记。有只记一人的，如唐李商隐的《李贺小传》；有汇印诗文、词曲、尺牍总集，在入选的每个作者之下，略述其字号、籍贯、履历，置于书之前后或其中的，也称小传。如清钱谦益的《列朝诗集》、王士禛的《感旧集》及《全唐诗》《全宋词》《全元散曲》之类总集，均有小传。

序跋 文体的一类。“序”也写作“叙”，多列于作品之前，用来介绍评价作品，陈述写作宗旨。起源甚古，散文体的如《毛诗序》，宋曾巩的《李白诗集后序》，骈文体的如唐王勃的《滕王阁序》等。“跋”列于作品之后，介绍评价作品，或记读后感。宋人大量写作，苏轼、黄庭坚、陆游的“跋”内容尤其丰富，文笔超迈。两者连称“序跋”。

后序(叙) 列于作品之后的序。如司马迁的《太史公自序》即放在《史记》最后，用以介绍全书，叙述著作缘由。唐韩愈有《〈张中丞传〉后叙》，为李翰的《张巡传》补充史实。

小序 散文体裁的一种。为单篇诗文所作（相对“大序”而言）。多列于题目之下，用以说明作品创作的主旨。如汉人所作《诗小序》以及唐代诗人白居易“新乐府”每篇的小序。白诗《杜陵叟》题下曰：“伤农夫之困也”，即小序之体。

赠序 文体的一种。用于送别亲友。古代因山川阻隔，交通不便，相见为难，故当行者临别之前，序以赠之，以表达敬爱、勉励、依恋等思想感情。唐代开始盛行。以骈文写成的，如王勃的《感兴奉送王少府序》。自唐代“古文运动”以后，多用散体古文写成，如韩愈的《送孟东野序》、欧阳修的《送徐无党南归序》等。

书牍 文体的一类。书信之类的统称。名称不一，包括书、启、笺、简、牍、札、帖等。牍，古代用于书写的木简，借指书信。

书启 书和启。都是书信。著名的“书”，如司马迁的《报任安书》，南朝梁丘迟的《与陈伯之书》，三国魏嵇康的《与山巨源绝交书》，唐柳宗元的《与韩愈论史官书》，苏轼的《与谢民师书》等。古人书信，讲究称谓上的礼仪、避讳及用语措辞等，大多推尊对方，自处谦卑，虽进行是非争论，表达不同学术见解亦然。启，也是书信的一种，用于官场酬答，多带骈语或直接用四六体。如唐柳宗元的《谢李吉甫相公示手札启》，陆游的《贺礼部曾侍郎启》。

书后 散文体裁的一种。写在作品后，能独立成篇。用于评价所读书籍文章，记述读后感想，性质与“跋”相近。唐代韩、柳未见有此体。至宋代苏轼始大量运用，如《书〈六一居士传〉后》《书〈文选〉后》等。清人更多地用于辨章学术，如方苞的《书〈史记〉十表后》等。题名也可作“《庄子·逍遥游》书后”的形式。今称“后记”。

语录 授业、传道或交往中言谈的纪录。一般忠实于原貌，不作文字修饰。源于儒家的《论语》。后来佛教禅宗师徒间的问答，宋明理学家与门人间的对话，记录成文都称语录。著名的有程颐的《伊川语录》、程颢的《明道语录》、陆九渊的《象山语录》等。朱熹的《朱子语类》，实为经后人整理的分类大型语录合集。现代则指名人著作中言论的摘编。

答问 著作体裁的一种。或学者有意设为问答的形式，阐明疑问，或后学有所问而答。如清代龚自珍有《大誓答问》，朱一新有《无邪堂答问》，张之洞有《书目答问》等。

笔记 亦称“随笔”“笔谈”“杂识”“札记”等。文体的一种。泛指随笔记录、不拘体例的散文作品。内容涉及政治、历史、文学、经济、自然科学、工艺制造、宗教民俗、社会生活以及学术研究等各领域。盛行于北宋，下及近现代，数量极大。其中专用于叙述故事，记载人物轶事或民间传闻的，称为“笔记小说”。中华书局编辑出版有《唐宋史料笔记丛刊》《元明史料笔记丛刊》《清代史料笔记丛刊》。

札记 文体的一种。即分条记录的读书心得、治学体会或朝野要闻，其名称不一。如元末陶宗仪的《南村辍耕录》，明沈德符的《万历野获编》，清顾炎武的《日知录》、赵翼的《廿二史札记》《陔餘丛考》，近人陈登原的《国史旧闻》以及《吕思勉读史札记》等，皆札记之著名者，至今为学者采用。

传志 体裁的一类。通常指记载人物生平事迹的传、事略、行状、家传、年谱、墓表、墓志铭、神道碑等。

行状 亦称“状”“事状”“行述”等。古代文体的一种。是为已死者写的传记。由死者的子孙、朋友或门人撰写，记其人一生功名、道德、成就等。唐柳宗元有《柳常侍行状》《段太尉逸事状》，白居易有《故巩县令白府君事状》，杜牧有《礼部尚书崔公行状》等。后世行状多巨细不遗，罗列烦琐，意在提供资料，作为撰写墓志铭或史传者的依据。

哀辞 也作“哀词”。古代文体的一种。用于表达对死者的伤悼。多为韵文。或以散文叙述在先，“辞”的部分用骚体押韵在后。如唐韩愈有《独孤申叔哀辞》《欧阳生哀辞》，清方苞有《阮以南哀辞》，皆为情韵相生、恳恻动人之作。后世沿之。

诔文 亦称“诔辞”。古代文体的一种。用于叙述死者生平并表达哀伤。起于周代，孔子卒，鲁哀公曾以诔哀悼之。《文选》载有曹植哀悼王粲的《王仲宣诔》、颜延之哀悼陶渊明的《陶征士诔》等。

碑传 文章体裁的一类。指碑碣上记述死者生平功业或事迹的文章。包括墓表、墓志铭、神道碑文等。中国古代，上层社会特别重视碑传文章,认为关系到后世的评价,多由文章名家或死者生前的师友或门人撰述。碑传文中虽可能存在虚美不实,但仍是研究历史的重要文献,如清代人物的碑传,后人就编有《碑传集》《续碑传集》《碑传集补》等。

碑文 古代文体的一种。秦汉以来,在厚石板上刻字,树立于地称碑,始于秦代李斯的峄山刻石等。汉代始,墓地、宗庙、祠庙、温泉,莫不有碑,以为纪念标识。碑文有散文有骈文,东汉末蔡邕《郭有道碑文》,散中带骈句;唐王勃《益州武都山净惠寺碑》为骈体;刘禹锡《徐州文宣王新庙碑》,为散文;皆以四言韵文为铭。

祭文 古代文体的一种。告祭死者或天地、山川之神时所诵读的文章。内容主要是哀悼和祷祝。其体有散文,有韵文,韵文中有四言、六言、杂言、骚体、骈体之别。如南朝宋颜延之《祭屈原文》、唐韩愈《祭柳子厚文》、宋王安石《祭欧阳文忠公文》等。

墓志 ① 埋在墓前土下的刻石。刻有死者的姓名、籍贯、生平事迹等。埋在墓前土下,作为标志,以防陵谷变迁,年久难寻。② 亦称“墓记”“墓表”。指这种刻石上的文体。多用散文。《文选》载有南朝梁任昉《刘先生夫人墓志》。

墓表 “墓志”的别称。参见“墓志②”。

墓志铭 ① 墓志和墓铭的合称。埋在墓前土下。② 指这种刻石上的文体。魏晋时尚未见,约起于南北朝。志多以散文叙述死者生平。结尾之铭,赞扬、悼念死者,用韵文。亦有单用墓志或单用墓铭的。南朝齐谢朓有《临海公主墓志铭》,北周庾信有《周大将军吴明彻墓志铭》,后世沿之。

神道碑 ① 古代贵族、高官墓道前的石碑,刻有死者的姓名、籍贯、生平事迹等。墓道又名神道,故称神道碑。② 指这种石碑上的文体。汉有《故太尉杨公(震)神道碑铭》。初期文字简略,后世记叙逐渐趋繁,成为人物传记的变体之一。魏晋以后的作者多收入自己的文集。如北周庾信有《周大将军崔说神道碑》,宋苏轼有《司马温公神道碑》。后世沿之。

青词 亦称“绿章”。一种祝告的文体。道教徒在斋醮仪式中祷告神灵,或官府祈雨时所用。因一般用朱笔写在青藤纸上,故称。明世宗(嘉靖帝)迷信道教,妄求成仙,奸佞严嵩因善写青词而受宠,得以重用。

上梁文 祝文的一种。古代建造房屋,择吉日上梁时,用来祝颂上梁后全家平安快乐,兴旺发达的文辞。其文前面部分与结尾均用严格对偶的骈语,中间一段,历数“东、南、西、北、上、下”六方,共用6首七言诗,每首3句,各自韵脚不同。古人文集中时有之。如北魏温子昇有《阊阖门上梁祝文》,宋文天祥有《山中厅屋上梁文》。

笑话 民间文学的一种。通常是以幽默讽刺为特点的短小故事。起源古老,专书以三国魏邯郸淳《笑林》最早,唐、宋、元文人以笔记的形式加以记录,如传为苏轼所作的《艾子杂说》。明代市民文学兴盛,收集和创作的笑话集成批出现。内容涉及社会各阶层人物,揭示、嘲讽种种不合理现象与丑恶言行,具有强烈的是非爱憎观,显示了人民的智慧,但也常夹有色情庸俗的成分。著名的有明代江盈科的《雪涛谐史》,冯梦龙的《笑府》《广笑府》《古今谭概》,清代石成金的《笑得好》,游戏主人的《笑林广记》等。今人辑有《中国历代笑话集成》五卷,收罗甚完备。

对联 俗称“对子”。上下句语言平仄对仗工稳的联语。起源于六朝骈体文与五代后蜀孟昶的春联。盛行于宋以后,普遍用于皇家后宫、百姓住宅装饰和婚丧节日。悬挂或粘贴于壁间、柱上的称楹联,正月贴于门上的称春联,用于哀悼的称挽联。内容以切题为佳。古代儿童学作诗文,“对对子”是基本训练之一。

楹联 悬挂或粘贴于壁间、柱上的联语。上下联字数一样,平仄、节奏须对偶工整。长短无定规,字数不等。以措辞恰当、典雅含蓄、精炼出奇为胜。中国名胜古迹所在,处处有楹联,多出于名家手笔。云南滇池大观楼的著名楹联,长达180字。清梁章钜附有《楹联丛话》是研究楹联的专著。

春联 春节时贴在门或楹柱上的对联,用红纸书写,上下联左右各一。此俗由古代门上的“桃符”演变而来。据说五代末后蜀主孟昶曾于新春,在寝门桃符板上书写“新年纳余庆,嘉节号长春”的联语。宋以后盛行。

小　说

小说 在中国古代,"小说"一词产生甚早,含义丰富,随着社会文化的发展,变更其内容,历代所指有以下几种情况:(1)春秋战国时,诸子用以指本学派以外的琐屑浅薄的言论,意谓其无关宏旨。(2)《汉书·艺文志》中列为九流十家之末,谓其出于稗官,乃街谈巷议之类,道听途说者所造。后发展为汉魏小说、六朝志怪、唐宋传奇、宋明话本、拟话本、明清章回小说、笔记小说等。

志怪小说 中国古典小说的一类。即记叙神仙鬼怪故事的小说。盛行于魏晋南北朝时期,这与当时巫风兴盛、佛教和道教广为传播,奢谈鬼神风气有关。现存《汉武帝故事》《汉武帝内传》《洞冥记》《列异传》《搜神记》《幽明录》《续齐谐记》等,其内容,有的鞭挞统治阶级,有的赞扬人民的反抗斗争,还有哀感缠绵的爱情故事,其中以《搜神记》最杰出。志怪小说对唐人传奇、元明戏剧以及清代《聊斋志异》具有深远影响。

笔记小说 文言体的短篇小说。东晋葛洪《西京杂记》、王嘉《拾遗记》、南朝宋刘义庆《世说新语》等开其端,唐、宋、元、明、清创作极多。其内容上自帝王宫闱,下至民间市井、神鬼灵异、草木禽虫、山川湖海、遐荒绝域,无所不有,是研究古代社会历史、文学艺术、器物制度的有用参考资料。宋初编有《太平广记》五百卷,是唐以前笔记小说的渊海,近人编有《笔记小说大观》《说库》等,内容浩瀚,足资参考。

唐人小说 唐代人创作的文言体短篇小说。源于秦汉史传与六朝志怪等,至中唐名篇迭出,达于极盛。著名作家有元稹、白行简、陈鸿、沈既济、李公佐、李朝威、蒋防、牛僧孺、袁郊等。追求自由的爱情成为小说的中心主题,妓女婢妾成为歌颂与同情的对象,词采华美、刻画细腻,对后世的散文、戏曲、小说产生了多方面的深刻影响。宋《太平广记》中存有大量资料。今人编有《全唐五代小说》。

传奇小说 文言短篇小说的一类。"传奇"之名始于唐,本意为传录人间奇异之事,裴铏所著小说集即名《传奇》。至元代成为文言小说的专称。唐人之作,如《枕中记》《南柯太守传》《柳毅传》《柳氏传》《虬髯客传》《长恨歌传》《李娃传》《霍小玉传》等,或情节神异,或记豪侠,或讲述曲折的爱情,都具有特殊的文学魅力。宋元明时仍有创作,成就不及唐人。鲁迅辑录有《唐宋传奇集》。

话本 中国古典小说的一种样式。原是宋元"说话"艺人的底本。语见元钟嗣成《录鬼簿》。后经"书会才人"和书商的润色加工,变为可供阅读的书面文学,成为由"说话"艺术发展而成的市民文学。"小说"话本大多保存在明冯梦龙整理加工的《三言》和《清平山堂话本》中,"讲史"话本有《宣和遗事》《全相平话五种》等。

拟话本 中国古典小说的一种样式。其名始见于鲁迅《中国小说史略》。即后人受宋元"话本"的影响,模仿其语言风格而写的白话短篇小说,如明末冯梦龙"三言"中的一部分和凌濛初的《初刻拍案惊奇》《二刻拍案惊奇》等,俱为拟话本。

章回小说 中国古典长篇小说的一种形式。将整部作品分成若干回,回与回互相衔接,每一回都用一联韵语作标题,概括全回的故事内容,如清末曾朴《孽海花》第七回回目是:"宝玉明珠弹章成艳史　红牙檀板画舫识花魁"。著名的《三国演义》《水浒传》《西游记》《红楼梦》等,都是章回小说。

演义小说 简称"演义"。中国古典小说的一类。是由"讲史"发展而来的长篇章回体通俗历史故事。多根据史传及笔记传闻,加上作者的艺术再创造而成。著名的如《东周列国志》《三国演义》《隋唐演义》《说岳全传》以及近人蔡东藩的《中国历朝通俗演义》等。

神魔小说 亦称"神话小说"。中国古典小说的一类。以神怪妖魔的故事为题材。语见鲁迅《中国小说史略》。起源于古代神话、宗教传说。明代道教、佛教、方士、僧尼盛行,影响及于通俗文学,遂多神魔小说。著名的有《三遂平妖传》《封神演义》《四游记》《钟馗平鬼传》等。《西游记》为其中最杰出的作品。

人情小说 中国古典白话小说的一类。指通过日常生活的人情世态描写反映现实的小说。源于宋人小说"银字儿"一派。明代《金瓶梅》为著名的早期人情小说,至清《红楼梦》出现,"男才女貌,奉旨成婚,大团圆结局"的传统思想与写法模式,均被打破,成为中国人情小说中思想性艺术性最高的伟大作品。

公案小说 中国古典白话小说的一类。由宋元话本中的"说公案"演变而来。大多歌颂清官、侠客,描写封建社会中清官民间私访,平反冤狱,侠客伸张正义、诛除恶霸的故事,意在维护封建法权和封建秩序。但不少作品在客观上也不同程度地反映了社会黑暗的现实。作品以情节动人、性格鲜明胜。著名的有写包拯的《龙图公案》、写海瑞的《海刚峰公案》、写施仕伦的《施公案》、写彭鹏的《彭公案》等。

武侠小说 亦称"侠义小说"。中国古典白话小说的一类。主要写侠客、义士漫游民间,锄强扶弱,打抱不平,或协助清官侦破奇案,以及江湖上恩怨情仇的故事。源于唐人传奇,至清代发展为长篇小说。其中含有对邪恶势力的揭露,但立意多在维护封建秩序或强调门派之间的争雄斗胜。其代表作有《三侠五义》《儿女英雄传》《小五义》等。近现代则有还珠楼主、王度庐等作家。

狭邪小说 中国近代小说流派之一。语见鲁迅《中国小说史略》。此类作品是人情小说的末流,以优伶和妓女为题材。作品时杂淫词秽语,格调不高。但也反映了当时上层社会的荒淫无耻与妓女、艺人的悲惨命运。著名的有《青楼梦》、《海上花列传》、《品花宝鉴》(写官绅名士与艺人之间的男同性恋)等。

谴责小说 中国近代小说流派之一。语见鲁迅《中国小说史略》。此类作品涉及官场、商界、华工、女界、战争等各方面。主要内容是揭露晚清政府的政治腐败,大小官僚贪污受贿、卖国媚外、鱼肉百姓,以及世态人情方面的丑陋现象。目的在匡救时弊,反映了改良主义的思想。艺术上多用讽刺手法,时有精彩篇章,唯笔无藏锋,缺少含蓄,又多以短故事连缀而成,缺乏中心人物,故概括性与典型化皆嫌不足。《官场现形记》《二十年目睹之怪现状》《老残游记》《孽海花》,号为当时的"四大谴责小说"。

文学人物的合称

屈宋 战国时楚国文学家屈原与宋玉的并称。

屈贾 战国时楚国诗人屈原和西汉初思想家、文学家贾谊的并称。司马迁的《史记》中有《屈原贾谊列传》。

扬马 汉代文学家扬雄与司马相如的并称。二人俱以词赋著称。

班马 东汉班固与西汉司马迁的并称。两者都是著名史学家。

三曹 东汉末年曹操和他的两个儿子曹丕、曹植的合称。父子三人都是有成就的诗人、文学家。

建安七子 指东汉末建安时期的作家孔融、陈琳、王粲、徐幹、阮瑀、应玚、刘桢。

竹林七贤 指魏晋之际的嵇康、阮籍、山涛、向秀、阮咸、王戎、刘伶。史载,七人相与友善,游于竹林,时人号为七贤,后世称为"竹林七贤"。

二陆 西晋文学家陆机与其弟陆云的合称。

潘陆 西晋文学家潘岳与陆机的并称。

陶谢 东晋末南朝宋初诗人陶渊明与谢灵运的并称。陶善写田园诗,谢长于山水诗,两人都擅长于描写自然景物。宋苏轼《书黄子思诗集后》:“至于诗亦然,苏李之天成,曹刘之自得,陶谢之超然,盖亦至矣。”

鲍谢 南朝宋诗人鲍照与谢灵运的并称。

大小谢 南朝宋诗人谢灵运和南齐诗人谢朓的合称。谢灵运为大谢,谢朓为小谢。

徐庾 南北朝诗人徐陵与庾信的并称。二人仕于南朝梁时,俱以绮丽的宫体诗著名。同时,他们亦是骈体文家。

沈宋 唐初诗人沈佺期与宋之问的并称。他们对五言律诗的定型有贡献。

初唐四杰 唐初文学家王勃、杨炯、卢照邻、骆宾王的合称。他们的诗文对摆脱六朝靡丽文风,开创清新的文学风气起有一定作用。

王孟 盛唐诗人王维与孟浩然的并称。他们擅长描写自然景物,五言诗风格相近,同为唐代山水田园诗派的代表。

李杜 ① 盛唐大诗人李白与杜甫的并称。② 指晚唐著名诗人李商隐与杜牧。也有人称他们为“小李杜”。

高岑 盛唐诗人高适与岑参的并称。他们都曾任职军中,擅长描写边疆军旅生活,情辞慷慨,境界开阔。高适诗风格苍凉,岑参诗风格奇丽,二人同为著名的边塞诗人。

韩柳 唐代文学家韩愈与柳宗元的并称。他们都是著名的散文家、诗人,同为唐代古文运动的倡导者。

韩孟 唐代文学家韩愈与孟郊的并称。他们的诗风在追求奇险上有共同之处,孟郊为韩愈文学主张的支持者,后人论诗常以韩孟并举。

韩欧 唐代韩愈与北宋欧阳修的并称。他们分别是唐、宋古文运动的领袖人物。

韩苏 唐代散文家韩愈与北宋散文家苏轼的并称。清江藩《汉学师承记》谓“古文以班马为法,而参以韩苏”。韩、苏散文,同样明白畅达,气势宏大,苏轼汪洋恣肆,如海潮起伏,但变化之“奇”,不及韩愈。后人以“韩海苏潮”比喻他们不同的散文风格。

韩柳欧苏 唐代文学家韩愈、柳宗元与北宋文学家欧阳修、苏轼的并称。他们不仅是大散文家,也是著名诗人。

元白 唐代诗人元稹与白居易的并称。他们文学观点相近,共同倡导了新乐府运动。

韦柳 唐代诗人韦应物与柳宗元的并称。他们擅长以五言诗写自然景物,风格精致澄淡,后人认为是陶渊明诗风的继承与发展。

小李杜 指晚唐著名诗人李商隐与杜牧。为区别于盛唐时期的李白与杜甫,故称。

大历十才子 指唐代大历(766—779)年间的十位诗人。《新唐书·卢纶传》云:“纶与吉中孚、韩翃、钱起、司空曙、苗发、崔峒、耿沣、夏侯审、李端皆能诗,齐名,号大历十才子。”他们的作品,有的擅写边塞风光,有的吟咏田园山水,风格各别。

温李 晚唐诗人温庭筠与李商隐的并称。两人在当时齐名,作品语言绮丽,善写艳情,风格有相近处,后世称为“温李”。

温韦 晚唐温庭筠与韦庄的并称。温庭筠词风秾丽,韦庄词风疏秀,同为唐末著名词人。

皮陆 晚唐文学家皮日休与陆龟蒙的并称。二人思想相近,友谊深厚,都以讽刺黑暗现实的小品文著称。在诗歌方面,互相酬答,有《皮陆唱和集》传世。

南唐二主 南唐中祖李璟与后主李煜的合称。父子二人都是词人。有《南唐二主词》。

九僧 北宋初九位诗僧的合称。包括淮南惠崇、剑南希昼、金华保暹、南越文兆、天台行肇、汝州简长、青城惟凤、江东宇昭、峨眉怀古等。他们反对西昆体,推崇晚唐贾岛、姚合,追求清苦幽僻的意趣,互相唱和、颇有影响。其中惠崇的诗作,曾得到欧阳修的赞赏。有明汲古阁刻本《九僧诗》。

杨刘 北宋杨亿、刘筠的并称。他们都是西昆体的代表作家。《宋史·刘筠传》:“筠景德以来,居文翰之选,其文辞善对偶,尤工为诗。初为杨亿所识拔,后遂与齐名,时号杨刘。”

苏梅 北宋诗人苏舜钦与梅尧臣的并称。二人同为北宋诗文革新运动前期的重要作家。

欧梅 北宋诗人欧阳修和梅尧臣的并称。欧阳修是北宋诗文革新运动的领导者,他和梅尧臣都是反对西昆体诗的重要作家。

二宋 北宋文学家宋庠、宋祁兄弟的合称。二宋诗词多描写个人生活,语言明丽工整。宋庠诗较好,多秾丽之作;宋祁以词著名,人称“红杏枝头春意闹”尚书,也是史学家,与欧阳修合作著《新唐书》。世称宋庠为大宋,宋祁为小宋。

二刘 北宋文学家、学者刘敞、刘攽兄弟的合称。二刘博学多才,为世瞩目。刘敞善经学,以直言切谏称,刘攽通史学,曾助司马光编撰《资治通鉴》。

三孔 北宋清江孔文仲、孔武仲、孔平仲三兄弟的合称。《宋史·孔文仲传》:“文仲与弟武仲、平仲皆以文声起江西,时号三孔。”三孔诗颇受苏轼影响,南宋时编有《清江三孔集》四十卷。

三苏 北宋文学家苏洵及其子苏轼、苏辙的合称。后世称苏洵老苏,轼为大苏,辙为小苏。其中苏轼成就最高,在诗、词、文及文学评论上都具有重要地位。

欧苏 文学家欧阳修与苏轼的并称。苏轼为欧阳修门生,二人是前后相继的文坛领袖,都是诗、古文、词兼长。欧阳修散文迂徐不迫,委婉有致,有阴柔之美;苏轼文章汪洋恣肆,清旷雄放,具阳刚之质。风格不同,各极其致。

苏黄 北宋文学家苏轼与黄庭坚的并称。黄年辈略低于苏,二人是关系密切的朋友,在诗歌、书法上齐名。以苏黄为代表的元祐体诗曾风靡一时。苏轼诗清新雄健,气象阔大,如长江大河,风起涛浪涌,自成奇观;黄庭坚诗生新瘦硬,傲兀奇险,如危峰千尺,拔地而起,使人望而生畏。苏轼诗显示了北宋诗歌革新的最高成就,黄庭坚诗开创了江西诗派,在中国诗史上影响深远。

苏门六君子 指北宋文学家黄庭坚、秦观、晁补之、张耒、陈师道、李廌。他们都出于苏轼门下,推崇者称为“苏门六君子”。

苏门四学士 北宋文学家黄庭坚、秦观、晁补之、张耒的合称。他们都出于苏轼门下,世称“苏门四学士”。

苏陆 指宋代文学家苏轼与陆游。二人皆擅长诗、词、古文,作品数量丰富,而境界阔大,笔力雄浑,是先后齐名的“豪放派”作家。

二晏 北宋词人晏殊、晏幾道父子的合称。世称晏殊为大晏,晏几道为小晏,合称“大小晏”。

大小晏 见“二晏”。

周柳 北宋词人柳永与周邦彦的并称。两人精通音律,多艳情、羁旅之作,都以长调见称。柳词语言通俗,周词风格典雅。

黄陈 指北宋诗人黄庭坚与陈师道。他们都是江西诗派的开创者和主要作家。南宋杨万里《跋徐公仲省翰近诗》有“黄陈篱下休安脚,陶谢跟前更出头”句,表示他主张突破江西诗派的局限,诗人要自创风格。

一祖三宗 元代诗论家方回崇奉江西诗派,编撰诗选《瀛奎律髓》,专选唐宋五七言律诗,提出“一祖三宗”之说。他认为杜甫是唐诗之冠,推为一祖,北宋黄庭坚、陈师道和南宋陈与义师法杜甫,传杜诗之妙,是为三宗。强调学习杜甫,补正偏颇,是方回对江西派诗学的积极贡献。

尤杨范陆 南宋初诗人尤袤、杨万里、范成大和陆游的并称。也称“中兴四大诗人”。

苏辛 指宋代词人苏轼与辛弃疾。前人论宋词,分“婉约”与“豪放”两派,而苏、辛每多情辞慷慨之作,先后辉映,因以他们为“豪放派”的代表。

二安 南宋初期词人李清照和辛弃疾的合称。女词人李清照和辛弃疾同为济南人。李清照字易安,辛弃疾字幼安,后人称为“济南二安”。

三洪 南宋初洪适、洪遵、洪迈兄弟三人的合称。《宋史·洪适传》:“(洪适)绍兴十二年,与弟遵同中博学宏词科……后三年,弟迈亦中是选,由是三洪文名满天下。”三人并有才名。洪适以博学称,影响最大。

永嘉四灵 南宋诗人徐照、徐玑、翁卷、赵师秀的合称。他们同为永嘉(今浙江温州)人,推崇晚唐贾岛一派的五言律诗,意境清苦僻涩,风格相近,恰巧字号中又都有一“灵”字,故有此称。

姜张 南宋词人姜夔与张炎的并称。张炎论词,于周邦彦外,推崇姜夔词的讲究协律,炼字琢句,善于用典咏物,风格上“雅正清空”。张炎词雅美婉丽,宋亡后多黍离之悲,创作倾向属于姜夔格律词一派,后人因以“姜张”并称。

周姜 北宋词人周邦彦与南宋词人姜夔的并称。二人都是宋词婉约派重要作家。二人深通音律,都能自度新词,创立词调。周邦彦多写男女相思艳情，然用语典雅，手法曲折；姜夔词多叙人生慨叹、怀才不遇，词风清空缥缈，格高韵雅。南宋末词论家张炎推尊周、姜，将他们作为格律派的典范，对清代词影响甚大。

二窗 宋末词人吴文英与周密的合称。吴文英号梦窗，有《梦窗词》，周密号草窗，有《草窗词》，故称。"二窗"身当宋末，无力改变现实，多咏物应酬之作，讲究字句精美，格律谨严。然吴词晦涩厚重，周词清丽凄楚。是晚宋词人的代表性作家。

唐宋八大家 中国文学史上以散文著称的八位文学家的合称。他们是唐代的韩愈、柳宗元，北宋的欧阳修、苏洵、苏轼、苏辙、曾巩和王安石。明代茅坤编有《唐宋八大家文钞》一百六十四卷。

吴中四才子 明中期四位诗人、书画家的合称。指文徵明、祝允明、唐寅与徐祯卿。因他们活动于今江苏苏州一带，故称。

前七子 明代弘治、正德时期文学家李梦阳、何景明、徐祯卿、边贡、康海、王九思和王廷相的合称。以李梦阳、何景明为首的七子主张复古，不满明初以来虚伪空洞的"台阁体"，他们崇仰古代的崇高风格，意在变革文风，强调"文必秦汉，诗必盛唐"，主张影响深远。为区别于后起的李攀龙、王世贞等七子，称为"前七子"。

后七子 明代嘉靖、隆庆时期文学家李攀龙、王世贞、谢榛、宗臣、梁有誉、徐中行和吴国伦的合称。而以李攀龙、王世贞为首。他们继承"前七子"的主张，极力提倡复古与拟古，互相标榜，成为一时风气。在创作与诗文评论上，"后七子"有较大局限，但亦不乏真知灼见，具有相当的成就。

公安三袁 明代文学家袁宗道、袁宏道、袁中道兄弟三人的合称。他们是湖广公安（今属湖北）人，并有才名，因称。参见"公安派"。

江左三大家 清初诗人钱谦益、吴伟业、龚鼎孳的合称。钱谦益论诗，反对明"前后七子"的拟古主义主张，所作风格不一。吴伟业长于叙事歌行。三人入清后，对开创有清一代诗歌宗尚的多样化颇具贡献。钱、吴，江苏人，龚鼎孳，合肥人，古为江左之地，因称三人为"江左三大家"。

乾隆三大家 清乾隆间，袁枚、赵翼、蒋士铨三人的合称。他们论诗主张相近，都反对模拟古人，提倡以"性灵"或"性情"为本，诗创作上自成一家。此外，他们还具有多方面的成就，如袁枚的古文、骈文、小说，赵翼的史学、考订，蒋士铨的戏曲等，因称。

晚清四大词人 指清末词人王鹏运、朱祖谋、郑文焯和况周颐。郑文焯、况周颐论词尊常州词派，王鹏运的观点亦接近常州词派的主张。王鹏运（半塘）汇辑历代词为《四印斋所刻词》，朱祖谋（彊村）汇辑历代词为《彊村丛书》，况周颐著《蕙风词话》。他们在词创作、词的理论研究与历代词总集、别集的校勘整理上做出贡献，故称。

文学批评

评点 中国传统的文学批评方式之一。萌芽于唐以前训诂学、史书的"赞""论"及钟嵘《诗品》等，至唐人诗选《河岳英灵集》《中兴间气集》而形成。南宋以后，刻书业发达，诗、文、词选本普遍用评点，著名批评家刘辰翁一生评点之书甚多，蔚为风气，书坊借以牟利，受到世人欢迎。明、清扩大到经史、八股文、小说、戏曲及理论著作（如《文心雕龙》《史通》）等领域。著名的评点家有归有光、李贽、金圣叹、李渔、毛宗岗、方苞、纪昀等。

批评 ①批点的别称。宋元以后书坊刻书，多用在书名前，表示经过名家评点。如刘辰翁就是当时最有影响的一位文学批评家，他所评点的有子史散文，也有诗词集。明以后，评点的范围更扩大到小说、戏曲等通俗文学。如：明刻本《李卓吾先生批评〈西游记〉》，明刻本《新刻剑啸阁批评〈两汉演义传〉》。有时亦省称“评”。如：清光绪刻本《还读我书室主人评〈儿女英雄传〉》。② 指文学评论。

批点 ① 文学评点的形式之一。有时也称为“批评”。即对文章、诗歌、小说、戏曲等的部分或全书下评语。明刊本宋谢枋得《文章轨范》七卷目录后，有门人王渊济跋，谓“此集惟《送孟东野序》《前赤壁赋》系先生亲笔批点”。其形式，置于书眉之上的，称眉批；随文批在语句中间的，称夹批；评论小说每回、戏曲每“出”或全书的，称总批。清金圣叹评《水浒传》《西厢记》，但明伦评《聊斋志异》，张竹坡评《金瓶梅》，姚燮等各家评《红楼梦》等，皆用此法。② 冠于名家评点的书名之前。如刻本《李卓吾先生批点〈忠义水浒传〉》。

眉批 见“批点”。

夹批 见“批点”。

总批 见“批点”。

诗话 ① 中国文学批评的一种文体和著作形式。用于阐述诗歌的源流风格，品评诗作的高下得失以及记录诗人的创作活动、议论主张等。大多为笔记形式。其名始于北宋欧阳修的《六一诗话》。此后宋人诗话不下数十家，明清所作更多。其主要者已收入《历代诗话》正续编、《宋诗话全编》、《明诗话全编》、《清诗话》正续编、《民国诗话丛编》等，卷帙浩繁，是研究中国诗学的重要资料。② 说唱文学的一种。现存最早为刊行于宋元间的《大唐三藏取经诗话》，其体散、韵文并用，韵文由通俗的七言诗赞组成。

词话 ① 中国文学批评的一种文体和著作形式。用于阐述词的源流风格，品评词作的高下得失以及记录词人的创作活动、议论主张等。采用笔记形式。始于宋人，至今犹有新著。今人唐圭璋《词话丛编》，收 85 种，朱德才《词话丛编续编》，收 32 种，此外尚有未及收录的清代词话。② 盛行于元、明两代的一种说唱艺术。长篇的有《大唐秦王词话》，短篇的有《快嘴李翠莲记》等。1967 年在上海嘉定曾出土明成化年间词话刻本 11 种。③ 明人创作小说，在章回中夹有诗词的，称作“词话”。如《金瓶梅词话》。

史书体裁

通史 中国史书分类名目之一。指贯通古今的史书（与“断代史”相区别）。汉司马迁《史记》，宋司马光《资治通鉴》、郑樵《通志》、袁枢《通鉴纪事本末》，清官修《通鉴辑览》，以及近人范文澜、白寿彝等所著多种《中国通史》，俱属通史性质的著作。

断代史 中国史书分类名目之一。记载某一朝代或某一历史阶段史实的著作（跟“通史”相区别）。如历代正史中的《汉书》《旧五代史》《元史》，今人著的《秦汉史》《隋唐五代史》《晚明史》等。

正史 中国史书分类名目之一。意为最正规和最重要的史书（区别于野史、杂史）。其名起于南朝梁阮孝绪《正史削繁》。唐修《隋书·经籍志》，宋人撰《新唐书·艺文志》以及《郡斋读书志》《直斋书录解题》《文献通考·经籍考》，元修《宋史·艺文志》，皆沿用其称。清乾隆时修《四库全书总目》，以纪传体史书为正史，当时诏定自《史记》至《明史》共 24 种为“正史”。1921 年，中华民国大总统徐世昌下令将《新元史》列入“正史”，与“二十四史”合称为“二十五史”。

别史 中国史书分类名目之一。始见于宋陈振孙《直斋书录解题》。《宋史·艺文志》《千顷堂书目》《书目答问》等沿用之，标准不尽相同。同为私家所撰，其与“杂史”的区分是：关系一朝大政的，属“别史”。《四库全书总目·史部》“别史”所收皆记一朝或历朝大政之书，如《东观汉记》《东都事略》《大金国志》《通志》《宋史新编》等，系私撰纪传体史书。可见它是正史的别支和补充。

杂史 中国史书分类名目之一。创始于《隋书·经籍志》,后世目录著作“史部”中多设此类。指只记一事始末、一时见闻,或一家私记、带掌故性质的史书。起源甚古,如《帝王世纪》记古帝王传说,《贞观政要》记唐太宗贞观年间政事,《靖康传信录》记北宋之亡,《武林旧事》记南宋杭州社会风俗掌故等,皆为杂史。是研究历史的重要参考文献。

野史 中国史书分类名目之一。指私家撰著的史书(区别于朝廷官修史书)。《新唐书·艺文志二》著录有《大和野史》十卷。宋、明两朝为盛。其价值高下、真伪程度不一。如明末清初的《国榷》《明季北略》《明季南略》《南疆逸史》《罪惟录》等,都是野史中具有重要价值的名著。谢国桢《增订晚明史籍考》一书著录甚丰,可参考。

稗史 中国史书分类名目之一。指记录遗闻旧事、社会风俗的历史著作。相传古代设立稗官,专职采录民间情况,以供统治者参考。后世因称杂记琐事的史籍为稗史。如清潘永因《宋稗类钞》,近代丁传靖《宋人轶事汇编》、徐珂《清稗类钞》等。稗史可补正史不足,惟出于私人听闻所及,不可靠者亦多,宜精选鉴别之。

会要 中国史书分类名目之一。是按门类记载一代典章制度的书。创始于唐代苏冕所撰唐九朝《会要》。经补撰,至宋初王溥合成《唐会要》。王溥又撰《五代会要》。宋代官修会要极详备,后亡佚,清徐松从《永乐大典》中辑出,成《宋会要辑稿》一书。会要所记,远较各史书志为详。清及近人又补辑西汉以下各朝会要,排比分类,是研究各代政治、经济、文化的有用资料。

史评 中国史书分类名目之一。始见于宋晁公武《郡斋读书志》。后世目录,如宋末马端临《文献通考·经籍考》,明《百川书志》,清《四库全书总目》、张之洞《书目答问》等“史部”皆设此类。可分两种:一为评论历代史书的史学理论著作,如唐刘知幾《史通》、清章学诚的《文史通义》;二为评论史事与历史人物是非得失的著作。如宋范祖禹的《唐鉴》,清王夫之的《读通鉴论》《宋论》等,也称“史论”。

史论 见“史评”。

年谱 中国史书分类名目之一。按年代次序记述人一生的重要事迹,包括籍贯、生年、家世、从师、入仕、交游,从事政治或学术活动的经历,著述等。起于宋代,如洪兴祖有《韩子(韩愈)年谱》五卷,清顾栋高有《司马温公年谱》八卷。后世亦有自撰年谱者。被谱述的人称为“谱主”。近人杨殿珣有《中国历代年谱总录》,共著录古今人年谱3 015种(谱主有部分重复),共反映谱主1 829人,可资参考。

方志 亦称“地方志”。中国史书分类名目之一。记载一个地方的地理、历史、风俗、教育、物产、人物、名胜、古迹等内容。分全国性的总志和地方性的省志、州志、府志、县志、镇志等两类。起源于春秋战国时期的国别史、地理书与地图。东汉有《十三州志》,东晋有《华阳国志》等。唐以下,体例日臻完善,元、明、清各府县均有志,官方修撰的《一统志》卷帙浩繁,门类齐备。宋至民国现存方志约8 500种,是研究中国文化历史的重要资料。

地方志 即“方志”。

纪传体 古代史书的主要体裁之一。以一朝或数朝的人物传记为中心叙述历史。全书以本纪、表、志、世家、列传等组成。“本纪”记帝王,“列传”记其他人物,“志”叙述典章制度、文化科技等。创始于司马迁的《史记》,为历代正史所沿用。优点是内容丰富,能广泛记载政治、经济、文化等多方面的情况和各阶层人物。缺点是不能完整叙述每一历史事件的过程,较难显示历史事件之间的联系。

编年体 古代史书的主要体裁之一。以年、月、日的先后次序为中心编排历史。起于春秋时代。《春秋》《汉纪》《资治通鉴》《续资治通鉴》《明通鉴》等都是编年体史书。其优点是便于查考历史事件发生的具体时间,了解历史事件的背景,避免重复叙述。缺点是不能集中叙述每一历史事件的全过程,并易于忽略对经济与文化状况的反映。

纪事本末体 古代史书的主要体裁之一。以一系列重大历史事件为中心编排历史。每个历史事件按发生的年月顺序加以整体叙述。创始于南宋袁枢根据《资治通鉴》改编的《通鉴纪事本末》。此后,史家分别编纂有宋史、辽史、西夏史、金史、元史、明史、清史等断代的纪事本末。此外,有《左传纪事本末》《三藩纪事本末》等。优点是每一历史事件独立成篇,能完整地叙述全过程,缺点在不利于说明同时期各历史事件之间的联系。

本纪 简称“纪”。中国纪传体史书的一部分。专用于记帝王。其称始见于先秦古史《世本》,为司马迁《史记》所继承。在纪传体史书中,帝王为一朝史事所系,属于全书的纲领。一般都按年月编排其在位时的大事。《汉书》以下各史沿之。

世家 中国纪传体史书的一部分。用于记载受封的诸侯或相当于诸侯地位的人物。汉司马迁《史记》首创此体,以之记载周代主要封国诸侯与汉初诸侯王的历史。对孔子和陈涉均列为“世家”,意在表示尊崇。宋欧阳修撰《新五代史》,则以“世家”记南方割据的十国。

列传 中国纪传体史书的一部分。用于记载一般历史人物的事迹。汉司马迁《史记》首创此体,为历代纪传体史书沿用。“列传”与“本纪”并举,合称“纪传体”。

书志 中国纪传体史书的一部分。西汉司马迁作《史记》,设《礼书》《乐书》《律书》《历书》《天官书》《封禅书》《河渠书》《平准书》八书,记载典章制度。至东汉班固著《汉书》,改“书”为“志”,后世沿用之,有《天文志》、《地理志》、《礼志》、《乐志》、《职官志》(或《百官志》)、《经籍志》(或《艺文志》)、《选举志》、《刑法志》、《舆服志》、《食货志》、《五行志》、《兵志》等名目。合称“书志”。

起居注 中国古代史书体裁名。即帝王言行的纪录。汉武帝时有《禁中起居注》,东汉有《明帝起居注》,俱佚。魏晋以下,设著作郎、起居舍人、起居郎等职,专事负责起居注的编撰。唐宋时记起居注最详,是修史的重要依据。今有整理出版的《康熙起居注》,可见其义例。

实录 中国古代史书体裁名。即历代所撰每个皇帝统治时期的编年大事记。起于南朝梁。自唐代始,每一皇帝死后,嗣位者即命史臣撰修前一代的实录,沿为定制,至清光绪朝止。大多数散佚不存,唐代存韩愈撰《顺宗实录》,宋代存《太宗实录》残本,唯明、清两代《实录》保存较完整。“实录”于统治阶级内部残酷斗争多所忌讳,如明成祖朱棣、清世宗(雍正帝)的继位经过均经过仔细的删削篡改,隐没其真相。然史料丰富,仍为治史者所重视。

国史 中国古代史书体裁名。封建社会史官修撰的本朝史。体裁有编年和纪传两种。中国自古就有史官随时记录帝王言行、命令诏书、群臣议论及所发生军国大事的制度。东汉班固以来,史臣多受命作本朝国史。北齐时设史馆,以宰相领之,称“监修国史”。唐代开始,史官据记载帝王言行的起居注与宰相撰写的时政记,写成“日历”;据日历写成“实录”;据实录修成“国史”。每一朝灭亡后,史官据前朝国史,参考其他资料,再写成一代史书。

文学形象

妲己 明代小说《封神演义》中的人物。原为冀州侯苏护之女，商纣王闻其貌美，召其入宫，途中被狐狸精吸去魂魄，借躯成形，遂成为宠妃。她与奸臣勾结，用酷刑杀害忠良以及无辜百姓，助纣为虐，坏事做尽。后被姜子牙等擒获，斩首示众。她代表着中国古典小说中妖媚阴狠、迷惑君王、造成亡国后果的坏女人形象。

西施 亦称“西子”。历史传说中人物。春秋末年越国苎萝村（在今浙江诸暨）人。越王勾践复国期间，大夫范蠡访求到她，惊于她的美貌聪明，说以大义，将她献与吴国，西施因而成为吴王夫差的宠妃。苏州灵岩山传说为吴国馆娃宫故址，山上有关西施的古迹甚多。吴亡后，传说她与范蠡离开越国，偕入太湖隐居。后世以她作为绝世美人的代称，相当于西方史诗中的海伦。民间有“情人眼里出西施”等谚语。明代梁辰鱼曾改编为昆剧《浣纱记》，现代梅兰芳有京剧本《西施》。

京剧中的西施

西子 即“西施”。

南郭先生 《韩非子·内储说上》中的人物。故事叙述，战国时齐宣王爱听竽乐合奏，南郭先生不会吹竽，但他冒充内行，混在乐队里，装模作样，和别人一样领取俸禄。后来宣王去世，湣王继位，爱听独奏，下令吹竽者依次吹奏。南郭先生无法混下去，只好逃之夭夭。这一人物从此成了以假话骗取名利的不学无术者的形象。

昭君 诗歌、戏曲和小说中的人物形象。历史上的王昭君，西汉元帝时人。《汉书·元帝纪》谓其本名“嫱”，《后汉书·南匈奴传》谓“嫱”为她的字。呼韩邪单于来朝，她自愿请行，远嫁臣服汉王朝的南匈奴，受封“宁胡阏氏”。东晋葛洪小说《西京杂记·画工弃市》，对其性格命运，最早进行了文学叙述。参见“王昭君”“汉宫秋”“昭君出塞”。

戏曲中的昭君

罗敷 亦称“秦罗敷”。东汉叙事诗中人物。是汉乐府《陌上桑》里的采桑女子。她的美貌使行者止步，担者歇肩，耕田和锄草者放下手中的劳动。太守仗着官势调戏她，被她巧妙婉转地加以拒绝。她是中国古代诗篇中一位勤劳、坚贞而又聪慧的美女。

刘兰芝 东汉叙事诗《孔雀东南飞》中的女主人公。她知诗书，懂音乐，能纺织，在婆家昼夜辛勤，任劳任怨，与丈夫感情深厚，却遭到婆婆厌弃。后被无理遣回娘家，兄长逼其改嫁，她以死相抗，投水自尽。她是封建时代忠于爱情、富有反抗精神的美丽妇女形象。

花木兰 北朝乐府《木兰诗》中的人物。她出身军户家庭，皇帝军书征调，因父亲年老，不能应命出征，她毅然改扮男装，代父从军。十年之间，身经百战，战功赫赫，还朝后不愿接受爵禄封赏，追求自由自在的生活，乐于回家乡与亲人团聚，恢复女子面目。她坚毅果敢，有勇有谋，是中国古代爱国勤劳、爽朗正直的一位女英雄形象，千余年以来，家喻户晓。

河北梆子中的花木兰

祝英台 传说和戏剧故事人物。浙江上虞（今绍兴市上虞区）人，出身富家，女扮男装，外出求学，与梁山伯同窗三年，情投意合，分别时暗许终身，归家后为势利的父亲所阻，逼嫁豪门。婚娶日听说山伯呕血死，她至坟前哭祭，毅然跳入山伯墓中。俗传山中大蝴蝶双飞不散，即二人精魂所化。她是封建社会勇敢、刚烈、大胆、深情的青年女性的典型形象。

梁山伯 传说和戏剧故事人物。是一位善良、淳朴的青年书生。与祝英台同窗三载，感情深厚。分别时，英台暗自托付终身。后山伯往访，方知英台是女子，已被其父许嫁豪门，山伯气愤呕血，归家病重而死。英台闻讯，祭奠时跳入他墓中，二人双双化为彩蝶。他是一位深受民间同情的悲剧人物。

张生 元代杂剧《西厢记》中的人物。名珙，字君瑞。是一位年轻书生。因游学访友，暂住蒲州普救寺中。适逢孙飞虎叛乱，他求得救兵，解脱崔莺莺一家的危难，而崔夫人违背诺言赖婚。在婢女红娘的帮助下，历经曲折，他终于与莺莺结合。他对爱情充满幻想热情，对婚姻忠贞不二，有时却又柔弱、迂阔，常受到红娘的善意嘲弄。

崔莺莺 元代杂剧《西厢记》中的人物。她是已故相国之女，知书识礼，聪明美貌，尽管内心热烈向往爱情与幸福，但因出身与教养，却表现得矜持而深沉。最终她冲破封建礼教的藩篱，在婢女红娘的帮助下，违背母命，与张生结合为夫妻。她是中国古代最美丽含蓄的贵族小姐形象。

莺莺听琴

红娘 元代杂剧《西厢记》中女主角崔莺莺的贴身婢女。后世据以改编的传奇以及京剧、地

京剧中的红娘

方戏《西厢记》中也都有这个人物。她性格活泼机智、大胆热情而又风趣泼辣。她不满意崔老夫人的背信弃义,暗中传书递简,促成相国小姐崔莺莺和书生张珙的爱情。是中国古典戏剧中性格鲜明、独一无二的少女形象。

唐僧 原型是唐代高僧玄奘(602—664)。太宗时期,他曾到天竺(古印度)学习佛教经典多年,回国后将大量佛经翻译成汉文,并撰《大唐西域记》一书。民间戏曲、传说及《西游记》中"唐僧取经"故事,以他为主人公,称为唐僧。在故事中,他对佛教宗旨、取经事业,信仰坚定,无论是旅途的艰难困苦,妖魔的肆虐,或是美色在前,从不为外界所动。然而有时也为假象所骗,或误信谗言,甚至要赶走无比忠诚的徒弟孙悟空。是一位真实可信的高僧形象。

孙悟空 古典神魔小说《西游记》中主要人物之一。也叫孙行者。这一形象可能受到印度神猴哈努曼的影响。他是个神通广大的石猴,曾经大闹天宫,自称"齐天大圣"。后来奉观音菩萨之命,保护唐僧去西天取经。一路战胜无数妖魔,克服重重困难,终成正果。孙悟空性格泼辣英勇,机智善变,是个深受人民群众喜爱的艺术典型。

戏曲中的孙悟空

猪八戒 古典神魔小说《西游记》中的人物。原是天宫中的天蓬元帅,因酒醉调戏嫦娥,被罚下凡,错投猪胎,成为妖怪。在高老庄被孙悟空收伏,保护唐僧往西天取经。他身粗力大,贪吃好色,有时要偷懒说谎,打小算盘,经常受到师兄孙悟空的作弄。但对师傅颇为忠心,与妖魔作战也奋不顾身。是中国文学中最逗人喜爱的喜剧人物。

佘太君 古典小说《杨家将演义》《杨家府演义》及戏曲中的人物。北宋抗辽名将杨业(杨令公)之妻。民间传说她名赛花。本为将家之女,自主婚姻,爱上年轻的杨业,和他生有八子,多数为国捐躯。戏曲中写她百岁挂帅,打退西夏入侵,保卫宋朝疆土。是一位深明大义、一生忠心为国的女英雄。

杨业 明章回小说《杨家府演义》中的人物。亦名继业,人称"杨令公"。原是五代末北汉刘氏割据政权的将领,曾屡败宋军,后归降宋朝,担当抵抗契丹的重任。为保护太宗,曾牺牲几个儿子。由于奸臣潘仁美的陷害,在陈家谷一仗,他身负重伤,撞李陵碑殉国。历史上实有其人,与其子杨延昭、孙杨文广,俱在《宋史》有传。欧阳修曾赞誉杨业"父子皆为名将,其智勇号称无敌。至今天下之士,至于里儿野竖,皆能道之"。明清以来,经文学艺术的传播,情节愈丰富,杨业乃成为中华民族爱国主义精神的化身。

杨延昭 明章回小说《杨家府演义》中的人物,是抗辽名将杨业的第六子(史书记载为长子),世称"杨六郎"。杨业牺牲后,他继承父志,不图名位,赤心为国,收罗人才,组织部伍,成为威震幽州的统帅。朝中奸佞屡加陷害,真宗将他贬职,甚至准备杀他。然而当皇帝在边境陷入危境时,他毅然率军杀退辽军,使河北千里边防得以安全。他病死前,嘱咐儿子宗保"务宜忠勤王事"。人民在口头传说和此后的戏曲小说中,赋予他热烈的赞颂与深切的同情,塑造了这一富有崇高民族精神的爱国英雄形象。

穆桂英 明章回小说《杨家府演义》中的人物。杨业、佘太君的孙媳。她生于山东穆柯寨,聪明美貌,智勇双全。三关元帅杨延昭子杨宗保押运粮草,途经山下,她自主婚姻,招宗保为婿。然后率人马投效宋营,并奋力杀敌,大破辽邦的天门阵。学者考证,《保德州志》中记载,杨家有一儿媳姓慕容氏,有武艺,或许是这一人物之原型。至近现代,有关穆桂英的主要演义、评书和戏曲，有《穆桂英下山》《大破天门阵》《穆桂英挂帅》等。是中国戏曲舞台上性格最丰满、鲜明的巾帼英雄。

京剧中的穆桂英

包公 古典小说和戏曲中的人物。即北宋大臣包拯。他在任监察御史、知开封府时不畏权贵，执法无私，民间盛传其事。元代至清，将他塑造成不畏权势、打击豪强、平反冤狱、同情百姓的理想清官，称为“包待制”“包公”“包龙图”。甚至说他“日审阳，夜审阴”，将他尊为法律和正义之神。在《龙图公案》《三侠五义》等话本小说和《盆儿鬼》《鲁斋郎》《打龙袍》《铡美案》《探阴山》等戏曲中，都有他的形象。参见“包拯”。

苏小妹 明代《醒世恒言·苏小妹三难新郎》中的人物。北宋文学家苏洵之女、苏轼之妹。与才子秦少游新婚之夕，她故意以诗歌、对联等考试少游才情。后由于东坡（苏轼）的帮助，少游才得完卷，进入洞房。人物、故事全出于民间传说，事实上苏轼并无嫁与秦少游之妹。是中国古代著名的才女形象之一。

宋江 古典小说《水浒传》中的人物。字公明，绰号呼保义、及时雨、孝义黑三郎。宋江原为山东郓城县押司，和晁盖互通往来的事被阎婆惜发现，因此怒杀阎婆惜，逃回家隐藏。后前往清风寨投靠花荣，却在清风寨观灯时遭知寨刘高之妻陷害入狱。押送青州途中，却被燕顺等人解救。投奔梁山途中得知父亲病逝，回家奔丧却被抓住，发配江州。在江州浔阳楼题反诗被判死刑，但处决那天被梁山人马解救，投奔梁山。攻打曾头市晁盖被射死后，宋江坐上第一把交椅，后两胜童贯、三胜高俅。接受招安后，带领梁山人马攻打辽国，平定田虎、王庆、方腊。被朝廷封官后，遭蔡京、童贯、高俅陷害，被毒死，葬在蓼儿洼。

武松 古典小说《水浒传》中的人物。绰号行者。他武艺高强，爱憎分明，在景阳冈打死猛虎，为民除害，又因替被害死的兄长报仇，斗杀恶霸西门庆，接着醉打蒋门神，大闹飞云浦，血溅鸳鸯楼，与邪恶势力进行了英勇不屈的斗争。是古典小说戏曲中性格光明磊落、勇猛干练、胆大心细，具有强烈正义感的英雄人物。

盖叫天饰演的武松

林冲 古典小说《水浒传》中的人物。绰号豹子头。他原是东京的禁军教头，武艺高强，性情

京剧《野猪林》中的林冲与鲁智深

耿直。因高衙内企图霸占他妻子，屡次遭到太尉高俅及爪牙陆谦等的陷害。但他依然委曲求全，逆来顺受，直到最后幻想破灭，才毅然投奔梁山，成为起义军中的重要将领。明人曾以他的故事写成《宝剑记》等戏剧，是小说戏曲中塑造得真实可信的艺术形象之一。

李逵 古典小说《水浒传》中的人物。绰号黑旋风。他因仗义杀人，流落江州（今江西九江），充当狱卒。在梁山泊好汉大闹江州时，加入义军。他手持两把板斧，勇猛无畏，对梁山事业忠心耿耿，反对投降受招安。生性鲁莽，纯朴爽直，疾恶如仇，而又好酒嗜赌，是小说戏曲中最受人们喜爱的形象之一。

鲁智深 古典小说《水浒传》中的人物。绰号花和尚。原名鲁达，出身下层军官。他性格英勇豪爽，重视情义，同情弱小，粗中有细。因救助金老父女，三拳打死恶霸郑屠。后来在东京大相国寺看守菜园，与教头林冲结拜为兄弟。为救被陷害的林冲，大闹野猪林，投奔梁山义军，成为重要将领。他的见义勇为、反抗邪恶势力的性格，体现了古代人民追求正义、舍己为人的无私品格。

王伦 古典小说《水浒传》中的次要人物。绰号白衣秀士。他原想通过仕途往上爬，因胸中没有才学，憋着口气，纠合杜迁落草，占据梁山水泊，做了头领。受尽迫害的林冲来到梁山，他立下极苛刻的条件，千方百计要赶林冲下山。后来当晁盖一行人来到，他又以堂皇的借口，不肯接纳，致使林冲忍无可忍，在一场冲突火拼中杀了他。其最鲜明的性格特点是鼠肚鸡肠、嫉贤妒能，是一个心怀诡计的势利小人的典型。

高俅 北宋末徽宗宠臣。原为神宗妹夫王诜的随从，因善于踢球，受宠于端王赵佶。赵佶（宋徽宗）即位后，让他掌管禁军二十余年。在位时军政废弛，官至开府仪同三司，于靖康初病死。在小说《水浒传》中，高俅的义子高衙内看中林冲的妻子，他身为殿帅，一次次谋害林冲性命，使林冲家破人亡，终于把林冲逼上梁山。是一个小人得志、嫉贤妒能、阴险残忍的权势者的形象。

京剧《野猪林》中的高俅与陆谦

梁红玉 南宋名将韩世忠的夫人。初为京口（今江苏镇江）官妓，嫁世忠，以功被朝廷封为安国夫人、秦国夫人。建炎四年（1130 年），韩世忠与金兀术激战于黄天荡，她亲自擂鼓助战，大败金兵。绍兴五年（1135 年）随夫出镇楚州（今江苏淮安），筑新城以御金兵。未久去世，追封杨国夫人。后与韩世忠同葬于苏州灵岩山下。民间传说中她名红玉，本为将家之女，通翰墨，有勇力。后被写入古典小说《说岳全传》及各种戏曲中，是中国古代有智有勇、光彩照人的一位女英雄。

敫桂英 亦作“焦桂英”。宋南戏《王魁》与元杂剧《海神庙王魁负桂英》中人物。两者皆仅存部分曲词。女主人公本为良家女子，为殡葬父母沦落为妓女。她善良多情，与落难书生王魁相遇后，结为夫妇。她变卖首饰，百般体贴，供其读书赴考。王得中状元后休弃桂英另娶，桂英愤而自杀，死后鬼魂活捉王魁，以复王魁负恩背义之仇。是一位爱恨分明的复仇女性的形象，数百年来，赢得了无限的同情。

潘必正 明代传奇《玉簪记》中人物。字锴，小名瑚琏。出身于书香门第，父亲“昔举明经”，曾官至开封府尹，对他约束甚严。会试落第后，来女贞观与陈妙常相遇。陈、潘二人经过茶叙、琴挑、偷诗一番曲折后，终于私自结合。事为观主觉察，乃逼必正赴试。登程之日，妙常追至江边，雇船赶上，哭诉别情。后潘生登第得官，路出金陵，迎娶妙常归家团聚。参见“玉簪记”。

陈妙常 明代传奇《玉簪记》中人物。出身宦门，金兵南下时与家人离散，入金陵女贞观为尼姑。她对道观中枯寂清冷的生活不满，向往自由幸福，与来观中探亲的观主之侄书生潘必正相识相恋。观主察觉后，立逼她侄儿赴临安应考，她毅然逃出道院，江上追舟，两人终成连理。是中国古代敢于摆脱宗教束缚，大胆追求爱情的少女形象。参见“玉簪记”。

京剧《玉簪记》中的陈妙常

陈世美 戏曲故事人物。秦香莲的丈夫，北宋湖广均州（今湖北均州西北）士子。他在进京得中状元后，隐瞒实情，被招为皇家驸马。他数载不与家中通信，父母于荒年饥饿病死。妻子携带儿女进京投奔，他拒不相认，并派家将追杀。后来被秦香莲控告到开封府，他又倚仗权势，不听良言，最后被包公判罪问斩。是中国文学戏剧中，士人贪图富贵而丧尽良心的典型。

秦香莲 戏曲故事人物。本为陈世美的结发妻子。陈世美去京考取状元，被招为驸马。秦香莲携儿女进京寻夫，陈拒不相认，并派人追杀。后得到宰相王延龄的同情，由开封府尹包拯主持正义，最终揭露了陈世美贪图富贵、欺君罔上、抛弃双亲、杀妻灭子的罪行，将其问斩。是一个被不义丈夫抛弃后敢于反抗的妇女形象。此故事之基本情节，最早见于明万历与耕堂刊本《百家公案全传》第二十六回《秦氏还魂配世美》。近代以来，情节虽有增改，但舞台演出流传不绝。

窦娥 元杂剧《窦娥冤》中的人物。详“窦娥冤”。

谭记儿 元杂剧《望江亭》中的人物。详“望江亭”。

赵五娘 元代南戏和杂剧《琵琶记》中的人物。新婚伊始，她的丈夫蔡伯喈即上京应考。伯喈得中状元，被牛丞相强招为婿。家乡连年灾荒，五娘孝养公婆，让公婆吃米饭，自己暗中食糠秕。公婆先后病故，五娘埋葬二老，携琵琶、画像，千辛万苦至京。终于深入相府，见牛氏备述前情。牛氏贤德，深加同情，让她与丈夫团圆。赵五娘性格坚毅善良，对亲人具有强烈的责任感，是中国文学中辉煌不朽、感人至深的女性形象。参见“琵琶记”。

永嘉昆剧《琵琶记》中的赵五娘

东郭先生 明代马中锡寓言小说和康海杂剧《中山狼》中的人物。战国赵简子射猎于中山，一只恶狼中箭逃窜而来，求救于他。他将狼藏在袋中，躲过赵简子的追捕。事后，狼却说出种种理由，要吃掉他。幸而遇到一位机智的老者，设计将恶狼杀死。后世将东郭先生作为性格迂腐、滥施仁爱的人物典型。

中山狼 明代马中锡寓言小说和康海杂剧《中山狼》中的恶狼。是生活中忘恩负义的坏人的寓言形象。参见“东郭先生”。

杜丽娘 明代传奇《牡丹亭》中的人物。她是南安太守之女，聪明美丽。一次春日游园时，在梦中与书生柳梦梅相爱结合，不久因思念过度而死，葬于梅花观内。后柳梦梅果然来此，她也得以复活，与柳结为夫妇，实现了自己的美好愿望。是中国古代社会渴望摆脱封建礼教束缚、争取自由的年轻女性形象之一。参见“牡丹亭”。

昆曲《牡丹亭》中的杜丽娘

杜十娘 明代小说《警世通言·杜十娘怒沉百宝箱》中的人物。她是一位名妓，因厌恨备受侮辱的生活，在认识貌似温良的纨绔子弟李甲后，以身相许，自以为终身有托。在随李归家中途，竟被李转手卖与邻舟的孙富。十娘闻讯后，在瓜州渡口，当面将盛放璀璨珠宝的百宝箱沉入滚滚波涛，在痛斥李甲、孙富后，自己也投江自杀。杜十娘的悲剧结局，是她对整个礼教社会的有力控诉。

西门庆 本为古典小说《水浒传》中人物，开药铺的财主，因勾搭潘金莲，害死其夫武大，被为兄报仇的武松杀死。后成为长篇小说《金瓶梅词话》的中心人物。他躲过了武松的报复，开店铺，放高利贷，包揽词讼，夺人妻子，霸人财产。又贿赂奸相蔡京，买得千户提刑的官位。在生活上，一妻数妾，最后淫乱纵欲而死。是明代社会生活中新的人物类型，是一个恶霸商人的写照。

潘金莲 本为古典小说《水浒传》中的人物，小贩武大之妻，因与西门庆合谋毒死丈夫，被武松报仇杀死。后又在长篇小说《金瓶梅词话》里成为中心人物。她貌美心毒、泼辣阴险，嫁与恶霸财主西门庆为妾后，不仅害死李瓶儿之子，而且与奴仆、女婿勾搭成奸。是一个淫荡成性、贪婪无耻的坏女人形象。

范进 清代小说《儒林外史》中的人物。他是一个穷秀才，手不能提、肩不能担，受尽轻视欺侮，但热衷于科举考试。五十多岁时，侥幸得中举人。在得报的当时，即因狂喜而引发疯病。从此受人奉承，结交官绅，最后成为一个庸碌无能的官僚。作者通过他的遭遇变化，形象地描写了科举制度对人灵魂的腐蚀和毒害。

京剧《范进中举》中的范进(中)

匡超人 清代小说《儒林外史》中的人物。他原是浙江乐清贫寒人家子弟，因孝养双亲，勤奋苦读，得到知县的赏识，成为秀才。后到杭州为书坊评点八股文，结交了在布政司衙门当差的坏人潘三，从此与黑暗势力勾结，参与舞弊，无所不为。在成为贡生后，他抛弃妻子，重婚另娶，成了一个不学无术、狂妄自大、到处行骗的无耻之徒。这是一个因社会的引诱，而终于灵魂堕落的士林败类的人物典型。

李香君 清代传奇《桃花扇》中的人物。她是明末南京的歌妓，深明大义，以能歌《玉茗堂传奇》及《琵琶记》著名。她与明末四公子之一的侯方域结识相爱，劝侯拒绝阉党余孽阮大铖的收买。在侯避祸远离后，她拒绝大官田仰的纠缠，在酒宴前痛斥马士英、阮大铖的祸国殃民，表现了威武不能屈、富贵不能淫的高尚气节。最后因国破家亡，在栖霞山出家入道。是中国戏剧文学中最令人可敬的女性形象。参见“桃花扇”。

李香君的旧居媚香楼

贾宝玉 清代长篇小说《红楼梦》中人物。是封建贵族大家庭的公子。他深恶官场污浊，痛恨八股科举，喜爱诗词戏曲、诸子杂学。尊重女性，同情奴婢，向往自由不羁的生活。与志趣相投的表妹林黛玉相爱，却被骗与表姐薛宝钗结婚，而黛玉病死，促使他最后离家遁入空门，当了和尚。是中国文学中贵族阶级的一个青年叛逆者。

越剧《红楼梦》中的贾宝玉与林黛玉

林黛玉 清代长篇小说《红楼梦》中人物。她美丽聪明、才华出众，父母早亡，只得栖身于外祖母家。因自幼体弱多病，养成多愁善感性格，她对周围环境的虚伪、势利由衷不满，不肯阿谀逢迎，蔑视权势利禄，内心充满反抗和悲凉的情绪。与表兄贾宝玉之间，虽有深挚爱情，无人为其做主。在高鹗续后四十回中的结局为悲愤吐血而死。是中国古典文学中最富有诗人气质的悲剧女性人物。

薛宝钗 清代长篇小说《红楼梦》中人物。出身于皇商家庭，是贾府的亲戚、宝玉的表姐。她具有浓厚的封建意识，博学多才，外表温柔敦厚，而谙熟人情世故，能得长辈欢心。她劝贾宝玉致力于仕途经济，走继承家业的正统道路，最后虽得与之成婚，但并未能得到幸福。

晴雯 清代长篇小说《红楼梦》中人物。她是贾宝玉怡红院中的婢女，美丽聪明、性情爽直，和宝玉有着深厚感情。由于遭到袭人的暗中谗毁，病中被王夫人赶出贾府，年轻夭亡。贾宝玉为她写了哀祭文章，将她想象为芙蓉花神。是中国古典文学中最动人的少女形象之一。

王熙凤 清代长篇小说《红楼梦》中人物。又称凤姐。是最受贾母宠爱的孙媳妇，贾府的当家主妇。她爽快泼辣，善于讨得长辈的欢心，对人热情，具有管理能力和治家手段，也有贪婪成性、阴险狠毒、营私舞弊的一面。善妒，暗中算计害死尤二姐。在高鹗续后四十回中的结局为病逝于贾府。

尤三姐 清代长篇小说《红楼梦》中人物。她是贾府的穷亲戚，寄居于贾家东府。她大胆泼辣，敢作敢为，看不惯贾家子弟的腐败行径，坚决要求婚姻自主，暗地爱上了贫穷的游侠青年柳湘莲。后来，柳湘莲怀疑她的清白而提出退婚，她用订婚的鸳鸯剑自刎，表现了她不受屈辱的刚烈性格。

刘姥姥 清代长篇小说《红楼梦》中人物。一个与贾家沾亲带故的农村老妇人。她深通世故，言谈风趣，在作客大观园时，处处讨得贾府上下人等的欢心。后来贾家遭危难，她仗义搭救凤姐的女儿巧姐，表现了她的热心善良。今天，人们还常将没见过大世面，在新环境中闹笑话的人比喻为“刘姥姥进大观园”。

名胜古迹

天坛 位于北京市东城区永定门内路东之天坛路。建于明永乐十八年(1420年),原名天地坛,嘉靖时改天坛。清乾隆、光绪时两次重修。占地约270万平方米,为明清皇帝祭天和祈求丰年之所,也是现存最大的中国古代祭祀性建筑群。坛有垣墙两重,区分内外,坛墙南方北圆,象征天圆地方。圜丘坛在南,用于祭天,内有圜丘坛、皇穹宇及回音壁;祈谷坛在北,用于正月祈丰年,有宏伟华丽、三重顶的祈年殿与皇乾殿。两者间有墙相隔,中间由360米长、30米宽的神道(丹陛桥)连成一个整体。北京城内,北有地坛,南有天坛,东有日坛,西有月坛,以天坛最瑰丽夺目、气宇非凡。1918年对外开放,今为天坛公园。

地坛 位于北京市东城区安定门外大街路东。建于明嘉靖九年(1530年),清代多次重修。是明清两代皇帝祭祀地祇神的处所。坛北向,以汉白玉筑成二层方台,坛下四周为水池,坛西北有斋宫,整体环境古朴幽雅。今为地坛公园。

太庙 明清两代皇家的祖庙。在北京天安门东侧。平面呈矩形,有围墙两重。第二重墙内建有前、中、后三座大殿,东西侧配殿安放功臣牌位。整组建筑用黄琉璃瓦顶、红墙,对称严格,主次分明,气氛庄严肃穆。今辟为劳动人民文化宫。

北京太庙

北京国子监 在北京市东城区国子监街,与孔庙毗邻。是元、明、清三代的最高学府。始建于元大德十年(1306年)。内有辟雍殿,居于水池中央,是皇帝亲临视学的地方。北有彝伦堂,为教学之所。东西各有堂庑。太学门东侧有乾隆时所刻的《十三经》石碑190座。今为首都图书馆馆址。

北京国子监

社稷坛 在北京市东城区天安门西侧。明代建,是皇帝祭祀五谷之神的场所,清代沿用。占地362亩,园中古柏千株,内主体建筑有铺设"五色土"的社稷坛、祭殿等。辛亥革命后改建成公园,增建有曲折长廊、唐花坞、来今雨轩等风景性建筑。1928年起更名中山公园。文人雅士通称"稷园"。

北海 在北京市西城区故宫西北。旧时与中海、南海合称"西苑"或"三海"。是一座历史悠久、规模宏伟的古代皇家园林。始建于辽金,元明时扩建,至清代更臻完善。全园布局以琼岛为中心,四面湖水环绕,碧波荡漾。岛上及湖岸分布众多的精美建筑群,有漪澜堂、悦心殿、画舫斋、九龙壁、团城、白塔等。今占地70余万平方米,称北海公园,为首都游览胜地。

中南海 中海与南海的合称。在北京市西城区故宫西面。旧时与北海合称“西苑”或“三海”。1929年辟为公园，对社会开放。苑内湖水荷花，楼阁亭台，风光宜人，为文人墨客聚会休憩之所。建筑景点有水云榭、紫光阁、瀛台、勤政殿、丰泽园、怀仁堂等。1949年后，成为中国共产党和国家领导人的居住地，中共中央与国务院也在此办公。参见“北海”。

三海 亦称“西苑”。明清皇家园林北海、中海与南海的合称。参见“北海”“中南海”。

九龙壁 彩色琉璃砖影壁。在北京市内，有两处：(1) 在北海北岸天王殿之西。清乾隆二十一年(1756年)建。面宽25.86米，高6.65米，厚1.42米。下有青白玉石台基，绿琉璃须弥座。前后壁面上各雕有九条在云雾波涛中翻腾的蛟龙，体态矫健，形象生动，色彩绚丽。壁顶为琉璃筒瓦大脊庑殿顶。全部影壁以240块预制的七彩琉璃砖砌筑而成。是清代琉璃建筑中不可多得的杰作。(2) 在故宫内宁寿宫区皇极门外。壁长29.4米，高3.5米，厚0.45米，是一座背倚宫墙而建的单面琉璃影壁，为清乾隆三十七年(1772年)改建宁寿宫时烧造，共用270块彩色琉璃砖砌成。

钓鱼台 在北京市海淀区。此处有玉渊潭，金、元时为皇家游览胜地。清乾隆时，将潭疏浚成湖，重修钓鱼台，建造行宫。园内假山玲珑，曲径通幽，流水潺潺，景物如画。20世纪50年代后再加扩建，成为国宾馆。

碧云寺 在北京市海淀区香山公园北侧。创建于元至顺二年(1331年)，初名“碧云庵”。经明清两代大规模扩建，始具今日规模。寺坐西朝东，依山势至寺顶共六进院落，以此为主体，南北再各配一组院落，层层殿堂依山叠起。院内外松柏参天，浓荫蔽日。清代增设的罗汉堂有木质漆金罗汉508尊，神态各异，栩栩如生；水泉院内清泉淙淙，山石叠嶂。1925年孙中山逝世后，曾停灵于寺，后辟有孙中山纪念堂。

香山 在北京市海淀区西郊。此处重峦叠嶂，流泉淙淙，景物清幽。金、元、明、清历代帝王在此兴建离宫别馆，为皇家游幸驻跸之所。至清乾隆时，又在此添造亭台楼阁，殿宇廊轩，共形成二十八景，后筑围墙并赐名“静宜园”。曾遭英法联军和八国联军的焚掠，后历经整修，辟为香山公园。全园面积160公顷，顶峰香炉峰海拔575米，是北京著名的森林公园。以秋季的“香山红叶”最有名。

卧佛寺 正名“十方普觉寺”。在北京市海淀区寿安山南麓。始建于唐贞观间，初名兜率寺，寺名数改，至清雍正间重修，改今名。寺坐北朝南，背负青山，四重殿院。卧佛殿内有元代所铸释迦牟尼铜像，长5米多，重约54吨。卧佛左臂直伸，右臂曲肱而卧，姿态安详，三面环立十二泥塑小佛，为佛的十二弟子像，表现释迦牟尼在娑罗树下涅槃，向弟子嘱咐后事的情景。卧佛造型浑朴精致，体现了元代铸像的高超水平。

八达岭长城 长城关隘。在北京市延庆区。这一带城墙高大坚固，保存完好，关城建于明弘治十八年(1505年)。有东、西两门，砖石结构的券洞上为平台，连接两侧连绵起伏的长城。京张铁路从城门中穿过，是通往北京的要路。

天桥 旧时北京民间艺术、商业贸易和市民娱乐的集中地。位处北京城南，因水上旧有元代所建单孔汉白玉桥，专供皇帝向南去天坛祭天而行，故附近一大片地区亦称“天桥”。本为野水沼泽、莲花垂柳之乡，明代北京增设外城，“天桥”被包括其内，自清后期至民国，游人如织，店铺繁盛，各种风味小吃、手工技艺、戏曲说唱、杂耍马戏、赌场妓院，无不会集于此。许多近代政治史实、作家艺人及文学作品皆与天桥有关。后日渐缩小，20世纪50年代后不存。

琉璃厂 在北京市西城区和平门外。元明时官方在此设厂制造琉璃瓦器，因有此称。后渐成为商业集市及经营古玩字画、古籍碑帖、文房四宝店铺的集中地。旧时书家、诗人、学者每爱流连其中，明清名人所题写牌匾遗迹甚多。至今仍保持其文化街的传统特色。

明十三陵 明朝十三个皇帝的陵墓(明太祖、明惠帝、景泰帝三陵不在其内)。在北京市西北昌平区天寿山下。始建于明永乐七年(1409年)，陵区面积约40平方千米。各陵面积大小、建筑繁简有差别，而建筑布局、规制基本一样。神道南段的一座大型石牌坊和路两侧的24座石兽、12座石人，雕刻精美、神态逼真，最为著名。

沈阳故宫 在辽宁省沈阳市老城内“井”字形大街的中心，是中国现存完整程度仅次于北京故宫的皇宫建筑群。占地6万平方米，有古建筑114座。始建于后金天命十年（1625年），建成于清崇德元年（1636年）。满清贵族入关后继续扩建，至乾隆时基本完成。整座皇宫楼阁林立，殿宇巍峨，雕梁画栋，富丽堂皇，其中收藏珍宝文物无数。其大政殿、崇政殿、清宁宫、排如雁行的十王亭、古朴典雅的文溯阁以及凤凰楼等高台建筑，不仅继承汉族宫殿传统，而且具有浓郁的“宫高殿低”的满族特色情调。在中国宫殿建筑史上绝无仅有。

沈阳故宫

岱庙 亦称“泰庙”。在山东省泰山脚下泰安市城内。是历代帝王祭祀泰山之所。秦汉时有宫，唐宋增修扩建。建筑面积9.65万平方米。庙内殿宇嵯峨，古柏苍劲，碑石等古迹文物甚多。主殿内有巨幅壁画《泰山神出巡图》，传为宋代作品。

蓬莱阁 在山东省烟台市蓬莱区城北丹崖山巅。殿阁凌空，下临碧海，云烟缭绕，气势壮阔。史载秦皇、汉武曾先后来此寻仙求药，故有“仙境”之称。北宋时创建此阁。明末重建。阁高15米，重檐八角，回廊环绕。附有三清殿、吕祖殿、天后宫等建筑，统称“蓬莱阁”。阁东南建观澜亭，可望沧海、观日出。自古为文人学士雅集之处，今存题刻200余石。

烟台蓬莱阁

孔庙 在山东省曲阜市城内。是历代祭祀孔子的地方。原为孔子故宅。西汉以后，历代不断重建、扩建。今总面积327亩，前后九进院落，殿堂阁庑466间。主建筑有杏坛、大成殿等，殿宇雕梁画栋，金碧辉煌。庙内存有碑刻、画像石等2 000余块，上自两汉，下迄民国，内容广泛，各体书法皆备。大成殿神龛内供孔子塑像，两旁为儒家大师及其弟子之塑像。

曲阜孔庙大成殿

孔府 旧称“衍圣公府”。在山东省曲阜市城内，西与孔庙为邻。是历代衍圣公的官署和私邸。面积240余亩，院落9进，楼房厅堂463间。府内厅堂轩敞，陈设华丽，收藏有大批历史文物。最著名者是清乾隆帝赏赐孔府的商周青铜礼器，原为宫廷所藏，形制古雅，纹饰精美。

孔林 在今山东省曲阜市北。是孔子及其后裔的墓园。面积约3 000亩。园内碑碣林立，冢墓累累，有古树2万株。孔子墓前有“大成至圣文宣王墓”之碑。孔子第六十四代裔孙、清代著名戏曲作家、《桃花扇》的作者孔尚任也葬于此。

曲阜孔林

少林寺 在河南省登封市西北的少室山北麓。中国著名佛教寺院。始建于北魏。孝昌三年(527年),印度僧人菩提达摩来寺,在此创立禅宗。唐初开始,寺僧代代练习武功,以少林拳术闻名。今寺经修建,已恢复原貌。千佛殿内保存有明代壁画300多平方米。寺内有碑刻,寺西有塔林,俱为佛教史重要文物。

相国寺 在今河南省开封市内。中国著名佛教寺院。始建于北齐。唐代赐名“大相国寺”,习称“相国寺”。建筑规模宏伟,宋时极为繁盛。今寺为清乾隆时重建。大雄宝殿中,供银杏木雕密宗四面千手千眼观世音像,高7米,全身贴金,庄严精美。钟楼内有清代巨钟一口,高4米,重万余斤。宋以后的文学作品如《水浒传》等,曾描写此寺。

开封相国寺

白马寺 在河南省洛阳市东郊,背负邙山,南临洛河。建于东汉永平十一年(68年),是佛教传入中国后建立的第一座佛寺。相传佛经与佛像用白马从印度驮回,因以为名。原建筑规模宏伟,僧徒多达千人。今寺门口有石雕的白马像,寺东有金代建立的高24米、十三层的齐云塔。

洛阳白马寺

大雁塔 在陕西省西安市南郊大慈恩寺内。塔五层,修建于唐高宗时,武则天时改为七层,用以贮存高僧玄奘从印度带回的佛教经卷。此后新科进士登第后,有聚会宴饮,并于慈恩塔下题名的习俗,世称“雁塔题名”。当时寺院规模宏大,重楼杰阁,房屋多达1 897间。寺内壁画多幅,均为阎立本、吴道子、尉迟乙僧等大画家的手迹。玄奘曾奉诏在此翻译佛经。

西安大雁塔

曲江 唐代长安著名游览区。遗址在今陕西省西安市南曲江村一带。因其水曲折,故称。汉代至隋,此处为皇家宫苑,池水一度干涸。唐玄宗开元间重加疏浚,池周长约7里,水边宫殿连绵,楼阁起伏,成为皇室贵族、达官仕女的节日游赏之地。新科进士登第后，有来此泛舟宴饮赋诗的习俗。安史之乱后，诗人杜甫经此，不胜今昔之感，作《哀江头》诗：“少陵野老吞声哭，春日潜行曲江曲。江头宫殿锁千门，细柳新蒲为谁绿？忆昔霓旌下南苑，苑中万物生颜色……人生有情泪沾臆，江水江花岂终极。黄昏胡骑尘满城，欲往城南望城北。”

骊山 在陕西省西安市临潼区南。海拔 800 余米。相传山上有台，是周幽王为博取褒姒一笑而烽火戏诸侯处。北麓有秦始皇陵。西北麓有唐代华清宫故址，今为游览休养胜地。

黄帝陵 传为中华民族的共同祖先黄帝的陵墓。在陕西省黄陵县城北的桥山上。山上古柏成林，郁郁苍苍，陵高 3 米多，陵前有碑亭，中有石碑镌“黄帝陵”三字。

黄帝陵

轩辕庙 纪念中华民族的共同祖先黄帝的祠庙。在陕西省黄陵县城北桥山东麓。黄帝，姬姓，号轩辕氏。庙内古柏参天，其中一株高 19 米，相传为黄帝手植。庙中碑亭内有石碑 70 多通，刻有历代皇帝祭祀的碑文等。

秦始皇陵 秦始皇嬴政的陵墓。在陕西省西安市临潼区骊山北麓。冢高 55 米，陵基周长 2 000 米。陵园外城经勘测，周长 6 264 米。其东侧发现 3 个兵马俑坑，坑内丛葬大量陶制彩绘兵马俑和各种实战兵器。据史书记载，陵内建筑极其宏伟。参见“秦兵马俑”。

秦兵马俑 秦始皇陵陶兵马俑的埋葬坑。在陕西省西安市临潼区秦始皇陵东侧。1974 年以来试掘了 4 个俑坑，总面积 2.5 万平方米。出土真人大小的彩绘陶俑、陶马以及青铜战车等。兵将人物的发型装束与神态姿态各异，生动逼真。有的挟弓挎箭，有的佩剑荷戈，或披甲肃立，或单腿跪射。此外还有雄骏陶马驾驶的战车，显示了秦军兵强马壮、驰骋疆场的图景。

秦兵马俑

晋祠 在山西省太原市西南。祠始建于北魏以前，历代修葺变迁。北宋增修时建圣母殿。殿内有宋代彩塑圣母像及其男女侍从像。塑像姿态自然，为宫廷生活的写照。殿后倚危峰，前临鱼沼，雄伟壮观。鱼沼上架桥，号称“飞梁”，平面呈十字形，形制奇特。

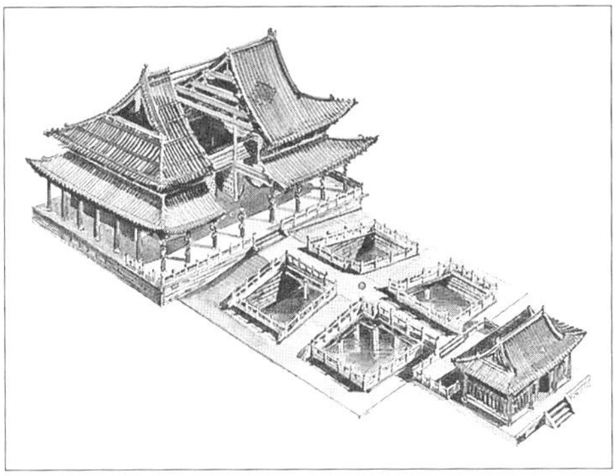

晋祠建筑俯瞰模型

昭陵 唐太宗李世民的陵墓。在陕西省礼泉县东北的九嵕山主峰上。地面建筑均已倾圮，祭坛内十四国君长石像、两庑六匹石刻骏马，今藏西安碑林博物馆（其中飒露紫、拳毛䯄被盗运美国）。陵园周长 60 千米，面积 30 万亩，内有功臣贵戚陪葬墓 200 余座。1979 年建成昭陵博物馆。

乾陵 唐高宗与武则天的合葬墓。位于陕西省乾县梁山。陵前排列大型石人、石兽、华表等石刻，其中著名的有翼马、石狮、述圣记碑和无字碑等，是唐代造型艺术的代表作品。中华人民共和国成立后，对乾陵的一些陪葬墓进行了发掘，如永泰公主、懿德太子及章怀太子墓等，发现了极为精美的壁画、线雕画和大量的陶俑等文物。

西安碑林 在陕西省西安市南城永宁门东侧，原文庙所在地。北宋元祐二年（1087 年）为保存唐开成年间镌刻的儒家经籍等碑而建，此后历代均有碑石归藏于此。至今设有 7 个陈列室、6 个游廊和 1 个碑亭，收藏自汉至清的碑志 2 300 余件。包括"开成石经"（共 114 石）、"大秦景教流行中国碑"等重要石刻，深受中外学者的重视。昭陵六骏浮雕石刻等移此。碑林收藏碑刻，多出于历代著名书法家之手。

云冈石窟 中国著名石窟。在山西省大同市西 16 千米武周山南麓。依山开凿，东西绵延 1 千米。现存主要石窟 53 个，造像 5.1 万余尊。开凿于北魏时，后世多次修缮和增建佛寺。石雕造像气魄雄伟，内容丰富多彩。大佛最高者 17 米，菩萨、力士等形象生动活泼，飞天姿态飘逸，凌空而舞。塔柱的雕造，蟠龙、狮、虎和金翅鸟及植物纹样的刻画，均为杰作。是中国现存最大的石窟群之一。

云冈石窟大佛像

龙门石窟 中国著名石窟。在河南省洛阳市南伊水入口处两岸的龙门山。开凿于北魏，下至于北宋。四百多年间，两山计有石窟 1 352 个，石龛 785 个，造像 9.7 万余尊，佛塔 40 余座，题记和其他碑刻 3 680 种。佛像表情生动，栩栩如生，刀法精致；书法雄挺峭拔。是中国石窟艺术中期代表作。

大足石窟 中国著名石窟。在重庆市大足区境内诸山。始创于晚唐，鼎盛于宋，前后相继一千余年，造像 5 万余躯。各类造像技艺精湛，刀法纯熟，构图壮丽，形态各异。以佛教为主，兼及道教、儒教及中国民间神话和世俗人物，以至飞禽走兽、器物图案等，应有尽有。在石刻艺术领域中，与云冈、龙门石窟同负盛名，是中国石窟艺术晚期代表作。

大足石窟菩萨像

麦积山石窟 中国著名石窟。位于甘肃省天水市东南麦积山。山高 142 米，形如堆积的麦秸，故名。从有关碑刻资料的记载和现存文物状况来看，石窟开凿于十六国晚期，北魏、西魏、北周间大规模建造，隋、唐、五代、宋、明、清各代亦续有修凿。现尚存洞窟 194 个，各种造像 7 000 余尊，其中 1 米以上者约 1 000 尊。因山石不宜雕刻，故造像多为泥塑。风格清新秀丽，富有生活气息。壁画大部分剥落，但尚可看出古代中原画风的面目。

敦煌石窟 中国著名石窟。广义上包括敦煌境内的莫高窟、西千佛洞，瓜州的榆林窟、东千佛洞、水峡口下洞子石窟，肃北的五个庙石窟、一个庙石窟，玉门昌马石窟等八区；一般用狭义，仅指莫高窟。莫高窟，俗称"千佛洞"。位于甘肃省敦煌市东南的鸣沙山麓断崖上,上下五层,高低错落。前秦建元二年(366年)始建,现存北魏至元各代佛教壁画和塑像洞窟492个,是一处由建筑、绘画、雕塑组成的综合艺术体。1899年发现藏经洞(今编号为第17洞),估计洞内藏有敦煌遗书和文物7万余件,英国人斯坦因、法国人伯希和等先后来此掠夺精品。今石窟写本已形成了"敦煌学"。

敦煌石窟内景

莫高窟 见"敦煌石窟"。

千佛洞 见"敦煌石窟"。

滕王阁 古代江南三大楼阁之一。唐太宗李世民之弟、滕王李元婴任洪州都督时所建。故址在今江西省南昌市赣江滨。唐代文学家王勃在此写下名文《滕王阁序》,至今传为佳话。此阁历一千三百余年,屡毁屡建。明代曾题额为"西江第一楼"。1926年烧毁,今再重建。

滕王阁

岳阳楼 古代江南三大楼阁之一。在今湖南省岳阳市洞庭湖畔西门城楼上。其前身传为三国吴之阅兵台。唐开元初宰相张说谪守岳阳时建成此楼。北宋庆历五年(1045年)重修,范仲淹为其作《岳阳楼记》。几经兴废,清光绪六年(1880年)重修。楼三层,精构细筑,气势宏伟。楼右有三醉亭,传说道教仙人吕洞宾曾三醉于此。今连周围一起辟为公园。

岳阳楼

黄鹤楼 古代江南三大楼阁之一。在湖北省武汉市武昌城内蛇山的黄鹤矶上。始建于三国吴,后世屡毁屡建。历代有仙人乘黄鹤过此楼的传说,唐代崔颢题《黄鹤楼》一诗,更使该楼闻名天下。今所建新楼位于蛇山之巅,楼高五层,屋面覆黄色琉璃,仿木结构,飞檐画栋,极轩昂宏伟、典雅富丽之至。

黄鹤楼

桃花源 在湖南省桃源县境西南。相传为晋代文学家陶潜在名文《桃花源记》里描写的人间乐土和理想世界,因而得名。此处面对沅水,背倚群山,苍松翠竹,环境幽美。以后历代文人墨客纷纷来此寻觅,题咏碑刻甚多。渊明祠及寺观亭阁等,均为近现代整修重建。

昭君村 在今湖北省宜昌市兴山县城南郊。原名宝坪村,西汉时王昭君生长于此,因又名"昭君村"。王昭君,名嫱(晋人避司马昭讳,改称“明君”或“明妃”），汉元帝时宫人，竟宁元年（前 33 年）自请出塞，嫁匈奴呼韩邪单于，号宁胡阏氏。卒葬内蒙古呼和浩特市南，世称“青冢”。昭君村面临香溪水，背靠纱帽山，群峰林立，岩壑含翠，桐林云涌，香溪回环。今附近尚有昭君寨、昭君井、妃台山、昭君台、梳妆台、珍珠潭、望月楼等遗迹。唐杜甫《咏怀古迹》诗：“群山万壑赴荆门，生长明妃尚有村。一去紫台连朔漠，独留青冢向黄昏。画图省识春风面，环佩空归月夜魂。千载琵琶作胡语，分明怨恨曲中论。”

赤壁 古战场遗址。赤壁山在湖北省赤壁市西北 36 千米的长江南岸。山之西南，下临大江。建安十三年（208 年），曹操率大军南下，孙权与刘备联合抵御，相传联军以火攻大败曹军于此。今有翼江亭、拜风台等古建筑及新修的台馆；矶头崖壁上镌刻有历代名人的各种题记、诗文及诸葛亮等人的画像。

赤壁故址

杜甫草堂 在四川省成都市浣花溪畔。唐安史之乱后，诗人杜甫先后在此流寓近四年。北宋时建立祠宇，后世扩建增修，以为对杜甫的纪念。今园林面积约 300 亩，楠林翠竹，溪流小桥，交错其间。主要建筑有诗史堂、柴门、工部祠等。

杜甫草堂中的柴门及工部祠

武侯祠 在四川省成都市武侯祠大街。西晋末年为纪念三国蜀丞相诸葛亮而建。初与蜀先主刘备昭烈庙相邻，明代时合并为一，故大门横额书为“汉昭烈庙”。今建筑为清康熙时重建，青瓦红墙，古柏葱郁。内有刘备殿及诸葛亮殿，塑像、文物众多。殿西侧为刘备的陵墓惠陵，有墙垣环绕。

成都武侯祠

三苏祠 在四川省眉山市西南。是北宋文学家苏洵及其子苏轼、苏辙的纪念堂。祠址原为三苏故宅，今园林占地 52 000 多平方米，竹木苍翠，小溪环绕，亭台楼榭甚多。园中有石雕苏轼像，并有数千件书法碑刻等文物资料展示。

眉山三苏祠内景

万年寺 在四川省峨眉山市峨眉山主峰以东观心坡下。始建于东晋，几经兴废，有一千六百多年历史。其砖殿建于明代，内有北宋太平兴国五年（980 年）所铸普贤菩萨骑六牙白象铜铸像一尊，像高 7.3 米，重 62 吨，形象高大庄严。寺周围林木苍翠,溪水中产琴蛙,鸣声悦耳。

乐山大佛 亦称“凌云大佛”“凌云大像”。著名佛像。在四川省乐山市东,岷江、青衣江与大渡河三江合流处。是依凌云山壁凿成的弥勒佛坐像。唐开元元年(713年)名僧海通倡议开凿,至贞元十九年(803年)由剑南西川节度使韦皋捐俸完成。佛像气魄雄伟,神态雍容,比例匀称,高71米,头宽10米,肩宽28米,眼长3.3米,耳长7米,足背上可围坐百余人,是世界上最大的石刻雕像。佛像旁所建高层多重楼阁,毁于明末。像右侧有500米长栈道迂回而下,可达江边。在栈道上可俯视三江帆影,远眺峨眉空翠。宋范成大《吴船录》卷上:“泊嘉州,渡江游凌云,在城对岸,山不甚高……跻石蹬登凌云寺,寺有天宁阁,即大像所在……为楼十三层,自头面以及其足,极天下佛像之大。两耳犹以木为之。佛足去江数步,惊涛怒号,汹涌过前,不可安立正视。”宋陆游《雨中登楼望大像》诗:“巍巍千尺像,与我两寂寞。交游阅四海,此老差可托。”

乐山大佛

醉翁亭 在安徽省滁州市琅琊山麓。北宋庆历六年(1046年)欧阳修贬为滁州知州时所建。欧阳修自号醉翁,因以名亭,并撰《醉翁亭记》记其事,由苏轼书刻于碑。亭院西为六一泉,亭院南为酿泉。周围有二贤堂等建筑及怡亭、影香、古梅诸亭,布局严谨小巧,曲折幽深。

瘦西湖 在江苏省扬州市北郊。湖长4.3千米,宽不及100米,现游览区面积达100公顷。原名保障河,是唐宋时护城河和通向古运河的一些纵横水道,经疏通后成湖。自明代始,不断有富商于此建造别墅园林,清康熙、乾隆数次南巡时再加增补,乃成今天规模。湖中运用中国造园艺术手法,因地制宜建造许多风景建筑。从御码头开始,沿湖过冶春、绿杨村、红园、西园曲水,经大虹桥、长堤春柳,至徐园、小金山、钓鱼台、莲性寺、白塔、凫庄、五亭桥、二十四桥等,再向北至蜀冈平山堂、观音山止。既有天然景色,又有各处风格独特的园林庭院,景物幽美如山水长卷。史载,清代文学家王士禛、陈维崧、孔尚任、卢见曾等曾数次在此举行诗文酒会,号为“红桥修禊”。金农、郑燮、黄慎等“扬州八怪”名家,也常在此作画。清汪沆《咏保障河》诗:“垂杨不断接残芜,雁齿红桥俨画图。也是销金一锅子,故应唤作瘦西湖。”后即以“瘦西湖”闻名天下。

扬州瘦西湖

平山堂 在江苏省扬州市瘦西湖畔蜀冈上。北宋庆历八年(1048年)欧阳修为扬州知州时初建。堂建在高台之上,凭栏可远眺长江。今堂屋重造于清同治年间。堂前后植有桂树、古梅、绣球、牡丹等,风光独胜。包括相邻的大明寺遗址、西园、天下第五泉、欧阳修祠等古迹,统称“平山堂公园”。欧阳修《朝中措》词:“平山阑槛倚晴空,山色有无中。手种堂前垂柳,别来几度春风?文章太守,挥毫万字，一饮千钟。行乐直须年少，尊前看取衰翁。"

扬州平山堂欧阳修祠

大明寺 在江苏省扬州市西北蜀冈上平山堂东侧。初建于南朝宋大明年间，因称。今寺为清代后期所建。唐代时，高僧鉴真曾在此居住讲学。大殿东侧为东苑，其晴空阁内有鉴真和尚东渡事迹陈列室。

莫愁湖 在江苏省南京市水西门外。湖周长约5千米，水陆面积700余亩。相传南朝齐时，有洛阳少女莫愁远嫁江东卢家，住在湖滨，故名。园内有胜棋楼、郁金堂、湖心亭、长廊曲榭等明清古建筑。清代号称为"金陵第一名湖"，今为公园。

玄武湖 在江苏省南京市东北玄武门外。今湖周长15千米，总面积约444公顷，其中陆地面积49公顷。湖水来自钟山北麓，至下关流入长江。民国成立后，整个湖区设为"五洲公园"。经历年整修，水色山光，景色佳妙，成为游览休憩的胜地。

燕子矶 在江苏省南京市北郊的扬子江畔。山石直立江上，三面临空，形如展翅的燕子。自古为南北往来的重要渡口。矶高36米，矶上怪石嵯峨，矶下白浪滔滔。矶西南为幕府山，临江山壁陡峭。

石头城 在江苏省南京市西北的清凉山后。今南北全长约3 000米。城基遗迹为赭红色，乃就自然山岩开凿而成。原为战国时楚金陵邑，东汉建安十七年(211年)孙权在原址筑城。其地以江为池，形势险要，古人赞为"石城虎踞"，故亦省称"石城"。唐刘禹锡《金陵五题·石头城》诗："山围故国周遭在，潮打空城寂寞回。淮水东边旧时月，夜深还过女墙来。"

秦淮河 长江下游支流。全长110千米，源出江苏省句容市大茅山，流经南京市区西入长江。自六朝以来，此处为商业繁盛之区。宋代至明清，建有孔庙、府学、国子监与贡院等。旧时酒楼妓馆、书场戏院、笔墨书画店，亦多集中于两岸。是清代戏剧《桃花扇》背景的所在地。清侯方域《金陵题画扇》诗："秦淮桥下水，旧是六朝月。烟雨惜繁华，吹箫夜不歇。"

南京秦淮河畔

雨花台 在江苏省南京市中华门外。是一个高约百米、长3 000余米的山冈。相传南朝梁高僧云光法师曾在此宣讲佛法，感动天神，天花坠落如雨，因以为名。此处盛产中外闻名的鹅卵石，形态玲珑，上有各种天然的五彩花纹，置于水中，光润可爱。今雨花台风景名胜区复建了雨花阁、二忠祠、木末亭、乾隆御碑亭、方孝孺墓、甘露井、曦园、怡苑、梅岗等20余处名胜古迹和楼台亭阁馆。

虎丘山 在江苏省苏州市阊门外山塘街。春秋时吴王夫差葬其父阖闾于此。山上有虎丘塔、千人石、剑池、试剑石、真娘墓、白莲池、冷香阁等名胜古迹。虎丘塔建成于北宋建隆二年(961年)，平面八角形，七层，砖建仿楼阁式，结构复杂，色彩瑰丽。

剑池 在江苏省苏州市虎丘山下。池呈长方形，清泉一泓，水深二丈，两崖划开，峭壁如削，上有一桥飞架，景色幽深。石壁上镌刻有"虎丘剑池"四个大字。古籍记载，春秋时吴国国君阖闾的陵墓造于剑池之下，三年方成，并以名剑三千殉葬。相传秦始皇曾派人凿石求剑，无所得，凿处形成深池，因称剑池。

虎丘剑池

天平山 在江苏省苏州市灵岩山北。山中以怪石、泉水、枫树合称“三绝”。宋代政治家范仲淹幼年曾在此读书。山上最高处有望湖亭，可眺望太湖风光。此外还有一线天、白云寺、御书楼、飞来石、笔架峰等胜景。

灵岩寺 在江苏省苏州市灵岩山上。山势奇秀挺拔，山顶的灵岩寺及花园，相传是春秋时吴王夫差为越国所献美女西施所建馆娃宫的遗址，各处有关古迹甚多。寺建于东晋，殿宇雄伟，从西施琴台可以南望太湖。西南麓有南宋抗金名将韩世忠及其夫人梁氏墓。

沧浪亭 在江苏省苏州市城南。北宋诗人苏舜钦买下五代人别墅后修造。清代扩建。全园16亩，建筑环山布置，有五百名贤祠、明道堂、沧浪亭、看山楼、藕香水榭等。此园古朴幽静，善于借景，富于山林野趣。是苏州历史最悠久的园林。

苏州沧浪亭

玄妙观 原名“真庆道院”。著名道教宫观。在江苏省苏州市观前街。始建于西晋，有一千七百余年历史，屡经战火。主要建筑有正山门与三清殿。大殿气势宏伟，极为壮丽，与所供三尊金装的三清塑像，均为南宋时重建。旧时是苏州最大的寺庙集市。

枫桥 在江苏省苏州市阊门外枫桥镇。始建于唐代。现在的单拱石桥为清同治六年(1867年)重造。桥横跨运河，南面不远即是著名的寒山寺。桥与寺因唐人张继的《枫桥夜泊》诗而闻名天下，诗曰：“月落乌啼霜满天，江枫渔火对愁眠。姑苏城外寒山寺，夜半钟声到客船。”参见“寒山寺”。

寒山寺 在江苏省苏州市城西枫桥附近。始建于南朝梁。相传唐初天台山诗僧寒山和拾得曾居此寺，因而得名。今寺为清后期重建，寺内古迹甚多，有俞樾书张继诗石刻，寒山、拾得的石刻像，文徵明、唐寅所书碑文残片等。主要建筑有大雄宝殿、庑殿、藏经楼、碑廊、钟楼、枫江楼等。明代所铸大钟一口，早为倭寇盗去。今存大钟为清光绪三十二年(1906年)江苏巡抚陈夔龙督造，一人多高，三人合抱，重达2吨。近年又重建仿唐式古佛钟。每年除夕之夜，中外游人云集寒山寺，聆听钟楼中的一百零八响钟声，辞旧迎新。

苏州寒山寺

鼋头渚 在江苏省无锡市西南太湖之滨充山半岛前端。因半岛徐徐向太湖伸展，三面环水，状若鼋头，故称。鼋头一块大石上刻“鼋渚春涛”四个大字。自1918年开始建园。其园林布置，依山傍水，别具一格，有诵芬堂、澄澜堂、飞云阁、七十二峰山馆等，是观赏万顷太湖、休养游览的佳胜之地。

金山 在江苏省镇江市区西北。原屹立长江中，清末与岸相接。山寺始建于东晋。庙宇依山势而造，山与寺混为一体，楼台殿阁，规模雄丽，构思精巧。通过石级、曲廊等，形成“楼上有楼，楼外有阁，阁中有亭”的特色建筑群。民间传说中，有白娘子“水漫金山”的故事。

焦山　在江苏省镇江市区东北长江中。因东汉焦光隐居此山而得名。漫山苍松翠竹，宛如碧玉浮江，故又名“浮玉山”。山势雄峻，耸立于白浪之中，自古为游览胜地。山中有吸江楼、华严阁、郑板桥读书处等古迹。又有碑刻及南朝以来的摩崖石刻等。

张公洞　旧称“庚桑洞”。石灰岩溶洞。在江苏省宜兴市西南禹峰山麓。传说两千年前庚桑楚隐居于此，汉代张道陵、唐代张果老也曾在此修道。洞中总面积约 3 000 平方米，游览路程约 1 000 米。特点是洞中有洞，洞内套洞，共有大小洞穴 72 个，曲折迂回，千姿百态，景观奇特。

善卷洞　亦作“善权洞”。石灰岩溶洞。在江苏省宜兴市西南螺岩山中。全洞有四洞三层，总面积约 5 000 平方米，游览路程长约 800 米。上洞终年气温保持在 23℃，下洞内有飞瀑流水。另有水洞曲折辗转，可行轻舟于水上。洞内石钟乳形态奇异，犹如一幢宏伟的石雕大楼。宋陈师道《善权洞》诗：“善卷让位寻丹丘，逍遥居此岩之幽。玉山宝房开瑰丽，茅茨土阶宁足留。重岩磅礴启三洞，下为邃室高为楼……此公骑龙果安在？我欲御风从之游。灵仙洞府足长往，下视浊世真蜉蝣。”

灵谷洞　石灰岩溶洞。在江苏省宜兴市西南石牛山南麓。面积约 8 000 平方米，总长约 347 米，内部呈 180°不规则半圆形。曲折幽深，自然形成五个厅堂，各具特色。由石钟乳、石笋、石幔组成 30 多处奇异景物。为游览胜地。

杭州西湖　在浙江省杭州市中心，三面环山。古称“武林水”“明圣湖”“金牛湖”“钱塘湖”等。因位于钱塘城之西，故中唐以后通称“西湖”。又称“西子湖”。唐白居易、宋苏轼先后为杭州地方官，筑堤疏浚，确保了西湖的存在。元代一度淤为茭田荷荡。明、清、民国至今，历次大规模予以疏浚。今西湖面积 6.39 平方千米，周长 15 千米。湖南北长 3.3 千米，东西宽 2.8 千米。湖面有白堤、苏堤，将湖面分成外湖、里湖等五部分；湖中有孤山、小瀛洲、湖山亭、阮公墩四岛；周围有著名的西湖十景。共有 40 多处主要风景名胜，30 多处重点文物古迹。是全国知名的城市文化旅游胜地。北魏郦道元《水经注》：“县南江侧，有明圣湖，父老传言，湖有金牛，古见之，神化不测，湖取名焉。”唐白居易《杭州回舫》：“自别钱塘山水后，不多饮酒懒吟诗。欲将此意凭回棹，报与西湖风月知。”宋苏轼《饮湖上初晴雨后》诗：“水光潋滟晴方好，山色空蒙雨亦奇。欲把西湖比西子，淡妆浓抹总相宜。”

杭州西湖

西子湖　即“杭州西湖”。

苏堤　在浙江省杭州市西湖上。南起南屏路，北接“曲院风荷”，全长 2.8 千米，横贯湖的南北。北宋元祐年间苏轼任杭州知州时疏浚西湖筑成。堤上有桥 6 座，沿堤遍植桃柳，春日鸟啼花开，景色尤佳，是“西湖十景”之首。

孤山　山名。在浙江省杭州市西湖的里湖与外湖之间，孤峰独秀，景物清幽。是宋初诗人林逋隐居之处。山顶有研究金石篆刻的西泠印社。北麓有放鹤亭、湖上赏梅诸景。南麓有文澜阁、浙江图书馆、浙江省博物馆、中山公园、西湖天下景庭园。为西湖文物荟萃之区。唐白居易《钱塘湖春行》诗：“孤山寺北贾亭西，水面初平云脚低。几处早莺争暖树，谁家新燕啄春泥。乱花渐欲迷人眼，浅草才能没马蹄。最爱湖东行不足，绿杨阴里白沙堤。”

西湖孤山

西湖十景 浙江省杭州市西湖地区的十个著名景点。最初出于南宋画院中画师对山水小品的题名，至清代定名为：苏堤春晓、平湖秋月、花港观鱼、柳浪闻莺、双峰插云、三潭印月、雷峰夕照、南屏晚钟、曲院风荷、断桥残雪。

断桥 在浙江省杭州市孤山边上。古名“段家桥”。今桥处于里西湖与外西湖分界处。桥堍东北角有水榭与碑亭。“断桥残雪”为“西湖十景”之一。戏曲《白蛇传》中《断桥》一场，演白娘子途中与其夫许仙相会，即在此桥。

雷峰塔 在浙江省杭州市西湖南岸的雷峰之上。系五代时吴越王钱俶为王妃黄氏所建。塔身高七级，晴日傍晚时，塔与山光相辉映，“雷峰夕照”为“西湖十景”之一。民间故事《白蛇传》中的白娘子，传说即是被法海和尚镇压于此塔下。1924年倒塌，2002年重建新塔完工。

岳王庙 在浙江省杭州市西湖畔栖霞岭下。始建于南宋嘉定十四年（1221年），历经元、明、清、民国至今。是纪念抗金名将岳飞的祠庙。

杭州岳王庙大殿

殿内有岳飞塑像及仿岳飞手书“还我河山”匾一块。岳坟在庙西，左侧为其子岳云墓。墓阙下有陷害岳飞的秦桧、王氏（桧妻）、张俊、万俟卨四人的铁铸人像，皆反剪双手，面朝墓跪。墓园碑廊上，陈列碑刻100余块，为岳飞手迹及历朝名人题咏。宋孝宗继位后，岳飞冤案平反，淳熙五年（1178年）追谥“武穆”，嘉定四年（1211年）再追封鄂王，故称“岳王庙”。

岳坟 见“岳王庙”。

龙井泉 名泉。在浙江省杭州市西湖西面的风篁岭上。泉水出自石灰岩断层的裂缝与孔罅，四时不竭，与玉泉、虎跑泉合称“杭州三大名泉”。泉的四周，碧嶂千绕，山石峥嵘，松篁交翠，藤木阴翳。以特产龙井茶名播中外。名泉与名茶，相得益彰。

虎跑泉 在浙江省杭州市西湖西南。泉水从后山砂岩、石英岩中流出，味甘洌淳厚，素有“天下第三泉”之誉，与龙井茶并称“西湖双绝”。山后有弘一法师（李叔同）之塔，他于1918年在虎跑寺出家。

六和塔 在浙江省杭州市南钱塘江边月轮山上，依山面水。北宋开宝三年（970年），吴越王钱俶为镇压汹涌的江潮所建。后毁于兵火，南宋时重建。今存塔砖木结构，高近60米，八角形，外观有十三层，内实际七层，有阶梯盘旋至塔顶，凭栏远眺，景象极为壮观。

钱塘潮 亦称“海宁潮”。浙江省杭州湾钱塘江口的涌潮。以每年农历八月十八日最具声势。因钱塘江口呈喇叭形，向内逐渐浅狭，潮波的传送受到约束和推挤而形成。初时仅如一线，既而渐近，际天而来，声若雷霆，潮头壁立江面，银涛澎湃，如万马奔腾。近代以海宁盐官镇的海塘为观潮胜地。宋潘阆《酒泉子》词：“长忆观潮，满郭人争江上望。来疑沧海尽成空，万面鼓声中。弄潮儿向涛头立，手把红旗旗不湿。别来几向梦中看，梦觉尚心寒。”宋苏轼《催试官考较戏作》诗：“八月十八潮，壮观天下无。鲲鹏水击三千里，组练长驱十万夫。”

文澜阁 在浙江省杭州市孤山南麓、浙江省博物馆内。初建于清乾隆四十七年（1782年）。

《四库全书》修成后，分抄七部，珍藏一部于此，与扬州文汇、镇江文宗合称“江南三阁”。经太平军战火，仅存文澜一阁。是一处典型的江南庭院建筑，园林布局顺地势高下，点缀亭榭、曲廊、水池、叠石，并借助小桥，使之相通。主体建筑仿宁波天一阁，外观二层，中实三层。阁前凿水池，建平厅一座，为阅览之用。杭州战乱中，文澜阁《四库全书》散失，藏书家、文献学者丁丙与其兄丁申不避艰险，四方搜寻收购，又借书募人补抄2.6万余册。光绪八年（1882年），文澜阁重修完成，丁氏兄弟将补抄后的《四库全书》全部归还文澜阁。今归浙江图书馆收藏。

杭州文澜阁

灵隐寺 在浙江省杭州市西湖西北灵隐山麓。中国著名佛教寺院。初建于东晋，历代叠经毁修，清初全面重建，康熙元年赐名“云林禅寺”。大雄宝殿高33米，金装佛像高9.1米。寺前临冷泉，面对飞来峰。古树苍郁，环境清幽静谧。

天一阁 在浙江省宁波市城西。是中国现存最早的私家藏书楼。明嘉靖四十年（1561年），由当时退隐的前兵部右侍郎、藏书家范钦主持建造。阁为六开间二层木建筑，前后有廊。为防火，阁前凿有水池，并堆叠假山，环植竹木，精致清幽。阁内原有藏书7万余卷，后因鸦片战争及偷盗掠卖，大量散失。1950年以来，历经访求捐赠，现藏古籍30余万卷，其中，珍版善本达8万余卷。所藏地方志有6 730多册，最具特色。

鉴湖 亦称“镜湖”。在浙江省绍兴市南。东汉永和五年（140年），会稽太守马臻主持汇集山阴、会稽三十六源之水而成此湖。东至曹娥江，西至钱塘江，周长300余里，可灌溉农田9 000余顷。唐以后渐淤塞，至北宋时，豪家筑堤堰，侵湖为田，湖面更为缩小。今鉴湖湖面狭长，形如河道，面积约30.44平方千米，其主干东起亭山，西至湖塘，长22.5千米，仅是古镜湖的一部分残存水体。湖上堤桥处处，渔舟时见，远山四围，水清如镜，极富江南水乡特色。唐代诗人贺知章、南宋诗人陆游晚年皆归隐于此。晋代书法家王羲之、明代书画家徐渭、晚清女革命家秋瑾都在此留下过足迹。著名的绍酒，即用鉴湖水酿造。唐李白《送贺宾客归越》诗：“镜湖流水漾清波，狂客归舟逸兴多。山阴道士如相见，应写《黄庭》换白鹅。”

镜湖 即“鉴湖”。

南湖 在浙江嘉兴市东南。因湖中多产鸳鸯，亦称“鸳鸯湖”，简称“鸳湖”。一说因湖分为东西两部分，如鸳鸯交颈并栖，故称。总面积525亩。湖心岛上，有五代时所建烟雨楼，明代重建。楼四面临水，水木清华，朝烟暮雨，宋代以来，向称游览胜地。明清诗人多歌咏之。清初诗人吴伟业有叙事诗《鸳湖曲》，朱彝尊有《鸳鸯湖棹歌》百首。1921年7月，中国共产党第一次全国代表大会后期由上海转移到南湖的游船上继续举行。今建有嘉兴南湖革命纪念馆。

嘉兴南湖烟雨楼

鸳鸯湖 即“南湖”。

大观楼 在云南省昆明市西。南临滇池之水，登高望远，气象雄阔。清康熙时初建二层，题名“大观楼”。后增为三层，历来为文人墨客雅集之地。楼前门柱上有乾隆年间诗人孙髯所撰180字长联，以行草书刻，号称“古今第一长联”。

昆明大观楼

七星岩 在广东省肇庆市东北的星湖。由七座陡峭的石灰岩组成。诸岩北倚山崖，三面被湖水环抱，布列似北斗七星。岩下多天然洞穴。其中，石室洞与双源洞钟乳瑰丽，下贮湖水；钟鼓洞水满时，洞中滴水叮咚可听。

阳朔山水 在广西壮族自治区东北部阳朔县。为石灰岩地貌。桂江的上游漓江自北向南流贯。漓江两岸，山形奇特苍翠，石壁嶙峋峭拔，洞穴内石钟乳千姿百态，江水清澈，倒映碧峰。历来有“桂林山水甲天下，阳朔山水甲桂林”之说。

泉州开元寺 在福建省泉州市西街。中国著名佛教寺院。唐代建寺。现寺占地50亩，规模宏大，气象开阔。主要建筑有大雄宝殿、甘露戒坛、东西二塔等。宝殿内斗拱附刻飞天乐伎24尊，富有特色。近代弘一法师（李叔同）晚年居此。寺东侧，设泉州海外交通史博物馆，陈列有古代海船等。

泉州开元寺

郑成功庙 纪念民族英雄郑成功的祠庙。在台湾省台南市东。清初始建，后多次扩建。光绪元年（1875年），清政府赠郑成功“延平郡王”称号，遂改称“延平郡王祠”。每年正月十六日行国家祭典。全台郑氏祠以此最早，祭礼最隆。庙内有塑像，殿后有郑氏手植古梅一株。

阳明山 旧名“草山”。在台湾省台北市北郊。此处青山翠谷，原野开朗，遍植桃、杏、樱、杜鹃等，春季花开时，游人如织。今辟为阳明公园，有中山楼、阳明湖、阳明瀑、阳明山温泉、阳明山庄、小隐潭等景点，为台北著名的风景名胜地。

日月潭 在台湾省中部南投县山中。为全省最大的天然湖泊。水面海拔760米，最深处27米，面积7.7平方千米，分日潭和月潭两部分。潭东有大山，高2 056米。潭四周林木扶疏，有玄奘寺等古迹，环境幽美，风光绮丽，是著名的游览区和避暑胜地。

文化典籍

书籍形式

竹木简 古代的一种书写材料。应用于战国至魏晋时期。即削制而成的狭长竹片或木片。竹片称简,木片称札或牍,统称简。均用毛笔墨书。简的长度,写诏书、律令的长三尺(约71.25厘米),故有“三尺律”之说。抄写经书的长二尺四寸(约57厘米)。民间写书信的长一尺(约23.75厘米),称为“尺牍”。在湖南长沙、湖北荆州、山东临沂,以及西北地区的敦煌、居延、武威等地,都有过重要发现。其中居延出土过大量编缀成册的东汉文书(木简亦长23厘米),即“居延汉简”。《汉书·朱博传》:“太守汉吏,奉三尺律令以从事耳。”

简册 古代的文书和书籍形式。中国在纸张未发明与普及之前,以缣帛和竹木简为书写材料(战国至魏晋时期)。缣帛价昂贵,一般都用简牍。竹木简宽约几分,长1~3尺(东汉章帝时1尺约合今23.75厘米),每简用毛笔书写8~40字不等。又用麻绳、丝绳或皮绳横串上下两头编缀成“册”。东汉以前,所有经典文献,除石刻或写在缣帛上的外,大多由竹木简记载流传。

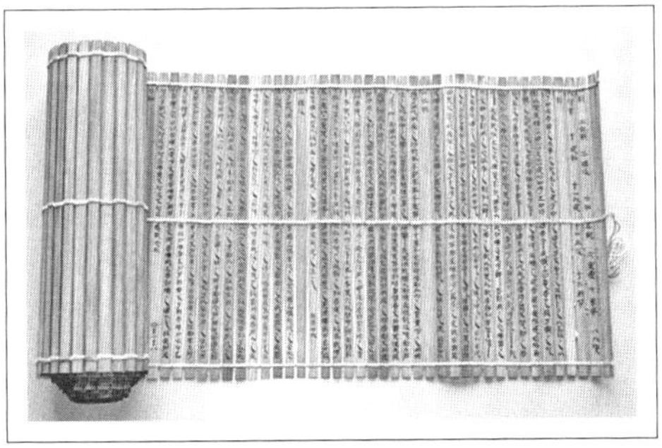

临沂出土的汉简

写本 亦称“抄本”。即抄写而成的书本。中国古代纸张发明前,书籍都出于抄写:或抄在竹木简上联贯成“册”,或抄在缣帛上成为“卷”。前者称“简册”,后者称“帛书”。纸张发明后,则抄在纸上。盛唐以后,雕版渐行,就称手写的本子为“写本”或“抄本”。宋李清照《金石录后序》:“写本李、杜、韩、柳集,《世说》《盐铁论》……南唐写本书数箧,偶病中把玩,搬在卧内者,岿然独存。”

抄本 写本的别称。但习惯上,唐以前称“写本”,唐以后称“抄本”。宋代以后雕版印书虽已盛行,但有些比较专门、不为人知或需求不广之书,依然靠传抄流通与传世。因而抄本图书一直为古今藏家和研究者所重视。参见“写本”。

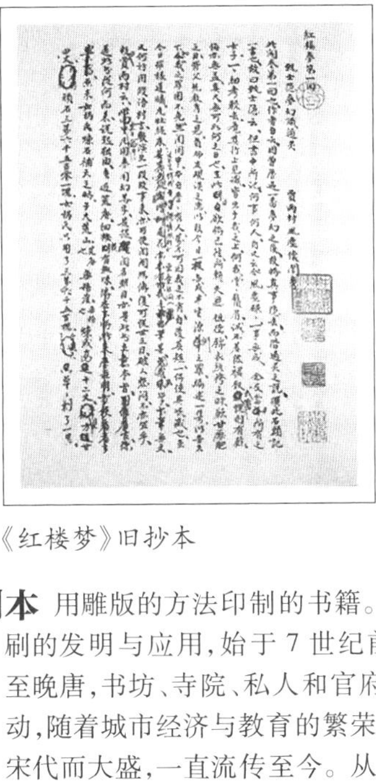

《红楼梦》旧抄本

刻本 用雕版的方法印制的书籍。中国雕版印刷的发明与应用,始于7世纪前期(盛唐)。至晚唐,书坊、寺院、私人和官府俱有刻书活动,随着城市经济与教育的繁荣,雕版印书至宋代而大盛,一直流传至今。从时代上区别,有宋、金、元、明、清及现代刻本;从地域上区别,有浙江、福建、江西、山西、江苏、安徽、四川等各地刻本;从刻书者区别,有官刻、私刻、坊刻(今则为出版社)等;从版刻形体上区别,有大字、小字、影刻、巾箱本等;从印刷技术上区别,有写刻、朱墨印、多色套印等。刻本图书的流通,对传播和保存中国古代文化具有重大意义。

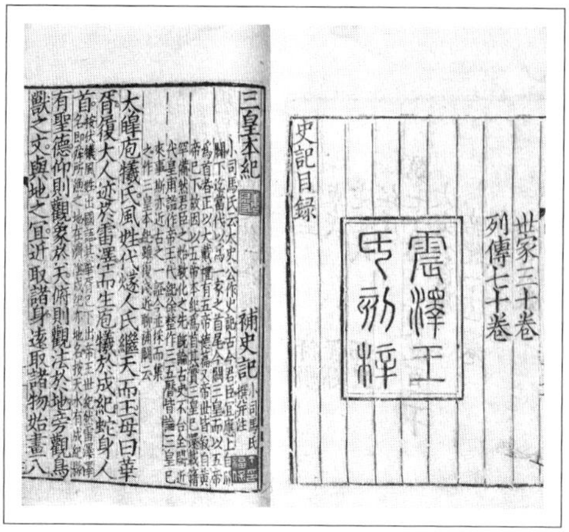

《史记》明刻本

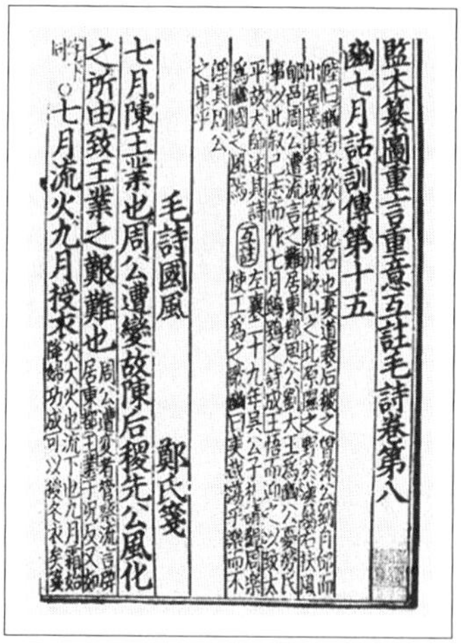

《毛诗》宋刻本

善本 ① 指经过严格校勘，无文字讹误的书本。② 旧刻本、精抄本、精校本、手稿、旧拓碑帖等，通常称为“善本”。晚清藏书家丁丙在其《善本书室藏书志》的编例中规定，“善本”范围是：(1) 旧刻；(2) 精本；(3) 旧抄；(4) 旧校。将旧刻规定为宋、元版书，精本为明代精刻。随时间的推移，民国时期，明刻本渐入“旧刻”行列，20 世纪中期后，乾隆以前刻本往往即称为善本。70 年代末，国家编撰《中国善本书总目》，形成现在通用的善本“三性”“九条”说。

辑佚 辑录名家散失的文章或作品。古籍整理的重要工作之一。指因战火兵乱等因，造成古代典籍亡失，后世学者从相关总集、别集、选集、笔记、方志、类书、杂钞等资料中辑出原书内容，加以考订辨伪，整理成书。如《旧五代史》及大量集部书，即为参与编纂《四库全书》的学者从大型类书《永乐大典》中辑录而得。也指以这种方法编成的书。

目录分类

四部 中国古代图书分类名称。西汉刘歆《七略》，分图书为七类。晋荀勖改分甲乙丙丁四部，对应经子史集四类。至《隋书·经籍志》，确定经史子集四部的名称和顺序，为后代所沿用。清代大型丛书《四库全书》即以四部分类法编定。

四库 ① 经史子集四部的代称。《新唐书·艺文志》载，唐玄宗开元年间收罗图籍，分别藏于两京（指长安与洛阳），“以甲乙丙丁为次，列经史子集四库”。后因又称四部为“四库”。② 清代《四库全书》的简称。如“四库提要”，即指《四库全书总目提要》。

经史子集 中国传统的图书分类法。将全部图书分为经、史、子、集四大类，总称“四部”。经部包括儒家经籍和语言文字方面的书；史部包括各种体裁的历史类著作和地理书；子部包括周秦汉以下诸子书以及政治、哲学、医学著作、杂著笔记等；集部主要指诗文专集等文学作品。源于《隋书·经籍志》。清代官定的《四库全书总目提要》即使用“经史子集”四部分类法。

经部 亦称“甲部”。中国古代图书四大分类的第一大类。包括儒家经典以及注释经典的文字、音韵、训诂等方面的著作。清《四库全书》分为易、书、诗、礼、春秋、孝经、五经总义、四书、乐、小学十类。与史部、子部、集部共称“四部”。

史部 亦称“乙部”。中国古代图书四大分类的第二大类。即各种体裁的历史著作和地理书。清《四库全书》分为正史、编年、纪事本末、别史、杂史、诏令、奏议、史抄、载记、时令、地理、职官、政书、目录、史评十五类。

子部 亦称“丙部”。中国古代图书四大分类的第三大类。包括周秦汉以下诸子百家学说以及释道宗教方面的著作、杂著笔记等。清《四库全书》分为儒家、兵家、法家、农家、医家、天文算法、术数、艺术、谱录、杂家、类书、小说家、释家、道家十四类。

集部 亦称“丁部”。中国古代图书四大分类的第四大类。收历代作家一人或多人的散文、骈文、诗、赋、词、散曲、戏曲等的集子或文学评论等著作。清《四库全书》分为楚辞、别集、总集、诗文评、词曲五类。

别集 汇集一个人的诗文著作成为一书(与“总集”相对而言)。多数别集以诗文等文学作品为其主要部分,也包括论说、奏议、书信、语录等。如唐王维的《王右丞集》、宋苏轼的《东坡七集》等,都属别集。

总集 汇集多人的诗文著作成为一书(与“别集”相对而言)。以时代、文体、地域或性别等为收录标准,因求其全,大多卷帙较大。如《诗经》《楚辞》《乐府诗集》《全唐诗》《全宋词》《全元散曲》《中州集》《国朝闺秀词综》《昭明文选》《文苑英华》《全唐文》《全宋文》《明文海》等,都是总集。

目录学、文献学著作

别录 中国古代重要书目之一。是第一部有解题的综合性分类目录著作。二十卷。西汉刘向撰。汉河平三年(前 26 年),他受命主持校理宫廷藏书,每校完一书写一简明内容提要,后汇编成为《别录》二十卷。共著录图书 603 家,计一万三千二百一十九卷,分为六大部类 38 种。每类之前有类序,每部之后有部序。叙录内容包括:书目篇名、校勘经过、著者生平思想、书名含义、著书原委、书之性质,并评论其思想、史实、是非,剖析其学术源流与书的价值。其书唐末已佚,清代学者姚振宗等有辑本。

七略 中国古代重要书目之一。西汉刘歆著。约成于公元前 6—前 5 年间。是汉代国家藏新校本图书的总目录。此前其父刘向受命校理藏书,编成《别录》。刘向去世,汉哀帝命刘歆继续校书。刘歆在天禄阁,将《别录》已著录书分为:六艺略、诸子略、诗赋略、兵书略、术数略、方技略,其前再加一总论性的“辑略”,编成中国第一部分类图书目录《七略》。《七略》共分 38 类,总体上评述了各种文化学术的兴衰分合;又具体介绍了每种著作的优劣真伪是非,相当于一部从先秦至西汉的学术文化史。佚于唐末,其概貌基本保存于《汉书·艺文志》。《别录》与《七略》为中国目录学奠定了基础,影响深远。

汉书·艺文志 中国古代重要书目之一。东汉班固《汉书》“十志”中的一篇。此志来源于刘歆《七略》,首创“史志目录”的体裁,是中国现存最早的书目和目录学文献。共分“六艺略”“诸子略”“诗赋略”“兵书略”“数术略”“方技略”六大类。著录书 596 家、一万三千二百六十九卷。每“略”有总序,每家之后有小序,简明叙述先秦学术思想的源流演变。清末姚振宗有《汉书艺文志拾补》,补其阙略,增加汉以前典籍书目 317 种。

隋书·经籍志 中国古代重要书目之一。唐初所修《隋书》“十志”中的一篇。它利用隋代遗书 14 466 部,与《隋大业正御书目》核对,删去重复,按经、史、子、集四部 40 类著录。既反映隋朝一代藏书,又记载了六朝以来图书变动情况,并最终确立了四部分类法在目录学中的地位,是现存最古的四部分类法目录著作。此志前有总序,四部各有分序,各类有小序,共有序四十八篇,简要说明诸家学术源流及其演变。清张鹏一有《隋书经籍志补》,

章宗源、姚振宗各自著有《隋书经籍志考证》。

郡斋读书志 全称《昭德先生郡斋读书志》。解题性藏书目录。南宋晁公武撰。全书分经史子集四部,各有总论一篇,下分四十余类,每类叙述此类学术源流。每本书提要则对作者、主旨、渊源、篇章加以考订,各有侧重。为中国首部解题性私家藏书目录。后被全部采入宋元之际历史学家马端临的《文献通考·经籍考》。今存宋刻袁州本八卷,共著录古籍1 460余部。商务印书馆以之影印,收入《四部丛刊三编》。

直斋书录解题 解题性藏书目录。南宋陈振孙撰。原本五十六卷。书成于宋理宗时。作者家富藏书,分历代典籍为53类,仿《郡斋读书志》之体作解题,概括内容,并作简略批评,甚为精到。元初马端临著《文献通考·经籍考》,被全部录入。原刻本不传,清代四库馆臣从《永乐大典》中辑出其书,并加校订,定为二十二卷,即目前之通行本。今有上海古籍出版社的整理校点本。

四库全书总目 大型古籍解题性书目。清纪昀总纂。二百卷。参加编撰《四库全书》时,各纂修者分别撰写每一书的提要,然后由纪昀增删审核,最终定稿,于乾隆四十六年(1781年)汇为一书送呈。又几经抽换增删,于乾隆五十五年殿本刊行。总目收书3 461种,分经史子集四部44类66子目;附“存目”,列未收书6 793种。每书均介绍作者生平、全书大旨、著述渊源、版本情况,考辨内容得失,指出讹误。其观点虽有时代局限,考辨亦难免疏失,但对了解和研究中国古代文献仍具有重要参考价值,其中甚多真知灼见。也称《四库全书总目提要》。近人余嘉锡著有《四库提要辨证》。

四库简明目录 古籍解题性书目。清纪昀等奉敕编撰。二十卷。因《总目》卷帙浩繁,不便于检索,乾隆帝命四库馆臣另编简明目录一书。于《四库全书总目》修成之次年(1782年),编成。本书收选入《四库全书》的著作3 400余种,提要只记卷数、作者和主要内容,文字简要,不收存目。因《四库全书》与总目屡经增删,故所收之书与“总目”亦稍有出入。

书目答问 古籍书目名。清末张之洞在四川学政任上委托学者缪荃孙为成都尊经书院学生开的书目。全书五卷。按经史子集次序,分为34个小类,列举古籍2 000余种。第五卷为丛书书目。末附《国朝著述诸家姓名略》。是一种指导学术门径性质的目录,旧时甚受推崇。近人范希曾撰《书目答问补正》,作了增补与校注。

中国丛书综录 上海图书馆编。是北京图书馆等41个图书馆所藏的中国古典文献丛书的联合目录。全书三册,共收录2 797种丛书内的古籍38 891种。书内分别编有“总目分类目录”“子目分类目录”“子目书名索引”和“子目著者索引”,附“全国主要图书馆收藏情况表”。内容丰富,编纂精密,查检方便,是研究中国古代文化、搜集资料的必备工具书。上海古籍出版社1986年出版。

四库全书 大型古籍丛书名。清纪昀、陆费墀等奉敕编。乾隆三十七年(1772年)开馆纂修,经十年始成。共收书3 461种,七万九千三百零九卷,分经史子集四部。内容较广泛,具有保存和全面整理古籍的作用。惟清廷编纂目的,本在于维护王朝专制统治,对其不利的著作或辞句,多实施抽毁、窜改、排斥不录,以至大量予以禁毁。全书缮写七部,分藏文渊、文源、文津、文宗、文汇、文溯、文澜七阁。镇江文宗阁、扬州文汇阁毁于太平军战火;圆明园文源阁被英法侵略军焚毁;杭州文澜阁所藏散失四分之三,后经补抄得全。今尚存四阁之书。20世纪80年代以后,台湾将文渊阁本《四库全书》影印问世。

《钦定四库全书》

四部丛刊 大型古籍丛书名。近代出版家、学者张元济就涵芬楼和其他藏书家的藏书中，选择宋元旧刻、明清精刻、钞本、校本和手稿本编定。1919—1936年由上海商务印书馆出版印行。所选书包括经史子集四部，共502种，分为三编：初编348种，续编80种，三编74种。因系缩小影印，与原书具有同样版本价值，可供古籍整理和研究之用。上海书店曾予重印。

四部备要 大型古籍丛书名。中华书局1920—1936年间陆续出版。所选经史子集，共336种，俱为学习和研究古代文献的常备用书。有的采用清代学者整理过的版本，其中一部分加以断句。又打破历来偏见，收入清人整理的《元曲选》。同时编有《四部备要书目提要》一书，于每种书名下介绍著者、卷目，或引“四库提要”等，或作“本书略述”，予以评论介绍。

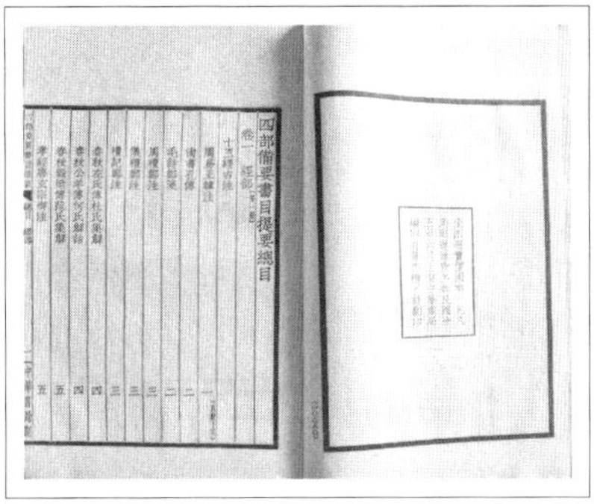

《四部备要书目提要》

丛书集成初编 大型古籍丛书名。商务印书馆王云五等编。自1935年始，分期用袖珍本出版。以“实用”与“罕见”为标准，取精去冗，以类排比，汇辑自宋代至清代丛书一百种，汰除完全重复者，共得4100余种。排印者全部加以断句；不宜排印者用影印。约成十分之九，未全部出齐。

经 部

六经 儒家的六部经典。指经过孔子整理而传授的六部先秦古籍，即《诗经》《尚书》《仪礼》《乐经》《周易》《春秋》。此一说法始见于《庄子·天运篇》。由于其中《乐经》已失传，通常称“五经”。《礼经》汉代是指《仪礼》，宋以后《五经》中的《礼》一般是指《礼记》。晋陶渊明《饮酒》诗：“少年罕人事，游好在六经。”《三字经》：“诗书易，礼春秋，号六经，当讲求。”

五经 儒家的五部经典。即《诗》《书》《易》《礼》《春秋》。其称始于汉武帝建元五年（前136年）。其中《礼》，汉代指《仪礼》，后世指《礼记》。《春秋》，后世兼《左传》而言。汉班固《白虎通·五经》：“五经何谓？谓《易》《尚书》《诗》《礼》《春秋》也。”《新唐书·百官志三》：“《周易》《尚书》《毛诗》《左氏春秋》《礼记》为五经。”其中保存有丰富的中国古代历史文化资料，长期作为统治阶级的教科书和宗法思想的理论根据。对两千年来中国的哲学、政治、伦理、文学等具有重大影响。

十三经 指中国十三部儒家经典。即《易经》《尚书》《诗经》《周礼》《仪礼》《礼记》《春秋左传》《春秋公羊传》《春秋穀梁传》《论语》《孟子》《孝经》《尔雅》。后蜀至宋初曾刻于石。清乾隆再次刻石，正文约635 000字。通行本为清代学者阮元等整理校勘的《十三经注疏》。清孔尚任《桃花扇·逮社》：“你看十三经、廿一史、九流三教、诸子百家、腐烂时文、新奇小说，上下充箱盈架，高低列肆连楼。”清昭梿《啸亭续录·石经》：“雍正中，有生员蒋衡字湘帆者善书法，立志书《十三经》，十余年乃成。”

十三经注疏 十三部儒家经典注疏的汇编。东汉郑玄等开始为经典作笺、注，至唐代，各经之注已具备。其疏至南宋也告完成。此后，出现“十三经”注疏的合刻之本，明清续有刊刻，全书四百一十六卷。清嘉庆中，阮元主持校刻《十三经注疏》，最称精善。旧有世界书局缩印本，今中华书局据以影印。是研究中国古代文化极为重要的参考资料。参见“十三经”。

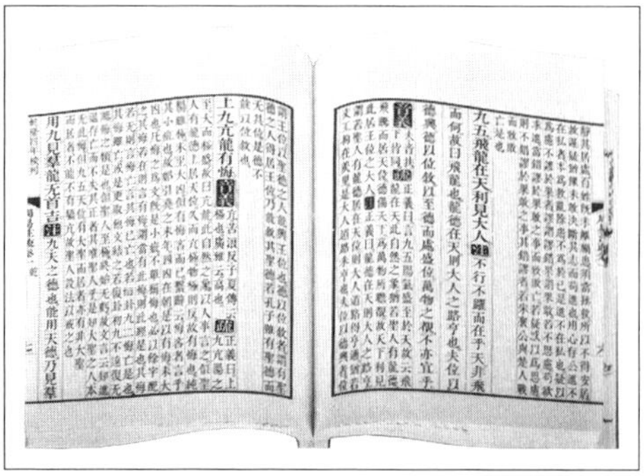

清乾隆武英殿本《十三经注疏》

四书 亦称“四子书”。《大学》《中庸》《论语》《孟子》的合称。宋代,《孟子》已升为“经”。在朱熹前,北宋理学家程颢、程颐兄弟已大力提倡之。认为《礼记》中的《大学》是“初学入德之门”,为孔子的学生曾参所作;《中庸》是“孔门传授心法”之书,为孔子的孙子子思写定授予孟子。此两书与《论语》《孟子》一起表达了儒学的基本思想体系,是研治儒学的最重要文献。南宋朱熹祖述二程观点,以《大学》《中庸》与《论语》《孟子》并列,并加注释。“四书”之名以此而定。参见“四书章句集注”。

四子书 即四书。因宋代理学家程颢、程颐和朱熹认为,它们分别出于早期儒家代表性人物曾参、子思、孔子、孟子,故称。详“四书”。

四书章句集注 南宋朱熹编注。包括《大学章句》一卷,《中庸章句》一卷,《论语集注》十

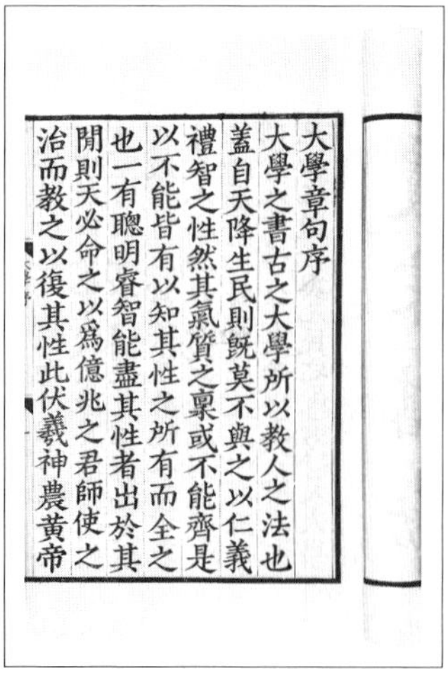
大學章句序
大學之書古之大學所以教人之法也
蓋自天降生民則既莫不與之以仁義
禮智之性然其氣質之稟或不能齊是
以不能皆有以知其性之所有而全之
也一有聰明睿智能盡其性者出於其
閒則天必命之以爲億兆之君師使之
治而教之以復其性此伏羲神農黃帝

《四书章句集注》

卷,《孟子集注》七卷。注释中朱熹把理学特有的许多概念、思想强加给《四书》,以后历代统治者提倡理学,皆奉《四书》若神明。元皇庆二年(1313 年)规定科举考试在《四书》内出题,发挥题意须以朱注为依据。明、清两代沿之,将《四书集注》定为科举取士的标准注本,因而为官学、私学所普遍采用。

四书集注 “四书章句集注”的简称。

四书五经 指儒家经典《大学》《中庸》《论语》《孟子》以及《周易》《尚书》《诗经》《礼记》《春秋》。

周易 亦称《易经》,简称《易》。儒家经典之一。“易”有变易、简易等义。本为古代占筮之书。传为周人所作。内容有“经”与“传”两部分。六十四卦和三百八十四爻,附卦辞、爻辞为“经”,解释卦辞、爻辞的十篇称“易传”,又名《十翼》。以阴、阳概念和象征天、地、雷、火、风、泽、水、山八种自然现象的八卦形式推测自然与人事的变化。含有辩证思想的因素。历代注家甚多,主要有东汉郑玄注、三国魏王弼注、唐孔颖达《周易正义》、李鼎祚《周易集解》、宋朱熹《周易本义》、清惠栋《周易述》等。此外,20 世纪出土后整理出版的,尚有长沙马王堆汉墓帛书《周易》、阜阳双古堆汉墓汉简《周易》,以及战国楚竹书《周易》。

易经 即《周易》。

尚书 亦称《书经》,简称《书》。儒家经典之一。“尚”即“上”,指上古。是中国上古历史政治文献的汇编。西汉初传二十八篇,用当时的文字所写,即《今文尚书》。包括商、周两代统治者的讲话及东周、战国时期根据远古材料加工编成的虞、夏史事记载。相传孔子编定。事实上如《尧典》《皋陶谟》《禹贡》《洪范》等是以后儒家所补。其中,《盘庚》反映对殷先祖神灵的崇拜,《召诰》为后世君权神授说之滥觞,《洪范》具有朴素的唯物主义思想。书中反映的伦理观念被后世奉为道德准则。另有相传汉武帝末年,在孔子旧宅壁中发现的《古文尚书》,用先秦的文字写成,引起学术史上长期的今古文之争。后失传。至东晋,有豫章内史梅赜所献伪《古文尚书》。今《十三

经注疏》本之《尚书》，为《今文尚书》与伪《古文尚书》的合编。注本有唐孔颖达《尚书正义》、清孙星衍《尚书今古文注疏》等。至清初阎若璩作《尚书古文疏证》，始论定《古文尚书》为伪作。

诗经 亦称"诗三百篇""诗三百"，简称《诗》。儒家经典之一。中国第一部诗歌总集。它保存从西周初到春秋中期的诗歌305篇，分风、雅、颂三大类，共有十五国风、二雅（大雅、小雅）、三颂（商颂、周颂、鲁颂）。作品反映了人民生活、劳动、爱情等各个方面，也表现了统治者的生活及其远古祖先的传说、史迹等，是珍贵的古代文学和文化史料。传说曾经过孔子整理，对后世各方面影响深远。重要的注本有唐孔颖达《毛诗正义》（含毛公传、郑玄笺）、宋朱熹《诗集传》和清陈奂《诗毛氏传疏》等。

诗三百 即《诗经》。

毛诗 《诗经》古文学派的著作。相传为战国末年鲁人毛亨与赵人毛苌所辑和注。《汉书·艺文志》著录《毛诗》二十九卷、《毛诗故训传》三十卷。西汉时，《毛诗》未立于学官。至东汉，著名学者郑众、贾逵、马融、郑玄皆治《毛诗》，郑玄为之作笺。魏、晋后，齐、鲁、韩三家《诗》散亡无传，唯《毛诗》独盛。唐孔颖达定《五经正义》，《诗》取《毛诗》与郑笺，更为后世宗尚。清代研治《毛诗》者甚众，以陈奂《诗毛氏传疏》最详备，对恢复《诗》古文学派的本来面目及对训诂与名物的疏证贡献最大。

三礼 儒家经典《周礼》《仪礼》《礼记》的合称。

周礼 亦称《周官》。儒家经典之一。系搜集周王朝官制和战国时代各国制度，加以儒家政治理想，增减排比而成。古文经学认为周公所作，也有今文经学学者认为是西汉末刘歆伪造，不可凭信。近人从周秦铜器铭文所载官制，参证其书，定为战国时人的作品。系搜集周王室官制与战国时代各国制度，添附儒家政治理想，增减排比而成。全书分《天官冢宰》《地官司徒》《春官宗伯》《夏官司马》《秋官司寇》《冬官司空》六篇。《冬官司空》早佚，汉人补以《考工记》。有东汉郑玄《周礼注》、唐贾公彦《周礼正义》。清末孙诒让《周礼正义》最为精审详博。

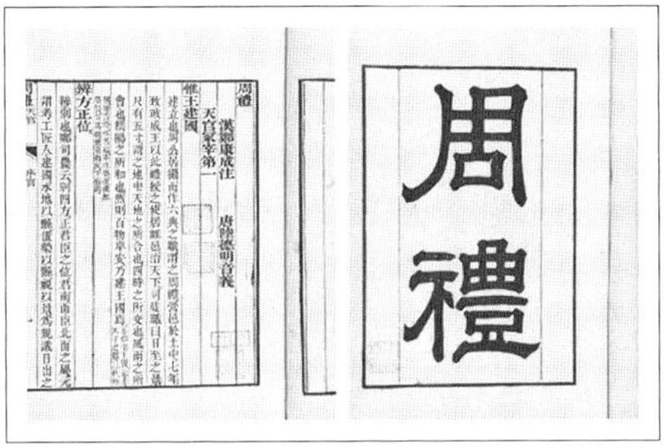

《周礼》

周官 即《周礼》。北宋王安石著有《周官新义》。详"周礼"。

仪礼 亦称《礼》《礼经》。儒家经典之一。春秋、战国时代一部分礼制的汇编。包括冠、昏、丧、祭、饮、射、朝聘等仪式，共十七篇。近人研究，大约是战国时儒家的著述。重要的注释本有东汉郑玄《仪礼注》、唐贾公彦《仪礼义疏》，另有清胡培翚《仪礼正义》全面疏解正文及郑注。又1959年，在甘肃武威发现《礼》汉简多篇，所载礼制主要是成人礼、婚礼、士相见礼、聘礼、丧礼等。

礼记 亦称《小戴礼记》《小戴记》。儒家经典之一。秦汉以前各种礼仪论著的选集。相传为西汉戴圣编集，今本为东汉郑玄注本。有《曲礼》《檀弓》《月令》《礼运》《学记》《乐记》《中庸》《大学》等四十九篇。内容有关中国古代社会状况、儒家学说以及文物制度等。大多为孔门弟子及后学所记。注疏之本除郑玄《礼记注》外，有唐孔颖达《礼记正义》、清朱彬《礼记训纂》、孙希旦《礼记集解》等注释本。

小戴礼记 即"礼记"。

春秋 儒家经典之一。编年体春秋史。相传孔子据鲁国史官所记整理修订而成。所记之事，起于鲁隐公元年（前722年），终于鲁哀公十四年（前481年），计242年。是中国古代第一部编年史。内容为周王室及各诸侯国的政治、军事活动如征伐、会盟、朝聘，以及一些自然灾异等。记事简古隐晦，共17 000字，每条最多不超过40余字，最少仅1字。相传每每寓褒贬之意，后世称为“春秋笔法”。解释《春秋》的有《春秋左氏传》《春秋公羊传》和《春秋穀梁传》三传。郑玄《六艺论》说：“左氏善于礼，公羊善于谶，穀梁善于经。”《春秋穀梁传集解》作者晋范宁评“春秋三传”的特色说：“《左氏》艳而富，其失也巫（指多叙鬼神之事）。《穀梁》清而婉，其失也短（简略）。《公羊》辩而裁，其失也俗（可能指穿凿附会）。”

春秋三传 见“春秋”。

左传 《春秋左氏传》的简称。儒家经典之一。司马迁和班固认为是春秋末鲁国史官左丘明所著。今人认为，其主要部分可能为左氏所著，成书在战国中期。全书以编年体补充《春秋》未载之事，起自鲁隐公元年（前722年），终于鲁悼公十四年（前454年），计269年，比《春秋》本身多出27年。详细记载春秋时代各国政治、外交、军事、社会事件及著名人物的活动，形象生动，语言简练，具有很高的史料价值和文学水平，对后世影响巨大。传本有《春秋左传正义》，晋杜预集解，唐孔颖达正义。

公羊传 《春秋公羊传》的简称。儒家经典之一。专门解释《春秋》，传为子夏弟子、战国时齐人公羊高撰。记事起讫同《左传》。累世口传相授，至汉景帝时写为定本。与《穀梁传》同为今文经学派著作。所记史事简略，而着重阐释《春秋》的“微言”“大义”。至武帝时其学大盛，成为汉代今文经学的主要经典。在中国思想史上影响较大，历代今文经学者，如清代龚自珍、康有为等，皆用它作为议论和变革政治的依据。收入《十三经注疏》的为东汉何休《春秋公羊解诂》、唐徐彦《公羊注疏》。另有清朝陈立撰《公羊义疏》，钩稽贯串，于公羊之学用力尤深。

穀梁传 《春秋穀梁传》的简称。儒家经典之一。专门解释《春秋》，传为子夏弟子、战国时鲁人穀梁赤撰。记事起于鲁隐公元年（前722年），终于鲁哀公十四年（前481年），累世口传相授，至西汉时写为定本，与《公羊传》同为今文经学派著作。以问答形式解经，侧重传《春秋》的“义理”。记事翔实不及《左传》，而持论较《公羊传》平正。收入《十三经注疏》者为东晋范宁《春秋穀梁传集解》、唐杨士勋《春秋穀梁传疏》。

论语 儒学经典之一。是关于孔子言行的记录。孔子弟子或再传弟子编。今所见《十三经注疏》的《论语注》，为东汉末郑玄参照各本编注而成。共二十篇，为研究孔子思想的主要资料。南宋朱熹将其和《大学》《中庸》《孟子》合为《四书》。注释本有三国魏何晏《论语集解》、南朝梁皇侃《论语义疏》、南宋朱熹《论语集注》、清刘宝楠《论语正义》等。

孟子 儒家经典之一。战国时孟轲及其弟子万章、公孙丑等著。一说是孟子弟子、再传弟子的记录。《汉书·艺文志》著录十一篇，至东汉时仅存七篇。书中记载孟轲的政治活动、政治学说以及哲学、伦理、教育思想等。南宋朱熹将《孟子》和《论语》《大学》《中庸》合为“四书”。注释本有东汉赵岐《孟子章句》、南宋朱熹《孟子集注》、清焦循《孟子正义》等。

孝经 儒家经典之一。作者说法不一，可能是曾参或再传弟子所作。有今文、古文两种。今文本全书18章，东汉郑玄注。古文本22章，佚于南朝梁。内容是从维护宗法制度出发，阐述孝道为立德之本，劝士人以“孝”而进于“忠”。受到历代统治者重视，对后世影响颇大。汉时列为七经之一，文帝时置《孝经》博士。宋代列为十三经之一。今《十三经注疏》本《孝经》系唐玄宗注、北宋邢昺疏。清皮锡瑞另辑有《孝经郑注疏》二卷。

尔雅 训诂专著。为汉初学者编辑周汉古书，汇录旧训，逐渐增益而成。今本按义类分为十九篇。首三篇《释诂》《释言》《释训》收一般词语，将同义词分别归并，每条以一个通用词作解释。《释亲》至《释畜》，是关于各类名物词的重要资料。后世用以训释儒家经典中的词语，至唐宋时成为“十三经”之一。《十三经注疏》本有晋郭璞注、北宋邢昺疏，最通行。清邵晋涵《尔雅正义》、郝懿行《尔雅义疏》，则为专门研究的名著。

说文解字 简称“说文”。中国古代字书。东汉许慎著。共三十卷，收字9 353个，又重文

1 163 个，按字形偏旁，分 540 部首编排。字体以小篆为主，兼收古文、籀文等。是中国第一部以“六书”理论系统分析字形、考究字源，全面介绍汉字形、音、义的著作，也是世界上最古的字书之一，对中华文化影响巨大。重要的注释本有清代段玉裁的《说文解字注》、桂馥的《说文解字义证》、朱骏声的《说文通训定声》等。

说文 即“说文解字”。

方言 全称《輶轩使者绝代语释别国方言》。训诂专书。西汉末扬雄著。中国最早的方言辞典。原十五卷，今本十三卷。全书 675 条，内容编排仿照《尔雅》。解释时，先列一词，然后分别说明各地不同的称谓，大多注明通行范围。取材多来自古籍或调查。本书为方言学的开山之作，近人周祖谟的《方言校笺》为最佳注本。

释名 训诂专著。东汉刘熙著。或说刘珍始创，完成于刘熙。共八卷，二十七篇。体例与《尔雅》同，但收词范围广泛，以声音相同或相近之词解释意义，并试图推究事物命名的由来。此种“声训”方法，在书中形成体系，常有穿凿附会之处。但对于探求语源，辨证古音古义，颇具参考价值。清毕沅有《释名疏证》，王先谦有《释名疏证补》及《释名疏证补附》。

广雅 训诂专著。三国魏张揖著。卷首有《上广雅表》，张揖自叙此书上中下三卷。唐以来析为十卷。本书为增广《尔雅》所作，故名《广雅》。体例、篇目、释义方法与《尔雅》相同。收词广泛，博采周秦两汉经传、子史、诗赋、医书、字书，是继《尔雅》《方言》《说文》《释名》诸书后，又一重要的训诂著作。以清代王念孙的《广雅疏证》最为精审。

玉篇 古代字书。南朝梁、陈间顾野王著。三十卷。收字 16 917 个。体例仿《说文解字》而稍改，分 542 部，与《说文》异者 13 部。字头用楷体，每字下先注反切，再引《说文》、群书训诂，以证字义。注重描述字形的篆、隶变迁和字义的多义现象，释义赅备，例证丰富。原本亡佚，仅存七卷。宋以后流行的《大广益会玉篇》，乃宋陈彭年等重修，即今通行之本，比原书收字多，而释义简略。

经典释文 训诂学著作。唐陆德明著。三十卷。首卷《序录》，综述经学授受源流。正文收《周易》《古文尚书》《毛诗》《周礼》《仪礼》《礼记》《春秋左氏传》《公羊传》《榖梁传》《孝经》《论语》《老子》《庄子》《尔雅》14 种经典的音义，详载古代的音注。同时阐发经注义旨，或分析文字形体，考证各本异同。是研究晋宋以后音韵与词义演进变化的重要著作。

广韵 全称《大宋重修广韵》。韵书。五卷。北宋真宗大中祥符元年（1008 年），由陈彭年、丘雍等奉旨，在前代韵书的基础上编修而成。原为增广《切韵》而作。除增字加注外，部目也略有增订。共收字 26 000 余个，206 韵。平声字多，分上下两卷，上平 28 韵，下平 29 韵。上、去、入声各一卷，上声 55 韵，去声 60 韵，入声 34 韵。据此可上推古音，下证今音，考定中古汉语的语音系统。是汉语音韵学中的重要韵书之一。

集韵 韵书。宋丁度等奉诏修定。因《广韵》多用旧文，繁简失当，故在《广韵》基础上重修此书。十卷。平声四卷，上、去、入各两卷。共收 53 525 字，比《广韵》多一倍。仍分 206 韵部，而韵目用字、次序和字的归韵稍有更动，并参考当时读音更订反切。内容注重文字形体和训诂，是研究文字训诂和宋代语音的重要资料。

礼部韵略 韵书。原是宋代礼部所颁供科举考试用的标准韵书。唐宋以来，《切韵》《广韵》之韵，举子苦其苛细，因而《礼部韵略》有“同用”“通用”之规定。北方金朝所刻《平水新刊礼部韵略》，将其悉数合并，又将原不同用的上声“迥”“拯”及去声“径”“证”亦各自加以归并，共得上平、下平各 15 韵，上声 29 韵，去声 30 韵，入声 17 韵，计 106 韵。平水（平阳府的别称，在今山西临汾）为刻新刊《礼部韵略》的地点，因即称其韵为平水韵。后成为元、明、清三代作格律诗押韵的依据，沿用至今。

中原音韵 韵书。元周德清著。据元代北曲名家作品之韵字编辑而成。前半部是以同音字类聚而成的韵谱，后半部是“正语作词起例”及作词诸法。该书打破传统的切韵音系，根据当时的实际语音分为19韵部，首倡“平分阴阳，入派三声”之说。每部之字按阴平、阳平、上、去四声排列，以入声分别附于平、上、去各声之后。据后人研究，一般认为有21声类。由于它大体反映了元代中叶北方话的语音系统，对当时及后世的戏曲界、音韵学界产生很大影响。是研究普通话语音史的重要资料。书成于元泰定元年（1324年）。中华书局有影印本，并附陆志韦、杨耐思的校勘记。

康熙字典 字书。清张玉书等奉诏编撰。刊行于康熙五十五年（1716年）。原名《字典》，四十二卷。在明代《字汇》《正字通》基础上增删而成。正文收42 174字，附《补遗》《备考》，共47 035字。全书以部首排列，先列正字，后载古文、异体，以明字形变迁。音切、释义，引古代韵书、字书，书证采自经史子集。嘉庆时，王引之奉诏作《康熙字典考证》，改正讹误2 000余条。此书流行甚广，影响较大。今有汉语大词典出版社整理标点本。

佩文韵府 分韵编排的类书。清代张玉书等奉敕编。四百四十四卷，附拾遗一百零六卷。此书以元代《韵府群玉》、明代《五车韵瑞》增补而成。“佩文”为康熙帝书斋名。全书收10 258字，收词48万余条。以四声106韵为序，以词语最下一字归韵。首列单字，再将词语按字数排列。单字下注音训，词语下载出典。惟资料多抄录前代类书，错误甚多。又引书不列篇名，引诗文不标题目，颇不便查对原出处。但资料极富，可资参考。有上海古籍书店影印本4册。

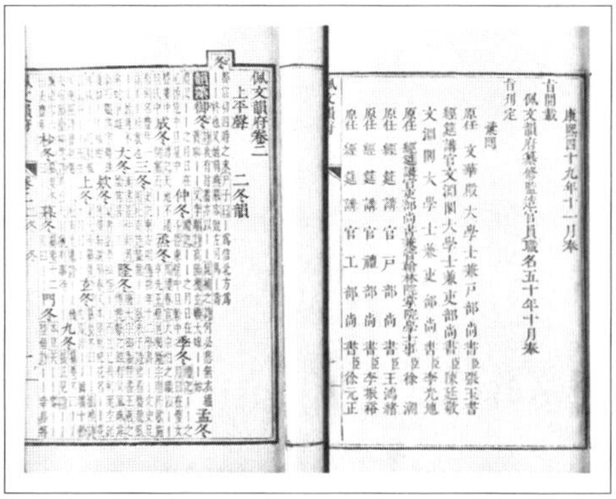

《佩文韵府》

广雅疏证 训诂学著作。清王念孙著。二十卷。全书校订了《广雅》原书文字上的衍、脱、误、乱，博引有关资料，论证、阐发了原著的内容，指出了原著的错误。尤其是突破字形束缚，因古音以求古义，从词语之间的音义联系分析语义系统，使读者对一系列词语获得深入、系统的认识。书中的考证和论断大多精确，其方法对训诂研究的启发与影响很大。是阅读《广雅》与训诂学的重要资料。常见的有《四部备要》和中华书局本。

经籍纂诂 亦作《经籍籑诂》。汇聚训诂资料的总集。也是一部专释古汉语字义的字典。清阮元主编。一百零六卷。按《佩文韵府》106韵分部，每韵一卷，每字之下，不注读音，只解释字义。一字多音读的按韵分入各部作注释。全书取材广泛，唐以前经、史、诸子、楚辞、文选，以及字书、韵书中的传注训解资料，几乎全部包括。由于它系统地排比了丰富的资料，且注有出处，所以是研究古汉语的有用工具书。

三字经 韵文读物。传为南宋末王应麟撰，一说为区適子撰。明清学者陆续增补。全书用三字一句的韵文写成，内容概述自然、社会、历史、伦理、教育等方面的知识，朗朗上口，便于诵读。旧时与《百家姓》《千字文》并行，称“三百千”，同为流行的蒙学课本。各代版本极多。近代有章太炎的重订本。

千字文 韵文读物。南朝梁周兴嗣撰。是以1 000个不重复的字编成的四字韵文，隔句押韵。叙述有关自然、社会、历史、伦理、教育等方面的知识，易于记诵。自隋至清，广泛流传，是旧时较好的蒙学课本之一，书法家也常以它作为书写的文本。后世有多种注释本、改编本、续编本及仿作的专题千字文，如《千字文考略》《稽古千文》《闺训千字文》等。

百家姓 韵文读物。相传北宋时编，作者佚名。通行本472字，尊皇室“赵”姓为首，将中国常见姓氏编成四字一句韵文，隔句押韵。共收单姓408个，复姓30个。虽无文理，但有识字课本的作用，易于诵读。版本较多，是中国旧时流行的蒙学课本。

史 部

竹书纪年 别名《汲冢纪年》。编年体史书。大约出于战国时魏国史官之手。西晋太康二年(281年),汲郡(今河南卫辉西南)人不准盗魏襄王墓,得古书七十五篇,其中有《竹书纪年》十三篇,经学者荀勖等将原竹简漆书整理为二十篇,另有《竹书异同》一篇。现存《竹书纪年》分为"古本"和"今本"两个体系。"古本"为辑佚本,其纪事起于夏代,终于公元前299年。"今本"纪事起于皇帝,终于魏襄王二十年(前296年)。该书以夏正纪年,记事简短。其所叙舜放尧、启杀益、太甲杀伊尹、文丁杀季历、共和伯干王位诸事,皆与传统史书迥异,南宋以后亡佚。学者所作辑佚十余种。其中以朱右曾《汲冢纪年存真》为佳。近人王国维据朱右曾书作《古本竹书纪年辑校》一卷,又另作《今本竹书纪年疏正》两卷。今人范祥雍据王书又作《古本竹书纪年辑校补正》。方诗铭、王修龄又再据善本重辑成《古本竹书纪年辑证》。为研究古史之重要资料。

汲冢纪年 《竹书纪年》的别称。详"竹书纪年"。

国语 史书名。中国最早的国别史,传为春秋时鲁国史官左丘明著。一说为各国史官所记经后人汇编整理而成。二十一卷。所记上起西周穆王,下至赵、韩、魏灭智伯。以西周末至春秋时期周、鲁等国贵族的言论为主,广泛记载了当时的政治、军事、外交等活动。其中《晋语》最详,周、鲁、楚三国语次之,齐、郑、吴、越四国语又次之。是研究春秋史乃至上古史的重要典籍,可与《左传》相参证,有《春秋外传》之称。历代校释,有三国时吴人韦昭《国语解》,清汪远孙《国语校注三种》、洪亮吉《国语韦昭注疏》,近人徐元诰《国语集解》等。

战国策 史书名。战国时游说之士谋略和言论的汇编,自战国初年至秦二世继位止。初时名称不一,西汉末刘向校书时,编订为三十三篇,定名《战国策》。全书反映各诸侯国间的政治、军事、外交情况,其文宏博雄辩,对后世散文影响很大。今本分国编排。有东汉高诱注(残缺)、宋鲍彪作新注、元吴师道《校注》本。近年湖南马王堆出土西汉帛书残本,记述战国时事,定名《战国纵横家书》,与本书内容相似。缪文远《战国策考辨》:"西京以还,举凡治先秦史者,多取资于是书。而《战国策》之文,纵横恣肆,尤为后世文家所喜爱。司马子长作《史记》,叙战国事,时取战国纵横说辞。后之撰先秦史者,亦多如是。"

二十四史 指清乾隆年间官定为"正史"的24部纪传体史书,即《史记》《汉书》《后汉书》《三国志》《晋书》《宋书》《南齐书》《梁书》《陈书》《魏书》《北齐书》《周书》《隋书》《南史》《北史》《旧唐书》《新唐书》《旧五代史》《新五代史》《宋史》《辽史》《金史》《元史》《明史》。它上起传说中的黄帝,止于明崇祯十七年(1644年)。是记载和研究中华民族悠久历史文化的百科全书。今有中华书局整理标点本。

二十五史 指"二十四史"加《新元史》。1921年,中华民国政府大总统徐世昌下令将清末民初柯劭忞所著《新元史》列入"正史",遂有此称。

四史 亦称"前四史"。《史记》《汉书》《后汉书》《三国志》的合称。因它们在"二十四史"中次序居前,在开创史体上有发凡起例之功,叙述史实、人物生动有力,为后来者所不及,历来受到特别的重视,故称。清王鸣盛《十七史商榷·三国志四·三史》:"直至唐宋以来,学者恒言,乃皆曰'五经''三史',则专指马、班、范矣。愚窃以为,宜更益以陈寿,称'四史',以配'五经',良可无愧。其余各史,皆出其下。"

史汉 《史记》与《汉书》的并称。

史记 中国第一部纪传体通史。西汉司马迁撰,共一百三十篇。早期名《太史公书》。约成于汉武帝太初元年至征和二年间（前104—前91）。因其书有缺，元、成间褚少孙补撰《武帝本纪》《三王世家》《龟策列传》《日者列传》等篇，又附缀武帝天汉以后史事。司马迁职居史官，利用国家收藏的古史及诸子百家文献，益以实地调查资料，取材极为丰富。记事起于传说中的黄帝，迄于汉武帝，首尾共3 000年左右，尤详于战国、秦、汉。体裁分传记为本纪、世家、列传，以八书记制度沿革，立十表以通史事脉络。其中《陈涉世家》肯定陈涉反秦起义的贡献；《河渠书》《平准书》《货殖列传》反映了社会经济生活；《匈奴列传》《西南夷列传》等记述了少数民族的活动。其叙事记人历来被看作散文最高的艺术成就，所创立的纪传体，为后代历朝"正史"所继承沿用。有南朝宋裴骃集解及唐司马贞索引、张守节正义三家注释本。

太史公书 《史记》的别称。"太史"是司马迁的官职，"公"是对他的尊称。班固《汉书·艺文志》著录这部书时，写作《太史公百三十篇》，后人因简化称为《太史公书》。

汉书 中国第一部纪传体断代史。东汉班固撰。全书一百篇，分为一百二十卷。始于刘邦起兵，终于王莽灭亡，记述西汉一代230多年的史事人物。体例大体取法《史记》，但改"书"为"志"，废"世家"入"列传"，并创立"刑法""五行""地理""艺文"四志，成为后世纪传体断代史的典范。全书包举一代，首尾完整，文赡事详，语言精练。书中八表和《天文志》由其妹班昭和弟子马续完成。唐初颜师古集各家之长，益以己说，成为著名的《汉书》颜注，清末王先谦撰《汉书补注》、杨树达著《汉书窥管》，对王氏补注又有所补正，可供参考。

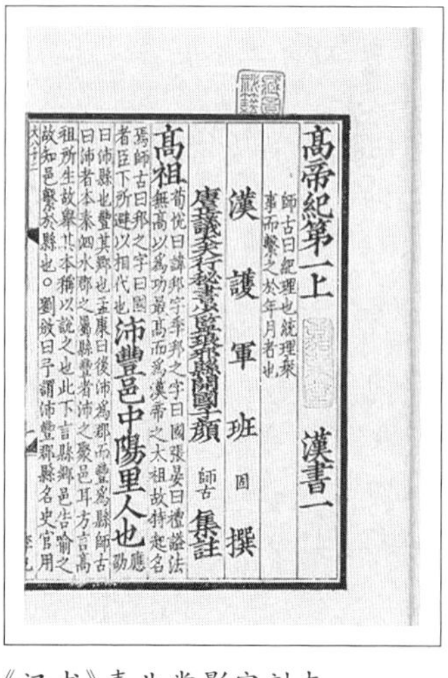

《汉书》嘉业堂影宋刻本

后汉书 纪传体断代史。南朝宋范晔撰。今本一百二十篇，分一百三十卷。原书仅有纪传，北宋时将晋代司马彪《续汉书》之八志与之相配，成为今本。该书以《东观汉记》及谢承、华峤等诸家《后汉书》为主要依据，后来居上，综采众长，记叙人物以类相从，不论年代先后，又增设党锢、宦者、文苑、列女等传，议论多独创之见。是研究东汉历史的重要资料。纪传部分有唐李贤注，志部分有南朝梁刘昭注。清王先谦有《后汉书集解》，可资考核。唐刘知幾《史通·补注》："窃惟范晔之删《后汉》也，简而且周，疏而不漏，盖云备矣。"清代史学家王鸣盛、李慈铭对其评价甚高。

三国志 纪传体断代史。西晋陈寿撰。六十五卷。分魏志、蜀志和吴志三部分，叙三国鼎立时史事，无表、志。作者以魏为正统，称其君主为帝，叙入本纪，以蜀汉和东吴的君主叙入列传。全书文笔简洁，记事翔实，前后贯穿，事不重复。有南朝宋裴松之作注，广征博引，补阙正误，注文多出正文数倍，极有史学价值。民国时有卢弼有《三国志集解》，也可参考。

晋书 纪传体断代史。唐房玄龄等撰。共一百三十卷。因唐太宗为晋宣帝、武帝两纪及陆机、王羲之两传作有史论四篇，故旧本亦题"御撰"。全书以臧荣绪《晋书》为底本，参酌另十七家《晋书》及《十六国春秋》等书而成。记西晋、东晋及十六国史事。因以参与者之学术专长分工，故详明精确；然好采小说入史，又其评论文字，务为绮丽，也受到后人批评。清末吴士鉴有《晋书斠注》，最完备。

宋书 纪传体断代史。南朝梁沈约撰。一百卷。修于南齐永明五年至六年间（487—488），以有旧本为底本，成书甚速。本书记南朝宋一代事迹，多选录当时人诏令、奏议、文章，以资料繁富著称。八志部分，上溯秦汉，尤详于魏晋，能反映其时社会、政治、经济、文化的实际情形，惜门类未全，无食货、艺文二志。由于作者历仕三朝，于改朝换代处甚有曲笔。

南齐书 纪传体断代史。南朝梁萧子显撰。六十卷。原名《齐书》，北宋时改称《南齐书》。记南齐二十三年的历史。有志而不全，缺《食货》《刑法》《艺文》等。本书志的部分，保留较多原始资料，对文学、思想、科学的情况均有所反映。

梁书 纪传体断代史。唐姚思廉撰。五十六卷。成书于贞观十年（636年）。思廉奉命修史后，据其父姚察旧稿续成。全书记南朝梁史事，于范缜、阮孝绪、陶弘景、裴子野、萧子显、吴均等人物尤详备，保存了当时思想史、目录学、医药学、史学、文学等方面的史料；《诸夷传》记载了南海诸国历史、风俗、物产及与梁、陈的经济、文化交往。受到后人称赞。

陈书 纪传体断代史。唐姚思廉撰。三十六卷。成书于贞观十年（636年）。思廉在修撰《梁书》同时，据其父姚察旧稿补充而成。本纪与《皇后传》的论赞为魏徵所作。全书多述皇族事迹，反映经济文化状况的部分颇显薄弱。然文字精练，无六朝冗芜之习。无表、志，与所撰《梁书》同。

魏书 纪传体断代史。北齐魏收撰。一百三十卷。记北魏至东、西魏相继灭亡的一百七十多年史事。所据史料有崔浩、李彪所修国史，起居注及当时人著作等。书初成，被群起而攻，指为"秽史"，后修改再三。流传至北宋，书残缺不全，刘恕、范祖禹取魏淡《魏书》、李延寿《北史》、张大素《后魏书》等补成今本。其《官氏志》辨明鲜卑和汉族姓氏，《释老志》记述北方佛教流传情况，都有特殊的价值。

北齐书 纪传体断代史。唐李百药撰。五十卷。原名《齐书》，北宋时改名，以与《南齐书》相区别。成书于贞观十年（636年）。李百药据其父李德林旧稿，增补而成，无表、志。全书记北齐一代史事，运用口语，真实生动。惟北宋以后，散佚很多，后人取《北史》等书补足，因此间有前后文不连贯及详略不等之处。

周书 纪传体断代史。唐令狐德棻等撰。五十卷。本书多取材于隋代牛弘的《周史》，史料来源不广。成书于贞观十年（636年）。全书记北周二十余年史事，无表、志。原书至北宋初已残缺，今本多取《北史》补入，已非原来面目。因隋、唐两代与北周有特殊关系，是研究隋唐人物家世与制度源流的重要资料。今人王仲荦著有《北周六典》，记述北周一朝典章故实，既是北周职官志，又起到《北周会要》的作用。

南史 纪传体断代史。唐李延寿撰。八十卷。记南朝宋、齐、梁、陈四代历史，无表、志。作者根据其父李大师所撰《南史》旧稿，以十六年时间，删并南朝宋、齐、梁、陈四书，增补大量史料而成。本书与《北史》汇合南北各朝的历史，反映了唐初统一全国的历史背景。其突出门阀士族的地位，符合南北朝的实际状况。

北史 纪传体断代史。唐李延寿撰。一百卷。记载北魏、北齐、北周至隋的历史，无表、志。作者在撰写《南史》的同时，根据其父李大师所撰《北史》旧稿，删并北朝魏、齐、周、隋四书，增补大量史料而成。前后用了他大半生时间。作者站在隋唐人的立场，以北朝的西魏、北周为正统。其南、北二史对南北朝八书"除其冗长，捃其菁华"，具有精炼简约的特色。与"八书"相参照，是研究此段历史的基本史料。参见"南史"。

隋书 纪传体断代史。唐魏徵等撰。八十五卷。纪传叙隋王朝一代史事。志十种，由长孙无忌等撰，是综括梁、陈、北齐、北周、隋五朝制度的专史，原称《五代史志》，与梁、陈、北齐、周、隋五史并列单行；因《隋书》居五书之末，因以编入，为全书的重要部分。全书体例严整，材料丰富，文字简练有力。其《经籍志》源于《汉书·艺文志》，概括六百年来图书情况，是学术文化史上的一大贡献。

旧唐书 纪传体断代史。题刘昫撰，实为后晋张昭远、贾纬等撰修。二百卷。记述李唐一代史事。书之前半，主要依据实录与仅存的韦述《国史》；武宗以下，事多缺略；志则多据《通典》。书出众手，详略不均，未免疏漏。《新唐书》出后，《旧唐书》不受重视。但收录史料较为丰富，与《新唐书》相比，各有短长，未可遽废旧书。司马光《资治通鉴》唐代部分，即多采《旧唐书》。

新唐书 纪传体断代史。宋欧阳修、宋祁等撰。二百二十五卷。记述李唐一代史事。由宋祁分任列传，欧阳修分任本纪、志、表。其撰写利用《旧唐书》未见和以后发现的大量资料，增立《选举志》《兵志》《宰相表》《方镇表》《宗室世系表》《宰相世系表》以及三百多列传，是其优点。然删削过多，诏令尽皆不存，造成本纪太简、又喜用僻涩之语，是其不足。与《旧唐书》同为研究唐代的重要史籍。

旧五代史 纪传体断代史。北宋初薛居正等撰。一百五十卷。记述后梁至后周五十三年史事。原与欧阳修《新五代史》并行，金章宗时诏但用欧史，薛史遂日渐湮没。现通行本是清代四库馆臣从《永乐大典》中辑出。又仿裴松之注《三国志》例，将陶岳《五代史补》、王禹偁《五代史阙文》附于正文之下。于薛、欧二史互异处，采群书以为辩证。此书文字冗繁，观点不一，但保存史料较多，《选举志》等甚有价值。今有陈尚君重新辑录的《旧五代史新辑会证》，内容更为完备。

新五代史 纪传体断代史。原名《五代史记》。宋欧阳修撰。七十四卷。记五代史事。完成于宋皇祐五年(1053年)。作者意图以“春秋笔法”寓含褒贬，文辞简洁，而事实多所忽略。其《职方考》合志、表为一，反映五代十国疆域交错情况，《司天考》只著录自然灾害，不附会人事，《十国世家》叙述各割据国家的史实，皆有特色。

宋史 纪传体断代史。元脱脱等撰。四百九十六卷。元至正三年至五年(1343—1345)，宋、辽、金三史同时修撰，实际负责者为总裁官、翰林学士欧阳玄。此书记赵宋一代之史。所据有宋朝的国史、实录、会要及宋人编年史、文集、笔记等。其书卷帙繁多，材料丰富。北宋部分较为得体，南宋人物缺漏甚多。其繁芜杂乱与前后矛盾，每为学者诟病。清代厉鹗《宋诗纪事》、陆心源《宋史翼》补辑人物传记数千家，可资参考。

辽史 纪传体断代史。元脱脱等撰。一百十六卷。修于元代至正三年至四年(1343—1344)。记辽代及西辽之事。本书所据以实录、金陈大任《辽史》和南宋叶隆礼《契丹国志》为主，未能广泛采用宋人著作，成书仓促，缺略舛误甚多。清厉鹗作《辽史拾遗》，杨复吉作《辽史拾遗补》，对此书有所增补。

金史 纪传体断代史。元脱脱等撰。一百三十五卷。修于元至正三年至四年(1343—1344)。记载金朝史事。元初王鹗根据实录、刘祁《归潜志》、元好问《壬辰杂编》等材料，曾修成《金史》。元末所修，即以王鹗书为底本。因此条例整齐，首尾完备，胜于同时所修的宋、辽二史。清施国祁有《金史详校》等，考订用力甚深。

元史 纪传体断代史。明初宋濂、王祎等撰。二百一十卷。记太祖至顺帝十四朝之史。前后成书时间不足一年，所据有元代的实录、国史、《经世大典》、《元典章》及文集、碑传、采访资料等，内容甚为丰富。缺点是重复、舛误、人名不一。后人补修的有清邵远平的《元史类编》、魏源的《元史新编》以及民国时柯劭忞所撰的《新元史》等。

新元史 纪传体断代史。近人柯劭忞撰。二百五十七卷。1920年成书，1930年修订。记述元代一朝史事。作者参考西方人的著作、洪钧《元史译文证补》等清人研究成果，以及《元朝秘史》、《元经世大典》残本、《元典章》等，于《元史》多所补正。然其史学观点极为守旧，史料方面也还有所遗落。1921年，北洋政府总统徐世昌下令列入正史，为“二十五史”之一。

明史 纪传体断代史。清张廷玉等撰。三百三十二卷。记明代一朝史事。康熙中，由徐元文监修，明布衣史学家万斯同负责撰成《明史稿》，后经王鸿绪、张廷玉两代总裁先后删改，演变而成此书。先后修纂三次，历经九十多年。其书取材丰富，文字简练，编纂方法严密，所增表、志及《阉党传》《土司传》《外国传》《西域传》等，具有时代特点。但因清统治者严加控制，不记南明史事，对后金及明清易代之际史事颇多讳饰。

清史稿 纪传体断代史。由民国时赵尔巽、柯劭忞等主持的清史馆负责纂修。五百二十九卷。记述清代一朝史事。1914—1927 年编修。所据史料为清代官方文献档案及文集、碑传等,极为丰富。因修史者多为清朝遗老,反对辛亥革命,歌颂清朝统治,又撰修工作组织松懈,故重复舛漏甚多。历来评论认为,此书本纪简略,志、表颇有创新,能反映时代特点,列传较次。此书不为民国政府认可,又系初稿,故未列入"正史"。今有中华书局本。

山海经 富于神话传说的最古老的地理名著。具体成书年代及作者不详,大约为周秦之间人所记述。共十八卷,计《山经》五卷、《海经》十三卷。虽仅三万一千余字,但内容广博恢奇,包括各地山川、道里、民族、民俗、动植物、医药、巫术、祭祀等。可与古史传说相参证。其中亦多异物和神奇灵怪。最有代表性的神话寓言有夸父逐日、女娲补天、精卫填海、鲧禹治水等。有晋代郭璞注。清代毕沅《山海经新校正》、郝懿行《山海经笺疏》亦颇精详。今有袁珂《山海经校注》,上海古籍出版社出版。

越绝书 史书名。东汉袁康、吴平撰。成书于建武二十六年(50 年)。原二十五卷,现存十五卷。为中国方志发端之作。记叙东汉以前吴、越地区的历史地理,特别注重伍子胥、范蠡、子贡、文种、计倪等人的外交军事活动,可与《左传》《国语》《史记》相参证。其《外传记宝剑》篇中所谓"以石为兵""以玉为兵""以铜为兵""以铁为兵"等记载,大致反映了今天考古学上的旧石器、新石器、铜器和铁器时代。书中多采传闻异说,与《吴越春秋》所记相出入。《四部丛刊》《四部备要》《汉魏丛书》所收为十五卷本。近人张宗祥作《越绝书校注》,为《越绝书》最佳之本。

吴越春秋 史书名。东汉赵晔撰。原书十二卷。隋代以后佚二卷,今通行本多作六卷,分为十篇。叙述周代诸侯国吴自太伯至夫差,越自无余至勾践两国的史事。体裁为编年纪事,内容除采自《越绝书》者外,多为他书所不载。又增入不少民间传说,不仅有补充正史遗逸的史料价值,且具有文学性,为后世戏曲小说等所采。

华阳国志 史书名。东晋常璩撰。十二卷,附录一卷。全书有巴、汉中、蜀、南中等十二志,记载从上古至东晋穆帝永和三年(347 年)期间的巴、蜀史事。作者为蜀郡江原(治今四川崇州)人,于蜀事闻见亲切详赡,并据前人所著蜀史及自己整理的史料,述为此书。其书所叙蜀汉事详于《三国志》,晋代蜀事亦较他书完备。为研究中国西南少数民族最早的重要著作。有清顾广圻校刻本。今有巴蜀书社刊刘琳《华阳国志校注》、上海古籍出版社任乃强《华阳国志校补图注》,可供参考。

临海水土异物志 亦称《临海志》《临海水土志》《临海异物志》《异物志》等。各书著录不一。古代地志著作。三国时吴国沈莹撰。一卷。作者为吴兴武康人,曾为丹阳太守。太平二年(257 年),吴以会稽东部为临海郡,领县五,沈莹此志为第一部临海郡志。原书已佚,今所传有清王谟辑本、洪颐煊辑本。此书记载临海风土、海产、果谷、虫禽等,兼及神异传说,又记载临海东南二千里之夷州的风土民俗,资料价值颇足珍贵。有农业出版社辑校标点本。

佛国记 原名《历游天竺记传》,又名《法显传》。中外交通史著作。东晋佛教僧人法显著。一卷。是作者往天竺(古印度)求佛经归国后自记行程之作。作者于东晋安帝隆安三年(399 年)偕同慧景、道整等人从长安西行求法,经历约三十国的山川风物,于义熙八年(412 年)经海路到达山东青州长广郡(今青岛),对上述地区俱有扼要的记载。不但是 4 世纪时亚洲的佛教史料,也是中国与印度、巴基斯坦、尼泊尔、锡兰(今斯里兰卡)等国的交通史料,历来受到中外学术界高度重视。19 世纪时,法、英等国先后出版译本。近人丁谦著有《佛国记地理考证》、日本人足立喜六著有《考证法显传》。为中国最早记录与亚洲邻国的著述。

元朝秘史 亦称《蒙古秘史》《元秘史》。撰人不详。全书共二百八十二节,有十二卷本及十五卷本两种。成书于 13 世纪中叶,为蒙古族用蒙古文写成的历史文献与文学作品。与《蒙古黄金史》《蒙古源流》合称蒙古族三大历史著作。内容以成吉思汗一生为中心,叙述自蒙古族的祖先到窝阔台汗的统治时期。是研究蒙古族早期历史、社会、语言、文学的重要资料。明代收入《永乐大典》。清李文田作《元朝秘史注》十五卷详加考证，施世杰作《元秘史山川地名考》十二卷，沈曾植作《元秘史补注》十五卷，皆有参考价值。

蒙古秘史 即“元朝秘史”。

资治通鉴 编年体通史。北宋司马光等撰。二百九十四卷。上起周威烈王二十三年（前403年），下迄五代后周世宗显德六年（959年），共记一千三百六十二年的史事。内容以政治、军事为主，而略于经济、文化。全书有《考异》以明史料取舍之故，有《目录》以备查阅之用，又有“臣光曰”的形式载前人史论共一百十八篇。参加编写者有史学家刘恕、刘攽、范祖禹等，司马光总其成，前后历时十九年。宋神宗评为“鉴于往事，有资于治道”，因名《资治通鉴》。本书取材除十七史外，尚有野史、传状、文集、谱录等三百二十二家，经著者熔铸剪裁，记述生动，体例一贯，文字通畅优美，是中国古代包含时间最长的编年体通史巨著。元代胡三省有《资治通鉴注》，极精详。其体例为后来的编年体史书所沿用继承。《四库全书总目·史部·编年类》：“其书网罗宏富，体大思精，为前古之所未有，而名物训诂，浩博奥衍，亦非浅学所能通。”

宋版《资治通鉴》影印本

续资治通鉴长编 史书名。南宋李焘撰。五百二十卷。记事起于宋太祖建隆元年（960年），迄于宋钦宗靖康二年（1127年）。网罗史料，宁失之繁，勿失之略，因仿司马光修《通鉴》先编长编之例，名其书为“长编”。是书世少传本，清代四库全书馆臣从《永乐大典》辑出。宋人杨仲良曾据李书撰成《皇宋通鉴长编纪事本末》，清代黄以周、秦缃业又据杨书撰《续资治通鉴长编拾补》六十卷，补辑出本书之阙。李焘以宋人编整个北宋时期编年史，可信度较高。本书材料浩博，是研究北宋历史的重要史料。

续资治通鉴 编年体史书。清毕沅撰。二百二十卷。乾隆末年编成，嘉庆六年（1801年）全部刊行。内容上与《资治通鉴》相接。毕沅延请史学家邵晋涵等，利用徐乾学《资治通鉴后编》、宋史、辽史、金史、元史、《续资治通鉴长编》、《建炎以来系年要录》等百余种史料，加以编订，经二十年始成。本书取材较完备，北宋部分编辑较精，元代部分较简略。全书多取旧史原文入录，缺少熔裁，内容难免有误，“考异”也不很精详，但比此前诸家同类著作为优。

明通鉴 编年体史书。清夏燮撰。一百卷。为编年体明代史。约在1860年以后成书。作者不满《明史》的疏漏和失实，用二十年精力旁收博采，以《明史》《通鉴纲目三编》为主，参考《明会典》、《一统志》、王世贞《弇州史料》、朱国桢《大政记》、王圻《续文献通考》、《清实录》、《明实录》及稗官野史数百种，悉心考辨，编为是书。又注《考异》于正文之下，以备考核。书中称颂清朝，但极力表彰明末抗清志士，对明代“有关一朝治乱之源者”都有较详细记载，反映了明代社会矛盾加深的过程。但所载清朝建国事多不实，且多灾异之说及野史中无稽之谈。今有中华书局据湖北刻本标点出版。刘节《中国史学史稿》第十七章：“其书（指《明通鉴》）体例精严，叙次得当，而所载事迹详明审正，实治明史者必读之书。较之陈鹤《明纪》，及前举官修编年明史，远胜之。”

资治通鉴纲目 简称《通鉴纲目》。史书名。南宋朱熹撰。六十卷。熹与其门人赵师渊等，据司马光《资治通鉴》《举要历》和胡安国《举要利遗》等书，简化内容，编为纲目。其书纲为提要，模仿《春秋》；目以叙事，模仿《左传》。纲如经，目如传。用意在于以《春秋》笔法，“辨名分，正纲常”，以巩固维护封建统治。如三国史事，《资治通鉴》本据魏国以纪年，而本书则改以蜀汉纪年，以维护正统观念。其后尹起莘等又为此书阐明义旨，清康熙帝更加上“御批”，使之进一步成为封建专制统治的思想工具。此书史料价值不高，成书后，历代续编、辑补及考证纠误之作甚多，然创立纲目体裁，对史书编纂不无创意。

纲鉴易知录 纲目体编年通史。清吴乘权等编著。完成于康熙五十年（1711 年）。一百零七卷。所叙上起盘古，下迄明末。主要依据宋刘恕《通鉴外纪》、金履祥《通鉴前编》、朱熹《通鉴纲目》、明商辂《续资治通鉴纲目》、清初谷应泰《明史纪事本末》等书，汇编而成。包括历朝重大政治事件和各种人物的活动。因内容简明易知，故名“易知录”。全书体现编者的正统儒家思想，旧时作为学习历史的入门书，流传极广。今有中华书局加注公元及今地名的整理校点本。

通鉴辑览 全称《御批通鉴辑览》。史书名。清乾隆间官修编年体通史。一百二十卷。起自伏羲，止于南明，以时间为序，通叙历代之事。该书以明正德间李东阳《通鉴纂要》九十二卷为基础，兼采《通鉴纲目》和《资治通鉴》的体例，删繁就简，叙述数千年间大事，颇为简要。清乾隆帝亲自核定稿件，并加批注，意在加强专制思想的统治，旧时与《纲鉴易知录》同为通行的历史教科书，影响广泛。

九朝纪事本末 九种“纪事本末体”史书的合称。自南宋袁枢《通鉴纪事本末》问世后，沿用其体写成的史书，明、清两代数量众多。依所写史事先后，后人将清高士奇《左传纪事本末》、袁枢《通鉴纪事本末》，明陈邦瞻《宋史纪事本末》、《元史纪事本末》、张鉴《西夏纪事本末》，清李有棠《辽史纪事本朱》、《金史纪事本末》、谷应泰《明史纪事本末》、杨陆荣《三藩纪事本末》九部书，合称为“九朝纪事本末”。此所述起于春秋鲁隐公元年（前 722 年），至清康熙二十二年（1683 年）止，共约两千四百年间的政治大事，自成系统，读之可知中国历代史事的大概。

通鉴纪事本末 纪事本末体史书。南宋袁枢撰。四十二卷。作者用《资治通鉴》之文，按事立目，共二百三十九事，始于战国之“三家分晋”，终于五代后周“世宗征淮南”。每事按照年代顺序，抄录成篇，起迄了然，颇便阅读。成为中国第一部使用纪事本末体的历史著作。其写法为众多纪事本末体史书所沿用。清闵萃祥《汇刻九朝纪事本末序》：“（袁枢）作《通鉴纪事本末》，揭事为题，聚类而条分，首尾详备，巨细无遗，一变编年、纪传之例，而实会其通，诚记事之别格，而史学之捷径也。”《四库全书总目·史部》：“枢所缀集，虽不出《通鉴》原文，而去取翦裁，义例极为精密。非《通鉴》总类诸书割裂扯挦者可比。”

宋史纪事本末 史书名。明陈邦瞻撰。二十六卷，一百零九目。陈氏之前，有冯琦与沈越分别用纪事本末体编录宋事，均未完稿。陈氏受琦弟子之邀，依冯、沈旧稿和薛应旗《宋元资治通鉴》，于万历三十二年（1604 年）着手编纂《宋史纪事本末》，历时一年。遵循袁枢《通鉴纪事本末》体例，辑录宋史实。起太祖代周，终文天祥、谢枋得之死，叙有宋三百余年历史，条理秩然。《宋史》芜杂，得此一编，互为参考，颇便读者。书中涉及问题，除政治事件外，如治河、茶盐、学术思想等均有专题叙述，另有蒙古早期社会状况、农民起义、统治阶级议论朝政之得失等。唯考订不精，往往沿袭《宋史》原书之失。

明史纪事本末 史书名。清谷应泰撰。八十卷。顺治十三年（1656 年），应泰延揽学者张岱、陆圻、徐倬等撰为是书。两年后书成刊行。书中将明代三百年历史分为八十个专题，自为起讫，颇有条贯，篇后并附论赞。始于元至正十二年（1352 年）朱元璋起兵，终于崇祯十七年（1644 年）李自成进北京。其书集众家之长，成书比《明史》早八十年。其中涉及农民起义专题有十五篇，关于宦官阉党专权、沿海“倭乱”等叙述颇详尽，为研究明代历史的重要史籍。《四库全书总目提要·史部·纪事本末类》：“（《明史纪事本末》）排比纂次，详略得中，首尾秩然。于一代事实，极为淹贯……而遣词抑扬，隶事亲切，尤为曲折详尽。”梁启超《中国近三百年学术史》十五：“清初则有谷应泰著《明史纪事本末》八十卷，其书成于官修《明史》以前，采辑及组织皆颇费苦心。”

通典 历代典章制度史专著。唐杜佑撰。二百卷。著者以三十五年时间编成此书。上起传说中的唐虞，下迄唐肃宗、代宗之际，分为食货、选举、职官、礼、乐、兵、刑、州郡、边防九门，每门下再分若干子目。作者综合群经诸史和历代文集、奏疏等，分类编纂，精密合理，且资料丰富，见解精辟。具有很高史料价值和学术价值。

文献通考 历代典章制度史专著。宋元之际马端临撰。三百四十八卷。是继《通典》后的又一巨著。起自上古，止于南宋宁宗朝。全书内容丰富，较《通典》更为详尽。分为田赋考、户口考、钱币考、职役考、市籴考、征榷考、土贡考、郊社考、王礼考、宗庙考、帝系考、封建考、象纬考、物异考、舆地考、经籍考、乐考、兵考、刑考、四裔考等二十四考，于宋代制度尤称详备。

通志 纪传体通史。南宋郑樵撰。二百卷。由纪、谱、略、世家、列传、载记六体组成。郑氏主张会通古今，以矫断代之弊，然纪传部分只是删削旧史而成，大体自上古至隋，价值不大，唯“二十略”发凡起例，有其独到之处，相当于各史的志，自上古以至北宋。《四库全书总目》评曰：“其平生之精力，全帙之著华，惟在二十略而已。一曰氏族、二曰六书、三曰七音、四曰天文、五曰地理、六曰都邑、七曰礼、八曰谥、九曰器服、十曰乐、十一曰职官、十二曰选举、十三曰刑法、十四曰食货、十五曰艺文、十六曰校雠、十七曰图谱、十八曰金石、十九曰灾祥、二十曰草木昆虫。其氏族、六书、七音、都邑、草木昆虫五略，为旧史之所无。”与杜佑《通典》及其后马端临《文献通考》相近，世遂有“三通”之称，在史书编撰中，与纪传、编年二体可鼎立而三。

通志二十略 见“通志”。

十通 《通典》等十部书的总称。其中杜佑《通典》、郑樵《通志》、马端临《文献通考》称三通；至清代乾隆时加入官修的《续通典》《清通典》《续通志》《清通志》《续文献通考》《清文献通考》六书，合称为九通；1935年商务印书馆再加入清末民初刘锦藻所著的《清续文献通考》，共成十通。是查考历代政治、经济、军事、文化、人物、制度、器物等的有用参考之书。

三通 见“十通”。

九通 见“十通”。

史通 史学评论专著。唐刘知幾著。全书二十卷，内外篇各十卷。书中揭露史馆体制与官修史书的弊病，评论历代史书的得失，叙述史学的源流，探讨修史的方法；认为史学家必须具有“史才”“史学”“史识”；修史应该“仗气直书，不避强御”“不掩恶，不虚美”“以实录直书为贵”。全书以骈体写成，体大思精，与刘勰论文学之《文心雕龙》，后先辉映，可称双璧。此书对后世的史学与文学批评都有很大影响。清浦起龙有《史通通释》，注释详尽；纪昀有《史通削繁》，选其大旨，适合入门者阅读。

廿二史札记 史学评论专著。清赵翼著。三十六卷，补遗一卷。成书于乾隆六十年（1795年）。因《唐书》及《五代史》各有新、旧两种，实为读“二十四史”札记。每卷之内，以类相从，各立小标题。全书共六百余条，对自《史记》到《明史》的历代正史，于各书编纂体例、史料来源、价值、方法等详加考订，品评优劣；又排比历史大事，辑为专题而形成史论。补遗一卷，辑录辽、金、元三史译名异称及其对应名称，供对照参考。是清代乾嘉间三大论史名著之一。今有中华书局出版的王树民《廿二史札记校证》。

文史通义 文史学术专著。清章学诚著。分内篇五卷，外篇三卷。内篇论文史，侧重于史，外篇论方志撰修体例。书中着重阐明“六经皆史”的主旨，探讨史体与文体的发展和流变得失；提出史家须有“史德”，论文须有“文德”；反对无目的繁琐考证与义理空谈，主张著作要有“别识心裁”，成一家之言。是章氏一生学术观点的总结。今有中华书局出版的叶瑛《文史通义校注》。

历代职官表 亦称《钦定历代职官表》。职官制度专著。清乾隆间纪昀等奉敕编撰。七十二卷。此书以清政府所设职官、衙署为纲，追溯历代建制沿革，先列表，将历代官名、员额、官阶、职掌等依次排列，与清相对照。清代取材于《清会典》，清代以前引用各史“职官志”和《通典》《通考》等。此书包括古今，贯穿始末，上下数千年，源流明晰。但以历代职官附于清代类似职官之下，有时难免牵强，间也有考核未精之处。另有黄本骥的《历代职官表》六卷，是《钦定历代职官表》中“表”的辑录，共六十七篇。原书表后所引史书文字以疏证异同者，则省略不录。

历代沿革表 历史地理著作。清段长基编著。三卷。此书完成于嘉庆十八年（1813 年）。作者还同时著有《历代统记表》十三卷、《历代疆域表》三卷。本书详于政治地理的沿革，以清代嘉庆时全国政治区划的省、府、县以及外藩蒙古、西域新疆（当时尚未建省）等地为中心，追溯历代的沿革。全书分为三卷二十一章，每章之首，总叙其位置、形势以及历代政治区划的沿革，以及所属府、州、县的数目。次以表的形式，依次横排府和所属的县。每一府、县单位，首栏标最通行的古名，次栏为当时行政区域名称。以下分为十三横栏，分列初置，春秋战国、秦、汉、晋、南北朝、隋、唐、五代、宋、金、元、明等各个时代，说明这一地区的名称和位置的改变。其各代变迁分合，清楚明了，颇便查考。影印者有通行的万有文库本。

元和姓纂 姓氏学专著。唐林宝撰。十八卷。林宝奉宰相李吉甫命纂辑，积二十年之功，于宪宗元和年间成书，因称《元和姓纂》。本书先列皇族李氏，余依唐韵二百零六韵，排比诸姓。每韵之内，以大姓居首，各记其得姓由来和诸家谱系。其得姓受氏之源，多据《世本》《风俗通》。其他所引，如《百家谱》《英贤传》《姓源韵谱》《姓苑》诸书，不传于后世，赖其征引，始得斑斑可见。此书于唐人姓氏世系最详尽。全书久佚，今本系清代学者孙星衍、洪莹从《永乐大典》中辑出，并复用《通志》等书校补之，今人岑仲勉有《元和姓纂四校记》，考证精详，可参考。

水经注 古代地理专著。北魏郦道元撰。四十卷。作者旁征博引古籍四百三十七种，并加以实地考察，完成此书。注文三十万字，比《水经》原书增加近二十倍。共记载全国大小水道一千二百五十二条，叙述流域内的山川关隘、古城遗址、建制沿革、农田水利、历史事件、神话传说等。资料珍贵，文笔峻洁。是 6 世纪前中国最全面的综合性地理著作。近代杨守敬、熊会贞所撰《水经注疏》《水经注图》为集大成的代表作。

荆楚岁时记 古代笔记。南朝梁宗懔撰，懔字元懔，江陵（今湖北荆州市荆州区）人。今存一卷。皆记荆楚岁时节令风物故事，自元旦至除夕，凡二十余条，保存了一些古代的神话和传说。有注，传为隋杜公瞻作。

洛阳伽蓝记 古代地理专著。北魏杨衒之撰。全书五卷，分述城内及四门之外。记述北魏兴盛时期洛阳城内外佛寺的兴旺景象。佛寺在梵语中称伽蓝，故名。同时也记载了当时豪门贵族、僧侣地主的骄奢淫逸，寄托了故国哀思。所叙史实，可与史书相参证，广泛涉及北魏的政治、经济、社会、军事、文化、城市史、中外交通等。全书文次秾丽秀逸，颇具文学价值。有周祖谟整理的《洛阳伽蓝记校释》本，中华书局版。

元和郡县图志 方志著作。唐李吉甫撰。成书于元和八年（813 年）。原书四十卷，目录二卷，有图。北宋以后图佚，因又称《元和郡县志》。志文仅存三十四卷。全书以唐代十道四十七镇分篇，列关内道四卷、河南道七卷、河东道四卷、河北道四卷、山南道四卷、淮南道一卷、江南道六卷、剑南道三卷、岭南道五卷、陇右道二卷。其叙述以府或州为单位，下记开元与元和时的户数，次叙沿革、府或州境，四至八到、贡赋、辖县数目与名称。继分县略叙沿革、山川、城邑及历朝重大事件等。作者为当时宰相，熟悉并掌握当时天下图籍资料，所记述具体扼要，无浮词虚语，能真实反映唐代各方面的情况。历代史家以此为中国方志总志之首，其体例为后世所重，《太平寰宇记》《明一统志》《清一统志》等皆沿其体制。

大唐西域记 中外文化交流专著。唐高僧玄奘述，其弟子辩机编。十二卷。是作者西行求法经历的行传。详述所到一百三十八个国家、地区、城邦的地理、山川、城邑、交通、风习、物产、政治文化特别是当时佛教状况、佛教古迹以及历史传说、人物传记等。是研究印度、尼泊尔、巴基斯坦、孟加拉国以及中亚等地古代历史、地理、宗教、文化和中外交通史的宝贵资料。国外考古学者据此书对王舍城旧址、鹿野苑古刹、阿旃陀石窟、那烂陀遗迹进行探查发掘，获得充分证实。有法、英文等译本。清丁谦有《大唐西域记考证》。今有季羡林《大唐西域记校注》等，引证丰博，校注精详。

方舆胜览 地理总志。南宋祝穆撰，其子祝洙增订。七十卷。初刻于理宗嘉熙年间。以行在所临安府为首，所记十七路，仅限于南渡以后的境域。略于建置沿革、山川险要，而详于名胜古迹及诗文记序，保留了不少南宋史料及文学作品，是研究唐宋时期江南地区人文地理和经济地理的重要参考书。有中华书局校点排印本。

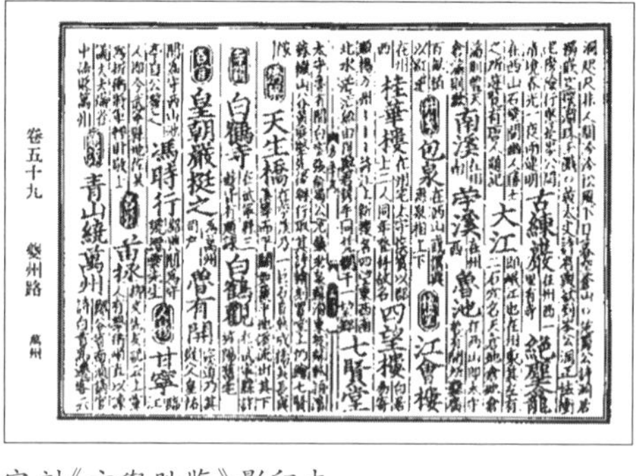

宋刻《方舆胜览》影印本

徐霞客游记 游记专著。明徐弘祖（号霞客）著。传本卷数不一。作者于1607—1640年间按日记述旅行观察所得，对地理、水文、地质、植物现象以及土俗、民风、物产等状况，均作详细记录，开辟了地理学上系统观察自然、描述自然的新方向，为西南地理提供不少稀有资料。有关石灰岩地貌的记述，约早于欧洲人二百年。其文章本身亦具有较高的文学性。今有上海古籍出版社的整理校点本，十卷，每卷分上、下。

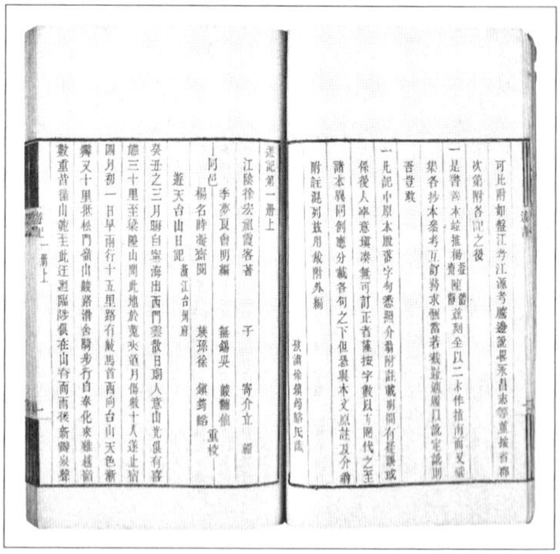

《徐霞客游记》

读史方舆纪要 地理著作。清顾祖禹撰。一百三十卷。1692年前成书。作者经历明亡变故，隐居不仕，以三十余年时间，参考二十一史和一百余种地方志，以明末清初政区分区，着重考订历代府、州、县等沿革变迁和山川险要战守成败之迹。对交通、河渠、湖泊以及农业分布、食货、屯田、马政等也有所论述。见解精辟，是研究军事地理与历史地理的重要参考书。今有影印本及校点本。

天下郡国利病书 明代社会政治经济资料。明末清初顾炎武编著。顾氏注重经世，因感国家多难、治理寡术，于是历览二十一史以及天下方志、名人文集、奏章文册之类，有所得即录，共成四十余帙。后一分为二，取其有关施政利弊者编为本书，有关地理者编为《肇域志》。本书收集府州县官吏、文人对中央政令的执行情况及其评议，从地方的角度反映明代社会政治经济情况。内容着重兵防、赋役、水利三事，切中明代重大社会问题。

大清一统志 清代官修地方总志。始于康熙二十五年（1686年）。乾隆时先后编修两次。至道光时，第三次成书五百六十卷，因材料以嘉庆二十五年（1820年）为下限，故亦名《嘉庆重修一统志》。每省先有图、表，继以总叙，再以府、直隶厅、州分卷，共分政域、分野、建置、沿革、形势、风俗、城池、学校、户口、田赋、山川、古迹、关隘、津梁、堤堰等二十五目。全书卷帙浩博，内容丰富，而考订精详，突过元、明《一统志》，是一部比较完善的全国性地志。唯地图限于时代，无法与今日相比。有“四部丛刊续编”本。

海国图志 清魏源著。原刻五十卷，1852 年增补至一百卷。据林则徐编译的《四洲志》、历代史志、外国书刊与地图编纂而成。本书叙述世界各国历史、地理、政治、经济、文化以及中外关系，附器物图与地图。作者强调改良变法，认为“变古愈尽，便民愈甚”，提出“以夷攻夷”“师夷长技以制夷”等主张。是关于世界情况的百科全书式著作，对后来的改良运动颇有影响。今有新刊本。

中国历史地图集 谭其骧主编。本图集自原始社会、商、周、春秋、战国、秦、汉历代至清末，共分八册，有图 304 幅，收地名七万余，书末附地名索引。所反映的是民国以前中国各历史时期的政区设置和部族分布的基本概貌。图中重要地名采用古今对照的方法表示，是查考历代行政区域和地名的重要工具书。中国地图出版社 1982 年出版。

子　部

老子 亦称《道德经》。道家主要经典。相传春秋末老聃著。分上、下两篇，约五千字，大约编定于战国时期。它阐述关于道的理论和自然无为的思想。注本有西汉河上公注、三国魏王弼注、清魏源《老子本义》等。1973 年长沙马王堆汉墓出土文物中，有帛书《老子》的甲本和乙本，是今日所见最古的版本。

马王堆汉墓帛书《老子》

道德经 即《老子》。

庄子 亦称《南华真经》。道家经典之一。庄子及其后学所著。《汉书·艺文志》著录《庄子》五十二篇，但传世者仅三十三篇。内篇七篇，一般认为系庄子著；外篇十五篇、杂篇十一篇乃其弟子和后来道家所作。其文汪洋恣肆，又多采用寓言形式，想象丰富。在哲学、文学上都有极高价值。历来著名注本甚多，通行本有晋郭象注、清末郭庆藩《庄子集释》、王先谦《庄子集解》等。

南华真经 唐代统治者崇尚道教，以老子李耳为其先祖，尊为“玄元皇帝”；唐玄宗时，诏封庄周为南华真人，其所著《庄子》一书，即称为《南华真经》。

墨子 墨家学派著作的汇集。旧题战国鲁墨翟撰。《汉书·艺文志》著录《墨子》七十一篇。现存十五卷五十三篇。其中《兼爱》《非攻》《天志》《明鬼》《尚贤》《尚同》《非乐》《非命》《节葬》《节用》等篇，代表墨子主要思想。《耕柱》至《公输》五篇，系弟子记墨子言行。《经》上下至《小取》六篇，是后期墨家的哲学和科学著作。《备城门》至《杂守》十一篇，讲述战争防御和制造器械的方法。注释本以清末孙诒让的《墨子间诂》较好。

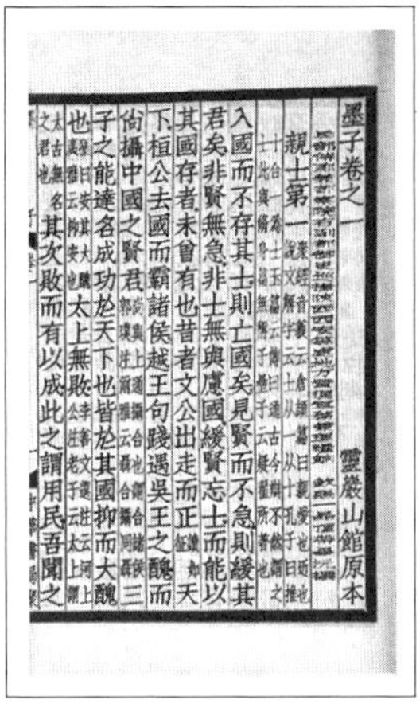
墨子卷之一　靈巖山館原本

親士第一

入國而不存其士則亡國矣見賢而不急則緩其君矣非賢無急非士無與慮國緩賢忘士而能以其國存者未曾有也昔者文公出走而正天下桓公去國而霸諸侯越王句踐遇吳王之醜而尚攝中國之賢君三子之能達名成功於天下也皆於其國抑而大醜也太上無敗其次敗而有以成此之謂用民吾聞之

《墨子》毕沅校本

墨经 《墨子》书中的重要部分，是战国时墨子后学发展墨子思想的著作。内容包括《经上》《经下》《经说上》《经说下》《大取》《小取》六篇。一说后两篇除外，仅四篇。概括了墨家关于认识论、逻辑学、经济学、政治、法律、教育、伦理等方面的思想以及自然科学的研究成果。其中包含中国最早关于几何学、力学和光学方面的知识。晋人注本早佚。清中叶后，毕沅、张惠言、孙诒让等为之整理校释。是研究中国古代文化、逻辑史、科技史重要文献。

孙子兵法 亦名《孙子十三篇》。古代军事著作。也是世界上最早的兵书。被称为“兵经”或“武经”。春秋时孙武著。今本十三篇，共七千二百余字。总结了春秋末期及其以前的战争经验。内容包括战争的目的、性质、战略、战术、地形、间谍、治军、后勤各方面，广泛涉及政治、经济、国防、外交、哲学等。自古以来，深受历代政治家、军事家的重视。注本以曹操、李筌、杜牧、梅尧臣等十一家注最著名。有中华书局影印《宋本十一家注孙子》，今人郭化若《孙子今译》等。在世界上，有日、法、英、俄、德、捷等国译本。

孙膑兵法 古代军事著作。战国时孙膑及其弟子著。《汉书·艺文志》著录《齐孙子》八十九篇，图四卷。《隋书·经籍志》中不见著录，可能在隋以前失传。1972年在山东临沂银雀山西汉墓中发现汉代抄写的此书残简，后整理出版。作者为春秋时孙武后裔，继承和发展了《孙子兵法》的思想，总结了战国中期以前的军事经验，包含着朴素的唯物论和辩证法。

管子 托名春秋时期齐国政治家管仲著作的汇编。主要为战国时代人所著，附有汉人的论述。原八十六篇，今存七十六篇。二十四卷。内容广泛，包含有道、名、法等家的思想，涉及经济、政治、哲学、军事、天文、地理和农业等。其中《牧民》《形势》《权修》《乘马》是管子思想的纪录。《大匡》《中匡》《小匡》记述管仲遗事。《水地》提出以“水”为万物根源。《度地》专论水利，《地员》专论土壤。注释本主要有清戴望《管子校正》及郭沫若《管子集校》等。

列子 古代哲学著作。相传战国时列御寇著。《汉书·艺文志》著录八篇，列入道家。早佚。今本《列子》八篇，经考订可能是魏晋间士人的作品。内容多为民间故事、寓言和神话传说。主旨略同于老、庄。其中《杨朱》篇充满个人享乐的思想。唐天宝元年(742年)诏命名为《冲虚真经》，成为道教经典之一，仅次于《老子》《庄子》。通行本为晋张湛的《列子注》、近人杨伯峻的《列子集释》。

冲虚真经 唐代统治者尊崇道教，玄宗时，将传说中早于庄周的列御寇封为“冲虚真人”，而托名于他的《列子》一书，因也被尊称为《冲虚真经》。

荀子 古代哲学著作。战国时荀况著。共三十二篇。其中《大略》《宥坐》等七篇，可能为门人弟子所记。全书以儒家思想为基础，吸收道、法、名、墨诸家思想，集先秦学术思想之大成，说理逻辑严密。其《天论》阐述自然观，《解蔽》阐述认识论，《正名》阐述逻辑思想，《性恶》《礼论》《王霸》《王制》等篇阐述伦理政治思想。《非十二子》是对各学派的总结。《成相》《赋篇》以通俗文学形式阐述为政之道，在文学史上有一定地位。通行本有唐杨倞注、清王先谦《荀子集解》等。

韩非子 战国末韩非的著作汇集。韩非死后，后人搜集其遗著，并加入他人论述韩非学说的文章编成。共五十五篇，二十卷。书中提出了一整套“法”“术”“势”相结合的主张，以加强对百姓的统治，限制贵族大臣的势力，保证君权的至高无上。重要的有《孤愤》《解老》《喻老》《难势》《问田》《定法》《五蠹》《显学》等篇。集先秦法家学说之大成，表明了韩非的绝对君权主义的立场。通行本有清王先慎《韩非子集解》和近人梁启雄《韩子浅释》等。

吕氏春秋 亦称《吕览》。杂家类著作。战国末秦国丞相吕不韦集合门客编写。二十六卷，内分十二纪、八览、六论，共一百六十篇。内容以儒、道思想为主，兼采名、法、墨、农及阴阳家言。此书汇合先秦各派学说，对道家的“贵柔”“贵生”，墨家的“薄葬”，法家的“法”“术”“势”理论，儒家的伦理纲常、关于教育和音乐等方面的思想都有论及。保存了许多古史旧闻和有关天文、农业、医学等方面知识。通行本有东汉高诱注和近人陈奇猷《吕氏春秋校释》等。

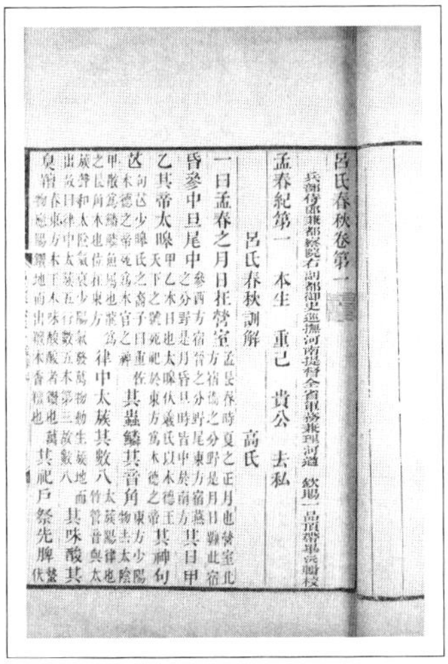

《吕氏春秋》毕沅校本

吕览 即《吕氏春秋》。

淮南子 亦称《淮南鸿烈》。杂家类著作。西汉淮南王刘安集合门客、方术之士编著。《汉书·艺文志》著录内篇二十一篇，外篇三十三篇。内篇论道，外篇杂说。现仅存内篇。书中以道家思想为主，兼收阴阳、儒、法诸家之说。对世界的根本法则，宇宙的演化过程，政治伦理的基本原则以及自然科学理论，都有涉及。通行本有东汉高诱《淮南鸿烈解》、近人刘文典《淮南鸿烈集解》。今人何宁《淮南子集释》，综辑清乾嘉至当世各家校勘考释成果，精审识辨，钩沉拾遗，于前人伪乱误说，多所匡订纠正，有中华书局版，是目前最好的《淮南子》校释本。

淮南鸿烈 即《淮南子》。

论衡 哲学著作。东汉王充著。共三十卷，八十五篇，其中《招致》等篇亡佚。作者历时三十多年完成此书。以反对“虚妄”、辨别真伪为宗旨，阐述了“气”是万物本原的学说，解释了人与自然，精神与肉体的关系，深入批判了当时流行的天人感应说和谶纬迷信；《问孔》《刺孟》《非韩》等篇，对一些被普遍接受的传统观点提出质疑；其书还保留了不少古代旧说传闻。通行本有《诸子集成》本和近人刘盼遂的《论衡集解》。

抱朴子 道教著作。东晋葛洪著。分内、外篇。每篇一卷。内篇二十篇，专谈神仙方药、鬼怪变化、养生延年、禳邪却祸之事，属于体系完整的道教论著。外篇五十篇，是对当时政治概况和社会风气的论述，思想深刻，文辞雄辩。其内篇《金丹》《黄白》等篇里，研究用矿物炼丹药、炼金银，在《仙药》等篇中，有植物治疗疾病的记载，对古代化学和制药学有一定贡献。注释本有中华书局版今人王明的《抱朴子内篇校释》和杨明照的《抱朴子外篇校笺》。

颜氏家训 子书名。北朝颜之推著。成于隋文帝仁寿年间。今本二卷，共二十篇。为作者阐述立身治家之法，辨正时俗之谬，训诫子孙的杂论汇编。作者多知人论事之谈，对南北风俗、士人好尚、音韵字训、典故考证、治学作文、文艺品第、佛语玄谈以及齐梁人物的活动、鲜卑语言的传播等，皆有论述，足以参补正史。以今人王利器《颜氏家训集解》为佳。

二程全书 北宋程颢、程颐兄弟著作的合编。包括《遗书》二十五卷，行状、年谱一卷，《外书》十二卷，《明道先生文集》五卷，《伊川先生文集》八卷，《伊川易传》四卷，《经说》八卷，《粹言》二卷。《遗书》与《外书》由朱熹编次。

《粹言》是弟子杨时以二程语录改写而成。为研究二程生平及其哲学思想较全面的资料。中华书局校点本改名《二程集》。

朱子语类 南宋朱熹语录的汇编。朱熹讲学，其弟子各有所记，原有池州、饶州、建安刊三种《语录》，眉州、徽州所刊两种《语类》。南宋咸淳六年(1270年)，黎靖德合并编辑成今本，一百四十卷。分“理气”“鬼神”“性理”“学”等二十六门。内容涉及哲学、伦理、政治、史学、文学、自然科学、当世人物等各方面，是研究朱熹思想和宋代理学的重要资料。有中华书局校点本。

传习录 明代哲学家王守仁的讲学语录。分上、中、下三卷。由其门人徐爱辑录，编入《王文成公全书》。“传习”一词源出《论语》中曾子“传不习乎”一语。王阳明继承程颢和陆九渊的心学传统，并在陆九渊的基础上进一步批判了朱熹的理学。其中论述“致良知”和“知行合一”的答问，是研究王阳明哲学思想与心学发展史的重要资料。上卷为其论学谈话的记录，中卷为论学的书信，下卷为《传习续录》，附入阳明所编《朱子晚年定论》，代表他晚年的见解。是书集中反映了王阳明的心性之学，在中国古代哲学史上有着重要地位。

焚书 亦称《李氏焚书》。明代思想家李贽著。包括《书答》《杂述》《读史》及诗歌。共六卷。万历十八年(1590年)，作者六十四岁时问世。作者在文章、书信中，对儒家经典和程朱理学进行了猛烈的批评与讽刺，表现了反传统、反权威、反教条的勇气。作者反对世人神化、迷信孔子，大胆揭露旧道德的陈腐、假道学的虚伪、贪婪与自私。他大声疾呼，为妇女鸣不平，对封建礼教压迫下妇女的才智，给予了赞美与肯定。作者死后，另有《续焚书》五卷刊印，系门人汪本钶辑集。书出版后，正如书题所预言，一直遭到明、清统治者的查禁焚毁，但终于禁而不绝。今有中华书局的《焚书续焚书》合编本。

日知录 学术性读书札记。明末清初顾炎武著。三十二卷。取名于《论语·子张》“日知其所亡，月无忘其所能，可谓好学也已矣”。分经义、吏治、财赋、史地、兵事、艺文等类别，系作者三十岁以后之读书笔记，历时三十余年，乃成是书。作者广集资料，探根寻源，用力极勤，为其一生心力所注。于政治、军事、经济、哲学、宗教、历史、法律、典章制度、天文地理等无不涉及。书以“明道”“救世”为宗旨，包含作者全部的学术、政治思想，如批判封建专制政体、提倡文章必须有益于天下等主张，切中时弊，对后世影响深远。通行本有清黄汝成的《日知录集释》。后人得其遗稿，编成《日知录之余》四卷附后。今有陈垣的《日知录校注》，安徽大学出版社出版。

明夷待访录 政治历史专著。明末清初黄宗羲著。一卷。“明夷”取自《周易》。共有《原君》《原臣》《原法》等二十一篇。鉴于历代和明王朝的教训，作者深刻揭露君主专制政体的本质，指斥皇帝把天下当作“一人一姓”的私有物，痛陈它给人民带来的巨大祸害；提出必须建立法制，削弱君权，君主应接受学校的监督，学校可以议政；又提出天下之治乱，不在一姓之兴亡，而在万民之忧乐；提倡恢复井田，合理征收实物税，发展工商业。清乾隆间列为禁书，对清末的民主思潮产生较大影响。此书在中国思想史上具有崇高地位，是启蒙思想的先驱著作。梁启超《中国近三百年学术史》：“梨洲有一部怪书，名曰《明夷待访录》。这部书是他的政治思想。从今日青年眼光看去，虽像平平无奇，但三百年前——卢骚《民约论》出世前之数十年，有这等议论，不能不算人类文化之一高贵产品。”今有排印本、注释本及《黄宗羲全集》本。

船山遗书 丛书名。明清之际王夫之著。明亡后，王夫之隐居石船山(在今湖南衡阳西北)，自号“船山老人”，世称“船山先生”。据其裔孙王之春所撰《年谱》载，王夫之著书一百多种，见于著录者八十八种，手稿流传甚稀。至清同治间，曾国藩、曾国荃于金陵节署校刻其书，共收二百八十八卷。1933年，上海太平洋书店铅印《船山遗书》，增收至七十种，合经、史、子、集四部共三百五十八卷，另附录《校勘记》二卷，搜罗较完备，即今通行之本。此丛书是研究船山哲学、政治、文学、历史等思想成果的重要资料。梁启超《中国近三百年学术史·两畸儒》说:“《船山遗书》刻成之后,一般社会所最欢迎的是他的《读通鉴论》和《宋论》。这两部自然不是船山第一等著作,但在史评一类书里头,可以说是最有价值的。他有他的一贯精神,借史事来发表。他有他的特别眼光,立论往往迥异流俗。所以这两部书可以说是有主义有组织的书……‘攘夷排满’是里头主义之一种,所以给晚清青年的刺激极大。”

潜书 政治历史专著。清初唐甄著。凡上下二篇九十七目。初名《衡书》。据作者自述,积三十年而成书,曰衡者,志在权衡天下也。后以连蹇不遇,更名《潜书》。所录多为当时见闻及与友人酬对之语,时势政事、心性治术、民生疾苦,无不具列。文体仿先秦诸子,不多引儒家经典。吸取明末政治腐败与农民起义的教训,提出一系列进步政治观点和主张。推崇明王阳明“致良知”学说;否定帝王独尊,谓“自秦以来,凡为帝王者皆贼也”;反对理学家空谈心性、不务事功及片面宣扬忠孝仁义。和黄宗羲的《明夷待访录》同样表述了明末清初的民主思想。有中华书局排印本。

宋元学案 学术史。清初黄宗羲、黄百家父子和全祖望著。一百卷。黄宗羲在完成《明儒学案》后从事此书撰写,写成十七卷后去世。黄百家续撰,也未能完成。全祖望以十年之功增补未完之篇,后经黄宗羲后人及王梓材先后校订,始得完成。内容是对宋、元两代学术思想的叙述与总结。全书按不同派别区分,每个学案先列举师友弟子,以明学术渊源,再叙生平、著作、思想,末附逸事及后人评论。是研究宋、元学术思想的重要著作。

明儒学案 学术史。清初黄宗羲著。康熙十五年(1676年)成书。六十五卷。内容依明代学者的文集、语录,划分诸家学术宗旨与流派,全书共立学案十九。每一学案,先以小序概括说明,再列小传,分载学者生平、著作、师承及传授,最后摘其文集、语录,以见其思想。间加案语,说明己见。初期以吴与弼、薛瑄、陈献章为主;中期以王守仁为主;末期以顾宪成、刘宗周为主,共叙学者二百零八人。取材精审,评价切要,是中国最早的学术思想史专著。梁启超《中国近三百年学术史·阳明学派之余波及其修正》:“《明儒学案》这部书,我认为是极有价值的创作,将来做哲学史、科学史、文学史的人,对于他的组织虽有许多应改良之处,对于他的方法和精神是永远应采用的。”有中华书局校点本。

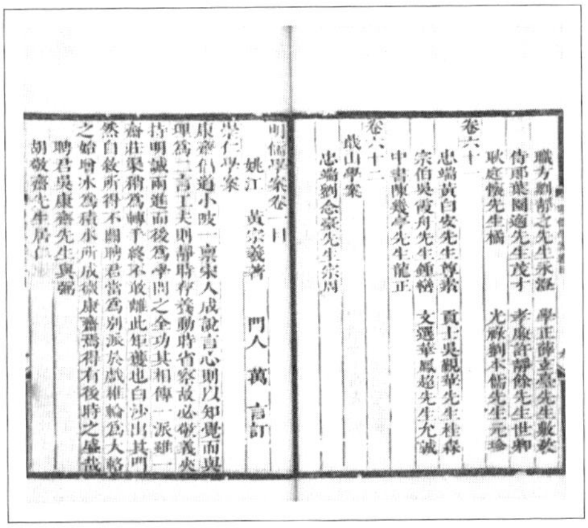

《明儒学案》

孟子字义疏证 哲学专著。清戴震著。凡三卷。其前身为《绪言》《孟子私淑录》。为作者生平最重要的著作。作者以疏证《孟子》字义的方式发挥自己的哲学思想,从考据训诂阐述“理”“天道”“性”等哲学范畴的根本意义。认为“道”是物质性的实体,肯定物质实体是不断运动变化的,认为“理”只是事物的“分理”“文理”“条理”,不能离开事物而单独存在。他批判程、朱“理具于心”和陆、王“心即理”的观点。对天理人欲的关系剖析极微,指出“绝人欲”即是“绝天理”。除收入《戴氏遗书》外,另收入《粤雅堂丛书》。今有中华书局本刊行于世。梁启超《中国近三百年学术史》十三:“戴东原的《孟子字义疏证》,为清代第一流著述,但其目的不专在释《孟子》。”

诸子集成 子书丛书名。国学整理社编选,共选入先秦儒、道、墨、名、法、兵、杂七家著作十八种,汉魏六朝著名子书十种,包括《抱朴子》《颜氏家训》《世说新语》等,计二十八种。著名子书,大体齐备。所采用俱为著名版本及权威注家,有的还同时收入两种不同注本。如《论语》用清刘宝楠《论语正义》,《孟子》用清焦循《孟子正义》,《老子》除王弼《老子注》外,更收入清魏源《老子本义》,《庄子》除清郭庆藩《庄子集释》外,更收入王先谦《庄子集解》。有中华书局据世界书局原版重印本。

朱子家训 亦称《朱柏庐治家格言》。明末清初朱用纯著。朱用纯号柏庐,明生员,居乡以教授为生。康熙时以博学鸿词科荐,坚辞不赴。其《治家格言》前有序论,后分孝弟、勤俭、读书、积德等章。主要内容是劝人勤俭持家,安分守己,读书明理,仁爱助人。因其内容切实,语言质朴,当时曾作为蒙学读物,流传极广。

天演论 近代哲学著作。严复译述。清光绪二十四年(1898 年)出版。上、下二卷,共三十三篇。原著为英国赫胥黎的《进化论与伦理学》。严复翻译时重分章节,并在大部分译文后,附以自己的大段按语,以解释原作的思想,介绍英国社会学家斯宾塞的学说,阐明自己的哲学与政治观点。译者宣传“物竞天择,适者生存”的进化论思想,强调强国保种,意在为维新变法提供理论依据,在当时影响很大。

大同书 近代康有为著。全书十卷。1901—1902 年写成。1913 年曾在《不忍》杂志发表两卷。1935 年正式刊行。作者继承今文经学的公羊家学说与《礼记·礼运》中关于“大同”的论述,糅合进化论思想、民主共和思想和欧洲空想社会主义,幻想出一个“无邦国,无帝王,人人平等,天下为公”的大同社会。宣扬以“不忍人之心”为基础,以改良渐进的方法去实现它。

革命军 近代邹容著。共七章。1903 年在上海出版。作者以通俗生动的笔调,热情歌颂革命是顺乎天道、合乎人心的“世界公理”,号召人们起来扫除几千年的种种专制政体,推翻腐败的清王朝。作者主张按照当时美国的制度和宪法,建立一个民主、自由、独立的“中华共和国”。对中国民主主义革命运动起了很大的鼓动作用。

畴人传 清阮元著。“畴人”旧指天文历算学者。本书四十六卷,前四十二卷叙上古至清嘉庆年间科学家二百四十三人,后四卷叙来华外国科学家三十七人,是中国第一部科学家列传。后有阮元门人、数学家罗士琳撰《畴人传续编》六卷,清末诸可宝撰《畴人传三编》七卷,黄钟骏撰《畴人传四编》十二卷,续有增补。有商务印书馆“国学基本丛书”四编合刊本、广陵书社《畴人传汇编本》。

周髀算经 古代算学著作。作者不可考。著录始见于《隋书·经籍志》,成书约在公元前一、二世纪的西汉时。全书七千余字,二卷。一卷赵婴注,另一卷甄鸾重述。至唐代,李淳风又有注本。是总结周、秦以来天文学及数学成果的著作。全书采用对话形式,数学方面主要论述分数计算、等差数列、求圆周长法、一次内插法、正数的开平方法、勾股定理等,天文历法方面论述“盖天说”和四分历法。

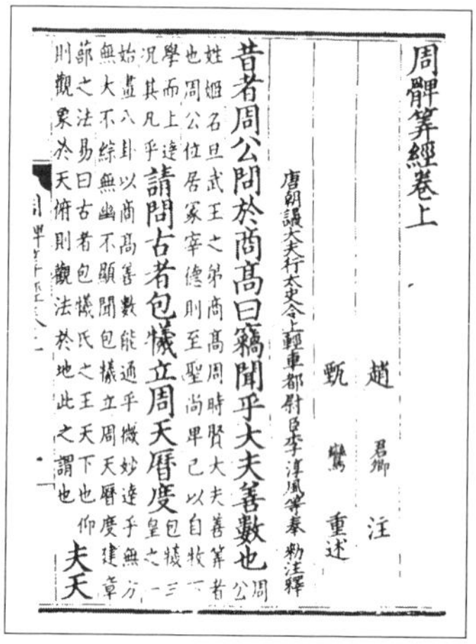
周髀筭經卷上
趙 君卿 注
甄 鸞 重述
唐朝議大夫行太史令上輕車都尉臣李淳風等奉勅注釋
昔者周公問於商高曰竊聞乎大夫善數也
周公姓姬名旦武王之弟商高周時賢大夫善筭者也周公位居冢宰德則至聖尚卑己以自牧下學而上達況其凡乎
請問古者包犧立周天曆度
包犧三皇之一始畫八卦以商高善數能通乎微妙達乎無方無大不綜無幽不顯聞包犧立周天曆度建章蔀之法易曰古者包犧氏之王天下也仰則觀象於天俯則觀法於地此之謂也
夫天

《周髀算经》

夏小正 中国现存最早的一部农事历书。是《大戴礼记》中的一篇,产生于春秋以前,全书不到四百字,由“经”“传”两部分构成。主要记载了天文历法和各种物候现象。《夏小正》按一年十二个月,分别记载星象、气象、物候以及农耕、渔猎、采集、蚕桑、畜牧等活动。说明中国自古因农桑等生产的需要,先民早就注意收集物候资料,按月记载下来,作为适时安排生产的依据。清代学者有多种笺注本,如顾凤藻《夏小正经传集解》等。

齐民要术 古代农业科技著作。北魏末年贾思勰撰。贾思勰,益都(今属山东)人,曾任高阳郡（治今河北高阳东）太守。书写成于533—544年。全书十卷，九十二篇，系统总结了6世纪前黄河中下游劳动人民长期积累的农业生产经验。内容涉及作物及蔬菜瓜果栽培、耕作技术、农业器械、畜牧养殖、植树造林、食品贮存、酿造加工等。是世界上现存最早最完整的农书，历来受到重视。有中华书局版石声汉《齐民要术今释》。

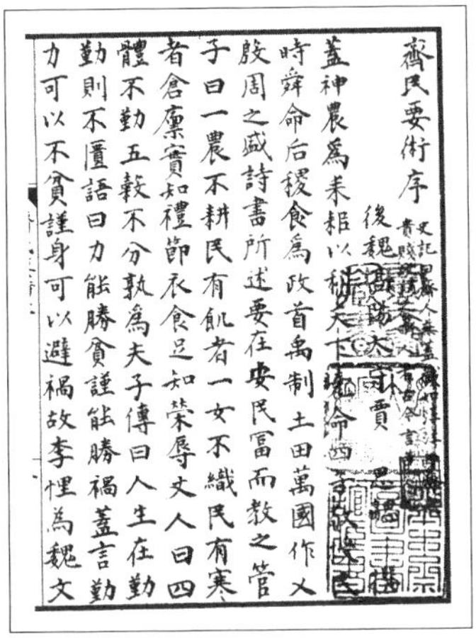
齊民要術序
後魏高陽太守賈思勰撰
蓋神農爲耒耜以利天下堯命四子敬授民
時舜命后稷食爲政首禹制土田萬國作乂
殷周之盛詩書所述要在安民富而教之管
子曰一農不耕民有飢者一女不織民有寒
者倉廩實知禮節衣食足知榮辱丈人曰四
體不勤五穀不分孰爲夫子傳曰人生在勤
勤則不匱語曰力能勝貧謹能勝禍蓋言勤
力可以不貧謹身可以避禍故李悝爲魏文

《齐民要术》

茶经 茶学专著。唐陆羽撰。三卷，共十章。论述茶的起源、性状、栽培、采制、烹煮、茶具、饮水、产地、品级，并引证有关茶事的若干文献，记载翔实，是中国论茶的最早专著，也是世界上论茶的最早专著。约写成于唐肃宗上元元年（760年），此后流传极广，有关茶的栽培、烹制技术和饮茶艺术得到迅速推广，对世界影响极大。

王祯农书 古代农业科技著作。元王祯撰。三十七卷，十三万六千余字，共二百七十个项目。皇庆二年（1313年）写成。全书分三部分，《农桑通诀》为总论，叙述农业生产历史，泛论农、林、牧、副、渔各项技术与经验；《百谷谱》谈粮食、瓜菜果蔬、竹木、药材等的栽培、贮存、利用的方法；《农器图谱》占全书五分之四，记载历代农具及其他器械，如水排、纺车、转轮排字架等共七十四种，配图三百零六幅。书后附《造活字印书法》为世界印刷史上的珍贵文献。

农政全书 古代农业科技著作。明末徐光启撰。六十卷。分农本、田制、农事、水利、农器、树艺、蚕桑、蚕桑广类（棉、麻、葛）、种植、牧养、制造、荒政十二门，附"救荒本草""野菜谱"，共七十余万字，辑录各种文献二百余种，附有插图。全书广泛涉及重农理论、土地利用方式、屯垦、气象、水利工程、农业机械、各类经济作物、畜牧业、农产品加工、备荒措施、野生植物的开发利用等领域，是中国古代农业科学中集大成的巨著。有上海古籍出版社版石声汉《农政全书校注》。

内经 《黄帝内经》的简称。中医经典著作。包括《素问》和《针经》（唐以后改名《灵枢》）两部分。作者不可考，约成书于春秋战国时期。内容以黄帝、岐伯相互问答形式记载，现存本各二十四卷，八十一篇。《素问》主要论述阴阳、脏象、经络、病因、病机、诊法、摄生；《灵枢》主要论述经络腧穴、血气运行、针刺原理、病因病理、治疗方法等。它汇集了古代治疗疾病的临床经验与理论知识，是中医学理论的奠基之作。

黄帝内经 即"内经"。

素问 见"内经"。

灵枢 见"内经"。

伤寒杂病论 中医经典著作。东汉张仲景著。是中国第一部理法方药具备的临床诊疗专著。十六卷。原著亡佚。王叔和等人整理为《伤寒论》和《金匮要略》两书，前者为伤寒部分，后者为杂病部分。它继承和发展《内经》的学术思想，总结前人的医学理论与临证治疗经验，以"六经"论伤寒，以脏腑论杂病，确立理、法、方、药、辨证施治的医疗原则，影响远及日本、朝鲜和东南亚各国。

伤寒论 中医经典著作。东汉张仲景著。是《伤寒杂病论》的伤寒部分。晋王叔和整理。十卷，二十二篇，载方113首。主要以"六经"论伤寒，探讨伤寒病的病理变化，分析阴阳、表里、寒热、虚实等不同症候，制定汗、吐、下、温、清、和等治疗方法，创立理法方药具备的医疗原则，开创中医辨证施治的方法，奠定了中医治疗学的基础。是现存中医学中最早系统论述外感疾病的重要专著，影响极大。历代整理注释者达数百家。

金匮要略 《金匮要略方论》的简称。中医经典著作。东汉张仲景著。是《伤寒杂病论》的杂病部分。北宋时医书局校订整理。三卷，二十五篇，载方 262 首。主要以脏腑辨证论述内科杂病，兼及妇产科、外科诸症。强调预防疾病传变，总结了东汉以前民间治疗杂病的经验，提供了辨证施治及方药配伍的一些基本原则，介绍了不少实用有效的方剂，包括抢救自缢的人工呼吸法。是中国现存最早的系统论述内科杂病的专著，对后世内科学的发展影响深远。

千金要方 《备急千金要方》的简称。中医经典著作。唐孙思邈著。三十卷。作者认为“人命至贵，有贵千金”，故名。书成于永徽三年(652 年)。全书以脏腑、寒热、虚实分类，分列 232 门，载方 5 300 余首。广辑前代各家方书及民间验方，叙述内、外、妇、儿各科疾病的诊断、预防与主治方药、食物营养、针灸等。内容丰富，集唐以前医方大成，是一部临床实用的医学百科全书。后又著《千金翼方》三十卷，补其不足，两书并传于世。

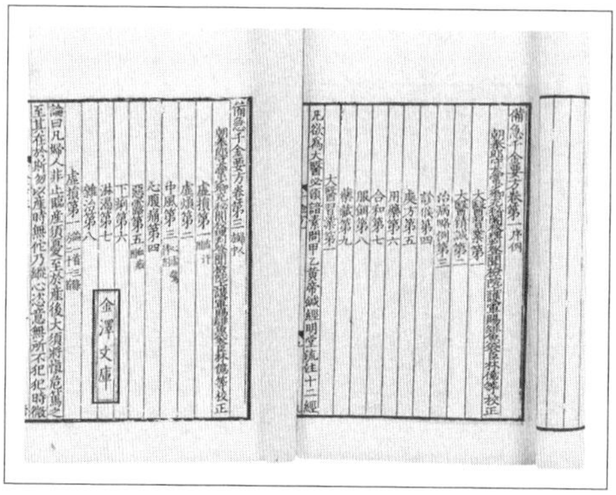

《千金要方》

本草纲目 中医药物学著作。明李时珍著。五十二卷，约 190 万字。全书将药物分为 16 部、62 类，收载药物 1 892 种，并附图 1 160 幅，集历代医家临床验方 11 000 首。作者以近三十年时间，参考历代文献 852 家，考辨异同，三易其稿，于万历六年(1578 年)成书。系统总结了中国 16 世纪以前药物学的经验，为中国药物学史上的巨著。刊行于 1593 年前后。17 世纪初传入日本，先后译成拉丁文和法、德、英、俄等文字，受到世界药物学、植物学者的重视。

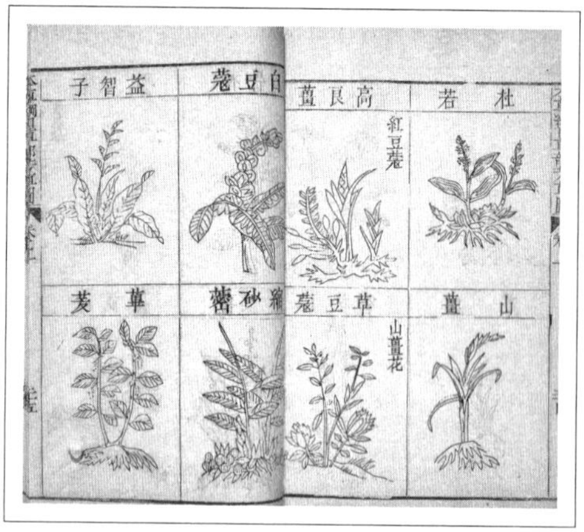

《本草纲目》插图

洗冤集录 通称《洗冤录》。法医学著作。两卷。南宋宋慈著。作者历任广东、江西、湖南等地提点刑狱，在总结前代法医知识及自己办案经验的基础上，晚年著成此书。于验伤、验尸、毒物分辨、解毒方、急救法等方面，均有论述；对犯罪、犯罪侦查及辩冤也有独到的见解。问世以后，成为后世国家刑法官员的必读书。后人增补为五卷，曾译成几种欧洲文字，是世界上最早而较完整的法医学专著，对法医学的建立与发展作出重大贡献。

考工记 古代手工业技术著作。春秋战国时齐国人撰。一卷。西汉时，因古文本《周礼》缺“冬官”部分，即以《考工记》补之。书中记述官府手工业组织及手工业的技术规范，反映了上古至春秋时期的生产状况。广泛涉及车舆、弓箭、皮甲、钟鼓、印染、陶瓷、玉器、建筑、水利等领域。还记载了一些数学、化学、生物、天文知识，如六类不同青铜器中铜锡的配比量“六齐”等。为中国现存最早的手工业技术著作。

营造法式 古代建筑学著作。本书编修于北宋熙宁间，后由李诫重编，刊行于 1003 年。全书三十六卷，三百五十七篇。分总例释名、制度、功限、料例、图样五大部分。对石作、木作、雕作、旋作、锯作、竹作、瓦作、泥作、彩画作、砖作、窑作等建筑结构、构件、工料以及施工工艺等都作了系统、细致的规定。成为古代官式建筑的规范。是研究古代建筑的重要参考书,也是世界上最古老和最完备的建筑学专著。

梦溪笔谈 笔记体综合性学术著作。北宋沈括撰。二十六卷。又《补笔谈》三卷,《续笔谈》一卷。分十七目,共六百零九条,关于自然科学的内容占三分之一以上。涉及天文、气象、历法、数学、地质、地理、物理、生物、化学、医药、冶金、兵器、水利、建筑、音乐等,保存了丰富的科学资料,被誉为"中国科技史上的坐标之一"。今人胡道静整理有《新校正笔谈校证》。另有《梦溪笔谈校证》,上海古籍出版社版。

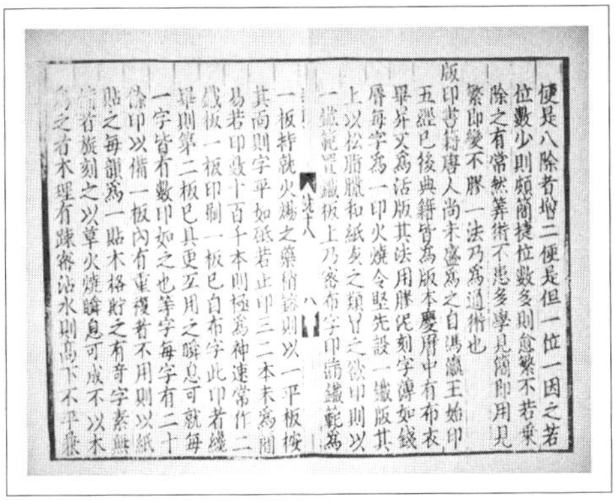
便是八除者但二便是但一位一因之若
位數少則頗簡捷位數多則愈繁不若乘
除之有常然筭術不患多學見簡即用見
繁即變不膠一法乃為通術也
版印書籍唐人尚未盛為之自馮瀛王始印
五經已後典籍皆為版本慶曆中有布衣
畢昇又為活版其法用膠泥刻字薄如錢
脣每字為一印火燒令堅先設一鐵版其
上以松脂臘和紙灰之類冒之欲印則以
一鐵範置鐵板上乃密布字印滿鐵範為
筆談十八 八
一板持就火煬之藥稍鎔則以一平板按
其面則字平如砥若止印三二本未為簡
易若印數十百千本則極為神速常作二
鐵板一板印刷一板已自布字此印者纔
畢則第二板已具更互用之瞬息可就每
一字皆有數印如之也等字每字有二十
餘印以備一板內有重複者不用則以紙
貼之每韻為一貼木格貯之有奇字素無
備者旋刻之以草火燒瞬息可成不以木
為之者木理有疏密沾水則高下不平兼

《梦溪笔谈》

天工开物 古代工艺技术著作。明末宋应星撰。崇祯十年(1637 年)刊行。十八卷。本书对中国古代生产技术进行了系统的总结,内容几乎涉及所有生产技术领域,构成了一个完整的体系。所记均为作者直接观察和研究所得。如作物栽培、粮食加工、制盐、制糖、榨油、酿酒、养蚕、纺织、染色、造纸、制墨、采煤、石灰、矿冶、铸造、机械、砖瓦、陶瓷、舟车、火器制造、珠玉采集等。书中许多技术,一直沿用到近代。该书文字简洁,记述扼要,并附有一百余幅精细生动的插图。书雕版问世后,版本甚多,并先后译成日、英、法、德等国文本。外国学者赞誉它为"中国 17 世纪的工艺百科全书"。

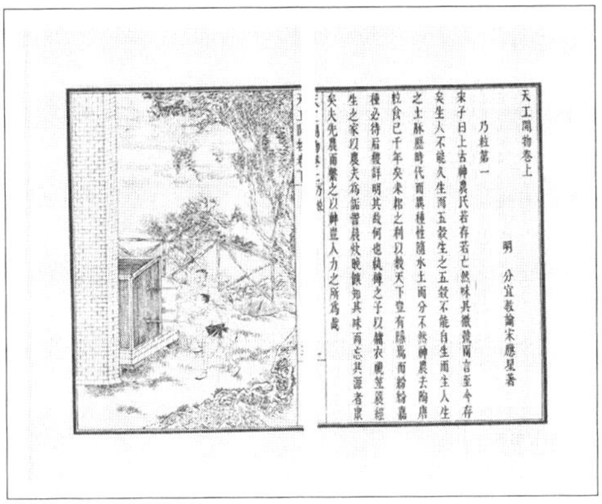
天工開物卷上
明 分宜教諭宋應星著
乃粒第一
宋子曰上古神農氏若存若亡然味其徽號兩言至今存
矣生人不能久生而五穀生之五穀不能自生而生人生
之土脈歷時代而異種性隨水土而分不然神農去陶唐
粒食已千年矣耒耜之利以教天下豈有隱焉而紛紛嘉
種必待后稷詳明其故何也紈袴之子以赭衣視笠蓑經
生之家以農夫為詬詈晨炊晚饟知其味而忘其源者衆
矣夫先農而繫之以神豈人力之所為哉

《天工开物》

九章算术 亦称《九章算经》。古代数学著作。作者佚名。此书总结了先秦至东汉数百年间数学成就,经多次增补,于 1 世纪前后成书。它是中国古代数学体系的核心。作为教科书对后世影响甚大。历代数学家对本书都有注释,以魏晋刘徽和唐李淳风的注释最为重要。全书九章,有二百四十六个数学问题。包括整数和分数的四则运算、面积和体积、赋税的分派、粮食的互换等计算,以及一次方程组解法和测量用数学等。其中分数和正负数的计算、一次方程组解法是具有世界意义的成就。《九章算术》中许多数学名词被沿用至今。这部名著隋、唐时传入朝鲜与日本。现已译成英、俄、德、日等多种外国文字。传世的为南宋本《九章算术》。1963 年中华书局出版的《算经十书》,包括此书在内。

武经总要 北宋时官修军事著作。当时距开国已有六十余年,宋仁宗为防止武备松懈,而将帅"鲜古今之学",不知古今战史及兵法,因而下令天章阁待制曾公亮、工部侍郎参知政事丁度等,编纂此书。五年后编成,仁宗亲为作序。书分前、后两集,每集二十卷。前集详细叙述宋代军事制度,包括选将用兵、教育训练、部队编成、行军宿营、古今阵法、通信侦察、城池攻防、火攻水战、武器装备等。在营阵、兵器、器械部分,都配有形象的插图,是研究中国古代兵器史的极宝贵资料。后集二十卷辑录有历代用兵故事,保存不少古代战例资料,分析品评了历代战役战例和用兵的得失。本书是中国第一部规模宏大的官修综合性军事著作，对于研究宋以前的军事思想十分宝贵。其中以较大篇幅介绍了武器的制造，对科学技术史的研究也有重要参考价值。

武备志 大型综合性军事百科类书。晚明茅元仪撰辑。二百四十卷，文二百余万字，图738幅。由“兵诀评、战略考、阵练制、军资乘、占度载”五部分组成。兵诀评，收录《武经七书》及《太白阴经》《虎钤经》的部分内容，加以评点。战略考，选录从春秋到元代有参考价值的战例六百余。阵练制，载古今各种阵法，去伪存真，并详述选士练兵之法。军资乘，涉及行军设营、作战布阵、旌旗号令、审时料敌、攻守城池、造用火器、河海运输、战船军马、屯田开矿、粮饷供应、人马医护等。占度载，谈各种天文气象，与各种可能发生的人事现象的联系，以及与攻守有关的方舆、镇戍、海防、江防、四夷、航海等六个方面。是研究中国古代军事思想、战史实例、军事装备，尤其是明代各项军事制度的重要资料。书中如《郑和航海图》、杂家阵图阵法和某些古代兵器、车船的形制等资料，皆为他书所罕载。因保卫明朝、抗击后金政权，本为作者著书目的之一，故清乾隆间列为禁书。

广群芳谱 植物谱录。共一百卷。清康熙中，汪灏等奉敕以明王象晋《群芳谱》为基础，增删而成。刊行于康熙四十七年（1708年）。全书包括天时谱、谷谱、桑麻谱、蔬谱、茶谱、花谱、果谱、木谱、竹谱、卉谱、药谱等。每种植物之下，博引古典文献，先《说文》、本草、农书、经史杂著等，后引诗词韵文，以明形态、栽培法、经济价值、观赏特点等。资料丰富，富于文学色彩。有商务印书馆万有文库本。

花镜 观赏植物及果树栽培专著。清初陈淏子撰。作者为明末遗民，生平爱好栽培花木，晚年隐居杭州西泠。康熙二十七年（1688年）著成此书时，已七十七岁。全书六卷。卷一为栽花月历。卷二为栽培原理和管理方法，其中有不少宝贵的经验与理论，如通过嫁接的变异改良品种等。卷三至卷五是分论各观赏植物的品种特性、栽培原理与观赏、食用、药用价值。卷六附论园林中常见禽兽鳞虫四十五种。有康熙刻本、农业出版社伊钦恒校注本。

世说新语 简称《世说》。笔记小说集。南朝宋刘义庆撰。原本八卷，今本作三卷。分德行、言语、政事、文学等三十六门。着重记载东汉末、魏、两晋士大夫的言谈、轶事。对当时士族的思想、生活和清淡放诞的风气，多所反映。文辞精炼，以一言一行来刻画人物的精神面貌，意味隽永。对后代笔记文学影响深远。南朝梁刘孝标为作注释，所引书四百余种，今多散佚，赖其注以传世。后代仿《世说》者甚多，在中国古小说中自成一体。

搜神记 古代志怪小说集。东晋干宝撰。原书散佚，今本为明人辑录而成。二十卷。共有神异故事四百五十四个，大多篇幅短小，情节简单，但设想奇幻，极富浪漫主义色彩。内容有神仙异人的事迹、孝子义妇的美德、精灵物怪的神奇、佛道信仰的因果报应，还有人神、人鬼的交往婚恋等。其中保留了较多西汉以来的神话历史传说和魏晋时期的民间故事。如《盘瓠》《蚕马》《干将莫邪》《韩凭夫妇》《紫玉》《东海孝妇》《董永》《李寄》《嫦娥奔月》等篇，优美动人，深受人们喜爱，在一定程度上反映了古代人民的思想感情。今有中华书局排印本。

唐宋传奇集 传奇选集。近人鲁迅编。八卷。编者从《文苑英华》《太平广记》《清琐高议》《百川学海》《说郛》《文房小说》《琳琅秘室丛书》等古籍中辑出唐、宋两代单篇传奇名作，审慎考订而成。其选录，“唐文从宽，宋代则颇加抉择”，借此可以看出唐、宋传奇小说发生和演变的情况。又附《稗边小缀》一卷于书后，提供每篇的来源和有关版本的考订。有文学古籍刊行社校勘整理本。

太平广记 小说总集。北宋李昉奉敕编纂。书成于太平兴国年间，故名。五百卷，另有目录十卷。按性质分为九十二大类。全书采录自汉至宋初的野史、小说、笔记、琐闻等四百七十五种，保存了大量的古小说资料。其中所录之书，有很多已佚、残缺或经后人窜改，赖此书得以保存。宋代话本、元明杂剧、诸宫调、明清传奇等，往往取材此书，对文学、戏剧的发展影响甚大。今有中华书局的校点排印本。

夷坚志 志怪小说集。南宋洪迈撰。原书四百二十卷,多已散佚,今存二百零六卷,约为原书之半。该书搜罗广泛,卷帙浩瀚,为宋代志怪小说中篇幅最大的一部。内容多为神仙鬼怪、异闻杂录,也记载了宋人的一些逸闻轶事、风尚习俗,其中有的篇章反映了宋代社会阶级剥削的惨重以及官场的腐败,因而此书不仅在文学史上有一定价值,也是研究宋代社会的有用资料。宋元以来,不少话本和戏曲都取材于《夷坚志》,足见其对后世的影响。有中华书局何卓点校本。

东京梦华录 地方风土笔记。南宋孟元老撰。十卷。作者初居汴京(今河南开封),南渡后怀念故都,写成此书。所记汴京城市面貌、岁时物产、风土习俗等,反映出北宋城市经济的发达和市民文化娱乐生活的面貌。是研究宋代城市经济史和讲唱文学的宝贵资料。今有中华书局版邓之诚《东京梦华录注》、伊永文《东京梦华录笺注》本。

武林旧事 地方风土笔记。宋元之际周密撰。十卷。本书为作者入元后追忆南宋都城临安(旧称武林,即今浙江杭州)旧事而作。约十一万字。仿孟元老《东京梦华录》体例,充满感情记叙南宋朝廷典礼、山川景物、民情风俗,以至市肆节物、教坊乐部,其中记述杭州市民阶层物质文化生活及手工业、物产情况甚详,有当时民间艺人姓名、角色和杂剧曲名近三百个。

梦粱录 地方风土笔记。南宋吴自牧撰。自牧,钱塘(今浙江杭州)人。二十卷。体例仿《东京梦华录》,记南宋都城临安(今杭州)的风俗、艺文、建置、物产等。材料来源,部分根据作者耳闻目见,部分出自《淳祐临安志》《咸淳临安志》。其中,记杂技与说书部分,为游艺和小说发展史的重要资料,文字质朴真切。

录鬼簿 古代戏曲论著。元钟嗣成著。初稿成于元至顺元年(1330年),后来作了两次修订。全书二卷,依时代先后将元杂剧作家分为三类:一类为“前辈已死名公才人”;二类为“方今已亡名公才人”;三类为“方今才人”。记载了中国戏曲最繁盛时期元代的“书会才人”与“名公大夫”身份的戏曲及散曲作家的生平事迹和作品,并对其中某些部分加以评论。书中所记,元代“名誉昭然”的杂剧作家有九十余人,杂剧作品名目达四百五十余种。是研究元杂剧、元代戏曲作家的重要著作。

青楼集 记载戏曲演员艺术活动的专著。元、明间夏庭芝著。成书于元至正十五年(1355年)。全书一卷。记载元代一百二十位戏曲歌舞演员,包括杂剧、院本、南戏、说书、弹唱、歌舞的著名女艺人。介绍了她们的艺术特长、造诣及名人学士对她们的评价和她们的家庭关系、社会交往等。书中还提及当时的男演员三十多人,又介绍五十多名戏曲作家、散曲作家、诗人的事迹。是研究元代戏曲作家、演员艺术活动的重要著作。

菜根谭 语录体格言集。明洪应明著。洪字自诚,金坛(今属江苏常州)人,生活于万历间。全书上下两卷,三百六十条。每条数十字,排比或对偶工整。论述修身、处世、待人、接物、应变以及对自然、艺术的鉴赏等,趣味盎然,言近旨远。此书糅合儒家中庸思想、道家无为思想、佛家出世思想,当是作者离开官场以后的晚年之作。后传入日本,有1822年重校本,至今受到重视。

遵生八笺 养生学杂著。明代高濂撰。十九卷,五十余万字。作者字深甫,钱塘(今浙江杭州)人,是著名的戏曲作家。此书刻于万历十九年(1591年)。全书分八笺,分别论述修身养性、四时保健、祛病延年、饮馔服食、鉴赏清玩、园林布置、医药方剂、休息娱乐等。内容丰富广博,如论气功及记载方剂四十余种,介绍饮食的制法四百多种,一百五十种花草和盆栽树木的观赏与种植等,多有独到心得。

陶庵梦忆 笔记。明末清初张岱著。八卷。一百二十余条。书成于清顺治三年(1646年)。作者为明朝遗民,通过回忆前朝旧事,对南京、扬州、杭州、绍兴等地的社会生活和风俗人情,如茶楼酒肆、说书演戏、山水风景、民俗节日、文物古迹、工艺书画等,都有所记述。寄托了追怀前朝、眷恋乡土的心情。文字短小活泼，流丽清新，是绝佳的小品。

板桥杂记 笔记。明末清初余怀撰。三卷。怀字澹心，福建莆田人，移居江宁（今江苏南京）。此书作于明亡后，专记昔年南京秦淮河畔旧院琐事。上卷“雅游”，中卷“丽品”，下卷“逸事”。书中叙述文人名士与歌妓的交往及艺人的活动，文笔绮丽生动，颇寓感慨。所记马湘兰、董白、卞玉京、顾眉、柳如是、李香君、柳敬亭的事迹，为《桃花扇》等文学作品所采。是研究晚明社会、明清文学和妇女史的可贵史料。

扬州画舫录 笔记。清李斗撰。十八卷。书中记载清乾隆时扬州的城市布局、园亭寺观、梨园酒肆、风土人物、名流轶事等。是一部以充满诗情画意笔调描摹出的扬州社会生活的百科全书。尤可贵者，在于其中对扬州评话、元明杂剧、明清传奇剧目、戏班人物活动的记载。还提到了《儒林外史》的作者吴敬梓及其子吴烺。学者袁枚、阮元为此书作序。阮元认为此书非如《洛阳伽蓝记》《东京梦华录》之追述往事，乃“目睹升平”之作，更加真切可靠。现存乾隆六十年初刻本等。今有排印本。为研究中国园林史、戏曲小说史的必读文献。

幽梦影 随笔小品集。清初张潮撰。潮字山来，安徽歙县人，与冒辟疆、孔尚任等为友，曾编小说集《虞初新志》及《昭代丛书》等。此书二百余则，多用对偶句或排比句写成，广泛涉及处世、治家、交友、自然、创作、欣赏等人生的各个方面。并附作者友人评语。林语堂曾译出部分，介绍给西方读者。仿作者有道光朱锡绶的《续幽梦影》及近人郑逸梅的《幽梦新影》。

聊斋志异 文言短篇小说集。清初蒲松龄撰。共收小说四百九十一篇。作者在收集大量民间传说的基础上，继承魏晋志怪和唐人传奇的艺术手法，以自己丰富的想象与构思，创造出许多狐鬼花妖的故事。全书揭露社会黑暗，官绅的贪婪横暴；抨击八股取士的科举制度；反映青年男女对恋爱自由、婚姻自主的要求。作品构思奇特，描写细腻，情节变幻无穷，引人入胜，在中国小说史上具有很高地位，并译成各国文字，流传海外。通行本，十二卷，有铸雪斋抄本影印本及张友鹤“会校会注会评本”。

阅微草堂笔记 笔记小说集。清纪昀著。二十四卷。分《滦阳消夏录》《如是我闻》《槐西杂志》《姑妄听之》《滦阳续录》五部分。此书为作者晚年在京追述见闻之作。内容多写鬼怪神异故事，文字质朴简明，风格淡雅清新，间有考辨，对宋儒虚伪的理学，时加讽刺，广泛反映了当时各阶层人物的风貌与社会现实。

浮生六记 自传体笔记。清沈复著。复字三白，江苏吴县（今苏州）人，生活于乾嘉之际，能书画，以游幕、经商为业。此书记作者与其妻陈芸的情爱及家庭变迁，着重叙述他们享受自然和艺术的恬淡而有情趣的日常生活。原本六卷，仅存前四卷：《闺房记乐》《闲情记趣》《坎坷记愁》《浪游记快》。民国时出版六卷本，后二卷《中山记历》与《养生记道》为后人托名之作。林语堂 1939 年将前四卷译为英语本。

笑林广记 笑话集。① 清代游戏主人纂辑。十二卷。本书以明末冯梦龙《笑府》为底本，保留原书特色，增补调整，收笑话八百二十五则，刊行乾隆间。全书讽刺揭露贪官污吏、腐儒、道学家和各种庸俗、虚伪、丑恶的言行，嬉笑怒骂，皆成文章。具有较强的批判精神和社会认识价值。② 清光绪间程世爵撰。不分卷，三百四十五则。以上二书今有齐鲁书社版《笑林广记二种》。

说郛 笔记丛书。元末陶宗仪辑。一百卷。原本已佚，近人据明钞本配齐，有涵芬楼排印本。系选辑汉魏至宋元的各种笔记小说，也有经、史、诸子及诗话、文论等，汇编而成。采用之书达六百余种，其中少数作品世无传本，从类书中抄录其文，以备一种，略存其大概。另有一百二十卷本，为清代陶珽增订，收书达一千多种。今有影印本。

清稗类钞 清代掌故遗闻的汇编。近人徐珂编。编者从清人、近人的文集、笔记、札记、以及报章中广搜博采编成。仿前人《宋稗类钞》体例，所记载之事，上起顺治、康熙，下迄光绪、宣统。全书共分九十二类,凡一万三千余条,三百万余言。涉及内容极其广泛,举凡军国大事、典章制度、社会经济、学术文化、名臣硕儒、音乐戏剧、服饰饮食、民情风俗、疾病灾害、古迹名胜、动物植物,无所不有。许多资料可补正史不足,对于研究清代社会历史,甚有参考价值。

说库 古代笔记体著作丛书。近代王文濡编。1915年上海文明书局以线装石印本出版。选录起自汉代,下迄明清,共收录笔记杂著一百七十种。凡经义创解、朝野佚闻、私史杂录、人物言行、诗文源流、工艺游戏、饮馔养生、风土物产、神仙志怪等,均加采录。所选与后来《笔记小说大观》相重复者,仅数种。有浙江古籍出版社影印本。为文史研究的有用参考书。

笔记小说大观 古代笔记体著作丛书。本书为20世纪20年代由上海进步书局邀请学者编纂,以线装石印袖珍本出版。选录自晋代至清作者二百零一家的笔记杂著二百二十六种。内容十分丰富,包括百家杂说、山川地理、诗话文论、博物技艺、典章制度、金石考据、社会风俗、人物传记、野史遗闻、神话鬼狐等。80年代,广陵古籍刻印社补漏订误万余处,重印出版,共平装三十五册。是文史研究的有用参考书。

大宋宣和遗事 讲史话本。分"元亨利贞"四集。成书于元代,系由多种笔记小说连贯而成。有的部分口语化程度较高,像是说话人的创作。可能经过元人的增订。宣和为北宋徽宗最后的年号,该书以讲述历代帝王荒淫误国始,当中叙述王安石变法、蔡京专权、宋江等三十六人聚义、宋徽宗与歌妓李师师、道士林灵素、金兵攻陷汴梁、徽宗父子被俘北上等故事,直到南宋高宗定都于临安止。其梁山英雄聚义部分,后来成为《水浒传》的蓝本。全书为宋人口气,反映了汉族人民爱国抗金的思想感情。

书断 书法理论著作。唐张怀瓘著。三卷。全书论述古今书体及载录书法家小传,并品评其成就。上卷叙十体书,有古文、大篆、籀文、小篆、八分、隶书、章草、行书、飞白、草书等。各述其源流,系之以赞,末为总论一篇。中卷、下卷分神、妙、能三品,每品各以书体分,前列姓名,后为小传,记述颇详。神、妙、能三品之目,自此书始。唐张彦远《法书要录》中全载其文。宋代,朱长文仿其体例,作《续书断》,论列自唐初至宋熙宁间书家,而于唐初诸人加详,以补《书断》之略。但不以书体分,而以时代先后为序。

法书要录 唐张彦远撰。十卷。集古人论书法之篇章,上起东汉,下迄唐宪宗元和间。其书采辑繁富,汉以来遗文佚作,往往赖之以传,为研究书法的重要著作之一。南朝梁庾肩吾《书品》、唐张怀瓘《书断》,皆收入此书之内。近人余绍宋谓其采集至为精审,所录唐以前论书之文,凡伪托之作,皆弃而不录,可谓颇有卓见。

书谱 书学论著。唐孙过庭撰文并书。本为六篇,分为两卷。今存仅石刻总序一篇,草书。论者谓其词简意赅,理论精辟,为中国著名书法理论著作。作者在数十年的书法实践中,认识到汉魏以来论书者"多涉浮华,莫不外状其形,内迷其理","或重述旧章,瞭不殊于既往;或苟兴新说,竟无益于将来"。书中对运笔方法,论述极详,唐宋间人多以"运笔论"视之。张怀瓘称其深得旨趣。故历来学书者,无不奉为指南。唯清包世臣对之不甚推许。历代颇多笺证、注疏、辨误、考证等,近年有朱建新笺证本。

宣和书谱 法书目录。不著撰人姓名。二十卷。记宋徽宗宣和内府所藏法书墨迹,分历代帝王书、篆、隶、正、行、草、八分、制诰等八门。著录各体书法作品,前有叙论,后按朝代编次。书家各系小传,然后列其作品,品第风格,辩证源流。此书保存了不少书法史料,是研究书法史与作品流传的重要参考书。

续书谱 论书法专著。宋姜夔撰。共二十篇,乃作者自为之说,非孙过庭《书谱》之续。内分总论、真书、用笔、草书、用墨、行书、临摹、书丹、情性、血脉、燥润、劲媚、方圆、向背、位置、疏密、风神、迟速、笔锋等。大体推重钟繇、王羲之,谓献之以下用笔多失,唐宋以下,更不待言。后人谓其持论过高,然其批评之言,颇可参考,所述亦多本人心得。

艺舟双楫 书法论著。清包世臣撰。分为论文与论书法两部分。论文者为上篇,四卷,评论古文作法,抒发己见,录己作书、序、碑传等文。论书法者为下篇,二卷,阐述本人学书经验心得,论述汉代以来书法用笔源流,以及为孙过庭《书谱》辨误等,皆著者论书精华之语,并附《十七帖疏证》《邓石如传》及题跋杂著等。后人谓其不无穿凿附会及高自矜诩之处。然其抑帖扬碑的主张,开辟了书法的新途径,对清中叶后的书风变革,颇有影响,自此形成所谓"碑学"。清末康有为《广艺舟双楫》,继续阐扬其说。有《艺林名著丛刊》等版本。

广艺舟双楫 书法论著。清末康有为撰。六卷。凡二十七篇。其持论大抵提倡碑版,攻击帖学,故有"尊碑""卑唐"各篇。因清代中叶,阮元即倡"南北派"之论,包世臣在《艺舟双楫》中亦抑帖扬碑,至清末赵之谦时,碑学极盛一时,故康氏继之,大加宣扬。持论虽不免偏激,但使碑学渐成一科,足以与帖学对立,与此书所论大有关系。其议论博辩,综述六朝诸碑及书体变迁之迹,时有精辟之见。反映了时代风尚的转移与书法发展通变的形势,颇有助于书法史的研究。有《艺林名著丛刊》本。今有崔尔平《广艺舟双楫注》。

古画品录 画论专著。南朝齐谢赫撰。为中国最古的绘画论著。评介了3世纪至4世纪的重要画家,收录了从三国吴至南朝齐画家二十七人,分隶为六品,论其优劣。在理论上,该书首先指出绘画具有"明劝戒,著升沉,千载寂寥,披图可鉴"的作用。同时又提出中国绘画的"六法"并作为评画准则。"六法"即气韵生动、骨法用笔、应物象形、随类赋彩、经营位置、传移模写。此六法之说,后代多所引用,影响很大,是千百年来历代画家、批评家、鉴赏家们所遵循的法则。有《百川学海》《说郛》等版本。

历代名画记 画史著作。唐张彦远撰。十卷。前三卷论述绘画与风化教育的关系。对南齐谢赫画法六论加以引申阐述,谈历代画家流派及师承,对名家技法予以评论,强调立意和用笔,指出书画用笔同理。又记录唐代两京和外州的寺观壁画,采录古代重要书画目录,其对唐代书画的鉴识评价与收藏,以及装帧裱轴等,均有真实记录和精深见解。后七卷是上古至唐会昌年间三百七十余位画家的小传,叙述扼要,各有品评。是中国古代第一部通史性画史要籍。有《津逮秘书》《学津讨原》本,近人俞剑华注释校补本。

宣和画谱 画作目录。二十卷。不著撰人姓名。著录宋徽宗宣和内府所藏历代画家二百三十余人的六千三百余件作品,按题材分为道释、人物、宫室、番族、龙鱼、山水、兽畜、花鸟、蔬果等十门。著录各体绘画作品,先有叙论,次为画家评传,传后则列作品名称及件数。据当时人笔记,作品大多为书画家米芾所鉴别。

图绘宝鉴 画史著作。元夏文彦编著。文彦字士良,云间(今上海松江)人。对绘画精于赏鉴,富收藏。此书五卷。第一卷为叙论部分,论画与装裱定式等。以后四卷是古史传说时代到元代画家的传记。其中以一千三百余人有传,近二百人只列姓名。其于金元两代画家史料广为搜罗,最具价值。明韩昂著《图绘宝鉴续编》一卷,补录明洪武至正德十四年(1519年)的画家一百余人。明清之际,坊间将二书刻为《增补图绘宝鉴》八卷。全书搜罗广博,影响甚大。

佩文斋书画谱 书画丛书。清康熙帝命文臣孙岳颁、宋骏业、王原祁、吴暻、王铨等编纂。搜罗引用明以前绘画论著、书画家传记、书画题跋、考证等书一千八百四十四种,成一百卷。以玄烨书斋"佩文",因以名书。成于康熙四十七年(1708年)。该书首为论书法、论绘画,以后依次为历代帝王书画,书法家、画家传记,无名氏书画,历代帝王书画题跋,历代名人书画跋,书辩证和画辩证,历代鉴藏等。分门列目,凡所征引,皆列出处,便于稽考,为历代书画谱集大成之作。分类颇精审,惟对书画古籍未专门列目著录,说明编撰和存佚情况,真伪兼收,未加辩证。然资料丰富,足资后世书画研究之参考。有《四库全书》本、《摛藻堂四库全书荟要》本。

闲情偶寄 综合性艺术论著。清初李渔撰。全书分词曲、演习、声容、居室、器玩、饮馔、种植、颐养八部。内容丰富,涉及戏曲、歌舞、园林、建筑、烹饪、花卉、器玩、养生等艺术和生活享受各方面内容,包含了作者独特的美学思想。其中论戏曲的"词曲部",作者提出结构第一、词采第二、音律第三、宾白第四、科诨第五、格局第六的完整理论,见解精到,符合戏曲艺术的规律与特点,历来受到重视。后被辑出单行,题名为《李笠翁曲话》。

芥子园画传 通称《芥子园画谱》。中国画技法图谱。清初画家王概兄弟等应邀编绘。以刻于李渔在南京的芥子园,故名。刊于康熙间。全书三集。初集五卷,为山水谱;二集八卷,为兰、竹、梅、菊谱;三集四卷,为花卉、草虫及花木、禽鸟谱。每集系统介绍基本画法、名家画式及仿作,颇便初学。嘉庆间书坊又编印"人物画谱"三卷,为第四集。光绪时,巢勋将四集重摹增编,在上海以石版印行,流传更广。今有人民美术出版社重印本。

点石斋画报 近代石印新闻画报。清光绪十年(1884年)5月创刊于上海。画家吴友如主编。因是《申报》馆附属的点石斋书局出版,故称。十天一期,每期图八幅,随《申报》附送。特点是场面大,人物多,视角独特,细腻逼真,空白处附详细文字说明。内容以社会新闻画和战事新闻画为主。当时出现的新事物,如照相、飞机、火车、自行车、种牛痘、西洋乐队以及赛马、舞会等,在《画报》中都有生动的描绘。1896年底停刊,共出四百七十三期。今有合订本的影印本。

美术丛书 中国美术论著汇编。近代邓实、黄宾虹合编。全书四集,每集十辑,包括有关书法、绘画、雕刻、刻印、瓷器、铜器、玉石、文艺及杂记等,共收录论著257种,以记载论述书画之书最多。所辑间有稀见之本,但有的未录全文,存在割裂篇章的缺点。有江苏古籍出版社排印本。

艺文类聚 类书名。唐高祖命欧阳询等辑。一百卷。全书按天、地、人、物的次序,设立岁时、帝王、职官、居处、服饰、百谷、鸟兽等48部,下分细目730多个。每个目下摘引有关记载,事实居前,诗文居后。共引用唐以前古籍1 300余种。所引书,以后大多不存,因而此书对辑校佚著,查考古代事物,均有参考价值。

太平御览 简称《御览》。大型类书名。宋太宗命李昉等辑。一千卷。始于太平兴国二年(977年),成于太平兴国八年。因太宗自言日读三卷,故题今名。全书分55个部门,每个部门下再分细目。其书征引浩博,包括前代类书,以及各种古籍2 579种,其中仅地志就达200余种。不仅有助考订名物,在保存逸书上也具重要价值。

永乐大典 大型类书名。明成祖命解缙等辑。共成书二万二千八百七十七卷,凡例、目录六十卷。全书按韵目分列单字,按单字依次辑入与此字相联系的各项文献记载,明初以前各学科重要典籍得以保存。后又依正本另摹副本一份。清乾隆、嘉庆间,曾从中辑录已逸之书数百种。正本毁于明后期,副本至清中期也渐散失。英法联军、八国联军先后侵入北京,副本大部分遭焚毁和劫掠。1960年,中华书局将历年征集到的散失各处的残本七百三十卷(不足原书百分之四),影印出版。

永樂大典卷之一萬四千三百八十
四寘
寄 詩十三

《永乐大典》

古今图书集成 大型类书名。清康熙中陈梦雷等原辑,清世宗命蒋廷锡等重辑。全书一万卷,目录四十卷。分六编,三十二典,六千一百零九部。一、历象编，分乾象、岁功、历法、庶征四典；二、方舆编，分坤舆、职方、山川、边裔四典；三、明伦编，分皇极、宫闱、官常、家范、交谊、氏族、人事、闺媛八典；四、博物编，分艺术、神异、禽虫、草木四典；五、理学编，分经籍、学行、文学、字四典；六、经济编，分选举、铨衡、食货、礼仪、乐律、戎政、祥刑、考工八典。每典分若干部。每部先汇考，次总论，有图表、列传、艺文、纪事、杂录、外编等项。内容繁富，区分详晰，是中国大型类书之一。

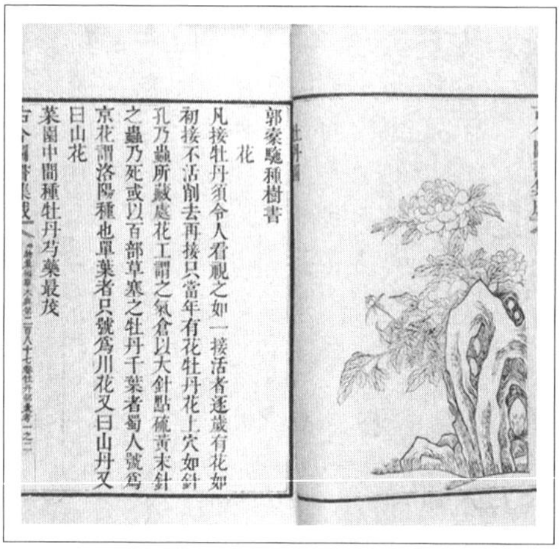
郭橐駝種樹書
花
凡接牡丹須令人看視之如一接活者逐歲有花如初接不活削去再接只當年有花牡丹花上穴如針孔乃蟲所藏處花工謂之氣窗以大針點硫黃末針之蟲乃死或以百部草塞之牡丹千葉者蜀人號爲京花謂洛陽種也單葉者只號爲川花又曰山丹又曰山花
菜園中間種牡丹芍藥最茂

《古今图书集成》

渊鉴类函 大型类书。清张英等奉敕编。四百五十卷，总目四卷。此书在明代俞安期《唐类函》基础上，补充唐以后至明嘉靖间的类书、总集及子史笔记中的材料，分别列入有关各部类，编辑而成。天地间事物计分四十五部，每部再分为若干类，以释名、总论居首，次列典故、对偶、摘句、诗文等。释名、总论中，以《释名》《说文》《尔雅》等书居前，经史子集等次之。全书体例细密，收罗宏富，引证作品多为全篇，对考镜事物源流，有较大参考价值。有中国书店影印本。

六祖坛经 中国佛教南禅宗创始人、六祖慧能（638—713）曾在韶州（今广东韶关）大梵寺坛传经授戒，门人记其语录及事迹，汇成一编，尊为经典。是中国佛学著述中唯一称“经”之作。其说来源于大乘诸经，提倡“明心见性”“见性成佛”，主张以“顿悟”为修禅的根本方法。对宋明理学及诗歌理论也有一定影响。书经后人改订，书中思想不尽属慧能。近人丁福保有《六祖坛经笺注》。1983 年中华书局出版有郭朋的《坛经校释》。

道藏 道教经籍丛书。始于唐玄宗开元中所编《开元宝藏》，三千七百四十四卷。后因兵火散佚无存，至宋真宗时，重修《大宋天宫宝藏》，共四千五百六十五卷，缮写七部，徽宗时雕版印行，改称《政和万寿道藏》，至此始有印本。金、元时所编，尽皆毁失。今存世者，为明《正统道藏》，五千三百零五卷；《万历续道藏》，一百八十卷。内容除道教教义、修炼方法外，还包含一些古代医学、化学、生物、体育等方面的资料。

大藏经 佛教经籍丛书。南朝梁武帝总辑佛教经典，凡五千四百卷。自隋唐成集，汇藏，至宋代雕版印行，经历漫长过程。全书分经、律、论三部分。佛说教义为经，僧侣戒律为律，解释和研究教义的为论。名为三藏。汉译三藏通称大藏经，今有中华书局版、任继愈主编校点的《中华大藏经》，收经籍四千二百余种、二万三千余卷。亦泛指其他文种的大型佛教丛书，如巴利文的《南传大藏经》，朝鲜的《高丽藏》，日本的《大正藏》，藏、满、蒙、傣文的《大藏经》，以及西夏文的《大藏经》残本。

京本通俗小说 宋人话本集。原篇目数不详，存九篇。旧传是学者缪荃孙在上海发现的一个影元人写本。1915 年删去两篇后，刊印于《烟画东堂小品》中。经国内外学者多年考证，多认为出于缪氏伪托，是据《三言》中宋人旧篇，增加“我朝”“我宋”“大宋”等字样，修改而成，不能认定为现存最早宋人话本。

清平山堂话本 话本集。明洪楩编刊。楩字子美，嘉靖时钱塘（今浙江杭州）人，清平山堂是其斋名。全书分雨窗、长灯、随航、欹枕、解闲、醒梦六集。每集上下卷，每卷五篇，共六十篇，故又名《六十家小说》。今存二十七篇，内五篇残缺，后又发现残文二篇。大多为宋元作品，也有明人之作，未经润饰，保存了话本的质朴原貌。今有上海古籍出版社出版谭正璧校点本。

三国演义 长篇章回小说。元末明初罗贯中作。今所见最早为明嘉靖刊的《三国志通俗演义》，二十四卷，后以多种版本流传，衍为一百二十回。清康熙末毛宗岗整理、修订为《三国志演义》，成为流传最广的通行本。小说取材《三国志》与裴松之注、《后汉书》、元代《全相三国志平话》和民间传说等。故事起于刘、关、张桃园三结义，终于王濬楼船东下灭吴，生动叙述了东汉末至西晋初近105年的社会面貌，着重刻画了整个三国时期的政治、军事与外交斗争，揭露了统治者的罪恶和他们之间的矛盾，塑造了一批叱咤风云的英雄人物。小说语言明快流畅，全书结构宏伟，笔法富于变化；头绪纷繁、错综复杂的事件与众多的人物组织得完整严密，叙述有条不紊、前后呼应，步步引人入胜。清代流传国外，朝鲜、日本、越南、泰国以及英、法、俄等国家，先后都有本国文字的译本。

东周列国志 长篇章回小说。二十三卷，一百零八回。明嘉靖、隆庆间余邵鱼撰《春秋列国志传》，经明末冯梦龙改编为一〇八回的《新列国志》。清代蔡元放再继续修订并加大量评语，改为《东周列国志》。此书所需故事，自西周末期周幽王被杀，平王东迁，止于秦始皇统一六国。大体上取材史书，但也增入若干虚构的情节与民间传说，以浅近文言写成。

封神演义 亦称《封神传》《封神榜》。长篇章回小说。有明刻本题许仲琳编辑。一说为明代道士陆西星(字长庚)作。一百回。故事以《武王伐纣平话》为基础，再参考古籍和传说敷演而成。内容叙述商朝末年政治纷乱和武王伐商，颇多仙佛神魔斗法的描写，富于神话色彩。末以姜子牙大封诸神和周武王分封诸侯作结。作者宣扬贤君，谴责暴君，颇多宗教迷信与封建道德的糟粕。鲁迅《中国小说史略》认为“其根柢，则方士之见而已”。

西游记 长篇神魔小说。明吴承恩作。一百回。以唐代高僧玄奘法师不畏艰险，独自去印度取经为题材，搜集民间传说改编创作而成。书中叙述神猴孙悟空出世和大闹天宫，唐僧师徒四人一路上接受种种考验，降妖伏魔，终于取得真经的系列故事。除孙悟空的光辉形象外，唐僧、猪八戒等人物的描写，也各有鲜明的个性。小说充满浪漫主义的色彩和儿童般的天真，语言朴素生动，文笔诙谐风趣，情节美妙紧凑，表现了作者罕见的想象力。

水浒传 亦名《忠义水浒传》。长篇章回小说。明施耐庵作。一说罗贯中作。另有“施耐庵的本，罗贯中编次”说。在宋元资料的基础上，广采民间传说、话本、杂剧等再创作而成。小说客观上揭示了北宋后期“官逼民反”的黑暗现实，成功塑造了聚义“水泊梁山”的武松、李逵、林冲、鲁智深等敢于反抗的英雄形象和高俅、西门庆、张都监、陆谦等贪官恶霸、帮凶走狗的反面形象。故事性强，语言富于表现力。今传本有一百二十回本、一百回本和七十回本。有李卓吾、金圣叹等评点本。

金瓶梅 长篇章回小说。题兰陵笑笑生作。明万历年间刊行。作者真实姓名不可考。全书一百回。借《水浒》中西门庆、潘金莲故事为线索，描写西门庆勾结官府、横行乡里、压榨穷人、蹂躏妇女，由发迹到病亡的历史。书中暴露了官商恶霸的荒淫残暴乃至整个明代社会的黑暗面貌。作者突破长篇小说但写历史、英雄或神魔的局限，转而描写凡俗的家庭生活。作品刻画人物性格鲜明、描摹世态人情细致，语言生动有力，在中国小说史上具有独特的地位。唯淫秽描写过多，是其疵病。

张竹坡评本《金瓶梅》

金瓶梅词话 长篇章回小说。《金瓶梅》的另一版本系统。其版本前有欣欣子的序。在回目上，《金瓶梅词话》文字参差不齐，《金瓶梅》对仗工整；在回目前的韵文方面，《金瓶梅词话》多用词，《金瓶梅》多用诗。两者故事情节基本一样。今有万历刊本的影印本。参见“金瓶梅”。

三言二拍 明代所辑五种话本及拟话本集的合称。即《喻世明言》(又名《古今小说》)、《警世通言》、《醒世恒言》、《初刻拍案惊奇》、《二刻拍案惊奇》。

三言 话本小说集《喻世明言》(《古今小说》)、《警世通言》和《醒世恒言》的合称。明末天启间,冯梦龙应书商之请,据宋元旧话本及明人拟作,加工润色,编辑而成。每种四十篇,共收话本一百二十篇。题材有历史故事,也有明代的现实内容,语言生动畅达,描写细致曲折,真实地反映了当时广阔的社会风貌,尤其是明代市民阶层的思想感情。是中国古典白话短篇小说中的瑰宝。

二拍 话本小说集《初刻拍案惊奇》《二刻拍案惊奇》的合称。明末凌濛初编著。每种四十篇,共收八十篇。二刻末篇《闹元宵》为杂剧。题材多取自古代笔记小说中故事性强者,如《太平广记》《夷坚志》《剪灯新话》《剪灯余话》等及其他古籍,敷演成篇。受“三言”影响,全书涉及明代社会各阶层人物,文笔流利,其中不乏出色篇章。但较多因果报应思想、封建说教与色情描写,艺术成就逊于“三言”。

喻世明言 话本集。明末冯梦龙编著。原名《古今小说》,后改今名。“三言”之一。四十篇。包含宋、元、明三代的话本创作,其中很多经过冯梦龙的润色及改写。对当时的家庭、官府、朝廷、城乡等各个社会场景、各种男女人物,以及他们之间的相互关系,作了生动有力的描绘。参见“三言”。

警世通言 话本集。明末冯梦龙编著。“三言”之一。四十篇。刊于天启四年(1624年)。其中有宋元人旧作,也有明人拟作,经编著者的加工润色,语言风格基本统一。参见“三言”。

醒世恒言 话本集。明末冯梦龙编著。“三言”之一。四十篇。刊于天启七年(1627年)。除七篇为宋元旧作外,绝大部分为明人创作,也可能包括冯氏本人的作品。因创作的成分较多,艺术性高于《警世通言》《喻世明言》。参见“三言”。

今古奇观 话本选集。题姑苏抱瓮老人辑,书前又题“墨憨斋手定”。“墨憨斋”为冯梦龙别号,辑者可能为冯梦龙之友。全书选四十篇。二十九篇选自“三言”,十一篇选自“二拍”。俱为明代创作,不收宋元旧作。作品题材丰富,鲜明地反映了广阔的社会现实,语言通俗易懂,故事结构谨严,是一部较好的明代白话短篇小说选集。

红楼梦 原名《石头记》。长篇章回小说。共一百二十回。清代曹雪芹著前八十回。后四十回,高鹗续作。小说以贵族青年贾宝玉和林黛玉的爱情悲剧为线索,展开故事情节,描写贾、王、史、薛四大家族,尤其是贾家荣、宁二府由盛至衰的过程;广泛深入揭露封建社会末期的种种腐朽黑暗现象。作品规模宏大,结构严谨,情节生动,语言绚丽多彩,塑造了一系列具有典型意义的艺术形象。作者的高度艺术成就,达到了中国现实主义古典小说的顶峰。版本情况复杂,有程甲本、程乙本、脂砚斋评点本等。18世纪末传入日本。19世纪至今,有十几种外文文字的几十种译本。

儒林外史 长篇章回小说。清吴敬梓作。通行本为五十五回。小说通过生动的艺术形象,以反对科举制度为中心,严厉批判和揭露了清代整个黑暗腐朽的封建社会。书中用十多个既独立又互相联系的故事,刻画了各种类型的儒生利欲熏心、虚伪卑劣的面貌,尖锐嘲讽了腐朽的科举制度。书中的几个正面人物,寄托了作者的理想,但比较苍白无力。小说善于选取典型情节表现人物性格,并成功运用了讽刺艺术,对近代的“谴责小说”产生很大影响。

儿女英雄传 又名《金玉缘》。长篇章回小说。清道光、同治年间满洲镶白旗人文康著。原书五十三回,今存四十一回。叙述主人公安骥与侠女十三妹(何玉凤)、民女张金凤三人遭遇坎坷、终于夫荣妻贵的故事。作者意图塑造“英雄”与“儿女”合一的理想人格,在书中极力宣扬纲常名教和一夫多妻等思想。小说以北京口语写成,有一定故事情节,人物形象鲜明。以原书未完,后有人续作三十二回。

镜花缘 长篇章回小说。清李汝珍著。一百回。叙唐敖、多九公等游历海外四十余国的奇异见闻和唐闺臣等一百位才女的故事，讽刺了当时的社会现实，反映了作者要求尊重妇女、提高女性社会地位的进步思想。叙述游历部分语言幽默风趣，充满海外传奇的浪漫色彩。但后半罗列知识过多，有意炫弄学问，流于呆板，造成全书风格的不协调。

说岳全传 长篇讲史小说。清钱彩撰，金丰增订。八十回。内容描写南宋名将岳飞一生精忠报国、可歌可泣的抗金爱国事迹，揭露张邦昌、秦桧等权奸投降卖国，与金贵族勾结、残害忠良的丑恶面目。人物形象鲜明，故事不尽符合史实，情节多有出于民间传说及想象者。清统治者曾予以查禁，然演述岳飞故事的小说，以此书流传最广。

三侠五义 原名《忠烈侠义传》。长篇章回小说。清人据天津单弦评话艺人石玉昆讲说的《龙图公案》及笔录本《龙图耳录》改编。一百二十回。后经著名学者俞樾修订。又因原书所写不止三侠，更名《七侠五义》，流传更广。内容为北宋清官包拯在侠客义士的帮助下审案平冤、铲除恶势力的故事。语言生动，人物个性鲜明，对后世的武侠小说和戏曲创作颇多影响。

济公传 全称《评演济公传》。长篇小说。清代郭小亭作。全书分前、后部，各一百二十回。写南宋以来民间广泛流传的疯和尚济颠的故事。济颠饮酒食肉，神通广大，到处扶危救困，嘲弄有权势者，帮助危难中的穷人、好人。情节荒诞幽默，曲折地反映了社会的不公正和百姓的苦难，以及下层人民寄希望于神仙的不切实际的幻想。

官场现形记 长篇谴责小说。清末李宝嘉撰。六十回。成书于1901—1905年间。作者站在改良主义的思想立场，以谴责晚清官场的黑暗为主题，描写了当时官僚腐败无能、贪污受贿、迫害无辜和献媚帝国主义的种种罪行，描写了统治阶级中形形色色人物的丑态，客观上揭露了当时的社会矛盾。全书由许多短篇故事连缀而成，缺少贯穿全书的中心人物和情节。

二十年目睹之怪现状 长篇谴责小说。清代吴沃尧(趼人)作。一百零八回。以第一人称形式，记述了其所见所闻的近二百个小故事。反映了1884年至20世纪初，中国官场、商场和“洋场”的种种“怪现状”，在一定程度上暴露了晚清社会的黑暗与丑恶，表现了作者改良主义的政治倾向。文笔较生动，描写夸张。作者又有《近十年怪现状》，为此书续篇。

老残游记 长篇谴责小说。清末刘鹗作。二十回。又二集九回。内容以浪游四方的民间医生老残为中心，写他旅程中的见闻与活动。作者着力抨击那些名为清官、实为酷吏的虐民邀功的行为，对其残暴与昏庸加以无情暴露。语言富于表现力，在描写自然景物、人物心理状态方面，时有可观。但作者对资产阶级民主革命持保守的反对立场。

孽海花 长篇谴责小说。清末曾朴著。三十五回。最初几回为友人金松岑作，曾经曾朴修改。本书以外交官金雯青、名妓傅彩云(影射洪钧和赛金花)的故事为线索，反映了清末同治初年到甲午战争三十年间的社会风貌。作者在书中通过情节和人物，批判封建专制政体，讽刺官僚名士的腐朽，揭露列强的侵略野心，同情革命党人，主张学习西方，谋求富强之道，全书描绘生动，结构完整。此后，民国张鸿(别号燕谷老人)受曾朴之托，著成《续孽海花》第三十六至六十六回，续写晚清政治生活，反映戊戌变法、义和团运动、庚子事变，文字生动，人物性格鲜明，亦颇获好评。

集　部

楚辞 总集名。西汉刘向辑。原收战国楚屈原、宋玉及汉代淮南小山、东方朔、贾谊、刘向等人辞赋十六篇。全书以屈原作品为主，其余各家皆承袭屈赋形式。东汉王逸，增入己作

《九思》，为作注解，成《楚辞章句》十七卷，南宋洪兴祖补注。又，朱熹另编有《楚辞集注》，增补汉以下篇章，注释更为详博。

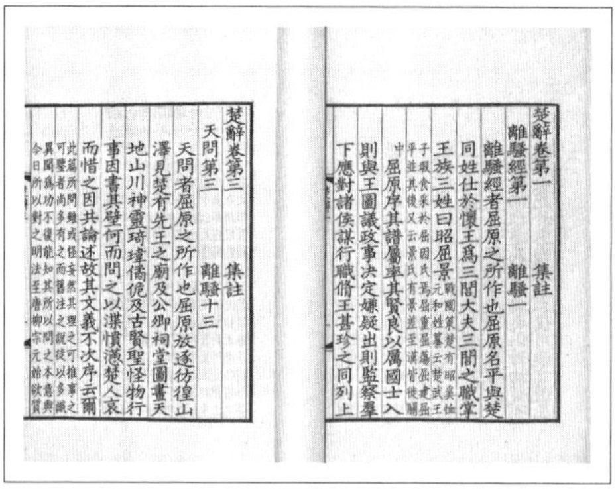

《楚辞集注》

全上古三代秦汉三国六朝文 古代文章总集。清严可均编，孙星衍、李兆洛参与补辑。七百四十六卷。起于上古三代，迄于隋。收作者三千四百九十五人，每人立一小传。编者以类书、史传所引者为主，参以《古文苑》《历代文纪》《汉魏六朝百三名家集》及金石碑刻等，历经二十余年，于1834年编订全书。全书内容丰富，考订详密，虽断章残篇，必加辑录，亦有不尽精确处。本书下与《全唐文》衔接，是研究唐以前文学的重要资料。

文选 通称《昭明文选》。总集名。南朝梁太子萧统召集东宫文士编纂而成。六十卷。萧统论文主文质并重，认为唯“事出于沈思，义归乎翰藻”的作品，才能入选。所选自先秦至梁八百年间诗文，分赋、诗、骚、七、诏、册、令、教等三十八类，实为诗歌、辞赋、杂文三大类。无名氏外，共一百二十九家、七百五十二篇。是反映了当时文学风尚和编选者观点、颇具特色、现存最早的一部文学总集。今有唐李善注及六臣注的影印本。

历代赋汇 赋总集。由精通赋学的陈元龙等奉敕编纂。一百八十四卷。书成于清康熙四十五年（1706年）。全书收录，上自先秦，下及明代。分正集一百四十卷、外集二十卷、残文逸句二卷、补遗二十二卷，计收录赋作四千一百六十一篇。另目录四卷。全书分类编辑，每类之中又以朝代为先后排列，同一题而每代有一二篇者，将同一题之赋汇集相连，以人名之上标明朝代，方便展阅。本书是清代以前赋之集大成者，为研究赋体文章的重要参考文献。最早为清康熙间内府刊本。另有《四库全书》、《摛藻堂四库全书荟要》本，今有江苏古籍出版社与上海书店据清光绪双梧书屋俞樾校本整理的影印本。

全唐文 总集名。清董诰、阮元、徐松等奉敕编。成于嘉庆十九年（1814年）。一千卷。以清内府所藏旧钞《唐文》为蓝本，并采录《永乐大典》《文苑英华》《唐文粹》等书而成。共汇辑唐、五代作家三千零四十二人，文一万八千四百八十八篇，体例依《全唐诗》。同治间陆心源辑《唐文拾遗》七十二卷、《续拾》十六卷，共收文二千余篇，刻入其《潜园总集》。今一并有中华书局及上海古籍出版社影印本。

古文辞类纂 散文选集。清姚鼐编。七十五卷。选录《战国策》、《史记》、两汉散文家、唐宋八大家以及明归有光、清方苞、刘大櫆等古文辞赋七百余篇，按文体分为论辩、序跋、奏议、书说、赠序、诏令、传状、碑志、杂志、箴铭、颂赞、辞赋、哀祭十三类。所选反映了桐城派的论文主张。为首有序目，略述各种文体特点，书中有评点，便于初学，旧时流布甚广。

古文观止 古文选集。清吴楚材、吴调侯叔侄编选。成书于康熙中。十二卷。收录东周至明末文章二百二十篇，以散文为主，间有骈文辞赋，依时代先后编排。选文虽未能尽善，但大多为历代传诵名篇，能大略反映中国散文发展的概况。又繁简适中，每篇加以注释评点，有益于初学，故刊行后流传极广，成为至今仍有影响的古文选本。

玉台新咏 诗歌总集。南朝陈文学家徐陵编选。书成于梁代。十卷。此书收录，上自汉魏，下迄齐梁，共七百九十六篇。多叙写宫廷及民间男女情爱之作，而以女性为中心。其中收录有《陌上桑》、《古诗为焦仲卿妻作》（《孔雀东南飞》）、左思《娇女诗》等杰作名篇，对唐诗的创作，影响颇多。是继《诗经》

《楚辞》以后最早的一部古诗总集。清吴兆宜作注，今有文学古籍刊行社的明版影印本及中华书局排印本。

乐府诗集 诗歌总集。宋郭茂倩编。一百卷。辑录汉魏至唐五代的乐府名作，兼及先秦至唐末歌谣。包括民间歌谣与文人作品以及乐府原词与后人仿作。共分十二类。其中，相和歌辞、清商曲辞、杂曲歌辞、新乐府诸类，尤多优秀作品。全书各类有总序，每曲有题解，对曲调、歌词的起源与发展，一一加以考订。每题以古辞居前，仿作列后，源流分明，资料丰富。是研究古代音乐与诗歌的重要参考书。中华书局校点本后附作家、篇目索引，甚便检索。

先秦汉魏晋南北朝诗 先秦至南北朝的诗歌总集。今人逯钦立编，中华书局本。该书比丁福保《全汉三国晋南北朝诗》有很大提高，主要表现在：增收了先秦歌诗；作品一一注明出处，并尽量收集佚句以臻完备；在作品编排上，一律按作者卒年排列；对材料的考订较见功力。全书材料宏富，体大思精，对研究唐以前诗歌大有助益。但亦有个别考订欠精、编次失当之处，梁以后及北朝部分，缺漏较多。

古诗源 诗选集。清沈德潜选编。十四卷。系在王士禛《古诗选》选本基础上增删而成。因编者认为唐以前诗是后代诗歌的源头，故名。全编选录先秦至隋作品七百余首，数量适中，体例谨严，内容丰富。除《诗经》《楚辞》外，唐以前的名篇佳作大多选录在内，并补充了不少古歌、谣谚。对所选各篇又疏释其大义，并附评语圈点。近代以来，流行甚广，是研究古诗的必读书。

全唐诗 唐诗总集。清彭定求等奉敕编。九百卷。以明胡振亨《唐音统签》和清初季振宜《唐诗》为底本，校补而成。康熙四十五年（1706年）由扬州诗局刊本。共收录唐五代诗四万八千九百余首，附唐、五代词，作者共二千二百余人，按时代先后排列，人各系以小传。今有中华书局的校点本。《全唐诗》问世后，即有日本上毛河世宁的辑佚本《全唐诗逸》。20世纪以来，更有学者多人，从各种文献、方志、碑刻、佛教史料、敦煌遗书及日本、朝鲜著作中搜罗遗佚，成书六种，零散发表者亦不少。最后由陈尚君总其成，汇编成《全唐诗补编》一书，由中华书局出版，共收诗六千三百二十七首、句一千五百零五条。据统计，现存世唐诗，共有三千七八百位诗人的五万五千七百三十首、句三千零六十条。

千家诗 诗选集。最初为南宋刘克庄编《分门纂类唐宋时贤千家诗选》。后人在此基础上，增删选编多种“千家诗”。最受欢迎的《绘图千家诗》，是南宋谢枋得与清王相的合并本。入选诗人一百十八家、诗二百二十三首，不选古体，所选五七言绝句、律诗，多为言浅意深、脍炙人口之作。是旧时流传最广的蒙学课本之一。

唐诗别裁集 诗选集名。清沈德潜编。以杜甫《戏为六绝句》“别裁伪体亲风雅”之语义命名。二十卷。本书选择面较广，选录唐代不同时期、不同流派、不同题材的作品一千九百余首，分体编排，间有评注。是旧时较有影响的唐诗选本。沈氏论诗主“格调说”，崇尚“温柔敦厚”的“诗教”，反对淫靡，本书的编选亦本此旨。书重订于乾隆二十八年（1763年），颇多增补。今有影印本及整理排印本。

唐诗三百首 诗选集名。清蘅塘退士（孙洙）编。六卷，或作八卷。实选三百零二首，分体编排，以作家塾读本。本书选材较广，注重艺术性，篇目适度，体裁完备，颇多众口传诵的名篇，反映了唐代丰富复杂的社会生活。在旧时众多选本中，此书流行最广。原书注释简略，有评语，指点作法，品评工拙。道光间，章燮有《唐诗三百首注疏》，今人金性尧有《唐诗三百首新注》，都是较好的注释本。

宋诗钞 宋诗总集。清吴之振、吕留良、吴自牧编。吴之振受其师黄宗羲影响，反对明代以来贬低和抹煞宋诗的错误观点，从诗歌的发展演变肯定宋诗的地位，因有是编。历时九年，于康熙十年（1671年），编成《宋诗钞》初集，共拟收一百家。实际刊成八十四家、九十四卷，收诗一万二千余首，每人冠以小传。1915年，李宣龚选补原缺十六家诗作及其他各家之诗，成《宋诗钞补》。今有中华书局合并两书校点出版的《宋诗钞》排印本。

全宋诗 宋诗总集。北京大学古文献研究所主编。编者以存世宋人别集、宋诗总集、选集为基础,在诗话、方志、类书、笔记以及家乘族谱、金石碑志、出土文献、书画题跋中广搜博录,编纂而成。全书三千七百八十五卷、四千万字,收录作者九千余家,诗二十余万首。以作者时代先后排列,作者均立小传,并随文标注史料来源及版本。20世纪90年代,由北京大学出版社出齐,分装七十二册。因此项辑录考订工作极为繁重,目前讹误缺漏尚多,有待于全面修订版及出补编,方能完善。

元诗选 元诗总集。清顾嗣立编纂。分初、二、三集,连附见者共录三百四十家诗作。每人名下,各存原集名称,前列小传,再附评语。康熙中秀野草堂刊行。另设癸集,专收零散诗作,多达二千三百余人,顾氏身后,其再传弟子席世臣补刻。此书编纂谨严,大量元代诗作赖以传世,前人颇予好评。今有中华书局整理校点本,加上新发现《元诗选补遗》一种,全书九册。

敦煌曲子词 词集名。清末在甘肃敦煌石室内发现的唐、五代词。写作时代大约在8世纪到10世纪之间,除极少数可考知作者姓名的文人创作外,绝大多数为无名氏作品,有一部分是民间创作。内容丰富,抒写商人、歌妓、旅客、边民及征人思妇的感情,生动自然,形态多样。对研究词的发展具有重要意义。近人王重民辑有《敦煌曲子词集》。

花间集 词选集。后蜀赵崇祚编选。此书收温庭筠、皇甫松、韦庄、李珣等唐末五代南方词家十八人作品,共五百首。所选词家或为蜀人,或仕于前、后蜀。入选之作,大多色彩浓艳,情致委婉,表现上层社会妇女以及歌妓、女道士的容貌、姿态、服饰、歌舞以及男女相思情事等。也有部分清新之作和描写南国风情的作品。因它是"倚声填词之祖",对从宋到清的词创作影响极大。近人华钟彦有《花间集注》。

全唐五代词 词总集。今人张璋、黄畬编集。全书八卷,主要录自《花间集》、《尊前集》、《草堂诗余》、《花草粹编》、《历代诗余》、《全唐诗》、敦煌词以及前人专集、诗话、词话、词谱、词律、词史和各种笔记等,共辑录唐、五代词人一百七十余家、词作二千五百余首。所录作品,一律在词调下注明出处,并附校勘、笺评于后,末附索引。是研究唐五代词的善本。

全宋词 宋词总集。今人唐圭璋辑。商务印书馆1940年出版于长沙。全书三百卷,附录二卷。后经唐氏重编、增补、校点,1965年中华书局予以再版,精装五册。全书收录词人一千三百三十余家,收词近二万首。以时代先后排列,词人附小传,有的在作品后并附案语、存目。全书博采善本,广事搜集,考订缜密,体例完善。后孔凡礼又从明抄本《诗渊》辑得四百余首,成《全宋词补辑》一册,更臻完备。

清名家词 词总集。近人陈乃乾辑。一百卷。编者在数千清词作者中,选录词人一百家、词集一百三十四部,搜罗广而别择精,以李雯始,以王国维终。每家前列小传,清词集"卓然可传"者俱已网罗在内。卷首有叶恭绰序,卷末附卢前撰《饮虹簃论清词百家》一卷,以《望江南》词百首评议各家风格、渊源。有1936年上海开明书局排印本,上海书店1982年重印,十册。

历代竹枝词 竹枝词总集。今人王利器、王慎之、王子今编纂。共收录唐、宋、元、明、清历代所作二万五千余首,依次分为八编。其体来源民间,自唐刘禹锡、白居易发为歌吟,后世诗人大量创作。在表现各地民风土俗、世态人情外,还反映出当时社会的政治、经济、文化等状况,往往语言浅显,内蕴深刻。今有陕西人民出版社2003年版,精装五册。

明清民歌时调集 明清民歌时调总集。共收五种。内明末冯梦龙编《挂枝儿》十卷,《山歌》十卷,《夹竹桃》不分卷;清王廷绍编《霓裳续谱》八卷;清华广生编《白雪遗音》四卷。内容多表达下层民众的思想、感情与趣味。在情爱的主题上,它往往突破礼教束缚,表达了民间的大胆、梦想和悲哀。是研究明清民间文学、民俗文化的有用资料。今有上海古籍出版社1986年版。

元曲选 亦名《元人百种曲》。元杂剧选集。明臧懋循万历四十四年（1616 年）编。共选杂剧一百种，少数为元末明初人作。剧本大多经臧氏精心加工整理，科白完整，并附音注，是此后近四百年间元曲唯一普及流行的选本。今人隋树森另选《元曲选》未收剧作六十二种，名《元曲选外编》，以为补充。

孤本元明杂剧 元明杂剧集。近人王季烈编校。清藏书家钱曾也是园旧藏明赵琦美所聚《脉望馆古今杂剧》，1938 年出现于上海。原七十二册、二百六十九种，缺八册二十七种。除去《元曲选》及各种刊行本已有之九十四种、重复之本四种，余抄本一百三十八种、刻本六种，均是过去绝少流传之本。内有相当数量的元、明无名氏之作。商务印书馆 1939 年据以排印涵芬楼本，名《孤本元明杂剧》。编者并作各剧提要，汇于卷首。

全元戏曲 元代戏曲总集。今人王季思主编。十二卷。全书以明臧懋循《元曲选》、明赵琦美《脉望馆抄校本古今杂剧》及近人王季烈《孤本元明杂剧》、郑振铎等编《古本戏曲丛刊》、隋树森《元曲选外编》、钱南扬《宋元戏文辑佚》《永乐大典戏文三种校注》等为基础，广采博录，将元世祖中统元年（1260 年）至元顺帝至正二十八年（1368 年）作家的杂剧、南戏，包括断折残曲，全部收入。人民文学出版社 1990 年出版。

盛明杂剧 明代杂剧总集。明末沈泰编。分初、二两集。实始于明代前期，终于明代末期。共收明人创作的杂剧六十种。徐渭《四声猿》，陈与郊《昭君出塞》、《文姬入塞》，孟称舜《人面桃花》等优秀作品皆收在内。全书可视为整个明代杂剧的选集。内容可称丰富，是研究明代杂剧和戏曲文化的重要资料。有中国戏剧出版社影印本。

《四声猿》插图

杂剧三集 明末清初杂剧集。清初邹式金编。因继沈泰的《盛明杂剧》之后，故称。共收明末诸家杂剧三十四种。其中有不少名家之作，如吴伟业的《通天台》《临春阁》，尤侗的《读离骚》等。其他罕见之作，亦赖此集得以流传。他们通过描写历史人物，或寄托感慨，或抒发幽怀。艺术上多富于文采，而曲词宾白则较为雕琢，成为可供欣赏的案头之曲。

六十种曲 亦称《汲古阁六十种曲》。传奇剧本集。明末毛晋编。选收六十个剧本，除《北西厢》（即王实甫《西厢记》）为元杂剧外，余皆为明人创作的传奇，或明人据南戏改编的作品，如《浣纱记》、《还魂记》（即汤显祖《牡丹亭》）、《鸣凤记》以及《南西厢》、《琵琶记》、《荆钗记》、《白兔记》、《幽闺记》等。

全元散曲 元散曲总集。近人隋树森编。编者以十余年时间，从百余种散曲别集、曲选、曲谱、词集、笔记中，辑录自金代元好问至元末明初 213 位散曲作家以及这一时代无名氏的散曲作品，共有小令 3 853 首、套数 457 套，残曲在外。今能考定为元散曲者，已尽数收入。作家排列以时代为序，每人有小传。作品先列小令，后列套数，且注明最早出处。书末附《作家姓名别号索引》《作品曲牌索引》，甚便读者。今有中华书局排印本。

文赋 文学批评著作。西晋陆机作。全文以赋体写成。赋前有序，说明作赋的原因在于"恒患意不称物，文不逮意"，"故作《文赋》以述先士之盛藻，因论作文之利害所由"。《文赋》以艺术构思为中心，细致描摹了文学创作的心理过程，涉及文学与现实的关系、文体风格、感兴活动、文学的社会功用等很多重要的文学理论问题。其论艺术构思，突出作家形象思维的特征，强调文学的形象性，在中国文学理论史上具有开创性的重要地位，影响于后世甚大。在灵感及文体特点的论述方面，也有精辟见解。清章学诚认为，刘勰《文心雕龙》发端于陆机《文赋》,而"昌论文心"。南朝梁萧统《文选》将其收入,历来受到文论家的重视。

诗品 文学批评著作。南朝梁钟嵘著。书分上、中、下三卷,品评了从汉到梁一百二十二位作家的五言诗,将其分别等第,列入上、中、下三品,对每位作家都作出简要评价。作者的贡献在于:指出诗的产生在于客观的感召与刺激;对文学遗产的继承重在精神面貌,不在形式模拟;提倡"自然",反对过多的用典与烦琐的清规戒律;鼓吹"建安风力",提出诗的"滋味"说。后人评其书为"百代诗话之祖"。今有曹旭《诗品集注》,最为详博。

文心雕龙 古代文学理论著作。南朝梁刘勰著。写成于南齐时。十卷,五十篇。分上、下两编,各二十五篇。上编前五篇探索文学本原,为总论;另二十篇论述各类文体特征与历史演变,为文体论。下编论述文学创作的过程与文学批评的方法,为创作论与批评论。最后以《序志》总结全书。此书系统总结了以前历代文学创作的经验与文学发展的状况,体大思精,在文学批评史上具有奠基的意义。有范文澜等各家注译本。

文章辨体序说 文体论专著。明吴讷撰。作者仿晋代挚虞《文章流别》纂成《文章辨体》一书,分体选文成五十九类,并依体序说其源流、特点,不乏独到之处。近人罗根泽抽取其中序说的部分,单独成篇,不取其入选作品。1962年人民文学出版社以之与明徐师曾所撰《文体明辨序说》合印出版,是研究中国古代文体的重要论著之一。

艺概 文学批评论著。晚清刘熙载撰。六卷。分《文概》《诗概》《赋概》《词曲概》《书概》《经义概》。其中除论"文、诗、赋、词曲"外,兼及书法与制义(八股文)。该书编排有序,虽只言大概,但精简扼要,多心得之言。作者论述诗文、书法等,以人品为重,认为"诗品出于人品",强调"人品"在创作中的重要作用。又主张创作须要有个性,要能独创出新,使作品中"有个自家在内"。因此,作者在评论作家、作品时,主要是分析和总结作家的艺术风格与成就。其文学见解具有独创性,深受文学批评史家的称赞。

二十四诗品 亦称《司空诗品》。诗论。唐末司空图撰。一卷。主要论述诗歌的风格,分雄浑、冲淡、纤秾、高古、典雅等二十四目,各用十二句四言韵语的形式,以各种形象比拟、描摹其艺术特征。论诗文而品评风格,曹丕《典论·论文》、陆机《文赋》及刘勰《文心雕龙·体性》篇已开其端。司空图加以发展,区分更为细密。对以后严羽、王士禛的诗论及书法论、画论均有巨大影响。清代袁枚撰《续诗品》三十二则,主要论述诗歌创作的过程。有学者提出非唐末司空图所作,乃明人伪托,至今无定论。

本事诗 诗论。唐末孟启著。全书一卷。所记多为唐代诗人有关诗作的创作背景及经过,共分情感、事感、高逸、怨愤、征异、征咎、嘲戏七类。作者"以诗系事",保存了不少唐代诗人的轶事遗闻及民间传说。如崔护"人面桃花"故事、韩翃"章台柳"故事、刘禹锡"司空见惯"故事,皆出此书。后人仿其体,清康熙间徐釚又著《本事诗》(通称《续本事诗》)十二卷。

沧浪诗话 诗论。南宋严羽撰。分诗辨、诗体、诗法、诗评、考证五个部分。该书引用大量禅家术语,作者自称"借禅以为喻"。主要内容是批评宋代诗作者以文学为诗、以才学为诗、以议论为诗的弊病;推崇盛唐诗歌感兴自然、笔力雄壮、形象饱满、气象浑厚因而具有感染力的艺术美。作者所说"妙悟",是指诗歌鉴赏和创作活动中,对"兴趣"的体验、领悟和掌握,是一种特殊的审美感受能力和艺术创造才能。该书以"兴趣"为核心,对诗的本质作了广泛而深刻的创造性论述,是宋代最重要的、集大成的诗歌美学著作。对明代前后七子的诗论和清代"神韵""格调"诸说都有影响。今有郭绍虞的《沧浪诗话校释》,论述精湛,材料广博,是研究《沧浪诗话》的主要参考著作。

历代诗话 诗话丛书。清何文焕辑。乾隆三十五年(1770年)刊行。编者意在集中历代诗学著作,保留诗话原作的完整性。故从梁代钟嵘《诗品》、唐代皎然《诗式》及司空图《二十四诗品》起,下及宋、元、明诸家诗话,共得二十七种,汇为一编。对其未及辑入的著作，二十九种，后由丁福保于民国初年补辑《历代诗话续编》而足成之。两书今有中华书局排印本。

唐诗纪事 唐代诗人资料总集。南宋计有功编著。八十一卷。共收诗人一千一百五十家。全书以人物为纲，按年代顺序排列，诗人有小传，诗作多记出处。由于编者的广泛采辑，许多有关唐代诗人的资料及诗作赖以保存于今。包括传记、遗史、碑志、石刻、杂说、遗文，以至一联一句等。对研究唐代诗人的生平和作品，具有重要参考价值。后人仿此，宋、辽、金、元、明、清均有"诗纪事"的撰作。

苕溪渔隐丛话 诗话集。南宋胡仔编著。前集六十卷，后集四十卷。此书是继阮阅《诗话总龟》而作。阮著不载有关元祐苏轼、黄庭坚诸人的诗话，此书以苏、黄与李、杜并重，对杜甫与苏轼评价尤高。全书以人物为纲，按人物年代先后排列，专收前人有关的诗文评资料。在论述前人的创作和理论的是非得失方面，作者颇多精辟之见。是研究中国文学批评史的重要资料。

论诗绝句三十首 组诗。金元好问著。作于金宣宗兴定元年（1217 年）。全组诗歌以七言绝句写成，分别评论自汉魏直至北宋时的诗人作品。特别推重建安时代的曹植，魏晋时的阮籍、刘琨，唐初的陈子昂，盛唐的杜甫、元结等，赞扬他们诗笔纵横、刚健豪迈，是由《风》《雅》开创的正体。对陶渊明、谢灵运、李白、李商隐、欧阳修、梅尧臣、黄庭坚等代表性诗人，也都给予恰如其分的评价。其论诗旨在发扬《诗经》开创的优秀传统，主张诗要有高古的风骨及风云悲壮之气，对六朝诗、晚唐诗、西昆体、江西派，皆有所不满。是杜甫《戏为六绝句》以后运用绝句形式阐述诗歌主张、评论历代诗人的重要著作。清代钱谦益、王士禛、袁枚、洪亮吉、张问陶、龚自珍等受其影响，也撰有论诗绝句的组诗。今有郭绍虞《元好问论诗三十首小笺》。

词源 词论专著。元初张炎撰。二卷。上卷专论音律，兼及唱曲方法，末有《讴曲旨要》一篇。下卷论作词之法与赏鉴批评。作者论词，首重协律，但又认为不能为音律所限，须词、律二者兼得。其次提倡"雅正"，认为辛弃疾一派虽豪放，却非雅词；周邦彦虽浑厚和雅，但意趣不高远；唯姜夔词不惟清空，而且骚雅，因而既反对雄豪骏迈之音，又反对软媚靡曼之格。再次要求"清空"，不要质实。谓"清空则古雅峭拔；质实则凝涩晦昧"，反对堆砌典故辞藻，强调创新，"须自作不经人道语"。书成于作者晚年，对清代浙派词的影响甚大。有清末郑文焯《词源斠律》、近人蔡桢《词源疏证》、夏承焘《词源注》可参考。

词林纪事 清代张思岩编著。二十二卷。编者辑录前人所记唐、五代、宋、金、元四百家词人的事迹、逸闻以及有关词的评论之语，引书近四百种。编者自己也有不少精辟的按语。书末附张炎《乐府指迷》、陆韶《词旨》及许嵩庐《次韵考略》三种。是研究中国古代词人及其作品的有用之书。

南词叙录 南戏研究专著。明徐渭著。全书一卷。记载有南戏剧本六十余种，其中大部分都是元代作品。书中记述南戏的源流及发展情况并对南戏的风格特色、声律及部分作家和作品进行了评论，对常用术语、方言等进行了考释。作者盛赞南戏是当时群众最喜爱的戏剧形式。

剧说 戏曲论著。清焦循著。六卷。嘉庆十年（1805 年）成书。作者纂辑了汉、唐以来一百六十余种典籍中论曲、论剧的资料。内容广泛涉及戏曲衍变、脚色起源、题材本事、表演艺术、演员轶事、社会效果，以及对戏曲作家、戏曲作品的评价等。所摘引原书有一部分今已不存，因而对研究中国戏曲发展史、中国戏曲理论批评史，具有重要价值。北京图书馆藏有焦氏《剧说》稿本六卷。今有《中国古典戏曲论著集成》等版本。

花部农谭 戏曲论著。清焦循撰。一卷。作者自谓作于嘉庆己卯（1819 年），即其逝世前一年。当时，民间地方戏继昆曲之后而兴盛。"花部"（又称"乱弹"，与"雅部"的昆曲相对）向为士大夫所鄙视。焦循十余年居乡著述，亲见下层人民对地方戏的喜爱，受到感染而"独好之"，其书之命名，盖本于此。他在序中谓："花部原本于元剧，其事多忠孝节义，足以动人;其词直质,虽妇孺亦能解;其音慷慨,血气为之动荡。郭外各村,于二、八月间,递相演唱,农叟、渔父,聚以为欢,由来久矣。”该书所记载早期地方戏剧目、演出概况及人民群众的评价,在戏曲理论批评史上具有重要意义与影响,是研究中国戏曲发展史的重要资料。

文献遗存

房山石经 全称为“房山云居寺石刻佛教大藏经”。贮藏于北京市房山区云居寺的一批从隋代至明末刻石的佛经。为中国数量最大的文字铭刻。不仅是研究中国古代文化、艺术,尤其是佛教历史和典籍的重要文物,也是一宗世界性的宝贵文化遗产。云居寺位于北京西南 75 千米的石经山中,建于隋末唐初。辽、金称石经寺,明代称西峪寺。历代总计有石经 15 061 石,完好者 1.4 万余石,共刻佛经约 1 025 种、900 多部、3 000 余卷。1956—1958 年中国佛教协会等单位进行了全面的调查发掘和整理拓印。这些经碑是校勘木刻经本错讹的可贵实物依据。石经中还保存大量题记材料,反映了幽州范阳郡、涿州等地的经济、政治情况,具有重要史料价值。

里耶秦简 2002 年在湖南湘西土家族苗族自治州龙山县里耶镇西水北岸和 2005 年在北护城壕 11 号坑中发现的秦代简牍文书。1996 年湖南省文物考古研究所与州、县文物部门,对里耶古城进行大规模考古发掘,发现古城北城墙、城壕及城内木结构井圈等重要遗迹和大量简牍。除极少量竹简为战国时楚文书外,其他都是秦文书,计有木简和木牍 38 000 余枚,共约 20 万字。字属古隶,内容多为官署档案,从秦王政二十五年(前 222 年)至秦二世元年(前 208 年),记事详细到月、日,十余年连续不断。涉及秦代政治、经济、法律、文化、社会等各方面,大为增添和充实了秦的历史文献和档案资料。

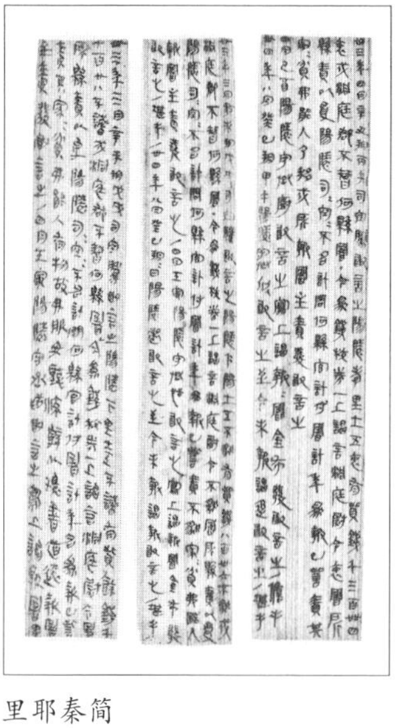

里耶秦简

银雀山汉简 山东临沂银雀山汉墓出土的汉代简牍。1972 年发现于 1 号和 2 号汉墓中。竹简字体属早期隶书,手写于公元前 179 年至公元前 118 年。相当于西汉文帝、景帝至武帝初期。共有完整简、残简 4942 枚。内容包括《孙子兵法》《孙膑兵法》《六韬》《尉缭子》《管子》《晏子》《墨子》《守法守令十三篇》《元光元年历谱》等先秦古籍和古佚书。这些古籍是较早的写本,对于研究中国历史、哲学、古代兵法、历法、古文字学、简册制度和书法艺术等,都提供了可贵的资料。

居延汉简 在汉代居延烽燧遗址等处发现的汉代木简。发现地在中国内蒙古自治区额济纳旗的居延地区和甘肃省嘉峪关以东的金塔县破城子等地。1930 年在 30 个地点出土,约 1 万枚。1972—1976 年又陆续出土 2 万余枚。因汉武帝时,在居延设都尉,归张掖郡太守管辖,不仅筑城设防,还移民屯田,兴修水利,耕作备战。居延长城周边兵民活动在汉代持续二百多年,形成大量居延汉简。汉简的时代为西汉后期至东汉初,绝大部分为屯戍的档案文书,对研究长城乃至汉代的政治、经济、

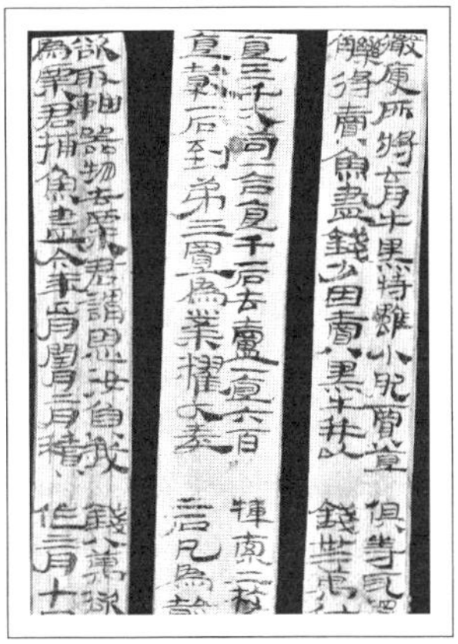

居延汉简

军事、边防、屯田、水利、地理、交通、法律、民族、宗教等状况，均有极高参考价值。

吐鲁番文书 在今新疆吐鲁番阿斯塔那、哈拉和卓古墓、高昌故城等处出土的古代文书。自20世纪50年代起，相继在此进行了多次考古发掘，出土大量汉文文书、汉文书籍的抄本及民族文字文书。文书最早为西晋泰始九年（273年），最晚为元至元十七年（1280年）。包括契约、籍帐、官府文书、私人信札、经籍写本、随葬衣物疏等，内容丰富，涉及社会经济、政治、文化等各方面，是研究该时期西域和丝绸之路政治、经济、军事、宗教、文化的重要资料。

科学技术

历法 简称“历”。推算天象以定岁时的方法。具体指以年、月、日为单位，用一定法则组成，以计算较长时间的系统。可分三类：年、日依据天象的称“阳历”，月、日依据天象的称“阴历”，年、月、日都依据天象的称“阴阳历”。中国历代王朝颁行的都属阴阳历，亦称“阴阳合历”。其特征是既重视月相盈亏的变化，又兼顾寒暑节气，年、月长度皆依据天象。

农历 亦称“夏历”“旧历”。中国采用的一种传统历法。因它安排有二十四个节气，与农事活动联系紧密，故称。民间或称“阴历”。它严格以朔望周期定月，并设置闰月，使年的长度与回归年相近，实际上属于阴阳历。大月30日，小月29日，基本上以12个月为一年，共354或355日。平均每19年有7个闰月，有闰月的这一年称“闰年”。

阴阳历 见“历法”“农历”。

阴历 “农历”的通称。

阳历 亦称“太阳历”。历法的一种。以地球绕太阳一周的时间，即365日5小时48分46秒为一回归年。阳历一年12个月，365天的称“平年”，366天的称“闰年”。平均每4年置1个闰日，每400年再减3个闰日。当今通行世界的公历是阳历的一种，因而“阳历”又作为“公历”的通称。

三光 ①指日、月、星。古代又以日、月、五星合称“三光”。②指房、心、尾三星宿。

五纬 金、木、水、火、土五大行星的合称。

七曜 指日（太阳）、月（太阴）与金（太白）、木（岁星）、水（辰星）、火（荧惑）、土（填星、镇星）五大行星。

黄道 古人想象的太阳周年运行的轨道。即地球绕日公转的轨道平面与天球相交的大圆。约在西汉元凤元年（前80年），中国古代天文学家有了明确的黄道概念，而且进行了以黄道为基本大圆的天体位置量度。至唐代，黄道替代赤道作为天体测量之坐标。

分野 中国古代以天上星宿对应于地上区域的分配法。即以星纪、玄枵、娵訾、降娄、大梁、实沈、鹑首、鹑火、鹑尾、寿星、大火、析木十二星次来划分地面上州、国的位置，与之一一对应。就天文说，称作“分星”；就地面说，称作“分野”。如：以鹑首对应秦，鹑火对应周，寿星对应郑，析木对应燕，星纪对应吴越等。古人通过观测星宿的变化来占卜地上所配州、国的吉凶。此法约始于春秋战国间。

干支 天干和地支的合称。甲、乙、丙、丁、戊、己、庚、辛、壬、癸为天干，子、丑、寅、卯、辰、巳、午、未、申、酉、戌、亥为地支。十个天干和十二个地支依次递配，组成六十组，为甲子一周，称“六十甲子”。再周而复始，循环使用。中国古代用干支来表示年、月、日、时的次序，主要用于纪日和纪年。今农历纪年仍沿用干支。

甲子 以十个天干与十二个地支两两循环相配而成，用以记年、月、日、时的记号，称作“六十甲子”，亦称“六十花甲”。方式如下：甲子、乙丑、丙寅、丁卯、戊辰、己巳、庚午、辛未、壬申、癸酉、甲戌、乙亥、丙子……如此六十甲子满，又周而复始，以至于无穷。

正朔 指一年第一天开始的时候。正和朔分别为一年和一月的开始。夏历以冬至后第二个月为正月，天明为朔；殷历以冬至后第一个月为正月，鸡鸣为朔；周历以冬至所在的月份为正月，夜半为朔。从汉武帝时的太初历开始直至今天的农历，都用夏正。古时改朝换代，新王朝常重定正朔。

客星 中国古代对天空中新出现的星的统称。见于记载的客星，主要是彗星、新星和超新星以及其他天象。占星术中又把客星分成瑞星和妖星，瑞星出现预兆吉祥太平，妖星出现预兆凶祸，如兵乱、水旱、饥馑等。其中彗星、孛星最为常见。客星也包括一部分极光、流星等其他天象。

岁星 亦称“岁”“太岁”。木星的古称。木星公转周期约十二年。中国古代以木星为岁星，用来纪年。由于“岁阴”（地支）十二年一循环，正合木星的公转周期。地支有方位，旧时阴阳家乃以岁星所在为凶方，民间许多禁忌由此而生，如忌兴土木、迁徙、嫁娶等。

牛郎 亦称“牵牛”“河鼓”“黄姑”。古星名。夏秋夜空中著名亮星，白色，与织女星隔银河而相对。又指神话传说中的人物牛郎。参见“牛郎织女”。

河鼓 牛郎星的别名。宋欧阳修《渔家傲》词：“河鼓无言西北盼，香蛾有恨东南远。脉脉横波珠泪满，归心乱，离肠便逐星桥断。”宋陈师道《题桂》诗之一：“桃李摧残风雨春，天孙河鼓隔天津。”明张纶《林泉随笔》：“‘河鼓临星纪兮。’今按两《雅》、柳氏《乞巧文》，河鼓盖牵牛之异名。”参见“牛郎”。

黄姑 牛郎星的别名。《玉台新咏·歌辞之一》：“东飞伯劳西飞燕，黄姑织女时相见。”吴兆宜注引《岁时记》：“河鼓、黄姑，牵牛也。皆语之转。”唐元稹《决绝词》之二：“已焉哉，织女别黄姑，一年一度暂相见，彼此隔河何事无。”清吴伟业《无题》诗：“天边恰有黄姑恨，吹入萧郎此夜吟。”参见“牛郎”。

织女 亦称“天孙”。古星名。共三星，属天市垣，在银河西，与河东的牵牛星相对。又指神话传说中的人物织女。参见“牛郎织女”。

天孙 织女星的别名。古代七月初七日，女子有向天孙“乞巧”之俗。《史记·天官书》：“婺女，其北织女。”唐司马贞索隐：“织女，天孙也。”唐柳宗元《乞巧文》：“下土之臣，窃闻天孙，专巧于天。”清洪昇《长生殿·密誓》：“今乃七夕之期，陈设瓜果，特向天孙乞巧。”参见“七夕”。

银河 亦称“天河”“银汉”“星汉”。晴朗无月的夜晚可在天空看到的白云状星光带。由无数恒星密集而成，因像一条闪亮的天河，故称。古代有牛郎、织女七夕渡银河，在鹊桥相会的传说。唐李白《望庐山瀑布水》诗：“日照香炉生紫烟，遥看瀑布挂前川。飞流直下三千尺，疑是银河落九天。”

银汉 即银河。宋苏轼《中秋月》诗：“暮云收尽溢清寒，银汉无声转玉盘。此生此夜不长好，明月明年何处看？”参见“银河”。

北斗 简称“斗”，亦称“北斗七星”。指在北方天空排列成斗（或杓）形的七颗亮星。它们的名称是：天枢、天璇、天玑、天权、玉衡、开阳、摇光。始见于汉代纬书《春秋运斗枢》。北斗在不同的季节和夜晚不同的时间，出现于天空不同的方位，古人常根据初昏时斗柄所指的方向来确定季节：斗柄在东，天下皆春；斗柄在南，天下皆夏；斗柄在西，天下皆秋；斗柄在北，天下皆冬。此外，古人惯以北斗的位置辨别方向。

北斗七星

四象 古人把东、西、南、北四方每一方的七宿联系起来，共想象成四种动物的形象，称“四象”。即东方苍龙（亦称“青龙”，代表木）、西方白虎（代表金）、南方朱鸟（亦称“朱雀”，代表火）、北方玄武（亦称“灵龟”，代表水）。四方各有星宿七，合为二十八宿。

二十八宿 中国古代天文学上将全天的恒星分为三垣、二十八宿和其他星座。二十八宿在商代已开始逐渐形成，可能在周初确定下来，为中国古代天文学的伟大创造之一。

古代天文观测 中国天文学起源于商代以前，历朝都有专掌天文历法的机构和史官。很早就有关于日食、月食、流星雨、陨石、彗星、新星、极光、太阳黑子等的记载和对恒星、行星的研究。至今保留有世界上最丰富和系统的天象记录。元代建有当时世界上规模最大、仪器最完善的天文台。在较长时间内，中国天文学自成体系，居于世界前列。

北京古观象台仪器

古代气象观测 中国以农立国，自古重视气象的观测与研究。成于战国以前的《夏小正》，是世界上最早的物候纪录。战国时已有“二十四节气”的全部名称。西汉出现天平式湿度计、候风仪“相风铜乌”，并建立地方向中央报告雨量的制度。明清时，朝廷向州县统一颁发黄铜制的量雨器。14 世纪中叶，出现附解说的 132 幅云图图谱。清代发明高灵敏度的湿度计与温度计。中国历代典籍拥有世界上最丰富的气象观测纪录。

日晷 亦称“日规”。中国古代用以测定时刻的一种仪器。一般在有刻度的盘中央装一根与盘面垂直的金属棒针，盘面与地平成一定的夹角，不得垂直或平行。太阳通过棒针在盘面上投下阴影。针影随太阳的移动而变化。视针影所在，即知时刻。秦汉时就已流行于民间。

日晷

圭表 中国古代测量日影长度的仪器。包括圭和表两部分。表为直立的标杆，圭是平卧的尺。表有二，与圭相垂直，分别置于圭的南、北两端。春秋时已运用圭表测定回归年的长度。1977 年，在安徽阜阳西汉汝阴侯夏侯灶墓中曾出土一个漆器制作的圭表，通过测量正午日影长度，可以显示四季的到来，同时还有一架“栻盘架”支撑的赤道式天文观测仪器。

圭表

浑天仪 全称“漏水转浑天仪”，简称“浑仪”。中国古代天文仪器。东汉科学家张衡于延光四年（125 年）创制。是一种利用两级漏壶流水为动力带动齿轮运转的仪器，一昼夜转动一周，能自动、准确地显示天象。它对中国后

浑天仪模型

世的天文仪器影响很大，唐宋以后，在其基础上发展出更复杂、完善的天象演示仪器和天文钟。

地动仪 中国古代地震仪器。东汉科学家张衡于阳嘉元年(132年)创制。是当时世界上第一架灵敏度高、报震准确的地震仪器。永和三年(138年)，曾成功记录距洛阳700千米的陇西发生的一次强震。据研究，其设计原理后传至国外。到13世纪，波斯才出现类似仪器。欧洲以水银溢流记录地震的仪器要到18世纪才诞生。

地动仪模型

水运仪象台 中国古代大型综合性天文仪器装置。北宋科学家苏颂、韩公廉于元祐三年(1088年)设计建成。高约12米，宽约7米，是一座上狭下广呈正方形的木结构建筑物。内分数层，由铜制的浑象、浑仪和计时仪器，用水力推动，日夜运转。它既能演示天象、观察天象，又能计时报时，是世界上现代天文台与天文钟的祖先。

简仪 中国古代天文仪器。元初天文学家郭守敬将结构繁复的唐宋浑仪加以革新简化而成。它包括赤道经纬仪、地平经纬仪和日晷。除北天极附近外，简仪可对整个天空一望无余，并提高了刻度的精细程度。比唐宋时期的浑仪，更为先进。

简仪模型

漏刻 亦称"漏壶""铜壶""刻漏""壶漏"。中国古代最重要的计时仪器。包括水漏、沙漏、机械漏等。"漏"指漏壶，"刻"指上有刻度的浮标(箭)。考古证明，原始漏刻起源于公元前三四千年的父系氏族社会。自夏商时一直使用到晚清，历代王朝都有天文机构等专门管理。漏壶多用井水，漏室多加密闭。各州郡府县则设钟鼓楼，放置漏刻，以准确报告时间。东汉以后日误差多在20秒左右，最多不超过1分钟。其形制、质地、原理不一，最早为陶漏，后用铜漏。早期为单壶，后发展为多壶。如元延祐年间漏刻、清乾隆年间制皇极殿漏刻，都由四个铜壶组成，高下依次放置。上面三壶的下端都有嘴，最上一壶装满水后，水即逐层滴进以下各壶，最下的受水壶内装有直立浮标(箭)，上刻时辰。浮标随水位上升，穿过壶盖的孔，通过读孔口所示刻度可知时辰。此外，还有乡村用的"田漏"、航行用的"行漏"等。商代以来分一日夜为100刻，东汉一度改为120刻。漏壶滴水计时，古代诗词、戏曲中称为"铜壶滴漏"；而"漏声"，即是指漏壶滴水的声音。唐李益《宫怨》诗："露湿晴花春殿香，月明歌吹在昭阳。似将海水添宫漏，共滴长门一夜长。"

清代铜制漏壶

漏壶 即“漏刻”。

铜壶 即“漏刻”。

沙漏 亦称“沙壶”“沙钟”。漏刻的一种。略如漏壶,而以沙代水,根据沙从一个容器漏到另一容器的数量来计量时间。一般用于严寒易冻的北方。为元代詹希元所发明。

盖天说 中国古代一种宇宙学说。形成于周初。起初主张天圆地方,天圆像张开的伞,地方像棋盘。后来改为:天像一个斗笠,地像一个覆着的盘。

浑天说 中国古代一种宇宙学说。认为天地形状像鸟卵。天包地如同卵裹黄,其浑圆又像弹丸,故称“浑天”。天一半在地上,一半位地下,其南北两极固定于天的两端,天和日月星辰皆循偏斜的方向旋转。

纪年法 中国古代的纪年法,有以下几种:(1)以王公在位的年次纪年。用于先秦至西汉武帝时。春秋战国时期,各诸侯国用国君在位年数来纪年。(2)年号纪年。始自汉武帝,迄于清末,皇帝嗣位即更换年号,如康熙二十五年、乾隆八年等。同一位皇帝也可以多次更换年号。(3)岁星纪年。岁星在空中绕行一周为12年。(4)太岁纪年。(5)干支纪年。(6)生肖纪年。

干支纪年 中国古代的一种纪年法。始于汉,今农历仍沿用。即以干支相配的六十花甲子循环使用。近代史上著名的“甲午海战”“戊戌变法”“辛丑条约”“辛亥革命”等历史事件即用干支纪年来表示。

生肖纪年 中国古代的一种纪年法。是以十二种动物为名称的纪年系统。见于王充的《论衡》,可见其产生于东汉王充以前。主要使用于民间。“十二生肖”与“十二地支”相搭配,成为:子鼠、丑牛、寅虎、卯兔、辰龙、巳蛇、午马、未羊、申猴、酉鸡、戌狗、亥猪,往复循环不绝。在干支纪年法中,民间习惯将地支所在的年份称为鼠年、牛年、虎年等。

纪月法 中国古代的纪月法,有以下几种:(1)数序纪月。如正月、二月、三月。(2)地支纪月。用十二支与十二个月一一相配。以夏历冬至所在的十一月为子月,十二月为丑月,以此后推。(3)干支纪月。即以每月固定的纪月地支配上天干。五年为一周,周而复始。如丙寅月、丁卯月。

纪日法 中国古代的纪日法,有以下几种:(1)数序纪日。如初一日、初二日、初三日。(2)干支纪日。始见用于殷商甲骨文。其法以干支组成六十单位,每单位代表一天,以甲子、乙丑、丙寅等次序递推,六十日为一周期,循环使用。(3)以特定的名称纪某些日子。如每月初一叫“朔”,最后一天叫“晦”,大月十五、小月十六叫“望”,望的次日叫“既望”。宋苏轼《赤壁赋》:“壬戌之秋,七月既望,苏子与客泛舟游于赤壁之下。”

纪时法 中国古代的纪时法,有以下几种:(1)地支纪时。以夜半二十三点至一点为子时,一至三点为丑时,三至五点为寅时,依次递推。(2)十二时辰制。西周时就已使用。汉代命名为夜半、鸡鸣、平旦、日出、食时、隅中、日中、日昳、哺时、日入、黄昏、人定。(3)二十四时辰制。宋以后将十二时辰中每个时辰平分为初、正两部分。如子初、子正、丑初、丑正等,共二十四时辰,与现在的一天二十四小时时间一致。

二十四节气 亦称“二十四气”。十二个中气和十二个节气的总称。是中国历法的独特创造。春秋时期,仅有春分、夏至、秋分、冬至四大节气,至《吕氏春秋》又增加立春、立夏、立秋、立冬。至汉代《淮南子》已有和后世完全相同的二十四节气,汉武帝时正式订入太初历。它反映了黄河中下游地区,太阳在黄道上二十四个具有季节意义的位置的日期,几千年来对农牧业的发展具有重要作用。其名称为:立春、雨水、惊蛰、春分、清明、谷雨、立夏、小满、芒种、夏至、小暑、大暑、立秋、处暑、白露、秋分、寒霜、霜降、立冬、小雪、大雪、冬至、小寒、大寒。

度量衡 古代计量物体长短、容积和轻重标准的总称。商周时期,中央和地方设有专职官吏,负责度量衡标准器的颁发、检定与使用。春秋战国时,列国各自为政,度量衡制度混乱不齐。秦孝公时商鞅变法,曾改革度量衡制。秦始皇统一中国后,以法律形式统一度量衡。汉代至三国基本沿用秦制。两晋南北朝时期，社会动荡，政权分裂，度量衡增率大幅度上升，隋文帝时再次统一，将前期增大的量值予以固定。唐、宋、元、明、清沿隋制，进一步趋向完善。

度 古代计量长度标准的统称。包括忽、秒（宋以后叫“丝”）、毫、厘、分、寸、咫、尺、丈、寻、常、舍、仞、引、索、步（亦称“弓”）、里等长度单位。尺为基本单位。周以前除尺制外，还有仞制以测量深度。当时各种长度如寸、尺、咫、寻等都以人体部位为准则，其后以黄钟律、黍谷长度来测定，渐趋精密。在度、量、衡三者整个历史演进中，度的变化最小。忽、秒（丝）、毫、厘、分、寸、尺、丈、引，各自以十相进。唯1咫合8寸，1索合20仞。

量 ① 古代计量容量与体积标准的统称。包括升、斗、斛、筲、稷、秅、豆、区、釜、钟、溢、匊（亦作“掬”）、缶等容量与体积单位。其中如一手之盛握量为溢，两手为掬等，只是权宜之用，不能用于较精确的计算。其进位法亦参差不一。汉制有龠、合、升、斗、斛，称为“五量”。至清末发展成秕、糠、禾、稷、黍、粒、颗、粟、圭、撮、抄、勺、合、升、斗、石，皆以十相进。② 指量器。《汉书·律历志上》：“量者，龠、合、升、斗、斛也，所以量多少也……合龠为合，十合为升，十升为斗，十斗为斛，而五量嘉矣。”

衡 ① 亦称“权”“衡权”等。古代计量重量标准的统称。包括黍（亦称“粟”）、絫（亦作“累”，亦称“圭”“分”）、铢、两、捷、举、锾、斤、衡、秤、钧、石、鼓、引、钱、分、厘、毫、丝、忽等重量单位。其中，黍、絫以十相进；24铢为两，一两半为捷，2捷为举，2举为锾，2锾4两（384铢）为斤（16两），10斤为衡，一衡半为秤，2秤为钧（30斤），4钧为石（120斤），41石为鼓，200斤为引。忽、丝、毫、厘、分、钱、两出现于唐宋以后，皆以十相进。此外有锱，情况复杂，有8铢、6两、8两为锱铢说；锾、锤的情况类似。在古代文学作品中往往锱铢并用，以言物微量轻。② 特指作为衡器的秤（古多作“称”）。

度器 计量长度的器具。凡度器历代皆称作“尺”。起源甚古。按用途的不同，有律用尺，简称“律尺”；木工尺，简称“木尺”，亦称“鲁班尺”；营造尺；衣工尺，亦称“裁缝尺”，简称“裁尺”。清末重定度量衡制度，又因构造式样的不同，分为营造尺、矩尺、折尺、链尺、卷尺五类。

量器 计量容积的器具。古代容量单位多从量器本身得名，如龠、合、升、斗、斛（亦称“甬”）、区（亦作“逾”“匬”“庾”）、筲、豆、釜（亦作“鬴”）、钟、缶、勺等等。同一名称的器具在不同时代，其容量大小不尽相同，主要随容量标准的变化而变化。国家的标准量器，以青铜铸造，在周代称“嘉量鬴”。因中国以农立国，度量大宗农产品，民之纳税，官员之禄米，均需以量器数计之。新莽代汉，作嘉量斛。故宫博物院藏有一具，为研究汉代量器的实物。其斛为一大圆柱形，下有底，底上为斛量，底下为斗量；左耳为一小圆柱体，底在下端，为升量；右耳亦为一小圆柱形，底在中央，底上为合量，底下为龠量。斛、升、合三量，均向上；斗、龠二量，均向下。

商鞅方升 旧称“商鞅量”。战国时秦国量器。最早著录于《秦金石刻辞》等书。现藏上海博物馆，是商鞅统一量制的重要物证。长方形，青铜制。有柄，三边及底皆有刻辞。

战国商鞅方升

衡器 亦称“权”“衡”“衡权”等。计量重量的器具。原只有称（秤），后出现戥子、天平等，以精确地称金、银等贵金属及药物。此外如权、砝码等权器，也属衡器范畴。

权 古代称物品重量时所用，相当现今的秤砣，通常与“衡”联用。现存最早的铜权是战国时所制。流传较多的为秦权和楚权，秦权多作馒头形，楚权多作环形，常见的是由十个组成一套，在天平上使用。到汉代则称权为“累”。古代权衡之制，在衡的中部施纽，使两端皆平，一端悬权，一端称物。以后日趋简易，将纽移在一端，把斤两之数刻在衡上，就成为今日的“秤”。现在所见的古权，凡记有斤两的，都是天平制的砝码；不计斤两的，是秤制的秤锤（秤砣）。

天平 亦称“兑架”“天称”。衡器。古代用以称量金银之秤。明王圻《三才图会》：“天平，其制以铜为梁，又有两天平，以铜索悬于梁之两端。梁之中间上下，各有铜笋，相对则轻重各等，不然则互有所欹矣。”吴承洛《中国度量衡史》上编第四章第二节：“天称之名，始见于《明会典》，沿用于今。”

戥子 衡器。用以称量金银珠宝和药物的小型杆秤。一头或两头装盘。最早出现于唐。其最大单位是两，小到分和厘。《红楼梦》第五十一回：“麝月便拿了一块银，提起戥子来问宝玉：‘那是一两的星儿？’”

秤 亦作“称”。衡器。古代指使用大型权器的等臂大天平。自唐以来专指提系杆秤。作为权器的秤锤，其形制圆而有孔，重量亦有一定标准。《礼记·经解》：“礼之于正国也，犹衡之于轻重也。”郑玄注：“衡，称也。”《魏书·张普慧传》：“依今官度官秤，计其斤两广长，折给请俸之人。”

寸 长度单位。1 寸合 10 分。为十分之一尺。《汉书·律历志上》：“十分为寸，十寸为尺。”亦用于表示事物之小，如“寸心”“寸衷”表示心意，“寸阴”表示短暂的时间，“寸步”表示极短的距离，“寸功”表示微小的功劳。

尺 长度单位。1 尺合 10 寸。为十分之一丈。具体单位量历代不同，大抵越来越长，今长于古。汉蔡邕《独断》：“夏以十寸为尺，殷以九寸为尺，周以八寸为尺。”吴承洛《中国度量衡史》上编第四章第三节：“尺，即度之基本单位。考尺之制定于律，为国家定法，以其近一手之长，易于识别，故曰布手知尺。又曰，尺者识也，因而通用之，以为实用单位。”亦为度器的总称。参见“度器”。

丈 长度单位。1 丈合 10 尺。《国语·周语下》：“夫目之察度也，不过步武尺寸之间；其察色也，不过墨丈寻常之间。”韦昭注：“五尺为墨，倍墨为丈。”《汉书·律历志上》：“度者，分、寸、尺、丈、引也，所以度长短也……十尺为丈，十丈为引。”《说文·夫部》：“周制八寸为尺，十尺为丈。人长八尺，故曰丈夫。”

里 长度单位。1 里合 180 丈。历代无变化。《大戴礼记·王言》：“三百步而里。”清顾炎武《日知录·考证》：“《穀梁传》：‘古者三百步为里。’今以三百六十步为里，而尺又大于古四之一，今之六十二里，遂当古之百里。”参见“步”。

舍 长度单位。1 舍合 30 里。《左传·僖公二十三年》：“晋楚治兵，遇于中原，其辟君三舍。”《吕氏春秋·不广》高诱注：“军行三十里为一舍。”宋岳飞《题东松寺》：“崎岖山路……过祈门西约一舍余，当途有庵一所。”

步 长度单位。周、秦、汉以下 1 步合 6 尺。自唐至民国初 1 步合 5 尺。《史记·秦始皇本纪》：“数以六为纪，符、法冠皆六寸，而舆六尺，六尺为步，乘六马。”《说文·田部》：“亩，六尺为步，步百为亩。”清段玉裁注：“邓展曰：‘古百步为亩，汉时二百四十步为亩。’按，汉因秦制也。”吴承洛《中国度量衡史》上编第四章第四节：“以步弓为计步之器。又以尺为度器之总名，故亦名曰‘步弓尺’。”

仞 长度单位。也用来测量深度。1 仞合 8 尺。又有合 7 尺、5 尺 6 寸、4 尺诸说。《书·旅獒》：“为山九仞。”汉孔安国传：“八尺曰仞。”唐陆德明释文：“七尺曰仞。”《汉书·食货志上》：“有石城十仞。”。汉应劭注：“仞，五尺六寸也。”唐颜师古注：“此说非也。八尺曰仞，取人申臂之一寻也。”唐王之涣《凉州词》：“黄河远上白云间，一片孤城万仞山。羌笛何须怨杨柳，春风不度玉门关。”

寻 长度单位。1 寻合 8 尺。又有合 7 尺之说。《诗·鲁颂·宫》：“徂徕之松，新甫之柏，是断是度，是寻是尺。”毛传：“八尺曰寻。”《小尔雅·度》：“四尺谓之仞，倍仞谓之寻。”清朱骏声《说文通训定声·临部》：“按程氏瑶田云：‘度广曰寻，度深曰仞，皆伸两臂为度。度广则身平臂直而适得八尺，度深则身侧臂曲而仅得七尺。’其说精核。寻、仞皆以两臂度之，故仞亦或言八尺，寻亦或言七尺也。”

常 长度单位。1 常合 16 尺。“寻常”连用，多借指有限的长度。《左传·成公十二年》:"诸侯贪冒,侵欲不忌,争寻常以尽其民。"杜预注:"八尺曰寻,倍寻曰常。"《仪礼·公食大夫礼》:"司宫具几与蒲筵常。"郑玄注:"丈六尺曰常。"汉贾谊《吊屈原文》:"彼寻常之污渎兮,岂能容夫吞舟之巨鱼?"

龠 ① 容量单位。黄钟龠的容量。汉制,2 龠为 1 合,每龠为 810 立方分米。《汉书·律历志上》:"量者,龠、合、升、斗、斛也,所以量多少也。本起于黄钟之龠……合龠为合。"吴承洛《中国度量衡史》上编第四章第五节:"《汉志》称五量,谓龠、合、升、斗、斛,二龠为合。"② 量器名。

合 ① 容量单位。汉制,1 合为 2 龠。为十分之一升。《汉书·律历志上》:"合龠为合,十合为升。"② 量器名。

升 ① 容量单位。汉制,1 升为 10 合。为十分之一斗。《汉书·律历志上》:"十合为升。"② 量器名。《隋书·律历志上》:"准为铜升,用颁天下。"《正字通·十部》:"升……十合器也。"

斗 ① 容量单位。1 斗合 10 升。为十分之一斛。《正字通·斗部》:"吴中市鱼以计,一斗为二斤半。《松陵唱和诗》:'一斗霜鳞换浊醪。'"② 量器名。斗底小,呈方形,有柄。《吕氏春秋·仲春》"角斗桶"汉高诱注:"斗桶,量器也。"《说文·斗部》:"斗,十升也。象形,有柄。"

斛 ① 容量单位。1 斛合 10 斗。至宋代,改为 5 斗为 1 斛,2 斛为 1 石。《仪礼·聘礼》:"十斗曰斛。"《正字通·斗部》:"今制五斗曰斛,十斗曰石。"② 量器名。吴承洛《中国度量衡史》上编第八章第六节:"改斛之进位为五斗,置石为十斗,以补斛名之缺,其法乃始于宋。又改斛之式,由圆形而为截顶方锥形,亦始于宋。"

石 ① 容量单位。古代石与斛同,均合 10 斗。至宋代改 1 斛合 5 斗,石乃与斛异。汉刘向《说苑·辨物》:"十斗为一石。"宋无名氏《释常谈·八斗之才》:"谢灵运尝曰:'天下才有一石,曹子建独占八斗,我得一斗,天下共分一斗。'"吴承洛《中国度量衡史》上编第四章第五节:"自宋以后,以十斗为一石,五斗为一斛。"② 重量单位。1 石合 120 斤。《说文·石部》清段玉裁注:"石,或借为字。百二十斤也。"

锱 重量单位。1 锱合 6 铢。4 锱为 1 两。

铢 重量单位。24 铢为 1 两。"锱铢"连用,比喻物之轻微、细小。《淮南子·天文》:"十二粟而当一分、十二分而当一铢,十二铢而当半两。"汉刘向《说苑·辨物》:"二十四铢重一两。"唐杜牧《阿房宫赋》:"秦爱纷奢,人亦念其家。奈何取之尽锱铢,用之如泥沙?"

两 重量单位。1 两合 24 铢。汉以后,以 16 两为 1 斤。《汉书·律历志上》:"二十四铢为两。十六两为斤。"《水浒传》第三十九回:"宋江又取出五十两一锭大银对李逵道:'兄弟,你将去使用。'"

斤 重量单位。1 斤合 16 两。清方以智《通雅·算数》:"十六两为一斤,一斤为三百八十四铢,合一年闰月之数;三十斤为一钧,月法也。"

钧 重量单位。1 钧合 30 斤。《孟子·梁惠王上》:"吾力足以举百钧,而不足以举一羽。"赵岐注:"百钧,三千斤也。"《汉书·律历志上》:"三十成钧者,一月之象也。"

亩 地积单位。历代颇不统一。周代以 100 方步为 1 亩,称"小亩";秦孝公时商鞅废井田,开阡陌,以 240 方步为 1 亩,称"中亩";南北朝时,以 360 方步为 1 亩,称"大亩"。汉至清基本沿用中亩。今市制,以 60 平方丈为 1 亩。《孟子·梁惠王上》:"五亩之宅,树之以桑,五十者可以衣帛矣。"焦循正义:"步百为亩。"

方里 地积单位。周制,每方里合 900 亩。唐以后,合 540 亩。《孟子·滕文公上》:"方里而井,井九百亩。"《列子·汤问》:"太行、王屋二山,方七百里,高万仞。"

圆周率 三国时魏国数学家刘徽在景元四年(263 年)注《九章算术》时,算得圆周率为 3.141 6。5 世纪时,南朝数学家祖冲之算得圆周率在 3.141 592 6 与 3.141 592 7 之间,并提出其疏率为 22/7,密率为 355/113。其密率值的提出,比欧洲人早 1 000 多年,为纪念祖冲之,他算出的近似值称"祖率"。

河北涞水的祖冲之纪念像

航海罗盘

四大发明 指南针、造纸术、火药、印刷术这四项重要科学发明的合称。最初皆出自中国,其后相继传至世界各地。对世界文明和人类历史的进步产生巨大影响,是中国对于整个人类文明的重大贡献。

指南针 中国古代"四大发明"之一。战国以前,中国人对磁石的指极性已有认识,发明出指示方向的"司南"。汉代制成方形地盘,上有二十四向,用以配合司南。此后随航海业的发展,以人工磁化的方法,试制成高一级的磁性指向仪器。北宋曾公亮《武经总要》及沈括《梦溪笔谈》中,曾分别介绍指南鱼与指南针,南宋末陈元靓《事林广记》中介绍指南龟,与现代普通指南针方法相同。自由转动停止后,能显示南北指向。此后出现一种水罗盘,以磁针横贯灯芯浮于水面,亦称"浮针",航海即以此种罗盘定航向。明嘉靖年间,又出现旱罗盘,以钉子支在磁针重心处,更加适合航海。南宋朱彧《萍洲可谈》记述宋代广州航海业时说:"舟师识地理,夜则观星,昼则观日,阴晦观指南针。"至元代,指南针成为海上航行最重要的仪器,并专门编制出罗盘针路,将航线上地名一一标明。元代的《海道经》《大元海运记》《真腊风土记》中,皆有记载。指南针的应用,使远航成为可能,为郑和七次下西洋提供了可靠保证。中国指南针约在12世纪末至13世纪初传到阿拉伯,继而传到欧洲。至16世纪,欧洲人改制成利用万向支架的航海罗盘。中国指南针与罗盘的发明,促进了世界海运业,大力推动了各国间的经济文化交流。

造纸术 中国古代"四大发明"之一。纸发明以前,中国人书写记录用龟甲、兽骨、金石、竹简、木牍、缣帛为材料。西汉时,开始有粗糙的麻质纤维纸产生。旧谓最早的纸由蚕丝纤维构成,经科技史家潘吉星鉴定为误传,汉代至清所传"古纸",全为植物纤维纸。史载,东汉初光武帝"车驾徙都洛阳,载素、简、纸经凡二千辆",建初元年(76年),汉章帝令博士贾逵选二十人,教以《左氏传》,赐给"简、纸经传各一通"。可见东汉初已用麻质纸抄写儒家经典,以为书籍。汉和帝时,任尚方令的宦官蔡伦改进造纸技术,降低造价,试制了一批良纸献给朝廷。其时,已将产纸之地向朝廷贡献纸张定为制度。3—4世纪,纸成为主要书写材料。此后直至18世纪,更以麻、楮、桑皮、藤皮、檀皮、瑞香皮、稻麦秆、竹等原料造出各种不同用途的优质纸张,有力地促进了中国经济、文化、科学的发展。宋以后雕版印刷的繁荣,更促进造纸业的兴盛。各种纸制品除用于书画、印刷外,还普及到日常生活的各个方面。3世纪后,纸张通过丝绸之路传至阿拉伯。西晋以前,造纸术传入越南。东晋太元九年(384年),僧人摩罗难陀将造纸术带到百济。隋大业六年(610年),朝鲜僧人昙征又将造纸术传入日本。唐代,中国僧人将纸张带到印度,至11世纪末才普遍使用。12世纪初,纸与造纸术自埃及传到西班牙,此后又经5个世纪,欧洲各国才设厂造纸。纸的发明及其生产技术的传播,对促进科学发展和各民族间的文化交流,具有极其重要的意义。造纸术是中华民族对人类社会发展的伟大贡献之一。

火药 中国古代"四大发明"之一。火药的成分硝、硫黄、木炭,在中国很早时就被认识。公元前5世纪，春秋时越国计然谓“石硫黄出汉中”，“硝石出陇道”。西汉时，在湖南、山西、河南等地发现硫黄矿并开采。火药起源于道家炼丹术。《淮南子》中有关于硫黄的记载，总结秦汉时期药物学成果的《神农本草经》中，有关于火药的主要成分硝石和硫黄的记载。宋代《诸家神品丹法》中载录有“伏火硫黄法”一条，系唐或唐以前人所作，为世界上最早的火药配方。中唐后出现的炼丹书《真元妙道要略》，被英国科技史家李约瑟认为是世界上最早论述火药的著作。此后，唐元和三年(808年)，炼丹师清虚子在《太上圣祖金丹秘诀》中所述的“伏火矾法”，今被认为是有年代可考的最早的火药配方。五代十国时，江南制定了火药成分的标准化。至迟在五代末北宋初，中国已将火药箭和火药炮应用于军事进攻，火药成为正式的军备物资。北宋曾公亮等奉敕编纂的军事百科全书《武经总要》前集第十一、十二卷中，正式出现“火药”这一名称，并记载有火药的具体配方。这些记载证明，中国是世界上最早发明火药和首先使用火器的国家。1280—1290年，蒙元军队西征中亚、西亚，使用各种火器，将火药传到阿拉伯与欧洲。中国发明火药比欧洲使用火药早400~500年。此项发明在化学发展史上有着重要地位，对欧洲各国的历史产生了深远的影响。

印刷术 中国古代“四大发明”之一。印刷术发明之前，文化的传播主要依赖刀刻竹木简或在绢帛纸张上抄写。汉代发明造纸，至魏晋时，笔、墨已臻精妙，为印刷术的发明准备了物质条件。雕版印刷与使用印章、拓印碑文、凸版印染等有关。魏晋南北朝时，道教徒大量木刻符箓，多者达百余字，此时人们掌握了反写阳文、反写反刻阴文、摹拓石刻等技术。隋代至唐中期，民间逐渐发明雕版印刷，起初用于刻印佛教菩萨像、私印历书、诗人名作单篇及实用杂书等。高僧玄奘在归国后，曾大量雕印普贤菩萨像，施于四方。在新疆吐鲁番发现的《妙法莲花经》残卷和在韩国发现的《无垢净光大陀罗尼经》，均为武则天时期的刻印。今存于世的唐咸通九年(868年)刻印的《金刚经》一卷，图和字的雕刻，浑朴凝重，精美异常，墨色浓厚均匀，清晰显明，技术高度成熟。稍后有日本僧人宗睿带回本国、达三十卷的雕版字书《玉篇》。晚唐时，长安、洛阳、敦煌、成都，以及长江中下游的扬、越地区，成为早期刻书中心。至五代时，后唐宰相冯道首先用雕版刻印儒家“九经”。至宋代，经济文化发达，中央政府机构、地方州县官衙和书院、书坊、寺庙及私人大量雕版刻印书籍，质量精美，先后形成汴梁、浙江、四川、福建、江西等刻书出版中心。全国十五路无路不刻书，刻书地点可考者凡174处。所刻之书量多质高，传世者已成国宝。辽、金、西夏也先后雕印汉文、契丹文、女真文、西夏文书籍。北宋庆历年间，布衣毕昇发明胶泥活字排版印书，其法见沈括的《梦溪笔谈》，比欧洲第一部活字印刷品德国人古腾堡印制的《圣经》早400余年。其后，元、明、清三代，不仅有木活字，并先后试制铜活字、锡活字、磁活字版，均有精美和风格各异的版本传世。元代农学家王祯《农书》所附木活字排版技术的详细记述，是中国和世界科技史上的珍贵文献。中国的雕版印刷技术，先传至朝鲜、日本及越南；8—10世纪，由海道及陆路传至埃及；11—13世纪，经回鹘传至中亚和西亚；13世纪时，因蒙古的扩张而传至波斯；14世纪传至欧洲，欧洲人用于印制宗教图像和纸牌。15世纪中叶，威尼斯成为欧洲印刷业中心。木活字印刷技术，在元代也以古维吾尔文木刻单字的形式经传教士、旅行者传到欧洲，促成了德国、荷兰、法国活字印刷试验的成功。中国印刷术对人类文明的进步和发展具有不可估量的贡献。

雕版印刷的书版

天文学 中国天文学起源于商以前。《今本竹书纪年》中“夜中星陨如雨”的记录，是世界上对流星雨最早的记载。商代甲骨文中有世界上最早对日食、月食和新星的记载，并开始采用干支纪日法，其时已有闰月。周代开始用圭表观测日影，确定季节，用刻漏仪器计时。西周时用二十八宿划分周天。自公元前722年至公元1910年，中国的干支纪日从未间断，是世界上迄今最长久最为完整的纪日资料。《春秋》中有世界上最早的关于陨石和哈雷彗星的记载。春秋时期，已采用19年置7个闰月的置闰方法制定历法。战国时期，尸佼提出朴素的地动思想，名家惠施提出朴素的地圆思想；楚国甘德的《天文星占》和魏国石申的《星占》各记载数百颗恒星的方位，为世界上最早的星表；当时，已采用一回归年为365.25日的《四分历》，又发现木星（即岁星）12年运行一周，并据此产生岁星纪年法。西汉时，司马迁、落下闳等人制定的《太初历》，为中国历史上第一部统一的完整历法。《史记·天官书》记录恒星的位置、颜色等，有500余颗。《周髀算经》的记载表明，公元前1世纪时，古代科学家已认识到月光是日光的反射。《汉书·天文志》详细记录了对一次极光的观测，为世界上较早的精确极光记录。《汉书·五行志》中，有世界上对太阳黑子最早的记录。西汉末，古代科学家已有朴素的关于地球公转的思想。东汉时，贾逵明确提出黄道与赤道有一交角，首先利用黄道坐标系测定天体位置。张衡测定黄道与赤道交角为24度，他在《灵宪》中正确地解释了月食，提出宇宙无限的思想。元初四年（117年），张衡主持制成水运浑天仪，能准确演示天体运行，不但是现代天象仪的前身，而且是世界上最早的机械计时器。汉代，关于宇宙的构成，有“盖天说”“浑天说”及“宣夜说”等，张衡等持较先进的“浑天说”。北魏时的星象图，上有银河及300余颗星，绘于今河南孟津北魏墓墓顶，为世界上现存最早星图之一。南朝宋大明六年（462年），祖冲之编制《大明历》，是当时最好的历法。隋开皇二十年（600年），刘焯制订《皇极历》，定岁差精确度超过前人。唐开元十二年（724年），一行、梁令瓒主持制造黄道游仪，重新测定恒星位置，正确地掌握了太阳运行的规律。次年，制成浑天铜仪，能自动报时。后晋天福五年（940年）左右绘制于敦煌石窟的星图，上有星1 350多颗，星的数量超过西方1608年所绘星图。宋代，有1054年超新星爆发的记录。沈括提出历法将二十四节气与十二个月完全统一起来的主张，以适应农业生产需要，并著有《浑天议》《浮漏议》《景表议》等天文学著作。元祐五年（1090年）左右，苏颂设计建成水运仪象台，为世界上第一座运转灵巧的天文台与天文钟。南宋庆元五年（1199年），杨忠辅制定《统天历》，定一回归年为365.242 5日，与实际数据仅差26秒，与现行阳历数据相同。元至元十七年（1280年），郭守敬、王恂创制《授时历》，施行364年，为中国古代最精确和使用最久的历法。郭守敬又主持制造简仪等13种天文仪器。元代建有当时世界上规模最宏伟、设备最完善的天文台。明永乐三年（1405年）至宣德八年（1433年），郑和七下西洋，所绘制《过洋牵星图》四幅，是古代航海天文学的宝贵资料。万历三十六年（1608年），邢云路测得一回归年的数值，已准确至十万分之一日。清代科学家王锡阐著《晓庵新法》等天文学著作13种，富有创见。中国古代天文学，在较长的历史时代，居于世界天文学前

水运仪象台复原模型

列，有大量独到的发现和建树，有自己的理论体系，有世界上最丰富、最系统的天象观测记录。

数学 商代甲骨文中已用十进制记数，当时用矩与规为工具制图。至迟春秋末，已用算筹进行运算，算筹此后成为古代运算的主要工具。春秋战国时，已掌握整数四则运算和九九表，并已运用分数。《墨经》中有点、线、面、方、圆等几何概念。约在公元前1世纪，《周髀算经》成书，是中国现存最早的数学著作，其中有直角三角形勾股定理的应用和复杂分数运算的记载。约在公元1世纪东汉时成书的《九章算术》，涉及算术、初等代数、初等几何等方面，其中多元一次方程组解法、正负数的概念、正负数加减法则、开平方、开立方以及二次方程的解法等记载，在世界上都是最早，在世界数学史上占有重要地位。三国魏景元四年（263年），刘徽注《九章算术》，算得圆周率为3.141 6；魏晋间赵爽用几何方法证明勾股定理，其法包含割补原理的思想，均为数学史上杰出成就。5世纪时，南朝祖冲之算得圆周率在3.141 592 6与3.141 592 7之间，并将其疏率和密率表示为22/7与355/113，早于西方1 000多年。又与其子祖暅提出祖氏定理，并求得球体体积公式。隋开皇二十年（600年），刘焯制定《皇极历》，最早提出等间距二次内插公式。唐武德九年（626年）左右，王孝通在《辑古算经》中解决土方工程中提出的三次方程求根问题。永隆元年（680年），李淳风等注释《周髀算经》《九章算术》《海岛算经》等10部数学著作，作为唐代的数学教科书。开元十五年（727年），一行首创不等间距的二次内插公式。北宋皇祐二年（1050年）左右，贾宪创造开任意高次幂的“增乘开方法”，早于欧洲17世纪时类似的“帕斯卡三角”。沈括在《梦溪笔谈》中提出“隙积术”，开始了对高阶等差级数求和的研究。南宋淳祐七年（1247年），秦九韶在《数书九章》中推广增乘开方法，叙述高次方程的数值解法。次年，李冶著《测圆海镜》，首次系统论述“天元术”（一元高次方程）。景定二年（1261年），杨辉用“垛积术”求出几类高阶等差级数之和。元至元十七年（1280年），郭守敬列出三次差的内插公式及两个球面三角公式。大德七年（1303年），朱世杰著《四元玉鉴》，将“天元术”推广为“四元术”（四元高次联立方程），并提出消元的解法，又研究了各有限项级数求和问题，在此基础上得出高次差的内插公式。明万历三十五年（1607年），徐光启等翻译欧几里得《几何原本》前六卷，将欧洲数学引入中国。清代数学家王寅旭、梅文鼎等受西洋数学影响，取得重大成就。雍正元年（1723年），梅瑴成等编成《数理精蕴》，介绍西方数学及中国古代数学，是当时的数学百科全书。乾隆九年（1744年），明安图著《割圜密率捷法》，证明和扩充用解析方法求圆周率的公式，又以独创的几何方法研究三角函数展开式。清末，数学家李善兰与英国人伟烈亚力合译《几何原本》后九卷，华蘅芳与英人傅兰雅合译《代数术》《微积溯原》《三角数理》诸著作，流布于世。中国古代数学成就，直至明中叶以前，在许多分支领域内，一直处于遥遥领先的地位，曾产生许多大数学家及数学专著。他们在很少受到外来影响的社会环境中，独立发现和揭示了许多数学上的高难度的公式定理，为中国和世界留下了珍贵的遗产，是中国人创造力和智慧的有力证明。

物理学 商代能制造石磬及成套铜铙等乐器，可推测当时已具有十二律中的九律，并已有五度谐和的观念。商周间产生“五行说”与“阴阳说”，“五行说”认为世界万物由金、木、水、火、土五种基本元素组成，“阴阳说”认为万物发展变化之因是“阴”与“阳”相抗相须而造成。周代人民，使用“阳燧”（即凹面镜）聚焦阳光取火。春秋战国时的《管子·地数》篇中有关于磁石的最早记载，并提出水是万物之源的观点。公元前4世纪，战国时名家提出朴素的极限概念和物质无限可分的思想，又提出运动的物体又动又不动的辩证关系的看法。公元前4—前3世纪，墨家著作《墨经》中载有关于力学、光学和声学的研究成果，如杠杆作用、斜面、针孔成像以及平面镜、凹面镜、凸面镜成像等，又首先提出光是直线前进的观点。战国时《庄子·徐无鬼》中有声音共振现象的记载。春秋末年，中国人已使用天平与砝码，湖南长沙春秋末至战国楚墓有大量天平、砝码出土。《韩非子》及《鬼谷子》中有关于指示方向的仪器“司南”的记载。《吕氏春秋》中有关于磁石吸铁的记载。公元前221—前210年，秦始皇统一全国度量衡，标准量器商鞅方升制作十分精确。西汉时，采用有固定音调的竹管乐器的管长作为长度标准，并以管的容积和所盛粟的重量作为容量和重量的标准。公元1世纪，东汉王充认为天地万物皆由阴阳二气的交感变化而产生，天地不生不灭，无始无终。其所作《论衡》中有利用磁性指示方向的“司南勺”及静电现象的记载。2世纪初，东汉张衡提出宇宙在时间和空间上都是无限的观点，曾创制指南车，不久失传。东汉时，中国人民已应用虹吸管引水。3世纪时，马钧受魏明帝令，恢复制成指南车。8—9世纪，唐代柳宗元与刘禹锡提出宇宙无穷、万物恒动以及空间充满物质的观点。唐初，孔颖达在《礼记注疏·月令》中说明虹的成因。其后，张志和在《玄真子》中也有类似认识，并指出“背日喷乎水成虹霓之状”，即可以人工造出彩虹现象。北宋庆历四年（1044年）曾公亮主编的《武经总要》中记载的“指南鱼”的制作方法，是世界上关于利用地磁场进行人工磁化的最早记载，表明当时已知道利用地磁的倾角。北宋，张载“太虚即气”的学说发展了物质不灭的思想。沈括的《梦溪笔谈》中有关于利用天然磁体进行人工磁化以及地磁偏角的记载，又有关于凹面镜焦点的最早描述，均早于西方同类实验和记录。北宋宣和元年（1119年），朱彧《萍洲可谈》第一次记载指南针运用于航海。南宋赵友钦在所著《革象新书》卷五“小罅光景”中记载其所作光学实验，对视角、光的直线传播和照度有所研究，通过实验得出小孔成像的规律等正确结论。明万历十四年（1586年），朱载堉《律吕精义》出版，创造了“十二等程律”（一称“十二平均律”）。崇祯十年（1637年），宋应星对声音的产生及传播做出合乎科学的解释。明末清初，王夫之进一步阐述物质不灭思想，并指出构成万物的“气”永远处于运动之中，静止只是运动的一种形态，只是相对的。清顺治九年（1652年）左右，方以智在《物理小识》中提出时间与空间不能彼此独立存在的时空观。书中正确解释了大气折射（蒙气差）现象。清初，民间光学仪器制造家孙云球曾制造放大镜、显微镜等数十种光学仪器，并著《镜史》。同时，黄履庄曾制造过探照灯（“瑞光镜”），见于张潮《虞初新志》卷六。康熙三十四年（1695年），刘献廷在《广阳杂记》卷一中指出铁可以阻碍磁石吸力，是中国关于磁屏蔽的最早记载。道光十五年（1835年），郑复光著成《镜镜詅痴》，为中国古代较有系统的光学专著，对物体的颜色、透镜原理及三棱镜、望远镜等光学仪器的制造均有所论述。中国古代物理学历史悠久，有许多重要的科学思想、发明发现以及远较外国为早的科学实验，值得认真总结和发扬。

化学 仰韶文化时期已有彩陶，龙山文化时期用快轮制黑陶。大汶口文化遗址中发现陶制的成组酒器，表明当时已有酿酒技术。河南郑州二里冈、安阳小屯及江西樟树吴城等地商代遗址中出土的青釉器，用高岭土制坯，经1 200℃高温烧成，表面施釉，胎质与釉的化学成分接近宋、明瓷器，已是原始青瓷器。瓷器是中国古代重要发明之一。春秋战国时，已能制造琉璃器物，出土有琉璃璧、琉璃珠等。秦代制陶技术水平高超，秦始皇陵东侧俑坑曾出土大批身高1.8米左右的陶兵俑与和真马体形相当的陶马。公元前2世纪，《淮南万毕术》中有用雄黄燃烧后的气体杀虫的记载，以及从硫化汞中提取汞的化学知识。东汉魏伯阳著成最早的炼丹术专著《周易参同契》，书中记载汞与硫的化合、“铅丹”还原为铅以及汞与铅生成合金等化学反应。晋代葛洪《抱朴子》中记载了可逆反应等许多化学反应。宋代《诸家神品丹法》载有“伏火硫黄法”一条，记录用硫黄、硝石、炭化后的皂角制造火药的配方，是世界上关于火药的最早记载。唐代出现名陶“唐三彩”，制瓷工业成为独立的生产部门。北宋庆历四年（1044年）曾公亮主编的《武经总要》中，记载有军事上不同用途的火药的配方及工艺流程，当时朝廷在河南开封设有专门制造火药的工场"火药作"。北宋于开封并设有"猛火油作"，表明当时已冶炼石油，以供作战之用。宋代制瓷有很大进步，瓷器工艺讲究，并大量出口，江西景德镇开始形成"瓷都"。中国制瓷技术10世纪传至亚洲邻国，15世纪传至欧洲。南宋时，宋慈在《洗冤录》记载的急救方中提到烧酒，可见此前中国已掌握乙醇含量很高的蒸馏酒的酿造技术。明万历二十四年（1596年）李时珍的《本草纲目》中记载了276种无机药物的化学性质以及蒸馏、蒸发、升华、重结晶、沉淀等技术。崇祯十年（1637年），宋应星在《天工开物》中将铅、铜、汞、硫等化学元素看作是基本的物质，而把有关反应产生的物质看作是派生的物质，说明当时已有化学元素概念的萌芽。清顺治九年（1652年）左右，方以智在《物理小识》中记载了炼焦炭的方法。明代制瓷工艺进一步发展，由单色釉发展到多彩瓷，明清之际出现结晶釉工艺。对于天然气的利用，魏晋时已用于煮盐。明代宋应星《天工开物》记述四川利用"火井"中的天然气煮盐，至清代，以自贡市为中心，号称"盐都"。中国古代化学涉及燃料、建筑材料、陶瓷、冶炼、造纸、颜料、油漆、食品、火药、医药、炼丹术等各个方面，曾经对世界文化做出过辉煌的贡献。纸、瓷器、火药是中国劳动人民的伟大创造，也是影响到世界人类文明进程的重要发明。

气象学 中国以农立国，气象对农业有直接影响。商代甲骨文中有大量关于天气现象的记载。西周初，《诗经·豳风·七月》记载了一年中的自然现象和农事活动。战国以前成书的《夏小正》，是世界上最早的物候学专著。战国时期，已有二十四节气的全部名称，西汉初《淮南子》的记述更为完整。公元前2世纪，已有天平式湿度计的记载。西汉时，首都长安的灵台（观象台）上设有候风仪"相风铜乌"，为世界上最早的固定式候风仪之一。汉代，已建立地方向中央汇报雨量的制度。约东汉建初七年（82年），王充对雷、雨等做出较科学的解释，反对种种迷信谬说。北魏农学家贾思勰在《齐民要术》中记载许多农业气象知识，如关于霜冻的预报和用烟熏法防止霜冻灾害的方法等。南宋淳熙七年至八年（1180—1181），吕祖谦记录了浙江金华地区一年零七个月的物候，其中包括20多种植物开花及春莺初到、秋虫初鸣等的时间，为现存世界上最早的实际观测物候记录。南宋淳祐七年（1247年），秦九韶《数书九章》中载有计算雨量器容积的题目，证明中国是世界上最早使用雨量器的国家，其书中并有测量降雪量的记载。元至正二十年（1360年），娄元礼编成《田家五行》一书，记载古代劳动人民观察气象的经验500多条，从不同方面揭示天气、气候变化的规律，包括短期和中、长期预报等。14世纪中叶的《白猿献三光图》一书，载云图132幅，联系天气变化加以解说，绝大部分与现代气象学原理相一致。明代张燮的《东西洋考》，有对海洋气候的详细记载。清初刘献廷在《广阳杂记》中载录甘肃地区人民以火炮消除冰雹之法。清代黄履庄发明"验燥湿器"，为高灵敏度的湿度计，又曾制造"验冷热器"（温度计）。清康熙五十五年（1716年），康熙帝曾命人在许多地方设点测风，为世界上最早的气象观测网。中国古代气象学，附属于天文学，又与农事紧密结合，在历代典籍中留下了丰富的观测记录资料。

地学 中国地学历史悠久。《今本竹书纪年》载有夏代的"泰山震"，是世界上最早的地震记录。商周之际，已发现天然气苗燃烧的现象。周初，为营建雒邑，曾经绘制该地区的地图。《诗经》中记有公元前780年今陕西一带地震引起的山崩及地壳变动现象。《山海经》中的《五藏山经》，记载了全国各地的主要山脉、河流、矿产等，其中记述矿产70多种、金属矿物产地170余处。约在战国时成书的《尚书·禹贡》为中国古代的重要地理著作，记述了九州的各种土壤、矿产及动植物资源等。《管子》总结了中国古代地学的许多重要成就，其中《地数》篇记载有矿床学知识，《度地》篇论述了河流的侵蚀作用与河曲的形成过程，《地图》篇论述了地图在军事上的用途，是先秦地图学的重要文献。晋人常璩《华阳国志·蜀志》载，秦孝文王时李冰为蜀郡守，在今成都一带开盐井，为开凿盐井的最早记载。西汉末，扬雄在《蜀都赋》中记载四川地区有“火井”，即天然气井。东汉画像砖上的煮盐图证明当时已利用天然气煮盐。西汉时成书的《尔雅》中有关地理诸篇，对地理与地质现象作了记载与分类。马王堆西汉墓中出土的西汉文帝十二年（前 168 年）左右的三幅地图，为中国现存最古老的地图。《史记・货殖列传》是中国最早的经济地理著作。公元 1 世纪末写成的《汉书・地理志》是中国最早的沿革地理著作。东汉阳嘉元年（132 年），张衡主持创制“地动仪”，是世界上第一台灵敏度高、报震准确的地震仪器。西晋裴秀主持绘制全国地图《方丈图》并著《禹贡九州地域图记》18 篇，对地图学的发展做出了重大贡献。东晋僧人法显到达印度、斯里兰卡等国，返回后著《佛国记》，为研究中亚和印度古代地理的重要文献。南朝宋时，谢庄曾制成木制的世界上最早的立体地图。北魏郦道元著《水经注》，是记录中国古代水道的综合性地理巨著。唐贞观年间，玄奘旅行中亚及印度等国，返国后著《大唐西域记》一书，是研究西域史地的重要文献，在世界地理史上有重要地位。贞元十四年（798 年），贾耽绘成全国地图《九州图》，并于贞元十七年绘成《海内华夷图》。元和八年（813 年），李吉甫编成《元和郡县志》，详载各州县沿革、地形、户口、贡赋等，对后代地方志有很大影响。唐代，中国海船远航至阿拉伯地区，广州、泉州、扬州成为重要出海港。北宋，乐史编成《太平寰宇记》二百卷，为宋代重要地理著作。北宋熙宁十年（1077 年）左右，沈括从太行山石壁层中的螺蚌壳堆积，科学地推断当地为古代之海滨。他还曾绘制《天下州县图》，为当时最好的全国地图。元至元十七年（1280 年），元朝政府派都实等人勘探黄河源头。延祐二年（1315 年），潘昂霄据都实的调查写成《河源志》，明确指出黄河源在星宿海西南百余里处。大德七年（1303 年）以前已开始在陕北地区开凿石油井。明代医药学家李时珍所著《本草纲目》中载有岩、矿、化石 160 多种，保存了丰富的古代矿物知识。明末，徐霞客旅行国内许多地区，写成《徐霞客游记》，对石灰岩溶蚀地貌的详细考察早于欧洲同类著作，是世界上最早描述石灰岩的著作。此外，他对火山爆发、喷泉、硫黄矿以及很多地区的地形、水文、气候、植物也作了有价值的记述。明末清初，顾炎武著《肇域志》《天下郡国利病书》，为中国古代地理及经济地理的重要著作。清康熙四十七年至五十八年（1708—1719），清朝政府进行空前规模的全国大地测量，绘制成《皇舆全览图》。康熙至雍正时编成巨型百科全书《古今图书集成》，其中《方舆汇编》为有关地学、地理学等的资料，《坤舆典》述地貌，《职方典》述行政区划，《山川典》述山岳河流，《边裔典》述边疆少数民族，四典篇幅巨大，材料丰富浩瀚，为前代地理学资料的宝库。康熙二十五年至道光二十二年（1686—1842），清朝政府先后三次编辑而成的《大清一统志》，吸取了历代地理研究成果，全书 560 卷，为内容丰富、考订精详的全国性地志，是研究中国历史地理的重要参考书，体现了清代历史地理学较高的水准。中国传统地学研究内容广泛，资料极为丰富，历代皆注重实地调查，许多地学学者毅力惊人，勇于探索，很早就重视仪器的制作与运用，其丰富的遗产及优秀传统，至今仍是极可宝贵的科学财富。

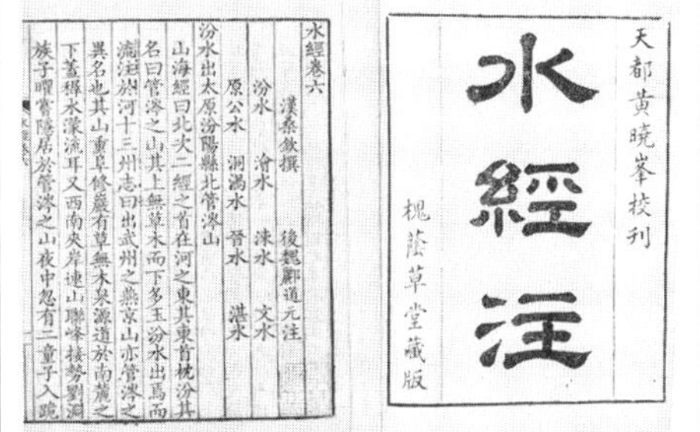
天都黄晓峯校刊
水經注
槐蔭草堂藏版

水經卷六
漢桑欽撰　後魏酈道元注
汾水　澮水　涑水　文水
原公水　洞渦水　晉水　湛水
汾水出太原汾陽縣北管涔山
山海經曰北次二經之首在河之東其東首枕汾其
名曰管涔之山其上無草木而下多玉汾水出焉而
流注於河十三州志曰出武州之燕京山亦管涔之
異名也其山重阜修巖有草無木泉源導於南麓之
下蓋稚水濛流耳又西南夾岸連山聯峰接勢劉澗
族子曜嘗隱居於管涔之山夜中忽有二童子入跪

郦道元《水经注》

农学　中国是世界上最早的农作物起源中心之一，栽种水稻有 7 000 年以上历史。5 000 年前，已普遍种植粟、麦、稻、蔬菜。西周时，创造轮流休耕的“三圃制”。春秋时，盛行牛耕，广泛用铜犁。战国中期采用铁制农具。《吕氏春秋》中保存的《上农》《任地》《辩土》《审时》四篇，为中国现存最早的农书。汉武帝时，在全国推广牛耕及“代田法”，使作物产量大为提高。果树嫁接技术至迟在战国后期已出现。秦代以前，已发现植物有雌雄，东汉崔寔《四民月令》首次记载植物性别与繁育的关系。西汉后期，《氾胜之书》记述耕作原则和作物栽培技术，包括区田法、溲种法、穗选法、嫁接法与复种、间作、混作等。在此前后，已有温室栽培技术。北魏贾思勰写成农学名著《齐民要术》，系统总结农业生产经验，论述各种农作物的栽培、育种和家畜饲养、农产品加工等。南宋陈旉著《农书》，总结南方水稻栽培技术，提出合理施肥与改良土壤可经常保持地力。元代王祯著《农书》，记载农业耕作技术、作物栽培以及栽桑养蚕经验。明代耿荫楼《国脉民天》，记载人工选择培育良种的经验。明末徐光启的《农政全书》全面总结古代农业生产技术，是内容丰富的农业科学巨著。其中所载《除蝗疏》，为中国最早治蝗专著。明末涟川沈氏《沈氏农书》及清初张履祥《补农书》，总结了中国南方农民种植水稻的经验，并有小麦移栽的记载。清乾隆时，杨灿在《修齐直指》中记载陕西农民利用谷物、蔬菜等套种以获得一年三收的经验；四川张宗法著成《三农纪》一书，体现综合大田耕作生产、园林苗圃生产、畜养生产三者的大农业思想，在论述总结植树造林及药用植物栽培方面具有独到经验。中国传统农学内容十分丰富，是中国古代科学遗产的重要组成部分。

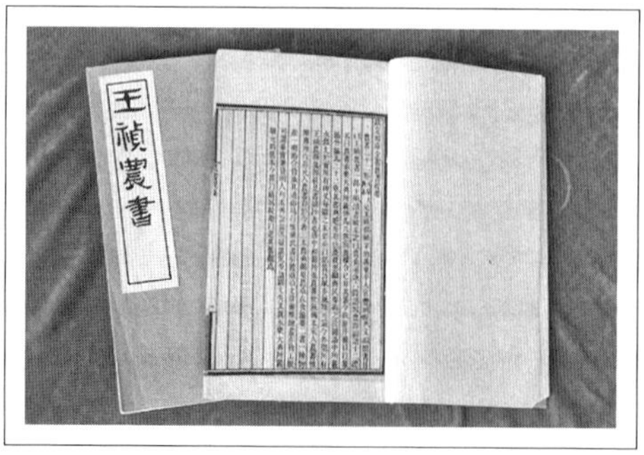

王祯《农书》

生物学 中国五六千年前已有原始畜牧业，饲养家畜、家禽。于4 000多年前开始养蚕，用于缫丝。蚕种及养蚕技术于2世纪传至日本，6世纪传至欧洲。商代畜牧业发达，发明马的去势（阉割）技术。周代，已掌握用微生物和酶加工食品，制饴糖，制曲酿酒，制酱。先秦谈时令节气诸书，如《夏小正》《周书·时训》以及《吕氏春秋》“十二纪”、《礼记·月令》等，记载鸟兽虫鱼草木瓜果的生长、习性，判定四时，并运用于实际生活。周代养马业发达，有完善的畜牧行政机构，设有兽医，治疗牲畜疾疫。长沙马王堆出土西汉帛书《相马经》，表明当时家畜外形学已形成较系统理论。《汉书·艺文志》著录《相六畜》三十八卷，记述与总结了汉以前对六畜骨相、外形的系统经验。西汉以前已掌握淡水养鱼技术，西汉时出现养鱼专著《陶朱公养鱼经》。汉初学者编纂成《尔雅》一书，记载动植物名称1 000多种及600种动植物的性状。东汉文字学家许慎著《说文解字》，广泛收录动植物方面的文字，解释形状、性能，是古代生物学知识的宝库。西晋嵇含著《南方草木状》，记载华南80种植物，为中国最早的地方植物志。晋代戴凯之著《竹谱》，记载竹的品种70余种，是世界上最早的植物专谱。北魏贾思勰著《齐民要术》，记录了汉武帝通西域以来，由域外或少数民族地区引进的名果及植物，又记录了古代人民利用微生物制酱、酿酒的技术与经验。唐代陆羽撰著世界上第一部关于茶的专书《茶经》。宋代，有大量生物专谱问世，如《荔枝谱》《橘录》《菊谱》《兰谱》《牡丹记》《芍药谱》《海棠谱》《蚕书》《蟹谱》《促织经》等；南宋郑樵修《通志》，其中有《昆虫草木略》，表现了对生物学知识的重视。明洪武九年（1376年），俞宗本托名郭橐驼著《种树书》，总结果木栽培经验，记载桃、李、杏的近缘嫁接和桑、梨的远缘嫁接等。永乐四年（1406年），朱橚著《救荒本草》，著录可食用野生植物414种，并绘有精细图谱。16世纪末，医药学家李时珍著《本草纲目》，其植物分类方法与现代植物学分类法基本相同。同时，屠本畯的《闽中海谱疏》为现存最早的海洋生物专著，记录水族生物200余种的形态及生活习性等。稍后，王象晋撰《群芳谱》三十卷；清康熙二十七年（1688年），陈淏子著《花镜》，皆专记花木、果树的品种、形态及栽种法。19世纪中叶，吴其濬著《植物名实图考》，收载植物1 700余种，考订异同，精密详博，为中国古代具有相当科学水平的集大成的植物学专著。中国古代在动植物分类、遗传育种研究、认识和利用微生物这三方面的生物学遗产，至今仍具有重要的理论价值与资料价值。

中医药学 中国古代关于疾病的文字记载，始见于商代甲骨文。周代，由国家设置医师总管医药行政，《周礼》中已有食医（营养卫生）、疾医（内科）、疡医（外科）和兽医之分，为医学分科之始。源于上古的砭石疗法，至春秋时成为针灸术。战国时，名医扁鹊精内、儿、妇产、五官等科，总结出望、闻、问、切的诊断方法，运用针灸、按摩、汤药治病，坚持反对巫术迷信。《内经》为中国现存最早的重要医学典籍，成书于战国时，应用脏腑经络学说阐述人体的生理与病理，奠定中医的理论基础，其中记载有人体解剖知识及血液循环的初步概念，并提出积极防治的主张。公元前2世纪，西汉名医淳于意作“诊籍”，为系统记述病历的开始。汉代成书的《神农本草经》是中国现存最早的药学专著，共载有药物365种。长沙马王堆西汉初墓葬中出土的“导引图”，为现存最早的医疗体育图解。从甘肃武威东汉墓出土的医方简牍中，记有膏、汤、丸、散、醴、滴、栓等药物剂型，反映当时药剂学的高水平。《汉书·艺文志》录先秦至汉医经7家216卷、经方11家274卷、房中8家186卷、神仙10家205卷，其中“房中”与“神仙”是关于性学原理的论述及关于长生之术的撰著，虽不传于世，但通过道教的研究传播，对后世性科学和养生保健医学影响深远。东汉末，华佗用全身麻醉药物做腹腔外科手术，其所创“五禽戏”是古代的医疗体操。稍迟，张仲景著《伤寒杂病论》，是中医重要典籍，其中有关于人工呼吸的记载。魏晋间，王叔和著《脉经》，归纳脉象有24种，对诊断学有重要贡献；皇甫谧著《针灸甲乙经》，是现存最早的针灸学专著。晋代葛洪著《肘后救卒方》，为急救医学专书，其中最早记述了天花的症状。南朝宋雷敩编成《炮炙论》，记载制药方法，为现存最早的药剂学专著。南朝梁陶弘景著《本草经集注》，载药730种。隋代巢元方等著《诸病源候论》，记载1 720种症候，详论疾病分类与病因、病理，其中用肠吻合术治愈外伤断肠，为外科手术史上重要成就。唐代孙思邈著《千金要方》《千金翼方》，保存大量民间医药经验，载医方5 300多个；武则天时，修成《新修本草》，是世界上第一部由国家颁布的药典。自唐代始，历代由国家修撰并颁布药典。唐天宝十二载（753年），藏医药学重要文献《据悉》（即四部医典）完成，有约1 000张色彩鲜明、描绘细致的附图。北宋天圣四年（1026年），王惟一主持铸造针灸铜人两具，并著《新铸铜人腧穴针灸图经》，统一针灸穴位，对针灸学做出了重大贡献。北宋沈括著《良方》，收载民间验方，其中“秋石阴炼法”记载了从人尿中提取性激素制剂“秋石”的方法和取得良好效果的医疗实践。北宋元丰五年（1082年），唐慎微著成《经史证类备急本草》，载药物1 746种，附民间验方3 000余种，经政府两次修订颁行全国。北宋元符元年（1098年）杨子建的《十产论》、南宋嘉熙元年（1237年）陈自明的《妇人大全良方》与北宋大观元年（1107年）钱乙的《小儿药症真诀》，是重要的妇产科与儿科著作。南宋淳祐七年（1247年），宋慈著成《洗冤集录》，系统论述检验尸体的各种方法，是世界上第一部系统的司法检验专著。12—14世纪，中国一些具有革新思想的医药学家突破前人旧说，提出新的见解，如金代的刘完素、张元素、张从正、李杲，元代的朱震亨，诸家学说皆丰富了中国古代的医学科学。明隆庆元年至六年（1567—1572），已广泛以接种人痘的方法预防天花，为人工免疫法的开端，17世纪时传至国外。万历二十四年（1596年），李时珍《本草纲目》刻成，载药物1 892种，附图1 126

幅，收集历代验方万余，是中国医药学的经典著作。万历四十五年，陈实功著《外科正宗》，创造性地进行了截趾、气管缝合等外科手术，兼论肿瘤，对外科学做出了贡献。崇祯十五年（1642年），吴有性著《温疫论》，创立温病（传染病）学说，清代叶桂、吴塘等加以补充和阐发，使温病学说更趋完整和系统。清道光十年（1830年），王清任写成《医林改错》，对前代人体解剖学中的错误进行了纠正。中国历代名医辈出，中医在营养卫生、针灸、气功、性医学、养生保健、法医学、内外科、妇科、种痘免疫、肿瘤、传染病等领域，都有独到的成就。中国医药学在世界医药学史上自成体系，其众多典籍中的优秀遗产，对发展当代中国医学具有不可忽视的重要作用。参见“针灸”“房中医学”。

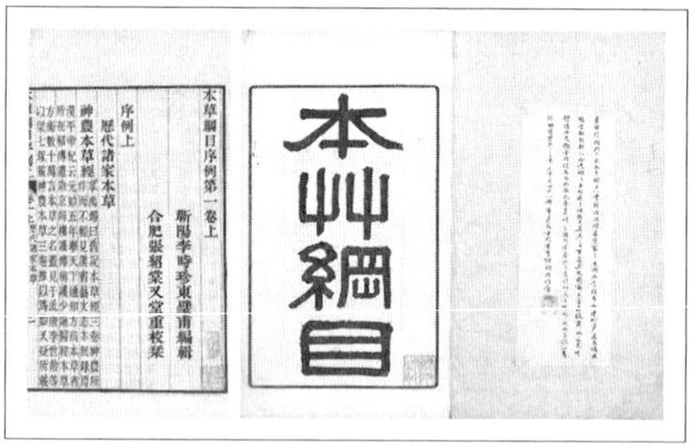

李时珍《本草纲目》

珠算 中国古代重要计算方法。从有文字记载始，中国就遵循十进位计数法，算筹计算的方法称为筹算，完成于春秋战国时，使用时间长达1 700年以上。珠算由筹算发展而来，即运用装有算珠的珠算盘进行运算。“珠算”一词，始见于东汉徐岳的《数术记遗》。此书所记算具13种，用珠的有太一算、两仪算、三才算、九宫算、珠算5种。其算盘，据北周学者甄鸾注释，每位有5颗可移动的珠，上面1颗相当于5个单位，下面4颗，每颗相当于1个单位，已具备后世算盘的雏形。然据考证，《数术记遗》实为甄鸾的伪托和自注，因而简易珠算盘的出现可定为6世纪中叶。中唐以后，因农业、手工业、商业及对外贸易的发展，出现大量简化筹算算法的计算歌诀。至北宋，珠算获得普遍应用。南宋时出现《盘珠集》《走盘集》《通微集》《通杭集》四部珠算著作，惜全部散佚不传。明代，《鲁班经》中有制造珠算盘的规格；柯尚迁《数学通轨》中有“初定算盘图式”，其十三档珠算盘的样式与今制相同。有关珠算术的口诀见载于明代吴敬《九章算法比类大全》、王文素《算学宝鉴》、徐心鲁《盘珠算法》。程大位《直指算法统宗》十七卷，成书于明万历二十年（1592年），内收数学应用题595个，全用珠算术进行运算，为珠算术的重要著作。一般算盘10~15档，明末有人制造长达81档的算盘，专为开方之用。约在14世纪中，珠算盘与珠算口诀传入日本，后传至亚洲其他国家。在一般的四则运算中，珠算的运算速度可与电子计算器媲美，它是中国人民天才的发明创造。

冶金 中国古代冶金工艺始于新石器时代晚期。在河北唐山大城山龙山文化遗址中曾发现红铜制造的铜牌，说明铜器手工业在龙山文化时期已经出现。在稍晚的甘肃武威娘娘台等地的齐家文化遗址中发现有单范铸造和经过冷锻的红铜器，表明此时已能炼铜，其纯度达99.8%以上，并发现有刀、锥、凿、匕等工具及指环等装饰品。古籍记载，夏禹铸九鼎。至商代，青铜冶铸已达成熟阶段，安阳出土的后母戊大方鼎，铸造工艺复杂，是商代后期具代表性的大型青铜器。商周时期，铸铜为统治阶级所控制，所铸多为礼器、用具与兵器。山西侯马东周晋国铸铜作坊出土陶范3万余块，可辨识器型的约1 000件，除礼器、用具、兵器外，工具范有镢和铲等。战国时期成书的《周礼·考工记》总结了商周以来青铜配料的经验，分别叙述了六种不同比例的青铜的性能及用途。春秋以来，大件青铜器采用器身和附件分别铸造，然后再以合金焊接成整体的工艺。战国初已发明铸铁技术，河北承德寿王坟曾出土大量战国铁范，其中有复合范和双型腔及金属型芯，表明当时已有较高的铸造水平。又发明用柔化退火制造可锻铸铁和多管鼓风技术，还掌握块炼铁固态渗碳制钢和淬火技术。秦始皇时设铁官管理全国冶铁事业。汉武帝时进一步实行盐铁官营，据《汉书》记载，当时全国设铁官 49 处，从事矿冶手工业者达 10 万人以上。冶铁遗址发掘表明，西汉时有的炼铁竖炉高达 4 米左右，当时已使用煤炼铁，用石灰石等为熔剂造渣脱硫，并采用破碎和筛选矿石的整粒技术，又出现早期的预热鼓风设备。西汉时还发明低温炒钢炉、坩锅炉和反射炉等炼钢设备，炼出质量较高的钢，有的钢在杂质含量、组织均匀等方面已接近现代优质钢水平。东汉时，浇铸陶范的制作更加精细合理，壳型铸造工艺已达较高水平。公元前 2 世纪，胆水浸铜法始见记载。三国时，已能冶炼白铜（铜镍合金）、黄铜（铜锌合金）。汉魏至北魏，已能冶炼低硅灰口铁、铸铁脱碳钢等。南北朝时广泛应用灌钢技术。北宋时，青堂羌掌握冷锻加工硬化锻造铁甲的先进技术，虽强弩射之

炼铜（《天工开物》）

炼铁（《天工开物》）

不能入。北宋初，胆水浸铜法大量用于生产，张潜编成《浸铜要略》，当时年产量达 180 万斤左右。北宋元丰元年（1078 年），年产铁约 550 万斤，产铜约 1 460 万斤。南宋赵希鹄《洞天清禄集》中记载了古代劳动人民很早就发明的铸造铜器的蜡模造型法，即现代精密铸造中广泛采用的失蜡法。高水准的铸造工艺和发达的铸造业，保证了宋代许多大型精密仪器的创制。明代中叶已大量生产金属锌，宋应星《天工开物·五金》中载有冶炼“倭铅”（即锌）的方法。同一书中，还记载了古代冶炼生铁、熟铁（低碳钢）的连续生产工艺及钢铁热处理、固体渗碳工艺等。中国冶金工艺起源早，历史悠久，技术上在多个分支领域都曾居于世界前列。

建筑 仰韶文化早期的西安半坡遗址中，已有半地下室和地面木架建筑两类房屋，外形呈圆形和方形。有的室内铺有地板，堂室之间有隔墙，说明当时已具有空间组织的观念。其他仰韶文化遗址的住房，土墙有的经过火烧硬化处理，起到类似墙石的作用。稍晚的齐家文化遗址中，许多房屋地面铺有白灰层，具有类似三合土的加固防潮性能。六七千年前，南方木结构建筑技术已具相当水平。河姆渡遗址中，木构件已带有榫卯，有方、圆形及带梢孔的各式公母榫头。广东曲江石峡距今 4 000 多年的墓葬中，曾发现大小成套七种型式的石锛和石凿，皆为当时的木工工具。河北石家庄市藁城区台西村商代遗址中，发现过 32 齿的铜锯。传说春秋末巧匠公输般曾改进锯齿，发明刨和墨斗，并主持营造许多建筑物与军事攻城器械。西周至战国，陆续生产瓦片、铺地平砖、空心砖、排水陶管等建筑材料。仰韶文化遗址中有许多大型村落，如陕西咸阳尹家村遗址有 130 万平方米，此为后来城市的萌芽。传说“鲧作城邑”，推测夏代已有城邑。今河南偃师二里头遗址东西长约 2 千米，南北近 1.5 千米，内有宫殿基址两组，考古认为可能是夏代或商代早期城邑。至商代，多次迁都，都邑较大，且有一定的整体布局。郑州西郊的商城遗址，周长近 7 千米，城内有宫室、住宅遗址，城外分布有冶铸

青铜及骨器制造的手工作坊。西周时,以周公营雒邑为代表,建造了一系列大小城市。规定诸侯的大城不超过王都大小的三分之一,中等的不超过五分之一,小的不超过九分之一。城墙高度、道路宽度及各种重要建筑都必须按等级建造,不得僭越。至春秋战国时期,出现城市建设高潮,如吴都阖闾城、赵都邯郸、齐都临淄、楚都鄢郢、魏都大梁等,都是诸侯国都城和工商业大城市。秦统一后,集中全国人力与六国技术,在咸阳修筑都城、宫殿、陵墓,著名的阿房宫、骊山陵,至今遗址犹存。秦始皇为防匈奴,扩建原有秦、燕、赵长城,连成长3 000余千米的防御线,西起今甘肃临洮,东至辽宁,以后经各朝修建,成为古代世界最伟大的工程之一。同时又大修驰道,东起山东半岛,西至甘肃临洮,北抵辽东,南达湖北一带,是古代道路史上的杰出成就。汉代广泛使用砖木结构,建筑技术成熟,出现多种拱顶结构和高达四五层的楼房。两晋南北朝时期,统治者兴造大量佛教寺、塔、石窟等,河南登封北魏嵩岳寺砖塔高约40米,至今屹立,显示了高超的建筑水平。隋唐时期,兴建了规模巨大的长安城,城周长35.5千米,城市规划整齐,气势宏伟,最宽的大街宽150米,干道亦在30米以上,居民120余万人。唐代木构建筑技术有新的进展,如大明宫麟德殿建筑面积8 000多平方米,是已知中国古代最大的单栋建筑。隋代工匠李春于大业年间设计建造的赵州安济桥,所采用的敞肩结构为世界桥梁工程的首创,历经地震考验,一直保存至今。北宋木工喻皓于端拱二年(989年)主持设计建造高十一层的汴京开宝寺木塔,因其地常刮西北风,他将塔身修成略向西北倾斜以增强塔身的抗风能力,是古代建筑史上高层建筑的一项创造,他总结经验写成《木经》三卷。11世纪初,台州用陶筒引泉水入城,供州民饮用,是古代城市建设中的一项重要进展。北宋明道二年(1033年),青州建成用木梁交叠而成的拱桥,名"虹桥",其叠梁结构,为古代建筑工程技术的卓越成就。辽清宁二年(1056年),山西应县佛宫寺木塔建成,高67米,内部采用斜撑和支柱相结合的结构,历经数次地震至今完好。北宋嘉祐四年(1059年),蔡襄在泉州主持建成长360丈的万安桥,建桥时用蛎房胶固桥基,首创"筏形基础",为古代建桥工程中的重要发明。南宋乾道五年(1169年)开始在潮州海阳(今广东潮州市潮安区)兴建的广济桥,是世界上第一座开关活动式大石桥。北宋崇宁二年(1103年),李诫《营造法式》刻成,其内容包括土木工程技术、建筑设计和规范、估工算料的规定等,总结历代经验,是中国乃至世界建筑史上的宝贵文献。明代中叶的《新编鲁般营造正式》总结了古代南方民间建筑的丰富经验,在民间广泛流传。明代对元大都加以扩充改造,建成宏伟的首都北京城。北京城规划严整,街道平直,建筑群重点突出,主次分明;城内有较完善的砖筑下水道系统。华丽的宫殿与巨大的建筑群充分体现了中国古代人民在建筑技术和建筑艺术上的创造性。自明嘉靖四十三年(1564年)始,西藏人民重建拉萨布达拉宫,历经50多年。宫殿依山而筑,自腰至顶高十三层,巍峨磅礴,内部结构复杂,凝聚了当地人民的智慧与劳动。清初,工匠出身的雷发达及其子孙七代,先后主持北京圆明园、颐和园、玉泉山、香山、北海和中南海等处的规划设计。他曾制成可以揭开房顶观察内部结构的建筑模型,为以活动模型进行设计之始。此外,明清皇帝用于祭天的天坛,明十三陵,清关外四陵及东、西陵,清承德避暑山庄与外八庙,自宋以来众多精致秀丽的江南园林,各地形式多样的民居建筑,别具一格的新疆维吾尔族建筑等,也是中国古代建筑史上具有代表性的成就。中国古代建筑历史悠久,具有多方面的创造发明和高超的技术

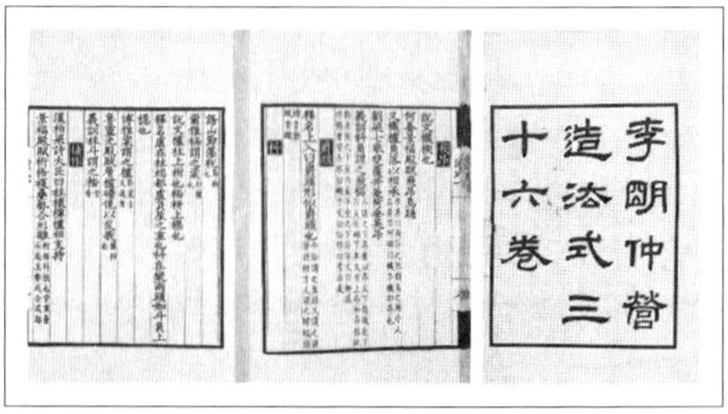

李诫《营造法式》

水平，曾产生众多杰出匠师，至今仍有大量风格形式各异的古建筑精品流传于世。

机械制造 古代传说，大禹治水，陆行乘车，泥行乘橇，又一传说谓商汤的祖先相土发明马车，另一祖先王亥用牛车运载货物。可见商代以前已有车代步或运货。河南安阳等地出土有商代战车，陕西、山东、北京等地区出土有西周战车，说明从商代起，已使用马车作战和运输。商周的车独辕双轮，轮直径较大，有辐条18~40根。春秋战国时期，车轨宽逐渐缩小，辐条数增加，辕的长度变短，驾车马匹多为2匹或4匹，已出现高架车与巢车等新型车辆。《周礼・考工记》中有轮人为轮、轮人为盖、舆人为车、辀人为辀四节，又对独辀马车（即“小车”，又名“轻车”“戎车”）、直辕牛车（即“大车”）的构造和性能作了介绍，这是世界上第一部评述木车设计构造的文献。《考工记》的记述，表明当时不仅对车与车轮的力学原理有较深的认识，而且对零件也提出具体的性能要求和质量检验标准。秦始皇陵东侧发掘的兵马俑坑中，有木制战车11辆，均系四马驾驶，型式不一。汉代，骑兵代替战车，当时用于交通、游乐乘坐的有安车、轺车、骈车、辎车，大多双辕（曲辕或直辕）。汉代至唐，统治阶级除马车外，尚有牛车。汉代已有一人推的独轮车（见于画像砖及石刻浮雕），此后因地制宜，外形结构多样。南北朝以后，产生大型车辆，使载重量增加，当时有装20个车轮的大型运输车以及驾有12头牛的大车；还出现磨车，将石磨放在车上，行10里磨面10斛。五代时出现三轮车。明代，为运输建筑材料，曾设计制造八轮车，又有装货的高架四轮大车，用马或骡8~12匹，载重50石。西汉科学家制造出用复杂齿轮传动的记里鼓车，三国时曹魏科学家马钧复制成功古已失传的指南车。后多次失传、再造，《宋史・舆服志》详细记载了其内部齿轮构造。古代耕作用耒耜，汉武帝时，赵过发明同时能播种三行的三脚耧，将开沟、下种、覆土三道工序连在一起由同一机械一次完成，是古代农业机械方面的重大发明之一。东汉时发明以人力、畜力、风力和水力作动力的龙骨水车，在全国广泛使用，为中国古代最著名的农业灌溉机械之一。西汉末，发明了用水力舂米的水碓和磨面的水磨，后来又改进为连机碓和水转连机磨，效率更高。唐代，一行、梁令瓒造“浑天铜仪”。宋代，苏颂造“水运仪象台”，既能演示、观察天象，又能计时报时，是现代天文台与天文钟的祖先。元代，郭守敬发明滚柱轴承；明王祯《农书》中记载有用水力推动的“水转大纺车”。明代，盐井的钻凿设备的主要构造与工作原理已同近代顿钻相似。清道光二十年（1840年）左右，中国筒井钻凿深度已超过1 000米，四川地区天然气的开发与利用已达到相当大的规模。明天启六年（1626年），王徵编成《新制诸器图说》，是中国第一部较有条理的机械工程专著，他还译述了介绍欧洲器械的《远西奇器图说》。其他机械，如唐代李皋设计制造的不用帆桨而用轮子拨水前进的战船“车船”、唐代用于切削制造加工金银器物用的金属切削车床等，也都是中国古代匠师在机械工程技术上的重大成就。

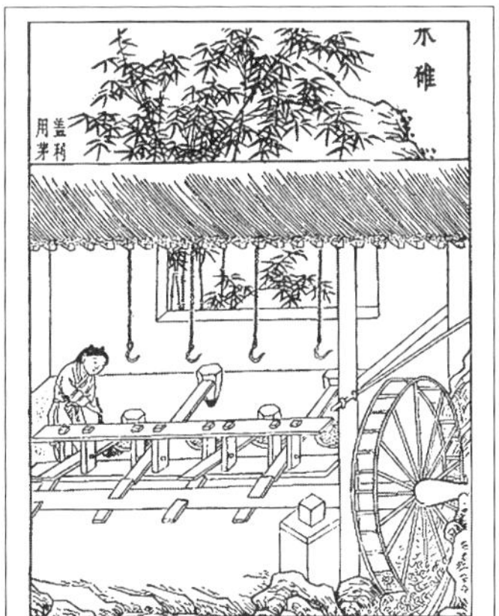

连击水碓（《天工开物》）

指南车 亦称“司南车”。中国古代的一项科技发明。即一种利用齿轮机构的差动关系，能够指示行进方向的两轮车。车内装有一组能自动离合的齿轮，车上装一木制仙人。无论车子往哪个方向前进，木人的手臂始终指向南方。起源古老，传说为上古时，黄帝与蚩尤大战涿鹿时所发明。西周初，周成王曾赏赐给来朝贡的南方少数民族使者，以便其南归。其制作法及实物多次失传，东汉张衡、三国马钧、南朝祖冲之、中唐与北宋时，皆曾恢复制作，作为皇帝出行时车舆之一。《宋史·舆服志》详载指南车的构造原理，内部齿轮尺寸等。参见“记里鼓车”。

记里鼓车 亦称“记里车”“司里车”“大章车”。中国古代的一项科技发明。是一种能自动记载行程里数的车辆。形制原理与指南车相似。初名“记道车”，见东晋葛洪《西京杂记》。一说为东汉科学家张衡所发明，三国魏科学家马钧等曾仿制。在《晋书·舆服志》《旧唐书·舆服志》《新唐书·车服志》《金史·仪卫志》等中均有记载。元杨维桢写有《记里鼓车赋》。其用途很少，只是皇帝出行时“大驾卤簿”中必不可少的车舆之一。《宋史·舆服志》载，北宋仁宗与徽宗时两度制造。车体赤色，四面画花鸟，两层俱有精美雕镂的勾栏及拱门，内具成套齿轮。与指南车同以四马拉之，以壮观瞻。车上层设一镯或一铜钲，下层设一鼓，各有一木人。车行一里，下层木人击鼓一次；每击鼓十次，上层木人击镯或钲一次。此种依靠差动齿轮原理的机械装置，明以后失传。今被认为属于古代机器人。

楼车 古代的一种战车。上设瞭望楼，可升高至10余丈，用于观察敌方城内的情况以及攻城。因瞭望楼如鸟巢在树上，亦称“巢车”或“云车”。

轒辒 古代的一种战车。木制，车顶上蒙以生牛皮，以4个车轮推进。其内可容10人，往来运土填堑，箭矢、石块所不能伤，专用为攻城之具。

云梯 古代的一种攻城机械。传为春秋末巧匠公输般发明。其构造以大木为床，下有6轮，上列长梯2架，各长2丈余，两梯以转轴连接，固定于车架，平时下垂。车四面以生牛皮为屏蔽，里面以人推进，可避矢石。攻城时，车架高1丈，再加2梯，总高可达5丈以上，用于观察敌情及攀上敌城。

水利 中国水利工程起于上古，传说大禹曾领导人民进行治水。周代有掌管水利工程的官员。《管子·度地》指出治国必先根除水患。公元前597年左右，楚国孙叔敖主持修建芍陂蓄水灌溉工程，可灌田万顷，为中国最早的大型水库。公元前5世纪，吴国曾开凿邗沟，南通长江，北通淮河。后又向北延伸到沂水、济水，使淮河与黄河连接起来。春秋战国时期，各地河流筑建堤闸，控制积水，疏通水道，防止水灾，在筑堤技术上取得丰富经验。公元前424年，魏国西门豹主持修建了引漳灌邺工程。公元前360年开始，魏国开凿鸿沟，沟通黄河、淮河、长江三大水系，以利通航灌溉。公元前256—前251年，秦国蜀郡太守李冰领导人民兴建水利工程都江堰，不仅解除水患，且能灌溉良田万顷。公元前246年以前，韩国人郑国为秦国主持渠道工程（即郑国渠），全长300余里，共可溉田280万亩，使关

郑国渠

中成为沃野。秦统一中国后，在今广西开南北两渠，连接湘江与漓江，沟通长江与珠江两大水系。西汉时，在关中平原开凿白渠，在今陕西大荔修龙首渠，又设计自长安通向黄河的漕渠，收到良好效果。汉代，今新疆地区大规模开凿坎儿井，以解决灌溉及用水问题。沿海人民为同海潮作斗争，开始在浙江杭州附近修建海塘。著名的钱塘江海塘长达200千米。3世纪初，曹操先后派人开凿多条渠道，沟通海河、黄河、淮河和长江水系。南朝梁天监十三年至十五年（514—516），在今安徽浮山附近的淮河上修筑了世界上第一条拦河大坝，解决了合龙、截流等一系列工程技术问题。隋大业元年至六年（605—610），朝廷先后征集二三百万民工，在古代邗沟、汴渠及

南齐时的丹徒水道等基础上开凿大运河。大运河以河南洛阳为中心，全长 2 500 多千米，为世界上最长的运河，对促进中国南北政治、经济、文化的交流起了重要作用。北宋太平兴国三年（978 年），乔维岳在淮南地区主持建成世界上最早的便于通航的运河复闸，为运河史上的重要成就。嘉祐元年（1056 年），河工高超创造“三埽合龙门法”巧合龙门，堵住黄河的决口，其堵口方法为后代所采用。熙宁六年（1073 年），发明“铁龙爪扬泥车法”疏浚河道，为近代疏河机船疏浚河道方法的前身。元建都北京后，于至元二十年至二十九年（1283—1292），先后开凿济州河、会通河等，与隋运河相接，成为现代大运河的前身。后陆续修建，至明永乐九年（1411 年）建成现代规模的大运河。元至治元年（1321 年），沙克什修订编成《河防通议》，记载古代治河、防洪的丰富经验，为世界上较早的水利工程技术专著之一。明代潘季驯四度负责治理黄河工程，前后达 27 年，反对前人迷信经义治河的陈腐观点，实地考察，提出“以堤束水，以水攻沙”的治黄方针，著《河防一览》，为治黄史上的代表作之一。清康熙十七年至二十七年（1678—1688），靳辅与陈潢受命治理黄河。靳辅在《河工守成疏》中总结经验，提出“放淤固堤法”，具有创见，至今仍有实用价值；陈潢考察黄河上游，提出从上游根治黄河的正确主张，又发明测定河水流速的“测水法”。中国古代科学家和劳动人民在利用水资源和防治水患方面积累有丰富经验，其许多杰出创造与见解，至今仍具有价值。

造船航运 中国大约在 7 000 年前已发明独木舟、篙及船桨。河姆渡遗址中有木桨出土，说明当时独木舟是水上重要交通工具。川、闽、赣、黔、桂等地发现两三千年前的船型棺葬具共 20 余只，形制与独木舟相像，可反映早期独木舟的形制与制造技术。木板船大约出现于 3 000 多年前的商代早期，有多种形制，后演进为木帆船。西汉时，舵桨演变成自动控制航向的舵，东汉墓中发现的陶制船模上即有舵。中国人根据不同的水域和航行要求，创制了多种的舵，有升降舵、平衡舵等。至迟在宋代，中国内河船上已广泛使用平衡舵。金属锚的使用大约在六朝以前，南朝梁顾野王《玉篇》中始见“锚”字。舵与锚是中国人民在船用设备上的重要发明创造。橹的摆动类似鱼尾，传说鲁班削木为橹，东汉刘熙《释名》中已有“橹”字。近代船舶的螺旋桨，实际上是橹进一步发展的结果。至东汉时，帆已是船上常备的推进工具。至宋代，中国木帆船“八面驶风”的技术已臻成熟，徐兢《宣和奉使高丽图经》记载当时海船上桅高 10 丈，风正时张布帆 50 幅，桅杆之顶，更有小帆 10 幅，风息时用之，形式多样，有很高的效能。春秋战国时，吴国以善造战船闻名，主要有艅艎、三翼等，用于战争。越、楚、齐亦善造船。秦汉时是造船史上第一次高峰。秦始皇曾乘海船巡游，并派徐福率船队入海求仙，传说徐福后来到达日本。今广州发现有规模巨大的秦代造船工场，据考所造船只宽 6~8 米，长 30 米，载重 50~60 吨。此外，在陕、川、皖、浙、闽等地也有专门的造船工厂。两汉造船业发达，能建造楼船。所造客船、货船、战船数量巨大，类型繁多。中国与朝鲜、日本间的海上交通频繁，向南远航至东南亚各地，国内航运贸易则遍于三江五湖。先秦产生的舫船，至晋达到鼎盛，用于游览、载运、作战，唐以后渐消失。自春秋战国至清代，内河或海上运粮使用漕船。明代的“对漕船”，最大者可载重 150 吨，小的可载 30~50 吨，遇河道狭

漕运大船（《天工开物》）

窄或搁浅时可一分为二，分段移动，装卸时可两截拆开同时进行，实为今“分节驳”的始祖。5世纪时，南齐祖冲之曾创制日行百余里的“千里船”，可能是一种车船。至唐德宗时，李皋创造车轮战船，用人力踏转轮，由轮上桨叶拨水前进；至南宋时，李纲曾在长沙试造；杨么起义时得到进一步发展，船行如飞，进退自如，其大型的装有24个车轮，以100余人踩踏，是一种半机械装置的先进战船；其后虞允文在采石矶即用此种车船反击南侵的金军，取得胜利。宋代海船的海外航行，已到达波斯湾，使用指南针导航。今福建泉州湾发现的宋代海船，复原总长为35米，宽约10米，排水量在400吨上下，载重量200吨以上，可载货几千石。明永乐三年至宣德八年（1405—1433），郑和奉命率船队七次下西洋，航行数万里，行经30余国，开辟了至东非的航路，是当时世界上规模最大的远洋航行。其所用船由南京和浙、赣、湖广等地建造，每次船队大约由100多艘大小“宝船”组成，其中大型“宝船”36~63艘，出航人数约在2.7万人以上，包括将士、船师、水手、工匠、医官、翻译及其他办事人员，船上装载大量食物、淡水、生活必需品、交易货物及礼品等。巩珍《西洋番国志》记载，大型宝船上的篷帆与锚，“非二三百人莫能举动”。在南京出土的宝船舵杆长达11.07米，舵的升降用绞车操纵。由于有巨大而优良的船舶和高超的航行技术，郑和船队才完成世界航运史上空前的壮举。此后，明朝实行海禁与锁国政策，居世界领先地位的造船与航海事业一落千丈。清代继承明代海禁政策，造船业日益衰微，远落后于世界潮流。

养蚕 中国是最早养蚕、栽桑、织丝的国家。上古有黄帝妻嫘祖发明养蚕缫丝的传说。在浙江湖州钱山漾新石器时代遗址中，发现有盛在竹篮中的绢片、丝带、丝线等，说明距今约4000年前，已有蚕桑丝织生产。殷周时期，蚕桑生产有很大发展，殷墓中的玉蚕和青铜器上的蚕形装饰，说明蚕在人们心目中的地位。殷商甲骨文中有关于祭祀蚕神的记载。叙述农业气象物候的《夏小正》中有三月采桑饲蚕的记载。至周代，南北方广大地区皆栽桑养蚕，丝绸为统治阶级衣着的主要原料。《诗经·豳风·七月》有妇女采桑劳动的生动描绘，《左传》《仪礼》等古籍中有关于蚕室及养蚕器具蚕架、蚕箔的记述，此时养蚕技术已达成熟。汉代《氾胜之书》及北魏贾思勰《齐民要术》中，对推广地桑（鲁桑）及桑树整修技术有具体记述，为古代人民提高桑叶产量和叶质的经验总结。早在2000多年前，人们已知道用清水“浴蚕”，保护蚕种，后更以朱砂溶液、盐水、石灰水以及其他药物溶液来消毒卵面，去除病原。在6世纪以前，人们已开始注意蚕种的选择，至宋末，选种已包括选蚕、选茧、选蛾、选卵四项。通过层层严格选种，淘汰有病或体质虚弱的蚕种，以提高第二代蚕的体质和对疾病的抵抗力。在长期养蚕生产中，蚕农积累了丰富的防治蚕病的经验，包括修整和打扫蚕室蚕具、为蚕室蚕具消毒、药物添食、淘汰隔离病蚕等内容。宋元以后，形成了各种不同类型的品种，有的一年里能连续不断孵化几代，并且利用杂交培养出“嘉种”。此外，自西汉永光三年（前41年），今山东烟台一带人民即已采收野生柞蚕茧，制作丝绵。至明代，山东蚕农已掌握成熟的放养柞蚕的技术与方法。清代，又传到辽东、河南、陕西、云南、贵州等地。中国蚕种和养蚕方法，于公元前11世纪传入朝鲜，秦代传入

民间浴蚕选种（《天工开物》）

日本。汉武帝时,中国丝绸经西域传到中亚、西亚,直至罗马。公元7世纪,养蚕法传到阿拉伯与埃及,10世纪传入西班牙,11世纪传入意大利,15世纪蚕种与桑种被带到法国,继又传入英国。中国古代论述蚕桑的著作有已失传的《蚕法》《蚕书》《种树藏果相蚕》等汉代著作,后世著有《秦观蚕书》《豳风广义》《广蚕桑说》《蚕桑辑要》《野蚕录》《樗茧谱》等。

纺织 考古证明,中国纺织起源极早,距今约5万年以前,山顶洞人已用针眼狭小、针尖较锐利的骨针缝制兽皮衣,以御寒风雨雪。新石器时代的彩陶器上,有穿长袍束腰带戴尖顶帽的人像,当时已能用葛、麻纤维编织成衣服。此后产生了原始纺织工具纺轮,即用陶质或石质制作的纺轮将植物纤维纺成线。江苏苏州草鞋山遗址曾发现五六千年前的葛布残片。至浙江湖州钱山漾遗址发现的距今4 600年前的平纹苎麻布,细密程度已类似现代龙头细布。周代宫廷设有"掌葛"与"典枲"的官吏,专管葛与麻的事务。周天子用于做冕的细麻布,其经线之密可与今之府绸媲美。西汉时,四川所产麻织品"蜀布"已远销印度及中亚、西亚一带。中国为家蚕发源地。钱山漾遗址中有丝带、丝线、绢片等遗物。商代已能织提花的绮。至周代,品种质量更有提高。春秋战国时,齐纨、鲁缟是著名的丝织品,行销各国。汉代,丝织品愈加精美,长沙马王堆汉墓出土之素纱禅衣,薄如蝉翼,重不足1两。此外还有花纹色彩绚丽多彩的锦、绮等。唐代,丝织品中比较特殊的有缭绫、轻容等薄质产品以及宣州(治今安徽宣城)贡品丝织红线毯。宋代新出现的有江浙一带的贡罗、润州(治今江苏镇江)与常州产的云纹罗,以及纻丝(后改称"缎")、绎丝等。商代中期以前,已有用木棉纤维织成的棉布。南方少数民族很早就从事木棉织品生产,云南"百叠花布"在东汉时已传入中原,今新疆地区东汉时已有蓝白印花棉布,吐鲁番盆地(古代高昌地区)在5世纪时已种植棉花。北宋时,长江南北大量种植草本棉花。元代松江黄道婆改革棉纺织机具,推广先进棉纺织技术,使江南棉纺业提高到一个新的水平。毛纺织起源于新石器时代。周代,贵族穿细羊毛织物制成的毳衣,平民穿粗毛纺织的褐衣。汉代至晋,今新疆地区出产各种颜色毛纱制成的斑斓多彩的斑罽、毛罗、褐以及彩色地毯,图案设计具有独特的民族风格。至元代,毛毯生产规模更大,品种更多。明清时,远销到阿富汗、印度等地,并开始向西欧出口。中国的纺织机械,秦汉时已广泛使用卧织机织造布帛,采用脚踏板装置。商代已有提花织机,至西汉时,用复杂的提花机织造锦、绫,三国时魏国马钧曾改造织绫的旧提花机,使花型变化多端,生产效率有很大提高。英国科技史家李约瑟认为,西方提花机系由中国传去,使用时间晚于中国400年。晋代,由三锭脚踏纺车发展出一种有30多个锭子的纺麻大纺车,采用绳弦集体传动方式带动锭子;元代,"中原麻苎之乡皆用之"。宋元时,又有利用水力的水转大纺车,元王祯在《农书》中曾详尽记述并绘有图样,由于元明以后麻织品为棉布所取代等原因,水转大纺车未能获得质的飞跃。

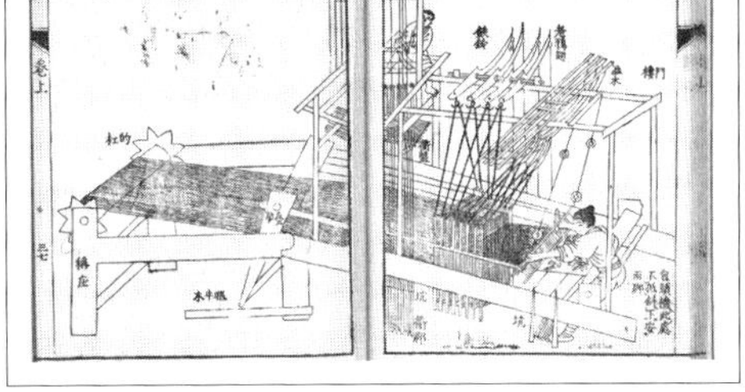

明代大型织机(《天工开物》)

印染 中国古代给纺织品染色的技术。起源于新石器时代,所用有植物染料和矿物染料。周代宫廷中有专管印染的"染人",当时已掌握不同染料的套染技术。自汉至唐,工艺大发展,色谱丰富。凸版印花在汉代已达较高水平,5—6世纪传入日本,隋唐时传入西域,14世纪传入意大利,是现代滚筒凹纹印花的前身。此外,还有绞缬染及西南兄弟民族的蜡染技术,亦富特色。

染坊

园艺 中国在新石器时代开始培植蔬菜，至周代已很发达，春秋战国时成为专业。中国农村普遍生产瓜果蔬菜，皇家有专用菜园，自古具有精耕细作的传统。蔬菜品种丰富，大约有160种，常见者约百种，原产中国和由国外引入者各半。《诗经》记载的有瓜、瓠、韭、葵、葑、荷、芹、薇等。北魏贾思勰《齐民要术》记载的黄河流域蔬菜有瓜、冬瓜、越瓜、胡瓜、茄子、葵、蔓青（葑）、芦菔、葱、韭、芥菜、胡荽、苜蓿等31种。除驯化培育外，中国很早就不断引进外来蔬菜，改变其习性，创造出新的优良类型与品种，如黄瓜、茄子、辣椒、菠菜、莴苣、扁豆、刀豆、菜豆、西红柿等。历代为在一年中均衡供应新鲜蔬菜，争取多收早获，创造了保护地栽培、软化栽培、假植栽培等多种形式，如风障、阳畦、温室等技术，至今仍在沿用。中国是世界上最早和最大的果树原产地之一。自古以来，华北产桃、李、杏、梨、柿、栗、枣、柰、山楂、樱桃等，长江流域以南产柑橘、橙、柚、龙眼、荔枝、枇杷等。自汉代通西域始，桃、梨、杏传入印度、伊朗等国，其后传入欧洲；葡萄、石榴、核桃则由西域传入中国。15世纪，中国的甜橙由葡萄牙人引种到欧洲；19世纪后半叶，中国的柿子传入欧洲。为培育出高质量的果品，中国人民很早掌握果树嫁接原理，即所谓“移花接木”之术，北魏贾思勰的《齐民要术》中已有总结。唐宋以后应用更为普遍，并进一步推广到其他花木，使果树及花木发生变化，愈加丰富多彩。为了推广种植，又发明压条法和插枝法，如杨柳即用插枝法栽种新树。中国又是茶树的原产地，自西汉时巴蜀间开始栽培，至唐代遍及南方各地。花卉的栽培，历史悠久，《诗经》《楚辞》所述，多为野生。至汉代，上林苑有池馆之设，遂多培莳。晋代潘岳、陶潜皆措意花木栽培，唐人好牡丹成为风气，富人亭榭，隐者幽居，莫不罗致奇花异卉。至宋代尤为发达，贵贱皆好养花，徽宗于汴京建艮岳，分区栽种花木，已具植物园的雏形，其时洛阳名园众盛，牡丹之名甲天下，扬州芍药闻名全国。明清而下，愈益繁盛，因而为今天留下极多的奇葩异卉品种。自宋代始，为花草竹树所作谱及论园艺之书不下数百种，最著名者如戴凯之《竹谱》、陈翥《桐谱》、陆羽《茶经》、蔡襄《荔枝谱》、欧阳修《洛阳牡丹记》、王观《扬州芍药谱》、刘蒙《菊谱》、王贵学《兰谱》、朴静子《茶花谱》、余鹏年《曹州牡丹谱》、范成大《范村梅谱》、陈景沂《全芳备祖》、清代改编的《广群芳谱》、陈淏子的《花镜》，以及官修《古今图书集成》中的《草木典》等。

果树栽培 中国古代人工种植果树，起自夏商时期。秦以前已发现植物有雌雄。为提高果树品质而施行的嫁接技术，至迟在公元前3世纪时已出现。关于果树的品种、形态、栽植法、功用及加工贮藏，历代农书、图谱及《本草纲目》等书多有记载论述。据研究，中国是世界上最大的果树原产地之一，原产果树约占欧亚两洲总数的一半。

制酱 见“制豆酱”。

酿造 见“酿酒”“豆酱油”“醋”等。

酿酒 酿酒作坊遗址和出土的酒器等证明，中国在5 000多年前已有酿酒技术。商代统治者将酒用于祭祀和享用。周代王宫中有官员专门负责管理酒的事务。除以高粱、大麦、黍米、稻米、小米等谷物酿酒外，还有用水果、香料、药材酿的果露酒。自春秋战国至今，中国各地生产的名酒极多。大体分白酒、黄酒、配制酒、果酒几类。酒与中国的饮食烹饪、礼仪制度、民间习俗、工艺制造、商业经济、医疗保健、文学艺术有密切的关系。参见“白酒”。

制茶 中国是茶树的原产地。茶，古又称“茗”

或"莽"。茶栽培与饮用的历史起于云南、四川。至汉代,茶已成为士大夫生活的必需品。佛教兴起后,僧人多于寺院旁开辟茶园。三国至南宋,种植面积扩大,中心转移至东南地区。元至清,为制茶兴旺时期,明以后发展出黄茶、黑茶、白茶、红茶、青茶等不同茶类。2 000 多年间,共经历生煮羹饮、制饼碾末、蒸青为团、蒸青散茶、炒青散茶等工艺变化与变革。中国的茶树和种茶、制茶技术,9 世纪初传入日本,19 世纪传入欧洲。参见"茶叶"。

针灸 中国古代独特的医疗方法。其前身为砭石疗法,起源于新石器时代。砭石的医疗范围广泛,有用于热熨、按摩、叩击及切割疮痈的各种砭石,形状各异。湖南、江西的战国墓,皆曾出土医用砭石。河北满城出土的西汉针灸用金针,是中国最早发现的金属针实物。先秦及汉代医学古籍中有用针灸医治疾病的记载,春秋时名医扁鹊即精通针灸术。针灸是依靠针刺或艾灸刺激人体一定部位,以调整人体机能达到治疗目的的疗法。长沙马王堆汉墓出土的古医书《足臂十一脉灸经》《阴阳十一脉灸经》及《五十二病方》中所载人体经脉名称,皆以针灸该脉时所出现的感觉传导主要路线命名,为经脉学说的雏形。晋代,皇甫谧著《针灸甲乙经》,总结 3 世纪以前针灸学的成就,共厘定 654 个经穴。唐代,太医署专门设针博士一人、针助教一人、针师十人、针工二十人、针生二十人,以开展教学研究;名医孙思邈和王焘并绘制大型彩色针灸挂图,以不同颜色标出人体周身的十二经脉和奇经八脉,将图列入国家医学教材。至北宋天圣五年(1027 年),医学家王惟一受命铸针灸穴位铜人模型两具,并著书立说,对宋代针灸学作出了重大贡献。历代的医学家创造了多种多样的针刺方法和灸疗方法,如火针、温针、梅花针、药饼灸法、灯火燋法、雷火针、太乙针等。南朝梁天监十二年(513 年)及大宝元年(550 年),先后有医生杨尔与知聪去日本讲授医学,并携去大批中国医籍与针灸图。承圣元年(552 年),梁元帝赠日本《针经》一部。16 世纪末、17 世纪初,针灸传到欧洲。针灸疗法是中医学的重要组成部分。参见"针灸铜人"。

针灸铜人 中国古代用于针灸教学的青铜人体模型。北宋天圣四年(1026 年),仁宗命医学家王惟一主持设计、铸造铜人两具,次年铸成,史称"天圣铜人"。铜人身高在 173~176 厘米之间,内具脏腑,外有经络,体表注明穴位 354 个。铜人腧穴中空,可注入水,外涂黄蜡,被以薄衣。研习考试者如取穴准确,针入而水流出;取穴不准,针不能刺入。其创意、制造的精确完美,可称中外医学史上的稀世奇珍。王惟一为统一针灸穴位,著《铜人腧穴针灸图经》三卷。此两具针灸铜人,一藏于医官院,一藏于大相国寺。历经战乱,又先后藏于元大都(今北京)太医院三皇庙和明洪武初之内府。此后因破损,明英宗正统间仿制新造,史称"正统铜人";嘉靖时,针灸学家高武亦曾铸造男、女、儿童形状的铜人三具。至清乾隆时,为奖励《医宗金鉴》的编著者,又铸小型针灸铜人数十,以供应用。正统铜人有一具后被八国联军中沙俄军队劫走,今存艾尔米塔什博物馆。今日本东京国立博物馆亦藏有针灸铜人一具,高 1.62 米,经考证,为日本医官山崎子次善于 19 世纪初奉医学馆之命仿造。庚子之乱后,为弥补缺失,太医院于清光绪三十年(1904 年)又仿正统铜人重铸针灸铜人,身高 2.13 米,史称"光绪铜人",今存北京。

明仿宋铸针灸铜人

推拿 亦称“按摩”,又有“按蹻”“蹻引”“案杌”等古称。中国古代独特的医疗方法。中医学指医生运用双手在患者体表以及受伤疼痛部位,按经络与穴位原理,用推、拿、提、捏、揉、拍等多种手法进行治疗,以收到疏通经络、推行气血、活动关节、扶伤止痛、祛邪扶正、调和阴阳的功效。是一种非药物的自然疗法和物理疗法。起源古老,历史悠久。《黄帝内经·素问》叙述,按蹻之法出于中州地区,并对本疗法的适应症与禁忌症作了介绍,反映先秦时期对推拿疗法已有相当深入的认识。《史记·扁鹊仓公列传》记载战国时名医扁鹊,曾用推拿手法,成功救治虢太子的尸厥症。此为推拿医疗的最早文献例证。中国第一部推拿专著为《黄帝岐伯按摩经》,成书于秦汉时期,今已失传。东汉医学家张仲景在《金匮要略》中介绍了按压前胸抢救心跳呼吸骤停的心肺复苏术和膏摩治疗法;东晋葛洪《肘后备急方》中,有爪掐人中治疗晕厥患者的急救法。隋唐时期,太医署有按摩专科,设置按摩博士、按摩师、按摩工等职,开展有组织的医疗教学活动。宋代名医庞安时曾以温热水浸腰腹,辅以按摩催产,使难产七日的妇女顺利产子。在宋代陈直《养老奉亲书》中,提出老年人经常擦涌泉穴,可使晚年步履轻便,精神饱满。明代推拿手法由成人向小儿发展。明清两代,均将推拿列为中医临床专科之一,在全面总结治疗经验的基础上,发展出各具特色的许多推拿方法,形成不同流派,有关专著达数十种之多。推拿能治疗多方面的疾病,并且具有强身保健的功效,是中医学的重要组成部分。

房中医学 亦称“房中术”。中国古代医学的一个分支。即有关性医学、性保健的论述与研究。道家在该领域做出过巨大贡献。先秦至唐,著述甚多,《汉书·艺文志》七略的“方技略”中,列有“房中”一类,与“医经”并存,共著录东汉以前性学著作 8 家 186 卷,今皆失传。中国自南宋以来,程朱理学逐渐成为官方哲学,主张“去人欲,存天理”,否认世间男女情爱与性欲的天然合理性,房中医学因之受到压制和束缚,少有专著问世,只在养生著作中作为附庸,继续研讨。晚清民国初,藏书家叶德辉搜集唐以前人所著《素女经》《素女方》《玉房秘诀》《玉房指要》《洞玄子》以及唐白行简《天地阴阳交欢大乐赋》等六种,整理刊印为《双梅景闇丛书》,保存了古代部分论著。

房中术 “房中医学”的古称。详“房中医学”。

种痘法 中国古代预防天花的方法。免疫的思想起于历史上“以毒攻毒”的治疗方法。公元 1 世纪时,天花病通过战争俘虏传入中国,称为“虏疮”。此病凶险,死亡率高,具有传染性,幸存者因瘢痕多成麻面。明清时期,交通发达,人口流动量大,天花流行甚猖獗。史料载,种痘法发明于 16 世纪下半叶的明代。最初,从患者直接取得痘痂应用,称为“时苗”,感染后危险性较大,后改用经人体多次连续接种的痘痂作疫苗,称为“熟苗”,其毒性减退,使用安全。17 世纪推广至全国大多数地区,死亡率和危险性在千分之三左右。此法于清代前期传到亚洲邻国。1688 年,俄国派医生来北京学习接种方法,后陆续传到土耳其、英国、欧洲大陆及印度。1805 年英国医生琴纳的牛痘接种法传入中国以前,人痘接种法有效地保卫了中国儿童和成人的健康。此后,中国逐渐采用更安全的牛痘接种法。以种痘法预防天花为中医学在免疫法应用上的突出成就,是对世界医学的一大贡献。

金丹术 中国古代的一种方术。分为炼金和炼丹:炼金是制造金、银等贵金属,炼丹是试制使人“长生不老”的金丹。西汉时风行一时。东汉道教兴起后直至清代,成为道教修炼的重要内容。炼金炼丹术的工作虽未制造出仙丹与黄金,但其重要贡献在于:(1) 通过大量的试验,对物质和物质间的变化规律有了进一步的认识,如化合与分解、氧化与还原、化学反应的可逆性等。(2) 某些具体的发明与创造。如汉代从丹砂中提取汞(水银),并用金、银、锡、铅等与水银制成汞合金,以铅汞合金用为制镜的抛光剂。南朝梁陶弘景的炼丹活动为发明“胆水浸铜法”奠定基础。《本草纲目》中记载 270 种无机药物的化学性质以及蒸馏、升华、重结晶、沉淀等技术,其法皆来自金丹术。唐至德年间马和的《平龙认》中,提出空气和水中有阴气(氧气)存在以及制备阴气(氧气)的方法。至迟在7世纪,中国炼丹家发明了火药。(3)金丹术在唐宋时西传至阿拉伯,经发展后传至西欧,其后欧洲在18世纪末到19世纪初,将之发展成为科学的化学。因而,英国科学史家李约瑟认为中国炼金丹术是“整个化学最重要的根源之一”。

提炼水银(《天工开物》)

陶瓷制造 见“中国陶器”“中国瓷器”。

火器制造 见“火器火炮”“火箭”。

火器火炮 中国在火药发明之前的“炮”,是一种抛掷石块的武器。火药发明后,火药兵器有燃烧性、爆炸性和管状的三种。宋金战争与宋元战争中,炮弹皆以生铁制,形状多样,杀伤力大。南宋时发明管状火枪,用于喷火焚烧。元代使用金属制的“火筒”。至14世纪初,出现铜制火铳,发射金属球弹。明代火器分炮、铳、枪三大类,又发明类似今手榴弹、地雷、水雷及定时炸弹等武器,威力超过前代。直至明代中期,中国的火器、火炮制造与发明在世界上占有领先地位。

明代火炮

火箭 古代火器的一种。火药发明前,用于战争的“火箭”,是在箭头上缚以油脂、松香、艾草等易燃物,点燃射向敌军。宋初开始,改用火药。南宋时出现以纸筒内装火药,利用燃烧后的喷射力作推动力的火箭。至元代,产生带翼火箭和二级火箭,因西征阿拉伯地区而流传至欧洲。明代,用发射筒定向,最多能同时发射百支,又有火箭发射车及专门施放火箭的滑槽。

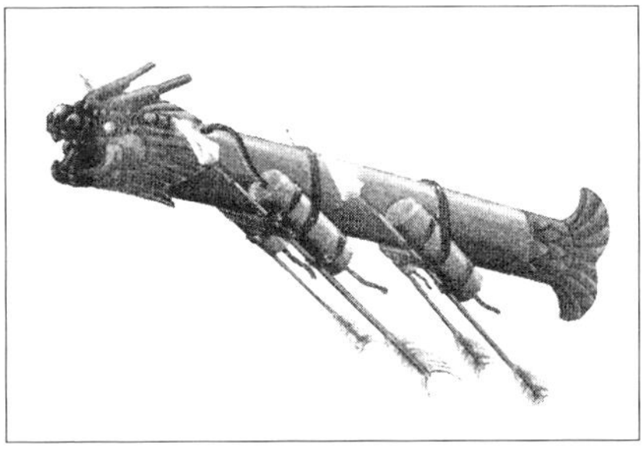

明代两级火箭“火龙出水”

煤炭开采 中国是世界上最早发现和利用煤炭的国家之一。煤,古称“石炭”。约在六七千年前,中国某些地区的居民已发现煤的可燃性,并从煤层露头处获取煤块,用为燃料和雕刻工艺品。西汉时,煤用于冶铁。唐宋至元,普遍开矿挖掘,用于冶金、陶瓷和宫廷。宋以后,设专官管理,应用更为普及,并出现

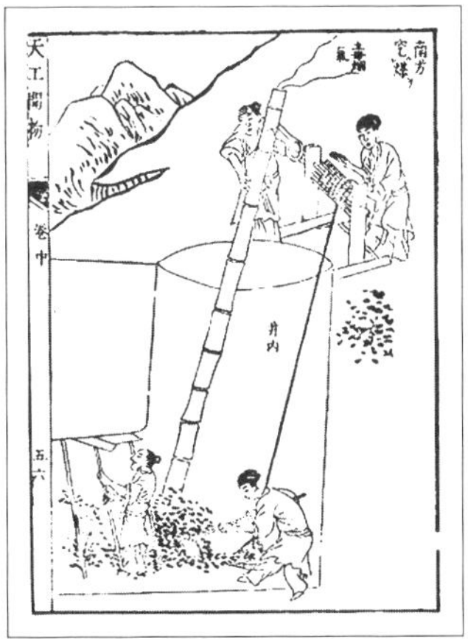

采煤(《天工开物》)

炼焦技术。明以后,煤成为重要商品,并出现拥有巨资的煤业商人,京师、山西、河南、河北、山东、陕西、安徽等地成为重要产煤地区。煤炭开采技术,至明清而臻于完善。

石油开采 中国是世界上最早发现、记载和使用石油的国家之一。石油,古代亦称“石脂”等。《汉书》《魏书》《梦溪笔谈》中均有发现和利用的记载。天然原油最初仅用于照明、煮饭、取暖或润滑,后用于军事上的火攻和医药。北宋时,政府设立大型炼油作坊,所炼之油相当于今柴油或煤油,专用于军事。明正德十六年(1521 年),四川嘉州(今乐山)打出世界上第一口石油竖井,深达数百米。今甘肃玉门、陕西延长一带,自古就是著名产油区。

火井 即天然气井。西汉末学者扬雄的《蜀都赋》中记载蜀地有“火井”。东汉画像砖上的煮盐图,证明当时已利用天然气为燃料来煮盐。中国是世界上最早开发和利用天然气的国家之一。

井火煮盐(《天工开物》)

中外交流

译者 中国古代从事翻译的人。或官或民，其名称亦因时因地而不同。历史上曾有象胥、舌人、译官、通译、译人、通事、译长、译使、译语、译语官、译士、译字生、直中书译语、译史等名称，今通称“翻译”。《周礼·秋官·象胥》：“象胥，掌蛮、闽、夷、貉、戎、狄之国使，掌传王之言而谕说焉。”宋周密《癸辛杂识后集·译者》：“译者，今北方谓之通事……皆译之名也。”

通事 从事翻译的人。详“译者”。

鸿胪 汉以后官名、官署名。掌宾客及朝贺庆吊礼仪之赞导。与外交事务关系密切，名称、建制、职责历朝不尽同。《通典·职官·鸿胪卿》记载：《周官》大行人，掌大宾客之礼。秦官有典客，掌诸侯及归义蛮夷。西汉改为鸿胪。东汉设大鸿胪卿一人。魏及晋初皆有之。自东晋至宋齐，有事则权置兼官，事毕则省。梁曰鸿胪卿。北魏曰大鸿胪。北齐曰鸿胪寺，有卿、少卿各一人，亦掌蕃客朝及吉凶吊祭。隋文帝开皇三年，废鸿胪寺入太常，十二年复置。至炀帝，置少卿二人。《新唐书·百官志》：“鸿胪寺卿一人，从三品；少卿二人，从四品上。掌宾客及凶仪之事……（海外诸蕃朝贺、进贡使）所献之物，先上其数于鸿胪。”《宋史·职官志》：“（鸿胪寺）卿掌四夷朝贡、宴劳、给赐、送迎之事。”

四方馆 官署名。掌接待四方邻国或少数民族使者以及翻译等事务的机构。隋炀帝时始置，管理往来及互相贸易等事，隶属鸿胪寺。唐以通事舍人主管，隶四方馆而又属中书省。宋代置四方馆使，职务与隋唐有很大不同。《文献通考·职官五》：“唐废谒者台，复以其地为四方馆，改通事谒者为通事舍人，掌通奏、引纳、辞见、承旨宣劳，皆以善辞令者为之。”

四夷馆 官署名。中国古代负责翻译外国及少数民族语言文件并培养翻译人才的机构。始创于明永乐五年（1407年），建馆于南京。初选太学生中年幼俊秀者充之，后则专选从事翻译之家的子弟，间亦选监生之俊秀者，以培养翻译人才。初隶翰林院，后改属太常，设少卿一人掌其事。清初设会同、四译二馆。四译馆隶属翰林院，主译远方朝贡文字。乾隆十三年（1748年）与会同馆合称会同四译馆，以礼部郎中兼鸿胪寺少卿一人提督馆事。

四译馆 见“四夷馆”。

市舶司 古代外贸管理机构。与今海关相类似。唐开元二年（714年）在广州始设市舶使，亦称“提举市舶使”“押蕃舶使”“监舶使”，特派或由岭南节度使兼领。五代时废。宋代重视海外贸易，开宝四年（971年）于广州再设；端拱二年（989年）于杭州设两浙市舶司；咸平二年（999年），杭州、明州（今宁波）分设市舶司；元祐二年（1087年）泉州设市舶司；后又在密州、秀州、温州、澉浦（在今浙江海盐）、青龙镇（在今上海青浦）、上海、江阴等地设市舶司或市舶务。元沿袭宋制，先后在泉州、庆元（今宁波）、上海、澉浦、广州、温州、杭州设市舶司。明嘉靖后只留广州一处。清初因实行闭关政策，对外通商口岸仅有澳门，康熙二十二年（1683年）弛禁，开广州、漳州、宁波、云台山（今连云港）四口贸易。乾隆时只留广州。鸦片战争后，废市舶司，设海关管理，大权落入外国人之手。

徐福东渡 徐福，亦作徐市，字君房，琅玡（治今山东青岛市黄岛区琅邪台西北）人，秦代方士。秦始皇为求“不死之药”，数次派他出海。公元前210年，他率大型船队，载三千童男女及工匠等入海寻求仙人，后一去不返。对其行踪，后世史家莫衷一是。日本自古传说，徐福船队在熊野浦登岸，与童男女等即留其处，开辟草莱，建立政权，繁衍子孙。现日本有徐福东渡及纪念遗址一百余处，并有印、剑等文物。今日本、东南亚一些国家与地区，以及中国徐州市，皆成立有徐福研究会，探寻其史迹。《史记·秦始皇本纪》："齐人徐市等上书，言海中有三神山，名曰蓬莱、方丈、瀛洲，仙人居之。请得斋戒，与童男女求之。于是遣徐市发童男女数千人，入海求仙人。"

日本和歌山县新宫市徐福公园中的雕像

丝绸之路 古代中外交通干线。兴于西汉张骞通西域，隋唐时大盛，至宋元渐衰。路线东起长安，经河西走廊到敦煌，由敦煌分南北两路向西。北路经高昌、龟兹、疏勒，越葱岭，再经大宛、康居；南路经鄯善、于阗、莎车、大月氏。南北两路会聚于木鹿城，经和椟城、阿蛮、斯宾等到达地中海东岸，再转达罗马各地。公元2世纪后，东西方经济和文化交流主要通过此路，促进了欧亚非民族之间的交流往来。由于中国大量丝织品经此西运，19世纪德国地理学家李希霍芬遂称它为"丝绸之路"。起初只指称自中原，经今新疆而抵中亚和西亚的陆上通道。后所指范围逐步扩大，远及欧、亚、非三洲，并包括陆、海交通线。《后汉书·西域传论》："汉世张骞怀致远之略，班超奋封侯之志，终能立功西遐，羁服外域……立屯田于膏腴之野，列邮置于要害之路。驰命走驿，不绝于时月；商胡贩客，日款于塞下。其后甘英乃抵条支而历安息，临西海以望大秦，拒玉门、阳关者四万余里，靡不周尽焉。"

海上丝绸之路 近人用以称古代中外海上航道。其路线东起广州、泉州、明州（今宁波）、扬州诸港，西至波斯湾、红海、东非沿岸各地。始于汉，盛于唐、宋、元、明，以郑和"七次下西洋"为最高峰。后因海禁而衰。对东西方经济和文化交流作用巨大。海上丝绸之路的历史，实际上就是中国古代航海发展史，也是海外贸易史和中外关系史的不可分割的组成部分。

张骞通西域 张骞（？—前114），西汉探险家、外交家、"丝绸之路"开辟者之一。汉中成固（今陕西成固东）人。为人强毅有力，志量远大。武帝建元二年（前139年），奉命率一百余人出使大月氏，历大宛、康居、大夏等国，途中两次为匈奴所拘，前后历时十余年，"持汉节不失"。元朔三年（前126年），始得与助手一人脱身归汉。元狩元年（前122年），取道西南，试通身毒（古印度），未遂。元狩四年，再次受命率团出使乌孙，并分遣副使通好大宛、康居、大月氏、大夏、安息、身毒、于阗等国。后官拜大行，封博望侯。张骞出使西域前后二十余年，促进了诸国与汉王朝的友好联系，开创了东西方和中外文化交流的新纪元，是中国历史上最卓越的外交家之一。自张骞以后，西域马匹、物产等始传入中国，中国丝织品、漆器、铸铁技术等亦传往西方。

班超通西域 班超（32—102），东汉外交家、军事家、"丝绸之路"开辟者之一。扶风安陵（今陕西咸阳东北）人。他奉命率使团出使西域，经二十余年的坚毅努力，驱散匈奴势力，使西域五十余国全部内属于汉。后任西域都护，曾派甘英出使大秦（罗马帝国），至波斯湾未能渡海而返。永元十四年（102年）归洛阳，病逝。他为促进汉与西域各国的友好往来及东西方文化交流做出了巨大贡献，是中国古代最杰出的外交家之一，也是继张骞之后，对维护丝绸之路畅通无阻贡献最大的战略家。

汉字东传 日本原无文字，秦汉以来，因中国人频繁进入日本，使汉字得以传入，其普遍流传大约在公元4世纪后期。应神天皇时，

《论语》等汉文典籍传入日本。《宋书·蛮夷传》记载,日本倭王武(即雄略天皇)遣使者送呈中国南朝宋顺帝的表文,是日本流传至今最古的汉文文章,其体骈俪,音节铿锵,为标准的六朝风格。而日本最早的史书《古事记》,亦模仿汉语文言写成。后来乃以汉字草书字形创制平假名,以汉字楷书字形创制片假名。直至今日,现代日本语中仍有大量汉字。

佛教东渐 古印度佛教传入中国年代,尚无定论。或谓秦始皇时曾有沙门十八人来到中国,或谓在两汉之际。最初传入今新疆(古代西域)地区,汉哀帝时进入汉地。初依附儒、道,后与之成三教鼎立之势。隋唐时最盛,形成天台宗、律宗、净土宗、法相宗、华严宗、禅宗、密宗等教派。两宋时某些教义为儒家所吸收,成为宋明理学的组成部分。至明清而衰。其间出现了鸠摩罗什、真谛、玄奘、不空四大翻译家及法显、玄奘、义净三大求法高僧。朝鲜、日本、越南诸国佛教系由中国传入,教义以大乘为主,称为北传佛教,典籍主要属汉文系统。佛教的传布,对中、朝、日、越诸国的政治、哲学、思想、语言、文学、音乐、舞蹈、绘画、雕刻、建筑、医学、历算等产生了广泛的影响。

佛经翻译 中国的佛经翻译,自东汉末到北宋末,大致分四个阶段:第一阶段,从东汉桓帝末年至西晋,为草创时期;第二阶段,从东晋到隋,为发展时期;第三阶段,唐代为全盛时期;第四阶段,北宋是基本结束时期,元为其尾声。先后有安世高、支娄迦谶、竺法护、释道安、鸠摩罗什、法显、真谛、玄奘、义净、不空等大翻译家。历时一千余年,为中外文化交流史上的盛事。对中国的哲学、宗教、文学、艺术、语言及医学等产生极大影响。宋高承《事物纪原·道释科教部·译经》:“汉自永平后,摩腾首译《四十二章经》,历魏晋南北朝皆有翻经馆,唐置译经润文之官,元和后废。宋朝太宗(太平)兴国中复兴其事,置译经院也。”

译场 古代译经机构。场即道场,指寺院。译经之事,多由高僧主持,译场即设于著名大寺院内。此制兴于晋,至唐而完备,有民办与国家设立之别。官办者规模大,历时久,译经多,影响深远。多选通晓梵语佛经的中外僧人译成华语,再使人修饰文字。唐代宰相、文臣,如徐坚、苏瑨、崔璩、陆象先、郭元振、张说等,曾为润文官。宋太宗太平兴国五年(980年),诏于太平兴国寺大殿之西设译经院,中为译经堂,东序为润文堂,西序为正义堂。八年,改称传法院。梁启超《翻译文学与佛典》:“此种译场,由私人或私团体组织者,有若东晋时庐山之般若台(慧远所组织,觉贤曾为主译),有若陈代富春之陆元哲宅……其以国家之力设立者,有若姚秦时长安之逍遥园,北凉时姑臧之闲豫宫,东晋时建业之道场寺……唐时长安之弘福寺、慈恩寺、玉华宫、荐福寺等,其最著也。”

安世高 (生卒年不详),东汉末僧人、佛教翻译家,原名清,以字行。本为安息国(今伊朗)太子,自幼聪明仁孝,刻苦好学,通晓天文、地理、占卜等,尤精医学。他服膺佛教,博综经藏,自觉严格尊奉戒律,对统治集团的奢侈腐化和尔虞我诈深感厌倦。及继位,让国与叔,正式出家为僧。东汉桓帝建和二年(148年)东来洛阳译经,首先译介了印度小乘佛教经典。至建灵五年(172年)译出《安般守意经》《阴持入经》等35部,今存22部。译文义理明晰,文字允正,辩而不华,质而不野。所译《明度五十校计经》,为确凿可考的佛典汉译第一经。他是中国佛教史上佛经汉译的创始者。

鸠摩罗什 (344—413),中国佛教四大翻译家之一。其父天竺人,母龟兹王妹。初学小乘,后改大乘。博览两乘经论,名闻西域诸国。南北朝后秦弘始三年(401年),姚兴遣使迎至长安,待以国师之礼。八年间译经74部、384卷,对后世影响甚大。梁启超《翻译事业之研究》:“龙树派之大乘教义,盛弘于中国,什(鸠摩罗什)之力也。其门下数千人,最著者僧肇、僧睿、道生、道融,时号四圣,皆参译事。”马祖毅《中国翻译简史·五四以前部分》:“他(鸠摩罗什)通过近四百卷佛教典籍的传译和阐发,第一次把印度佛学按本来面目介绍过来，对六朝时中国佛学的繁荣以及隋唐佛教诸宗的形成，都起了重要作用。”

真谛 (499—569)，中国佛教四大翻译家之一。古印度西部优禅尼国人，后至扶南(今柬埔寨)。南朝梁中大同元年(546年)来华，至金陵(今南京)，梁武帝厚待之。后辗转南方，最后至广州，得刺史欧阳父子支持，率弟子专心译经。所译《金光明经》《唯识论》《摄大乘论》《律二十二明了论》等经论、传记64部，合278卷，为时人所重。其中以《摄大乘论》影响最大。至唐，其译本不少由玄奘法师重译，新旧译之间不无异义。梁慧恺《摄大乘论序》：“法师既妙解声论，善识方言，词有隐而必彰，义无微而不畅。”陈玉龙《中柬友好关系史上的三次高潮》：“真谛二十三年如一日，无论是在译经弘法方面，或是在培养后人方面，都做了大量的艰巨的工作，蔚然成为我国佛教史上的一代大师。”

法显 (约337—约422)，东晋高僧、旅行家。中国佛教三大求法高僧之一。东晋隆安三年(399年)，偕慧景等经西域至印度各地，后到师子国(今斯里兰卡)，归途经爪哇岛，于义熙八年(412年)由海道返国。他在外十四年，历经三十余国，行程约四万里，带回许多佛经，在建康(今江苏南京)从事翻译。所撰《佛国记》，对西域及南亚诸国佛教的传说、圣地、古迹、风物、民俗、地理及其国兴衰，均有记载，是研究古代中亚、南亚历史地理与中外交通史的重要资料，历来受到中外学者的重视，被译成英、日、法等国文字。今有章巽校注本，最为精审。梁启超《翻译事业之研究》：“自显之归，西行求法之风大开……中印交通，斯为极盛。”

佛国记 见“法显”。

玄奘 (600—664)，唐代高僧、旅行家、翻译家。中国佛教四大翻译家、三大求法高僧之一。通称“三藏法师”。本名陈，名祎，洛州缑氏(今河南洛阳市偃师区)人，隋大业末在洛阳出家。贞观元年(627年)前往天竺取经，一路历经艰险，在印度游学十九年，学习佛教各派教义，取得极高成就。于贞观十九年(645年)，携大批梵文佛经返回长安，受到太宗召见。此后二十年，主持译出佛经75部、1 335卷，是研究佛教和古印度文化、历史的重要文献。又将《老子》等译成梵文，传入印度。他所著《大唐西域记》12卷，由辩机编订，贞观二十年(646年)成书。记其西行及周游天竺所亲历者110国，得之传闻者28国的山川、城邑、物产、文化、风俗等。是研究今印度、尼泊尔、巴基斯坦、孟加拉、斯里兰卡等国以及中亚等地古代史地的重要典籍。有法、英、日等多种译本。玄奘的取经传说，成为后世戏曲、小说《西游记》等的素材。

玄奘画像

大唐西域记 见“玄奘”。

鉴真东渡 鉴真(688—763)，唐代高僧。中国佛教律宗南山宗传人。俗姓淳于，扬州江阳(今江苏扬州)人，少年出家。曾赴长安学习佛学，遍访名师，学识渊博。唐开元三年(715年)回到扬州，开元二十一年(733年)成为大明寺方丈。自天宝元年(742年)起，应日本僧人诚意邀请，先后五次率众东渡未成，以致双目失明，终于天宝十二载(753年)第六次东渡成功。在日本受到孝谦天皇支持，授以“大僧都”，创建唐招提寺，开创日本律宗。他除弘扬佛教外，在建筑、印刷、雕塑、医药、书法、语言、文学等方面也传播了盛唐的文化。日本医药业、豆腐业、饮食业、酿造业等均认为其技艺为鉴真所传授。其事迹见于日本8世纪思托的《大唐传戒师僧名记大和上鉴真传》以及淡海三船的《唐大和上东征传》等文献。

日本奈良唐招提寺鉴真干漆像

义净 (635—713),唐代僧人、旅行家、佛教翻译家。中国佛教三大求法高僧之一。俗姓张,字文明,齐州(今山东济南)人,一说范阳(今北京)人。少时即仰慕法显、玄奘的高风,而偏于律宗。唐咸亨二年(671年)赴印度求法,历二十余年。在印度学习梵语,礼拜圣迹,在那烂陀寺研究佛学,兼习医术。于武周则天证圣元年(695年)夏回到洛阳,共得梵本经律论近400部、50万颂,金刚座佛像1铺,舍利300粒。久视元年(700年)后独自主持译事。唐神龙二年(706年)中宗李显在长安大荐福寺设翻经院,由义净主持,一生共译佛典56部、200余卷。所著《梵语千字文》,是国内所编第一部梵文字书。又著《南海寄归内法传》四卷,记录东南亚和印度的佛教、地理、民间习俗与医方,为唐代了解南海各国的指南,以及今天研究古代东南亚及印度文化的宝贵史料。

南海寄归内法传 见“义净”。

道宣 (596—667),唐代佛教学者、高僧、佛教南山宗创始者。俗姓钱,润州丹徒(今江苏镇江)人。十五岁出家,精研律学,著述甚丰,有《广弘明集》《续高僧传》等。玄奘法师返唐后,道宣参与其译事,专职润文。因受玄奘启发,撰《释迦方志》上下两卷。上卷除序,有封疆、统摄、中边、遗迹诸篇,下卷为游履、通局、时住、教相诸篇。其中篇幅最大的《遗迹》篇,实为玄奘《大唐西域记》的节本,而有所补充,为佛教地志方面的名著之一。范祥雍《释迦方志点校前言》:“道宣此书在中国文化史、佛教史和中西交通史上,其史料价值无疑占有重要地位,比起他的名著《广弘明集》《续高僧传》,不相上下。”

释迦方志 见“道宣”。

不空 (705—774),全名不空金刚。唐代僧人。中国佛教四大翻译家之一,佛教密宗创始人之一。原籍北天竺(今印度),一说师子国(今斯里兰卡)人。十五岁出家。随师金刚智来华,二十岁至洛阳广福寺受具足戒,参与译场,传五部密法。唐开元二十九年(741年)遵师遗嘱持唐国书,率弟子往天竺国及师子国广求密藏,遍游五天竺,求得密藏五百部。天宝五载(746年)返唐,深得朝廷崇奉,赐号“大广智三藏”。他一生历玄宗、肃宗、代宗三朝,中经安禄山之乱,先后在长安、洛阳、武威等地译出《金刚顶经》等大乘佛经77部、120余卷。还译出佛教占星著作《宿曜经》,对中印天文学交流、丰富中国天文科学做出了贡献。

遣隋使 隋开皇二十年至大业十年(600—614,日本推古天皇八至二十二年),日本为政治需要和学习汉文化的目的,数次向中国隋朝派遣使节,史称“遣隋使”。其中,以小野妹子最为著名。遣隋使的派遣,将中日文化交流提高到新的水平。池步洲《日本遣唐使简史》:“遣隋使的历史意义在于标志着日本民族不满足于自然传播,而采取派遣使团、留学生与留学僧互接汲取中国先进文明、改造国家的积极行动的肇始。他们是后来长期、连续派遣的遣唐使的当之无愧的先驱。”

遣唐使 唐贞观四年至乾宁元年(630—894)日本派到唐朝来的友好使者。前后共派遣19次,实际入唐16次,人数不等,最多一次达到651人。除大使等文官以外,还有通晓医学、美术、音乐等各色技艺的随员及学问僧、留学生。他们不畏艰险,坚韧不拔,执着追求大唐文明。回国后多位列公卿,参与国政,对中日文化交流影响巨大。

留学生 指随日本遣唐使来华长期居留,学习儒术、文学、法律、天文、医学及技艺等的日本人。与此相类,在华学习佛学的则称为“留学僧”。在国内已经学有成就,只在某些方面需要进修提高的称“请益生”和“请益僧”。其中,出类拔萃者不乏其人,他们对传播华夏文明,推动日本社会发展和中日文化交流有重要贡献。

留学僧 见“留学生”。

阿倍仲麻吕 (?—770),亦作“阿倍仲麿”,汉名“朝衡”“晁衡”。日本学者、诗人。为奈良时代的遣唐留学生。唐开元五年(717年)来华入太学,学业精进,深得玄宗皇帝赞赏。后仕于唐,历任司经校书、左拾遗、左补阙、仪王友、卫尉少卿、秘书监兼卫尉卿等职。与大诗人王维、李白等多交谊。天宝十二载(753年),以唐使身份与日使同行返日。途遇狂风,漂泊至安南,后辗转回长安。再任左散骑常侍、镇南都护、安南节度使等。大历五年(770年)逝世,追赠潞州大都督。李白因误闻他归国途中沉船,曾有诗《哭晁卿衡》作为悼念:“日本晁卿辞帝都,征帆一片绕蓬壶。明月不归沉碧海,白云愁色满苍梧。”

汉委奴国王金印 日本天明四年(1784年)农民甚兵卫在博多湾志贺岛发现的一颗金印。上刻“汉委奴国王”字样。经中日学者研究,一般认为,“委”即“倭”字。印文应读作“汉倭奴国王”。是东汉光武帝赐给当时日本倭奴国的印玺。今定为日本国宝。《后汉书·东夷传·倭国》:“建武中元二年,倭奴国奉贡朝贺,使人自称大夫,倭国之极南界也。光武赐以印绶。”木宫泰彦《日中文化交流史·汉魏六朝篇》第二章第一节:“一般认为,光格天皇天明四年在筑前国糟屋郡志贺岛叶崎发掘到的‘汉委奴国王’金印,就是后汉光武帝赐给倭奴国的印绶。”

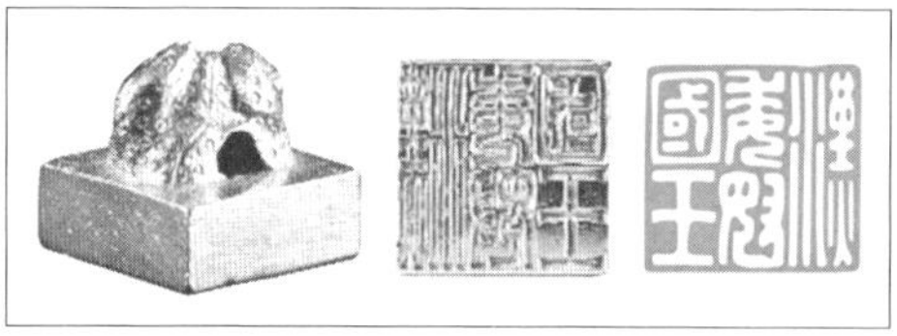

汉委奴国王金印

大秦景教流行中国碑 简称“景教碑”。唐建中二年(781年)由景教(基督教聂斯脱利派)教徒立。景净(亚当)文,吕秀岩书。碑头刻十字架、飞云、螭、百合花图案。碑额作“大

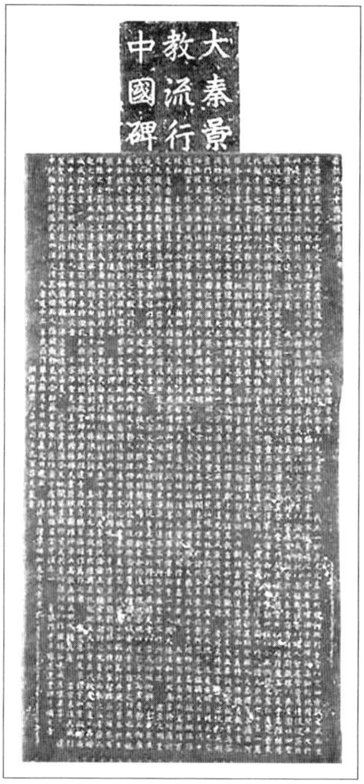

大秦景教流行中国碑

景教流行中国碑颂拓本

秦景教流行中国碑颂并序”。序述景教教义、入中国受皇帝优待及其流传。颂为韵文,复述序文概要。碑文多引中国经典。左右及下侧用叙利亚文刻七十名景教僧人名及职称。此碑可能在唐武宗灭佛时被埋,约于明天启五年(1625年)于西安出土。深受中外人士重视,为研究基督教早期来华及中外文化交

流的珍贵资料。碑文后译成拉丁、葡、意、德、法、英、日等文字。梵蒂冈与日本有仿刻碑。江文汉《中国古代基督教及开封犹太人·景教》:"(碑文)据分析有30处来自《易经》,30处来自《诗经》,20处来自《春秋》;涉及经书的有一百五十处,史书的一百多处,子书的三十处。"

遍照金刚 (774—835),即日本真言宗创始人空海大师。唐贞元二十年(804年)入唐求法,在青龙寺拜密宗大师惠果为师。惠果为他灌顶,赠法号"遍照金刚"。《文镜秘府论》是其返国后所撰文学理论专著。其书六卷,专论汉诗文,依据他从中国带回的崔融《唐朝新定诗格》、王昌龄《诗格》、元兢《诗脑髓》、皎然《诗议》等书,排比编纂而成。约完成于日本弘仁七年(816年),此后流传甚广。清光绪间,杨守敬赴日访书,归国后加以介绍,始引起中国学者注意。空海编纂此书,是为向日本人民介绍中国诗学精华,使读者"不寻千里,蛇珠自得,不烦旁搜,雕龙可期"(《文镜秘府论序》)。书中天卷论音韵,地卷论体势,东卷论对偶,南卷论文意,西卷论文病,北卷论对属。不少原著在中国已散佚,因而对考察从古诗到律诗的过渡,对研究中国古代文学理论批评的发展具有重要参考价值。今有王利器《文镜秘府论校注》。

文镜秘府论 见"遍照金刚"。

圆仁 (793—864),亦作元仁。日本入唐请益僧。九岁出家,十五岁师事最澄。唐开成三年(838年)入唐求法,苦学显密二教,历扬州、楚州、密州、五台山、长安等地。后值唐武宗灭佛,迭受波折,他广泛接触了当时的社会各阶层。大中元年(847)归国,致力弘扬大乘戒律,为日本天台宗第三代座主,身后谥号"慈觉大师"。求学期间,用汉文以日记形式记录所见所闻,著《入唐求法巡礼行记》,亦称《入唐巡礼记》《求法记》等。共4卷,7万余字。第一卷记入唐经过及从扬州北上,第二卷记从山东到五台山,第三卷记五台山巡礼及至长安受学,第四卷记武宗灭佛及归国情况。所记俱亲身见闻,翔实可靠,是研究唐代宗教、社会及中日文化交流的重要史料。与《大唐西域记》《马可波罗游记》并称东方三大旅行记,在世界上享有极高声誉。

入唐求法巡礼行记 见"圆仁"。

马可·波罗游记 马可·波罗(1254—1324),意大利旅行家。出身威尼斯商人家庭。据其自述,他1271年随父亲、叔父经"丝绸之路"来华,1275年受到元世祖忽必烈的接见,后元政府任以官职,并曾出使南亚、东南亚。每到一地,都注意考察物产资源、民情风俗等。1292年返回威尼斯。所著游记《东方见闻录》,由他口述,作家鲁思梯谦笔录。又名《寰宇记》,通称《马可·波罗游记》(亦作"行记")。全书4卷229章。书中详细介绍东方各国风土人情、山川地理、物产文化、政治战争。作者盛赞中国地大物博、都市繁华、文教昌明。书中提到的中国城市,有汗八里(汉名大都,即今北京)、涿州、太原、平阳、京兆府(今陕西西安)、成都、邳州、淮安、宝应、高邮、泰州、扬州、南京、瓜州、镇江、苏州、杭州、衢州、信州(今江西上饶)、福州、泉州等,多有生动叙述。这是世界上第一本西方人游历东方和中国留下的重要著作。较权威版本是法国人沙海昂的注本以及冯承钧的汉译注释本《马可波罗行纪》。

马可·波罗画像

伊本·白图泰游记 伊本·白图泰(1304—1368或1369),又译作伊本·拔图塔等。中世纪摩洛哥旅行家,东西方文化交流的友好使者。生于丹吉尔的穆斯林法官世家。1325年开始东游,先后到达埃及、叙利亚、苏丹、麦加、伊拉克、伊朗、阿塞拜疆、也门、阿拉伯半岛南部、小亚细亚、克里米亚、伏尔加河下游、君士坦丁堡、撒马尔罕、阿富汗、印度等地。印度苏丹任他为德里大法官,1342年派他充任赴中国特使,1346年到达中国泉州,先后游历广州、杭州、大都等地。1353年奉摩洛哥苏丹命,口述旅行回忆,由伊本·朱赞记录修润,写成《旅途列国奇观录》,通称《伊本·白图泰游记》。其记述文笔生动,引人入胜,关于中国外贸、海船、物产、城市、风俗、文化等记载,多具史料价值。有法、英、德、土等十余种文字译本及马金鹏汉译本。其毕生旅程约12万千米,在蒸汽机时代以前无人超过,是继马可·波罗之后的又一位世界大旅行家,其书是中世纪外国人观察中国的极其珍贵的史料。

郑和下西洋 郑和(1371或1375—1433或1435),明代航海家、外交家、中外文化交流的杰出使者。回族,本姓马,小字三宝(也作"保")。云南昆阳(今晋宁县)人。其先祖来自西域,初为燕王朱棣内侍,因"靖难"功,成祖即位后封为"内官太监",赐姓郑。明永乐三年至宣德八年(1405—1433),郑和前后7次奉命率船队出洋。历时28年,先后到达亚非30余国。推动了中国与南洋、印度洋、非洲各国之间经济、贸易的发展,第一次打通了中国到红海和东非一带的航路。所传《航海图》是中国古代第一部海洋地理著作。据今人研究,郑和所率宝船队,每次40~63艘之间,随从官兵2万余人,每艘宝船排水量约1 000吨。宝船以外,尚配有护航战船、专用客船、后勤船,动用船只总量在二三百艘以上。大批船只出航后,按航行计划,分为各支队,在各自划定的地区内,定期往返,以完成政治使命与货物交易。从第3次出航开始,连续对东非海岸进行5次访问。当时,中国带到东非的货物,有色缎、色绢、金银、檀香、米、豆、土硃、胡椒、瓷器等。1963年东非海岸考古中,曾大量发现白瓷、青花瓷、祭红瓶、釉陶等。南洋一带各国,至今仍有郑和的众多遗迹,如三宝庙、三宝塔、三宝井、三宝碑等。有关的小说、戏剧、故事,广传海内外。他是世界上最伟大的航海家之一,在中西交通史上占有卓越地位。

南京市江宁区牛首山南麓郑和墓

过洋牵星术 中国古代人民发明创造的天文导航技术。在汉代,天文知识已广泛运用于航海,如《海中五星顺逆》等天文导航及占验书籍,有136卷之多。至明代,在普遍使用指南针的同时,牵星板的运用,使牵星术得到进一步发展,在保障远洋航行的安全、准确上具有巨大作用,是中国人民对世界远洋航行科学的卓越贡献。《武备志》中保存的郑和《航海图》的《过洋牵星图》四幅,是郑和船队在远洋航行中为解决正确判断船舶位置与方向,准确确定航线等一系列重大问题,为后世留下的最早、最具体完备的牵星术记载。

朱舜水东渡 明末清初思想家朱舜水(1600—1682),浙江余姚人,名之瑜,字鲁玙,以当地舜水为号,学者称舜水先生。出身仕宦家庭,怀抱用世之志,因明末国事日非,绝意隐居田园,以"经世致用"为治学根本,重视实学和事功。明亡后奔走十余年,抗清复明,一度参加郑成功的军事行动。失败后,于清顺治十六年(1659年)东渡日本,讲学长崎。日本水户藩主德川光圀(国)仰慕其人品学问,执弟子礼,聘为顾问,请他在江户(今东京)、水户等地讲授儒学,解答疑问。他在日本居住二十余年,竭诚传播中国文化,开创水户学派,影响深远巨大,被冠以"日本孔夫子"的称号,载入文化史册。

朴趾源 (1737—1805),朝鲜李朝学者、文学家。字仲美,号燕岩。幼年丧父,早岁生活坎坷,曾任地方官吏。清乾隆四十五年(1780年)随"入燕使团"来华,访问辽东、热河、北京等地。归国后著《热河日记》26卷,内容涉及当时中国的政治、经济、历史、文学、天文、地理、民俗、医学、农学等领域,人称"实学全书"。大旨在学习中国,改革图强,使朝鲜"国利民福"。其受中国汉、唐、宋、明文化学术影响甚深,后因无法实现抱负,退隐以著述终。朱维之等《外国文学简编》第九章:"朴趾源是朝鲜十八世纪先进实学思想的杰出代表,又是朝鲜批判现实主义文学的创始人之一。"朴真奭《中朝经济文化交流史研究》:"朴趾源非常仔细地观察了清朝的农业、畜牧业、商业、建筑业、修路、筑城、造船、造车、烧煤等各方面的情况,并把它们介绍给朝鲜人民,提出了改革方案。"

热河日记 见"朴趾源"。

西方传教士来华 明清两朝,大批西方传教士来中国传教和从事科学活动。最著名者有利玛窦、庞迪我、熊三拔、邓玉函、龙华民、罗雅各(以上明代)以及汤若望、南怀仁、闵明我、庞嘉宾、利类思、安文思、张诚、白晋、宋君荣、戴进贤、艾约瑟、伟烈亚力等(以上清代)。仅在清钦天监任职的就有数十人。直至道光中期,他们在华活动200余年,向中国知识界广泛介绍西方科学文化成就,译著达300余种。由于康熙帝的器重与信任,他们向清廷提供了全方位的科技服务,在修订历法、制造火器与天文仪器、舆图测绘、军事工程、机械制造、园林设计、行医制药等方面,做出了出色贡献,对中西文化交流产生了积极、巨大的影响。

徐光启 (1562—1633),晚明大科学家,中西文化交流的先驱。字子先,号玄扈,上海人。祖辈经商,后家道中落。万历三十二年(1604年)进士。崇祯五年(1632年)以礼部尚书兼东阁大学士,入阁参机务。卒谥文定。自中年起,受洗入天主教,从西洋教士利玛窦等学习西方自然科学,尽通其术。生平译著丰富,主要有《几何原本》6卷、《泰西水利》6卷、《测量法义》1卷、《测量异同》1卷、《勾股义》1卷、《农政全书》60卷、《崇祯历书》137卷,等等。为中国引进西学第一人。今人编有《徐光启全集》。清阮元《畴人传·徐光启》:"迄今言甄明西学者,必称光启。"王重民《徐光启》:"他是中国士大夫中和西方文化相接触的第一个重要代表人物……热爱祖国、热爱科学、热望用科学富国利民,则是他终生不渝的一贯宗旨。"

徐光启雕像

利玛窦 (1552—1610),明代来华天主教耶稣会士代表人物。原名玛太奥·利奇,意大利人。自幼勤奋好学,对数学、物理学、天文学、医学都很有造诣,且擅长制作钟表、日晷等仪器,善于绘制地图与雕刻。30岁从神学院毕业。1582年被耶稣会派到中国传教。来华后,广交士大夫,刻苦学习中国语言、文字和古代典籍,穿中国服装,按照中国礼节和风俗习惯进行活动。著述甚丰。明后期与徐光启合译《几何原本》,又译《四书》为拉丁文。对中西文化交流贡献甚大。逝世后,墓在北京。晚年用意大利文写成的札记,记载其在华经历见闻,内容丰富翔实,后人称为《利玛窦中国札记》。身后由金尼阁译成拉丁文,并增补传教史及利玛窦本人的情况,于1615年在德国以《基督教远征中国史》题名出版。此后出现多种译本,书名不尽相同,今有何兆武、何高济的汉语全译本5卷。是研究明代中西文化交流史、耶稣会入华传教史等的珍贵史料。

汤若望 (1592—1666),明清时来华天主教耶稣会士代表人物。字道未。原名亚当·沙尔,德国科隆的日耳曼人,出身笃信天主教的名门望族。毕业于罗马德意志学院。出于对利玛窦生平事业的仰慕,1622 年来到中国北京传教。明崇祯三年(1630 年),由徐光启推荐,供职于钦天监。他推步天文,制作仪器,翻译矿冶著作《坤舆格致》,进献给朝廷。后又参与编撰《崇祯历书》,监铸火炮。入清后,受到顺治帝的尊崇信任,担任钦天监正,曾创制多种天文仪器,将西方自然科学引入中国。深受顺治帝与皇太后信任,先后任太仆寺卿、太常寺卿等。清康熙三年(1664 年)身患重病,被杨光先等顽固势力诬以谋反等罪名,与神父南怀仁、利类思、安文思一起被捕下狱。次年获赦,康熙五年病逝。康熙八年获彻底昭雪,赐地重葬于利玛窦墓旁。他在华 40 余年,为中西文化交流史做出了不朽贡献。

汤若望画像

南怀仁 (1623—1688),清初来华天主教耶稣会士代表人物。字敦伯,又字勋卿,比利时人。他精通自然科学的多个领域,清顺治十五年(1658 年)来华传教。康熙三年(1664 年)与汤若望一起,受杨光先等顽固势力诬陷,被捕入狱。时汤若望病重,他不计个人安危为难友辩护。康熙八年终获平反,并被任为钦天监副,全面负责天文历法工作,先后铸成六件大型天文仪器。康熙十三至十五年间,又受命主持铸炮 500 多门,有力支持了清政府对吴三桂叛乱的平定。此外,还参加了开掘、疏通运河等工程。官至工部侍郎,卒谥勤敏,葬于北京。著有《新制灵台仪象志》《康熙永年历法》《坤舆全图》《坤舆图说》《西方要纪》《欧洲天文学》等。为近代西方科学知识在中国的传播做出了重大贡献。

郎世宁 (1688—1766),清初来华天主教耶稣会士、画家、建筑学家。原名朱塞佩·伽斯底里奥内,意大利人,生于米兰。清康熙五十四年(1715 年)来华传教,随即进宫入如意馆。五十年间,历任康熙、雍正、乾隆三朝宫廷画师。擅长人物、肖像、走兽、花鸟、山水等,设色奇丽,栩栩如生,尤工画马。在长期绘画创作中,他与中国画家交流技艺,融中西技法于一体,形成精细逼真的效果,创造出新的画风。留下的重要作品有人物肖像画、名马珍禽画、历史事件画等,有的是大型铜版组画。他还参加了圆明园内长春园欧式建筑物(俗称"西洋楼")的设计与施工。在此期间,他担任奉宸苑苑卿,为正三品。为中国与欧洲的文化艺术交流做出了可贵贡献。逝世后葬于北京。

郎世宁《百骏图》(局部)

崇祯历书 中国著名历书,为中外文化交流的产物。明崇祯二年(1629 年),因日食不准确,乃命徐光启督修历法,并举用李之藻及西洋传教士龙华民、邓玉函参与编制。次年,邓玉函卒,继请汤若望、罗雅各译书演算。徐光启一丝不苟,精审详核。崇祯六年,徐光启卒,李天经续编。次年全书告成,共 137 卷,分节次六目(日躔、恒星、月离、日月交会、五纬星、五星交会)及基本五目(法原、法数、法算、法器、会通)。为中国历法参用西法之始。未及用,明亡。清初,经汤若望删节为《西洋新法历书》。沿用至今的农历,即据此修订而成。《崇祯历书》的编纂,是明代介绍欧洲天文学过程中最重要的部分,使中国天文学体系发生了根本性变化。

数理精蕴 中国数学要籍。清康熙二十九年至六十年(1690—1721),梅瑴成奉皇帝之命,与陈原耀、何国宗、明安图及法国人洪若翰、白晋、张诚等编成。书分上、下两编,共53卷。上编5卷、下编40卷,附表4种8卷,即素因数表、对数表、三角函数表、三角函数对数表。此书介绍西方数学成果,继承中国古代数学遗产,中西汇通,述旧传新,实际上是一部介绍西方数学知识的百科全书。带动了乾隆、嘉庆时期中国数学研究的高潮,对中国近代数学的发展影响甚大。

四大发明外传 中国古代印刷术8世纪时传入日本,12世纪传入埃及,14世纪传入欧洲。火药在13世纪经阿拉伯传入欧洲。指南针经阿拉伯于12世纪传入欧洲。造纸术7世纪传到日本,8世纪传入阿拉伯,12世纪传到欧洲。这四项技术的发明与传播,促进了世界文明的变化与发展,是中国对全人类的巨大贡献。分别参见“指南针”“造纸术”“火药”“印刷术”。

蚕桑技术外传 中国在4 700年前已有较发达的蚕桑丝织技术。经历代不断发展,丝织品种类越来越多,质量日益提高,经陆上和海上丝绸之路,源源输往世界各地,向有“丝国”之誉。世界各国的蚕种及养蚕、丝织技术,均从中国直接或间接获得。公元前11世纪时,蚕桑技术传入朝鲜,秦代传入日本。此后再经西域传入埃及与欧洲,至13世纪初,丝织业已成为意大利几座城市的主要工业。

制瓷技术外传 中国在七八千年前已有陶器,商周时在陶器基础上制成原始瓷器。制瓷技术最先传入朝鲜,南宋时传入日本,公元918年在康津已有烧制。从8、9世纪到15、16世纪,埃及不断从中国进口不同品种的陶瓷器,在中国北宋时学会制造。无论哪个时代,只要中国陶瓷新品种一出现,埃及马上就有它的仿制品,并转销欧洲。埃及有一名叫赛义德的工匠,传授了许多徒弟。他们使用埃及陶土,初仿青瓷,后仿青花瓷,在形状花纹上都模仿中国瓷器。至15世纪,阿拉伯人把制瓷方法传到意大利,为欧洲制瓷史开辟了新纪元。

西游录 元代地理著作。耶律楚材著。耶律楚材(1190—1244),辽皇族子孙,蒙古时期契丹族政治家。蒙古成吉思汗十年(1215年)取燕后,召为左右司员外郎。成吉思汗十四年随从西征,在西域凡六年。时值长春真人丘处机应召谒见成吉思汗,耶律楚材与之多有交往,然耶律楚材奉佛法,及归燕京,著成《西游录》一书。有序,分上、下两篇。上篇记地理,下篇专诋道教。此书与《长春真人西游记》,同为13世纪记述天山以北及楚河、锡尔河、阿姆河之间历史地理最早和最重要之书,对研究元代东西交通及中外文化交流甚有价值。自元时即罕见其书,湮没六七百年,后发现于日本。今有向达校注本。向达认为《西游录》有关部分,是研究13世纪初期撒马尔罕历史的重要材料。

长春真人西游记 元代地理著作。李志常著。李志常(1193—1256),字浩然,号真常子,金末蒙古时期全真道道士,长春真人丘处机的弟子。蒙古成吉思汗十六年(1221年),丘处机应召率李志常等远适西域,谒见蒙古成吉思汗。次年到达其行在,讲论为治之方及道教长生久视之术。成吉思汗十九年春李志常回到燕京,撰《长春真人西游记》一书。记述沿途山川地理、风俗人情、珍禽异木、殊方语言以及其师途中吟咏之篇。由于足迹遍及今蒙古、吉尔吉斯斯坦、哈萨克斯坦、乌兹别克斯坦、阿富汗等国,内容翔实可信,其书成为后人研究13世纪中亚历史文化与全真道的第一手资料,并相继有俄、法、英等译本问世。中文本有王国维、张星烺等为之注。

真腊风土记 元代地理著作。周达观著。周达观(约1266—1346),自号草庭逸民,永嘉(浙江温州)人。元成宗元贞元年(1295年)奉命随团出使真腊,次年至该国,居一年多始返。归国后将闻见撰成《真腊风土记》。该书为研究古代柬埔寨及中柬关系史的珍贵文献,向为中外学者所重视。全书凡 49 则,总为 1 卷,搜罗备赡,文辞简约。包括城郭宫室、山川景物、服饰器用、油盐酱醋、飞禽走兽、草木虫鱼、三教九流、语言文字、生老病死、节令时序、郡县村落、耕织蚕桑、土产贸易、奇闻异事。真腊为柬埔寨古称。10—13世纪,国势强盛,史称吴哥时代。此书为吴哥文化唯一现存的实录要籍。国内以夏鼐校注本为佳。许肇林《评〈真腊风土记〉的三个校注本》:“这是现存的同时人所写的柬埔寨吴哥文化的唯一历史记录。即使柬埔寨本国,也没有遗留像这样详细记录他们中古时代文化风貌的书籍。”

岛夷志略 元代地理著作。汪大渊著。汪大渊(约 1311—?),字焕章,豫章(今江西南昌)人,元代旅行家。元至顺元年(1330 年)由泉州第一次出海游历东西洋诸国,元统二年(1334 年)夏秋间返国;至元三年(1337 年)第二次由泉州出海,至元五年夏秋间返国。于至正九年撰《岛夷志略》,记所见山川、土俗、物产、风景、贸易之事,涉及东西洋国家或地区 200 余个。所记皆身所游览,耳目所亲见,传说之事一概摒弃。是研究 14 世纪中外文化交流及亚非各国史地的重要资料。今有苏继庼校释本。元张翥《岛夷志序》:“西江汪君焕章,当冠年,尝两附舶东西洋,所过辄采录其山川、风土、物产之诡异,居室、饮食、衣服之好尚,与夫贸易赍用之所宜,非其亲见不书,则信乎可征也。”

异域志 元代地理著作。周致中著。作者生平《元史》《明史》无载,仅知曾任知院并出使外国。全书凡 157 条,著录 21 个国家与民族。书中所记,采自《山海经》《事林广记》《岭外代答》《酉阳杂俎》及诸史等,亦有据亲身经历所写的内容。所记范围,东起朝鲜、日本,西抵西亚、非洲,南至东南亚、南亚诸国,其地域之广在明代以前的地理外纪书中,仍为少见。作者广搜博采,缺点是不谙地理,间有臆测讹舛。但对中外文化交流史的研究,仍具有重要参考价值。今有陆峻岭校注本,与《西游录》合刊印行。

瀛涯胜览 明代地理著作。马欢著。马欢,字宗道,自号会稽山樵,回族,会稽(今浙江绍兴)人,明代航海家。曾任通事,三次随郑和奉使西洋(第四、六、七次)。遍历占城、爪哇、锡兰、阿丹、天方等 20 余国。与郭崇礼合撰《瀛涯胜览》,记各国风俗人情、土产地貌及闻见甚详,为研究中外关系史及南亚史重要参考著作,与费信《星槎胜览》、巩珍《西洋番国志》并称记载郑和下西洋的三大要籍。明马敬《瀛涯胜览》序:“然奉命而往者,吾不知几千万人,而尽厥事称厥旨者,舍吾山阴宗道马公其谁乎?公以才干优裕,首膺斯选,三入海洋,遍历番国,金帛宝货略不私已,而独编次《瀛涯胜览》一帙以归。”印度历史学家阿里《给季羡林的信》:“如果没有法显、玄奘和马欢的著作,重建印度史是完全不可能的。”

星槎胜览 明代地理著作。费信著。费信(1384—?),字公晓,江苏太仓人,祖籍昆山,明代航海家,以随郑和等四下西洋而著名。20 余年间,历览各国风土人物,撰成此书,记载出使外洋之事。全书记有占城、暹罗、爪哇、旧港、锡兰、榜葛剌、苏禄、天方、竹步等 45 个国家、地区,堪与马欢《瀛涯胜览》、巩珍《西洋蕃国志》媲美。为明初记载郑和下西洋的三大要籍之一。

西洋番国志 明代地理著作。巩珍著。巩珍,明代航海家,出身行伍。明宣德七年(1432年),随郑和出使西洋,历 20 国。于宣德九年撰成《西洋番国志》一卷,记载其亲身闻见外洋风土地理等。此书极为罕见,1961 年向达据周叔弢捐本校注出版。为明初记载郑和下西洋的三大要籍之一。

郑和航海图 明代著名航海图。原名《自宝船厂开船从龙江关出水直抵外国诸番图》,载于明茅元仪所辑《武备志》卷二十四,简称《郑和航海图》。原有地图 20 页,过洋牵星图 2 页(4 幅)。全图仿《长江万里图》一字展开,自南京至非洲东岸慢八撒(今作蒙巴萨),共收地名 500 余个。对山形岸线用“对景图”画法,以增加实用价值。该图讹误甚少,在当时实属难能可贵。《武备志》卷二四〇:“当是时,臣为内竖郑和,亦不辱命焉,其图列道里

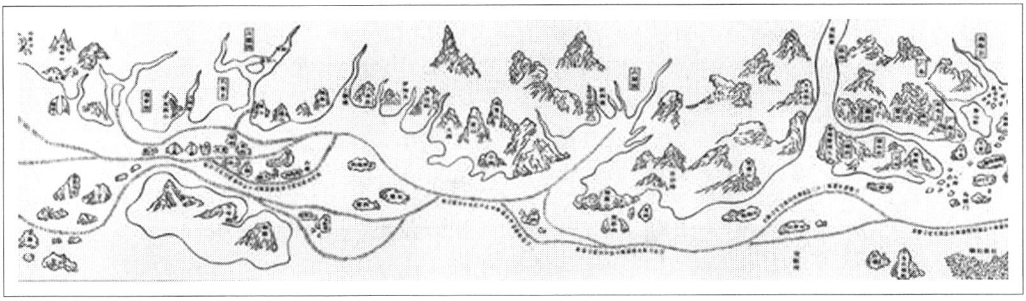

《武备志》所载《郑和航海图》(局部)

国土,详而不诬。”英国李约瑟《中国科学技术史·地学·地理学和制图学》:“它是一幅真正的航海图,图中除了标有航线的精密针位以外,还标有以‘更数’计算的距离,同时还标注了沿岸对船员来说可能是很重要的所有各点。”《中国古代科技成就·中国古代航海技术上的成就》:“郑和航海图已蜚声中外,研究15世纪中外交通史和航海技术史,都把这幅海图作为重要的依据。”

西洋朝贡典录 明代地理著作。黄省曾著。黄省曾(1490—1546),字勉之,江苏吴县(今苏州)人,明代学者,嘉靖举人,文章学六朝,关心世事,好地理之学。撰有《舆地经》《五岳山人集》等,以所编《西洋朝贡典录》三卷最为著名。此书文字雅正,多匡正《星槎胜览》《瀛涯胜览》之舛误,补益二书之所无,为记述郑和下西洋的又一部重要史籍。然作者不谙海外地理,时有错失。其书记西洋与中国往来者23国,每国一篇,篇各有论。凡道里远近、风俗美恶、物产器用之殊、言语服饰之异,无不详载。今有谢方校注本。

汉学西渐 中国文化传入西方,在17、18世纪欧洲启蒙运动时期达到极盛。耶稣会士来华后译著了“四书”“五经”等,并以书信、专著、报告大量介绍中国情况,引发了欧洲研究中国文化的汉学热,与西方内容体系完全不同的中国文化遂成为西欧启蒙运动汲取精神力量的源泉之一。中国优秀的文化曾给予莱布尼茨的古典思辨哲学、伏尔泰的自然神教和魁奈、杜尔哥的重农派学说以丰富养料,促进了近代欧洲文明的诞生。莱布尼茨《中国近况·序言》:“我们从前谁也不相信在这世界上还有比我们伦理更完善、立身处世之道更进步的民族存在,现在从东方的中国,竟使我们觉醒了。”朱谦之《中国哲学对于欧洲的影响》:“十七、十八世纪欧洲的启蒙运动,标记着上升的资本主义和衰亡的封建制度的两种思想体系的矛盾斗争,当时欧洲的进步人士倾心中国文化,即将中国文化理想化了,作为大革命运动之理想目标。”

中国孤儿 1731年,法国耶稣会在华传教士马若瑟将元代纪君祥的杂剧《赵氏孤儿》译成法文带回法国发表,很快就出现英、德、意、俄译本,并引起评论界的重视。在英、奥、法、德四国前后曾五度改编。其中,1753年法国大文豪、启蒙思想家伏尔泰改编的五幕诗剧《中国孤儿》,于1755年8月正式在巴黎国家剧院上演,盛况空前,一时轰动法国与欧洲。戏的背景从春秋时期移到蒙古人攻克北京以后,去除了原剧的复仇情节,着力描述蒙古统治者成吉思汗最终被先进的汉文化所征服,从而显示了理性的胜利。伏尔泰以此剧阐扬“理性、文明、宽容”的观念,在18世纪的西欧有着传播启蒙思想的积极作用。至18世纪80年代,德国大作家歌德同样取材此剧,再次创作。至1834年,法国人儒连又重译纪剧,名曰《赵氏孤儿》或《中国孤儿》。伏尔泰的法文戏剧《中国孤儿》,今有范希衡的汉译本。参见“赵氏孤儿”。

词目笔画索引

〔丨〕

四画

五画

〔一〕

六画

七画

八画

九画

十画

十一画

十二画

十三画